2012年1月9日，北京市经济和信息化工作会议

- ▲ 完成工业总产值(规模以上工业)14513.6亿元
- ▲ 完成工业增加值(规模以上工业)2899.1亿元
- ▲ 主营业务收入(规模以上工业)15753.4亿元
- ▲ 工业实现利润总额(规模以上工业)1129.5亿元
- ▲ 工业经济效益综合指数(规模以上工业)250.11

2011年7月9日，北京市副市长苟仲文出席北汽集团俄罗斯合资项目签约仪式

2011年8月26日，北京市经济和信息化委员会主任靳伟出席第十四届北京市工业和信息化职业技能竞赛总结表彰大会

2011年8月10日，北京市经济和信息化委员会党组书记李平出席2011年经济和信息化系统上半年经济形势分析会

2011年4月9日，北京市经济和信息化委员会副主任梁胜听取中关村科学城第三批项目单位汇报

2011年11月4日，北京市经济和信息化委员会副主任熊梦调研中国航空油料集团公司

2011年1月11日，北京市经济和信息化委员会纪检组长张国栋向北京市纪检监察委员会汇报工作

推动高端产业发展专题研讨班

“十一五”环保成就展暨第十二届中国国际环保展览会

2011年11月25日，北京市经济和信息化委员会副主任姜贵平会见越南信息通信部代表团

2011年10月28日，北京市经济和信息化委员会副主任李洪调研国华北京热电厂

智慧城市高层论坛

第三届北京传统工艺美术评审委员会换届大会

2011年7月8日，北京市经济和信息化委员会副主任王学军出席石景山区与首钢总公司招商合作启动大会

2011年8月5日，北京市经济和信息化委员会副主任童腾飞出席“市民主页”工作部署会暨“2010信息北京十大应用成果”发布会

国家地理信息科技产业园奠基一周年暨首批企业入园签约仪式举行

北京市基本药物电子监管码工作会

2011年10月19日，北京市经济和信息化委员会副主任万新恒调研北京紫竹药业有限公司

2011年7月13日，北京市经济和信息化委员会副主任樊健调研房山区窦店高端制造业基地和石化新材料产业基地

北京市中小企业融资政策培训会

2011年7月9日，北京奔驰新发动机工厂奠基暨未来发展项目启动仪式

2012年4月27日，北京市经济和信息化委员会副主任毛东军调研通州信息化工作

2011年8月10日，北京市经济和信息化系统2011年上半年经济形势分析会

北京工业年鉴

2012

北京市经济和信息化委员会　编

北京工艺美术出版社

图书在版编目(CIP)数据

北京工业年鉴:2012/北京市经济和信息化委员会编.—北京:北京工艺美术出版社,2012.11
ISBN-978-7-5140-0255-3

Ⅰ.①北… Ⅱ.①北… Ⅲ.①工业经济—北京市—2012—年鉴 Ⅳ.①F427.1-54

中国版本图书馆 CIP 数据核字(2012)第 268976 号

北京工业年鉴——2012

作　　者:北京市经济和信息化委员会
承　　编:北京市产业经济研究中心
通信地址:北京市朝阳区工体北路 6 号凯富大厦 510 室
邮政编码:100027
电　　话:(010)85235624　85235643　85235083
电子邮箱:bianjibu@bjeit.gov.cn
责任编辑:杨世君　梁　瑶
装帧设计:修慧娅
英文翻译:北京译邦达翻译有限公司
责任印刷:宋朝晖
出版发行:北京工艺美术出版社
通信地址:北京市东城区和平里七区 16 号楼
邮政编码:100013
排　　版:廊坊市安次区码头镇晟天打字社
印　　制:廊坊市安次区码头镇长岭印刷厂
经　　销:全国新华书店
开　　本:889 毫米×1194 毫米　1/16
字　　数:970 千字
插　　页:28
印　　张:39
印　　数:1～1000
版　　次:2012 年 12 月第 1 版
印　　次:2012 年 12 月第 1 次印刷
书　　号:ISBN 978-7-5140-0255-3
定　　价:280.00 元

本书附同版本 CD—ROM 一张,光盘内容以书面文字为准。
如有印装错误,编辑部负责调换。

《北京工业年鉴》编纂委员会

顾　问

苟仲文

主　任

李　平　　靳　伟

副主任

梁　胜　熊　梦　姜贵平（女）　张国栋　李　洪
王学军　万新恒　童腾飞　樊　健　毛东军
刘京辉（女）　杨旭明　邹　彤（女）　张兰青（女）　陈志峰
汪进军　王颖光　胡蕴刚

委　员

（按姓氏笔画排序）

王　岩　王志刚　王永健　王青海　龙云泽　史红民　史硕致
付合年　朱长林　任亚光　刘士忠　许　汇　孙　刚　孙　凯
孙自广　杨永林　苏志民　李　巍　李国庆　李元涛　李福祚
吴向阳　吴建国　吴神赋　何　兵　何建吾　佘运高　张　勇
张一平　张伯旭　张德华　陈国庆　周怀明　项大北　赵永祥
姜　博　姜德义　徐和谊　郭　洪　唐建国　梅　群　曹胜龙
崔东辉　翟士良

《北京工业年鉴》编辑部

编 辑 说 明

一、《北京工业年鉴》(2012)由北京市经济和信息化委员会主办，北京市产业经济研究中心承办。

二、本年鉴是一部工业经济信息高度密集的大型工具书和资料性年刊。通过大量资料、数据、图片，真实地记录了北京市2011年工业经济的发展情况，对于全面、系统地了解和掌握北京工业经济发展所取得的成就，研究北京工业经济运行和重要行业、重点企业的发展变化及规律，指导下一年度的经济工作具有重要的参考价值。

三、本年鉴采用文章和条目两种体裁，以条目体为主。辟有文选、工业大事记、工业总述、区县工业、开发区、国有及国有控股公司、上市公司、协会组织、企业、产品、人物、法规政策文件、工业数据、附录共14个一级栏目。

四、本年鉴所载内容由相关部门和企业单位提供，经供稿单位主管负责人审核。全市性数据由北京市统计局提供。

五、本年鉴选用资料的时限为2011年1月1日至2011年12月31日(个别内容根据实际情况略作调整)。

六、《北京工业年鉴》自1991年编辑出版，本年鉴为第二十二卷，一直受到工业战线广大读者的欢迎，并提供很多有价值的素材，对此我们深表感谢。

七、欢迎各界读者继续关注年鉴、收藏年鉴、使用年鉴，并对年鉴的不足之处给予指导，帮助我们进一步改进年鉴的编辑工作，以期更好地为读者服务。

目　　录

文　选

工业大事记

工业总述

区县工业

开发区

国有及国有控股公司

上市公司

协会组织

企　业

产　　品

人　　物

法规政策文件

工业数据

附　录

彩色插页目录

员会主任靳伟出席第十四届北京市工业和信息化职业技能竞赛总结表彰大会

4 2011年8月10日，北京市经济和信息化委员会党组书记李平出席2011年经济和信息化系统上半年经济形势分析会

5 2011年4月9日，北京市经济和信息化委员会副主任梁胜听取中关村科学城第三批项目单位汇报

6 2011年9月21日，北京市经济和信息化委员会副主任熊梦调研二十一世纪空间技术应用股份有限公司

7 2011年1月11日，北京市经济和信息化委员会纪检组长张国栋向北京市纪检监察委员会汇报工作

8 推动高端产业发展专题研讨班

9 “十一五”环保成就展暨第十二届中国国际环保展览会

10 2011年11月25日，北京市经济和信息化委员会副主任姜贵平会见越南信息通信部代表团

11 2011年10月28日，北京市经济和信息化委员会副主任李洪调研国华北京热电厂

12 智慧城市高层论坛

13 第三届北京传统工艺美术评审委员会换届大会

14 2011年7月8日，北京市经济和信息化委员会副主任王学军出席石景山区与首钢总公司招商合作启动大会

15 2011年8月5日，北京市经济和信息化委员会副主任童腾飞出席“市民主页”工作部署会暨“2010信息北京十大应用成果”发布会

16 国家地理信息科技产业园奠基一周年暨首批企业入园签约仪式举行

17 北京市基本药物电子监管码工作会

18 2011年10月19日，北京市经济和信息化委员会副主任万新恒调研北京紫竹药业有限公司

19 2011年7月13日，北京市经济和信息化委员会副主任樊健调研房山区窦店高端制造业基地和石化新材料产业基地

20 北京市中小企业融资政策培训会

21 北京奔驰新发动机工厂奠基暨未来发展项目启动仪式

22 2012年4月27日，北京市经济和信息化委员会副主任毛东军调研通州信息化工作

23 北京市经济和信息化系统2011年上半年经济形势分析会

第二辑

1 2011年12月15日，2011年《北京工业年鉴》会议
2011年11月16日，2011年北京工业志鉴工作研讨会

2 第一届北京市年鉴编校质量评比获奖名单
2011年度《北京工业年鉴》编纂工作获奖名单

3 印象·北京工业

4 昌平区经济和信息化委员会

5 昌平区经济和信息化委员会

6 北京汽车集团有限公司

7 北京汽车集团有限公司

8 2011年1月28日，北京市副市长苟仲文一行到北汽集团调研
2011年9月17日，领导视察北汽集团新研发的“勇士”改进型概念车
2011年9月26日，北汽股份北京分公司自主品牌中高端基地冲压中心A线落成
2011年10月25日，北汽集团与北京航空航天大学签署协议，组建北京通用航空有限公司
2011年10月26日，北汽福田新一代时尚多功能车——拓陆者在北京拉斐特城堡亮相

9 2011年3月23日，内蒙古自治区党委书记胡春华一行到北京奔驰参观考察
2011年11月2日，北汽集团与戴姆勒集团签订战略合作意向书
2011年11月21日，北京现代自主品牌“首望”在广州车展发布
2011年11月30日，北京汽车动力总成有限公司发动机厂竣工暨首台自主品牌发动机下线
2011年12月20日，北京奔驰举行首批轿车出口仪式

10 北京金泰房地产开发有限责任公司

11　北京金泰房地产开发有限责任公司

12　北京一轻日用化学有限公司

第三辑

1　北京同仁堂

2　首钢集团

3　首钢集团

4　首钢京唐公司2250毫米生产线

首钢京唐公司冷轧板材产品

首钢京唐公司焦化厂

5　北京京西重工减震器工厂具备批量生产条件

首钢京唐公司海水淡化项目

首钢矿业公司球团生产线

6　北京昊华能源股份有限公司

7　北京昊华能源股份有限公司

8　北京南口轨道交通机械有限责任公司

Contents

Articles

Chronicle Events of Industry

Overview of Industry

District and County Industrial

Development Zones

State-owned and State-owned Holding Company

Listed Companies

Associations

Enterprises

Products

Personages

Documents of Policy and Regulation

Industrial Data

Appendix

Catalog of Color Inserts

文　选

在2012年北京市经济和信息化工作会议上的讲话

北京市副市长　苟仲文

2012年1月9日

同志们：

今天我们在这里召开一年一度的全市经济和信息化工作会议，主要是贯彻落实中央和本市一系列会议精神，回顾总结过去，部署今年各项工作。在过去的一年里，全市经济和信息化战线的同志们，克服各种困难，积极开拓进取，各项工作都取得了优异成绩，为全市经济平稳较快发展做出了积极贡献。借此机会，我代表市政府向全市经济和信息化战线上的同志们表示衷心的感谢！

刚才，靳伟同志代表市经信委作了工作报告，总结了去年工作，分析了当前形势，提出了2012年工作安排，我都同意。下面，我讲几点意见：

一、统一思想，坚定信心，切实增强做好今年经济信息化工作的责任感、紧迫感

今年是实施“十二五”规划承上启下的重要一年，还要迎来党的十八大的胜利召开，所以做好今年的工作至关重要。中央经济工作会议确定了今年经济工作的大政方针，市委十届十次全会确定了今年我市经济社会发展的总体思路、目标任务和重大举措，我们一定要认真学习、全面贯彻，坚定不移地把思想和行动统一到中央和市委对经济形势的判断上来，统一到对2012年经济工作的决策部署上来，扎扎实实地做好各项工作，确保实现2012年经济信息化发展各项目标任务。

去年，我市采取了一系列主动调控的政策措施，对包括经济信息化系统在内的各行业发展客观上都带来一定影响和压力，在这种情况下，经济信息化战线的同志们，克服各种困难，顶住了压力，确保了工业经济平稳快速发展，成绩的取得确实来之不易。但是，话又说回来，我们绝不能把主动调控和所受的客观影响，当作我们自我安慰的理由。如果我们清醒认识一下当前形势，我们就再也不敢乐观了，因为今年的形势依然复杂严峻。从世界看，当前世界经济增长放缓，国际金融市场剧烈震荡，经济复苏的不稳定性、不确定性上升，各类风险明显增多。从国内看，经济增长下行压力和物价上涨压力并存，长期矛盾和短期问题交织，结构性因素与周期性因素互联，使今年国内宏观经济平稳运行面临不少复杂情况。从我市看，工业经济和信息化发展的基础还不稳固，资源环境约束与保持经济增长的矛盾更加突出，现代高端制造业比重在全国增速同比下降，部分企业甚至经营困难，全市工业经济稳增长、调结构、转方式的任务更重、压力更大。所以，我们一定要充分认识面临的复杂环境和挑战，保持清醒头脑，切实增强忧患意识和大局意识，切实增强责任感和紧迫感，敏锐分析和把握经济运行中出现的新情况、新问题，加强预研、预判、预测，把困难估计得更充分一些，把措施考虑得更周全一些，把工作做得更扎实一些，积极应对各种困难和挑战。

二、统筹兼顾，稳中求进，着力把握和解决好首都经济信息化发展中的重大问题

胡锦涛总书记在中央经济工作会议上指出：做好2012年经济工作，要“牢牢把握发展实体经济这一坚实基础，牢牢把握加快改革创新这一强大动力”。刘淇书记在市委十届十次全会也明确提出，做好稳中求进，重点要在“求进”上奋力拼搏，取得成效。我们要结合实际，认真贯彻落实。

一是要在推进实体经济发展上“求进”。大力发展实体经济，既是创造就业岗位、改善人民生活、实现首都经济持续发展和社会稳定的有效途径，也是应对外部冲击、增强自我发展能力的重要举措。在发展实体经济方面，市委市政府的认识是一致的，态度是坚定的，措施是有力的。但是，客观地讲，目前北京实体经济的发展水平，与北京世界城市建设所要求的产业承载和带动能力相比，还远远不相适应，所以，积极支持实体经济发展，是我们坚定不移的目标任务。当前，要在继续推进重点产业、重点企业发展的同时，我们要特别关注和扶持小型微型企业发展，加大对符合国家产业和环保政策、符合首都市情的科技创新型和能够吸纳就业的服务型等实体经济的支持力度，引导和帮助小型微型企业稳健经营、增强盈利能力和发展后劲。要推进各类市场要素，特别是人才和资金更多地向实体领域聚集，制定和完善促进实体经济发展的政策措施和体制机制，不断健全和改善服务体系，放宽市场准入，拓展投资空间，为实体经济创造良好条件，增强实体经济的吸引力和竞争力。

二是要在推进高端产业发展上“求进”。北京要始终坚持高端产业发展定位，要把发展实体经济与转方式、调结构紧密结合起来，加快产业优化升级，大力发展战略性新兴产业，加大传统产业技术改造，推进高端产业发展。我们提出“做强二产”，这一个“强”字，就集中体现了北京发展实体经济的目标要求，就是说，我们不仅要保有一定的规模发展，更要着重质量效益的提升。北京发展二产，必须紧紧抓住高端产业引领不放松，着力加强核心技术研发，加强示范应用和市场开拓，加强市场体系培育。我们不仅要抓好重大项目这个“点”，也要抓好产业链这条“线”，更要抓好产业体系这个“面”，坚持高端引领，加强体系配套，“点、线、面”有机结合，提升产品和产业的竞争力，形成支柱性产业体系。当前，要大力支持新一代移动通信技术、新能源汽车的研发和产业化，推进高端装备产业基地建设，实施生物医药产业跨越式发展工程，支持跨国公司大型企业在京发展。发展二、三产相融合的实体经济业态，加快培育新兴产业集群，切实提升首都现代制造业的发展水平。

三是要在推进企业自主创新上“求进”。坚持创新驱动，加大创新成果产业化力度，积极推进中关村国家自主创新示范区建设，努力发挥首都工业在技术创新和成果转化方面的引领作用，不断推出体现“北京创造”的新品牌、新产品。大力支持企业自主创新，鼓励企业参与国家各类科技专项和计划，支持建立国家级和市级企业技术中心。依托“中关村科学城”、“未来科技城”和各类科技资源，探索科技成果转化的新机制、新模式，加快产学研对接，加快推进产业技术研究院建设。探索建立中小企业发展基金，充分发挥中小企业创投引导基金在企业自主创新方面的带动作用，下大力气破解中小企业融资困局。建立健全中小企业社会化服务体系，努力培育一批“专、特、精、新”的小巨人企业。

四是要在推进节能减排上“求进”。这几年我市工业节能减排工作取得了一定成绩，在全国处于领先水平，这与我们一直坚持“三高”企业退出，推进清洁生产，加强能耗管理等一系列的措施分不开。当然，其中也不排除有首钢搬迁调整对降低节能减排基数的贡献。但是随着首钢搬迁调整完成，随着“三高”企业的陆续不断退出，工业企业节能降耗的空间已经大大压缩，这就好比一个边际效益递减的问题，节能减排的空间越来越小，压力越来越大。接下来，我们要完成国家下达的“十二五”时期目标任务，就要把重点转移到以内涵促降上来，在继续做好“三高”企业退出的同时，进一步强化对耗能耗水和污染排放重点单位的管理，全面推进清洁生产，努力实现源头和全过程控制。要积极探索推广循环经济典型模式，深入推进国家生态工业示范园区建设，大力发展新能源及节能服务业，加快资源再生利用产业化。这些任务都非常艰巨，需要大家再接再厉，不断继续努力。

三、加强领导，狠抓落实，为圆满完成今年各项任务提供保证

今年的工作十分艰巨繁重，各区县、开发区、各控股公司要加强统筹协调，心往一处想，劲往一处使，齐心合力抓好各项工作的落实。要把握好稳中求进的工作总基调，加强经济运行调度，确保经济平稳较快发展；要狠抓高端引领，加快经济结构转型升级；要狠抓创新驱动，推动经济发展方式转变；要狠抓政府服务，积极营造经济和信息化发展的良好环境。经信委系统各级领导干部要始终牢记肩负的神圣职责，要以新的视野、新的思路、新的举措谋划和推进全年的经济和信息化工作，努力在应对严峻形势中闯新路，在破解发展难题上施良策，在解决复杂矛盾上想办法，稳中求进，以进促稳，推动全市经济和信息化各项工作不断创新发展。

谢谢大家！

坚定信心　锐意进取
推动全市经济和信息化工作实现新突破

——2012年北京市经济和信息化工作报告

北京市经济和信息化委员会主任　靳　伟

2012年1月9日

同志们：

这次全市经济和信息化工作会议的主要任务是，认真贯彻党的十七届六中全会、中央经济工作会议、全国工业和信息化工作会议、市委十届十次全会等重要会议精神，总结2011年工作，分析当前形势，部署2012年重点任务，动员全系统干部职工坚定信心，锐意进取，全力以赴做好各项工作。下面，我代表市经济和信息化委员会作工作报告。

北京市经济和信息化委员会
主任　靳　伟

一、2011年经济和信息化工作

去年，面对国内外形势复杂严峻、北京市主动调控的经济环境，全市经济和信息化战线在市委市政府的正确领导下，坚持主题主线，深度调整产业结构，积极推进高端产业发展，大力培育战略性新兴产业，着力提高发展的质量和效益，努力实现工业和软件信息服务业平稳增长，推动经济由政策刺激向自主增长有序转变，实现“十二五”良好开局。

（一）奋发有为，努力实现工业经济平稳增长

狠抓经济运行调度。针对下半年复杂形势对工业生产经营的影响，市委市政府及时研究部署，深入企业调研，出台了促进工业平稳发展的11条具体措施，分解落实责任，强化重点企业服务，阻滞了年中以来工业增速下滑的势头。各区县、开发区和企业积极行动，狠抓落实，顺义、昌平等区县出台了保增长配套政策，北汽集团、北京三一等企业及时调整产品结构实现较快增长。面对首钢涉钢产业停产、限车、限房等主动调控措施带来的影响，1～11月，规模以上工业增加值同比增长7.1%，其中高技术制造业和现代制造业增加值同比增长11.4%，生物医药、

装备、汽车产业呈现高速增长势头。软件和信息服务业增加值同比增长19%。

帮扶企业拓展市场。发挥企业帮扶机制作用，积极推进上下游企业产业链对接。分别组织北京三一与市轨道交通、市政路桥，首钢与北车集团、金风科技、北京现代等签订相关战略合作协议，其中北京三一首台盾构机将在我市地铁工程中率先应用；北京现代加大了对首钢冷轧板的采购力度，全年达到10万吨。积极支持汽车企业参与老旧车淘汰更新、新能源汽车示范运营和政府公务车采购，其中推动新增纯电动汽车1100辆示范应用；采购北汽福田1029辆大型公交车，新增产值近10亿元。

推动重点项目投产。京东方8.5代线6月底顺利投产，实现了从1.8英寸到55英寸全系列主流液晶面板的国产化，改写了我国大尺寸液晶屏完全依赖进口的历史；数字电视产业园各项配套建设进展顺利，预计今年新增产值160亿元。北京奔驰全年产销汽车9.3万辆，实现产值300亿元；新GLK车型于12月成功下线，产品不断丰富；德国境外的首个发动机工厂在京奠基，标志着汽车合资企业核心技术领域的重大突破。

（二）抢抓机遇，大力培育发展战略性新兴产业

加大产业扶持力度。编制高端装备、航空航天、新材料等战略性新兴产业发展规划，深入研究在京发展的路径和规律。组建中关村科学城工作组，编制《中关村科学城发展规划》，对8大战略性新兴产业的42个细分领域，进行产业链的详细梳理并制定相应的产业促进方案，发布170项科技成果。积极争取国家科技01—04重大专项、重大科技成果转化、云计算、物联网等资金36亿元，对战略性新兴产业175个项目进行了支持。实施了“祥云工程”、4G（TD—LTE）规模技术试验、“感知北京”等重大产业创新发展和应用示范工程。

推进科技成果转化。科技重大专项实施成效显著，中芯国际65纳米集成电路制造工艺实现量产；中航工业集团完成了飞机核心制造装备——自动化电磁铆接设备的研发，标志着国内初步形成了飞机自动化装配系统研制能力；创毅讯联公司研发的全国首枚4G基带处理芯片进入市场。41家企业通过第十四批市级企业技术中心认定，神州泰岳、双鹭药业通过了国家级企业技术中心认定，江河幕墙被工信部认定为“技术创新示范企业”。企业自主创新成果不断涌现，华锐风电自主研发电网友好型6兆瓦风力发电机组成功下线，标志着中国风电技术进入国际先进行列；碧水源公司研发的“高低交互式增强型膜生物反应器”产品性能处于国际领先水平。推动国家地理信息科技产业园、高端制造业基地、通用航空产业基地、中移动国际信息港等一批新产业聚集。

加大高端项目投资。深化与央企战略合作，发挥重大工业项目落地统筹协调机制作用，加大重大项目统筹资金的支持力度。1～11月，全市完成工业固定资产投资660.8亿元，同比增长54%，工业实际利用外资7.6亿美元，同比增长15.2%。推进燕房合作和石化新材料产业基地项目建设，双酚A、聚碳酸酯等项目已进入调试生产阶段。新兴际华在丰台建设应急救援科技产业园，总投资42亿元，达产后将实现年销售收入200亿元。北汽股份自主品牌乘用车基地总投资50亿元，达产后将实现年销售收入190亿元。

（三）多措并举，加快推进产业转型升级

积极开展技术改造。发布企业技术改造指导意见及行业技改目录，突出支持重点，利用国家和本市10.4亿元资金引导支持一批企业开展技术改造，技改工作的针对性、有效性和影响力明显提升。各区县、各工业控股公司狠抓技改项目，调整产业和产品结构，取得明显效果。如昌平组织重大技改项目81项，项目涉及投资41亿元，达产后可增加产值147亿元；电控集团宇航级器件、化工集团特种橡胶产品在新一代运载火箭、神舟飞船上得到较好应用。

深入推进节能减排。重点推进45家“三高”企业退出，完成北新建材公司搬迁。积极开展企业清洁生产，30家企业通过清洁生产审核、验收。开展节能节水技术推广应用。亦庄开发区推广屋顶太阳能光伏发电示范应用，已建成企业自发自用发电项目装机容量达7.32兆瓦，在建

项目容量达8.7兆瓦。推动工业领域合同能源管理项目实施，石景山、密云取得较好示范成效。盈创等企业积极开展资源再生利用，取得较好的经济和社会效益。1～11月，万元工业增加值能耗同比下降20.7%，为全市万元GDP能耗下降做出重要贡献。

大力推动兼并重组。贯彻落实国家关于推进企业兼并重组的政策意见，一批大中型龙头企业抓住机遇，加快产业转型升级。首钢集团通过兼并重组规模效益不断扩大，成为北京市率先进入世界500强的国企，位列第325位。北汽集团加强优势资源的整合力度，全年实现销售汽车155万辆，同比增长3.3个百分点，高于全国平均水平0.8个百分点，收入和利润水平稳居行业第四，主要指标已跨入行业第一梯队。金隅、神州数码等企业通过兼并重组实现了资源整合，提高了行业竞争力。

（四）强化服务，积极营造中小企业发展的良好环境

着重完善政策体系。积极履行主管部门职责，把中小企业工作摆在重要位置抓实抓细。成立了北京市促进中小企业发展领导小组，成员由30个相关委办局组成。出台了北京市关于促进中小企业发展的实施意见，确定了22项促进中小企业发展的重点任务。建立《北京市中小企业促进条例》地方立法工作机制，完成征求意见稿。针对下半年中小企业出现的突出困难和问题，社会广泛关注，市经济信息化委多次组织专题调研，研究提出促进中小企业发展的一系列政策措施建议，推动出台了扶持小微企业发展的财税等政策措施。

持续创新融资服务。推动北京市中小企业公共服务平台建设，完善市区两级中小企业投融资服务体系。组织22场中小企业融资培训会，千余家中小企业、45个行业协会参加了培训。争取国家和本市中小企业专项资金4.4亿元，支持中小企业技术改造，发展新兴产业。“中小企业投融资服务平台”服务能力进一步加强，共发行集合融资产品34期，融资14.34亿元；通过代偿资金为企业提供融资支持20亿元；分四批参股成立17家创业投资公司，对58家中小企业进行了股权投资，中小企业创新融资工作得到国家有关部门的充分认可。

（五）汇聚优势，大力推进软件和信息服务业发展

力推产业领先发展。积极落实国务院4号文件精神，确定237家“四个一批”企业给予重点支持。北京市有30家企业入围工信部组织的2011年软件业务收入前百家企业评选。新认定软件企业826家，新登记软件产品2770个。加强与北京银行、中国进出口银行的战略合作，创新实现了软件产品的质押融资，受到企业欢迎。全国第一家“北京软件和信息服务交易所”于上半年注册成立。14家软件企业登陆资本市场，北京市软件和信息服务业企业累计上市103家，形成了代表中国软件和信息服务业发展水平的北京板块。

深入实施祥云工程。北京市“国家云计算服务创新发展试点示范”工作进展顺利，5个重点项目成为国家示范项目。100多家企业参与祥云工程，初步形成完整的云计算产业链。启动建设百度公有云、用友中小企业云、金山百G云、中金云平台存储等十大示范性公共云服务平台。发布了天地超云服务器、云操作系统等几十款云产品。建设亦庄和中关村云基地，成为国内领先的集应用示范、研发和产业于一体的云计算基地，完成了云计算产业在全市的合理布局。

（六）创新应用，务实推进信息化建设

顶层设计智慧北京。从推广应用和支撑体系两个方面规划全局，科学制定“智慧北京”行动纲要，围绕城市智能运行、市民数字生活、企业网络运营和政府整合服务提出8个方面的行动计划。制定并发布《北京市“十二五”时期城市信息化及重大信息基础设施建设规划》，从智能化经济转型、网格化社会管理、精细化城市运行、数字化文化传承以及宽带化基础设施提升等方面明确了任务和行动路径。

巩固提升基础设施。积极贯彻刘淇书记关于“建设全国最好、世界领先的无线城市”的指示要求，开展以3G和无线局域网（WLAN）模式为主的无线城市建设。新建3G基站2244个、无线局域网接入点8.2万个，3G用户达到514万户，其中TD用户达到206万户。支持三大电信运

营商在西单、王府井、奥林匹克公园等六个重点区域开通公益性无线宽带服务，向市民提供为期3年的免费上网服务。在国内率先利用4G网络技术建设政务物联数据专网。

不断深化应用示范。推进智能交通、网格化管理、基层信息采集、信息资源共享等城市信息化示范应用。开展首批移动政务应用试点，“首都之窗”连续5年在全国省级政府网站评比中排名第一。推出“市民主页”，接入108项政府公共服务。开通“信用北京网”，开展中小企业信用体系试点，建设食品企业诚信信息公共服务平台。在海淀、西城等区县开展远程医疗和智慧社区综合应用试点，在平谷、大兴等区县开展农村信息化应用试点。支持一批企业开展两化融合和电子商务试点示范。加强信息安全保障体系建设，组织开展全市信息安全检查，全力做好建党90周年信息安全保障工作。

此外，我们先后编制完成了“十二五”时期工业、中小企业等14项发展规划。参与起草制定《首都中长期企业经营管理人才发展规划》，加快推进“北京海外人才聚集工程”的实施，引进高端人才38人，组织完成第十四届工业和信息化职业技能竞赛。认真做好国防科工各项工作，为神舟八号、天宫一号等重大项目提供服务保障。扎实做好对口西藏、新疆、内蒙古、青海等省市、自治区的产业援助工作。

回顾一年来的风雨历程，2011年是北京市坚决贯彻中央的决策部署，率先转变发展方式，深度调整产业结构的一年。成绩的取得来之不易，其经验弥足珍贵，其质量不比寻常，其意义利在长远，是市委市政府坚强领导、科学决策的结果，是各部门、各区县大力支持、通力协作的结果，是全系统全体干部职工迎难而上、奋力拼搏的结果。在此，我代表市经济和信息化委员会，向辛勤工作在经济和信息化战线上的同志们、向所有关心支持首都经济和信息化发展的各界朋友们，表示崇高的敬意和衷心的感谢！

同时，我们也清醒地认识到自身的不足，一是如何做强首都实体经济，强化工业对经济社会发展的支撑作用，认识还不够深刻，能力还有待提升；二是提高对外开放水平，加强重大项目招商引资，提高项目落地效率，工作力度还有待加强；三是进一步激发企业创新活力，提高科技成果转化，工作方式还需要创新；四是对于把握复杂多变的国内外经济形势，我们的能力和经验还存在诸多不适应。对这些问题要深入研究，认真加以解决。

二、面临的形势

今年是实施“十二五”规划承上启下的一年。中央经济工作会对国内外经济形势做出了深刻分析与科学判断，市委十届十次全会对全市的经济工作进行了决策和部署，我们要牢牢把握“稳中求进”的总基调，将扩大内需作为战略基点、发展实体经济作为坚实基础，大力践行“北京精神”，全力推进科技创新和文化创新“双轮驱动”，深刻认识我市经济和信息化发展所面临的挑战和机遇。

从国内外形势上看，一是国际经济短期难以明显好转。受外部需求不足、国际经济复苏乏力、发达国家失业率居高不下、国际贸易保护主义增强、新兴国家市场竞争加剧等影响，工业发展面临的国际环境更趋严峻。二是国内工业增长下行风险加大。去年全国工业增速逐季放缓，出口增速持续下降。制约内需的因素也在增加，带动力强的汽车、住房消费延续低速增长态势，新兴产业市场需求有待培育，市场短期内难以形成新的消费热点。今年工业经济增速有可能进一步回落。三是围绕信息技术发展的竞争日趋激烈。信息技术迅猛发展，互联网新业态、新服务、新模式不断创新，信息服务业发展面临新的竞争格局，企业加快转型升级的要求十分迫切。以移动互联网和智能终端为代表的新业务发展，带来的网络与信息安全问题日益突出。

从全市看，去年工业增速回落，很大程度上是主动调控的结果，但市场变化对工业经济运行的影响必须引起我们高度重视。首都经济社会发展中一些长期积累的结构性矛盾依然存在，进一步扩内需存在较大制约，经济和信息化发展遇到一定困难。一是企业生产经营面临较大压力。资金面短期内难有较大改观，原材料成本、人工成本、融资成本、土地成本、能源成本总体呈现不断攀升态势，将多重挤压企业利润空间。二是深度调整产业结构的难度进一步加大。企业自主创新能力弱，核心竞争力有待提升，部分产品处于产业价值链的中低端，具有自主知识产权的核心技术和知名品牌较少。战略性新兴产业的培育需要一个过程，高端制造业规模和竞争力还亟待提高。三是资源环境和发展的矛盾依然突出。北京市面临着环保与节能减排压力不断加大、能源资源约束刚性增强、劳动力要素供给压力增大等多种影响，经济发展将长期处于“硬约束、紧运行”状态。

同时，我们要看到有利条件，国内外形势的变化没有改变中国经济发展的基本面，首都发展仍处于重要的战略机遇期。第一，国际金融危机让全球都重新认识到实体经济的重要性，工业是社会物质财富的主要创造部门，是国民经济发展的基石，是最重要的实体经济部门。国家和北京市都高度重视发展实体经济，政策、人才、技术和资金等资源将进一步倾斜。随着形势的变化和需要，国家和北京市将随时出台支持工业发展的相关政策。第二，为增加就业、改善民生、扩大消费，必须保持一定的经济增速，国家和北京市都把扩大内需作为应对国际复杂环境、促进经济增长的主要着力点。我们要紧紧抓住中央经济工作会议上确定的重大项目进入集中建设阶段，特别是战略性新兴产业配套政策陆续出台的重要机遇，力争脱颖而出。第三，经过2008年国际金融危机的磨练北京市企业抵御风险、拓展市场、创新发展能力明显增强。首都聚集了科技、教育、人才、金融等丰富的资源，中关村“1＋6”系列政策优势明显，一批中央在京重大项目落地实施，结构优化的积极效应不断积累，为今后的发展奠定了较好的基础。第四，今年党的十八大召开，将极大激发北京市经济和信息化系统推动科学发展、加快产业转型升级的积极性，为首都经济又好又快发展提供强大动力。

总的来讲，我们既要看到诸多有利条件，坚定发展的信心，更要充分估计形势的复杂性和严峻性，切实增强机遇意识、忧患意识和大局意识、首善意识，做好应对各种困难和挑战的工作准备，牢牢把握工作主动权，着力解决发展中的突出矛盾和问题。

三、2012年主要工作任务

今年全市经济和信息化工作的总体要求是：全面贯彻党的十七届六中全会、中央经济工作会和市委十届十次全会精神，坚持主题主线，践行北京精神，着力抓好经济运行，提高工业对首都经济增长的支撑作用；着力抓好实体经济，加快产业结构的优化升级；着力抓好创新驱动，推动经济发展方式的深刻转变；着力抓好智慧引领，深化城市信息化的整合融合；着力抓好企业服务，促进产业发展环境的持续改善，坚定信心，锐意进取，推动全市经济和信息化工作实现新突破。

2012年主要预期目标是：力争规模以上工业增加值增速达到8.5%左右；软件和信息服务业实现营业收入同比增长17%左右；万元工业增加值能耗、水耗在去年基础上进一步下降，为全市节能减排工作做出积极贡献；信息化总水平继续保持全国领先，“智慧北京”建设稳步推进。

今年要重点抓好五个方面的工作任务。

（一）着力抓好经济运行，提高工业对首都经济增长的支撑作用，努力在“稳增长”上取得新成绩

做好经济运行调度。深入分析工业发展和运行趋势变化，密切关注热点和难点问题，及时采取应对措施。跟踪各产业、各区县经济运行动态，完善经济运行监测平台，做好预警、监测和服务保障，落实保增长奖励措施。做好企业帮扶，加强分类指导，在重点企业实行“一企一策”。各区县和重点企业要按照全市下达的分解指标，建立健全稳定经济增长的目标责任制，保证预期目标任务的完成。

突出抓好扩大内需。高度关注“十二五”规划国家重点工程建设进度，紧紧抓住北京轨道交通、南水北调配套工程、保障性住房、老旧小区节能改造等重大项目机遇。继续落实老旧汽车更新、节能家电等促进消费政策，做好太阳能应用、智能微网建设、新能源汽车试点示范等相关工

作。推动汽车、电子、装备等产业加强合作，支持企业开展产业链上下游配套合作，提升首都制造业集群的整体竞争力。依托京交会、京港洽谈会等平台，加大产品和服务的市场推介力度，帮助企业开拓市场。

加快高端项目建设。明确目标，落实责任，重点抓好数字电视、石化新材料、移动硅谷、通用航空等产业园建设，加快推进中国北车、中芯国际扩产、现代三工厂、长安汽车、三一制造中心等重点项目建成投产，协调推动京东方8.5代线、北京奔驰GLK等项目达产满产。全力推进95个项目实现年度投产，争取实现新增工业产值500亿元左右。

（二）着力抓好实体经济发展，加快产业结构的优化升级，在“调结构”上取得新进展

加大项目招商引资。认真落实市委市政府提出的“要在进一步提高对外开放水平上求进”的明确要求，完善重大项目引进评价和落地机制，以重大项目招商为突破，提升推动科学发展的工作能力。提高对外开放水平，核心是要在创造环境、注重招商、引进高端、加强考核上下功夫。要着眼世界产业发展前沿，努力寻找新的增长点、新的发展领域。要重点围绕世界500强、重点行业前5强和高成长企业，下大力气抓好具有潜力的大规模集成电路制造装备、汽车、城市轨道装备等产业的招商引资工作，强化首都产业集群竞争力。要落实好与中央单位签订的框架协议，大力支持央企、跨国公司和民营企业在京发展。要以重大项目建设带动产业结构优化升级，推进81个新项目开工，争取全年工业重点产业固定资产投资实现20%增长。

积极培育新兴产业。全力抓好“十二五”规划的实施，推动战略性新兴产业专项规划尽快颁布，继续建设中关村科学城特色产业园和产业技术研究院。通过三网融合、重大装备首台套采购、新能源汽车试点运营等应用示范工程，加快战略性新兴产业市场培育。围绕42个细分领域实施方案，将政策、资金向重点行业倾斜，在电子制造领域重点培育集成电路、平板显示、LED、智能手机和数字电视等；在装备领域，重点培育智能电网、储能设备、环保装备和高档仪控系统等；在汽车领域，重点培育汽车电子、新能源汽车及核心配件。在生物医药、新材料、新能源、航空航天和节能环保领域力争形成一批重点项目。

优化产业空间布局。推进产业结构深度调整与落实区县功能定位相结合，要积极实施产业基地公共服务能力提升工程。按照国家级开发区标准，制订新的园区准入标准，推动园区环境改造和产业升级。科学安排战略性新兴产业发展空间，做好中关村科学城高新技术企业总部和研发基地布局，推进新首钢高端产业综合服务区的高端制造业项目建设。推动顺义天竺空港、怀柔雁栖两个市级开发区升级为国家级开发区。支持亦庄开发区建设国家生态工业示范园区。加快镇村产业结构升级。加强首都经济圈建设，深化区域产业协作，继续做好对西藏、新疆等地区的产业援助工作。

（三）着力抓好创新驱动，推动经济发展方式的深刻转变，在“转方式”上取得新成效

推进企业自主创新。发挥中关村国家自主创新示范区的引领作用，加强关键核心技术和共性技术攻关，以“核高基”、集成电路装备、宽带无线移动通信、高档数控机床等科技重大专项为依托，充分发挥行业龙头和科研院所的作用，力争在装备制造、信息网络、高端软件、关键材料等领域取得新的突破。贯彻实施技术创新推进计划，争取承担新一代航空发动机专项。完善军民两用技术双向转化的机制和平台，强化军民融合创新。继续支持科研机构和企业建设产业技术研究院，力争更多优秀科技成果实现产业化。开展企业技术中心认定和评估，支持以企业为主体的创新体系建设。

加大技术改造力度。进一步完善政策措施，将改造与发展战略性新兴产业有机结合，在政策和资金上加大支持力度，运用先进适用技术和高新技术改造提升传统产业，围绕工信部确定的节能与新能源汽车产业化、装备工业基础能力提升、新型绿色环保建材等重点行业9个专题，实施一批技改重点项目，并抓好项目后评价工作。支持企业改造提升研发设计、实验验证、检验检测等基础设施和条件。

支持企业内涵降耗。贯彻落实北京市清洁空气行动计划，深化工业污染治理。推进水泥、石化等行业结构调整，继续鼓励引导“三高”企业退出。出台工业企业节能制度规范、软件和信息服务业节能减排指导意见。进一步完善产业能耗水耗标准体系，提高用能用水效率准入标准，严格落实固定资产投资项目节能评估和审查制度。鼓励企业研发节能节水新技术、新工艺、新装备和新产品，推进信息技术和手段在节能节水中的应用。加强重点用能企业能耗管理，推进企业能源管理中心建设。

打造北京创造品牌。组织实施质量品牌建设年活动，开展企业质量标杆评比，健全品牌培育评价机制，促进产品质量持续提升。探索制造业和文化产业协同发展，提升北京工业产品的品牌文化内涵。加强传统工艺美术的传承和保护，大力发展工业领域的文化创意产业。引导企业加快产品开发和品种创新，加强品牌宣传，塑造工业产品“北京创造”新形象。支持医药、汽车、都市等行业一批具有自主知识产权和品牌的企业做大做强。有重点、有步骤地鼓励企业“走出去”开拓境外资源，建设生产基地、营销网络和研发机构，开拓新兴市场，扩大境外投资合作。

（四）着力抓好智慧引领，深化城市信息化的整合融合，在“促和谐”上取得新跨越

提升信息基础设施。落实“宽带中国”战略，实施宽带上网提速工程，推进光纤入户普及20兆带宽。加快3G网络和无线局域网络建设，扩大4G网络试点规模，打造无线城市。建设北京市政务物联数据专网、物联网应用支撑平台和政务云基础硬件设施。推动四大基础数据库向云计算模式升级。推进物联网、云计算领域信息安全基础设施建设。

深化智能融合应用。推广网格化社会服务管理试点，推进一卡多用，扩充“市民主页”的服务事项，深入开展“信用北京”工程，建设食品安全追溯信息平台、电子病历共享数据中心，提高民生服务水平。加快网上政务服务大厅升级改造，开展网上全流程办理业务试点，促进服务向基层延伸。实施应急物联网工程，推动实有人口数据库和流动人口管理平台建设，完善交通智能管理和服务功能，确保城市安全运行。实施两化融合深度行活动，扩大两化融合试点示范，支持企业打造“数字化工厂”，建设电子商务示范园区。

加快创建软件名城。深入实施“祥云工程”行动计划，推广云计算示范应用，开展十大信息服务运营平台建设。围绕移动互联网、三网融合、导航位置服务、下一代互联网、工业软件等新兴领域，形成专项计划和行动方案。推进政务信息资源向社会开放，促进信息服务业发展。支持软件和信息服务交易所创新市场交易模式和品种。推进软件和信息服务业企业与工业企业开展信息技术应用对接。制定出台软件出口促进工作方案，重点推动软件企业近岸市场出口。

加强网络信息安全。贯彻落实国家网络与信息安全协调小组会议精神，深入研究新技术新业务带来的信息安全风险，修订《北京市公共服务网络与信息安全管理规定》。完善信息安全应急体系，加强信息技术服务外包、工业控制系统的安全管理。强化无线电频率管理，加大非法设置使用无线电台站的监测和查处力度。做好党的十八大等重要活动的信息网络安全保障工作。

（五）着力抓好企业服务，促进产业发展环境的持续改善，在“优环境”上取得新变化

激发中小企业活力。以支持创新型、创业型中小企业特别是小微型企业发展为重点，积极实施中小企业服务年活动。高度关注国务院最近正在研究制定的《进一步扶持中小企业健康发展的若干意见》，加快推进北京市中小企业地方立法。积极贯彻国家关于政府采购促进中小企业发展的政策措施，通过预留预算、价格优惠和联合体投标等方式，畅通中小企业参与政府采购活动的环节。构建市区两级协同的综合服务体系，建设认定一批公共服务平台、小型微型企业创业基地。加强市区两级中小企业投融资服务平台建设，扩大集合信托、集合票据、集合债券和股权融资的规模，发挥中小企业创业投资引导基金作用，缓解中小企业融资难题。鼓励大型龙头企业带动中小微型企业协同发展。

强化政策保障力度。研究制定“做强二产”和促进工业可持续发展的长效机制，特别是促进工业增长、加快招商引资、重大项目落地、产业协作配套、工业开发区升级改造等政策措施。发

挥部市会商机制的作用，进一步争取国家相关政策、资金、项目等资源向我市倾斜，尤其是相关部门围绕战略性新兴产业设立的专项资金。加强国防科技工业行业监督管理，继续做好军工重大项目的服务和保障。充分发挥行业协会桥梁与纽带的重要作用，做好企业服务工作。

凝聚高端人才队伍。以企业高层次人才的培养、引进和使用为重点，创新人才体制机制，重点打造企业经营管理人才、科技研发创新人才和高技能人才等三支高素质队伍。积极利用中关村人才特区建设的政策优势，用良好的事业环境吸引海内外高端人才资源，服务首都经济和信息化建设。

全市经济和信息化战线要进一步转变工作作风，创新工作方式，推进依法行政，不断提高服务水平和办事效率。要加强机关党的建设，积极推进反腐倡廉，做到风清气正，打造和谐机关和学习型组织，不断提高干部队伍的能力素质。要继续狠抓基础性工作，深入基层调研，关心企业冷暖，对热点、难点和前瞻性问题加强研究。临近年关，各区县、开发区和企业要高度重视安全生产，认真落实工信部和本市关于加强安全生产的有关工作要求和部署，提高安全生产意识，加强工作指导，防止和杜绝安全事故发生。

同志们，做好今年的经济和信息化工作，事关大局，事关长远。让我们在市委市政府的坚强领导下，增强机遇意识和忧患意识，坚定信心，锐意进取，推动全市经济和信息化工作实现新突破，为建设“三个北京”和世界城市，做出新的更大贡献，以优异成绩向党的十八大献礼！

深入学习贯彻党的十七届五中全会精神
在首钢搬迁调整中促进发展方式的转变

首钢总公司董事长　朱继民

首钢总公司
董事长　朱继民

学习贯彻党的十七届五中全会精神是当前和今后一个时期的首要任务，特别是对正处于战略性搬迁调整的首钢来说，更具有重要意义。首钢紧密结合企业实际，深入学习研讨，将精神贯彻落实到首钢的各项工作中。

一、认真学习、深刻领会，把思想统一到党的十七届五中全会精神上来

党的十七届五中全会是在中国即将完成“十一五”规划，进入全面建设小康社会的关键时期召开的一次重要会议。胡锦涛总书记在五中全会上的重要讲话，科学地总结了党的十七届四中全会以来的工作，全面分析了当前形势和任务，对贯彻落实全会精神和做好当前工作作出了重要部署。全会通过的《中共中央关于制定国民经济和社会发展第十二个五年规划的建议》，站在历史的新高度，描绘了中国在新世纪第三个五年经济社会发展的宏伟蓝图，是动员全党全国各族人民加快推进社会主义现代化建设的纲领性文件。

首钢领导班子在学习中，首先深刻理解党的十七届五中全会精神的主要内容。一是深刻认识“十一五”期间中国经济社会发展取得的巨大成就；二是深刻理解“十二五”规划的指导思想；三是深刻理解分析判断“十二五”时期经济社会发展的国内外环境；四是深刻理解以科学发展为主题，坚持发展是硬道理的本质要求，就是坚持科学发展，更加注重以人为本，更加注重全面协调可持续发展，更加注重统筹兼顾，更加注重保障和改善民生，促进社会公平正义；五是深刻理解以加快转变发展方式为主线，在发展中促转变，在转变中谋发展的理念；六是深刻理解“十二五”时期经济社会发展的主要目标；七是准确把握“十二五”时期十个方面的主要任务；八是深刻理解《建议》中关于充分发挥党的领导核心作用的阐述。

在认真学习五中全会文件、深刻把握精神实质的基础上，结合企业实际，首钢各级领导干部要进一步增强推动科学发展的紧迫感、责任感和使命感，增强机遇意识和忧患意识。要抓住和利用好“十二五”重要战略机遇期，完成好首钢搬迁调整和在北京地区转型发展的各项任务，深入推进创新创优创业，实现首钢又好又快发展。

二、结合制定首钢“十二五”发展规划进行专题研讨

首钢把学习党的十七届五中全会精神的过程，作为系统谋划科学发展、破解发展难题、提升工作水平的过程。采取集中学习、自学、专家辅导、专题研讨相结合的形式，在全面把握五中全会精神的基础上，紧密结合企业实际，提出了以下10个方面的专题深入研讨。

（1）首钢发展的内外部环境发生了哪些深刻变化，为首钢提供了哪些机遇，还面临哪些风险和挑战，如何应对？（2）根据中央提出的改造和提升制造业的要求，首钢如何加大转型升级力度，提升核心竞争力？（3）在首钢“十二五”规划中，如何定位核心产业和相关产业，如何实现做强做大，应当确定哪些重要指标，围绕这些重要指标应当采取哪些措施？（4）如何把经济结构战略性调整作为主攻方向，根据北京市有关要求，结合首钢自身能力，加快土地开发和北京产业转型，形成首钢新的发展优势？（5）根据中央提出的把科技进步和创新作为加快转变经济发展方式的重要支撑的要求，首钢如何加快科技进步和创新？（6）按照国家建设资源节约型、环境友好型社会的要求，首钢如何加快建设“两型”企业，如何发展环保产业？（7）中央提出改革开放是加快经济发展方式转变的强大动力，首钢需要在哪些环节、哪些方面、哪些领域加大改革开放的力度？（8）首钢如何实现人与企业共同发展，如何建设学习型、创新型企业？（9）首钢如何加强企业文化建设，打造企业软实力，提升核心竞争力？（10）首钢如何实施人才强企战略，人才工作现在存在哪些差距，还要解决哪些问题？

通过专题研讨，启发新思维、拓展新思路、谋划新发展，把中央的精神转化为企业的具体行动。对每个专题的研究都确定了责任单位和时间要求，提出研究成果后，提交首钢领导班子会议进行深入研讨，进一步取得共识，将有关内容纳入首钢“十二五”发展规划，纳入各项子规划，贯彻落实到企业发展的各项工作中。

三、贯彻中央加快转变经济发展方式“五个坚持”的要求转变为“五个落实”

《中共中央关于制定国民经济和社会发展第十二个五年规划的建议》指出，要以科学发展为主题，以加快转变经济发展方式为主线，做到“五个坚持”：坚持把经济结构战略性调整作为加快转变经济发展方式的主攻方向，坚持把科技进步和创新作为加快转变经济发展方式的重要支撑，坚持把保障和改善民生作为加快转变经济发展方式的根本出发点和落脚点，坚持把建设资源节约型、环境友好型社会作为加快转变经济发展方式的重要着力点，坚持把改革开放作为加快转变经济发展方式的强大动力。

结合首钢实际，贯彻中央“5个坚持”的要求，将“5个坚持”转变为“5个落实”，可以基本包括上述十个专题的内容。

（一）把坚持经济结构战略性调整落实到首钢钢铁业搬迁调整和在北京地区的转型发展上

首钢搬迁调整本身就是中国经济结构战略性调整的重点项目，已列入国家“十一五”发展规划纲要，是中国第一个从大城市整体搬迁的大型钢铁企业。目前，首钢搬迁调整的新钢厂建设已基本完成，形成了“一业多地”发展新格局，并实现了从长材生产为主向高档板材和精品长材为主的历史性转变。首钢搬迁调整不仅是钢铁业搬迁，在北京地区实现转型发展是首钢搬迁调整取得成功的重要标志。随着2010年底北京钢铁主流程全部停产，首钢已经进入实施北京首钢工业区土地开发、实施产业转型的新阶段。这对于北京市经济结构的战略性调整，对全国大城市老工业区改造都具有重大的战略意义。“十二五”期间，首钢要深入贯彻党的十七届五中全会精神，以科学发展为主题，以加快转变经济发展方式为主线，以“产品一流、管理一流、环境一流、效益一流”为目标，实施“主业做强，多业协同，打造综合服务商”发展战略，做优做强钢铁业，协同发展矿产资源业、装备及汽车零部件制造业、生产性服务业、房地产及建筑业、海外产业、文化创意产业，实现首钢在北京地区的产业转型，打造“首钢服务、首钢品牌、首钢创造”的综合竞争力，促进首钢集团全面协调可持续发展。

（二）把坚持科技进步和创新落实到增强首钢自主创新能力、提高核心竞争力上

首钢把提高自主创新能力作为搬迁调整的中心环节，实施人才优先战略，已经做了大量工作，为转变经济发展方式提供了重要支撑。“十二五”期间，首钢要把科技进步与产业结构及其优化升级更加紧密地结合起来，增强原始创新、集成创新和引进消化吸收再创新能力，为做优做强钢铁主业、协同发展相关产业，为首钢在北京转型发展提供强大的科技支撑。要立足自身技术优势，加强内外合作，围绕国家重点项目建设和高端制造业项目，研发独有产品和自有技术，在某些领域实现由追赶型向引领型的跨越。首钢在各地的钢铁企业和北京发展新型产业都要体现特色，体现差异化竞争能力，并充分发挥协同效应，形成更强的资源整合能力和品牌竞争力。“十二五”期间首钢要按照“企业发展人才优先，人才发展以用为本，高端引领整体开发，改革创新扎实推进”的原则，推进人才队伍建设，完善6个机制：党管干部、党管人才的领导体制和工作机制；人人能够成才、人人能够发展的人才培养机制；有利于优秀人才脱颖而出，充分施展才能的用人机制；与工作业绩紧密挂钩，充分体现人才价值的激励保障机制；以岗位职责规范和能力素质指标为核心的人才评价机制；面向国际国内2个市场的高层次人才引进机制，形成更加开放、充满活力、富有效率的人才工作新局面。

（三）把坚持保障和改善民生落实到首钢全心全意依靠职工群众办好企业、维护广大职工合法权益上

长期以来，首钢在这方面做了大量工作。当前最迫切的任务就是做好北京钢铁主流程停产职工的分流安置工作，把这项工作作为贯彻党的十七届五中全会精神，做好群众工作的一项重要政治任务来抓。首钢职代会已正式讨论通过了停产职工分流安置方案，这个方案经过了上下反复研究，充分征求并采纳基层单位和职工的意见，听取了北京市有关部门的建议，最大限度地维护了职工的合法权益。目前，正在精心组织、周密安排，保证2011年一季度基本完成这项工作。这对于保证首钢搬迁调整任务的完成，实现人与企业共同发展，维护企业和社会稳定具有重大意义。结合首钢“十二五”期间面临的新形势新任务，一要坚持通过企业发展从根本上保证职工利益，不仅是收入的提高和物质生活的改善，还包括职工的民主权利、在企业获得人生价值的充分体现。二是完善以职工代表大会制度为基本内容的民主管理制度，落实职工的各项民主权利，维护企业和职工双方利益。三是不断提高职工物质文化生活水平，按照企业效率与效益与职工收入“双挂钩”的原则，提高职工收入水平，改善各项生活服务等。四是做好人民内部矛盾排查调处，实施帮困救助措施。完善矛盾纠纷排查化解机制，把矛盾化解在基层。对职工遇到的困难，完善最低生活保障、困难补助、职工互助保险、帮困基金和帮困助学基金、内退待岗困难职工实施再就业等“五道保障线”。通过企业发展，维护职工合法权益，构建和谐企业。

（四）把坚持建设资源节约型、环境友好型社会落实到首钢加大节能减排力度、发展循环经济上

随着世界经济发展和哥本哈根国际会议的召开，应对全球气候变化，减少温室气体排放，发展低碳经济，已成为世界各国高度关注的重大问题，是转变经济发展方式的客观要求。首钢多年来坚持“人、技术、环境和谐一致”的理念，把节能减排、发展循环经济作为落实科学发展观的重大战略任务。为促进“绿色北京”建设，首钢北京钢铁主流程到2010年底已全部停产，各项污染物排放大幅度下降；同时发展一系列环保产业，特别是按照国家提出的把首钢京唐钢铁厂建设成为节能减排和发展循环经济的标志性工厂的要求，节能减排已达到国际同类钢厂先进水平。“十二五”期间，要树立“大环保、大资源”理念，发展绿色钢铁。要在节能减排诊断的基础上

进行系统规划，加快实施技术改造，加强能源管理，确保各钢厂节能减排指标和发展循环经济措施全面达到设计要求。要按计划完成迁安循环经济产业园区二期建设，推进北京循环经济生态园、生物质能源，水钢、贵钢、长钢循环经济产业化项目建设，并积极开发外部市场。同时还要注重钢铁产品本身的资源节约，提高质量和强度，延长使用寿命。要围绕环保产业化要求，加强首钢环保设备的研发制造，环保技术专利的产业化运作，进入环保工程、技术咨询、设施运营管理等社会领域，成为首钢新的经济增长点。

（五）把坚持改革开放落实到首钢深化体制改革、扩大开放合作上

首钢作为国家第一批经济体制改革试点企业，率先实行企业承包制，为国有企业改革提供了有益经验。之后又实施了建立现代企业制度、集团化改革、股份制改造、主辅分离、辅业改制等一系列改革。以开放的思维，创建开放式企业，广泛利用国内外一切社会资源，与180多家上下游企业，科研、金融机构建立了广泛的战略合作关系，引进消化先进技术，学习先进管理经验，巩固和完善了上下游产业链。“十二五”期间，要适应首钢搬迁调整发展格局的新变化，进一步完善首钢集团管理体制，探索多个层面、多种管理方式有机结合的“集成管理”。一是适应产业布局的变化，探索跨地区企业的分类管理；二是适应产权结构的变化，探索多元所有制企业的管理。三是适应产业规模和产业结构的变化，探索集团企业的协同管理和新进入产业的管理；四是适应产品结构的变化，探索以板材生产为主的管理模式；五是适应市场竞争形势的变化，探索多种方法加强基础管理。要围绕实施低成本生产高端高效产品战略，完善6项管理体系：精细化规范化的指标体系、稳定生产保障体系、质量一贯制管理体系、精细化的执行体系、设备功能精度体系、以客户为中心的服务体系。通过管理体制和机制的创新，为建设21世纪新首钢提供强大动力。

（摘自2011年02期《企业改革与管理》杂志）

开启“二次创业”新征程
全面提升北汽集团的自主创新能力

北京汽车集团有限公司董事长　徐和谊

北京汽车集团有限公司
董事长　徐和谊

胡锦涛总书记在庆祝建党90周年的讲话中说：“实践发展永无止境，认识真理永无止境，理论创新永无止境。”这3个“永无止境”可以说是我们党不断进行变革创新、永葆生机和活力的法宝。

对于我们企业管理者来说，也有3个永无止境，那就是“艰苦创业永无止境，技术创新永无止境，完善管理永无止境。”创业创新是企业求生存、谋发展、实现跨越的必由之路。

今年是“十二五”开局之年。“十二五”是我国转变经济发展方式、加快结构调整与自主创新的关键时期，也是我们加快发展的战略机遇期。为了更好地实施北汽集团“十二五”规划，全面落实首都“十二五”发展规划纲要，打造创新型企业，北汽集团党委和董事会在认真分析国际国内形势和行业发展趋势，深刻剖析企业自身发展面临的新情况、新问题、新目标的基础上，于今年8月中旬的北汽集团2011战略研讨会上正式提出了“二次创业”的战略决策，决心在新世纪北汽集团在集团化道路上第一次创业的基础上，进一步解放思想，从思想上、组织上、行动上再进行一次艰苦奋斗、锐意创新的“二次创业”，全面提升北汽集团自主创新能力与自我发展能力，将北汽集团的各项事业推进到一个新水平。“二

次创业”战略的提出，是北汽集团在“十二五”开局之年做出的重大战略安排，是解决当前及长远问题、实现企业更好更快发展的强大思想武器。

一、北汽集团“二次创业”的重大战略意义

进入新世纪以来，以北京现代的创业和建设五大发展平台为标志，北汽集团开始了集团化道路上的第一次创业。2002年，新一代北汽人“五百把镰刀”开始创业，在杂草丛生的荒地上建起一座现代化工厂，北京现代创造的“现代速度”成为带动北京汽车整体发展的火车头。在这一时期，北汽福田和北京奔驰也成为集团创业的重要生力军。2006年集团党委开始酝酿、2007年正式提出并实施“走集团化道路、实现跨越式发展”的战略，从此北京汽车开启了规模从小到大、实力由弱变强的全新发展阶段。

经过新世纪集团化道路上的第一次艰苦创业，北汽集团不仅实现了从徘徊到奋进、从分散到集聚、从探索到腾飞的跨越，形成了“奋力拼搏、团结协作、知难而进，志在必得”的北京汽车精神，而且为北汽集团开辟了一条集约化、规模化、国际化、现代化的发展之路，使北京汽车工业发展成为首都高端经济和北京现代制造业的重要支柱产业，北汽集团进入到国内汽车集团的前列。

然而，我们要客观、清醒地看到，北汽集团虽然取得了长足进步，但是我们的自主创新能力还比较薄弱，北汽集团离世界品牌还相差甚远，百年基业的基础还很脆弱。因此，我们必须以更宽的视野，更高的境界、更大的气魄，在上一次集团化创业的基础上进行新的变革，搭建新的创业平台和框架，勇敢地开启“二次创业”的新征程。

北汽集团“二次创业”的重要战略意义，主要体现在以下五个方面。

（一）这是适应国际形势变化、应对全球化竞争的需要

国际金融危机发生以来，全球汽车产业发展状况发生了巨大的变化，汽车产业的全球化速度进一步加快。虽然世界汽车产业的重心加速向新兴市场转移，但是跨国企业凭借其技术、品牌和市场优势，仍然牢牢控制着整个产业的技术路径和发展方向，仍然在核心技术、产品研发和品牌销售等关键环节掌握着话语权。跨国汽车公司在关键零部件领域发展高附加值产品，在汽车设计、制造、测试以及管理和服务领域，更加注重电子信息技术等高新技术的应用，在新能源汽车领域大幅度增加研发投入，加快推进产业化，以拉大与后发汽车国家的距离，以通过技术优势保证利益最大化。面对汽车产业全球化竞争的新态势，中国的汽车企业不能继续满足于在产业链的低端做跨国公司的装配厂，我们要参与国际汽车产业的竞争，就必须要提高自主创新能力，进行产业的转型升级。

（二）这是顺应国家汽车产业政策导向、建设汽车强国的需要

最近张德江副总理在一次讲话中强调：汽车产业是国家工业化的标志，是国家战略性产业。我国汽车工业要坚定不移地实现汽车产业大国到汽车强国的转变。要建设汽车强国，就要把握汽车工业自身发展规律，以市场为导向，企业为主体，重点培育自主品牌，扶持骨干企业，坚持自主创新，推进节能减排工作，大力支持新能源汽车发展，加强行业发展规划的研究和制定。北京市委、市政府也对北京汽车工业的自主创新提出了明确要求。刘淇书记强调，汽车产业是首都经济的重要支柱产业之一。在新的发展阶段，推动汽车产业发展是提高首都经济核心竞争力的重要任务。要坚持以市场需求为导向，不断增强自主创新能力，研发出更多具有自主知识产权的产品，推动现代高端制造业发展，在更高层次上参与国际竞争与合作，为国家汽车产业发展做出更大贡献。中央和北京市领导的讲话精神以及国家的产业政策导向都非常明确，就是把发展自主品牌、提升自主创新能力上升到国家战略高度，运用一切政策和经济手段，培育中国汽车的自主品牌和自主创新能力。这是北汽集团进行“二次创业”的时代背景和重要政策依据。

（三）这是抢占市场主动权、形成竞争新优势的需要

北汽集团虽然已经发展成近200万辆级的大型企业，今年能做到180万辆，但是在自主品牌

乘用车方面我们起步较晚，在研发、制造、销售等方面与上汽、一汽、东风、长安、广汽等竞争对手相比还有很大差距。面对强劲的竞争对手，我们要弥补后发差距，形成后发优势，将萨博的先进技术转化为有市场竞争力的先进生产力，抢占市场主动权，就必须以“二次创业”的心态，一切从零开始，用过硬的产品质量和先进技术来打造北汽的自主品牌，赢得口碑，赢得市场，形成新的竞争优势，形成北汽未来最重要的经济增长点。

（四）这是实现北汽“十二五”战略目标的需要

北汽集团“十二五”规划的发展目标是：到2015年，产销汽车达到350万辆，力争突破400万辆；主营业务收入达到4000亿元以上，营业利润超过300亿元以上；全集团的产品市场占有率达到10%以上，力争进入世界汽车行业排名前15位，进入世界500强。要达到这个目标，自主品牌乘用车承担了重要的任务。我们的目标是：自主品牌乘用车产销量达到90万辆，其中轿车、越野车达到40万辆。与这个宏伟目标相比，北汽集团在研发体系、管理体系、人才体系等方面还远远跟不上发展形势的需要。目前我们的技术研发水平与世界500强还有巨大的差距，在管理体系上我们还很不完善，我们的人才研发队伍规模还太小，这些都成为制约我们未来发展的关键因素。因此，要解决当前我们面临的问题与挑战，北汽集团必须坚定不移地进行“二次创业”。

（五）这是巩固发展成果、永葆北汽基业长青的需要

今年中国的汽车市场进入了调整期，中国汽车产业的增长方式正在发生深刻的变化，正由总体增长向单个企业增长转变，由规模盈利型向单车盈利型转变，由总量增长向细分目标客户增长转变。对于自主品牌来说，“十一五”是资格赛，“十二五”是选拔赛，“十三五”是淘汰赛。也就是说到“十三五”尘埃落定。可以预见，在未来的十年，中国汽车行业将出现剧烈的整合，最终保留下几大集团和几大品牌，大部分的自主品牌和部分合资品牌都有可能出局。在这样残酷的优胜劣汰的市场竞争面前，北汽集团必须以艰苦奋斗的骨气，争先创优的志气，干事创业的锐气，不畏艰难的勇气，大力建设自主创新体系，全面开展“二次创业”，只有这样才能巩固我们的发展成果和市场地位，永葆北汽集团基业长青。

总之，“二次创业”是北汽集团在集团化发展道路的新阶段进行的重大战略选择，具有划时代的重要意义。“二次创业”是在集团化战略引领下的创业，是北汽集团在新的发展阶段，加强自主品牌和自主创新体系建设、提升核心竞争力的重大步骤。我们要坚持结构调整，转变经济发展方式，大胆创新，彻底克服骄傲自满情绪和小富即安心态，居安思危，不断进取，开启北汽集团“二次创业”的新征程。

二、北汽集团“二次创业”的总体目标与主要任务

北汽集团的“二次创业”，是北汽集团在取得高速增长、规模扩大之后，面临新的形势和任务，为谋求更大、可持续发展而进行的又一次创业。

（一）“二次创业”的总体目标与发展阶段

北汽集团“二次创业”的一个中心目标，就是以打造北汽自主品牌乘用车为突破口，建立北汽集团自主创新体系，为自主品牌发展提供体系支撑。要举全集团之力，支持北汽股份做大做强，支持北汽福田转型升级。以整车企业为龙头，带动关键零部件、服务贸易的协同发展，全面提升北汽集团的核心竞争力。把北汽集团建设成为具备自主创新能力，拥有自主核心技术，形成有国际影响力的自主品牌，具备持续发展潜力的，国内一流、具有国际竞争力的大型汽车企业集团。

根据北汽集团党委和董事会的战略部署，北汽集团的“二次创业”将分三个阶段进行：从现在起到2012年年末是第一阶段，是强基固本的阶段，主要目标是高标准、高质量地完成北汽集团十几个大型项目建设，并初步建立起完整的北汽自主品牌乘用车的研发体系，确保北汽自主品牌乘用车首批上市的轿车、SUV、交叉型车、新能源车等上市成功并形成批量规模。从2013年

初到2015年末是第二阶段，是加速发展的阶段，主要任务是全面实现“十二五”规划目标，实现年销售收入超4000亿元，进入世界500强。从“十三五”开始到2020年是第三阶段，是全面成熟的阶段。主要目标是使北汽集团成为一个具有完全的自主发展能力，拥有自主知识产权和核心技术，成为国内一流、有国际影响力的汽车集团；北汽乘用车和商用车都能成功走向欧美发达国家市场，真正实现由“北京制造”向“北京创造”的跨越式发展。

（二）“二次创业”的主要任务

围绕自主创新能力建设这个“二次创业”的中心任务，北汽集团提出要培育自主创新的体系竞争力，重点建设八大体系：研发体系、采购体系、制造体系、品牌体系、管理体系、质量体系、零部件和服务贸易体系和人才体系。

在研发体系建设上，北汽集团秉承“开放创新、集成发展、掌握核心、保持领先”的研发理念，大力发展自主研发能力，逐步掌握核心技术。北汽研究总院和北汽福田工程研究院要重点提升4个能力。一是整车结构设计能力，二是整车性能开发能力，三是实验、试制能力，四是技术支持能力。通过四大能力的提升，北汽集团要在整车动力学研究及工程设计、数据标定方面实现突破，保证产品开发水平达到国内先进，接近国际水平。

在制造体系建设上，北汽集团将建设北京、中南、华南、西南和华东5大乘用车生产基地和9大商用车生产基地，将在“十二五”末形成300万辆的生产能力。同时，北汽集团将以丰田精益生产方式为标准，重点加强生产工艺的精益化、现场管理的精益化，将北京汽车的制造能力提高到国内先进水平。

在品牌体系建设上，北汽集团以打造国内一流的乘用车品牌为目标，以高端化、全方位的服务为发展方向，建立和完善北京汽车的品牌体系，构建高端化与差异化相结合的服务网络，加强服务管理，提高质量，决心把北京汽车的品牌体系建设成国内自主品牌的一个标杆。

在人才体系建设上，北汽集团坚持党管人才，坚持以人为本，全面实施人才强企战略，以服务北汽自主品牌建设为中心，坚持“服务发展、人才优先、高端引领、整体开发”的方针，以职业化、专业化、国际化、年轻化为目标和要求，努力建设一支规模适当、结构合理、素质优良的研发、管理、党群和技能人才队伍，为北京汽车自主品牌发展和建设提供强大的智力支持和人才保障。

三、搞好“二次创业”要重点处理好4个关系

“二次创业”是一个包括思想作风建设、体系建设和文化建设在内的重大系统工程，工程浩大，涉及面广，头绪繁多，需要我们统筹规划、科学安排、精心组织、分步实施。我们要重点处理好4个关系。

一是自主创新与合资合作的关系。北汽集团“二次创业”的核心任务是加快培育北汽集团的自主品牌，提升自主创新能力，这是推动产业结构调整和优化升级，提升北汽集团核心竞争力的最重要、最根本的手段，也是北汽集团长远发展的根本目的。北汽必须进行自主创新，这是我们的命脉所在。同时，我们也看到，北汽集团近10年创业的快速发展，主要得益于和韩国现代、德国戴姆勒等国际合作伙伴的合资合作，借助于外方的先进技术、优秀产品和先进的管理手段，使集团规模和营业收入迅速扩大。我们强调自主创新，并不排斥合资合作，相反，是要进一步加强合资合作，用合资合作的成果来反哺北汽的自主品牌建设，利用合资企业及其母公司的资金、技术、人才等优势资源为我所用，不断壮大自身实力。

今年以来，随着北京现代三工厂的建设和北京奔驰20亿欧元合作协议的签署，北汽集团的国际合作将在“十二五”期间迎来一个高速发展的黄金期。我们在深化与现代、戴姆勒合作的同时，要特别加强合资企业自主创新能力的建设，要把合资企业的自主创新能力建设，纳入北汽集团自主创新体系的整体布局之中，使北汽集团能够实现合资企业自主创新能力的突破。

二是内涵式增长与外延式增长的关系。过去几年，北汽集团的发展主要依赖外延式增长，通过做大规模来提升集团的产业地位。进入“十二五”时期，我们要坚持以科学发展为主题，以转变经济发展方式为主线，要由单纯依靠要素投入、规模扩张的外延式增长向主要依靠科技进步、劳动者素质提高、管理创新的内涵式增长转变，推动北汽集团的各项事业进入高端引领、创新驱动、绿色发展的轨道。为提升北汽集团自主创新能力，我们投资上百亿建设了北汽研发基地、新能源基地和动力总成基地，目前集团旗下已经建立了2家国家认定的企业技术中心（北汽研究总院、福田汽车工程研究院），在德国斯图加特和意大利都灵分别建立了商用车和乘用车的研发中心和设计中心，构建起包括商用车、乘用车、新能源车、动力总成在内的完整的北汽集团自主研发体系，同时还在北汽福田、北汽研究总院建立了博士后流动站，并通过内部培养和外部引进相结合的方式，组建了一支拥有4800多人的高素质研发队伍。通过以上努力，北汽集团内生动力显著增强，为“二次创业”创造了有利条件。

北汽集团在大力提升自主创新能力的同时，在“十二五”期间仍将保持规模扩张的势头。在强大的研发能力基础上，北汽集团的自主品牌乘用车将有较大发展，北京高端基地将以消化萨博技术为重点，建成中高档轿车生产基地，株洲基地将建成小型车及交叉型制造基地，同时要做好北汽有限的技术改造，把它建设成为传承“军工品质、越野世家”的军车、越野车生产基地和轻型商用车出口基地。北汽增城基地也要加快建设，要建成SUV、MPV车型的生产基地，北汽银翔基地要建成专业化的微车生产基地。到2015年，北汽自主品牌乘用车要形成100万辆的生产能力。同时，合资企业也将不断扩大规模，北京现代将建设三工厂和四工厂，总产能将达到140万辆。北京奔驰将建设发动机工厂，整车产能也将提升至40万辆。

三是主营业务与全产业链业务的关系。北汽集团的主营业务是整车制造，“二次创业”的重点也是要在自主品牌汽车的研发与制造上取得突破。“十二五”期间我们将坚定不移地把做大做强整车业务作为北汽集团中心工作，确保在“十二五”末成为年产350万辆～400万辆的大型汽车集团。同时，我们要以整车业务为龙头，带动零部件、汽车服务贸易等相关产业的整合与发展，积极扶持相关产业发展，拓展新的业务领域，为集团培育新的产业增长点。我们要以北京海纳川零部件公司为零部件发展平台，以集团内配套业务为基础，以模块化业务求发展，继续整合国内外零部件资源，将海纳川打造成为具备核心竞争能力的汽车零部件集团和模块化供应商。服务贸易要以鹏龙为发展平台，通过整合集团内部产业资源，为整车、零部件等制造类企业提供服务，实现整车、零部件制造与相关服务业的对接和联动，使北汽鹏龙北京汽车服务贸易产业成为链条上的战略中心，打造鹏龙品牌，使鹏龙成为国内一流的专业化、市场化和现代化的汽车服务贸易企业。

四是产业发展与党的建设、企业文化建设的关系。北汽集团的“二次创业”既是产业发展的重大工程，同时也是思想文化建设的重大工程。做好党的建设，发展企业文化对于实现北汽集团“十二五”跨越发展起着思想引领作用，发展先进的北京汽车文化是北汽集团持续发展的精神支柱和动力源泉。我们要以北汽集团的“二次创业”为契机，切实加强党的建设，坚持与时俱进，深化党建创新实践，全面推进党的建设新的伟大工程，切实提高党建科学化水平。要加强企业文化建设，建立富有时代精神的企业文化体系，为北京汽车工业的发展提供强有力的文化支撑。要以人为本，关注民生，为北汽集团“二次创业”营造良好的文化氛围，实现和谐北汽建设的新突破。

北汽集团在经历了新世纪第一个十年的跨越式发展之后，现在正站在历史的新起点上，进行着自主创新、自主品牌、自我发展的伟大实践，责任重大、使命光荣、前途无限。我们将进一步解放思想，提高认识，大胆创新，勇于实践，发扬“奋力拼搏、团结协作、知难而进、志在必得”的北京汽车精神，艰苦创业，勇于变革，不动摇、不懈怠、不停滞，勇敢开启“二次创业”的新征程，为实现北汽“十二五”发展目标，永葆北汽集团基业长青而努力奋斗。

（摘自2011年北京市国资委的理论文章）

大力推动中关村国家自主创新示范区创新发展

中关村科技园区管理委员会主任　郭　洪

中关村科技园区管理委员会
主任　郭　洪

中关村经过20多年的发展建设，目前，已经拥有以联想、百度为代表的高新技术企业近2万家，形成了以电子信息、生物医药、能源环保、新材料、先进制造、航空航天为代表，以研发和营销服务为主要形态的高新技术产业集群。形成了“一区多园”各具特色的发展格局，成为全国最重要的科技创新区域和高端创新创业人才聚集地，为促进我国科技创新和加快首都经济发展方式转变做出了重要贡献。

2010年，示范区企业实现总收入近1.6万亿元，同比增长20%，约占全国高新区的1/7，对全市经济增长的贡献率达到23.5%。收入过亿元的企业有1414家，龙头企业的产业领军作用凸显。万元GDP能耗（吨标煤）值为0.1，约为全市的1/5，全国的1/10。中关村辐射带动作用显著增强，技术合同成交额1579.5亿元，占全国的40.4%，80%输出到北京以外地区。

一、加快体制机制先行先试

2010年年底，国务院同意了进一步支持中关村创新发展的“1+6”系列新政策，为激发高校院所、企业和科技人员的创新活力，推进科技成果产业化提供了有力的政策保障。

（一）组建中关村创新平台

为加快推动中关村示范区建设，科技部牵头成立了示范区部际协调小组，形成了有效的工作机制。国家有关部门和北京市于2010年年底，按照胡锦涛总书记关于整合好资源、搭建好平台的指示要求，共同组建了中关村创新平台，有效整合了中央和地方的创新资源，为中关村的发展提供了强有力的组织保障，在全国形成了突破和创新。平台下设重大科技成果产业化项目审批联席会议办公室、科技金融工作组、人才工作组、新技术新产品政府采购和应用推广工作组、政策先行先试工作组、规划建设工作组和中关村科学城工作组等7个办事机构。截至目前，共有19个国家部委有关负责同志和北京市31个部门工作人员参加平台的工作。平台正式运行以来，不断完善工作机制，创新工作方式，资源整合初见成效。

一是大力推进重大科技成果产业化项目统筹，研究资金统筹方案，组织统筹项目。

二是大力推进部市会商工作，组织实施重大项目，与国家发改委、科技部、卫生部、财政部、工信部等多部委开展会商，梳理战略性新兴产业重大项目，并将予以联合支持。

三是大力推进科技金融工作，编制中关村建设国家科技金融创新中心指导意见、完善聚集科技金融服务资源的工作体系。

四是大力推进人才建设工作，开展人才特区建设，引进海外高层次人才，并积极开展高层次人才创业、生活服务保障。

五是积极推进“1+6”政策的制定实施，加强宣传培训。

六是继续推进新技术、新产品政府采购和应用推广，进一步完善政策体系。

七是稳步推进示范区空间布局和布局调整规划，加快推进人才创业大厦和人才公共租赁住房建设。

八是积极推进中关村科学城项目建设。

（二）6项先行先试新政策

一是关于科技成果处置和收益权改革试点。财政部下发文件，对中央级事业单位科技成果处置权进行如下突破：中央级事业单位一次性处置单位价值或批量价值在800万元以下的，由所在单位按照有关规定自主进行处置，并于一个月内将处置结果报财政部备案。还出台了中央级事业单位科技成果收益权改革的试点政策。

二是关于股权激励个人所得税政策试点。财政部、税务总局下发文件，明确了企业技术人员在通过转化科技成果取得股权奖励时，可享受分期缴纳个人所得税的政策，按照取得股权转让收益后缴纳个人所得税来具体执行。

三是关于制订示范区内中央单位股权激励试点方案审批实施细则。财政部、科技部下发文件，明确了中央级事业单位全资及控股企业股权和分红激励审批主体和审批程序。

四是关于科研项目经费分配管理体制改革试点。为支持以企业为主体，企业牵头联合科研机构、高等院校承担国家重大计划项目，科技部与北京市建立了项目会商机制，组织招标、征集一批重大科研和产业化项目，由企业联合高校、院所或产业技术联盟实施，纳入科技部项目支持计划。在项目中，财政部支持开展科研项目经费管理改革，开展间接费用补偿机制试点、科研项目分阶段拨付和后补助试点，并将增加科研单位经费使用自主权。

五是关于高新技术企业认定试点。科技部、财政部、税务总局印发了在示范区进行高新技术企业认定管理试点的政策文件，对企业核心自主知识产权范围、初创企业参加认定条件和技术专家在认定组织工作中的评价内容等方面进行了调整完善。

六是关于全国场外交易市场建设。证监会同意在总结中关村代办股份报价转让试点工作经验基础上，加快建设统一监管下的全国场外交易市场，将尽快提出方案上报国务院。

二、推动人才、产业和金融创新

（一）加快建设中关村人才特区

在中央领导同志的关心和支持下，中央人才工作协调小组支持中关村在全国率先建设人才特区，中组部、国家发展改革委等15个中央部门和北京市于3月14日联合印发了《关于中关村国家自主创新示范区建设人才特区的若干意见》，支持中关村在重大项目布局、科技经费使用、落户、医疗、住房等13个方面实行特殊政策，北京市制定了加快建设中关村人才特区行动计划。

截至目前，中关村示范区共有硕士及以上学历从业人员约12万人。留学归国创业人才超过1.5万人，累计创办企业超过6000家，是国内留学归国人员创办企业数量最多的地区。北京市共有中央“千人计划”人才311人，其中80%在中关村示范区；有创业类“千人计划”人才45人。入选“北京海外人才聚集工程”的163人中，75%以上在中关村示范区。成长出以联想的柳传志、百度的李彦宏、中星微电子的邓中翰、创新工场的李开复等为代表的一批国内外有影响的新老企业家。

（二）推动高新技术产业跨越式集群发展

一是启动中关村科学城建设。中关村科学城是指以中关村大街、知春路和学院路为轴线以及周边的辐射区域，面积约75平方公里，是中关村国家自主创新示范区核心区的核心。其建设在不新占用土地、不进行大规模基本建设的基础上，通过资源优化整合和体制机制创新，促进科研机构、高等院校、中央企业、民营企业和政府协同创新。近期，已经启动了北航先进工业技术研究院、北邮信息网络产业研究院等一批新型产业技术研究院和中关村航天科技创新园、中关村航空科技园等一批创新产业园建设，实施了龙芯处理器等一批重大科技成果产业化项目。

二是启动未来科技城建设。在中组部和国务院国资委的直接领导下，启动了未来科技城的建设，服务国内大型中央企业，吸引在战略性新兴产业领域位居前列的民营企业总部和研发机构，海内外一流大学和创新人才的重点实验室、研发机构入驻。目前，已确定神华集团、国家电网公司等15家中央企业入驻园区。

三是加快建设由海淀北部、昌平南部和顺义部分地区构成的北部研发服务和高技术产业带。

推进研发服务、信息服务等高端产业集聚，加速促进高新技术成果孵化转化。重点建设以软件园、创新园、环保园为核心的信息产业发展区，以国家工程创新基地为核心的能源科技产业发展区，以生命科学园、永丰基地为核心的生物及材料科技产业发展区，以北京航空产业园、北京航天产业园、国家地理信息科技产业园为代表的航空航天产业发展区以及北大、清华“200号”研发基地。支持软件和信息服务、集成电路、网络通信、文化创意、生物、新材料、空间信息服务等产业集群发展，到2015年，总收入将达到1万亿元。

四是加快建设由北京经济技术开发区、大兴和通州、房山的部分地区构成的南部高技术制造业和战略性新兴产业带。落实“促进城市南部地区加快发展行动计划”，加强对南部产业带发展的资源和基础设施支撑能力。大力引进高端、高附加值的高新技术企业，拓展延伸产业链。支持移动通信、高端信息装备制造、轨道交通、生物医药、新能源、新材料产业集群发展，到2015年，总收入将达到1万亿元。

（三）加快建设国家科技金融创新中心

中关村规划纲要明确提出，建设国家科技金融创新中心。中关村上市公司总数已经达到187家，其中境内111家，境外76家，2011年一季度中关村新增上市公司12家。中关村上市企业IPO融资超过1600亿元，产生了百度、新浪、搜狐和搜狐畅游4家市值过百亿元的企业。

建设国家科技金融创新中心的相关工作正在积极推进。已经启动研究中关村建设国家科技金融创新中心的指导意见，正在争取科技部和人民银行、银监会、证监会、保监会在中关村开展促进科技和金融结合试点的首批试点地区。中关村将进一步加快科技金融创新步伐，支持股权投资发展，利用好多层次资本市场融资，推动科技金融产品和服务创新，开展科技金融先行先试改革试点，继续在全国科技金融领域发挥示范引领作用，为建成国家科技金融创新中心打好基础。

三、加强政产学研用合作

近年来，为进一步发挥高校优势，推进政产学研用结合，我们进行了一些积极的探索，主要做法包括以下几个方面。

（一）积极争取政策突破，为促进高校院所创新营造良好政策环境

示范区成立以来，在党中央、国务院的大力支持下，先后推进了一系列有利于激发高校院所科研人员开展自主创新和实施科技成果转化等积极的政策措施，主要包括：

一是开展股权激励试点。在中关村示范区范围内的高校院所中，开展职务科技成果股权和分红权激励的试点，对做出突出贡献的科技人员和经营管理人员实施期权、技术入股、股权奖励、分红权等多种形式的激励，并在个人所得税、中央高校院所审批实施主体和审批时限等方面，不断完善相关政策。教育部即将下发高校及企业股权和分红激励方案管理流程文件，将进一步促进高校参与股权激励试点。

二是科技成果处置权与收益权改革试点。将更好地调动中央级事业单位开展科技成果转化的积极性，进一步提高科技成果转化效率，激发科研单位和科研人员的创新活力。

三是科技重大专项间接费用列支政策。由原来的按支出内容划定，调整为按支出性质分为直接费用和间接费用。根据承担试点项目单位的性质不同，间接费用列支比例不超过直接费用扣除设备购置费后的13%～20%；其中用于科研人员激励的相关支出一般不超过直接费用扣除设备购置费后的5%。间接费用的政策，提高了项目单位科研经费使用的自主权，吸引技术人员、研究生、专家等参与科研活动，突出了科研活动中科研人员的重要地位，也为我国现行收入分配体制下，科研人员创造性劳动的补偿激励提供了一种创新思路和模式。

四是人才培养方面的政策。教育部支持人才特区内具有博士和硕士学位授予权的高校、科研机构，可聘任其他企业或科研机构具备条件和水平的高层次人才担任兼职研究生导师，联合培养研究生。对人才特区内与企业、科研机构开展联合培养工作的招生单位，在招生计划方面予以适当的支持和倾斜。

五是人才兼职方面的政策。教育部、科技部和人力社保部支持人才特区内高校教师、科研院所研究人员可以创办企业或到企业兼职，开展科研项目转化的研究攻关，享受股权激励政策，在项目转化周期内，个人身份和职称保持不变。企业专业技术人员可以到高校兼职，从事专业教学或开展科研课题研究。

（二）通过政策引导，推进高校组建面向企业的新型产业技术研究院

2010年启动的中关村科学城建设，北京市委、市政府从体制机制创新、资源有效链接、存量资源盘活3个方面，提出了21条具体支持措施。在这些政策的引导下，高等院校积极支持和参与中关村科学城建设，主动要求合作共建、创新机制、转化项目。截至目前，与市政府签署合作协议的高等院校有9家，纳入了中关村科学城建设的工作体系，共同实施产业技术研究院和产业创新园项目11个。

新型产业技术研究院的建设，主要是依托高校院所的学科和专业优势，建立面向产业需求的战略性新兴产业领域关键核心技术的研发基地和中试开发、技术转移、成果孵化、股权激励等体制机制创新的重要载体。

一是搭建国家级公共技术研发和服务平台，实施资源开放共享。

二是与企业联合建设一批联合实验室、研究中心和研发基地。

三是建设项目孵化基地，筛选组织一批重点成果转化和产业化项目。

四是构建投融资体系，孵化具有特色的创新型企业。

五是依托产业技术研究院的专业优势，吸引国内外知名企业及研发中心落户，促进“专、特、精、新”企业的集群式发展。

（三）支持大学科技园创新发展，成为科技成果转化和产业化的重要平台

中关村共有26家大学科技园，拥有国家级大学科技园13家，约占全国国家级大学科技园总数的17%；17家大学科技园组成了中关村大学科技园联盟，约占中关村大学科技园总量的71%。一批大学科技园逐步形成产业“聚集”效应，如清华科技园汇集了400余家企业，主要集中在电子信息产业，几乎涵盖了当今电子信息产业的主要领域，拥有一批在这些领域掌握核心技术的企业。北航科技园、北科大科技园、北理工科技园等大学科技园也依托各自高校的优势学科形成了产业聚集。近年来，通过大学科技园及科技企业孵化器转化的科技成果超过3000项，涉及电子信息、新材料、能源环保等多个战略性新兴产业领域，成为科技成果转化和产业化的重要平台。

（四）建立合作对接机制，促进技术转移

与部分高校院所建立共建技术转移中心的合作机制，市有关部门每年给予一定数额的资金支持，由中关村创新平台开展统一受理和服务。开展中关村科学城签约单位与中关村“十百千工程”、“瞪羚计划”企业的对接活动，收集并发布高校院所的科技成果。2006年以来，中关村与部分高校院所推进了开放实验室的建设工作。截至目前，有84家开放实验室累计为13000余家企业提供了服务，专项补贴金额近亿元，通过为企业提供研发测试服务，和企业共同承担国家重大项目、共建研发基地、联合研制标准等方式，与企业开展深度合作。

（摘自2011年5月30日第二期教育部直属高校研修班上的讲话）

创新发展迫切要求金融创新

北京经济技术开发区管理委员会主任 张伯旭

北京经济技术开发区管理委员会主任 张伯旭

邓小平同志指出，金融是现代经济的核心。“十二五”期间是北京经济技术开发区和大兴区深度融合，高水平建设北京南部高技术制造业和战略性新兴产业聚集区（以下简称新区）的重大历史机遇期，金融创新在转换新区发展动力、加快科技和体制机制同步创新、实现集约增效和可持续发展方面需要并正在发挥着重要作用。

一、产业快速发展离不开金融创新助力

多年实践经验表明，一个地区的产业快速发展离不开金融创新支持。“十一五”时期，开发区地区生产总值、税收收入、出口总额、全社会固定资产投资，年均增长分别为21%、36.5%、18%和14.4%，累计完成额分别为“十五”时期的3.4倍、5倍、4.8倍和1.7倍。在金融界的大力支持下，北京经济技术开发区的经济总量和效益在过去5年中实现了跨越式的发展。

新区高度重视和充分发挥金融创新在应对金融危机、拓展产业空间、保障项目落地、提升资本运作能力等方面的关键支撑作用，建立和完善以开发区总公司和亦庄国际为核心的高端产业投融资平台，探索出“政府主导，市场运作，资源统筹，共同发展”的有效运营模式。

在应对金融危机方面，通过建立投融资平台积极协助区内企业拓展融资渠道，帮助企业对接资本市场，筹资建设配套环境。例如，亦庄国际协调北京首创投资担保有限责任公司作为担保人，协助京运通、经纬纺机等4家企业发行了中小企业集合票据，募集资金1.98亿元，有效缓解了企业资金瓶颈。总公司筹集40亿元资金建设蓝领公寓和公租房，解决企业现实压力。在产业空间拓展方面，通过投资开发总公司积极争取农发行大兴区支行和兴业银行北京分行联合发放银团贷款50亿元，用于支持开发区12平方公里新扩区土地开发和旧村改造。在重点项目建设方面，开发区投融资平台发挥了重要的融资保障作用，2010年完成产业投资59.6亿元，有力地推动了京东方8.5代线等大项目建设。在资本运作方面，以亦庄国际为主体成功主导实施松辽股份、通用汽车电动转向与传动业务、UT斯达康等一批国际国内并购项目，开创了中国成功收购国际顶级汽车零部件公司的先河，加强了与大型国企的对接合作，培育设立了新的上市公司和境外投资公司，实现以小博大的杠杆作用，创造性地运用资本市场的助推器支持新区产业发展。

二、新一轮产业结构调整和科学发展更需要金融创新支持

“十二五”时期，新区将按照“超常规、高水平、跨越式”的发展要求，瞄准“高端、高效、高辐射力和低能耗、低排放”的十大产业，打造“一区六园”产业发展平台，努力建成电子信息、数字电视、汽车制造3个千亿级产业集群，建成生物医药、航空航天、新能源新材料、新一代信息技术、LED、文化创意6个百亿级新兴产业集群，力争在“十二五”末新区工业总产值突破8000亿元，占全市总产值的比重达到40%左右，成为全市“做强二产”的主体平台。

这是一个难得的历史机遇。北京南部新区将迎来一个大开发、大投资、大发展的重要时期，这对产业界是机遇，对金融界更是利好。机遇来临，需要我们进一步理清思路，瞄准产业高端，深化金融创新，加快构建专业化、协同化、定制化的产业金融服务体系。

（一）金融创新支持产业链延伸拓展

围绕产业结构优化升级，需要积极推动面向产业链整合、运转和延伸的金融创新。在产业链

整合方面，充分发挥金融的主体对接、供求对接和市场对接纽带功能，为产业链各主体提供融资租赁等专业服务，加快推进产业链建设。在产业链运转方面，充分发挥金融的资金融通功能，积极发展保理等新型金融产品，着力突破产业链交易环节的资金和信用瓶颈。在产业链延伸方面，充分发挥金融的价值发现和资源配置导向功能，着力发展科技金融、物流金融等高端业态，支持产业链向上下游高附加值环节拓展。

（二）金融创新支持战略性新兴产业集聚发展

新区产业体系涵盖了国家现阶段重点发展的七大战略性新兴产业。针对战略性新兴产业技术高频创新、集群高端发展、市场高位辐射的特点，需要加快建立多功能、一体化、全流程的金融服务体系。在多功能方面，要着力推进直接融资和间接融资协调发展，不断扩大企业直接融资规模。构建集信贷、投资、保险、担保、抵押、发债和境内外上市于一体的战略性新兴产业投融资平台。在一体化方面，要着重提升政府政策引导、各类金融机构广泛参与的一站式金融服务，建立以企业客户为中心的金融服务模式，为企业提供全天候、定制化服务。在全流程方面，要系统构建覆盖企业成长周期的金融服务链条，以创新型、高成长型企业为扶持重点，发展面向初创企业的天使投资、风险投资，面向上市企业的股权投资和面向已上市企业的并购融资。

（三）金融创新支持产业承载环境优化提升

随着国家货币政策持续收紧、政府融资平台发展日趋规范，金融创新在拓展产业承载空间、强化资源能源保障方面的重要作用愈发凸显。在园区开发建设方面，新区积极拓展与国家开发银行等金融机构的合作，以开发性金融理念推进规划先行，增加银行授信额度。积极探索通过基金、信托、委托理财等方式吸引农村集体资产、农民拆迁补偿资金、企事业单位闲置资金等社会资金投入开发区扩区和“一区六园”的新区产业发展平台建设。在资源能源保障方面，新区积极利用社会资金解决公共投资不足问题，深化银政企对接合作。建成国内首家BOT模式的市政污水处理厂。探索通过BT、TOT、PPP等模式吸引社会资金投资基础设施项目。

（四）金融创新支持低碳绿色发展

新区坚持低碳绿色发展理念，已被国家三部委批准为国家生态工业园区和太阳能光伏应用示范区。下一步，我们将着力建设循环经济示范园区，加强推广太阳能光伏应用，争取创建国家水资源综合利用示范区，不断提高水资源集约利用水平。积极参与资源能源市场化交易，鼓励发展合同能源管理、合同水务管理、碳排放交易等绿色金融产品与服务，支持此类企业发展壮大。

三、金融创新和产业发展需要更高层次的融合

“十二五”期间，新区坚持以科学发展观为指导，按照“机制新、活力大、效率高”的要求推进两区深度融合，加快转变发展方式，加大创新驱动力度，服务“北京创造”品牌。金融发展面临难得的机遇和有力的需求支撑，具备持续创新的内在动力。两者的有效融合将是体制机制创新的重大课题。

在机遇方面，首先是两区行政资源整合形成政策集成、先行先试优势。开发区作为中关村国家自主创新示范区的组成园区，积极落实中关村“1+6”政策；大兴区作为北京市农村金融综合改革试验区，正在积极申请开展国家级金融改革试验，为深化金融创新提供了良好的政策环境。其次是“一体化、高端化、国际化”发展目标为金融创新提供了丰富的实践样本，有利于加快构筑规模倍增、服务优化的金融创新平台。三是新区商住、生态和服务环境持续优化，为金融机构和人才集聚提供了良好的承载支撑。

在需求方面，“十二五”期间，重大产业项目集中落地，总投资将超过5000亿元，首都新机场开工建设等大项目将带动新区投融资需求持续快速增长。据初步测算，未来3年，开发区和大兴区仅政府主导的产业发展和空间拓展所需投资就达2000亿元以上，每年需向社会筹资600亿元以上，对扩大投融资规模，加快金融产品和服务创新的要求更加迫切。

“十二五”期间，新区将持续深化金融改革，发挥政策先行先试优势，积极吸引各类金融机构入驻，探索设立面向“三个北京”的财产保险公司、“北京创造”基金、战略性新兴产业基金等新型金融机构，支持发展新型金融产品，创新金融服务模式。我们将继续加强与银行、保险、证券等各类金融机构的合作，进一步强化投融资平台建设，不断拓宽新的融资途径，扩大融资规模，积极推进资本全球化运作。

（摘自2011年5月18日在第十四届中国北京国际科技产业博览会“中国金融论坛”上的发言提纲）

2011～2020年石景山区工业结构调整研究

石景山区经济和信息化委员会主任　李元涛

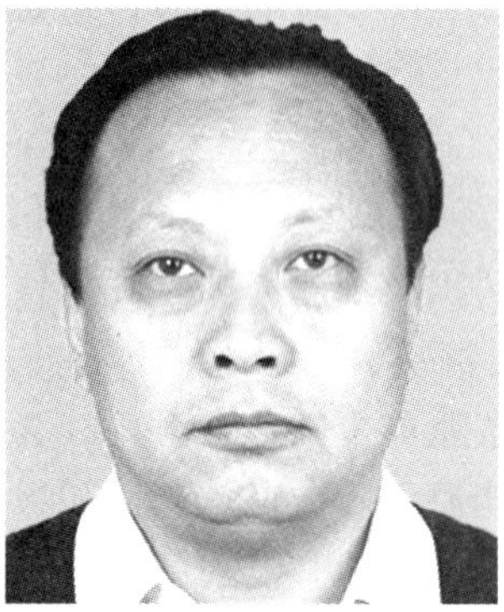

石景山区经济和信息化委员会主任　李元涛

当前，石景山区仍处于工业化中期阶段，工业仍是全区经济发展的重要组成部分。大力推动工业结构调整，使石景山工业结构实现战略转型和升级，占据工业结构调整的制高点，是2011～2020年石景山区实现经济发展方式根本转变、保持经济长期平稳较快发展的主要任务。

一、石景山区工业发展现状

（一）区工业基本情况

石景山作为北京市传统重工业区，以黑色金属压延业、电力热力生产供应业、通用设备制造业、电气机械及器材制造业四大行业为主。以首钢、北重、北锅、电厂为代表八大厂长期作为工业经济运行的重要支撑，占全区规模以上现价工业总产值90%以上。2010年，石景山区共有工业企业770家，其中规模以上企业132家，亿元以上产值的企业25家。2007年至2010年，受首钢压产、奥运限产等因素的影响，全区规模以上工业企业实现现价工业总产值分别为674.2亿元、696.9亿元、539.68亿元、630亿元，工业增加值分别为136.6亿元、97.9亿元、83.9亿元、92.9亿元，占地区生产总值的比重分别为60.4%、45.9%、40%、31.4%。在首钢涉钢产业全部停产后，2011年1～9月，79家规模以上工业企业实现工业增加值63亿元，占全区GDP比重为27%，由此可见工业仍是石景山区国民经济重要的支柱产业。

2011年，首钢涉钢产业全面停产，对全区工业经济运行造成重大冲击。1～9月，全区79家规模以上工业企业累计完成现价工业总产值289.8亿元，比上年同期减少185亿元，同比下降39%。重点企业对全区工业生产影响明显，1～9月，全区16家亿元企业，实现工业总产值269.2亿元，同比下降38%，占全区工业总产值的92.9%。预计全年实现规模以上现价工业总产值380亿元。

（二）从业人员情况

工业一直是吸纳就业的主要行业。全区工业从业人员人数约20万人，其中工业企业就业人数约占全区从业人员的40%。从行业大类比较，制造业在吸收就业方面居首位。

（三）能耗状况

通过产业结构调整，加大技改投入，“十一五”期间工业的能耗下降成为全区万元GDP能耗降低的主要推动力。工业能源总量从2005年的760.83万吨标准煤下降到2010年的590.4万吨标准煤，下降率为22.4%。万元工业增加值能耗从2005年6.09吨标准煤下降到2010年的5.97吨标准煤。2010年全区综合能耗消费量590.4万吨标准煤，同比下降1.3%；万元工业产值能耗为0.94吨标准煤，同比下降15.4%。2011年1～9月，全区继续推行高耗能产业退出政策，工业结构调整步伐加快，节能降耗成效显著。

二、石景山区工业结构调整的必要性和紧迫性

近几年来，工业为石景山区经济的持续稳定快速发展做出了巨大的贡献，但同时也出现了不可忽视的问题，比如重工业中高耗能行业（如钢铁行业）的持续快速增长，给全区稀缺的自然资源、脆弱的环境带来了严峻的考验，工业结构调整的趋势刻不容缓。

（一）全球经济增长模式面临重大调整

国际金融危机爆发后，以资源消耗和需求拉动为支撑的经济增长模式受到巨大冲击，世界经济增长模式面临新的调整。世界经济增长模式的调整对石景山区资源消耗型工业的发展带来了压力和挑战，但同时也将成为石景山区加快增长方式转变的重要契机。

（二）有限的资源不堪重负

石景山区相对于北京其他城区占地面积小、资源不丰富，要实现可持续发展，必须要加快工业结构的调整，发展战略性新兴产业，加快形成新的经济增长点。未来北京工业发展要按照“减量化、再利用、资源化”的原则，以提高资源利用效率为核心，以节水、节能、节材、节地、资源综合利用为重点，大力发展循环经济，着力构建节约型的产业结构，努力实现节约发展、清洁发展、安全发展和可持续发展。而这也对整体工业和各企业未来的发展提出了更高的要求，增加了工业结构调整的成本，提高了企业进入的门槛。

（三）环境污染日益严重

当前石景山区不合理的工业结构，不仅造成单位产品能源、原材料消耗高，加剧本已紧张的资源供求矛盾，而且还大量排放工业废物，导致工业污染，破坏生态环境。石景山区必须加快工业结构的调整步伐，关闭高污染、高消耗的部分企业，淘汰落后的生产工艺，加大工业污染治理力度，实施污染扰民企业搬迁，清理整顿“五小”企业。

（四）提升国际竞争力的要求

加快工业结构调整，培育和发展战略性新兴产业是构建国际竞争新优势、掌握发展主动权的迫切需要。当前，全球经济竞争格局正在发生深刻变革，科技发展正孕育着新的革命性突破，世界主要国家纷纷加快部署，推动节能环保、新能源、信息、生物等新兴产业快速发展。石景山区要在未来国际竞争中占据有利地位，必须加快培育和发展战略性新兴产业，掌握关键核心技术及相关知识产权，增强自主创新能力。

（五）国家正大力发展战略性新兴产业

2010 年 10 月，国务院发布《关于加快培育和发展战略性新兴产业的决定》，提出了战略性新兴产业发展目标，到 2015 年，战略性新兴产业形成健康发展、协调推进的基本格局，对产业结构升级的作用显著增强，增加值占国内生产总值的比重力争达到 8%左右。到 2020 年，战略性新兴产业增加值占国内生产总值的比重力争达到 15%左右，吸纳、带动就业能力显著提高。节能环保、新一代信息技术、生物、高端装备制造产业成为国民经济的支柱产业，新能源、新材料、新能源汽车成为国民经济的先导产业。这使石景山区在面临更紧迫的转型压力的同时，也为其培育新的主导产业、加快转变经济发展方式指明了方向。

（六）北京市正加快建设世界城市

北京市的城市发展目标已确定为“国家首都、世界城市、文化名城和宜居城市”。塑造世界城市的过程也是城市产业体系重构的过程。因而，北京建设世界城市要更加关注经济发展方式转变和产业结构优化升级。这要求北京市加快经济发展方式转变，优化产业结构，推动低碳产业发展。对于石景山区而言，必须优化现有工业结构，使其向更高端、更低碳的方向发展。

（七）首钢搬迁导致石景山区产业空心化

首钢已于 2010 年底完成了涉钢产业的搬迁。首钢与石景山区的发展休戚相关，曾经对石景山区的经济发展做出了巨大的贡献。首钢搬迁无疑使石景山区的经济发展既面临着严峻挑战，但也蕴藏着巨大机遇。一方面，首钢完成搬迁后，石景山区的地区生产总值和财政收入都受到了严重影响，并且可能会出现产业空心化的局面。另一方面，首钢涉钢部分实施搬迁调整，是石景山区加快经济转型的直接推动力量。

三、世界工业结构调整的趋势和特征

（一）世界工业结构调整升级的基本趋势

近几年世界工业结构调整的趋势可以概括为以下几点：

1. 再工业化。在本次国际金融危机后，很多发达国家出现了“再工业化”倾向，其特点是在挤出虚拟经济泡沫的同时，强化实体经济特别是制造部门的基础地位。

2. 工业结构高新化。近年来，大规模工业结构调整正在各国兴起，这种战略性调整的特点有两个：一是在科技创新推动下，一批以高新技术为核心的新兴工业崛起，不仅极大地扩充了国民生产总量，而且成为新的经济增长点和发展动力；二是用高新技术对传统工业实施重大改造、重组，对某些劳动密集型工业进行有针对性地转移和淘汰。

3. 工业结构融合化。传统工业迅速分化，形成了核心技术趋同的诸多新兴工业产业群。产业间核心知识与技术的趋同，使传统的划分原材料、技术工艺和产品的产业标准大为弱化，原有工业边界日趋模糊。同时，知识的融合带动了工业的融合，使原来专业分工明确的工业产业组合成新产业，形成难分彼此的新工业形态，并使各工业重叠逐渐加深。传统的以单一技术为基础的工业产业界限在产业融合中越来越不清晰，原有的以单一知识及其技术作为产业划分标准的方法遇到了强大的挑战。

4. 工业信息化。这次工业结构的调整与传递的基本特点是国际垄断资本在世界范围内优化配置资源，带动世界工业结构朝着信息化方向发展。国际垄断资本在信息化过程中使资金、人才、技术等高科技要素更有效地互动与集成，从而催生新技术、创造新产业、造就新经济。

5. 工业结构国际化。随着全球经济一体化的发展，世界各国经济越来越紧密地联系在一起，与此相适应，世界各国工业结构的开放程度也随之不断深化。产生这种开放结构的原因是多方面的。一是专业化分工越来越细；二是交通运输和通信技术的迅速发展，加速了生产、贸易全球化，为这种开放结构提供了技术基础；三是战后发达国家劳动力成本上升，为取得明显的成本竞争优势，将那些劳动密集型的零部件转移到劳动力廉价的发展中国家生产。

（二）世界工业结构调整升级的基本特征

世界工业结构调整升级伴随着世界经济发展的全过程，具有以下主要特点：

1. 先进制造业推动工业结构升级加快。发达国家先进制造业推动工业结构升级加快，工业内部结构升级明显。工业的比重下跌，但是引领工业竞争力的是高技术产业，已成为这些国家的经济发展的主导。制造业高技术、高附加值的特征越来越明显，同时工业中的高技术产业逐渐成长。20世纪90年代，发达国家制造业劳动生产率已较大幅度上升，对全部产业劳动生产率的提高起到主要带动作用。

2. 高新技术产业是各国工业结构调整的方向。进入21世纪，追求高新技术产业化已成为发达国家和新兴工业化国家和地区工业结构调整的主要目标。以信息技术、生物技术为先导的工业产业正成为发达国家的主导产业。在工业结构调整中，高新技术产业是一个方向，各国都要尽力赶上世界技术升级的这辆列车，提升自己的竞争力。

3. 传统工业的调整空间加大、步伐加快。在高新技术产业部门飞速崛起的当今社会，这些传统产业部门无论其在经济中的比重，还是其生产率的增长，都呈相对下降的趋势。然而，其地位是不能被新兴工业完全取代的。传统工业利用高新技术加以改造表现为运用新技术、新工艺改造传统工业，使其升级为技术密集型产业。

4. 跨国公司的直接投资及并购更有力地推动着工业结构的调整。适应新科技革命推动生产力的国际化、国际分工进一步深化及世界工业结构大调整的要求，跨国公司的国际直接投资改变了投资单向垂直性的格局，多向水平性格局得到快速发展，成为世界经济发展的新动力。

四、国外工业结构调整的经验总结

通过对日本、德国鲁尔区、新加坡等国家和地区的工业结构调整的经验分析，总体看来，以上国家和地区的工业结构调整都经历了“轻工业——重工业——资本密集型——技术知识密集型”几个发展阶段。国外工业结构调整的主要经验是：

（一）不断强化市场配置资源的基础性作用

20世纪90年代以来，随着投资和贸易日趋自由化，生产要素的全球流动更加顺畅，发达国家纷纷放松管制，完善市场和投资环境。各种资源价格和利率、汇率、工资等要素价格的形成机制进一步市场化，能够更加灵敏地引导生产要素迅速配置到效率高的生产领域。

（二）政府的战略规划、标准制定和相关政策的引导推动作用

发达国家对产业结构调整并不是采取放任不管的态度，而是以中长期战略规划和产业政策为导向，运用经济手段和法律手段加以落实。

（三）探索科技创新和工业发展有机结合的机制

通过整合技术创新链条增强工业竞争力。20世纪80年代以来，美国和欧盟面对日本产业技术竞争优势的压力，纷纷调整政策，大力推进科技成果转化，提升产业技术水平。世界各国都十分重视加强财政资助和完善风险分散机制，大力支持中小企业特别是科技型中小企业的技术创新。

（四）创造良好的投资环境

不管是日本、新加坡还是德国鲁尔地区的工业结构调整都涉及投资环境的改善。投资环境的改善是大量吸收外地资金的保障。新加坡通过完善相关政府机构，提高投资效率，避免不必要的浪费，很大程度上激发了投资者的投资兴趣，为其招商引资创造了良好的条件。德国鲁尔地区加强了区域的软硬环境建设，基础设施、人文环境的陆续到位，使得其区域知名度大大提高。日本通过设立一系列的行政机构、制定一系列的法案，在保证投资者的利益同时，也避免了资源浪费和环境污染，有利于其可持续发展。

（五）积极发展教育和科研，为工业结构升级提供持续的技术支持

上述国家和地区每年对教育的投资力度都非常大。鲁尔区现在已经成为德国城市中大学最密集的地区，而日本的科研能力也非常强，其自主创新能力一度超越美国成为世界第一。新加坡的科研虽然没有上述两国强，但是它一直在进行教育科研方面的投资。而且，新加坡在吸纳人才方面，不会对国籍进行限制，唯才是用。这就保证了其人才的供应，激活了研发活动，为高新技术产业的发展提供了源源不断的技术支持。

五、石景山区工业结构调整的思路

（一）工业产业和产品结构调整

1. 工业产业结构调整。工业结构调整的主要任务是工业产业的选择和结构的调整，具体确定了新一代电子信息产业、新能源及节能环保产业作为石景山区重点发展的产业，将高端装备制造业、新材料、都市工业三大产业作为石景山区鼓励发展的产业，将设备制造、电力生产和供应作为石景山区调整改造的产业。

2. 工业产品（技术）结构调整。工业产品（技术）结构调整是工业结构调整的具体化，工业产品结构调整的好坏直接影响到工业结构调整的效果，因此不仅要重点加快工业产业结构调整，而且要以工业产品（技术）结构调整为重要手段，依据石景山区工业产业结构调整的思路，选择发展石景山区具有比较优势的产品，加快淘汰取缔高消耗、高污染、技术工艺不符合安全生产条件的产品，加快技术进步和创新，推动产业结构升级。

（二）工业布局和组织结构调整

1. 工业布局结构调整。石景山区工业布局的调整，要重点依托中关村石景山园和新首钢高

端产业综合服务区，以打造“企业总部—科研中心—核心制造”高端工业生产链条为目标，形成“一港一区一基地”的工业布局。在新首钢高端产业综合服务区大力建设总部商务办公区，集聚制造业企业总部，将其发展为企业总部核心集聚区；在中关村石景山园北区大力建设刘娘府总部基地，吸引世界500强和中国500强科技型企业总部及研发总部进驻，将其打造为研发中心核心集聚区；在中关村石景山园南区大力推进中国绿能港建设，集聚新能源、新材料、节能环保等高新技术企业，发展战略性新兴产业，将其建设成核心制造的主要集聚区。

2. 工业组织结构调整。工业组织结构调整是实现工业结构优化升级的重要手段，通过政府政策宏观引导，建立完善的中介机构服务体系，积极引导跨国公司和央企的直接投资及并购，大力吸引世界500强企业落户。培育和扶持一批“专、精、特、新”的中小企业，促进多种所有制企业和资本间重组与合并，逐步形成以大企业为龙头、中小企业协作配套，适应经济全球化大环境的现代工业组织体系。这对石景山区工业结构调整具有重要意义。

（三）石景山区工业结构调整的主要任务

1. 制定和实施优惠财税政策，实现工业全面繁荣。为了适应经济全球化以及技术进步的快速发展，石景山区政府在进行工业结构调整时，应该充分发挥各项财税政策的作用，以市场为导向，以企业为主体，以技术进步为支撑，依靠现有基础，有进有退，积极发展高新技术产业和新兴产业，形成新的比较优势，大力支持工业结构的优化升级，努力提高工业的整体素质和竞争力。

2. 鼓励企业创新，做强做大优势企业。以建设国家科技进步示范区和中关村国家自主创新示范区特色区为契机，以中关村石景山园为创新龙头，强化企业自主创新主体地位，积极引入和聚集创新资源，完善自主创新服务体系，提升自主创新能力，推动经济发展方式由资源投入型向创新驱动型转变。加强产学研用联合攻关，推进科技成果产业化。坚持自主创新与技术引进相结合，提升石景山区工业和企业的自主创新能力。同时，采取“引资、引智、引项目”相结合，重点吸引央企、民营经济等高端要素落户。发挥大型企业的人才、技术、品牌优势，实现多元化、多区域发展，做大做强优势产业。

3. 加快基地建设，搭建工业发展平台。中关村石景山园新兴能源产业基地是石景山区发展战略型新兴产业的重要平台，也是发展节能环保、绿色生态、技术领先的新能源产业的首选项目。区政府在产业基地招商引资、基础设施建设、融资平台建设、研发中心建设、政策研究等方面，应该做到高起点规划、高标准建设、高强度投入、高效能管理、高速度推进，力争到2020年本轮工业结构调整结束时，将中关村石景山园新能源产业基地建成世界知名、国内一流的新能源高新技术产业集群。

4. 抓好龙头项目，推进品牌工程建设。石景山区政府应坚持高标准规划、多种措施保驾护航，确保“中国绿能港”品牌项目的顺利推进。开辟多元化的投资渠道，逐渐完善生产服务体系，积极推动“国家碳交易所”、“国家合同能源管理中心”、“新能源专利交易平台”等大型项目落户石景山区，并广泛招纳新能源各领域大中型企业入园合作，以打造中国第一个集新能源各领域的研发、运营、管理、交流、协作于一体的“中国绿能港”。加快首钢主厂区的规划建设，适度发展高端金属材料及装备制造业。

5. 积极推进两化融合，增强工业竞争实力。推进信息化与工业化融合，注重利用信息技术改造提升传统产业，把信息技术融入到研发设计、生产、流通、管理、人力资源开发各环节，推动石景山新型工业化建设。进一步推动信息技术应用工作深入开展，研究提出信息化与工业化融合大形势下，信息技术推广应用工作的新思路、新方法、新举措。

6. 大力改善投资环境，促进中小企业发展。石景山区政府应综合运用土地、税收、财政投入、项目审批、政府采购等政策手段，形成导向明确、衔接有效的工业发展政策体系，重点支持产业升级、科技创新、龙头企业培育、融资环境改善、高端人才聚集、优势品牌塑造等关键领域的发展。从大局着眼，以大胸怀、大气魄、大手笔、大发展的放射性思维引商，以海纳百川的胸襟，亲商、安商、富商。

7. 加强区域合作，推动工业互动发展。石景山区政府应完善对外开放合作的政策措施，创新区域协作，加强与海淀、丰台等周边区域的交流合作，发挥比较优势，实现优势互补，承接产业转移，实现经济融合。区政府也应抓住首钢搬迁的契机，加强石景山区工业与周边地区的互动与协作，在充分发挥市场机制、有效配置资源的前提下，形成分工合理、布局优化，相互补充、相互促进的区域工业发展格局，以此推动石景山区工业结构调整步伐。

8. 加快人力资源开发，完善人才引进和培养机制。在工业结构的调整过程中，要重视人力资源的开发，抢占“人才高地”。通过培养、引进等途径，重点建设以企业为主体的高层管理人才队伍、以专家学者为核心的高层次技术人才队伍、以年轻科技人员为骨干的市场开拓人才队伍。督促落实人才发展“西部引智工程”，加大高层次人才引进力度，借助中关村人才特区资源，加快央地人才联合培养。采取人才、项目、管理模式一体化引进的方式，吸引海外高端领军人才。

9. 立足基础，积极创新，打造战略性新兴产业。石景山区政府应紧跟时代潮流，抢抓战略性新兴产业发展机遇，把握新型工业化发展方向，推动新一代信息产业跨越式发展。以新能源装备高端制造带动新能源开发应用，努力把新能源产业培育成为石景山区工业结构新的支柱产业和经济增长极。着力培育发展节能环保产业集聚区、环保科技创新平台和龙头骨干企业，促进产业跨越式发展，形成具有石景山区域特色的战略性支柱产业。坚持传统产业高技术化和高新技术产业化齐头并进的思路，做强做优高端装备制造业，支撑全区工业经济的发展。整合和提升区优势新材料产业的地位和水平，大力培育新兴材料市场，促进新材料产业可持续发展。

（摘自 2011 年《石景山调研》）

顺义区工业企业技术中心发展现状及问题分析

顺义区经济和信息化委员会主任　吴建国

顺义区经济和信息化委员会主任　吴建国

企业技术中心是企业核心竞争力的主要载体和依托。随着市场经济的不断发展与完善，企业的竞争日趋激烈，承载技术创新能力的企业技术中心建设显得尤其重要。

截至 2010 年底，顺义区共有市级及以上企业技术中心 23 家，其中国家级 5 家，市级 18 家。为全面了解顺义区企业技术中心发展现状，我们对全区部分企业技术中心的 2010 年评价材料进行了整理和分析，包括 3 家国家级企业技术中心和 14 家北京市级企业技术中心。分析结果表明，顺义区以企业为主体的技术创新体系建设已初具规模，科技创新在全区经济社会发展中的引领和支撑作用日益增强。但与此同时，全区企业技术中心建设也存在着与工业发展规模不相衬，企业研发投入和创新能力仍有待提高等问题。

一、顺义区企业技术中心现状及特点

（一）企业技术中心的行业分布较为集中

全区 23 家企业技术中心的行业分布较为集中，其中都市产业类最多，达到 10 家；基础产业和机电产业各 5 家；电子产业 2 家；医药产业 1 家。

（二）企业对技术中心发展重视程度较高

1. 研发资金投入快速增长。企业研发资金投入是开展研发工作的重要保证，也是衡量企业自主创新投入规模的重要指标。2010 年，16 家企业技术中心科技活动经费支出额达到 9.66 亿元，与上年相比增加 21.15%。其中，R&D 经费支出（企业研究与试验发展经费支出）额为 7.79 亿元，占科技活动经费总支出的 80.35%。

R&D 经费与主营业务收入之比是国际上通用的反映企业自主创新投入强度的主要指标。根据经济合作与发展组织制定的标准，企业研究与实验发展经费投入强度超过 4%，表示企业创新能力较强；在 1%～4%，表示企业创新能力中等；小于 1%，表示企业创新能力较低。根据评价材料，16 家企业中，9 家企业 R&D 经费投入强度超过 4%，占全部企业数的 56.25%；7 家企业 R&D 经费投入强度在 1%～4%之间，占全部企业数的 43.75%；没有企业低于 1%，这在一定程度上表明顺义区工业企业技术中心的创新能力均在中等以上。

2. 技术中心受企业管理层认可程度较高。企业技术中心年人均收入与企业年人均收入比值可以显示企业技术中心为企业所做贡献的大小，以及被企业管理层认可的程度如何。该比值越大，显示认可程度越高。2010 年，16 家工业企业技术中心年人均收入是企业年人均收入的 1.63 倍；除 1 家企业外，其余 15 家企业技术中心年人均收入均超过企业年人均收入；2 家企业技术中心年人均收入达到甚至超过企业年人均收入的 2 倍以上。

（三）企业技术中心实力不断提高

技术中心的仪器设备配备、研发人才是否通过国家和省级实验室资质鉴定是评价技术中心实力的重要指标。2010 年，16 家企业技术中心技术开发仪器设备原值达到 5.7 亿元；共有参与科技活动的工作人员 5147 人，占企业全体职工总数的 12.42%；技术中心职工总人数为 2925 人，其中专家及博士 184 人；技术中心从事研发工作的外部专家总数达到 429 人/月；与其他组织合办开发机构 23 个。16 家企业技术中心中，8 家获得省、国家、国际组织认证的检测、实验机构资质。

（四）企业技术中心研发能力进一步增强

根据评价材料，2010 年 16 家企业进行的科技项目 609 项，其中研发周期 3 年以上的项目 94 项；共完成新产品、新技术、新工艺开发项目 426 个，新产品销售收入达到 80.58 亿元，占企业主营业务收入总额的 36.86%；企业自有品牌产品与技术出口创汇额为 2.33 亿元。16 家企业近 5 年经授权的全部有效专利 907 件，2010 年被受理的专利申请数 249 件。近 5 年获得国家自然科学奖、国家技术发明奖和国家科技进步奖的项目 24 个，近 5 年获得省部级科技进步奖的项目 15 个。

（五）企业在同行业中影响力较大

近 3 年，16 家企业共主持和参加制定了国家和行业标准 63 个，其中国家标准 40 个，行业标准 23 个。获得市级以上驰名商标 13 个。

二、工业企业技术中心发展存在问题

（一）技术中心发展状况与顺义区工业实力不匹配

2010 年，顺义区规模以上工业企业主营业务收入居北京市第三位，市级以上企业技术中心数量仅占全市总量的 7.33%；通过市级以上企业技术中心认定的工业企业占全部规模以上工业企业的 3.55%，低于 4.36%的全市平均水平。工业企业技术中心的发展与全区工业整体实力不匹配。

（二）技术中心发展不平衡

1. 工业企业技术中心产业分布不平衡。2010 年，全市通过市级以上企业技术中心认定的工业企业 300 家，其中电子信息产业和机电产业数量最多，均为 94 家，各占总量的 31.33%；其次为都市产业和基础产业，分别为 43 家和 41 家，占总量的 14.33%和 13.67%；医药产业 22 家，占总量的 7.33%；汽车产业 6 家，占总量的 2%。汽车产业是顺义区 6 大支柱产业之一，而全区

23家市级以上企业技术中心中，无一家属于汽车产业，与我区汽车产业实力严重不相符。电子信息产业中有企业技术中心2家，仅占全市数量的2.13%，从侧面反映我区的电子信息产业研发力量亟待提高。

2. 工业企业技术中心之间发展不平衡。一是技术中心硬件条件差异较大。4家企业技术中心设备原值高于5000万元，9家设备原值在1000～5000万元之间，3家设备原值低于1000万元。二是技术中心人才实力差距明显，大多数技术中心高端科研人才相对匮乏。16家工业企业技术中心中，1家专家和博士人数超过40人，7家在10～40人之间，8家低于10人，其中2家仅为1人。7家企业技术中心外部专家人数超过24人/月，7家外部专家人数在12人～24人/月之间，2家低于12人/月，其中1家企业技术中心无外部专家。

（三）技术中心科技创新能力和成果转化能力有待加强

1. 研发能力需进一步提高。企业拥有的有效发明专利数量是衡量企业科技创新能力的重要指标。截至2010年，16家企业拥有有效发明专利共计55件，其中1家企业拥有30件有效发明专利，7家企业无有效发明专利，其余8家企业拥有的有效发明专利均低于10件（含10件）。16家企业2010年被受理的发明专利28件，其中10家企业无被受理的发明专利。4家企业既无有效发明专利，2010年也无被受理的发明专利。部分企业对科技创新工作重视程度不足，技术中心自主创新能力有待提高。

2. 成果转化能力不强。根据评价材料，2010年16家企业新产品销售收入平均占主营业务总收入的36.86%，而新产品销售利润平均仅占企业产品销售总利润的28.34%，新产品销售利润低于其他产品销售利润。其中，只有6家企业新产品利润率高于其他产品利润率，占企业总数的37.5%。

三、对策与建议

（一）充分发挥政策作用，为企业营造自主创新环境

一是在企业间加强《国家认定企业技术中心管理办法》、《北京市认定企业技术中心管理办法》、《北京市认定企业技术中心项目补助政策实施细则》和《顺义区促进中小企业发展的扶持办法》等国家、市、区各级政府关于加强企业技术中心建设、促进企业自主创新的相关政策的宣传力度，鼓励企业充分用足政策、用好政策。

（二）加强行业引导，改善企业技术中心发展不平衡的现状

鼓励高技术行业、新兴产业等行业加大研发投入，加强企业技术中心建设，不断增强企业创新能力。根据顺义区工业产业结构和现有企业科技创新能力，在汽车业、现代制造业、生物医药等行业中，重点扶持一批有条件的企业技术中心申报市级企业技术中心，并鼓励实力较强的市级企业技术中心建成国家级技术中心。同时，以燕京、东方雨虹、首安消防等科技创新实力较强的技术中心为样板，带动全区企业技术中心向深度发展。

（三）完善人才培养激励机制，不断壮大企业科技人才队伍

重视行业技术带头人的培养推荐，鼓励企业与高校、科研单位开展定向人才培训；鼓励优秀科技专家参加研究开发项目的招标和承包并担任技术负责人；鼓励企业按项目和成果效益提高开发人员的报酬。对在技术中心建设和技术创新工作中做出突出贡献的单位和个人给予表彰和奖励。

（四）以市场机制为依托，鼓励有实力的企业发展技术创新战略联盟

在顺义区支柱行业和重点产业集群，探索构建行业共性技术研发平台，推进产业协同创新。鼓励并协助企业加强与高等院校、科研机构联合、协作共建企业技术中心，推进产学研联合创新，共同开发新产品，共同开展重大技术攻关、重点工业性实验，并最终实现产业化，带动企业创新。

（摘自2011年《顺义调研》第58期）

关于加快推进首都高端制造业新区建设的思考

房山区政府副区长 马继业
房山区经济和信息化委员会主任 赵永祥

房山区政府
副区长 马继业

建设首都高端制造业新区是北京市建设中国特色世界城市的重要内容，是房山区走新型工业化道路的再深化。如何推进首都高端制造业新区建设值得我们进行深入的思考和研究。

一、房山区建设首都高端制造业新区功能的现实条件分析

（一）优势所在

第一，区位优势。房山区紧邻北京核心区，是五个城市发展新区之一，同时南依河北腹地，是北京的西南大门，无论在交通、商业、高科技产业、现代农业等领域都有不可替代的优势。近年来，北京推动城市发展建设中心向城市发展新区转移，推出了加快实施城南行动计划、打造永定河绿色生态发展带、促进西部地区转型发展等重大举措，房山区作为重点区域位列其中。首都第二机场、京石第二通道等一批重大基础设施项目的规划建设，将使房山区逐步释放领跑城市发展新区的强大势能。首都“十二五”规划更是将房山区与大兴区、亦庄等共同列入了南部高技术制造业和战略性新兴产业发展带。

第二，产业基础优势。“十一五”期间，房山区工业经济总量保持稳定增长态势。2010 年区域工业实现产值 945.3 亿元，比 2005 年增长 28.7%，实现税收 131.2 亿元，对全区税收的贡献率达到 70.7%。经过多年的发展，房山区工业产业结构调整取得了一定成效，形成了基础、机电、都市、汽车、生物医药等五大产业为支撑的工业体系，实现了区属工业国家级驰名商标零的突破，18 件商标被评为北京市著名商标。工业主要集中在东部和南部平原地带，工业集聚化态势日渐显现，基本形成与地理形势相协调的工业布局形态。

第三，功能区建设成就。作为房山区“两轴三带五园区”格局中的重点功能区和高端制造业新区主要产业载体，北京石化新材料科技产业基地和窦店高端现代制造业产业基地，几年来基础设施建设取得突破性进展，重大项目有序推进。北京石化新材料科技产业基地中，中石化投资项目已达到 63 项，总投资规模预计将达 238.2 亿元，预计新增销售收入 612.9 亿元，新增利税 115 亿元。截至目前，总投资 40.8 亿元的 16 个项目建成投产，总投资 121.2 亿元的 27 项在建。窦店高端现代制造业产业基地中，京西重工年产 400 万件减震器项目厂房及设备安装完成，10 月份正式投产，年底形成 80 万件的产能，同时还将启动二期的研发中心建设。长安汽车集团华北工厂项目一期工程厂房建设全部完工，现正进行设备安装和调试，6 月底首辆电动车即可下线，年内形成 100 辆产能；北车公司与房山区签署的战略框架合作协议，计划投资 49 亿元，建设中低速磁悬浮列车项目、高端城市轨道交通车辆项目等，现正进行开工准备；北京控股集团太阳能（CPV）系统生产基地 2011 年计划建设 CPV 芯片 125 兆瓦生产线、CPV 模组 150 兆瓦生产线及配套设施，计划第 4 季度投入试生产。

（二）存在的问题

第一，总量不足、规模不大。房山区无论企业个数还是企业规模与兄弟区县比还存在差距：顺义区 2010 年工业总产值 1600 亿元，房山区仅为 900 亿元，总量相差近一半；区情近似的大兴区有工业企业 5995 家，房山区仅有 3356 家，数量相差近一半；顺义区有 9 家上市企业，房山区只有碧生源一家。

第二，产业结构、产品结构不合理。房山区具有比较优势的产业不多，支撑点比较单一，不能适应市场需求变化。具有比较优势的石油化工、汽车、装备制造和建材等行业的基础并不雄厚，更为关键的是行业、企业的关联度不高，优势特色分散。

第三，技术水平不高，名优产品较少。许多老企业上缴税款占其实现利税比例，大大超过了75%这一维持企业简单再生产的警戒线，更谈不上用自有资金进行技术创新和技术改造。国家知名品牌产品只有一个，显示出房山区名特优产品相对缺乏。

第四，体制机制不活，发展的软环境不优。一些新建立的重大制度仍属框架性的制度，亟待完善。从行政管理体制来看，目前在市场经济基础上重新建构公共权力机构与体制问题还没有得到根本解决，公共事务管理部门直接参与微观经济活动领域的现象依然存在。

二、房山区建设首都高端制造业新区的目标设想和对策建议

（一）目标设想

第一，经济发展方式加速转变。一是将转变经济发展方式与推进科技进步结合起来。二是将转变经济发展方式与推进国民经济信息化结合起来。三是将转变经济发展方式与结构调整结合起来。四是将转变经济发展方式与发展循环经济结合起来。五是将转变经济发展方式与优化人力资源结构结合起来。到2015年，基本实现传统产业优化升级，新兴产业迅速壮大；基本形成以高端化、高效化、集群化、集约化、生态化为特征的，多点支撑的新型制造业产业体系；基本形成以新能源汽车、新材料等战略性新兴产业为引领，石化新材料产业和汽车产业为支柱，现代装备制造业为重点，现代都市产业为补充的多元发展的产业格局，使制造业发展走上创新驱动、内生增长的轨道。

第二，产业发展趋于高端。坚持高端发展方向，吸引大企业、大项目和各类高端要素聚集房山区，以功能区建设为依托，重点发展石化新材料、新能源汽车、太阳能光伏发电、民用核工业等高附加值、高科技产业，实现产业转型升级，促进首都实体经济的发展。通过创新管理模式，推动技术创新，形成“总部＋研发＋基地”的创新发展模式，发展“房山制造”，推动“房山创造”，以更高水平推进房山科学发展，走出一条体现房山区特色的高端产业发展之路。

第三，双轮驱动，实现区域经济可持续发展。一方面要提高承接首都产业功能和高端要素外溢的能力，为房山区实现创新发展增添核心动力，为首都实体经济培育新的增长极；另一方面要为高端制造业的规模发展提供完善的城市配套功能，承接首都中心区人口疏解，缓解市区交通压力，吸引高端人群来房山区居住、就业、游览，促使城市化和工业化相互包含、相互依存、相互助益，为最终实现现代化打下坚实基础。

（二）对策建议

第一，加快重点功能区建设，提高重大产业项目的承载力，推进重点功能区建设，形成高端制造业集聚地。以燕房合作为重点，提升合作层次，着力建设北京石化新材料科技产业基地。基地总规划控制面积约30平方公里，产业定位是以燕山石化炼油、乙烯、合成树脂、合成橡胶等产品为龙头，重点发展其产品深加工、精细化工和化工新材料。以石化产业为基础，通过延伸和完善产业链条，培育和发展产业集群。到2015年实现工业总产值1200亿元以上，建设成为国内一流、具有国际竞争力的现代石化新材料产业高地。

“十二五”期间，采取“扩区、更名、变体制、提档次”的措施，将窦店基地建成区域工业的重要支撑和北京高端制造业的重要载体。提升基地规格，更名为“首都高端现代制造产业基地”，以此作为首都高端制造业新区核心区。以长安汽车北京基地项目、京西重工高端汽车零部件项目、北控太阳能项目和北车轨道装备项目建设为契机，依托高端制造业项目的引进，实现企业、项目、人才的聚集，促进以居民回迁、窦店古镇改造和白草洼湿地开发为途径的生态宜居生活区建设。同时促进以鑫湖苑五星级酒店、会展中心、长安汽车总部基地为基础的现代高端服务区建设。到2015年实现工业产值1000亿元以上，打造一座占地超过30平方公里工业新城。

第二，大力发展与高端产业相配套的公共服务设施，形成“双轮驱动”的发展格局。一要坚持“建管结合”，提高城市交通建设和管理水平。加大对外交通条件改善工作力度，加快公路路网建设的同时，加快轻轨房山线西延、南延工程，引导园区与高速公路、区域主干路网连通，吸引高端产业集聚。二要围绕区内高端产业和高层次人才关于生产生活配套最直接、最现实、最迫切的需求，进一步提升开发区商业和生活配套功能。以保障窦店鑫湖苑五星饭店和长安汽车销售总部项目实施为重点，提升高端制造业核心区配套服务水平；加快规划建设推进大型高端图书馆、体育中心、影剧院、会展中心等的建设；科学规划产业配套住宅建设。三要加快区域生态环境改善工作。全面恢复山水生态系统，规划建设南、北两大水岸休闲发展带，构建以休闲观光为主导的带动支系沟域特色发展的新格局，最终形成南北呼应、产业高端、文化凸显、效益一流的发展格局。四要强化城市运行管理。进一步加强大气污染治理力度，完成市政府下达的空气质量考核指标。强化市容市貌整治，营造城市新形象。五要加快城市信息化建设，智能精细管理城市。建立城市公共综合管理信息体系，建设城市基础资源运行安全体系，积极发展电子政务和电子商务，推进“三网”融合。六要推进社会事业发展。提升区教育、医疗卫生和文化等社会事业的发展水平，满足高端制造业新区范围内高层次人才和高端产业发展的需要。努力稳定和扩大就业，研究建立农村劳动力就业安置长效机制。做好安全生产、社会治安、信访和应急管理等各项安全稳定工作，促进区域社会和谐发展。

第三，重点扶持高端龙头企业，加速主导产业成型。一是重点发展自主品牌整车及高端汽车零部件制造产业。围绕窦店基地和重大项目，依托现有的汽车产业基础，重点打造一个自主整车品牌（即“长安汽车”）、一个高端汽车零部件品牌（即“京西重工”）。依托北车，积极发展城市轨道交通装备制造业，完善产业发展配套环境，鼓励汽车产业生产性服务业发展，逐步形成产业集聚，实现产业跨越式发展，逐渐使汽车产业成为区域经济发展的重要支撑。二是重点发展高技术含量、高附加值、环保型的精细化工和新材料产业。围绕中石化的核心技术和核心产品，加大科技投入，提高科研水平，加速科研成果的产业化，重点发展高品质的石油炼制产品、精细化工和化工新材料，培育一批高技术含量、高附加值、环保型的拳头产品，实施差异化、特色化的发展战略，在石化行业与新型建材、新材料等领域，形成一批在国内具有较强市场竞争力的高技术企业集群。三是重点发展新能源产业。深化与北控集团在聚光性太阳能电池方面的合作，以核心技术研发、孵化、应用为主，支持、培育光伏新能源产业发展。以中核北京科技园为依托，推动民用核工业发展。深化与中核集团、原子能研究院在核能民用工程、安全测试、检验、培训等方面的合作，以设计研发、孵化为重点，建设核电、核燃料循环、核技术应用、核能工程的研发检测中心、大型实验室、示范中心、工程研究中心和生产基地，建成国际一流的核工业研发基地。

第四，加快区域创新体系建设，引领企业提高自主创新能力，强化创新驱动。一是加快促进创新转化的平台建设，构筑引领制造业升级的研发高地。围绕北京石化新材料科技产业基地发展，打造国内领先的化工材料研发、中试、测试服务平台，建设功能齐全、开放高效、体系完备的网络化、数字化、智能化的石化新材料科技信息服务平台，动态跟踪国内外石化新材料产业科技成果信息，为基地开展科技研发、对接科技成果及招商引资服务。以长安汽车北京工程研究院为依托，打造国内领先的集汽车整车及零部件产业研发、设计、制造、中试、测试科技服务于一体的技术创新平台，支持开展汽车整车及零部件相关技术研究和标准化生产。依托中核集团、原子能研究院科研资源，以设计研发、孵化为重点，建设核电、核能工程的研发检测中心、大型实验室、示范中心、工程研究中心和生产基地。依托良乡高教园区高校科研资源，建设高教园区智汇城科技产业发展中心，为高校搭建与科技成果相连接的大型实验室和孵化平台。二是从引进区外技术为主转向更多地依靠自主创新，增强企业发展的自主性和独立性。鼓励引导与区外企业、研发机构合作研发，注重引进关键技术、知识产权和关键零部件，开展集成创新和引进、消化、吸收再创新，最终实现对原有技术的突破，形成企业的自有技术，提升企业自主创新能力和综合实力，在关键技术方面能有更多的自主权，特别要加大对先进技术和前沿技术的研发力度。此外，企业要加强技术创新人才队伍建设，引进和培养高科技人才，并积极与区内外高校和研究机构合作，加快人才培养的力度和层次。三是强化自主品牌建设，争创世界名牌。要把创建自主品牌与增强自主创新能力有机结合起来，以具有自主知识产权的技术为核心，以拥有良好质量和较高市场占有率的产品为载体，积极培育自主品牌，积极打造区域品牌、企业品牌和产品品牌。在进一步做大已有的北京名牌、中国名牌、驰名商标的基础上，支持更多的企业争创名牌。积极开展品牌经营，实现品牌最大价值和效用，推动自主品牌成为高端制造业新区的亮点，成为制造业在区内外市场竞争力的重要指标。

第五，促进制造业信息化，推动信息化与工业化融合。一是加快发展信息产业。要大力加快信息服务业的发展，提高高端制造业新区的信息化水平，推动制造业企业与传媒、IT服务的融合渗透。提高“数字房山”应用水平，通过全面推广使用数字化、信息化技术，打造制造业数字化平台，提高制造业的生产效率，引导信息化带动工业化水平的提升。二是将信息业全方位融入制造业。在制造业研发设计方面，要在高端制造业领域加快推广应用计算机辅助设计、个性化定制等技术。在生产过程中，在制造业各行业中推广计算机辅助制造、计算机辅助工程、计算机辅助工艺、计算机集成制造系统、柔性制造系统等生产控制技术，实现设计、制造、测试全流程的信息化，特别要注重装备制造业生产过程的自动化。在企业管理方面，要加快管理信息系统建设，推广应用企业资源设计、产品数据管理、客户关系管理、决策支持等信息系统，从而提高企业管理效率，实现管理创新。在市场营销方面，要注重物流信息化，构建现代流通体系和市场营销网络。

第六，加强资源节约和综合利用，实现制造业可持续发展。一是加强资源节约和综合利用，发展节约型经济。在制造业生产中重点推动节能、节水、节材、节地工作，加强对制造业重点行业能源、原材料、水资源等消耗定额管理，实现能量的梯级利用、资源的高效利用和循环利用，引导企业降低能耗，最大限度地利用各种废弃物和再生资源，努力提高资源的产出效益。提高制造业废弃物产生量大的重点行业资源综合利用、循环利用水平，建立和完善废旧物质回收利用体系，促进可再生资源回收利用，从而有效节约对自然资源的消耗。积极推进企业的清洁生产，在生产的源头上减少废弃物质的排放；构建园区的生态产业链，实现园区资源的减量化、再使用和再循环，真正推动高端制造业新区的可持续发展。二是推进循环经济试点工作有序开展，加快循环技术的开发和应用。房山区在打造高端制造业新区过程中，要突出重点行业、重点企业和重点工业园区的循环经济试点工作，突出抓好循环经济示范企业、循环经济工业示范园区的建设，创建一批高标准、规范化的清洁生产示范企业，并总结试点成功的经验，向整个制造业生产体系扩散。同时加快开发和应用循环技术，依托循环技术的进步推动制造业新区更上一个层次。

第七，进一步完善体制机制，为打造首都高端制造业新区提供良好保障。一是提高政府对经济发展的调控能力，统筹区域发展。按照“两轴三带五园区”空间布局，充分发挥政府配置资源的主导作用，通过规划、政策、资金等调控手段，突破行政区划的界限，统一规划、统一建设、统一管理体制机制、统一发展；科学统筹功能区布局和基础设施及公共服务资源配置，促进功能区之间融合统筹发展；加强对功能区发展规划研究，培育重点功能区高端主导产业，形成各具特色、优势互补的高端制造业集群。二是提高对发展高端制造业的服务水平。各乡镇政府和行政主管部门应转变政府职能，改进工作作风，规范政府行为，加快行政审批制度改革，减少政府管制，消除政策歧视，严格依法行政。企业是发展制造业的主体，政府对企业应当倍加呵护，提供“保姆式”服务，尤其是对不同发展阶段的企业要提供有效分类服务，始终做到以创新的精神做好发展制造业的服务工作，不断为发展制造业提供优质公共服务。三是推进体制机制的改革创新。按照“三化两区”发展战略要求，加大教育培训工作力度，提升政府机关工作人员知识层次和综合素质，以适应现代管理的需要，打造现代智慧型政府。政府各部门要按照行政效率最大化的原则，优化政府资源配置和行政程序，使政府及各部门协调高效运转，要平等、公正、规范行使各项权力，建立政府与社会和谐的行政关系。加快政府行政管理信息化建设，利用现代信息技术、网络技术、办公自动化技术，实现管理资源和信息共享，提高政府的工作效率，打造现代管理型政府。要强化服务意识，全方位地向社会提供快速、优质、规范、透明、符合国际水准的公共服务产品，打造适应现代发展要求的标准化、国际化服务型政府。

（摘自 2011 年《房山调研》第 16 期）

倾心打造“小巨人”企业

平谷区经济和信息化委员会主任　崔东辉

平谷区经济和信息化委员会主任　崔东辉

2011 年 1 月 6 日，区长张吉福同志在《平谷区政府工作报告》中，就工业经济发展提出了“重点培育‘小巨人’企业”新理念，这是针对新时期平谷区工业经济发展提出的新举措，对平谷区工业经济在“十二五”期间保持更好地发展，具有很强的现实指导意义。

培育“小巨人”企业工作，重在落实，需要有一套具体工作方案，并在实际工作中加以认真落实。区经济信息化委作为全区工业经济发展主管部门，理当承担起培育“小巨人”企业工作。现就如何培育“小巨人”企业，谈几点看法。

第一，要搞清楚“小巨人”企业的概念。目前，提出培育“小巨人”企业的说法，天津市占主导地位。3 月 18 日天津北方网讯中，有一条“两步助推、三级联动，天津滨海新区首选 300 企业做科技小巨人”的报道，报道的主要内容是滨海新区要积极推动销售收入在 5000 万元以下的企业尽快超过 5000 万元，支持销售收入在 5000 万元以上 1 亿元以下的企业尽快突破亿元，成为科技“小巨人”企业。结合平谷区工业发展实际情况，平谷区工业“小巨人”企业，应该具备四个条件：一是企业产品科技含量要高，工业增值率要高，工业增加值占产值的比重应达到 30%以上；二是企业产品在市场中要有较高的知名度，企业注册的商标最低标准应该是“北京市著名商标”，“中国驰名商标”或者企业主打产品是“中国名牌产品”的，顺理成章应当纳入其中；三是企业要具备一定的经营规模，年营业收入应该在 1 亿元以上，10 亿元以内；四是企业成长性要高，年营业收入增幅在 3 年内要连续保持 30%左右，也就是说年营业收入能够在 3 年内实现翻番。

第二，要筛选好需要培育的“小巨人”企业。参照上述标准，纳入平谷区培育“小巨人”计划的企业，要按照两个层次进行筛选。第一个层次是发展中的“小巨人”企业，指的是年营业收入超过 1 亿元，但不足 10 亿元的企业。培育发展中的“小巨人”企业，目的是促进该类型的企业进一步做大和做强。第二个层次是将来可能成为“小巨人”的企业，具体是指年营业收入在 5000 万元至 1 亿元之间的企业，且培育前企业的年营业收入增幅能够连续 3 年保持在 30%以上。将此类型的企业纳入“小巨人”企业培育计划的目的，是要促进该类型的企业尽快成为“小巨人”企业，进而实现进一步发展壮大。

第三，要确定好“小巨人”企业的培育内容。一个企业能否保持健康发展，是多种因素共同作用的结果，这些因素既包括外部发展环境，也包括企业自身发展能力。外部发展环境包括政策因素和企业周边地区社会的稳定性。企业自身发展潜力，包括管理水平、生产设备现代化水平、产品自主研发能力、产品营销策略等。培育“小巨人”企业核心目的是要促进企业不断发展壮大，因此，培育内容要重点放在解决制约企业发展的相关因素，利用政策导向作用，引导企业不断改进自身不足，谋求全新发展。

第四，要制定好培育“小巨人”企业工作方案。一是要认真筛选出需要培育的企业。区经济信息化委要按照拟定的培育标准，每年在全区工业企业中定期筛选出符合培育标准的企业。如果企业发展在培育期间内达不到预期培育目标，要坚决实行淘汰制，该淘汰的必须要淘汰，不能为培育而降低标准，严防滥竽充数，影响培育效果。二是要尽快制定出台具体的培育“小巨人”企业整体工作方案，同时还要根据每个受培育企业的具体情况，制定每个企业培育方案细节。三是建立多部门参与的联席会议制度，实现工作联动，防止工作扯皮。要挑选责任心强、知识面广、业务能力强的优秀工作人员，深入到企业掌握翔实情况，实施培育工作。

第五，要尽快制定培育“小巨人”企业政策保障措施，做到全区各职能部门联动，确保政策措施实打实地落实到位。一是应安排专项支持资金，对被培育的企业进行重点资金支持。二是现有工业发展政策资金，应优先落实到被培育的企业中去。三是对被培育的企业，在审批事项、土地使用、融资优先服务等方面要给予优先快速办理，实行特事特办。

第六，实行重点培育和项目引进相结合。在全力做好“小巨人”企业培育的同时，按照区产业发展要求，积极引进符合产业发展定位的工业投资项目，重点放在具有发展潜力项目的引进，做大“小巨人”企业群体规模。

培育“小巨人”企业是一项长期的工作，不是一蹴而成的，它需要区政府各职能部门的通力合作。只有政府各职能部门默契合作，并持之以恒，相信平谷区定会出现一批能够带动全区工业经济发展的龙头企业，进而实现全区经济的不断发展壮大。

（摘自 2011 年《北京乡镇企业》第 3 期）

浅析技术创新对工业转型升级的驱动作用

怀柔区经济和信息化委员会主任　周怀明

国家“十二五”规划提出，要坚持把科技进步和创新作为加快转变经济发展方式的重要支撑，依靠科技创新推动产业升级。未来 5 年是我国工业转型升级的攻坚时期。转型就是转变工业发展方式，加快向创新驱动转型、绿色低碳转型、智能制造转型、服务化转型、内需主导及消费驱动转型，实现由传统工业化道路向新型工业化道路转变；升级就是全面优化行业结构、技术结构、产品结构、组织结构和布局结构，以促进工业结构的整体优化提升。工业转型升级是一个系统性的变革工程，工业技术创新是其中的中心环节。“十二五”期间，要把技术创新放在更加突出的位置，充分发挥其对工业发展的带动和引领作用，促进工业转型升级取得实质性进展。

怀柔区经济和信息化委员会
主任　周怀明

一、对科技创新重要性的认识

创新的内涵在于创造并应用新的知识，代表着先进生产力的发展方向。从世界各国的经验和做法来看，在全球化迅猛发展、综合国力竞争日益激烈的今天，保持经济持续增长、提升综合国力、发展公民福祉，无一不依赖于科技创新。人们普遍认为，20 世纪 90 年代美国之所以能够实现较长周期的经济持续繁荣，一个主要原因就是以信息技术为代表的新技术革命带动了高新技术产业超常规增长。

我国改革开放以来，科技实力和水平已经得到大幅度提升，各个领域取得了世界瞩目的成就。但是与实现科学发展的需要相比，与世界先进科技水平相比，我们还有着显著的差距。仅从科技投入来看，我国全社会研究开发总支出刚跨过3000亿元人民币，不仅远远低于美国3000多亿美元的全社会研发投入规模，甚至低于2007财年美国联邦政府研发经费1300亿美元水平。美国仍然保持全球科技领导地位，在科技领域的表现强劲；在诸多科技发展指标上，美国都快于日本和欧洲；尽管中国、印度以及韩国等新兴国家在科技产出指标上提升速度很快，但是这些增长都是基于一个很小的基数，在世界创新和科学产出中还没有占到很大份额。近年来，美国虽受金融危机影响，但由于具备经济结构的优势和科技创新能力，它仍居全球最具竞争力经济体的首位。因此，在未来相当长的时期内，我们仍需居安思危，客观估计自身的科技实力和水平，坚定不移地把创新驱动作为经济发展的重中之重，抓紧抓好。

二、怀柔区现状

怀柔区拥有工业企业995家，其中规模企业242家；经过重新认证的高新技术企业46家，从业人员8271人，占全区工业同口径比重为4.3%和16.8%；完成工业总产值59.2亿元，销售收入63.1亿元，工业利润6.9亿元，分别占全区工业同口径比重的11.5%、11.7%和20.2%。

怀柔区申请各类专利244件，其中工业192件；申请发明专利71件。经国家科委批复，授权专利291件，其中工业242件，发明专利17件。高新技术企业开发新产品145项。共建设市级技术中心8家。

一些重点企业靠技术创新，不仅扩大了规模，提高了生产能力，走出了一条靠技术创新驱动企业转型升级的新路。如新投产的欧曼二厂，所生产的重卡，全部采用先进的新能源技术，拥有废气再利用、油气两用、新型材料车架、智能控制远程服务四类六大核心环保节能技术，是以出口欧美市场为标准打造的国际车型，能够达到欧Ⅳ、欧Ⅴ排放要求，并具有升级欧Ⅵ的潜力。未来，它们当中的70%将走出国门，驶向全球。再如，怀柔区实施物联网信息化项目，创造了国内首个水、电、气智能管控系统，彻底改变了过去由于技术手段相对落后造成的水、电、气等能源、资源使用情况不清晰的问题。通过应用物联网技术对每个区域，每个用户水、电、气使用情况进行实时监控，准确掌握能源、资源消耗数据，对国家加强对能源、资源的管控具有非常重要的意义。目前，该产品已在区大地燃气公司的部分用户内进行了试运行。预计3～5年内，可覆盖全国一亿用户。

三、主要问题

就怀柔区而言，技术创新对工业转型升级的驱动作用发挥得很不够，还处于初始阶段，存在着以下问题，需引起高度重视。

（一）认识不足、重视不够、措施不到位

工业发达国家的历史证明企业是创新的主体，但是，怀柔区工业企业并未能把技术创新视为提升企业核心竞争力的关键，未能通过创新提高企业生产经营水平。部分工业企业的发展注重短期利润，还是在走劳动密集型、资源依赖型的发展道路，没有认识到技术创新的重要性。企业诚信体系建设滞后于经济发展，企业在技术创新上的投入很难获得相应的经济回报。部分中小企业缺乏技术创新所需的资金和人力资源。以企业为主体的技术创新体系不完善，对推动工业转型升级产生了极大制约。怀柔区现阶段正处于工业化、城镇化的发展期，经济快速发展同时带来能源资源短缺、人力资本不良等后果。从区情实际出发，必须坚持科学发展，把提高科技自主创新能力作为推进结构调整和提高区域竞争力的中心环节，走出具有怀柔特色的可持续发展道路。

（二）科技创新能力弱、缺乏创新动力

主要表现在：一是规模较小的企业，缺乏自主创新的原动力，缺少开展创新活动，企业科研创新机构不健全，在发展过程中重视当前当期利润的获得，把企业生存与长远发展割裂开，导致整个工业发展质量和效益不高，竞争力不强。二是创新能力弱。目前，怀柔区900多家工业企业中具有创新能力的企业寥寥无几，大体有欧曼、奥瑞金、红星、御食园等十几家企业，其他都属于中低端小微企业，靠来料加工、配套维持生产经营，科技创新能力弱。还没有一家国家级试验室、研究中心；产学研合作还很不够；科技成果引进吸收转化效率很低。三是企业没有成为技术创新的决策主体、投入主体、利益主体和创新成果应用主体，技术创新的结果就不能满足市场需求和行业发展的需要，不能对产业转型升级起到促进作用。

（三）科技成果未能向产业有效扩散

就目前而言，怀柔区科学研究与试验发展经费是比较低的，研发活动的成果转化率更低。科研成果转化率低、产业化应用程度低，意味着科研成果没有转化为生产经营所需的技术、工艺和产品，大大制约了区工业转型升级。目前，怀柔区占相当比重的劳动密集型企业，不掌握行业重要技术的知识产权，只能从事简单的加工生产来赚取极小量的加工费，或生产技术含量低的低端产品获得小额利润。由于在很多关键技术和核心技术上受制于人，当前怀柔区工业发展还是“要素驱动”，而非“创新驱动”和绿色发展。

（四）技术创新环境有待改善

首先，在金融支持、税收激励、政府采购等方面国家政策未能很好落实，激励自主创新的环境尚需完善。第二，技术创新的公共服务体系不完善。第三，技术创新相关的法律法规环境有待提升。技术创新的外部环境不完善，不能很好地激励行业技术创新的积极性，不能为行业技术创新搭建良好的创新合作、成果转化、公共服务等多方面的平台，在很大程度上制约了工业转型升级的步伐。

（五）人力资本积累不足

经济全球化深入发展，科技进步日新月异，要实现科技创新驱动工业发展目标，高素质的人力资本是最基本的保障。近年来，怀柔区涌现了一批优秀的工程科技和管理人才，对工业转型升级发挥了重要作用。但是，总体上还没有实现由人力资源向人才强区的转变，人力资本积累不足，导致工业转型升级所需的人力资源支撑不足。全区工业企业从业人员大专以上文化程度13174人，占总量的26.8%；具有高级技术职称的483人，占总量的1%；具有中级技术职称的1167人，占总量的2.4%。

四、对策与建议

（一）提高认识，统筹规划

各单位、各部门必须提高技术创新对工业转型升级重要性的认识，必须把依托资源消耗型、劳动密集型、来料加工型转向创新驱动型的产业发展轨道上来。做好工业转型升级的统筹规划。按照发展培育一批、改造提升一批、限制淘汰一批的产业结构优化升级要求，推出一批重点行业，逐个制订转型升级的实施方案，明确目标定位、总体布局、发展导向以及相应的配套措施。加强各重点行业转型升级实施方案与国民经济和社会发展规划、土地利用总体规划、城乡规划、主体功能区规划及三大产业带规划等其他规划的衔接。做好各类园区发展规划的研究、修编和实施工作。抓好重大基础设施的规划建设工作，充分考虑工业转型升级和发展的需要，前瞻性规划并建设一批能源、交通、物流、污水处理等重大基础设施。

（二）强化技术创新和产品创新

充分利用区内外科技和人才资源，加快建设以企业为主体、市场为导向、产学研结合的区域创新体系。着力提高企业自主创新能力，推动创新资源向企业集聚，依托大企业建设一批国家级和市级企业技术中心、工程研究中心及重点实验室。鼓励企业与高等院校、科研院所联合建设实验室、研发中心、技术联盟等创新组织。积极引进大院名校来区建设创新载体，充分发挥社会各方力量建设科技基础条件平台、行业创新平台、区域创新平台。着力开发专利技术，提高发明专利的数量和比重，加强对现有专利技术的利用。发挥产学研对接、成果转让中的积极作用，促进科技成果产业化。

加强产品创新。引导企业以市场需求为导向，加快研究开发并投产一批有自主知识产权、有自有知名品牌、有较高附加值、有市场竞争力的新产品，尤其是高新技术新产品，促进我区产品由产业链低端向产业链高端提升、由价值链低位向价值链高位提升。重视传统产品的二次创新，引导企业以技术创新为支撑，提高研发设计水平，在技术、工艺、款式、性能、品牌、包装等方面开展差别化竞争，提高非价格竞争力。

（三）实施品牌创新战略

深入推进品牌战略，支持企业创建全国乃至国际知名品牌，鼓励有条件的企业依托品牌优势，采取收购、兼并、控股、联合以及委托加工等方式，整合众多无牌加工企业的生产能力。依托块状经济，鼓励行业协会、龙头企业牵头或由中小企业合作，共同打造专业商标品牌基地，努力培育知名区域品牌。深入推进质量振兴战略，引导和督促企业加强质量管理，提高产品质量，夯实创建名牌的质量基础。深入推进标准化战略，引导企业制定并执行严于推荐性标准的产品标准，积极采用国际标准和国外先进标准。力争到2015年，规模以上工业企业重点产品采用国际标准和国外先进标准的比重提高到60%以上。加强质量、标准、认证等公共平台建设，为企业提高产品质量、争创名牌提供强有力的技术保障。

（四）整合资源，建设以企业为主体的技术创新体系。进一步落实“十二五”规划，加快制定以培育企业创新能力为目标的技术创新体系实施细则，大力培育企业创新能力。一是注重发挥大中型企业在技术创新体系中的龙头作用，扶持企业架起自主创新的桥梁。二是发挥财政资金对企业技术创新的引导作用，鼓励和支持民营企业建立研发机构、实验室和中试基地，有条件的要积极发展成为国家级和市级重点实验室、工程研究中心和企业技术中心。

（五）强化创新型人才队伍建设

在实施工业转型升级过程中，需要大量专业技术人才和掌握多学科知识的复合型人才。加大投入，依托高校、科研院所和企业培训资源，在全区范围内建立一批工业转型升级的培训和实训基地。围绕工业转型升级对专业技术人才的需求，加快实施创新人才推进计划、企业经营管理人才素质提升工程、国家中小企业银河培训工程、装备制造和信息领域国家专业技术人才知识更新、信息领域高技能领军培养工程等，大力培养各领域的骨干专业技术人才。鼓励开展多技术联合创新、应用示范、人才培训和评估认证等领域的区内外交流与合作，形成高级管理人才和专业技术人才脱颖而出的良好环境。

（摘自2011年11月怀柔区委研究室《怀柔调研》第16期）

社保法实施对密云县工业企业影响的调查

密云县经济和信息化委员会主任　姜　博

2011年7月1日，《中华人民共和国社会保险法》（以下简称社保法）正式生效。它是中国第一部专注于社会保险制度的综合性法律，提出了有关完善社会保障制度的新的行政管理措施，且对在职职工参加社会保险作出了明确规定。社保法实施对密云县工业企业有什么影响？影响多大？我们该如何应对？为此我们进行了调查，在了解情况的基础上提出了相关建议。

一、密云县工业企业基本情况

截至2010年底，全县工业企业1394家。从业人数5.3万人，其中乡镇工业企业3万人，开发区工业企业1.5万人，县属工业企业0.8万人。据统计，全县工业企业农民工从业人数约3.6万人。其中乡镇工业企业约2.4万人，开发区工业企业约0.9万人，县属工业企业约0.3万人。全县规模以上企业中，从行业来看，纺织服装行业农民工从业人数约1.04万人，食品饮料行业农民工从业人数约2350人，汽车零部件行业农民工从业人数约3500人，生物医药行业农民工从业人数约420人，数字信息行业农民工从业人数约600人。

二、社保法的新变化

（一）框架成形，全民社保时代初露端倪

密云县经济和信息化委员会
主任　姜　博

社保法首次以立法形式确立了社会保险制度的基本框架，明确规定国家建立基本养老保险、基本医疗保险、工伤保险、失业保险、生育保险等社会保险制度。

（二）扩面统一，两类人员社保成本上升

旧的北京社会保险制度规定：对于城镇职工，企业需为其缴纳全部社会保险（其中外埠城镇职工暂不参加生育保险）；对于农民工，企业具有可选择性，既可以按照“农村劳动力”标准缴纳全部社会保险，也可以按照“农民工”标准只缴纳工伤和医疗保险。而社保法要求企业为全部职工缴纳全部社会保险。外埠城镇职工和农民工社保成本上升。

（三）强制征缴，首次赋予查账划款权力

社保法强化了用人单位缴纳职工社会保险费的义务，并规定了对用人单位不缴纳可以采取的强制措施：社会保险费征收机构可以向银行和其他金融机构查询其存款账户，并向有关行政部门申请划拨；同时，未提供担保的，还可申请人民法院采取扣押、查封、拍卖措施，抵缴社会保险费。

（四）加大处罚，社保违法成本显著提高

社保法加大了对用人单位不缴纳或不足额缴纳社会保险费的处罚力度：处欠缴数额2倍以上5倍以下的罚款。以往的处罚上限为2万元。除以上4点以外，社保法在工会参与、完善细节、人性调整等方面也有所变化。

三、社保法实施对密云县工业企业的影响

社保法实施对密云县工业企业既有积极影响，又有不利影响。积极影响主要表现在以法律形式确立了广覆盖的社会保险体系，规范了人力资源管理，为劳动者撑起一片天，进一步保障了职工尤其是农民工的合法权益，使公民共享发展成果，促进社会和谐稳定。不利影响则最直接体现在企业需要为农民工增加缴纳养老保险、失业保险和生育保险3个险种，在一定程度上增加了企业用工成本。

（一）全县工业企业用工成本影响测算

1. 缴费基数。根据相关规定，2011北京市社会保险缴费基数根据北京市统计局公布的2010年全市职工年平均工资（50415元）确定。城镇职工缴费基数的下限和上限分别是职工月平均工资的40%和300%，即1680元和12603元。农民工养老保险、失业保险的缴费基数下限和上限按照职工月平均工资的40%和300%确定，即1680元和12603元；农民工工伤保险、生育保险缴费基数下限和上限按照职工月平均工资的60%和300%确定，即2521元和12603元。医疗保险按照1%缴费的农民工，按照职工月平均工资的60%确定缴费基数，即2521元；参加基本医疗保险并按照12%缴费的农村劳动力参照城镇职工标准进行缴费。

2. 增加缴纳费用。社保法实施后，企业需要在原来基础上，为一个农民工一年增加缴纳社会保险费用约4455元（养老保险1680×20%×12、失业保险1680×1.5%×12、生育保险2521×0.8%×50%×12）。因此，全县工业企业在现有用工成本基础上，每年需增加成本1.6亿元（36000×4455），这个数相当于2010年全县工业企业利润总额（17.57亿元）的9.1%。

3. 对净利润影响。根据国家企业所得税法，企业按照社会保险规定缴纳的基本社会保险，可以在企业所得税前扣除（目前企业所得税率为25%），因此全县工业企业每年减少净利润1.2亿元（1.6亿元×75%）。

（二）对五大主导产业的影响

1. 纺织服装行业影响最大。密云县纺织服装行业主要分布在各乡镇，主要劳动力为农民工，以来料加工业务为主，议价能力和盈利能力比较差。2010 年，全县规模以上服装行业农民工从业人数约 1.04 万人，占全县农民工总数的 29%。社保法实施后企业一年减少利润约 4633 万元，高于 2010 年全县规模以上服装企业的利润总额（1380 万元）。以北京中泰服装有限公司为例，该企业现有工人 540 人，其中农民工约 370 人，外地农民工约 160 人，该企业职工的月平均工资在 1500 元左右，2010 年该企业未实现盈利。若企业为 370 名农民工缴纳全险，一年需要增加用工成本 164 万元。因此，我们预测社保法的实施会加速服装行业的洗牌，部分企业可能会遭淘汰。

2. 食品饮料行业略有影响。食品饮料行业作为劳动密集型产业必然会受到社保法出台的影响，但其盈利能力较强，所以受到的影响较小。如北京汇源九龙沟绿色生态农业有限责任公司约有 500 名工人，其中农民工约 400 人，目前企业盈利水平较高（2010 年利润总额接近 2000 万元），并且已经为 300 名农民工缴纳了全险，剩余 100 名农民工只缴纳两险，如果为这 100 名农民工缴纳全险，企业用工成本一年需增加 44.6 万元，仅占 2010 年利润总额的 2.3%。北京绿润食品有限公司约有 250 名工人，农民工约 230 人，几乎全为外地人且流动性较大。一线职工月平均工资 1700 元左右，企业目前为农民工缴纳了两险，但企业盈利能力较好，2010 年利润总额达 2700 万元，若为 230 名农民工缴纳全险，企业用工成本一年需增加 102 万元，仅占企业 2010 年利润总额的 3.8%。

3. 汽车零部件行业影响很小。汽车零部件行业属于劳动密集型行业，但该行业利润水平高，职工本身福利好，因此社保法的实施对该行业影响较小。如万都（北京）汽车底盘系统有限公司大约有职工 600 人，其中农民工 325 人，本地、外地职工各占一半，职工月平均工资 4500 元左右，且企业已为农民工缴纳全险（生育保险暂不参加），2010 年企业利润总额达 3 亿元。社保法实施后，企业仅需为农民工增加缴纳生育保险，大概一年增加费用 7 万元（4500×0.8%×50%×12×325）。大世（北京）汽车附件有限公司现有职工约 230 人，其中农民工约 90 人，企业已经为农民工缴纳了全险（生育保险暂不参加），职工月平均工资在 3000 元左右，2010 年利润总额在 1200 万元左右。社保法实施后，企业仅需为农民工增加缴纳生育保险，大概一年增加费用 1.3 万元（3000×0.8%×50%×12×90）。

4. 生物医药、数字信息行业影响很小。生物医药和数字信息行业农民工从业人数较少，行业盈利水平较高，受社保法实施影响很小。如北京建生药业有限公司现有职工约 190 人，农民工约 50 人，企业已经为农民工缴纳了全险。北京亨通斯博通讯科技有限公司现有职工 180 人，农民工约 80 人，除极个别临时农民工外，企业已经为其他农民工缴纳了全险。社保法实施后，对企业影响很小。

综上所述，社保法的实施，让纺织服装业面临新的发展问题。纺织服装业的发展必将经历再一次的洗礼，转型升级、优胜劣汰是必经之路。

四、相关对策建议

（一）高度重视、密切关注

社保法实施短期内使企业用工成本增加，尤其是农民工人数多、原来只缴两险的企业用工成本显著增加。从追逐利润的角度考虑，部分企业可能采取农民工合同关系劳务公司外包、裁员、辞退部分农民工等方法化解危机，因此要密切关注可能带来的失业问题。

（二）积极履行企业责任，规范人力资源管理

职工提供劳动为企业创造价值，企业有义务保障职工权益，这是企业最基本的责任。要引导企业成为负责任的企业，在负责任的基础上谋求更进一步发展，促进企业和职工的和谐发展。

（三）转型升级，提升产业发展水平

这是应对国际国内困境的根本的、必然的、长久的选择。当前，国际需求的波动和转移，人口红利正在消失，刘易斯拐点的显现，国内用工环境的变化，原材料价格的上涨等因素，对处于

产业链微笑曲线最低端的企业影响深重。加之随着我国人均GDP的提高，产业链上移是历史发展的必然。

尤其是纺织服装业。密云县纺织服装业除奥克斯特、雅派朗迪、铜牛、雪伦4家企业具有自主品牌外，其余均是OEM（代工生产）厂商，这种模式过度依赖外部需求，需求结构单一；研发设计和销售两头完全在外，缺乏研发设计能力，市场功能残缺。从产业链理论而言，纺织服装产业链盈利较高的部分集中分布在产业链上新产品研发、设计和商贸环节，生产加工环节的盈利较低。密云县纺织服装业发展到今天，其历史作用基本完成，当前的内外交困迫使其优胜劣汰、转型升级。

因此，应把当前服装产业发展的困难看做“十二五”时期推进该行业结构调整、产业提升的有利时机，及时研究出台“加快密云县服装产业结构调整的相关政策”，彻底打破以往“输血式”的扶持模式，引导鼓励服装企业转型升级，激活其创新发展的造血机能，提升服装产业整体发展水平。

一要限制现有低效服装企业占用宝贵的土地资源。重点支持兼并重组、盘活闲置资产，清退低效服装企业，采取土地回购、引入战略合作等多种渠道，促进行业资源整合、盘活重组、产业升级。

二要支持产业升级。坚持总量扩张和结构调整并重，发展中高端服装产品，并逐步向设计、研发等价值链高端进行逐步转移。提高附加值，鼓励更多企业形成自主品牌，打造北京市乃至全国范围内知名的服装生产和批发基地。①通过支持企业技术研发来帮助企业提高产品档次，积极发展都市型时装产业，提高产品附加值；②培养扶持一批纺织服装自主品牌，逐渐摆脱“代工”模式，增强企业竞争力；③推动企业提升市场运作能力，已拥有品牌和国内市场的企业，加强与知名企业对接，利用其国外销售渠道，开拓国际市场；④积极扶持一批发展前景好的规模较大的生产企业做整个产业上下游链条中的核心企业，通过大项目做成大企业，变大企业规模拉动为产业拉动；⑤引导企业间协作配套，形成集群规模；⑥遵循市场规律优胜劣汰。

（摘自2011年9月14日《密云情况》领导参阅〔4〕）

保障能源安全是中国石化不可推卸的责任

燕山石油化工有限公司董事长　王永健

燕山石油化工有限公司
董事长　王永健

在建党90周年前夕，很高兴与各位新老朋友欢聚，分享和见证中国石化履行企业社会责任的精彩时刻，同时今天也是中国石化首个公众开放日，我谨代表中国石化集团公司对出席今天活动的嘉宾、媒体界朋友表示热烈的欢迎。作为负责任的一体化能源化工公司，中国石化秉承发展企业、贡献国家、回报股东、服务社会、造福员工的企业宗旨，全面践行“每一滴油都是承诺”的社会责任。在新版的社会责任报告中，中国石化将企业社会责任理念与发展远景、战略目标要求相结合，提出每一滴油都是承诺的社会责任理念。这个每一滴油既包括中国石化经销的产品，又包括中国石化提供的其他所有产品和服务，中国石化承诺的不仅仅是质量，还包括数量、安全、环保等各有关方面。“十一五”期间，中国石化按照扬长避短的战略原则，调整完善并积极实施资源市场一体化、国际化战略，提出“6个保障”，将社会责任落到实处。面对日益增长的油气需求和严峻的国内外能源形势，保障国家能源安全是中国石化不可推卸的责任。

中国石化国内上游业务实现了东部稳定、西部快生产、天然气大发展、海外油气储量产量逐步增长的发展态势。

近年来，中国石化不断强化国际贸易，通过进口来源，扩大第三方贸易，有效保障了能源资源供应，保障了市场供应。无论是三夏农忙时节还是抗灾抢险前线，中国石化油品供应为各行各业注入了源源不断的动力。中国石化努力践行质优量足、客户满意的标准，每年通过3万个加油站和销售网络，全力为消费者提供优质服务。“十一五”期间，累计为消费者提供6.19亿吨成品油，1.78亿吨化工产品，服务于百姓的衣食住行，有力支撑了国家经济发展，较好地满足了消费者的需求。“十一五”与“十五”期间相比，资产总额翻一番，达到1.47亿元；营业收入增长130%，达到1.96万亿元；实现税费增长178%，达到2813亿元；资产不断保值增值。中国石化积极倡导安全绿色和低投入、低能耗、低排放、高效率的发展模式，保障祖国碧水蓝天不受污染。中国石化连续3年开展“我要安全”活动，总体保持了安全生产，持续推进产业优化升级，突出抓好节能减排，提高自然资源的利用效率，倡导低碳发展。十一五期间，累计节约14444万吨标准煤，相当于减排二氧化碳3466万吨。累计减排二氧化硫20.4万吨，超额完成国家下达的任务目标，为节约能源资源，保护碧水蓝天做出了不懈努力。

保障中国石化与社会科学发展。多年来，中国石化不断开展扶贫援藏、健康快车、捐资助学、赈灾救助等活动。“十一五”期间，建设希望小学161所，资助3万余名“春蕾”计划女生完成学业。这些举措有效地改善了贫困地区人民生活条件，促进了中国石化和地方的融合及共同发展。中国石化加快推进人才成长建设，大力实施人才培育工程，各类人才队伍的素质和能力显著提高。2010年，用于人才培养费用1.88亿元，组织各类培训170万人次。组织实施企业员工计划，为员工建立多层次的养老保险体系；尊重外籍员工的文化差异；积极做好帮扶救助工作，努力为困难员工排忧解难；关心离退休老同志的生活。着力构建各类员工、各类人才和谐共事、均衡发展的体系。今天，我们诚挚邀请各位社会监督员、媒体朋友走进中国石化，了解中国石化，我们希望通过这样的方式搭建起沟通的桥梁，大家看一看中国石化的生产现场，看看中国石化如何管理企业，看看中国石化对艰苦奋斗优良传统的传承和弘扬，看看中国石化如何用先进科技支撑企业发展。通过这些你们对于中国石化会有更深切的认识，可以提出更有针对性的意见和建议，帮助中国石化改善工作。今后，中国石化将以探索与创新的方式和更加开放的态度，自觉接受社会各界的监督，从而有效地帮助和推进公司改革发展。各位领导、各位朋友，在未来发展中，中国石化将进一步强化社会责任理念，切实履行企业社会责任，实现公司的健康持续发展，更好地服务于社会和广大人民群众。

（摘自2011年度燕山石化举行的中国石化企业社会责任报告发布会上的讲话）

贯彻落实“一二三一”战略　加快集团化建设步伐　打造具有国际竞争力　国内技术领先的战略控股型产业集团

北京电子控股有限责任公司董事长　王　岩

随着经济全球化的不断深入，企业间的竞争愈演愈烈，培育和发展一批具有核心竞争力的大企业集团，既是我国国有企业在加入WTO以后应对国际竞争的重大举措，也是国有企业改革和国有经济战略调整中的一项重要任务，对企业加快转变经济发展方式，推动产业结构调整升级具有战略性意义。在新的历史机遇期，电控公司要实现“十二五”规划的发展目标，必须坚持以科学发展为主题，以转变发展方式为主线，坚定不移地贯彻落实“一二三一”战略，加快集团化建设步伐，推动电控由投资控股公司向战略控股型产业集团转变。

北京电子控股有限责任公司
董事长 王 岩

一、建设集团管理体系，走集团化道路是电控发展到现阶段的必然选择

随着电控公司的资产规模和经济总量不断扩大、投资链条和管理幅度不断延伸以及全系统企业结构、产业结构、资源结构和空间布局结构的调整深化，原有的管理体制、运行机制已不能完全满足企业发展的需要，更不能适应“十二五”科技产业跨越式发展的需要。应该说，建设集团管控体系，走集团化发展道路，对电控公司的经营管理来讲已迫在眉睫。

第一，集团化管理模式是国有投资控股公司经营管理的发展趋势。近年来，伴随着市场经济的快速发展，国有投资控股公司的组织结构和管理模式一直在不断发生变化，从开始的以直线职能制为主，逐渐向以资本为纽带、资产经营一体化的母子公司框架结构体系过渡。它是通过层层管控，对资本和其他资源实现有效配置和控制，从而为公司的整体经营战略服务，达到综合效益最大化的最终目标，是适应现代化大公司发展的一种企业组织形式。随着经济体制改革和国有资产监督管理体系的不断深化，一大批国有控股公司通过构建集团管理模式，走上了集团化发展道路，成为当地经济发展的主力军。比如北汽控股通过构建“五大平台”成功实施集团化战略转型，进一步完善了产业链条，优化产业结构，实现了产业快速发展，北汽集团的经济效益和综合实力得以大幅提升。应该说，走集团化发展道路是国有控股公司发展到一定阶段的必然选择。

第二，走集团化道路是市委市政府、市国资委对市属国企深化改革调整、加速产业转型升级的明确要求。按照市委市政府“三个北京”和建设中国特色世界城市的要求，《北京市国有经济十二五发展规划》提出了“优化一产、做强二产、做大三产”的指导方针，要优先发展支柱产业，立足提升行业地位，大力发展汽车、电子信息和装备制造等带动作用大、产业链条长的产业，打造在国内外同行业具有竞争力和影响力的大型企业集团。今年，市国资委又专门组织了关于培育具有核心竞争力大企业集团以及做强二产的专题调研，也明确要求各企业进一步加快改革调整，推进投资控股公司向实体化集团公司转变，不断提高集团管控能力和资源统筹能力，做实一级企业的总部功能。这对电子信息产业的发展提出了新的更高要求。因此，电控公司必须要通过集团化建设，用管理集团化促进产业集团化，推动科技产业跨越式发展，不断提升企业核心竞争能力，为做强首都二产做出应有的贡献。

第三，实行集团化管理对推动电控公司又好又快发展具有重要意义。首先，集团化是电控实现科技产业跨越式发展的内在要求，也是完成“十二五”规划目标的重要保障。经过“十一五”的发展，电控的企业结构、产业结构、资源结构及空间布局结构等方面得到进一步调整和优化，但是，电控系统内资源分散、结构性不平衡问题十分突出，特别是由于以电子装备及元器件等基础性产业为主体的产业属性，一定程度上导致了产业“小散弱”的格局，也制约了企业间、产业间以及产业链上下游之间协同联动及规模效应的发挥。“十二五”期间，电控公司只有在深化改革调整的同时加快集团化建设步伐，构筑新的管控模式和产业模式、打造新的经济增长极，才能根本带动现有产业结构转型和规模升级，增强企业核心竞争力，提高企业抗风险能力，实现国有资产保值增值。其次，集团化是电控系统企业适应未来市场竞争的客观需要，是解放和发展生产力、增强企业核心能力的重要途径。未来企业面临的竞争是国际化、全产业链的竞争，我们的竞争对手也正加快产业整合与联盟合作，推动企业合纵连横式发展。在这样的严峻形势下，还妄想单枪匹马闯市场的话，最终恐怕要被市场所淘汰。必须要通过集团化建设，发挥电控大家庭的整体合力，形成联合作战局面。三是加强集团化建设也有利于维护稳定和谐发展局面。通过整合配置资源，进一步盘活企业存量资产，优化产业资源配置，提高企业集中度和整体控制能力，提高管理效益和经济效益，可以举全系统之力解决好局部或突出的重大问题，促进全系统和谐稳定发展。

二、立足电控公司发展实际，加快集团化建设步伐，推动电控由投资控股公司向战略控股型产业集团转型

保持公司核心产业的竞争力和竞争优势，规避经营风险，把公司进一步做大做强，要求我们必须以提高公司整体实力和核心竞争力为目标，以优化资源配置为手段，从更高层次运筹公司的整体发展战略。而集团化管理有利于公司转换经营机制，整合内部资源，发挥综合优势，使公司得到更快更好的发展。应该说，经过“十一五”的改革调整，特别是通过“十二五”开局之年电控全系统在“一二三一”战略的指引下，“三个集中”的改革调整不断深化，各项事业取得长足进步，电控公司的科技产业、园区地产和社保稳定逐步集中，格局不断优化，技术创新和重大项目产业化持续推进，市场竞争力和品牌影响力进一步提升，为推动集团化建设创造了良好的条件。

在集团化管理模式的选择上，我们充分考虑了电控作为国有投资控股公司的历史演变和基本特征，在结合电控现有产业格局和资源禀赋的基础上，选择了战略管控型集团模式，“十二五”期间，电控要从投资控股公司逐步转型为战略控股型产业集团。战略管控是母公司根据集团战略目标，从组织、制度、方法及流程等角度建立一套完善的管理体系，对集团战略管理和子公司战略实施情况进行控制的过程。保持战略协同性是集团战略管控的重要目标，也是电控推动集团化建设的发展方向。集团总部需要制定统一的战略管控体系，对二级企业的经营活动进行指导和规范，使得全系统各单位围绕电控共同的战略目标合理配置资源，实现分工与合作，形成协同发展的规模经济效益。从资源配置的角度出发，集团总部通过战略管控可以把全系统的关键资源和管理重点集中到关键领域，集中力量办大事，加速推动科技产业跨越式发展，促进集团“十二五”战略目标的实现。

任何企业管理模式都是为产业发展服务，企业管理模式要与产业模式相适应、相匹配。电控集团化建设的实质是要推动产业的集团化发展。“十二五”电控的集团化建设是按照市国资委的要求，依照有关法律法规，以突出产业特征，加强战略管理、决策管理、资产管理、风险管控、经营管理团队建设，实现所配置资源的整体效应，提高企业核心竞争能力为主要职责。电控集团化建设的核心工作是以构建集团化管理模式促进电控产业的集团化发展，在提升电子工艺装备、基础电子元器件、自动化应用设备及仪器仪表四大产业群的技术和制造能力基础上，积极打造数字电视、光伏及储能、LED三大产业链，使公司成长为具有竞争优势的电子基础产品提供商和电子信息技术集成应用服务商。“十二五”期间，电控要发挥总部在打造产业链和延伸价值链中的核心主导作用，促进内部资源协同和企业联动，通过整体规划、整合资源和品牌打造，培育形成几个规模化的终端产品和系统应用拉动平台，带动三大产业链和特色产业群实现规模发展，使全系统各单位形成资源互补、产业联动的集团化发展模式，实现规模与结构同步增长，结构布局更加合理，整体发展能力、综合盈利能力、市场竞争能力和抗风险能力同步提升的良性发展格局。

三、推动集团化建设应该把握的几个关键问题

目前，电控初步构建了基于战略控股型产业集团定位的管控模式，突出战略管控和决策管理，强调预算管理、运营监控、科技管理、投资管理、人力资源和风险管控等方面职能，努力形成协调运转、有效制衡的管理机制。随着集团规模的不断扩大，管控水平的不断提高，必须使各级企业在追逐发展过程中，能够沿着集团整体利益最大化的目标良性运行。只有以集团的使命、愿景和发展战略为基础，以一整套组织结构、职能战略、业绩指标作支持，以整体效益最大化为出发点，才能确保实现电控“十二五”战略控股产业集团的总体目标。因此，在推动集团化建设过程中要把握以下几个关键问题。

第一，建立良好的母子公司关系。在实行集团化管理的过程中，必须着重从建立良好的母子公司关系入手，使全系统处于良好的和谐的运行状态之中。一方面要树立和谐共处的观念。作为集团总部必须要有清晰的战略规划，应该并且能够将其经营战略目标与经营方针明确地传达给各企业，这样整个系统才有可能处于和谐状态。要努力完善母子公司的协调机制，形成全集团的一体化意识。母子公司之间必须加强必要的沟通，增进相互了解，加强信息交流。集团总部要及时准确了解子公司的经营情况和全部管理信息，使各企业提高对总部经营目标和发展战略的认同和认知，自觉培养一体化意识，促使各企业的经营行为自觉统一到公司的整体发展战略上来，始终保持集团公司的向心力和凝聚力。

第二，加强集团管理体系建设。在集团化建设过程中，形成科学的制度体系是明确集团内各级组织的自身职责，保证集团管理体系协调高效运转的基础性工作。在总部按照集团化建设的要求对组织架构和制度管理流程进行优化的基础上，各企业也围绕实现电控总部与各企业管理制度的有机衔接进行制度修订和完善。同时，要推动企业进一步加强基础管理制度建设，为集团管理体系的协调高效运转提供制度保障。要进一步加强企业法人治理结构的规范运作，强化决策管理的科学、规范，同时不断提升各项专业管理能力和水平，促进电控系统管理质量和效率的提高。

第三，加强全面预算管理和运行监控管理。加强全面预算管理和运行监控管理对集团化建设具有非常重要的意义。要在预算执行过程中持续强化企业的基础管理工作，加强对市场、技术、生产、采购及财务等信息资料的收集、整理和分析，确保数据全面、真实、准确，推动相关管理工作持续改进。应该高度重视运行监控管理工作，做好月度、季度运行情况的分析、反馈和考核，对存在的问题及时纠正，确保每年的预算安排得到有效落实，“十二五”阶段目标得以圆满实现。电控总部的相关部门要按照运行监控管理办法，认真抓好日常管理工作，开好每季度和半年的经济形势分析会。要认真做好年度预算执行的决算工作，总结经验，发现问题，进一步修订完善全面预算、运行监控的管理办法。

第四，加强集团总部建设。在集团化建设过程中，总部的核心能力集中体现在推动产业发展、专业化运营管理、组织协调执行以及资源整合运作等方面。加强总部建设要在提高核心能力上不断取得新的进展。要围绕理顺总部各部门的管理职能，进一步完善制度体系，优化管理流程，提高管理的质量和效率；要优化人才结构更加适应集团化管理的需要，加大对专业化管理业务知识的培训力度，提高总部员工专业化管理水平和能力。总部在强化管理的同时，要不断提高政府及市场资源开发的能力，在满足电控产业发展的政策利用、资源需求及市场开拓上提供强有力的支持。

第五，加强集团文化建设。企业文化和企业管理是相辅相成，相融共生的。在“十二五”开局阶段，培育和构建集团文化体系，对贯彻落实“一二三一”战略、推动集团化建设具有十分重要的意义。要在各单位原有企业文化建设的基础上，启动电控的集团文化体系建设工作，以各单位的文化为依托，发动大家共同参与电控集团文化的建设，对各单位在企业文化建设过程中的经验和成绩进行总结梳理，提炼电控的核心价值理念，逐步建立理念识别系统、形象识别系统和行为识别系统，形成具有电控特色的集团文化，使电控集团文化与各企业文化既相互衔接，又充分展现各自特色，为推进产业快速发展提供价值导向、文化支撑和精神动力。

总之，在推动集团化建设过程中，由于每个企业集团的情况各不相同，纷繁复杂，而且在不断发生变化，每一种管理模式都不可能永远适用。因此，我们的管理思路、理念和管理方式，决不能一成不变，更不能墨守成规，必须用发展的眼光、变化的思维，去看待和处理管理中的问题。同时还要强化危机意识，顺应环境变化，与时俱进的对管理思想、管理机制和管理方式进行持续不断的变革与创新，按照“一二三一”战略的要求，根据具体情况对集团化管理方式与手段加以适时调整和侧重，才能实现电控的持续发展和管理的不断升级，实现集团内各企业的共赢、共荣，最终把电控打造成具有国际竞争力、国内技术领先的战略控股型产业集团。

（摘自 2011 年北京市国资委各企事业单位领导人理论文章）

加强科研开发 提高核心竞争力 为打造百亿级新型产业集团提供强有力科技支撑

北京化学工业集团有限责任公司总经理 刘文超

北京化学工业集团有限责任公司
总经理 刘文超

不平凡的“十五”和“十一五”时期，是北化集团发展改革历史上的一个特殊阶段。北化集团坚持以经济建设为中心，牢牢把握科学发展这个主题和转变经济发展方式这条主线，一手抓调整改革和企业搬迁，一手抓生产经营和科研开发，在乙烯债转股之后，在大规模调整改革、企业搬迁、历史遗留问题处理的过程中，实现了生产经营的平稳过渡、有效衔接和稳定提升，完成了集团公司调整之后第一轮的产业布局和优化升级，为“十二五”的发展奠定了有利基础。

一、坚定信念，不辱使命，广大科技工作者在集团公司产业结构调整和优化升级过程中做出重要贡献

全系统的科技工作者与广大干部职工一样，面对困境，没有丧失信念，始终保持清醒的头脑、顽强的意志、科学的精神、求实的作风，面向市场抓研发，高端引领，前沿探索，勇于攻坚，充分发挥比较优势，自觉把握产业规律，紧跟产品链发展步伐，积小胜为大胜，积跬步而至千里，不断提升企业的核心竞争力，增强企业的可持续发展能力。高性能锂电池电解液、环保型无卤阻燃工程塑料、3 大类高性能黏合剂及乳液，几个系列的高等级新型乳胶、新型橡塑制品等一批科技成果，就是广大科技工作者在集团公司产业结构调整、产品优化升级过程中所做重要贡献的缩影和代表。

北化集团始终没有放松科研开发工作，面对复杂的环境和激烈的竞争，在加大科技投入、稳定科技队伍、推动科研开发和成果转化等方面做出了巨大努力。“十一五”期间，全系统的科技投入逐步加大，仅从 2008～2010 年的 3 年间，全系统的科技项目就达到 84 项，科技投入达到 6500 万元。截至 2010 年底，集团公司所属企业共申报专利 32 项，其中发明专利 8 项；获得的授权专利 22 项。这些专利紧贴企业的主导产业和主要产品，通过科技项目的实施，有效地促进了科技成果的转化。2010 年，集团公司新产品销售收入占到总收入的 3.2%。

各企业在技改技措，采用新工艺、新技术、新材料、替代材料等方面常抓不懈，取得了降本增效、提质降耗、提高产品附加值、提高劳动生产率的明显成效，对提高企业经济效益、增强企业核心竞争能力发挥了重要的支撑作用。

目前，北化集团在科技工作岗位上的专业技术人员有 649 人，以他们为骨干，形成了北化集团科技进步的中坚力量。他们中间，既有教授级高级工程师，也有走出校门不久的年轻人；既有海外归来的领军人物，也有从基层一步一个脚印干起来的技术人员；既有成长为专家型、技术型的企业领导，也有扎根基层的普通员工。在过去不平凡的历史阶段里，他（她）们坚定信念、不辱使命，为集团公司的产业结构调整和优化升级做出了重要贡献。在北化集团“十二五”以及今后一个更长的时期内，在集团公司实施“一个主业定位、五大板块支撑”、打造百亿级新型产业集团的新时期发展战略过程中，他（她）们也必将大有可为。

二、认清形势，抢抓机遇，进一步增强科研开发的责任感和紧迫感

当前，全球范围内的经济、科技发展新格局正在形成，我国转变经济发展方式、建设创新型国家步入攻坚阶段，北京进入建设“人文北京、科技北京、绿色北京”和中国特色世界城市的关键时期。首都国资国企围绕“优化一产、做强二产、做大三产”总体要求，正在着力培育符合首都功能定位、代表首都形象的产业集群和优势企业。北化集团按照第二次党代会确定的战略方向和发展主线，正在全力落实各项策略、路径和措施。在这样的大背景下，科研开发正值重要的战略机遇期，面临着新的机遇和挑战。

全球正进入空前的创新密集和产业变革时代，科技竞争日益激烈。世界经济、科技发展的历史告诉我们，每一次危机都会孕育一次新的技术革命和产业变革。2008 年国际金融危机以来，世界各主要国家都面临着经济结构和产业结构的深度调整。许多国家纷纷把加强科技创新，加强前沿基础研究，加强人才培养，加快培育和发展新能源、新材料、信息网络、生物医药、节能环保、低碳技术、绿色经济等新兴产业，作为新一轮技术革命和产业发展的重点，跨国公司已成为新一轮技术革命和产业竞争的主角。有关资料显示，90%以上的跨国公司把技术创新作为企业战略的主要内容，研发投入占销售额的比重都在 5%以上。

近年来，我国越来越重视科技的支撑引领作用，科技创新工作正迎头追赶、方兴未艾。党的十七届五中全会作出了把转变经济发展方式作为“十二五”发展主线的重大决策，强调其根本是要依靠科技的力量，关键是要大幅度提高自主创新能力，使之成为调整产业结构、产品结构和转变增长方式的中心环节，努力突破资源环境的瓶颈制约，加快传统产业转型、升级，加快培育发展战略性新兴产业。2009 年，国务院相继出台了钢铁、汽车、电子信息等十大传统产业的振兴规划。2010 年，国务院作出了《关于加快培育和发展战略性新兴产业的决定》。2011 年，市政府印发了《北京市关于加快培育和发展战略性新兴产业的实施意见》、《北京市“十二五”时期“科技北京”发展建设规划》，进一步细化和完善了《北京市中长期科学和技术发展规划纲要(2008～2020)》、《“科技北京”行动计划（2009～2012)》、《关于建设中关村国家自主创新示范区的若干意见》，提出了实施与中央在京科技资源“全面对接工程”、围绕八大战略性新兴产业推进“科技振兴产业工程”等重点任务。同时，市政府对于科研开发提出了一系列明确的保障措施。

市属国企要紧紧抓住国际产业调整、技术转移的机遇，努力通过结构调整、自主创新、加强管理等多种手段，增强企业可持续发展能力。要以“调整、改革、合作、创新”为手段，推动企业发展。要坚持“自主创新、重点跨越、支撑发展、引领未来”的方针，强化研发动力机制，完善科技创新体系，增强重点领域核心技术的突破，着力培育拥有自主知识产权的核心技术和自主品牌。要加强国有资本经营预算制度建设，建立资本金注入机制，加大产业投资力度，着力支持优先发展的产业和战略性新兴产业。要加强对企业自主创新能力的考核，将研发投入、研发机构建设、研发成果转化等指标逐步纳入到企业负责人经营业绩考核范围，健全项目跟踪和筛选机制，促进重大科技成果就地产业化，大力发展以国有企业为主体的产学研联盟。

三、突出重点，真抓实干，把集团公司新形势下的科研开发工作提高到一个新水平

北化集团第二次党代会和“十二五”发展规划，已经明确了集团公司“一个主业定位、五大板块支撑”的战略方向和发展主线，明确了打造百亿级新型产业集团的战略任务。对加快全系统的科研开发进行了部署，提出了“十二五”期间的一系列的指标要求。

（一）正确地认识所面临的机遇和挑战、条件和基础

当前经济全球化和产业梯度转移，为北化集团在更广泛领域和更高层次上参与全球分工提供了新的契机，也为科研开发提供了牵引和动力。完成 10 年调整搬迁之后，北化集团聚焦发展的精力和能力大大增强，资产规模、经济总量、效益水平、综合实力、融资空间、发展潜力得到实质性改变。北化集团的新能源新材料板块、首都支柱产业配套板块、高端化学制品板块的主导产品，已从培育期逐步转向发展期。日本三菱化学，德国汉高，美国普莱克斯、Ashland、Ansell 等几个知名跨国公司，目前都在积极主动地与集团探讨深入开展产业合作的可能性。北化集团的 7 个企业已建立起了专门的研发机构，培育着一支能够大有作为的科研开发队伍，每年的科技投

入已达到3000万元以上的水平。

（二）明确北化集团现阶段科研开发工作的指导思想、基本原则和主要目标

发展“都市特色化工产业”，其核心在于“都市特色”。“都市特色”的核心在于“低碳、环保、节能、安全、创新、高效益”，而要达到这个目标，必须突出产业高端特色，必须依靠科技支撑。无论是对企业的生存、发展而言，还是对存量提升、增量扩张而言，都离不开新产品、新项目，离不开科技成果的转化。

现阶段，推进科研开发的指导思想是：坚持科技是第一生产力、人是生产力第一要素的方针，以提高企业核心竞争力为根本，以企业自主创新能力建设为中心，以技术跟随为基础，逐步向技术引领跨越，加快促进产业转型升级，推动企业进入“高端引领、创新驱动、内生增长”的发展轨道。

现阶段，推进科研开发的基本原则是：1. 坚持市场导向，强化“三个注重”，即注重前沿跟踪，注重工程放大，注重产品规模化。2. 坚持宽阔视野，抓好“三个关注”，即关注产品链发展，保持技术水平不落后；关注产品上下游，开展服务性研发；关注创新，不断地“与产品链共舞”。3. 坚持高端引领，实施“三个嫁接”，即积极推进与产品链高端的资本嫁接、技术嫁接、市场嫁接。4. 坚持聚焦主业，做到“三不”，即紧密围绕我们的新能源新材料、高端化工制品、首都支柱产业配套、城市运行服务保障等产业板块开展研发，不能左右摇摆，不能分散精力，不要盲目跟风。5. 坚持“激”“励”结合，提升“三个能力”，即给研发人员定目标，提升其技术跟随能力；给研发人员压担子，提升其技术持有能力；给科研开发成果以奖励，通过机制提升研发人员的技术发挥能力。

通过推进企业的科研开发，要在“十二五”实现以下总体目标：企业的研发能力明显增强，进入相应产业技术前沿，科技投入稳步增长，创新体系逐步健全，体制机制得到优化，力争在部分重点产业领域实现从技术跟随到技术引领的跨越。根据“十二五”规划，全系统要完成科研开发项目68项，科技投入2.5亿元～3亿元，新产品开发50项。到“十二五”末，全系统在研发一线的科技人员要达到200人～300人，重点企业年度研发投入占主营业务收入的比例不低于3%，新产品收入占总收入的比例要达到10%以上。新增授权发明专利15项～20项。建成国家级企业技术中心不少于1个、市级企业技术中心不少于2个，国内领先的企业研发中心不少于3个。

（三）加强对科研开发的组织和领导

统筹规划好全系统的研发布局，搞好顶层设计，清晰和明确方向，并与企业一起制定和完善实施方案。工作中，要明确政策导向，落实保障措施，并加强经验交流和典型引导，推动整体工作按计划向前迈进。6个重点建设的企业技术研发中心，要抓好日常追踪和年度评估，并加大协调和服务力度。为加强科技信息资源管理和应用，集团正在研究组建相关的科技情报管理机构，为全系统的科研开发服务。可采取项目投入、资本金注入、贴息委贷等方式，对企业的科研开发、科技成果转化提供一定的资金支持。

企业家的创新意识对推动企业发展至关重要。企业负责人要不断增强研发创新意识，要把科研开发放在企业管理的重要位置来考虑、部署、要求和检查。科研开发是一项系统工程，需要企业大量的资源调配和组织协调，企业负责人要切实负起领导职责，领导班子中要有专人负责科研开发工作，明确分工、落实责任。对企业科技发展中的重大问题，主要负责同志要亲自挂帅，整合、协调企业各方面的资源和力量，形成工作合力，推动企业逐步构建起层级清晰、权责明确、机制顺畅的科研开发决策、执行和管理体系。

（四）以创新的观念、开放的视野、有效的激励机制抓研发

一是要贯彻市场化导向。科研开发，它的基本属性是以市场需求为导向，提高技术因素对企业发展的贡献率，并以产品的市场成功为最终标志。

二是要以开放的大视野“开门”搞研发。要积极开展与高等院校、科研机构、同行业、上下游之间的“产学研”合作，积极加入产业（行业）技术创新联盟和知识产权联盟，共同分担风险和成本，推进科研成果的产业化、工程化，提升创新资源的协同效应和规模效应。要多渠道、多层次积极争取国家、北京市在科研开发、战略性新兴产业、科技专项、国有资本经营预算资金等方面的项目经费和政策支持，深入探索采取委托研发、技术许可、技术转让、技术入股等多种形式，开展多要素、多样化的“政产学研用”合作。

三是要加大激励力度。目前，北化集团只有试剂所享受“中关村国家自主创新示范区”股权激励、分红权试点改革政策，亚科力公司享受“瞪羚计划”政策。要加大工作力度，争取使更多企业能够享受或比照享受“中关村国家自主创新示范区”的有关先行先试政策，包括：股权激励及分红权改革试点、研究开发费用加计扣除、科技重大专项列支间接费用试点、重大科技成果转化和产业化股权投资、政府采购自主创新产品、高新技术企业税收优惠、“瞪羚计划”、政府支持建设国家级及市级企业技术中心、中关村示范区“1+6”试点政策等。在北化集团内部，也要研究相关办法，结合公司实际，对企业的科研开发工作定任务、提要求、给机制、促激励。目前，集团只对企业的研发投入比例进行考核，从明年起，把企业的研发机构建设情况、研发成果转化等指标，也要逐步纳入企业负责人的考核与激励范畴。

（五）切实抓好科技人才队伍建设和创新文化建设

要加大对科技人才培养和引进的相关政策调控、引导力度。引进的毕业生中，围绕主导产业、重点产品发展的相关专业人才要占到60%左右。在新入职大学生增加津贴的基础上，完善企业研发人员的薪酬制度设计，创新收入分配提升机制，解决晋升发展通道问题。

要落实好技术带头人制度，努力把他们培养成为“有头脑、有眼光、有心胸、能承受、勇担当”的领军人物。在首批聘任6名工程专业技术带头人的基础上，今后要每2年增聘一批，并加大激励和考核力度。每2年在全系统组织评选一次“先进科技工作者”，并加大奖励力度。各企业内部也要建立相应的奖励制度，采取特殊的工资、福利措施，稳定、培养和引进关键专业技术人才，对做出突出贡献的人才要实行重奖。结合6个重点企业技术研发中心的建设，尽早启动在集团公司建立1个～2个博士后科研流动站的工作，加快打造集团公司的“人才高地”，扩大重点产业领军人才的队伍规模，并形成合理的年龄梯次。积极争取中关村示范区“人才特区”的有关政策，为领军人才提供有效的服务和帮助。另外，各企业也要十分注重发挥老专家、老技师的传帮带作用，培养关键岗位、特殊工艺接班人才。通过“校企合作”、“订单式培养”，加强一线创新人才、青年科技人才和高技能人才队伍建设。

抓好科研开发，离不开创新文化建设。努力营造“敢为人先、争创一流、崇尚创新、宽容失败”的创新文化，大力弘扬“勇于超越、勇攀高峰”的创新精神，培育形成“人人关注研发、人人支持研发、人人参与创新、人人都能创新”的良好氛围。各企业都要继续加强职业技术教育和培训，广泛开展“岗位练兵”和职业技能大赛，要大力开展合理化建议、技术革新、技术发明等群众性创新活动，积极开展多种方式的成果发布活动，并与效能监察活动相结合，使科研开发和技术创新融入到企业生产、经营、管理的各个环节。要赋予科技人员一定的自由探索的时间和空间，创造条件支持科技人员外出学习、考察、培训和调研，开阔他们的视野，激发他们的创新热情。

各级企业负责人都要为科研开发和技术创新营造良好的氛围，把科技人员当“宝贝”。只有尊重知识、尊重人才、重视科研开发和技术创新，企业才能多出成果、出好成果。这些成果就是企业的核心竞争力，是企业的可持续发展能力。科技人员是一个特殊的群体，他们平均受教育程度较高，具有一定的稀缺性，除了薪酬预期较高外，也很在意良好的工作氛围，渴望受到尊重，注重个人价值体现。古人云：“夫为国之道，恃贤与民。信贤如腹心，使民如四肢，则策无遗。”这句话说的是治国之道在于收揽贤人之心，任贤使能，得贤人者得天下。治国如此，做企业也同样如此。科技工作者应该是企业“贤人”的重要组成部分，充分相信和依靠他们，最大限度地调动他们的积极性和创造性，提升企业的核心竞争力和可持续发展能力，是各级企业负责人义不容辞的责任。

（六）要统筹规划和建设发展好北化集团大兴化工基地

大兴化工基地的发展，从根本上说需要依赖新产品、新项目的投入，而投入新产品、新项目，就离不开科技创新，离不开新产品的研发。今年8月，市政府《北京市“十二五”时期中关村国家自主创新示范区发展建设规划》提出，按照“北优南拓、产业集聚、功能聚合、土地集约”的原则，着力建设南北两个高新技术产业聚集区，其中的“南部”，就是亦庄经济开发区和大兴区整合后的区域，建设的目标是，打造成为中关村国家自主创新示范区的南部高技术制造业和战略性新兴产业聚集区、集群带。而化工基地就在这个区域范围之内，这为统筹规划和建设发展好大兴化工基地提供了新的战略机遇。

北化集团大兴安定化工基地是2003年3月经市政府批准开始建设的，规划占地120公顷。经过近年来的不断建设，基地的公用工程配套设施日臻完善，为企业的入园发展创造了良好条件。市政府今年4月印发的《北京市清洁空气行动计划（2011～2015大气污染控制措施）》中规定：“要加快开展生态园区建设。新建、扩建工业项目按照产业发展方向进入相应类别的工业开发区、园区。除大兴安定化工基地和北京石化新材料科技产业基地外，其他区域不再新建化工、石化类建设项目”。这一规定，凸显了北化集团大兴安定化工基地在全市产业布局中的重要性和稀缺性。中关村国家自主创新示范区的向南拓展，高技术制造业和战略性新兴产业聚集区、集群带的打造，以及首都第二机场即将在大兴区南部建设将带动而起的新型空港产业带，都为集团把大兴化工基地打造成为一个在北京市有重要影响的“专业化、开放型、高端特色、绿色生态”的化工产业园区提供了新的战略机遇。

市环保局、市经济信息化委、大兴区政府在近2年都在推荐一些希望入园发展的化工项目，一些医药中间体项目，电子信息、绿色印刷等新兴产业所需的精细化工原料项目，也在陆续与集团接触。因此，北化集团必须迅速提升对大兴化工基地的战略性认识，在“十二五”时期，争取把大兴化工基地与大兴生物医药产业基地、房山石化新材料产业基地一样，纳入中关村国家自主创新示范区“一区多园”范围，使入园企业享受或比照享受示范区的各种优惠政策，使园区的吸引力、影响力、辐射力和运行效益得到质的提高。

北化集团还要加快推进与基地规划、建设相关的一些工作，加强与市政府有关部门、大兴区、安定镇的沟通联系，落实另外一部分规划用地的项目统筹和征购计划，积极争取市政府以及大兴区政府相关的政策支持、资金支持、项目支持，用更长远的战略、更宽广的视野、更丰富的手段规划好、建设好大兴化工基地，为集团公司“十二五”以及今后一个更长时期的发展提供优质的战略平台。

总之，北化集团“十二五”时期的科学发展，离不开科研开发的有力支撑，离不开技术进步的发展引领，离不开全集团的团结奋斗。集团上下要化挑战为机遇、化压力为动力，同心同德、真抓实干，为加快推进北化集团“一个主业定位、五大板块支撑”、打造百亿级新型产业集团的发展战略而努力奋斗！

（摘自2011年在北京化工集团科技工作表彰大会上的讲话）

体现首都时代特色　坚持强大京煤理念 把规划和战略落到实处

北京京煤集团有限责任公司党委书记　付合年

一、坚定信心，着眼未来，增强强大京煤理念的引领力

北京京煤集团有限责任公司
党委书记　付合年

实现企业规划战略目标，核心是要深入贯彻落实科学发展观，增强强大京煤理念的引领力。科学发展观在京煤集团的具体体现，就是坚持强大京煤理念。

我们必须坚定完成或超额完成规划目标的信心，着眼未来，向着千亿集团的目标扎实推进。我们必须用科学建设强大、活力、和谐京煤的总思路，统一广大员工的思想和行动，提高增长质量，掌控发展全局，确保兴企富民的办企宗旨得以落实；我们必须把强大京煤理念贯穿于规划战略落实的全过程，以追求理想、勇于创新、求真务实、抢占先机的企业精神，全力推进规划战略的落实；我们必须把强大京煤理念作为企业文化的核心，切实增强实现规划战略目标的文化自觉性、文化自信心和文化自强感，不断增强文化软实力；坚持强大京煤理念，要不断增强各级领导人员的使命感、责任感，勇于担当、攻坚克难、务实创效；要坚持用强大京煤理念引领学习型、创新型企业建设，引领企业不断深化改革开放，提高市场竞争力。

二、加快转移，主动转型，增强企业持久的竞争力

要遵循“绿色、安全、转型、转移”的八字战略指导方针，按照营业收入实现百亿元，三四百亿元，未来十年全力挺进千亿元集团的三步走战略，坚定不移地走“整合、关联、创新、开放、专业”强大之路。要努力实施转型再造工程、转移再造工程、国际化工程和组织再造工程，再造一个新京煤。

继续加大对外开放力度。在企业转型转移的过程中不可能一帆风顺，我们要以科学的态度克服困难，在实践中成长，在探索中崛起。能源主业要加快向京外转、境外转。城市服务业要主动转型，实施同业整合，降低交易成本，体现规模效应。要集中优势资源，做大物流产业，发挥网络优势，推动连锁经营，开辟国内外旅游市场，打造企业品牌。地产板块要以保障房建设、工矿棚户区改造为契机，以房地产开发为先导，以城市运营为方向，面对挑战、机遇和严峻的形势，加快转型，探索出一条房地产业发展的新路。

企业转移转型要和地方区域战略高度融合起来。在首都，我们要服从服务于“3个北京”和“世界城市”建设总体规划；在外地，我们也要和地方政府、地方企业共同筹划、互利双赢。我们向内蒙古转移，与“京东方”合作，得到了业内人士的高度认可，这是我们与地方政府互利合作、与高新技术企业共同发展的成功案例。

要根据企业发展的趋势，依据规划战略目标，继续深化改革，调整结构。百亿产业板块要竞相发展，优胜劣汰。今后，集团哪个产业有希望成为新的百亿板块，我们就要在组织和政策层面上给予鼓励和支持；哪个板块或产业业绩平平，不能强力支撑千亿集团战略的实现，它就将成为被整合的对象。企业的产业结构和组织框架要着眼未来，着眼可持续发展，认真规划，精心设计，确保规划战略目标如期实现。

三、强化治理，注重执行，增强集团公司的管控力

企业规划和战略，对提高集团治理水平提出了更高的要求。要进一步增强集团治理意识，认真搞好集团公司运行的制度安排，探索和完善集团公司的体制、机制和运行模式，要认真处理好母、子公司的权责和利益关系。母公司董事会要严格履行产权代表的责任，实施科学决策，确保资产的安全和效益；各个子公司要坚持以经济效益为中心，切实提高市场竞争力。两级企业集团都要严格遵守公司治理原则，降低治理成本，化解治理风险，提升治理水平。各个公司之间要建立信息沟通机制，建立内部市场化规则，既要实现关联发展，降低交易成本，又要防止关联交易的滥用。要认真落实集团内控制度，坚持内控原则，明确内控目标，遵循内控流程，确保内控效果。

两级集团总部，都要遵循科学建设强大、活力、和谐京煤的总要求，遵循科学的理论、科学的制度、科学的方法，坚持科学决策，实施正确领导，坚持原则，讲究策略，凝心聚力，尽快把企业做强做大。

集团治理要确保组织健康，有序高效运行。组织健康既是一种状态，又是一个过程。健康的组织具有很强的生存力、成长力和再生力，具有环境适应性、自我调节性、学习创新性、持续进步性，以及与员工、社会的共存性。我们要落实集团规划战略，必须高度重视各级组织的健康问题，要适时进行组织调整，推进组织变革，优化组织结构，在运行中增强组织免疫力。要经常进行组织诊断，及时找到不健康因素，对症治疗，确保企业健康运行。

落实战略要强化执行，明确责任，层层分解，严格考核，建立卓有成效的激励约束机制；要加强管理，开拓经营，重业绩、求实效，千方百计提高企业的盈利水平；要坚持综合创新，开放创新，实现相关多元协调发展；要讲团结，讲和谐，讲稳定，充分调动各个方面的积极因素，服务于企业的战略目标。

四、防范风险，确保安全，增强实现规划目标的保障力

加强风险管理是实现规划战略目标的必备前提和基础性工作。要坚持理性思考，防止头脑发热；要大力提高风险防范意识，落实风险防控制度。

银行系统的风险管理，非常值得我们借鉴。有的大银行不仅董事会有风险管理委员会，而且经理层也有风险管理委员会，直至各个业务层面对风险管理都细致入微，对风险审计高度重视。我们要借鉴银行的风险管理模式，把风险管理列入重要议事和工作日程，严守制度，规范运作，落实责任。

资金是企业的血液，要高度重视资金的风险管理，严防资金链的断裂。集团公司必须要建立一个基于集团战略和集团管控的风险管理体系。作为一个多元化的公司，风险管理至关重要。

安全生产是企业风险管理的重要组成部分，是实现战略目标的可靠保证。我们行业的特点就决定了我们必须把安全生产放在首位。要坚定不移地落实“安全第一，预防为主，综合治理”的方针，落实“安全第一、生产第二”的原则，各级人员都要严守制度，严格履职，严格考核，不可有丝毫的懈怠。今后，要继续加大对安全生产的投入，坚持科技兴安，坚持全员防控，全方位地维护企业安全，提高安全发展水平。

五、以人为本，兴企富民，增强企业的凝聚力

企业规划战略必须以“以人为本、兴企富民”为宗旨，这是由国有企业的性质决定的，是党的宗旨决定的。落实企业规划战略，广大员工的创造性劳动是根本动力，广大客户对京煤集团的忠诚度是效益的源泉。我们要坚持以员工为本、以客户为尊。各级领导人员必须牢记我们党全心全意为人民服务的宗旨，履行国企责任，尊重员工、尊重劳动、尊重创造，密切与员工的血肉联系。实现企业规划目标，提高经济效益，必须惠及广大员工，不断提高广大员工的物质文化生活水平。

要把企业发展战略、职工住房改善三年规划、工矿棚户区改造方案的落实有机结合起来。改善职工住房条件，要坚持系统思考，对可能出现的问题做好预测，切实把好事办好，尽早让职工享受到企业发展的成果。

全力维护企业的和谐稳定。在企业做强做大的过程中，要积极利用政策，争取政策，制定措施，为员工多办实事、多做好事、多解难事。建立和谐的企业内外部关系、劳动关系和人际关系。对于一些不和谐、不稳定因素要深入分析，制定预案，及早发现，认真解决。努力营造企业和谐发展、稳定发展的大好局面。

六、加强党建，抓住核心，增强实现规划目标的改革创新力

实现企业规划战略目标，关键在发挥好党委的政治核心作用、基层党组织的战斗堡垒作用和共产党员的先锋模范作用。要以改革创新的精神，加强党的建设，以党的先进性建设引领企业的先进性建设，以党的科学化建设引领企业科学发展。企业党的工作要着眼大局、服务中心，增强工作的原则性、预见性、创造性、系统性和实效性，坚持“引领融入，服务跟进”。以“创先争优”为有效载体，不断提升党建水平。实施“三步走”战略，实现企业规划战略目标，对企业党建提出了新的更高的要求。今后，企业党的工作要围绕公司战略切实找到差距、找到短板、找到工作的切入点。党委的决策要切实保证规划战略目标的实现。各级党委都要认真研究公司治理、企业管理中的重大问题，围绕落实规划战略，总揽全局，协调各方，绘蓝图、建班子、带队伍、创效益。

未来几年，人才工作要取得突破性进展。坚持党管人才，积极解决领导人才、专业人才和高技能人才结构性短缺问题。人才工作要进一步解放思想，进一步加大引进、培养、使用的力度，加快解决人才瓶颈问题。今后一个时期，要强力实施人才兴企战略，加快开创人才工作新局面。

企业党的建设要以改革创新的精神，从思想、组织、作风、制度、能力和廉政建设等方面全力加强，推动企业改革创新再上新台阶。

（摘自 2011 年《超越》第三期）

加强集团管控　提高核心竞争力

北京一轻控股有限责任公司董事长　张金钢

党的十七届五中全会指出，要坚持以科学发展为主题，以转变经济增长方式为主线，把经济结构的战略性调整作为转变经济增长方式的主攻方向，把科技进步和创新作为转变经济增长方式的重要支撑，把保障和改善民生作为转变经济增长方式的根本出发点和落脚点，把建设资源节约型、环境友好型社会作为转变经济发展方式的重要着力点；把改革开放作为转变经济发展方式的根本动力。国有经济是国民经济的骨干力量，其发展的强与弱，直接关系着国家经济安全、经济运行的质量以及民生的改善。深化国有企业改革，构建集团化的管控模式，是加快转变经济发展方式，实现创新驱动、高端引领、科学发展的重要保证。

北京一轻控股有限责任公司
董事长　张金钢

一、集团化是北京一轻发展的内在需要

实行集团化管控模式，是由北京一轻的产业特点和多年来形成的比较优势所决定的。

（一）一轻的行业特点及主要问题

一是产业多、关联度低。一轻产业较多，绝大部分属于一般竞争性行业，市场准入门槛低，产业之间、企业之间几乎没有上下游关系。围绕品牌实施主业板块的整合，优化产业结构，延伸产业链条的任务十分紧迫。

二是企业多，且发展不平衡。企业规模普遍较小，盈利能力参差不齐；资本链条偏长、管理层级偏多的问题仍较为突出。企业组织结构优化、劣势企业退出的任务相当艰巨。

三是品牌多，但具有较强影响力的品牌还不多。从全局角度和战略层面，加大对自主知识产权、自主品牌的支持力度，加强品牌策划和品牌运作，培育世界级品牌的工作任重而道远。

四是资本运作力度有待加大，资金利用效率有待进一步提高。促进优势企业上市，加强资金的统筹运作，促进国有资本有效增值，是摆在我们面前的一项重要任务。

五是资产增效不充分，集约化经营有待加强。尤其是非主业经营性资产，尚未形成统筹管理和有序开发，资产的价值空间有待释放。

北京一轻行业的这些特点，以及后金融危机时代经济环境复杂多变的大背景，决定了我们必须从战略和全局角度出发，从“大一轻”、“大科研”、“大资产”的战略出发，统筹考虑和谋划一轻全面、协调、可持续发展的问题。集团化从而成为北京一轻发展的必然选择。

（二）北京一轻集团化发展的内在优势

基础产业优势。一轻以“十大自主品牌”、“八大工业基地”、现代都市工业战略布局已经基本确立，拥有一批符合首都功能定位、代表未来发展方向并具备较强竞争优势的企业，特别是拥有红星股份、兴大豪科技等行业领先、发展基础好，且经过努力可争取上市的企业。这些既是一轻发展都市工业、现代服务业和新兴产业的基础，也是实施“7＋1＋3”集团化发展战略的资源保障。

品牌市场优势。一轻已形成了“四个中国名牌”、“五个中国驰名商标”、“十个北京名牌”、“四个中华老字号”、“一个国家级非物质文化遗产”的品牌发展新格局。一轻在全球市场排名第一的品牌有1个，在国内市场排名第一的品牌有7个，国内市场排名第二的品牌有3个，在区域市场排名第一的品牌有3个。

科技信息优势。一轻已建立一、二级两个层面的科技研发创新体系，拥有一系列科技进步成果；拥有由6家科研院所合并组建的北京一轻研究院，拥有市级企业技术中心7家，市高新技术企业有4家；拥有一批国家级和市级研发基地和实验室，承担着一批国家级和市级重点项目。一轻以财务、资产、人才为核心的信息化平台正在加紧建设，将为一轻实现集团化管控、企业生产经营活动和电子商务的发展发挥重要作用。

人才队伍优势。一轻已经形成了一定规模和较高素质的企业经营管理人才、专业技术人才和技能人才的“三支队伍”；以高层次人才、高技能人才为重点的各类人才队伍不断壮大，党管人才工作新格局基本形成。基本建立了较为科学合理、充满活力的用人机制和绩效考核体系；营造了人才发展的良好环境；拥有北京一轻党校和北京一轻高级技术学校作为人才培养和培训基地。

组织保障优势。一轻已经基本建立了符合现代企业制度要求的法人治理结构，形成了各负其责、相互协调、有效制衡的管理机制。一轻党建工作总体要求与现代企业制度和法人治理结构相适应，与不同所有制结构和多元投资体制相融合，健全完善了党组织参与企业重大决策的机制，党对人才工作的领导进一步加强，党组织的政治核心地位进一步强化。这些组织保障优势将为一轻“十二五”实施集团化、产业集团化提供可靠的组织保障。

二、北京一轻集团化发展的基本构架

基本思路是：以邓小平理论和“三个代表”重要思想为指导，深入贯彻落实科学发展观，紧密围绕建设世界城市和建设“人文北京、科技北京、绿色北京”的发展战略，以加快转变经济发展方式为主线，坚持实施一轻“7＋1＋3”集团化发展战略。努力发展三大产业，即：做强做大现代都市工业、积极拓展现代服务业、大力发展战略性新兴产业。着力深化国有企业改革，着力加快产业升级和结构调整，着力提升自主创新能力，着力提高经济发展的质量和效益，努力把一轻建设成为符合都市产业定位、规模增长、结构优化、核心竞争力强的大型轻工集团公司。

核心路径是：全面推进“7＋1＋3”集团化发展战略，即打造“七大产业集团、一院、三中心”。

"七大产业集团"：一是以"红星"、"龙徽"等品牌为核心，组建首都酒业集团；二是以品牌和高科技优势为核心，组建大豪缝绣电控集团；三是以循环经济再生纸、信息纸为主，加快京纸集团实体化；四是以实施发展新能源、新材料为主，加快玻璃集团实体化；五是以文化教育延伸产业链条，打造星海钢琴集团；六是以"金鱼"、"宝贝"等品牌为核心，打造日化集团；七是以"义利"、"北冰洋"品牌为核心，发展食品产业。

"一院"是以中长期应用研发和科研成果转化为主，建设北京一轻研究院。

"三中心"：以为一轻、政府和社会提供产品质量检测和技术服务为主，建设北京一轻产品质量检测中心；以集约利用非二产经营性资产、发展现代服务业为目的，组建北京一轻资产管理中心；以实现一轻整体资金效率和收益最大化为目的，组建北京一轻资本管理中心。

实施步骤：七大产业集团实体化是一轻集团化的前提和基础。进一步理顺管理体制，创新机制，使现行的二级公司向实体性产业集团转变。同时加快劣势企业退出，缩短资本链、延伸产业链，把二级集团做实做强做大。在此基础上，以产权为纽带，完善母子公司体制，采取集权与分权相结合，构建北京一轻集团有限公司。

布局目标：加快实现"四个转变"，形成"四个格局"。即：一是加快实现经济发展方式由自我积累的传统发展模式向产业与资本和金融市场嫁接的经济裂变发展模式的转变，形成以国有及国有控股公司为主导，上市公司、合资公司共同发展，生产经营、资产经营、资本经营相互促进的创新驱动发展格局。二是加快实现体制由控股公司向集团公司的转变以及二级公司向实体化产业集团转变，形成产权明晰、权责明确、法人治理结构完善的集团化两级管控格局。三是加快实现产业结构由传统制造产业向产业高端和高端产业及战略性新兴产业延伸发展的转变，形成以七大产业集团为主体，现代都市工业、现代服务业、战略性新兴产业合理布局、有序推进的产业格局。四是加快实现企业价值由低端制造向研发、品牌和营销等企业价值高端体系建设的转变，形成"哑铃型"企业经营组织格局。

三、北京一轻实施集团管控的着力点

（一）以统一的发展规划引领中长期发展

针对国际金融危机影响和市场环境的急剧变化，一轻从2008年下半年开始着手研究"十二五"发展问题。2009年，在深入学习实践科学发展观活动中，依据国家《轻工业调整振兴规划》和《北京都市产业调整振兴规划》，提出并启动了"7＋1＋3"集团化发展战略，以此为核心编制了《一轻控股公司"十二五"发展规划》，结合《北京市国民经济和社会发展"十二五"规划》和《北京市国有经济"十二五"发展规划》进行了修订完善，目前已获市国资委批复。各企业分别制订了"十二五"规划（子规划），各部室共制订15项专项规划。将规划进行分解，确定为年度折子工程，做到层层保障落实，上下协调一致，横向协同推进。把握发展定位，坚持"术业有专攻"的原则，集中精力发展主业。强调规划的严肃性，将规划落实情况与任期考核相结合，建立规划执行跟踪评价制度，突出规划的执行力。

（二）以统一的创新平台引领中长期研发

针对科技资源分散、缺乏统一规划、中长期研发的引领作用不强、科研对产业支撑力不够等问题，实施大科研战略，对科研院所实行整合，组建北京一轻研究院和北京一轻产品质量检测中心。本着"立足一轻，面向市场，服务社会，走向世界"的战略定位，围绕一轻产业发展方向，按照"需求牵引、技术推动、双向驱动"的原则，确定中长期应用性研发项目，与国内外科研机构、企业技术中心对接，发挥科研孵化器作用，使一轻研究院成为一轻科技研发中心、科技情报信息中心和技术创新发展平台；把北京一轻产品质量检测中心打造成为一轻和社会提供产品质量检测与技术服务，为政府对市场监督提供服务的轻工产品质量检测中心。建立以"一院一中心"为引领、企业为主体、市场为导向、外部科研力量为协同、产学研结合的科技创新体系，提高自主创新、科技研发、应用转化能力。

（三）以统一的信息化平台提升管理水平

目前，一轻信息化平台已进入二期建设。一期工程实现了财务及资产经营数据的系统集成，所属105户企业实现上线运行。一轻总部通过互联网，对上线企业实行“凭证级”的管理，基本实现了对上线企业财务、资产的实时监控。二期工程初步完成了总部绩效考核系统建设，正在抓紧建设集团协同OA办公系统、集团视频会议系统、集团网络营销系统，并将逐步建立集团财务、集团资产、集团人力资源、集团领导决策系统和集团网络等5大子系统，实现外网、内网、业务网“三网”合一。

一轻信息化建设取得初步成效：一是实现企业财务核算由手工记账向电算化的根本转变；二是实现了一轻不同性质企业信息集成与共享；三是采用“集成与分布”相结合、B/S与C/S相共存的系统架构，使信息化平台能够与企业原有系统兼容，从而避免了重复投入，节约了大量的信息化建设资金；四是通过及时、有效、多样化的数据展现手段，使领导能够及时、准确掌握企业经济运营数据，提高了领导决策效率。

（四）以统一的人才规划加强三支队伍建设

近几年来，一轻从战略层面发挥领军人物的作用，设立了“一轻首席技师”、“一轻首席专家”人才库。遴选出88位后备干部纳入一轻人才库，加强挂职锻炼；企业副职选拔任用由备案制改为核准制。设立一轻人才发展基金，坚持每年拿出100万元专门用于各类人才的培训，对优秀人才、优秀科技创新成果进行表彰奖励，建立鼓励人才成长和创新的长效机制。深化干部队伍和人事制度改革，坚持用事业凝聚人才、用实践造就人才、用机制激励人才、用制度保障人才，遵循人才成长规律，着眼于人才能力建设，不断完善人才工作领导体制，创新人才工作机制，营造人才快速成长、脱颖而出的环境。强化制度建设，实行内部培养与吸纳引进相结合，组织配置与市场配置相结合；完善激励和约束机制，建立科学、合理的人才开发、使用、考评机制。努力培养和造就数量充足、结构合理、素质全面、作风过硬，适应一轻产业发展需要的经营管理人才队伍、专业技术人才队伍和高技能人才队伍。积极推进薪酬体系改革，不断提高职工薪酬水平，使薪酬体系向各类优秀人才、一线人员和企业骨干人员倾斜。为一轻跨越式发展提供可靠的、强有力的人才保障和智力支持。

（五）以统一的资本管理平台优化配置金融资源

加强资金的统筹运作，统一配置财务和金融资源，建立一轻资本管理中心。通过网银系统，对系统内部企业暂时闲置和分散的资金进行有效归集，实行有偿使用、统一管理、合理调配，实现一定程度的统收统支、统贷统还，探索新的理财方式，提高资金的使用效率，实现资本最大限度的增值。具体步骤如下。

1. 选择4～5家银行成为合作银行，逐步统一各级企业的银行账户，在一轻总部和企业之间建立网银系统，实现一轻总部、所属企业和银行间的互联互通，实时掌握资金信息。

2. 成立一轻资本管理中心，对所属二、三级企业和重点四级企业实行收支两条线的管理模式。

3. 一轻总部通过收益收缴、资金归集、银行授信等方式，将筹集的资金通过投资和委托贷款的形式合理拨付、借贷给所属企业，支持企业的生产经营和在建项目。

4. 结合“十二五”规划的实施，资本管理中心将归集的资金和产生的收益反哺主业，为七大产业集团重点投资项目、产品研发、培养人才提供专项资金支持。

5. 资本管理中心通过嫁接资本市场和金融市场，建立“资金池”，探索发行短期融资债券、中期票据、项目贷款、信用证、保函、承兑汇票等融资形式，扩大融资渠道，改善融资结构，分散财务风险，为“十二五”建设提供资金保障。

（六）以统一的资产管理平台提高资产增值能力

加强非二产经营性资产的管理。在稳定的前提下，从体制机制入手，整合非二产经营性资产资源，待条件成熟时，成立“一轻资产管理中心”，围绕现代服务业进行定位，承担非二产经营性资产集中管理、集约利用、合理开发的运营管理功能，形成一轻新的经济增长点。加强土地资源管理。坚持“盘活存量、谋求增量、自主开发、自主经营”的管理原则，将企业土地资源处置权上收到控股公司。企业不得擅自以房地产为所属企业作抵押、质押；规定面积的房屋土地出租要经过控股公司批准，出租期限一般不超过5年；除政府规划征地外，系统内所有土地不再实行整体转让，最大限度提高土地利用率和收益率。

近几年来，一轻土地资源开发理念发生根本性转变，开发模式逐步由自我开发向合作开发、转让变现向房产置换模式转变；基本建设由生产制造业向生产性服务业和文化创意产业开发利用转变。近3年，围绕现代服务业和文化创意产业，先后启动实施了一系列基本建设项目，龙徽博物馆、红星二锅头酒博物馆先后建成并开馆，北京国际葡萄酒交易所、玻璃交易中心、纸张仓储物流基地、眼镜城二期等项目正抓紧筹建和建设，这些项目将有力助推一轻产业高端化发展。

（七）以统一的制度体系规范企业行为

坚持“依法治企”，建立健全规章制度和业务流程。近年来，北京一轻编制修订了43项管理制度，经控股公司总经理办公会、董事会审议通过后，编纂下发了《一轻管理制度汇编》。其中，完善了《董事会议事规则》、《总经理办公会议事规则》；修订了战略规划、投融资、资产经营、房地产管理、企业设立及变更管理办法；制订了财务内控、重大事项联签、收益收缴管理制度；健全了派出董事监事、直管干部、教育培训、经营者年薪、个人事项报告、经济责任审计、“三重一大”、效能监察、重大责任追究等制度；新增了科技成果、知识产权保护、产品质量管理以及职工民主管理、安全管理等制度。做到各项工作都有章可循、有法可依。

加强董事会建设，完善科学决策机制。董事会设立了战略、审计、提名、薪酬与考核4个专门员会，明确了各自的职责和运行程序。董事会、党委常委会、总经理办公会分别召开，党委常委会实行民主集中制，董事会实施票决制，总经理办公会实行总经理负责制。党委、董事会、经理层积极支持监事会工作，基本建立了各负其责、相互协调、有效制衡的法人治理结构，加强派出董事、监事管理，国有出资人话语权有效落实，重点企业基本建立了较为规范的法人治理结构，公司治理效率明显提高，确保了国有资产保值、增值。

（八）以富有特色的企业文化凝聚员工力量

加强企业文化建设，以文化软实力提高企业核心竞争力。贯彻中央十七届六中全会精神，培养高度的文化自觉和文化自信，弘扬以“传承、创新、求实、发展”为核心的一轻企业文化，以“做强做大都市产业，服务百姓，回报社会”为宗旨，培育一轻核心价值理念。

1. 加强理念武装，巩固共同理想。一是加强中国特色社会主义理论和科学发展观教育，增强职工主人翁责任感和贯彻落实科学发展观的自觉性和坚定性；二是加强爱国主义教育和民族团结教育，引导职工把对祖国的浓厚感情转化为爱岗敬业，积极推进企业改革发展的实际行动；三是加强形势政策教育，进一步增强职工战胜各种困难，实现发展目标的信心和力量；四是加强社会责任教育，依法经营，讲求诚信，节约资源和保护环境，参与社会公益事业等，提高职工履行社会责任的自觉性、主动性。

2. 促进企业文化与管理制度的深度融合，提升企业管理水平。一是健全完善企业行为规范体系，增强制度的感召力、约束力；二是做好企业文化落地的工作，把企业文化的核心理念带入到各项管理制度和生产经营管理之中，使每一个职工都能从思想上认同企业管理文化，行动上遵守企业管理制度。

3. 提高员工素质，促进人的全面发展。一要提高职工道德素质，积极开展个人品德、社会公德、职业道德、家庭美德教育；二是加强职业素质教育，鼓励员工学习科学知识，培育科学精神，不断提高专业技术素质和水平；三是强化心理健康教育，塑造职工健康人格，加强耐心细致的思想工作，彰显人文关怀、注重心理疏导，理顺情绪、平衡心理、增进和谐。

4. 把握企业文化建设的特点规律，拓展企业文化的内涵。用社会主义核心价值体系培育企业精神内核，引领职工价值追求，拓展文化视野，突出文化特色。立足于时代的发展，从人民群众的火热生活中汲取精神之源，吸收丰富养分，用先进技术传播先进文化，用新兴手段传扬高尚思想，开展多样的活动，使企业文化体现时代潮流、富于时代气息。

（九）加强风险管控，构建企业健康发展的防火墙

建立健全风险防范机制，确保国有资产安全和保值增值。认真查找风险控制点，建立有效的风险管理系统。通过风险预警、风险识别、风险评估、风险报告等措施，对筹资风险、投融资风险、担保风险、信用风险、合同风险等财务风险和经营风险进行全面防范和控制。建立审计监督、法律监督、财务监督、纪委监督相结合，全过程控制的风险防范体系。

加强审计、法律监督，强化“免疫系统”功能。健全审计、法律事务机构，配备好专、兼职审计人员和法律事务人员，完善内部审计制度。将工作着力点放在重大问题决策、重要干部任免、重大项目投资、大额资金使用等方面，覆盖到供、产、销、人、财、物各个方面，直至整个系统业务流程。把法律关口前移，参与对企业改革重组、股权转让、资产处置、企业退出、人员分流等重大事项的前期论证的法律审核，加强合同管理，加强对诉讼案件的管理，维护企业合法权益。

加强对外投资管理。对历史投资摸清底数，逐户分析研究，对不符合控股公司“十二五”发展规划，连续亏损、扭亏无望的参股企业坚决清理退出。严格控制非主业投资以及股票等高风险业务。

加强全面预算管理。明确预算目标，强化内部控制，加强对预算执行情况的监控和分析，提高预算的控制和约束力。加大预算工作组织力度，落实预算管理责任，规范预算编制方法，实现财务预算与各类业务预算的有效衔接。加强现金流管理，一要以现金流量管理为核心，细化资金预算安排，确保企业资金的流动性和安全性；二要认真分析财务资源对发展战略规划的保障能力，坚持量力而行原则，统筹规划生产经营与投融资活动的资金供给，科学预测年度资金余缺，谋求资金的长期动态平衡；三要抓好降本降耗工作，加大应收款管理力度，加速资金周转，减少资金沉淀。

（摘自 2011 年 北京市国资委的理论文章）

产业转型是隆达公司“十二五”期间的战略选择

北京隆达轻工控股有限责任公司董事长　李玎

北京隆达轻工控股有限责任公司
董事长　李玎

北京市国资委在“十二五”规划中提出，围绕建设“人文北京、科技北京、绿色北京”和具有中国特色世界城市的发展战略，坚持产业高端、资源节约、环境友好的发展方向，着力推进改革调整，着力提升自主创新能力，着力推进产业结构优化升级，着力推动重大项目建设，实现企业机制创新、管理创新和科技创新，形成资源优化配置的布局结构和具有较强核心竞争能力的二产骨干企业。这一系列的要求给国资委系统企业在“十二五”期间的发展提出了更高的要求。

北京隆达轻工控股有限责任公司（以下简称隆达公司）是从事传统制造业企业，多年以来在全国及北京经济环境大势带动和影响下，实现了产业结构调整、产品结构调整，经营业绩不断提升。但是面临国内产业竞争激烈态势和北京城市整体经济结构的不断调整，其产业

经营或多或少呈现出了不适应首都经济环境的状况，如果拟在“十二五”期间完成按照国资委成为具有竞争能力和良好经营业绩的创新型企业要求，则需要对产业结构继续进行调整，或者说更需要进行产业转型。

一、隆达公司基本情况

隆达公司由原北京市第二轻工业总公司、北京印刷工业总公司和北京有色金属工业总公司分别于2000年和2002年重组而成。全系统现有下属企业69家，其中国有及国有控股企业51家（2010年合并报表范围）；合资参股企业11家（合作方有外企、央企、京内外国企和民企等），集体企业7家。

2010年，隆达公司全系统69家企业的主营业务收入为86.5亿元，利润总额3.4亿元；国有及国有控股企业主营业务收入为43亿元，利润总额为1.03亿元。69家企业中在职职工1.1万人，离退休职工3.2万人。截至2010年12月，隆达公司69家企业总资产为88亿元，净资产46亿元；国有及国有控股企业合并口径总资产为53亿元，净资产为22亿元，归属于母公司的权益9.96亿元。

隆达公司所属企业几十年以来一直从事产品制造业，现主要产品涉及印刷包装、塑料材料、有色稀贵金属材料、家用电器等行业，主要产品有纸制印刷产品（书刊、票据、包装物）、农用塑料大棚膜、塑料土工膜、汽车配套件、有色稀贵金属焊接材料、家用电冰箱和家用电冰箱压缩机等。这些产品所在行业都属于完全竞争行业。几十年来随着国家产业政策的演进、北京产业经济环境和国内市场需求的变化，隆达企业产品结构经历了多次调整和转型。进入新世纪以来，高污染的皮革皮毛鞣制、高耗能的有色金属冶炼等产业全部退出。以前生产民用消费品的企业，逐渐转变为生产工业产品，隆达公司所属企业产品结构发生了很大变化。白菊公司，30年前生产蜂窝煤炉子，20世纪90年代生产家用洗衣机，现在生产汽车塑料配套件；华盾公司30年前生产家用塑料桶，20世纪90年代生产农用塑料膜，现在生产化工容器桶以及代替木材的工业用塑料托盘；古桥电器公司，30年前生产打字机，20世纪90年代生产家用空调器，现在生产电源连接器。这样转型和调整的实例在隆达系统还有很多，这些企业随着北京经济和社会发展的进程不断地调整着自己的产业和产品结构，维持着企业的生存和发展。

二、目前面临的经济和社会环境挑战

过去10年，北京作为政治和文化中心，其产业结构发生了很大变化，房地产业、金融业以及各种生产性服务业得到了充分发展。北京市“十二五”规划纲要明确提出，未来5年要努力将北京打造成国际活动聚集之都、世界高端企业总部聚集之都、世界高端人才聚集之都、中国特色社会主义先进文化之都、和谐宜居之都，推动北京向中国特色世界城市迈出坚实步伐。北京将按照“优化一产、做强二产、做大三产”的发展思路，深度调整产业结构，不断提升产业整体素质与核心竞争力。

按照北京市“十二五”规划，北京将建成中国特色的世界城市，城市经济环境的变化，将给隆达公司这样的传统制造企业带来一定的机遇，但是隆达公司也将面临诸多挑战。

（一）地域费用高

北京市地域成本表现在多方面：一是土地价格，北京地区的工业用地售价明显高于周边地区，现在每亩地价已经接近100万元，且对单位面积投资数额要求较高；二是环境保护，北京地区对大气污染控制要求较高，企业需要使用天然气等清洁能源，而与隆达企业竞争的京外企业基本使用煤炭作为能源，因此隆达企业相比竞争者有更高的能源费用；三是特定时期的运输，北京是政治文化中心，国际性、全国性政治和文化活动较多，每逢此时运输车辆出入北京不便，影响企业生产活动正常进行；四是特定时期的维稳，每逢两会、国庆以及一些重大国际活动时期，企业需要花费一定的精力和财力维护社会安全稳定。

（二）人工成本高

由于北京地产企业、金融企业、国家垄断性企业、外资企业较多，这些企业的收入较高，因此，拉高了北京市职工平均工资水平，且每年以10%的速度增长。这一因素从两个方面对隆达企业产生影响，一是每年无论本企业职工工资是否有增长，每个职工缴纳的社会保险数额都要随着社会平均工资的增长而增加，对于有些企业而言，表现为职工可支配收入下降；二是隆达所属多数企业的职工平均工资已经高于同行业，在市场竞争中不具备成本优势，但是仍低于北京地区的平均工资水平，仍然无力吸引优秀人才。

（三）产业处于成熟期

一个企业的发展首先依赖于所在行业市场需求的快速增长，如通信、互联网应用、汽车等都是这些年以来市场需求增长迅猛的行业，个别年份增长率超过100%。这些行业中的企业随着行业的发展年增长率可达到10%～20%。而隆达公司所属企业所在行业均为完全、充分竞争性领域，其产品有市场需求，但是处于平稳增长期，印刷、塑料和有色金属新材料以及家用电器等产品的市场需求增长量率为10%～15%。在这种情况下，企业的销售量增长很难超过行业增长。同时，由于这些产品生产技术相当成熟，因此市场竞争的主要因素就是价格竞争，而就产品价格而言，地处北京地区的企业基本无竞争优势。

三、隆达企业产业转型的途径

隆达公司是一个以制造业为主、投资和物业经营为辅的集团型企业。按照北京市国资委给隆达公司的“十二五”规划批复，隆达公司在“十二五”期间所经营的产业为“两主两辅”。两个主业为印刷和新材料制造（塑料新材料和稀贵金属新材料），两个辅业为战略持有型高端家电投资和自有型物业经营。产业发展方向确定之后，摆在隆达公司面前的任务则是实现规划的战略途径选择。

处于完全竞争市场的制造业企业，发展战略有二：一是规模化，追求以量取胜，尽可能降低生产成本，用高销售量弥补低毛利；二是差异化，追求由于与竞争者产品定位不同而带来的较高毛利，用较高的附加值弥补较少的销售量。鉴于上述北京地区的高费用，企业降低生产成本的空间有限，因此隆达公司所属企业难以实施规模化战略。近年来隆达企业试图在差异化方面寻求发展的机会，但是所从事的产业基本都处于成熟期，使产品比竞争对手具有明显的差异化不易做到。如果在规模化和差异化两个方面都难以找到出路，隆达企业的生存发展则需另辟蹊径，即进行产业转型。

市国资委提出，围绕市属国企做强二产的战略目标，从产业规模扩大、产业链延伸、新兴领域拓展和业态提升等方面发展。面对北京市的经济发展环境和形势、隆达企业资源现状，转型的方向有三：一是从制造产品价值链的低端转向高端；二是将生产型企业转为生产服务型企业；三是进入优势产业和新兴产业生产链。

（一）从制造产品价值链低端向高端转移

按照产品价值链的“微笑曲线”，生产处于价值链的最底端，而隆达公司所属企业基本都处于这个位置，缺乏处于中高端的“研发”、“设计”、“服务”领域。如果隆达企业要改变现状，需要通过自身或与其他相关企业合作，在上述3个方面构建能力，将自己变成一个研发、设计和服务型企业，把生产加工环节弱化乃至剥离。

隆达公司所属的华盾雪花塑料公司主要产品为农用塑料膜，企业具有一定的产品研发能力，与北京地区的科研院所共同开发成功多种功能性农用膜，比如具有高保温、防雾滴、紫外光转为可见光功能的农用塑料膜，用于创造类似温室的环境，保证农作物在寒冷的气候条件下能够生长。20多年以来华盾公司所生产的功能性农用膜在全国同行业销量第一，但是在北京地区较高的生产成本条件下，主营业务利润率一直不高，近年来不足10%。由于产品经营收益不高，企业的生存发展受到一定限制。在“十二五”期间，该企业应该充分利用北京地区的科技优势，继续扩充和提升现有的研发能力，将业务重点从塑料膜加工制造转为农用膜母料研发，针对不同的农业客户需求设计不同功能的母料，通过这种方式，提高产品的附加值。

（二）将生产型企业转变为生产服务型企业

由于资源特征所致，北京地区近十几年以来房地产业发展迅速，与之相关的是房屋租赁市场充分发展。隆达企业一些闲置的厂房和办公楼被租用。目前，隆达公司有55万平方米厂房或办公用房处于出租状态。承租人将其用做行政办公、开办市场、改建酒店等，其租金收益成为很多隆达企业重要的收入来源，在隆达公司整体收益中约占1/3。现隆达公司仍然还有些企业产品生产制造由于竞争能力有限正在退出，其腾退的厂房可以转化为生产服务型用房。比如隆达企业现有的印刷企业的厂房，可以结合创意文化产业的发展，经过一定策划为创意文化产业提供服务，使这些厂房产生出更大的价值。

隆达公司现在有些位于城区的企业，还有一些闲置厂房，在北京大力发展文化创意产业的形势下，利用现有的资源，有条件转型为生产型服务业企业。

（三）进入优势产业和新兴产业生产链条

市国资委提出，“十二五”期间市属国有企业做强二产的主要途径有3个：一是巩固八大优势产业（钢铁、汽车、新型建材、电子信息、食品制造、能源、装备制造、医药），增强规模竞争能力；二是打造六大产业链条（汽车零部件、数字电视、太阳能光伏、物联网、集成电路、食品加工）、提升高端盈利能力；三是拓展5个新兴领域（新能源汽车、节能环保、生物、高端装备、特色新材料），培育新经济增长点。在产业发展中，以优势产业和新兴产业等领域为重点，以骨干企业为龙头，集中资源，协调整合上下游企业，打造完整的产业链条。

隆达公司的企业应该充分利用这一时机，改善和提高现有制造能力，成为北京市优势产业和新兴产业链条中的一个环节。隆达公司所属的白菊公司，现为现代汽车公司提供塑料配套件，汽车产业在北京未来的二产发展规划中作为优势产业，将继续大力发展。白菊公司应提升模具制造能力，提高塑料配套件的产品质量和品种数量，成为汽车产业链上的一个环节。隆达公司所属的华盾雪花塑料公司，有农用塑料膜和微喷滴灌节水器材产品，现代农业是北京产业结构中的重要组成部分，华盾公司应按照首都现代农业发展的要求开发研制所需产品，为其提供优质高效的农用大棚膜和节水灌溉器材，提升种植产品的产量和品质。隆达公司所属的达博焊料公司，主要产品为集成电路用键和金丝焊接材料，适用于集成电路制造，在未来北京发展集成电路产业中也将找到用武之地，为了适应上游企业的需要，应加大力度开发超细、高纯等高品质产品，成为该产业链条上的稳定供应商。

综上所述，“十二五”规划期，将是隆达公司发展的关键期，面对北京市经济环境的转变和自身资源状况，如果要在“十二五”期间产业发展取得突破性的进展，则需要在战略转型中迈出坚实的步伐。因此，产业转型是隆达公司“十二五”期间持续发展的战略选择。

（摘自2012年2月1日第238期《隆达控股》报）

突出主营业务　推动企业持续健康发展

北京纺织控股有限责任公司董事长　杨文华

北京纺织控股有限责任公司
董事长　杨文华

根据市委市政府建设世界城市和“人文北京、科技北京、绿色北京”的要求，结合纺织发展的实际，“十二五”期间我们确定了发展高端服装纺织业和现代都市服务业两大主营业务。形成了适合首都经济特点的纺织发展格局的基本架构。这是经过多年的改革调整，从纺织行业的现实出发所做出的必然选择。

构建现代服装纺织业，既是对传统纺织业的继承，更多的是对现代服装纺织业的发展与创新，从而实现服装纺织产业的转型升级。规划包括服装、面料、家用和产业用纺织品的研发、设计、制造和贸易。重点发展高端产品，着力强化研发设计和品牌营销能力，发展品牌服装、精品面料、功能性家用和产业用纺织品，坚持内外贸并举，推动贸易转型，加大一般贸易和品牌市场比重。以转变发展方式为主线，推动结构优化，加快技术创新和科技成果产业化，提高产品盈利能力，转变品牌运营模式，推进工业化和信息化深度融合，促进制造业产业链向上下游两端延伸，提升高端服装纺织业整体发展水平。传统的纺织业以产供销为产业链，更多的是注重生产制造，而打造现代服装纺织业则应注重在以下五个方面下功夫：

一是要在产品研发设计上下功夫。由注重生产制造转向注重研发设计。作为世界城市的服装纺织业必须要反映时代的发展，引领文化的潮流，要体现出国际大都市、世界城市的时尚与风范，切实做到高端、高效、高辐射力。这就要求我们要准确定位，不断地解放思想，不断地奋斗创新，打造出北京纺织的时代特色。

二是要在品牌的运作上下功夫。一个国际品牌所带来的价值，远高于生产制造所创造的价值。因此，打造北京、中国乃至国际的知名品牌应是现代服装纺织业发展的一项重要战略任务。在品牌的运作上，我们现有的品牌，无论是北京名牌还是中国名牌尚缺乏竞争力和影响力。“十二五”期间，各企业要高度重视品牌的运作，将其作为一个系统工程来抓。在把现有品牌做大做强的同时，逐步打造一批在市场上具有较强竞争力和影响力的服装纺织品牌。

三是要在功能性上下功夫。服装功能的多样化、差别化是时代对服装纺织产品的要求。提升服装纺织产品的附加值，一是品牌，二是功能。要下大力加强与科研院所的合作，加大对新纤维、新材料、新技术的应用，提升其产品的功能。通过大力发展服装纺织功能的多样化、差别化来提升服装纺织企业的核心竞争力。

四是要在市场营销上下功夫。随着时代的发展，电子商务、网上购物等现代营销手段正成为市场营销的主体。与其相适应的一套市场营销机制正不断成熟。这无疑对传统的营销体制提出了挑战。“十二五”期间，必须要在市场营销的体制机制上敢于突破，有所创新，才能使企业通过市场的扩大，做大做强服装纺织业。

五是要在节能减排上下功夫。服装纺织业作为一个相对附加值较低的产业，一方面要通过品牌运作、增加其功能性等创造更多的价值和利润；另一方面，必须要在节能减排，降低成本上下功夫。这不仅是利润空间大小的问题，更是企业能否在北京生存的关键所在。就目前企业的现状来看，各项节能减排的指标与国际国内先进水平相比还存在较大差距。“十二五”期间必须通过加大投入和产业升级以适应在北京生存和发展的需要。

“十二五”期间，构建现代服装纺织业的主要任务就是通过体制机制的创新，加快发展方式的转变，实现产业升级，提高盈利能力，努力打造具有较强竞争力的现代服装纺织业，与北京建设世界城市的目标相适应，在建设时装之都的发展中有所作为。

构建现代都市服务业，是北京纺织在调整发展中做出的必然选择。规划重点发展两大业务，一是房地产开发运营，包括房地产开发、自持物业经营和物业管理；二是时尚服务，包括技术创新、品牌推广、文化创意、检测会展、信息科技等业务。目前已经有了发展的基础和条件，但同时，它又是一个需不断整合提升和有待开发的领域。做大做强现代都市服务业对构建适合首都经济特点纺织业发展格局至关重要。发展现代都市服务业，要做好以下工作：

一是要在发展现代都市服务业的总体框架上下功夫。“十二五”规划中，我们对发展现代都市服务业提出了一个总体要求。但具体发展什么、如何发展，还需要在摸清家底的基础上做进一步的深入研究。构建现代都市服务业，要在现有基础上，从整体上搭建一个发展的框架和平台，由单个成长转向形成一个相互支撑的产业。这是发展现代都市服务业的首要基础和条件，对此控股公司和各集团公司都要认真研究，逐步形成统一认识。

二是要在现有项目的提升上下功夫。经过多年努力，在现代服务业上，我们有了房地产、信息科技、文化创意等一批项目。在这些项目中有的已成为支撑纺织业发展的重要项目，取得了良好的经济和社会效益，有的尚处于起步阶段，对企业的发展还没有形成支撑作用。因此，在“十二五”期间，首先要对现有项目进行认真分析，对前景看好的项目要给予大力支持，加快其发展。同时对房地产等项目，要密切关注国家政策和市场的变化，及时调整发展战略和营销手段，推进其健康发展。

三是要在新领域的开拓上下功夫。现代都市服务业其内涵涉及的领域颇多。“十二五”规划中，我们提出现代都市服务业还包括技术创新、品牌推广、文化创意、会展经济、信息科技等业务。目前在这些领域，有的刚刚起步，有的还未涉足，发展的空间和潜力很大。我们必须要从发展的总体上考虑，积极探索，稳步拓展，有所作为，培育新的增长点。

四是要在整合资源，发挥更大效益上下功夫。目前，全行业有近50万平方米的经营性房屋在采取租赁、合作等方式进行经营。这种经营方式曾为解决企业资金和历史负担发挥过重要作用，但也必须看到它还存在着诸多的问题，如租期较长、价格偏低、管理不善、隐患较多等。另外，一些有效资产分散在各个不同的利益群体，缺乏有效的监督，既不利于发挥整体优势也易引发各种问题。因此，加大对现有资源的整合力度，充分发挥现有资产的有效作用，加强国有资产的管理十分必要。各集团公司和控股公司要在调查摸清底数的基础上，加大整合的力度，加强管理，创造更大的效益。

现代服装纺织业和现代都市服务业是未来5年纺织业发展的两大主营业务，是构建适合首都经济特点纺织发展格局的核心业务。作为世界城市的服装纺织业，它不仅仅是一个制造业，还是一个都市产业。服装纺织业与文化、城市的发展密不可分，与现代都市服务业有着千丝万缕的联系。信息科技、文化创意、城市服务、会展经济无不对现代服装纺织业产生重大影响。反之，现代都市服务业也与现代服装纺织业密不可分。文化理念可以通过服装纺织来展示，现代城市的发展、城市应急、突发事件的应对都为产业用纺织品开拓了更加广阔的市场，房地产开发运营为服装纺织业结构调整、转型升级提供支持，时尚服务为服装纺织业转型升级搭建平台。实现传统纺织与创意纺织融合，形成“两轮驱动”，相互促进，共同做强、做大，实现北京纺织的持续、健康、快速发展。

（摘自2012年第2期《首都国资》）

工业大事记

1月

4日 北京市委书记刘淇、市长郭金龙第二次到北京京东方第8.5代TFT－LCD生产线项目基地调研考察。截至目前，该项目结构和洁净间工程基本完成，动力设备安装调试并启动运行，工艺设备开始搬入。

同日 北京·亦庄重大项目签约仪式举行，生物医药、新媒体、新能源汽车、新材料、微电子等领域的7个项目落户大兴区、北京经济技术开发区，涉及总投资额135亿元。

5日 北京市副市长苟仲文出席延庆县重大项目签约仪式并致辞。此次签约项目共15个，总投资超过210亿元，涉及新能源、装备制造、新能源汽车电池等战略新兴产业和高端制造领域。

6日 北京市副市长苟仲文出席丰台区“国家级轨道交通产业化示范基地”授牌仪式并致辞。

7日 2011年北京市经济和信息化工作会议在京丰宾馆礼堂召开。市政府副秘书长戴卫主持会议并宣读了市委书记刘淇对此次会议的批示。工信部党组成员、总工程师朱宏任代表工业和信息化部对本市的经济和信息化工作提出了要求和希望，副市长苟仲文代表市委市政府做了重要指示。市经济信息化委主任朱炎作工作报告。

10日 北京京城新能源有限公司与美国超导WINDTEC公司正式签署风电技术合作协议。项目内容包括2兆瓦、3兆瓦、5兆瓦全功率变频以及3兆瓦超齿4种机型风电机组技术开发。

12日 北京燕鸿投资担保有限责任公司股权转让暨深化房山区中小企业担保业务合作签约仪式在房山区举行。

13日 北京石景山钢铁主流程停产仪式在首钢文馆举行。国务院副总理张德江、北京市委书记刘淇、国务院副秘书长肖亚庆、北京市市长郭金龙等领导出席停产仪式。停产仪式上，市委向首钢总公司颁发了“功勋首钢”纪念牌。

同日 全球首台108英寸的LED电视在中关村高新技术企业利亚德光电股份有限公司诞生。市委常委出席首发仪式。

14日 国家科学技术奖励大会在北京举行。党和国家领导人胡锦涛、温家宝、李长春、习近平、李克强出席大会并为获奖代表颁奖。金自天正公司“7500千伏安大功率IGCT交直交变频系统”项目获得国家科技进步二等奖。

同日 2011年全市国防科技工业工作会议在北京理工大学学术报告厅召开。大会对2010年度在军民结合产业发展、军工科研生产及保密工作中成绩突出的63家单位进行表彰，并颁发证书。

同日 北京京城机电控股有限责任公司与中国银行北京市分行签署全面战略合作协议。中国银行北京市分行向京城机电控股提供意向性授信80亿元。同时，双方签订了40亿元综合授信协议。

同日 北京一轻控股有限责任公司博士后科研工作站授牌暨与清华大学联合培养博士后签约仪式在北京一轻研究院举行。

16日 北京市副市长苟仲文召开专题会

议，研究推动北京市与中国北车集团战略合作项目。会议原则通过了市经济信息化委提交的《北京市政府与中国北车集团战略合作框架协议（草案）》。

同日 2010年度中国企业十大新闻暨最具影响力企业、最受关注企业家、最具成长性企业和2010年度中国企业新闻人物推选活动在北京揭晓。北京汽车集团有限公司研制的自主品牌汽车被评为2010年度中国企业十大新闻事件之一，北汽集团同时被评为2010年度最具影响力企业之一，北汽集团董事长徐和谊被评为2010年度最受关注企业家。

18日 “2010CCTV中国经济年度人物”评选结果揭晓，北京汽车集团有限公司董事长徐和谊作为汽车行业的唯一代表获得此殊荣。

20日 英飞凌集成电路（北京）有限公司在北京经济技术开发区举行开幕典礼。该项目总投资1500万美元，主要生产大功率半导体器件产品IGBT，应用于新能源、工业控制和汽车电子等领域。

24日 北京汽车集团有限公司与大兴区政府举行双方战略合作框架协议签字仪式。

26日 北京汽车青年购车基地落成仪式在北汽鹏龙燕盛隆4S店举行。北京市团市委向北汽鹏龙燕盛隆4S店授予“北京汽车青年购车基地”牌匾。

27日 北京汽车股份有限公司北京分公司成立暨揭牌仪式在顺义区赵全营镇举行。

30日 北京一轻高级技术学校与中国全聚德集团举行校企合作协议签字仪式。

1月 中油燃料油股份有限公司华北区总部结算项目落户林河经济开发区。

同月 北京江河幕墙股份有限公司荣膺中国幕墙行业首家国家火炬计划重点高新技术企业称号。

同月 牛栏山酒厂再获中国最具影响力品牌殊荣，同时被授予“绿色品牌特别大奖”荣誉。

2月

10日 中国大陆的首条自主技术、自主建设的京东方8.5代线项目首台工艺主体设备——曝光机顺利搬入洁净间。

15日 市委常委会召开第179次会议，审议并原则通过《北京市贯彻〈国务院关于进一步促进中小企业发展的若干意见〉实施意见（讨论稿）》。

18日 北京海纳川汽车部件公司举行合资合作项目签约暨成立三周年庆典仪式。

20日 北京首都酒业有限公司正式挂牌。首都酒业由北京一轻控股有限责任公司和北京控股集团有限公司所属京泰实业（集团）有限公司共同投资组建。

22日 北京现代第三工厂举行开工仪式暨涂装车间钢结构启动仪式。

同日 北广科技股份有限公司研制的中国第一部新型500千瓦发射机及天线试验播出，实现了当年研制、当年生产、当年安装、当年开播。

同日 华北电网有限公司六氟化硫气体回收清洁发展机制（CDM）项目通过联合国审批。项目实施后，每年可减少六氟化硫气体排放量约6550千克，折合减排二氧化碳当量为15.6万吨。

23日 四方继保自动化公司审议通过《关于北京四方继保自动化股份有限公司与ABB（中国）有限公司成立合营公司的议案》。合营公司在北京注册，投资总额为1100万美元，注册资本总额为700万美元，专注于提供全套高压直流（HVDC）输电解决方案。

24日 市经济信息化委副主任李洪在委会议室会见英国航空、防卫和安全协会（ADS）主席Ian Godden先生，英国驻华使馆商务一秘Douglas Barnes先生等一行，并就在北京建立该协会中国首家办事处和相关合作事宜进行了座谈。

2月 北京汽车集团有限公司正式对外宣布，以约3100万欧元成功收购瑞典威格尔变速箱厂的全部设备、装备及技术文件。

同月 北京天海公司荣获2010年中国工业行业排头兵企业称号，这是北京天海公司连续6次获此殊荣。

3月

1日 北汽福田公司首批50辆纯电动出租车在延庆县投入运营。

同日 北京金隅股份有限公司在上海证券交易所成功挂牌上市（股票代码：601992）。

同日 中航通用飞机有限责任公司宣布收购全球第二大通用航空企业——美国西锐飞机工业公司100%的股权 。

3日 “十一五”成果发布暨采购签约仪式在北京举行。中芯国际、上海华力、长电科技、通富微电与国内装备、材料企业分别签订采购合同，采购产品包括集成电路高端制造装备产品15台（套）、封测装备87台（套）以及系列材料产品，首期合同金额8.84亿元。

5日 21时40分，北京正东电子动力集团有限公司的1号炉DCS界面和BMS界面的上火焰同时熄灭，经过调试后的4号、5号炉燃气蒸汽锅炉开始试运行。这标志着正东集团的动力生产结束了以煤为燃料的历史，进入清洁能源时代。

同日 北汽福田汽车股份有限公司出口的第一台12米欧VBJ6123纯电动客车登陆西班牙。这是中国新能源客车首次进入西班牙市场。

6日 北京工业发展投资管理有限公司债转股增资北京爱普益生物科技有限公司仪式在北京经济技术开发区举行。

9日 由中国国际工程咨询公司组织的康宁玻璃基板二期项目可行性核准会在北京举行。来自中科院、清华大学、北京大学等单位的多名业内资深专家参加核准会。

同日 北京一轻控股有限公司所属北京一轻日用化学有限公司举行揭牌仪式。

13日 北京市副市长苟仲文代表市政府与中国北车集团签署《战略合作框架协议》。受市政府委托，市经济信息化委主任朱炎、房山区区长祁红、丰台区区长崔鹏与中国北车集团共同签署有关《项目合作协议》。

15日 北京市常务副市长吉林、副市长苟仲文召开会议，专题研究首钢停产职工分流安置等相关支持政策问题。市经济信息化委委员樊健参加会议。

16日 北京市政府与中国恒天集团签署战略合作框架协议，共同建设国家时尚创意中心。北京市副市长苟仲文主持签约仪式。

同日 2010年度北京时装之都时尚热销服装品牌商业大奖颁奖典礼在北京举行。此次颁奖活动共授予39个品牌“热销品牌”称号，其中观奇洋服、五木、小护士等品牌同时被授予“营销金牌”称号。

18日 北京奔驰汽车有限公司宣布，旗下梅赛德斯—奔驰长轴距E200L CGI优雅型上市销售，其官方指导价为46.5万元。

同日 由北京华江文化发展有限公司投资建设的奥林匹克体育文化产业园，在顺义区空港经济技术开发区金马工业园区内开工。

同日 北京服装纺织行业协会八届二次理事会暨会员代表大会在北京召开。会议审核并通过了理事会工作报告、监事会工作报告以及增补理事名单，通报了新增团体会员名单。

19日 北汽福田汽车有限公司与怀柔区政府签订福田重型机械项目入驻协议书。项目总投资约25亿元，占地约42公顷。

22日 北汽动力总成首台CVT样机顺利通过机械部分、通信系统和液压系统的台架试验。

23日 北京顺鑫农业股份有限公司牛栏山酒厂升级改造工程奠基仪式在牛栏山酒厂举行，总投资8.35亿元。

同日 北京市常务副市长吉林、副市长苟仲文召开会议，专题研究首钢股份公司资产置换相关工作。市经济信息化委主任朱炎参加会议。

25日 大兴军民结合产业基地获批挂牌“北京市军民结合产业基地”。

同日 “汉帛奖”第十九届中国国际青年设计师时装作品大赛决赛在北京饭店举行。7号选手张碧钗凭作品《释禅》获得金奖。

同日 北京汽车行业协会召开第四届会员

代表大会，选举产生了新一届的理事会、监事会以及协会新一届领导集体。

26 日 纪念红都上海迁京 55 周年庆典“百年中山装 代代红都情”活动在京举行。

28 日 北汽投资有限公司与韩国大世株式会社合资签约仪式在北京举行。双方将在北京顺义区合资组建座椅公司，一期建设规模为 30 万台/年。合资项目投资总额为 1780.8 万美元，韩国大世公司占总股份的 52%，北汽投资公司占 48%。

29 日 合众思壮卫星导航产业基地奠基仪式在北京经济技术开发区举行。北京市副市长苟仲文、副秘书长戴卫出席奠基仪式，市经济信息化委副主任王学军出席并致辞。

同日 北汽微客品牌暨产品发布仪式在北京举行。会上，北汽微客品牌——威旺正式发布，其首款产品威旺 306 同时亮相。

同日 北汽福田 2011 款 MP－X 蒙派克在北京、青岛、广州等 10 个城市的 100 家 4S 店同步上市。

30 日 由北京正东电子动力集团有限公司与中国国际时装周组委会共同主办的设计师大楼项目新闻发布会在北京时尚设计广场举行。该项目建筑面积 4.7 万平方米，高 24 米，地上 6 层、地下 3 层。

同日 “水之恋”2011 爱慕泳装发布会、2011 中国服装论坛中国非凡人物颁奖盛典在京举行。

31 日 市政府和中国航天科工集团举行重大合作项目签约仪式。双方签署了《顺义区人民政府、中国航天科工集团公司战略合作框架协议》、《海淀区人民政府、航天信息股份有限公司战略合作框架协议》和《北京市科学技术委员会、中国航天科工集团公司经济合作部合作协议》。北京市委书记刘淇、市长郭金龙出席签约仪式。

3 月 北京艾莱发喜食品有限公司被评为全国农产品加工示范企业。

同月 绿友机械集团有限公司、北京信得威特科技有限公司和高能时代环境技术有限公司 3 家企业顺利通过 2010 年北京市第十三批企业技术中心认定。

4 月

1 日 市经济信息化委与巴马科市政府战略合作备忘录签约仪式在马里共和国首都举行。马里交通部、巴马科市政府、市经济信息化委、北汽福田公司等负责人参加签约仪式。

2 日 2011 年北京市节能降耗及应对气候变化工作大会在北京会议中心召开。市经济信息化委被授予 2010 年度北京市节能攻坚突出贡献部门荣誉称号，怀柔区被授予 2010 年度北京市节能攻坚突出贡献区荣誉称号，北京红星股份有限公司、北京城建沥青混凝土有限公司、北京兴发水泥有限公司被授予 2010 年度北京市节能攻坚突出贡献企业荣誉称号。

4 日 中国汽车企业在非洲的首个生产基地——福田东非生产基地在肯尼亚首都内罗毕工业区奠基。肯尼亚副总统穆西约卡、中国驻肯尼亚大使刘光源、市经济信息化委主任朱炎、内罗毕市政府市长奥姆维拉等出席奠基仪式并致辞。

8 日 中航工业汽车、北京亦庄国际联合收购耐世特汽车系统公司暨中国区总部落户北京经济技术开发区签字仪式在北京经济技术开发区举行。北京亦庄国际联合中航工业汽车收购耐世特公司历时 9 个月，交割金额 4.26 亿美元，是迄今为止中国汽车零部件产业最大的一次海外并购。

同日 北京同仁堂中药现代化产业园奠基仪式在大兴生物医药产业基地举行。产业园占地约 33.13 公顷，总建筑面积 36 公顷。

同日 市经济信息化委副主任王学军会见美国伊顿公司执行副总裁、首席技术官 Jonsson 先生一行，就新能源、新能源汽车动力系统等领域的合作进行了交流。

同日 北京市 2010 年度北京质量奖、北京知名品牌颁奖典礼在北京举行。北京红星股份有限公司、北京星海钢琴集团有限公司荣获北京质量奖入围奖；北京红星股份有限公司、北京龙徽酿酒有限公司、北京义利面包食品有限公司、资生堂丽源化妆品有限公司、北京金鱼科技股份有限公司5个品牌荣获北京知名品牌称号。

同日 北京现代第八代索纳塔轿车在北京“水立方”隆重举行上市仪式。

9日 北京汽车集团有限公司旗下北京汽车自主品牌乘用车基地建设项目在顺义全面启动。

同日 福田汽车欧曼GTL新型节能重卡数字工厂（欧曼二工厂）投产仪式在怀柔举行。欧曼二工厂投资26亿元，占地面积约46.67公顷，建筑面积19.2万平方米，最大产能10万辆/年。

10日 北京二商食品股份有限公司引进战略投资者签约暨揭牌仪式在北京举行。国家商务部副部长姜增伟、北京市常务副市长吉林等领导出席仪式。

12日 “育林计划总结表彰大会”在北京举行。怀柔区经济信息化委荣获2010年中国中小企业管理提升最佳服务机构称号。

13日 北京市副市长苟仲文出席中关村智能交通产业联盟揭牌仪式。

16日 北京汽车集团有限公司和第一届北京国际电影季组委会在北京共同举办官方指定用车签约仪式。北汽集团为第一届北京电影季提供50辆北京奔驰轿车和50辆北京现代第八代索纳塔轿车，作为国际电影季接待贵宾用车。

17日 中航投资控股有限公司与北京中关村发展集团股份有限公司在人民大会堂签署全面战略合作框架协议。

19日 全国政协主席贾庆林参观生物芯片北京国家工程研究中心暨博奥生物有限公司。中共中央政治局委员、国务委员刘延东，全国人大常委会副委员长、农工党中央主席桑国卫，全国政协副主席、致公党中央主席、科技部部长万钢等一同参观。

21日 北京市知识产权工作会暨第二届发明专利奖励大会在北京召开。北方微电子公司的发明专利ZL200510008776.9——《电感耦合线圈及其电感耦合等离子体装置》荣获第二届北京市发明专利二等奖。

25日 北京航空航天大学与中国民用航空沈阳航空器适航审定中心签署通用航空适航技术与管理合作框架协议。市政府副秘书长戴卫、市经济信息化委副主任姜贵平、中国民用航空局适航司副司长殷时军、北航副校长张军出席签署仪式。

26日 昌平区人民政府与北京航空航天大学签订战略合作框架协议暨北京通用航空产业园揭牌仪式在北京举行。北京市副市长苟仲文出席仪式并讲话。昌平区区长金树东和北航校长怀进鹏代表双方签署了合作协议。

27日 北京王府井工美大厦一层黄金商场重装开业。

28日 《北京市人民政府关于加快推进军民结合产业发展的指导意见》正式印发。

同日 《北京志·工业志》第二轮资料收集培训会议在市经济信息化委召开。集团（控股）公司及其相关单位、信息化相关二级局、处室和中心、协会、企业等有关同志参加培训。

29日 北汽福田公司与马哈拉施特拉邦政府在印度孟买签署投资备忘录，北汽福田将在印度建设第一家独资的中国自主品牌汽车企业。

30日 中国大陆首条自主建设并最早量产的高世代TFT－LCD线——京东方合肥6代线实现满产，达到月产9万片玻璃基板产能。

同日 北京市工商局授予王府井工美大厦北京市无假冒商标示范商场称号，成为东城区唯一一家获得此称号的商场。

4月 中国兵器工业集团北方车辆研究所与北京汽车股份有限公司签署在车辆试验领域长期合作项目的研发实验服务框架协议。

同月 由市经济信息化委与市社科院、北京方迪经济发展研究院共同承担的北京都市工业在4大功能区的发展定位研究项目荣获北京市科学技术奖三等奖。

同月 京煤集团昊华能源公司在香港注册成立昊华能源国际（香港）公司。昊华能源100%控股，注册资本金200万美元，主要开展海外业务。

同月 顺义区燕京啤酒、鹏程食品、牛栏山酒厂、朗姿服饰4家企业的4个品牌被北京质量协会评为2010年北京知名品牌。

同月 北京顺鑫牵手果蔬饮品股份有限公司、北京曲美家具集团有限公司、北京康贝尔食品有限责任公司、罗森伯格亚太电子有限公司等14家工业企业被评为2010年度北京市节能攻坚突出贡献企业，共获得资金奖励82.6万元。顺义区同时被授予2010年度北京市节能先进区县荣誉称号。

同月 北京东方雨虹防水技术股份有限公司荣获全国建材行业“靠新出强”优秀企业称号。公司研制的PCC水泥基渗透结晶型防水材料获得中国建筑材料联合会、中国硅酸盐学会颁发的建筑材料科技进步三等奖。

5月

3日 北京市规划委员会正式批准牡丹园区数字电视产业园规划条件。具体条件包括用地规划要求、建设规划要求、绿化环境规划要求及对交通规划、公共服务设施等方面的要求。

5日 第九届中国汽车创新论坛暨腾飞之路——中国汽车行业十年发展成就盛典在上海举行。北京现代被评为中国汽车十年影响力整车企业品牌，旗下伊兰特车被评为中国汽车十年经典乘用车，欧曼重卡荣获中国汽车十年经典商用车称号。北京现代党委书记、常务副总经理李峰被评为中国汽车十年影响力营销人物荣誉称号。

8日 北京工美集团有限责任公司与北京金盛国瑞商贸有限公司举行合作签约仪式。双方将整合优势资产、资源，拓展实物黄金销售规模，建立全国首家“非标金条回购与清算中心”。

10日 北京印刷包装集团公司与北京印刷学院正式签订战略合作框架协议。

13日 北京市中医药管理局公布首批北京中医药文化宣传教育示范基地名单，同仁堂集团等4家单位入选。

15日 北京京城机电控股有限责任公司与国电电力发展股份有限公司举行国电京城邯郸热电有限公司合资合同签约仪式。

18日 在第十四届科博会北京·亦庄专场签约仪式上，亦庄新区签约南航北京航空产业城、彩虹集团LED/OLED项目等十大项目，投资总额约525.74亿元。

同日 北京金隅股份有限公司与中国南车股份有限公司战略合作签约仪式在北京举行。

25日 海淀区委宣传部正式与北京大华无线电仪器厂签订海淀区文化发展专项资金管理使用协议书，资助500万元用于支持“768”创意产业园园区建设。

同日 北京市副市长鲁炜到首钢总公司及首钢二通厂调研，就“中国动漫游戏城项目”进行了专题考察并座谈。市经济信息化委副主任王学军陪同调研。

27日 京东方8代线首个配套项目柏瑞安电子产业基地举行竣工投产仪式。该项目占地3.3万平方米，建筑面积5万平方米，总投资2.8亿元。产品主要用于为数字电视整机、京东方5代线和8代线液晶显示屏配套。

同日 北京红螺食品有限公司的“红螺及图”被国家工商总局授予中国驰名商标。

29日 2011年中关村国家自主创新示范区核心区建设大会在京召开。中国电子科技集团公司所属太极计算机股份有限公司和中电科技国际贸易有限公司入选中关村国家自主创新示范区核心区50强企业。

30日 北京汽车经济研究会召开成立大会暨第一次会员大会。会议表决通过了研究会章程、选举办法、理事和监事推荐名单和会费缴纳办法，选举出第一届理事会、监事会。

同日 北京安龙科技集团、北京永康药业有限公司举行落户房山工业园区签约仪式。

6月

1日 南车二七车辆有限公司试修的X1K型集装箱专用平车通过铁道部生产质量鉴定。

同日 北汽福田承德发动机部件制造中心暨福田雷萨泵送机械宣化工厂二期技改项目投资签约仪式在京举行。

2日 工信部发布2011年（25届）电子信息百强企业名单。北京入围企业10家，分别是：联想（第2名），北大方正（第9名），同方股份（第15名），京东方科技（第29名），航天信息（第30名），华胜天成（第68名），大唐电信（第78名），大恒新纪元（第80名），紫光股份（第82名），中国软件（第85名）。

8日 萌蒂（中国）制药有限公司在通州区联东U谷新厂址内举行新工厂开幕仪式。项目总投资达8775万元，厂房建设面积7700平方米，采用英国NAPP公司、美国PF公司的制药技术，生产高科技含量的麻醉类镇痛类控、缓释制剂药品。

同日 恩布拉科创新大赛（中国赛区）启动仪式在国家会议中心举行。

8～9日 赤峰市承接产业转移项目推介会在京召开。北京京能集团、二商集团等11家企业在会上签订合作协议。

10日 房山区与粤海光电技术有限公司就《粤海高科低碳产业基地项目》签署合作协议。

11日 2011年全国节能宣传周暨北京市节能宣传周启动仪式在西单广场启动。市经济信息化委副主任万新恒出席节能宣传周启动仪式。

同日 2011中国汽车产业信息化高峰论坛暨成果奖颁奖典礼在北京举行，欧曼重卡荣获信息化技术车型大奖，该奖项是信息化成果方面唯一保留的国家级奖项。

17日 北京汽车集团有限公司的自主品牌——A150汽油机开发项目正式签约。

18日 北京市琉璃河水泥有限公司利用水泥窑处置垃圾焚烧飞灰项目荣获第六届海峡两岸职工创新成果展览会金奖。

同日 国家卫生部副部长、中医药管理局局长王国强视察北京同仁堂（澳大利亚）有限公司悉尼药店。

19日 新疆2011年产业转移系列对接活动在乌鲁木齐市正式启动。北京市经济和信息化委员会与新疆维吾尔自治区经济和信息化委员会签署产业转移合作协议。北京博远欣绿科技有限公司和北京海龙华昊建材有限公司代表北京企业分别与和田市和洛浦县签署合作协议。

21日 北汽福田“十二五”期间重点工程之一的北京多功能汽车厂正式投产，拓陆者（TUNLAND）皮卡品牌发布仪式同时举行。

同日 北京汽车集团有限公司黄骅汽车产业园暨北汽有限车桥工厂项目奠基仪式举行。产业园总投资100亿元，位于黄骅经济开发区，是集汽车零部件制造、汽车出口、汽车销售、物流及汽车制造为一体的综合性产业园。

22日 北汽集团（广州）汽车有限公司揭牌暨自主品牌乘用车增城工厂奠基仪式在广州增城国家级经济技术开发区举行。该公司是北汽集团全资子公司，注册资本3.3亿元。

23日 北京海纳川汽车部件股份公司召开新闻发布会，宣布海纳川公司全资收购荷兰英纳法集团100%股权，该项目已经得到国家发展改革委的审批。

同日 鸡西市政府和北京汽车集团有限公司在恒山区举行黑龙江普莱德新材料科技有限公司锂离子动力电池负极材料及石墨深加工项目奠基仪式。该项目投资总额25亿元。

24日 北京汽车集团有限公司与中国农业银行北京市分行签署银企战略合作协议。农行北京分行将为北汽集团提供100亿元的授信额度，支持北汽集团及其下属公司的自主品牌建设，新能源汽车研发及生产、并购等项目。

同日 北控绿色科技产业园项目开工和中国北车轨道交通装备产业园奠基仪式分别在房山区窦店高端制造业基地举行。北控绿色科技产业园总占地面积26.8公顷，固定资产投资约20.5亿元，生产CPV核心产品——化合物多结芯片与接收器、高倍聚光透镜和聚光模组。中国北车轨道交通装备产业园总占地面积186.4公顷，固定资产投资约100亿元，重点发展高端城市轨道交通车辆、高端城际列车、大型养路机械、大功率机车、中低速磁悬浮列车、高速动车组和城轨车辆核心部件以及战略新兴产业等项目。

26日 “十一五”电子发展基金汇报展示会在北京展览馆开幕。电子发展基金设立于1986年，用于支持软件、集成电路、计算机及网络设备、通信设备、数字视听、基础元器件等产品和信息技术推广应用。“十一五”期间，电子发展基金累计投入34.71亿元。

28日 中国电子科技集团公司所属第十五研究所太极公司继一期项目后，再次承担铁路客户服务中心信息系统铁道部级二期工程互联网售票部分系统集成项目。

同日 北京汽车集团有限公司与戴姆勒股份公司在德国签署总投资额约20亿欧元的战略合作框架协议。国务院总理温家宝与德国总理默克尔共同出席签约仪式。

同日 世界品牌实验室（World Brand Lab）在北京发布2011年（第八届）“中国500最具价值品牌排行榜”。北京汽车集团有限公司以551.86亿元的品牌价值入选，品牌价值综合排名位列全国第21位。

同日 北京汽车集团有限公司携手美国北极星工业公司与伊春市人民政府签署《伊春北极星全地形车合作备忘录》，将在伊春建立全国首家全地形车区域性装配销售和服务中心，并以装配销售为开端，逐步实现零部件配套国产化，进而打造一个全新的轻型森林特种车产业。

29日 中共中央政治局常委、全国政协主席贾庆林来到北京经济技术开发区，就北京市数字电视产业园建设发展情况进行调研。

同日 中国大陆首条自主设计、自主建设的8.5代TFT－LCD生产线——京东方8.5代线在北京经济技术开发区投产。总投资280亿元，设计产能9万片玻璃基板/月。

同日 中关村科学城第三批建设项目签约揭牌大会在皇苑大酒店举行。会上，北京市副市长苟仲文代表市政府分别与北京大学、中国气象局、中国建筑材料集团有限公司、中国石油大学、北京林业大学、中央财经大学、中国交通通信信息中心、北京师范大学等共8家单位签署共建中关村科学城合作协议。本次大会为11个建设项目揭牌。

29日 北京市人民政府签署支持中国石油大学（北京）建设国际能源产业创新园的协议。

30日 四维－约翰逊实业股份有限公司的“威斯坦”牌商标、北京禧宝露饮料有限责任公司的“禧宝露”牌商标和北京奥星恒迅包装科技有限公司的“AHP”牌商标被北京市工商行政管理局授予北京市著名商标。

6月 京城机电控股公司荣获中国机械工业百强企业称号，位列第14名。

同月 新大陆（北京）科技园项目落户临空国际产业基地。计划总投资10亿元。

7月

1日 燕山石化公司曹妃甸千万吨炼油工程项目筹备处揭牌暨北京燕化公司曹妃甸石化装备制造项目开工仪式在曹妃甸举行。

4日 索尼爱立信全球研发中心与全球运营中心在北京揭幕并正式启用。北京市副市长苟仲文、瑞典驻华大使罗睿德、索尼爱立信总裁兼CEO柏诺德以及索尼爱立信大中华区总裁奎迈格出席开幕仪式并致辞。

6日 北京电子城IT产业园A8楼结构封顶。

7日 美国《财富》杂志发布2011年世界500强排行榜，首钢集团首次跻身其中，位列第325位，是进入世界500强的第一家市属国有企业。

8日 第三届北京传统工艺美术评审委员会成立。共确定评审委员会委员23名。北京市副市长苟仲文出席换届仪式，并为新一届评审委员会成员颁发证书。

同日 石景山区政府与首钢总公司举行招商合作启动大会，共同签署《建立联合招商合作机制协议书》，点亮水晶球，为新首钢投资服务中心揭牌。同时，一批新首钢高端产业综合服务区相关项目进行现场签约。

同日 北京京煤集团有限责任公司签订《北京服务·新首钢》股权投资基金有限合伙协议。北京服务新首钢股权创业投资企业注册资本10.1亿元，其中京煤集团出资2亿元。

9日 北京奔驰汽车有限公司全新发动机工厂奠基暨未来发展项目启动仪式在北京亦庄经济开发区举行。该工厂由中德双方共同投资，是奔驰汽车在德国以外地区建立的首家发动机工厂。北京市副市长苟仲文出席仪式并讲话。

10日 北京海纳川江森汽车部件有限公司奠基仪式在大兴区瀛海镇举行。总投资1.2亿元，占地1.4公顷，主要生产座椅、驾驶舱、门板和顶衬总成共4个系列9个品种产品。

11～12日 北京三浦百草绿色植物制剂有限公司和北京顺意生物农药厂部分产品生产保障条件通过工业和信息化部原材料司组织4名专家的现场复查。

16日 北京奔驰公司新一代梅赛德斯—奔驰C级轿车上市仪式在国家体育馆举行。新一代C级轿车共5款车型：C180经典型、C200优雅型、C200时尚型、C260时尚型、C300时尚型。北京市常务副市长吉林出席上市仪式。

19日 北京汽车集团有限公司与俄罗斯AMS汽车集团在俄罗斯乌里扬诺夫斯克市签订合资协议。合资公司总投资约1.76亿美元，注册资金2000万美元，北汽集团与AMS集团各持股50%。北京市副市长苟仲文出席签约仪式并致辞。

同日 海聚工程产业基地基础设施建设启动仪式在阎村镇工业园区东区北侧举行。

21日 市经济信息化委副主任万新恒会见前来拜访的日本野村综研董事谷川一行。双方围绕对日招商工作交换了意见。

24日 北京高端制造业基地签约仪式暨品牌推介会在房山举行。北京长安研究院、京城机电高端制造园、国能创新项目、瑞好公司奔驰保险杠项目、迪蒙数控公司五轴联动电火花加工技术项目签署入区协议。

25日 北京京煤集团有限公司鄂尔多斯煤机制造维修基地开工仪式在鄂尔多斯市伊金霍洛旗现代设备制造基地举行。该基地总投资6亿元。其中，一期建设用地2.5万平方米，建筑面积1.76万平方米，投资1.5亿元。

26日 北京工美集团举行工美艺城网购物网站（www.gmecity.com）开通仪式暨开通发布会。

同日 北京雪莲集团内蒙古金三环羊绒深加工项目在内蒙古巴林右旗举行奠基仪式。市经济信息化委纪检组长张国栋在奠基仪式上致辞。

27日 北京汽车集团有限公司与戴姆勒东北亚就在华营销领域深化合作及资源整合发表联合声明：为全面落实北京汽车集团有限公司与戴姆勒股份公司6月28日在德国柏林签署的战略合作框架协议，双方一致同意北京奔驰与奔驰中国在华营销领域进行深化合作及资源整合。

28日 解放军总参谋部、总后勤部、总装备部与北京市人民政府签订《军民融合发展战略合作框架协议》。

同日 国务院常务副秘书长尤权主持召开首钢搬迁调整工作协调小组第五次会议，就首钢股份公司资产置换涉及的相关事项进行专题研究。

同日 北京汽车集团有限公司与宝山钢铁股份有限公司举行战略合作研讨会并签订战略合作备忘录。

同日 北京市六一仪器厂“六一”商标再次被认定为北京市著名商标。

29日 北京海纳川汽车部件股份有限公司与英纳法集团的股权交割仪式在荷兰阿姆斯特丹成功举行。

同日 北京粮食集团有限责任公司与汇源果汁集团正式签署战略合作协议，成为产业发展战略合作伙伴。

同日 北京工美集团举办珊瑚玉雕《九龙

浴佛》喜获中国玉（石）器“百花奖”特等金奖庆功会。

30日 北京昊华能源股份有限公司被评为2011年中国上市公司最具竞争力十强和2011年中国上市公司最具投资价值十强企业。

7月 北京江河幕墙股份有限公司被评为国家技术创新示范企业。

8月

2日 北京市集成电路企业高级人才奖励工作会在京召开。共有1386人获得奖励，总金额1930.79万元。

3日 北京嘉曼服饰有限公司在万达铂尔曼大酒店举办水孩儿2012“童颜无忌”发布会。会上展示了“缤纷”、“梦幻岛”、“波尔卡公主”、“卡通猴”、“紫色游戏庄园”、“极限”、“炫酷时代”、“小丑鱼”共8大系列童装。

8日 第五届中国品牌节在人民大会堂隆重开幕，北京汽车集团有限公司获得2011品牌中国华谱奖。

15日 南车二七车辆有限公司EN15085轨道车辆焊接质量体系通过复审。

16日 北京化学试剂研究所3000吨锂离子电池电解液二期（技改）工程项目投料试车一次成功。

18日 悦康药业（四期）化药国际化产业园项目在北京经济技术开发区奠基。项目占地9.63公顷，总投资8.5亿元。

同日 北汽股份株洲分公司生产的3台C30D成品车，在天津市的中国汽车技术研究中心完成该车型在验证阶段的碰撞测试，取得总分46.03分的优异成绩，获得五星级的最高评价。

同日 北京江河幕墙股份有限公司在上海证券交易所A股主板上市。

21日 北汽福田（600166）在2011CCTV中国上市公司峰会暨央视财经50指数发布仪式上荣获“央视财经50·十佳成长上市公司”称号。

23日 北京汽车集团有限公司与北京联合大学在北京现代公司签订校企合作框架协议。

同日 北京化学工业集团有限责任公司所属北京华腾新材料公司广东国望精细化学品有限公司6000吨改扩建项目一次投料试车成功。

24日 首钢总公司与重庆长安汽车股份有限公司签署战略合作框架协议。北京市副市长苟仲文出席仪式并讲话。

同日 中国人民解放军海军与北京市人民政府签署《军民融合创新发展战略合作框架协议》。

26日 第十四届北京市工业和信息化职业技能竞赛总结表彰大会召开。231名同志被授予北京市工业和信息化高级技术能手称号；106名同志被授予北京市工业和信息化行业技术能手称号；28名同志被授予北京市工业和信息化最佳操作能手称号。

同日 北京京煤集团有限责任公司门头沟工矿棚户区改造奠基仪式举行。项目位于门头沟的军庄镇和王平镇，总投资约28亿元。

同日 北京星海钢琴集团公司与国家大剧院签约。星海牌钢琴、星海牌西管乐器、星海牌民族乐器成为国家大剧院举办的所有公益活动指定专用乐器。

28日 北汽福田汽车股份有限公司举办成立十五周年庆典活动。仪式上，北汽福田公司与国家开发银行、中国进出口银行、中石油、普天海油4家企业签署战略合作协议。随后，北汽福田公司举行第500万辆福田汽车下线暨欧曼GTL重卡发布仪式。北京市副市长苟仲文出席仪式。

30日 朗姿股份有限公司在深交所上市，发行5000万股，开盘价43元，涨幅22%。

31日 北京现代公司第300万辆汽车在北京现代二工厂正式下线。

同日 北汽福田汽车股份有限公司与巴基斯坦在新疆乌鲁木齐签署城市公交长期战略合作备忘录。由巴基斯坦信德省政府合资成立“信德客车有限公司”，该客车公司将致力于为巴基斯坦卡拉奇和海德拉巴等地区建立专业、完善的公共交通运输系统，北汽福田将为该客车公司提供其所需的全部公交车辆以及相应的技术和服务支持。

8月 燕京啤酒集团在第五届中国品牌节上荣膺2011品牌中国华谱奖、2011品牌中国金谱奖和2011品牌中国大奖3项大奖。

9月

1日 北京汽车工业高级技工学校整体迁入位于大兴采育工业开发区的新校园，结束了采育、丰台2校区双线教学的局面。

同日 北京燕山石化橡塑化工有限责任公司在北京市工商局燕山分局注册。

2日 北汽福田汽车股份有限公司与英飞凌科技股份公司在北京召开新闻发布会，宣布双方签订新能源领域合作备忘录。

3日 2011中国企业500强发布暨中国大企业高峰会在成都召开。会上公布了2011中国企业500强、中国制造企业500强、中国服务业企业500强和中国企业效益200佳。其中，北京汽车集团有限公司位列中国企业500强第50位、中国制造企业500强第18位、中国企业效益200佳第39位。

5日 美国科迪华公司、北京工业发展投资管理有限公司、北京市房山区人民政府在北京就成立科迪华中国合资公司相关事宜签署备忘录。

6日 北京汽车工业高级技工学校与北京奔驰公司签订校企合作协议。

同日 北京市政协主席、推进燕房合作协调小组组长王安顺，市政协副主席、推进燕房合作协调小组副组长熊大新等领导到燕山石化调研燕房合作的进展情况。

同日 第一届中国国际新材料产业博览会在哈尔滨举行。国务院副总理张德江，工信部部长苗圩、副部长苏波，黑龙江省省长王宪魁出席博览会。市经济信息化委副主任靳伟、副主任李洪、副主任王学军率领北京展团参加此次博览会。

8日 北京京城机电控股有限责任公司与北京市热力集团有限责任公司举行战略合作框架协议签约仪式。双方就推动燃煤锅炉整体改造，以资本为纽带，开展供热资源整合、企业改制、产业联合等全面合作达成一致意向。

18日 国内第一个采用国产设备、目前规模最大的棉纺织厂，在“莱锦创意产业园”举行开园仪式。

22日 中国兵器工业集团北京北方节能环保有限公司在北京举行揭牌仪式。集团公司副总经理石岩、中国环保产业协会副会长韩伟在揭牌仪式上致辞并共同为北京北方节能环保有限公司成立揭牌。

同日 由中国机械工业联合会组织的，以“中国装备、装备中国、走向世界”为主题的宣传活动新闻发布会在北京举行。北京汽车集团有限公司董事长徐和谊被评为“功勋企业家”，北汽集团荣获“装备中国功勋企业”称号。

23日 2011年中国化工企业500强发布会暨做强、做优、做久高峰论坛在张家港市召开。北京首创轮胎有限责任公司荣获2011年中国化工企业500强第383名。

25日 北京国际设计周“751”设计之旅开幕式在北京时尚设计广场举行。

同日 中日科技项目合作签约仪式在北京饭店举行。中日友好绿色产业园正式落户北京高端制造业基地，国能科技创新有限公司和国能纳米科技有限公司成为首批入驻企业。园区占地约33.33公顷，投资总额20亿元。

同日 国能电力房山产业园签约仪式隆重举行。北京市常务副市长吉林，副市长苟仲文出席项目签约仪式。市经济信息化委副主任靳伟主持签约仪式。

同日 平谷区与北汽福田汽车股份有限公司在平谷区兴谷经济技术开发区举行福田汽车平谷综合产业园项目入驻协议签字仪式。项目占地约246.67公顷，投资78亿元，定位于汽车、新能源汽车、高端装备产品和零部件的制造与销售，以及为上述业务提供配套支持的物流基地。

同日 第四届中国汽车造型设计大赛在北京落下帷幕。北汽 B40 荣获最佳功能设计奖，北汽 BC301 荣获最佳潜力设计奖。

26 日 北京福田戴姆勒汽车有限公司项目获国家商务部“中华人民共和国外商投资企业批准证书”。

同日 北汽股份公司北京分公司自主品牌中高端基地冲压中心 A 线落成庆祝仪式在顺义区赵全营镇高端基地举行。

同日 北京博奥生物有限公司最新研发的甲胎蛋白（AFP）测定试剂盒（磁微粒化学发光法）产品获得国家食品药品监督管理局颁发的医疗器械证书。

27 日 中国大陆首条最高世代液晶面板生产线——京东方北京 8.5 代线实现量产。

28 日 北京市第一家酒博物馆——北京二锅头酒博物馆暨前门源升号博物馆正式开馆。

同日 中国北车北京轨道交通产业园（一期）开工仪式在北京高端制造业基地举行。

同日 北京京城机电控股有限责任公司与朝阳区政府签署战略合作协议及奥运瞭望塔工程项目融资租赁合同。

29 日 北京金隅股份有限公司和北京国际矿业权交易所有限公司在丰汇时代大厦签署战略合作协议。根据战略合作协议，双方旨在促进矿业权有序流转和矿产资源合理开发利用等方面，实现优势互补，追求共赢。

30 日 延庆县与北京控股集团有限公司签订合作框架协议。按照协议约定，北控集团立足于延庆县生态涵养发展区的功能定位，围绕绿色低碳经济，建设资源节约型、环境友好型社会，全面服务于延庆城乡一体化建设。

9 月 中关村科技园区管理委员会和北京电子控股有限责任公司在“798”艺术区内共同建立“798”文化创意产业留学人员创业园。

同月 中国工艺美术大师推荐候选人现场技艺拍摄工作启动。万紫、白静宜、李万顺、孙颖、刘卫国、陈烈汉、张铁城、张荣达、杨玉栋、哈亦琦、赵琦、康玉生共 12 位候选人代表北京市参加第六届中国工艺美术大师评审。

10 月

7 日 华北电网有限公司分布式发电、储能及微电网接入控制试点工程成功并网发电，实现风、光、储联合运行。该工程位于河北省承德市围场县御道口乡御道口村，建设风力发电 60 千瓦，光伏发电 50 千瓦，储能 80 千瓦时～128 千瓦时，以及户用风光储微网 4 套。

9 日 北京市质量技术监督局和中关村科技园区管理委员会联合下发《关于公布中关村国家自主创新示范区标准创新试点第一批试点单位的通知》，北京博奥生物有限公司入选第一批“中关村国家自主创新示范区标准创新试点单位”名单。

11 日 北京京城机电控股有限责任公司在全国机械工业职工技术创新成果第五次演示会上荣获全国机械工业职工技术优秀示范单位称号，共受表彰 21 项。

13 日 红星股份有限公司的“红星青花瓷包装设计”获 2011 北京国际设计周年度设计奖“视觉传达设计奖”。

18 日 北京京城机电控股有限责任公司自主研发的国内首台 5 轴 160 吨全地面起重机（QAY160E 型）正式亮相，它是目前国内唯一的性能指标与国外高端产品相当的新一代 160 吨全地面起重机。

同日 北京汽车股份有限公司与首钢总公司举行研发战略合作框架协议签字仪式。

同日 北京现代第三工厂主体工程（厂房）竣工。

19 日 北汽福田股份有限公司与北京亿马先锋汽车科技有限公司在北京举行纯电动出租车动力系统采购合同签字仪式。北京市副市长苟仲文出席仪式并致辞。

同日 《北京市通用航空产业发展规划（2011 年～2020 年）》正式印发，是全国首部地方性通用航空产业十年发展规划。

同日 京煤集团机械装备产业园开工奠基。该园规划占地20公顷，建筑面积9公顷，总投资3亿元。

同日 北京市新能源产业基地智能微电网项目通过环保审批。该项目是国内第一个基于智能微电网的分布式智能电网示范工程，是北京地区智能微电网标志性建设项目。

同日 爱慕·郡是服饰有限公司开业仪式在爱慕大厦举行。

同日 北京海纳川汽车部件有限公司与德国奇昊公司在北汽大厦举行合资备忘录签字仪式。股权比例海纳川占51%，奇昊占49%，主要产品包括车身冲焊组件、高强度热压成型件等金属结构件产品。

25日 北京汽车集团有限公司与北京航空航天大学签署协议，共同组建北京通用航空（集团）有限公司。

同日 意大利时尚协会和中国服装设计师协会主办的“2011中意时尚峰会”在北京王府半岛酒店举行。北京市政府副秘书长戴卫出席并致辞。

同日 工信部信息化推进司和中国机械工业联合会组织的2011年机械行业两化融合推进大会暨机床行业两化融合评估发布会在北京万商花园酒店召开。

26日 科技部公布全国第一批现代服务业创新发展示范企业名单，北京义翘神州生物技术有限公司成为入选的唯一一家生物医药企业。

同日 北汽福田汽车股份有限公司新一代时尚多功能汽车——拓陆者（TUNLAND）于北京拉斐特城堡亮相，这是中国商用车企业自主品牌产品第一次向全球发布。

同日 北京汽车动力总成有限公司与韩国蓝星公司在北京就B185发动机合作开发项目签约。

同日 北京市政协主席、市推进燕房合作协调小组组长王安顺主持召开推进燕房合作第九次协调小组会。北京市副市长苟仲文宣读《关于调整推进燕房合作协调小组成员的通知》。

27日 南车二七车辆有限公司X1K型车手制动机改造和加装电线防护管座方案、X70型集装箱专用车装用压紧式快装管接头方案通过铁道部审查。

28日 中国石化重点工程项目——燕山石化3万吨/年溴化丁基橡胶装置开车，并产出合格产品。

同日 北京市六一仪器厂获得高新技术企业复审认定。

29日 北方微电子公司成立十周年暨新厂房落成庆典在位于亦庄的新厂房隆重举行。北京市常务副市长吉林到会并讲话。

31日 首钢冷轧公司通过奔驰汽车供应商生产过程质量评审。

同日 北汽股份公司工程研究院意大利都灵造型办公室揭牌。

10月 器件集团器件六厂正式通过相关特种电子产品GJB9001B质量管理体系审核。这是北京市电控系统第一家通过该体系认证的企业。

同月 北京悦康药业集团有限公司举行建厂十周年庆典，并在公司大厅举行邓小平铜像揭幕仪式。

11月

1日 由北京著名女装品牌WHITE COLLAR（白领）承办的2012春夏系列中国国际时装周中国时尚大奖2011年度颁奖典礼在北京饭店举行。

同日 北京市新能源产业基地新能源产业孵化中心2MWP屋顶光伏电站开工建设。

1～4日 南车二七车辆有限公司建立和实施的IRIS管理体系以70%的高分通过第二阶段审核。9月15～16日该体系通过第一阶段审核。

2日 北京汽车集团有限公司与德国戴姆勒集团在德国斯图加特签署全面战略合作意

向书。

同日 国家电网公司智能电网首批试点工程之一——华北智能电网调度技术支持系统（SG－OSS）投入电网运行控制，这标志着华北智能电网调度技术支持系统试点项目由建设转入正式运行。

5日 由北京市科委、丰台区委区政府共同推动的新兴际华“两园两院一联盟一中心”的应急救援科技产业项目举行签约仪式，标志着北京首个应急救援科技产业项目正式落户丰台区。

6日 在第十四届京台科技论坛上，北京经济技术开发区签下茂林光电、联恒工业冲压件两大项目，总投资额达8500万美元。

7日 2012中国卡车年度车型评选活动在北京举行。欧曼重卡GTL荣获2012中国卡车年度车型重卡奖。

9日 中关村航天科技创新园、中关村航空科技园、现代轨道交通产业技术研究院、信息服务创新园开工仪式分别在航天科技集团北京卫星制造厂、中航工业北京青云航空仪表有限公司、北京交通大学、中国电子科技集团第十五研究所举行。市委常委赵凤桐、副市长苟仲文出席活动。

同日 北京汽车股份有限公司主体和私募中票债券获国内权威评级机构大公国际资信评估有限公司授予国内最高的信用级别AAA评级。

10日 意大利维龙投资公司入驻通州经济开发区南区签约仪式在通州漷县镇举行。该项目占地约6.93公顷，主要为阿迪达斯公司代建华北地区物流配送基地、总部结算中心。

同日 第五届北京工艺美术展暨首届北京工艺美术创新设计大赛获奖作品展在第六届中国北京国际文化创意产业博览会上同时开展。共有百位国家级、北京市级工艺美术大师和近百家文化创意企业和大师工作室的1500件作品参展。

同日 北京市工业技师学院与美国PTC公司举行双方战略合作备忘录签约仪式。授牌技师学院建立PTC授权考试中心，成为PTC公司在中国合作的第一家技工学院。

11日 北京二商集团与北京神舟软件技术有限公司、艾旺计算机信息网络系统有限公司在北京怡和阳光大厦举行二商大红门肉类食品安全（追溯）项目签约仪式。

12日 北京信威通信产业集团与缅甸全球通公司在缅甸首都内比都签署技术转让合作协议。市经济信息化委委员樊健主持签约仪式。

16日 北京鹏龙天创物资贸易有限公司宣告成立。

20日 “通航时代 协同创新”系列活动在北京航空航天大学举行。北京航空航天大学分别与昌平区人民政府、中航重机公司、北汽集团、北京通用航空集团有限公司、航天科技股份公司、中航国际（香港）公司签署《激光快速成型项目入驻北京通用航空产业园入园协议》、《全面战略合作协议》和《北京通用航空研究院有限公司出资人协议》。

同日 北京北航国际航空航天创新园奠基。

21日 02专项2011年度监督评估意见反馈会在北京召开。科技部副部长曹健林、北京市副市长苟仲文、上海市副市长沈晓明、市经济信息化委副主任梁胜参加会议。

同日 华北电网有限公司与国网通用航空公司举行人员、资产和安全责任移交签字仪式，正式完成了在人、财、物方面的交接工作。

22日 2011北京微电子国际研讨会开幕式暨高峰论坛在国家会议中心举行。

24日 由《大公报》主办，中国证券业协会、中国企业联合会、香港中国企业协会、香港证券业协会联合举办的中国证券“金紫荆”奖在香港正式揭晓。京东方科技集团股份有限公司入选中国证券最具成长性上市公司“金紫荆”奖。

25日 “北京礼物”旅游商品展暨“书画北京”活动仪式正式启动。王致和腐乳、全聚德烤鸭、红星二锅头、平谷系列小提琴等10件工业产品荣获“游客心中北京十大必购旅游商品”奖。

同日 北汽自主品牌“威旺”株洲市政府采购项目首批车交车仪式在株洲市炎帝广场举行。

28 日 国家地理信息科技产业园举行奠基一周年暨首批企业入园签约仪式。

同日 阔别京城百姓 15 年的北冰洋汽水正式上市销售。

29 日 中国四维测绘集团有限公司揭牌仪式在北京举行。中国航天科技集团公司将中国卫星通信集团有限公司分立为存续的中国卫通和航天四维科技，并在此基础上组建中国四维测绘集团有限公司。

30 日 北京汽车动力总成有限公司动力总成发动机厂竣工暨首台自主品牌发动机——B205 发动机下线仪式举行。

11 月 东方雨虹获封"金紫荆奖"最佳中小型上市公司。

同月 北京经济技术开发区生物医药科技创新服务联盟（BDA AITSBI）在开发区生物医药园正式成立。开发区管委会主任张伯旭、副主任杜新安、市经济信息化委副局级王颖光共同为联盟揭牌。

同月 由北京市国资委，北京企业联合会主办的 2011 年第二十六届北京企业管理现代化创新成果评审结果公布。牡丹集团申报的推进牡丹二次创业的"一体化"战略规划及其延伸项目荣获一等奖，创新职代会工作机制，践行民主管理制度项目荣获二等奖。

12 月

1 日 上海烟草集团北京卷烟厂易地技术改造项目在通州区进行总体竣工验收。

同日 2011 年度华人经济领袖盛典颁奖在北京饭店举行，北汽集团董事长徐和谊作为汽车界唯一领军人物获此殊荣。

2 日 由北京工美集团牵头，82 家工艺美术行业企业共同成立的北京工美联合企业集团和北京工美联谊会召开成立庆祝大会。原中共中央政治局常委、国务院副总理李岚清同志特意为北京工美联合企业集团和北京工美联谊会成立题写贺词。

同日 首辆国产 GLK 越野车（SUV）在北京奔驰公司 GLK 生产车间正式下线。

3 日 北京市委书记刘淇、北京市市长郭金龙到首钢建筑垃圾资源化利用项目现场调研。

5 日 北京京城机电控股有限责任公司与华夏银行签署全面战略合作协议。华夏银行将为公司提供 50 亿元意向性授信。公司以此进一步加快数控机床、发电设备、工程机械、环保等主要产业板块的发展。

6 日 全球第二大医药公司默沙东宣布在北京朝阳区望京工业园成立亚洲研发总部，进行创新药物的研发。总部占地总面积为 4.7 公顷。

同日 由新兴际华集团牵头，中国安全生产科学研究院、中国科学院电子学研究所、中国人民解放军后勤工程学院、中国人民解放军军事交通学院、北京生产力促进中心共同发起的——应急救援产业技术创新战略联盟发起成立大会在丰台区举行。

7～9 日 华北电网有限公司 1000 千伏长治一南阳一荆门特高压交流试验示范工程扩建工程启动华北送华中 500 万千瓦大负荷试验，并取得圆满成功。

8 日 解放军总参谋部、总后勤部、总装备部和海军与北京市政府推进军民融合项目合作签约仪式在北京举行。

同日 2011 年（第二届）中国电动汽车全产业评选颁奖典礼暨中国电动汽车全产业链发展论坛开幕。北京汽车集团有限公司董事长徐和谊荣获 2011 年度特别贡献奖，北汽新能源公司被评为年度优秀电动汽车企业，北汽新能源公司自主研发生产的 C30DB 纯电动车荣获产品组轿车类年度优秀电动车型奖，北汽福田旗下产品荣获产品组客车类年度优秀混合动力公交客车奖。

9 日 市经济信息化委组织生态工业园领域专家对已经挂牌的 8 个市级生态工业园试点园区建设情况进行考评。考评标准共计 6 类 20 项指标。

同日 《北京市"十二五"时期航空航天

产业发展规划》、《北京市“十二五”时期基础与新材料产业调整发展规划》发布。

同日 北京汽车集团有限公司董事长徐和谊率代表团访问美国 Eco Motors 公司并与该公司首席执行官 Don Runkle 先生进行了会谈。双方达成意向，北汽集团将与 Eco Motors 公司签署合作意向书。北汽集团将由战略规划部牵头，动力总成公司与新能源汽车公司参与，与 Eco Motors 公司尽快开展 OPOC 汽油发动机的研发工作。

同日 华北电网有限公司与中国能源建设集团有限公司签订《所属分离企业国有产权划转移交协议》，标志着公司主辅分离改革重组工作顺利完成。

11日 北京市政府与北京福建企业总商会座谈会暨房山、平谷区专题推介会在世纪金源大饭店召开。北京福建企业总商会与房山区、平谷区政府举行战略合作协议的签约仪式，北京市副市长苟仲文作重要讲话。

15日 首钢总公司与中国北方机车车辆工业集团公司、新疆金风科技股份有限公司战略合作框架协议签字仪式在首钢文馆举行。市经济信息化委副主任靳伟主持仪式，北京市副市长苟仲文代表市政府对战略合作框架协议的签署表示祝贺。

同日 第五届“北京影响力”颁奖盛典在北京展览馆剧场举行，北京市常务副市长吉林、副市长鲁炜出席。北京金隅集团荣获影响百姓生活十大影响力企业称号，董事长蒋卫平荣获影响百姓生活十大影响力企业家称号。

16日 北京服装学院工艺美术专业硕士培养项目启动。该硕士专业率先在全国推行“产学研联合培养研究生的双导师制”的教学方式，聘请了北京10位国家级工艺美术大师为硕士研究生导师，负责口传心授传统技艺。

同日 北京福田戴姆勒汽车有限公司注册成立。该公司由北汽福田汽车有限公司、戴姆勒股份公司和戴姆勒东北亚投资有限公司出资56亿元人民币共同组建而成。

同日 华北电网有限公司特高压扩建工程完成华北送华中大功率500万千瓦大负荷试验，至此，国家电网特高压扩建工程正式投入运行，成为世界上运行电压最高、输电能力最强、技术水平最先进的交流输电工程。

16～23日 华北电网有限公司华北分部、冀北电力公司组建工作完成。历时8天，成立组建工作领导小组，下设7个专业工作组，经历了制订方案、宣传动员、实施、全员到岗四个阶段，完成华北分部12个处室、冀北电力公司14个职能部门的组建工作，原本部388名员工全部到岗到位。

20日 北京水泥厂有限责任公司荣获第三批全国文明单位称号。

同日 北京奔驰公司举办长轴距E级轿车出口交车仪式，首批35辆车出口到南美市场。

21日 市经济信息化委召开第三届评审委员会第五次会议，对市级珍品和工美杯作品进行评审。珊瑚玉雕《九龙浴佛》、花丝镶嵌《凤冠》、玉雕《思想者》被推荐为北京市级珍品。评选出工美杯特别金奖作品22件、金奖作品29件、银奖38件、铜奖34件、优秀作品奖25件。授予参加首届北京工艺美术创新设计大赛的38家单位最佳创意设计团队和优秀创新设计团队称号。

同日 北京汽车集团与北京理工大学战略合作框架协议签字仪式在北京理工大学举行。

22日 北京汽车集团财务有限公司成立暨揭牌仪式在北京西国贸大酒店隆重举行。这是全国第122家、北京市国资委系统正式批准的第一家企业财务公司。

23日 三一重工股份有限公司与北京市轨道交通建设公司、市政路桥、中铁五局、中建市政战略合作暨首批盾构机签约仪式在三一产业园举行。北京市副市长苟仲文出席仪式并讲话。

同日 北京汽车集团有限公司与国家开发银行北京分行在北京民族饭店签署《开发性金融合作协议》。

24日 北京市第四届学生装展评会暨首届铜牛杯“用科技呵护未来——新功能学生体育装”设计邀请赛决赛和颁奖典礼在D—PARK北京时尚设计广场举行。进入决赛的作品共有32组，最终评出一等奖、二等奖、三等奖、优秀奖、最佳组合奖和最具创意奖。

同日 北京市六一仪器厂与上海交大共同

承担的2DE成套设备技术开发项目启动，该项目是“十二五”国家重大科学仪器设备开发专项项目。

25日 华北电网有限公司国家风光储输示范工程建成投产。工程通过风光互补、储能调节、智能调度，实现了新能源发电的稳定、可控性，有效破解了新能源并网的技术难题。

26日 北京市知识产权局在北汽福田汽车股份有限公司总部举办北京千件专利创造计划暨首批千件企业认定仪式。北汽福田公司成为2011年度北京地区首批年度专利申请过千件的两家企业之一。

27日 中国电子信息产业集团有限公司所属中国电子国际工程研究院产研基地在北京亦庄开发区举行奠基仪式。该项目计划投资6.5亿元，占地面积7.56公顷，建成集综合产品验证、大型系统项目集成和联试、关键软件研发和核心设备研发生产、海外高技术人员培训为一体的综合性系统集成中心。

28日 北京电子制造装备行业协会会员大会暨第二届第一次理事会在北京北方微电子公司召开。会议审议通过第一届理事会工作报告、第一届理事会财务情况报告、第一届监事会工作报告及协会《章程》的修改意见等，选举产生协会第二届名誉理事长、理事长、常务理事、理事等。

同日 北京汽车自主品牌中高端乘用车C70G设计发布暨生产准备启动仪式在北汽股份北京分公司总装厂举行。北京汽车自主品牌首辆车成功下线。

29日 国家工信部发布第232批《车辆生产企业及产品目录》和第29批《节能与新能源汽车示范推广应用工程推荐车型目录》。北京长安汽车公司的SC7005EV车型均进入以上目录，成为北京汽车工业历史上首个自主品牌纯电动轿车产品。

30日 中国核工业集团公司在北京召开中国核能电力股份有限公司创立暨首次股东大会。

同日 中国最大燃煤电厂环保及节能解决方案供应商以及可再生能源设备制造服务商——国电科技环保集团股份有限公司（简称国电科环，股份代号01296）在香港联合交易所有限公司主板成功上市。国电科环本次全球发行10.925亿股H股，约占发行后总股本的18.38%，募集资金总额约为24亿港元。

同日 由北京工艺美术大师设计、北京工美集团制作的上海世博徽宝——金玉《和玺》，荣获中国2010年上海世博会荣誉特许产品金奖。

31日 北京汽车股份有限公司跨类生产自主品牌乘用车生产资质获国家发展改革委批复。至此，北汽股份已拥有全系列乘用车产品生产资质。

同日 由中国工程院与中国航天科技集团公司联合全国相关领域优势单位在北京共建成立中国航天工程科技发展战略研究院。

12月 北广科技公司获得北京市科学技术委员会颁发的北京市广播电视技术工程技术研究中心认定证书，有效期为3年。这是北京市唯一一家获得认定的广电工程行业的研究中心，也是电控系统第一个获得认定的工程技术研究中心。

同月 首钢技术研究院开发的“一种解决连铸小方坯疏松缩孔偏析的轧制方法”在中国国家知识产权局和世界知识产权组织举行的第十三届中国专利奖颁奖大会上荣获中国专利优秀奖。

同月 北京市第十四批企业技术中心认定结果公布。北京世纪东方国铁科技股份有限公司等41家企业的技术中心通过认定。

工业总述

2011年，全市工业规模以上工业企业完成工业总产值14513.6亿元，同比增长5.9%；实现增加值2899.1亿元，同比增长7.3%；实现主营业务收入15753.4亿元，同比增长6.4%；完成出口交货值1536亿元，同比下降6.4%。

产业结构深度调整。医药产业增加值率和增速不断提高，已成为仅次于汽车和装备产业的拉动工业经济增长的重要力量。汽车产业产品结构高端调整，产值增速高于产量增速14.6个百分点。装备产业受风电、太阳能光伏制造业调整影响，整体增长平稳。电子信息产业加快调整产业结构，大力发展数字电视、大规模集成电路、LED等产业，移动通信产品占全行业比重过高的格局逐步改善。

实体经济投资力度加大。年内，全市完成固定资产投资751.9亿元，同比增长44%，占全市固定资产投资的12.7%，比上年同期提高3.2个百分点。京东方8.5代线6月底顺利投产，数字电视产业园配套建设进展顺利，奔驰首个德国境外的发动机工厂在京奠基，燕房合作和石化新材料产业基地项目建设顺利推进。

节能减排取得进展。45家“三高”企业退出，北新建材公司完成搬迁，30家企业通过清洁生产审核、验收。全市工业总能耗2329.7万吨标煤，同比下降9%；万元工业增加值能耗为0.764吨标煤，同比下降15.34%，为全市万元GDP能耗下降做出重要贡献。

产业布局进一步合理。全年城市发展新区规模以上工业增加值增速高于全市3个百分点，比去年同期提高了2.6个百分点。工业产值占全市比重比上年提高了0.1个百分点，高端产业向城市发展新区聚集。

年内，全部工业实现增加值3048.8亿元，同比增长7.5%，占全市GDP比重的18.8%，为全市经济发展做出了重要贡献。

（经济运行处）

【汽车与交通设备产业】 2011年，北京汽车工业规模以上企业实现总产值2271.9亿元，同比增长16.1%，增加值562.1亿元，同比增长13.0%。其中，整车实现产值1578.3亿元，同比增长18.5%；零部件实现产值654.9亿元，同比增长10.7%。

年内，北京累计生产汽车150.5万辆，同比增长0.1%；累计销售汽车152.6万辆，同比增长2.4%。北汽集团市场占有率为8.2%，与去年持平，居全国第五。北京现代公司销售汽车74.0万辆，同比增长5.2%，乘用车市场占有率为5.1%，排名全国第六，轿车市场占有率为5.8%，排名全国第五。其中，悦动轿车销售19.1万辆，在全国单品牌轿车销售排名中居第九位。北汽福田公司销售汽车64.0万辆，同比下降6.2%，商用车市场占有率为15.7%，较去年同期增长0.1个百分点，全国排名第二，与销量排名第一的东风商用车相差约1.6万辆。其中，福田中重卡产品累计销售10.5万辆，同比下降2.5%，占有率由去年的8.1%增至9.4%，全国排名第四。北京奔驰公司销售汽车7.8万辆，同比增长100.2%。其中，奔驰E级轿车销售4.5万辆，C级轿车销售3.3万辆，GLK（SUV）销售259辆。北汽有限公司销售汽车5.8万辆，同比下降10.4%。其中，由于军方订货减少，二代军车全年销售3076辆，同比下降

29.6%。二代军车自2007年8月投产以来，累计已销售3.0万辆。

（汽车与交通设备产业处）

【电子信息产业】 2011年，北京电子信息制造业规模以上工业企业完成产值1955.6亿元，同比下降7.6%；实现销售收入2362.5亿元，同比下降4.1%；利润总额达到93.8亿元，同比增长39.3%；出口交货值956.1亿元，同比下降13.4%；完成固定资产投资222.3亿元，同比增长91.5%；实际利用外资1.2亿美元，同比下降22.5%。北京电子信息制造业增加值增速同比增长0.5%。

重点项目进展顺利。全年电子信息产业重点项目64项，合计总投资达2000亿元。其中，已竣工或阶段性投产项目16项，总投资350亿元；新开和续建项目18项，总投资320亿元；手续办理阶段项目16项，总投资650亿元；前期在谈项目14项，总投资660亿元。14个高端产业化在谈项目总投资达589亿元，其中宽带资本及联想、方正、彩虹、信威等9个项目基本落地并开始选址和筹建。按产业分类，数字电视产业园项目26项，移动硅谷产业园项目2个，集成电路产业项目6项，LED产业11项，自主创新项目4项，其他项目15项。

项目建设和投产情况。总投资280亿元的京东方8.5代线第一条生产线于6月29日点亮投产，9月底实现3万片/月产能阶段性量产。冠捷液晶电视、显示器生产基地项目开工建设，项目总投资16亿元，设计产能为1000万台液晶电视/年、1000万台液晶显示器/年，计划2012年二季度竣工投产。康宁玻璃基板项目进展顺利，项目总投资8.7亿美元，设计产能216万片/年，2011年完成投资10亿元，计划2012年建成投产。中芯国际扩产项目一期扩产融资，全年完成固定资产投资35亿元，二期项目已通过环保部环评，开始立项及建设筹备。中电科、北方微等4项集成电路装备配套项目今年全部建成投产，年新增产值超过20亿元。

招商引资。2011年招商引资工作取得丰硕成果，14个高端产业化在谈项目总投资达589亿元，TFT－LCD、LED三大产业对日招商确定了重点招商对象，以在京核心企业为主导，配合企业开展对日招商工作。

（电子信息产业处）

【装备产业】 2011年，北京装备产业规模以上企业累计实现工业总产值2432亿元，同比增长10.0%，占全市工业16.8%；实现工业增加值544.8亿元，同比增长4.8%；实现收入2551.6亿元，同比增长8.2%，占全市工业16.2%；完成固定资产投资55.5亿元，同比下降1.2%。

《北京市“十二五”时期装备产业发展规划》发布。按照做大做强新能源装备，大力发展节能环保装备，提升发展高端制造装备的发展思路，确定了坚持发展总部经济与推进产业实心化相结合、坚持拓展产业空间与优化集约发展相结合、坚持带动规模发展与提升发展水平相结合的发展原则，提出了总量规模、竞争能力、企业实力、空间布局和节能降耗等7个方面的发展目标。“十二五”时期，北京装备产业将重点发展智能电网、风电、光伏、储能电池等重点产业，关注核电、生物质能等潜在产业，提升火电设备、煤矿机械、石油机械等传统产业，做大规模，形成北京装备支柱产业；培育一批节能环保装备产业的小巨人企业，推动产业专业化发展，以工程服务为带动支撑，以政策引导促进产业升级，以市场带动技术提升；做精数控机床产业，做强仪控系统产业，做大工程机械产业，做专其他装备及关键基础零部件产业。重点在发挥总部经济效应、提高自主创新能力、搭建战略合作平台、推进重大项目建设、拓展产业发展空间、实施“走出去”战略、促进产业融合发展和加快技能人才培训8个方面开展工作。

重大项目建设。推动三一电气园、捷宸阳光一期、神雾节能减排基地等项目建成达产，增加产能；推进金风科创研发生产经营基地、航天煤气化装备基地、中冶赛迪基地等项目实现投产，增加产出；协调京城机电产业基地、中高能源装备基地等项目落地；争取国家电网、中国华电、中核集团等央企二级公司总部和产业化项目落户北京。

产业链拓展。重点推进通用与国电集团、电科与国电集团等新能源装备制造企业与发电集团间产业合作，推动其在京产业化。推动了三一北京与市轨道交通、市政路桥、中铁五局、中建市政的战略合作；推动了首钢集团与三一北京、金风科创的新产业合作。

空间布局规划。围绕新能源装备、节能环保装备、高端制造装备三大板块的空间布局思路，与昌平、顺义、平谷、通州、大兴、房山、怀柔、延庆等区县、开发区沟通，共同推动新能源产业带、节能环保产业带和高端装备制造业基地建设，推动项目入驻。

经济运行监测。根据重点发展领域、重大项目建设，有针对性地加强重点装备类企业经济运行和重大产业项目建设进度。协调符合工业统计条件的24家企业入转统，增加产值110亿元。结合产业特点及运行态势分析，跟踪重点装备企业发展趋势，掌握企业生产运营动态，引导企业可持续发展。

高端人才引进。推进装备产业高端人才引进工作，协调三一北京等企业引进了海外高端人才4名。运用“海聚工程”政策，认定了普能科技1名科技人员为新能源领域专家。

（装备产业处）

【生物和医药产业】 2011年，全市生物和医药产业保持了较为平稳的增长态势，规模以上企业全年完成工业总产值536.5亿元，完成销售收入521.5亿元，实现利润90.6亿元，完成固定资产投资32亿元，同比增长保持在20%左右。

《北京市“十二五”时期生物和医药产业发展规划》正式发布。规划提出“十二五”时期内实现生物和医药产业由“先导产业”向“主导产业”跨越的阶段性目标，确定了“创新驱动、聚焦高端、融合发展、服务民生”的产业发展主线，从打造重点企业、加强成果转化、提升优势产业、升级生产水平等方面系统地提出了产业发展路径，从体制机制、空间人才等方面制定了保障措施。

产业指标顺利实现。全市生物医药企业抓住“保增长、促发展”这一核心，在相关产业激励政策的共同作用下，提高了企业生产经营积极性，较好地抵御了国内外不利形势的影响，行业全年实现新增产值92亿元，工业增加值对全市工业贡献率达到近1个百分点，成为全市产业“保增长”的重要力量。在天坛生物、悦康药业等一批大型新建项目的带动下，年内生物和医药产业共完成固定资产投资32亿元，超额完成全年投资计划，创历年新高。

新版GMP认证工作启动。受产业新政策影响，生物和医药企业陆续启动新版GMP改造工作。拜耳医药公司成为全国首家通过新版GMP认证的生产企业，泰德制药成为全国首批通过新版GMP认证的小容量注射剂生产企业。

市重大医药产业项目推进领导小组成立。为集合各部门资源、系统推进生物和医药产业在京发展，年内由主管副市长牵头，市发展改革委、市经济信息化委、市人力社保局、市卫生局、市药监局和市国资委共同组成重大医药产业项目推进领导小组。在推进重大项目落地的工作中，小组成员单位通过加强信息沟通交流、共同商讨项目方案等方式形成合力，从定价、招标、采购和审批等多个角度集中开展政策咨询，形成优惠政策的累积，成功促成了一批重大项目的落地。

重大项目集中落户。年内，全球生物医药产业巨头默沙东公司正式宣布投资2亿美元在京建设亚太研发基地，诺和诺德研发中心、韩美药品北京研发中心建设项目正式启动；总投资达30亿元的同仁堂大兴产业园正式奠基，天坛、民海、科兴三大疫苗产业基地以及悦康药业三期、以岭药业、舒泰神等重点项目进入全面建设期；利德曼二期、绿竹生物结合疫苗研发及产业化基地、悦康药业四期国际化产业基地等新项目分批启动；奇正藏药股份有限公司总投资3亿元的“西藏高原有机保健食品北京深加工基地”、华润北药大兴工业园以及大兴生物医药产业基地国际企业花园等项目进入论证和落地阶段。

品牌质量工作持续深入。年内，按《北京市“十二五”时期生物和医药产业发展规划》启动实施了品牌通用名药行动计划，支持北京生物和医药企业实现一批质量技术标准达到原研水平、价格合理、临床应用广泛的重大通用名药物的开发、成果转化和产业化。实现高端制剂的批量出口，显著提升我市制剂生产水平和能力，行动计划的发布得到了包括国家工信部、药监局的重视和支持。年内组织优秀工商企业集体参展第65、66届全国药品交易会，“用北京药放心”品牌的影响力进一步扩大。

大兴生物医药基地稳步发展。截至年底，基地共有入区企业150家，其中高新企业55家；园区当年实现总收入90.5亿元，同比增长59%；实现工业总产值76.2亿元，同比增长39%；全社会固定资产投资完成24.5亿元。基地建设成效显著。年内，基地“四个一批”推进成效显著，增长后劲充足。一是竣工投产一批。民海生物建设完成并进入试生产阶段；国家动物疫病预防控制中心一期已完成验收；国家兽医微生物中心一期竣工；北京市畜牧兽医总站等项目主体完成，其中同仁堂前处理中心已进入GMP装修阶段。二是开工建设一批。中检院等12个项目开工，总建筑面积46.6万平方米，总投资39亿元，预计建成达产后实现产值41亿元。三是签约落地一批。签约引进同仁堂健康等14个项目。项目总占地面积69.53万平方米，总投资额89亿元，同仁堂、春立正达等21个项目完成摘牌，建设用地面积70.2万平方米，预计投资总额74.5亿元。四是跟踪储备一批。全年跟踪、储备项目42个，产品涵盖医疗器械、疫苗、中药、化药、生物制剂等领域，总用地需求近200万平方米，计划总投资近230亿元，产值预期总计超过500亿元。

加快征地拆迁和腾笼换鸟力度，盘活闲置土地资源，完成了征地132.07万平方米，拆迁非住宅1万平方米，拆迁住宅800平方米，收回闲置土地26.06万平方米。

一批重点工程形成基地亮点。规划占地66.67万平方米、建设规模98万平方米的“中国药谷”国际企业花园项目，构成总部基地、研发孵化、生产制造、产业服务四大板块。完成国际商务广场项目建设用地面积12万平方米，建筑面积30.5万平方米的规划设计。为给入区企业提供多元化的服务，年内，基地申报了中关村现代服务业首批试点项目，国际化研发外包平台（CRO）项目和国际生物医药代工平台（CMO）项目。项目计划采取基地主导、企业运作的模式，由基地与外包领域龙头企业中美冠科、中美奥达、星昊医药共同建设，以此打造全产业链服务平台。此外，园区各项公共项目工程进展顺利，北藏村社区卫生服务中心修改后的设计方案已经得到区规划局批准；九年义务制学校主体结构已完成；人才公租房项目取得重大进展；基地扩区工作已确定南扩8平方公里的总体方案。

（生物与医药产业处）

【都市工业】 2011年，北京都市产业全年完成工业总产值1562.2亿元，同比增长19.9%左右；主营业务收入1736.4亿元，同比增长19.1%左右；实现利润总额109.9亿元左右，同比增长23.6%左右。

重点企业运行。四大主要行业——食品饮料行业、服装纺织行业、印刷包装行业、工艺美术行业产值增速都在两位数以上。食品饮料行业中顺鑫农业、玛氏食品、和路雪、红牛、大北农等企业增长30%以上；服装纺织行业中爱慕内衣增长60%以上；印刷包装行业中利乐增长20%以上；工艺美术行业中钞国鼎增长70%以上。

《北京都市产业“十二五”发展规划》正式对外发布。其中包括《北京食品工业“十二五”发展规划》、《北京服装纺织产业“十二五”发展规划》、《北京工艺美术行业“十二五”发展规划》等都市产业子行业发展规划。规划明确了“十二五”期间都市产业发展的思路、目标和工作重点。同时完成编制《中关村科学城产业发展规划》的3个子规划。

开拓外埠市场，扩大市场占有率。11月，组织25家重点食品企业参加在湖南长沙举行的第十三届中国连锁店展览会，参展商品包括中国名牌、北京名牌、中华老字号、北京新产品等6大类130余种。在展会期间重点组织举办了北京食品企业产品推介会，北京红螺食品有限公司等5家企业与8家经销商签署了经销代理合同，共达成合作意向77个，现场签约购销合同3个。

食品行业规划与促进工作。5月初，组织召开了食品工业企业诚信体系建设工作大会，动员在食品企业中开展诚信体系建设工作。38家调味品行业重点企业全面建设诚信体系。12月与市食安办、质监局等联合召开总结大会，并对调味品行业38家重点企业颁发试点单位证书。

工美行业传承保护工作。制定了北京国家工美大师评审推荐工作实施方案，向国家评审推荐工作办公室推荐了哈亦奇等12位候选人。11月，主办了第五届北京工艺美术展和第一届北京工艺美术创新设计大赛获奖作品展。从人才保护和培养、技艺抢救、产品开发基地建设等6个方面做好传承和保护，支持项目25个。

服装行业调整与建设。年内，促进服装行业结构调整，加大了对规模以下、技术落后、产品档次低、安全隐患大的小企业的淘汰力度，共关闭、外迁2000多家。支持“时装之都”建设，在D—PARK北京时尚广场和北京饭店举办专场发布、专项大赛、专题论坛等专业活动近50项，共举办110多场时装展示会。

（都市产业处）

【基础与新材料产业】 2011年，全市基础与新材料产业规模以上工业企业实现工业总产值5487.5亿元，同比增长7.0%；实现工业增加值1055.8亿元，同比增长1.4%；实现主营业务收入6124.8亿元，同比增加9.3%；实现利润388.8亿元，同比减少2.8%；产业固定资产投资完成244.2亿元，同比增长17.4%。

行业效益水平稳步增长，主要产品产量有增有减。全年基础产业主要行业中，石油加工、炼焦及核燃料加工业完成增加值122.8亿元，同比减少6.0%；完成主营业务收入931.0亿元，同比增长9.0%；亏损10.5亿元。化学原料及化学制品制造业完成增加值77.7亿元，同比减少0.2%；完成主营业务收入392.8亿元，同比增长3.9%；实现利润36.2亿元，同比增长55.1%。黑色金属冶炼及压延加工业完成增加值1.6亿元，同比减少73.3%；完成主营业务收入200.6亿元，同比减少55.8%；亏损5.7亿元。非金属矿物制品业完成增加值80.7亿元，同比增长5.6%；完成主营业务收入459.9亿元，同比减少12.1%；实现利润30.4亿元，同比增长14.1%。原油加工量1103.1万吨，同比减少1.8%；乙烯产量89.6万吨，同比减少6.8%；钢材产量287万吨，同比减少63.9%；水泥产量911.5万吨，同比减少13.1%。

招商引资工作进展顺利。落实北京市人民政府与中石化集团战略合作框架协议书，推进中石化集团在京重大工业项目建设，做好服务中央企业工作；加快建设中关村科学城，积极推进中国钢研集团、中国建材集团、中材集团等科技创新园建设，促进科技成果在京转化；加快推进江河幕墙公司、金晶集团、美巢集团等民营企业建设北京总部基地。年内，燕山石化公司总投资20.3亿元的9万吨/年丁基橡胶装置项目、北京金晶公司总投资15.8亿元的太阳能电池基板及Low-E玻璃项目（一期）、中航复材公司总投资13.6亿元的顺义复合材料建设项目、江河幕墙公司总投资6.5亿元的总部基地扩建及光伏幕墙项目、北京新立基公司总投资4.7亿元真空玻璃产业示范基地与研发中心建设项目等重大项目落地开工建设。

重大项目建设工作稳步推进。燕山石化公司3万吨/年溴化丁基橡胶项目、美巢公司总部基地项目、江河幕墙公司年产45万平方米建筑幕墙技改项目等一批重点项目竣工投产。中石化三菱公司双酚A和聚碳酸酯项目、燕山石化公司8万吨/年间二甲苯装置扩能改造及其配套工程项目等一批重点项目实现中交。燕山石化公司润滑油系统提高产品质量技术改造项目、260万吨/年柴油加氢精制装置项目、3万吨/年稀土顺丁橡胶装置项目，北新建材密云住宅产业化基地项目，北京化工集团锂离子电池电解液二期（技改）工程，首钢吉泰安公司非晶特殊带材生产线项目等一批重点项目建设进展顺利。

推进燕房合作成果显著，石化新材料产业基地建设进展顺利。年内，石化新材料基地依托产业优势，坚持高端高效、节能环保的产业发展方向，延伸石化产业链，重点加强石化新材料项目招商引资工作，促进新材料产业集聚；推动重大项目开工建设，项目纳入绿色审批通道和重大项目落地协调推进机制；加快推进基础设施建设、土地收储等工作，满足产业项目落地需求；协调基地新材料产品与我市电子、汽车等主导产业对接，积极完善产业链，提升新材料产品支撑配套能力；积极推进燕化公司优质项目属地注册纳税工作，北京燕山石化橡塑化工有限责任公司完成属地注册。

（基础与新材料产业处）

【镇村工业】 2011年，镇村企业经济总量保持持续较快的增长态势。全市镇村企业实现工业增加值504亿元，同比增长13.8%；完成总收入4653.1亿元，同比增长9.1%；完成利润总额268亿元，同比增长10.4%；出口产品交货值163.6亿元，同比增长12%；上交税金199.3亿元，同比增长17.1%；提供劳动者报酬274.6亿元，同比增长14%；人均劳动者报酬21197元，同比增长20.1%；私营以上企业资产总额4544.9亿元，同比增长6.9%。年内，京郊镇村企业150721家，同比减少1.3%，其中规模以上企业3813家，同比减少8.5%，规模工业企业2697家，同比减少8.3%；从业人员1295534人，同比减少5.1%。

产业结构继续优化。京郊私营以上镇村企业完成增加值749亿元，其中一产增加值3.1亿元，占0.4%，所占比重同比降低0.1个百分点；二产增加值535亿元，占71.4%，所占比重同比提高0.3个百分点；三产增加值210.9亿元，占28.2%，所占比重同比降低0.2个百分点。镇村工业企业全年完成增加值504亿元，同比增长13.8%，增幅高于镇村企业增加值1个百分点；工业增加值占镇村企业增加值的57.5%，同比提高0.9个百分点，工业主导地位更加显著。

空间布局更加合理。城市发展新区镇村企业持续快速发展，成为全市镇村经济的主体，有效带动了郊区经济的平稳较快发展。其中，顺义区经济总量最大，完成总收入1105.2亿元，占镇村企业总收入的23.8%；完成增加值205.6亿元，占镇村企业增加值的23.5%。通州区经济增速最快，完成总收入579.8亿元，同比增长19.4%，增幅高于全市镇村企业10.3个百分点；完成增加值122.9亿元，同比增长21.2%，增幅高于全市镇村企业8.4个百分点。

固定资产投资情况。年内，京郊镇村企业固定资产投资1000万元～5000万元的项目209个，同比增长29.8%；固定资产投资5000万元～1亿元的项目52个，同比增长48.6%；固定资产投资1亿元（含）以上的项目32个，同比增长39.1%。

私营、个体经济发展态势良好。京郊镇村私营、个体企业140287家，占镇村企业总数的93.1%，比重比上年提高0.3个百分点；从业人员716667人，占镇村企业职工总数的55.3%，比重比上年提高2个百分点；完成总收入1262.8亿元，同比增长17.1%，占镇村企业总收入的27.1%，比重比上年提高1.8个百分点；完成利润总额89.5亿元，同比增长11%，占镇村企业利润总额的33.4%，比重比上年提高0.2个百分点；实现增加值261.2亿元，同比增长20.8%，占镇村企业增加值的29.8%，比重比上年提高2个百分点；上交税金50.3亿元，同比增长20.6%，占镇村企业上交税金总额的25.3%，比重比上年提高0.8个百分点。私营、个体企业作为镇村经济的重要组成部分，日益发挥着重要的作用。

镇村企业素质培训工作。开展镇村企业信息化培训工作，全年分别对门头沟、密云、大兴、怀柔、昌平等郊区县开展了信息化的调研及培训工作，共有300多家企业、近600人参加了培训。加强镇村企业管理人员的培训，全年完成对远郊区县和54个镇村产业基地的企业管理人员培训达2000人次，其中企业家高管200人次、经营管理者400人次、关键岗位职工1400人次。

职工总体素质提升。镇村企业开展素质提升工程。镇村企业职工培训机构392个，比上年增加18个，增长4.8%；职工培训取证人数12647人，比上年增加636人，增长5.3%。职工中大专及以上文化程度的人数190774人，占职工总数的14.7%，所占比重比上年提高1.3个百分点；中专及技校文化程度的人数282100人，占职工总数的21.8%，所占比重比上年提高0.9个百分点。职业技能培训与考核鉴定成效显著。全年进行职业技能培训鉴定近6000人，涉及12个工种，鉴定合格者5679人，其中初级2583人，中级2140人，高级956人，通过率为95.8%。

（镇村企业运行指导处）

【国防科技工业】 2011年，北京地区国防科技工业突出“保军”重点。高新工程和重点武器装备科研生产均按计划顺利实施，新一代运载火箭研制、载人航天等重大任务，高分辨率对地观测系统、“核高基”等重大专项在京项目顺利实施，各项军品科研生产任务圆满完成。

军工科研生产运行协调保障。协调解决长征五号运载火箭产品运输、北京某研究所动力用汽供给、航天某研究院供电电源等问题；加强与军工集团在京单位的日常沟通与联系，及时解决重点军工单位在军品科研生产运行中存在的主要问题，着重协调解决能源供应、交通运输、基本建设手续、土地征用、环境保护等问题；协调解决军品协作配套问题，通过落实高新工程等方面的优惠政策，确保“绿色通道”畅通无碍。

军品市场准入与市场监管。年内受理20余户单位的武器装备科研生产许可（二类）申请，完成10余户单位的现场审查工作；正式受理近100户单位的军工保密资格审查认证申请，完成90余户单位的现场审查工作。完成北京地区武器装备科研生产许可证（二类）持证单位2010年度武器装备科研生产许可年度监督检查工作，对不再承担军品任务的2家单位许可证予以注销；对持证条件和能力发生重大变化的7家单位进行了现场核查；加强许可持证单位日常监管，把持证单位基础信息采集纳入了年度常态化工作程序；坚持重大事项报告制度，全年共有10余户单位因迁址、上市、资产重组等原因上报了变化情况报告，及时掌握了持证单位的变化动态。

固定资产投资管理。加强军工建设与改造项目计划执行情况的跟踪管理。配合国防科工局完成军工固定资产投资项目的竣工验收共28项，组织完成民口配套单位军工固定资产投资项目竣工验收6项。受国防科工局委托，对北航、北理工的26项基础科研项目进行了结题验收。

国防技术基础工作。年内，推动国军标2749A的实施，规范计量标准溯源和量值传递；组织军工单位计量管理人员及检定人员培训160人次；组织专家对11家军工单位进行了国防计量认可；组织专家对12家军工单位的95项最高计量标准进行了考核复查；对北京同方洁净技术有限公司等单位的3项国防科技成果进行了鉴定；组织完成北京地区国防科技成果的申报工作，其中信息科技大学申报的某科研项目获得国防技术发明三等奖。

军品配套科研生产能力建设。是年，支持民口单位参与国防科技工业建设，形成了大中型国有骨干企业、科研院所、高等院校及非公经济单位共同参与的军品配套格局；支持企业自主创新、成果转化，全市军品配套研制生产能力日渐提高，已具备承接国家重点军工项目和关键配套产品的能力。

军品配套自主创新能力提升。关键配套产品和技术取得突破，研制生产能力得到提高，承接并圆满完成多项国家重点军工项目和关键配套产品的生产任务。各军品配套单位承担国防科工局下达的军品配套科研项目20项，各类军民两用技术产业化项目获得3800万元市级财政资金支持，推进电子元器件质量工程项目，启动晨晶电子项目建设试点工作。北京多家军品配套单位为“神八”和“天宫一号”提供的配套产品，成功经受了首次交会对接的考验，北京电控飞宇公司刘丽辉董事长荣获载人航天工程突出贡献者称号。完成了各项军品配套研制任务，多项重点科研成果通过验收并实现批量生产，列装或即将列装新型武器装备。

军工安全保密与国家安全工作。落实安全保密责任制，完善定密制度，推动军工保密工作规范化、法治化。贯彻落实“安全保密六条规定”和“七类人员管理措施”，对重点军品配套单位进行了安全保密抽查，发现隐患，及时督促整改。强化日常监管，组织开展北京地区军工保密资格持证单位基本信息和军工涉密人员基础信息采集工作，及时更新基础数据，准确掌握各涉军单位的现状情况。组织北京地区涉密人员参观了警示教育展。

核应急管理。定期召开核应急联络员工作会，及时传达贯彻国家和北京市核应急办的工作部署和要求。强化核应急处置能力，在原子能院成功举行了核应急演练。完成《北京市核应急预案》市级专项预案的修订工作。强化24小时核应急值守工作，完善了北京市核应急体系建设。

军工及民爆行业安全管理。明确监管内容，规范监管程序，完善监管制度，拓展监管手段。民爆行业炸药和雷管产销存数据实现即时上传，主要危险工序实现24小时视频监控。开展“安全生产年”活动，推进监管体系建设，加大隐患排查整治力度。北京航天试验技术研究所等单位坚持重大危险源动态评估制度，强化重大危险源监控，实现闭环管理。北京曙光电机厂以生产班组为主，查找生产过程中的不安全因素，开展班组达标活动。推动“科技兴安”战略的实施，北京北方红旗机电有限公司加快推进安改工程的实施，提升本质安全水平。中国长峰机电技术研究设计院推行“安全传感器工程”，实现科研生产全过程监控，为武器装备科研生产提供了安全保障。

提升军民结合产业发展基础。编制了《北京地区国防科技工业“十二五”规划》、《北京市“十二五”时期航空航天产业发展规划》、《北京市“十二五”时期战略新兴产业之航空航天专项规划》和《北京市通用航空产业发展规划（2011～2020年）》4个专项规划，将一批军民结合产业重大项目纳入了北京市产业发展统筹范围。出台《北京市人民政府关于加快推进军民结合产业发展的指导意见》，提出北京市军民结合产业发展思路、路径和目标，明确军民结合产业在京发展的重点领域、产业布局和产业形态，提出政策意见和扶持措施。

加快军民结合产业基地建设。依托中关村国家自主创新示范区，建设中航工业集团中关村航空科技园、航天科技集团中关村航天科技创新园、北航国际航空航天创新园等一批项目，加大“军转民”力度；依托北京市城南发展计划和北京经济技术开发区现有产业基础，推进大兴军民结合产业基地建设。该基地规划面积20平方公里，重点发展航空航天、装备制造、新能源、新材料和应急救援装备5大产业。

促进军民结合产业壮大。航天科工民品产业基地落户北京，探索军民融合式发展新模式，市政府与解放军三总部、海军签署了军民融合创新发展战略合作框架协议，推动军地资源的共享与融合。卫星应用、北斗导航、载人航天、重大装备、汽车工业、航空工业等军民结合领域已初步形成产业规模，产业集聚与辐射效应初显，后期发展势头强劲。

通用航空产业发展。《北京市通用航空产业发展规划（2010～2020年）》发布，作为全国首部地方通用航空产业规划，提出了用5～10年的时间，成为具有国际先进水平的通用航空研发高地和高端制造的重要承载区，打造国际重要的公务机营运枢纽，建成以通用航空销售、会展、金融、教育为特色的亚太地区最重要的通用航空服务中心，形成3000亿元的经济规模。一批通用航空制造及服务业项目陆续签约落地。首台航空活塞发动机在北京经济技术开发区下线。北汽集团与北航共同成立北京通用航空产业集团，华安天诚公司被国家空管委授予“国家空域评估技术支撑单位”。

（市国防科工办）

【民政工业】 2011年，北京市民政工业总公司完成工业总产值1.95亿元，实现营业收入总额3.81亿元，完成利润总额1293万元。全系统职工总数为8720名，其中在职职工3301名，离退休职工5419名。各类残疾职工1384人，占职工总数的15.9%。2011年底福利企业实现在职在岗职工人均月收入超3000元的目标。截至年底，总公司关停并转系统下属企业32家，现有企业52家，其中直属企业17家，主要涉及日化产品、印刷包装、专用设备、仪器仪表、食品加工、医用试剂以及物业管理等20多个领域。

新产品开发和企业建设。年内，北京市亚美日化厂开发研制了多效蚕丝蜜等多款高品质个人护理产品，新产品远销日本和中国香港地区。北京市大宝日化厂开发研制了“贝贝熊”加酶倍洁亮彩洗衣液等多款洗涤产品。亚美日化建设项目已完成主体结构封顶，总体工程形象进度已完成80%；大宝日化建设项目成功进行了试生产，完成整体工程竣工验收，大宝日化厂行政办公部分已迁入新办公区。根据产业发展布局，采取关停并转方式，总公司所属企业整合为52家。

廉政建设和引进人才。66个党支部、710名党员参加了学习贯彻廉政准则知识竞答活动，对现行的100项制度重新进行了修改和完善。对直属16家企业进行考评，被考核领导干部55名，参加测评人员276人，完成考评报告，上报总公司党委。对总公司党委拟任职的7名干部进行了任前民主测评、谈话考核及任前公示，全年新任命厂（科）级领导干部7人，全年共引进各类人才37人。扶残助困工作。总公司投入277多万元开展了系列扶残助困送温暖活动。为困难职工家庭子女申请各类助学金及救助款，其中“金秋助学”支持35人，援助资金6.89万元；“大宝助学金”支持472人，援助资金2.49万元。为患大病职工争取到市慈善协会10万元的救助资金。为40名老干部发放健康疗养补贴2万元，并在节日和特殊时期出资2万余元走访慰问老干部。

安全稳定工作。总公司与各直属企业签订《安全稳定工作目标管理责任书》，建立起一把手负责制的安全工作长效机制，强化隐患排查和整改制度。在重大节日和敏感时期，详细排查不稳定因素，特别是对定福庄园艺场、西北旺园艺场、精佳园机械厂、平房园艺场这4个安全防范重点区域进行隐患排查。在安全生产月活动期间，总公司向下属企业下发了《关于认真开展安全生产月活动的通知》。宣教活动深入基层，宣传教育达到2380人次，宣传标语1842幅，组织安全培训32次。检查并补充全部车间的消防设施。

（王　志）

【私营个体工业】　2011年，全市私营企业户数保持大幅增长的态势，而个体工商户户数有所减少。是年，全市私营企业544022户，同比增长9.57%，注册资本10491.96亿元，同比增长38%；全市个体工商户762701户，同比减少4.14%，注册资本158.61亿元，同比增长2.01%。全市私营企业、个体工商户合计1306723户，同比增长1.13%。纳税总额继续大幅增长。全市私营个体经济纳税总额达473.00亿元，同比增长31.10%。其中私营企业纳税总额达423.20亿元，同比增长31.73%；个体工商户纳税总额达49.79亿元，同比增长25.99%。全市私营企业吸收就业人数增加，个体工商户吸收就业人数由增变减。全市私营企业从业人员3435458人，比上年同期增长8.64%；全市个体工商户从业人员1110474人，比上年同期减少2.70%。

工商联会员组织。是年，北京市工商联会员总数25265家，其中非公有制经济会员19635家；企业会员18461家，其中非公有制企业会员16372家（私营独资、私营合伙、私营有限、私营股份等私营企业会员15876家；外资企业、中外合资等企业496家）。各级各类组织259个，其中基层组织151个，行业组织73个（直属行业商会39家），其他类基层组织35个。市和区县工商联新发展会员702家，其中企业会员661家，其他会员41家。

非公经济代表人士政治安排。是年，北京市工商联会员担任各级人大职务总计215人次，其中非公有制经济代表人士202人次；担任各级政协职务总计761人次，其中非公有制经济代表人士713人次；担任各级工商联职务总计1615人次，其中非公有制经济代表人士1445人次。年内共有10名非公有制经济代表人士获得市级以上荣誉称号。

区县工商联换届。截至10月28日，全市16个区县工商联的换届工作全部结束，各区县工商联选举产生的新一届执行委员会共有执委1208名，常委558名，秘书长16名（其中女性4人），副主席262人（其中女性40人，少数民族11人），常务副主席9人（其中女性2人，少数民族1人），主席16人（其中女性3人，少数民族2人）；各区县民间商会共选举产生秘书长15名（其中女性4人），副会长214人（其中女性33人，少数民族14人），常务副会长6人（其中少数民族1人），会长16人（其中女性3人，少数民族2人）。

精神文明建设。年内，市工商联召开“文明创建工程”座谈会，与首都文明办、市商务委、市工商局联合开展首都非公有制经济领域“文明企业，共铸诚信”主题教育活动，各区县工商联和直属行业商会采取多种形式开展主题教育活动，近1000家非公有制企业、行业商会签署《文明企业、共铸诚信》承诺书，中复电讯集团公司等企业在员工中广泛开展诚信教育。

社会荣誉。年内，光线传媒股份有限公司总裁王长田、东方美亚投资有限公司董事长郭丽双、曲美家具集团有限公司董事长赵瑞海等获得北京市第三届“优秀中国特色社会主义事业建设者”荣誉称号。十里河商业街商业协会和神州数码（中国）有限公司荣获“北京市第十届思想政治工作优秀单位”荣誉称号，北京闽龙世纪建材市场有限公司董事长陈进林、北京21世纪科技发展有限公司总经理吴双荣获“北京市第十届优秀思想政治工作者”光荣称号。在“第六届全国民营企业关爱员工实现共赢表彰会”上，白家大院餐饮公司董事长白连树、京奥港集团董事长王子华、艺海集团董事长陈芳荣获“全国民营企业关爱员工实现共赢”先进个人荣誉称号。北京天路通科技有限责任公司获得2011中华全国工商业联合会科技创新企业奖。兴科迪科技有限公司、中发实业集团业锐药业有限公司、北京市蟹岛绿色生态农庄有限公司、爱国者数码科技有限公司、北京恒通创新赛木科技股份有限公司、北京亚东生物制药有限公司6家企业获科技进步三等奖。北京恒通创新赛木科技股份有限公司“新型绿色环保赛木轻质阻燃墙体材料产业化”项目被国家科技部列为2011年度国家火炬计划项目。

构建和谐劳动关系。5月18日，市工商联清洗保洁业商会劳动争议调解中心举行成立暨揭牌仪式。年内，市工商联加入市协调劳动关系三方会议，建立了由市人力社保局、市总工会、市工商联和市企业联合会三方四家组成的“市协调劳动关系指导委员会”。市工商联主办的北京民营企业合法权益维护中心被认定为3A级社会组织。

金融服务。年内，市工商联先后召开金融服务工作座谈会，联合市金融局组织中小企业金融服务需求对接会，与市私个协、市金融局、中国工商银行北京市分行举办“首都非公经济金融服务周”并签订《战略合作协议》，市、区县工商联和直属商会先后举办50多次银企对接会，举办“组合股权投资，实现资产证券化”讲座，成立“首都非公经济组织工银商友俱乐部”。

品牌培育。年内，市工商联美容美发化妆品商会开展的“2011年北京美容美发化妆品行业品牌建设活动”取得初步成效。11月6日，“2011年北京美容美发化妆品行业品牌建设活动”颁奖典礼暨高峰论坛在国家会议中心举行，京城数百家美容美发和化妆品行业机构代表参加颁奖典礼，“北京丽人”、“北京东方名剪”、“北京审美”等15家“北京市美容美发行业知名品牌示范店”在此次典礼上受到表彰。

社会公益。年内，市工商联开展了“圣火光彩惠农养蜂项目”试点，援建井冈山市北京朝阳光彩小学，启动千亩“木业商会光彩林”项目，发起建立“北京市伤残民警帮扶基金”，慰问大兴礼贤镇孤残儿童，支援太师屯受雨灾群众等公益活动。“两节”期间区县工商联共组织300余家非公有制企业开展送温暖活动，累计捐款捐物404.87万元，惠及群众6604户。启动“同心·新农村示范工程”，筹集1100万元帮扶资金，支持怀柔区喇叭沟门满族乡帽山村和密云县不老屯镇史庄子村整体搬迁配套工程建设。市工商联企业家向新疆地区多位心脏病患者捐献医疗器械和现金合计20余万元。1～11月，完成“光彩惠农行动”项目30个，共计投入资金（含计划投入）77625.3万元，帮扶农户3282户，安排就业6107人。

承担社会责任。年内，由朝阳区工商联22位非公有制企业家出资53.8万元援建的井冈山市北京朝阳光彩小学落成剪彩仪式在井冈山市下七乡杨坑村小学举行；市工商联、北京中小企业对外发展促进会组织多家会员企业到大兴区礼贤镇家庭寄养指导中心慰问孤残儿童；北京权品品牌管理有限公司（原权金城国际酒店管理公司）与北京市盲人学校在校内举行“校企合作”签约仪式。9家非公有制企业赶赴遭遇百年一遇特大暴雨的太师屯镇太师庄中学慰问受灾群众。

加强区域合作和对外交流。分别举办外埠在京省级商会秘书长联席会议、首届在京省级商会会长联席会。与天津市武清区政府签订《合作框架协议》。组织非公有制企业参加第十二届西博会、第二届中国·曹妃甸临港产业国际投资贸易洽谈会等多场活动。年内，市工商联分别接待了以中国香港湾仔中西区工商业联合会主席李鋈麟为团长的代表团；以中国香港总商会主席于健安、总裁方志伟为代表的访京团；中国香港中华工商业协会副会长李道洪率领的代表团；马来西亚中国经济贸易总商会第一副总会长陈友信率领的代表团；以伊朗北霍拉桑省商会主席萨马迪为团长的代表团；以及澳大利亚维多利亚工商总会（VICC）首席执行官马克·斯通一行。参与承办“中国——东盟北京经济论坛”。

（柴 彬）

【校办产业】 2011年，北京市校办产业管理中心设办公室、国资企管部、学装管理部、科技成果推广部4个部门。有职工16人，其中在编16人。截至年底，北京地区共有高校82所，参加普通高校校办产业统计的高校44所，其中教育部直属高校22所，其他中央部委属高校5所，市属市管高校17所。北京地区高校所投资企业共487家，其中一级企业176家，二级企业311家；学校控股企业339家；科技开发和文化智力型企业257家。资产总额1528.26亿元，净资产额594.51亿元，高校所占权益总额225.5亿元。主营业务收入1096.77亿元，其中出口创汇总收入63.37亿元，高新技术产品销售总收入348.63亿元；利润总额43.12亿元，净利润35.79亿元，分配回学校的红利2.44亿元；纳税总额30.24亿元，捐赠社会5564.19万元，其中捐赠学校和资助学生2710.38万元。高校校办企业获授权的专利520项，登记的计算机软件及集成电路版权114项，获省市部委、国家级的奖项276项。高校校办企业年末职工总人数84887人，其中学校事业编制2434人，研究开发人员10838人；全年累计在培硕士研究生333人、博士研究生70人；接纳学生实习累计756654工时。

股份转让融资情况。北大先锋公司的股权激励方案获得了教育部的审批，成为教育部系统首家中关村股权激励试点单位。北大先锋用于股权激励和股权奖励的总额度为公司24.6%的股权，股权激励有利于调动技术和管理人员的积极性和创造性，推动企业的科研创新和科技成果转化。

北大维信的外资股份转让给山东绿叶制药有限公司，6月16日，股权转让已完成工商变更登记，北大维信的企业性质由中外合资企业变更为内资企业。变更后，北大维信由山东绿叶制药有限公司、北大资产经营有限公司2家股东继续共同出资经营，2家股东分别持有股权69.55%和30.45%。

12月31日，北京北大软件工程发展有限公司完成增资扩股工商变更，注册资本由2000万元变更为2400万元，其中北大资产经营有限公司占33.33%；北京北大青鸟软件系统有限公司占50%；苗莉等24位自然人出资购买股份16.67%。北京北大科技园有限公司对北京北大创业园有限公司增资7000万元，北京北大创业园有限公司注册资本由5000万元增至1.2亿元。增资后北大资产经营有限公司持股8.33%，北京北大科技园有限公司持股91.67%。

清华控股在北京产权交易所挂牌转让所持有的浦华环保35.77%股权，受让方为北京锐银伟业投资管理有限公司。股权转让12月5日完成工商变更登记。清华控股将所持有的紫光测控30%股权、辰安伟业公司26.83%股权，协议转让至清控华盈。股权变动12月7日完成工商变更登记。清华控股在北京产权交易所挂牌转让所持有的华汇通50%股权。受让方为育泉资产管理有限责任公司。股权转让已于12月31日完成工商变更登记。

保定华仿科技有限公司股权融入资金2500万元，该公司的注册资本和实收资本变更为1526.29万元。并从该公司资本公积金中列支46.40万元，转赠给北京华电天德资产经营有限公司，转赠后北京华电天德资产经营有限公司的注册资本和实收资本为1572.69万元，持股比例提高至20.5%。

北京普世科石油机械新技术有限公司将北京中石大新元投资有限公司实缴12.5万的知识产权出资转让给胜利油田新龙实业有限公司。

北京石大油软技术有限公司35%股权无偿划转到北京中石大新元投资有限公司名下；北京油源恒业科技有限公司12.8%股权无偿划转到北京中石大新元投资有限公司名下；北京石大中油油品销售有限责任公司70%的股权无偿划转到北京中石大新元投资有限公司名下。

公司上市情况。10月27日，同方股份旗

下科诺威德国际有限公司在香港联交所主板正式挂牌交易。上市当天总成交股数超过3390万股，总成交金额约3610万港元。6月15日，北京信息科技大学作为第二大股东的北京拓尔思信息技术股份有限公司在深圳证券交易所创业板成功上市，成功募集资金4.5亿元，成为北京市属市管高校中首家上市企业，也是国内第一家在A股上市的搜索引擎公司。

基地建设情况。北大科技园上地园区项目是北京市与北京大学重要的合作建设项目，2011年，该项目被列为市绿通项目和海淀区重大工程建设项目，成为海淀区建设中关村国家自主创新示范区、核心区的重要组成部分。11月15日，北大科技园与海淀区西北旺镇下辖的东北旺马连洼村成功签署了征地安置协议。

5月，北大维信二期科研生产厂房完成建筑工程竣工。该工程投资1.15亿元。

4月29日，阳光能源在北京市昌平区马池口镇生产基地内举行了“全球首条集热管自动化生产线落成暨创新成果发布典礼”。7月8日，生物芯片北京国家工程研究中心宁夏分中心揭牌成立。

7月18日，清华科技园与广西玉林市签约共建清华科技园玉林分园。

8月8日，同方南通LED半导体产业基地一期工程投产仪式及同方股份LED半导体技术研发中心揭牌仪式在江苏省南通市举行。年底，建成LED外延片生产机台48台（套），达到年产240万片高亮度蓝光LED外延片及配套的LED芯片的生产能力。

10月18日清华科技园宜兴分园奠基，清华科技园宜兴分园由启迪科创与宜兴经济开发区管委会合作共建。

11月12日，诚志永华新建项目——国内首家百吨级TFT液晶材料生产基地在河北省石家庄高新技术产业开发区奠基。该项目总投资3.2亿元，占地约6.67万平方米，总建筑面积5万多平方米。11月18日，昆山启迪生物科技园建设全面启动。

中国传媒大学苏州研究院在苏州高新区科技城落户，首期落户的项目是关于调频同步广播、高性能计算机云平台、DMS动声系统等。

重点项目情况。6月，北大国际医院主体结构提前完工，是“北京市结构长城杯”样板工程，同时获得“北京市绿色施工样板工地”的称号。

北大青鸟华光照排承接中华字库工程2个研发项目。9月9日北大青鸟集团与五矿建设公司在北京大学签署了战略合作协议，旨在打造互利双赢的优势教育产业发展模式，创制幼教、基础教育品牌协作链。

2月20日，同方江新17000吨多用途船顺利出坞下水。并于2011年二季度末交付使用。

2月，威视股份液体安全检查系统成功中标德国机场安检项目。于2011年4月底交付并投入运行。5月，威视股份成功中标大运会安检项目。

3月14日，方正集团董事长魏新参加中国物联网产业发展论坛暨国家物联网产业示范基地项目签约仪式，方正集团成为与重庆国家物联网产业示范基地签约的首批企业。

7月20日，同方环境中标内蒙古大唐国际克什克腾旗煤制天然气有机污水处理工程。工程建设规模20400立方米/天，形式为EP总承包，金额达1.15亿元。10月11日，同方人环所属同方川崎生产的首台30兆瓦大型吸收式热泵成功合体。12月7日，中美“特大型港口计划”合作洋山港试点项目在上海洋山港举行启动仪式。

威视股份成功中标云南昆明新机场项目，中标产品包括旅检行李安检设备、液体检查仪和爆炸物探测仪，旅客年吞吐量6500万人次。威视股份成功中标中广核台山一期行人放射性监测和车辆放射性监测系统采购项目，中标设备包括6套RM2000和6套RM1000产品及相关软件系统。

同方锐安自有产品服务沈阳出租车刷卡改造项目。目前一期经过改造的300辆出租车已正式投入运营。

青鸟华光照排“华光汇通全媒体数字采编系统”被正式确立为国家火炬计划项目。

新产品新技术情况。同方人环为福建鑫海冶金有限公司再次成功实施“太空一体化”热泵热水集成工程。该项目为职工宿舍生活热水系统。

博奥生物最新研发的晶芯® 泌乳素(PRL)测定试剂盒(磁微粒化学发光法)等4个化学发光系列产品获得北京市药品监督管理局颁发的医疗器械证书。

基于双界面CPU卡芯片THD20F06BD_I的北京同方微电子CPU卡操作系统TMCOS-V4.0,顺利通过了住房与城乡建设部IC卡服务中心检测,可在公交一卡通领域广泛适用和推广。

同方时讯电子有限公司与同方昌明消防车辆有限公司共同合作的“SPT-80手推式细水雾消防车”项目通过了总后系统组织的鉴定,并于4月18日在京签订了首批21台生产订单。

加拿大标准协会为威视股份CX100100TI、CX6040BI、CX7555B三款产品颁发了适用于加拿大和美国两国标准的CSA(C/US)认证证书。威视股份产品首次获得进入北美市场的通行证。

同方锐安自主研发的“CPU卡双界面智能卡芯片S3CC9G8”产品顺利通过银行卡检测中心的“金融IC卡电子钱包/电子存折应用”检测。

同方计算机产业本部研制的可信存储设备(智能安全移动存储)通过北京市科学技术委员会、发展改革委、经济和信息化委员会等5个部门的自主创新产品认定。此产品能有效抵御来自计算机操作系统和木马病毒的攻击。

博奥生物最新研发的甲胎蛋白(AFP)测定试剂盒(磁微粒化学发光法)产品获得国家食品药品监督管理局颁发的医疗器械证书。该产品在临床诊断和体检中有着广泛的用途。华教授护肤品系列是北京化大化新科技股份有限公司的自有品牌。它包括美白系列、保湿系列、防晒系列、特殊护理系列等。同方光电科技有限公司GaN基发光二极管、大功率发光二极管结构、提高发光效率的发光二极管等多项LED领域专项技术获得了由中国知识产权局颁发的新型专利证书。同方锐安“安全门禁系统”(包括双界面智能IC卡、安全存取模块、安全门禁系统)系列产品通过了国家密码管理局专家委员会的技术评审,获得国家密码管理局颁发的“商用密码产品销售许可证”。

博奥生物研发和生产的高通量微阵列芯片扫描仪晶芯® LuxScan™ HT24获得了CE_IVD认证,标志着晶芯® LuxScan™ HT24可以进入欧盟临床诊断市场。杰瑞特胶原蛋白氨糖颗粒是北京华达杰瑞生物技术公司研制和生产的高技术产品,已于2008年获得国家批准的保健品批号,它含有人体骨骼、皮肤、关节等所必需的胶原蛋白和氨基葡萄糖。

Ⅱ型胶原蛋白是北京华达杰瑞生物技术公司研发的高科技生物产品,已被授予国家发明专利。产品已经出口到德国、西班牙等国家。

荣誉情况。方正集团荣获《经济观察》报主办的中国最受尊敬企业十年庆典“中国最受尊敬企业·十年成就奖”。北大创业园在中国工业园区特色产业与投资环境品牌建设公益评选活动中,荣获“中国十大最具发展潜力园区”、“中国十大自主创新示范园区”、“中国十佳最佳投资环境园区称号”。7月2日,北大资源荣获“2011年度社会贡献企业大奖”,10月19日,荣获“2011最佳开发模式创新奖”。

北大青鸟环宇消防在国内2011年(第四届)消防行业十大评选颁奖典礼上,荣获“十大创新企业奖”。12月16日,北大青鸟APTECH荣获“2011最具品牌影响力教育集团”奖。

3月18日,同方知网荣获中国出版政府奖。4月8日,同方鼎欣入选“中关村国家自主示范区软件行业创新示范百强企业”。4月20日,同方数字城市荣获“中国轨道交通创新力企业50强”称号。4月26日,清华大学与威视股份发明专利入选“2010年度百件优秀中国专利”。4月28日,同方人环荣获北京市科学进步三等奖。5月18日,紫光股份、清华科技园荣获科博会自主创新奖。6月2日,同方股份、紫光股份入选“2011中国电子信息百强”。6月17日,同方泰德荣获“第七届精瑞科学技术奖”。10月21日,同方股份荣获“北京市软件和信息服务业25年突出贡献奖”。11月25日,同方电脑被评为“中国软件和信息服务信息安全领军企业”。12月9日,同方泰德荣获“科技创新产品奖”。

(宋慧宇)

【重点项目】 2011 年 1～12 月全市工业固定资产投资累计完成 751.9 亿元，同比增长 46.7%，12 月环比增长 11.7%。工业投资占全市固定资产投资比重 12.7%，比 2010 年同期增长 2.9 个百分点。其中城镇工业投资完成 673.3 亿元，同比增长 51.98%，占全部工业投资比重 89.55%；农村工业投资完成 78.58 亿元，同比增长 13.23%，占全部工业投资比重 10.45%。扣除煤气、水、电生产供应业投资，北京 6 大产业全年完成固定资产投资 580.7 亿元，同比增长 62.57%。

京东方第 8.5 代薄膜晶体管液晶显示器件项目于 2009 年 8 月开工，计划总投资 280 亿元，2011 年累计完成投资 149.2 亿元。项目建设一条第 8.5 代薄膜晶体管液晶显示器件（TFT—LCD）生产线，设计产能为 9 万片/月，玻璃基板尺寸为 2200 毫米×2500 毫米，产品主要以 26"、32"、47"、52" 及 55" 液晶电视显示模组为主，产能 9 万片/月。

中芯微电子厂房工程于 2006 年 8 月开工，计划总投资 119 亿元，2011 年累计完成投资 35.7 亿元。项目将产能由 2 万片/月提高到 5 万片/月。

北京现代三工厂于 2010 年 12 月开工，计划总投资 64.9 亿元，2011 年累计完成投资 41 亿元。项目一期形成 30 万整车生产能力，新建四大生产工艺车间，新建公用设施和辅助能力。

长安汽车一期工程于 2010 年 12 月开工，计划总投资 65.6 亿元，2011 年累计完成投资 28.5 亿元。项目建设冲压、焊装、涂装、总装四大工艺车间，新能源及试制车间，外观检测厂房、整车 RDC 库及公用工程、冲压件库，以及办公楼、试车跑道、成品车停车场、环保工程等。项目新增各类设备 1510 台（套），其中进口 266 台（套）。项目建成后将新增自主品牌乘用车（含轿车、SUV、新能源汽车）等 20 万辆生产能力。

北汽自主品牌乘用车项目于 2011 年 3 月开工，计划总投资 50.5 亿元，2011 年累计完成投资 16.7 亿元。项目购置土地建设乘用车生产基地，一期设计产能 15 万辆/年，中长期规划产能 30 万辆/年。新建焊装、涂装、总装车间和 PDI 车间等以及动力中心、充电间、污水处理站、燃气调压站等公用配套用房，购置生产质量管理、生产管理等设备，敷设电力、热力、给排水、消防等管线，完成道路、绿化等配套工程建设。

北汽福田蒙派克、迷迪、欧马可多功能车技术改造项目于 2010 年 1 月开工，计划总投资 36.4 亿元，2011 年累计完成投资 7.8 亿元。项目新建冲压车间、焊接车间、涂装车间、总装车间、货厢车间、车架冲压和车架车间、大 VAN 联合车间、部件车间、配送中心、公用及办公生活设施。年产 20 万辆多功能汽车。

三一北京制造中心电气园建设项目于 2009 年 3 月开工，计划总投资 25 亿元，2011 年累计完成投资 6.7 亿元。项目征地 68.87 万平方米，总建筑面积 36.98 万平方米，包括 8 栋厂房、1 栋办公楼及配套设施。购置并安装主要生产及配套辅助设备 778 台（套），并配套供配电、通风、给排水、燃气等厂区管网的铺设。

天坛生物疫苗产业基地项目于 2010 年 5 月开工，计划总投资 25.68 亿元，2011 年累计完成投资 4.7 亿元。项目新建厂区总建筑面积 24.8337 万平方米，主要生产百白破疫苗、麻风腮疫苗、乙肝疫苗、乙脑疫苗、脊灰疫苗、流感疫苗、β 干扰素，同时建设物料中心、质保楼、研发中心、实验动物房及污水处理站等设施。购置设备、仪器，满足生产条件，进一步开发新产品。

国家地理信息科技产业园项目于 2011 年 3 月开工，计划总投资 150 亿元，2011 年累计完成投资 16 亿元。项目总占地 66.67 万平方米左右，一期建筑面积 80 万平方米，主要包括国家地理信息公共服务平台、国际地理信息产业基地、国家地理信息软件基地和国家地理信息创业孵化基地。

北京高端轨道交通装备产业园建设项目（一期）于 2011 年 8 月开工，计划总投资 66.7 亿元。项目建设北京轨道交通设备产业基地，生产城市和城际轨道交通车辆（含低地板车辆）、高速动车组核心部件、中低速磁悬浮车辆、大功率交流传动电力机车、大型轨道养护机械，以及研发新能源产品，同时建设2个研发中心。先期形成年产300辆城轨车辆、100辆中低速磁悬浮车辆、100辆低地板车辆的生产能力。

北京奔驰生产能力扩充及研发中心项目（一期）于2011年6月开工，计划总投资81.79亿元，2011年累计完成投资1.5亿元。项目扩建现有MRA（后驱）产品生产线，并生产MRA新车型，规划产能21万辆/年，并建研发中心。研发中心包含试制车间、试验室、试车跑道、设计楼等设施，可年产13万辆E级、C级轿车。

北京汽车动力总成基地一期建设项目于2011年1月开工，计划总投资40.12亿元，2011年累计完成投资6.8亿元。项目新建发动机联合厂房（一期）、变速器联合厂房（一期）、库房、综合站房等设施。购置发动机生产工艺设备及软件系统共373台（套）；购买瑞典威格尔变速箱厂（原萨博变速箱厂）生产技术及服务，收购瑞典威格尔变速箱厂（原萨博变速箱厂）的原有变速器生产线，补充MT变速器生产设备及购置CVT变速器生产相关设备共607台（套）。在基地生产区内建设电力、热力、给排水、消防、道路、绿化等公用动力设施和市政配套设施。

北京北控绿产聚光型光伏发电（CPV）芯片及模组生产线项目于2011年6月开工，计划总投资10.7亿元，2011年累计完成投资1.11亿元。项目建设聚光型光伏发电（CPV）芯片生产线和模组生产线，形成年产125兆瓦CPV芯片（中间产品）生产能力，并最终形成150兆瓦聚光型光伏太阳能系统产能的完整产业链。

年内，重大工业项目落地协调推进小组办公室召开相关协调调度会议7次，实地调研督导2次，共协调推进项目90项次，形成了两期共23个项目的推进方案和纪要。纳入2011年协调推进机制的194个项目涉及总投资额2984.41亿元，2011年累计完成固定资产投资403.6亿元，占工业重点产业全年投资计划420亿元的96%。

（规划处）

【企业帮扶】 3月1日，召开北京市经济运行与重大工业项目推进工作会。市帮扶企业工作协调小组、重大工业项目落地协调推进小组成员单位的41个委办局和16个区县的有关负责同志参加了会议。制定“一企一策”政策，及时跟踪有关问题的进展情况，截至年底，共收到疑难问题59个，已解决24个。市经济信息化委、市财政局、市统计局共同制定《关于促进2011年工业平稳发展若干措施》及相关实施细则，安排财政资金用于企业流动资金贷款贴息和保增长奖励各区县分别制定了地区扶持政策。市经济信息化委、市商务委、市国税局、北京海关、北京出入境检验检疫局、国家外汇管理局北京外汇管理部和16家企业参加外经贸座谈会，共收到45个问题，现场解答了25个，其余问题会后有关委办将工作进展情况对企业进行了反馈。市经济信息化委、市国土局、市规划委、市住建委和14家企业参加了帮扶企业解决土地历史遗留问题会议，推动完善土地征地和供地手续。

（经济运行处）

【工业布局】 《北京市“十二五”时期工业布局规划》对外发布。

工业布局的总体思路是：以开发区等重点园区为主要载体，进一步优化产业园区服务功能，进一步促进产业向园区集聚、向新城集中，进一步促进产业空间与功能耦合，最终形成“三级载体支撑、四区一带布局”的产业发展格局。“四区、一带”即北部地区为国家战略性新兴产业策源地；南部地区为高端制造业和战略性新兴产业发展新区；东部地区为制造业与服务业融合发展示范区；西部地区为京西传统工业转型升级示范区；生态涵养区为生态涵养区绿色产业发展带。布局优化的主要任务：一是规范产业发展的空间载体，力促产业集聚园区化；二是加强配套服务与政策调控，推动产业发展生态化，推广生态工业园建设模式；三是实施增量控制与“腾笼换鸟”，促进用地开发集约化；四是鼓励产业布局的统筹联动，实现功能配置协同化。

（布局处）

【首钢搬迁】 2011年，首钢搬迁工作总体进展顺利，取得了重要的阶段性成果。首钢北京钢铁主流程停产工作顺利完成。按照国务院批复要求和市委、市政府的工作部署，1月13日，在首钢文馆举行了首钢北京钢铁主流程停产仪式，国务院副总理张德江、市委书记刘淇、国务院副秘书长肖亚庆，市长郭金龙等领导出席，国务院首钢搬迁调整工作协调小组成员单位、首钢地区规划建设及产业调整工作领导小组和首钢搬迁协调领导小组成员单位的有关领导参加了停产仪式。首钢北京钢铁主流程全面停产，标志着首钢搬迁顺利完成，也是首钢实现转型发展的新起点。

首钢停产职工安置工作全部完成，涉及职工均得到妥善安置。组织协调市有关部门和首钢总公司积极采取措施安置停产职工，制定细化方案、有序分流职工。按照“六对六清”工作原则，采取新项目转移安置、发展新产业项目、设备拆除及留守护厂、内退、离岗待退和社会分流等11条渠道安置职工；广泛征集信息，推荐就业岗位，组织全市各系统向首钢提供1.8万个就业岗位信息；协调市有关部门制订进一步支持首钢停产职工就业的政策；加强对职工的思想政治和宣传工作，职工安置政策得到了广大职工的认可和拥护。

首钢与下游产业对接工作取得阶段性成果。加强首钢与下游产业重点企业交流合作，积极推进首钢转型发展，发挥各自的产品技术及研发制造优势，钢铁生产及资源优势，延伸拓展上下游产业链，促进双方实现多领域广泛合作，提升核心竞争力，实现共赢发展。首钢与北车集团、金风科技签署战略合作框架协议。

（市首钢搬迁协调领导小组办公室）

【对口支援与区域合作】 产业援建和区域经济合作工作开展顺利。5月成立了产业援建和区域合作办公室。深入调研，形成了北京市经济信息化委《关于推进对口新疆和田地区产业援助工作的实施意见》，为进一步推进产业援疆指明了方向。推进产业援建和区域经济合作。已有9家北京工业企业落户和田，预计总投资33亿元以上。投资1400万元的金隅集团与兵团农14师合作建设的水泥搅拌站项目，实现销售收入4000万元，利润400万元。

（规划处）

【央企服务】 2011年，市经济信息化委重点推进49个央企工业项目在京落地，涉及总投资额866.87亿元。其中，航空航天产业14个，投资额432.9亿元；装备制造产业16个，投资额122.11亿元；软件与信息服务产业1个，投资额150亿元；基础产业13个，投资额86.78亿元；生物医药产业2个，投资额27.48亿元；汽车产业1个，投资额25.6亿元；都市产业1个，投资额20亿元；电子信息产业1个，投资额2亿元。为加大推进力度，纳入绿色审批通道加快项目手续办理的项目16个，涉及投资额284.35亿元；纳入市重点建设项目计划的项目16个，涉及投资额415.93亿元。

围绕6个战略合作框架协议开展服务工作。一是推进燕房合作。部署了《2011年推进燕房合作重点任务分解》，通过贴息、拨款等方式，安排5094万元工业发展资金，支持燕化重大项目建设，并将10个项目纳入绿色审批通道和重大项目落地协调推进机制。燕山石化投资项目合计66项、投资总额约240亿元。二是推进北京市与中国北车进行战略合作进程。3月13日，北京市与北车签署战略合作框架协议，确定北车在京建设“一个总部和两个园区”，即北车国际化经营型总部、轨道交通科技创新园和现代高端轨道交通产业园。产业园项目已于6月24日奠基，9月28日开工建设，预计2012年9月达产。三是落实市政府与中国兵器装备集团公司战略合作框架协议。推进中国兵器装备集团公司长安自主品牌轿车基地、北京长安汽车工程研究院落户北京。长安汽车北京基地生产的新能源车，6月24日已经下线，年底实现100辆电动出租车在房山区示范运行。长安自主品牌轿车基地计划投资43亿元，将形成年产50万辆自主品牌新能源汽车、乘用车的生产能力。四是推动北京市与海军签署战略框架合作协议。8月24日，中国人民解放军海军与北京市人民政府签署军民融合创新发展战略合作框架协议，将共同建立和完善军民融合创新发展的机制。五是落实市政府与三大电信运营商战略合作框架协议和无线城市建设合作框架协议。协调解决三大电信运营商在信息化基础设施建设中遇到的难点问题，加快信息化标准与政策制定，打造良好的信息化基础设施建设环境，促进运营商投资的尽快落实。

（经济运行处）

【中小企业】 2011年，北京市中小企业工作在推动政策法规完善、中小企业服务体系建设、强化融资服务等方面，着力解决中小企业发展瓶颈问题。

组建领导小组，完善工作机制。成立了由30个相关委办局及部门组成的北京市促进中小企业发展工作领导小组，苟仲文副市长任组长，领导小组办公室设在市经济信息化委，形成了全市促进中小企业发展工作的协调机制。

地方立法和政策制定。起草了《北京市中小企业促进条例（草案稿）》和立项报告。制定了《北京市人民政府关于贯彻国务院进一步促进中小企业发展若干意见的实施意见》（京政发［2011］17号），提出了30条促进中小企业发展的政策措施，确定了22项重点工作任务，明确牵头部门和参加部门，确保相关政策措施得以有效贯彻落实。编制并发《北京市“十二五”时期中小企业发展促进规划》。规划提出了“十二五”时期促进中小企业成长的指导思想、总体思路、发展目标、发展重点、主要任务和重要措施及条件保障。同市财政局编制完成了《北京市中小企业公共服务平台网络建设总体方案》，已开始分步实施。

融资服务体系建设。建立市区两级中小企业融资服务体系，加强与金融机构和中介机构的合作，开展创新服务，搭建“融资绿色通道”，搭建北京市中心企业投资服务平台。年内，北京市中心企业投资服务平台共组织开展融资培训22场，千余家企业、45个行业协会参加了培训，带动区县开展融资培训超过2000家，通过该平台为119家企业，融资16.72亿元。6月份，“‘北京中小·成长之星’中小企业集合信托计划”推出，截至年底，共发行52期集合信托产品，为156家中小企业融资18.465亿元，北京市中小企业创新融资额度已连续2年位列全国第一。

创投基金监管服务。完善中小企业创业投资引导基金的日常管理制度，加强对合作创投公司绩效考核、考评、退出等制度建设，保证引导基金规范运作。引导基金财政资金规模为9.2亿元，截至年底，引导基金以参股方式与国内优秀创业投资机构合作设立了17支子基金，基金总规模为26.5亿元，其中引导基金协议出资约6.78亿元，合作创投机构协议出资约19.76亿元。对58家民营中小企业进行了股权投资，其中投资于战略新兴产业、文化创意产业的项目占投资项目总数的96%。

培训服务工作建设。推进实施“中小企业银河培训工程”、“育林工程”、“企业健康成长计划”等项目，面向初创型、成长型的中小企业，围绕政策咨询、投资融资、创业创新、转型升级、管理提升、企业信息化等主题推进培训工作。年内共举办市级中小企业专题培训57次，覆盖中小企业近2500家，培训各类管理人才4000名。

（中小企业处）

【企业技术创新体系】 截至年底，全市共认定市级企业技术中心14批，市级及以上企业技术中心共386家（其中国家级企业技术中心46家，市级企业技术中心340家）其中，装备制造产业93家，占24%；电子信息产业43家，占11%；基础产业48家，占13%；都市产业43家，占11%；生物医药产业27家，占7%；汽车交通产业9家，占2%；其他行业8家，占2%；软件与服务产业64家，占17%；建筑产业51家，占13%。呈现出覆盖行业范围面广、重点行业比重大的分布格局。

技术中心企业创新投入加大，创新能力提升。运行监控的285家市级认定工业和软件信息化服务企业技术中心2011年技术开发经费支出额合计238.8亿元，比上年增长43.5%；企业研究与试验发展人员总计73409人，占企业职工总数的14.9%；企业技术开发仪器设备原值合计107.7亿元。

技术中心创新效果显著。2011年285家市级认定工业和软件信息化服务企业技术中心合计新产品销售收入1948.6亿元，产品销售收入占企业产品销售收入的比重为35.6%；新产品销售利润299.2万元，占企业产品销售利润比重为41.3%。截至年底，285家市级认定工业企业技术中心近5年拥有全部专利合计11566项，其中拥有全部有效发明专利合计1406项。

（科技处）

【引智与培训】 引进海外人才工作以新能源汽车、汽车关键部件及京东方8代线技术作为重点。共申请项目36个，聘请外国专家216人次。为"物联网（绿色城市）"、"云计算"以及"萨博（北汽控股）"核心技术引进海外技术支撑团队。与美国盛世集团合作，帮助北京电控集团建立海外"高端人才培养基地"。派出"政务安全"等出国培训团组60人次。

组织第十四届北京市工业和信息化职业技能竞赛总结表彰活动。竞赛共产生231名"北京市工业和信息化高级技术能手"，106名北京市行业技术能手，28名北京市工业最佳操作能手，有39名同志获"优秀教练员"奖，50同志获"优秀工作人员"奖，首钢总公司等20个单位获"优秀组织奖"。9月下旬，组织两批共70名获奖选手、优秀工作人员、好教练员赴西北地区考察。12月分别举办了"网络管理信息安全"和"维修电工"培训班，约80名获奖选手参加培训。

（人事教育处）

【节能环保】 工业能耗降幅显著。2011年工业能耗2329.7万吨，同比下降15.34%。万元工业增加值能耗降幅明显。

年内，编制并发布《北京市工业及软件和信息服务业"十二五"时期节能节水规划》，编制"十二五"节能指标分解方案，编制《北京市节能机电设备（产品）推荐目录》（第一批）和《北京市高耗能落后机电设备（产品）淘汰目录》（第一批），编写工业企业节能管理制度规范，建立工业重点用能企业月报制度。推动工业领域合同能源管理项目实施，组织了京能集团石景山热电厂等5个合同能源管理项目签约，预计节能量3万吨以上。开展节能、节水宣传及技术推广工作，开展节能示范企业测评工作，在重点用能企业中评选节能先进示范企业。联合相关部门累计对26家企业实施清洁生产审核完成验收，组织专家评议审核，新确定18家清洁生产咨询机构。开展大宗固废及煤矸石利用状况调研。推进落实淘汰落后产能相关工作，退出38家"三高"企业，组织上报国家关闭小企业的工作计划，协调推进东方化工厂搬迁等工作。

（节能与环保产业处）

【禁止化学武器履约工作】 2011年，编制下发了《关于进一步加强我市禁化武履约工作的通知》；依法按时完成16个批次21097吨监控化学品的申报进口初审工作，完成3个批次2.02吨监控化学品的使用许可工作；按时完成北京地区10个厂区2010年度宣布数据的采集、审核和上报工作；组织召开了4次监控化学品企业进口经营情况季度调度会；对全市所有取得行政许可的监控化学品企业，全面开展了现场检查工作；完成了北京市监控化学品防扩散工作预案的编制工作；组织召开北京市监控化学品进口企业工作会、禁化武履约培训会、履约专家座谈会等专题会议；完成国家禁化武办交办的承办国家履约部际协调机制联席会、协助国际核查员过境北京等有关工作；编发4期《北京市禁化武履约工作简报》，与河北、天津等部分省市禁化武办开展履约交流。

（基础与新材料产业处）

【政府信息公开】 2011年，市经济信息化委上报各类信息300条，市委市政府采用100多条，上报各类调研报告10篇。通过政务公开栏目共公开政务信息567条，其中公开文件54件，均及时移送到政府信息公开大厅、市档案馆、图书馆，合格率和及时率达100%。

（办公室）

【折子工程】 2011年，市经济信息化委共承担各项折子15类186项，主办109项，协办77项。其中，列入市绩效任务的市政府折子、重要实事、新农村建设3类折子共50项，主办33项，协办17项，均按时完成。

（办公室）

【"两会"建议、提案办理】 2011年，市经济信息化委共接收人代会建议41件、政协提案54件，所有建议、提案全部办理完毕。

（办公室）

【宣传工作】 做好重大工程、经济运行等新闻发布和宣传工作，采用大型活动、座谈会、说明会等形式，利用广播、电视、报纸、网络等媒体。全年组织新闻发布会和情况通报会等10余场，媒体专访6次。在北京日报、北京晚报、京华时报、新华社等媒体组织报道105篇，北京电台、北京电视台等媒体报道15次。

（办公室）

区县工业

东城区工业

【综述】 2011年，东城区规模以上工业企业实现工业总产值69.6亿元，同比增长11.3%，增速比2010年提高1.3个百分点；实现销售产值64.4亿元，同比增长9.1%，增速比2010年提高2.2个百分点，保持平稳增长的发展态势。工业出口有所加快，规模以上工业出口企业实现出口交货值6.0亿元，同比增长24.6%，增幅比上年提高13.6个百分点，呈现出较快增长的良好势头。其中，医药制造业实现出口交货值2.6亿元，同比增长55.2%，拉动工业企业出口增长20个百分点。工业重点企业贡献显著，东城区规模以上工业企业共40家，其中全年累计总产值过亿元的企业有13家。这13家工业企业全年累计实现工业总产值61.0亿元，比上年增加6.9亿元，对全区规模以上工业企业增长的贡献率为97.1%。

（张金生）

【电力迎峰度夏工作】 年内，召开东城区2011年电力迎峰度夏前期工作部署会，按照“属地管理区域调控、重点单位保障优先、促进节电移峰”的工作原则，编制了东城区2011年电力“迎峰度夏”运行保障方案。合理安排调控负荷，严格推行4级调控；深入开展节电移峰工作；启动夏季电力应急预案，保障电网安全运行。通过对244个用电单位采取调控措施，调控负荷为7.5万千瓦，确保迎峰度夏工作任务的完成。

（张金生）

【节电移峰系列活动】 年内，组织节能专家深入全区开展“五进两促”活动，即“进企业、进社区、进公建、进机关、进学校”，开展用电检查和节能服务；“促节电、促移峰”。进企业。深入北京同仁堂股份公司等重点工业企业对电力设备进行能源诊断，挖掘能耗下降空间，引导企业推行节能改造。进公建、进机关。深入北京饭店、北京国际饭店、政府机关等地，加强温度控制，评估空调、动力、照明设备的运行效率，提出节能建议。进社区、进学校。深入民安社区、东四九条小学等地，开展形式多样的节能宣传和电力安全检查，普及节电知识，着力提高用电高峰期间的节能意识。活动中向社区居民和学生分发节电宣传手册300余册。北京电视台财经频道对进社区活动进行全程拍摄，用于全市电力宣传片制作。

（张金生）

【电力管理】 年内，编制《东城区电力突发事件应急预案》，预案中规范了电力突发事件的等级分类，确定不同等级突发公共事件的启动程序，明确各相关单位的职责。通过整合现有电力突发事件紧急处置资源，建立分工明确、责任到人、优势互补、常备不懈的电力突发公共事件保障体系。

（张金生）

【煤炭管理】 年内，北京市天坛煤厂公司、金泰汇通公司通过煤炭经营资格年度年检，取得煤炭经营许可。定期对煤炭进货、销售、储煤量和价格等方面进行监测，并将监测数据上报。

（张金生）

【景泰蓝工艺】 年内，北京市珐琅厂被文化部评定为国家级非物质文化遗产——景泰蓝制作技艺生产性保护示范基地。在第十二届中国工艺美术大师作品及国际艺术精品博览会上，国家级大师钟连盛创作的《小聚宝盆》景泰蓝系列荣获特别金奖；高级工美技师李静创作的《游》景泰蓝系列作品荣获金奖。北京市珐琅厂建造了一台景泰蓝行业最大的天然气烧焊活大炉，炉长3米、宽2米、深3米，由燃气、温控、炉体、吊车系统组成，最大可以烧制直径2.2米的大瓶或3平方米的景泰蓝平面、半平面产品。

（张　莉）

【玉器工艺】　年内，在第五届北京工艺美术展上北京玉器二厂国家级高级工美大师张志平设计的玉器作品《净瓶观音》获得特别金奖；北京市三级工美大师刘锦茹设计的彩蛋作品《银花丝镶嵌彩蛋珍品松鹤图》获得金奖。在第一届北京工艺美术创新设计大赛中由北京玉器二厂玉石文化研究室集体创作的玉石盆景《国色山前》获得优秀作品奖；高级工美大师王喆希玉石盆景《天上人间》获得优秀作品奖。

（孟凡婵）

西城区工业

【综述】　2011年，西城区规模以上工业企业累计完成工业总产值721.6亿元，比上年增长8.3%。整体看，2011年西城区规模以上工业企业发展保持了平稳增长的态势，生产、销售等均呈上升趋势。

能源供应业支撑全区工业稳定增长。是年，西城区规模以上工业企业累计完成工业总产值721.6亿元，其中能源供应业企业累计完成产值622.4亿元，比上年增长5.9%，占西城区规模以上工业企业的86.3%，生产情况良好。能源供应业一直是西城区工业经济的支撑行业，在生产、销售、盈利水平等各个方面都显示出了明显强势，是西城区工业整体实现盈利的重要力量。

销售产值增长，产销衔接较好。随着国内外经济形势的不断向好，西城区企业销售产值逐步升高。全年，西城区规模以上工业企业累计实现工业销售产值728.4亿元，比上年增长9.3%，累计产销率为100.9%，工业品产销衔接维持在相对较高水平。

大中型企业成为全区工业的中坚力量。截至年底，西城区共有大中型企业19家。年内，区内大中型工业企业累计完成工业总产值661.7亿元，与上年相比增长5.4%，占全区工业总产值的91.7%。大中型工业企业呈现平稳增长趋势，是全区工业的中坚力量。

工业企业经营情况良好。年内，全区规模以上工业企业累计实现主营业务收入741.2亿元，与上年同期相比增长10.6%；累计实现利润总额41.8亿元，是上年同期的1.6倍；盈利企业总数达到47家，占全区规模以上工业单位总数的73.4%。各项主要财务指标显示，西城区工业企业2011年经营情况良好，为下一年的发展奠定了良好的基础。

（刘海红）

【广安产业园发展】　年内，申报中关村国家自主创新示范区工作取得阶段性进展，以菜市口为中心，总占地规模约2平方公里的广安产业园用地项目已经由市政府专题会研究通过，原则同意将其纳入中关村自主创新示范区空间发展规划。修改完善《广安产业园概念规划及城市设计方案》。深入细致开展园区各地块调研工作，不断完善园区规划调整工作。重点项目建设取得重要进展，国家知识产权局专利业务楼拟落户该区，《中国知识产权交易中心组建方案》已进入具体实施阶段。与中国版权保护中心合作推动创建国家数字版权产业基地，签署了《推动创建国家数字版权产业基地合作协议》，完成国家数字版权基地建设可行性研究报告。

（刘海红）

【德胜科技园发展】　年内，修改完善德胜科技园政策区范围调整方案，拟扩大政策区（含广安产业园）面积至993.5公顷。启动新政策编制工作，制定园区孵化器、出版产业、设计产业等专项政策。完成高新技术人才评审工作，评选出10名高新技术突出贡献人才候选人。继续推进园区重点项目建设，完成中国北京出版创意产业园区9层公共服务平台装修，核心区共入驻出版创意类企业27家，完成一期建设与招商工作；完成中国设计交易市场装修改造设计方案并开始施工，启动招商工作。已与部分国际知名设计机构签订入驻意向书。开展高新技术企业研发费用加计扣除备案；举办中关村“1+6”政策培训宣传会，组织140余家企业参加培训；启动高新技术企业复审，53家企业提交复审材料；组织园区企业申报第二批中关村“十百千”工程。完成科技园2010年度政策兑现。举办2011年企业新春座谈会，启动功能街区融资平台签约仪式，已为园区企业融资约5200余万元。

（刘海红）

【中小企业发展】 年内，研究制定《西城区“十二五”中小企业发展规划》、《西城区促进中小企业发展的实施意见》。积极推进集合融资工作，发行西城区第一期集合信托产品，满足了5家中小企业低成本融资3800万元的需求。提升项目储备能力，建立西城区中小企业项目管理库，做好项目储备。提升人才服务，开展“百日网上招聘”等活动，搭建吸引人才的长效平台。加大政府采购支持力度，完善自主创新产品（服务）的政府采购工作机制，举办中小企业、非公经济政府采购对接会，引导有条件的企业进入自主创新产品名录。开展促进中小企业发展专项资金支持工作和非公有制企业奖励兑现工作。组织企业积极申报国家、市级各类专项资金，全年，4家企业共获得资金支持970万元，完成12家企业项目备案。研究建立促进中小企业、非公有制经济发展工作领导小组，形成促进中小企业、非公有制经济健康发展的合力。积极开展治乱减负工作。通过自查、抽查等多种形式，对全区行政事业单位收费情况进行检查。组织有代表性的企业与市减负领导小组面对面座谈，成效显著。不断完善信用担保体系建设，充分利用区财政担保资金、融资平台，成效显著。全年共对19家中小企业进行贷款担保，担保金额10980万元，小额担保贷款项目16笔，担保金额138万元，有效缓解了中小企业贷款难问题。

（刘海红）

【电力管理】 年内，制定《2011年西城区迎峰度夏工作方案》及《2011年西城区冬季供电保障方案》，编制《西城区电力突发公共安全事件应急预案》，并由区应急办统一发布。做好老旧小区电力改造工程。西什库26、28号院，阜外北四巷2～5楼电力改造工程正在收尾阶段；京泽苑小区、新文化街84号、信德园小区、右安门内西街1号院、玉桃园三区前期手续已完成，拟准备明年开工建设。

（刘海红）

【节能减排】 年内，对“十二五”节能规划进行修改完善。制定《西城区建设绿色城区行动计划实施方案（2010～2012）》。举办2011年节能宣传周系列宣传活动，全面宣传节能理念，倡导低碳生活方式。开展金融街节能潜力调研，启动金融街大型公建改造示范项目。组织全区5000吨标煤以上重点用能单位开展节能培训，完成重点用能单位能源管理负责人备案及能源利用状况报告的审查工作。在全市率先实行“十二五”节能指标按行业细化分解。完成了《西城区“十二五”期间平房煤改电调研》。推进重点项目工程建设，完成70余处公共机构热计量改造；提供资金支持，对14个节能改造项目、1个能源审计项目以及5个清洁生产审核项目提供资金支持1394万元，改造后拟节约能耗4637万吨标煤。

（刘海红）

朝阳区工业

【综述】 2011年，朝阳区实现地区生产总值（GDP）3272.15亿元，占北京市GDP比重的20.13%。其中，第一产业实现增加值1.16亿元，同比下降0.15%；第二产业实现增加值362.66亿元，同比增长13%；第三产业实现增加值2908.33亿元，同比增长17.18%。三次产业结构为 0.04：11.08：88.88。

工业经济保持快速增长。全区 335 家规模以上工业企业全年累计完成现价工业总产值 1185.36 亿元，同比增长 13.9%。实现增加值 275.31 亿元，同比增长 15.4%，占第二产业增加值的 75.91%。实现主营业务收入 1255.99 亿元，同比增长 13.6%；实现利润总额 95.49 亿元。同比增长 46.4%。

高技术制造业产值下降。100 家高技术制造业企业全年实现工业总产值 213.69 亿元，同比下降 0.4%，占全区工业总产值的 18.03%，实现主营业务收入 214.26 亿元，利润总额 32.0 亿元。

（陈　珊）

【电子城创新实践基地成立】　8 月 23 日，电子城科技园北京市博士后（青年英才）创新实践基地揭牌仪式在电子城 IT 产业园内举行。首批获准成立博士后（青年英才）创新实践基地工作站的鼎桥通信技术有限公司、北京合众思壮导航技术有限公司、德信无线通讯科技（北京）有限公司 3 家公司获北京市人力资源及社会保障局颁发的“实践基地工作站”牌匾。实践基地的挂牌标志着电子城具有了为朝阳区的高新技术企业引进和培养更多高层次科技人才和管理人才的新渠道，在促进企业与高等院校、科研院所对接上有了新的平台。

（陈　珊）

【帮助小微企业破解融资难题】　10 月 26 日，朝阳区望京创业园与杭州银行、南京银行、交通银行、北京银行、中国银行、中国工商银行、中国民生银行、中信银行等 9 家银行的支行共同签署战略合作协议，为创业园小微企业提供 25 亿元授信额度。创业园与北京华霖合创投资管理有限公司、中孵创业投资有限公司、北京海风联投资中心 3 家风险投资公司签署协议，联合开展合作。园区通过严格的调查和筛选，与全维智码信息技术（北京）有限公司、北京融通联信息技术有限公司、易贝乐教育科技（北京）有限公司、爱科凯能科技（北京）有限公司 4 家企业签订了首批投资意向。

（陈　珊）

【产业发展】　年内，全区工业共涉及 30 个行业、6 大支柱行业。包括：煤炭开采业，石油和天然气开采业，通信设备、计算机及其他电子设备制造业，电力热力的生产和供应业，电气机械及器材制造业，非金属矿物制品业，分别实现工业总产值 336.2 亿元；147.1 亿元、125.6 亿元、98.98 亿元、85.2 亿元和 80.2 亿元，其中增幅前三的行业依次为非金属矿物制品业、煤炭开采业和石油天然气开采业，同比分别增长 51.39%、38.68%和 17.94%。

（陈　珊）

【园区建设】　年内，电子城科技园实现总收入 1860 亿元，同比增长 49.4%；实缴税费 89.9 亿元，同比增长 54.1%；利润总额 177.7 亿元，同比增长 14.4%。出台了功能区和高新技术产业“十二五”规划编制和建设项目联席会制度，形成严密完善的体系保障，进一步推进了 IT 产业园、国际电子总部、爱立信二期、E8－2 恒基伟业等重大项目建设和“北扩控规”调整。全年园区 23 个重点建设项目、14 个基础设施项目累计完成固定资产投资 23 亿元。新增企业 200 余家，其中注册资本金 1000 万元以上企业 11 家，1000 万元以下企业 54 家；内资企业 61 家，外资企业 4 家。

（陈　珊）

【产业结构调整】　年内，全区产业结构更加优化，经济发展协调性持续增强，基本形成现代服务业主导、高新技术产业支撑、文化创意产业集群发展的产业格局。第三产业比重达到 89%。以国际金融、商务服务为代表的现代服务业快速发展，加拿大蒙特利尔银行、中国国际期货总部等 280 多家金融机构相继入驻，总量达到 1250 余家，占全市的 25%。文化创意产业加速聚集，市级产业集聚区达到 8 个，居各区县之首。CBD——定福庄国际传媒产业走廊集群发展态势明显，营业收入占全市 1/4。新移动通信、新生物医药、新能源等战略性新兴产业稳步发展。

（陈　珊）

【中小企业发展】　年内，中小企业主管部门强化政策宣传力度，加强与区内各行业协会的联系，召开行业协会专题会，认真做好与北京中小企业网的对接，扩大政策的普及面。先后组织推荐 50 余家企业申报国家、北京市专项资金，帮助企业解决资金短缺难题，促进产业健康发展。年内共有 11 家中小企业获得 3903 万元国家、北京市专项资金扶持。拓宽融资渠道。依托区中小企业一体化融资平台，与中国工商银行、中国建设银行、北京银行等多家金融机构及担保机构进行对接，帮助企业在创业板上市融资等多种融资形式，进一步拓宽中小企业融资渠道，形成中小企业、专业机构、金融企业、政府部门相互支持、资源共享的共赢发展模式。充分发挥朝阳区促进非公有制中小企业发展专项资金的扶持作用，对区内 45 家中小企业给予 2000 万元资金扶持，促进中小企业提升创新能力和核心竞争力。

（陈　珊）

【企业技术改造】　年内，该区共核准及备案工业、软件类企业投资和技改项目 39 个。项目以电子信息、生物医药、通信设备等高技术产业投资、技术改造为主，总投资额 18.24 亿元。

（陈　珊）

【5 家企业荣获“国家重点新产品”证书】　年内，经科技部认定，朝阳区有 5 家企业的项目产品被评为 2011 年度国家重点新产品，荣获“国家重点新产品”证书，这 5 家企业的项目产品分别是新华都特种电器股份有限公司的“变频调速用干式整流变压器 ZTSFG（H）”、北京时代凌宇科技有限公司的“自组织无线传感网监测控制系统”、北京世纪国瑞环境工程技术有限公司的“城市粪便无害化处理设备 CGEET－FBCL”、北京第七九七音响股份有限公司的“D0702/D0702B 型高音压缩驱动器”以及北京承天倍达过滤技术有限责任公司的“自动反冲洗过滤器 41FV3113”。

（陈　珊）

【高新技术企业认定】　年内，朝阳区认定并进行公示的高新技术企业共计 131 家，其中电子城科技园区外高新技术企业 102 家，园区内 29 家。北京市认定并进行公示的该区高新技术企业 129 家，占全市的 10.2%。截至年底，朝阳区累计共有高新技术企业 637 家。

（陈　珊）

【5 项目列入市自主创新产品目录】　年内，朝阳区有 4 家企业的 5 个项目被列入北京市第十二批自主创新产品目录，它们分别是北京双鹤药业股份有限公司的注射用哌拉西林钠舒巴坦钠 4∶1（商品名“一君”）、北京魁方时业新型建筑材料技术有限公司的 KF 幕墙式轻质防火保温装饰干挂板系统、新华都特种电气股份有限公司的海洋平台三相干式整流变压器、新时空（北京）节能科技有限公司的路灯监控终端单灯和控制器。截至年底，朝阳区共有北京市自主创新产品项目 311 个。

（陈　珊）

【建设动态监测平台】　年内，朝阳区重点能耗企业在线动态监测平台建设工程正式启动。项目建成后将对该区 2000 吨～5000 吨级标煤的 207 家各类能耗企业进行全面的动态监测。

（陈　珊）

【开展低碳城区发展模式研究】　年内，朝阳区与西门子公司、市节能中心共同调研城区低碳实施路径的工作，并统筹协调区统计局等相关部门，完成低碳研究的初稿、终期稿件及征求意见稿和专家评审工作，该项目已经通过市发展改革委、市科委的终期评估，并制定了《低碳研究实施方案》。

（薛　蕾）

【推进“东北热电中心”建设】　年内，朝阳区积极推进东北热电中心建设工作，协调沟通市发展改革委、市规划委、市热力集团和区循环经济园区等部门，落实热电中心的选址、热电平衡分析、占地补偿协调等工作，并力求合理计算全区能耗，为“十二五”节能降耗工作奠定基础。

（薛　蕾）

【编制节能管理规划】　年内，全面启动编制朝阳区“十二五”节能规划、“十二五”公共机构节能规划、“十二五”能源规划 3 个规划的编制工作，理清全区节能潜力、能源结构、能源发展布局等相关能源重大问题，提出“十二五”能源、节能减排的发展目标、发展格局和工作措施。

（薛　蕾）

【电力应急保障有序开展】　年内，朝阳区加强 110 千伏输电线路的安全检查，消除 8 个街乡电力安全隐患 12 处。下达线路保护区内停止施工通知书 12 份。消除重点线路安全隐患

23 项。加强对有限空间电力安全的检查，协调电力企业对有限空间作业制定了应急救援预案和安全规定细则。

（余合喜）

海淀区工业

【综述】 2011 年，全区实现地区生产总值 3145.8 亿元，同比增长 13.5%，增速比上年同期提高 0.2 个百分点；实现财政收入 1309.30 亿元，增长 26.8%；区级财政收入实现 241.76 亿元，高于上年同期 50.82 亿元，增长 26.6%。实现社会消费品零售额 1383.1 亿元，同比增长 10%。全社会固定资产投资额完成 625.3 亿元，增长 16%。

年内，海淀区规模以上工业企业实现工业总产值 1304.91 亿元，占全市总量的 9.2%，同比增长 2.1%；规模以上工业完成主营业务收入 1785.1 亿元，同比增长 6.2%；实现利润 111.0 亿元，同比下降 3.9%；累计完成工业销售产值 1304.84 亿元，同比增长 3.7%。其中，累计实现出口交货值 79.38 亿元，同比增长 1.1%；内销工业销售产值 1225.46 亿元，同比增长 3.9%。全区 27 个重点行业大类中有 19 个行业工业总产值实现增长。

全年电子信息产业实现工业产值 478.1 亿元，同比增长 7.6%，占全区总产值比重为 36.64%；实现利润总额 31.9 亿元，同比增长 15.6%；出口 35.8 亿元，同比下降 15.8%；存货 73.2 亿元，较上年增加 2.1 亿元。名列前五位企业工业总产值同比增长平均速度为 5.34%，2 家超过 13%，1 家下降。企业出口下降明显，存货量不断增加。

装备产业产值、利润下降明显，出口较上年大幅提高。全年实现工业总产值 460.3 亿元，同比下降 8%，占全区工业总产值比重为 35.3%；实现利润总额 48.7 亿元，同比下降 20%；出口 33 亿元，同比增长 44.7%；存货 176.2 亿元，较上年增加 9.5 亿元。名列前五位企业中华锐风电下降较大，其余 4 家均保持较快增长，5 家企业平均增速为 23.9%，对装备产业以及全区工业增长产生很大影响。

基础产业保持稳步增长。全年实现工业总产值 180.7 亿元，同比增长 7.5%，占全区工业总产值比重为 13.85%；实现利润总额 10.3 亿元，较上年同期增加 1.3 亿元，同比增长 14.4%；实现出口 3.2 亿元，较上年同期下降 0.6 亿元，同比下降 15.8%；存货 34.1 亿元，较上年增加 6.1 亿元，同比增长 19.65%。排名前五位企业中 1 家企业工业产值下降，4 家增长，其中蓝星石油增长 43.1%，拉动整个产业增长较为明显。

都市产业持续较快增长。全年实现工业总产值 96.8 亿元，同比增长 12.6%，占全区工业总产值比重为 7.4%；实现利润总额 7.5 亿元，与上年持平；实现出口 6.6 亿元，较上年增加 0.4 亿元；存货 14.6 亿元，较上年增加 0.1 亿元。排名前五位企业中 3 家实现工业总产值增长，1 家与上年持平，1 家下降；大北农增长突出实现同比增长 65.5%，三元食品实现 20%的增长，由于三元食品在 2012 年将迁出海淀，将对都市产业以及全区工业带来一定影响。

交通运输产业实现较快增长。全年实现工业总产值 49.6 亿元，同比增长 17.8%，占全区比重为 3.8%；实现利润 4.1 亿元，较上年同期增加 0.1 亿元；实现出口 0.3 亿元，较上年同期增长 0.1 亿元；存货 20.4 亿元，较上年同期增加 5.4 亿元，同比增长 36%。名列前五位企业产值同比增长均保持 17%以上，其中 2 家同比增长在 30%以上。

医药产业持续低迷，产值下降。全年实现工业总产值 22.2 亿元，同比下降 11.6%，占全区工业总产值比重为 1.7%；实现利润总额 8.4 亿元，较上年增长 2.3 亿元，同比增长 16.4%；实现出口 0.6 亿元，较上年同期下降 0.1 亿元；存货 4.5 亿元，较上年增加 1 亿元。排名前 5 位企业中 2 家保持较快增长，工业总产值分别为 53%、35.6%；3 家企业工业总产值下降。

（侯 硕）

【30个重点产业项目实现新开工建设】 4月，落实区委区政府2011年重点工作任务，加快推进已签约项目建设，树立核心区发展新形象。北部聚集区范围内计划新开工产业项目共30个，总占地面积104.06公顷，总规划建筑面积184.02万平方米，其中2011年实现开工建筑面积149.9万平方米；总投资额123.7亿元，其中2011年计划完成34.3亿元。

新开工的30个项目中，位于实创股份公司3个专业园区（永丰基地、环保园和创新园）的项目有15个，占地面积85.2公顷，规划总面积151.02万平米，其中2011年可实现的开工建筑面积116.9万平方米，总投资额93.7亿元，其中2011年计划完成投资21.3亿元；位于软件园内的项目有15个，占地面积18.86公顷，规划总面积33万平方米，其中2011年可实现的开工建筑面积33万平方米，总投资额30亿元，2011年计划完成投资13亿元。

（侯　硕）

【25家企业进驻海淀北部】 7月2日，大唐电信等25家企业进驻海淀北部的中关村翠湖科技园，其中有16家从事电子信息行业、5家从事能源环保和新材料行业、4家从事生物医药和航天信息行业，这些企业均为国家重点支持的新兴产业，企业投产后总收入将突破240亿元。海淀北部地区总建设用地规模约69平方公里，截至年底，海淀北部已有近350家各类企事业单位签约入驻，从业人员总数约4.2万人。海淀北部将以北清路为轴，发展软件与信息服务、新材料、新能源与环保、信息通信、生物工程与新医药五大产业板块，形成面积约40平方公里的研发型高新技术产业聚集带。

（侯　硕）

【重点建设项目开工】 11月9日，中关村科学城一批建设项目集体开工。中关村航天科技创新园、中关村航空科技园、现代轨道交通产业技术研究院、信息服务创新园开工仪式隆重举行。中关村航天科技创新园、航空科技园、现代轨道交通产业技术研究院、信息服务创新园是加快建设中关村科学城，打造高端产业集群的重要载体，是北京市支持中关村科学城建设的重点项目。中关村科学城建设取得初步成果。一是创新了工作机制，建立了责任明确、协调有力、长效运作的项目联合调度机制，形成央校、央所、央企等各方力量协同建设科学城的积极态势。二是加强规划引领和政策推动。发布了《中关村科学城发展规划（2011～2015）》，进一步明确了科学城发展定位、创新任务和实现路径。研究制定了《北京市人民政府关于加快建设中关村科学城的若干意见》，提出了21条支持措施。三是一批重大项目取得阶段性进展。分三批与35家高校院所、企业签署了合作协议，共建12个产业技术研究院、24个特色产业园、1个央企研究所、3个技术转移中心。其中，在海淀区建设有11个产业技术研究院、20个特色产业园和3个技术转移中心。目前，纳入科学城建设的73项新建及改造工程项目中涉及海淀区的项目有55项。

（侯　硕）

【北航国际航空航天创新园奠基】 11月20日，北航国际航空航天创新园举行奠基仪式。作为中关村科学城建设的重要组成部分，北京国际航空航天创新园位于北航校园内，规划建筑面积22.7万平方米，地下4层、地上24层，高度99米，3年建成并投入使用后，将成为中关村科学城的地标性建筑。

（侯　硕）

【园区建设】 1～11月，海淀园经济整体运行平稳，园区总收入、工业总产值、上缴税费、利润总额、研发投入、出口创汇等经济指标均实现增长。除实缴税费总额、利润总额同比增速上升外，园区总收入、工业总产值、科技活动经费支出及出口总额等指标同比增速稍有放缓。

园区总收入增速基本平稳。1～11月，园区实现总收入7124.8亿元，同比增长17.3%，增幅较1～10月下降了0.9个百分点，整体增速基本稳定。海淀园实现总收入占整个示范区的46%，同比增速高出示范区3.3个百分点。其中，实现技术性收入1386.6亿元，同比增长16.3%，增速较1-10月下降了1.4个百分点；实现产品销售收入2079.9亿元，同比增长12.9%，增速较1-10月下降了

0.8 个百分点；实现商品销售收入 3203.8 亿元，同比增长 22.4 %。

园区工业经济保持增长，但增速继续放缓。1～11 月，园区规模以上工业企业实现工业总产值 1045.2 亿元，同比增长 2.8%，较 1～10月增幅下降了 1 个百分点，占示范区工业规模的 22.7%。受统计口径制度发生变化、工业固定资产投资持续下降等多种因素影响，海淀园工业经济发展滞后于全市平均水平，低于整个中关村示范区 8.3%的增长速度。1～11 月，海淀园规模以上企业实现利润总额 469.1 亿元，占整个示范区的 43.5%，同比增长 19.1%。

1～11 月海淀园总体利润率（利润/总收入）为 6.6%。从企业层面来看，园区 1919 家企业盈利，1072 家企业亏损，亏损面为 35.2 %，亏损企业主要集中在总收入规模 1000 万元以下的企业，这些中小微企业面临着巨大的资金压力，受国家银根紧缩的影响非常明显。1～11 月，园区实缴税费总额继续保持增长，同比增速稍有上升。园区规模以上企业实缴税费总额为 310.1 亿元，占整个示范区的 41.6%，同比增长 16.3%。

创新投入方面。1～11 月，园区期末从业人员达到 569520 人，同比增长 10.8%，其中科技活动人员为 194849 人，同比增长 11.4%。企业创新投入继续保持增长，1～11 月，园区科技活动经费内部支出 299.8 亿元，同比增长 21.2%。

创新产出方面。1～11 月，整个园区规模以上企业实现技术性收入 1386.6 亿元，同比增长 16.3%。1～10 月，园区技术合同成交总额为 311.7 亿元，同比增长 13.2%。1～10 月，园区企业发明专利授权量 2631 个，同比增长 17.2%。

1～11 月，园区规模以上出口企业实现出口总额 65.0 亿美元，占整个示范区的 31.4%，同比增长 60.6%。

（侯　硕）

【工业发展规划编制工作】 年内，海淀区经济和信息化办公室组织开展海淀区“十二五”时期工业发展规划编制工作，提出了依托海淀区丰富的科技、人才、资金等资源，以建设具有全球影响力的科技创新中心为核心，打造现代工业技术创新辐射源，建设新兴工业培育区、北京创造核心区和创新发展示范区的发展目标。

（侯　硕）

【信息化建设】 年内，按照重大应用带动核心技术突破和产业升级、推动经济社会领域信息化发展模式创新的基本思路，围绕打造具有全球影响力的科技创新中心的总体目标，以建设“智慧海淀”为指导，编制了《海淀区“十二五”时期信息化及重大信息基础设施建设规划》，实现信息基础设施国际领先的智慧城区、引领企业自主创新的一流数字园区、具有国际竞争优势的信息产业高地、城市运行管理精细有序的智能典范、数字公共服务惠及民生的幸福家园，实现“数字海淀”向“智慧海淀”的全面跃升。《规划》在信息基础设施、信息化应用、信息产业等 3 方面重点规划了 14 大类任务。

（侯　硕）

【重点产业化项目】 年内，共有 44 个项目，申报重点产业化项目股权投资专项资金，其中电子信息 28 个、新材料 3 个、高端制造业 9 个、生物医药 4 个，项目所属技术领域是海淀区重点支持的战略性新兴产业。共 21 个项目通过审查，9 个项目纳入海淀区重点产业化股权投资支持项目，共投资 6900 万元，其余 12 个项目纳入备选库。

（侯　硕）

【加快推进企业信用体系建设】 年内，完成《海淀区企业信用体系建设工作方案》及《海淀区企业信用体系建设支持办法》编制工作，并于 7 月 13 日正式印发。提出了率先在北京市和全国建设完善的企业信用体系，率先建立健全企业信用信息归集和交换共享机制，逐步形成全区统一规范的企业信用信息数据库，统筹设计和推广应用信用产品，引导培育企业建立现代信用制度的发展目标。

（侯　硕）

【淘汰落后产能】 年内，扎实推进海淀区“三高”企业退出工作，制定并印发了《海淀区 2011 年退出高污染高耗能高耗水工业企业工作方案》，对 13 家“三高”企业实施了关停退出。贯彻落实财政部、工信部《关于印发〈中央财政关闭小企业补助资金管理办法〉的通知》精神，组织申报海淀区关闭“三高”小企业计划，有6家企业列入关闭计划。

（侯　硕）

【节能减排和绿色发展】 年内，贯彻落实《北京市清洁空气行动计划（2011～2015年大气污染控制措施）》，积极推动北京市翔牌墙体材料有限公司、北京市西六建材有限责任公司关停建筑渣土烧结砖生产项目。在海淀区重点工业用能企业中开展能源消耗情况与节能潜力调查、能源管理工作测评和推荐节能示范企业活动，推荐了北新集团建材股份有限公司等5家节能示范企业。贯彻落实《绿色海淀2011年行动计划》，组织专业园区上报清洁能源改造计划，积极推动软件园“软件广场太阳能电站项目”建设。贯彻市委市政府《关于进一步加强水务改革发展的意见》精神，深入挖掘工业再生水利用潜力，在园区产业基地和重点工业用水企业中开展工业再生水利用潜力调查工作。贯彻市环保局、市经济信息化委《关于做好工业园区“十二五”污染防治工作的通知》精神，组织园区产业基地制定了“十二五”污染防治工作方案。

（侯　硕）

【落实支持创新企业政策】 截至年底，海淀区已有4142家企业取得高新技术企业资质。组织实施高新技术企业备案工作，共受理企业申报材料2412份。组织实施2011年度高新技术企业资质复审工作，共受理企业申请1405家，经专家评审程序，1379家企业通过资质复审。启动2011年度高新技术企业认定工作，共受理企业申请635家。举办认定政策宣讲会，培训人数达800余人次。推进落实示范区高新技术企业税收优惠政策，为1020家高新技术企业出具园区注册证明。

年内，经严格审查，支持订标资助专项21家企业的21个项目，支持金额230万元；订标奖励专项34家企业的104个项目，支持金额226万元；采标奖励专项1家企业的14个项目，支持金额30万元；中国标准创新贡献奖专项1家企业的2个项目，支持金额14万元。合计支持金额总计500万元。

落实区政府采购自主创新产品试点工作。征集并组织报送海淀区2011年第三批、第四批政府采购新技术新产品项目，组织企业申报2011年北京市第十二批自主创新产品认定工作。新增企业102家次、134项北京市自主创新产品，占北京市同期新增产品的54.3%。目前海淀区有971家企业的2902项目列入全市自主创新产品目录，其中认定22家企业的首购产品30项和21家企业的26项首台（套）重大技术装备示范项目，海淀区的自主创新产品、首购产品和首台（套）项目分别占全市的62.0%、50.0%和56.5%。

（侯　硕）

【专利申请授权量全面增长】 年内，海淀区专利申请首次突破3万件，达32412件，占全市的41.6%，同比增长30.3%。其中，发明专利申请首次突破2万件，达22701件，占全市的50.4%，同比增长31.4%；专利授权16800件，占全市的41.1%，同比增长21.4%。其中，发明专利授权9048件，占全市的57%，同比增长36.7%。

（侯　硕）

【上市企业统计情况】 年内，上市企业累计205家。其中，境外上市企业56家，国内A股76家，新三板挂牌73家。

（侯　硕）

【发布“十二五”高新技术产业规划】 年内，海淀区发布了《“十二五”时期高新技术产业发展规划》。规划提出：围绕打造我国战略性新兴产业策源地的目标，坚持巩固提升与新兴培育相结合，以培育战略性新兴产业为核心，以提升电子信息产业为重点，加快新兴技术突破与产业化应用，推进技术融合与产业融合发展，做优做强软件与信息服务业、通信产业、科技服务业3大竞争优势产业，培育壮大新能源与节能环保、生物、航空航天、新材料等4大新兴产业，构建特色鲜明、优势突出、成长性好的高新技术产业体系。

（侯　硕）

丰台区工业

【综述】 2011年，全区255家规模以上工业企业实现总产值456.7亿元，同比增长10.7%；实现增加值106.3亿元，同比增长6%，占全区地区生产总值的12.7%，占全市工业增加值的3.5%；实现工业投资40.6亿元，同比增长124.1%，占第二产业投资的99.3%。产业结构进一步优化。现代制造业企业和高技术企业分别完成工业总产值186亿元和66.9亿元，比上年同期增长7.9%和10.7%，占全区工业总产值的40.7%和14.7%。主要行业实现正增长。全区产值排名前十位的重点行业中，有8个行业呈上涨态势，其中交通运输设备制造业排名首位，实现总产值97.8亿，占全区总产值的21.4%，工艺品及其他制造业、非金属矿物制品业、通信设备、计算机及其他电子设备制造业增幅均超过20%。

坚持一手抓“高”端引进，一手抓“低”端退出。一方面立足于丰台区区情，积极对接央企和行业龙头企业的优势资源，重点引入高端制造、科技研发、工程服务、总部型等集约用地、高附加值的经济形态，大力发展高端装备制造业、战略性新兴产业以及2.5产业；另一方面深入推进“三高”退出，确保用2年时间完成全区38家“三高”企业退出的工作任务。年内，丰台区已完成20家“三高”企业退出，共释放土地空间186万平方米，每年减少能耗1.7万吨标准煤，减少水耗21万吨，减排废水13万吨，减排废气3万余立方米，减少固体废弃物排放939吨。

坚持一手抓重“大”项目，一手抓“中小”企业。一方面大力推进新兴际华集团“两园两院一联盟一中心”应急救援科技产业项目和中国北车“一园两院一总部”轨道交通产业项目开工建设，按照“大集团支持、大项目带动、园区化运作”的发展思路，努力形成完整产业链和特色产业集群；另一方面全面贯彻落实《丰台区关于进一步促进中小企业发展的实施意见》（丰政发［2011］46号），成立丰台区促进中小企业发展工作领导小组和区中小企业服务中心，搭建中小企业服务信息化平台，加强中小企业服务体系建设，促进丰台区中小企业服务能力和创新创业能力的提升。

坚持一手抓“特色产业”培育，一手抓“传统产业”升级。一方面充分发挥丰台区的比较优势，通过政策引导、资金扶持、龙头带动、项目支撑、服务到位，依托国家轨道交通基地、新兴际华应急救援产业基地，促进轨道交通、军民结合、应急救援3大特色产业做大做强；另一方面积极引导存量传统工业企业转型升级，推进企业技术改造和产品升级，推动企业兼并重组和资源整合，促进区域产业结构调整和产业空间布局的优化。

坚持一手抓“经济运行”，一手抓“信息化建设”。一方面加强对丰台区工业及软件和信息服务业的监测分析，及时掌握重点行业、企业运行情况，确保产业健康运行和平稳增长；另一方面统筹推进全区信息化建设，建立统筹机制、搭建合作平台，重点围绕“一轴两带四区”的信息化建设以及园博会、世界种子大会等重大项目的信息化保障开展工作，制定《“智慧丰台”行动计划》，打造“智慧丰台”。

（刘嫱吟）

【“一园两院一总部”项目】 3月13日，北京市政府、丰台区政府与中国北车集团签署《战略合作协议》，打造“一园两院一总部”项目。即北车集团在丽泽金融商务区建设国际化经营型总部，集团相关的生产性现代服务业公司随总部入驻丰台区。对二七机车厂实施结构调整和战略转型，在其原址建设“轨道交通科技创新园”，并率先投资建设“高端轨道交通产品研发中心”和“轨道工程机械研发中心”，打造具有国际水准的轨道交通科技创新基地。项目总投资达20亿元以上，到“十二五”末实现营业收入300亿元。

（刘嫱吟）

【“两园两院一联盟一中心”项目】 11月5日，推动北京市科委、丰台区政府、新兴际华集团签署《战略合作协议》，引导大型央企新兴际华集团在丰台区投资建设“两园两院一联盟一中心”的应急救援产业项目。市委市政府对该项目高度重视，12 月 6 日，市委书记刘淇来到丰台区对该项目进行了调研，并对产业发展思路表示了肯定。

（刘嫱吟）

【扶持中小企业发展】 年内，制定出台了《丰台区关于进一步促进中小企业发展的实施意见》，提出了成立丰台区促进中小企业发展工作领导小组，加强对中小企业工作的统筹规划、组织领导、资源整合和政策协调；设立区中小企业发展专项资金，加强各部门促进中小企业发展资金的统筹；建设中小企业公共服务体系；成立丰台区中小企业服务中心等。

（刘嫱吟）

【中小企业服务信息化平台建设】 年内，丰台区提出了构建“一个平台、二个网站、三个数据库、四项互动服务、五个便捷沟通”的中小企业服务体系，即搭建一个全区 5 万家中小企业的服务平台；建设区中小企业服务网站和区经济信息化委门户网站。完善丰台区中小企业数据库、政府服务部门数据库、金融中介机构数据库。实现“企业与政府，企业与中介，政府与政府，企业与企业”之间的互动交流。使用统一的特服号码——63812345，实现政府与企业之间的“电话通、短信通、传真通、邮件通、网站通”。

（刘嫱吟）

【区域能耗信息平台建设】 年内，丰台区充分运用信息化手段，选择了全区重点耗能单位安装用能监测系统，实现能耗数据的在线监测、动态分析和管理决策。目前，一期上线 45 家单位已启动能效管理工作。

（刘嫱吟）

石景山区工业

【综述】 2011 年，受首钢涉钢产业搬迁调整影响，全区工业生产大幅下滑。1～11 月份，全区 79 家规模以上工业企业累计完成现价工业总产值 349.1 亿元，比上年同期减少 226.8 亿元，同比下降 39.2%，完成主营业务收入 691.6 亿元，同比下降 19.2%；实现利润 27 亿元，同比增长 15.5%；应交税金 18.2 亿元，同比下降 4.1%；出口交货值 27 亿元，同比增长 18%。累计生产钢材 84.1 万吨，同比下降 85.2%；累计发电量 81 亿千瓦小时，同比下降 7.8%；累计生产集成电路 2.4 亿块，同比增长 2.1%。

全区 26 家产值过亿元企业 1～11 月实现工业总产值 331.4 亿元，同比下降 39.5%，占全区工业总产值的 94.9%。

截至 10 月底，在大力实施节能减排和涉钢产业搬迁停产双因素的影响下，规模以上工业企业综合能源消费量 263.5 万吨标准煤，较去年同期下降 52.1%；万元工业产值能耗 0.755 吨标准煤，较去年同期下降 20.9%。

（李雅娜）

【首钢主流程停产仪式】 1 月 13 日，首钢北京石景山钢铁主流程停产仪式举行。中共中央政治局委员、市委书记刘淇出席仪式并为首钢总公司颁发“功勋首钢”纪念牌，中共中央政治局委员、国务院副总理张德江出席仪式并讲话。市长郭金龙等市领导，国务院副秘书长肖亚庆等有关部委领导、首钢总公司领导及荣华、周茂非、岳德顺等区领导出席了停产仪式。首钢北京石景山钢铁主流程停产结束了首钢 91 年的炼钢、热轧历史，首钢进入全新的产业调整与转型发展阶段，全力打造新首钢高端产业综合服务区，发展高端金属材料、高端装备制造、汽车零部件、生产性服务业、文化创业产业等新兴产业，预计 2015 年形成每年 1000 亿元以上的工业产值。

（李雅娜）

【动漫城建设及招商引资座谈会】 2 月 21 日，动漫城建设及招商引资座谈会成功召开。首钢总公司与石景山区共同参与招商引资工作，并同意“边改造、边申请、边投资”“三边”方案。

（李雅娜）

【重点项目验收】 3月17日，北京市重大工业项目——巴威公司“600兆瓦超临界‘W’火焰电站锅炉产业化”项目正式通过验收。该项目主要是利用巴威公司现有场地、工装和设备，通过技术改造，实现600兆瓦超临界“W”火焰电站锅炉产品的产业化。项目达产后形成每年4～6台生产能力，年新增收入约7亿元，税金7000万元。该项目实现了全世界首台该类型机组的产成和运行，具有重要的示范意义和推广价值，为发电行业的高效节能运行奠定了坚实的基础。9月，国家中小企业发展专项重点项目——北京东标电子有限公司高性能变频器装配测试生产线技术改造项目正式通过验收。东标电子为中关村石景山高科技园区的高新技术企业，本项目的实施，在节约能源、拉动就业、替代国外产品、促进行业升级等方面都起到了良好示范作用。

（李雅娜）

【中国动漫游戏城建设工作座谈会】 年内，文化部和北京市共同组织召开第二次中国动漫城项目建设推进协调会。会议就土地一级开发、800户拆迁、周边基础设施建设、公司组建、工作开展等五方面工作做了具体部署。文化部表示，将抓紧组建股份制联合公司，围绕五大功能做好产业规划，并从资源整合、项目支持、政策和资金支持等三方面全力支持动漫城项目建设，力争3～5年建设成为国家级动漫游戏产业园区，成为国际和国内有重要影响力的文化创意产业基地。

（李雅娜）

【帮扶中小企业进行资金申请】 年内，石景山区完成国家中小企业发展专项资金项目申报工作。共有25家企业申报国家中小企业发展专项资金，经严格审核，最终择优选取9家符合条件的企业进行报送，申报资金总额超过2000万元。

（李雅娜）

【中小企业帮扶工作】 年内，区经济信息化委实施加速中小企业发展“五大工程”。基础工程方面，加强调查研究，摸清底数。建立行业内重点企业库、服务机构资源库、企业项目库，完成石景山区鼓励支持中小企业发展工作的调研报告。创业工程方面，促进初创企业健康发展。积极发展“创业基地”和“公共服务平台”，推荐参与国家、市级创业基地和公共服务示范平台认定。成长工程方面，助推优质企业加快发展。加强对重点行业企业的政策信息对接、申报项目辅导、品牌建设培训等服务，协助高成长性企业做大做强。融资工程方面，破解中小企业融资难题。推进中小企业集合债券、集合信托、融资租赁等创新金融产品和服务，拓宽融资渠道。创新工程方面，促进中小企业创新发展。鼓励企业建立技术中心、制定国家标准。支持拥有自主知识产权和在行业内属于前沿技术的新产品的产业化和技术改造。

（李雅娜）

【中小企业发展专项资金】 年内，完成2010年石景山区中小企业发展专项资金的申报工作。通过公开征集，100余家中小企业申报项目，其中70余家通过初审，目前评审工作有序展开。

（李雅娜）

【促进中小企业发展】 年内，区经济信息化委积极促进中小企业快速发展。以制度建设为重点，充分发挥石景山区促进中小企业发展领导小组作用，加强对中小企业工作的统筹规划，营造企业发展的良好环境。以政策创新为重点，规划建立石景山区中小企业发展基地，切实降低中小企业发展成本，加强企业发展的空间保障。以拓宽渠道为重点，建立健全石景山区中小企业投融资服务平台，进一步拓展与驻区金融机构的服务联动机制。加大跨部门协调力度，建立起高效的投融资服务体系，着力帮助企业解决融资难题。以整合资源为重点，整合区内孵化器企业和其他服务资源，积极引导有潜力的写字楼宇向创业楼宇转化。以自主创新为重点，积极支持科技服务平台、科技创新型组织的建设，为中小企业技术创新提供良好的科技服务支撑。积极为中小企业开展产学研合作牵线搭桥，进一步提升企业的自主创新能力和市场竞争力。

（李雅娜）

【首钢搬迁】 年内，石景山区出台《支持首钢解除劳动合同人员就业创业办法》，加速推进首钢解合人员安置工作。加大财政支持力度，预留200万元中小企业发展专项资金用于首钢停产富余人员安置补贴。支持企业吸纳首钢解合人员就业，石景山区企业每吸纳1名首钢解合人员，签订1年以上劳动合同并缴纳社会保险的，给予一次性奖励1万元；签订劳动合同较多的，优先享受区各类产业扶持政策及资金支持。支持首钢解合人员自主创业，登记企业过程中所涉及的各项费用，按照实际支出给予资助，总额不超过1万元；新创办的企业按一定标准，2年内给予年度纳税补贴，最高不超过2万元。鼓励就业服务机构促进就业创业，对于成功为解合人员介绍工作和创业培训成效显著的就业服务机构，给予一定奖励。

（李雅娜）

【首钢职工安置工作有序推进】 年内，按照停产职工分流安置方案《实施细则》和《工作安排》，各单位保持生产班次不变，按区域分工划线，对设备进行加油、保护和封存，清理生产现场，并按3班组织人员巡逻护厂。各单位组织安排职工休年假和补休，对已确定去新基地、参加新项目的职工，1月份全部完成了休假。配合劳务派遣公司，迅速组织做好停产后协力工离厂的各项工作，4000名协力工安全稳定退出。按照职工意向，经过双向选择，劳动工资部门正有序推进职工解合、退休、内退等离厂审批工作，已为3700余名职工办理了劳动合同解除手续，并加紧做好解合职工的档案转移等工作。

（李雅娜）

【为首钢转型发展积蓄能量】 年内，首钢根据结构调整和发展战略要求，优化配置领导班子和干部职位、学历及年龄结构；组建技术服务团对口支援联合重组企业，提高实际工作能力和政治业务素质，加速培养复合型领导人才。以提高复合型能力和发展新产业需要为核心，充分利用政府、市场和社会3大人才资源平台，组织公司用人单位参加各类高层次人才招聘会。开办高端金属材料业、高端装备制造业、生产性服务业、文化创意产业4个“首钢新产业项目培训班”。

（李雅娜）

门头沟区工业

【综述】 2011年，全区规模以上工业完成总产值87.4亿元，同比增长21.2%；实现利润21.1亿元，同比增长36.5%；实现增加值47.7亿元，同比增长23%。

（刘　毅）

【亿元规模企业】 年内，规模以上工业企业中，销售收入超过亿元的12家企业累计完成工业总产值76.0亿元，实现销售收入76.0亿元，分别占全区规模以上工业总产值和销售总收入的87.0%和86.0%。

（刘　毅）

【高端商务区产业形态布局研究】 年内，贯彻落实区委十届十次全会精神和《关于落实“三个北京”行动计划，加快推进现代化生态新区建设的意见》文件精神，在深入调研的基础上，结合门头沟区实际，完成《门头沟区高端商务区产业形态布局研究》。

（刘　毅）

【“三高”企业退出】 年内，结合区域功能定位要求，以节能降耗为目标，积极推进“高污染、高耗能、高耗水”落后低端产业退出，推动发展方式转变，加快产业结构调整。研究制定出《门头沟区2011年淘汰落后产能工作实施方案》，明确相关部门工作责任、时间进度和工作措施，实行问责制，确保工作有序推进。深入企业认真做好政策宣传工作，争取企业积极主动退出。完成北京昊泰建筑材料有限公司的全部退出和人员安置。协调市经济信息化委、区工商局等部门完成北京首钢鲁家山石灰石矿有限公司和北京鑫海通建筑材料有限公司落后产能环节的注销，并制定人员安置、设备拆除等方案。

（刘　毅）

【出台促进中小企业发展实施意见】 年内，出台《门头沟区人民政府关于进一步促进中小企业发展的实施意见》（门政发［2011］23号）。

明确“十二五”期间中小企业工作目标和任务。进一步完善中小企业服务体系建设，推动中小企业创业基地建设，营造有利于中小企业发展的良好环境。进一步加大财政资金支持力度，促进企业做大做强。

（刘　毅）

【制定促进企业发展扶持资金管理办法】　年内，研究制定出《门头沟区促进企业发展扶持资金管理办法》（门政发〔2011〕18号），重点从4个层面支持企业发展。一是通过技术改造、贷款贴息、鼓励上市等政策，扶持企业发展壮大。二是培育高新技术企业，引导企业加强自主研发、品牌建设以及两化融合发展，推动企业做强。三是引进软件和信息服务业入区发展。四是鼓励担保公司、股权投资公司等金融机构为本区企业提供投融资服务。

（刘　毅）

【成立促进中小企业工作领导小组】　年内，建立促进中小企业发展工作领导协调机制，成立由常务副区长任组长，区经济信息化委、发展改革委、财政局等25个部门组成的促进中小企业发展工作领导小组，加强对中小企业工作的统筹规划、组织领导和政策协调。

（刘　毅）

【区中小企业融资服务平台建设】　年内，按照政府引导、市场化运作的原则，进一步完善门头沟区中小企业融资服务平台建设。充分发挥财政资金的引导和放大作用，建立担保风险补偿机制，实施贷款贴息和担保补助政策，完善政、企、银合作机制，建立“方式多样、覆盖广泛、专业高效”的投融资服务体系，着力解决企业融资难题。加强服务平台成员间的沟通协调，召开2次融资服务工作会，分析研究不同类型中小企业的融资需求和困难。区经济信息化委分别联合建设银行门头沟支行、北京银行门头沟支行、邮政储蓄银行滨河路支行开展了3次融资服务对接和培训活动，向银行推荐北京凝华科技有限公司等23家企业，完成贷款1.8亿元。促成北京意高科技有限公司等5家融资困难的企业通过担保公司担保获得贷款9200万元。

（刘　毅）

【建设区中小企业网】　年内，门头沟区着眼于提升中小企业服务体系的信息化水平，更好地服务于全区中小企业，建成区中小企业网，为全区中小企业提供政策、培训、融资、担保、创业等全面、综合的信息服务，实现了信息互动和资源共享。

（刘　毅）

【集成政策优势 引导企业发展】　年内，坚持把培育和支持现代制造业、高新技术产业等重点行业发展作为产业结构调整的主线。集成政策优势，通过积极协调和有效引导，鼓励企业开展技术改造、加快自主创新、进行品牌化建设。年内，累计为34家企业争取国家和北京市各类产业扶持资金813万元，有力地推动了北京京煤集团有限责任公司技术中心、北京成鑫金刚石有限责任公司粗颗粒人造金刚石单晶生产线技术改造等项目的建设，带动企业投资近7亿元。积极落实门头沟区扶持企业政策，对49家企业62个项目给予1738万元支持。全区工业结构进一步优化，现代制造业、高新技术产业分别实现产值23.5亿元和18.7亿元，分别同比增长37.2%和38.6%，远高于全区工业平均增速水平。两大重点行业分别占地区工业总量的26.8%和21.4%，比上年分别增长3.2和2.7个百分点，逐渐成为推动地区经济发展的重要行业。

（刘　毅）

【投资项目立项备案】　年内，共受理14个非政府投资的工业固定资产投资项目的备案申请，办理完成第一机械制造（集团）有限公司车辆科研生产试验基地建设等重点项目立项备案工作，有力地推动了地区招商引资项目的加快落地建设。

（刘　毅）

房山区工业

【综述】　2011年，房山区工业实现了全区工业总产值超“千亿”的历史跨越，共实现工业总产值1051.6亿元，同比增长8.8%；工业税收达到120亿元，占全区税收总数的60%；工业企业发展到3131家，职工达9.8万人。规模以上工业企业达166家，实现产值1014亿元，同比增长9.1%。其中，销售收入达到亿元以上的企业55家，100亿元以上的1家，50亿元以上的1家，10亿元以上的5家。

（房山区）

【重点功能区和重大产业项目有序推进】 北京高端制造业基地项目。8月18日，北京高端制造业基地正式挂牌，是房山区在原窦店基地的基础上获北京市批准的唯一市级规划基地，目前规划、拆迁、基建和水电等配套设施建设均在快速有序推进。在建重点产业项目有北车轨道交通装备产业园项目，该项目3月13日签约，6月24日举行了奠基仪式，9月份正式开工，3万平方米机车联合调试厂房开始建设。长安汽车项目的纯电动车试装已于6月24日下线，11月1日全面启动了组装工作，计划年底前出车100辆。京西重工减震器项目已经开始为奥迪、奔驰、宝马等厂商供货，年内可生产减震器15000支。北控新能源项目已于6月24日举行了开工仪式，一期工程中的芯片车间正在建设中，明年4月将建成投产。

北京石化新材料科技产业基地项目。积极推动石化基地B2、B6街区的规划、搬迁、征地等手续办理，加快项目落地步伐，实现产业链的延伸。截至目前，中石化燕山石化投资项目合计66项，投资总额近240亿元。项目全部实施后可新增销售收入613亿元，新增利税约115亿元。其中，3万吨溴化丁基橡胶、东方有机等已建成项目23项，完成投资40亿元。

北京海聚工程产业化基地项目。7月19日，海聚基地举行了基础设施启动仪式，配套道路基础设施正在施工，预计年内完成投资4000万元，2万平方米的科技孵化楼和2万平方米的物业服务楼正在进行开工准备。已有北京东易日盛家具装饰有限公司、北京飞航吉达航空科技有限公司等多个高新技术项目签订协议即将入园。

（房山区）

【招商引资】 年内，房山区工业新建、续建项目共计41个，计划总投资173.4亿元，项目实际到位资金47.3亿元。预计年可实现收入608.9亿元，利润51.6亿元，税金34.8亿元，安置劳动力8819人。重点签约项目——中日友好绿色产业园9月25日落户北京高端制造业基地。国能科技创新有限公司和国能纳米科技有限公司将成为首批入驻园区企业。项目投资总额20亿元，年产值约200亿元，年纳税28亿元。海聚基地有投资超过12亿元的高新技术项目签约入驻，建成后可实现产值50亿元。

（房山区）

【加大企业服务力度】 截至年底，到位担保项目239个，到位担保金额11.3亿元；累计办理担保项目928个，到位担保金额35.9亿元。举办大型企业经验交流会，按照项目落地、政策扶持、担保融资、企业管理、企业上市的发展轨迹，择取房山区典型企业进行经验交流，起到了政府引导、企业互动、共促提高的作用。

（房山区）

【淘汰落后产能】 年内，为完成在年内关闭年产30万吨以下水泥厂、所有石灰厂、石板厂和石材加工厂952家的淘汰落后产能任务，房山区政府5月19日印发了《房山区淘汰落后产能工作的实施意见》。成立了区领导亲自挂帅的房山区淘汰落后产能工作指挥部，抽调专人成立了淘汰落后产能工作办公室；建立了联席会制度，定期对淘汰落后产能工作进行研究部署；建立了信息报送制度，及时上报信息和工作进展情况；积极与市级部门沟通，争取政策、资金支持。12月10日起启动全面验收工作。截至年底，已关停各类企业950家。房山区实现了低端采掘业的全面退出，实现全区非煤矿山的有机整合，改变过去无序采掘造成的自然环境、天然植被遭破坏的局面，实现了资源开发、利用与保护的有机结合。

（房山区）

【信息化建设】 年内，投资850万元建设房山经济与信息化融合精品工程——房山经济信息港。目前已完成了前期方案设计、调整和资金安排，项目一期建设于9月22日全面启动，并获得了全国城市管理创新奖。与中国移动北京分公司签署“无线城市”建设框架合作协议，推进“智慧房山”信息化进程。推出了“波龙堡葡萄酒质量追溯体系”、“北京石油交易所交易平台”、“北京窦店高端现代制造业产业基地管委会招商展示门户网站”等一系列试点示范工程。

（房山区）

通州区工业

【综述】 2011年，通州区工业企业完成工业总产值689.2亿元，同比增长16.2%；销售收入746.8亿元，同比增长17.7%；实现利润34.7亿元，同比增长29.4%；增加值169.1亿元，同比增长17.4%；上缴税金42.1亿元，同比增长16.4%。其中，规模工业企业完成工业总产值589.8亿元，同比增长12.5%；销售收入636.4亿元，同比增长12.7%；实现利润30.7亿元，同比增长21.6%；增加值141.8亿元，同比增长13.2%；上缴税金28.5亿元，同比增长20.5%。

在区域规模企业中，光机电、都市、汽车零部件3大产业完成产值394.8亿元，同比增长12.1%，低于区域规模企业增速0.4个百分点，占区域规模工业产值的66.9%。规模以上现代制造业完成产值233.1亿元，同比增长7.9%，占区域规模工业产值的39.5%。在全区规模企业涉及的行业中，有23个行业同比实现了正增长，其中有13个行业增速在全区规模企业平均增速以上。增速在20%以上的行业有6个，较快的如医药制造业完成产值26.7亿元，同比增长37.9%。食品制造业完成产值25.6亿元，同比增长22.9%。通用设备制造业完成产值19.8亿元，同比增长42.1%。有4个行业同比下降，分别是木材加工及木、竹、藤、棕、草制品业，石油加工、炼焦及核燃料加工业，电气机械及器材制造业和通信设备、计算机及其他电子设备制造业。其中，电子设备制造业同比下降了8.2%，而上年是增长了18.4%，主要是受百纳威尔科技有限公司生产经营形势不好的影响。电气机械及器材制造业同比下降了2.9%，而上年是增长了18.9%，主要是受中轻太阳能电池有限公司、中轻昊宇光伏科技有限公司等企业影响。产值排在前五位的交通运输设备制造业、化学原料及化学制品制造业、专用设备制造业、烟草制品业和金属制品业完成产值272.4亿元，同比增长10.5%，占区域规模企业产值的46.2%。其中，交通运输设备制造业完成产值80.8亿元，同比仅增长8.1%，增速比上年下降了13个百分点。化学原料及化学制品制造业完成产值59.5亿元，同比增长12.7%。专用设备制造业完成产值51.9亿元，同比增长10.2%。烟草制品业完成产值43.1亿元，同比增长16.5%。金属制品业完成产值37.1亿元，同比增长6.4%。

（金绍光）

【招商引资和大项目引进】 年内，全区共引进投资1000万元以上项目50个，协议投资总额385亿元。其中，引进投资亿元以上项目19个，投资总额380亿元。截至年底，已竣工项目11个，竣工面积24.4万平方米；在建项目17个，投资87.3亿元，建筑面积199.9万平方米；新开工项目18个，投资94亿元，建筑面积98.4万平方米；拟开工项目34个，投资180.3亿元，建筑面积145.6万平方米。宝德伟业、北京医疗器械、利丰雅高二期、凯隆分析等11个项目竣工投产；动力总成、利星行奔驰、珠江CBD等一批续建项目进展顺利；摩比斯三期、卫星导航三期、苏宁二期等一批项目如期开工；宝联、婷美、京开产业园、汉威电子、动向集团、四环制药等一批项目加快办理开工手续。同时，华北油田北京产业园、中国仿真城、奔驰汽车零部件产业园等一批重大项目正在深入洽谈中。

（金绍光）

【农民就业产业基地】 年内，批准全区7家农民就业产业基地的规划土地面积为2085公顷，实际开发面积1515公顷，入区企业实际占地面积669公顷，剩余可利用土地面积1150公顷。7家基地基础设施投入达到15.6亿元，其中年内新增投入6345万元。入区企业达到440家，累计总投资273.5亿元，年内新增投入11亿元。基地内用工人数3.7万人。7家基地年内实现销售收入168亿元、利润7.95亿元、税金10.4亿元、增加值34.5亿元，分别占全区工业指标的22.5%、22.9%、24.7%和20.4%。

（金绍光）

【缓解小企业融资难题】 年内，共组织北京五木服装有限责任公司、北京艾迪尔助剂厂、辉煌家具有限公司等10家企业完成上报融资计划。经过反复核实与协调，融资1.02亿元已全部到位。其中，集合信托项目7家，资金总额5800万元；协调银行融资类项目3家，资金总额4400万元。按照国家发展改革委、工业和信息化部、财政部《关于做好2011年度中小企业发展专项资金项目申报工作》及《2011年度北京市支持中小企业发展专项资金使用指南》的精神要求，帮助企业进行产业升级改造。从上报企业中遴选出北京佩特来电器有限公司、北京京兰非织造布有限公司、长源朗弘科技有限公司等进行了申报，全年共申报25个项目，申请专项资金3360万元。增强了企业的发展动力，保证了企业的正常生产。

（金绍光）

【项目申报】 年内，对区内相关企业进行了调查，经核实对7个项目进行了核对和申报。截至年底，已有5家企业通过上级主管部门评审，支持资金已到位。推荐新材料产业重点企业及“十二五”期间重点建设项目。共确定新材料产业重点企业21家，推荐“十二五”期间新材料产业重点项目12个。为推进汽车与装备产业发展，推荐了2个汽车与装备类项目，扶持资金已经下拨到企业。

（金绍光）

【企业培训】 年内，做好企业信息化培训工作。组织7家农民就业产业基地有关负责人参加了“北京市中小企业信息化”培训班。走进园区为企业开展业务培训。会同通州开发区（东区）、信用担保机构，对开发区内13家有代表性的企业就做好中小企业发展专项资金的申报工作及集合信托等相关融资知识进行了培训。

（金绍光）

【重大工业项目跟踪服务】 年内，通州区工业项目列为北京市2011年重大工业项目共计6个，项目预计总投资59亿元。截至年底，1个项目竣工后正在进行设备调试，3个项目正在进行施工建设，2个项目正在办理前期手续，总体进展顺利。

（金绍光）

【核准、备案工业固定资产投资项目】 年内，完成核准、备案项目68件，总投资达94.4亿元。从项目类型看，完成核准项目7件、备案项目61件。从投资情况看，核准项目7件总投资4.8亿元，其中新建4家，增资扩建3家。备案项目61件总投资89.6亿元，其中工业厂房及配套设施项目38家，投资83.7亿元；技术改造项目23家，投资5.9亿元。

（金绍光）

【节能工作】 年内，制定了通州区工业节能降耗工作方案，进一步加大节能降耗的宣传力度，指导各乡镇、园区建立专门节能协调机构对40家耗能大户进行监测，积极督促13家“三高”企业退出及协助5家企业进行了节能技术改造工作，继续引导高耗能产业的转型及清洁能源综合利用，确保了2个“1万吨”指标任务的完成。

（金绍光）

【资源综合利用和清洁生产】 年内，积极配合北京市资源综合利用认证工作组，对本区北京福东气体制品有限公司、北京市碧水污水处理厂、伟翔联合环保科技发展（北京）有限公司、北京东方石油化工有限公司东方化工厂4家企业进行资源综合利用认定。对各乡镇、开发区的资源综合利用、清洁生产项目进行摸底、汇总，指导各乡镇、开发区做好相关项目的申报工作。年内通过了对2家企业的清洁生产审核，分别是北京展辰化工有限公司、北京京通奥得赛化学有限公司。

（金绍光）

顺义区工业

【综述】 2011年，顺义工业产销双双突破2000亿元，成为确保全市工业经济增长的有力支撑和重要区域带动力量。全区333家规模以上企业完成工业总产值2034.9亿元，占全市工业总量的14.3%，同比增长11.9%，高于全市工业增速4个百分点；完成销售产值2018亿元，同比增长12.6%；实现出口318.4亿元，同比增长11.2%；完成属地财税收入145.3亿元，其中地方财政收入21.9亿元，分别同比增长29%和60%，分别占全区总量的37.7%和27.1%。区内有产值1亿元以上企业127家，占规模工业企业总数的38.1%，累计完成总产值1944.2亿元，占全区工业总量的95.5%。其中，完成100亿元以上的企业3家，10亿元～100亿元的企业19家，1亿元～10亿元的企业105家。

（顺义区）

【主导产业实现平稳增长】 年内，交通运输设备制造业稳中求进。全区整车企业生产汽车80.2万辆，销售汽车79.8万辆。汽车及零部件企业实现产值1130.4亿元，同比增长12.2%，完成销售收入1149亿元，同比增长13.7%。贡献税收112.2亿元，同比增长34.1%，其中顺义区留成14.6亿元。吸纳就业23874人，本地用工11770人，本地化率49.3%。电子通信设备制造业增速稳定。电子通信设备制造业企业18家，完成工业总产值258.8亿元，同比增长4.6%，完成销售产值258.7亿元，同比增长7.1%。完成出口交货值226.8亿元，同比增长7%。都市工业各产业平稳运行。都市工业企业94家，完成工业总产值239.4亿元，同比增长19.1%，完成销售产值228.3亿元，同比增长15%，完成出口交货值21.2亿元，同比增长3.6%。通用设备制造业增速有所回升。通用设备制造业企业32家，完成工业总产值102.5亿元，同比增长5.1%，完成销售产值97.5亿元，同比增长6.6%，实现出口交货值22.9亿元，同比增长19.2%。基础工业平稳运行。基础工业企业51家，完成工业总产值229.4亿元，同比增长9.1%，完成销售产值235亿元，同比增长14.1%，完成出口交货值20.6亿元，同比增长29.7%。生物医药产业持续高位增长。生物医药企业21家，完成总产值25.2亿元，同比增长38.6%，完成销售产值20.1亿元，同比增长30.3%。

（顺义区）

【重大项目建设稳步推进】 年内，全区投资5000万元以上的产业项目100个，总投资887.05亿元。其中，50亿元以上项目4个，10亿元～50亿元项目12个，5亿元～10亿元项目10个，1亿元～5亿元项目62个。100个产业项目分属在装备制造、都市、基础与新材料、软件信息、总部等12个产业类别。100个产业项目开工建设58个，总投资634.46亿元，年内完成固定资产投资120.7亿元，其中年内完工项目21个，完成投资21.9亿元。

（顺义区）

【经济功能区建设扎实推进】 年内，15个经济功能区完成工业产值1213亿元，主营业务收入2345亿元，利润195.6亿元，分别同比增长12.4%、19.7%和12.3%。全年完成属地财税收入216亿元，地方财政收入45.1亿元，分别占全区总量的56%和55.7%。引进项目384个，计划投资额354亿元，当年实际利用外资2.44亿美元。区镇合作共建进展顺利。空港开发区与木林镇、赵全营镇开展合作共建，加快土地一级开发、基础设施建设和招商引资，为承接空港产业外溢做好土地和项目储备。物流基地携手大孙各庄镇，加快推进物流基地东区发展，新建水厂等基础设施建设。

（顺义区）

【百强企业引领经济发展】 年内，获得"顺义区域经济百强企业"称号的企业120家，其中工业58家，金融及服务类24家，航空及物流业15家，建筑业7家，区属8家，商业及其他企业8家。"百强企业"实现属地税收241.2亿元，地方财政收入49.6亿元，分别占全区总数的62.6%和61.3%。工业仍占据税收主导地位，属地税收中工业企业完成150.2亿元，同比增长55.6%，占“百强企业”税收总数的62.3%。汽车产业占绝对优势，汽车类企业12家，占20.7%，实现属地税收109.5亿元，占工业百强税收的72.9%，占百强企业税收总数的45.4%，其中北京现代汽车有限公司实现属地税收96亿元。

（顺义区）

【镇村经济持续快速增长】 年内，全区镇村二、三产业企业总数2.58万家（含个体），从业人员22.3万人，当年实现总收入1105.2亿元，利润71.1亿元，税收98.7亿元，同比分别增长23.4%、21.5%和24%。是年，镇村二、三产业为职工提供的劳动者报酬总额53.8亿元，同比增长26.4%。各镇在建产业项目110个，完成投资30.2亿元。各镇引进外商投资项目26个，协议投资额1.76亿美元，当年外商实际投资额1.6亿美元。镇村规模企业达到472家，全年实现收入915.2亿元，同比增长26.1%，占到镇村二、三产业总收入的82.8%，其中收入1000万元～5000万元（不含）的企业187家，5000万元～1亿元（不含）的企业82家，亿元以上企业120家。全区19个镇实现地方财政收入27.3亿元，同比增长26%。农村人均纯收入14314元，同比增长14.5%。各镇二、三产业基地完成基础设施投入7.9亿元，同比增长4%，当年新增入驻企业62家。截至2011年底累计入驻企业542家，当年完成总收入446亿元，同比增长15%，占镇村二三产业总收入的40.3%。

（顺义区）

【招商引资成效显著】 年内，全区共引进500万元以上项目306个，投资总额748.4亿元，其中亿元以上项目67个，10亿元以上项目15个。总投资111亿元的北京航天科工产业园、30亿元的正德人寿、22.6亿元的中国新华航空集团有限公司、20亿元的北京汽车集团汽车模具中心、15亿元的中信银行等一批投资规模大、带动能力强的总部型项目相继落户顺义。

（顺义区）

【企业发展活力不断增强】 年内，企业创新驱动能力不断提升。新发展国家级高新技术企业10家，江河幕墙成为首批国家技术创新示范企业。品牌培育成效喜人。“百强企业”争创中国驰名商标，“江河”、“鑫大禹”成功获得北京市著名商标称号。企业上市力度不断加大。朗姿服装、江河幕墙成功上市，区内上市企业达到12家。北京临空创业投资公司运营全面展开，为重点企业增资3328万元。发行2期中小企业集合信托，为22家中小企业融资1.73亿元。

（顺义区）

【基础工作扎实推进】 年内，全区工业系统产业项目核准备案65项，项目总投资160.51亿元，固定资产投资137.57亿元，占地面积230.22公顷，建筑面积159.17万平方米。中航工业北京航空产业园、临空国际高新技术产业基地等6个区域共12平方公里纳入中关村国家自主创新示范区范围。5家企业完成区级“三高”企业退出工作，3家企业完成市级“三高”企业退出工作。10家计划淘汰区级“三高”企业，完成统计上报、实地调查和准备退出申请材料工作。出台《顺义区关于进一步促进中小企业发展的实施意见》（顺政发〔2011〕30号）、《顺义区促进中小企业发展的扶持办法》（顺政办发〔2011〕21号），修订《顺义区工业和信息化发展资金使用办法》，2项扶持资金共计8000万元。

（顺义区）

【信息宣传工作成绩突出】 年内，区经济信息化委系统刊发《经济和信息化普刊》11期，《工作动态专刊》42期，《经济运行分析》12期，《重大产业项目专报》52期，《汽车产业专刊》12期，《基地建设专刊》4期，《重点经济功能区运行及建设情况》4期。信息调研被区内媒体采用，《顺义区情》采用30条，专刊采用5期，调研专刊采用2期，《顺义网城》采用42条，顺义调研采用1期。被市级以上媒体采用的信息有：《昨日市情》、《京郊信息》采用47条，市级及国家级行业媒体采用8条，市级以上新闻网站采用12条，其他新闻媒体采用18条。

（顺义区）

大兴区工业

【综述】 2011 年，新区规模以上工业产值完成 2742.4 亿元，同比增长 6.8%。其中，大兴区规模以上工业产值完成 469.8 亿元，同比增长 18%；工业总产值完成 609.5 亿元，同比增长 20.3%。全区工业固定资产投资 38.9 亿元，同比增长 49%。

（大兴区）

【重大工业项目建设】 年内，实现开工项目 14 个，总投资 58 亿元，占地 124.27 公顷。实现竣工项目 15 个，总投资 69.5 亿元，占地 135.27 公顷。

（大兴区）

【军民结合产业基地建设】 3 月，“北京市军民结合产业基地”获市经济信息化委批复。大兴区成立了由区长任组长、各相关单位为成员的加快推进军民结合产业发展领导小组。设立了军民结合产业基地筹备办公室，由区经济信息化委副主任担任筹备办公室主任。各项工作有序推进，一是大力开展招商引资工作。筹备办公室与市经济信息化委联合成立了招商工作组，先后与北京理工大学、北京航空航天大学、海军总部、航天科技一院 703 所等单位就有关项目进行了洽谈。航天科技一院十五所新能源汽车项目、市政中燕项目、嘉捷恒信项目即将进入起步区建设。二是积极推进基地土地开发。起步区 A3－01 等 6 个地块（31.07 公顷）已完成了土地一级开发手续，即将挂牌上市。22.27 公顷腾退土地正在准备一级开发立项手续。三是完成了国家新型工业化产业示范基地（军民结合）申报工作。四是完善园区基础设施。完成了起步区企跃路（部分）、长通路、长建路的改造，制定了靳北路、企跃路、企融路、长恒路的建设计划，正在办理相关手续。

（大兴区）

【土地开发项目落地】 年内，大兴区与开发区总公司合作，共投入 14.6 亿元用以工业用地一级开发，已上市挂牌和具备上市条件的产业用地共 147.07 公顷。采育新能源汽车产业基地中的采伟路、育政街、育英街、育祥街 4 条道路和 3 个电力开闭站及供热厂改造工程等已全部完工。

（大兴区）

【调整结构促产业发展】 年内，大兴区加强低效闲置资产腾退和园区基础设施建设工作。制定了《关于 2011 年大兴区工业发展资金（2 亿元）使用办法》，盘活及腾退低效、闲置产业用地 80 公顷，符合政策要求的园区基础设施建设投入 1 亿元。

（大兴区）

【退出“三高”企业】 年内，8 家“三高”工业企业退出污染环节，其中 5 家申报市级“三高”奖励资金。加强镇、村级产业结构调整力度。配合城乡结合部改造，探索产业转移模式，制定了《城乡结合部整体改造中相关产业的处理办法》。

（大兴区）

【推进企业上市】 年内，大兴区经济信息化委会同相关部门制定了《关于加快推进企业上市工作的意见》、《关于推进企业上市的若干政策意见》。积极帮助企业协调解决上市中遇到的困难，形成了梯队化管理的格局。是年，中化岩土工程股份有限公司、舒泰神（北京）生物制药股份有限公司、北京盛通印刷股份有限公司和北京京运通科技股份有限公司 4 家企业上市成功，共募集资金 43.5 亿元。

（大兴区）

【帮助企业融资】 年内，大兴区经济信息化委制定了《2011 年北京市大兴区工业企业贷款贴息政策实施细则》，利用区级 1000 万元资金，鼓励企业融资、扶持企业发展。不断完善中小企业贷款担保体系，帮助企业缓解融资困难，通过中小企业投融资服务平台为企业新增担保贷款 3.2 亿元。

（大兴区）

【推进遗留问题解决】 年内，新区“未批先用”产业项目土地遗留问题取得新突破，3 月市规划委到大兴调研，提出按照《北京市禁止违法建设若干规定》（228 号令），对未批先建项目进行规划处罚后办理了土地手续，并将权限下放到区规划分局。市经济信息化委积极协调相关部门，加快推进重点企业补办手续，10个项目土地手续已补办完成，23个项目已补交土地罚款。

（大兴区）

【科技创新内涵增长】 年内，大兴区经济信息化委利用市、区2级相关政策，积极引导企业进行技改和自主创新，加大技改投入。年内共有2家企业获得市级“企业技术中心”认定。积极引导企业开展创品牌、创著名商标工作，共有25家企业获著名商标认定，其中新批4家，复评21家。4家企业获得了“北京知名品牌”的称号。

（大兴区）

【做好中小企业服务】 年内，为企业争取各类资金6000万元，惠及50多家企业。完善中小企业服务体系建设，在融资、培训、技术创新、政策咨询等方面提供支持。积极组织开展企业职工技能培训工作。是年，共培训850人次，其中675人获得了初、中、高级技能认定。继续加大对企业服务力度，深入企业调研，化解企业在发展中遇到的难题。

（大兴区）

【信息化建设】 年内，区级实事工程——高清交互数字电视网络建设改造工作顺利完成。是年，共完成9.2万户高清机顶盒发放工作，提前一个月超额完成了计划任务。开展大兴区“网格化”城市服务管理系统建设工作，配合相关部门逐步将城市管理、社会管理和社会服务纳入网格化社会管理范畴。完成城市服务管理系统中应用软件的开发、部署、测试和系统集成工作。积极推进“数字城市”建设。是年，区启动了“无线城市”建设项目、区综合行政服务中心办事大厅、新媒体产业基地管委会大楼等3家单位率先开通无线网络，建工学院、大兴一职等5家大中院校无线网络正在建设中。提升信息化公共服务水平。大兴信息网在全市区县政务网站考核中名列第三名，获中国区县政府网站绩效评估第六名。建设了综合行政服务网络管理平台等近10个政务应用系统，进一步提升了区政务信息化水平。组织企业进行信息化专题培训，提升中小企业对信息化的认知度；开展企业信息化应用试点工作，利用信息化手段提升企业管理水平。为区内委办局、14个镇、5个街道办事处及所有行政村的网络、硬件提供维护，为区级近30套应用系统正常运行提供保障，为95家网站提供技术支持，促进全区信息化建设健康、有序发展。

（大兴区）

昌平区工业

【综述】 2011年，昌平区规模以上工业企业320家，资产总额930.6亿元；完成工业总产值1139.8亿元，同比增长21.9%；完成销售产值1129.5亿元，同比增长21.1%；主营业务收入完成1094.8亿元，同比增长15.4%；利润总额85.7亿元，同比增长3.5%。

工业经济运行主要特点：一是重点企业支撑有力。年产值5亿元以上的20家重点企业完成工业产值891.7亿元，增长25%。尤其是驻区央企贡献突出，其中北京神华完成产值235.6亿元，同比增长31.9%；国电燃料完成产值138.1亿元，同比增长19.8%。2家央企对全区工业增长的贡献率达到39%。三一公司完成产值84.1亿元，同比增长162.8%。二是6大产业保持平稳增长。其中，基础产业完成产值467.8亿元，同比增长24.7%；交通运输设备制造业完成产值302.8亿元，同比增长4.3%；机电产业完成产值228.3亿元，同比增长58.7%；生物医药产业完成产值63.2亿元，同比增长14.3%；都市产业完成产值59.3亿元，同比增长17.4%；电子信息产业完成产值18.4亿元，同比增长30.3%。三是高新技术产业增势强劲。中关村示范区昌平园完成工业产值724.4亿元，同比增长25.1%，占全区规模以上工业完成产值的63.5%。四是3大支柱产业所占比重增大。能源科技、现代高端制造、生物医药3大支柱产业，共完成产值938.4亿元，同比增长22.7%，占全区规模以上工业完成产值的82.3%。其中，能源科技产业完成产值486.6亿元，同比增长27.3%；现代高端制造业完成产值388.6亿元，同比增长18.6%；生物医药产业完成产值63.2亿元，同比增长14.3%。五是工业企业规模不断扩大。规模工业企业逐步摆脱金融危机影响，单体完成产值3.6亿元，同比提高了0.6亿元。亿元企业100家，比2010年增加14家，累计完成产值1051.7亿元，同比增长24.6%，占规模以上工业总产值的92.3%。六是中小型工业企业运行质量明显改善。317家（除北汽福田、诺华制药和中油测井3家大型企业外）中小型企业完成工业总产值802. 7亿元，同比增长31.3%。其中，中型企业完成工业总产值168.2亿元，同比增长38.4%；小型企业完成工业总产值634.5亿元，同比增长30.1%。七是劳动生产率不断提升。全区规模以上工业企业从业人员90185人，比2010年增加了7615人。按照工业总产值计算，劳动生产率126.4万元/人，比2010年增加了13.1万元/人，提高11.6%。

全区加大了重点工业项目建设工作力度，重点抓好三一北京制造中心、北汽福田发动机扩能技改项目、修正药业、中国移动国际信息港等37个投资在3000万元以上的重点工业项目，其中18个项目列入北京市2011年重大工业项目。在相关部门和项目方的共同努力下，37个项目都有了不同程度的进展。其中，投资25亿元的三一北京制造中心电气园2号、5号厂房等5个项目已投产，投资2.9亿元的中国移动通信一期数据中心工程等12个项目开复工建设，投资31.3亿元的中国石油科技创新基地石油工程技术研发中心等20个项目正在积极办理各项审批手续。

企业技术进步取得了新成果。投资百万元以上技术改造项目81项（包括2010年结转15个），计划总投资40.9亿元，项目全部达产后可增加产值146.8亿元，税金6.4亿元，利润14亿元。其中，61个项目竣工投产，累计完成投资33.9亿元。新增产学研一体化合作项目20余项。全方位做好创建品牌工作，新增7件“北京市著名商标”。全面推进企业技术中心建设，重点培育了爱协林热处理系统（北京）有限公司等10家企业技术中心申报市级企业技术中心。

以节能减排为主的循环经济实现了较快发展。企业退出“三高”工作取得进展，有4家“三高”企业转产或关闭。协助区发展改革委对全区54家工业重点用能单位进行调查，并对18家重点用能单位开展考核工作，18家单位全部通过考核。对全区循环经济试点企业标准重新认定，确定了华业阳光、华丽联合等10家企业成为试点企业，对符合要求的企业进行重点管理和支持。为北京得利斯食品有限公司、北汽福田汽车股份有限公司等5家企业发放2010年北京市节能攻坚突出贡献企业奖励资金。

开展帮扶企业工作。为全区相关企业申请国家、市级以上扶持资金9295万元，申请区级配套资金支持581.9万元。认真执行《中小企业贷款贴息实施细则》，共落实50家企业，贷款贴息778.9万元。深入开展集合信托工作，共有4家企业信托融资3300万元。

加快促进两化融合，信息化水平不断提升。加快信息化基础设施建设进度。建设通信基站250个，通信管道55沟公里，有线电视新建网1.2万户，双向网络改造30万户，高清互动数字机顶盒推广17万户，完成无线热点覆盖3973个。完成39个“信息化村”和44个“宽带小区”建设项目验收工作。完成《昌平区“十二五”时期信息化发展规划》、《未来科技城信息化发展规划》和《未来科技城入驻央企信息化建设指南》的编制工作。推进昌平区草莓种苗基地精确农业集成与示范工程。完成软件正版化自查整改工作。

（于凌燕）

【国资监管和国企发展改革】 年内，昌平区监管的国有企业资产总额259.36亿元，同比增长16.7%；所有者权益31.43亿元，同比增加13.37%；完成主营业务收入17.48亿元，完成税金上缴7006万元，区属国有经济实现了平稳健康发展。加大重组整合力度，完成多家企业调整优化工作。进一步提升企业融资担保能力，晨光投资担保公司为企业提供担保金额同比增加5.6亿元，昌鑫公司支持项目单位资金22.51亿元，有力地保障了全区重点项目建设。完善国资监管体系，进一步深化现代企业制度，在8家重点企业中系统建立了企业内控体系，着力实施了董事会定期汇报制度和国资委审议监事会报告制度，初步形成了国有资本经营预算和收益收缴方案。严格履行国有资产处置审核手续，年内共办理国有资产产权登记、转让、变更等项目42个，进一步升级了国有资产信息管理系统平台，国资监管效率明显提高，监管机制逐步趋于完善。

（许正兴）

【小汤山工业园区】 年内，园区共有入区企业42家，入区项目到位资金7.3亿元，已完成建筑面积25万平方米，投产企业达30家，完成总产值37亿元，同比增长15%；实现利润1.8亿元，同比增长12%；上缴税金9972万元，同比增长5%；现有职工2467人，本地职工609人；完成招商引资项目4个，引进资金803万元。

园区市政基础设施已达到“八通一平”，累计投资2亿元，市政投资主要完成园区南侧边界路顺沙路的改扩建工作，道路红线宽50米，上下4车道，道路总长10公里，至此园区南、北、东3面边界规划道路已基本建成，进一步保障了园区交通通行能力。

为承接未来科技城科研成果落地转化有关问题，整合小汤山工业园区和兴寿镇工业园区，推进土地一级开发，昌平区政府将小汤山工业园区确定为未来科技城成果转化基地，并重组北京小汤山兴汤建设开发有限公司，作为未来科技城公司的控股子公司，注册资金增至1亿元，并对小汤山园区资产进行清产整合，按照成熟一块、授权一块的原则，抓紧推进小汤山工业园区规划范围内的土地一级开发授权工作。

年内，园区正式投产的企业有一家，北京鸿威竭诚商贸有限公司占地面积2.67公顷，项目已投资850万元，预计年产值3000万元，是从事汽车用品仓储与分装的汽车服务企业。项目建设规模为年产燃油精300万瓶、柴油防凝剂120万瓶，同时容纳直接从英国、德国等地进口原液储存，与世界500强霍尼韦尔国际公司为战略合作伙伴关系。

（张　新）

【中关村科技园区昌平园】 年内，昌平园经济稳定较快发展，主要经济指标实现快速增长。工业总产值1000亿元，同比增长60%以上；实缴税费66亿元，同比增长30%以上，超额完成了任务。通过建设人才公租房、博士后工作站、留学生创业园等方式聚集各类人才，涌现出一批优秀成果。像素软件等21家企业入选北京市专利试点单位；康得新等26家企业入选“十百千工程”；中美冠科等11家企业入选“G20工程”；乐普医疗等38家企业申报了专利资金支持；新增9家24项企业标准登记备案；博奥生物等12家19项国家和行业标准获得资金支持。技术市场交易活跃，合同成交总金额48亿元。通过微型专业园项目推介会、企业集中办公区建设、优化园区环境等模式，进一步招商引资。新引进企业170家，增加注册资金60亿元，主要有国电海运煤、普罗吉医药、天地融等公司，将成为“十二五”时期的经济增长点。企业改制上市进展顺利，雪迪龙公司已经上会通过，东方广视等4家企业已提交材料，有10余家企业准备上市。“国高新”认定及复审工作稳步推进，新申报企业40家，复审企业172家，已认定国家级高新技术企业368家。宣讲落实“1+6”等先行、先试政策，进一步健全产学研用一体化的区域创新体系，石油大学科技园入驻园区，完成大学科技成果转化3个，与大学科技园共建联合试验室10个，50家企业入驻华电、化工及石油大学科技园。编制完成昌平园“十二五”产业发展规划，将构建能源科技、高端现代制造、生物医药、科技商务、战略性新兴产业5大产业板块的新格局，同时上报了51.24平方公里的昌平园空间规模和布局调整方案。

（王红彬）

平谷区工业

【综述】 2011年，全区工业企业完成工业总产值220.1亿元，同比增长15.1%，高于计划增速0.1个百分点；实现营业收入238.9亿元，同比增长10.8%；完成利润总额12.4亿元，同比下降5.2%；实现工业增加值45.1亿元，同比增长8.2%，占全区GDP增长(135.8亿元)比重的33.2%，拉动GDP增长(15.1%)2.9个百分点。

全区规模以上工业企业共有92家，完成工业总产值196.2亿元，同比增长12.2%，占全区工业总量的比重为89.1%，比上年降低了2.3个百分点；实现营业收入216.4亿元，同比增长8.9%，占全区工业总量的比重为90.6%，比上年降低了1.6个百分点；实现利润总额12.8亿元，同比下降5.9%，占全区工业总量的比重为103.2%，比上年降低了0.6个百分点。

（平谷区）

【积极扶植企业发展】 年内，平谷区及时宣贯和实施《北京市工业企业流动资金贷款贴息政策实施细则》和《2011年北京工业保增长企业奖励政策实施细则》等有关政策。全年落实资金2665万元，其中申报国家中小专项振兴产业技术改造项目4个，资金390万元；北京市中小专项“三高”退出信息化试点村和集合信托贴息18个项目，扶持资金1003万元；扶持区内50个项目资金1272万元。

（平谷区）

【工业固定资产投资】 年内，共落实工业固定资产投资项目45个（含上年结转），计划总投资55亿元，年内完成10.9亿元。韩国一志车科技有限公司、日进汽车系统有限公司等新建项目加紧建设，金麦邦功能饮料生产基地、德御坊、星宇二工厂三期工程等13个项目陆续建成投产。

（平谷区）

【工业基础设施建设】 年内，兴谷经济开发区6号电力开闭站于今年8月份投入运行，为绿伞、迦南、升兴等项目建设提供了电力保障。35KVA线路抓紧实施，11月底完工，可提高26.67多公顷土地的利用率。马坊工业园区污水处理厂一期工程11月底投入使用。中国乐谷区域控规进入编制阶段。

（平谷区）

【重大工业投资项目前期准备工作】 年内，开展重大工业投资项目的前期准备工作。一是加快推进北汽福田汽车平谷综合产业园项目建设前期准备工作。区经济信息化委与兴谷经济开发区落实了专门人员，具体负责项目整体推进工作。9月25日，区政府与北汽福田汽车股份有限公司正式签署入驻兴谷经济开发区协议。已着手总投资26亿元的一期工程前期准备工作包括项目选址、规划设计、土地征用等。二是加快推进首都通用航空产业基地建设。区财政前期入股资金已准备到位，规划设计工作着手进行，首期工程建设前期的准备工作稳步推进。

（平谷区）

【拓展企业发展融资渠道】 年内，积极推进企业上市工作。确定了普析、清大天达、峪口禽业、老才臣、名品世家、富乐科技为近期培育的拟上市企业。组织企业与市中小企业信用再担保有限公司、北京中关村科技担保有限公司等金融担保机构展开合作，先后为圣林工艺品厂、泽龙兄弟制衣有限公司、谷丰化工制品有限公司等企业融资1.2亿元。加强了区内企业与金融部门的合作，金融机构为区内中小企业共发放贷款8亿元，其中免担保的贸易融资9000万元。平谷区中小企业信用促进会建设稳步推进，目前已有近20家企业申请加入。促进会的建立将提升企业信用水平，拓宽企业融资渠道。

（平谷区）

【企业自主创新发展】 年内，组织36家企业实施技改扩规项目40个，完成投资7.6亿元。积极淘汰落后产能，关闭“三高”企业10家。“博依格”被认定为中国驰名商标，“多利多”、“保农宝”、“峪口禽业”被认定为北京市著名商标。维达和立高防水2家企业申报北京市级企业技术中心工作有序推进，前期准备工作陆续完成。

（平谷区）

怀柔区工业

【综述】 2011年，怀柔区262家规模以上工业企业总资产达342.1亿元，其中固定资产原值120.7亿元，分别增长18.8%和12.5%。全年实现工业总产值519.1亿元，同比增长6.5%；销售收入579.8亿元，同比增长12.6%；完成增加值88.1亿元，同比增长12.2%；上缴税金27.6亿元，同比增长19.9%；实现利润27.9亿元，同比下降12.7%；实现出口交货值19.1亿元，同比增长35.8%。全年工业增加值占地区生产总值53.2%，达到6年来的最高比重，比2010年提高1.2个百分点。

汽车及零部件、食品饮料、包装印刷3大主导行业规模以上企业实现总产值432.9亿元，同比增长0.8%；销售收入492.2亿元，同比增长8.6%；工业增加值71亿元，同比增长5.4%；完成利润总额23.2亿元，同比下降19.8%；上缴税金23.7亿元，同比增长22.5%。3大主导指标的行业主要经济指标均占全区规模工业同口径指标的80%以上。

高新技术企业逐渐成为怀柔区工业经济新的增长点，全年完成总产值85.1亿元，同比增长35.4%，拉动规模工业增长4.6个百分点；实现销售收入99.2亿元，同比增长39.8%；增加值1.9亿元，同比增长47.7%；完成利润8.8亿元，同比增长8.9%；上缴税金5.3亿元，同比增长35.8%。其中，产值、销售收入分别占规模工业比重的16.4%和17.1%，分别提高了4个和3.3个百分点。

262家规模以上工业企业中，销售收入亿元以上企业达57家，较2010年增加4家。其中，超百亿元企业1家，为欧曼重汽厂；超10亿元企业8家，分别是玛氏公司、红牛饮料、奥瑞金包装、统一饮品、福斯汽车、怀柔肉联厂、红星股份、太平洋制罐。

（姜学昆）

【首都酒业公司成立】 2月22日，北京首都酒业有限公司在怀柔区挂牌成立。北京市政府，怀柔区政府，市经济信息化委、一轻控股、北京控股集团、怀柔区经济信息化委等相关单位领导出席挂牌仪式。

北京首都酒业有限公司由北京一轻控股有限责任公司和北京控股集团有限公司所属京泰实业（集团）有限公司共同投资组建，汇集了北京红星股份有限公司、北京龙徽酿酒公司等多家北京知名酒企，旗下拥有“红星”、“龙徽”、“夜光杯”、“古钟”、“六曲香”、“中华”等著名品牌，产品行销全国各地及几十个国家和地区。北京首都酒业有限公司的成立打造了既统一又各具特色的酒业品牌，有助于发挥整体优势，通过专业化、规模化并重，资本化、国际化并举，将使首都酒业的品牌在北京、在全国乃至世界市场进一步提升知名度，扩大影响力。

北京首都酒业有限公司是怀柔区积极争取引进的总部型企业，对怀柔总部经济发展、优势产业集群的培育、地方经济增长以及加快转变增长方式将起到积极推动作用。

（姜学昆）

【欧曼二工厂投产】 4月9日，福田汽车欧曼GTL新型节能重卡数字工厂（欧曼二工厂）正式举行投产仪式。原国家机械工业部等、怀柔区委、区政府领导出席投产仪式。

欧曼二工厂是怀柔汽车产业面向全球化发展的一项重要工程，被纳入2010年北京市重大项目和怀柔区重点建设工程。该项目投资26亿元，占地面积46.67公顷，建筑面积19.2万平方米，最大产能10万辆/年。达产后，每年可新增销售收入236亿元，新增利税10.7亿元，直接安排就业3000人。项目自2010年1月正式启动，顺利完成厂房车间及附属设施建设、设备安装与调试，2011年1月1日试生产。欧曼二工厂的建成投产使怀柔重卡生产能力扩大到每年20万辆，成为全国乃至全球最大的重卡生产基地。

欧曼GTL重卡是福田汽车与国际标准接轨的首款产品，设计研发、设备工艺、服务体系均达到欧洲先进水平，具有品质领先、高智能化、高安全性、高舒适度和节能环保的特点。

(姜学昆)

【招商引资】 年内，怀柔区引进各类工业项目36个，计划总投资66.8亿元，完成投资16.3亿元，主要集中在汽车及零配件、食品饮料2大支柱产业和新技术、新材料、节能环保等战略性新兴产业上。项目总体呈现投资规模大、科技含量高、优势产业链延伸性强等特点。

(姜学昆)

【重点项目】 年内，总投资25亿元的福田重型机械项目入驻怀柔。该项目占地41.73公顷，以福田重型机械产业全球管理总部、研发制造总部、营销结算总部的模式入驻，生产汽车起重机、履带起重机、泵车等重型机械产品。预计产能将达到2万台套/年，实现年产值300亿元，利税30亿元，增加就业5000人。年底，北京福田戴姆勒汽车有限公司正式注册成立，项目总投资63.5亿元，注册资金56亿元，将生产福田欧曼中重卡和OM457重卡发动机。统一饮品公司增加投资2.4亿元，完成5条方便面生产线和一条饮料灌装线建设，年内生产方便面3484万箱，增产饮料1100万箱，促使企业年营业收入突破15亿元大关。

(姜学昆)

【汽车及零部件业】 年内，怀柔区共有规模以上汽车及零部件企业44家，从业人数1.42万。全年实现产值274.1亿元，销售收入296.8亿元，利润9.1亿元，税金5.9亿元，分别占规模总量的比重为52.8%、51.2%、32.7%和21.5%，产值占全市汽车工业总量的10.5%。其中，35家规模零部件企业实现产值30.8亿元，销售收入32.2亿元，同比增长分别是14.4%和10.3%。欧曼重汽厂全年共生产重卡汽车96256辆，产值达227.7亿元，销售重卡102148辆，销售收入达244.1亿元，位居国内重卡市场第四位，市场占有率为12.2%，出口覆盖非洲、东南亚等多个国家和地区。

(姜学昆)

【食品饮料业】 年内，怀柔区规模以上食品饮料企业共有48家，从业人员1.56万人。全年实现产值124.3亿元，销售收入153.1亿元，利润9.99亿元，税金15.1亿元，其中产值占全市同行业总产值的16.5%，拉动全区规模工业产值增长5.3个百分点。48家规模企业中，销售收入过亿元企业有20家，过10亿企业有5家，其中玛氏公司销售收入突破50亿元居首。玛氏、红星、红牛3家企业共上缴税金12.3亿元，占行业总量的81.6%，位列区内同行业前三甲。目前，怀柔已成为华北地区最大的饮料生产基地，聚集“玛氏”、“红星”、“红螺”、“御食园”、“丘比”、“健士”、“颐园”、“天惠”、“禧宝露”等众多知名商标和品牌。

(姜学昆)

【包装印刷业】 年内，受食品饮料业发展带动，怀柔区包装印刷业亦呈跨越发展之势。全年累计完成工业产值34.4亿元，拉动工业增长2.1个百分点；实现销售收入42.3亿元，利润总额4.1亿元，税金2.7亿元。22家规模以上包装印刷企业从业人员2900人，瓶、罐、纸包装年生产能力达上百亿只，以奥瑞金、波尔亚太、太平洋为代表的制罐企业生产易拉罐35.7亿只，产量已占据国内制罐市场10%以上的份额。

(姜学昆)

【科技创新及品牌建设】 年内，怀柔区新增高新技术工业企业4家，总数达46家，主要集中在生物医药、新材料、先进制造等行业。全年共开发工业新产品173项、申请专利184件、获授权85件。新增市级技术中心1家，累计达9家，4家企业开展清洁生产认证，22家企业实施节能降耗项目36个，完成投资6900万元。新增“中国驰名商标”1个，“北京市著名商标”3个。截至年底，全区工业企业“中国驰名商标”达3个，“北京市著名商标”达19个，“中华老字号”企业3个，“北京知名品牌”3个。

(姜学昆)

【中小企业服务】 年内，怀柔区继续加大中小企业综合服务体系建设力度，在落实优惠政策、资金扶持、企业减负等方面，多渠道推动企业发展。组织工业企业参加国内外人才与技术交流活动10余次，组织融资、信息化等各类咨询培训活动20余次，为17个项目争取各级扶持资金1375万元。针对中小企业融资需求，引导企业运用新型金融产品，与市投融资服务平台合作，与各类金融服务机构合作，60余家企业通过集合信托等服务不同融资模式融资8亿余元。支持中小企业创业基地建设，备案4个中小企业创业基地。

（姜学昆）

密云县工业

【综述】 2011年，密云工业完成主营业务收入277.6亿元，同比增长31.3%；工业总产值245.8亿元，同比增长30.39%；销售产值242.9亿元，同比增长32.7%；产销率为98.8%。规模以上工业企业完成产值222.38亿元，占全县工业90.5%；销售产值220.1亿元，占全县工业90.6%。从主要行业看，交通运输设备制造业完成产值71.3亿元，占规模以上工业企业32%；黑色金属矿采选业完成产值29.1亿元，占规模以上工业企业13.1%；饮料制造业完成产值24.1亿元，占规模以上工业企业10.9%；纺织服装鞋帽制造业完成产值15.7亿元，占规模以上工业企业7.1%。

（密云县）

【国资监管】 年内，监管国有企业资产总额为61.5亿元，与年初54.7亿元相比增长12.4%；负债总额为29.2亿元，与年初27.1亿元相比增长7.7%；所有者权益总额为32.3亿元，与年初27.6亿元相比增长17%。资产负债率为47.5%，处于较为合理的水平。县属国企共实现销售收入39.1亿元，同比增长27.8%；实现利润10亿元，同比增长31.8%；上缴税金6.2亿元。

（密云县）

【产权管理】 年内，制定了《密云县企业国有资产处置管理暂行办法》，对企业划拨、转让、出售、抵押贷款、出租等行为进一步规范，建立健康、有序、规范的企业国有产权管理机制。对所属企业经营状况和管理层级进行调查，进一步摸清企业资产分布与结构，全面了解和掌握企业经营状况和管理级次。完成2010年度县属企业国有资产产权登记年检，截至2011年初，纳入产权登记年检范围的企业有53户，共年检资产总额73.20亿元，负债总额42.33亿元，所有者权益30.86亿元，国有资产总额23.76亿元，占所有者权益总额的76.97%；实收资本11.32亿元，其中国有资本金9.04亿元，占实收资本的79.85%。收缴2010年度国有资产收益1.08亿元。加强首云矿业“矿山维简费、安全生产费及环境治理费”使用管理，开展专项审计，2010年对相关企业单位实际支出6650.71万元进行了专项审计。为县社沿湖综合楼、果园西路31号院有偿转让，粮油公司燕宇恒远公司办公楼转让，北京云政金融控股有限公司办理国有股权无偿划转，密之云（北京）呼叫产业基地有限公司股权转让等17个项目办理资产转让手续。

（密云县）

【经济开发区建设】 年内，开发区整合提升一、二、三期，做大做强四期，在加快体制机制改革的同时，不断优化产业空间布局，加强服务体系建设，加快“总部结算＋标杆工厂”企业的引进力度，推动重大项目建设进度，加快闲置土地厂房的盘活力度，为企业发展提供宽松的环境。开发区各企业结合自身优势，积极进行新品研发，拓展销售市场，取得明显效果。预计全年开发区完成工业收入159亿元，同比增长33.2%；上缴税金13亿元，同比增长37.6%；形成县级财政收入3.6亿元，同比增长70%；新增就业近3000人，就业总数突破3万人。

（密云县）

【产业基地建设】 年内，出台《关于提升乡镇农民就业产业基地建设水平的指导意见》和《农民就业产业基地企业准入标准》，5个镇的农民就业产业基地按要求和本区域的实际，分别制定了基地提升方案、后2年的重点项目建设任务分解表及时间进度措施。结合各镇功能定位和资源优势，确定一批基础设施建设、园区扩规、新建企业、技术改造方面的重点工程，由专人负责，建立台账，建立倒排工期预案制度，确保工程按进度完成。7个农民就业产业基地入驻企业248家，实现销售收入61亿元，实现利润1.2亿元、税收1.4亿元，安置就业2.4万人；4个增收平台入驻企业42家，实现销售收入2.7亿元，实现利润2580万元、税收1141万元，安置就业2000余人。

（密云县）

【品牌建设】 年内，认真贯彻《密云县品牌战略实施意见》、《密云县关于实施品牌战略的奖励办法》，积极引导工业企业申请商标认定，加大培育力度。2家公司被新认定为北京市著名商标，3家公司经过复审认定为北京市著名商标，1家公司获得北京知名品牌称号，并分别获得50万元奖励。同时，筛选符合条件的28家企业作为“北京市著名商标”梯队培育对象、12家“北京知名品牌”梯队培育对象。

（密云县）

【引进投入】 年内，完成工业固定资产投入28.3亿元，同比增长12.2%。签约工业项目44个，协议投资额76.1亿元。其中，亿元以上项目15个，协议投资额68.0亿元。

（密云县）

【技改创新】 年内，6家企业的“室内/外两用FTTH光缆技改扩规”、“密云工厂”等项目获得市级工业企业技改扶持资金727万元。19家工业企业获得密云县促进高新技术企业发展财政支持资金。其中，北京康辰医药股份有限公司“国家一类止血新药‘苏灵’产业化技术改造项目”，达产可年增销售收入5400万元，净利润1840.9万元，税金1201.1万元。北京以岭生物工程技术有限公司符合欧美CGMP标准的药物制剂车间建设项目，通过欧盟GMP认证且达产后，可实现销售收入5亿元，利润总额1亿元，税金4000万元。

（密云县）

【节能减排】 年内，以创新方式开展节能减排。一是完善责任制。成立节能降耗领导小组，制定《关于对监管企业实施节能降耗目标责任制考核管理的办法》，并与10家监管企业签订节能降耗目标责任书，根据监管企业节能完成情况给予相应的奖励和惩罚，对节能500吨标煤的监管企业推荐申报市级扶持资金，对未完成责任制的企业予以5万元罚款并通报批评。二是推进合同能源管理。对全县能耗1000吨标煤以上企业进行走访，邀请专业节能服务公司进行节能诊断，积极引入合同能源管理工作模式，促成首云铁矿、今麦郎等第一批5家企业签订合同能源管理协议，通过对空压机系统、锅炉、热水管网等改造，每年可节约2424吨标煤。三是争取市级奖励资金104万元，对今麦郎、威克、云冶、万都等13家“2010年度节能攻坚突出贡献企业”进行奖励；北京威克冶金有限责任公司退出金属球团生产环节项目获得230万元奖励。四是推进“三高”企业退出。积极协调建华铸钢厂退出“三高”企业工作通过验收，每年可减少综合能源消费量2011吨标煤，节约新鲜水6.9万吨，减少废水排放量1.1万立方米、废气排放量1689万标立方米、固废排放量1014吨。

（密云县）

【服务平台建设】 年内，积极发挥中小企业融资服务平台作用，以“三创三促”解决企业融资难题。一是创平台、促合作。通过组织召开中小企业融资洽谈会，对接企业与银行，10余家企业成功签约，融资9300万元。二是创环境、促联系。根据金融部门和企业需求，召开银企协调会，积极争取金融部门信贷支持，银行新增企业贷款44户，金额4.6亿元。三是创方式、促融资。针对中小企业规模小、融资难的问题，采取“集合信托”方式，拓宽企业融资渠道，成功融资5300万元。

（密云县）

【非公经济】 年内，全县私营企业发展到9472家，同比增长8.7%；私营企业总数占密云企业数的90.3%；个体工商户有21461户；同比增长2.3%；私企个体从业人员已达100607人，占全县就业人数的90.1%。

（密云县）

延庆县工业

【综述】 2011年，延庆县工业和信息化实现了平稳较快增长，完成工业总产值62.8亿元，同比增长28.6%；完成销售产值59.6亿元，同比增长28.7%；实现主营业务收入65.6亿元，同比增长17.3%。

紧盯目标任务，加大运行监测力度。认真落实配套政策措施，各相关部门积极配合，协调沟通，分解落实责任，强化重点企业跟踪服务，积极协调解决企业生产经营中遇到的实际问题。加强工业经济运行动态分析，认真做好预测、预警和预控工作。积极推进上下游企业产业链对接，为企业拓展市场做好服务，充分调动了企业增销扩产积极性。

聚焦主导产业，提升传统优势工业。抓住加快培育发展战略性新兴产业的契机，深入实施新能源环保产业发展3年行动方案，积极支持京能清洁能源、京城环保、北京玻钢院复合材料等优势企业做大做强，新能源环保产业进一步发展壮大。加快食品、服装、医药、基础新材料等产业技术的改造和升级。积极培育行业骨干，三吉利、雪莲时尚、金果园老农等一批企业不断发展壮大，结构调整步伐加快，传统优势产业改造提升取得明显进展。

狠抓重点项目建设，加大招商引资力度。以县折子工程任务书为抓手，加大统筹协调和并联推进力度。京仪绿能（一期）、紫光嘉纳环网柜（一期）、新能源孵化器（一期）等项目如期完工；北京玻钢院复合材料叶片模具、佳时代环保设备、鼎瀚恒海医用敷料等项目加快建设；中科院1兆瓦光热示范电站、京能集团31兆瓦光伏示范电站、八达岭开发区2兆瓦屋顶光伏电站等项目取得实质性进展；浩华科技测控系统及组件产业化、欧罗科技机械加工中心（一期）、京城环保基地扩建等项目前期手续稳步推进；双鹤药业车间及系统改造、九龙药品仓库建设等项目取得积极进展。积极开展重大项目签约活动，浩华科技、欧罗科技等重点项目签约落地。主动加强与项目方沟通接洽，密切跟踪京仪集团光伏产业基地、金果园老农生产加工基地、合力清源新能源装备制造等重点在谈项目。

加快园区建设，提升产业集聚效应。继续深化与中关村、朝阳区的合作共建，推进八达岭经济开发区绿化、道路等基础设施建设。发挥北京市新能源产业基地功能作用，一批新能源环保产业研发示范、高端制造项目加速集聚。积极开展东部山区农产品加工基地招商引资工作，盘活重组引进投资实体，推进供暖、道路、供电等基础设施的规划建设，全力做好土地一级开发、招商引资等相关工作。完善延庆开发区深化方案，积极培育金融保险、信息服务、研发设计等高端生产性服务业，推动开发区向中小企业总部基地转型升级。

开展示范应用，加快基础设施建设。加快城乡信息化步伐，积极推进农村信息化示范工程和社区信息化创新示范应用。认真做好食品工业企业诚信体系建设、工程建设领域项目信息公开和诚信体系建设。研究建立基站建设协调机制，进一步规范基站建设。新建3G基站79个，发放高清数字机顶盒2.9万台，城区居民用户基本实现全覆盖。20兆光纤入户覆盖所有城区及273个行政村。加强沟通协调，积极研究2014年世界葡萄大会信息化建设。积极开展行政办公区域无线局域网建设，推广“市民主页”。

完善政策体系，优化企业发展环境。认真贯彻落实国发〔2009〕36号、京政发〔2011〕17号等文件精神和政策措施，把中小微企业工作摆上重要议事日程。结合延庆县实际，制订了《促进中小企业发展实施意见（征求意见稿）》。加强服务体系建设，成立了延庆县中小企业服务中心，明确了融资担保、人才培训、信息咨询等职能。完成了延庆县中小企业网升级改版，积极推动中小企业协会、数据库建设，持续提升中小微企业综合服务能力。拓宽中小企业融资渠道，积极探索集合信托等融资模式，加强企业融资培训及银企对接，努力缓解中小企业融资困难。积极组织2个开发区投资服务中心申报北京小企业创业基地项目。继续做好企业减负、科技对接、镇村企业管理者培训等工作，努力营造中小企业良好发展环境。

（宋　强）

【亿元企业】 年内，规模以上工业企业中，产值过亿元企业达到12家，累计完成产值51.3亿元，同比增长38.3%，占工业总产值的81.7%，拉动工业总产值增长29个百分点。新增产值过亿企业2家，分别是雪润羊绒、双鹤药业。

（宋　强）

【科技创新】 年内，中材汽车复合材料有限公司、北京艾瑞机械厂等5家企业取得了市级高新技术企业称号，延庆县高新技术企业共达15家。中材科技、北京玻钢院被认定为市级企业技术中心。

（宋　强）

【节能环保】 年内，对重点耗能企业严格执行目标管理，签订责任书，推进企业清洁生产。落实相关政策，鼓励“三高”企业有序退出。初步核算，万元工业增加值能耗0.8吨标准煤，同比下降16.3%，优于全县万元GDP能耗降幅13个百分点。

（宋　强）

【园区建设】 年内，八达岭和延庆2个开发区实现税收12.4亿元，同比增长13.2%；完成县级财政收入4.11亿元，同比增长22.3%。

（宋　强）

【优化政策环境】 年内，紧抓中关村国家自主创新示范区空间规模和布局规划调整的契机，经市、国家等相关部门逐级核定，延庆县拟纳入中关村示范区总面积491.2公顷，其中八达岭开发区304.7公顷，延庆开发区129.3公顷，康庄产业园57.2公顷，为延庆县享受示范区“1+6”和人才特区等先行先试政策创造良好条件。

（宋　强）

【产业发展】 年内，新能源环保产业继续保持良好发展势头，完成产值15.5亿元，占工业总产值的24.6%。食品、服装、医药、基础新材料产业，完成产值分别同比增长30%、21.8%、31.2%和85.7%。

（宋　强）

【招商引资】 年内，积极盘活11家企业闲置资产，引进了八达岭酒业、合锐清合环网柜、鸿森鹏程科技股份、翔鸣博瑞新材料等实体项目。全年累计签约工业项目18个，协议投资总额22.8亿元。

（宋　强）

【编制“十二五”规划】 年内，编制完成《延庆县“十二五”工业发展规划》及《“十二五”信息化发展规划》并发布实施，进一步明确发展方向和目标任务，使之成为一个凝聚各方智慧、统一思想认识、指导招商引资、统领未来5年工业和信息化科学发展的行动纲领。

（宋　强）

【中小企业体系建设】 年内，延庆县中小企业服务中心正式启动，注册资金95万元，总资产213.7万元，定编10人。主要对延庆县中小企业进行政策指导，信息服务，创业辅导，信用担保和筹资融资、教育培训、技术引进，管理咨询，技术交流和产品展销7个方面，为延庆县中小企业营造良好的发展环境。

（宋　强）

【10家企业通过认证】 年内，延庆县继续加大力度组织企业申报环境、质量管理体系认证。北京华都阳光食品有限责任公司、金果园老农（北京）食品有限公司等9家企业通过环境管理体系认证；中能绿康（北京）生物技术有限公司、北京翔鸣博瑞新材料科技有限公司等8家企业通过质量管理体系认证。

（宋　强）

开 发 区

2011年，北京市开发区延续近年来平稳较快的增长势头，整体经济健康快速发展，土地高效集约利用，招商引资有序进行，产业结构不断调整，经济效益显著提高，开发区已成为首都经济发展中重要的经济增长点。

土地开发集约利用，产出效益速度增快。截至年底，北京市19家开发区土地规划总面积达346.2平方公里，比上年同期增长0.3%。其中：国家级开发区3家，规划面积259.6平方公里；市级开发区16家，规划总面积86.6平方公里。截止到2011年，全市开发区累计土地开发施工面积和完工面积分别达到138.9平方公里和124.9平方公里，同比增长4.5%和2.5%，土地开发完工率达89.9%。

全市开发区土地集约利用效率进一步提高，地均产出水平继续保持增长。截至年底，开发区每公顷土地实现总收入6693.4万元/公顷，同比增长25.5%；实现利润总额500.7万元/公顷，同比增长19%；应缴税金315.9万元/公顷，同比增长15.5%。

招商引资成效显著，项目规模逐步扩大。年内，全市开发区共招商入区企业4541家，同比增长24.4%。其中，总投资亿元以上企业178家，同比增长69.5%。国家级开发区总投资亿元以上企业所占比重较大，占比68.5%。招商项目总投资1183.5亿元，同比增长14.5%，项目平均投资达2606.2万元。

招商工作的有序进行，为开发区的经济带来新的生机和活力。截止年底，全市开发区累计招商企业个数达42974个，入区企业累计项目总投资达9472.8亿元；注册资本7469.6亿元；其中累计招商三资企业4674个，招商项目总投资3044.1亿元；累计合同外资金额253.4亿美元；累计外商实际投资192.4亿美元。

经济效益高速增长，产业结构持续优化。截至年底，全市开发区共有投产开业企业23944家，比2010年增加1548家。

年内，全市开发区共实现总收入23173.1亿元，同比增长25.9%，增幅同比提高4.1个百分点，继续保持高速增长态势。国家级开发区实现总收入20649.9亿元，同比增长27%；市级开发区实现总收入2523.2亿元，同比增长17.5%。近年来，国家级开发区发展速度明显高于市级开发区，占全市开发区比重也逐步提高，年内国家级开发区总收入占全市开发区比重达到89.1%，比2010年提高了0.8个百分点。年内，全市开发区其他主要经济指标也保持了高速增长态势。其中，实现利润总额1733.4亿元，同比增长19.4%；实现应缴税金总额1093.8亿元，同比增长15.9%。

全市开发区第三产业比重继续上升。年内，全市开发区第三产业实现总收入13277.2亿元，同比增长35%，占全市开发区比重达57.3%，同比提高了3.8个百分点。工业企业实现总收入8088.1亿元，同比增长17.6%，占全市开发区比重比2010年下降了2.5个百分点。

工业产销结构匹配，新产品产值比重下降。全市开发区工业产销仍保持高速增长，产销结构基本平衡。年内，全市开发区完成工业总产值7277亿元，同比增长18%。工业销售产值7164.9亿元，同比增长18.2%，其中，工业企业实现出口交货值1308.3亿元，同比下降5.6%。

工业企业新产品产值达3215.4亿元，占工业总产值比重达44.2%，同比下降了3.3个百分点。其中，国家级开发区新产品产值占工业总产值比重51.3%，比2010年下降了4.7个百分点。

中关村示范区经济高速发展，对全市开发区带动作用明显。中关村示范区继续坚持园区全面建设，不断完善多项优惠政策，在税收减免、人才引进、科技金融等方面给予企业帮扶，在体制机制上取得突破，形成了一系列有效的工作机制；先行先试政策取得成效，中关村现代服务业项目试点有序推进。

年内，中关村示范区发展势头良好，主要经济指标均实现两位数以上增长，对北京市开发区总体发展带动作用明显。统计数据显示，2011年中关村示范区实现总收入19646亿元，同比增长23.2%，对全市开发区总收入贡献率达77.7%，拉动全市开发区总收入增长20.1个百分点；完成工业总产值5831.6亿元，同比增长16.9%，实现利润总额1533.9亿元，同比增长18.1%。

（唐燕　武睿琦）

中关村国家自主创新示范区

【综述】 2011年，中关村国家自主创新示范区经济发展保持快速增长，创新发展取得新突破，1.5万家高新技术企业实现总收入超过1.96万亿元，同比增长超过20%。企业做强做大明显加快，收入过亿元企业总数达到1550家，新增140家，其中近百家企业收入比上年翻一番以上。创新创业进一步活跃，新创办生产型和研发型科技企业近4000家，数量比往年增加近千家。已披露的中关村创业投资案例300多个，投资金额约300亿元，占全国1/3。创新带动能力不断增强，企业专利申请量超过1.9万件，专利授权量近1.2万件，增长均超过30%。技术合同成交额达1890亿元，同比增长约20%，其中流向京外地区的技术合同成交额约占80%。新增上市公司26家，上市公司总数达到202家，其中创业板上市公司44家，形成了“中关村板块”。目前，中关村已经形成了以电子信息、生物医药、能源环保、新材料、先进制造、航空航天为代表的产业集群，进一步发挥了战略性新兴产业策源地的作用。现代服务业与制造业、科技与文化融合发展，初步形成了现代产业体系，服务业增加值占示范区的比重达到66%。

贯彻落实国务院批复的示范区规划纲要。2011年1月，国务院批复了《中关村国家自主创新示范区发展规划纲要（2011～2020年）》。3月，全国人大审议通过的《国民经济和社会发展第十二个五年规划纲要》明确提出，要把北京中关村逐步建设成为具有全球影响力的科技创新中心。北京市出台了实施意见，重点实施技术创新能力提升工程等9大工程。

贯彻落实国务院支持中关村的“1+6”新政策。成立了中关村创新平台，建立了跨层级、跨部门的协同创新组织模式。创新平台下设重大科技成果产业化项目审批、科技金融、人才、新技术新产品政府采购和应用推广、政策先行先试、规划建设、中关村科学城、现代服务业8个工作组，共有19个国家部委的37名司局级和处级干部参与平台工作，北京市相关部门和区县的110名派驻人员到平台办公，共同推进政策先行先试工作，联合支持重大产业化项目。平台运行以来，开展了一系列重大机制创新，得到了胡锦涛总书记等中央领导同志的充分肯定。围绕科技成果处置权和收益权、股权激励个人所得税、中央单位股权激励审批方案、科研项目经费管理体制、完善高新技术企业认定6项政策的落实，中央部委共出台了12项政策文件，推动股权激励、科技成果处置权和收益权等改革试点等取得重大突破，初步形成了促进科技创新的政策体系。

加快建设中关村人才特区。贯彻落实中组部等15个中央部门和北京市联合印发的支持中关村建设人才特区的若干意见，北京市制定了行动计划，提出了6大建设工程。围绕聚才和人才体制机制创新的目标，积极开展试点和示范，取得了显著成效。2011年中关村人才特区引进海内外人才1962人，其中引进海外高层次人才436人。目前，北京地区共引进“千人计划”入选专家467人，占全国入选总数的28.2%。示范区企业拥有硕士以上学历人才超过14万人，其中2011年新增1.5万人，同比增长11.7%。加快推动高端人才创业基地和人才公共租赁住房建设，目前已启用人才公共租赁住房6045套。

建立部市会商工作机制。北京市分别与科技部、工业和信息化部、国家发展改革委、财政部、卫生部和教育部6部委开展部市会商，联合支持中关村战略性新兴产业重大项目。北京市与财政部、国家发展改革委、商务部、科技部联合开展中关村现代服务业试点，中央财政3年投入15亿元专项资金支持，北京市1∶1配套。大力培育信息服务业、电子商务和现代物流业、科技服务业、节能环保服务业等先进服务业态发展，探索发展新模式。目前已经确定了现代服务业试点项目64个，项目总投资75.4亿元。

促进军民融合创新。北京市与总参谋部、总后勤部、总装备部和海军签署了战略合作协议，建立了军地会商工作机制。2011年共有军事采购、科技项目、科技基础设施等300余项合作项目，涉及金额近50亿元。

启动国家科技金融创新中心建设。落实国务院批复的中关村中长期发展规划纲要的要求，科技部、国家发展改革委等8个国家部门和北京市共同研究制定了中关村建设国家科技金融创新中心的指导意见，目前正在会签之中。

加快建设中关村科学城和未来科技城。中关村科学城启动了中关村航天科技创新园、北航先进工业技术研究院等37个新型产业技术研究院和特色产业创新园项目建设，实施了龙芯、普罗吉、绿色打印制版等50余项重大科技成果产业化项目，支持高校院所、企业、高端人才、社会组织等创新主体协同创新。未来科技城的神华集团、国家电网、中国商飞等15家入驻央企正在加快建设研发中心和成果转化基地。

建立重大科技成果产业化资金统筹机制。“十二五”期间，北京市每年统筹100亿元，支持国家科技重大专项配套、重大科技基础设施建设和重大科技成果产业化项目，2011年共支持重大项目303个。支持模式实现了由各部门独立支持向多部门统筹协同支持转变，支持方式由补助、贴息向股权投资、共享知识产权等方式延伸。

实施了《中关村示范区条例》。制定了32项配套政策，进一步加强了有利于创新创业的法制环境建设。

（王 锦）

【中关村国家自主创新示范区领导小组会召开第七次会议】 1月12日，中关村国家自主创新示范区领导小组召开第七次会议。市委副书记、市长郭金龙出席并讲话。会议听取了中关村管委会关于首都创新资源平台工作进展情况的汇报，市财政局关于有关事业单位科技成果使用、处置、收益管理改革工作和税收政策贯彻落实情况的汇报，市科委关于科研项目经费管理改革试点等政策协调确定情况的汇报。会议还就进一步建设好中关村国家自主创新示范区进行了讨论。郭金龙讲话说，在中关村先行试点“1+6”政策，为示范区创新发展营造了更加良好的环境，也是示范区建设新的里程碑，对加快示范区建设乃至首都创新发展具有十分重要的意义。要抓紧修改和完善有关工作方案，特别是要进一步提高认识，强化责任，抓好落实。对需要上报国家批准的政策要加快工作节奏，加强与国家有关部门的沟通与配合，争取尽快将政策落实方案出台实施。对属于市级批准权限内的政策，要进一步细化政策落实方案，完善各项配套措施，加快推进落实，争取早日见到成效。要加强政策宣传，充分调动各方面积极性，提升政策的影响力。常务副市长吉林、市委常委赵凤桐、副市长苟仲文出席。

（王 锦）

【中关村诞生全球首台超百英寸LED电视】 1月13日，全球首台108英寸的LED电视在中关村高新技术企业利亚德光电股份有限公司诞生。市委常委赵凤桐出席首发仪式。这次首发的LED电视，由LED模块组成的显示单元可按需求组成任何尺寸的电视；其次，由

LED发光组件直接发光显示，LED电视的亮度比液晶电视要高出5倍，无论光线强弱都能清晰播放视频。此外，剔除了传统液晶电视中含汞和铅等重金属污染物的部件，采用无污染半导体硅材料构成的LED发光组件也更加环保。据了解，这项技术已申报30项发明专利，拥有完全自主知识产权。

（王 锦）

【《示范区条例》宣传贯彻落实会议召开】 1月14日，《中关村国家自主创新示范区条例》宣传贯彻落实会议在皇苑大酒店召开。会上，市人大教科文卫体办公室主任梁平介绍了《示范区条例》的立法情况，市政府法制办副主任李富莹介绍了《示范区条例》的相关配套文件制订工作，中关村管委会、市工商局、市知识产权局、海淀区政府等单位领导以及示范区内企业、高校、院所代表分别就贯彻落实《示范区条例》进行了发言。会议要求北京市各有关部门要根据具体要求和职责分工，抓紧贯彻落实条例。4月，要完成条例的条文释义工作，5月要发布第一批配套实施政策文件。市委常委赵凤桐出席并讲话，市人大常委会副主任柳纪纲出席，市人大常委会副主任刘新成主持会议。赵凤桐提出，配套文件的制定实施是贯彻落实条例的核心环节，要根据条例的核心内容和示范区发展需要，对科技成果转化和知识产权、人才资源、科技金融等各方面政策进行梳理和分析，尽快制定或者新修订相关配套文件，使条例的各项创新性规定能够落到实处，使示范区内企业、高校、院所等切实得到实惠。

（王 锦）

【展讯推首款40纳米TD芯片】 1月19日，展讯公司生产的全球首款商用40纳米TD手机芯片正式面世。该芯片已经通过工信部的入网测试和中移动的入库测试。相比目前市场上65纳米技术的TD芯片，40纳米芯片具有体积更小、功耗更低、成本更低的特点。

（王 锦）

【刘淇就加快落实“科技北京”战略进行调研】 1月24日，市委书记刘淇、市长郭金龙就“加快落实‘科技北京’战略，率先形成创新驱动发展格局”主题进行调查研究。刘淇在中关村创新中心，逐一察看了受理大厅和重大科技成果产业化项目审批联席会议办公室、政策先行先试工作组、科技金融工作组、规划建设工作组、人才工作组、新技术新产品政府采购和应用推广工作组运行情况。在相关国家部委和市有关部门的大力支持下，各部门派驻平台人员已全部到位，来自全市25个委办局、中关村10个分园的47位同志常驻办公。刘淇勉励大家，首都创新资源平台非常重要，在这里工作很光荣、责任大。希望大家以昂扬的精神状态、一流的工作水准，努力建设好首都创新资源平台，为进一步推动北京科学发展，加快实施人文北京、科技北京、绿色北京战略做出更大贡献。市委常委李士祥、赵凤桐，副市长苟仲文一同调研。

（王 锦）

【国务院批复北京中关村十年规划】 1月26日，国务院批复原则同意《中关村国家自主创新示范区发展规划纲要（2011～2020年）》。国务院批复强调，中关村国家自主创新示范区要坚持以提高自主创新能力为核心，以深化体制机制改革为动力，按照“需求拉动、机制创新、重点突破、开放合作”的建设原则，大力营造良好创新环境，切实把创新作为发展的核心动力，推动激励自主创新政策的先行先试，搭建首都创新资源整合平台，发挥在推进创新型国家建设、探索中国特色自主创新道路中的示范作用。国务院批复要求，示范区部际协调小组要加大统筹力度，研究解决示范区建设和发展中的重大问题，做好纲要实施的组织协调和督促检查。国务院各有关部门要结合各自工作职能，加强对中关村示范区建设和发展的指导，在规划实施、项目安排、体制创新、政策先行先试、人才特区建设、科技成果转化、金融服务和政府采购等方面给予积极支持。北京市要充分利用现有基础、特色和优势，做好规划纲要的具体落实工作，确保各项目标、任务和政策措施落到实处。

（王 锦）

【中关村科技园区管理体制改革方案印发】 1月26日，北京市人民政府办公厅印发《关于中关村科技园区管理体制改革方案的通知》（京政办发〔2011〕4号）。该方案主要包括管理体制改革的原则和主要内容以及改革后的机构和职责两大部分内容。根据该方案，各区（县）政府分管园区工作的副区（县）长兼任分园管委会主任，并同时兼任中关村管委会副主任。中关村管委会将实行定期会议制度，建立统筹协调、联动推进的工作机制，加强“一区十园”的整体统筹。方案明确指出，中关村科技园区实行“双重领导、以区（县）为主”的领导体制。中关村科技园区管理委员会（以下简称中关村管委会）对各分园的整体发展规划、空间规划、产业布局、项目准入标准等重要业务实行统一领导，区（县）政府对所属分园管委会实行全面领导。方案进一步理清了中关村管委会与各分园管委会的工作关系。中关村管委会按照“调研、规划、协调、督办、服务”的职能，主要负责对中关村科技园区的宏观管理，侧重于督办重大决策事项和重点工作、优化软环境及统筹重大项目。分园管委会负责具体实施中关村管委会会议议定事项，推动本园的产业化、招商引资、社会服务体系建设、知识产权促进和保护、市场监管、企业服务等工作。方案明确了示范区领导小组的职责是：负责贯彻落实党中央、国务院的有关指示，研究审议建设示范区的重大事项；提出需要示范区部际协调小组研究解决的重大问题；组织、协调推进示范区有关发展战略、政策法规、体制创新、空间和产业规划、重大项目等实施工作。中关村管委会主要职责是：贯彻落实国家有关法律法规和政策，研究拟订园区的发展战略和规划，参与组织编制园区有关空间规划，组织研究园区相关改革方案，促进可持续发展；研究制定园区发展和管理的相关政策，起草相关地方性法规草案、政府规章草案；协调整合各类创新资源，开展园区创新创业、高新技术研发及其成果产业化、科技金融、人才资源、中介组织、知识产权保护等方面的促进和服务工作；负责管理市财政拨付的园区发展专项资金，并协助有关部门监督专项资金的使用；根据市政府授权，对北京中关村发展集团股份有限公司市级财政投入资金履行出资职责，依法对其国有资产进行监督管理，并加强业务指导；统筹产业空间布局，对各分园整体发展规划、空间规划、产业布局、项目准入标准等重要业务实行统一领导；承担示范区领导小组的具体工作，负责园区内各类协会组织的联系工作；开展园区国际交流与合作，提升园区国际化发展水平；承担园区外事、宣传、联络等工作；承办市政府交办的其他事项等。方案还明确了各分园管委会的主要职责，中关村发展集团股份有限公司和示范区企业家顾问委员会的主要工作任务等。

（王 锦）

【《中关村国家自主创新示范区发展规划纲要(2011～2020年)》发布】 2月24日，国家发展改革委印发《中关村国家自主创新示范区发展规划纲要（2011～2020年）》（简称《纲要》）。该《纲要》由国家发展改革委、科技部、财政部及其他有关部门，会同北京市政府研究制定。《纲要》对中关村示范区赋予了全新的战略定位，即中关村国家自主创新示范区要秉承面向世界、辐射全国、创新示范、引领未来的宗旨，坚持“深化改革先行区、开放创新引领区、高端要素聚合区、创新创业集聚地、战略产业策源地”的战略定位，服务于首都世界城市的建设，力争用10年时间，建成具有全球影响力的科技创新中心和高技术产业基地。《纲要》提出，要把中关村建成为“人文北京、科技北京、绿色北京”和创新型国家建设的重要引擎，为建设有中国特色的世界城市奠定基础。《纲要》以5年为一个阶段，提出了两个阶段的发展目标。到2015年，中关村创新发展的主要目标是：初步形成有利于自主创新的体制机制，自主创新能力显著提升，中关村人才特区基本建成，创新创业高度活跃，产业国际竞争力居世界前列，创新国际化水平大幅提升。到2020年，示范区创新环境更加完善，创新活力显著增强，创新效率和效益明显提高，总收入达到10万亿元，在软件及信息服务、生物医药、新能源等领域中形成2个～3个拥有技术主导权的产业集群，培育出一批国际知名品牌和具有较强国际竞争力的跨国企业，形成若干世界一流大学和科研机构，培养和聚集一批优秀创新人才特别是产业领军人才，成为具有全球影响力的科技创新中心和高技术产业基地。为了实现发展目标，《纲要》围绕提升持续创新基础能力、搭建产业创新发展平台、聚集整合核心创新要素、推进开放创新与合作、统筹规划空间布局、营造创新友好环境等6个方面的战略任务做出相应的规划部署。

（王　锦）

【贯彻落实国务院关于中关村“1＋6”政策和规划纲要动员大会】 2月25日，示范区部际协调小组和北京市委、市政府召开贯彻落实国务院关于中关村“1＋6”政策和规划纲要动员大会。动员全市力量，加快中关村国际自主创新示范区建设。中共中央政治局委员、北京市委书记刘淇，中共中央政治局委员、国务委员刘延东，科技部部长、示范区部际协调小组组长万钢出席会议并讲话。市长郭金龙主持会议。市人大常委会主任杜德印、国务院副秘书长项兆伦出席会议。副市长苟仲文作中关村示范区自国务院批复以来创新发展情况和贯彻落实国务院关于中关村“1＋6”政策和规划纲要工作报告。财政部部长助理王保安、科技部副部长曹健林分别对国务院支持中关村系列政策作了介绍。国家发展改革委副主任张晓强宣读《国务院关于中关村国家自主创新示范区发展规划纲要（2011～2020年）的批复》。联想控股有限公司董事长、总裁柳传志，中国普天信息股份有限公司总裁徐名文，清华大学党委书记胡和平，钢铁研究总院党委书记才让发言。刘延东强调，要认真贯彻中央关于中关村示范区发展的重要指示精神，紧紧围绕科学发展主题和转变经济发展方式主线，按照“需求拉动、机制创新、重点突破、开放合作”的原则，整合创新资源，挖掘创新潜力，促进科技教育经济有机结合，努力把中关村建成具有全球影响力的科技创新中心和高新技术产业基地。刘淇在讲话中强调，我们务必要从全局的、战略的高度，认真学习、深刻理解中央关于中关村国家自主创新示范区发展的一系列重要指示精神，进一步增强责任感、紧迫感，振奋精神，坚定信心，把中关村国家自主创新示范区建设这件大事抓紧抓好，抓出更大的成效。一是要深刻理解、认真贯彻中央关于要实现创新驱动发展的要求。创新驱动是建设创新型国家、建设科技北京的必然要求，是加快转变经济发展方式的重要内容，是增强我国国际竞争力的关键举措。要进一步加大示范区建设力度，提高科技自主创新能力，率先形成创新驱动的发展格局，提高服务国家科技创新的能力。二是要认真贯彻落实国务院支持中关村的“1＋6”政策。中央同意在中关村实行新的先行先试政策，是对在中关村不同部门所属的科技资源的有效整合，是激发科技人员积极性和企业活力的有效突破，是中关村深化改革、创新体制机制的重要标志。全市上下要以改革的精神，加紧落实“1＋6”政策，发挥首都创新资源平台的资源统筹作用，推动科技成果产业化，服务企业做强做大，实施一条龙的政策服务。要加大对“1＋6”政策的宣传，调动企业、高校、科研机构和科研人员的积极性，推动各项先行先试改革试点。三是要认真贯彻落实国务院批复的中关村发展规划纲要。营造良好的创新环境，研究示范区空间规模调整和布局事宜，认真实施《中关村国家自主创新示范区条例》，确保实现规划纲要确定的发展目标。万钢在讲话中指出，要充分发挥部际协调机制的作用，加快落实发展规划和“1＋6”政策，并高度重视以下四点工作：一是以提高自主创新能力为核心，加大力度落实国务院批复的各项政策，着力推进相关重点领域改革和政策先行先试，加快培育和发展战略性新兴产业，提升现代服务业发展水平，培育现代产业体系，提高产业核心竞争力。二是以服务企业技术创新为重点，为企业排忧解难；推动中关村各高校院所科研设施向企业开放、共享；完善科技中介服务体系；延伸服务链条，提升科技服务业水平。三是进一步扩大开放合作，吸引国际知名企业在示范区内设立研发机构和总部，培育一批国际知名品牌和有全球影响力的大企业，抢占高新技术产业价值链的高端。四是认真总结示范区建设经验，科学评估政策执行效果，以更好地发挥中关村等3个国家自主创新示范区的聚集、辐射、带动作用，提升所有国家高新区的发展水平。

（王　锦）

【研发成功质量和效率更高的“吉星”地震成像技术】 1月29日，中科院地质与地球物理研究所和北京吉星吉达科技有限公司联合研制成功“油气勘探GPU（图形处理器）/CPU（中央处理器）协同并行计算系统”——“吉星”成果会汇报会举行。由中科院地质与地球物理研究所研究员刘洪任组长的课题组经过多年的努力，研制成功的地震成像系统为更准更快地石油勘探提供了可能。该系统运用超强异构并行计算、逆时偏移等高端技术，大幅提高了地震成像质量和效率。在多种复杂地质类型的测试中，表现出高速运算、高速存储、高速通信的特点。与普通成像系统相比，使用该系统可使每节点运算能力提高150倍，每千瓦耗电运算能力提高37倍，每万元采购运算能力提高50倍。该系统的最大突破是“计算换存储”，用超大规模并行计算“绕开”存储“瓶颈”，从而使我国叠前逆时偏移图像处理器加速技术大大领先于国际同行。

（王 锦）

【13项特殊政策吸引高层次人才】 3月4日，由中共中央组织部、国家发展改革委等十余部委和北京市委市政府联合发布《关于中关村国家自主创新示范区建设人才特区的若干意见》。意见提出，要采取“两步走”的方针，将中关村示范区率先建成国家级人才特区。第一步是2011～2012年，初步形成机制新、活力大、成果显著的人才特区政策体系，聚集包括“海归”人才在内的3万名左右高层次人才。第二步是2013～2015年，人才优先发展战略布局全面形成，国家级人才特区全面建成，成功探索出具有全国示范意义和推广价值的人才政策体系，初步形成具有全球影响力的人才战略高地，聚集包括“海归”人才在内的5万名左右高层次人才。意见明确指出在中关村实施13项优惠政策，如具有中国国籍的高层次人才，可不受户籍所在地的限制，直接落户北京。人才特区的高层次人才享受医疗照顾人员待遇，由市卫生行政部门为其发放医疗证，到指定的医疗机构就医。本市建设“人才公寓”，为高层次人才提供一万套定向租赁住房等。

（王 锦）

【中关村国家自主创新示范区领导小组会召开第九次会议】 3月28日，中关村国家自主创新示范区领导小组召开第九次会议。市长郭金龙出席会议并讲话。会议听取中关村管委会关于《贯彻落实〈国务院关于中关村国家自主创新示范区发展规划纲要（2011～2020年）的批复〉实施意见》的汇报，听取了市委组织部关于贯彻落实《〈关于中关村国家自主创新示范区建设人才特区的若干意见〉实施方案》的汇报，并就进一步建设好中关村国家自主创新示范区进行了讨论。郭金龙讲话说，要高度重视《中关村国家自主创新示范区发展规划纲要》、《关于中关村国家自主创新示范区建设人才特区的若干意见》。这2个文件是中央对示范区发展作出的重大战略部署，也是新形势下推动示范区科学发展的行动纲领，对于示范区未来10年创新发展，特别是构筑高端人才发展战略高地具有十分重要的指导意义。市有关部门和各区县一定要深刻理解、充分认识，把思想统一到中央决策部署上来，统一到加快示范区创新发展上来，切实增强责任感、使命感和紧迫感，更加自觉地把推动示范区发展各项工作做实、做好，做出成效，努力为建设创新型国家聚集更多人才，做好服务。郭金龙强调，要抓好两个文件的落实。研究制定落实示范区规划纲要的折子工程和完成目标任务的时间表，明确牵头单位和工作要求，把任务和责任逐级分解到具体单位和人员，分阶段、分步骤地开展相关工作。切实把中关村人才特区建设摆在重要议事日程，认真落实建设中关村人才特区的行动计划，全方位推进各项人才政策的落实，不断探索出人才、出机制、出成果、出效益的有效途径。郭金龙要求，要密切跟踪，多渠道跟踪了解科技企业、科研院所和高等院校的困难和问题，认真听取他们的意见建议，争取通过及时的跟踪、沟通和协商，建立政策不断完善、措施及时调整、工作持续推进的机制，确保规划纲要以及人才特区建设目标的落实，为示范区创新发展提供支撑和保障。市委常委吕锡文、赵凤桐，副市长苟仲文，市政府秘书长孙康林出席会议。

（王 锦）

【中组部领导调研中关村人才工作】 3月31日，中组部部长李源潮在北京市委书记刘淇陪同下，来到位于北京中关村的国家作物分子设计工程技术研究中心和联想研究院，详细了解人才培养、吸引和使用情况，肯定他们在引进海外高层次人才和发挥人才作用方面取得的成绩。接着又在联想研究院召开座谈会，听取中关村管委会和园区企业负责人对建设人才特区的意见。李源潮指出，要解放思想、推进改革，积极探索和创新人才政策与体制机制，大力引进和用好海内外高端人才，将中关村人才特区建成令人向往的创新创业人才特别集聚区，为科学发展、自主创新提供人才支撑。李源潮指出，建设中关村人才特区是落实人才优先发展方针，加快建设人才强国的战略举措。北京中关村国家自主创新示范区是我国教育、科技、人才资源最密集地区，具有建设人才特区的扎实基础和独特优势。要认真落实国家人才发展规划，落实中央有关部门和北京市《关于中关村国家自主创新示范区建设人才特区的若干意见》，解放思想，积极探索，努力把中关村建设成为全国人才体制机制改革创新的试验区。李源潮指出，要着眼于解放人才、解放科技生产力，采取务实灵活的措施，推进人才政策创新，先行先试有利于人才引进、人才成长和创新创业的政策实施。要借鉴世界知名科技园区支持人才创新创业的经验，拓宽人才政策创新的思路。要以政策创新带动人才体制机制创新，及时将成熟的人才政策上升为制度规范，逐步形成有利于培养人才、吸引人才和用好人才的体制机制。要充分发挥人才特区的优势，更好地集聚海外高端人才包括外国高级专家，努力把中关村建设成为世界一流的国际化人才集聚区和科技自主创新示范区。中组部副部长李智勇、中组部秘书长邓声明，市委常委吕锡文、李士祥、赵凤桐，副市长苟仲文参加调研。

（王 锦）

【刘淇察看北京同仁堂中药现代化产业园】 4月8日，市委书记刘淇深入中关村科技园区大兴生物医药产业基地，察看北京同仁堂中药现代化产业园等重点项目建设情况。卫生部党组书记张茅，市长郭金龙一同考察。刘淇等领导仔细察看了产业园沙盘模型和同仁堂生产的药品样品，并听取了北京同仁堂（集团）有限责任公司负责人关于产业园项目规划建设情况汇报。刘淇强调，大力发展生物医药产业，是发挥首都优势、加快转变经济发展方式、加快产业结构调整的重要举措。要充分发挥首都科技、人才优势，积极推动生物医药产业发展。要进一步加大支持力度，努力把生物医药产业做大做强。政府各相关部门及区县要进一步转变工作作风，提高服务水平，积极帮助企业解决发展中面临的问题，努力营造良好的发展环境。生物医药企业要紧紧抓住中关村国家自主创新示范区建设机遇，充分发挥技术优势，加大研发力度，大力推进研发成果产业化；要加强自主创新，加大新产品开发力度，不断丰富产品种类，提高科技含量，努力打造北京的医药产业品牌。张茅指出，随着医药卫生体制改革的不断深入，中医药产业在我国经济社会中的作用和价值日益凸显。北京同仁堂是我国中医药行业的著名老字号企业，在海内外具有较大的影响力和号召力。要精心设计、精心施工，把北京同仁堂中药现代化产业园建设成为国家级医药产业基地示范工程。郭金龙指出，市有关部门和区县要全力支持北京同仁堂中药现代化产业园等重点项目建设，努力为生物医药产业发展创造一流的环境和条件。希望同仁堂企业坚持自主创新与国际合作相结合、做强存量与做大增量相结合、扩大国内市场与培育国际市场相结合，大力推进新药研发和产业化，不断增强企业综合竞争实力，为我国生物医药产业快速发展做出新贡献。市委常委吉林、李士祥、赵凤桐，副市长苟仲文，市政府秘书长孙康林一同考察。

（王 锦）

【中关村企业家顾问委员会年度第一次会议】

4月14日，中关村示范区企业家顾问委员会（以下简称顾委会）2011年度第一次全体委员会议在北大博雅国际酒店召开。会上，顾委会主任委员、联想控股有限公司董事长兼总裁柳传志代表顾委会做2010年度工作总结，肯定了顾委会在帮助企业做强做大方面发挥的积极作用，详细介绍了“中关村100”企业家俱乐部举办的主要活动，并针对顾委会工作中存在的问题提出了具体工作建议。顾委会副主任委员、时代集团总裁王小兰，北极光创投创始合伙人邓峰，清华科技园总裁徐井宏分别代表顾委会专门工作小组介绍了顾委会在中关村高端领军人才引进、重大产业化项目的挖掘和推荐、风险投资政策研究、重大科技成果转化以及创新创业环境营造等方面开展的主要工作和今后的工作设想。会议增选创新工场创始人李开复为顾问委员会委员。市委常委赵凤桐出席此次会议并讲话，他首先对顾委会在过去一年开展的主要工作以及中关村企业家强烈的社会责任感给予了充分肯定，并简要介绍了中关村最新发展情况，同时指出，顾委会是推动中关村建设与发展的智慧库，是整合中关村创新创业要素的一个重要平台，委员们要继续发挥高层次、跨领域、多行业的优势，在中关村人才引进、投资环境建设、企业家培养、重点项目推荐、创新创业政策研究等方面发挥特殊作用。

（王 锦）

【贾庆林参观生物芯片北京国家工程研究中心】 4月19日，中共中央政治局常委、全国政协主席贾庆林参观生物芯片北京国家工程研究中心暨博奥生物有限公司。贾庆林听取了中国工程院院士程京关于博奥公司生物芯片项目研发应用情况的介绍，观看了生物芯片和配套仪器，与科研人员亲切交谈，详细了解公司自主创新、产品生产销售、人才培养等情况。他指出，实现“十二五”规划目标任务，关键要靠科学技术，靠提高自主创新能力。博奥公司在提高自主创新能力、推动科技事业发展中大有可为，要不断攀登世界科学技术高峰，为建设创新型国家，为加快转变经济发展方式、实现科学发展贡献力量。他希望博奥公司按照“自主创新、重点跨越、支撑发展、引领未来”的方针，坚持把企业技术进步与国家发展战略、经济社会发展目标与人民日益增长的物质文化需要紧密结合起来，加快推进科技创新，重视新技术产品的应用，为提高我国人民的健康水平提供科技支撑。要遵循科技人才的成长规律，建立健全开放流动、竞争合作的科技人员管理制度，营造生动、活跃、民主的研究氛围，加大人才培养力度，为中国生物医学工业造就更多的创新人才和管理人才。要积极利用全球创新资源和最新科技成果，进一步扩大与国际知名企业的合作，加快企业“走出去”步伐，积极开拓国际市场，着力打造国际品牌，为国家争得更多更大的荣誉。中共中央政治局委员、国务委员刘延东，全国人大常委会副委员长、农工党中央主席桑国卫，全国政协副主席、科技部部长万钢等一同参观。

（王 锦）

【联想推出高端商务精锐版笔记本】 4月26日，联想集团推出 ThinkPad Edge 精锐版笔记本新品——E420s 和 E220s。该款笔记本专为高端商务个人用户量身打造，采用的第二代智能英特尔酷睿处理器，不仅性能强劲，更在处理多任务时充分发挥出多核多线程的强大优势，充分满足高端商务人士注重办公效率的基本需求；搭配 4GB 的 DDR3 内存、高达 2GB 显存且完美支持 DX11 的 ATI 独立显卡，更是让复杂的图形处理不再显得捉襟见肘；可选的 mSATA 极速混合硬盘系统，在面对大容量数据的传输时格外轻而易举。外观方面，ThinkPad Edge 精锐版首次采用了防眩光技术的无界金刚屏，为用户带来绝佳的视觉体验，最薄处仅为 21.9mm，最轻可至 1.58kg（E220s），堪称轻薄便携的典范之作。

（王 锦）

【九大云平台全方位服务中关村】 5月6日，百度——云计算服务中心、用友软件——企业云服务平台、联想——中关村云计算服务中心、世纪互联——公有云基础设施平台、中科讯飞互联（北京）（筹）——语音云服务平台、网通宽带——中关村软件园云服务平台、亿赞普——全网全屏云媒体平台、新浪——应用云平台、金山软件——金山快盘云存储应用平台等9大云平台建成并挂牌。这9大云服务平台涵盖了超级计算、软件研发、企业管理、办公、存储服务等各个层面，可以为中关村示范区企业乃至全国的中小企业提供全方位的服务。这9家挂牌的云服务基地能达到这样一个效果，就是一个企业哪怕是一个对计算机性能要求高的软件研发企业，可以不需要购买高性能的计算机，不需要购买财务管理等各种企业管理软件，从研发、生产、营销和售后服务都可以借助云服务平台来实现，降低中小企业信息化的成本。

（王 锦）

【研究中关村国家自主创新示范区企业登记办法】 6月21日，北京市政府召开常务会议，研究中关村国家自主创新示范区企业登记办法等事项。市委副书记、市长郭金龙主持会议。

会议研究《中关村国家自主创新示范区企业登记办法（草案）》时指出，要切实用好国家工商总局的支持政策，认真贯彻落实《中关村国家自主创新示范区条例》中有关企业登记的创新规定，坚持深化改革、扩大开放、与国际接轨原则，制定好中关村国家自主创新示范区企业登记办法，规范示范区内的企业登记。

（王 锦）

【市委常委会研究中关村科学城建设】 6月25日，北京市委常委会召开会议，研究中关村科学城建设等事项，市委书记刘淇主持会议。会议研究中关村科学城建设时认为，中关村科学城是中关村国家自主创新示范区核心区的核心，经过一年多的建设，聚集了一批重大项目，在落实建设创新型城市和创新型国家战略，推动战略性新兴产业发展等方面取得了突出成绩，显现出蓬勃生机和强大生命力。中关村科学城在不进行大规模土地开发的前提下，通过“腾笼换鸟”等方式，充分利用建成区现有存量空间资源，在提高土地资源利用率的同时，推动了产业结构调整升级，加快了中关村科学城建设步伐。中关村科学城充分发挥首都创新资源平台作用，不断创新体制机制，整合资源，调动各方面的积极性，形成了科研机构、高校院所、中央企业、民营企业、高端人才、社会组织和政府协同创新的良好局面，推动了军民两用技术转化，促进了军民融合式发展。会议要求，中关村科学城在“腾笼换鸟”过程中，要加强统筹协调，鼓励和引导“腾”出的项目向适宜发展的其他中关村产业园或区县转移、落户，充分发挥中关村科学城的溢出辐射效应。要进一步编制好发展规划，加快重大项目建设，推进政策先行先试，为北京率先形成创新驱动的发展格局做出更大贡献。

（王 锦）

【首个中国自主研发浏览器内核U3面世】 6月8日，UC优视公司发布适应于下一代移动终端和网络环境的全新手机浏览器内核U3。是中国首个自主研发的浏览器内核，集云端架构手机浏览器及Webkit（浏览器引擎）内核手机浏览器的优势于一身，是目前最快、最智能、最安全、最省电省流量的手机浏览器内核。

（王 锦）

【中关村人才特区建设工作会召开】 7月12日，中关村人才特区建设指导委员会和北京市委、市政府召开的中关村人才特区建设工作大会在北京国际饭店举行。中共中央政治局委员、北京市委书记刘淇，中共中央政治局委员、中央书记处书记、中组部部长李源潮出席并讲话。李源潮指出，要进一步解放思想、解放人才、解放科技生产力，大力引进国际科技领军人才和创新创业团队，使中关村人才特区成为中国集聚世界一流人才的国家基地。要积极探索和创新人才政策与体制机制，营造有利于人才创新创业的良好环境，努力把中关村人才特区建成全国人才体制机制改革试验的先行区。刘淇指出，要把人才工作作为面向未来、开创未来、赢得未来的大事，以更加奋发有为的精神状态，落实好中关村人才特区建设的任务。要紧紧盯住世界科技发展的前沿，以政策、以事业、以感情广泛吸引世界高端领军人才，把中关村人才特区建成令人向往的创新创业人才集聚区，把北京建设成为世界高端人才聚集之都。要以业聚人，深化改革，积极创新人才发展体制机制，切实做好人才服务的各项工作。要为激发人才活力创造条件，创新体制机制，优化人才资源配置，不断完善人才创新创业环境，充分用好人才，做到人尽其才。北京市长郭金龙主持大会。北京市委组织部部长吕锡文对《建设中关村人才特区行动计划（2011～2015年）》进行了解读；中关村管委会党组书记赵凤桐代表中关村管委会发言，中关村人才特区建设指导委员会成员单位负责人，北京市有关负责同志出席大会。

（王 锦）

【加快建设中关村人才特区行动计划（2011～2015年）发布】 7月12日，在中关村人才特区建设工作大会上发布了由北京市委、北京市政府制定的《加快建设中关村人才特区行动计划（2011～2015年）》。该计划包括中关村将推进“拔尖领军人才开发工程”、“自主创新平台搭建工程”、“高端成果转化扶持工程”、“新兴产业发展带动工程”、“科研学术环境创建工程”和“北京人才公寓建设工程”等6大建设工程以及“资金奖励及财政扶持政策”、“股权激励政策”、“人才培养政策”、“人才兼职政策”、“居留与出入境政策”、“落户政策”、“进口税收相关政策”、“医疗政策”、“住房政策”和“配偶安置政策”等10项支持政策。其中，有关税收支持政策中规定，符合规定的企业和科研机构，在合理数量范围内进口境内不能生产或性能不能满足需要的科研、教学物品，免征进口关税和进口环节增值税、消费税。人才特区将为符合条件的外籍高层次人才及随迁外籍配偶和未满18周岁未婚子女办理《外国人永久居留证》，对尚未获得《外国人永久居留证》的高层次人才及配偶和未满18周岁子女，需多次临时出入境的，为其办理2～5年有效期的外国人居留许可或多次往返签证；还将为具有中国国籍，愿意落户北京的海外高层次人才直接办理落户手续，如海外高层次人才愿意放弃外国国籍、申请加入或恢复中国国籍，根据有关法律规定，为其优先办理入籍手续。此外，人才特区的高层次人才还将享受医疗照顾人员待遇，到指定的医疗机构就医，所需医疗资金通过现行医疗保障制度解决，不足部分由用人单位按照有关规定予以解决；享受定向租赁住房，“人才公寓建设工程”未来3年内将建成不少于1万套的人才定向租赁住房。中关村人才特区建设将采取“两步走”方针，2012年，将初步形成人才特区政策体系，聚集包括海外留学人员在内的3万名左右的高层次人才，2015年则将全面建成国家级人才特区，聚集包括海外留学人员在内的5万名左右的高层次人才。

（王 锦）

【新一代网络学习（E—Learning）平台——ATEL 2.0发布】 9月27日，北京全景赛斯科技发展有限公司在京召开“携手拥抱‘云学习’——2011全景赛斯ATEL2.0产品发布会”，对外公布了基于“云计算”技术的新一代网络学习平台的新版本——ATEL 2.0（Advance Technology for E—learning）。ATEL2.0继续延续云计算中的SaaS模式，在技术架构以及服务模式上进行更新升级，充分利用负载均衡、分布式架构等先进设计，进一步实现E—Learning的网络化、云端化，具有成本低廉、实施快捷、维护简便、安全稳定等突出优势，可广泛应用于大型企业、政府协会、教育机构、高等院校等各类机构的远程教育及网络培训业务。ATEL 2.0在ATEL 1.0的基础上新增了多项功能或服务来满足各类E—Learning用户的不同需求。除了更加美观的用户界面和良好的用户体验外，针对教育培训机构用户，ATEL 2.0提供了众多培训运营管理功能，让培训管理者轻松管理培训业务。针对众多用户的课程资源需求，ATEL 2.0同时新增课件资源共享与在线交易功能，用户可以在线采购众多门类丰富的在线课程。据了解，目前在ATEL已经可以提供3500多门课程，共计2万多学时的网络课程资源，已经拥有课程资源的用户还可以作为卖家，在交易平台上出售自有课件的使用授权，提高课件资源的利用价值；针对已经拥有E－Learning平台的培训机构，ATEL 2.0的提速扩容服务可以为用户实现系统内嵌，让用户不必更换平台即可体验到ATEL 2.0的强大性能。2009年该公司发布了基于云计算技术的新一代网络学习（E—Learning）平台——ATEL 1.0，成为国内首个成功上线的同类产品。

（王 锦）

【甲骨文新园区落户软件园】 10月21日，甲骨文（中国）公司在北京宣布，甲骨文北京园区正式启用。该园区位于中关村软件园，占地面积约3万平方米，工作人员1500人，是甲骨文公司在中国业务运营的重要组成部分。新园区将作为支持中国业务运营的多个甲骨文部门的办公场所，包括甲骨文研发中心、解决方案中心、合作伙伴解决方案中心以及服务团队等。甲骨文北京研发中心（CRM）是甲骨文在中国最大的研发机构，负责开发创新技术以及行业解决方案和产品，以满足甲骨文客户的需求，专注于Oracle应用无极限、融合应用软件和融合中间件、Oracle虚拟化技术、Solaris等。甲骨文解决方案中心（OSC）提供了一个极具价值的生态系统环境，便于客户、合作伙伴和甲骨文共同设计、测试及部署解决方案，以解决客户的业务难题，并使客户在方案正式部署前有机会进行全面的测试。甲骨文合作伙伴解决方案中心（PSC）是甲骨文在中国做出的重要投资之一，使合作伙伴能利用研发资源以及集成设计的Oracle系统，基于

Oracle 产品开发本地合作伙伴解决方案。

（王 锦）

【中关村科学城发展规划发布】 10 月 18 日，由市经济信息化委会同中关村管委会、市发展改革委、市教委、市科委、市人力社保局、市国土局、市规划委、市交通委、市商务委、市金融局、海淀区政府等共同编制的《中关村科学城发展规划（2011～2015）》发布。《规划》共分为发展基础与面临形势、指导思想与发展目标、主要任务、发展路径和保障措施 5 个部分。《规划》提出了中关村科学城发展目标，要推动科技与产业融合、科技与金融融合、科技与文化融合，在“十二五”末实现“三个提升、四个一流”。力争用 5～10 年时间，把中关村科学城打造成为世界高端科技人才集聚、企业研发总部云集、高技术服务业发达、科技创新创业和国际科技交流活跃的现代科学新城，巩固提升在创新型国家建设中的龙头地位。到 2015 年，中关村科学城技工贸总收入超过 1 万亿元，年均增速保持在 20% 左右。规划提出，要依托中关村“十百千”工程，培育形成 4～6 家规模超过千亿元的大企业，同时孵化壮大上万家“专、精、特、新”中小微型科技企业。《规划》重点部署了三大任务，一是承接国家重大基础研究和前沿技术研究项目，取得一批世界级的原始创新科技成果，建成世界一流的科研高地；二是承接实施国家科技重大专项和 863 计划，突破一批关键核心技术，发展八大战略性新兴产业的高科技企业总部运营、研发设计、技术服务等高端环节，带动国家和北京战略性新兴产业发展；三是以国家在中关村开展的现代服务业综合试点和高技术服务业基地建设为契机，做强做大研发设计服务、工程技术服务、科技中介服务、信息服务等高技术服务产业。为了实现这三大任务，《规划》明确了科学城的发展路径，要围绕机制体制创新，依托中关村创新平台，打造人才集聚平台、资本配置平台、特色产业园、产业技术研究院、平台型大企业、创新创业孵化平台、国际交流合作平台等七大类平台，把相对稀缺的空间资源盘活利用起来，把相对封闭的科技资源开放共享起来，把密集的创新要素与产业发展对接起来，实现基础研究、技术研发、产业转化、辐射发展等创新环节有机衔接互动，政府、企业和高校院所资源共享、协同创新的新局面。

（王 锦）

【郭金龙到中关村调研】 11 月 8 日，市长郭金龙到中关村国家自主创新示范区调研。他勉励高技术企业，依托自主创新支撑企业做大做强，促进战略性新兴产业发展，加快形成一批具有重大技术突破、产业引领作用和规模化前景的科技成果，努力抢占国际竞争的战略制高点。在中钢集团，郭金龙对企业取得的成就表示赞赏。他说，北京正在大力发展总部经济，欢迎包括中钢集团在内的更多大型企业总部落户北京，北京一定为企业发展创造良好环境，祝中钢集团兴旺发达。在中国机械工业集团有限公司，郭金龙对该公司去年进入世界 500 强企业表示祝贺，称这是件可喜可贺的事，勉励企业继续加大创新力度，努力提高竞争力，争抢更大的国际市场份额。郭金龙在微软亚太研发集团了解产品研发情况和信息技术发展趋势，并饶有兴趣地体验了 KINECT 乒乓球游戏独特的人机互动设计，称赞这些新技术充满了创意，具有广阔的市场前景。市委常委赵凤桐、副市长苟仲文、市政府秘书长孙康林一同调研。

（王 锦）

【人才特区扶持政策办理流程】 11 月 21 日，市人才工作领导小组办公室印发《〈加快建设中关村人才特区行动计划（2011～2015 年）〉有关特殊扶持政策办理流程及试点方案》（京人才发［2011］5 号）。该《方案》指出，为落实市委、市政府印发的《加快建设中关村人才特区行动计划（2011～2015 年）》有关特殊政策，市相关部门研究细化了各项特殊政策办理流程及相关政策试点方案，将工作职责落实到具体部门和具体责任人，其中包括财政扶持政策、股权奖励个人所得税政策、人才培养与兼职政策试点方案、居留与出入境政策、落户与国籍变更政策、进口税收政策、医疗政策、住房政策、配偶安置政策等。

（王 锦）

【刘淇到中关村环保科技示范园调研】 12 月 10 日，市委书记刘淇、市长郭金龙到中关村环保科技示范园内的部分企业，就“践行北京精神，加快转变经济发展方式，推动重大项目建设”主题进行调查研究。刘淇强调，要充分发挥首都优势，鼓励和支持高新技术企业在京加大投入、拓展业务，积极发展高端制造业，以重大项目建设进一步带动小城镇建设。刘淇、郭金龙首先察看了中关村环保科技示范园公租房项目建设情况，详细了解了海淀区在加强公共服务保障、吸引和汇聚高层次创新人才等方面的情况。刘淇一行到华为数字技术有限公司（华为北京研究所）的IP研究中心一楼展厅，察看蜂巢平板电脑、云手机、云终端等技术创新成果和民用终端产品，并走进云计算机房，了解云计算中心服务器运行情况，对技术人员在核心技术攻关等方面取得的成绩给予赞赏。在随后举行的座谈会上，刘淇听取华为公司的介绍后，关心地询问公司目前在京发展有何困难，并对公司的开放、创新理念给予肯定。他说，作为世界500强企业，华为公司代表了中国民营企业的国际形象。北京将继续做好服务工作，为包括华为公司在内的企业发展创造良好环境。当前，北京进入了新的发展阶段，正在大力实施科技创新与文化创新“双轮驱动”发展战略，率先形成创新驱动发展格局，在更高水平上推动首都科学发展。希望你们积极推进在京项目建设，进一步扩大在京业务，并把业务向富有发展潜力的郊区拓展。北京郊区的发展思路之一，就是依托大企业投资，用重点项目带动小城镇建设，带动第二、第三产业发展，率先形成城乡经济社会发展一体化新格局。同时希望他们积极参加北京的相关产业联盟，和其他企业一起制定行业标准、研发产品，并尝试配套发展高端、环保的制造业，提供更多就业机会。郭金龙说，华为公司为北京的科学发展做出了贡献，吸引和汇聚高端人才以及开放、创新的公司理念也非常契合首都科学发展要求。希望他们利用在京的环境、资源等优势，进一步加大在京发展力度。北京市将继续支持企业发展，共同把环保园打造成国际化的产业综合服务功能区。市委常委李士祥、赵凤桐，副市长苟仲文参加调研。

（王 锦）

【水晶石成为首家中标伦敦奥运的中国企业】 12月12日，水晶石公司成功中标2012年伦敦奥运会、残奥会官方数字图像服务供应商，成为首家中标伦敦奥运的中国企业。水晶石公司将为伦敦奥运会、残奥会提供一系列数字图像服务，其中包括为36个比赛、训练场馆和奥运村、主新闻中心、国际广播中心等提供数字图像服务。

（王 锦）

【新增4家留学人员创业园】 12月23日，中关村雍和航星留学人员创业园、博雅留学人员创业园、昌平园留学人员创业园、798创意产业留学人员创业园挂牌。这4家留创园各有特色。798艺术区被朝阳区和北京市认定为首批文化创意产业集聚区，园区现有各类文化艺术机构455家；博雅留学人员创业园所在的中关村多媒体创意产业园，是北京率先以多媒体创意产业为核心发展方向的跨媒体专业园区，目前已聚集企业及机构800余家；中关村雍和航星科技园拥有以光线传媒为代表的文化创意产业，以诺基亚西门子通信、网秦为代表的信息技术企业；依托昌平园多年来集聚的科研优势和在高新技术转化方面积累的经验，昌平留创园将重点支持能源科技、高端现代制造、生物医药领域企业发展。截至目前，中关村留学人员创业园已扩展为33家，累计接待海外人才超过5万人次，近5000多家留学人员企业选择落户中关村。

（王 锦）

【曙光公司研制成软硬件全国产服务器】 12月初，曙光公司成功研制出基于国产龙芯处理器的全自主知识产权服务器——曙光龙腾服务器。曙光龙腾服务器采用中国独立自主研制的龙芯3A四核处理器，操作系统采用中标麒麟Linux操作系统和中科方德的Linux操作系统。该服务器从基础架构到操作系统软件都具有完全自主知识产权。此外，该产品中还采用了多项节能措施。由于曙光龙腾服务器采用完全自主知识产权的软硬件，因此具有独特的安全性。采用该产品将有助于消除我国在电子商务、国防等众多领域的安全困局，加强我国在信息安全方面的自我掌控能力。

（王 锦）

北京经济技术开发区

【综述】 2011年是“十二五”的开局之年，是大兴区和北京经济技术开发区深度融合的关键之年。开发区加快转变经济发展方式，以发展高端产业为核心，着力推动一体化、高端化、国际化发展，积极克服外部环境复杂多变的影响，全面完成各项任务，实现了“十二五”的良好开局。开发区在高端产业、服务环境、社会民生、资源利用等方面取得显著成效和标志性成果。全国第一条液晶显示8.5代线如期投产；奔驰汽车全球首个海外发动机厂开工建设；承载国家级新药创新孵化基地和国家生物产业基地重任的亦庄生物医药园正式开园；当年获批、当年竣工、当年验收封关的全国领先的亦庄保税物流中心正式运营；首批国家生态工业示范园区申建成功；国家级海外高层次人才创新创业基地批准建设；全市最大规模的示范性公租房项目率先启用。是年，新区规模以上工业总产值2763.2亿元，同比增长5.1%，占全市工业总产值的19%；汽车制造、生物医药、装备制造等主导产业产值增长率分别达到71.9%、44.3%、15.9%；新区生产总值1133.3亿元，同比增长12.2%，其中开发区完成782.5亿元，同比增长12%；新区全社会固定资产785.8亿元，同比增长25.3%，其中开发区完成320.2亿元，同比增长42.2%。各项主要经济指标均超额完成年度任务。新区工业增加值584.7亿元，同比增长17.7%，增速在全市区县中排名第一。开发区工业投资占全部投资的比重提高到68.6%，比上年增长15.4个百分点。新区税收收入353.7亿元，同比增长20.4%，其中开发区完成245.4亿元，同比增长15.6%。开发区财政收入269亿元，同比增长10.2%。

（研究室）

【十二五产业规划】 重点发展十大产业，其中包括四大主导产业、三大新兴产业和三大支撑产业。

四大主导产业：

电子信息产业。以构建移动通信、数字电视、集成电路3个千亿级产业集群为重点，推进星网工业园、移动硅谷产业园、数字电视产业园、中芯微电子产业园持续升级。

生物医药产业。坚持研发创新、高端制造和流通服务并进，打造以生物药、中药、化药、医疗设备等为主导，检验检测、流通、服务与健康管理为辅助的产业格局。

装备制造产业。以推进产业集聚、完善配套体系、促进两化融合为主线，推进跨区域产业互动，打造面向战略性新兴产业、城市化与民生发展的高端装备制造体系，中国“高端化、特色化、协同化”的装备制造产业聚集区。

汽车制造产业。以打造品牌和技术双领先的汽车产业集群为目标，增强汽车产业链协同程度，大力实现汽车制造、研发、生产三大领域的跨越发展。

三大新兴产业：

新能源和新材料产业。聚焦发展以风电、太阳能光伏、绿色电池、LED为主的新能源产业，以满足航空航天需求的高性能结构材料、化工新型材料、光电子材料、生物材料为主的新材料产业。

航空航天产业。重点吸引航空航天领域的研发机构和总部，培育以航空技术应用、航空服务、通用航空、航空电子为主的航空航天产业。文化创意产业。汇聚影视制作各环节企业，重点发展以数字信息技术支撑的新媒体产业，延伸发展影视制作、创意设计、出版印刷、动漫网游等产业，培育发展文化旅游业及文化休闲体育业。

三大支撑产业：

生产性服务业。依托地铁沿线五大生产性服务业集聚区和产业基地，重点发展金融服务、信息服务、商务服务、工业设计服务和现代流通服务等生产性服务业。

科技创新服务业。加快建设“四大板块、三大组群”，培育科技研发服务、科技金融服务、科技信息服务和科技商务服务，扶持孵化器、产业化基地和工程技术平台的专业化和综合化发展。

都市产业。以形成具有品牌影响力的现代

都市产业群为目标，重点发展都市型现代农业、都市特色工业和都市服务业。

（研究室）

【保增长】 帮助企业解决生产经营中的困难，引导企业争取订单扩大产能。经过努力，新区455家企业产值实现增长，占工业企业总数的67.6%，共增加产值461.4亿元。在147家产值亿元以上的重点企业中，74%的企业都保持了良好的增长态势，新增产值355亿元。

（研究室）

【招商引资】 新批企业投资总额（含增资）63.6亿美元；合同利用外资17.1亿美元，同比增长1.3倍。引进央企项目13个，累计超过60个；引进世界500强项目12个，累计达到108个。开发区累计入区企业已达4672家（不含分支机构），投资总额320.1亿美元。

（研究室）

【开工投产】 奔驰越野车、北汽新能源汽车等25个项目实现投产，当年新增产值50亿元。中电华通、协和药厂等40个产业项目实现开工，涉及投资总额291亿元。

（研究室）

【园区建设】 数字电视产业园、冠捷等13个项目开工建设，入园配套项目总数达到22个。移动硅谷产业园、移动硅谷创新中心等4个项目签约落地。中国云产业园引入百度云计算中心等近20个重点项目。

（研究室）

【绿色发展】 万元地区生产总值能耗下降6%，继续保持全市领先水平。国家太阳能光伏发电集中应用示范区建设进一步加快，华北地区最大的5兆瓦太阳能光伏发电项目在京东方8.5代线建成并投入使用。

（研究室）

【拓展发展空间】 12平方公里功能拓展区拆迁工作基本完成，实现征地3.56平方公里。调整完成26平方公里建设用地的土地利用总体规划。加大土地“腾笼换鸟”工作力度，全年腾退项目4个，盘活土地0.224平方公里。

（研究室）

【节能减排】 根据2004年编制的水资源综合利用规划，开发区开展了创建亦庄节水示范区工作。按照规划，开发区所有项目都要采用自来水和市政再生水双水源，新建项目需建设雨水利用工程。开发区还编制了雨水利用专题规划，成为北京市首个编制雨水利用规划的区域。已完成各类雨水利用工程30余项。到“十二五”期末，开发区将实现自来水用量零增长、全区再生水利用率50%的目标。其中，水资源综合利用结构逐步实现60%再生水、30%自来水、10%雨水和地下水的格局。

中芯国际北京公司在建厂之初就植入了节能、环保的理念，无论是自有冷却系统的建设，还是节能设施的选用，都特色鲜明、优化成本，在节水、节电和减少二氧化碳排放方面取得了显著的成果。中芯国际自2009年开始使用再生水，起初只是在冷却塔上使用，后来进一步引入到废气处理装置中，此举大大降低了自来水的消耗量。截至2010年年底，中芯国际总计节约自来水60多万吨。

2009年，施耐德集团开发并率先在开发区的施耐德工厂应用了能效管理系统。2009年当年就比2008年节约66.3万元，每平方米能耗从2008年的236元降低到2009年的150元。2010年，在年销售额（量）比2009年提高了8%的情况下，电力消耗仅增长了4%，节约成本15.47万元。2011年1至7月的统计数字显示，在销售额继续保持增长8%的情况下，电力消耗反而降低了8%，节电28.5万度，直接节省电费24万元，减少二氧化碳排放285吨。

华润协鑫（北京）热电有限公司实行集中供冷，可为企业年节电5000万度。2010年，公司经过技术改造与自主研发，投资3000万元建设制冷规模达到5000冷吨的制冷工程，成为北京第一个蒸汽、热水、制冷、发电四联供分布式能源企业，并形成了高效的能源梯级利用系统。

卡夫食品北京工厂节能减排已细化分解到每个环节。雨水回收用于实施绿化，锅炉烟囱热量回收烧热水，中央空调大小机组联动制冷等。通过这些精心设计的节能举措，卡夫食品北京工厂为公司每年节约近百万元的支出。卡夫食品北京工厂投资105万元，于2010年建成雨水回收利用工程，包括雨水收集系统和用水循环项目。该工程获得北京市节水办公室划拨的节能减排项目专用基金30万元。

北京京东方光电科技有限公司，从2005

年至今，通过采纳员工建议的各种改善与革新，每年节水20多万吨，为企业节约成本上百万元。京东方集团陆续投资2000多万元资金增设节水设施和污水处理设施，降低水耗。京东方的节水方案有40多项，企业每日纯水使用量从最初设计的1.6万吨降至8000吨，产品单片消耗水量比行业平均水平降低34%。企业通过回收工艺使得水回收率超过53%，相当于一年节省出了一个昆明湖的水量。

（研究室）

【生物医药企业集体腾飞】 随着悦康药业集团（四期）化药国际化产业园项目的奠基，开发区生物医药产业新一轮增资扩产趋向高潮。生物医药产业是开发区大力发展的主导产业之一，聚集了包括拜耳、泰德制药等数十家国际著名制药企业，及康龙化成、义翘神州等一大批专业化生物医药服务外包企业在内的百余家生物医药企业，被誉为北京市的药谷。2011年，舒泰神筹资扩建新生产线，泰德二工厂筹建、康龙化成新基地建成，各企业增资扩产的步伐加大，生物工程和医药产业对新区规模以上工业生产总值的贡献率达到87.6%。

（研究室）

【重大项目签约】 1月4日，北京·亦庄重大项目签约仪式举行，生物医药、新媒体、新能源汽车、新材料、微电子等领域的7个项目落户大兴区和北京经济技术开发区，涉及总投资额135亿元。这是2010年初两区行政资源整合以来的又一重大成果。市委书记刘淇，市委副书记、市长郭金龙，市委常委、常务副市长吉林等出席签约仪式，副市长苟仲文讲话。本次签约的7个项目多属战略性新兴产业，投资额均达到或超过10亿元。

（研究室）

【北斗导航孵化器落户开发区】 1月18日上午，北斗卫星导航产业（北京）有限公司、中国嵌入式系统产业联盟、北京北工大软件园发展有限责任公司签订协议，在北京经济技术开发区北工大软件园合作建设国家卫星导航产业技术创新孵化器。作为北斗卫星导航民用开发的重要举措，该平台将加快培育我国自主创新的卫星导航产业集群，从而尽快扭转我国卫星导航被国外导航技术长期垄断的局面。

（研究室）

【数字电视产业园获奖】 1月18日，由工业和信息化部运行监测协调局、工业和信息化部电子信息司和中国电子视像行业协会联合举办的2010年度中国电子信息产业运行暨彩电行业研究发布会在京召开。北京数字电视产业园荣获“中国彩电行业最具成长潜力园区”奖。北京数字电视产业园是北京市最大规模的单体建设项目。园区平板显示产业链初具规模，包括京东方在内的16家企业签订了入区协议。

（研究室）

【英飞凌集成电路开业】 1月20日，英飞凌科技股份有限公司位于北京经济技术开发区的全资子公司——英飞凌集成电路（北京）有限公司正式开业。新公司注册资金1500万美元，将进一步加强公司对高能效、移动性和安全性的关注。新公司不仅具备销售、市场、应用研发及辅助职能，还建有一座1500平方米的制造工厂，专门从事IGBT组件的生产。英飞凌集成电路（北京）有限公司将专注于三大核心业务领域：汽车电子、工业与多元化电子市场、智能卡与安全芯片。

（研究室）

【重奖纳税大户】 1月24日，开发区2010年纳税50强、纳税增长50强企业颁奖典礼举行，开发区拿出5000万元资金重奖诺基亚、北京奔驰、拜耳医药、金风科创、同仁堂等纳税大户。获奖企业既涵盖了开发区电子信息、汽车制造、生物医药、装备制造四大主导产业，又有新能源与新材料、航空航天等新兴产业，其中诺基亚、拜耳医药等25家企业连续4年蝉联纳税50强，天诚同创、龙源环保等新能源企业成为纳税增长新锐。

（研究室）

【3个项目奠基】 3月29日，合众思壮卫星导航产业基地、三盈联合加油设备生产基地及国家级技术中心清大科华创意港3个项目集中奠基。北京市副市长苟仲文，市政府副秘书长戴卫，大兴区委副书记、副区长、开发区工委副书记、管委会主任张伯旭，市经济信息化委副主任王学军等出席奠基仪式。国内最早进入卫星导航定位领域的专业技术公司、卫星导航定位领军企业——北京合众思壮科技股份有限公司将在开发区投资兴建卫星导航产业园。集科技、教育、设计、影视、展览、论坛、艺

术、休闲等9大文化创意产业平台于一体的清大科华“创意港”科技文化产业园，由清大科华创意港（北京）科技有限公司、清大科想等9家公司共同投资建设，主要致力于创新科技、创意文化产业的发展，在18个行业内建设36个工作室，为青年学子提供良好的创新、创意、创业平台。北京三盈联合石油技术有限公司专业从事燃油加油机及加油站自动化设备的研发、制造、销售与售后服务的高新技术企业，位居国内行业前三。该公司将在开发区建设加油设备制造基地及国家级行业研发中心。

（研究室）

【移动硅谷龙头企业获投资】 3月31日，北京经济技术开发区移动硅谷产业园龙头企业——中电华通通信有限公司与韩国SOM投资公司、三星电子在首都大酒店举行了投资签约仪式。根据协议，韩国SOM公司将分三期向中电华通通信有限公司投资1亿美元，三方将共同推进以北京为主的新一代无线宽带网络及智能交通的建设。北京市副市长苟仲文、市经济信息化委副主任白新等出席签约仪式。移动硅谷产业园定位于移动通信产业的总部、研发、交易和服务型园区，充分利用区位、政策及产业优势，建成一个以京芯世纪、中电华通无线宽带物联网产业园等龙头企业为核心，依托3G～4G核心芯片技术，集聚移动通信产业链优秀企业，形成每年1000亿元销售规模的高端移动通信产业园区。

（研究室）

【耐世特公司中国区总部落户开发区】 4月8日，耐世特汽车系统公司中国区总部正式落户北京经济技术开发区。中共中央政治局委员、北京市委书记刘淇，北京市委副书记、市长郭金龙，察看了该项目，并听取相关工作汇报。工业和信息化部副部长杨学山、国务院国资委副主任邵宁等参加相关活动。刘淇、郭金龙详细察看了耐世特汽车系统公司的电动助力转向系统、驱动轴及动力中间轴等产品。2010年1月，通用汽车正式宣布出售耐世特公司。北京经济技术开发区牵头组织了此项收购，面对众多国际竞争对手，中国航空汽车工业控股有限公司、北京亦庄国际投资发展有限公司联手成功收购了该公司。收购的主要资产包括耐世特位于美国、中国等7个国家的20个制造工厂、3个研发中心、11个技术和客户服务中心以及2个试车场，1197项专利、商业机密等知识产权和完整的数据库等。

（研究室）

【国内最大流感疫苗企业落户】 5月，华兰生物工程股份有限公司投资的华兰生物工程技术（北京）有限公司落户开发区，公司注册资金8000万，计划在开发区建设研发新型疫苗和血液制品的大型疫苗研发中心。华兰生物是从事血液制品、疫苗、基因产品研制、生产和销售的国家高新技术企业，国家级创新型试点企业，是国内最大的血液制品、流感疫苗生产企业。目前，公司市值300亿元，2010年被评为中国资本市场20家最具持续成长能力的上市公司、市值管理百家榜第一名，全球第一支甲型H1N1流感疫苗在该公司诞生的。

（研究室）

【悦康药业获北京市著名商标】 6月，悦康药业荣获“2010年度北京市著名商标”。悦康成立10年以来，潜心于药品研发和制造，公司以创新促发展，以品牌促市场，自主品牌“悦康”系列药品投放市场后，深受业界和消费者的欢迎。“悦康youcare”品牌药品已出口到俄罗斯、东南亚、中东、南美、非洲等30多个国家和地区。2002年申请商标注册，2004年获得商标注册证书。自2004年“悦康药业”牌药品上市以来，悦康保持着年均50%以上的复合增长率。

（研究室）

【京东方8.5代线】 6月29日，中国大陆首条自主设计与自主建设的8.5代线——京东方北京第8.5代TFT-LCD生产线在开发区正式点亮投产。由此，京东方实现了从1.8英寸到55英寸全系列主流液晶面板的国产化，有效缓解了中国电子信息产业困扰多年的“缺屏之痛”，标志着我国在平板显示这一战略性新兴产业取得重大突破性发展。总投资280亿元的京东方北京8.5代线，是中国大陆首条自主建设的最高世代TFT-LCD生产线，是北京市有史以来单体投资额最大的电子工业项目，也是电子信息产业振兴规划宣布后投资规模最大的电子信息产业项目。9月27日，京东方第8.5代TFT-LCD生产线正式量产。8.5代线主要生产26英寸至55英寸显示器和液晶电视用显示屏，设计产能为 9 万片玻璃基板/月，达产后，将实现年产液晶显示屏 1300 万片，年产值近 200 亿元。

（研究室）

【安迅获最大服务订单】 安迅公司（NCR）8 月 10 日签署了该公司在中国市场的最大一单 ATM 服务合约，这也是 NCR 持续扩展其在全球，特别是在新兴市场的软件和服务业务方面取得的一项佳绩。NCR 将为中国农业银行已安装的约一万台 NCR 品牌 ATM 提供硬件维护服务，协助农行提高 ATM 开机率，提升客户满意度。位于开发区的安迅（北京）金融设备系统有限公司是 NCR 全球重要的生产基地之一，国内银行几乎所有订单乃至国外客户的一些订单都是由北京工厂负责生产的。

（研究室）

【数字电视产业园添新丁】 8 月 29 日，在第三届投资北京洽谈会上，北京皓海嘉业精密钣金公司与开发区签订入区协议，拟投资 3 亿元在北京数字电视产业园建设生产基地，为冠捷科技提供配套材料。这使数字电视产业园配套签约企业达到 16 个，配套项目数额超过 25 个，产业链条日趋完善。北京皓海嘉业精密钣金公司的前身是成立于 2003 年的北京皓海金属机箱厂，目前已成长为北京一个初具规模较有实力的精密钣金加工企业，是冠捷、施耐德、ABB 等知名企业的重要合作伙伴。与开发区签约后，将在开发区投建一个占地 4.7 万平方米的生产基地，为冠捷科技（北京）有限公司亦庄新项目提供液晶电视大尺寸后壳、支架等原材料的配套。

（研究室）

【默克雪兰诺中国研发实验室启用】 8 月 31 日，G20 工程重点招商企业德国默克集团旗下默克雪兰诺，在开发区正式启动中国研发中心首个研究实验室，实验室将作为中国研发中心的重要组成部分，为中国和亚洲其他国家的药品研发工作提供支持。中国研发中心实验室面积 1000 余平方米，设有标准生物标记物检测室、细胞培养室、P2 实验室等，可提供蛋白质组、分子生物学、细胞生物学、免疫组化及细胞免疫学等全方位高端实验研究平台。

（研究室）

【合康变频获奖】 9 月 19 日，“第八届变频器行业企业家论坛暨第九届电力电子论坛”举行，合康变频荣获“中国高压变频器市场十大品牌”、“中国 EMC 十大品牌”两大奖项。合康变频连续 5 年获得“中国高压变频器市场十大品牌”这一重要奖项，充分体现了行业和用户对合康变频高压变频器产品、技术和服务的高度认可。荣获“中国 EMC 十大品牌”称号也是对合康变频致力于节能减排事业的肯定与鼓励。

（研究室）

【携手建设中小企业创新基地】 9 月 19 日，北京工业设计院与嘉捷企业汇“共建中小企业创新基地暨战略合作签约仪式”举行，双方将进行优势资源整合，合力打造中小企业创新基地。市经济信息化委副主任姜贵平、北京投促局副局长周旭、大兴区副区长绳立成等领导出席签约仪式。嘉捷企业汇作为专业的科技园区运营商，定位于为中小企业建设创新基地和服务平台，先后建设了 4 个高水平的科技园区，吸引了一大批优秀企业入驻。嘉捷企业汇加大力度在大兴区进行中小企业创新基地的建设，已经签约和立项的项目总开发面积超过 40 公顷，建设面积 50 万平方米以上。这次嘉捷携手北京工业设计研究院是一次强强联手。

（研究室）

【航天科技合作备忘录】 10 月 14 日，在中国航天科技集团公司与北京市人民政府联合举办的合作项目签约仪式上，中国航天科技集团与北京经济技术开发区签署《合作备忘录》，双方将建立合作推进工作小组，共同推动中国运载火箭制造股份有限公司总部和航天高端装备制造产业园项目落户新区。开发区将规划 2 平方公里产业发展用地，建设航天高端装备制造产业园。中国航天科技集团将发挥航天高科技优势，优先考虑航天高端制造装备新项目落户园区，其中，总投资 100 亿元的中国运载火箭制造股份有限公司作为产业园首批项目落户。

（研究室）

【新区汽车产业持续提升】 10 月 25 日，北京德尔福万源发动机管理系统有限公司新厂奠基仪式在开发区河西区举行。这也是继奔驰发动机工厂项目后，开发区汽车产业迎来的又一个重要项目，必将进一步夯实新区千亿级汽车产业带的基础。新厂（含北京德尔福技术中心）投资3.6亿元，占地近3万平方米，主要建筑包括办公楼、技术中心实验楼、生产厂房等。项目建成后，BDW将充分扩充现有产能。

（研究室）

【两联盟成立】 10月28日，北京经济技术开发区生物医药创新服务联盟、孵化器创新联盟在北京亦庄生物医药园揭牌成立。生物医药科技创新服务联盟由开发区内专注于生物医药科技创新和自主发展企业及相关金融、投资、专利、咨询机构组成。孵化器创新联盟是集结政府、孵化器、中介服务资源的一个集中体现，利用孵化器的特有模式集结各方资源为高端人才引进，创新型科技项目落地，创造适合项目、人才、科技发展的成长环境提供支持。

（研究室）

【北方微电子公司新厂房落成】 10月29日，北方微电子公司新厂房在开发区落成，进一步完善了开发区微电子产业链。成立于2001年的北方微电子，是一家专业从事集成电路、半导体照明和太阳能光伏高端工艺设备研发与生产的本土微电子装备制造企业，是国家02专项的主要承接单位。在2011年北京市首批61个战略性新兴产业重点项目中，北方微电子占据4个。北方微电子新厂房占地面积1.6万平方米，厂房面积是原来老厂房的10倍，同时，还建设了2条中试生产线，为北方微电子产业化提供了坚实的后盾。

（研究室）

【移动硅谷获授“4G产业创新基地”】 11月6日，在“北京高端数控装备产业技术跨越发展工程（即精机工程）”和“北京新一代移动通信技术及产品突破工程（即4G工程）”启动仪式上，移动硅谷获得“4G工程智能终端产业创新基地”授牌，成为北京市4G工程重要实践基地。开发区打造的移动硅谷产业园定位于移动通信的总部、研发、交易和服务型园区，将建设包括研发基地、企业办公、交易平台等在内的配套设施，旨在依托3G～4G核心芯片技术，集聚产业链优秀企业，建设产值达到千亿级的高端移动通信产业基地。

（研究室）

【国内环保餐具“龙头老大”落户】 11月29日，国内环保餐具行业龙头企业——迅宝总部研发基地正式在开发区奠基动工。基地建成后，将有更多、更安全、更环保的新型餐具走上首都市民餐桌。迅宝集团是一家生产新材料及食品容器的高新技术企业，产品序列包括：餐盒系列、碟碗盘系列、托盘系列等，北京项目作为集团北京总部，计划投资超过8亿元，是一家集管理、研发、检测、生产为一体的综合性总部及生产基地。

（研究室）

【保税物流中心通过验收】 12月9日，北京亦庄保税物流中心（B型）一期通过海关总署等国家四部门联合验收组的正式验收，举行验收合格颁证和揭牌仪式。北京亦庄保税物流中心是国家四部委批准设立的全国第25家保税物流中心（B型），总占地面积约20万平方米，一期工程建设仓储面积超过5万平方米，于2011年3月开工建设，10月全部硬件设施竣工并完成监管信息系统的开发和调试，创造了当年获得批准、当年建设竣工、当年通过验收的佳绩，建设速度之快在国内已批准的25家保税物流中心中首屈一指。中心内建有内外卡口、查验库及查验场、保税仓库、围网及巡逻通道、配套办公楼及报关大厅、视频监控及红外报警系统、海关辅助监管系统等设施。外卡口设有三进三出的货车专用通道，仓储区有6座保税仓库。

（研究室）

【中航动科总部项目落户】 12月28日，开发区与中航动力科技工程有限责任公司（简称中航动科）共同签署了中航动科投资协议及中航动科落户北京经济技术开发区协议。中航动科项目注册资金11亿元，其中北京亦庄国际投资发展有限公司和北京中关村发展集团股份有限公司以2亿元现金入股中航动科，占地2.49万平方米。中航动科将在开发区建设公司总部、研发中心、销售中心、服务中心、工程总包中心，打造研发、生产、销售、服务一体化产业链条。该项目的入区对于提升区域装备制造业核心竞争力具有重要意义，将成为军民结合、央企与地方合作共建国家战略产业的典范。

（研究室）

其他开发区

【北京天竺综合保税区】 2011年，开发区入区企业完成工业总产值19.0亿元，同比增长34.1%；完成工业销售产值17.9亿元，同比增长27.3%，其中完成出口交货值17.3亿元；完成利润总额7.3亿元，同比下降78.2%；完成应缴各种税金4.5亿元。年内，开发区招商项目41个，比上年增加14个；其中三资企业9个，比上年减少1个。全年累计总投资64.2亿元，同比增长174.6%；其中三资企业20.3亿元，同比增长110.9%；合同外资金额2.9亿美元，同比增长478.4%。

【北京天竺空港经济开发区】 2011年，开发区入区企业完成工业总产值347.6亿元，同比增长4.4%；完成工业销售产值349.6亿元，同比增长4.9%，其中完成出口交货值233.2亿元，同比增长6.5%；完成利润总额33.9亿元，同比下降27.0%；应缴各种税金27.2亿元，同比下降34.4%。年内，开发区招商项目71个，比上年增加22个；其中三资企业5个，比上年减少3个。全年累计总投资25.5亿元，同比增长289.5%；其中三资企业1.2亿元，同比下降62.6%；合同外资金额1252万美元，同比下降90.2%。

【北京通州经济开发区】 2011年，开发区入区企业完成工业总产值63.3亿元，同比增长8.9%；完成工业销售产值63.7亿元，同比增长10.8%，其中完成出口交货值6.8亿元，同比增长12.5%；完成利润总额5.0亿元，同比增长86.5%；应缴各种税金7.1亿元，同比增长53.0%。年内，开发区招商项目6个，比上年减少97个。全年累计总投资30.8亿元，同比下降77.1%。

【北京兴谷经济开发区】 2011年，开发区入区企业完成工业总产值171.0亿元，同比增长14.2%；完成工业销售产值164.4亿元，同比增长12.3%，其中完成出口交货值8.2亿元，同比增长19.4%；完成利润总额17.9亿元，同比下降1.7%；应缴各种税金11.4亿元，同比增长5.5%。年内，开发区招商项目8个，比上年增加3个；全年累计总投资5.0亿元，同比增长23.8%。

【北京雁栖经济开发区】 2011年，开发区入区企业完成工业总产值191.1亿元，同比增长21.2%；完成工业销售产值189.3亿元，同比增长21.7%，其中完成出口交货值9.9亿元，同比增长22.7%；完成利润总额20.4亿元，同比增长54.7%；应缴各种税金17.4亿元，同比增长45.7%。年内，开发区招商项目10个，比上年减少114个；其中工业企业10个，比上年增加7个。全年累计总投资11.5亿元，同比减少79.7%。

【北京密云经济开发区】 2011年，开发区入区企业完成工业总产值128.8亿元，同比增长28.8%；完成工业销售产值126.0亿元，同比增长31.4%，其中完成出口交货值9.0亿元，同比增长21.0%；完成利润总额9.7亿元，同比下降8.3%；应缴各种税金15.4亿元，同比增长62.9%。年内，开发区招商项目24个，比上年增加20个；全年累计总投资71.4亿元，同比增长550.3%。

【北京永乐经济开发区】 2011年，开发区入区企业完成工业总产值4.2亿元，同比增长30.8%；完成工业销售产值3.9亿元，同比增长20.7%，其中完成出口交货值2356万元，同比增长26.7%；完成利润总额2522万元，同比增长14.3%；应缴各种税金9300万元，同比增长131.9%。年内，开发区招商项目2个，比上年增加1个；全年累计总投资2.1亿元，同比下降33.5%。

【北京大兴经济开发区】 2011年，开发区入区企业完成工业总产值37.5亿元，同比增长20.6%；完成工业销售产值36.1亿元，同比增长14.2%，其中完成出口交货值1.9亿元，同比增长15.6%；完成利润总额4.2亿元，同比增长48.6%；完成应缴各种税金5.0亿元，同比增长 15.1%。

【北京八达岭经济开发区】 2011 年，开发区入区企业完成工业总产值 25.9 亿元，同比增长 18.6%；完成工业销售产值 30.1 亿元，同比减少 6.1%；完成利润总额 5.0 亿元，同比增长 1.6%；应缴各种税金 4.9 亿元，同比增长 16.7%。年内，开发区招商项目 126 个，比上年增加 17 个。全年累计总投资 4.9 亿元，同比下降 14.1%。

【北京延庆经济开发区】 2011 年，开发区入区企业完成工业总产值 36.7 亿元，同比增长 55.6%；完成工业销售产值 36.7 亿元，同比增长 42.7%，其中完成出口交货值 16.1 亿元；完成利润总额 5.6 亿元，同比增长 138.8%；应缴各种税金 6.9 亿元，同比增长 12.6%。年内，开发区招商项目 97 个，比上年增加 39 个，其中工业企业 4 个，与上年相比无增长。全年累计总投资 9.3 亿元，同比下降 22.8%。

【北京房山工业园区】 2011 年，开发区入区企业完成工业总产值 10.3 亿元，同比增长 14.4%；完成工业销售产值 10.5 亿元，同比增长 29.8%；利润总额 1890 万元，同比减少 146.4%；应缴各种税金 4309 万元，同比增长 131.4%。年内，开发区招商项目 24 个，比上年减少 124 个，其中工业企业 24 个，比上年减少 124 个。全年累计总投资 2786 万元，同比下降 95.8%。

【北京林河经济开发区】 2011 年，开发区入区企业完成工业总产值 78.6 亿元，同比增长 25.8%；完成工业销售产值 72.3 亿元，同比增长 22.7%，其中完成出口交货值 6.6 亿元，同比增长 8.0%；完成利润总额 9.8 亿元，同比增长 132.1%；应缴各种税金 6.0 亿元，同比增长 43.8%。年内，开发区招商项目 18 个，比上年减少 1 个，其中三资企业 2 个。全年累计总投资 1.7 亿元，同比下降 36.3%；合同外资金额 41 万美元，同比下降 93.3%。

【北京石龙经济开发区】 2011 年，开发区入区企业完成工业总产值 49.2 亿元，同比增长 7.2%；完成工业销售产值 58.4 亿元，同比增长 16.7%，其中完成出口交货值 4.7 亿元，同比下降 0.8%；完成利润 25.4 亿元，同比增长 549.2%；应缴各种税金 27.5 亿元，同比增长 110.4%。年内，开发区招商项目 1780 个，比上年增加 1520 个。全年累计总投资 68.0 亿元，同比增长 235.5%。

【北京良乡经济开发区】 2011 年，开发区入区企业完成工业总产值 17.1 亿元，同比增长 6.4%；完成工业销售产值 19.2 亿元，同比下降 0.1%，其中完成出口交货值 3.7 亿元，同比下降 7.9%；完成利润总额 3.7 亿元，同比增长 4.2%；应缴各种税金 11.8 亿元，同比增长 9.9%。年内，开发区招商项目 98 个，比上年减少 88 个，其中工业企业 1 个，比上年减少 7 个。全年累计总投资 17.8 亿元，同比增长 17.3%。

【北京采育经济开发区】 2011 年，开发区入区企业完成工业总产值 22.9 亿元，同比增长 57.4%；完成工业销售产值 23.6 亿元，同比增长 73.2%，其中完成出口交货值 6428 万元，同比增长 67.6%；完成利润总额 6312 万元，同比增长 1663.1%；应缴各种税金 3493 万元，同比增长 26.8%。年内，开发区招商项目 3 个，比上年减少 2 个。全年累计总投资 13.7 亿元，同比增长 153.2%。

【北京昌平小汤山经济开发区】 2011 年，开发区入区企业完成工业总产值 27.1 亿元，同比增长 7.7%；完成工业销售产值 27.1 亿元，同比增长 7.7%；完成利润总额 6881 万元，同比增长 80.0%；应缴各种税金 4444 万元，同比增长 31.2%。

【北京马坊工业园区】 2011 年，开发区入区企业完成工业总产值 17.7 亿元，同比增长 39.1%；完成工业销售产值 16.8 亿元，同比增长 39.1%，其中出口交货值 2.2 亿元，同比增长 136.2%；利润总额 9357 万元，同比增长 188.2%；应缴各种税金 3048 万元，同比增长 19.5%。年内，开发区招商项目 5 个，比上年增加 2 个；全年累计总投资 9.4 亿元，同比增长 183.8%。

（以上内容均为市经济信息化委规划处提供）

2011 年北京市开发

名　　称	投产（开业）企业个数（个）				工业总产值（万元）			
	合计	工业企业	高新技术企业	三资企业	合计	新产品产值	高新技术企业	三资企业
总　计	23944	4968	15225	2561	72769796	32153563	61651120	38722438
一、国家级	16835	3374	15026	2208	60479495	31050597	58315612	31010833
北京经济技术开发区	2219	711	474	598	22847118	9364561	20872741	20292642
中关村国家自主创新示范区	15026	2869	15026	1744	58315612	31050597	58315612	28857752
中关村示范区海淀园	9306	1149	9306	1084	13928282	8839299	13928282	5371094
中关村示范区丰台园	1522	338	1522	78	3540154	1274563	3540154	455741
中关村示范区昌平园	1461	684	1461	140	9808362	5068764	9808362	1532742
中关村示范区电子城科技园	1087	233	1087	194	6837340	5472992	6837340	1926920
中关村示范区亦庄园	474	226	474	158	20872741	9364561	20872741	18309815
中关村示范区德胜园	378	50	378	24	897571	564377	897571	174872
中关村示范区雍和园	113	4	113	9	51592	263	51592	
中关村示范区石景山园	566	84	566	34	451137	90501	451137	226866
中关村示范区通州园	72	63	72	15	1446452	174233	1446452	700979
中关村示范区大兴生物工程与医药产业基地	47	38	47	8	481982	201045	481982	158722
北京天竺综合保税区	64	20		24	189506			170254
二、市级	7109	1594	199	353	12290301	1102966	3335508	7711605
北京石龙经济开发区	3308	485	27		491700	112874	73755	
北京良乡经济开发区	1277	95	3	13	171422		46570	54393
北京大兴经济开发区	353	114	16	27	375005	139043	174946	111387
北京通州经济开发区	158	83	15	26	633133		246392	246598
北京雁栖经济开发区	270	240	40	67	1910609		781437	1230624
北京兴谷经济开发区	168	77	6	37	1710197		112907	1379101
北京密云经济开发区	161	98	14	31	1288039	94414	359505	834041
北京林河经济开发区	87	51	11	26	785556	356244	625249	508907
北京天竺空港经济开发区	263	145	26	96	3475990	299065	355489	3092195
北京八达岭经济开发区	438	48	8	8	259030		107811	33547
北京永乐经济开发区	16	9	4	3	42393		26580	469
北京延庆经济开发区	498	50	12	10	367435		202108	179018
北京昌平小汤山工业园区	29	24		2	271123			1057
北京采育经济开发区	35	35	8	3	229204	84516	137582	7444
北京房山工业园区	8	7	1		102680	16810	21757	
北京马坊工业园区	40	33	8	4	176785		63420	32824

区主要经营指标

总收入（万元）						利润总额（万元）		应缴税金总额（万元）		
合计	技术收入	工业企业	第三产业	高新技术企业	三资企业	合计	高新技术企业	合计	工业企业	三资企业
231730799	29031886	80880639	132772445	200210372	75426534	17333985	15729087	10937550	3940364	4414816
206498567	28462896	67689387	124564868	196460188	65162274	15900380	15339163	9508071	3263997	3944436
41411379	1972342	23807958	15038893	32127206	27763456	3397542	2909723	2453638	1377371	1827126
196460188	28459044	65474377	117694604	196460188	62317853	15339162	15339162	9258436	3550289	4006055
87828160	17523382	18904048	65214235	87828160	20923588	7089156	7089156	3909572	748894	1156850
26408838	3202668	3911227	17518095	26408838	1286321	1063176	1063176	817214	158095	98196
15070872	610927	10109135	4764499	15070872	1905077	1231343	1231343	728701	495599	133958
18600796	2892431	7149085	9905027	18600796	9374710	1777012	1777012	898879	249668	534219
32127206	1972342	21775035	8740748	32127206	25280904	2909723	2909723	2248658	1672451	1905694
3691046	1196009	1051647	2577923	3691046	248371	566667	566667	224558	76040	30800
3034565	449810	120409	2913704	3034565	1285034	84371	84371	86379	1438	42392
7162006	585101	503911	5473556	7162006	599183	445042	445042	206451	37201	46875
2049431	19921	1478015	571416	2049431	1261369	104727	104727	101237	75041	49305
487269	6453	471867	15401	487269	153295	67944	67944	36787	35864	7766
754206	3852	182087	572119		361869	73398		44655	8788	16950
25232232	568990	13191252	8207577	3750184	10264260	1433605	389924	1429479	676367	470380
957100	239275	287130	526405	143565		254073	20099	274500	68200	
2081457	217994	192186		45614	95986	37324	5611	117744	8493	6397
1512390	23034	425907	627294	218774	118220	42434	24561	50471	27840	6998
1370076		662878	639590	240714	251907	50009	25517	70565	40371	13953
2278208		2204079	74129	855104	1482235	203610	93200	173910	164829	142393
2087070		1847103	276367	108528	1634375	178783	9968	114452	79975	66308
2326667		1573035	614237	486427	1062149	96666	55580	154045	74695	42736
1582630		809489	411515	636137	551790	98167	73875	59984	41653	22825
8138475	86229	3730631	4348965	406317	4729093	339200	38891	272009	121700	154582
831467		300945		152302	55773	50131	7074	48687	21446	5976
44064		39473		29018	17304	2522	2787	9300	1033	541
1228322		367022	684433	207596	229309	56246	18371	68518	11588	6885
271863		271863	700		1057	6881		4444	4400	38
246406		246406		146331	6290	6312	4341	3493	3493	110
109215	2458	105890		21607		1890	6346	4309	4054	
166822		127215	3942	52150	28772	9357	3703	3048	2597	638

2011 年北京市开发

名称	自开始至报告				
	招商企业个数（个）			总投资（万元）	
	合计	工业企业	三资企业	合计	工业企业
总计	42974	8392	4674	94728015	25528662
一、国家级	32134	5732	4122	75241924	15510044
北京经济技术开发区	4672	723	582	20614867	8005931
中关村国家自主创新示范区	27862	5221	3674	65402617	12645144
中关村示范区海淀园	18106	3393	2912	32186275	2067513
中关村示范区丰台园	3938	343	168	9893342	407602
中关村示范区昌平园	1601	716	151	4639108	1501640
中关村示范区电子城科技园	1125	227	191	3379888	1996314
中关村示范区亦庄园	476	221	153	11684962	5229845
中关村示范区德胜园	283	43	22	663115	
中关村示范区雍和园	113	4	6	363654	11173
中关村示范区石景山园	2075	140	54	1340855	245507
中关村示范区通州园	97	93	12	929452	909452
中关村示范区大兴生物工程与医药产业基地	48	41	5	321966	276098
北京天竺综合保税区	76	9	19	909402	88814
二、市级	10840	2660	552	19486091	10018618
北京石龙经济开发区	3308	485	39	839000	499653
北京良乡经济开发区	1703	106	26	1324942	94252
北京大兴经济开发区	673	114	27	452500	268475
北京通州经济开发区	334	109	28	2700249	2086647
北京雁栖经济开发区	1249	361	108	2371093	1244697
北京兴谷经济开发区	241	108	50	856717	704776
北京密云经济开发区	207	142	37	1858000	1772300
北京林河经济开发区	92	58	29	789282	367891
北京天竺空港经济开发区	502	158	171	5463747	1232341
北京八达岭经济开发区	957	73	8	575854	180245
北京永乐经济开发区	27	20	3	58769	
北京延庆经济开发区	652	70	10	813640	233427
北京昌平小汤山工业园区	78	43	4	52800	51450
北京采育经济开发区	53	52	4	604272	602272
北京房山工业园区	714	714	0	368667	368667
北京马坊工业园区	50	47	8	356559	311525

区招商情况

期末累计招商项目

三资企业	注册资本（万元）		合同外资金额（万美元）	外商实际投资（万美元）
	合计	三资企业		
30441162	74696096	19677156	2534078	1923973
25649415	64486664	16327696	1992862	1384630
11399659	15161172	5745668	666635	492824
23023034	54143265	13875880	1571829	1143039
11472129	28482914	8019564	1040830	688841
227253	9893342	227253	26905	33239
645981	4473629	480501	36952	36952
1203185	3267734	1203185	147551	81407
9071879	5201629	3514957	279352	255428
19413	662914	19583	43	43
71728	363654	70849	1678	1796
222366	1420044	203504	31308	34210
41375	199378	113284	2460	6373
47725	178027	23200	4750	4750
298601	383856	221105	33750	4195
4791747	10209432	3349460	541216	539343
165063	839000	41265	7997	6423
23076	1324942	23076	3550	3550
166742	341596	135143	10675	9491
313850	572060	214874	39165	36003
493998	851672	460489	240471	252780
530125	400451	207719	46687	36770
208000	410576	117117	23807	31948
190530	407170	114204	13762	8404
2511904	3557147	1947432	141461	139648
20281	425364	19981	60	60
	47139			1487
20372	556703	7497	5857	6494
6900	34731	6242	989	655
25062	84662	6981	1735	780
	265814			
115844	90405	47440	5000	4850

国有及国有控股公司

首钢集团

【综述】 首钢集团是以钢铁业为主，兼营矿业、电子、机械、建筑、服务业和海外贸易的大型企业集团，以首钢总公司作为母公司，下属北京首钢新钢有限责任公司、北京首钢股份有限公司、首钢迁安钢铁有限责任公司、秦皇岛首秦金属材料有限公司、北京首钢特殊钢有限公司、首钢矿业公司、中国首钢国际贸易工程公司、北京首钢房地产开发有限公司、北京首钢机电有限公司、北京首钢自动化信息技术有限公司、北京首钢实业有限公司、北京首钢国际工程技术公司、北京首钢建设集团有限公司共13家子公司及其他独立经营单位。国内其他钢铁企业7家，分别是山西长治钢铁公司、贵州水城钢铁公司、贵阳特殊钢公司、新疆伊犁钢铁公司、吉林通化钢铁集团、贵州首黔资源开发有限公司和首钢凯西钢铁有限公司。在香港有4家上市公司，分别是首长国际企业有限公司、首长四方集团有限公司、首长科技集团有限公司、首长宝佳集团有限公司。在南美洲有首钢秘鲁铁矿股份公司等海外企业。

2011年，首钢集团实现利润19亿元，与上年持平；销售收入2334.98亿元，同比增长18.21%；资产保值增值率100.5%，生铁产量3051.90万吨，粗钢产量3004万吨，钢材产量2812.18万吨；钢产量（扣除北京停产400万吨）同比增加275万吨。钢铁业挖潜增效43.2亿元，其中降低成本增效31.5亿元，依靠调整结构增效11亿元。全年开发新产品60项，完成科技成果94项。首钢总公司获得“全国用户满意企业”称号。实施大客户代表制，向中国石油等17个重点战略客户派驻代表。承担国家863课题“钢渣活性固化与资源化利用技术研究”，获得国家资金支持。编制完成《新首钢高端产业综合服务区规划方案》，高端产业综合服务区纳入中关村政策覆盖范围。中国动漫游戏城建设项目取得土地一级开发授权及项目外部路段实施主体授权，完成实验区西区厂房改造和重点景观建设。“绿能港”北京国际绿色展示推广中心、科技大厦项目达成落户协议。首钢总公司在京唐钢铁公司的股权由51%增加到70%。改革集团管理体制，完成职能转换和定编定员工作，加强北京地区转型发展管理，形成新的管理体制框架。首钢与地方政府和大中型企业签订战略合作协议。合作建设马来西亚钢厂项目。与石景山区建立联合招商机制，利用信息沟通、招商合作、服务与政策共享平台，推进园区项目落地。

非钢产业经济效益稳步增长。全年首钢集团各子公司、独立单位实现利润20.9亿元。杏山地采铁矿8月建成投产，承德地区磷、铁、钛综合生产能力扩大，在丹东形成硼、铁、铀资源综合利用格局，霍邱铁矿深加工项目推进，在曹妃甸建成秘鲁矿石深加工生产线。伊钢公司获得2000多平方公里的铁矿风险勘探权，湖北长阳铁矿联动试车。大功率机车轮对全流程生产线项目完成生产线建设及产品组合设计方案，房山减震器厂已具备向奥迪等高端客户供货条件并批量生产，与北汽福田合资生产的汽车空调器实现批量供货。锂电池隔膜中试及产业化技术研究通过专家评审，制造安装纳米纤维锂电池隔膜生产示范线。北京首钢工业区开展土地开发、园区工程建设、规划设计、工业遗产保护与利用、招商引资等工作。在中国香港地区人民币债券市场发行10亿元债券。秘鲁铁矿进行老区改造和新区建设，全年产量936.9万吨。年产百万吨级的马来西亚钢厂项目12月举行开工仪式。印度布山焦化等3大工程项目竣工交付使用。降低海运成本4213万美元。钢材出口实现100万吨目标。组建首钢创意产业投资公司，举办首届中国动漫游戏嘉年华、第12届世界动漫大会暨北京国际动漫周活动。与中国钢铁工业协会对接中国冶铁历史博物馆筹建工作，完善首钢博物馆方案设计和布展大纲，开展工业文化遗产、历史文物普查与征集工作，对重点文化遗产进行挂牌保护。全年北京钢铁主流程停产人员分流安置3.4万人，其中钢铁产业2.2万人，非钢产业1.2万人；调整1万多名退休人员的养老金，实施内退职工收入增长机制。首钢集团在岗职工人平均年收入5.23万元，同比增长10.6%。

（李淑萍）

【举行石景山钢铁主流程停产仪式】 1月13日，首钢北京石景山钢铁主流程停产仪式举行。中共中央政治局委员、国务院副总理张德江，中共中央政治局委员、北京市委书记刘淇，北京市委副书记、市长郭金龙等领导出席仪式。刘淇向首钢授予“功勋首钢”牌匾。2010年底，首钢北京石景山钢铁主流程全部停产，完成800万吨钢铁企业的停产搬迁，进入首钢工业区土地开发、产业转型时期。

（李淑萍）

【领导视察】 2月10日，中共中央政治局委员、北京市委书记刘淇，北京市委副书记、市长郭金龙，副市长蔡赴朝，常务副市长吉林，市委秘书长李士祥，副市长苟仲文、陈刚到首钢调研，视察首钢技术研究院。3月26日，苟仲文实地考察北京京西重工有限公司（简称京西重工）位于房山区窦店镇的减震器生产线。5月25日，北京市副市长鲁炜等到首钢炼铁厂三高炉实地了解首钢博物馆的规划设计，到首钢厂区的北惠济庙了解文物保护等相关情况。6月24日，刘淇等在房山区调研，并到京西重工了解项目建设及技术创新情况。7月20日，刘淇、郭金龙等到首钢中国动漫游戏城就“大力发展文化创意产业，提升首都文化实力和竞争力”主题进行调研。10月22日，刘淇、郭金龙等到首钢中国动漫游戏城调研，参观北京首钢重型机器厂厂史馆。12月3日，刘淇、郭金龙到首钢原钢渣处理厂改建而成的首钢建筑垃圾资源化利用项目现场调研。

（李淑萍）

【高端产业综合服务区建设】 2月10日，中共中央政治局委员、北京市委书记刘淇，北京市委副书记、市长郭金龙到首钢调研，明确建设“新首钢高端产业综合服务区”的定位。年内，首钢制定《首钢北京地区产业转型发展的实施意见》，健全北京首钢工业区改造管理体制。其中，首钢的汽车板、家电板产量增长，质量水平提高；精密合金、高温合金和特殊不锈钢材料以及高中温电热合金钢丝、微晶非晶带材和机动车尾气净化器金属载体材料等制定发展规划；首批减震器样件生产成功。房山汽车减震器厂投产，11月批量供货；鲁家山垃圾焚烧发电项目进展顺利；“绿能港”北京国际绿色展示推广中心、科技大厦项目达成落户协议；“中国动漫游戏城”完成实验区西区厂房改造和重点景观建设，举办首届中国动漫游戏嘉年华、第12届世界动漫大会暨北京国际动漫周。

（李淑萍）

【焦炉处理废塑料生产线调试】 5月10日，利用焦炉处理废塑料生产线在首钢迁安循环经济产业园调试成功。首钢承担社会责任，开展焦炉处理废塑料的研发工作。该生产线于2009年9月28日开工建设，采用首钢自主开发的专利技术4项、自主研发的新设备2项、技术改造升级的设备2项。每年可以消纳废塑料垃圾1万吨，生产炼焦用原料5万吨。焦炉处理城市废塑料垃圾技术杜绝了传统废塑料处理技术的二次污染问题，实现废塑料资源化利用和无害化处理。同时，可以起到降低炼焦成本、减少焦化废水排放等作用，对国内钢铁企业及焦化企业起到示范作用。

（李淑萍）

【冷轧3号镀锌线热试成功】 6月，首钢京唐公司2230毫米冷轧3号镀锌线热负荷试车一次成功，第一卷镀锌卷下线。截至目前，2230毫米冷轧两条镀锌线全部达到生产条件，设计年产量105万吨。2230毫米冷轧3号镀锌生产线年处理带钢能力55.9万吨，处理带钢宽度1000毫米～2080毫米，带钢厚度0.4毫米～2.5毫米，主要产品为纯锌镀层（GI）和锌铁合金镀层（GA）产品，产品定位为高质量的汽车板，包括冷轧低碳钢、超低碳钢和高强钢系列。生产线还能生产不同规格的家电用钢板。

（李淑萍）

【首钢集团跻身世界500强】 7月7日，美国《财富》杂志发布世界500强排行榜，首钢集团首次跻身其中，名列第326位；也是北京市属国企首次跻身世界500强。由美国《财富》杂志每年评选出的“全球最大五百家公司”，以上年度企业营业收入为依据排出座次。2011年度世界500强名单中，中国上榜企业由2010年的54家增加到69家，其中钢铁行业共有5家企业，另外4家企业是宝钢集团、河北钢铁集团、武汉钢铁和江苏沙钢集团，分别名列211位、278位、340位和366位。

（李淑萍）

【首钢在马来西亚投资项目开工】 7月22日，中首公司与马来西亚协德控股有限公司、东钢集团有限公司、东方钢铁投资有限公司、Chinaco公司在北京中关村皇冠假日酒店举行签约仪式，确定在马来西亚东部的丁加奴州经济特区甘马挽建设东钢综合钢厂。9月27日，该项目获得北京市发展改革委批准。11月10日，中首公司与北京市工业设计研究院签订“马来西亚东钢集团一期150万吨/年综合钢厂EPC总承包合同”。12月5日，项目开工奠基，一期工程启动。一期工程完工后年产量150万吨。

（李淑萍）

【首钢重型机器厂厂史馆揭牌】 9月27日，北京首钢重型机器厂厂史馆揭牌。该厂始建于1958年，原为北京第二通用机械厂，1992年成建制划归首钢总公司，1997年分立法人更名为北京首钢重型机器厂。该厂先后为国家电站、船舶、矿山、冶金、建筑、石油、化工、国防等基础建设，提供2000多种大型铸锻件热加工产品和10000多台套机械设备。厂史馆由铸钢准备车间改造而成，展览分7个部分，实物、资料结合投影、厂区原貌沙盘等形式展出，图文并茂。在1台65英寸触摸屏里存放着1万多名该厂职工花名册，输入名字后可查询到该职工进厂时间、从事的工作岗位等工作信息。

（李淑萍）

【卫建平获首都市民学习之星】 10月15日，以“学习、创新、发展”为主题的第七届北京市全民终身学习活动周开幕式在国家图书馆音乐厅举行。北京首钢机电有限公司机械厂机械制造高级工程师、“卫建平工作室”主任卫建平被授予“首都市民学习之星”荣誉称号。一同受到表彰的还有北京市21个“首都市民学习品牌”和包括卫建平在内的81名“首都市民学习之星”。卫建平坚持自学深造14年，取得大专和2个大学本科学历，成为机械制造高级工程师和行业带头人。他的工作室2009年被北京市总工会和北京市科委授予首批十家职工创新工作室之一，挂牌命名“数控应用技术推广与提高——卫建平工作室”。

（李淑萍）

【与一汽签署战略合作框架协议】 12月9日，首钢总公司与中国第一汽车集团公司战略合作框架协议签约仪式在长春南湖宾馆举行。2009年以来，首钢与一汽集团加强在汽车用钢和零部件领域的交流与合作。首钢汽车用钢已批量应用于一汽的解放卡车和大众捷达，并在一汽轿车、一汽夏利、一汽吉林、一汽通用试制认证。首钢总公司投资的京西重工也是一汽轿车C131与一汽吉林森雅和V70、V80制动系统供应商，并且与一汽建立了双向沟通机制，定期进行交流。

（李淑萍）

【朱继民获荣誉称号】 12月15日，在“魅力首都、世界北京”第五届北京影响力评选活动颁奖仪式上，首钢总公司党委书记、董事长朱继民荣获第五届北京影响力“影响百姓经济生活的十大企业家”奖。该活动由北京电视台、北京日报、北京青年报、新浪网等13家媒体共同主办，得到中共北京市委宣传部、北京市新闻出版局等政府机构支持。朱继民发表获奖感言。

（李淑萍）

【停产职工分流安置与机构调整】 年内，首钢按照“骨干有岗位、职工有渠道、分流有政策、安置有秩序”4项工作原则，对北京厂区生产单位人员分流安置意向进行调查，包括身体状况、家庭状况、职业技能、分流意向等，制定分流安置政策。《首钢北京钢铁主流程停产职工分流安置方案》在首钢第十七届二次职工代表大会上获得通过。全年分流安置北京钢铁主流程全部停产后职工3.02万人，其中钢铁主业1.81万人，非钢单位1.21万人。转移钢铁新基地和新产业安置8879人，从事留守护厂巡逻、设备及设施拆除等3433人，办理退休和内部退养1336人，职工与企业协商解除劳动合同1.02万人。职能转换、机构调整工作涉及机关行政系统18个职能管理部门，机关行政部厅定员从2269人调整到1577人，共压缩692人，幅度为30.5%。北京主厂区停产单位整合为铁区、钢区、轧区留守处和动力厂。下发《首钢总部职能转化指导意见》、《关于开展管理职能转化机构调整工作的通知》、《新首钢高端产业综合服务区管理体系方案》，设立和完善首钢建设投资公司和高端产业开发部，成立“首钢总公司新首钢高端产业综合服务区管理委员会”，并在管委会下设立管委会办公室、二通实验区办公室和特钢园区办公室。

（李淑萍）

【钢铁生产】 年内，首钢集团生铁产量达到3051.90万吨，粗钢产量3004万吨，钢材产量2812.18万吨。其中，高附加值、高技术含量的名优拳头产品产量1028万吨，同比增加202万吨。热卷产品实现大批量稳定生产；冷轧汽车板、家电板产量99万吨，同比增加72万吨，汽车板拥有16大类18个品种；150毫米高强水电用中厚板实现国内首次生产。2月9日，迁钢公司4号、5号转炉采用首钢自主集成的“一键式”自动化炼钢核心技术，冶炼出第800炉优质钢水。京唐钢铁公司建成1000万吨规模的生产基地，首钢冷轧公司全年产量181.22万吨，首秦公司4300毫米粗轧机、3号铸机6月竣工投产，中厚板覆盖到桥梁、造船、容器、管线用钢等54个品种。贵州水城钢铁公司建成500万吨钢铁规模；开发硬线钢、冷镦钢、焊线钢等一批拳头产品。山西长治钢铁公司制定14类74项管理制度，主导产品产量、销售收入和可比产品成本降低额创出历史最好水平。贵阳特殊钢公司老区产品开发及工艺创新取得重要突破，中高端产品占总产量的80%以上，实现盈利。首黔资源开发有限公司一期一步200万吨焦化项目取得立项批复。

（李淑萍）

【重大装备国产化】 年内，首钢成立设备国产化工作组，项目建设中除中国未掌握的核心技术和关键设备进行引进外，其余为国内自主研发和生产制造。京唐钢铁公司的7.63米特大型焦炉除焦炉、机车自动化操作控制系统引进国外专利技术外，其余均采用国内技术和设备。在焦化工程的33个系统子项中，引进关键设备8项，引进费用占焦化工程总费用的19.8%，设备重量国产化率98.3%。京唐项目总体设备国产化率占总重量的97%以上、占总价值的70%以上。京唐一期工程国内设备投资197.6亿元，其中500平方米大型烧结机全部设备为国内制造；炼铁系统5500立方米大型高炉中使用首钢自行研发的并罐无料钟炉顶，投资为5000万元。

（李淑萍）

【矿产业资源生产】 首钢矿产资源业全年自产精矿粉480.66万吨，实现销售收入212.4亿元、利润6.4亿元。主要可比技术经济指标保持行业领先。7月，杏山铁矿主井提升系统建成投入试生产，达到日产10000吨以上设计能力。全年入选矿石210万吨，是上年的2.11倍。水厂铁矿实施矿石破碎站下移、采场下盘运输公路改造、东帮界外矿石回收等工程，改善采场状况。大石河铁矿对裴庄、二马及马兰庄、杏山区域内可利用的土地资源、边角矿进行挖潜回收，完成干选处理量1647万吨，入选矿石154万吨；水厂铁矿利用回收排土场、尾矿库的资源生产精矿粉85万吨。扩大沙石料生产规模，对裴庄4号干选生产线进行磁尾筛分及料台扩能改造，新增采磁尾筛分生产线，改造建筑砂生产线。自主兴建水曹铁路专线项目进入政府审批程序。在津唐地区与多家公司建立长期合作关系，全年销售资源再利用产品148.25万吨。废弃物深加工利用取得进展，新建蒸压砖、加气混凝土砌块生产线。丹东硼铁公司铁、硼、铀综合利用，铁精粉产量增长，硼、铀资源综合回收，全年实现利润1.7亿元。信通首承球团厂球团矿销量突破300万吨，实现利润1.83亿元。全年完成科技创新项目55项、管理创新项目63项；有11项科技成果申请国家专利。“露天地下相互协调安全高效采矿工艺技术研究”获得国家冶金科技成果一等奖，磁铁矿尾砂综合利用技术被命名为“中国尾矿综合利用先进适用技术”，尾矿库尾砂再选项目被认定为“国家金属尾矿综合利用先进适用技术示范工程”。

（李淑萍）

【钢材产品销售】 全年首钢钢材销售量1733万吨，其中热轧972万吨，冷轧467万吨，中厚板236万吨，长材58万吨；拳头产品销售999万吨，其中管线钢销售111万吨，家电板销售118万吨，冷轧汽车板销售91万吨，中板50毫米以上特厚板销售51.65万吨；全年销售收入766亿元，降低物流费用46.1万元。上海、广州、山东区域分公司全年完成订货435.34万吨，比上年提高143.14万吨，增长49%。广州分公司实现中板销售“零”突破，山东分公司3月注册成立，6月投入运行，全年钢材销量18.36万吨。首钢汽车板落料压力成型线项目5月投产。全年首钢热轧拳头产品732万吨，同比增加173万吨；冷轧拳头产品272万吨，同比增加143万吨。生产冷轧汽车板90万吨，市场占有率9%，其中镀锌汽车板10万吨，同比增加4.9倍；生产高强钢10万吨，同比增加5.7倍。汽车板已成为北京现代、北汽福田和长城汽车的最大国内钢板供应商；家电板产量118万吨，市场占有率15%；家电板进入海尔、美的、格力等著名家电企业；生产管线钢111万吨，市场占有率30%；生产集装箱钢57万吨，市场占有率22%。全年各加工配送中心完成销量45.86万吨，加工量35.9万吨，全部实现盈利。首钢顺义冷轧产品形成以汽车板、家电板为主导的产品格局。针对北京地区停产，长材产品数量减少的现状，按照“品种高端、效益优先、渠道稳固”的原则，全年国内线材销售量46.99万吨，销售收入20.08亿元。全年首钢汽车板市场占有率9%，与国内排名前10位的汽车企业集团建立合作关系，向20家整车生产企业和零部件配套企业供货，成为北汽福田、北京现代、长城汽车、吉利汽车、通用五菱等汽车企业的主要供应钢厂。8月，镀锌汽车板向神龙汽车供货。年内，首钢向中石油等17个重点战略户派驻12名大客户代表，指派63名产品工程师和研发工程师，为重点战略客户提供“一对一”服务。成立首钢冷轧家电板技术服务组，为用户服务。利用电子邮件向重点客户提报发货动态信息。信息化平台上线运行，实现订单动态查询、质保书信息查阅、在线互动等功能。召开首钢板材客户座谈会。全年出口钢材100.7万吨。组织完成年度进口贴息申报工作，获得国家拨发贴息资金3726万元。

（李淑萍）

【钢铁产品进出口】 全年首钢出口创汇8.59亿美元，钢铁产品出口量100.81万吨；首钢集团进口矿石量2262.55万吨。全年进口焦煤68.3万吨。全年冷轧产品出口量34.23万吨，比上年增加16.25万吨；境外企业秘鲁铁矿股份有限公司全年矿产品产量936.9万吨，销售量946.4万吨，销售收入11.1亿美元，实现税前利润7.6亿美元，均创历史最高水平。首钢控股（香港）有限公司（简称香港首控）发行10亿元债券，是第一例钢铁行业债券在香港人民币债券市场上的发行，也是香港首控历史上的第一次债券发行。中国香港地区首控经营的首长国际对澳洲吉布森矿石包销量增加至500万吨/年。完善网络建设，营销网络、信息网络、售后服务网络体系初步形成。全年铁路发运429.46万吨，公路发运568.19万吨。先后同美国斯坦科公司、韩国斗原公司、意大利CLN集团等进行接洽，达成长期合作意向。全年签订设备进口合同89个，签约金额3.13亿美元；备件进口合同39份，签约金额1090万美元；设备进口到货149批，到货金额2.56亿美元，办理减免税3410.29万元。印度布山烧结、印度 JCL60 万吨/年球团、印度 JSW700 万吨/年料场和 1000 万吨料场在内的 7 个项目先后竣工投产。7 月 21 日，签约马来西亚综合钢厂建设项目，合同金额达 14 亿元，全年承揽额 2.29 亿美元。

（李淑萍）

【科技创新】 全年首钢共开发新产品 60 项，共 13.7 万吨，包括直径 21.4 毫米 X80 卷板管线钢、超高强海工钢 E690 和合金化镀锌板 DX56D+ZF 等；12 项产品实现小批量试制。汽车板通过德国奔驰供应商评审，通过北汽有限域胜 007 整车认证；X70 抗大变形管线钢首批通过中石油的产品鉴定，700 兆帕级高强工程机械用钢通过中联重科和三一重工 2 家龙头企业的认证，直径 20 毫米以上 X70 管线钢通过制管企业的认可。年内，新增 5 个“金杯奖”产品，总数 28 个；2 个产品获得“冶金行业品质卓越产品”称号；首钢总公司获得中国质量协会授予的“全国用户满意企业”称号。全年短平快项目实施 19 项，年直接经济效益 6398 万元。全年完成科技成果验收评估 94 项，“京唐钢铁工程技术创新”获得北京市科学技术一等奖。全年申请专利 370 项，同比增长 32%；获授权专利 222 项，其中发明专利 120 项。“一种解决连铸小方坯疏松缩孔偏析的轧制方法”获得第 13 届中国专利奖优秀奖，“复合闪烁磁场精选机”获得北京市发明专利奖二等奖。在国家认定的 729 家企业技术中心评价中，首钢排名第八位，冶金行业排名第三位。首钢负责的“超大型高炉系统工艺技术”、“长寿高效集约型冶金煤气干法除尘技术”、“高品质薄板生产技术”、“大型焦炉高效能源转换”等 4 个国家“十一五”科技支撑课题全部通过结题验收。通过与北汽股份公司、长安汽车公司、一汽集团公司签订全面合作框架协议，实现与汽车板下游重点用户的战略合作；与 CMI 等企业开展镀锌汽车板生产工艺技术合作，与北京航空航天大学、铁道科学院等多家国内知名院所合作，联合开发核电用钢、大功率机车轮对等高端产品。长钢、水钢、贵钢、通钢技术中心相继成为首钢技术中心分中心，实现资源共享。

（李淑萍）

【信息化项目建设】 年内，首钢汽车板信息化项目包括在线质量判定、产品综合查询、一体化质量管控、一体化计划排程项目取得进展。4 月，启动迁钢冷轧信息化项目。包括一体化质量管控体系建设、三级系统建设、四级系统建设以及 IT 基础设施建设等。硅钢一体化质量项目已完成主要功能开发、ERP 蓝图设计和系统配置、MES 主要功能点开发、IT 基础项目等阶段性工作。实施首秦公司 MES 二期项目。将该公司的设备纳入钢轧 MES 系统，建立统一的计划和生产执行平台。完成首钢客户营销服务平台项目并投入运行，系统共授权用户 576 个。完成首钢 ERPSAP 系统升级和信息安全评估项目。加强信息系统运维管理，邮箱系统进行更新改造；结合拆迁工作，组织对北京地区三、四级系统用户和电话进行清理工作，MES 三级用户封闭 400 多个，ERP 四级用户封闭 160 多个。首钢集团“信息管理平台实现一业多地运营”，被工业和信息化部纳入《信息化与工业化深度融合——案例选编》。首钢“信息化支撑高端板材精细化生产管控”获得冶金企业管理现代化创新成果二等奖。

（李淑萍）

【能源环保】 年内，首钢做好北京厂区设施拆除过程中污染控制及放射源管理。实施拆除现场监察 474 人次，发现并处理污染隐患 41 次。配合北京市城市放射性废物管理中心，完成焦化厂、炼铁厂、源库共 46 个放射源的收储工作。组织降低北京厂区能源消耗，减少费用支出。通过改变供电方式、改变用电性质和加强电能监测等手段，每月减少电费支出 446 万元。减少蒸汽及新水用量。修订能源环保专业管理制度 28 项，建立和完善能源环保计划统计管理、清洁生产审核、能源环保监测、项目建设管理等制度体系，建立和完善适应多地专业管理的应急机制。组织国内能源专家开展首钢各钢铁基地全流程节能诊断活动，举办首钢能源管理高级培训班。成立“迁安地区能源协调组”，提高煤气利用量，提高自发电比例，降低外购电费用。迁钢自发电比例三季度达到 50%。4 月 15 日，《河北省首钢迁安钢铁有限公司结构调整项目环境影响报告书》获得国家环保部同意建设的批复。组织开展首钢股份资产置换环保核查工作。首钢迁安循环经济产业园平稳运行，首钢固废资源综合利用继续保持全国冶金企业先进水平。高炉矿渣微粉、尘泥集中资源化利用、废塑料型煤示范工程、渣罐隔板回收铸余渣钢等项目陆续投产，煤气制乙醇、氧化铁红磁性材料、废耐材综合利用等项目推进，产业园经济效益、社会效益、环境效益开始显现。组织开展9项科研课题研究，其中国家863计划"钢渣活性组分固化与资源化利用技术研究"、"钢渣显热回收及快速稳定化技术研究"等4项前瞻性课题获得国家科技资金支持1800万元。

（李淑萍）

【建筑垃圾资源化利用项目】 年内，首钢结合北京厂区拆迁产生的大量建筑垃圾，在原钢渣处理厂10.4公顷土地上，利用已停产的原钢渣处理生产线及公辅设施建设建筑垃圾资源化利用项目。设计年处理规模150万吨，建设年产80万吨的固定式破碎筛分生产线，年产70万吨的移动式破碎筛分生产线，年产40万吨的预拌干混砂浆生产线，年产6万立方米的节能及装饰砌块生产线。除处理首钢北京厂区拆除产生的建筑垃圾外，还将处理石景山区、门头沟区、丰台区及海淀区等北京西部地区的建筑垃圾。截至年底，该项目焚烧间进行1号炉14米层和4号炉8米层结构混凝土浇筑施工；50个烟气净化间厂房独立柱基础施工完成，进行设备基础施工；生产区结构部分施工已基本完成，进入设备安装阶段。北京首钢生物质能源科技有限公司组织完成主体设备采购招标工作。垃圾焚烧炉和余热锅炉、汽轮发电机组、垃圾抓斗起重机、烟气处理系统等主体设备采用公开招标方式。已完成勘察、设计、监理、土石方施工招标工作。设备招标共完成26项，包含焚烧炉和余热锅炉系统、汽轮发电机组、垃圾抓斗起重机、烟气处理系统、空冷系统、综合水处理系统等。

（李淑萍）

【职工培训】 年内，首钢集团职工培训18万人次。开办转岗培训，职工转移新基地培训班13个，培训职工2136人。组织停产单位开办了电子商务、高低压电工、外语、电气焊、计算机、金融理财等再就业培训班11个、多技能培训班26个。开办"高端服务园区高级研修班"、"高端产品销售高级研修班"、"首钢生物质能源培训班"和面向技师、高级技师为培训对象的数控加工、汽车、电工、钳工、焊工技师研修班。开展以TS质量管理通用知识、专业操作知识和岗位素质标准为内容的培训。在有25个国家650家单位参加的全球网络虚拟炼钢大赛预选赛中，迁钢公司代表队以吨钢成本312美元的成绩取得东亚地区企业组冠军。首钢通过国家人力资源和社会保障部质量管理体系认证专家组的审核评估，成为北京市第一家通过评估的职业鉴定站。全年开展技能鉴定7464人。

（李淑萍）

【开放合作】 年内，首钢总公司与中国建设银行股份有限公司、中国银行股份有限公司签署新的5年期战略合作协议。与北汽公司、长安汽车公司、一汽集团公司、广西柳工机械公司、中国银行、中铁物资公司等签订战略合作协议，与北京工业设计院联合建设马来西亚东钢集团综合钢厂项目。首钢与市科学技术委员会建立的科技成果转化平台、与市人民政府对外联络服务办公室建立的与中央企业对接平台，已就部分项目商议合作方案。与石景山区建立联合招商机制，建立信息沟通、招商合作、服务共享、政策共享的平台，推进园区建设项目落地。

（李淑萍）

【房地产业项目开发】 年内，首钢地产业在国家连续20个月的宏观调控中，项目开发进展正常。高端产业综合服务区开发已完成整体定位、产业定位、空间规划布局、实施思路等策略研究工作；总体规划方案已完成公示，并得到市政府批准；开展工业遗产保护与利用研究；4个城中村拆迁完成总建筑面积的80%，其中厂区庞村及养马场村已全部拆除完毕。中国动漫游戏城项目已取得土地一级开发授权。9月，首钢创投公司注册成立，开展二通实验区环境治理、工业文物景观建设等工作。首钢地产区域开发项目取得进展。河北大厂首钢装备业制造基地项目，完成工业项目招商200公顷，合同总金额近亿元。同时完成约46.67公顷房地产一级开发工作，收回结算资金近亿元。安徽宿州汴河新区项目取得约8平方公里土地的区域开发权。首钢总公司与安徽宿州市政府签订战略合作协议。首钢重庆项目，美利山一期全部售罄，二期御山别墅销售13套。南戴河鸥洲项目完成签约额约1亿元，销售回款近亿元。万年花城项目在手的房源已全部售罄，开展土地的一级开发工作。累计实现投资回报近亿元。蛟河美丽城项目住宅销售、商业地产和车库销售率分别达到98%、86%和88%，均超额完成任务。北京三期集资房建设项目已启动2号、3号住宅楼基础施工，完成部分管线拆改工作。金顶阳光学校工程竣工。首钢房地产公司进入中国房地产百强企业，连续6年获得“质量信得过品牌”称号。

（李淑萍）

【1项技术获得中国专利优秀奖】 年内，在中国国家知识产权局和世界知识产权组织举行的第13届中国专利奖颁奖大会上，首钢开发的“一种解决连铸小方坯疏松缩孔偏析的轧制方法（ZL200510127844.3）”（82B）获得“中国专利优秀奖”。首钢通过该技术成功采用连铸130毫米×130毫米小方坯大批量生产出直径12.5毫米规格以上的82B系列盘条。生产规格大于14毫米的盘条时，该技术省去二次加热和二次开坯工序，生产的82B金属收得率最高，成材率大于98%，成本降低15%～20%。首钢在钢绞线用82B盘条系列产品开发过程中累计申请10多项国家发明专利，其中有8项获得国家知识产权局授权。首钢钢绞线用82B盘条系列产品已大批量生产，广泛运用于青藏铁路、津京城铁、京沪高铁、北京六环路、南水北调、奥运会鸟巢等国家重点工程，累计生产400万吨以上。自1989年以来，中国专利奖评选活动已进行13届。首钢共获中国专利金奖3项、中国专利优秀奖10项。

（李淑萍）

【光伏屋顶项目获批复】 年内，首钢中国动漫游戏城2兆瓦太阳能光伏屋顶项目获得国家能源局、财政部联合批复，被列入北京国家级金太阳示范工程之一。该项目发电工程通过采用用户侧并网的方式实现发电自用，项目年内在园区内开工建设。9月30日，首届中国动漫游戏嘉年华开幕。

（李淑萍）

北京汽车集团有限公司

【综述】 2011年，北汽集团产销规模和经济效益稳定增长，利润增幅高于收入增幅，收入增幅高于销量增幅。全年集团销售汽车154.2万辆，同比增长2.7%；完成营业收入2010亿元，同比增长27.4%；完成利润总额158亿元，同比增长46.1%。基本完成年度的各项经济指标，其中效益指标实现历史性突破，利润总额大幅增长，收入和利润总额居行业第四，收入和利润增幅居国内六大汽车集团之首，主要效益指标跨入中国汽车行业第一梯队。

在市国资委系统企业中，营业收入、利润总额以及相关评价指标再次名列前茅。

（徐永才）

【现代汽车】 年内，北京现代销量达到74万辆，同比增长5.2%；营业收入723亿元，同比增长14.9%；实现利润89亿元，同比增长26.3%，成为北汽集团2011年效益贡献最大的企业。

（徐永才）

【奔驰汽车】 年内，北京奔驰汽车公司与戴姆勒集团签署北京奔驰未来发展的战略性协议，新发动机工厂奠基启动未来战略项目。继新C级轿车上市、GLK正式下线之后，又实现国产长轴距E级轿车出口。北京奔驰累计销售汽车9.3万辆（含进口车1.56万辆），同比增长86.2%；实现营业收入310亿元，同比增长77.2%；实现利润39亿元，同比增长291.6%，成为北京汽车集团2011年增长贡献度最大的企业。

（徐永才）

【福田汽车】 年内，北汽福田公司加大战略项目的投入，欧曼二工厂、北京多功能车厂、南海欧辉二工厂等项目陆续建成投产，产能压力缓解。H4重卡、拓陆者、欧辉、专用车、重型机械等高附加值产品的开发工作加快，北汽福田完成整车销售64万辆、营业收入617亿元、利润15.2亿元。

（徐永才）

【自主品牌、新能源汽车】 年内，北汽股份公司自主品牌乘用车和新能源车的开发取得成果。北汽股份株洲分公司6月份正式销售威旺累计过万辆。北汽股份北京分公司加快基地建设和产品开发，首款产品C70G工程样车下线。威旺306投入市场，301完成开发，消化萨博技术开发的C70高级轿车即将下线，二代军车的改进项目B80V的开发得到军方认可。动力总成公司消化萨博技术开发的北汽自主品牌B205汽油发动机于11月30日下线。在新能源车方面，新能源公司开发了Q60FB、C30DB和M30RB三款纯电动车，其中Q60FB已小批量交付北京市政府进行公务用车示范运行，C30DB和M30RB即将投放市场，在新能源车的开发上继续保持全国领先。

（徐永才）

【北汽黄骅基地汽车销量】 年内，北汽有限公司在位于河北黄骅市的生产基地开始建设，轻客销量有所提升。全年共销售整车5.8万辆，实现营业收入24.1亿元，出现了0.6亿元的亏损。

（徐永才）

【零部件产业】 年内，海纳川公司实现萨博样车9大模块化供货，完成北京奔驰装焊项目2大车型、60个分总成转产。海纳川实现营业收入156.4亿元，同比增长94.9%；利润10.7亿元，同比增长22.9%，在集团内部整车配套市场的份额由2010年末的6.8%上升到2011年末的8.4%。

（徐永才）

【服务贸易产业】 年内，鹏龙公司汽车销售及衍生业务，维修配件及用品销售，国际贸易及集团采购三大业务板块同步发展。服务贸易平台在宝钢产品上实现由鹏龙天创统一签约、统一订货、统一结算的集团采购模式。实现营业收入49.4亿元，同比增长8.7%；利润5000万元，同比下降10.8%。

（徐永才）

【资产运营】 年内，北汽集团与国内外各大商业银行、国际投资基金深化战略合作关系，银行综合授信额度达到830多亿元，通过组织银团贷款、发债、中期票据等各种方式为产业发展筹集资金110亿元。北汽集团成功实现对全球领先的天窗系统制造企业英纳法的收购。北汽有限公司利用债务重组的方式与俄罗斯AMS集团设立合资公司，盘活了海外业务中的不良资产，实现了国际化运营的突破。北汽财务公司取得金融许可证并正式挂牌运营。

（徐永才）

【重点项目建设】 年内，北汽福田密云多功能车工厂、欧曼二工厂、广东欧辉客车新工厂、新能源公司总装车间、北京奔驰GLK技改项目等建成投产。北京汽车新研发基地基本建成。北京高端基地、动力总成基地、北京现代三工厂、重庆银翔基地、株洲一工厂二期工程、北汽有限黄骅基地、福田潍坊多功能车工厂、承德铸造中心等在建设。

（徐永才）

【国际合作】 年内，北汽集团与戴姆勒集团签署了关于北京奔驰未来发展的战略性协议以及2个集团全方位战略合作框架协议，合资公司要建设发动机工厂、研发中心等五大项目。

（徐永才）

【海外战略】 年内，北汽福田东非KD生产基地在肯尼亚奠基，成为首家在非洲大陆设立生产基地的中国汽车企业。北汽福田印度工厂项目完成注册。北汽有限公司与俄罗斯AMS集团在俄罗斯成立合资公司，计划生产、销售北汽自主品牌轻卡产品。海纳川公司收购荷兰英纳法公司100%股权，为集团增加营业收入43.2亿元，利润1.9亿元。

（徐永才）

北京电子控股有限责任公司

【综述】 北京电子控股有限责任公司（简称北京电控）是北京市国资委授权的国有特大型高科技企业集团，拥有京东方、七星电子、电子城3家上市公司及27家二级企事业单位。主营产业有液晶显示、集成电路与光伏设备、广电发射设备、自助服务设备、特种电子元器件及精密仪器仪表等，产品应用于电子信息、航空航天等国计民生领域。旗下老工业基地转型，培育了798艺术区、电子城IT产业园、兆维工业园、768创意园等特色园区。

2011年，北京电控实现营业收入191亿元，其中主营业务收入186亿元，同比增长34.8%，实现利润总额5.75亿元，同比扭亏增盈23亿元，是近几年规模效益增长最快的一年。其中，TFT－LCD产业实现主营业务收入124亿元，同比增长56.96%；其他产业实现主营业务收入62亿元，实现利润总额5.5亿元，同比增长8.7%。

（吕少辉）

【500千瓦发射机及天线研制成功】 2月22日，北广科技股份有限公司研制的中国第一部新型500千瓦发射机以及天线试验播出，实现了当年研制、当年生产、当年安装、当年开播。

（吕少辉）

【全国职工教育培训示范】 5月26日，在北京市素质教育工程领导小组组织召开的“颁布实施《首都职工素质建设工程五年规划》暨2011年工作部署大会”上，中华全国总工会通过北京市素质建设工程办公室向北京市电子工业干部学校颁发了“全国职工教育培训示范点”的牌匾，这是中华全国总工会从“首都职工素质教育”培训的100个站点中选拔出的优秀站点，获此殊荣的首批站点共5家。

（吕少辉）

【IT产业园A8楼结构封顶】 7月6日，北京电子城IT产业园A8楼结构封顶。IT产业园A8楼是北京电子城投资开发有限公司所属北京电子城有限责任公司的重点项目。该楼位于电子城IT产业园A区，建筑面积1.6万平方米，地上7层。由北京电子城有限责任公司、城乡建设总承包十五分部、大正建设监理公司、工业设计研究院等单位施工，用3个多月的时间完成了该项目的地面结构封顶，该工程申报结构“长城杯”评选，通过专家组评审。

（吕少辉）

【液晶面板8.5代生产线量产】 9月27日，京东方北京8.5代线实现量产，为中国大陆首条最高世代液晶面板生产线。京东方北京8.5代线总投资280.3亿元，玻璃基板设计产能为9万片/月，可以实现从1.8英寸～55英寸全系列液晶屏的国产化。以京东方北京8.5代线为核心，北京数字电视产业园已吸引国际知名企业康宁、住友化学等上游企业以及冠捷科技等下游企业入驻，拉动总投资达650亿元，聚合了一个产值超过千亿元的产业集群。

（吕少辉）

【自主创新】 年内，北京电控全年研发投入17.5亿元，占主营业务收入的9.4%；完成新品研发项目467项，实现新品销售收入106亿元，全系统申请专利1543件（含发明专利829件，申请海外专利165件），是过去2年的总和。其中，京东方1259件，北方微电子127件，七星83件，兆维26件，牡丹19件，北广科技12件。全系统取得授权专利707件（其中发明302件，海外授权57件）。京东方完成新产品开发258项，新技术研发项目结题23项。ADS技术应用于大尺寸液晶面板，90-65纳米刻蚀机、立式炉项目通过整线工艺验证和马拉松测试，65-45纳米PVD、超精细清洗机设备、气体质量流量控制器研发项目完成样机装配调试和工艺参数测试。“十二五”02专项32-22纳米刻蚀机、LPCVD项目按计划推进，45-22纳米PVD项目完成立项并正式启动。七星全自动管式PECVD装备的主要工艺指标达到同行业领先水平。吉乐高度重视LED封装工艺的研发，累计开发70余种背光源系列产品，并获得4项发明专利。北广科技首批500千瓦发射机及转动天线项目通过广电总局的鉴定验收。器件集团高精度运算放大器达到国外同类产品的参数指标。北京无线电厂推动新一代LED路灯结构设计，申报3项提高防水性能的技术专利。飞宇公司完成大功率驱动器系列型谱项目设计定型及验收，自主研发的隔离放大器电路实现了替代进口。

（吕少辉）

【重点项目】 年内，北京电控数字电视产业链整体规模持续扩大，配套能力增强。京东方加快产线产品结构调整，北京8.5代线顺利实现30K产能量产，良品率超过90%，改写了大尺寸液晶屏依赖进口的历史。完成4.5代线产品升级，初步完成5代线向中小尺寸产品的增值化转型，6代线达到100K产能。吉乐10英寸以下液晶屏用背光模组灯条配套数量比上年增长2倍。七星弗朗特32英寸液晶屏用电源恒流板通过6代线认证。北广正红多款印刷电路板产品通过京东方6代线认证并投入量产。器件集团电子器件内配认证工作启动。北广科技完成埃塞俄比亚数字电视对比试验项目，二期工程有序推进。LED产业链快速发展壮大。北方微电子LED图形化衬底中试线达到预期建设目标。吉乐LED封装具备月产80KK只的制造能力，室内照明产品实现批量供货。北无LED照明业务完成地铁九号线科怡路站、七星天竺办公楼、北工大图书馆等LED照明示范工程项目。七星启动锂离子电池装备实验线项目，光伏设备逆势增长，实现收入翻番，PECVD设备持续保持国内市场领先地位。七星电子晨晶公司成为国防科工局首批“宇航级和高可靠”试点企业。器件集团超小型器件生产线进展顺利，已实现月产销1.2亿只。兆维无线地磁智能交通感知系统项目完成望京地区实验网建设，自服整机中标多家银行和通信运营商采购项目。

（吕少辉）

【园区地产】 年内，电子城投资IT产业园B4、B5厂房已按合同要求交付客户使用，A7和C4厂房主体结构施工和A8厂房竣工备案手续完成，国际电子总部3号地主体工程具备竣工验收条件。七星光伏产业基地一期工程封顶，净化车间建设完成。北广集团完成酒仙桥科技园区整体改造和招租工作。正东设计师大楼招商率已达85%以上。牡丹数字电视产业园、大华768创意产业园进入市文化创意产业规划重点项目名录，成为科学城重点建设项目。易亨完成易通时代广场改建工程。

（吕少辉）

【文化创意】 年内，北京电控探索符合自身特点的文化创意产业发展模式。七星举办798艺术节，成为北京标志性文化活动，正东时尚设计广场开展近百场商业活动，时尚设计、活动展演、科技体验等核心业态更加突出。方略拓展新媒体市场，承接了西安世园会、北京科博会等部分展馆项目。

（吕少辉）

【企业调整退出】 年内，电子城由2级管理模式向一体化、扁平化管理模式转变。全系统管理层级压缩，退出41家劣势企业，通过提升层级等方式减少4级及以下企业8家。

（吕少辉）

【资本运作】 年内，北京电控企业申请科研项目资助，共计获得政府支持资金7亿元。与政府主管部门沟通协调，理顺02专项地方配套资金拨付渠道，北方微电子、七星电子2009年和2010年地方配套资金到位。集团为系统内企业提供资金、信贷支持，累计调配内部资金近亿元。京东方利用地方政府招商政策，通过与相关企业共同开发煤炭资源的方式，获得5.5代AM－OLED生产线建设支持资金。七星电子非公开发行A股融资方案获审批。

（吕少辉）

【集团化建设】 年内，北京电控新增制度20项、流程37项，强化了总部专业化职能。财务管控及国有产权变动监管，共办理各类产权事务40项，完成全系统资产清查。启动二级企业的内部控制体系建设试点工作，京东方科技、电子城投资、七星电子、北广科技共4家公司按照内部控制评价和内部控制审计指引要求，建立或完善了内控体系。

（吕少辉）

【人才队伍建设】 年内，北京电控加强领导班子建设，修订对所属单位负责人的考核办法，完善二级企业领导班子。全年共引进各类专业人才 1129 人，其中博士 23 人、硕士 252 人，京东方、七星、北方微电子等企业积极申报了国家千人计划和北京市海聚工程。全年各类专题研修班共有 500 人次参训，电控讲坛培训超过 2000 人次。电子党校、信息学院、高级技工学校为全系统培训干部近万人次，培养各类专业技师近 300 人。

（吕少辉）

北京京城机电控股有限责任公司

【综述】 2011 年，北京京城机电控股有限责任公司（简称京城机电）实现营业收入 194.5 亿元，完成年度激励目标的 102.4%，完成年度考核目标的 111.1%，同比增长 23.6%；实现利润总额 7.5 亿元，完成年度考核目标的 105.6%；应收账款净额为 31.8 亿元，控制在预算目标 32 亿元以内。

引入航天产业基金等战略投资，制定了外派财务总监管理办法，实施了非经企业集中管控方案，23.96 万平方米物业移交协议获得国资委许可批复，部分非经资产移交房地集团。组建了资产管理公司，完成北重厂供暖资产向北京热力集团的移交，首次把系统企业与工业物流公司之间协同采购指标列入企业考核内容。成立北京京城华德液压工业有限责任公司，解决长期制约液压产业发展的体制问题。按照优势互补原则，启动北京锅炉厂和机电院股份公司之间的资产重组和业务合作。

实施总部组织机构改革。对本部组织机构、部门职能、岗位职责和定岗定编重新梳理和设置，优化人力资源配置，修订薪酬管理办法、挂职人员管理办法。增加了总部市场营销职能，启动了品牌战略规划项目，推进以市场为导向的技术创新体系建设，加大新产品研发力度，对企业研发支持投入共计 1.14 亿元，重点支持新能源、环保、发电、机床、气体储运等主要业务板块 14 个研发项目。全系统研发投入共计 7.66 亿元，获得专利 121 项，其中发明专利 26 项，实用新型专利 95 项。实施重大研发项目 72 项，其中承担国家级、市级重点研发项目 19 项，实施技术改造 10 项。

（柳 娜）

【改革重组】 3 月，北京市电线电缆总厂与北京国际商务中心区建设有限公司签订拆迁协议，拆迁腾退北京市朝阳区建国路郎家园 8 号土地面积 35297.9 平方米，建筑面积 41501.42 平方米。7 月，电线厂搬迁到通州比泽尔厂房，使用面积约 8000 平方米，企业生产正在恢复。3 月，原北京建筑机械厂位于三河市李旗庄的 34221.8 平方米土地划转到京城机电控股公司，取得新的土地证。8 月 31 日，北京重型电机厂供暖锅炉房（净资产 182.79 万元，土地面积 22930 平方米）按照现状移交、人随资产走、负债随着资产走的原则，无偿整建制移交北京市热力集团有限责任公司，同时北重厂动力能源部 75 名员工整建制调出。9 月 15 日，北人股份公司下属北京北人京延印刷机械厂由联营企业改制为有限责任公司。10 月 26 日，北京京城资产管理有限责任公司成立。公司及企业 10 块房地资产（土地面积约 8.09 万平方米、建筑面积约 6.11 万平方米）以 12 月 31 日为划转时点进行账务处理，划入资产管理公司，具体包括公司比泽尔物业、三河新北建物业、华威小区裙房、叉车厂丰台地块、北起厂工具通州地块、嘉都大厦，承发包公司华威西里 8 号楼底商、华威西里小区配套楼，电线厂名敦道 A9 商业楼，二机床朗琴国际。

（张永君）

【技术改造与成果】 5 月 18 日，京城重工汽车起重机底盘生产线改造试运行启动仪式在台湖生产基地举行。实现 20 吨～100 吨 13 个规格起重机底盘的设计、生产能力，实现了 8 吨～75 吨汽车起重机设计、批量生产能力。改造后产品可涵盖 25 吨～75 吨汽车起重机底盘，达到了年产 1000 台的产能。

（昂登华）

【节能环保】 6 月 30 日，北京大海工业有限公司清洁审核工作顺利通过了市发展改革委、市环保局、市经济信息化委组织的清洁生产审核阶段性验收，11月22日在市发展改革委网站公示。此次审核工作共确定清洁生产方案36项，其中26项无/低费方案全部实施完成，8项中/高费方案实施完成5项。已实施的清洁生产方案实现年节电28.33万千瓦时，节水190吨，减少油漆消耗26吨，减少废机油480公斤，年经济效益达到61.54万元。

（王鸿志）

【工业园区建设】 7月24日，北京京城机电控股有限责任公司在房山区与房山区人民政府签订合作框架协议，北京市副市长苟仲文及相关委办局领导参加签字仪式。协议初步约定，房山区人民政府提供86.67公顷土地供京城机电打造“京城机电高端装备制造工业园区”使用。

（张永君）

【产业发展和结构调整】 年内，北一数控与韩国DSK公司共同出资设立北一德思凯技术工程技术公司，进入机床再制造领域。北一数控成功收购意大利C. B. Ferrari集团，获取了叶片铣床领域的高端技术。京城重工成功研发了100吨起重机、160吨全路面起重机等高端产品，丰富了起重机产品系列。实施汽车起重机底盘生产线升级改造，具备了年产1000台汽车起重机的产能。天海公司实施天津、廊坊等生产基地扩建项目，推进车用铝内胆全缠绕气瓶、低温液体罐式集装箱、低温液体汽车罐车等高附加值产品的研发和产业化进程。巴威公司研发百万超超临界锅炉，取得订单并投入市场。启动百万无烟煤塔式锅炉和百万褐煤塔式锅炉等新产品的研发。北重汽轮公司成功研发350兆瓦超临界汽轮机、660兆瓦超超临界汽轮机，660兆瓦水氢氢汽轮发电机组等产品。350兆瓦超临界汽轮机投入市场，成功运行。呼和浩特市生活垃圾生化处理厂升级改造项目进入试运行阶段。台州固体废弃物再生利用产业转型升级示范项目完成地勘，建筑方案通过专家评审。华德公司推进工程机械关主液压件项目实施，该项目工程阀、通轴泵相关设备招标基本完成，通轴泵实现小批量生产。

（甘晖容）

【投资合作】 年内，北京京城机电控股有限责任公司系统投资新设公司项目11项。北京京城新能源有限公司分别于1月13日投资设立北京京城新能源（酒泉）装备有限公司；4月7日投资设立北京京城新能源（包头）装备有限公司；4月11日投资设立北京京城新能源（达茂）装备有限公司；4月18日投资设立北京京城新能源（克什克腾）装备有限公司。7月15日，由北京北一数控机床有限责任公司与韩国DSK公司共同投资成立北京北一德思凯机床工程技术有限公司，注册资本700万元，北一数控占70%，韩国DSK占30%。从事机床、生产线等机械设备再制造、维修、改造、安装、售后服务和备品备件销售等业务，并为用户提供机床设备的再制造、翻新改造升级服务。8月27日，由北京毕捷电机股份有限公司与北京能通租赁公司共同投资注册成立北京京城电通投资管理有限责任公司，注册资本5000万元，毕捷电机占49%，能通租赁占51%。开发和利用毕捷电机厂房土地，将建设大型的园林式高端科研与创意产业园。10月26日，由北京京城机电控股有限责任公司与北京市电线电缆总厂共同投资成立北京京城机电资产管理有限责任公司，注册资本2亿元，京城控股占60%，电线电缆占40%。对京城控股经营性房地资产进行了集中管控。10月28日，由北京京城环保产业发展有限责任公司与南通天义环保能源设备有限公司共同投资成立北京京城天义环保科技有限公司，注册资本5000万元，京城环保占80%，南通天义占20%。在延庆县建设废塑料标准示范生产线，实施生活垃圾废塑料综合处理与资源化利用项目。11月2日，由北京京城机电控股有限责任公司投资成立北京京城华德液压工业有限责任公司，注册资本2亿元。11月2日，由北京京城机电控股有限责任公司投资成立北京京城长野工程机械有限公司，注册资本2亿元，发展挖掘机业务。

（杨　岚）

【股权收购增资项目6项】 年内，京城机电实现股权收购项目3项：7月26日，北京西海工贸公司收购上海裕生特种线材有限公司持有的北京毕捷电机股份有限公司3.8%股权项目；11月18日，北京北一数控机床有限责任公司通过京城控股（欧洲）有限公司整体收购意大利法拉利机床集团项目；12月27日，北京京城重工机械有限责任公司收购日本长野工业株式会社项目。向现有企业增资项目3项：7月26日，北京天海工业有限公司向上海天海德坤复合气瓶有限公司单方增资201.74万美元，上海天海德坤复合气瓶有限公司总投资额从140万美元增至341.74万美元，注册资本从100万美元增至301.74万美元，北京天海占87.84%，韩国吴寿宗占12.16%；6月8日，北京天海工业有限公司向北京攀尼高空作业设备有限公司增资1726.92万元，攀尼公司注册资本由273.08万元增至2000万元；6月30日，北京京城机电控股有限责任公司向北京市液压技术研究所增资232万元，液压所注册资本由68万元增至300万元。

（杨　岚）

【自主创新与科研】 年内，重型立式铣车复合加工中心系列中BVTM100000/12500、BVT100000/12500等新产品研制完成，BVT100000/12500交付客户江苏兴业公司。XKA28105×300数控桥式龙门镗铣床在CIMT2011国际机床展上，被国家能源局能源节约和科技装备司授予优秀合作项目奖。国家科技重大课题项目B2－K3000高精度柔性复合磨床通过了国家重大项目课题的组终审验收。自主开发的660兆瓦超超临界汽轮机通过了中国机械工程联合会、中国动力工程学会联合组织的技术评审。国内首创虹吸式低温液体贮罐研发成功。自主设计研发的首台ISO20型罐式集装箱研制成功并交付澳门客户。国内首台5轴160吨全地面起重机（QAY160E型）研制成功。污泥干化焚烧成套装备产品研发项目完成课题任务目标，中标全国重点实施的污泥项目之一“上海竹园污泥处理工程主体工程设备设计、供货及安装工程”。多功能塔处理设备、星盘筛垃圾分选设备2项专利获得国家产权局批准。

（昂登华）

【培训工作】 年内，京城机电人力资源部先后举办一系列培训。4月，举办了控股公司人力资源系统社会保险法培训班，培训内容涵盖工伤、医疗、劳动合同等内容，培训人数85人。5月和11月，对新加入本部的31名员工举办入职培训，培训内容包括公司管理制度、办公平台使用、财务行政等相关工作流程。3月，与北京工业大学紧密沟通，共有二机床、北开电气的2名技术人员考取了工程硕士。9月，举办了工程硕士辅导班，60名来自下属企业的工程技术人员参加辅导，并参加工程硕士联考，有20人考取了北京工业大学工程硕士。9月22～23日，系统内企业的318名刚入职大学生参加入职培训，学习了企业文化、公司制度等内容。8月12～13日，举办控股公司本部员工团队活动，活动内容包括拓展、CS、参观、主题晚会等。

（董志学）

【内部管理】 年内，全系统共开展经济责任审计28项、建设项目审计90项、年报跟踪审计23项、内控评审39项、专项资金审计20项、财务收支审计37项、经济效益等其他专项审计75项。提出管理建议297条，已跟踪改进落实247条。组织系统培训2次、座谈交流3次、业务互动10次。控股公司内部审计荣获“北京市内部审计先进集体及先进个人”称号。

（王克强）

【效能监察】 年内，京城机电全年共立项41项，其中本部首次立项5项，所属单位立项36项，项目办结率92%。总体实现效能10835.47万元，其中避免经济损失3412.26万元，挽回经济损失879.2万元，增加效益6544.01万元。查堵漏洞8项，健全制度完善流程共83项，提出改进管理建议130条。

（高虎男）

北京京仪集团有限责任公司

【综述】 北京京仪集团有限责任公司（简称京仪集团）是北京市人民政府出资设立的，集科研、设计、生产制造、销售服务、工程设计和系统工程为一体的集团公司。注册资金 10 亿元，拥有控股子公司 16 家、科研院所 3 所、科技孵化平台 1 家、高级技工学校 1 所，与 ABB、艾默生、奥林巴斯等多家国际公司建立了长期合资合作关系。

京仪集团重点发展自动化系统及仪表（C）、科学仪器（I）、电力电子和新能源（E）三大产业板块，并以此为基础向节能、环保、安全等新领域拓展。自动化系统及仪表产业具有完整的自动化仪表产业链，具备为客户提供自动化领域全方位解决方案和“交钥匙”的工程能力。科学仪器产业主要产品包括分析仪器、测绘仪器和真空仪器等，产品具有智能化、专用化、小型化和联用化的特点，同时提供环保监测、生命安全等领域的解决方案。电力电子和新能源产业形成了具有自主知识产权的较完整的光伏产业链，同时为用户提供电力电子元件和电源装置。

年内，京仪集团加强企业技术中心能力建设，使企业技术中心在解决企业产品发展关键技术、产品核心部件和关键工艺等方面发挥重要作用。集团以光伏研发资源为基础，申请组建北京市光伏装备工程实验室和北京市光伏装备工程技术研究中心。京仪集团科技孵化器已通过北京市及国家科技企业孵化器认证，成为第一个国家级仪器仪表专业孵化器。国有及控股企业全年科技投入占同期主营业务收入的 5.18%。集团高新技术企业 18 家。30 多个项目列入国家和省部级计划，67 项产品通过北京市自主创新产品认定，4 项产品批准为北京市高新技术成果转化项目，16 项（次）产品获省部级科学技术奖或政府发明奖，239 项产品列入集团重点研发项目计划。集团拥有 7 家市级企业技术中心、27 家高新技术企业。共授权专利 167 项，其中发明专利 21 项、实用新型专利 136 项、外观设计专利 10 项，登记软件著作权 38 项。完成《“十二五”规划纲要》编制，并通过董事会审批。

2011 年，京仪集团国有及国有控股总资产 56.2 亿元，净资产 29.7 亿元，主营业务收入 27 亿元，利润总额 1.5 亿元。

（付宗义）

【与北控集团重组】 7 月 1 日，北控集团和京仪集团实施重组，京仪集团的国有资产无偿划转给北控集团，由北控集团对其行使出资人职责。北控集团和京仪集团共同组成了综合、财务、党务、运营 4 个对接工作小组，抽调相应职能部室工作人员，开展重组工作。京仪集团各工作组制定了详细的工作计划，落实了责任部门和责任人，定期召开工作会议，交流情况、解决问题，全力推进重组工作的实施。迅速完成了京仪集团公司章程、工商登记等内容的变更手续。8 月 2 日，取得了新的工商营业执照，完成了法律意义上的重组，为进一步实施工作对接、人员对接、制度对接、资产对接奠定了基础。

（付宗义）

【内控体系建设】 年内，京仪集团加强内控体系建设。完成了办公自动化项目主要流程调试，开始正式运行。研究重组后内外部资源环境的变化及北控集团各相关业务领域的需求，完成了与北控集团“十二五”规划的合并稿及实施方案。完善了京仪集团会计科目体系，提高了会计信息报告质量，制定了与信息化工作相配套的财务信息化管理制度。推进“十二五”规划重点投资项目的实施，完成股权投资项目 8 项，投资额 4.34 亿；共退出 14 家劣势企业；确定并实施了与京仪科技股份公司全面预算与运营监控的衔接办法；组织试点企业贯彻实施《物资采购管理工作指导意见》，成立检评小组，进行了量化检评，提出改进建议。启动高端人才培养计划——“翔鹰计划”，引进 2 位博士后进站工作，与天津大学合作的培养工程博士试点通过了教育部的审批，受市科委委托制定了企业科技新星培养标准，并成为首批企业科技新星试点单位。完成了 21 家二级企业 2010 年经营者年度薪金收入、财务预算决算审计，进行了 4 家企业主要经营者离任审计。组建集团法律事务部。创建安全质量标准化达标企业工作，增加安全生产检查频次，扩大安全隐患排查范围，加大隐患治理力度。全系统 2011 年安全生产形势处于良好稳定状态。

（付宗义）

【人才队伍建设】 年内，京仪集团通过网络招聘、人才市场、业内人士介绍等方式共招聘各类适用人才489人。其中，专业技术人员146人，管理人员141人，技能人员156人；博士7人，硕士48人，本科176人，大专103人，本科及以上学历占47.2%；高级职称11人，中级职称32人。

（付宗义）

【技术创新体系建设】 年内，京仪集团电影所获得北京市科委的研发经费支持，发挥自身的技术优势，协助北控绿产公司完善CPV相关技术方案。光电所有6种产品进入定型阶段，5种产品形成批量生产能力。开展具有传统优势的军用光电测试仪器的研发，共开展了11项军品研发工作，其中新立项2项，完成3项。自动化院开展分析仪器自动进样机系列产品的研发，入选北京市科委2011年度科研院所“双十计划”。京仪集团7家市级企业技术中心全部通过了年度评审。京仪科技孵化器在通过“国家级科技企业孵化器”和“北京市高新技术产业专业孵化基地”认证的基础上，去年被批准为“北京市战略新兴产业孵育基地”和“市商委孵化器出口贸易服务平台”，获得政府资金支持。努力提高专业服务能力，组织入孵企业申报国家科技部、北京市、海淀区等项目15项。组织京仪海福尔、敬业科技、远东有限等企业与入孵企业及中科院相关院所进行成果转化对接，取得良好效果。北京市物联网关键应用技术工程研究中心、北京市太阳能光伏核心装备技术工程实验室、北京市光伏关键装备工程技术研究中心建设得到了北京市政府相关部门的大力支持。其中，物联网工程中心和光伏工程实验室被列入北京市第一批重点工程技术中心和实验室名单，物联网工程中心被推荐为国家级工程技术中心。京仪绿能、敬业科技、电影所3家企业通过高新技术企业认证，京仪集团高新技术企业达到29家。京仪集团组织相关企业申报各类政府支持项目30余项，通过15项。作为科技部全国十家创新方法应用示范单位之一，京仪集团与天津大学精仪学院合作共同开展了创新方法培训工作，取得较好的成效。根据新修订的《科技成果奖评审奖励办法》完成了2011年度京仪集团科技成果奖评审工作，共有15项成果获奖。

（付宗义）

北京化学工业集团有限责任公司

【综述】 2011年，北化集团实现主营业务收入30.2亿元，同比增长28.8%；实现利润4500万元，同比增长67.1%；市国资委考核的3项基本指标（利润总额、EVA值、净资产收益率）和4项分类指标（成本费用占营业收入比率、流动资产周转率、应收账款周转率、技术投入比率）全面完成。安全生产、环保、消防、治安、交通等工作也较好地完成了任务。全年经济总量、效益水平、运营质量继续提升，全面完成了集团公司2011年经济运行的各项预算指标。劳动生产率继续提高，制造业企业的人均销售收入为41.2万，同比增长11.4%。节能减排有效推进，集团公司万元产值、增加值单位能耗在“十一五”降低的基础上，继续减少。房地产开发及物产置业管理迈上新台阶，武夷山房地产开发项目全面施工，全年完成销售合同额14000万元，物产置业收入总量同比增长16.8%；平均单位面积上缴收益同比增长9.6%。北化集团全年全口径税费上缴20300万元，同比增长26%；市国资委口径税费上缴15900万元，同比增长32%，比营业收入增长率高出3.2个百分点。

（蔡玲红）

【新建和技改技措项目】 8月，3000吨/年锂离子电池电解液二期（技改）扩产项目投料试车成功。年内，完成产品销售1200吨。与之配套的化工基地2座甲类库房和污水处理装置完成。新增6000吨/年聚氨酯黏合剂项目一次投料试车成功，生产效率提高43%，吨产品能耗下降40%。技改技措项目主要包括化工基地、华腾橡塑的2个“煤改气”工程，高等级手套和胶板生产线升级改造，3000吨/年无卤工程塑料技术改造，化工基地消防、安防、监控“三位一体”技改整合等项目，取得节能减排、提质降耗、加强管理的成效。全集团NC综合管理信息系统升级改造项目启动试点。

（蔡玲红）

【推进筹备项目】 年内，全市危险化学品物流管理体系建设项目完成《项目建议书》。甲醛二期扩产等一批筹备项目，分别进入项目建议书、可行性研究或论证阶段。对外合作项目展开谈判，主要包括与日本三菱化学合作生产液晶面板彩胶、与美国Ansell公司合作生产高等级乳胶制品、与美国Ashland公司及德国汉高公司合作生产黏合剂等项目。金晶玻璃配套气体项目启动了组建新的合资公司的谈判工作。

（蔡玲红）

【研发工作】 年内，化工研究院的PPO/HIPS/PA合金材料、阻燃增强PBT工程塑料，华腾新材料公司的无溶剂、醇溶性聚氨酯黏合剂，化学试剂所的高电压、低温、凝胶电解液，亚科力公司的玻纤GFM—213A成膜剂、塑一塑复合胶，华腾大搪公司的草甘膦瓷釉，华腾橡塑的耐高压绝缘胶板、新型家用手套等一批新产品，进入市场。6个重点企业技术研发中心建设工作开始启动。全年完成研发投入4000万元，占主营业务收入的1.3%，为年度预算指标的143%。

（蔡玲红）

【扶优扶强】 年内，北化集团通过银行向优势产业、优势项目、有发展后劲的12个企业，累计提供委托贷款30380万元，同比增长52%，是近年来力度最大的一年。

（蔡玲红）

【调整优化资本结构】 年内，北化集团整合与美国普莱克斯公司几个合资项目的股权，促进了集约化管理。对化工研究院、旌凯华冠、化工实验厂等企业投资的10家四级单位进行层级提升、重组或清算。“两个东光”的重组实施方案已完成2个企业的注销、划转，启动1个企业的清算。7月份完成供销公司破产收尾工作。橡胶五厂破产后，进入资产评估备案和变现程序。启动泛洋华腾、华腾东光瑞博龙公司、染料厂西染公司、集体企业安邦公司的清算工作。对化工实验厂的黄油、PE项目实施停产整顿。

（蔡玲红）

【人才队伍建设】 年内，引进大学毕业生107人，同比增长1倍多，其中硕士20人、博士2人，从事主导产业、重点产品发展的相关专业人才占到70%。继续开展新入职大学生、研究生津贴制度试点工作。华腾大搪、华腾华毅、化工研究院等单位出台针对大学毕业生的住房补贴、外派工作津贴等办法。举办安全管理、节能减排、资产管理、人力资源管理等专业培训班9期，培训378人次；特种作业、高技能人才培训班3期，培训225人次；专业人员继续教育、特殊人才定向培训班5期，319人次。与北京化工大学合作，举办2期45人参加的MBA、工程硕士培训班。全年共有37人申报高级职称、47人申报中级职称。

（蔡玲红）

【创新人才培养机制】 年内，表彰了10个“十一五”科技进步奖项目、17名先进科技工作者，启动专业技术带头人制度，首批选聘6人。技师学院建立数控机床“首席技师工作室”。试剂所、技师学院等单位建立责任工程师等制度。试剂所充分利用中关村示范区政策，加大科技人员参与研发成果收益分红的力度。华腾橡塑出台知识产权、新产品奖励等办法。

（蔡玲红）

【制度建设】 年内，新出台了5项、重新修订了16项管理制度。四季度重点对17个企业的制度建设情况进行了集中检查。全面完成了“五五普法”工作，1个企业被市国资委授予“五五普法”先进单位，1名法制工作者被评为北京市法制宣传教育先进个人。

（蔡玲红）

【审计监督】 年内，全系统有专（兼）职审计人员78人，集团公司审计部完成7户企业的财务收支审计、3名企业法定代表人的离任审计、7个基建工程审计、9户企事业单位的专项审计。针对6户母体企业修理、修缮和化工基地大中修项目，工程造价审计48项，审减额509万元；针对9户企业的37项工程项目，审减额506万元。审计部被市审计局评为

“北京市内部审计先进集体”。

（蔡玲红）

【社会化服务产业】 年内，技师学院被评审列入“国家级高技能人才培训基地”（全国有10家，北京市只有1家）和“国家中等职业教育改革发展示范学校”。职防院在取得“全国建设项目职业病危害评价甲级资质”之后，向全国10多个省区扩展，全年完成评价项目114项，同比增长60%。华腾通标公司完成市质监局下达的2次市级监督抽查任务，抽检企业61家，完成各类委托检验1500余批次，开展了2项国标和6项行业标准的起草工作。劳务派遣和职介服务工作全年完成收入900万元，劳务派遣用工和人事代理单位达到47户、860人，并为部分调整企业的471名退休职工提供服务。三产企业全年完成营业收入700万元。大有公司在搬迁之后克服困难，加强市场开发，营业收入同比增长11%。

（蔡玲红）

【专项管理工作】 年内，完成二级企业“十二五”规划的批复工作；加强对企业管理费用、销售费用的跟踪分析，2费合计比全年预计同比降低2.5%，销售费用占营业收入的比例下降0.27个百分点。全年减少退休返聘人员103人，4户母体企业减少在岗人员25人；完成聚氨酯黏合剂等4个工程项目的竣工验收；完成乙烯债转股遗留的大郊亭土地置换和地上物腾退拆迁工作。

（蔡玲红）

北京京煤集团有限责任公司

【综述】 2011年，京煤集团全力推进战略转移和产业转型，加快实施资源整合和结构调整，实现“十二五”计划良好开局。全年营业收入178.77亿元，比上年增加62.05亿元，为上年的153.16%；实现利润13.90亿元，比上年增加7.54亿元，为上年的218.77%；资产总额314.23亿元，比上年增加62.14亿元，为上年的124.65%。各项经济指标均超额完成。

煤炭主业战略扩张效果明显，推进煤电、煤机、煤化工项目落地。在内蒙古自治区开发的红庆梁煤矿列入区“十二五”规划，工业广场选址、矿井设计方案等建设前期工作正在进行。与京东方公司达成战略合作，收购京东方能源公司20%股权，为开发建设鄂尔多斯市巴彦淖尔井田打下基础。注册昊华能源香港公司，为国际化发展搭建了平台。改革采煤方法，薄煤层综合机械化开采技术应用成功。全年煤炭产量877万吨，其中北京地区煤矿产煤501万吨，内蒙古地区的高家梁煤矿产煤376万吨。全年机械化采煤产量630万吨，占全部矿井产量的72%，为煤矿机械化采煤率最高年份。煤矿年产百万吨煤炭死亡率为0，百万吨死亡率达到历史最低水平。昊华能源公司股票2011年度入选上市公司治理指数样本股，被评为“2011中国上市公司最具竞争力10强”和“2011中国上市公司最具投资价值10强”，昊华能源公司管理层荣膺中国证券“金紫荆奖”的“最佳管理团队”。

城市服务业形成以现代物流为主导、以旅游饭店和物业经营为支撑的产业格局。控股成立北京金泰新钢联科贸有限公司，在大兴经营仓储物流，年收入7.8亿元。金泰港物流园的经营交易区动工建设。经营汽车贸易，向外埠拓展二手车和大客户市场，发展高端品牌和进口车业务，延长产业链，在北京限购情况下销售收入4.6亿元。旅游饭店业取得出境旅游业务经营许可，有11家宾馆饭店分别被认定为四星、三星等星级资质。发展旅游会展业务，全年承办国内国际大型会展活动50余起，承办职工疗养活动50多批次。物业经营优化客户结构，以提升经营品质吸引高端大客户入驻。向外埠管理业务发展，注册成立天津分公司。北京市煤炭节约办公室节能监测站更名为北京节能技术监测中心，拓宽节能服务领域。

房地产业立足北京，涉足海南、天津、辽宁、内蒙古等省、市、自治区，经营项目涵盖棚户区改造、小城镇综合开发、保障房、土地一二级联动、高中档商品房、休闲地产、酒店、文化广场等多个领域，共有一级开发项目4个，总规模1333.33公顷；二级开发项目19个，总建筑面积超过300万平方米。启动“工矿棚户区改造方案”，王平、杨坨、房山3个项目地块安置房建设全面开工。

民爆化工业和机械电力业加快科技创新，产业升级和产品更新。京煤化工公司研制的地震勘探雷管、雷管自动装配机投入生产，研制的新型卡口机、雷管自动装填生产线取得阶段性成果，京煤化工公司通过“北京市高新技术企业”和“北京市市级技术中心”认定。京煤集团在内蒙古自治区鄂尔多斯建设的煤机制造维修基地完成生产车间和综合楼的主体工程，在北京门头沟地区建设的京煤机械装备产业园开工建设。研制的薄煤层综采支架成功应用于北京煤田复杂地质条件下的机械化采煤工作面，研制的高端悬移支架销售安徽淮北煤业集团等外埠煤炭企业。鑫华源机械制造有限公司加快立体车库高端产品研发，完成第二代纵向搬运技术研究，被评为“中国停车设备行业优秀企业”。设在内蒙古自治区乌海市的京海发电公司获准进入内蒙古自治区电力多边交易市场，获得脱硫电价。

京煤集团遵循“绿色、安全、转移、转型”的战略指导方针，调整产业结构。关闭了以生产煤矸石砖为主要产品的高耗能企业昊泰建筑材料公司，将设在门头沟城镇地区生产水煤浆的京浆公司停产，将上年停产的煤矸石热电厂资产处置后划入物业公司管理，将昊煜公司水泥厂、达兴公司划归金泰集团进行专业化管理经营。全年京煤集团工业生产单位生产耗能4.45万吨标煤，同比下降8.24%；生产单耗0.08吨标煤，同比下降27.27%。进行生态涵养建设，以自行栽植、参加地方、以资代劳等方式，植树79104棵。

制定发布集团“十二五”人才发展规划，将人才建设纳入企业考核指标。加强领导班子和领导人员队伍建设，全年调整中层以上领导79人次，采取民主推荐方式集中调整后备领导人员578名。推进人才培养和引进，13名集团高管和中层经营管理人才进入北京大学、清华大学和国外攻读MBA、EMBA，48人参加辽宁理工大学联合开办的工程硕士班学习，推荐98人参加工商管理硕士联考，举办高级职业经理人和董事长培训班，104人参加，高技能人才培训鉴定和职称评定1312人，引进人才26人。培训生产一线和高技能人才，有62人获得技师和高级技师证书。对2008年～2010年创新成果进行表彰，有46项创新成果获奖。评选出京煤集团成立十周年期间的“科学发展十件大事”，评选出经营管理岗位、专业技术岗位、操作技能岗位3个方面的“十大杰出人才”。开展劳模选树工作，2人获得全国“五一劳动奖章”，2人获得“首都劳动奖章”，1个单位获得“首都劳动奖状”，1个班组获得北京市“工人先锋号”称号。修订京煤集团企业文化体系，制发了新的企业文化手册和文化理念宣传片。

开展群众性经济技术创新活动，命名13个集团公司级职工创新工作室，形成集团公司、二级单位职工创新工作室管理体系。集团公司90.2%的员工参与了经济创新活动，职工技术培训37660人次，进行技术比赛647次。全年创新技术185项，创新工艺43项，创新产品41个，创新服务管理模式193项，创新操作方法90个。员工提出合理化建议5116条，群众性经济技术创新和岗位立功活动共创效益1793万元。建立劳动关系调解中心，有100人参加培训并取得“调解员资格证”。

实施民心工程，改善员工生活。通过持续分售集资房、团购商品房等形式，一批员工住上新楼房。其中，销售西筛选四期项目集资房270套，优惠配售绿岛水岸项目商品房125套。参与首都西部大开发，支持和配合政府实施城镇化建设，履行国企承担的社会责任，保证了工矿棚户区改造项目启动，解决了大量棚户区改造和员工搬迁中遇到的问题。增加工资，员工人均收入大幅增长，困难和特困员工人数比上年减少45%。再次提高了企业补充医疗保险报销比例。实施“送温暖”活动，筹集慰问金总额313万元，慰问困难员工1856户。开展助学活动，筹集资金89万元，资助困难学生565名，昊华能源公司还为职工子女考上大专以上学校的79个家庭发放了育才奖。

在2009年～2011年的3年中，京煤集团拆除老旧危房19万平方米，涉及住户6239户；翻建、改造房屋3.96万平方米，解决571户住房；新建宿舍楼0.64万平方米；对23栋住宅楼进行了平改坡或外墙保温；完成5307户用电、8450户市政供水、4700户天然气入户改造工程，配合修建了清水涧至千军台的矿区公路一期工程。

截至2011年底，京煤集团在册员工27851人，其中农民工9178人，干部6393人，京煤集团直管基层单位18个，其中公司法人单位9个，事业法人单位2个，非法人单位7个。

（汪智利　潘会楼）

【煤炭生产】 年内，京煤集团加强矿井技术管理，加大员工培训力度，完善工作标准和规范，提高了煤矿的技术管理水平和员工的操作能力，采煤方式、方法实现多项突破。4月份，北京第一个薄煤层综合机械化开采工作面在大安山煤矿开机。9月份，第二个薄煤层综合机械化工作面在木城涧煤矿千军台坑投入生产，为首次在不稳定薄煤层工作面实施综合机械化采煤。11月，矿用移动式连续性混凝土搅拌系统在大安山煤矿通过验收，提高巷道喷射混凝土支护强度。木城涧煤矿在煤层倾角62度的急倾斜工作面实施综合机械化采煤，创国内急倾斜综合机械化采煤纪录。加强矿压监测和矿井水监测，推广使用瑞利波探测仪、高分辨电法仪和钻孔成像仪等设备，丰富了地质探测手段，长沟峪煤矿还建成应力集中声电实时监测预警系统。煤矿调整劳动组织，推广应用新技术、新装备，加强专业生产、集中生产，提高了劳动效率，减少了用工数量。投资进行矿井补充勘探，加强煤炭资源管理，完成矿产资源管理示范项目，取得中央财政补助专项资金1000万元。在京煤矿的资源开采情况均通过北京市国土资源局的审核及现场验收。完善煤炭生产工艺流程，细化工种岗位，密切产、运、销衔接，保证了均衡生产。昊华能源公司及所属各煤矿均完成开拓煤量、准备煤量、回采煤量的计划指标。其中，公司开拓煤量可采期4.15年，准备煤量可采期19.48个月，回采煤量可采期10.11个月。全年产煤877万吨，其中北京地区产煤500万吨，与上年持平；内蒙古地区高家梁煤矿产煤377万吨，比上年增加40万吨。煤矿机械化产量630万吨，占矿井回采产量的72%。煤矿百万吨死亡率为零，创安全生产历史最好水平。

（汪智利　潘会楼）

【煤矿安全】 年内，京煤集团加大煤矿安全生产管理力度，安全生产创出历史最好水平。构建安全监察体系，明确主体责任，严格流程控制，完善安全措施，强化奖惩机制，设立500万元安全奖励基金。构建安全教育培训体系，对副班长、班长、安全监察人员以及煤矿中层以上管理人员，分期分批进行全封闭军事化训练，井下一线单位每月一次全员脱产培训，井下辅助单位每月业余培训，共组织军训19期，培训班队长905人。进行矿井安全避险建设，投资3252万元，完成矿井监测监控系统、矿井供水施救系统、矿井压风自救系统、矿井联系通讯系统、井下人员定位系统、矿井应急避险系统共6个方面的避险设施设备建设。进行矿井信息化建设，利用物联网技术对瓦斯、顶板、采面、重点设备、重点岗点监测监控，进行隐患排查治理，辨识危险源和安全评价，提高安全管控水平。开展矿井质量标准化达标活动，在煤巷掘进、岩巷掘进、采煤、通风、机电、运输、运销等专业中组织安全生产标准化竞赛，对标杆段队进行奖励，为示范岗点挂牌。开展安全文化建设，修订并完善了安全文化管理体系。全年发生工业死亡事故1起1人。煤矿总产量877万吨，煤矿百万吨死亡率首次为零，负伤率6.66‰，负伤率同比降低3.5‰。

（汪智利　潘会楼）

【煤炭销售】 年内，京煤集团煤炭产品经营业绩良好。煤炭产品严把质量关，对煤质、块率等指标进行考核，对生产煤矿和区队予以考核，进行奖惩。煤质管理人员跟踪生产流程，及时采样化验，提供数据为生产和销售服务。在市场多变的情况下，建立市场调节机制，优化产品结构，北京地区产煤针对3个煤种共进行3次价格调整，增收2516万元。针对小混中块煤客户多、单个客户用量较小、流向比较集中的特点，采取小混中块煤竞价销售方式，增加了小混中块煤的销售收入。调整产品结构，调整市场煤和冶金煤销售比率，实现年销售总量最低销售收入最高。加强与铁路、港口部门协作，解决煤炭输往京唐港的铁路运力问题，减少了煤炭输往天津港的压力，实现京唐、天津两港装船，全年集港装船数量达到历史最高水平。加大铁路运输量，实现第一次全年杜绝汽车运输集港，节约了运费，降低了运输途中丢煤风险。京煤集团内蒙古地区高家梁煤矿产煤，在当地煤炭市场供大于求但洗精煤畅销的情况下，及时开发末煤用户，采取洗精煤和末煤按 1∶2 比例销售方式，平衡煤炭品种销售，洗精煤销量占全矿煤炭总销量的 37.41%，洗精煤收入占煤炭总收入的 50.3%，保证了全年煤炭销量和利润的完成。全年调整煤价 8 次，签订合同用户 27 家。京煤集团整合煤炭营销结构，成立昊华诚和国际贸易有限公司和济南京煤商贸有限责任公司。

（汪智利　潘会楼）

【完成市政府燃料储备任务】　年内，京煤集团在煤炭和燃料油资源紧张、价格上涨的情况下，拓宽货源渠道，疏通铁路运输车辆，完善储存场地和设施，为北京市冬季供暖准备出充足煤炭。其中，金泰集团所属金泰燃料公司完成北京市政府冬季供暖燃煤应急储备 20 万吨，燃料油应急储备 3000 吨，在外埠张家口中转储备煤炭 5 万吨。金泰集团房山公司完成房山区采暖煤 10 万吨，完成房山区政府应急煤炭储备 1 万吨，中标电力设备总厂和西潞园供暖中心供暖煤 3 万吨。金泰集团全封闭式煤炭储备基地建设，已列入北京市国资委“十二五”建设项目数据库，京西国宾运输公司撬装站投入运营，大兴物流园撬装站选址工作完成。

（汪智利　潘会楼）

【民用煤供应】　年内，金泰集团完成北京市城区民用煤供应任务。全年累计销售蜂窝煤 5.35 万吨，其中型煤直接配送 2.75 万吨。在资源储备上，依托京煤集团所属煤矿，储备了 10 万吨低硫优质原料。在原料购进、运输装卸、加工生产等环节不断加大成本的情况下，加强管理，改革工艺，合理安排销售流程，开发多种经营项目，消化煤炭产品涨价因素。继续采取“冬煤预售”方式，通过价格杠杆鼓励居民提前买煤存煤，缓解冬季集中运送型煤压力。在 9 月 1～15 日，蜂窝煤价格由每块 1.35 元下调至 1.30 元。在城市改造过程中煤炭供应网点减少、煤炭配送运输距离延长、运输车辆控制的情况下，按时按量入户送煤，努力满足用户的需求。严格型煤和原料的监督检查，确保产品质量合格，设立民用煤服务热线电话，作为北京市 12345 便民热线电话网络单位，收集用户反馈。截至年底，北京市城区还有民用煤销售网点 29 家。

（程林禧　潘会楼）

【京煤集团上榜星级饭店 11 家】　3 月 23 日，《北京日报》第 8 版登载《北京市旅游星级饭店评定委员会公告》，公布 2010 年度星级饭店名单，京煤集团金泰旅游公司旗下 11 家饭店榜上有名。其中，四星级饭店有金泰海博大酒店，三星级饭店有金泰绿洲大酒店、京西晨光饭店，二星级饭店有梅苑饭店、北京金泰之家通华苑饭店、金泰之家盛达园饭店、金泰天鑫宾馆、金泰之家劲松店。一星级饭店有金泰之家汇达利宾馆、金泰之家甘家口店、金泰之家聚隆宾馆。12 月 21 日，《北京日报》第 8 版登载《2011 年北京市旅游星级饭店重新评定结果公告》，京煤集团金泰旅游公司旗下饭店全部通过星级饭店重新评定。

（汪智利　潘会楼）

【北京昊泰建材公司停产关闭】　4 月 18 日，京煤集团北京昊泰建筑材料有限公司（以下简称昊泰建材公司）因被列入高污染、高耗能企业宣布退出，5 月 10 日正式停产。昊泰建材公司是以煤矸石为主要原料，从事研发、生产、销售烧结建筑砌体材料的企业，也是综合利用型企业。2003 年建成投产，有 2 条制砖生产线，设计年生产能力为 1.2 亿块折标砖，年消耗煤矸石 20 多万吨。2010 年，生产 9521.93 万块折标砖，主营业务收入 2987.2 万元，有员工 129 人。从 2004 年～2011 年 5 月停产，共生产 7.0153 亿块折标砖。昊泰建材公司停产退出后，员工被分流到京煤集团其他单位进行安置，设备、房屋等资产移交京煤集团金泰地产公司所属昊泰房地产公司处理，场地用于工矿棚户区改造和房地产开发。

（汪智利　潘会楼）

【昊华国贸公司成立】 5月20日，北京昊华诚和国际贸易有限公司成立揭牌。该公司是北京昊华能源股份有限公司的全资子公司，注册资金1亿元，以煤炭物流为主营业务。其前身是北京京煤南方商贸有限责任公司，经过昊华能源公司股权调整，2次追加资本金后注册成立。

（汪智利　潘会楼）

【建立煤机制造基地及产业园】 7月25日，京煤集团鄂尔多斯煤机制造基地开工奠基。该基地位于内蒙古自治区鄂尔多斯市伊金霍洛旗，计划总投资6亿元。其中，一期建设用地2.5万平方米，建筑面积1.76万平方米，投资1.5亿元。截至年底，主体工程已经完工。10月20日，京煤集团机械装备产业园在鑫华源机械制造公司开工奠基。产业园规划占地20万平方米，建筑面积9万平方米。其中，新建面积5.3万平方米，总投资3亿元。产业园划分为煤矿机械、城市工业、仓储检测和办公生活4个功能区，设计制造机械产品能力为每年5万吨。

（汪智利　潘会楼）

【JM—1电子雷管全市推广】 8月9日，京煤集团化工公司生产的JM—1电子雷管在全市推广应用。JM—1电子雷管历时3年多研制成功，曾获第三届中国爆破器材行业协会科学技术成果一等奖、北京企业评价协会科技创新成果优秀奖。该产品将普通瞬发电雷管与电子控制电路相结合，集密码控制、精确延时、专用起爆、CPD定位、指纹识别、区域限制、起爆信息存储等多种功能于一身，每发雷管都有密码，可以实现“事前控制、事后追溯”，在安全性、可靠性、实用性等方面优于普通雷管，是公安部推广的民用爆破行业主导产品。

（汪智利　潘会楼）

【北京京浆公司停产】 8月，京煤集团所属北京京浆工贸有限公司因门头沟地区城市改造而停产，人员被分流。该公司原为北京矿务局水煤浆示范厂，是国家“七五”项目，1993年3月1日投入试生产，设计年生产能力25万吨，当时为中国最大规模的水煤浆示范厂。试生产后，产品缺少市场，生产能力不能正常发挥，后又开发洗精煤业务。2010年，生产水煤浆2.36万吨，洗精煤7.79万吨。2011年生产水煤浆1.75万吨。从1996年至2011年8月水煤浆厂停产，该厂共生产水煤浆78.18万吨，洗精煤129.12万吨。生产水煤浆最高年份为2005年，产量14.39万吨；生产洗精煤最高年份为2001年，产量18.81万吨。停产时有员工125人，建筑面积17835平方米。

（汪智利　潘会楼）

【海南金泰旅业公司揭牌成立】 12月23日，由京煤集团下属单位金泰集团和金泰房地产集团共同组建的海南金泰旅业开发有限公司揭牌成立。该公司负责开发海南省万宁南燕湾项目，占地面积80公顷，规划建筑面积23公顷，将打造集度假公寓、高端别墅、豪华度假酒店及高尔夫等产业为一体的海南区域代表性的复合地产项目。

（汪智利　潘会楼）

【房地产开发】 年内，京煤集团房地产业突出战略重点，实现稳步发展。工矿棚户区改造和小城镇综合开发速度加快，确定了王平地区、杨坨地区、房山地区3个回迁安置房项目整体资金方案和建设方案，3个项目全部开工，总建筑面积54.3万平方米，规划提供安置房6264套。小城镇综合开发中的中瑞生态谷韭园项目、中国美丽谷万佛堂项目开始市场定位和商业模式研究。保障房、限价房建设规模继续扩大，朝阳金泰丽富嘉园保障房项目总建筑面积48.7万平方米，已开工24.5万平方米，竣工18.1万平方米，入住0.9万平方米，形成销售收入1.2亿元。怀柔金泰丽富馨园限价房项目6月份全部开工，总建筑面积4万平方米。在辽宁实施的沈彰新城金泰家园保障房项目10月份开工，总建筑面积10万平方米。商业项目深耕内蒙古、天津、辽宁、海南等区域，面向全国布局。内蒙古区域呼和浩特市金泰中心总建筑面积28.7万平方米，全部开工，住宅全部封顶。天津区域金泰丽湾项目总建筑面积42.3万平方米，一期全部开工，开盘销售。海南区域的山屿湖项目工程结算全部完成，共签约1046套，签约金额13.88亿元；南燕湾项目完成对金泰集团股权转让。辽宁区域营口金泰城一期竣工入住，已销售面积9.86万平方米，回款金额5.5亿元；二期、三期临时样板间开始施工。京煤集团在门头沟地区建设的民心工程项目中，惠民家园三栋楼完成结构封顶，一栋楼竣工入住；惠泽家园三期竣工入住，四期基本竣工；绿岛水岸项目125套商品房完成优惠配售。京煤集团土地开发稳步推进，在内蒙古的鄂尔多斯项目占地666.67公顷，规划可出让用地366.67公顷。在天津武清开发项目占地7.62平方公里，规划可出让用地384.67公顷，首期四宗土地共36.87公顷开始挂牌上市。京煤集团子公司金泰房地产集团年实现营业收入21.86亿元，同比增长62.11%；资产总额90.75亿元，比年初增加24.25亿元。在北京举行的首届中国保障性住房发展论坛上，金泰房地产集团获得“2011中国保障房建设推动力企业”称号，金泰房地产集团在北京开发的金泰丽富嘉园项目获得“2011中国保障房建设标杆楼盘”奖。

（汪智利　潘会楼）

【物业经营业】 年内，京煤集团所属金泰集团公司有物业经营项目303个，可出租面积69.13万平方米。通过强化营销策略，提高服务质量，出租率和新增、续租单价不断提升。最高成交价中，金泰大厦由年初的4.9元提升到7.8元，国益大厦由4.2元提升到6.0元，富地大厦由3.1元提升到4.5元。以签约高端客户提升经营效益和经营品牌，引进国内IT业领先科技公司优化客户结构。发展物业服务集成，做餐饮、保洁、洗衣等增值服务，中标为市政府采购定点单位。开发物业经营项目，成立天津分公司并签订物业服务合同。在经营京煤集团内部物业项目和北京地区物业项目的同时，跨区域规模化经营，向外埠发展，中标河北黄骅渤海新区航运中心的物业管理工作。

（汪智利　潘会楼）

【建设矿井安全避险六大系统】 年内，京煤集团投入资金3253万元，建设煤矿井下安全避险“六大系统”。一是矿井监测监控系统。在矿井地面建设安全监测监控中心站，联系井下监测监控点，24小时全天候监测监控井下生产情况，实现甲烷和一氧化碳超限断电闭锁、甲烷风电闭锁、系统故障闭锁、通风机停运自动报警、手机短信报警、数据传输等功能。二是矿井供水施救系统。为各矿井下安装管道超滤中央净水机，对矿井水进行化验、检测，使之达到饮用水标准。三是矿井压风自救系统。改造通风机和通风巷道，增加通风设备和设施，完善矿井风流设计。四是矿井联络通讯系统。在主副井绞车房、井底车场、运输调度室、中央变电所、水泵房等主要机电设备硐室和采掘工作面，按标准安设防爆电话，在井下中央变电所、主副井绞车房和主要水泵房安设直通矿调度室电话，在机械化采煤工作面安装泄漏通信系统和组合扩音电话。五是井下人员定位系统。井下工作人员刷卡，显示所在位置、出入井时间、重点区域出入时间、工作人员数量、工作人员活动路线等信息，实现监测、显示、打印、储存、查询、报警、管理等功能。六是矿井应急避险系统。在煤矿井下施工建立应急避难硐室，载人试验达到使用标准。

（汪智利　潘会楼）

【启动《工矿棚户区改造方案》】 年内，京煤集团积极参与首都西部大开发，配合北京市和门头沟、房山等区的城镇化建设工作，启动“工矿棚户区改造方案”。项目涉及1.5万住户约60万平方米的改造任务，总投资约82亿元。计划新建安置房54.3万平方米，楼房6264套；改造房屋20万平方米，楼房3300套。京煤集团成立王平、杨坨、房山3个棚改项目部，3个地块的安置房建设全面开工，已投入资金2.8亿元。

（汪智利　潘会楼）

【停用5座燃煤锅炉房】 年内，京煤集团在2009年和2010年停用5座燃煤锅炉房的基础上，2011年停用了位于向阳楼小区、月季园东里小区、京煤集团机关总部、教育培训中心和液压支架厂的5座自管燃煤锅炉房，实现了由市政热力管网集中供暖。自管燃煤锅炉停用后，不但减少了燃煤锅炉产生的大气污染，还减少了煤炭及灰渣运输储存过程中产生的粉尘、噪声污染，改善了周围环境质量。

（汪智利　潘会楼）

北京金隅集团有限责任公司

【综述】 2011年，北京金隅集团有限责任公司（以下简称集团）高质量完成年度各项经济指标和工作任务，实现营业收入326亿元，同比增长16.2%；实现利润总额32.5亿元，同比增长22.8%。

经济效益质量显著提升。水泥及预拌混凝土板块在巩固京津冀水泥市场领跑地位的基础上，发挥资源优势、规模优势和资本优势，通过股权并购、资产收购、合作建设等方式，实现了经营规模扩张和产业布局优化，区域市场掌控力增强。新型建材制造业板块深化产业结构调整和资源优化配置，重点发展耐火材料、墙体节能保温、家居装饰、商贸物流等业务门类，大厂现代工业园和窦店科技产业园建设有序推进，管理模式逐步成熟。房地产开发板块加大保障性住房建设力度，适时优化商品住宅和商业地产开发比重，取得良好业绩。地产与物业板块发挥整合优势，地产经营、房产出租、度假休闲、物业管理业务有序推进，运营水平、管理能力和服务质量持续提升，实现了经营规模与经济效益的同步增长。

资源整合重组力度加大。外部拓展有序推进，成功收购左权辽州水泥、焦作岩鑫水泥和河北凤达水泥等项目，全面启动与昊华集团合作的沁阳金隅、宣化金隅电石渣制水泥项目，与兴隆矿业合作的承德金隅项目取得进展。内部重组不断深入，完成34家企业的工商注销和4家企业的股权退出；加大商贸物流、房地产出租及小区物业等业务的重组整合工作力度。全年新增2亿多吨石灰石、1亿多吨砂石料的矿山资源储备，新增土地资源储备规划建筑面积100多万平方米。

科技创新能力持续增强。玻璃棉、岩棉、酚醛防火板等新一代ACF防火建筑外墙保温体系的研究与应用推广，填补了国内A级建筑防火保温体系的市场空白；全年申请专利55项，发明专利23项，主编和参编标准9项；住宅产业化以一体化装饰装修为切入点，完成100余套装修方案。

节能环保工作稳步推进。一是加大节能减排工作力度，对新、改、扩建项目坚持工艺水平高、资源能源消耗量小、污染排放少的标准和要求，主动从末端治理向源头控制、过程监管的转变。二是资源综合利用持续推进，系统内11家单位通过资源综合利用企业认定。三是加快制造业企业向环保型企业的转型发展。

资本运营能力不断提升增强。金隅股份采取首次公开发行A股同时换股吸收合并太行水泥的创新方式，成功回归A股，并摘得2011年H股上市公司回归A股头筹。成功发行20亿元低利率私募债券。

管理运营效率不断提升。初步建立内部控制体系，基本实现系统内企业法律顾问制度全覆盖。在财务管理方面，强化预算管理和投融资项目预算审核，提高资金使用效率。在国有资产管理方面，规范了土地房产出租等业务审批手续，强化了对合资参股企业的股权管理，加强了对应收账款的控降，提高了存货周转率。在人才队伍建设方面，抓各类人才引进，健全人力资源沟通交流机制。开展安全生产标准化和“平安创建”活动，实现了安全和谐发展。

（徐怀军）

【金隅股份A股上市】 3月1日，北京金隅股份回归A股，发行价格为9.00元/股，溢价近30%，实现国有资产的保值增值。A股上市后总股本达到42.8亿股，市值规模跃居全国A股水泥类和房地产类上市公司第二位及市属国有上市公司（非金融类）第一位。金隅股份回归A股荣获上海证交所颁发的“典型并购重组案例奖”。

（沈　赫）

【企业重组】 年内，金隅集团深化内部资源整合重组，共完成38家企业的工商注销和股权退出工作。其中，完成列入市国资委退出计划的北京天坛华洋家具有限公司、北京乐卡建材有限责任公司、北京金隅物流有限公司、北京北陶圣洁贸易有限公司、郑州新科装饰材料有限公司、天津建贸新科装饰材料销售有限公司、太原建贸新科装饰材料有限公司、北京大成荣信餐饮管理有限公司、北京炫食尚餐饮管理有限公司、天津金筑混凝土有限公司共10家劣势企业的工商注销工作（含5家列入市国资委压缩层级计划的企业）；完成列入市国资委管理层级压缩工作计划的沈阳建贸新科建材有限公司、北京西三旗新材料科技孵化器有限责任公司等9家企业的工商注销工作；完成北陶三北能源动力机械有限公司、天津金材混凝土有限公司等15家企业的工商注销工作；完成北京首成物业管理有限公司、北京市房地产交易中心有限公司等4家企业的股权退出工作。

（覃　静）

【建材生产经营】　年内，金隅集团新型建材制造业主营业务收入77亿元，为上年同期的118%，其中国有及控股企业完成43.5亿元，为上年同期的107.4%，合资参股企业33.5亿元，为上年同期的161.6%：国有及控股企业实现利润2.05亿元，为上年同期的107.9%；国有及控股企业经营活动现金流入量全年31.1亿元，为上年同期的123.9%。经济运行质量显著提高，经济指标持续增长。天坛公司、通达耐火公司、建材科研总院、金隅商贸公司等骨干企业继续保持稳定增长，对新型建材板块经济运行起到支撑作用。金隅加气混凝土公司发挥加气整合优势，积极开拓市场，实现产销两旺；金隅涂料公司新生产线，单月产销量屡创历史新高；爱乐屋门窗主要经济指标达到历史最高水平；干混砂浆产销量持续增长，连续5年位居北京市干混砂浆行业产销量第一。金隅商贸公司大宗物资贸易提前超额完成全年经济指标。上海、沈阳、天津等外埠营销平台运作机制、管理模式初步建立。

（罗小兵）

【水泥及预拌混凝土生产】　年内，北京金隅水泥（含熟料）产能达到4000万吨以上，产销量3776万吨，预拌混凝土产能1000万立方米，产销量738万立方米。水泥及预拌混凝土板块实现销售收入145亿元。金隅水泥完成对拉法基兴发、顺发的整合；沁阳金隅电石渣制水泥生产线实现点火生产；宣化金隅电石渣制水泥生产线和左权金隅3500吨/日水泥生产线项目开工建设；邯郸金隅混凝土生产线和新疆和田混凝土生产线投入使用；成功收购焦作岩鑫水泥项目。金隅水泥及预拌混凝土板块在战略布局区域的领先地位和市场控制力巩固提升。持续推进石灰石、砂岩、页岩等矿产资源整合及战略储备工作，强化资源掌控，提升竞争力，实现了战略资源提前储备。通过深化整合管理、强化战略协同合作，石灰石、建筑石料年内新增储量分别超过2亿吨和1亿吨。在各矿山开展了绿色环保矿山示范工程建设，发展循环经济，通过持续发展窑炉余热发电，水泥窑协同处置工业废弃物，污水处理厂污泥、生活垃圾焚烧飞灰等循环经济项目和加快节能降耗技术改造升级，金隅水泥的发展方式更加科学。发挥板块联动优势和整体协调效应，运作跨区域的资源协调与互补，及时调整营销策略。细化内涵式管理，提升内生性增长动力，提高市场竞争力，金隅水泥企业经营质量提升，经济效益较上年实现较大增幅。

（谭福生）

【科技自主创新】　年内，金隅集团科技创新驱动能力增强，科技对集团经济发展的贡献率提高。利用水泥窑协同处置飞灰产业化、水泥窑氮氧化物减排技术的开发及应用、PVC电石渣替代石灰石煅烧水泥产业化集成研发及示范工程等项目，为水泥企业绿色转型提供了技术支撑。开展玻璃棉建筑保温体系、岩棉建筑保温体系、酚醛防火板保温体系等新一代防火建筑外墙保温体系研究，其中玻璃棉建筑保温体系达到A级（不燃）要求，开拓了玻璃棉应用的新领域，已在北京市既有建筑节能改造工程中应用。酚醛板中试和阿尔法高强石膏中试等重点项目，为新型建材板块的发展提供契机。装配式混凝土结构技术规程检验性设计项目通过行业专家的鉴定；一体化装饰装修项目进行了部分样本库的搭建，完成设计方案，并在住宅装修工程中应用；新农村加气混凝土体系研发工作建设了样板间，正在北京农村地区应用推广；集团技术中心通过国家发展改革委复评，综合得分在全国建材行业排名第二。国家重点实验室建设，成功向国家科技部申请了“尾矿制备建筑材料关键技术研究与产业化示范”、“生活垃圾制备可燃气替代水泥窑燃料技术与工程示范”等国家973、863科技支持项目。北京建材科研总院、水泥节能科技公司分别建立了北京市预拌砂浆工程技术研究中心和水泥混凝土节能利废技术北京市重点实验室并通过市科委认定；通达耐火公司的北京市绿色高温新材料工程研究中心也通过市发展改革委批准。建材科研总院、通达耐火公司成功入选中关村“十百千工程”重点培育企业名单。集团共申请专利55项，主编和参编标准9项，获得省部级行业科技奖励10项。建都设计院、水泥节能科技公司、爱乐屋公司通过高新技术企业认定，累计已有10家企业通过高新技术企业认定。

（吴家仁）

【技术改造】 年内，北京金隅水泥及预拌混凝土板块实施技术改造项目共计29项。其中，天津振兴水泥有限公司一线窑尾电除尘改袋收尘项目、张家口金隅水泥有限公司预均化堆场建设项目等13项技改项目完成；北京市琉璃河水泥有限公司利用水泥窑协同处置飞灰和污水深度处理项目、北京水泥厂有限公司示范线两台煤磨改立磨节能项目和示范线生料磨改立磨及窑尾废气处置节能项目等16个技改项目在实施过程中。

（谭福生）

北京一轻控股有限责任公司

【综述】 北京一轻控股有限责任公司（简称一轻控股公司）是集投融资、控股、参股、资本运作、生产经营、科研、进出口贸易、技术咨询服务为一体的具有法人资格的大型国有独资公司。资产总额207.56亿元，所有者权益119.23亿元，直属企事业单位18家，中外合资企业14家。

2011年，一轻控股公司全面推进“7＋1＋3”集团化发展战略和“十二五”规划，大力推进自主创新，调整优化经济结构，调整优化产品结构，大力开展节能降耗，创新营销模式，较好地完成了全年目标任务，实现了“十二五”规划的良好开局。完成现价工业总产值114.67亿元，同比增长17.6％；实现营业收入136.5亿元同比增长11.8％；实现利润24.22亿元，同比增长10.6％。全面完成与市国资委签订的各项经济指标。在岗职工年人均收入增长10％。经济总量连续5年超过百亿元。

（邱景涛　许林）

【改革与发展】 年内，北京首都酒业有限公司和北京一轻日用化学有限公司正式揭牌成立。成立北冰洋食品（北京）有限公司、北京义利食品商业连锁有限公司，2家连锁店正式运营。北京一轻研究院投资设立了《食品工业科技》杂志社，以电光源检测中心为依托，成立了民办非企业单位“北京高效照明技术中心”。红星二锅头酒博物馆和“源升号”博物馆正式开馆运营。与中信、中粮、北交所、中国信达、海航达成了共同出资组建北京国际葡萄酒交易所的意向，北京国际葡萄酒交易所已完成工商注册并取得营业执照，北京龙徽文化发展公司筹建公共保税仓库。北京纸浆纸张交易中心有限公司完成工商注册。北京玻璃交易中心建设正在进行。加强与区县和原料基地的合作，大范围宽领域优化配置资源。与延庆县政府签订了《绿色生态产业战略合作投资意向书》，与首旅集团、延庆县政府共同签署了《休闲旅游酒庄合作项目意向书》。企业上市工作取得新进展，兴大豪公司股份制改造方案获得控股公司批复，资产审计评估工作完成。

（邱景涛　许林）

【结构调整】 年内，加强集团管控，完成系统内3家企业合计持有红星股份公司54％的股权、一轻研究院持有兴大豪公司5％股权划转到控股公司的工作；批准将富莱茵实业公司持有鸿运公司34.81％股权、将富莱茵益轻科技公司持有鸿运公司32.5％股权、持有义利面包公司31.04％股权无偿划转到控股公司。将控股公司持有丽源公司1.63％股权无偿划转到一轻日化公司，将一轻日化公司变更为法人独资公司。将造纸试验厂持有利乐包装公司

5%股权无偿划转到京纸集团。将博美（北京）玻璃公司持有博美（永清）公司10%股权、持有博美华龙公司50%股权无偿划转到玻璃集团。京纸集团按股比向河北京纸大发公司增资，支持其上马防伪纸机生产线。依法合规对鸿运公司发起人股权进行规范，将三级企业持有鸿运公司股权上收到二级企业。

（邱景涛　许林）

【劣势企业退出】 年内，列入北京市国资委2011～2012年压缩管理层级计划的企业有16户，其中10户股权划转或注销完成，正在办理国有产权变更登记。完成列入市国资委退出计划的6户劣势企业的退出。自行组织退出企业13户，其中完成6户。

（邱景涛　许林）

【信息化建设】 年内，完成一轻信息化系统升级工作。完善组织、人力资源系统功能，实现与财务、资产系统的整合运行。集团资金管理系统、企业供应链系统确定了技术方案。推进企业电子商务与网络营销建设，配合“营销年”活动，组织召开了“一轻网络营销研讨会”、“企业销售管理系统建设交流会”。建立协同办公0A及移动办公OA，实现企业办公信息化、无纸化的方案。一轻信息化项目被中国信息协会评为“中国信息化百家优秀成果转化基地”，被市经济信息化委评为“北京市十大信息化应用典范单位”。

（邱景涛　许林）

【科技创新】 年内，开展企业技术中心交流研讨以及“一轻研究院与七大产业集团对接”专题研讨，开展中长期重点研发项目征集和论证，将24个项目纳入“一轻项目库”。开通“科技投入和新产品统计”网上填报系统。京纸集团成立企业技术中心，星海钢琴集团与北京石油化工学院签订合作协议。组织2个项目申请了市经济信息化委专项资金，兴大豪公司申报了国家“技术创新型企业”。博美（永清）公司技改项目3号窑炉改造工程完成并投产；义利面包第二条进口生产线、北冰洋汽水生产线正式投产。红星股份公司全年完成重点课题研究12项；兴大豪公司完成重点研发课题21项；一轻研究院完成调研项目6项，完成科技开发及成果转化项目23项；一轻产品质量检测中心承担的国家863计划“LED健康照明研究”等5个项目取得进展。京纸集团“DPS数字印刷系统”、红星股份公司“白酒灌装线技术改造”项目正在申请市级验收。清华阳光公司“全玻璃真空太阳集热管及热水器”项目获市科技进步二等奖；兴大豪公司“基于可重构技术的高效电脑刺绣机控制系统产业化”项目获市科技进步三等奖，另有3项成果获全国缝制机械行业科技创新奖；红星股份公司“珍品千尊系列白酒工艺技术创新与应用”和久智公司“石英棒生产方法”同获中国轻工业联合会科技进步优秀奖；红星珍品二锅头荣获“北京饮料类十大必购旅游商品”称号；在“第八届北京礼物旅游商品征集大赛”中，红星青花瓷荣获“北京特色书画制品类金奖”；红星酒获得“北京特色都市工业品类优秀奖”，红星二锅头再次荣获“北京影响力十大品牌”称号。组织3项成果申报中国轻工业联合会科技进步奖。全系统共申请专利25项，参加国标、行标起草73个，3项标准获市质监局标准专项补助。兴大豪公司先后荣获“北京市专利示范单位”、“中关村采标先进单位”称号，成为中关村标准创新第一批试点单位。组织红星股份公司申报国家实验室，义利面包公司申报北京市食品安全检测实验室。

（邱景涛　许林）

【产品研发】 年内，完成新产品试制150项，累计新产品投产260项，实现销售收入9亿元，实现利税3.5亿元。红星股份公司全年整合老产品95个，投产上市陈年老酒系列、窖藏系列、红双喜系列等新产品66个。兴大豪公司新产品上市15个。星海钢琴集团开发出新型“NU”系列、“HS”系列海德立式高档钢琴，推出了“唐卡·帝王”卧式琴、“豹纹”立式钢琴等新产品。玻璃集团格雷斯海姆公司开发试制新型化妆品瓶54个，有37个产品赢得客户订单并上线生产。京纸集团开发出防伪商标纸、防伪不干胶原纸、出租车专用发票等新产品。龙徽公司推出了中华牌“青花瓷”和“红花瓷”高级干红，以及龙徽牌“金龙”、“银龙”古法酿造葡萄酒、冰葡萄酒等高附加值产品。一轻日化公司试制新产品19项，投产14项，包括金鱼“84消毒液”、“多功能洗衣液”、“新型领洁净”以及宝贝金水、嘟嘟熊高档系列产品。义利食品公司快速恢复上市了“北冰洋”汽水，相继推出无蔗糖橘汁、橙汁等新产品。

（邱景涛　许林）

【品牌建设】　年内，“龙徽”商标荣获“中国驰名商标”，全系统11个商标再获“北京市著名商标”称号，“星海”被认定为“中华老字号”。至此，一轻拥有“中国驰名商标”5个，“中华老字号”4个。红星股份、龙徽公司、义利面包、五星青岛等4家企业荣获“中国食品工业实施卓越绩效模式先进企业”称号。红星、龙徽、义利、欧珀莱、金鱼等5个品牌获得“北京知名品牌”称号，4家企业获得“北京质量奖入围奖”。金鱼科技公司被推选为“北京品牌企业”，金鱼洗涤剂被推选为“北京品牌产品”。委托北京质量协会完成了“一轻重点品牌营销调研诊断”；组织食品企业参加了第六届中国（北京）餐饮食品博览会。

（邱景涛　许林）

【质量管理】　年内，对系统5家食品企业进行了产品质量安全检查，组织企业学习诚信体系建设先进经验。红星股份、星海钢琴、金鱼科技等3家企业荣获北京质量协会“推进质量活动特别贡献奖”，义利面包公司被北京质量协会授予“卓越绩效型先进企业”称号。推荐造纸一厂、星海钢琴集团申报“全国轻工业优秀质量管理小组”和“质量信得过班组”荣誉称号。

（邱景涛　许林）

【重点项目建设】　年内，京纸集团造纸试验厂科研楼项目进入竣工验收和办证阶段，与大唐高鸿签订了2号楼租赁意向书；造纸一厂厂房项目进入验收阶段；南宫纸张仓储基地项目主体建筑完成。眼镜城二期项目年内封顶。义利食品公司丰台总部基地置换房产已交付并承租。北冰洋厂房扩建项目完成主体结构施工；龙徽红酒会所建成并投入使用。鸿运公司与北京灵思远景公司签订了租赁鸿运大厦的协议。丽源公司二期项目取得规划许可证，正在办理招投标。时代文具公司2.1万平方米商业楼开工建设。完成北京国际葡萄酒交易所总体规划及建筑设计方案的编制和评审。天盛建筑公司承建的造纸试验厂科研楼工程荣获“结构长城杯金奖”、“结构朝阳杯金奖”及“北京市绿色、安全、文明工地”称号，时代文具公司办公楼建设工程、一轻技校装修工程竣工。

（邱景涛　许林）

【节能减排】　年内，肯堡博美公司、利乐包装公司通过了清洁生产审核阶段性验收。日化二厂3台燃煤锅炉改造工程进入实施阶段。完成了《一轻“十二五”工业污染防治规划》的编制和上报，对重点企业“十二五”主要节能减排指标进行了核定及分解。举办了“发展低碳高效产业”、“企业碳战略”主题讲座；开展了环保法规人员培训，围绕“六·五”世界环境日，开展了多种形式的宣传教育。

（邱景涛　许林）

【人才队伍建设】　年内，一轻博士后科研工作站挂牌运行，与清华大学签订了联合培养博士后的协议，2名博士进站工作。制订了《一轻控股公司“十二五”人才发展规划》。开展了市场营销人员培训、班组长培训、车间主任培训、中青年专业技术人员培训，举办了“市场营销”大讲堂、“全员营销与竞争思维”大讲堂。共举办技能人才和专业技术人才培训班11期，累计培训831人次，组织986名专业技术人员参加了继续教育。梳理、遴选直属单位领导班子后备干部77人，平均年龄41岁，本科以上学历76人，其中研究生学历17人；组织了2批20名后备干部进行为期3个月的跨企业挂职锻炼。一批年轻干部走上各级领导岗位。做优秀人才培养资助和项目跟踪工作，2名优秀人才获得市委组织部人才资助。完成总部部室正副职第二轮聘任以及高级主管、主管竞聘上岗工作，16名主管晋升为高级主管，14名干事晋升为主管；招收3名高校应届毕业生，充实到总部相关岗位。一轻高级技术学校对中层管理干部全部实行竞聘上岗，年内被国家教委、人力与社会保障部核定为“国家中等职业教育改革发展示范学校”第一批立项建设学校，与全聚德集团签署了校企合作协议。全年面向系统企业开展各类培训620人次，面向社会开展培训7623人次。

（邱景涛　许林）

【基础管理】　年内，一轻控股公司被评为

"2010～2011 年度全国轻工行业统计工作先进单位"。编制印发《一轻经济发展手册》和《行业信息汇编》。制订《一轻资产管理中心实施方案》、《一轻资本管理中心实施方案》。开展了全系统预算管理工作检查及财务大检查和"小金库"专项治理工作。完成二级企业国有资本收益收缴以及国有资本经营预算项目的编制和上报。完成 6 户企业负责人的离任审计，围绕"小金库"治理、薪酬制度检查等工作，开展多项专项审计。星海钢琴集团被市审计局评为"2008～2010 年度审计工作先进集体"。为企业提供法律咨询，协助北京大豪科技股份有限公司完成了预注名登记工作。设立控股公司董事会办公室，修订完善《一轻控股公司董事会专门委员会建设实施方案》。完成控股公司所属事业单位公务用车配备情况的统计上报。总结绩效考核内容和评价方法。建立了总部绩效考核信息平台，完成《一轻控股公司企业负责人薪酬管理办法》的修订以及年度薪酬考核兑现。启动第二轮修志工作。企业管理创新 3 项成果获北京市企业管理创新成果奖，其中红星股份公司、造纸试验厂获得一等奖，格雷斯海姆公司获得二等奖。

（邱景涛　许林）

【安全生产】 年内，与各单位签订《安全管理目标责任书》，层层落实安全责任。开展安全生产标准化达标工作，对 7 家企业进行复评验收，星海钢琴集团成为一轻首家市级安全生产标准化达标企业，五星青岛、西普耐火通过区县级验收。

（邱景涛　许林）

【效能监察】 年内，全系统效能监察立项 33 项，结项 28 项。为企业挽回和避免经济损失 1267.04 万元，增加经济效益 438.71 万元。提出改进管理建议 29 条。

（邱景涛　许林）

【群众性创新活动】 年内，全系统共提出合理化建议 367 条，开展技术革新项目 57 项，创造经济效益 155 万元，完成急难险重任务 151 项。

（邱景涛　许林）

【首都酒业公司揭牌】 年内，由北京一轻控股有限公司和北京控股集团公司所属京泰实业（集团）有限公司共同投资组建的北京首都酒业有限公司举行揭牌仪式。北京首都酒业有限公司由北京红星股份公司、北京龙徽酿酒公司等知名企业组成，旗下拥有"红星"、"龙徽"、"古钟"、"六曲香"、"中华"、"夜光杯"等著名品牌，产品行销全国各地及几十个国家和地区。

（邱景涛　许林）

【4 家企业获卓越绩效先进企业称号】 年内，中国食品工业协会召开中国食品工业实施卓越绩效模式先进企业表彰大会。北京红星股份有限公司、北京龙徽酿酒有限公司、北京义利面包食品有限公司、北京五星青岛啤酒有限公司荣获"中国食品工业实施卓越绩效模式先进企业"称号。

（邱景涛　许林）

【红星白酒全国市场销量第一】 年内，由中国商业联合会、中华全国商业信息中心主办的"2011，消费引领中国经济发展新时代——2011 年度（第二十届）中国市场商品销售统计结果新闻发布会"在北京召开。根据中华全国商业信息中心对全国 5000 余家大型零售企业 2010 年度商品销售情况所进行的专项统计调查，北京红星股份公司生产的红星牌白酒再次摘下年度全国市场同类产品销售第一的桂冠。同时，连续多年与茅台、五粮液一同获得年度全国市场综合占有率前三的殊荣。

（邱景涛　许林）

【二锅头酒博物馆开馆】 年内，由北京红星股份有限公司投资建设的两大二锅头酒博物馆——北京二锅头酒博物馆和前门源升号博物馆正式开馆。北京二锅头酒博物馆坐落于怀柔区北京红星股份有限公司厂区内，建筑面积 3400 平方米，是北京最大的酒类博物馆，通过丰富翔实的古籍资料、实物资料记录了二锅头酒八百年的发展史。前门源升号博物馆坐落于前门商业区，是在北京二锅头酒之源——"源升号"原址上复建的，是中国第一瓶二锅头酒的诞生地和北京二锅头酒传统酿制技艺的发源地。

（邱景涛　许林）

【11 件商标获北京市著名商标称号】 年内，北京市工商局会同有关部门共同对 2010 年参

加复审和首次申请认定的商标进行了审核，一轻控股公司共有11件商标通过复审，获得2010年度北京市著名商标。它们分别是北京丽源公司的“宝贝”、“奥琪”，资生堂丽源化妆品有限公司的“欧珀莱”，北京金鱼科技股份有限公司的“金鱼”、“熊猫”，北京星海钢琴集团有限公司的“星海”，北京义利食品公司的“义利”，北京红星股份有限公司的“红星”、“古钟”，北京龙徽酿酒有限公司的“夜光杯”，北京双合盛五星啤酒集团公司的“五星”商标。

（邱景涛 许林）

【星海钢琴成为指定用琴】 年内，中央政治局委员、中共北京市委书记刘淇，北京市长郭金龙以及来自北京市各行业代表参加的“践行北京精神发布会”在北京会议中心召开。由星海钢琴集团自行设计、制造的“唐卡·帝王”大型三角钢琴成为发布会文艺演出的指定专用钢琴。黄色基调、蓝色波涛、巨龙腾飞的“唐卡·帝王”三角钢琴与红色舞台及北京风情的背景图案融为一体，彰显出深厚的京城文化底蕴。

（邱景涛 许林）

【红星青花瓷设计获奖】 年内，由文化部、教育部、中国文联、北京市政府共同主办的2011北京国际设计周暨首届北京国际设计3年展年度设计奖颁奖典礼在北京电视台BTV大剧院举行。北京红星股份公司“红星青花瓷包装设计”获2011北京国际设计周年度设计奖——“视觉传达设计奖”。“红星青花瓷包装设计”古朴典雅、清新自然，充分体现了中国传统文化与现代文化创意设计的完美结合，极具观赏和收藏价值。在北京市旅游发展委员会举办的首届“北京礼物”旅游商品展及第八届“北京礼物”旅游商品征集大赛获奖作品颁奖仪式上，北京红星股份有限公司申报的《红星青花瓷珍品二锅头》设计作品荣获大赛金奖，《红星蓝瓶系列》设计作品荣获大赛铜奖。“红星青花瓷珍品二锅头酒”当选“游客心中北京十大必购旅游商品”。

（邱景涛 许林）

【北冰洋汽水重新上市】 年内，北冰洋（北京）饮料食品有限公司举行北冰洋汽水上市销售新闻发布会，宣布北冰洋汽水正式上市销售。北冰洋汽水始建于1936年，是中国饮料的创始品牌之一。新上市的北冰洋汽水添加原产长江上游产红橘的原果汁和果油，具有相应水果特有的色、香、味之外，还有较高的营养成分。北冰洋商标在保留原白熊和冰山的元素上，赋予了北冰洋熊幸福、健康的生动形象。产品包装继续采用环保、怀旧的玻璃瓶，赋予其现代时尚的线条和具有文化关怀的盲文设计。此外，北冰洋设计开发了橙汁汽水和无糖橘汁、无糖橙汁汽水系列产品，发展北冰洋功能型和健康时尚果蔬类饮品。

（邱景涛 许林）

北京隆达轻工控股有限责任公司

【综述】 北京隆达轻工控股有限责任公司（简称隆达公司）是集投融资、控股、参股、资本动作、生产经营、科研、进出口贸易、技术咨询服务为一体的具有法人代表资格的大型国有控股公司。涉足有色新材料制造、印刷包装、物业经营、家电制造、塑料建材与加工、环保设备、皮革制品、文化创意产业等十几个产业。2011年，资产总额46.15亿元，所有者权益16.45亿元，全系统65家企业，职工总数10062人，其中具备中高级职称563人，在岗职工8219人。

2011年，隆达公司超额完成国资委下达的各项考核指标，主营业务盈利能力提高。营业收入完成78亿元，同比降低2.5%；其中主营业务收入完成76亿元，完成预算的101.3%，同比降低2%；利润总额完成1.8亿元，完成预算的56%，同比降低44%。国有及国有控股企业49家，完成营业收入35.4亿元，完成预算的106.2%，同比增长20.5%；完成主营业务收入33.5亿元，完成预算的108%，同比增长21%；利润总额完成1.05亿元，同比增长2%。

2011年，隆达公司经济运行质量提高，净资产收益率由2010年的3.93%提高到5.58%；归属母公司的净资产收益率由2010年的3.39%提高到4%。3项利润同比提高4%，3项利润中，主营业务利润将占68%，其他业务利润占26%，投资收益占6%，利润结构日趋合理。雪花公司股东各方同意对不良资产按股权比例进行核销，解决了3.9亿不良资产核销问题。

2011年，完成8项重点工作：一是进一步明确了一级企业、二级企业和三级企业的职责，即一级企业资产经营、二级企业产业经营、三级企业主业经营。二是加强了集团管控能力。形成集成管控模式，重大决策权延伸、财务管控权集中、人力管理权统筹、风险管理权集成。三是启动了“三特一高”优势企业布局。即特种新材料、特色印刷包装、特色都市服务和高端投资“三特一高”的产业发展思路。四是探索“四高一低”的经济增长方式。即“主业经营高效益”、“物业经营高创意”、“投资收益高收益”、“资产经营高效率”和“成本费用低比例”。五是经营团队建设。先后组建了总经理专业团队、财务专业团队、人力资源专业团队、安全保卫专业团队、风险管理专业团队和创新工作室团队6个专业团队。六是战略合作及科技项目加快推进。提出了“7个增长引擎”的发展战略，即集成管控、战略合作、资源升级、成本管控、风险管理、员工成长、科技创新。启动了企业整体改制、企业结构调整、内部资源整合、技术改造投入等8个项目。七是形成多层次协同能力。组织重组，优势资源向优秀经营团队集中。加强资金协同，资金协同总额达3亿多元，为促进主业增长创造条件。八是风险管理取得初步成效。成立风险管理部，会同资产经营部、财务部和审计部，梳理了420份房屋出租合同，解决了15年前涉及的1200万元的担保诉讼。

（黄文波）

【印刷二厂取得国外政府订单】 1月，北京印刷二厂与中航国际控股有限公司合作，取得了第一个国外政府订单，即乌干达国家总统参政院和当地政府选举选票项目产品。按照合同时间要求，全部货物运抵库房验收完毕。选票印量为1850万张，销售总收入845万元，印制任务历时50天。北京印刷二厂成为首个取得非洲国家政府印刷品项目的厂家。

（印刷二厂）

【印包与北印学院签署战略协议】 5月10日，北京印刷包装集团公司与北京印刷学院正式签订战略合作框架协议。印包公司将为北京印刷学院提供教师挂职、学生实习、人才共建的平台，北京印刷学院将为印包公司组织员工专项短期培训、研究生培养；印包公司将根据产业发展需求提出科研课题，并在学习自主科研成果产业化上提供支持。合作双方决定在北京印刷学院建立设计中心，在北京印刷技术研究所建立创意设计室。

（常　江）

【卷筒纸彩票生产线安装调试】 5月13日，北京隆达轻工控股有限责任公司总投资4217万元，为印刷二厂引进意大利卷筒纸彩票生产线。6月完成设备的安装调试及设备的厂内验收工作。10月送福彩中心彩票样张，中国福利彩票发行管理中心11月23日批复了北京印刷二厂卷筒彩票生产线验收请示报告，正式启动新设备验收程序，彩票技改项目进入产品验收阶段。

（印刷二厂）

【楠辰皮革公司2企业退出】 5月30日，北京楠辰皮革有限公司（简称楠辰公司）所属企业北京长城日用品工业公司及北京市皮革五金厂（简称长城公司），实施股权转让，整体改制退出。通过制定改制方案、员工分流安置方案、资产处置方案，宣传动员，并召开职代会讨论。整个过程依法依规、平稳分流安置员工126人，移交接收离退休人员802人，获得安置费用1000余万元。

（楠辰皮革）

【华盾雪花获高新技术企业称号】 6月，北京华盾雪花塑料集团有限责任公司被认定为高新技术企业，获得北京市科学技术委员会、市财政局、市国税局、市地税局联合颁发的“高新技术企业证书”。华盾公司始终坚持走科技创新的发展道路，不断开展产品自主研发及工艺的优化创新，推出了具有自主知识产权的科技新品。拥有4项技术专利，其中2项为发明专利。建立了一流的检测中心，拥有1项检测方法发明专利，是业内唯一农膜产品主要技术指标自行检测的单位。2001年建立了市级企业技术中心。

（常 江）

【职工创新工作室】 年初，隆达公司成立创新工作室领导小组，下发了《关于推进职工创新工作室的通知》。评出并命名了12个职工创新工作室，涉及特种新材料7个，特色印刷包装3个，特色都市服务业1个，高端产业投资1个。共有211人参加，平均年龄45岁，参与人员既有专业技术人员又有一线职工，其中研究生22名、大学本科108名、专科30名、其他51名；教授级高工4名（其中3名享受国家级政府津贴）、高级工程师21名、高级技师3名、工程师37名、助理工程师48名、技术职工87名、管理人员11名。"五一"前召开了启动大会，隆达公司为12个创新工作室授牌。资助每个创新工作室1万元，作为启动资金。12个创新工作室共立项目28项，结项目27项。其中，有色所"史秀梅创新工作室"研发的高强度铝合金光亮焊丝用于航空航天领域，把"职工创新工作室"的品牌书写于浩瀚太空；印刷二厂"李卫红创新工作室"对彩票画面、奖级、数据分布、玩法设计等的创新，26个方案作为福彩中心备用方案，企业拿到3个订单，生产彩票6800万张；印刷研究所"王子秋创新工作室"结合现代高科技数码印刷，运用珂罗版技术，开创古画复制新工艺；北泡星月公司"刘鸿猛创新工作室"成功开发了车用低密度阻燃泡沫替代了进口产品。有8个创新室的经验与成果分别在《劳动午报》、《首都建设报》进行了报道。

（常 江）

【印刷包装产业】 年内，印刷二厂彩票产品、证书产品和社会产品等3大产品的产值、产量和销售收入实现增长，彩票产品订单大幅提升，全年共计完成26个彩票印制合同，彩票生产量12.3亿张，比上年同期增加5.9亿张，同比提高92.1%，结算销售收入5563余万元。在土地证书产品生产和发行环节上，将服务和质量放在第一位，未接到一次质量和周期方面的问题投诉，完成1000余万册。通过公开竞标取得10个中标项目，新增7种证书产品。宝岛公司产品订单同比上升约12%，新增客户12户，全年增加销售收入500多万元。推进产权结构调整，企业有进有退。通过招商引资，北京包装装潢厂与华辰公司和宁波雪花公司合资合作经营。确定印刷一厂内部资源调整，主辅分离解困的调整方案。完成北京梓行印刷器材公司、佛塑公司股权的转让项目。以技术改造项目推进企业科技创新。印刷二厂投资4217万元引进意大利3站式卷筒纸彩票生产线完成设备安装、调试。宝岛公司启动更新多色机技改项目，得到控股公司的批复。印刷研究所成立"王子秋职工创新工作室"，大力开拓技术创新工作。实施了字画复制与装裱工艺改革，珂罗版制作与微喷工艺改革、数码快速个性化印刷工艺改革3项重大技术攻关。解决了关键色彩还原技术，其微喷复制与原作的色彩基本一致，同时开发了温变色墨在复制产品中的使用技术，提高了字画科技含量。字画复制与装裱业务收入完成280万元，同比增长147%，主营业务利润完成118万元，与2010年同比增长562.9%，营业利润扭亏为盈。

（常 江）

【有色新材料产业】 年内，有色总公司通过对外融资、政府支持、盘活资产、强化管理等手段，加大融资力度，为生产经营活动提供资金支持。全年累计对外融资9000万元，有色总部筹资6400万元，直接用于企业生产发展，同时得到隆达控股公司期票贴现及现金支持8000万元以上。企业加大技改投入，改善设备水平和基础设施条件，提高产品质量和创新能力。金鹰公司对精轧机DP800计算机系统、测厚仪定位系统、AGC厚度控制系统、部分天车、水冷却装置的高压水系统等进行了多项改造；有色所新增500千瓦配电设备；达博公司建立超级净化非金材料研发车间单独管理，引进高端客户键合机和生产管理软件MES，升级新版办公软件OA，开发使用金算盘更多应用模块，健全了信息化管理平台；诺飞公司铝焊料项目在完成直条机的基础上，改造刮削、清洗等设备。在传统产品上，对合金熔化炉，铸机改选等设备进行了较大投入，同时完成了压铸件车间的整体搬迁工程，使生产基地建设得到明显改善；达博长城公司新增一台挤压机和锡膏搅拌机，完成了设备配套；超塑公司购进双头数控车床等关键加工设备，提升了产品质量和生产效率。全年在技改投入、改善基础设施、生产基地搬迁和系统管理升级上投入资金1350万元。有色所增加了银铜28、银铜锌锡、铝硅镁等产品产量，使主营产品利润总额同比提高了30%。达博公司围绕着细丝产品增加0.02以下规格键合金丝产量，使细丝产品销售比例达到了44.6%，产品利润同比增加53%。诺飞公司对铸件和铝合金两大系列产品整合，确立了有色合金及铸件、有色锡铝焊料两大主营产品系列，增加了铝铁和对外加工创收项目，使铝铁项目实现收入3000万元，实现产品利润170万元，对外加工收益40万元，主营产品利润同比提高9%。供销公司主营收入新增2亿多元。有色所申请国家级课题6项，有3项已经通过审批；课题立项9项，新技术新方法5项，完成新产品开发16项，完成专利申报6项。同时完成"北京市电子信息用新型钎焊材料工程技术研究中心"的审批和授牌；完成市国资委"有色金属新材料研发扩产"项目的审批，首次以研究所为第一承担单位竞标成功了国防科工局2011年度民口配套项目，将申报国家"十二五"重大科技专项课题列入重点工作。达博公司推进非金产品的研发，建立超级净化非金材料研发车间，寻求市场切入点，推进非金国家"十二五"重大科技专项课题申报，对承担的"十一五"国家重大科技项目，不断进行自我完善，大力推动技术研发中心的各项工作。围绕科技创新，超塑公司通过外部招聘人才，建立研发中心，与联想集团联合，对笔记本电脑外壳产品进行技术攻关。有色所、达博公司、诺飞公司和超塑公司成立了职工创新工作室，促进企业新产品、新材料的研发。解决了诺飞公司万泉寺农租房问题，争取政府1300多万元的资金支持。化解了有色公司为原北京铝加工厂延庆农行贷款担保责任，减免利息支出89万元。完成了中科镓英公司的股权转让，消除了继续增加亏损的影响。推进了奈特公司破产终结工作。启动了原北京铜厂龙爪树村农租房拆迁安置工作。

（常　江）

【塑料新材料产业】 年内，北京白菊电器有限公司在隆达控股公司"三特一高"的产业布局中，提高经营规模和盈利能力，开展经济技术和服务创新推动产业升级。汽车零部件产业重点开展加强基础管理，调整工艺流程，提高供货质量，降低成本费用。汽车零部件公司开展了以"降低库存优化物流"为目标的经济技术创新立项。通过采取调整装配、注塑工艺，配备标准周转器具，调整生产组织系统、减少中间周转环节、优化物流等措施，使15种组件达到直供标准，实现了减少半成品库存数量和库租面积，降低资金占用量，提高工作效率，节约人工成本的预期目标，在新增加2个新车型的情况下，库存量及消耗指标未增反降，其中材料消耗降低1.32%，能耗同比降低9.7%，原材料、零部件库存减少资金占用152万元，减少人工成本支出14.6万元，产品生产不良率从PPM3200降到2400。聘请北京产经科技咨询有限公司专家进行工作指导，专门成立GTQ革新推进小组，对组装车间生产布局进行了新的规划，对G-BOX焊接组装的工艺流程进行调整改进。LMC车型部分产品实施了机台组装的方案，减少物流周转环节，节省了人工，降低了成本。工人技师张德龙率领的创新小组设计制作的G-BOX覆膜机和84750产品螺丝安装工装投入使用，减轻了职工的劳动强度，提高了工作效率和产品合格率。北京北泡塑料集团公司轻钢公司调整营销机构，将原有的7个项目部合并为2个业务部、一个工程部，增加了《全程动态管理实施细则》，将应收款管理纳入业务流程的环节中。轻钢公司摸索对北京奔驰汽车、北京机电研究院等大客户的技术服务模式，安排有经验的人员进行设计和服务增加了客户对公司的信任度。轻钢公司共计承揽合同总额3亿元，签订合同数为907个，其中百万元以上的大合同数为33个。星月公司面对老客户的新需求，开发出20千克/立方米汽车装饰用阻燃软质聚氨酯泡沫塑料，达到美国ca117标准，并生产销售该产品80吨，占全年汽车产品总量的10%，弥补了因汽车限购政策带来的影响，使全年汽车产品的产销量与去年持平。保持特种泡沫（军工产品）的质量和供应量，使仅占全年主营业务收入12%的特种泡沫实现销售收入415万元。北京华盾雪花塑料集团有限责任公司推行链式管理法，调整组织结构，实施组织转型。以产品为单位组建了产销结合的产品事业部，压缩管理层级，中层以上干部减少了30%，用工总数减少130人。全年各产品销售总量比同期减少1100多吨，经济效益实现350万元，比上年同期提高了75 %。

（常 江）

【陈彪创新工作室攻克科技项目】 年内，北京隆达控股公司达博公司陈彪创新工作室研发的“半导体器件键合金丝”攻克了国家科技重大项目“02专项”，替代了进口产品。在金价节节攀升的情况下，陈彪创新工作室经过研究、论证，确定用比金价低很多的铜和银替代金，制造键合铜丝、键合银丝，创下了1万米不断丝的纪录。

（常 江）

【工资集体协商】 年内，隆达公司全系统有53家企业建立了工资集体协商机制，建制率88.33%，其中有23家企业签订了工资集体协商专项合同。有色公司在工资集体协商实现全覆盖的基础上，成立了工资集体协商监督检查小组。印包利丰雅高公司、富文新特公司签订工资集体协商协议书，海信（北京）公司签订了区域工资集体协商专项集体合同。白菊公司续签的《集体合同》中加入了工资专项集体合同的内容，制定了企业最低工资标准高于北京市最低工资10%的标准，每年工资上调标准下限不低于物价上涨指数、上限不高于15%，实现了职工工资与企业效益同步增长。

（常 江）

【为职工办实事】 年内，隆达公司在系统内开展职工收入调查，对全部220名困难职工档案重新核查录入。两节期间，全系统筹集送温暖基金100.27万元，其中工会筹措41.48万元，行政拨款41.07万元，通过全轻、市总争取到补助款11万元，社会募捐2.65万元，其他筹措4.07万元。走访慰问困难企业7家，全系统各级领导走访慰问困难职工519户，其中困难农民工14户，困难劳模、先进64户，慰问节日期间坚守工作岗位的职工384人次，为每户困难职工送去1000元慰问金。“三八”妇女节慰问了单亲女职工。盛夏时节，深入企业慰问在高温车间工作和重体力劳动的一线职工，检查了企业安全生产和职工的劳动保护工作。“金秋助学”，为困难职工考入大学的子女提供补助。制定劳模体检方案，分批组织71名在职和离退休劳模进行了健康体检。组织在职劳模培训，进行外出疗休养。职工互助保险为职工增添保障。有22家单位的2334名职工参加了住院津贴保障计划。全系统参加住院医疗、女职工特殊疾病、重大疾病、意外伤害、住院津贴五类保障计划共16696人次，为职工进行复合式投保。为282人次办理了37.94万元的理赔，其中乾沣公司韩容芝获得了女工特病保险赔付25820元、重大疾病保险赔付金7200元，共计33020元，有色综服公司马占军获得住院保险赔付6000元、重大疾病保险赔付7060元，共计13060元。

（常 江）

【隆达公司集成型总部启动】 年内，隆达公司按照《北京隆达轻工控股有限责任公司集成型总部构建方案》将原财务审计部分设为财务部、审计部，增设新材料产业部、印刷产业部、物业产业部和集体资产管理部。隆达公司行政部室共15个，董事会和党群管理机构设置仍为6个部室。

（常 江）

北京纺织控股有限责任公司

【综述】 2011年，北京纺织控股有限责任公司（简称纺织控股公司）把握转变发展方式主线，建设适合首都经济特点的纺织发展格局，提前全面完成国资委、市经济信息化委下达的各项经济考核指标，超额完成市经济信息化委提出的保增长目标，经济运行指标全面实现好于上年的目标。上缴国有资本收益4311.11万元，位居国资委系统排名第十位。

主营业务收入完成75亿元，实现利润3.7亿元，利润总额3.7亿元，分别比规划目标增长7.1％、1.4％和15.6％。在2011年北京市辖区纺织服装企业出口创汇前100家（按海关统计）排名中，纺织控股公司12家企业位列其中。在2011年中国企业500强和中国制造企业500强中，纺织控股公司榜上有名。

经济运行质量不断提高，国有资产管理进一步加强。通过加强对重点企业的监控，推进骨干企业的重点工作和措施；与六大集团和重点企业签订《“十二五”发展规划目标考核责任书》，明确责任、措施、考核；全面梳理，新增、修订管理制度，完善“以资产管理为重点，以财务管理为核心”的制度体系建设。继2010年发行第一期4亿元短期融资债券后，2011年又完成第二期5亿元的短期融资债券的发行工作；发展高端都市服务业，打造文化创意、新兴媒体、现代物流等新兴产业。京棉莱锦文化创意产业园形成品牌效应。2011年，纺织控股公司完成或实施重大投资项目10项，其中服装纺织主业投资7项，现代服务业投资3项。并提前3个月完成国资委考核的年度4户企业退出计划。

重大项目落实基本到位，自主创新推进品牌建设。制定纺织控股公司“十二五”品牌发展战略规划，明确16个重大科技创新项目，并与六大集团签订项目实施责任书。已启动的14项重大技术创新项目，累计完成投资26067.64万元，累计实现新增销售收入40897.98万元，新增利税4708.65万元。2011年，纺织控股公司主要生产企业新产品实现销售收入84306.06万元，占产品销售收入的28.94％。科技支出12553.12万元，占产品销售收入的4.31％。企业申请专利21项，其中发明专利9项；获得授权21项，其中发明专利12项。“铜牛”、“雪莲”、“雷蒙”、“天坛”、“绿典”、“佳泰”、绿典“棉桃图形”、“JINGGUAN”等8个商标荣获北京市著名商标。“铜牛”、“天坛”、“雷蒙”、“伊里兰”、“喜润丝”、“埃姆”6个品牌集体参展第19届中国国际服装服饰博览会，展出规模创历史新高。北京铜牛集团有限公司的“绿色环保汉麻针织产品的研究与开发”项目荣获北京市科技进步三等奖。由北京铜牛股份有限公司等单位共同实施的“还原态多功能纱罗织物研究”项目，荣获2011年度中国纺织工业协会科技三等奖，“多功能汉麻针织面料研究与推广”荣获中国纺织工业协会针织内衣创新贡献奖。由北京清河三羊毛纺集团设计的面料产品“晶”JAK88003-1荣获2011年“维尔佳”新产品评比一等奖。北京京冠毛巾有限责任公司推出的“毛巾系列”获2011年第二届“八达岭杯”长城专题旅游纪念品设计大赛产品类二等奖。北京市京工红旗厂有限公司成功中标第26届深圳大运会赛事礼宾旗帜采购项目。方恒置业连续第二年荣获“2011年中国房地产企业品牌价值标杆”称号，品牌价值26.58亿元。

（张建国）

【绩效评价】 8月26日，控股公司召开企业绩效评价和风险分析专题会。通报了2010年度控股公司整体综合绩效评价结果，即得分87.32，综合绩效状况在全国纺织行业中处于优秀水平，比上年良好水平提高一档。单户企业优良率占评价户数的48.4％，比上年提高3.7个百分点。

（纺 织）

【京棉莱锦文化创意产业园开园】 9月18日，京棉莱锦文化创意产业园开园仪式隆重举行。产业园吸引入驻机构125家，从业人员近万人。产业园既保护了老工业遗址，又成为北京纺织发展现代都市服务业的亮点。

（纺 织）

【MBA内训班与人才培训】 9月23日，纺织控股公司与清华大学职业经理人训练中心合作，共同举办涉及8个方面培训内容的经营管理者MBA内训班。51名控股公司本部和各二级企业推荐的领导班子成员、后备干部及优秀中青年管理人员参加为期8个月共计16天的集中学习。全年纺织控股公司投入100万元设立专项培训基金，并争取北京市人才基金，选送3名优秀青年干部参加清华大学举办的卓越领导高级研修班，安排12人次参加市委组织部和市国资委举办的局级领导和后备领导人员培训班，推荐8人参加全市国有企业高级企业文化师培训班，培养了一批高层次、高水平的经营管理人才。

（梁 斌）

【高级工职业资格鉴定】 9～10月，纺织控股公司开展细纱挡车工、染色工高级工培训鉴定工作，首次突破北京纺织行业2个工种高级工的零纪录。共有41名学员参加培训，取得高级工职业资格证书。

（刘富禄）

【企业改革改制】 年内，北京纺织控股公司共计实施企业调整重组33户，其中投资新设5户；股权重组12户（股权转让2户、股权收购3户、增资扩股4户、股权划转2户、因母体注销提升层级1户）；劣势企业退出16户（注销9户、转让7户），其中列入市国资委2011年退出计划企业4户（注销3户、转让1户）。通过调整重组，吸引社会资本7770万元（其中法人资本6720万元、自然人资本1050万元），收回国有权益1921.67万元。完成列入市国资委2011年四级及以下压缩目标11户企业。

（杨舒　王强）

【企业增资转让】 年内，方恒股份公司投资设立承德方恒新城投资开发有限公司，注册资本10000万元，其中方恒股份公司持有51%股权。毛纺集团公司投资设立北京地天泰针织绒线有限公司，注册资本3000万元，其中毛纺集团公司持有70%的股权，北京溥利毛纺进出口公司持有30%的股权。五洲集团公司投资设立河北燕阳特种装备有限公司，注册资本2000万元，其中五洲集团公司持有51%股权，北京五洲燕阳特种纺织品有限公司持有30%股权。雪莲集团公司投资设立新疆雪羚生物科技有限责任公司，注册资本1000万元，其中雪莲集团公司持有51%股权。北京天彩纺织服装有限公司投资设立南京天鑫和信文化传播有限公司，注册资本500万元，其中北京天彩纺织服装有限公司持有60%的股权。北京铜牛信息科技股份有限公司完成增资，增资后总股本2000万股，其中铜牛集团公司持有1200万股。雪莲集团公司对内蒙古金三环羊绒有限公司增加投资，注册资本由2800万元增至5800万元，其中雪莲集团公司增资1800万元，持股比例仍为60%。京棉集团公司对中纺联合进出口股份有限公司增资，增资后持有股权比例为7.61%。毛纺集团公司对全资企业北京清河三羊商贸有限公司增加投资250万元，注册资本由50万元增至300万元。雪莲集团公司收购北京金三环纺织进出口有限责任公司持有的雪润（北京）羊绒制品有限责任公司全部股权，五洲集团公司收购北京五洲飞天商贸有限公司其他股东30%的股权；北京中纺海天染织技术有限公司受让中纤创业投资有限公司所持沈阳中恒新材料有限公司1.6%的股权。

（杨舒　王强）

【技术改造】 年内，北京铜牛集团公司所属北京京兰非织造布有限公司实施短纤热风产业用非织造布设备技术改造项目，总投资610万元。

（王　强）

【自主创新与科研】 年内，纺织控股公司主要生产企业新产品实现销售收入84306.06万元，占产品销售收入的28.94%。科技支出12553.12万元，占产品销售收入的4.31%。企业申请专利21项，其中发明专利9项；获得授权21项，其中发明专利12项。北京大华天坛服装有限公司被北京市知识产权局认定为北京市专利试点培养单位。

（付清云）

【重点项目成果】 年内，北京铜牛集团有限公司的“绿色环保汉麻针织产品的研究与开发”项目荣获北京市科技进步三等奖。由燕山大学、苏州圣龙丝织绣品有限公司、北京铜牛股份有限公司等单位共同实施的“还原态多功能纱罗织物研究”项目，荣获2011年度中国纺织工业协会科技三等奖，北京铜牛集团有限公司的“多功能汉麻针织面料研究与推广”荣获中国纺织工业协会针织内衣创新贡献奖。北京清河三羊毛纺织集团作品“灵”、“典雅”获得“2012春夏中国流行面料”入围奖称号。作品“晶”荣获2011中国国际面料设计大赛面料设计分赛入围奖。产品晶JAK88003-1荣获2011年“维尔佳”新产品评比一等奖。北京京冠毛巾有限责任公司参赛作品“毛巾系列”在2011年第二届“八达岭杯”长城专题旅游纪念品设计大赛中荣获产品类二等奖。

（付清云）

【品牌建设】 年内，纺织控股公司制订“十二五”品牌发展战略规划。开展对“铜牛”、

“雷蒙”、“天坛”、“绿典”4个服装品牌运营状况的调研。“铜牛”、“雪莲”、“雷蒙”、“天坛”连续被认定为北京市著名商标，有效期自认定之日起3年。至此，纺织控股公司“铜牛”、“雪莲”、“雷蒙”、“天坛”、“绿典”、“佳泰”、绿典“棉桃图形”、“JINGGUAN”共8个商标被认定为北京市著名商标。“铜牛”、“天坛”、“雷蒙”、“伊里兰”、“喜润丝”、“埃姆”6个品牌集体参展第19届中国国际服装服饰博览会，这是纺织控股公司第三次组织的统一参展活动。展出面积为285平方米，展出规模创历史新高。展出产品在设计中体现出时尚、环保、舒适、高雅等新的元素和理念。在产品风格上，凸显了品牌的价值。由中国流行色协会、中国财贸轻纺烟草工会、北京服装纺织行业协会主办，北京纺织科学研究所文化创意中心承办的第二届“炫彩中国·数码原创设计大赛”正式启动。以数码服饰主题设计、数码旅游礼品主题设计和原创概念软雕作品设计等3个系列为征集内容，期间共收到来自东华大学、四川美术学院等全国各高校学生及社会各界设计师近600幅作品。由团市委、市人力社保局、市国资委、市总工会主办，控股公司团委联合北京服装纺织行业协会、北京服装学院共同承办的北京市“百万青工 岗位建功”行动——“铜牛杯”北京市共青团服装设计大赛正式启动。北京光华时代纺织进出口公司周亚君设计的作品《青春之歌》获得金奖；北京铜牛集团有限公司销售分公司宋子玉设计的《活力青春》、北京大华天坛服装公司马沛莹设计的《品质人生》获得银奖；北京纺织科学研究所赵哲设计的《魅力先锋》获得铜奖。北京市教委、北京服装纺织行业协会主办了北京市第四届学生装展评会暨首届“铜牛杯”“用科技呵护未来——新功能学生体育装”设计邀请赛。铜牛股份有限公司获得了北京市学生统一着装管理服务中心、北京服装纺织行业协会共同颁发的“北京市学生体育装面料研发生产基地”牌匾。以“七彩涅槃”为主题的“铜牛2012春夏发布会”召开，推出了2012春夏产品市场推广方案、2012春夏产品发布会、2012春夏季产品订货会等系列活动。

（刘晓楠）

【产品销售】 年内，北京纺织控股公司规模企业产品销售收入完成294021.4万元，同比增加38536万元，增长15.1%。其中，铜牛集团完成88015.7万元，同比增长16.6%；雪莲集团完成69462.2万元，同比增长17.6%；光华集团完成88746.4万元，同比增长7.1%；京棉集团完成16984.5万元，同比增长33.5%；京工集团完成5619.4万元，同比下降1.7%；毛纺集团完成11733.7万元，同比增长81.6%；大华天坛公司完成11906.3万元，同比增长17.4%。销售收入超亿元的企业有10户，其中北京铜牛服装有限公司完成37998万元，同比增长9.3%，北京雪莲羊绒股份公司完成23743.3万元，同比增长8.5%，北京中纺海天染织技术公司完成23150.1万元，同比下降9.9%，北京铜牛股份公司完成22073.5万元，同比增长0.1%，雪润（北京）羊绒制品公司完成19721.6万元，同比增长29.8%，北京五洲佳泰新型涂层材料公司完成17356.4万元，同比增长19%，北京京冠毛巾公司完成15387.2万元，同比增长12.3%，北京天彩纺织服装公司完成15025.8万元，同比增长29.3%，北京埃姆毛纺公司完成12922.1万元，同比增长25.1%，北京大华天坛公司完成11906.3万元，同比增长17.4%。按照产业类别划分，纺织服装产业完成收入260633.5万元，同比增加41918万元，同比增长19.2%。其中，服装业完成收入155673.9万元，同比增加22559万元，增长16.9%，所占比重为59.73%，同比下降1.13个百分点；面料业完成收入51793.3万元，同比增加13607万元，增长35.6%，所占比重为19.87%，同比增加2.41个百分点；装饰及产业用纺织业完成收入53166.3万元，同比增加5752万元，增长12.1%，所占比重为20.4%，同比下降1.28个百分点。纱总计销售2445.1吨，同比下降21.4%；布总计销售358万米，同比下降31.4%；精纺毛织品总计销售212.5万米，同比增长35.9%；服装总计销售2086.6万件，同比下降3.5%，其中梭织服装销售1109万件，同比增长27.8%，针织服装销售951.9万件，同比下降24.7%；羽绒服装销售9.5

万件，同比下降12%。

（武小京）

【出口创汇】 年内，北京纺织控股公司系统17户进出口公司、企业出口创汇（按企业报关统计）29175.5万美元，同比增加412万美元，增长1.4%。其中，进出口公司创汇23574万美元，同比减少718万美元，下降3%；进出口企业创汇5601.5万美元，同比增加1130万美元，增长25.3%。在2011年出口创汇中，8户进出口公司中，5户同比增长，其中北京市金三环纺织进出口公司完成1915万美元，同比增长4.9%；北京光华时代纺织进出口公司完成3328万美元，同比增长28.8%；北京京棉进出口公司完成1010.6万美元，同比增长15.3%；北京市顺发进出口公司完成2042万美元，同比增长8.5%；北京市溥利进出口公司完成225万美元，同比增长33.1%。9户进出口企业中有7户同比增长，其中北京埃姆毛纺公司完成819.9万美元，同比增长1.6%；北京金商梦公司完成776万美元，同比增长18.1%；北京衬衫厂完成14.9万美元，同比增长73.3%；雪润（北京）羊绒制品公司完成251万美元，同比为净增长；北京京冠毛巾公司完成2091.7万美元，同比增长17.4%；北京京澳毛纺公司完成803.5万美元，同比增长112%；北京大华天坛服装公司完成351万美元，同比增长64.8%。在2011年北京市辖区纺织服装企业出口创汇前100家（按海关统计）排名中，纺织控股公司系统企业进入12家，其中北京市铜牛进出口公司名列第三，北京市京工服装进出口公司名列第十，北京光华时代纺织进出口公司名列第十二，北京市顺发进出口公司名列第十八，北京京冠毛巾有限公司名列第二十，北京市纺织品进出口公司名列第二十四，北京金三环纺织进出口公司名列第三十，北京市京棉进出口公司名列第五十九，北京京澳毛纺公司名列第六十九，北京埃姆毛纺公司名列第七十三，北京金商梦服饰公司名列第八十，北京佐田雷蒙服装公司名列第八十二。

（武小京）

【节能环保】 年内，完成《北京纺织控股有限责任公司“十二五”工业污染防治规划》编制工作。全年完成节能新技术推广项目2项，即北京清河三羊毛纺集团LED高效节能灯项目和北京铜牛股份有限公司MNIP变声速自增压节能换热器项目。经对比测试，新灯具照度可提高90%，节电效果达到69%，每年可为企业节约电费约18.5万元。MNIP变声速自增压节能换热器代替了老式的管壳式的换热装置，换热效率接近100%，具备增压功能，可减少或不使用循环泵。经第三方检测，蒸汽消耗量减少了31.58%，电耗减少了60.54%。全厂冬季采暖节约蒸汽约2000吨，折合综合能耗约383吨标煤。

（王永茂）

【实施污染扰民搬迁】 年内，北京马坊工业区毛纺工业园内4家企业污染扰民搬迁项目取得竣工备案手续，分别是北京清河毛纺织集团有限公司两大生产车间、北京科兴源热电有限公司、中美联合（北京）制呢有限公司。北京铜牛集团所属制线厂取得污染扰民搬迁立项代可研批复，共计返还出让金3264.34万元；北京光华五洲集团取得污染扰民搬迁立项代可研批复，项目环评批复；北京第三印染厂完成污染扰民搬迁可行性研究报告编制，项目节能手续、环保手续，取得立项代可研批复，共计返还出让金4144.88万元。

（王永茂）

【效能监察】 年内，纺织控股公司效能监察立项36项，完成36项，达到完成率100%。其中，一级立项12项，二级立项24项。为企业避免经济损失1309.17万元，挽回经济损失14.81万元，增效1790.75万元；提出改进管理建议143条，被采纳117条；建立和完善规章制度62项。举办效能监察工作培训班18期，培训人员318人次。评比效能监察优秀项目一等奖1名、二等奖2名、三等奖3名，优秀奖7名。

（张肖雯）

北京工美集团有限责任公司

【综述】 北京工美集团有限责任公司（简称工美集团）是融商业经营、进出口贸易、科研开发、教育及工艺美术品生产等为一体的多元化综合性集团公司，是北京工艺美术行业的龙头企业。公司股东有北京工美集团集体资产管理协会，出资比例为77.3%；北京市国通资产管理有限公司，出资比例为16.88%；北京首都旅游集团有限责任公司，出资比例为5.82%。公司拥有王府井工美大厦、技术中心、白孔雀艺术世界、金孔雀艺术世界、工艺美术博物馆、首饰质量监督检验站、工艺美术高级技工学校等分支机构。

年内，工美集团在册职工1252人，拥有工商企业20家，其中合资企业7家。具备自营进出口权、黄金批发零售权、珠宝首饰实验室、市级技术研发中心及大师工作室等特殊资质。注册资本4.66亿元。经营性房产总占地面积5.3万平方米，总建筑面积16万平方米。经营范围主要包括：抽纱、地毯、首饰、特种工艺、金属工艺、环境艺术、技术咨询、黄金批发零售、房地产开发、物业管理等。经营品种包括玉器、象牙、景泰蓝、雕漆为主的传统工艺美术品及黄金、珠宝首饰、现代工艺礼品、家居装饰品等70余个大类，上万个品种。

年内，北京工美集团超额完成各项经济指标和任务。年末，公司总资产139330.93万元，净资产7334.89万元，全年实现营业收入216696.1万元，实现利润4004.9万元，完成年度计划的160%。

（苏靖晨）

【工美艺城网开通】 7月26日，由北京工美集团有限责任公司投资运营的“工美艺城网”正式开通。工美艺城网汇集国内外工艺美术品及相关文化产品，以中高档工艺美术市场为开拓目标，融合了电子商务手段与创新元素，商品涉及9大类、80余小类、近万件商品。10月3日，王府井工美大厦工艺品商场日销售额突破千万大关，实现销售收入1062万元。工美集团围绕“高档工艺精品、国务政务礼品、旅游纪念品”这3条主线，打造了包括重磅珊瑚玉雕《九龙浴佛》、工美玉器和企业礼品定制等一揽子系列产品，其中《九龙浴佛》荣获了中国玉石器百花奖特等奖，《白玉链子瓶》获得金奖。

（苏靖晨）

【强强联手拓展业务领域】 9月29日，北京工美集团与中国工艺（集团）公司和中联国际文化发展有限公司就合作组建中国工艺艺术品交易所有限公司签订合作框架协议。作为工美集团丰富经营业态，加强与央企合作，活跃北京乃至全国的艺术品交易市场的重要举措，此举在创造更多商业机遇的同时使艺术品体现出真正的收藏价值。

（苏靖晨）

【重点工程建设项目】 年内，CBD工美大厦项目正式启动，该项目总建筑面积3万余平方米，是继王府井工美大厦之后，工美集团打造的又一经营工艺美术与文化创意产业的综合性商业城。黄金珠宝城项目筹备组自正式进驻商场，各项筹备工作快速推进完成开业前的准备工作。工美艺苑项目与北京市重大项目建设指挥部、快轨公司等方面就补偿面积、单价以及工作进度进行协商，最终得到了合理的占地补偿，并且争取到了发展改革委对博物馆投资补助资金。垡头文化创意园项目在原有设备设施薄弱、周边市政设施不完善的条件下，积极与当地管委会和周边企业联系摸底，依法依规、安全施工，完成了北楼的借电借暖、消防水池、室外管线等改造工程，完善了北楼入住的基本功能与配套条件。同时为了立足出租，创收创利，还对园区的整体环境进行了综合治理与改造，对老旧设施进行了更新，使园区从运行质量到外部整体形象有了明显提升。

（苏靖晨）

【人员招聘与企业培训】 年内，集团公司加大了人员招聘及干部员工的培训力度，先后引进人员90余名，均为文化层次较高、专业技能较强、工作经验丰富且年龄偏低的人员。党校、人力资源部等部门筹办内部培训，丰富培训内容，全年参加培训人数累计达1200余人次。

（苏靖晨）

【完善制度】 年内，为建立科学、合理、有效的绩效考核体系，充分调动企业经营管理者的积极性和创造性，提高自主经营的能力，集团公司对原有考核办法进行了相应调整，扩大考核范围，量化考核指标与工作事项，使考核更具有可操作性，形成了较强的激励约束机制，为进一步开展绩效考核工作奠定了基础。

（苏靖晨）

【企业文化】 年内，工美集团隆重举行“工美情”基金成立10周年纪念活动。10年来，“工美情”基金共计捐款487万元，帮扶职工1.8万人次，为解决困难职工的后顾之忧，打造“快乐工作，幸福生活”的工美企业文化发挥了积极的作用。

（苏靖晨）

华润医药集团有限公司

【综述】 华润医药集团有限公司（简称华润医药）是华润集团根据国务院国资委“打造央企医药平台”的要求，在重组华源集团、三九集团的基础上成立的大型药品研发、制造和分销企业，是华润集团的七大战略业务单元之一。华润医药所属企业在北京、上海、深圳、四川、山东等地拥有现代化的研发中心、生产基地和分销中心，在天然药物与中成药、化学药、生物药、营养保健品、药品流通等领域为患者提供优质产品和服务，其中心血管用药、大输液、生殖健康用药、天然药物与中药、药品分销领域居于国内领先地位。

2011年，华润医药实现销售额564亿元，同比增长55.6%，其中化学药销售额48亿元，同比增长11.6%；天然药物与中药销售额63亿元，同比增长23.5%；药品流通销售额422亿元，同比增长89.2%。实现经营利润37亿元，同比增长43.6%。工业板块实现稳定增长，2011年销售额超过亿元的产品有24个，其中有6个超过5亿元。

2011年，华润医药以品牌中药、品牌化学普药、品牌保健品和医药分销为核心业务，通过并购重组、业务整合、市场拓展、管理提升及价值链协同，充分利用资本市场，迅速提升了企业价值，打造了央企医药产业平台，成为具有竞争力和领导地位的中国医药企业。10月，华润医药完成了与北京医药集团有限责任公司的股份交割和整合重组，北药集团成为华润医药全资下属公司。整合后的华润医药召开了新一届董事会，正式确定了管理团队和总部组织架构，搭建总部矩阵式智能管理系统，设7个职能线、30条专业线，随即展开了定岗定编、人员匹配工作，完善了总部管理职能体系。为加强集团内研发业务管理，总部设立了创新孵化事业部，作为集团的研发管理和技术孵化中心，完成了细化定位、运行模式和工作流程等工作，并申请了国家“十二五专项”项目。华润与北京大兴区政府签署《投资合作框架协议》，征地41.73万平方米，计划投资70亿元建设北京大兴生物医药产业园，为加快项目进程，总部还设立了北京产业园事业部。

2011年，华润医药及下属企业还开展了一系列的投资兼并、业务整合业务。华润医药与漳州片仔癀药业股份有限公司签订了《合资意向协议》，拟共同投资10亿元，在漳州建设医药工业园。下属企业华润医药商业集团投资20亿元，并购了北京、江苏、河北等10个省市的12家药品流通企业，同时完成了对华润医药系统内的新西北双鹤、昆山双鹤、湖北金马、衢州医药4家企业的整合工作。此外，双鹤药业收购了长富金山股权，丰富了输液产品线；华润三九收购北药集团天然药事业部，进一步增强了中药平台的综合实力。

（曹秀琴　张建春）

【“降压0号”获市贡献奖】 1月23日，北京市科委、北京市经济信息化委、中关村管委会、北京市投促局联合召开“北京生物医药产业跨越发展工程（G20工程）2010年度总结会”。华润双鹤药业重点产品降压药0号获得

“2010年度最具贡献度大品种”奖。双鹤药业2010年加速玻璃瓶输液向塑瓶、软袋输液的升级进程，自主研发的817软袋输液通过GMP认证，有效补充输液包装品种。降压0号全年实现销售9.2亿片。

（曹秀琴）

【第二个ANDA产品美国获批】 4月15日，赛科药业美国分公司SECAN PHARMA-CHEUTICALS. INC. 第一个ANDA（仿制药产品）苯磺酸氨氯地平片（商用名“压氏达”）获得美国FDA正式批准，取得上市销售许可。这是美国FDA批准的第二个由中国医药企业申报的ANDA产品。

（曹秀琴）

【华润三九与中国中医科学院合作】 5月6日，华润三九医药股份有限公司与中国中医科学院在北京签署了合作意向书，双方就共建产业化生产基地和共同合作兴建医疗机构达成合作意向。一是双方共建华润三九北京产业化生产基地。由华润三九整合北京华神制药有限公司和中国中医科学院实验药厂，在北京新设公司，华润三九拟出资1.5亿元以上，持有新公司55%股权，中医科学院持有45%股权。华润三九出资主要用于在大兴工业园区兴建产业化生产基地；在研发规划方面，中医科学院未来的研发成果，在同等条件下新设公司有优先合作权。新设公司将在做大做强现有品种的同时，制定长期品种发展规划，促进中医科学院共同组建产学研联盟，其下属企业将成为该联盟研发成果的产业化平台，新设公司也将从中受益。二是双方还将共同合作兴建医疗机构。鉴于中医科学院拥有6家附属医院，拥有一批经验丰富的医生专家队伍，在肿瘤、心脑血管、消化、儿科、妇科等多个领域拥有独特优势，中医科学院与华润三九达成共识，充分利用现有资源优势，进行详细论证，深入研究探讨共同合作兴建医疗机构事宜。

（曹秀琴）

【“天坛模式”医药物流服务】 6月，国家商务部召开“医药物流服务延伸示范工程现场会”，向全国推广华润医药商业集团股份有限公司物流延伸服务经验。华润医药商业流通“天坛模式”以信息连接为通路，将现代医药物流信息化系统、自动化技术和管理服务延伸到医院药库、药房和病区，为医院药库提供专业化、个性化的信息管理解决方案，开发符合GSP管理要求的医院药库物流管理体系（H—WMS），使医院药库药品出入库等操作流程化和信息化，可以实时监控药品物流状态，实现药品批号效期的全程监控，使医院、企业和病患者3方受益。

（曹秀琴）

【赛科药业开展新疆义诊活动】 8月19日，北京赛科药业与北京心血管领域医疗专家赴新疆维吾尔自治区第一济困医院，面对牧民及百姓开展“扬赛科风帆、筑边疆健康”的大型义诊活动。参加义诊的15位医疗专家分别来自北京阜外医院、协和医院、宣武医院、北京医院、安贞医院等单位。医院还配备维吾尔族翻译来帮助医患之间沟通。

（曹秀琴）

【获全国质量工作先进单位称号】 9月20日，国家质量监督检验检疫总局主办的“2009～2010年度全国质量工作先进单位和先进个人表彰大会”在北京人民大会堂举行。北京紫竹药业有限公司荣获“全国质量工作先进单位”称号。北京紫竹药业有限公司是集生产、经营、科研开发为一体的综合性国有大型医药骨干企业，具有30多年计划生育用药的研制开发经验。有完善的质量保证体系，实现全方位质量监控。通过ERP全流程信息管理，将GMP、ISO9001、ISO14001等专业流程融入了企业的日常工作流程。实现FDA、EU国际标准对接，取得原料左炔诺孕酮的欧盟CEP证书。引入先进质量管理工具，推行符合国际CGMP标准要求的二级质量管理体系。

（曹秀琴）

【赛科药业通过欧盟GMP认证复检】 10月27日～11月2日，赛科药业制剂生产基地接受欧盟2位检察官的欧盟GMP认证复检。宣布北京赛科药业马来酸氨氯地平CD片剂5毫克/10毫克符合欧盟GMP原则和指导方针以及药品注册批准，并当场签字。作为中国医药企业的国际化先导企业，赛科药业于2008年首次通过欧盟GMP认证。

（曹秀琴）

【“赛科”荣获中国驰名商标】 11月29日，国家工商总局网站公布了2011年中国驰名商标的认定名单，“赛科”商标获中国驰名商标认证。

（曹秀琴）

【赛科获北京市著名商标】 年内，经过北京市工商行政管理局近一年的评审，6月30日，赛科药业于2010年申报的“赛科”商标获得“北京市2010年度著名商标”称号。

（曹秀琴）

【华润双鹤收购河南华利】 12月21日，华润双鹤查检通过了收购河南华利制药股份有限公司（简称河南华利）持有的河南双鹤华利药业有限公司（简称双鹤华利）100%的股权。收购价格以双鹤华利的净资产评估价值为基础，交易价格为10970万元，并采用分期付款方式支付股权转让款。双鹤华利注册资本6800万元，是河南华利于2011年9月30日成立的全资子公司，经营范围为生产大容量注射剂（含五层共挤输液用膜制袋、聚丙烯输液瓶）、片剂（含激素类）、硬胶囊剂、颗粒剂。收购完成后，双鹤华利的生产、销售纳入双鹤药业管理体系，定位为服务河南省及周边省份市场需求的区域性输液生产基地。

（曹秀琴）

【医疗机构药库社会化】 年内，华润医药商业下属企业华润吉林康乃尔医药有限公司（简称康乃尔公司）又与5家三甲、二甲医院签订了社会化服务协议，负责医院药品全部采购配送，并根据医院药库的需要提供医药物流专业化、信息化服务、GSP管理和人员培训等服务。康乃尔公司在长春市高新区投资8000万元新建3万平方米的医药物流配送中心，是信息化、自动化的一流现代物流配送中心。

（曹秀琴）

【华润双鹤提生产整合】 年内，双鹤药业公司搭建北京工业园和输液事业部2大平台，万辉双鹤、晋新双鹤、双鹤恩世生产业务并入双鹤（北京）工业园管理体系。输液事业部管理体系保持不变，所属各工厂恢复原母体法人公司称谓，工厂管理团队实行总经理负责制。同时对生产业务部分相关经理人进行了重新任免。

（曹秀琴）

【东阿阿胶842项检测“零检出”】 年内，日本厚生劳动省指定检测机构对东阿阿胶出口日本的阿胶原粉进行检测，检测结果显示，842个农药残留、兽药残留、重金属、细菌等检测项目均为零检出，标志山东东阿阿胶股份有限公司的阿胶原粉通过日本权威机构最严格的质量检测。此次842项的检测是日本一次性检测最多的项目。项目包括725种农药、108种兽药，再加上5种重金属（水银、铅、砷、镉、铬）、金黄色葡萄球菌等3项微生物以及各种抗生素等。

（曹秀琴）

【赛科药业获得5项专利授权】 年内，赛科药业获得授权发明专利5件。分别为一种高纯度苯磺酸氨氯地平的合成方法，缬沙坦中杂质E的研究及控制方法，一种缬沙坦的合成方法，氯吡格雷中杂质B的研究及控制方法，一种制备沙坦侧链化合物的方法。

（曹秀琴）

中国北京同仁堂（集团）有限责任公司

【综述】 中国北京同仁堂（集团）有限责任公司（简称同仁堂集团）是市政府授权经营国有资产的国有独资公司，以中药为主业，集科工贸、产供销为一体的大型中药企业集团。拥有十大子公司及两院，其中北京同仁堂股份有限公司（简称同仁堂股份）和北京同仁堂科技发展股份有限公司（简称同仁堂科技）是2家上市公司，北京同仁堂健康药业股份有限公司（简称健康药业）、北京同仁堂商业投资发展有限责任公司、北京同仁堂国药有限公司（简称同仁堂国药）、北京同仁堂药材有限公司等8家中外合资及股份制公司，1家研究院和1家中医医院。业务涉及中药材种植及饮片加工，中成药、普通营养食品、保健食品、传统滋补品、生物制品及化妆品的生产销售、科研开发、出口贸易等方面。年可生产 24 个剂型 1000 余个产品，拥有 75 条通过国家 GMP 认证的生产线。

是年，同仁堂集团全面落实“北京同仁堂‘十二五’发展规划”，以构建六大二级集团为主线，全力推进“专业化、规模化、集团化”进程。落实重点项目建设，加快产业布局调整，转变经济增长方式，向科技要效益。拓展海外市场，扩大同仁堂海外影响力。克服不利因素影响，增强应对市场变化和抵御风险能力。围绕市场需求，加强品种群建设，促进销售上量，更新换代主销品种，增加产品附加值，提升利润空间。销售收入、实现利润第 15 年连续两位数增长，集团整体投资回报率和出口创汇创历年最高。职工人均增资 4 级，收入稳步提高，增强了企业的凝聚力。全年无重大安全、质量事故。截至年末，同仁堂集团资产总值 140 亿元，同比增长 17%；全年实现销售收入 163 亿元，同比增长 26%；利润总额 13.16 亿元，同比增长 26%；实现利税 20 亿元，同比增长 12%；工业总产值 79.6 亿元，同比增长 19%；出口创汇 3392 万美元，同比增长 21%。

（葛 冰）

【丁永铃获全国巾帼建功标兵】 3 月 31 日，全国工商联“巾帼建功”颁奖活动在同仁堂集团召开。同仁堂集团副总经理丁永铃荣获“巾帼建功”标兵称号。全国政协副秘书长宋北杉，全国工商联，全国妇联，同仁堂集团党委书记、董事长等领导出席会议。

（葛 冰）

【获全国和北京市荣誉称号】 4 月，同仁堂集团 3 个集体分别被全国总工会和北京市总工会授予荣誉称号。其中，同仁堂健康赛特购物中心同仁堂专柜荣获“全国工人先锋号”称号；同仁堂股份同仁堂药店荣获“首都劳动奖状”称号；同仁堂药材公司（亳州）饮片有限责任公司荣获“北京市工人先锋号”称号。

（葛 冰）

【入选中医药文化宣传教育示范基地】 5 月 13 日，北京市中医药管理局公布首批北京中医药文化宣传教育示范基地名单，同仁堂集团等 4 单位入选。同仁堂集团充分发挥自身优势，深入挖掘中医药文化内涵，通过制定相关措施、规划，采用多种方式方法科学有效的传播中医药文化，起到了示范带头作用。

（葛 冰）

【中医医院通过二级医院验收】 5 月 27 日，北京同仁堂中医医院获得北京市中医药管理局批准，正式成为二级中医医院。北京市中医药管理局专家评审组采取听汇报、查阅资料、实地检查评估的方式，对中医医院的规模、管理、医疗护理质量、技术水平、中医药特色、医疗服务功能、医疗设备设施、药剂管理等方面进行评审，并顺利通过。

（葛 冰）

【签订战略合作意向】 7 月 7 日，中国北京同仁堂（集团）有限责任公司与北京银行签署全面战略合作协议，重点支持北京同仁堂中药现代化产业园建设。根据协议，北京银行将向同仁堂集团提供意向性授信额度 50 亿元，并将提供包括融资授信、账户结算、“现金优管家”、短期融资券、中期票据承销发行、投资理财、“资金快链”等全方位的金融服务。双方将在中药基础性研究、中药材规范化规模种植、中药材成药生产及销售等领域加强合作。

（葛 冰）

【获“全国模范劳动关系和谐企业”】 8 月 15 日，人力资源和社会保障部、中华全国总工会、中国企业联合会、中国企业家协会、中华全国工商联合会在北京人民大会堂召开全国构建和谐劳动关系和谐企业与工业园区先进表彰暨经验交流会，同仁堂集团获“全国模范劳动关系和谐企业”称号。会上，同仁堂集团党委书记、董事长殷顺海作为北京市劳动关系和谐单位唯一代表，做了“打造善待文化发展百年老店”的典型发言，介绍了同仁堂“四个善待”企业文化建设经验。

（葛 冰）

【中东首家同仁堂旗舰店开业】 10 月 18 日，中东首家同仁堂旗舰店在阿联酋迪拜开业。该店秉承北京同仁堂优良传统，通过中医坐堂与药品零售结合，产品推广与文化传播并重，服务多元化与产品多元化相依托，为当地民众提供优质高效的服务。阿联酋副总统、迪拜酋长夫人、中国驻阿联酋大使馆商务参赞、驻迪拜总领事、阿联酋卫生部部长等出席并剪彩。新华社、中央电视台等新闻媒体参加开业庆典。

（葛　冰）

【主办革命老区光明行活动】 11月16日，北京同仁堂革命老区光明行——走进房山大型公益活动，在北京同仁堂中医医院启动。该活动旨在帮助生活在革命老区的贫困白内障患者重见光明，同仁堂集团出资50万元为首批130多名房山区贫困白内障患者进行免费手术治疗。北京市政协副主席沈宝昌、秘书长闫仲秋等出席启动仪式。

（葛　冰）

【止渴养阴胶囊批量生产】 12月16日，同仁堂股份研制的用于治疗Ⅱ型糖尿病的新药——“止渴养阴胶囊”投入批量生产，标志着北京市中医药“十病十药”首批新药生产正式启动。北京市副市长丁向阳等领导及中央电视台、北京电视台、北京日报等媒体出席。首都十大危险疾病科技攻关工作是市政府提出的“健康北京”行动计划的重要内容，中医药“十病十药”项目是十大危险疾病科技攻关工作的重要组成部分。止渴养阴胶囊是同仁堂股份研制的第6类中药新药，是中成药复方新药。该药具有益气养阴、滋肾健脾的功能，对于气阴两虚、脾肾不足导致的Ⅱ型糖尿病疗效较好。该药已通过中国中医科学院广安门医院、西苑医院、北京中医药大学东直门医院、首都医科大学北京中医医院和北京医院等5家医院的临床研究。

（葛　冰）

【举办中医药大师命名仪式】 12月16日，在同仁堂集团举行了“北京同仁堂第二批大师命”仪式。宣布了《关于高益民、于葆墀等13名同志命名大师的决定》并颁发聘书。命名并嘉奖了8位同仁堂中医大师、3位同仁堂中药大师、1位同仁堂中医药传承大师、1位同仁堂民间技艺传承大师。

（葛　冰）

【对外经贸工作】 年内，同仁堂国药完成海外资产重组工作，逐步形成海外整体管理平台。中成药出口创汇3392万美元，同比增长21%，蝉联全国中药行业第一。营业收入2.83亿港元，同比增长47%；实现利润7700万港元。拥有12家境外公司，在海外17个国家和地区共有64家零售终端，资产总额达到4.7亿港元。

（葛　冰）

【通过24项质量认证】 年内，北京同仁堂集团通过国内GMP（药品生产质量管理规范）、GSP（药品经营质量管理规范）、QS（食品质量安全）等质量认证24项。其中，同仁堂股份公司制药厂丸剂、口服液、胶囊剂，同仁堂股份药酒厂酒剂，同仁堂制药有限公司丸剂、颗粒剂，同仁堂科技公司制药厂软胶囊剂通过GMP复验，获药品GMP认证证书。北京同仁堂参茸有限公司新东安药店、北京同仁堂天津药店有限公司富力城店、北京同仁堂连锁药店有限责任公司朝外店、天通苑药店等18家药店获GSP认证证书。健康药业茶制品和代用茶、饮料（固体饮料）通过QS认证。

（葛　冰）

燕山石化

【综述】 燕山石化是隶属于中国石油化工集团公司的特大型石油化工联合企业，前身为1970年成立的北京石油化工总厂，后曾更名为燕山石油化学总公司、中国石油化工总公司北京燕山石油化工公司、北京燕山石油化工集团有限公司。2011年燕山石化包括中国石油化工股份公司北京燕山分公司（简称燕山分公司），中国石化集团北京燕山石油化工有限公司（简称燕化有限公司），北京东方石油化工有限公司（简称东方石化公司）及保定石油化工厂。燕山石化总部位于北京市房山区燕山岗南路1号。

燕山石化是国内第一家生产欧Ⅵ标准成品油的千万吨级炼油基地，每年为市场提供汽油、柴油、航空煤油以及润滑油基础油、石蜡、硫磺等多种产品。在清洁油品生产、节能减排、合成橡胶新胶种研发等关键领域达到国内先进水平，形成一批国内“独一无二”、“数一数二”的特色高端产品。合成树脂包括低密度聚乙烯、高密度聚乙烯、EVA、聚丙烯以及改性专用树脂等产品，年产量超过 100 万吨，专用料比例达 82%以上。合成橡胶包括顺丁橡胶、SBS、溶聚丁苯橡胶、丁基橡胶等，其中顺丁橡胶技术荣获国家科技进步特等奖，连续 3 次获得国家质量金奖；丁基橡胶、溴化丁基橡胶填补国内空白。基本有机化工原料包括乙烯、丙烯、丁二烯、苯酚、丙酮、苯、乙二醇、苯乙烯等多种产品，间苯二甲酸、间二甲苯、1－己烯等产品替代了进口、畅销全国各地。

2011 年，燕山石化保持安稳生产，抓好优化运行，全年加工原油 1085 万吨，生产乙烯 89.6 万吨，合成树脂 104 万吨，合成橡胶 22 万吨，苯酚丙酮 31 万吨、沥青 15 万吨；实现销售收入 891.58 亿元，利润 3.26 亿元，上缴税金 109.43 亿元（以上数据含东方石化、保定石化厂）。开发生产和推广三元共聚聚丙烯、EVA 等新产品，试产国Ⅴ标准汽柴油。加大成品油出厂力度，供应中航油公司航煤首次突破 100 万吨。

（孙　明）

【EVA 系列产品研发】　3 月 2 日，燕山石化生产出第一批质量合格的 EVA 产品，实现 EVA 系列产品规模化生产。3 月底，产出 EVA9F1 的合格产品，应用于高端膜料市场。12 月，生产出 EVA18J3 的合格产品。燕山石化已经具备生产 VA 含量从 9%～21%的全部 EVA 系列产品的能力，实现规模化生产。全年生产 EVA 产品近 4 万吨，占全年高压聚乙烯产量的 21%。在 12 个 EVA 产品牌号中，有用于农膜、包装膜生产的 EVA9F1 和 EVA9F2，用于发泡、母粒载体、挤塑、型材等产品生产的 EVA14J4，用于电缆、发泡、母粒载体、挤塑、型材等产品生产的 EVA18J4，以及用于护卡膜生产的 EVA19F16 等 6 种 EVA 产品。全年 EVA 产品销售利润达 5869.87 万元。

（孙　明）

【2 项聚丙烯成套技术填补空白】　3 月 25 日，燕山石化自主研发的三元共聚聚丙烯和氢调法高流动聚丙烯 2 项成套工业技术生产的专用料通过中国石化技术鉴定。2 项产品分别在一聚丙烯和三聚丙烯装置上成功实现工业化生产，并在国内多个食品厂家使用。

（孙　明）

【CRM 系统正式上线】　4 月 23 日，CRM 系统正式启动。CRM 系统即客户关系管理系统，主要利用网络和呼叫中心平台，对客户的反馈信息进行收集、分类统计和分析，以及时了解客户需求，为客户提供更优质的服务。CRM 系统通过与中国石化化工产品销售公司 CRM 系统、燕山石化 ERP 系统进行集成，把客户信息集成在统一平台上，同时在外网上建立链接，为客户开通网络互动平台。通过对客户的交互记录和咨询情况进行统计分析，及时了解客户的需求和关注点，并传递给生产厂，为产品型号的改进和质量的提升提供参考。生产厂则根据客户需求进行相关的生产调整，生产出适销对路和符合客户需求的产品。相关工作人员还将把收集到的客户数据纳入数据库中，利用智能分析系统，对客户交易状态以及客户经常浏览的产品类型进行统计分析，在推出符合客户需求的新产品时，数据库会在第一时间内提示相关客户，并将新产品推荐给客户。CRM 系统还与短信平台实现集成，定时向有关人员发送竞价竞拍、活动安排、投诉提醒等信息，提高了客户服务工作的效率和质量。

（孙　明）

【聘任 27 名专家】　5 月 26 日，燕山石化第一届首席专家委员会第一次代表大会召开，120 人当选首席专家委员会委员。会议审议通过了《第一届首席专家委员会筹备工作报告》和《首席专家委员会章程》，选举产生了第一届首席专家委员会。6 月 14 日，燕山石化举行专家聘任仪式，27 人被聘为公司专家，其中 9 人被聘为高级首席专家，6 人被聘为首席专家，12 人被聘为专家。

（孙　明）

【曹妃甸千万吨炼油工程项目】　7 月 1 日，燕山石化曹妃甸千万吨炼油工程项目筹备处揭牌暨北京燕华公司曹妃甸石化装备制造项目开工仪式在曹妃甸举行。曹妃甸千万吨炼油工程是中国石化、河北省的重点项目，将在曹妃甸建设18套炼油生产装置以及公用工程系统和辅助设施。

（孙　明）

【化工系统大检修完成】 8月15日，化工系统开始4年1次的大检修，为期30天。共涉及生产装置33套，其中27套装置进行停工检修；涉及公用工程装置31套，其中23套与化工系统同步检修，实施检修项目6490项。增加技改技措项目72项，总投资22.58亿元，9个重点实施且单项投资在3000万元以上的项目要利用大检修时机完成工艺、公用工程甩头185个。包括新建的45万吨/年润滑油加氢异构脱蜡装置、260万吨/年柴油加氢精制装置，还包括9万吨/年丁基橡胶、3万吨/年稀土/镍系柔性顺丁橡胶、50万吨/年苯酚丙酮改造等项目。涉及产品结构升级的重点技改项目还有丙酮脱甲醇改造、一高压聚乙烯装置应用低闪点溶剂油系统改造以及顺丁橡胶丁二烯水洗塔的更新、扩量改造等。多个优化节能项目也被列入大检修重点技术改造项目当中，涉及裂解装置的就有裂解炉升降温过程蒸汽回收利用、裂解火炬气流程改造以及装置开停车物料回收等项目。

（孙　明）

【溴化丁基橡胶装置成功开车】 10月28日，中国石化重点工程项目、燕山石化3万吨/年溴化丁基橡胶装置成功开车，产出合格产品。溴化丁基橡胶由普通丁基橡胶与原料溴发生取代反应后制得，其加工性能、使用性能及产品售价均优于普通丁基橡胶，是生产车用无内胎子午胎气密层的原料，以前国内需求全部依赖进口。燕山石化于2007年成功开发出自主知识产权的3万吨/年溴化丁基橡胶工艺包，并于2008年进行装置建设，2009装置建成中交，2010年试生产。2011年9月，对装置检修改造，稳定产品质量，进行为期一周的试生产，打通装置流程，积累操作经验。2次工业试生产共生产溴化丁基橡胶822.15吨，实现装置连续、稳定运行，生产出质量合格的BIIR2046、BIIR2039和BIIR2032工业产品。经下游用户对样品的检测，产品符合使用标准。

（孙　明）

【创建“全国安全社区”】 11月23日，经国家安全生产监督管理总局授权，中国职业安全健康协会召开全国安全社区建设会议，授予中国石化集团北京燕山石油化工有限公司、北京市房山区人民政府燕山办事处社区等62个地区“全国安全社区”称号，并举行授牌仪式。燕山石化公司生活社区服务管理中心被评为全国安全社区建设先进单位。

（孙　明）

【MES系统通过验收】 12月6日，由石化盈科信息技术有限责任公司承担的“十一五”国家高技术研究发展计划（863计划）重点项目“面向流程和混合行业的可配置MES产品及行业解决方案”课题验收会在燕山石化召开。国家验收专家组对MES系统的实际应用情况实地考察，一致同意通过验收。MES系统作为生产运行及企业经营的数据核心，凭借其数据的真实性、及时性、准确性，可对生产过程实时监控。燕山石化作为中国石化系统内首批MES系统试点单位之一，监控范围覆盖17个生产厂、80余套装置、80余个罐区、700余个储罐、50余个成品仓库，建立3600余个用户，配置2100余个岗位。

（孙　明）

【“谷长吉工作室”成立】 12月15日，以堵漏技术专家谷长吉冠名的“谷长吉工作室”启用。谷长吉为燕山石化级技术专家，曾先后荣获北京市劳动模范、中国石化安全卫士等荣誉称号。谷长吉工作室的建立，旨在发挥技术专家的引领作用，利用不动火带压堵漏平台、培训教室、带压堵漏工作小组等多种方式，定期开展技术培训和实操训练，研究焊接技术，培养青年骨干，提高焊接施工质量，推广装置现场不动火带压堵漏焊接技术的应用，为技术能手营造专业工作环境。

（孙　明）

【加工原油1085万吨】 年内，燕山石化炼油系统在原油质量差、价格倒挂等不利条件下，调整产品结构、优化运行方案，加工原油1085万吨，生产汽油246万吨、柴油310万吨、航煤127万吨。通过提高汽油辛烷值、汽油和丙烯产品收率以及重整负荷，使生产装置生产方案优化。加强工艺防腐，提高装置对高硫原油的适应性。强化日常生产精细化管理，制定了以节能降耗、降本增效为目的的管理目标。推出优化方案26项，组织实施减压深拔、增产汽油、氢气资源优化、胺液串联等16个项目。利用信息化手段，实现能源与物料统计的日平衡以及生产信息的可视化展示与监控。开发新产品，优化重整汽油、烷基化油及S—Zorb等汽油调和组分，优化高压加氢、柴油加氢等装置所产柴油组分，为生产符合欧Ⅴ排放标准的汽柴油做准备。汽油醚化试验工业化生产一次开车成功。

（孙　明）

【全年调和航煤127万吨】　年内，燕山石化共调和航煤127万吨，超计划生产10万吨。加强对组分油质量和流量变化情况监控。保证了航煤成品油一次调成率。对管道过滤器检查和监控，对加剂量分析指标进行跟踪，对罐车检车、洗车等环节进行质量检查，实现出厂航煤100%质量合格。优化储罐空间利用，油罐按上限收油、按下限付油，实现储罐储量的有效周转。航煤产品全产全销，提高了产量，提升了经济效益。

（孙　明）

【4项成果转让】　年内，燕山石化4项成果在中国石化系统内部转让。分别是对中原石化实现甲醇制烯烃（MTO）技术转让，对广州石化实现聚丙烯PPR管材料技术转让，对茂名石化实现顺丁橡胶等技术转让，对天津石化实现审计在线监控系统成功转让。其中，12月24日，燕山石化10万吨/年镍系顺丁橡胶技术转让茂名石化公司，是燕山石化第二次向茂名石化进行技术转让。

（孙　明）

【丁基橡胶优级品率创历史记录】　年内，燕山石化生产丁基橡胶3.65万吨，优级品率为84.66%，其中10月份单月优级品率达92.43%，均创历史记录。为保证平稳生产，出台《平稳率管理考核办法》，全年非计划停工时数为零。出台使用新催化体系方案，延长了聚合釜的平均运转周期，使聚合反应转化率比使用初期提高5.04%。通过小指标考核竞赛，鼓励职工参与质量过程控制。优级品率同比升高13.45个百分点，全年无用户投诉。进行K－201压缩机干气密封为主的装置停车检修工作，对到期应检的27台压力容器和总长10462米的138条压力管道进行检验，设备完好率99.87%，主要设备完好率100%，静密封点泄漏率0.094%。加强现场直接作业环节管理，累计督察352次，发现问题和纠正违章199次，发出整改通知单10张，处理责任人20人，规范职工的安全行为。提高职工安全意识和应急处理能力，修订厂级应急预案，组织应急预案演练43次。

（孙　明）

【生产聚乙烯51.57万吨】　年内，燕山石化共生产聚乙烯产品51.57万吨，其中高压装置提前3天完成生产任务。高压装置生产低密度聚乙烯14.17万吨，1C7A、1C7A－1、1I60A、1I2A－1等高附加值产品共计13.53万吨，累计乙烯单耗1003.75公斤/吨；累计综合能耗比上年同期降低3.21公斤标油/吨，高附加值产品比重达95.5%，实现效益2.42亿元。二高压装置全年共生产低密度聚乙烯19.27万吨，低压装置全年累计产量18.13万吨，能耗较上年同期降低0.17公斤标油/吨，“优＋1”级品率保持在99.2%以上。低压装置开发出7种新产品，其中交联聚乙烯粉料8100XM、氯化聚乙烯6600CP/6800CP及燃气管专用料已进行推广应用，11月份完成耐热管材料PERT6680M和碳酸饮料瓶盖料3500J试生产，进行了市场推广试用。

（孙　明）

【芳烃资源整合项目】　芳烃资源整合项目共包括建设碳八抽提苯乙烯装置、制苯装置预分馏系统改造、制苯装置加氢系统改造、制苯装置扩能改造、重整装置改造5个子项目，总投资达1.7亿元。2010年10月10日，中国石化首套年产2.7万吨碳八抽提苯乙烯装置破土动工，2011年5月15日进行第一台主体设备安装，9月28日按计划中交。12月1日，该装置预分馏单元开始投料开车。12月3日苯乙炔加氢催化剂开始活化。12月8日，实现加氢单元开车，产出合格的碳八产品。碳八抽提苯乙烯装置引进美国GTC公司专利技术，采用抽提蒸馏方法将碳八馏分中的苯乙烯分离，再经脱色精制后制取苯乙烯产品。装置每天可多回收碳九中的碳八成分20多吨，创效益6万多元。碳六抽提装置于6月16日破土动工，9月15日开始设备安装，11月9日完成全部设备及钢结构的安装工作，12月21日实现中交，12月31日开车成功。碳六抽提装置回收炼油、化工系统的苯资源，年产苯达20.6万吨。可处理芳烃资源整合后的全部碳六馏分，年处理量可达33.2万吨，有效解决了制苯装置存在的超负荷运转问题，缓解苯原料不平衡的情况，为下游苯乙烯装置、苯酚丙酮装置提供原料，使纯苯产量增加到20万吨/年，减少了外购纯苯量，实现芳烃资源高效利用。

（孙 明）

【双酚A装置投料生产】 由中国石化和日本三菱化学共同出资建设的15万吨/年双酚A装置是中国石化重点建设项目。该项目2010年5月开工，2011年8月23日实现中间交接。9月29日，精馏塔、吸附塔、回流罐、中间罐以及物料管线等全部生产单元相继完成气密试验和水运试验，348台大小设备完成现场检查、调试以及单机试运等工作。10月31日，接收碱、乙苯等生产原料。11月3日，开始接收主要生产原料苯酚，进入投料试生产，主要生产单元脱水塔、苯酚回收塔、丙酮塔和苯酚精制塔实现4塔循环运行，标志着该装置生产流程基本打通。12月13日，产出合格产品，实现一次开车成功，一次产出合格产品。

（孙 明）

【工业新鲜水用量连续10年下降】 年内，燕山石化工业耗新鲜水2074万立方米，比2010年减少8%，实现了连续10年下降；加工吨原料油耗新鲜水平均0.44立方米，比上年降低11%；污水回用量740万立方米，同比提高6%，创历史记录。东区回用水装置研制出VAE废乳液污水煤浆替代新鲜水制水煤浆，环保指标全部合格，有机厂VAE废乳液可以全部切出。东区污水回用装置产水量达到429万立方米，创历史记录。西区污水回用装置合理调整罐存和污水排放节奏，提升回用水装置的生产能力，除西区回用水主供热力厂锅炉以外，还将水务气体管理中心回用水管线直接与工业水管线相连，作为循环水补水，增设水务气体管理中心的回用水用量考核指标，最大限度使用回用水，最大负荷达到460吨/小时，超设计生产量10吨/小时。年内，西区回用水装置同比增产回用水40万吨。

（孙 明）

【东方石化52项（次）指标打破纪录】 年内，东方石化公司实现营业收入68.85亿元，52项（次）指标打破历史纪录。其中，乙烯装置“双烯”收率、环氧乙烷装置能耗和聚乙烯装置能耗等3项指标进入中国石化前三名；15项物耗指标平均下降1.34%，共少用原料8000吨；11项能耗指标平均下降3.41%，共节约能源3500吨标油；整体综合损失率降至0.58%，同比下降0.48%；万元产值能耗同比下降6.7%；乙烯装置物耗、能耗分别同比降低3.7%和4.4%。各主要污染物排放总量和用水量均控制在中国石化指标之内。东方石化立足自主创新，成功试产出VAE－817、C型CPE专用料、XW－450纤维专用料、GC－002管材专用料、高VA含量EVA、PVA－121A等新牌号特色产品，形成一批新的效益增长点。醋酸乙烯合成反应器实现国产化，填补国内技术空白。先后完成5吨/小时高浓度丙烯酸废水生物处理、65吨/小时煤粉锅炉掺烧火炬气技术改造、VAC装置尾气乙烯回收系统改造等项目，节能和环保效益明显。实施PVA装置技术改造，生产出PVA26－99高聚合度新产品。

（孙 明）

【重点工程建设】 年内，燕山石化在建及新立项的限额3000万元及以上的工程建设项目24项，总投资额93.82亿元，涉及炼油、化工、公用工程等领域。其中，260万吨/年柴油加氢精制项目已完成装置区钢结构安装，主装置区开始进行工艺配管。9万吨/年丁基橡胶项目和45万吨/年润滑油加氢异构脱蜡项目完成搬迁，主装置区桩基施工展开。全年重点工程项目建设现场累计实现安全施工27484296小时，实现重大事故为零以及无辐射伤害和无职业病发生的HSE管理目标。工程项目管理模式多样化，在15万吨/双酚A和6万吨/年聚碳酸酯项目、炼油二厂二催化烟气除尘脱硫项目和东区动力锅炉系统整合改造项目中，引入系统内代业主管理模式和EPC总承包模式（即设计、采购、施工总承包）。

（孙　明）

【多项电力运行指标刷新纪录】 年内，燕山石化电力运行转供电19.37亿千瓦时，自发电4.96亿千瓦时，主网损失率、配网损失率分别比2010年下降0.11和0.41个百分点，均刷新纪录。2座220千伏变电站保持高效运行，功率因数保持在0.96以上，获北京市供电局节能政策奖励。

（孙　明）

【环保工作】 年内，燕山石化对东、西生产厂区炼油、橡胶和化工系统进行摸底排查，针对产生异味的装置及区域制定出25项整治方案，并相继实施了苯酚丙酮及醋酸乙烯灌装尾气治理，储运一厂重油罐区增设污油密闭回收设施，国控源安装烟气自动监控系统等污染治理项目。进行西区恶臭气体治理工作，为炼油系统的污水池、浮选池、生化曝气池加装了密闭盖，减少恶臭气体散发，进行低浓度处理设施的建设。对储运一厂重油罐区污油池和炼油二厂柴油加氢装置采样器进行了密闭改造。橡胶一厂部分装置在大检修期间，将2个TBC加料小罐增容至5立方米，每半个月添加1次TBC，减少卸车次数，降低了TBC的挥发，改善了周边大气环境质量。对东区污水处理系统流程进行优化，由燕山威立雅公司的氧化沟直接处理化工三厂含酚污水，消除恶臭源，使周边地区的空气质量得到改善。执行《环境影响评价法》等相关法律法规，建设项目环评执行率100%。燕山石化重点建设项目5万立方米危险废物填埋场和新建260万吨/年柴油加氢装置的环境影响报告得到了北京市环保局同意建设的批复。曹妃甸1000万吨/年炼油项目环境评价完成了报告书编制工作。4月和9月，环保设施运行监控和在线监测实时统计工作纳入生产运营信息系统，实现了环保工作的信息化和环保管理关口的前移。中国石化考核的36套装置环保指标全部达标。获得国家环保部授予的“节能减排突出贡献企业”称号。

（孙　明）

【供水指标提升】 年内，燕山石化多项供水技术经济指标同比提升。其中，全年累计供水耗电287.41千瓦时/千吨，同比下降0.36千瓦时/千吨；累计损失率1.95%，同比下降0.08个百分点；单位制水耗氯累计4.98克/立方米，较上年同期下降0.06克/立方米；供应新鲜水总量16126万吨，完成年计划的101.77%；循环水总量达到140941万吨，完成率为102.91%。水气中心成立循环水监察小组，全年共查出换热器泄漏33台（次），查出新鲜水、消防水、再生水及生活水管线漏点89处，累计减少泄漏损失640余万吨。全年污水排放与药剂处理费用均有所下降。

（孙　明）

【保定石化厂道路沥青项目投产】 燕山石化有限公司保定石油化工厂20万吨/年道路沥青改造项目由调和装置、原料卸车、产品装车和公用工程系统组成，以燕山石化丙烷脱沥青、抽出油和回炼油浆为原料，按不同比例调和成沥青产品。项目于1月开工，5月16日，中间交接。5月19日，举行开工仪式。5月27日，装置打通全部工艺流程，生产出合格产品AH－70重交道路沥青。7月，开始研制70A级道路沥青。

（孙　明）

【S—Zorb装置科研成果通过鉴定】 年内，燕山石化S-Zorb装置共有4项科研成果通过中国石化鉴定。4项科研成果分别为国产耐磨球阀的研制与工业应用、国产反应器过滤器研制与工业应用、国产吸附剂的开发及工业应用和再生烟气处理技术开发。S—Zorb装置关键设备“耐磨球阀”、“反应器过滤器（ME101）”以及吸附剂前3项技术实现了国产化，打破了国外产品的垄断，降低了采购成本及维修费用，每年可为燕山石化节省上千万元费用。国产吸附剂的开发应用可使汽油产品的硫含量低于10μg/g，为汽油的升级换代提供了强有力的技术支持。

（孙　明）

【云计算平台推广】 年内，燕山石化推进“云计算”“智能工厂”建设。5月，“桌面云”在安全生产指挥中心上线试运行，之后在炼油二厂生产调度岗位试运行。从10月开始，在炼油一厂、炼油二厂、化工一厂等12个生产单位及水务气体管理中心、电网管理中心等5个辅助生产单位推广，完成2500个点的安装。“桌面云”是云计算中的一项服务，可以改变过去一人一机的状况。通过瘦客户端或者其他与网络相连的设备访问跨平台的应用程序以及整个客户桌面。企业员工在任意一个地方都可通过自身的账号密码访问到内部的文件。

（孙 明）

【水体风险防范体系获市奖】 年内，燕山石化建立并实施的“水体风险防范专业化管理体系”在北京市第二十六届企业现代化管理创新成果评比中荣获一等奖。该体系将水体风险管理纳入企业发展整体战略，完善防控设备、设施，构筑起装置一区域一公司（地区）三级防控体系，形成“以防为主、以控为辅”、“流域化、区域化、系统化”三化一体式的水体风险管理工作格局，使河道集防洪、排涝、雨水收集和突发事件防护等功能为一体，在进行事故水拦截的同时，通过炼油厂厂前河道、化工一厂南排水口、凤凰亭河道、威立雅北庄河道、金燕湖等水回收系统实现河道水和雨水的收集、回用。每年节约环保排污费约23.62万元。通过开展源头控制和全过程管理，加大生产装置换热器漏点的查找和消除力度，大大降低了循环水系统的污水排放量。每年减少排污约100余万吨，按每吨生产废水处理费3.4元计算，直接经济效益达到340万元。

（孙 明）

华北电网有限公司（华北分部）

【综述】 2011年，华北电网有限公司（华北分部）投产110千伏及以上线路2129公里，变电容量873万千伏安；完成售电量1253.15亿千瓦时，同比增长15.84%；网间交易电量1625.67亿千瓦时，同比增长25.56%；资产总额712.69亿元，同比增长15.65%；经济增加值（EVA）5.9亿元；净资产收益率5.14%；流动资产周转率6.81次。主网电压合格率100%，综合频率合格率100%。全面完成国家电网公司党风廉政考核目标。综合业绩考核位居国家电网系统前列。

（华北电网）

【电网概况】 年内，华北电网有限公司（华北分部）以500千伏“七横三纵”电网为主网架，以山西、内蒙古电网为电源送出地区，东部京津唐电网、河北南网和山东电网为受电地区。山西电网、内蒙古电网通过联络线将电力送入京津冀地区，河北南网通过多回联络线与华北主网紧密联系，山东电网通过辛聊双、黄滨双与华北主网联系。华北电网与东北电网通过直流背靠背互联，华北电网通过特高压长南Ⅰ线、南荆Ⅰ线与华中电网联网运行，华北电网与西北电网通过银东直流互联。

华北电网500千伏西电东送的横向通道主要有以下7个通道：内蒙古电网及张家口风电外送通道丰一万一顺、汗一沽一太2个通道；托克托电厂外送通道托一源一安（霸）通道；山西电网外送大房、神保、阳北、潞辛4个通道。华北电网500千伏南北纵向通道主要有以下3个通道：山西电网沿大运路大同一运城间的南北500千伏双回线通道组成华北电网西部纵向通道；张南一门头沟一房山一慈云一保北一辛安间沿京广线经北京、河北南网的南北双回500千伏线路组成华北电网中部纵向通道；京津唐姜家营一安各庄一芦台一滨海一板桥至河北黄骅一山东滨州一聊城线路组成华北电网南北“第三纵”通道。华北主网网内电力走向为西电东送、北电南送、南北互供。

截至年底，华北直属单位共运维500千伏变电站19座，主变压器153台，总容量44075兆伏安；开闭站1座；串补站6座；输电线路87条，总长度8514.6公里。220千伏变电站92座，主变压器202台，总容量34680兆伏安；输电线路305条，总长度7721.1公里。110千伏变电站259座，主变压器515台，总容量23162兆伏安；输电线路646条，总长度9925.0公里。另外委托河北、山西、内蒙古和天津公司运维500千伏变电站

9座，主变压器57台，容量16605兆伏安；输电线路53条，长度3918.9公里。新增500千伏变电站1座（金山岭变电站，北京超高压公司运维），变压器3台，变电容量750兆伏安；新增500千伏线路4条（金承双回、金太双回，北京超高压公司运维），共420.8公里。

（华北电网）

【人力资源】 年内，华北电网有限公司（华北分部）3家分离企业管理控制权全面移交，与中国能源建设集团有限公司签订划转协议；地（市）县层面44家多经企业处置方案获国网批复，主多分开进入实施阶段；农电体制改革进一步深化，开展廊坊霸州供电公司管控试点，规范县公司组织架构，优化业务流程，健全标准体系，形成权责对等、执行顺畅的管理体系。加强员工入口管控，将农电用工和劳务派遣人员纳入用工管理体系，深化应用“六统一”招聘管理模式，2011年择优录用毕业生355人，其中硕士及以上学历毕业生占35.7%，本科及以上学历占92.4%；指导供电单位逐步解决生产一线缺员问题，截至年底，结构性缺员解决比例较2010年末提升29个百分点，供电企业生产一线结构性缺员问题基本解决；为电网建设、风光储、节能服务、通信和计量机构配置人员32名，为北京电力医院引进学科带头人及后备人才8名，公开招聘和人员合理流动机制逐步建立。建立现代培训体系，编制现代教育培训体系发展规划，将员工培训与薪酬、绩效、晋升、发展有效衔接；实施培训积分制和培训导师制度，选拔公司230名职业导师，开展“一对一”青年人才培训工作；完善培训资源，完成调控一体化、运维一体化和继电保护仿真培训系统建设，为培训工作提供有效载体。全年共举办152期培训，技术比武、普调考13次，培训23200人；加强技术院专家管理，调整专家专业设置，修订专家选拔条件，完善专家选拔管理办法和细则，引进人才测评、评价先进技术，专家评审机制进一步完善；多元化薪酬分配体制和全员绩效管理体系建设深入推进。在张家口、廊坊霸州和大厂供电公司，开展农电用工岗位薪点工资制度改革，建立了涵盖不同用工主体的薪酬分配体系；建立企业年金常态监控和投资策略动态调整机制，防范企业年金运营风险，努力实现基金保值增值，全年公司企业年金收益率位于国网系统前列；投保重大疾病保险和慢性疾病保险，加大基金集中管理力度，推进离退休人员养老保险社会化管理，建立社会保险信息管理系统，完善内控监督工作机制。开展人力资源信息管理系统完善提升工程，优化组织、计划、薪酬、员工管理、教育培训、专家人才及招聘管理等模块功能，ERP系统与人力资源管控系统及国网SG－ERP实现横向集成和纵向贯通，人力资源核心业务实现全方位信息化管理；完成机构编制、员工入口、收入分配管理专项治理检查，开展工作分析岗位评价试点工作，形成《岗位说明书》、《岗位归级方案》等21项成果，人力资源规范化管理水平有效提高；结合农电上划，加强人力资源同业对标管理，建立定期督导反馈机制。

截至年底，直属直管单位共有长期职工27290人，经营管理人员、专业管理人员、技术管理人员、生产技能人员分别占长期合同职工的6.2%、16.9%、6.7%和57.6%。

（华北电网）

【电网建设与发展】 年内，华北电网有限公司（华北分部）完成锡林郭勒盟至南京特高压项目在河北、内蒙古境内的前期任务，取得了内蒙关于蒙西至长沙特高压项目的同意建设意见函。创新政企联动推进特高压前期工作模式，促成河北省发展改革委向国家发展改革委行文，请求开展张北特高压工程前期工作；制定“保安全、保质量、保进度”工作方案，唐山扣庄等7项迎峰度夏工程按期投产，承德西等8项迎峰度冬工程陆续建成。大房Ⅲ回500千伏线路工程荣获国家优质工程银奖和国家优质工程奖设立30年精品工程称号；大力推进农网改造升级和新农村电气化建设，全部完成冀北地区15.1万户农村“低电压”治理，建成6个电气化县、70个电气化乡、1320个电气化村，农网供电可靠率和综合电压合格率位列国网系统第一方阵。

华北电网有限公司（华北分部）投入3700余名工程建设人员和340余台大型机械，历时267天，如期投产9.35万千瓦风电机组、3.9万千瓦光伏发电和1.4万千瓦磷酸铁锂电

2011年12月15日，2011年《北京工业年鉴》工作会议

2011年11月16日，2011年北京工业志鉴工作研讨会

第一届北京市年鉴编校质量评比获奖名单(以笔画为序)

一等奖　中关村国家自主创新示范区年鉴
北京大兴年鉴
北京工业年鉴
北京东城年鉴
北京石景山年鉴
北京西城年鉴
北京通州年鉴
首钢年鉴

二等奖　北京民政年鉴
北京房山年鉴
北京信息化年鉴
北京海淀年鉴
北京密云年鉴

三等奖　北京丰台年鉴
北京昌平年鉴
北京朝阳年鉴
金隅年鉴

参与奖　北京门头沟年鉴
北京延庆年鉴
北京顺义年鉴

2011年度《北京工业年鉴》编纂工作获奖名单

一等奖　首钢集团

二等奖　北京一轻控股有限责任公司
北京京煤集团有限责任公司
怀柔区经济和信息化委员会

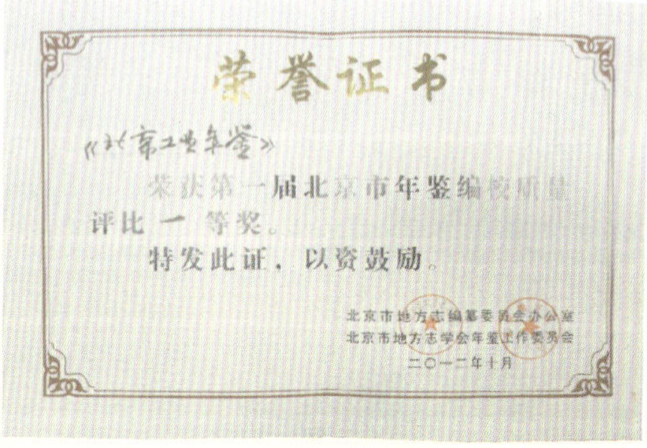

优秀奖　东城区发展和改革委员会
南车二七车辆有限公司
燕山石化
北京纺织控股有限责任公司
北京电子控股有限责任公司
北京经济技术开发区
北京金隅集团有限责任公司
北京市校办产业管理中心
北京工业经济联合会
昌平区经济和信息化委员会

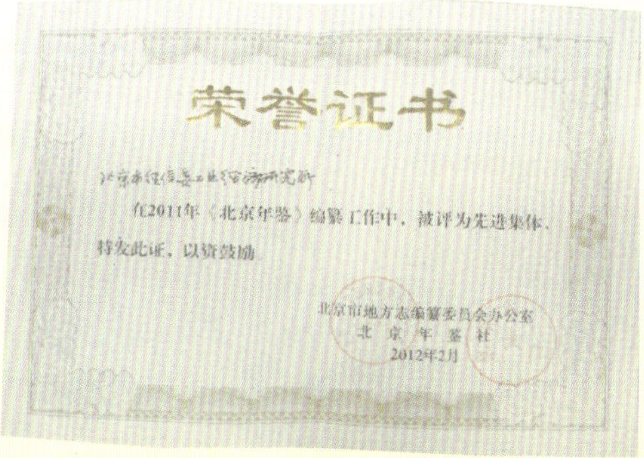

先进工作者（按姓氏笔画排序）

王　锦	王玉婵	王惠娟	许　林	孙　明	孙学东	李淑萍
吴连才	何秉忠	汪智利	宋慧宇	张铁良	张煜先	张瑞琪
陈　姗	陈宗河	周来春	柳　娜	胡跃平	姜国芳	柴　彬
曹秀琴	常　江	蔡　琍	蔡玲红			

印象·北京工业

辉煌的历史　崭新的今天

一月

西周时期（公元前8世纪），燕国都城（今房山区琉璃河镇）开始铸造青铜礼器、兵器、车马器和铜制手工工具，成为北京手工业的最早开端。

1994年1月28日，我国第一个基因工程乙肝疫苗生产车间在北京生物制品研究所落成。

1997年1月6日，燕京牌啤酒荣获1996年度同类产品全国产量第一名，并连续12年获此殊荣。

2011年1月13日，全球第一台108英寸LED电视在北京利亚德光电股份有限公司诞生。该公司承担的“奥运卷轴”LED应用项目在2008年8月8日北京奥运会开幕式上向全球展现“科技北京”。

二月

1883年（光绪九年），清政府在京西三家店创建神机营北京机器局，成为中国近代工业的开端。

1990年2月8日，北京内燃机总厂研制成功492型汽油发动机，成为我国第一台较大功率轻型车用发动机。

2003年2月19日，北京市委、市政府发布《关于振兴北京现代制造业的意见》，明确了北京加快发展现代制造业的任务、目标和对策建议。

2011年2月22日，我国第一部新型500千瓦发射机及天线由北广科技股份有限公司研制、试验播出，实现了当年研制、当年生产、当年安装、当年开播。

三月

1987年3月3日，我国第一家中美合资工业企业——北京吉普汽车有限公司生产的第一辆BJ／XJ213型吉普车下线。

2008年3月28日，我国第一条TFT-LCD玻璃基板生产线由北京康宁显示科技有限公司投产。

2009年3月6日，北京毕捷电机股份有限公司研制的超高效电动机，成为国内第一家以自主品牌获得美国效率标准检测的电机产品企业。

2009年3月19日，北京市人民政府下发《北京市帮扶企业应对国际金融危机的若干措施》，出台29条帮扶措施，极大地提振了北京工业战线的信心，确保北京工业持续稳定发展。

四月

1289年（元朝至元二十六年），元大都设置毡局，创造了剪毛花毯的栽绒工艺，开启了我国官制地毯规模化生产的新纪元。

2002年4月29日，北京汽车工业控股有限责任公司与韩国现代汽车集团签署合资协议。同年12月23日，北京现代第一辆索纳塔轿车下线。2012年6月4日，北京现代第三工厂投产，达到100万辆整车、40万台发动机的产能。

2007年4月26日，北京奥组委正式公布北京2008年奥运会火炬样式“祥云”，由联想(北京)有限公司创新设计中心设计中标。

2011年4月8日，中航工业汽车、北京亦庄国际联合收购耐世特汽车系统公司，是当时中国汽车零部件产业最大的一次海外并购。

五月

1978年5月，一机部确定北京内燃机总厂为推行全面质量管理的试点厂。1985年6月，国家经委选定北京内燃机总厂、北京燕山石化为全国推行企业管理现代化试点单位。

1988年5月10日，国务院批准中关村作为国内第一个新技术产业开发试验区。2009年3月13日，国务院批复建设“中关村国家自主创新示范区”。

2006年5月23日，诺基亚中国园落户亦庄北京经济技术开发区。

2009年5月21日，首钢京唐公司1号高炉点火，成为我国第一座完全自主设计、研发及集成技术建设的5500立方米特大型高炉。

2011年5月，全球第一支甲型H1N1流感疫苗在华兰生物工程技术（北京）有限公司研制成功。

六月

1958年6月20日，“井冈山”牌小轿车在北京市第一汽车附件厂诞生，并驶进中南海，接受毛泽东等中央领导人检阅。

1993年6月10日，北京市委工业工委和市经委联合召开全市工业调整工作会议，提出“优二兴三”加快工业调整的战略思路。

2007年6月，盈创再生资源有限公司的再生瓶级聚酯切片工程项目投产。每年可回收处理废弃聚酯瓶6万吨，是我国第一、亚洲最大的再生瓶级聚酯切片工程项目，列为国家循环经济试点工程。

2011年6月29日，我国第一条自主设计、建设的8.5代TFT-LCD生产线——京东方8.5代线在北京经济技术开发区数字电视产业园投产。

七月

1979年7月27日，我国第一套精密汉字照排系统在北京大学汉字信息处理技术研究室成功应用，开创了全球汉字印刷新时代。

2001年7月，我国最大的污水处理设备供应商——北京碧水源科技发展有限公司成立。该公司承担了国家大剧院、北京奥运会场馆污水处理工程。

2006年7月15日，北京焦化厂圆满完成向首都北京供应煤气的光荣使命，进入停产程序，为北京带来环保效益，原址规划建设为“工业遗址公园”。

2009年7月4日，世界第一台600兆瓦火焰超临界锅炉由北京巴威公司设计生产，投入商业运行。

2011年7月7日，首钢集团跻身“世界500强”排行榜，位列第325位，成为北京市第一家进入世界500强的市属国有企业。

八月

1958年8月1日，我国第一台数字电子计算机——103机在北京有线电厂诞生。2002年8月29日,我国第一台万亿次计算机在联想集团诞生。

2009年4月16日,我国第一台百万亿次计算机在曙光信息产业（北京）有限公司诞生，中国成为世界上自主研制百万亿次超级计算机的两个国家之一。

1991年8月15日，北京市政府常务会议决定，在北京亦庄地区兴建“亦庄工业开发区”。1994年8月25日，国务院正式批准北京经济技术开发区为国家级开发区。

2005年8月8日，北京汽车工业控股有限责任公司与戴姆勒股份公司合资组建的北京奔驰汽车有限公司正式成立，中德经贸合作进入新阶段。

2011年8月，“小米手机”第一代发布，使小米公司成为我国第一家成功采用用户参与式设计、网络在线式销售、客户体验式消费新型商业模式的手机生产商。

九月

2004年9月25日，我国第一条12英寸芯片生产线在中芯国际建成投产。2010年8月3日实现量产，产量累计超过1万片。

2012年9月12日，北京通用航空产业基地重大项目落地签约仪式暨北京通用航空科技创新园揭牌仪式举行，标志着北京通用航空高端制造和商业运营服务建设正式启动。

2012年9月24日，北京第一个工艺美术创意产业园——“北京工美聚艺文化创意产业园”在朝阳区垡头文化休闲产业园核心区开园。

2012年9月，全球第一条利用水泥窑处理垃圾焚烧预处理线全面投产，该项目由金隅集团北京市琉璃河水泥有限公司自主研发。

十月

990年（辽代统和八年），《上生经疏科文》在燕京印制完成，这是北京地区雕印的最早记载。1638年（清崇祯十一年），《邸报》（即《京报》）使用活字版排印，开创木活字印刷报纸的先河。

1957年10月5日，我国第一家现代化无线电元件的综合制造企业——718联合厂在北京酒仙桥建成投产。50年后，798文化创意产业艺术区在此绽放新光彩。

2011年10月18日，我国第一台5轴160吨全地面起重机由北京京城机电控股有限责任公司自主研发成功。

2011年10月18日，由北京市经济和信息化委等10多个政府部门联合编制的《中关村科学城发展规划（2011—2015）》正式发布。中关村科学城总面积75平方公里，中国航天科技集团、中国航空工业集团、中国机械工业集团等一大批特大型企业进驻科学城。

十一月

1980年11月5日，国家批准首钢总公司、北京内燃机总厂、北京清河毛纺厂等11家国营工业企业试行“独立核算、国家征税、自负盈亏”管理办法，标志着北京市国有企业市场化改革的起步。

1989年11月25日，“同仁堂”成为我国第一家获准世界知识产权国际局注册的商标。2006年5月20日，国务院批准“同仁堂中医药文化”列入第一批《国家非物质文化遗产名录》。

1997年11月26日，北京市召开推广北京开关厂“99+‘1’=0”管理经验大会，标志着北京市工业企业规范化、精细化管理进入了新阶段。

2010年11月19日，国家软件公共服务平台国内第一家动漫中心落户北京市朝阳区三间房动漫产业园区。

十二月

1981年12月，我国第一台4坐标数控龙门架移动铣床由北京第一机床厂研制成功。2005年10月24日，一机床成功收购世界重型机床龙头企业德国科堡机床厂。2010年9月29日，国内跨度最大的数控桥式龙门车铣复合机床在一机床诞生。

2008年12月28日，我国第一个新能源汽车产业基地——北京新能源汽车设计制造产业基地在亦庄经济技术开发区奠基。

2010年12月，首钢北京地区钢铁主流程实现安全平稳停产，标志着历时5年的首钢搬迁顺利完成。北京市委向首钢集团总公司颁发“功勋首钢”纪念牌。

昌平区经济和

2011年2月19日，海林太阳能光热利用智能低碳办公楼落成庆典

2011年2月1日，国能风电项目举行签约仪式

2011年3月11日，昌平区召开2011年工业经济和信息化建设工作会

2011年3月14日，市经济信息化委领导到昌平调研

2011年6月9日，国网智能电网研究院举行奠基仪式

信息化委员会

2011年10月18日，中建材新型建材、新型房屋、新能源材料（三新）产业研发中心举行开工典礼

2011年7月8日，国家核电科研创新基地举行开工奠基典礼

2011年11月16日，昌平区举办工业项目办理手续培训会

2011年12月10日，北京修正药业综合楼封顶仪式

2011年12月23日，昌平区举行战略合作暨首批盾构机销售签约仪式

北京汽车集团

2011年11月4日，北京市市长郭金龙调研奔驰公司

2011年3月29日，北汽自主品牌威旺正式发布

2011年4月8日，北京现代索纳塔8代上市

2011年4月9日，福田欧曼GTL新型节能重卡数字工厂正式投产

2011年6月21日，北汽集团黄骅汽车产业园项目奠基仪式

有限公司

2011年1月23日，北京市副市长吉林参加北汽集团2010年度总结表彰大会

2011年6月23日，北汽投资的锂离子动力电池负极材料项目奠基仪式

2011年7月9日，北京奔驰新发动机工厂奠基暨未来发展项目启动仪式

2011年7月29日，北汽集团海纳川公司成功收购荷兰英纳法集团股权新闻发布会

2011年8月31日，北京现代第300万辆汽车下线

2011年1月28日，北京市副市长苟仲文一行到北汽集团调研

2011年9月17日，领导视察北汽集团新研发的“勇士”改进型概念车

2011年9月26日，北汽股份北京分公司自主品牌中高端基地冲压中心A线落成

2011年10月25日，北汽集团与北京航空航天大学签署协议，组建北京通用航空（集团）有限公司

2011年10月26日，北汽福田新一代时尚多功能车“拓陆者”在北京拉斐特城堡亮相

2011年3月23日，内蒙古自治区党委书记胡春华一行到北京奔驰参观考察

2011年11月2日，北汽集团与戴姆勒集团签订战略合作意向书

2011年11月21日，北京现代自主品牌“首望”在广州车展发布

2011年11月30日，北京汽车动力总成有限公司发动机厂竣工暨首台自主品牌发动机下线

2011年12月20日，北京奔驰举行首批轿车出口仪式

保障房系列

专注于民生的丽富品牌和昊泰旗下的棚改工程，为更广泛的提升人居品质不断努力。

休闲地产系列

“山屿湖”成为风景中的风景，打造舒适梦幻的度假生活。

小城镇建设系列

城市与自然和谐共生的“中瑞生态谷”、“中国美丽谷”品牌，通过引进国际先进规划理念，整合养生、养老、度假、民俗等产业元素，探寻小城镇开发的可持续发展生态之路。

一级开发系列

着力于深度挖掘区域潜在价值。从天津武清开始，继而在鄂尔多斯生态科技园、沈阳经济圈沈彰新城，不断实践着成功。

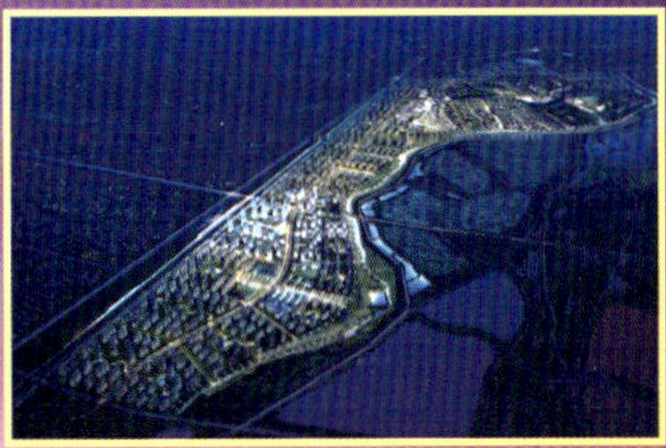

工业地产产品系列

[illegible]

北京一轻日用化学有限公司

北京一轻日用化学有限公司于2010年12月22日注册成立。公司坐落在通州区中关村科技园·通州园光机电一体化产业基地，占地面积150公顷，注册资金5010万元。

公司所属主要企业包括：北京丽源公司、北京日用化学二厂、北京金鱼科技有限责任公司、北京宏丽源有限责任公司，以及合资企业资生堂丽源化妆品有限公司。旗下拥有：“金鱼”、“熊猫”两大洗涤产品品牌，“宝贝”、“奥琪”、“华姿”、“紫罗兰”、“贵妃”等多个自有化妆品品牌，以及“欧珀莱”合资化妆品品牌。

北京一轻日用化学有限公司是北京一轻控股有限责任公司重点发展的七大产业集团之一。作为符合首都发展的都市产业和人民生活消费质量、社会进步密切相关的朝阳产业，以“北京创造”品牌为目标，以“金鱼”、“宝贝”两大主力品牌为核心，继续实施“一高一低”、“差异化”产品战略，巩固和提高品牌市场地位和份额。

法定代表人：李利中
地址：北京市通州区中关村科技园通州园·光机电一体化产业基地科创东六街6号　邮编：101111
电话：81503351　　　　传真：81503351

池储能装置，实现风光储联合并网运行，成为世界上第一个集风力发电、光伏发电、储能系统、智能输电于一体的国家级示范工程，在国内率先实现风光储联合发电互补机制及系统集成、全景监测与协调控制、全天候多尺度一体化功率预测、源网协调技术和大规模化学储能5大技术突破，完成10多项自主设备研发，创造20多项技术创新，获得70多项知识产权，培养100多名新能源领域的高层次人才。成为国内首个智能化源网友好型风电场、国内首个功率调节型光伏电站，世界上规模最大的多类型化学储能电站，也是智能化运行水平最高、运行方式最为多样的新能源示范工程。

建成大规模风电功率预测及运行控制、输变电设备状态监测系统和华北智能电网调度技术支持系统等试点项目，完成分布式发电/储能及微电网接入控制、虹桥变电站智能化改造、曹妃甸配电自动化项目建设任务。

（华北电网）

【企业管理】 年内，华北电网有限公司（华北分部）健全售电市场分析和调研机制，开展自备电厂统购统销试点，全年公司营销服务市场占有率等9项同业对标指标进入国网A段；巩固扩大输电市场。增加东北电网、锦界、府谷电厂购电，充分发掘内蒙古外送通道潜力，建立蒙西富余风电在华北区域的跨省消纳机制。争取电价政策，实现冀北地区和跨省区送电电价政策调整，增加了盈利空间。加强电费管理，开发应用自助缴费系统和邮政储蓄网点智能电表售电系统，全额回收上划县陈欠电费4705万元，实现当年电费、陈欠电费“双结零”。探索创新节能服务市场，成立华北兴源节能服务公司，在国家电网公司系统率先建立节能服务体系，实施承德平泉酒厂发电机组节能改造等3个合同能源管理项目。开展专项管理提升，全面实施北京送变电公司、华北电科院和实业公司管理提升方案，提升基层单位市场竞争力。

全面融合资产、物料和设备标准，实现了资产管理的全过程贯通。推广应用高绩效风险管理系统，实现了风险控制措施与日常业务流程的深度融合。建立大中型基建、技改、大修等12个领域的全口径项目储备库，实现规划、计划、预算管理的有机衔接。开展38项基建、技改、科技和管理咨询项目后评估，促进了项目闭环管理。实施领导干部360度能力素质测评，评选出5个优秀四好班子和11个和谐党委。开展全员绩效管理优化提升工程，创新建立基层单位对机关本部的绩效评价机制。推进员工能力素质提升工程，促进了员工与企业共同发展。深化同业对标管理，总资产周转率、单位劳动生产率、物资计划执行准确率等指标明显提升。124项折子工程完成率100%。

应用财务集约化管理平台和标准体系，实现全面预算管理覆盖公司所有单位。完成上划县公司账户与公司资金池挂接，撤销县公司402个银行账户，完成资金归结。取得招商、兴业、广发银行综合授信60亿元，获得同期贷款利率下浮10%的利率优惠，控制了融资成本。清理处置低效无效投资，压缩产权级次，核心业务产权级次降至3级。

拓展集中招标范围，集中采购率达到95%。强化合同管理，创新运用主合同加订单签约模式，使签约效率提高四倍，“三统”率达到85%。推进仓储配送体系建设，规划形成“1＋5＋60”仓储网络，完成公司清仓利库，实现全网物资信息“一本账”。完成秦皇岛电力公司和北京超高压公司精确配送试点工作。引入应用电子商务平台，实现仓储配送“双可视化”。

针对工程建设、“三重一大”等突出问题，先后开展11次财务、审计等专项检查，涉及1656个工程项目、22个二级单位和13个县公司，全面落实整改，有效堵塞管理漏洞。开展“小金库”专项治理复查工作，制定251项“小金库”防治措施。建立“三指定”治理长效机制，明确15项治理内容，落实35项具体工作，获得电力监管机构充分认可；按照“三化三有”特色惩防体系建设要求，打造“1＋7”协同监督工作格局。坚持协同监督季度会议制度，实施6项推进机制，完成17个方面54项监督任务；明确“子公司体制，分公司运作”的基本原则，制定加强县公司领导班子建设的规定，下发加强县公司管理的6大类24项规章制度。建立定期通报、重大问题会诊等6项工作机制，完成25项突出矛盾和问题治理整改任务。

（华北电网）

【安全生产】 年内，华北电网有限公司（华北分部）宣传贯彻《电力安全事故应急处置和调查处理条例》，共督查各类作业现场1038处，查处并纠正违章116起。健全事故应急体系，组建华北区域应急救援基干队伍，圆满完成“2011年国家电网公司联合应急演练暨华北区域地震灾害应急救援实战演练”；集中开展特高压安全控制策略研究，优化电网运行方式，通过联络线计划调整、合理错避峰等多种手段加强省网间电力余缺互济，有效缓解缺电局面。完成银东直流和特高压扩建工程启动调试，顺利启动山西左权电厂和长治变电站500千伏新建设备，保证了特高压扩建工程500万千瓦大负荷试验顺利进行。圆满完成2011年迎峰度夏工作，华北电网最大负荷达到16229万千瓦，同比增长5.94%；京津唐电网最大负荷达到4812万千瓦，同比增长2.95%；建成输变电设备智能分析管控系统，实现了对输电线路、主变压器等主设备状态和微气象的在线监测。开展设备状态带电检测和专家会诊巡视，强化设备风险日提示、周分析、月总结，优化状态检修策略，实现了设备安全稳定运行。持续深化政府领导、企业主责、警企联动、武警支援、群防群治、区域防控的电力设施保护机制，及时发现、处理危及线路安全的隐患322处，制止线下违章923起，清理树障21万余棵。圆满完成全国“两会”、建党90周年、十七届六中全会等重大保电任务。

（华北电网）

【科技与信息化】 年内，华北电网有限公司（华北分部）制定新能源、变电、配电、用电、通信、实验室等6个重点专业的3年研发路线。由华北电网有限公司（华北分部）负责的间歇式能源发电多时尺度调度系统研究与开发、多类型储能系统协调控制技术及规范两项课题成功列入国家“863计划”。新技术推广应用率达到85%。四惠桥智能电网科技研发交流中心建设顺利推进；按期完成大电网动态过程监测分析、大规模风电运行控制等研究开发。圆满完成国家电网公司省级计量中心试点建设任务，自主设计的“411”项目成功上线，填补了国际和国内计量器具自动化检定领域的空白，整体建设水平处于国内领先地位。作为世界上首家在联合国成功注册SF6气体减排CDM项目的电网企业，顺利完成现场核证工作。全年共获得中国电力科学技术奖6项、北京市科技进步奖4项、国家电网公司科技进步奖6项，获奖数量创历史新高。深入推进信息化“521”工程，初步建成信息管控、流程数据集成、综合业务运行、信息安全主动防御和信息运维服务“五大中心”。圆满完成国家电网公司数据级容灾建设任务，实现与国家电网公司信息化建设全面对接。

（华北电网）

【优质服务】 年内，华北电网有限公司（华北分部）建立95598供电服务中心“1+5云化系统”，以供电服务中心本部坐席为指挥中心，冀北5市远程坐席互为备用，实现话务浪涌智能管理，实现冀北5市的投诉、举报业务集中到公司供电服务中心统一受理。95598客服监督系统实现升级改造，完成95598视频电话会议系统建设。制定供电服务中心管理标准10个，编制应急预案2个，完成95598专家坐席设置。95598可实现对市、县营业厅89个场点实时监控，对投诉举报、网站留言、舆情进行监控。年内，华北电网有限公司（华北分部）系统95598运行情况基本良好，全年话务总量2551576个，其中呼入2421664个，呼出301871个；日均话务量6991个。故障报修时工作人员到达抢修现场的平均时间符合“十项承诺”要求。

完成95598互动服务网站试点第一阶段建设。作为首批十家试点建设单位之一，按照国网公司“五统一”原则建设95598对外客户服务型互动网站。网站于11月正式启动，经过测试环境搭建、系统培训调研、数据收集、生产环境搭建和上线前操作培训等主要工作，初步完成95598互动服务网站软件和硬件系统建设，为客户提供信息咨询、沟通交流和智能互动服务平台，宣传开展能效服务、电动汽车充换电、绿色能源、智能用电等新型业务。

深化大营销绩效考核系统功能应用。构建“全员、全岗位、全过程”大营销绩效考核体系，覆盖营销系统全部384个关键岗位，实现了对营销关键指标、工作质量和服务质量进行实时、在线监控分析与绩效考核，推进营销管理从职能管理向流程管理的转变。通过全面整合SG186、电能信息采集、95598等系统中的所有核心经营数据，实现对公司营销部以及地市公司营销部的绩效考核。

推进营业服务网点窗口建设。完成地市公司5个市级旗舰店、5个便利店建设工作以及5个县级营业大厅建设，实现了营业厅宽敞、明亮、便民，功能区划分完整，方便客户交费和办理有关业务，体现了“你用电，我用心”的服务理念。启动唐山公司移动营业厅试点建设工作，明确设计理念，推动工程加快实施。

开展第三方客户满意度测评活动。全年公司客户满意度工作以“短板改进成效”和“服务能力提升”为主要关注点，冀北公司客户满意率考核为91.10%，超过考核标准为89%的要求；其中唐山90.60%、张家口90.87%、承德92.65%、秦皇岛91.60%、廊坊89.79%，均超过89%的考核指标。目标短板的改进率总体完成率为唐山92%；张家口91%；承德90%；秦皇岛91%，廊坊90%，均超过90%的考核指标。

在服务品牌和服务队伍建设方面，承德公司“绿舟服务队”、“马背电工”服务典型受到中央媒体的高度关注和深度报导。技能比武方面，国网公司参赛选手全部进入半决赛，并取得第十二名的成绩。

加强业扩报装重点管理。严把“两高”行业入网关，按照国网公司继续对高耗能行业项目进行清理的要求，对于缺少或不符合条件的“两高”行业新装和增容项目及时补齐相关批准文件。严查“三指定”行为，建设“三指定”治理长效机制，开展2次全公司范围的检查督导，范围涉及公司所有供电单位，开展客服工程项目业扩报装95598回访制度，回访客户达到100%；强化小区配套费管理，下发《关于重申城市新建住宅小区电力设施建设项目管理有关规定的通知》，加强城市新建住宅小区电力设施建设项目管理，提高城市新建住宅小区电力设施建设项目建设速度。公司组织编制了《业扩报装作业指导书》，促进公司业扩报装工作管理与执行的规范化。

高危重要用户安全隐患治理和营业普查增收成效明显。2011年全网（含县级供电企业）共有重要客户（二级负荷以上）925户，无新增电网责任客户安全隐患。共存在各类客户责任隐患1289条，全年整改隐患1071条，综合整改率完成83.09%，同比增加10个百分点。实现客户责任安全隐患告知、备案、督导率100%。唐山、秦皇岛公司积极推动政府出台《关于对高危重要客户危害供电安全问题进行排查整改的通知》，建立联动机制，治理成效显著。加大营业普查工作力度，开展反窃电专项活动，有效打击窃电行为，规范了抄核收工作，起到了堵漏增收、降低线损的作用，全年营业普查增收明显。

（华北电网）

【获得荣誉】 年内，廊坊供电公司获“2011年第三批全国文明单位”称号，北京超高压公司等8个单位或集体荣获“国家电网公司文明单位”和“国家电网先进班组”称号。涂少良等6名同志荣获“国家电网公司劳动模范”、“国家电网公司优秀班组长”等称号。2项管理成果获得北京市管理创新一等奖。3项职工创新成果获得国家电网公司职工技术创新优秀成果奖。

（华北电网）

北京市电力公司

【综述】 北京市电力公司（简称北京公司）是国家电网公司所属的省级电力公司，负责北京地区1.64万平方公里范围内的电网规划建设、运行管理和630余万用电客户的供电服务工作，肩负着为首都党政军机关、重大政治活动和城市运行安全供电的光荣使命。截至年底，北京公司本部设置21个职能部门、公司工会以及5个具有一定管理职能的二级机构，下设16个区县供电公司，9个专业化公司（含全资子公司1个）以及9个其他单位（含全资子公司3个)。

2011年，北京公司完成售电量741.16亿千瓦时，完成固定资产投资72.45亿元，资产总额达到683.73亿元。500千伏及以下线损率6.54%，同比下降0.14%，当年电费回收率100%。

(北京电力)

【电网概况】 北京电网是以500千伏为骨架，220千伏为主体，110千伏及以下配网覆盖全北京市的大型城市电网，北京地区是京津唐电网的负荷中心。截至年底，北京地区共有发电厂22座，发电机组140台，总装机容量6845.9兆瓦。其中，火电厂11(含燃气)座，发电机组39台，装机容量5658.9兆瓦；水电厂(含抽水蓄能)6座，发电机组18台，装机容量1013兆瓦；风电厂1座，发电机组76台，装机容量114兆瓦；垃圾、沼气及核电厂4座，发电机组7台，装机容量60兆瓦。110千伏及以上变电站397座(含用户站)，变压器970台，变电容量90245兆伏安。110千伏及以上架空线路456条，共6203.55千米；110千伏及以上电缆线路732条，共1257.85千米。北京电网500千伏层面由9座变电站形成扩大双环网结构，西北部和南部分别外扩至河北地区，通过10个500千伏通道与外网联络，220千伏层面由7座500千伏变电站的220千伏母联开关作为分区点，形成6个相对独立的供电分区，各分区之间通过联络线互为备用；110千伏及以下电网除并网线路外，全部开环运行，形成辐射状电网覆盖全市范围。年内，北京电网运行平稳，地区最大负荷1538万千瓦，同比减少6.39%，综合电压合格率99.82%，城市供电可靠率达到99.982%。北京电网冬季负荷创历史新高达到1387.5万千瓦，同比增长1.34%。

(北京电力)

【人力资源】 年内，北京公司有全民所有制在职职工8512人，平均年龄43岁。大学专科及以上学历人员6201人，占总数的72.9%；副高及以上专业技术资格人员643人，占总数7.6%，中级专业技术资格人员1412人，占总数16.6%，高级工及以上人员6034人，占总数70.9%。现职领导干部391人。国家电网公司级专家28名。人才当量密度97.95%，位列国家电网公司系统第三名，在国家电网公司系统人力资源同业对标专业排名第三。

北京公司加强后备干部管理，制定下发了《后备干部管理办法》等3项管理制度和《电力干部培训三年规划》。印发了《生产员工安全技能等级评价工作管理办法(试行)》，完成7个单位1430名生产员工的安全技能等级评价工作。逐步推广员工学分制管理，多角度、多层次地开展新能源、状态检测、带电作业等一系列专项技术培训。

调整公司本部人资、财务、物资管理部门的内设机构、职责及岗位编制，明确了公司应急管理、标准化管理、电力管沟管理等职责。成立了带电作业中心。深化定员研究和应用，开展电动汽车作业人员定员研究，推进定员单位开展定员分解工作。制定了《劳务用工管理办法》等5个劳务用工管理办法和意见，建立了统一规范的劳务派遣主要岗位序列、技能水平的评价机制和薪酬标准体系。完成3个试点单位的岗位归级与薪酬套改，完成7000多名劳务派遣人员的学历、职业资格、专业技术资格的认证工作和技能等级的核定。

(北京电力)

【电网建设与发展】 年内，北京公司结合首都“世界城市”建设需求，完善了《北京电网十二五规划》，完成《北京电网规划设计技术原则》修编。参加住建部《城市电网规划设计导则》修编工作，将北京电网发展的特殊性需求纳入国家规范标准。依托空间布局规划初步确定中心城区2030年以前的输变电工程站址和路由资源，完成35千伏及以上输变电工程可行性研究80项，取得项目核准、规划意见书、环评等前期要件126项。建立全口径项目储备库，将“十二五”规划项目全部纳入储备，完成深度储备项目67项。

滚动调整“十二五”配电网发展规划，落实土地一级开发配套规划92项，完成电力设施迁改工程66项。新建35千伏及以上变电站11座，35千伏及以上线路312.06千米。延庆、平谷新能源示范工程纳入财政部金太阳工程。制定非生产性工程计划，合理安排项目资金，理顺管理流程，做到从可研到项目后评估的全程监管。

投产26项输变电工程，投产110千伏及以上变电容量329.3万千伏安，线路194.5千米；完成22项35千伏及以上电力设施迁改工程，改造送电线路88.23千米；完成了3项重点附属设施工程。

基建重点工程取得突破性进展，海淀500千伏送电工程已开工建设；国家电网公司科技馆工程完成所有开工手续。22项度夏工程、京沪高铁配套220千伏团河等工程全部按期投产；完成轨道交通、保障性住房等市重点工程配套变电站及迁改工程的建设任务；完成国家电网公司第一座EPC（工程总承包）建设模式的智能变电站试点工程——110千伏科学城智能变电站工程按期投产。完成了北京首座智能变电站——220千伏左安门智能变电站主体改造，为北京电网智能化变电站的发展引领了方向。北京公司在国家电网公司系统率先引入土压平衡式盾构机。

建成公司第一座智能变电站（央企园110千伏变电站）。军都等3项220千伏输变电工程获得国家电网公司优质工程称号。朝阳500千伏变电站获得国家优秀工程设计银奖；通惠等2项220千伏工程设计获得国家电网公司优秀设计奖；全过程造价管控体系研究获得北京市第26届企业管理创新成果一等奖。北京公司获得国家电网公司“2011年度工程造价管理先进单位”称号。

（北京电力）

【经营管理】 年内，北京公司财务费用同比压降0.89亿元。规范用户资产接收工作，落实免税政策，合法合规确认历年接收用户资产117亿元。全年北京电网总购电量787.56亿千瓦时。实施各类审计273项，促进增收节支1.6亿元。北京公司及所属昌平供电公司被国家电网公司评为“2009～2011年度审计工作先进单位”，供电所管理专项审计调查等3个审计项目获得“国家电网公司优秀审计项目”称号。全年落实国家电网公司考核业绩指标48项、公司折子工程14项及重点工作523项。

修订经济活动分析管理办法，制定《北京电网经济调度管理规定》，滚动开展主变运行效率分析，组织实施主变降损停备措施，累计节约电量112.14万千瓦时。开展多维度的负荷分析及负荷特性研究，建立中低压母线负荷预测系统，负荷预测准确率达到97.94%，同比提高1.01%。建立电网检修运维标准作业库，完成电网检修运维管控模块，实现设备台账、标准作业库和预算定额的融合。启动物流体系改革，储备科学、配送便捷、周转高效的仓储配送体系初步建立，北京电力物流服务中心供应服务大厅揭牌，实现对供应商业务办理一站式服务，全年累计完成物资集中规模招标44.08亿元，节约采购资金1.35亿元。

严把经济合同关口，全年对外签订经济合同11642份。在网省公司层面率先建立合同管理“六统一”（统一合同归口部门、统一合同管理职责、统一合同管理流程、统一合同信息化工作、统一合同文本、统一合同分类）工作机制。妥善处理各类案件及纠纷68起。加大诉讼维权力度，公司起诉案件共16起，涉案金额近1400万元。建设供用电关系风险法律防范体系，完成电费回收及抄表计量领域法律风险及管理漏洞的梳理，对潜在法律风险进行了排查与评估，共梳理风险点185项、风险行为516项。加强土地、房产战略资源管理，从权属管理入手，不断完善土地、房屋确权机制，新增土地确权面积22.3万平方米。修订《北京市电力公司规章制度编制管理办法》，梳理规章制度500项，对438项规章制度执行情况进行了排查全面梳理分析。建立了“牵头部门负责制”。为加强集体企业管理内部控制，编制完成法人治理类、财务管理类、人力资源管理类、业务管理类4类规章制度39项。制定公司规范集体企业和主多分开实施方案。出台了《北京市电力公司社团组织归口管理办法》。制定《北京市电力公司本部企业管理创新成果管理办法》，北京公司本部申报创新成果32项中有17项获得优秀成果。建立了企业管理创新专家库，申报管理创新成果88项。组织完成18项年度重大课题研究，形成一批高质量研究成果。荣获国家电网公司研究成果一等奖1项，国家电网企业管理系统调研成果杰出奖和优秀奖各1项。北京公司成为国家电网公司2011年同业对标综合管理标杆单位。

（北京电力）

【安全生产】 年内，北京公司建立了3级巡检机制，多层次加强对作业现场的检查评估，强化重点规章制度、风险管控措施在现场的落实。完成了电网运行指挥系统（IOSS）安全风险管控模块建设，建立了风险管控执行情况评价指标体系，确保了风险管控措施和安全生产过程管控工作有效对接。电网考核点电压合格率和220千伏及以上继电保护正动率保持100%，处于国家电网公司系统同业对标A段水平。110千伏及以上变电站调控一体化覆盖率达95.6%。完成输变配电设备检测15365件，累计消除输变电设备缺陷4940件。组织开展恩翼帕瓦断路器、抚顺刀闸瓷瓶、线路重要交跨等隐患整治，全年输变电设备停电工作安排同比降低28%。全年下达电网检修运维项目1782项，完成1769项，安排生技类专项技改项目263项，竣工完成大型技改项目85项。

完善了21类输变电设备状态评价导则、检修导则等技术标准。制定了《电缆接头管理实施细则》，全面推行10千伏电缆的OWTS试验，落实重要用户供电设施差异化运维措施。扎实推进配电自动化建设，城区配电自动化通过国家电网公司实用化验收，金融街地区成为全国高可靠性供电示范区域。修订完善《北京市电力公司总体应急预案》和21类专项应急预案，成立公司两级应急基干队伍。全面开展了供电和输变电系统数据核查梳理工作，全年总计梳理基础数据38661条，保证了基础数据和运行数据的准确性。北京公司未发生电网大面积停电事故，未发生误操作事故，未发生重特大设备损坏事故。一般电网和设备事故同比下降85.71%，户均停电时间同比下降16.11%。推进政治供电常态化，圆满完成全国“两会”、建党90周年庆祝活动，天宫一号和神舟八号发射任务以及党中央、国务院重要会议等政治供电任务202项，累计保电天数达到310天，实现政治供电“零闪动”、安全生产“零死亡”的工作目标。北京公司连续4年被评为全国“安康杯”优胜企业。

（北京电力）

【营销工作】 年内，北京公司制定和完善了北京公司《业扩报装管理办法》、《电能计量库存管理办法》、《智能电能表安装调试工作规范》、《用电信息采集运行维护管理办法》、《机电式预付费电能表“机电不符”故障处理办法》、《电能计量现场检验管理办法》等11项管理制度。北京公司营销服务专业同业对标各项指标整体排序处于国家电网公司系统A段水平。

完成报装接电819.8万千伏安，同比增长48.44%，累计消化热点用电需求248.19万千伏安。推广电能替代项目，全年建成蓄冷空调、地源热泵项目121项，累计增加电量约1.34亿千瓦时；推广应用70万具智能电能表。实施“反窃电、促降损、强管理”专项行动，全年累计查处违约用电、窃电2326起，追补电量2954.37万千瓦时。运用法律手段，回收欠费275.22万元。全年建成12座充换电站、274个充电桩，其中高安屯示范充换电站建成具有示范效应，该站集充电、换电和电池配送三大功能为一体，满足北京市全部示范车型的需求。争取政府资金支持，完成了1万余户电力光纤到户的改造任务，并配套开展了智能小区和电力光纤入户商业运行模式的课题攻关。

营销信息化稳步提升，完成公司营销稽查监控大厅建设及营销稽查监控系统上线工作，实现了对营销关键指标、工作质量和服务质量的实时在线监控。

（北京电力）

【农电工作】 年内，北京公司编制完成“十二五”农村电网改造升级规划，编写《农网示范村建设标准》，指导“十二五”期间农村配电网建设。以大兴、密云、顺义、延庆、海淀5个地区为试点，通过配电网分倒路、加装配变等措施加快农网升级改造，累计投资达2亿元。加快农网示范工程建设，在通州水务村、昌平长陵村、平谷祖务村、延庆玉皇庙村启动农网示范村建设工程。加强农村供电所管理。对供电所定位、机构岗位设置、成本标准、人员聘用等问题进行研究并出台管理办法。开展供电所作业组织专业化试点工作。开展农村用电安全强基固本专项行动，全面提升农村地区安全用电水平。推进农村供电所标准化建设。共完成40个农村供电所标准化建设，使北京农村标准化供电所建设完成率达到100%。西集、十三陵、周口店、采育、金海湖5个供电所先后被国家电网公司评为标准化示范供电所。

北京10个远郊区（县）110千伏及以下综合线损率累计完成6.33%，累计电费回收率100%。农村地区供电可靠率达99.884%，农村地区电压合格率达到99.396%。

（北京电力）

【科技与信息化】 年内，北京公司编制完成北京公司“十二五”科技发展规划。全年下达公司安排科技项目25项，群众性技术创新项目82项。全年申请国家专利229项，其中发明专利60项，授权专利103项。获得国家电网公司科学技术进步奖6项，其中一等奖和二等奖各1项、三等奖4项。

推进北京公司重大科技项目研究，开展了国家863计划项目“电动汽车充电对电网的影响及有序充电研究”，以及国家科技部“十二五”科技支撑计划项目“优质电力园区关键技术研究与示范应用”的立项申报工作。开展无人机巡线技术应用研究、北京电网仿真培训系统技术方案研究、政治供电相关标准及技术研究。承担北京市重大科技项目6项。编制网络与信息安全专项应急预案和56个现场处置预案，开展了核心网络应急预案演练。北京公司保持信息系统安全“零事故”记录，获国家电网公司2011年度信息安全技术督查优秀单位称号。

（北京电力）

【优质服务】 年内，首都电力共产党员服务队进社区、进机关、进企业、进校园、进医院、进乡村等活动已形成特色服务品牌并得到全社会的肯定。开通95598远端坐席，组织开展应急演练，对软硬件功能进行优化完善，切实提高热线服务能力。全力打造居民购电“十分钟交费圈”。拓展公共交费联盟等各类交费网点6671个，全市交费网点达到15956个。持续推进和深入开展应急送电卡服务举措，累计应急送电卡4096次。完成了79个项目10万套保障性住房报装送电任务，送电容量20万千伏安。建立由市、区两级政府和供电企业3方共同出资，改造老旧小区供电设施的建设模式，完成68个老旧小区的改造，惠及居民9万余户。北京公司推动品牌建设职能由“服务”向“保障”转变，成为国家电网公司系统首批品牌标志建设达标单位。公司荣登北京市第五届“影响百姓经济生活的十大企业”榜首。

（北京电力）

【获得荣誉】 评选出“十大首都电力之星”、“十大优秀团队”。成立27个创新工作室，3项成果获得全国和北京市级科技成果奖；“肖永立创新工作室”获得第六届“海峡两岸职工创新成果展”金奖和北京市职工优秀创新成果展金奖；2个优秀班组获得了中央企业红旗班组荣誉称号；“共担安全每一天”特色主题宣教活动荣获国家电网公司企业文化优秀案例一等奖；城区供电公司天安门地区供电中心荣获“全国工人先锋号”称号；平谷供电公司金海湖供电所荣获“北京市工人先锋号”称号。1人荣获“全国劳动模范”称号，5人荣获“北京市劳动模范”称号。

（北京电力）

北京二七轨道交通装备有限责任公司

【综述】 北京二七轨道交通装备有限责任公司（以下简称二七装备公司）隶属中国北车股份公司。主要经营的项目是开发、设计、制造、修理、销售铁路及城市轨道交通运输设备、电子设备和机械电器设备等。有机械动力设备3000余台（套），占地面积43万平方米，厂房建筑面积16.5万平方米。固定资产原值71086万元，净值36146万元；从业人员3521人，博士毕业生4人，硕士毕业生72人，本科毕业生698人；具有高级专业技术职称163人，中级职称269人。行政下设13部3室5中心、13个生产分厂（分公司）。党群系统设有8个职能部室。截至年底，已累计制造各型内燃机车2300多台，配属全国18个铁路局

(公司)和路外100多家大型企业，并出口古巴、越南、安哥拉、爱沙尼亚、尼日利亚等国家。已达到年生产六轴大功率交流传动电力机车100台，内燃机车新造年产100台，大型养路机械60标准节，内燃机车年修理80台的能力。主要产品有HXD3、HXD3C型7200KW电力机车、DF7系列内燃机车、GK1E和GK31E型内燃机车、铁路大型养路机械LZC—800型路基处理车、GMC96B型钢轨打磨车、多功能作业车和边坡清筛车等。

(胡跃平)

【轨道交通产业园(一期)项目开工】 9月28日，中国北车北京轨道交通产业园(一期)项目举行开工仪式。中国北车股份公司副总裁孙锴和北京市房山区有关领导，北京二七装备公司、唐车公司、南口机械公司等有关领导出席了开工仪式。一期工程项目纲领规模为年生产高端轨道客车300辆、中低速磁悬浮车300辆、大型养路机械150标准节、大功率交流传动机车200台的综合能力。产业园项目建成后，具备年新造轨道客车300辆、中低速磁悬浮车300辆、城际列车300辆、大型养路机械300标准节、大功率交流传动机车250台、高端轨道交通装备及风电传动装备3000套的综合生产能力，以及新材料和新能源汽车部件制造加工能力。产业园项目总投资约65亿元。总建设工期为5年，其中一期工程项目建设工期为3年。

(胡跃平)

【生产发展与市场营销】 年内，二七轨道交通装备公司实现营业收入146009万元，净利润-5626万元。新造和谐3型电力机车8台，比上年同期减少93%。新造和谐GMC96B型钢轨打磨列车5列，和谐LZC—800B型路基处理车4列。路外销售新造内燃机车38台，比上年同期增加8.7%。大修内燃机车72台，比上年同期增加了26.32%。配件销售6039万元。新开用户10家，新开率50%。在全路厂修机车综合排名成绩中获得综合评价第二名。售后服务部门向古巴、尼日利亚、安哥拉等国派出售后服务人员450余人次。全年共处理电话记录、内燃机车问题152件。

(胡跃平)

【改革改制】 年内，原公司所属医院与北京中医药大学东方医院资产划转和人员移交等工作完成。存续企业的集体企业改制方案已上报集团公司，存续企业以“五分开”为原则进行管理。与股份公司续签了《房屋租赁及使用管理协议》。

(胡跃平)

【企业管理】 年内，钢轨打磨列车获得铁道部颁发的生产许可证。6项管理成果荣获北京市第26届企业管理现代化创新成果奖。强化对各生产环节的管理，强化现场管理工作。编制完成《多功能作业车标准化综合要求》、《爱沙尼亚车标准化综合要求》等文件。完善环境管理制度，下发《固体废物管理办法》、《环境保护责任制》。获得了国家安监总局颁发的“一级安全质量标准化企业”证书，被评为丰台区安全生产先进单位。全年未发生重伤、死亡事故；发生轻伤6起，轻伤负伤率为1.7‰，低于北车股份公司2.6‰的指标；无中毒、中暑事故和火灾爆炸事故发生。通过与清华大学、北京交通大学、北京科技大学等知名高校建立合作关系，引进科技人才，现有博士毕业生4人，硕士毕业生72人，本科毕业生698人。在生产单位实施“双师”(工程师＋技师)人才管理办法。组织实施2011年度员工培训计划，共完成各类培训班467期，培训12693人次。完成2011年度新入公司大学生师徒协议签订工作，共确定师徒关系107对。完成2010年度拜师学艺到期的考核工作。组织开展了2011年度专业技术职务任职资格评审工作。通过高级职称推荐上报北车人事部，申报高级评审20人。通过中级职称评审59人，通过初级职称评审43人。组织开展2011年中国北车专家人才选拔评审推荐工作，共52人申报各层次专家，其中申报专业大师2人，申报首席专家2人，申报资深专家22人，申报专家27人。经过专家评审委员会委员评审推荐，公司批准上报北车，推荐专业大师1人、首席专家2人、资深专家11人、专家11人。

(胡跃平)

【新产品新技术自主开发】 年内，开展了5个方面的新产品新技术自主开发工作。一是钢轨打磨车。修改完善了内走廊改造和修复技术方案，关键配件清单，打磨列车出厂试验大纲。修改完善了A车提升恒低速功率技术方案。进行了“八防”关键工序，特殊过程及安全关键部件汇总表编制，打磨列车用户手册和用户培训教材的修改完善编写工作及用户培训工作。二是路基处理车。完成了动力和从动转向架的国产化部级评审。加装夯实装置小车和分料料斗技术方案并实施。修改完善了出厂试验大纲，进口配件减免税所需的配件明细和相关说明，完成用户手册和用户培训教材的编写。完成了路基处理车“八防”关键工序、特殊过程及安全关键部件汇总表编制及用户培训工作。三是边坡清筛机。完成二七公司国产化份额的边坡清筛机图纸全部转让及LORAM公司固定份额转让及国产化所用图纸的转化工作。图纸总量3400余张（未含借用部分）。完成全部签订技术协议93项，购置工装工具设备52项，翻译技术标准及操作规范225项。2次派人员赴LORAM公司接受现场技术培训，并对主管部室和生产车间进行了多层次、多侧面的产品知识普及和技术培训。对首列边坡清筛机4条输送带主结构及装载车车架和筛分车车架，完成包括组成部件在内的23项钢结构首件鉴定。对到达第一、二列清筛机LORAM份额配件，共19个集装箱进行清点工作。四是多功能作业车。通过北京市科委、商委、税务部门的审核备案后，向GBM公司开出信用证。取得了BR711车辆的全部技术资料，并完成总体技术方案。采用BR711车辆图纸的国产化技术标准整图和施工图纸的设计，国产化高空作业斗、旋转升降平台、网线拨线器、模拟检测弓、辅助发电机组、空气制动系统部件已经全部订货；从欧洲订货的柴油机、液力传动箱、分动箱、传动轴系中弹性联轴节和万向轴也已到货。车体钢结构转向架构架已投入试制。五是电力机车。完成HXD3C型车体静强度的型式试验及整车综合性能的型式试验工作。编制了HXD3C型工艺文件178份，基本覆盖了HXD3C型各个工序。开展电力机车可靠性、可用性、可维护性及安全性（RAMS）活动和产品全寿命周期（LCC）研究工作。配合咨询公司确定FRACAS软件系统收集电力机车在段运用故障信息时需录入系统的各项信息（数据字段）。并对FRACAS软件列表单中的故障类别、故障关联类型及任务类别进行分类、定义。编制电力机车基本故障模式手册。将故障模式分为4大类，共46项。整理HXD3型电力机车系统树。补充完善电力机车历史故障信息。编制电力机车产品树及故障模式手册。

（胡跃平）

【基本建设】 年内，北京市与中国北车签订《战略合作框架协议》，并分别与房山区、丰台区签订合作协议，在房山区建立中国北车北京轨道交通产业园。二七装备公司作为产业园和科技园的建设主体，成立产业园建设项目组。中国北车股份公司对我公司呈报的《关于二七装备公司中国北车北京交通装备产业园总体规划及项目（一期工程）立项请示》给予批复。原则同意产业园总体规划及项目（一期工程）立项，并明确产业园总体负责单位为北京二七轨道交通装备有限责任公司，总负责人杨永林。产业园总规划占地面积约2253公顷。其中，一期工程项目用地125.87公顷。产业园建设总投资约65亿元（含一期），资金来源（含一期）为总投资80%，使用中国北车统一银行贷款，其余企业自筹。总建设期为5年。

（胡跃平）

南车二七车辆有限公司

【综述】 二七公司隶属于中国南车股份有限公司，为国内铁路货运平车、平车——集装箱两用车和特种平车的制造基地。具备年新造铁路货车4000辆、修理铁路货车3000辆的综合能力，同时拥有年产MT、HM－1型缓冲器2万套、交叉支撑装置6万份、轴承保持器300万件的配件生产能力。2011年末，本部在册人数2948人，其中教授级高级工程师10人，具有高级专业技术职称89人，中级专业技术职称221人；设置行政部室20个，党群部门5个，生产车间7个，控股合资企业2个，全资子公司1个；固定资产原值4.729亿元，生产用地64万平方米，房屋建筑19万平方米；有各类机械动力设备1775台，其中主要生产设备1343台。

2011年，二七公司全年共完成新造货车4119辆，检修货车2322辆，生产货车配件13万套（件）。营业收入增长率21.8%，利润总额增长率14%，超额完成年初制定经营指标，实现3个“突破”——销售收入首破20亿元，新造车第一次突破4000辆，员工年均收入破5万元。本部从业人员劳动生产率为584187元/人，在岗员工年平均工资55406元/人，万元产值综合能耗0.052吨标准煤。高分通过国际铁路行业标准（IRIS）体系认证；高分通过国家一级安全生产标准化企业周期性复评。

（宣传部 企业文化部）

【产品销售与服务】 年内，二七公司签订新造车合同4396辆，检修车合同2554辆。其中，自备车市场订单达930辆，配件自销大幅增长，实现销售收入1.4亿元。面对铁路资金紧张状况，积极清收账款，有效降低经营风险。主动参与多项国际铁路项目竞标，继续跟踪泰铁车项目与海外建厂。开拓延伸产品市场，卷钢座架、JC旁承检测机和散堆箱等产品共实现销售收入5384万元。

（宣传部 企业文化部）

【新产品开发】 年内，二七公司完成了80吨级共用平车的设计与样机的试制工作，设计方案在铁道部组织的80吨级铁路货车各种车型所有设计方案中排名第二，巩固了平车设计的主导地位。载重92吨单层集装箱专用车、关节式双层运输汽车专用车组、变层式运输汽车专用车、快捷集装箱运输车、160千米/时货车转向架等重点产品的研制取得阶段性成果。开展系列转向架和缓冲器研制工作，可拆卸式卷钢座架、载重62吨改进型散堆箱等产品赢得良好的经济与社会效益。申报了94项专利项目。X6K型专用集装箱车、NX70型共用车分获2011年度中国铁道学会科学技术二等奖和三等奖。NX70A型共用车获北京市“金桥工程”项目一等奖。公司通过北京市高新技术企业复评认定，被评为丰台区专利试点合格企业。

（宣传部 企业文化部）

【企业管理】 年内，二七公司以基准利率融资3.6亿元，缓解了资金紧张压力。开展税收筹划，实现财务创造价值，税收减免480万元。外聘法律顾问，建立法律顾问制度。深化ERP应用，完成合同管理、精益班组管理看板、TFDS和加密系统等工作。推进车间三室达标活动，明确工作规范与标准，提升管理执行力。开展精益生产工作，精益管理推行成果获第26届北京市企业管理现代化创新成果一等奖，备件车间“备件制作生产区”获南车二星级精益生产示范区称号。投资2500余万元实施厂区环境治理和目视化效果改造。以95.3分通过国家一级安全生产标准化企业周期性复评，实现了年度安全生产各项目标。以安全生产标准化企业认证为契机，各控股公司安全管理水平全面提升。强化节能环保工作，完成节能减排指标。

（宣传部 企业文化部）

【技术改造】 年内，二七公司通过工艺调整，SQ6型车达到单班日产4台能力，NX70A、C70、X70并行生产创下单班日产23台的新纪录。优化工艺布局，实现完整交车。开展焊接质量对规、探伤、制动、钩缓、轮轴等专项检查活动。编制可视化工艺文件。建立铁路货车产品不合格数据库。主持制定、修订铁道部及南车标准12项，标准化工作进一步加强。

（宣传部 企业文化部）

【质量管理】 年内，国际铁路行业标准（IRIS）管理体系以70%的得分率高分通过了认证审核。通过EN15085焊接体系复评。在铁道部组织开展的铁路货车造修企业质量保证能力审核评价中被评为一级企业。TFDS系统上线运行。建立了铁路货车质量缺陷库、产品质量信息库。开展系列、专项质量安全大检查活动，实施问题清单化管理。开展岗位练兵技术比武、“三不”承诺及质检人员岗位交流等活动。

（宣传部 企业文化部）

【人力资源管理】 年内，二七公司举办中层团队IRIS体系、财务知识等培训。17人获南车核心人才称号。全年共完成一级培训班98

期，培训 3183 人次；组织开办二级培训班 135 期，培训 6185 人次。完成南车一体化、系统化、规范化薪酬制度改革，构建了包括岗位绩效工资制、计件工资制、年薪制、项目工资制、营销工资制等为主的企业薪酬体系。完善绩效管理，持续提升组织和个人绩效。规范用工形式，优化结构，规避风险，实现人力资源在企业内部的优化配置。推进自控型班组建设，完善班组长津贴制度。积极吸纳社会人才，为公司发展积蓄力量。全面应用 e-HR 系统，提高人力资源信息化管理水平。

（宣传部 企业文化部）

【新产业发展】 年内，二七公司组建新产业部，配齐补强各项资源，推动新产业项目调研、论证和落地实施工作。轨道装备大部件制造（丰华实）中心、机械加工（隆长泰）中心、橡塑产品制造（隆轩）中心、物流（二七储运）中心完成重组整合。成立北京诺安舟应急缓降装置有限公司。

（宣传部 企业文化部）

北京南口轨道交通机械有限责任公司

【综述】 北京南口轨道交通机械有限责任公司（简称南口机械公司）员工总数 1255 人，其中具有高级专业技术职称 56 人，中级专业技术职称 107 人。固定资产原值 4.42 亿元，净值 2.73 亿元。占地面积 84.77 万平方米，其中生产经营（厂区）面积 54 万平方米。各类设备 935 台（套），其中大型精密设备 71 台，进口设备 61 台。行政部室 10 个、党群部门 1 个，主产品生产单位 6 个，事业部 1 个，控股公司 1 个。全年实现销售收入 5.13 亿元，比上年增长 29.4%，其中主产品销售收入比上年增长 35%。

（陈宗河）

【改制改革】 年内，南口机械公司启动机构重组、职能分配、流程再造、整章建制系列工作。职能部室由 18 个调减到 11 个，部室工作职能进行系统整合，进一步明确营销、成本、绩效、资产、质量、生产各专项管理责任主体。建立公司领导对口包保生产单位基础管理建设工作制度。对生产系统按产品系列进行调整组合，全部完成存续企业所属南德、运输、南铁工业、夏金宇公司及宗合厂 5 家改制单位股权清退工作。南口机械公司回购存续企业资产方案等待北车集团批复，剩余资产进行盘活或报废处理。完成存续企业所属南德、运输、南铁工业公司 3 家改制单位资产核销资料上报，北车集团对南德、运输公司 2 家单位做出核销批复。

（陈宗河）

【生产经营】 年内，南口机械公司完成主要配件品种 119 项，产量 13.66 万件套。其中，轨道交通产品完成各型空压机 465 台、各型主机油泵 20 台，和谐 2 型技术引进机车主动齿轮 2798 个、从动齿轮 2680 个、抱轴箱铸件 2400 个、齿轮上箱铸件 2250 个、齿轮下箱铸件 2250 个，和谐 3 型技术引进机车从动齿轮 329 个，东风 7G 型机车从动齿轮 53 个，东风 4 型机车主动齿轮 280 个、从动齿轮 605 个，SS3 型电力机车主动齿轮 171 个，SS4 型电力机车主动齿轮 338 个、伞齿轮 56 个，各型喷油泵上体装配 3620 套、下体装配 3600 套、各型喷油器 2510 套、各型喷油器偶件 28800 付。

（陈宗河）

【市场开拓】 年内，南口机械公司签订大同、永济 HXD2 技术引进机车主从动齿轮、齿轮箱、轴箱、抱轴箱产品订单合计 7306 万元，比上年同期增加 5952 万元。签订大连 HXD3C 从动齿轮、庞巴迪从动齿轮、内燃机车配件产品订单合计 1337 万元，比上年同期增加 350 万元。多渠道开展物流及对外协作业务，创利近 120 万元。得到市经济信息化委的大力支持，将为机械传动系列产品和道岔系列产品进入北京市地铁市场牵线搭桥。

（陈宗河）

【新产品开发】 年内，南口机械公司新产品、新技术自主开发能力提高。螺杆空压机机头系列产品开发取得成效，完成直联式 28 立方螺杆空压机机头试制，进入小批量生产阶段；20

立方螺杆空压机机头产品开发进入试制阶段；与西安交通大学签订40立方螺杆空压机机头产品开发合同，进入设计阶段。完成20立方螺杆空压机主机优化设计；自主研发的40立方～60立方螺杆空压机主机，应用新技术、新工艺，实现主机关键零部件全部自制和完成新产品试制；完善风源系统主要零部件工艺分流、重点工装，优化机体零部件数控加工程序，提高效率30%。完成济南装备公司风电产品探伤工艺、喷漆工艺研发和销轴工艺工装改进；完成久和公司2兆瓦风电齿轮箱润滑系统设计。完成所有国内道岔生产原材料钢轨感应热处理工艺试验；完成国内主要AT钢轨跟端锻压工艺试验，60千克/米和60AT钢轨闪光焊接工艺试验，60千克/米和50千克/米钢轨绝缘胶接工艺试验；完成普通、提速和客专道岔所有典型钢轨件铣削试切和试制；工艺试验全部通过铁道部质检中心和铁科院委托检验。全年申请技术专利16项，其中发明专利4项，新获授权专利7项。PLM项目二期研发信息化系统正式上线运行，建成设计工艺一体化信息管理平台。

（陈宗河）

【多元经营】 年内，南口机械公司多元经营取得实效，其中风源产品销售收入实现翻番。签订宝鸡石油机械厂石油机械产品订单392万元，比上年同期增加83万元。签订美国开利公司转子产品订单1640万元，比上年同期增加647万元。签订尤奈特斯公司20立方螺杆空压机主机450台、40立方螺杆空压机主机250台、80立方螺杆空压机主机100台产品订单，签订施耐德公司20立方螺杆空压机主机300台产品订单，签订螺杆空压机主机订单合计4632.3万元。完成20立方～100立方不同规格螺杆空压机主机产品共计1263台，20立方螺杆空压机整机9台，完成出口美国开利公司TV1、TV2、TV3系列转子1178对，完成转子端板铸件1460个，完成宝石主动齿轮203个、从动齿圈144个，完成大众行星齿轮525个。

（陈宗河）

【基本建设与技术改造】 年内，南口机械公司配套大功率机车及200公里以上动车组齿轮箱、转子加工专业化生产改造项目，累计完成投资3.13亿元，购置大型数控设备80台/套，其中引进进口设备17台/套；完成土建施工1200平方米，主体工程基本完工。交流传动机车及高速动车组传动装置与风源系统产业化能力提升项目提前启动，累计完成投资1亿元，购置设备20台/套，土建施工面积4000平方米，改造面积8000平方米。完成风源系统厂房改造、油化库改造工程；完成风电组装厂房改造2800平方米、风电机加工厂房改造2600平方米、风源箱体加工联合厂房改造1.2万平方米；完成配件厂供电线路、热处理厂变压器、办公楼暖气更新改造等工程项目。全年获得政府补贴共计2566万元。其中，市经济信息化委贴息补助4.2亿项目1000万元，道岔项目500万元；大排量螺杆压缩机主机研制项目获得北京市科学技术委员会技术支持资金300万元；昌平区市政管委投资300万元对公司家属区进行治理；昌平区公路局投入310万元对公司西门公路桥进行改造；获得北京市和昌平区政府供暖补贴156万元。

（陈宗河）

【企业管理】 年内，南口机械公司启动企业内部控制体系建设，完成《内部控制体系制度手册》170项制度中148项文稿的编制。加强质量控制，完成中国北车7项质量指标，未发生特别重大、重大、较大质量事故和一般A、B、C类质量事故，铁道部产品质量监督抽查合格率100%。《降低20立方机体销子孔位置度加工不合格品率》、《降低HXD2从动齿轮油孔深度不合格品率》获得北京市优秀QC成果奖。强化成本管理，主营业务收入、主产品毛利率大幅提高，与上年同期相比，主营业务收入增长35%，主产品毛利率提高8.3个百分点。加强价格审计，审减物资、设备采购和基建工程资金187.75万元。落实安全生产责任制，轻伤事故率控制在2.6‰指标以内，未发生重伤以上工伤事故。围绕公司重点项目建设，引进技术和管理人才13人，接收高校毕业生75人，其中硕士研究生5人。完成各级各类员工培训84项，共计2776人次；特种设备作业操作人员取证、复审共计196人次，全部特操人员100%持证上岗。通过理论知识、实际操作、工作业绩考核和技术论文答辩综合评判，14名技师、8名高级技师、1名金蓝领通过企业评审。

（陈宗河）

【3项主产品通过资质认证】 年内，南口机械公司3项主产品通过资质认证。8月12日，道岔项目的一组客专道岔和一组提速道岔通过铁道部技术审查，获得生产经营资质。具备生产和经营包括250千米/时速度等级客专铁路道岔、250千米/时速度等级以下所有规格提速及普速铁路道岔的资质，跨入国内最高生产经营资质道岔生产企业行列。8月28日，风电项目的1.5兆瓦齿轮箱一次顺利通过GL公司即德国劳氏船级社认证，具备批量生产符合国际标准1.5兆瓦风电齿轮箱的综合技术优势和能力。2兆瓦风电齿轮箱进入试制阶段，其柔性轴技术将在2兆瓦以上风电齿轮箱领域体现出技术优势。9月29日，风源项目的螺杆空压机整机产品生产、试验现场和技术资料通过国家密封件产品质量监督检验中心、国家压缩机制冷设备质量监督检验中心、昌平区技术监督局实地核查，取得生产许可资质。风源系统产品系列化、规模化生产正在逐步形成。

（陈宗河）

上市公司

北京首钢股份有限公司

【综述】 北京首钢股份有限公司（简称首钢股份）于1999年10月15日成立，是由首钢总公司独家发起，以社会募集方式设立，在深圳证券市场上市的股份有限公司，股票代码：000959。主营黑色金属冶炼和压延加工，是中国的钢铁联合企业，曾经拥有从焦化、烧结、炼铁、炼钢到轧材，前后工序能力配套的生产体系，主营线材、板材及特殊用途钢，产品质量享誉海内外，多次获得国家、部、市级优质产品奖，广泛应用于长江三峡、中华世纪坛、北京奥运场馆等国家重点工程，远销美国、日本、瑞士、东南亚等10多个国家和地区。2010年，按照国务院批复的首钢搬迁调整方案，公司位于北京石景山区的生产和辅助生产系统（钢铁主流程）相继停产。2011年，首钢股份与中介机构配合，推进资产置换工作。

首钢股份具有完善的法人治理结构，董事会设立战略委员会、审计委员会、提名委员会、薪酬与考核委员会4个专门委员会。董事会、监事会分别设立日常办事机构、董事会办公室和监事会办公室，实行董事会领导下的总经理负责制。截至2011年底，公司共有员工3182人。其中，生产人员1976人，行政管理人员576人，工程技术人员220人，服务人员147人。具有大专及以上学历1190人。具有高级职称89人，中级职称181人。

（李淑萍）

【股本变更】 1999年12月16日，首钢股份在深圳证券交易所上市交易，总股本231000万股，其中首钢总公司持有国有法人股196000万股，占总股本的84.85%；向社会公开发行社会公众股35000万股，占总股本的15.15%。2003年12月16日，公司发行20亿可转换公司债券，12月31日首钢转债代码125959挂牌上市。2005年11月9日首钢股份完成股权分置改革，首钢总公司持股由196000万股减至187589.7328万股占总股本的81.19%。2007年2月26日，首钢转债已满足赎回条件，4月6日停止交易和转股，尚未转股的4978万元“首钢转债”，公司按面值的105%即每股105元全部赎回，公司总股本由231000万股增至296653万股。公司有限售条件流通股比例由81.19%降低到63.24%。

（李淑萍）

【资产重组】 11月19日，首钢股份公布重大资产置换预案，包括停产的焦化、炼铁、炼钢、线材等全部股权，将与首钢总公司的子公司资产作为置入资产进行置换。首钢股份已于2010年10月29日停牌，2011年11月21日复牌。

（李淑萍）

【年度经营】 年内，首钢股份位于北京石景山区的钢铁主流程全部停产。全年持续经营的钢铁生产为第一线材厂的精品线材经营生产线和控股子公司——北京首钢冷轧薄板有限公司（简称首钢冷轧公司）的冷轧薄板经营生产线。首钢股份开展对标挖潜和增收节支活动，加强对控股子公司、参股公司投资管理工作。全年营业收入1251648.62万元，同比降低55.15%；营业利润-29039.43万元，同比降低194.24%；主营业务利润-13519.00万元，同比降低116.73%；利润总额-16684.14万元，同比降低152.03%；归属于上市公司股东的净利润1178.28万元，同比降低96.63%。

（李淑萍）

【钢材产量】 首钢股份全年钢材产量233.64万吨，同比下降50.94%。其中，首钢冷轧公司产品产量181.22万吨，突破年设计能力11.22万吨，比上年增加7.78万吨，增长4.49%。全年品种材产量143.47万吨，同比增加19.36万吨。其中，汽车板产量83.3万吨，同比增加26.52万吨；家电板产量40.33吨，同比减少2.74万吨。全年板材出口28.42万吨，同比增加8.58万吨。第一线材厂钢材产量52.32万吨，高附加值、高技术含量的拳头产品产量31.96万吨，线材成材率98.08%，比上年提高0.42个百分点；钢筋制品产量1.09万吨；PC钢棒产品产量1.5万吨。

（李淑萍）

【职工分流安置】 年内，首钢股份公司通过《首钢股份停产职工分流安置方案》及《相关政策实施细则》，在尊重职工意愿前提下，按照“骨干有岗位，职工有渠道，分流有政策，安置有秩序”的原则，通过11条分流安置渠道。停产的炼铁、焦化、炼钢、高速线材4个厂分别设立留守办公室，做停产设备养护、资产保卫、技术设备资料归档等后续工作。截止到报告期末，共安置与分流停产人员3869人，人工成本同比下降64.58%。

（李淑萍）

【法人治理】 年内，首钢股份修订完善公司治理基础性制度，制定《董事、监事、高管人员持有本公司股份及其变动管理制度》、《内幕信息保密制度》、《内幕信息知情人登记制度》、《年报重大差错责任追究制度》、《独立董事年报工作制度》、《董事会秘书工作细则》与《关联方资金往来管理制度》7项制度；针对公司位于北京石景山区的生产和辅助生产系统（钢铁主流程）停产的实际，制定《2011年绩效考核评价办法》、《2011年调整内退人员基本退养费实施办法》等5项制度。截止到报告期末，公司共建立内控制度214项（不包括转发政府部门制度性文件58个）。

（李淑萍）

【科技创新】 首钢冷轧公司全年新试制开发品种19种，镀锌汽车板实现批量化生产，“一种结构用高强钢S550GD+Z的生产方法”等17项专利得到了国家知识产权局的受理，“一种活套封闭结构”等4项专利得到了国家知识产权局的授权。首钢冷轧公司生产的SPCC、DC01、DX51D+Z/ZF三个牌号的产品获得了中国质量协会冶金工业分会颁发的金杯奖。

（李淑萍）

【节能环保】 年内，首钢冷轧公司实施节能技术改造，优化供水系统、输变电系统、热力供应系统运行模式，实现综合污染物达标排放。开展常态化节能监督检查活动，对跑冒滴漏问题及时通报处理。组织开展躲峰生产，降低用电成本，全年节约电费142.34万元。将采暖初期和末期锅炉的运行方式改为单炉运行，提高锅炉热效率。开展能源审计工作，引入能源合同管理模式。ISO14000环保体系正式运行。完成“罩式炉退火工程”项目建设的环境保护评价报告。荣获北京市节水型企业光荣称号。

（李淑萍）

【客户服务】 年内，首钢冷轧公司完善客户服务体系，对神龙汽车、上海大众、北京现代、北汽福田、长城汽车、一汽等重点客户实现现场跟踪服务。客户档案系统顺稳运行两年。对38家汽车板用户建立相应用户档案，涉及零部件约1200个。建立家电板的用户档案并逐步完善，完成海尔等重点客户档案资料维护。

（李淑萍）

【设备管理】 年内，首钢冷轧公司组织设备改造和攻关40项，优化焊机焊接参数2365项，焊缝断带次数降低到月均2.7次。年度综合点检到位率99%，在各机组累计检查出较大设备隐患30余次。完成备件国产化项目104项2240件，节约资金2004.95万元。

（李淑萍）

北汽福田汽车股份有限公司

【综述】 北汽福田汽车股份有限公司（简称福田汽车），成立于1996年8月，是在上交所上市的股份公司，股票代码：600166。1998年6月发行A股，截至2011年底，公司总股本210967.16万股，其中北京汽车集团有限公司持股691185972，持股比例为32.76%，北京国有资本经营管理中心持股110741800，持股比例为5.25%。

福田汽车为中国最大的商用车企业，累计产销汽车500多万辆，曾连续2年位居世界商用车销量第一。2011年底，福田汽车旗下拥有欧曼、欧辉、欧马可、奥铃、拓陆者、蒙派克、迷迪、萨普、风景、时代等10大汽车产品品牌，在京、鲁、湘、粤等9个省市区拥有整车和零部件事业部，研发分支机构分布在中国大陆、日本、德国、中国台湾等国家和地区的大型企业集团，在全球20多个国家设有KD工厂，产品出口到80多个国家和地区。福田汽车品牌价值428.65亿元，蝉联商用车领域第一名。

（徐永才）

【法人治理】 3月，福田汽车制定了《年报信息披露重大差错责任追究制度》，5月，修订了《董事会秘书工作细则》。7月，修订和完善了《关联交易管理办法》。修订了《信息披露事务管理制度》、《重大（敏感）信息提报人管理细则》。12月，修订和完善了《募集资金管理制度》和《内幕信息知情人登记备案制度》。

（徐永才）

【获得荣誉】 5月，在《董事会》杂志社和新浪网共同举办的第七届（2010）中国上市公司董事会“金圆桌奖”评选中，福田汽车从100家入围上市公司中脱颖而出，荣获十佳董事会称号。公司董事会秘书龚敏荣获“最具创新力董秘”称号。截至5月，福田公司已连续7年在董事会金圆桌奖评选活动中获奖。6月，在中国证券报社组织、纳斯达克特别协办的第十三届（2010）中国上市公司金牛奖评选中，福田汽车位列2010年度金牛上市公司百强第十四名，董事会秘书龚敏荣获2010年度金牛最佳董秘称号。8月，在中央电视台财经频道举办的2011CCTV中国上市公司峰会暨中央财经50指数发布仪式上，福田汽车荣获“央视财经50·十佳成长上市公司”称号，成为唯一入选该榜单的A股汽车行业上市公司。11月，在香港《大公报》主办，中国证券业协会、香港证券业协会、北京市上市公司协会等机构联合举办的中国证券“金紫荆奖”评选活动中，从A股、港股4000多家上市公司中胜出，荣获“最佳管理团队奖”，成为本次唯一获此殊荣的汽车行业上市公司。

（徐永才）

【年度经营】 2011年，福田汽车销售汽车64万多辆，同比下降6.2%；销售收入516.5亿元，完成年度目标。其中，中重型卡车销量109248辆，同比增长4.6%，占有率同比提高1.2%，销售排名比2010年上升一位，名列全国第四；轻型卡车（含微卡）销量496545辆，同比下降7.7%，销量继续名列全国第一位，市场占有率为20.9%，较去年略有上升（萨普皮卡销量31435辆，同比上升6.5%；奥铃销量69286辆，同比上升13.0%；欧马可销量13964辆，同比上升9.1%）；轻型客车销量23476辆（不含蒙派克、迷迪），同比下降1.4,%，行业排名第五位，市场占有率7.3%；大中型客车销量3019辆，同比下降17.8%，市场占有率为1.8%（大客车实现销量2075辆，市场占有率达到2.8%）。

（徐永才）

【科研创新】 年内，福田汽车拥有一支3000多人的研发团队，其中引进的海外高级人才近20人。福田汽车共获得国家知识产权局受理专利1113件，被国家知识产权局授予专利权454件。福田汽车以北京为研发总部，建设了包括德国、日本2大研发中心及二级产品研发中心的技术研发体系。从2004年起，福田汽车先后建成新能源汽车技术中心、节能减排重点试验室等专业研发设计中心，拥有与世界同步的清洁能源技术、替代能源技术和新能源3大绿色能源技术，形成混合动力、纯电动、氢燃料和高效节能发动机4大核心设计制造工程中心。福田汽车已掌握新能源汽车的部分核心技术，拥有纯电动汽车整车控制器的自主知识产权；电池系统的电控和成组技术自主研发且产业化，建立有新能源实验室，对电池单体、模组、电机等的测试手段达到国际水平。截至年底，福田汽车已累计销售新能源汽车3000余辆，涵盖混合动力客车、纯电动客车、纯电动环卫车、纯电动出租车等。其中福田欧辉客车自2003年9月业务开展至今，8年间销售收入逾63.7亿元，销售收入为新能源客车国内第一。

（徐永才）

【节能环保】 年内，福田汽车投入1000余万元，用于固体废弃物回收、危险废弃物的处置、厂区自来水管改造、空压机加装变频器群控系统改造、焊接烟尘处理等环境保护。萨普工厂投入使用变频空压机、重油再炼乳化设备以及更换4000多个节能灯，降低生产能耗；蒙派克工厂污水处理站进行油污改造，提高生产污水处理效果，空压机加装变频器群控系统，降低了生产能耗；南方工程车榔梨厂区进行自来水管改造，减少了生产生活过程中水资源消耗。

（徐永才）

【客户服务】 截至年底，福田汽车建有中国汽车行业规模最大的自用呼叫中心，年信息处理能力140万条以上。自成立以来，呼叫中心全年365天、全天候面向客户提供咨询、救援、投诉受理、客户关怀回访等服务项目，客户满意度超过85%。

（徐永才）

北京同仁堂股份有限公司

【综述】 北京同仁堂股份有限公司（简称同仁堂股份）由中国北京同仁堂（集团）有限责任公司独家发起，以募集方式设立的股份有限公司，股票代码600085。1997年5月29日发行人民币普通股5000万股；1997年6月18日同仁堂股份成立，注册资本2亿元，股本2亿股；1997年6月25日在上海证券交易所正式挂牌。1998～2010年，同仁堂股份每年向全体股东配股、送红股、资本公积金转增股本，截至2010年底，总股本1302065695股。注册资本1302065695元。

同仁堂股份是以中药为主业，集生产、销售、科研、配送为一体的产品公司。在大兴、昌平、通州、亦庄均有生产基地。业务涉及药用动植物的饲养和种植及饮片加工，中成药、保健酒、不含医药作用的营养液及化妆品的生产销售，技术开发与转让、自营和代理各类商品及技术的进出口业务等。拥有538个品种，29种剂型。主要生产剂型有蜜丸、水蜜丸、水丸、胶囊、口服液、酒剂、颗粒剂、散剂等。主要产品有同仁乌鸡白凤系列、同仁牛黄清心丸、同仁大活络丸、安宫牛黄丸、国公酒等，产品行销全国及世界部分地区。2001年通过北京市科委高新技术企业审批，成为中药行业高新技术企业。

同仁堂股份建立了股东大会、董事会、监事会的法人治理结构，拥有北京同仁堂科技发展股份有限公司、北京同仁堂商业投资集团有限公司（以下简称同仁堂商业）、北京同仁堂天然药物有限公司、北京同仁堂吉林人参有限责任公司、北京同仁堂陵川党参有限责任公司、北京同仁堂内蒙古甘草黄芪种植基地有限公司等子公司。截至2011年底，在职员工2897人，离退休职工1231人。其中，生产人员1563人，销售人员388人，技术人员430人，财务人员88人，行政管理人员428人；大专及大专以上学历1199人，中等文化学历1698人。

（葛 冰）

【年度经营】 年内，同仁堂股份积极加强品种运作，规划品种方案，主力品种稳步增长，特色品种个别策划，全系列品种销售增长。积极应对医改政策，及时调整经营思路，实现北京社区医疗市场销售同比增长20%以上。全年营业收入61.1亿元，同比增长23.58%；营业利润7.9亿元，同比增长29.61%；净利润（归属于上市公司）4.4亿元，同比增长28.68%；海外市场销售4.1亿元，同比增长24.76%。

（葛 冰）

【技术创新】 年内，同仁堂股份6类新药贞芪益肾颗粒获得生产批件，健脾丸（浓缩丸）补充申请获得国家药监部门批准；5类新药巴戟天寡糖胶囊通过国家药监局审评中心的技术审核及生产现场核查；止渴养阴胶囊成为首批入选北京中医药“十病十药”品种，正式投产；6类新药清脑宣窍滴丸、8类新药坤宝片正在临床研究。公司获得药物组合物及其制备方法、药品含量测定方法等7项发明专利授权。

（葛 冰）

【节能降耗】 年内，同仁堂股份确定创新立项13项。第三代扣壳机、铝塑泡罩装盒生产线、移印机自动供料和药品电子监管码系统推广应用，提高生产效率，节约成本、降低能耗；改造提取车间蒸汽冷凝水回收系统，年节能103吨标煤，节约软化水3000吨。

（葛 冰）

【股权投资】 年内，同仁堂股份以持有的23家控股子公司股权及所属分支机构同仁堂药店部分实物资产对同仁堂商业进行投资。同仁堂股份以10825万元计入同仁堂商业注册资本（其中以所持有的23家控股子公司股权出资9962万元，以实物出资863万元）。出资后，同仁堂股份对同仁堂商业的出资比例为51.98%，同仁堂商业成为同仁堂股份下属子公司。同仁堂股份下属同仁堂国药持有同仁堂养生文化公司41%的股份，同仁堂商业持有养生文化公司10%的股份。

（葛 冰）

【股本规模】 同仁堂股份在2011年执行2010年度利润分配及资本公积金转增股本的方案：以2010年末总股本520826278股为基数，向全体股东每10股送红股5股，并以资本公积金转增股本，每10股转增10股。股本规模由原来的520826278股，扩大为1302065695股。

（葛 冰）

【利润分配】 年内，同仁堂股份按照合并报表实现归属于上市公司股东的净利润438066654.62元，可供股东分配利润为1612560910.54元。公司拟以2011年末总股本1302065695股为基数，向全体股东每10股派发现金红利1.5元（含税）。

（葛 冰）

京东方科技集团股份有限公司

【综述】 京东方科技集团股份有限公司（简称京东方）成立于1993年4月9日，总部位于北京股票代码：000725。公司及所属子公司（简称本集团）在全球分为4个主要业务，分别是薄膜晶体管液晶显示器件（以下简称TFT－LCD）业务、显示光源产品业务、显示系统产品业务及其他业务。其他业务包括精密零件与材料业务、光伏业务及办公物业租赁业务。2011年11月，京东方公司入选（获）大公报主办，中国证券业协会、中国企业联合会、香港中国企业协会、香港证券业协会联合举办的中国证券“金紫荆”奖，并获得最具成长性上市公司称号。

截至2011年底，公司共有员工16365人。其中，生产人员7249人，管理人员1242人，研发技术人员984人，专业技术人员5932人，营销人员306人；博士及博士后105人，硕士1457人，本科3892人，大专3562人。

（吕少辉）

【股本变更】 京东方于1997年5月19日在深圳证券交易所发行境内上市外资股，同年6月10日在深圳证券交易所上市。2000年11月23日在深圳证券交易所发行人民币普通股，2001年1月12日在深圳证券交易所上市。

2004年1月16日完成增资发行31640万股境内上市外资股。2004年6月实施以资本公积向全体股东“每10股转增5股”的资本公积转增股本方案。2005年7月19日，向全体股东以资本公积金每10股转增5股。2005年11月24日进行股权分置改革，方案实施股份变更登记日（2005年11月29日）登记在册的全体人民币普通股股东按每10股流通人民币普通股股份获得非流通股股东支付的4.2股股份。经2006年4月18日第四届第21次董事会决议和2006年5月19日召开的2006年度第一次临时股东大会决议的批准以及中国证监会核准，公司向特定对象非公开增发人民币普通股675872095股。经2007年8月29日召开的第五届第3次董事会决议和2007年9月26日召开的2007年度第4次临时股东大会决议批准以及中国证监会核准，公司向特定对象非公开增发人民币普通股411334552股。经2008年11月7日召开的第五届第17次董事会决议和2008年11月25日召开的2008年度第2次临时股东大会决议批准及中国证监会核准，公司向特定对象非公开增发人民币普通股5亿股。2009年6月，公司修订章程，2009年8月7日领取了更新的企业法人营业执照。经2010年6月25日召开的第六届第2次董事会决议和2010年7月21日召开的2010年度第2次临时股东大会决议批准及中国证监会核准，公司向特定对象非公开增发人民币普通股2985049504股。经2011年4月22日召开的第六届第8次董事会决议和2011年5月30日召开的2010年度股东大会决议批准，公司以2010年12月31日总股本11267951951股为基数，以资本公积向全体股东按每10股转增2股的方案转增股本，转增股本后，公司股本变更为人民币13521542341元。

（吕少辉）

【资产收购合并】 2月28日，北京京东方多媒体科技有限公司（简称京东方多媒体）与四川长虹网络科技有限责任公司（简称四川长虹）和成都长虹网络科技有限责任公司（简称成都长虹）完成股权交割。京东方多媒体以人民币1530万元向四川长虹和成都长虹购买北京长虹创新网络科技有限责任公司共51%的股份。股权交割后，长虹创新正式更名为京东方长虹，京东方多媒体持有其51%股权。新成立北京中平讯科技有限公司、北京中祥英科技有限公司、鄂尔多斯市淏盛能源投资有限公司及鄂尔多斯市源盛光电有限责任公司作为子公司并纳入合并财务报表。

（吕少辉）

【重大项目】 4月底，京东方合肥6代线项目实现满产，比原计划提前3个月，通过工艺技术提升，年底，月产能达到10万片玻璃基板投入。6月29日，北京8.5代线项目中的32"产品成功点亮，产线投产，9月27日实现量产，年底实现30K满产，综合良率90%以上。8月27日，鄂尔多斯5.5代AM－OLED项目签署投资框架协议和入区协议，年底基本完成桩基工程、技术方案、工艺设备清单和投资预算检讨、产线整体布局设计以及设备动力需求调研等工作。

（吕少辉）

【年度经营】 年内，京东方坚持客户导向和SOPIC创新变革，加快产品和技术创新，增强专业基础能力，提升产品竞争力和产线盈利力，企业整体扭亏为盈。全集团营业收入约127亿元，同比增长59%，利润总额8.5亿元，归属于上市公司股东的净利润5.6亿元。

（吕少辉）

【TFT－LCD事业】 年内，京东方开展SOPIC创新变革，坚持客户导向，落实客户/产品/产线联动，推动精细化管理，主营业务基础能力提升。5代线小型化转型初步完成；6代线年内实现23款产品开发及量产；产能提升，产线综合良品率攀升，产线协调作用加强，制造成本下降。高端智能手机、平板电脑产品业务实现与国际一线品牌商合作，应用产品业务市场占有率提高，与全球主要显示器客户战略合作形成国内外电视客户群基础。全球供应链组织克服材料供应影响及通货膨胀带来的材料、人工成本涨价压力，5代线和6代线新技术、新材料导入和内外衔接、国产化项目与精细化管理项目等取得较大成绩。产品开发、新技术开发实现“量”突破，提升了产品附加值，实现GOA技术产品化导入，完成Touch、3D等前沿技术开发，开展多项8.5

代线对应产品开发。移动应用事业单元通过技术力、商务模式创新，产品竞争力和企业盈利力提升，盈利超过5千万元，单基板边际贡献提升40%，战略客户出货量增长；实现了COG产品产能、ADS产品产能占比、良率以及模组良率稳步提升，ADS技术完善、裸眼3D、TSP、高PPI、GOA、快速响应、LTPS等技术开发取得成果。

（吕少辉）

【CTO组织业务】 年内，京东方实施LTPS、OXIDE、AMOLED、透明显示等前沿技术研发，战略技术取得突破，技术力攀升；GOA、高透过率、TP和0+4mask等新技术应用取得进展；年度新增专利申请首次突破1000件，授权数量首次突破500件，主导和参与了多项国际/国家行业标准的修制订；与国内外高校和上游材料设备厂商合作加强，柔性显示、有机TFT等合作项目取得成果。

（吕少辉）

【非TFT—LCD事业】 年内，京东方显示光源业务深化客户导向，创新业务模式，实现客户结构和产品结构双重优化；推进LED照明灯具等工商业项目，形成新的利润增长点；光源事业发展聚焦BMS、LED照明系统两大方向。整机代工和品牌业务进行组织机构调整，建立面板与整机协同作战机制；强化产品企划与开发，成本降低，技术能力提升。优化客户结构，拓展销售渠道，形成多层级、多渠道销售网络架构；试水网络营销，完成主流网络市场布局；拓展、完善全国客户服务体系，外销业务快速增长，产品结构向大尺寸、LED产品延伸；成功中标北京市政府的机顶盒采购项目。真空与成型业务加速产业结构调整，推进重点项目和产业转型，实现全年盈利。新能源事业、光伏应用项目开发取得进展，户外优化测试系统被北京鉴衡认证中心授权为“金太阳TMP工厂认证实验室”，自主研发的逆变器产品及聚光太阳能电池等低成本高效率。园区地产业务吸引众多国际、国内客户签约承租，园区基础设施建设又上新台阶。

（吕少辉）

【资产出售】 年内，京东方控股子公司京东方光电通过协议转让方式将其所持京东方能源60%的股权转让给北京工业发展投资管理有限公司（简称工业公司），成交价格27亿元人民币；将所持京东方能源20%的股权转让给北京昊华能源股份有限公司（简称昊华能源），成交价格9亿元。截至年底，公司已分别收到工业公司支付的股权价款13501亿元，昊华能源支付的股价款6.50亿元，并已办理完工商变更登记手续。

（吕少辉）

【内部控制】 年内，京东方制定《内控规范实施工作方案》，梳理了公司现行管理制度、业务流程和风险管控措施，完成试点范围内的内部控制规范建设。试点范围主要有公司总部和北京京东方光电科技有限公司、成都京东方光电科技有限公司、合肥京东方光电科技有限公司、北京京东方显示技术有限公司。试点范围内的公司，编制形成《内部控制管理手册》、《内部控制制度手册》（若干分册，包括制度、办法和操作细则及其相关流程、表单、风控文档、权限指引表、信息及传递一览表）和《内部控制评价手册》（含内部控制评价底稿）。

（吕少辉）

【法人治理】 年内，京东方不断完善公司法人治理结构。公司董事会下设执行委员会及提名、薪酬、考核委员会和董事会审计委员会3个专业委员会。组织了董事、监事和高级管理人员参加北京证监局组织的定期培训。

（吕少辉）

经纬纺织机械股份有限公司

【综述】 经纬纺织机械股份有限公司（简称经纬纺机）成立于1995年8月15日，为国家高新技术企业，注册于北京经济技术开发区，前身是国营经纬纺织机械厂。公司分别在香港联交所和深圳证交所上市发行H股和A股股票，是境内外上市公司，股票代码：000666。

拥有总股本 60380 万股，中国恒天集团所属中国纺织机械（集团）有限公司拥有 204255248 国有法人股，国内流通 A 股 218744752 股，香港流通 H 股 18080 万股，分别占总股本的 33.83%、36.23%和 29.94%。公司资产规模超过 63 亿元，拥有 20 多家子、分公司。公司通过了 ISO9001：2000 质量体系认证，拥有自营进出口权。年内，股东的净利润为 48000 万元～52000 万元，同比增长 96%～112%；基本每股收益 0.79 元～0.86 元。

经纬纺机一直致力于推动中国纺织工业的发展，是国内最大的棉纺织成套设备供应商，建有产品开发、工艺技术、生产制造、市场营销、经营管理体系，产品贯穿清、钢、并、粗、细、络、织、染工艺全过程。主营业务是开发、生产纺织机械、其他机电产品、办公自动化设备及其专用配件和器件，开发计算机应用软件，在国内外销售本公司生产的产品；经营棉花及副产品、纺织品、棉籽及短绒；开展与本公司产品相关的技术、经济信息咨询服务。

（经纬纺机）

【获首批企业创新中心称号】 1 月 20 日，经纬纺机获得北京经济技术开发区首批企业创新中心称号。经纬股份及北京经纬纺机新技术有限公司共获得开发区对国家级企业技术中心等 4 个项目共计 221.6 万元的资金支持。

（经纬纺机）

【粗细络联纺纱系统参展】 3 月 8～14 日，“十一五”国家重大科技成就展在北京国家会议中心举行，经纬纺机的粗细络联纺纱系统在“加快应用高新技术，推动产业机构优化升级”单元的先进制造展区亮相，此系统由 JWF1418A 型自动落纱粗纱机、JWF1520 型细纱机、JWF9562 型粗细联输送系统和 SMARO－I 细络联型自动络筒机联合组成，实现了粗纱、细纱、络筒 3 个工序的自动化连接。

（经纬纺机）

【发布社会责任报告】 6 月 27～28 日，由中国纺织工业协会主办的 2011 中国纺织服装行业社会责任年会在北京举行。经纬纺机在会上发布社会责任年报。此次是经纬纺机连续三年发布社会责任报告，凭借详尽的信息披露和连年高质量的报告，经纬纺机荣获 2011 年度中国纺织服装行业社会责任信息披露实践示范奖。

（经纬纺机）

【参加国际纺织机械展】 9 月 22～29 日，经纬纺机参加在西班牙巴塞罗那新展览中心 Gran Via 举行的国际纺织机械展。经纬纺织公司选择 8 异性纤维分检机、经纬合力公司的 JWF1276 型精梳机、常德纺机的 E2528/2A－186－E28 型高速经编机和宜昌经纬的 K3506 直捻机参展。

（经纬纺机）

北京万东医疗装备股份有限公司

【综述】 北京万东医疗装备股份有限公司（简称万东医疗）成立于 1987 年 5 月，是由北京万东医疗装备公司（简称装备公司）独家发起并向社会募集设立的股份有限公司，股票代码：600055。公司于 1997 年 4 月 24 日向社会公开发行人民币 A 种股票 1500 万股，总股本 5000 万元。

万东医疗总部暨研发中心位于北京市中关村科技园电子城园区，在南京、重庆、杭州、西安、南昌、福州、济南等地设有分公司及办事处，营销及服务网络覆盖全国及世界 50 多个国家和地区。经营范围包括医疗器械制造，自产产品及相关技术的出口业务（国家限定公司经营或禁止出口的商品除外），企业生产、科研所需的原辅材料、机械设备、仪器仪表、零配件及相关技术的进口业务（国家限定公司经营或禁止进口的商品除外），进料加工和“三来一补”业务，机器设备安装、维修，技术咨询、技术服务，劳务服务和销售汽车（不含 9 座以下乘用车）。

年内，为积极推进县域市场转型，提升研发效率、实现研发工作组织化，公司实施了研发体系组织调整，新的组织架构明晰了资源线和产品线，资源线关注研发能力提升，实现研发能力的组织化。产品线以产品经理为核心开展工作，实现了市场和研发活动的对接。公司初步完成了从产品到技术的县域市场转型。公司持续推进营销体系组织建设，广覆盖、区域管理、本地化的销售单元得以建立，市场转型逐步到位。为进一步推进售后服务模式转型，公司实施诚翼计划，提升客户满意度，有力地支撑了县域市场持续发展。

万东医疗建有由数字影像设备工场、磁共振产品工场、核心部件工场构成的生产制造基地；建有由放射技术研发中心、磁共振技术研发中心及工艺研究设计中心构成的影像技术研发基地。2007 年，被评为北京市百家自主创新试点企业。万东医疗拥有 5 家控股子公司和 5 家参股公司，具备年产 6000 套以上 X 射线设备的生产能力，是世界上最大的放射影像设备制造商之一。公司生产的“万东”品牌医学影像诊疗产品被评为北京市名牌产品，涵盖医用 X 射线诊断设备、磁共振成像设备领域内的多个门类，其中普及型产品国内市场占有率达到 50%以上。截至 2011 年底，共有在岗员工 981 人。

（陈　珊）

【股本变更】 1998 年 4 月 7 日，万东医疗向全体股东送红股并以资本公积转增股本，送转后总股本额增至 10000 万元，1999 年经中国证券监督管理委员会核准，万东医疗以 1998 年 12 月 31 日总股本 1 亿股为基数，按每 10 股配售 3 股的比例向全体股东配售 1100 万股，配股后总股本额增至 1.11 亿元，2004 年 6 月 15 日，万东医疗向全体股东送红股并以资本公积转增股本，送转后总股本额增至 14430 万元。2006 年 4 月 3 日，公司通过了《股权分置改革方案》，非流通股股东向流通股股东每 10 股流通股支付 3.8 股股份的对价安排，流通股股东共获得非流通股股东 1926.6 万股股票。该方案完成后万东医疗的股份总数维持不变。经 2007 年度股东大会决议和修改后的章程规定，于 2008 年 6 月 5 日以每 10 股送 2 股转增 3 股实施资本公积转增股本 4329 万元和未分配利润转增股本 2886 万元的转增方案，转增后总股本增至 21645 万元。2008 年 11 月 18 日，万东医疗接到北京医药集团有限责任公司（简称北药集团，装备公司为其全资子公司）转来的中国证券登记结算有限责任公司上海分公司出具的《过户登记确认书》，内容为装备公司持有的该公司 2164.5 万股无限售流通股和 8985.6 万股限售流通股已过户至北药集团名下，过户手续已全部完成。上述股权过户后，北药集团持有公司股票 11150.1 万股，占公司总股本的 51.51%，成为万东医疗控股股东，装备公司不再持有万东医疗股权。2011 年 6 月 27 日，北京国有资本经营管理中心将其持有的北药集团 1%的国有股权无偿划转给中国华润总公司。中国华润总公司合计持有北药集团 51%的股权，成为该公司最终控制人。

（陈　珊）

【年度经营】 年内，公司资产总计 101429 万元，主营业务收入 58880.5 万元，实现归属于上市公司股东的净利润 3989 万元。

（陈　珊）

【法人治理】 年内，公司制定了《董事会秘书工作细则》、《规范与关联方资金往来管理制度》及《年报信息披露重大差错责任追究制度》等公司内控制度，修订了《内幕信息知情人登记管理制度》。

（陈　珊）

北京康得新复合材料股份有限公司

【综述】 北京康得新复合材料股份有限公司（简称康得新）成立于 1998 年 12 月，是高分子复合膜材料的研发、生产和销售的高科技上市公司，股票代码：002450。康得新是 2008 年北京市首批认定的高新技术企业，北京市企业技术中心，并被列为中关村示范园百家创新企业（新材料类）。公司可生产标准、复合、薄型增亮膜、3D 膜、硬化膜、反光膜等光学膜系列产品，为中国第一家具有自主知识产权的规模化、系列化光学膜上市企业。公司正在实施打造2亿光学膜产业集群项目。

康得新拥有国际专家、博士为首的研发中心及由国际独立实验室组成的国际支持体系，拥有预涂膜、光学膜等高分子复合膜材料的核心技术。康得新已申请预涂膜专利34项，获得授权28项；光学膜专利26项，获得授权9项。

（王　山）

【年度经营】 是年，康得新制定新的战略目标是成为国际预涂膜行业领导企业和国际高分子复合膜材料领军企业。江阴BOPP膜生产线投产，BOPP产销量大幅增加；预涂膜生产线提速，产销量大幅度增长；加大高附加值新产品投放，新产品提升，提高了产品毛利率和公司净利润。全年公司营业收入、营业利润、归属于母公司的净利润较上年分别增长191%、109%、87%，发展成为拥有2大业务板块，4大生产基地，境外设立子公司的国际集团性企业。

（王　山）

【光学膜示范基地】 9月，康得新在张家港生产基地建成年产4000万平方米，面积为1万平米光学膜示范基地，拥有国际标准的净化厂房和日本、中国台湾地区高精度先进设备，以快速、高效、高起点实现光学膜产业化。

（王　山）

【自主创新产品】 康得新是中国预涂膜产业的开创者，中国光学膜的龙头企业，是《双向拉伸聚丙烯（BOPP）预涂膜》和《纸质印刷品覆膜过程控制及检测方法》2项国家行业标准的起草单位，绿色印刷标准的参编单位。公司预涂膜被评定为北京市自主创新产品，被国家科技部列入《中国高新技术产品出口目录》。拥有预涂膜和光学膜2大业务板块，建立了北京、张家港、泗水、杭州4大生产基地的集团化、产业集群化的经营平台。公司通过ISO9000及ISO14000国际质量体系和环境体系认证。预涂膜产品通过ISO14025环境标志国际标准Ⅲ型认证、欧盟SGS/ROHS ASTM、玩具类HR4040 QSOP重金属等多项国际检测认证。公司在北京及张家港预涂膜生产基地建成投产10条具有国际先进水平的预涂膜生产线，产品有BOPP、PET、Nylon、可降解膜4大系列39个品种，产品销往全球55个国家和地区。

（王　山）

北京动力源科技股份有限公司

【综述】 北京动力源科技股份有限公司（简称动力源）成立于1995年，2000年改制为股份制企业，2004年上交所主板上市，股票代码：600405。动力源是市经济信息化委第九批认定的市级企业技术中心，是国内电源行业首家高科技上市公司，是电力电子技术领域集技术研发、设备制造、销售、服务于一体的企业，是国家人力资源和社会保障部授权的能源审计师和能源管理培训单位，也是国家发展改革委第一批公布、面向全社会的节能服务企业。

动力源通信电源系列产品通过了工业和信息化部检测中心的“泰尔认证”，是国内通信电源行业主流供应商，通信电源、应急电源等系列产品广泛应用在中国移动、中国电信、中国联通等国家公网以及石油石化、军队、公安、铁路、交通、地铁、水利电力、冶金矿山等行业专网。公司产品遍布全国30多个省、市、自治区各个行业。2008年北京奥运会期间，动力源为国家体育场、国家游泳中心、奥运中心体育馆、丰台垒球场、国家体育馆等奥运场馆和首都机场航站楼、北京地铁及外交部、市安全局、市公安局等提供应急电源产品，为北京奥运会做出突出贡献。

2011年，动力源总部坐落于北京中关村科技园丰台园区，旗下拥有全资子公司——北京迪赛奇正科技有限公司、安徽动力源科技有限公司、深圳动力聚能科技有限公司及控股子公司北京科耐特科技有限公司。占地面积9308.65平方米，建筑面积14662.85平方米，科研用房面积约占4000平方米。公司职工

1670人，大专学历以上人员占60.04%。其中博士、硕士96人，具有大学本科以上学历的科技人员共394人，占职工总数21.48%。全年营业收入6.9亿元，总资产12.04亿元，净资产4.87亿元。

动力源先后荣获科技部、中科院、北京市政府联合颁发的百强创新企业称号，国家五部委联合颁发的国家重点新产品称号，北京市诚信纳税企业守信企业称号，中关村企业信用促进会优秀会员称号，中国技术监督情报协会通信电源类全国用户产品质量满意、售后服务满意十佳企业，中国电源行业诚信企业中国电信行业通信工程优秀服务商等称号。

（王　莲）

【主要产品】 年内，动力源定位于以电力电子技术为核心的技术发展平台，开发出基于AC/DC、DC/AC、AC/AC、DC/DC技术平台下的百余种产品，主要有直流电源、交流电源、高效模块电源、低压配电产品、逆变电源、应急电源、动力环境监控系统、机房新风及热交换系统、高压变频器、空气净化机、新能源储能设备、农村饮用水处理及粮储设备、太阳能光伏逆变系统等。动力源还把“节能减排”技术应用在通信领域，开发了通信基站（机房）通风换热系列产品，为电信运营商的节能减排提供了保障。年内，动力源已拥有直流电源、交流电源、高效模块电源、低压配电产品、逆变电源、应急电源、动力环境监控系统、机房新风及热交换系统、高压变频器、空气净化机、新能源储能设备、农村饮用水处理及粮储设备、太阳能光伏逆变系统等近百种产品。动力源实施重大节能减排项目超过400个，创新节能产品超过10个，节能产品和节能服务项目累计实现节电量数十亿度，相当于减排二氧化碳数百万吨。

（王　莲）

【营销与客服网络】 年内，动力源在全国30个省市设有办事处，拥有200多人的专业服务保障团队，为客户提供技术支持和培训、远程技术诊断、物流配送、现场技术服务和工程建设等。在全国建立1个一级备件储备库和30余个二级备件储备库，设有24小时服务热线，保障公司与客户的信息沟通。公司拥有海外营销中心，出口业务占公司年营业收入10%以上。年内，海外营销中心实现合同4892万元，同比增长204%，实现销售收入2235万元，同比增长97%，实现利润668万元，同比增长97%。

（王　莲）

【科技创新】 动力源每年投入超过年营业额10%的资金，用于研发项目。近年完成创新研发项目28个，申请专利63项，其中发明专利13项，使用新型专利45项，外观设计专利5项，主持和参与定制的国家和行业标准达到9个。主要产品均是自主研发，拥有独立自主知识产权。主导产品开关整流电源采用全数字有缘交错功率因数校正、边沿谐振相移谐振PWM，DSP数字控制PID调节SPWM控制技术等先进技术，处于国内领先水平。年内，动力源拥有3个生产基地和多条生产流水线，装备有国内领先的印制板贴装设备、波峰焊设备、测试设备及产品试验设备。

（王　莲）

【基地建设】 年内，安徽动力源科技有限公司落户于安徽省郎溪县经济开发区金牛东路，为动力源旗下最大制造基地。项目总投资3亿元，占地13万余平方米，厂房56000平方米，研发楼、行政楼、宿舍楼、食堂等配套设施面积40000平方米，建设AC/DC直流系统电源项目、DC/AC交流产品项目、AC－AC变频产品项目生产线，其中固定资产投资12000万元，形成年产值数十亿元生产能力。

（王　莲）

北京东方雨虹防水技术股份有限公司

【综述】 北京东方雨虹防水技术股份有限公司（简称东方雨虹）成立于1998年，是深交所上市的股份公司，股票代码：002271。公司集防水材料研发、生产、销售及施工服务于一体，是国家高新技术企业、中国防水行业首家上市公司，拥有业内首家国家级企业技术中心和博士后科研工作站。控股上海东方雨虹、岳阳东方雨虹、广东东方雨虹、四川东方雨虹、锦州东方雨虹和昆明风行防水材料有限公司，在北京顺义、上海金山、湖南岳阳、辽宁锦州、广东惠州和云南昆明建有6个生产基地，总占地面积60多万平米，拥有世界领先的多功能进口改性沥青防水卷材生产线、冷自粘沥青防水卷材生产线和环保防水涂料生产线。年产SBS、APP、自粘、高分子等防水卷材8000万平方米，聚氨酯系列、聚脲系列、丙烯酸系列、水泥基系列、沥青系列等涂料10万吨。

2010年10月9日，公司在北京市工商行政管理局办理变更登记手续。变更登记后，公司注册资本34352万元，注册地址为北京市顺义区顺平路沙岭段甲2号。2011年底，公司共有员工3251人。其中生产人员785人，施工人员556人，技术人员262人，销售人员1218人，财务人员83人，管理人员347人；具有硕士学位以上人员129人，本科学历1019人，大专及以下人员2103人。

（东方雨虹）

【股本变更】 2008年9月，北京东方雨虹公司公开发行人民币普通股（A股）1320万股，注册资本5276万元。2009年6月3日，公司实施2008年度利润分派方案，以2008年12月31日股本5276万股为基数，以资本公积金每10股转增股本5股，公司股本增至7914万股。2010年4月16日，公司实施2009年度利润分派方案，以2009年12月31日股本7914万股为基数，以资本公积金每10股转增股本10股，公司股本增至15828万股，公司注册资本15828万元。经中国证券监督管理委员会证监许可核准，公司于2010年12月以非公开发行方式向4名特定投资者发行人民币普通股（A股）1348万股。2011年1月11日，公司本次发行的1348万股新增股份于中国证券登记结算有限责任公司深圳分公司完成股权登记。发行完成后公司股本从15828万股增加到17176股，公司注册资本17176万元。2011年6月13日，公司实施2010年度利润分派方案，以2010年12月31日公司总股本17176万股为基数，以资本公积金每10股转增股本10股，公司股本增至34352万股。

（东方雨虹）

【年度经营】 年内，北京东方雨虹公司营业收入247365.35万元，同比增长24.83%；基本每股收益0.30元，加权平均净资产收益率9.96%。受国家房地产行业宏观调控及“7·23甬温线”高铁事故影响延缓订单，销售收入增速、主营业务利润放缓，经营质量较上年度降低。公司渠道市场仍然保持高速增长，市场辐射能力增强，新产品、新领域和新市场推进速度加快。

（东方雨虹）

【法人治理】 年内，东方雨虹制定了公司《章程》、《股东大会议事规则》、《董事会议事规则》、《监事会议事规则》、《独立董事制度》等规章制度，形成以股东大会为最高权力机构、董事会为决策机构、经理层为执行机构、监事会为监督机构的各司其职、各尽其责、相互协调、相互制衡的法人治理结构。

（东方雨虹）

【科研创新】 年内，东方雨虹公司开展60项产品研发工作，完成新产品研发项目45项，通过依托单位实现成果转化45项，与合作单位天津海泰环保科技发展有限公司、北京化工大学申请国家“863”计划1项。发表科研论文24篇，其中外文期刊论文4篇，核心期刊论文5篇，专刊论文15篇。

（东方雨虹）

【节能环保】 “十二五”期间，东方雨虹主要节能技改措施有：厂内变压器谐波治理，投资15万元；取暖锅炉改造，投资10万元；节电改造，厂区及办公楼普通照明灯更换为LED节能灯，投资5万元；优化工艺配方，部分原材料使用特多天然湖沥青替代石油沥青，节省石油资源，设备投资120万；开发低能耗产品。

（东方雨虹）

【客户服务】 年内，东方雨虹完善客户服务体系，对万科、金隅、燕山石化、亿城、用友、华远、绿地京创、中建一局等重点客户进行顾客满意度现场回访服务。客户关系管理系统顺稳运行，拥有客户信息数据2万条以上，涉及房地产、高铁、地铁等国家重点发展领域，并定期借助报纸、短信与客户进行沟通、互动。

（东方雨虹）

【设备管理】 年内，东方雨虹北京工厂相继完成粉料车间建设、800千伏安变压器增容、厂内照明改造、取暖锅炉改造、国产线打包机更换、湖沥青车间建设等10余项设备建设和技术改造工作，解决了工厂供电不足和供暖不足问题，保证了生产正常运行；粉料车间增加了年产量，粉料产品满足市场需求；国产线打包机增加配料罐，解决了国产线和进口线配料时间长、设备老化、日产量低难题。年度设备综合点检到位率98%，累计检查出较大设备隐患10余次，避免了长时间故障停机的发生和设备安全事故的发生。设备技改和备件国产化，节约资金和人工成本。备件库存管理步入最低安全库存门槛，为备件最小库存配置打下基础。

（东方雨虹）

北京七星华创电子股份有限公司

【综述】 北京七星华创电子股份有限公司（简称七星电子）是由北京七星华电科技集团有限责任公司（简称七星集团）、北京吉乐电子集团有限公司（简称吉乐集团）、北京硅元科电微电子技术有限责任公司（简称硅元科电）、中国华融资产管理公司（简称中国华融）、王荫桐、周凤英采取发起方式设立的股份有限公司。公司总部位于北京市朝阳区酒仙桥东路1号。2010年3月16日，公司在深圳证券交易所中小板上市交易，股票代码：002371。

七星电子是国内大规模集成电路制造设备的领先企业，主要从事基础电子产品的研发、生产、销售和技术服务业务。主要产品为大规模集成电路制造设备、混合集成电路和高精密电子元件。集成电路设备主要应用于集成电路、太阳能电池（光伏）和TFT－LCD、分立器件以及电力电子等行业；混合集成电路和电子元件类产品主要应用于包括航空航天在内的军工行业。下设北京七一八友晟电子有限公司、北京七一八友益电子有限责任公司、北京晨晶电子有限公司、北京七星弗洛尔电子设备制造有限公司、北京七星华创微波电子技术有限公司、北京七星华创弗朗特电子有限公司、北京七星宏泰电子设备有限责任公司、北京七星华创磁电科技有限公司、北京七星华创集成电路装备有限公司、七星电子股份有限公司、北京飞行博达电子有限公司11家子公司。

该公司经营范围包括经营本企业和成员企业自产产品及技术出口业务，本企业和成员企业生产所需的原辅材料、仪器仪表、机械设备、零配件及技术的进口业务（国家限定公司经营和国家禁止进出口的商品除外），经营进料加工和“三来一补”业务，法律、法规禁止的不得经营，应经审批的、未获审批前不得经营，法律、法规未规定审批的，企业自主选择经营项目开展经营活动。

（陈 珊）

【股本变更】 2010年3月16日，七星电子首次公开发行1656万股A股股票，在深圳证券交易所中小企业板上市。2010年4月28日，公司完成工商变更登记，由“股份有限公司”变更为“股份有限公司（上市）”，总股本由4844万元变更为6500万元，营业执照号由1100001331816变更为110000003318164。2011年7月1日，公司完成2010年度权益分派，并于2011年8月16日完成工商变更登记，总股本由6500万股变更为8450万股。2011年9月28日，公司收购控股股东北京七星华电科技集团有限责任公司所持有北京飞行博达电子有限公司的100%股权，2011年10月20日办理完成工商变更登记且支付全部股权转让款项，本次收购为同一实际控制人下的企业合并。2011年11月18日，公司将IPO剩余超募资金全部投资北京飞行博达电子有限公司光伏产业化基地建设项目，2011年12月

9日完成工商变更登记，飞行博达注册资本由1000万元变更为10356.53万元。

（陈 珊）

【年度经营】 年内，七星电子坚持以大规模集成电路制造工艺技术为核心，在保持军工电子元器件类产品收入稳定增长的同时，扩产集成电路制造设备。实现营业总收入115599.30万元，同比增长42.46%，其中主营业务完成114821.32万元，同比增长44.76%；实现利润总额19261.17万元，同比增长72.21%；实现归属于上市公司股东的净利润13292.85万元，同比增长76.32%。

（陈 珊）

【法人治理】 年内，七星电子先后修订和制定了《北京七星华创电子股份有限公司章程》《董事、监事、高级管理人员所持本公司股份及其变动管理制度》《募集资金管理办法》《内部审计制度》《投资者关系管理制度》等制度。

（陈 珊）

中芯国际集成电路制造有限公司

【综述】 中芯国际集成电路制造有限公司（简称中芯国际，纽约证交所股票代码：SMI；香港联合交易所股票代码：981）是世界领先的集成电路晶圆代工企业之一，也是中国内地规模最大、技术最先进的集成电路晶圆代工企业。中芯国际总部位于上海，在上海建有1座300毫米晶圆厂和3座200毫米晶圆厂。在北京建有2座300毫米晶圆厂，在天津建有一座200毫米晶圆厂，在深圳有一座200毫米晶圆厂在兴建中。中芯国际还在美国、欧洲、日本和中国台湾等国家和地区提供客户服务和设立营销办事处，在中国香港特别行政区设立了代表处。中芯国际代武汉新芯集成电路制造有限公司经营管理一座300毫米晶圆厂。公司主要从事计算机辅助设计、制造、包装、测试及买卖集成电路及其他半导体服务，并且制造及设计半导体掩膜。

中芯国际向全球客户提供0.35微米～45/40纳米芯片代工与技术服务。除中芯国际高端的制造能力之外，还为客户提供全方位的晶圆代工解决方案，以一站式服务满足客户的不同需求，从光罩制造、IP研发及后段辅助设计服务到外包服务（包含凸块服务、晶圆片探测，以及最终的封装、终测等）。

中芯国际与世界级设计服务、智能模块、标准单元库以及EDA工具提供商建立了合作伙伴关系，为客户提供广泛且高灵活度的设计支持。公司装备了中国内地最先进的光掩膜生产线，技术能力跨越0.5微米到45纳米，测试服务针对逻辑电路、存储器、混合信号电路等多种芯片。

（中芯国际）

【获中投公司投资】 4月19日，中芯国际与中国投资有限责任公司达成投资协议。中投公司将投资中芯国际2.5亿美元，以每股可转换优先股5.39港元获得360589053股可转换优先股。新股发行及转换后，中投公司将拥有中芯国际已发行约11.6%的股权。中投公司可以在相同条件下增加0.5亿美元认股权证，并可在中芯国际董事会提名一位董事。

（中芯国际）

【灿芯半导体40纳米芯片验证成功】 6月21日，灿芯半导体（上海）有限公司与中芯国际共同宣布灿芯半导体第一颗40纳米芯片在中芯国际一次性流片验证成功。这颗芯片集成Synopsys DesignWare嵌入式存储器和逻辑库，以及中芯国际自主研发的PLL、I/O等关键IP部件。

（中芯国际）

【签署技术开发和晶圆制造协议】 12月9日，强化磁性半导体技术开发商Crocus科技和中芯国际公司（中国内地最大、最先进的集成电路晶圆代工企业）宣布，正式签署合作技术开发和晶圆制造协议。2家公司将共同开发针对汽车应用的高温磁性逻辑单元（MLU）技术。中芯国际公司将制造和供应基于CMOS先进技术节点的晶圆，这些晶圆将在Crocus纳米电子（CNE）磁性生产设备上加工。

（中芯国际）

【荣获高通公司供应商奖】 12月14日，中芯国际荣获客户高通公司的“10亿颗产品里程碑奖”，颁奖在中芯国际上海总部举行。通过多年合作，中芯国际与高通共同缔造了10亿颗电源管理处理器芯片。

（中芯国际）

北京佳讯飞鸿电气股份有限公司

【综述】 北京佳讯飞鸿电气股份有限公司（简称佳讯飞鸿）成立于1995年，企业专注于通信、信息领域新技术、新产品的研发与生产，为专业指挥调度产品提供商，掌握多网络混合组网技术、电路交换及IP交换技术、回波抵消和噪音抑制技术、大容量音视频会议技术以及高可靠性冗灾技术等指挥调度通信领域的核心技术。公司作为首批“中关村国家自主创新示范区创新型企业”进驻中关村环保科技示范园。2011年5月5日登陆深圳创业板，股票代码：300213。

佳讯飞鸿以交换技术、CTI技术、无线技术、语音视频通信技术为依托，自主研发的数字指挥调度、应急通信、综合监控、人工话务、数字录音、CTI与信息服务6大系列、数十余个产品线，广泛应用于国内外市场，涉及铁路、国防、轨道交通、石油、石化、煤炭、冶金、电力、金融等多种行业，尤其在国内铁路、轨道交通、国防等领域。

佳讯飞鸿先后承接过国家“863”课题、国家火炬计划等重大专项资金支持的数十项国家和北京市的重大科研项目。在祖国60年华诞庆典阅兵指挥部通信保障、北京奥运会安保、上海世博会安保、“神六”升空、“神七”飞天、“天宫一号/神舟八号”交会对接、“十七大”召开、“嫦娥一号”发射、“长城2号”国家反恐怖指挥系统演习、北京市非紧急救助服务中心系统以及青藏铁路建设等国家重大事件中，佳讯飞鸿产品赢得客户赞誉。

佳讯飞鸿为国家优秀火炬计划项目承担单位、全国双爱双评活动先进企业、AAA级资信等级企业、北京市技术创新先进企业、北京市守信企业、北京市专利试点优秀企业，2008和2009年度连续被《福布斯》评选为中国最具潜力企业。

截至2011年底，佳讯飞鸿总资产超两亿元，员工300余人。

（佳讯飞鸿）

【产品展示】 9月19日，佳讯飞鸿在北京展览馆举办的第七届中国国际管道展览会上，展出在石油管道领域的一系列创新产品及综合解决方案。佳讯飞鸿展区分为主调度台、分调度台、高清大屏等几区域，观众可以在展会现场体验各调度台人性化操作，通过现场高清大屏幕直观感受调度指令传输过程。佳讯飞鸿在北京国际展览中心举办的2011北京国际城市轨道交通建设运营及装备展览会上，展出调度通信和应急通信等设备。展览面积约80平方米，展台布置以搭建的模拟轨道交通应急通信系统、调度通信系统、可视化调度指挥系统、视频监控系统及交通区间宽带通信系统为主体，配合直观的大型屏幕显示，展示了触摸屏调度台、双屏可视调度台、视频监控终端、KDT调度台、区间宽带通信系统、监控终端及应急终端等多款设备。

（佳讯飞鸿）

【FH9000用于天宫一号和神舟八号】 11月3日1时43分，中国自行研制的“神舟八号”飞船与“天宫一号”目标飞行器在距地球343公里的近地轨道成功对接。佳讯飞鸿FH9000产品在此次对接中成功应用。FH9000人工智能话务台是新一代全新智能人工话务系统，由后台交换系统与前台座席系统2部分组成，融汇数字化、可靠性、保密性、实用性等4大优势。产品采用时分数字无阻塞全路由交换网络，数字化程度高；后台交换系统在硬件结构上采用双主处理机、双交换网络方案，软、硬件结构采用模块化与分布式控制技术设计，使得系统结构易于升级维护。后台主处理机与前台话务台皆运行在局域网上，网络运行不依赖于关键设备，任何一个话务台损坏都不影响其他话务台工作；前后台信息传输方式，可防止病毒及外来信息侵入和传播；同时，每个话务台都具有记录、查号、接转和市话等多种功能，操作简便快捷，易于维护，可根据各个方向话务量改变每个话务台接续的方向和数量，并可在任意时刻自动或手动将话务台并席。

（佳讯飞鸿）

【年度经营】 年内，佳讯飞鸿营业总收入30902.23万元，同比增长8.87%；利润总额5747.50万元，同比增长4.26%；净利润5157.70万元，同比增长5.85%。营业利润同比下降4.53%，主要原因为公司上市及募投项目实施，使经营费用及研发费用增加。基本每股收益同比下降12.99%、加权平均净资产收益率同比下降15.75%，主要原因是公司首次公开发行股票新增股本及资本公积金增加。总资产、所有者权益、股本、每股净资产分别增加125.74%、221.13%、33.33%、141.18%，主要原因是年内公司首次公开发行股票新增股本、资本公积金增加以及公司净利润增加所致。

（佳讯飞鸿）

【法人治理】 年内，佳讯飞鸿建立健全了股东大会、董事会、监事会等治理机构的议事规则和决策程序，制定了《股东大会议事规则》、《董事会议事规则》、《监事会议事规则》、《独立董事工作制度》、《审计委员会议事规则》等制度，建立了《员工行为规范》、《员工工作手册》等内部规范，建立了《员工任职资格评价制度》和员工《培训计划》。

（佳讯飞鸿）

北京科锐配电自动化股份有限公司

【综述】 北京科锐配电自动化股份有限公司（简称北京科锐）前身为北京科锐配电自动化技术有限公司。2001年4月25日，北京科锐配电自动化技术有限公司采用整体变更的方式，以2000年10月31日经审计的账面净资产，按照1∶1的折股比例，整体变更为北京科锐配电自动化股份有限公司。2010年2月3日，公司股票在深圳证券交易所中小企业板上市，股票代码：002350。

北京科锐主营业务为12千伏配电及控制设备的研发、生产和销售。率先引进、推广和研发户外环网柜、美式箱变、永磁机构真空开关设备、故障指示器、重合器、GRC箱壳等多种新型配电设备及技术。主营业务方向有两个，一是配电网故障处理，主要产品包括故障指示器、智能型环网柜和重合器；二是模块化变电站，主要产品包括箱式变电站、永磁机构真空开关设备等。北京科锐为国家火炬计划重点高新技术企业、北京市高新技术企业、中关村国家自主创新示范区十百千工程重点培育企业。

北京科锐董事会下设审计、薪酬与考核、提名3个专业委员会，实行董事会领导的总经理负责制，在武汉、深圳、上海、郑州、西安等地设有9家子公司。

2011年底，公司共有员工1138人，其中生产人员407人，销售人员124人，技术人员319人；具有大专及以上学历的698人。

2011年，北京锐科超额完成经营计划，实现合同额13.077亿元，同比增长65.23%；营业收入92225.50万元，同比增长62.86%；实现归属于上市公司股东的净利润8623.38万元，同比增长73.60%。

（科锐配电）

【法人治理】 年内，北京锐科完善公司治理结构，建立、健全内部管理和控制制度，制定了《董事会审计委员会年报工作规程》、《规范与关联方资金往来管理制度》和《风险投资管理制度》等制度。成立了治理专项活动自查和整改工作领导小组，对公司治理工作进行自查，形成自查结论报告与整改计划。

（科锐配电）

【科研创新】 年内，北京科锐在新产品研发、对外技术合作、专利技术申报方面均取得进展。完成了40.5/1250～31.5千伏充气柜、模块化变电站设计、无源/有源二合一故障指示器等一批重点产品项目研发；转产或已开展小批试制的新产品23个，重点产品有智能化开关柜、单稳态永磁开关、新型通信终端等。模块化站、自动化装置等新产品销售收入占产品总销售收入53%以上。北京科锐加大对外产学研合作，与陕西省地方电力（集团）有限公司等6家单位组成“智能配电网关键设备技术创新战略联盟”，并与陕西省地方电力（集团）有限公司合作开展“智能配电自动化”项目研究；与大连理工大学签署了产学研合作协议，共同成立了“智能电器研究中心”。北京科锐及控股子公司全年申请专利20项，其中发明专利3项，实用新型17项；已获得专利授权12项，其中发明专利1项，实用新型11项。2011年底，北京科锐累计获得专利授权36项，其中发明专利3项，实用新型33项。

（科锐配电）

【节能环保】 年内，北京科锐将环境目标作为企业发展战略组成部分，纳入整体运营中的基本管理。制定了《节约能源控制程序》，实施从产品设计至终端客户的全程环保管理。完成“研发及电子车间综合楼”和“智能环网柜装配厂房”项目建设的环境保护评价报告。将燃煤锅炉供暖方式改为地能热泵，全年降低运行成本174.72万元。与北京市危险废物处置中心合作，定期进行危险废物回收转移，对可回收固体废弃物实行分拣。

（科锐配电）

【客户服务】 年内，北京科锐推行心系客户理念，完善客户服务体系和顾客档案管理体系，设立24小时“800”热线电话，要求在最短时间内到达客户现场，组织顾客满意度调查，进行满意度监测，确保产品和服务满足客户需求。

（科锐配电）

【设备管理】 年内，北京科锐完成配电自动化设备技术改造项目智能型环网柜装配生产线和重合器装配生产线的安装、调试和运行，智能型环网柜与重合器的年生产能力提高3～4倍。加强生产、检验设备以及特种设备等的维护与保养，对欧式环网柜生产线、美式环网柜装配生产线、重合器装配生产线、真空箱检漏回收系统、工频耐压试验装置、工频电流发生器、验电器、天车、龙门吊等设备坚持日常维护和年检，全年未因设备故障影响生产或发生安全事故。

（科锐配电）

乐普（北京）医疗器械股份有限公司

【综述】 乐普（北京）医疗器械股份有限公司（简称乐普医疗）成立于1999年，总部位于北京中关村昌平科技园，为中国最早研发制造心脏介入医疗器械产品的公司、心血管诊疗器械及设备制造厂家，生产的Partner®、Nanoplus™药物洗脱支架、先心封堵器、GKS双叶心脏瓣膜等高科技产品在国内国际超过1000家心脏治疗中心临床使用。2009年10月，乐普医疗在深交所创业板上市发行，股票代码：300003。

乐普医疗与旗下北京天地和协科技有限公司、上海形状记忆合金材料有限公司、北京卫金帆医学技术发展有限公司、北京瑞祥泰康科技有限公司、北京乐普医疗科技有限责任公司、北京思达医用装置有限公司、荷兰Comed B. V. 公司共同打造国际化高技术医疗器械及诊疗设备产业集团。

2011年底，乐普医疗拥有生产用洁净产房上万平方米，生产、检测设备和仪器千余套。拥有员工1000余人，其中药物、材料工程、机电工程、精密加工、医学工程等专业技术人才超过百人。

（崔 晓）

【产品创新】 年内，乐普医疗构建起围绕心脏治疗的集团化产业化平台。主要产品包括血管内药物（雷帕霉素）洗脱支架系统、冠脉支架输送系统、PTCA球囊扩张导管、药物中心静脉导管等。全资子公司上海形状主要产品为动脉导管未闭（PDA）封堵器、房间隔缺损（ASD）封堵器、室间隔缺损（VSD）封堵器等；全资子公司天地和协主要产品为麻醉类介入医疗产品、心脏介入手术用鞘管和导丝等；

全资子公司卫金帆主要产品为用于心脏病治疗的 WINMEDIC2000 血管造影机等；全资子公司思达医疗主要产品为 GK 型双叶心脏瓣膜和 GK 型单叶心脏瓣膜。全资子公司乐普科技的主要产品为以心血管诊断为核心的 IVD 产品。参股公司陕西秦明医疗仪器股份有限公司主要产品为心脏起搏器及相关医疗器械。

（崔　晓）

北京鼎汉技术股份有限公司

【综述】　北京鼎汉技术股份有限公司（简称鼎汉技术），成立于 2002 年 6 月，股票代码：300011，总部设在北京市中关村丰台科技园总部基地，在北京和深圳各拥有一家实力雄厚的研究开发中心，是一家从事轨道交通电源系统的研发、生产、销售、安装和维护的高新技术企业。主要产品包括：轨道交通信号智能电源系统、轨道交通电力操作电源系统、轨道交通屏蔽门电源系统和轨道交通通信电源系统、屏蔽门/安全门系统、铁路检测系统、车载辅助电源系统等相关产品。同时，根据客户需求提供其他配套产品及服务。

鼎汉技术拥有一支长期从事轨道交通电源系统研发、生产、销售、安装和维护的核心团队，共有员工 444 人，其中本科及以上学历的员工有 302 人；技术开发人员有 180 人，管理及销售人员 180 人，其中大部分员工拥有在国内外相关知名公司工作经验。

（李　慧）

【年度经营】　2011 年，鼎汉技术围绕打造轨道交通电气及其自动化设备主流供应商的发展战略，拓展地铁市场，中标额大幅增长。四季度推出轨道交通接触网检测系统等检测产品、国铁车载辅助电源和屏蔽门系统 3 个系列的新产品。

2011 年，鼎汉技术营业收入 30896.06 万元，同比增长 4.60%；实现营业利润 6412.29 万元，同比下降 7.21%；实现利润总额 7434.35 万元，同比下降 4.48%；实现归属公司股东的净利润 7074.52 万元，同比增长 1.97%。其中，轨道交通信号电源系统实现收入 21928.36 万元，电力操作电源系统实现收入 1422.01 万元，轨道交通屏蔽门电源系统实现收入 356.74 万元，通信电源系统实现收入 1188.60 万元，地铁综合供电系统实现收入 2166.93 万元。新中标项目金额共 5.03 亿元，同比增长 43.30%，其中地铁项目份额超过一半；新签订合同金额为 3.44 亿元，同比下降 6.78%；年底，公司中标待签金额 2.46 亿元，已签待执行金额 1.96 亿元。

（李　慧）

【股本变更】　2009 年 10 月，鼎汉技术首次公开发行 A 股募集资金净额人民币 46752.35 万元，其中超募资金 25195.00 万元，截至 2011 年底，募集资金余额为 16669.29 万元，其中超募资金 1186.7 万元。根据国富浩华会计师事务所出具的审计报告，母公司 2011 年度实现净利润 12239663.09 元。提取法定盈余公积金 1223966.31 元；加期初未分配利润 92738556.56 元，减实施 2010 年度分配方案分配的 18495359.99 元，本年可供分配的利润为 85258893.35 元。本年度末资本公积余额为 497563311.10 元。

截至 2011 年底，公司以总股本 10563.2 万股为基数向全体股东每 10 股派发现金股利 2.80 元（含税），共计派发现金 29576960.00 元（含税）；同时进行资本公积金转增股本，以公司总股本 10563.2 万股为基数向全体股东每 10 股转增 5 股。

（李　慧）

【技术创新】　年内，鼎汉技术研发的资金投入 2950.62 万元，占收入比重 9.55%。建立了以产品商业成功为考核导向的研发体系，在团队组建、产品研发、市场支持、试制协作及产品推广等方面都有出色的表现。

（李　慧）

【新产品开发】　年内，鼎汉技术的新产品开发围绕电力电子、通信、监控和屏蔽门系统等相关领域，采用国内外先进技术，研发出完全自主知识产权的国产化产品。其中，高性能全数字化车载辅助电源产品采用了高频 SVPWM 斩波控制技术、主一备模块切换技术、三电平逆变技术、自然冷散热技术、移相全桥开关控制技术、蓄电池充电管理技术等电力电子核心技术，研发出体积小、效率高、动态响应好的产品。屏蔽门系统，采用人体仿生设计技术、三维造型及结构开发技术、有限元分析技术、单片机及 PLC 集成技术、现场总线技术、实时画面监控技术、高分子材料技术等屏蔽门系统关键技术，研发产品完全具备新功能和高可靠性的国产化。

接触网动态检测系统，采用接触式与非接触式结合的检测方式，针对接触网的拉出值、硬点（冲击）、导高、接触网电压、接触网压力、导线坡度、跨距高差等各项指标，进行实时、动态检测。

轨道动态检测系统。采用先进的惯性基准检测原理，捷联式检测系统和非接触测量方法，综合运用激光高速图像处理、数字滤波、计算机网络和卫星定位等高新技术，输出真实反映轨道自身状态的几何参数和动力学参数。

铁路限界动态检测系统，采用了二维光传感器 360 度扫描，并对检测数据进行三维建模，为用户提供直观明了的检测三维图形，保证系统的实用性和经济可行性。

（李 慧）

【知识产权】 年内，鼎汉技术公司获得 5 项专利证书，6 项软件著作权，6 项软件产品登记，向国家知识产权局提交包括 5 项发明专利的共 19 项专利申请。全资子公司鼎汉软件获 1 项软件著作权。子公司鼎汉检测向国家知识产权局提交 24 项专利申请，获得 9 项软件著作权，9 项软件产品登记以及软件企业认定证书。

（李 慧）

北京京运通科技股份有限公司

【综述】 北京京运通科技股份有限公司（简称京运通）成立于 2002 年 8 月 8 日，注册资本为 42988.5136 万元，2011 年 9 月 8 日在上海证券交易所上市，股票代码：601908。京运通是一家以光伏设备制造业务为核心、光伏设备与晶体硅生长和晶片业务互补发展的高新技术企业，主导产品包括单晶硅生长炉和多晶硅铸锭炉等光伏设备以及硅棒、硅锭和硅片等光伏产品。2002 年获得高新技术企业称号，已通过 ISO9001：2008 质量管理体系认证。2011 年，营业收入 17.75 亿元，净利润 4.34 亿元，每股收益 1.18 元。总资产 45.46 亿元，净资产 37.03 亿元。

（京运通）

【兆瓦级屋顶光伏电站并网发电】 9 月 23 日，公司硅晶材料产业园（一期）屋顶光伏电站并网发电，这是北京市首个兆瓦级屋顶光伏发电站。

（京运通）

【科技研发】 2003 年研发的 JRDL-700 型软轴单晶炉获得北京市西城区科技进步二等奖，2004 年研发的 JRDL-800 型软轴单晶炉获得北京市西城区科技进步一等奖，2005 年研发的 QR-400 区熔高阻单晶硅炉获得北京市西城区科技进步三等奖。2007 年和 2008 年，JRDL-900 型软轴单晶炉和 JZ-660 型多晶硅铸锭炉连续荣获中国半导体行业协会、中国电子材料行业协会、中国电子专用设备工业协会和中国电子报社联合授予的中国半导体创新产品和技术奖。2009 年，被评为德胜科技园年度优秀自主创新企业和德胜科技园年度高成长企业。2010 年，被评为德胜科技园年度优秀自主创新企业。2011 年 2 月，京运通 JZ-660 多晶硅铸锭炉获得北京市科学技术进步三等奖；同月，公司技术中心被认定为北京市企业技术中心；10 月，公司入选中关村“十百千”工程企业；11 月，公司被北京市产品评价中心评为产品质量创新企业奖，公司的 JZ－460/660 多晶硅铸锭炉被评为产品质量奖。

（京运通）

【成果转化】 2008 年，京运通的“JRDL－900 型软轴单晶硅炉”被认定为北京市高新技术成果转化项目。2009 年，“JZ－460/660 多晶硅铸锭炉”被认定为北京市高新技术成果转化项目。

（京运通）

【重点项目】 2006 年，京运通承担了北京市火炬计划项目的 QR－400 区熔高阻单晶硅炉产业化项目。2008 年，京运通承担了北京市高成长企业自主创新科技专项的 JZ－460 多晶硅关键生长设备的研发项目。2009 年，京运通承担了金太阳示范工程的北京京运通厂房屋顶光伏发电项目，以及工业和信息化部电子信息产业发展基金的 JZ－660 节能高效多晶硅铸锭炉研发及产业化项目。2010 年，京运通承担了国家火炬计划项目的 JZ－550/800 定向凝固结晶法多晶硅铸锭炉产业化项目。

（京运通）

北京合康亿盛变频科技股份有限公司

【综述】 北京合康亿盛变频科技股份有限公司（简称合康变频）是专业从事研发、生产、销售各种高、中、低压变频器的高科技上市公司，位于北京中关村高科技园区。公司成立于 2003 年，2008 年引入联想控股在内的 4 家战略投资者，2010 年 1 月在深交所上市，股票代码：300048。截至 2011 年 11 月，注册资本 2.46 亿元。

公司高压变频系列分为通用高压变频器和高性能高压变频器两大系列，广泛应用于电力、矿业、冶金、水泥、石化、市政等领域，可实现对各类高压电动机驱动的风机、水泵、空气压缩机、提升机、皮带机等负载的软启动、智能控制和调速节能，从而有效提高工业企业的能源利用效率、工艺控制及自动化水平。

合康变频下设 3 家全资子公司，2 家控股子公司，1 个重点实验室和 1 个技术中心，员工近 1000 人，其中研发、技术人员约占 20%，大专以上学历占 70%。合康变频连续 6 年荣获用户满意 10 大国内品牌称号；2006 年成为高压变频器国家标准起草单位之一；2011 年荣登福布斯中国“潜力企业”百强榜。

年内，合康变频自主研发生产的同步电机矢量控制带能量回馈变频器通过客户验收，正式投运，并获得中国煤炭机械工业协会颁发的“科学技术成果鉴定书”，填补了国内同步矢量控制高压变频器技术领域空白，打破了长久以来的国外同类产品垄断现状。

（胡晓娟）

【资产重组】 年内，公司购买南京国电南自新能源科技有限公司 40% 股权及北变变压器（上海）有限公司 70% 股权；公司合资新设北京合康亿盛电气有限公司，股权占比 70%，主要从事配电开关控制设备的研发和加工，为变频器生产提供旁路柜及结构件等。

（胡晓娟）

【科研创新】 年内，合康变频与与陕西鼓风机（集团）有限公司合作，实现大型（15000 千瓦以上）风机高压变频软启系统装备国产化；与洛阳中信重型机械公司合作，实现 10000 千瓦以上大功率同步电机高压变频器提升系统的研制工作；与新疆金风科技股份有限公司合作，将高压变频技术应用于风力发电直驱式直流技术；与中国科学院电工所合作，使高压变频技术应用于新能源开发领域（如风力发电、太阳能发电）、高效电力传输和储能领域等。

自主研发生产的同步电机矢量控制带能量回馈变频器通过客户验收，正式投运，获得中国煤炭机械工业协会颁发的“科学技术成果鉴定书”，填补了国内同步矢量控制高压变频器技术领域空白。

合康变频以参股南京国电南自新能源科技有限公司的方式与国电南京自动化股份有限公司进行战略合作，提升本公司变频器产品在华电集团及整个电力行业的影响力和市场占有率。公司与山西晋煤集团金鼎煤机矿业有限责任公司签署战略合作备忘录，扩大产品在晋煤集团及煤炭、矿山领域的影响力和市场占有率。合康变频是国内首家获得国家煤矿防爆安全产品质量监督检验中心 KY 认证的高压变频器生产企业，1月30日，公司取得矿用产品安全标志证书8项，同时取得煤炭工业上海电气防爆检验站颁发的防爆合格证8项。截至12月，公司已经取得6项国家发明专利及14项实用新型专利，其中正在受理的国家发明专利5项、实用新型专利1项。

（胡晓娟）

【设备管理】 年内，合康变频制定了《设备管理制度》。所有设备由设备工装部管理，设备工装部负责对所有设备的日常维护记录情况进行抽查，抽查时间1个季度1次，抽查比率是所有应做维护保养设备总数的30%。

（胡晓娟）

【客户服务】 年内，北京亦庄经济技术开发区高压变频器生产研发基地满负荷运转，平均产能超过预期设定目标1200台/年；截至年底，公司总业绩超过4000台。公司成立专门的大客户服务部，设立售前技术支持及售后服务部门，公司专业的技术团队提供7×24小时不间断服务，为客户提供最专业的解决方案以及最高效的现场处理。

（胡晓娟）

北京顺鑫农业股份有限公司

【综述】 北京顺鑫农业股份有限公司（简称顺鑫农业）于1998年9月21日正式成立，注册资本为28000万元，是由北京市泰丰现代农业发展中心（现改制为北京顺鑫农业发展集团有限公司）独家发起，以社会募集方式设立的股份有限公司，股票代码：000860。经中国证监会批准，顺鑫农业于1998年9月3日向社会公开发行人民币普通股7000万股，该部分股份占总股本的25%；北京市泰丰现代农业发展中心以其经评估后的部分经营性净资产31390万元投入顺鑫农业，占总股本的75%。1998年11月4日，顺鑫农业股票在深圳证券交易所挂牌上市。截至2011年年底，顺鑫农业总股本43854万股，顺鑫集团持股20609.4万股，占总股本47%。

公司的主营业务有白酒酿造与销售；种猪繁育、生猪屠宰与肉食品加工销售；农产品精细加工与物流配送；农产品市场管理与服务；水利建筑工程施工与房地产开发；高档花卉、果品的种植与销售等。

截至2011年底，公司在册员工6518人，其中在岗员工6461人。在册员工中生产人员3754人，销售人员787人，技术人员790人，财务人员174人，行政人员1013人；本科及以上学历700人，大专1428人，中专及高中2620人，初中及以下学历1770人。

（顺鑫农业）

【年度经营】 年内，顺鑫农业实现营业收入75.80亿元，净利润30683.83万元，同比分别增长20.93%和15.64%。在白酒酿造与销售业务方面，牛栏山酒厂1～3季度白酒产量行业排名第三位，实现利税总额行业排名第14位，工业总产值行业排名第16位。全年北京市场销售收入同比增长7%，呼和浩特、保定、天津、沧州等外埠市场销售收入同比分别增长37.5%、77%、76%、135%；经典二锅头、珍品三十年、百年牛栏山、珍品二十年等中高端产品销售稳步增长，中等价位产品优化结构，新推出的百年红系列产品得到消费者认可，成为新的利润增长点。宁城老窖加大内蒙古市场的开发力度，提升产品覆盖率，大北方区域销售网络初具规模。在种猪繁育、生猪屠宰与肉食品加工业务方面，在2010年建设3家养殖场基础上，2011年又在河北肃宁、山西阳高建设2家高标准生猪养殖基地。生猪屠宰与肉食品加工业务精细化管理，调理肉分割，提高生鲜肉制品经济效益。北京熟食业务市场，拓展销售网络，加大形象店的建设，提升市场占有率，取得良好业绩。农产品精细加工与物流配送业务，先后开发出沙拉系列、汤羹系列、快捷后厨系列、日式料理系列、鲜切蔬菜系列等多系列产品。农产品市场管理与服务业务强化一级批发功能，25个品种实现产地对接，带动蔬菜业务上市量同比增长23.8%；香蕉单品实现新突破，带动水果上市量同比增长30%。获得农业部信息中心颁发的“2010年度全国农产品批发市场信息联网先进单位”称号。在水利建筑工程施工业务中，积极发展环保工程，寻求外埠业务，项目涉及北京、陕西、山西、甘肃、四川、湖北、新疆等多个重点省市。

（顺鑫农业）

【获得荣誉】 年内，顺鑫农业“鑫大禹”商标被认定为北京市著名商标。截至年底，顺鑫农业拥有中国驰名商标4个，省市级著名商标7个。先后荣获2011年中国制造业企业500强、2009～2010年度中国食品工业实施卓越绩效模式先进企业等称号；牛栏山酒厂在世界品牌实验室2011年中国品牌年度大奖评选中，荣获中国品牌年度大奖殊荣。

（顺鑫农业）

【公司治理】 年内，顺鑫农业制定了包括《公司章程》、《股东大会议事规则》、《董事会议事规则》、《总经理工作细则》、《信息披露制度》、《关联交易内部决策规则》、《重大事件内部报告制度》以及董事会各专业委员会的实施细则等制度，用于规范公司的各项运行。公司与股东在业务、人员、资产、机构、财务等方面完全分开，具有独立完整的业务及自主经营能力。公司设有股东大会、董事会、监事会等决策和监督机构。

（顺鑫农业）

【技术创新】 年内，顺鑫农业申请专利16项，其中发明专利3项，实用新型1项。截至年底，拥有国家级实验室2家，拥有专利40项，其中发明专利6项。

白酒产品加大中、高端产品比重，新推出百年红系列产品得到消费者的认可；鹏程食品研发猪肉深加工产品，多系列熟食上市；农产品精细加工依托先进的设备和加工工艺，继续拓展吉野家、必胜客等大型餐饮企业后厨市场，开发可供消费者即食即用或餐饮业直接使用的自有系列产品。利用气质联用仪开发“毛细管直接进样技术”和“固相微萃取技术”，荣获“中国食品工业协会科学技术二等奖”。

（顺鑫农业）

【节能减排】 年内，顺鑫农业牛栏山酒厂、牵手公司2家重点能耗企业开展清洁生产审核。委托专业公司对原料、生产工艺流程、设备设施等进行诊断和测评，制定出清洁生产实施方案。鹏程公司屠宰车间、熟食车间及办公用照明灯全部更换为节能灯，每盏灯用电量下降29瓦，节约用电105000度；鹏程公司屠宰车间、熟食车间更换热交换设备，采用高效热交换设备，年节约用煤800吨；牛栏山酒厂的灯全部更换为LED灯（发光二极管技术），年节电103万度；牛栏山酒厂与北京市科委合作，采用最新水处理技术，投资建设洗瓶水循环利用车间，年节水15万吨。公司举办“和谐生态 绿色顺鑫”节能环保知识竞赛活动，历时2个月，普及节能环保知识。组织节能环保知识培训，邀请区环保局为公司主管节能环保工作的副职、部门负责人及相关工作人员进行节能环保知识讲课。

（顺鑫农业）

中牧实业股份有限公司

【综述】 中牧实业股份有限公司（简称中牧股份）是由中国牧工商（集团）总公司独家发起，以募集方式于1998年12月25日成立的股份制有限公司。截至2011年底有总股本3.9亿股。其中，中国牧工商（集团）总公司持股2.28亿股，社会公众持股1.62亿股。公司股票于1999年1月7日在上海证券交易所上市，股票代码：600195。2004年11月，中国水产集团总公司与中国牧工商（集团）总公司战略重组，组建中国农业发展集团总公司，中国农业集团成为中牧股份实际控制人。

中牧股份是国家九部委认定的农业产业化国家重点龙头企业及北京市高新技术企业，现拥有全资、控股和合资生物制品企业5家，全资及控股饲料企业6家，全资及控股化药企业3家，职工总数3700余人。经营范围包括动物生物制品、饲料、饲料添加剂、兽药和畜牧业生产资料贸易以及相关产品的进出口贸易。

公司主要产品占国内三分之一以上的市场份额，主要产品销售量和市场占有率稳居全国第一，在动物保健品和动物营养品行业处于领先地位。

（陆世晗）

【年度经营】 年内，中牧股份营业收入284230.54万元，同比增长6.81%，营业利润53245.31万元，同比增长39.12%，实现归属于上市公司股东的净利润45090.26万元，同比增长45.38%。其中，实现国内主营业务收入279398.11万元，实现国外主营业务收入3934.67万元。

（陆世晗）

【科技创新】 截至年底，中牧股份有博士、硕士50余名，本科以上的中高级技术职称人员500余人。中牧股份技术中心是国家发展改革委等5部委认定的国家级“企业技术中心”，重点围绕合成肽产品、狂犬灭活疫苗、毛皮经济动物疫苗等品种及新型兽药制剂、新型复合饲料添加剂等产品开展研发工作，在饲料、生物制品研发领域先后完成30多项国家和省部级重大研究项目和成果，多项技术填补国内空白，并与国内外多家科研院所、大专院校建立了企业研发基地和产学研开发联合体，联合开发的项目有国家“863”和“974”高科技项目。其中，猪伪狂犬病灭活疫苗、鸡传染性法氏囊病活疫苗（NF8株）及喹烯酮获得国家科技进步二等奖；口蹄疫合成肽疫苗、猪伪狂犬病灭活苗、喹烯酮原料药及预混剂等7个产品获得农业部一类新兽药证书；大豆黄酮获得新饲料添加剂证书；液氮马立克氏病活疫苗（CVI988）、鸡传染性法氏囊病活疫苗（NF8株）和猪伪狂犬病活疫苗等一批新产品获得农业部二类新兽药证书；口蹄疫合成肽疫苗、默诺霉素（黄霉素）的纯化方法以及双相乳化佐剂及其制造工艺等3项技术创新成果通过国家知识产权局核实，获得发明专利申请受理。

（陆世晗）

【节能减排】 年内，中牧股份组建了节能减排工作领导小组，各生产企业设有节能减排工作小组，生产车间设专职人员，形成节能减排管理的三级网络，制定了目标责任制和考评办法，制定了节能减排实施方案和目标。完成高耗能锅炉的强制淘汰、部分二级计量设备的安装、使用，部分二级计量设备、大型单台计量设备、污物排放在线监测等。对生产设备、有毒有害原料辅料、废弃物存放场所进行排查，对废水、固体废弃物处理工艺进行核查，开展“安全、节能、环保”宣传月活动。推动节能降耗，构建节约型企业。全年SO_2、COD污染排放指标分别同比下降2.14%和0.52%。

（陆世晗）

【质量控制】 年内，中牧股份多次组织召开产品品控管理工作会议，研讨提高质量管理水平的办法措施。加强企业内部的专项自检和日常动态监督，抓生产企业原辅材料、半成品、成品检验、物料报废、重点产品单耗等日常质量信息的收集、统计工作，从原辅料入库到产成品出厂，严格把关，严格检测。对兽药的合同、购进、验收、储存、销售、运输及售后服务等环节实行全面、科学、规范的管理，强化产品质量。中牧股份通过国家兽药GSP认证。中牧股份申报的国家一类新兽药制剂喹烯酮预混剂25%和50%两个产品，首家获得农业部“兽药添字”批准文号。

（陆世晗）

协会组织

【综述】 2011年，北京工业领域各行业、专业协会认真贯彻市委、市政府关于工业经济工作各项指示要求，结合各自协会的行业实际、专业职能，积极进取，与时俱进，创造性地开展工作，取得新的成绩。

完成课题成果显著。近1/3的行业协会承担政府相关部门委托的课题。据不完全统计，全年完成课题28个。其中，最大的课题是受市经济信息化委和市发展改革委委托，由北京工业经济联合会牵头开展的“北京工业动员潜力调查”。该课题涉及机电、汽车、医药、建材、化工、服装纺织等行业的463家企业，组织17个行业协会参与，圆满完成课题调研，体现了行业协会的组织优势。各协会根据自身工作需要开展大量调研工作，完成一批针对性和前瞻性俱佳的调研报告。如服装纺织协会的《北京服装设计队伍建设问题研究》的课题调研，是以300份实名问卷调查和20多位设计师的访谈为依据，较详实地介绍了设计师群体生活和工作现状、创业感受、面临主要困难，以及对成长环境的期望和建议，对政府和协会营造服装设计产业发展环境具有参考价值。包装协会的《包装生产型服务业与制造业协调发展对策研究》、铸锻协会的《北京地区铸锻企业行业研究报告》、电子商会的《北京中关村数字电视产业园》、汽车协会的《汽车产业年度白皮书》、医药协会的《药品生产质量管理规范（2010年修订）基础情况调研分析报告》、矿业协会的《废弃矿山再利用》、豆制品协会的《传统豆制品行业发展需要政策支持》和《北京市传统豆制品生产和销售现状分析》等，对行业、专业发展起到很好的推动作用。

北京电镀协会利用其智力资源，积极参与国家或地方行业标准、实施细则的制定和审定，为政府提供了有价值的建议，发挥了参谋助手作用。2011年编写的《电镀行业企业污染防治管理规定（初稿）》通过了环保部组织的专家评审，编写完成《电镀企业重金属污染物排放现场核查细则（初稿）》。

工美协会在北京工业经济联合会支持下，联合服装纺织、印刷、建筑装饰等11家协会，自愿组建具有专业特色的“北京工美文创产业联盟”，在促进传统工艺美术与服装服饰、印刷包装、家居建材、建筑装饰、设计装潢等现代设计制造业跨界融合，文化创新与制造业创新相结合上迈出新步伐。联盟当年组织参加的“北京第一届工艺美术创新设计作品展”、“第六届北京（国际）文化创新产业博览会”2项活动受到社会和企业好评，显现了联盟的强大活力，成为2011年北京工业领域协会工作新亮点。

继续加强对外交流。各协会积极参与外省市同行间交流学习活动，并以此为平台建立联系，开展互动。电镀协会参加“长三角”地区表面处理联席会；北京机电行业协会主办“第二十五届全国部分城市机械行业研讨会暨北京高端装备制造业发展论坛”；印刷行业协会与华北、东北8省市区印刷企业联谊，围绕绿色印刷、节能减排、企业管理等方面热点话题进行了交流与研讨。

重视品牌培育和推广工作。各协会积极组织境内外展览、展示等活动，宣传行业、企业改革与发展以及产品品牌等，有力促进了销售工作。服装纺织协会主办“北京时装之都品牌展”，组织铜牛、天坛、雪润、埃姆、绅士、雷蒙、伊里兰、红都、奥豹、水孩儿、恺王等

11个品牌在中国国际服装服饰博览会上以整体形象亮相，同时在中心展区T台推出6场新品展示会。年内，有5家服装纺织企业的销售收入、利润总额和销售利润率分别进入2011年全国服装百强企业名单。

采取多种形式进行培训。各协会针对当前工业转型时期的发展变化，组织开展多种形式的培训活动，促进员工接受新理念、学习新知识、掌握新技术。医药行业协会、玩具协会，为企业着想，把培训送到郊区、送到企业，深受广大受训者欢迎。

政府支持各协会工作，落实社会建设专项资金购买社会组织服务的项目，各协会积极性很高。如北京建材行业联合会、北京照明电器协会等认真完成课题，得到资金支持。

主动承担社会责任的宣传组织工作。各协会在促进食品安全、产品质量、公平竞争、绿色环保等方面做了大量工作，使企业把社会责任理念融入到发展战略、生产经营和企业文化中，有利于企业在创新发展、转变发展方式、强化科学管理、提高职工素质、激发创造活力、提升品牌形象和增强核心竞争力等方面取得新发展。同时行业协会还积极参加由中国工经联举办的大型社会责任发布会。

不断加强自身建设，认真学习《胡锦涛同志在庆祝中国共产党成立90周年大会上的讲话》，通过深入学习，增强服务意识，从多角度为企业搭建平台，解决企业的实际困难。

截至年底，北京工业领域行业、专业协会会员共有89个。其中，49个行业协会通过北京市社团办评估，占总数的近70%。其中，5A级协会有7家，它们是北京电力行业协会、北京肉类食品协会、北京市豆制品协会、北京软件行业协会、北京汽车行业协会、北京医药行业协会、北京家具行业协会；4A级18家；3A级11家。

（吴　彧）

【北京企业联合会】　2011年，北京企业联合会（简称北京企联）坚持为企业和企业家服务宗旨，坚持发挥桥梁纽带作用，坚持“三突出”（突出品牌、突出特色、突出重点）工作方针，扎实有效地开展各项工作。北京市社会建设工作领导小组认定北京企联为市级“枢纽型”社会组织，并进一步明确了北京企联作为企业界代表参与全市有关方面联合建立的协调劳动关系机制；广泛联系企业及企业家群体；负责相关社会组织的联系、服务和管理的工作领域与职责。

积极组织和参加北京市协调劳动关系三方机制工作，维护劳动关系的稳定与和谐。是年，北京企联参与《北京市工资指导线测算方案》、《北京市劳动合同若干规定》、《北京市最低工资调整方案》、《北京市集体合同档案管理办法》等立法草案征求意见工作。参与研究制定《北京市“十二五”时期人力资源和社会保障事业发展规划》，在调研基础上，代表企业方利益发表意见，并以书面材料上报政府相关部门。作为企业方代表，积极参与由市人力社保局、市总工会组成的协调劳动关系三方机制工作，在三方会议上代表雇主利益发表意见，充分反映企业诉求。三方共同就劳动合同制度相关问题在广播电台、网站开展现场答疑活动2次，大型宣传活动3次，并通过北京企联编辑出版《劳动关系通讯》，积极宣传劳动法律法规和先进典型。积极落实市政府关于大维稳工作格局，推动劳动关系持续保持和谐稳定。围绕“签合同、上保险、保工资”的重点，集中力量组织开展5次全市专项检查。开展小企业劳动合同制度实施3年行动和集体合同“彩虹计划”，全市地方企业劳动合同签订率达到97.5%，续订率达到96.6%，2.4万户企业签订集体合同。组织兼职仲裁员参加劳动争议案件的审理和调解，在实践中加强兼职仲裁员队伍建设。北京企联在组织兼职仲裁员参加市劳动争议案件合议庭审理案件基础上，又承担了北京市下达的组织独立调解庭调解劳动争议案件工作，先后组织仲裁庭和调解庭处理企业劳动争议案件310余件，其中调解率为62.6%，仲裁率为37.4%。

企业管理现代化创新成果评审工作。是年，北京企联推荐评审国家和北京市企业管理创新成果214项。获得国家级创新成果一等奖1项、二等奖3项，获得市级创新成果一等奖57项、二等奖132项、三等奖21项。北京企联运用市国资委主管的《首都建设报》宣传平台，报道宣传北京基础设施有限公司、北京医药股份有限公司、首钢总公司、中国移动北京分公司、中国石油化工集团公司北京燕化公司等一批企业管理创新典型经验。

开展培训工作，提高企业管理人员素质。是年，北京企联建立培训合作机制，在密云经济信息化委配合下，为密云县开展百名企业经理培训暨高级职业经理人资格认证17人。北京企联与昌平区企联联合举办高级职业经理人培训班，69人参加培训认证。北京企联采取零散招生、合作办学，为社会有需求的企业培训128人。北京企联为北京市企业管理咨询师考试报名资格认证400人。

规范会员管理工作，积极组织会员开展活动。是年，北京企联对注册会员企业进行整顿，按照团体会员、行业会员、直属会员予以分类，探索差异化管理和服务工作方式。会员企业被划分为三类：第一类为联系紧凑型，有160家左右；第二类为联系紧密型，有84家左右；第三类为联系半紧密型。并按照会员企业的隶属关系、企业性质、规模大小进行分类。全面建立健全会员企业基础资料档案。是年，北京企联围绕经济发展热点多次组织会员企业开展各种活动。北京企联与首都企业家俱乐部共同主办、首钢总公司承办了“国企创新发展（首钢）论坛”大型研讨会，首钢总公司、北京汽车工业控股有限责任公司和中国建筑材料集团公司分别做典型发言。与北京捷盟管理公司联合举办以“十二五规划对企业的战略指导”和“在十二五规划年企业家应做些什么”为主题的“企业家沙龙”。为北京首钢特殊钢有限公司举办“中国绿能港”项目招商座谈会；为北京关键要素有限公司举办“高新技术企业认定政策辅导”专题讲座。组织部分有影响力的企业家走进北京木业商会考察并进行商贸洽谈，参观中国红木家具展。组织部分会员企业人力资源部门负责人及外埠在京企业商会秘书长举办研讨会，搭建北京工业系统人力资源交流信息平台。

年内，编辑出版发行《北京企业》杂志12期。“北企联合网”实现通过网络管理发展会员及利用网站宣传企业产品和企业家形象的功能。

（刘　瑜）

【北京工业经济联合会】 2011年，北京工业经济联合会（简称北京工经联）围绕市委、市政府在新的形势下，对协会工作提出的新要求、新任务，遵循首都工业产业发展的主线，本着传承、发展、务实、创新精神，开拓思路，积极进取，从多方面开展工作，取得较好成效。

“枢纽型”社会组织建设取得新进展。在贯彻中央“加强和创新社会管理”精神，推进建立“枢纽型”社会组织体系工作中，2010年12月30日，北京市社会建设工作领导小组以（京社领发〔2010〕1号）文件，认定北京工业经济联合会为市级“枢纽型”社会组织，明确“北京工业经济联合会负责工业经济领域相关社会组织的联系、服务和管理”。在“政治上发挥桥梁纽带作用，业务上发挥龙头引领作用，日常管理服务上发挥平台作用”。年内，北京工经联认真学习贯彻中共中央和市委关于加强和创新社会管理，推进社会建设的文件精神，先后组织行业协会学习“胡锦涛总书记在中央省部级书记加强和创新社会管理专题研讨班上的重要讲话”、中共北京市委十届九次会议通过的《关于加强和创新社会管理，全面推进社会建设的意见》和市政府颁布的《北京市“十二五”时期社会建设规划纲要》。将有关文件印发给各行业协会，并传达了市委社会工委有关工作部署和要求。按照市社会建设工作领导小组“党的工作广覆盖”的要求和市委社会工委的工作部署，经市委社会工委、市委组织部同意批准，筹备并成立了“北京工业经济联合会社会组织党建工作委员会”。同时，北京工经联与各行业协会建立党建工作联络员网络，并对党建工作联络员进行了培训。党建工作委员会及联络渠道的建立，增强了协会工作的系统性和凝聚力，做到了上情及时传达，信息及时沟通。按照市里要求，组织行业协会针对社会敏感时期，在“维稳”工作中发挥了作用。组织行业协会参与全市社会组织公益活动展；在中国共产党建党90周年前夕，开展了歌颂党的丰功伟绩及争先创优等各种形式的活动。

践行宗旨，努力当好参谋助手，做好联系沟通、信息通报、组织协调工作。北京工经联每季度为理事单位组织情况通报、工作交流等活动。年内，先后组织了经济形势报告会、科技讲座、专题讲座、经济运行情况通报等活动。组织召开了协会工作经验交流会，服装纺织、玩具、医药、汽车、建材、工美 6 个协会，分别介绍了他们“以时尚创意为助推器，打造‘时装之都’”、“送艺下乡、打造一村一品，传艺进社区、打造一街一特色”、“开展诚信评价，促进行业自律”及推进标准法规建设、节能环保、专业培训等工作经验和体会。组织协调工业领域协会及相关企业参加全市性大型活动。参与组织协调由市经济信息化委等主办的“中国烹饪、食品博览会”。联合北京技术市场协会组织并带队参加在内蒙古满洲里举办的“中俄蒙科技展及高技术产品交易会”等。

是年，受市经济信息化委和市发展改革委委托的“北京工业动员潜力调查”项目，由北京工经联牵头，机电、汽车、医药、建材、化工、服装纺织等 17 个行业协会，463 家企业参与此项调查，圆满完成课题调研。市经济信息化委和市发展改革委委托工经联分别与相关行业协会、企业和专家共同合作，完成“2011 年北京市技术改造重点项目指导目录”、“行业协会发展报告”、“北京工业企业技术创新能力剖析”等系列调研任务。这些调研涉及基础、电子、装备、汽车、医药、都市六大产业，三十大类、百余个中小类。

在创新协会工作，推进跨行业联合上有新进展。北京工经联支持并协调由北京工艺美术行业协会牵头，联合服装纺织、印刷、建筑装饰等 11 家协会，自愿组建具有专业特色的“北京工美文创产业联盟”，旨在促进传统工艺美术与服装服饰、印刷包装、家居建材、建筑装饰、设计装潢等现代设计制造业跨界融合，文化创新与制造业创新相结合。北京工经联会长金生官出任联盟主席。联盟成立后，于 2011 年 11 月举办了“北京第一届工艺美术创新设计作品展”，并参加了“第六届北京（国际）文化创新产业博览会”。是年，北京工经联协助中国工经联分别组织了“2011 年经贸形势报告会”、“2011 年中美、中欧贸易法律研讨会”。承办了在北京召开的 4 个直辖市联席会以及第五届环渤海工经联联席会议。这些会议得到中国工经联的关注和支持。中国工经联会长李毅中出席第五届环渤海工经联联席会，对今后环渤海工经联工作提出指导意见。

完善北京工经联内部建设，提升工作效率和服务水平。是年，在拓展服务领域的同时，注重秘书处建设。坚持定期向监事会汇报工作，自觉接受监督和检查；按时做好工作安排，落实工作职责；结合新的形势要求和新的职能定位修订完善 16 项内部管理制度；成立党建工作委员会办公室，改选临时党支部，成立了工会小组；根据工作需求，经理事会同意（书面）增补 1 名副会长，3 名副秘书长。

（工经联）

【北京信息产业协会】 2011 年，北京信息产业协会立足信息化和公共服务的调研报告《北京公交枢纽建设与管理对策研究》，入选北京社会科学院蓝皮书《北京公共服务发展报告（2010～2011 年）》，详细分析了北京公交枢纽的得失并提出改进建议，受到交通、信息单位和相关人士好评。协会组织专家和企业人士走访会员企业，推动新技术手段用于社会服务，如参观高维信诚公司的手机网站，讨论通过手机短信息为中小企业服务，使手机网站与互联网接力，构建“掌上校园”，发布公益、服务信息。协会贯彻落实工业和信息化部“企业质量诚信体系建设”倡议，参与中国电子质量管理协会发起的《中国电子信息企业质量信誉承诺倡议书》，组织海尔、太极、长城计算机、TCL 等 98 家知名电子企业响应。协会组织专家参与“司法鉴定”培训工作，大力宣传知识产权保护和行业标准制定。与北京市盈科律师事务所，整合双方资源，共建法律服务网络。协会成立维权工作部，通过培训、研讨和使用法律手段等活动维护会员企业的正当权益，提升了行业服务信誉特别是网上商业秩序。11 月 21 日，北京市法院系统和知识产权局公布首批“调解组织”和 27 名“北京市首批知识产权司法委托调解员”。北京信息产业协会成为 7 个调解组织之一，协会秘书长徐祖哲和协会维权工作部赵成伟律师成为首批调解员。

（徐祖哲）

【北京软件行业协会】 2011 年，北京软件行业协会（简称软件协会）依据《北京市促进软件和信息服务业发展的指导意见》，根据软件协会自身特点，开展各项工作。

举办协会庆典，打造品牌活动。在市经济信息化委及知名软件企业的倡议下，软件协会举办“北京软件和信息服务业25年发展研讨会暨北京软件行业协会25周年庆典暨颁奖晚会”。协会借媒体平台发布了《北京软件和信息服务业25年发展报告》、《北京软件和信息服务业25年人才发展报告》、《北京软件和信息服务业25年质量发展报告》、《2011北京软件和信息服务业投融资发展报告》等产业研究报告，并组织了“北京软件和信息服务业25年突出贡献企业、突出贡献人才、突出创新应用”等评选活动。

承接课题项目，落实政府部门委托工作。承接市经济信息化委4个课题项目：《北京软件和信息服务业发展产业报告（2011年）》，北京软件产业发展走出去宣传推广活动，“四个一批”实施工作方案制定和组织实施，招商引进影视后期制作、工业软件、数据备份中心等项目落地北京。承接中关村管委会1个项目：物联网对软件产业的作用和影响。

协会开展产业数据研究，建设产业数据分析展示平台，以图、表格形式展示经认定企业的统计数据，帮助政府了解软件和信息服务业动态，给业界领导决策提供了数据支撑。开展“十二五”规划调研工作，组织企业家代表向政府提交建议报告，帮助政府科学制定“十二五”规划，帮助会员企业向政府传递政策需求。受财政部税政司、工信部软件司委托，对2011年4号文实施细则需求建议进行摸底调研，先后召开2次专题座谈会，向政府有关部门提交《关于贯彻落实鼓励软件产业和集成电路产业发展若干政策的建议案》。受市经济信息化委委托，召开关于促进互联网产业健康发展座谈会，就网络实名制以及网络实名制对互联网产业发展、互联网企业盈利模式的关系和影响的理解等问题进行分析，提交了《关于实行网站实名制的报告》。开展双软认定工作，推动软件产业发展。年内，北京市登记软件产品2767件、软件产品续延登记287件、进口软件产品登记106件、新认定软件企业826家、软件企业年审通过3135家。

整合产业资源，优化产业环境。和北京银行签署“加强战略合作，推动软件类企业融资”战略合作协议，3年内向软件类企业提供人民币100亿元的“软件贷”融资授信额度。联合北京市中小企业投融资服务平台，召开了“中小企业融资专题研讨会”。成立首家设在行业协会的知识产权保护工作站——北京软件行业协会知识产权保护服务工作站。为会员企业建立举报投诉绿色通道，为会员企业提供企业知识产权保护方面的咨询，协助企业获得“北京12330”的专项维权服务。开展知识产权纠纷调解工作，进行行业知识产权保护状况调研，有针对性地开展知识产权保护专题培训与宣传。按时编印会刊《北京软件与服务》，改版协会官方网站，编制电子快讯，以电子邮件的方式帮助会员企业及时了解政府基金、项目的情况。建立“北京软协短信平台”，为会员企业提供短信通知、短信服务，提高了协会服务效率。

开展系列沙龙活动，服务会员企业。成立CEO俱乐部，每2个月举办一次沙龙活动，组织协会会长及会员企业高管进行研讨。成立CTO俱乐部，定期召开CTO沙龙，邀请成员单位代表围绕行业热点话题进行交流讨论。主办“金融信贷支持软件企业发展”、“如何在招聘中对技术人才进行有效的识别”、“分享移动互联网的盛宴”、“软件企业知识产权保护战略培训”、“软件企业劳动热点问题剖析及实务培训”、“软件企业知识产权保护战略培训会”、“表达的艺术——富有生命力的陈述”、“软件企业劳动争议预防及处理技巧”等为主题的10余期沙龙活动。

（郝峥嵘）

【北京市乡镇企业协会】 2011年，北京市乡镇企业协会（简称乡镇协会）发挥桥梁纽带作用，强化服务职能，拓展服务领域，丰富服务手段，搭建服务平台，在推动乡镇企业发展、促进农民就业增收、推进首都城乡一体化进程工作中取得一定成绩。

打造“农商直供”平台，开展“农商直供”体系建设。受市经济信息化委镇村处委托，乡镇协会在承办2010年农商直供洽谈会基础上，又承办2011年农商直供洽谈会。北京旗舰集团、七河源农产品公司等京郊各区县10余家企业参加洽谈会。农商直供平台主要由京郊龙头企业以及农产品加工企业、物流配送、营销渠道商家等构成，由农产品加工企业将产品配送至龙头企业，再由龙头企业配送到各销售终端。目前，首个“农商直供平台”正在构建中。

是年，乡镇协会分别与平谷区经济信息化委、平谷区峪口镇政府、朝阳区王四营乡政府、朝阳区职业介绍服务中心等单位合作，联合举办6场招聘会，累计参加招聘的企业214家次，5000余人到会应聘，900余人现场达成就业意向。全年近6000人进行了职业技能鉴定，涉及12个工种，鉴定合格者5679人，覆盖8个区县、20个乡镇、40个村委会和社区服务中心、25家乡镇企业。其中，初级2583人，中级2140人，高级956人，合格率为95.83%。

与市经济信息化委镇村处联合组织北京东亚铝业有限公司、北京华通恒盛电器设备有限公司、北京市泰华房地产开发集团、北京市鑫长青环保机械设备厂、北京高尔夫集团公司、北京华企联技术发展中心等6家企业一行16人组成北京镇村企业考察团，赴广州进行为期2天的参观考察，参观了2011年第109届广交会。

在继续办好《北京乡镇企业》杂志和《北京乡镇企业协会快讯》基础上，4月份，乡镇企业协会与市经济信息化委镇村企业运行指导处联合创办《北京镇村企业动态》（月刊），对全市镇村企业经济运行状况进行分析，搭建起反映各区县乡镇及重点企业经济运行状况信息平台；及时发布国家和北京市有关镇村企业发展的政策、信息，架设起政府与企业间信息沟通的桥梁；帮助镇村企业了解全市两化融合，工业发展的新思路、新举措，了解京郊镇村企业发展壮大的新典型、新经验、新成果。

（赵 颖）

【北京市开发区协会】 2011年，北京市开发区协会（简称开发区协会）围绕国家及北京市有关开发区发展战略部署，紧扣经济转型、结构调整，在服务政府、服务会员工作中取得成绩。在市社团办对社会组织开展的等级评定工作中，开发区协会被评为4A级社会组织。

做好对开发区建设转型的指导服务工作。按照工业和信息化部《关于请做好国家新型工业化产业示范基地创建发展情况报送工作的通知》要求，配合市经济信息化委将中关村科技园区电子信息产业基地、房山石油化工（石化新材料）产业基地、顺义汽车产业基地和丰台装备制造（轨道交通装备）产业基地4家产业园区的资料及时收集，并汇总上报国家工业和信息化部。

借船出海，与中国开发区协会紧密合作，参与全国性重大活动，为开发区对外宣传、交流、合作打造平台。组织国家新媒体产业基地、北京八达岭经济开发区参加中国商务部、外交部等29个国家部委在乌鲁木齐市举办的“首届中国—亚欧博览会”及中国开发区协会与新疆园区（开发区）协会举行的“首届中国—亚欧博览会中国经济技术开发区代表团座谈会”。开阔了视野、拓宽了思路，同时进一步加深了与其他省市开发区间的交流与合作。先后同多家省区市协会交换各开发区的信息资料。协助中国开发区协会及中国高新技术产业协会为联合编纂出版《中国开发区名录全集》在京开展宣传推介工作。帮助安排北京八达岭经济开发区利用参加首届中国—亚欧博览会的契机，顺访新疆金风科技股份有限公司。与河北省开发区协会围绕着北京市—河北省合作框架协议进行多次商讨，取得共识。

根据“绿色北京”建设目标要求，协助市经济信息化委对8家生态工业园试点园区建设开展评估考核，筛选确定北京天竺空港经济开发区、北京雁栖经济开发区为“北京市市级生态工业示范园区”。协同北京国际工程咨询公司，以重点产业基地、部分农民二、三产业基地作为研究对象，进行调查研究和数据分析，从经济总量、产业结构与布局、土地开发、社会贡献、能源与环保等方面，建立大范围、全领域的北京市工业开发区研究体系，编制《北京市工业开发区年报（2011）》。协助市经济信息化委做好对口支援新疆和田的援建工作。编制了《北京市对口支援新疆和田地区“一市三县”及兵团农十四师产业发展援助专项规划》，并根据规划中涉及的和田地区产业发展定位，做了布局规划、园区建设规划、项目对接等相关工作。

介入文化创意产业领域。协会派人全程参与首钢二通文化创意产业先行实验区工作。先后收集到中央、市相关委办局、石景山区政府近50多项发展文化创意产业政策、法规，并从资金支持、税收优惠、人才引进、知识产权4个方面进行分类梳理，同时结合首钢二通先行实验区的规划、实施节点，提出了重点可利用政策目录、可对接项目内容，为首钢二通先行实验区获得市、区政府资金和政策支持，提供了有效帮助，也为开发区发展文化创意产业招商引资提供了经验。

完善协会门户网站和服务平台建设，开辟符合会员单位实际需求的《招商服务平台》、《技术创新服务平台》、《投融资服务平台》、《信息与IT服务平台表》等8大平台板块，定期跟踪收集信息，提升信息发布效率。协会门户网站和服务平台的月访问量超过30万次。

（市经济信息化委规划处）

【北京市女企业家协会】 2011年，北京市女企业家协会秉承《章程》，服务广大会员姐妹，紧紧围绕北京经济社会发展大局，开展各项工作。大力宣传表彰优秀企业家。召开一年一度的表彰大会，表彰14名北京市优秀女企业家，有7名企业家在大会上作典型发言。推荐会员曾见、吴平月、曹健荣、景德君等4人获得“2010年中国经济女性年度人物”称号。编辑出版《芳耀京华》和《优秀女企业家》专刊。

组织会员培训。请市经济信息化委副巡视员张兰青和中国西部发展促进会理事长程路分别作《促进中小企业发展的有关政策》和“十二五”经济形势的报告。举办有近80人参加的“北京市促进中小企业发展”座谈会，市经济信息化委介绍了中小企业可利用的政策，并对相关问题解答企业家提出的问题。选派会员参加“中国圆梦”活动和思八达90销售计划；中国女企业家协会主办“第二期企业信息化建设”和“抓住机遇，科学发展”培训班。

搭建国际国内交流平台。协会组织20人参加青海投资贸易洽谈会。组织协会会员一行45人，赴黑龙江省哈尔滨、伊春等地，参加“京哈女企业家携手行暨哈尔滨市情推介会”、“北京女企业家走进林都伊春认领红松”等活动。组织10名会员应邀赴四川广元参加“2011中国（广元）女儿节·女企业家广元行”系列活动。重点考察了广元经济开发区的工业产业发展情况并参加了“女企业家广元行”投资说明会。协会与广元市招商引资局签订经济合作框架协议。期间为当地捐献10个“母亲水窖”，捐款10000元。组织50多名会员参加由中国杰出女企业家联谊会、中国香港各界妇女联合协进会、中国台湾女企业家协会、中国澳门妇女联合总会等方面联合举办的“2011内地与港、澳、台女企业家联谊交流大会暨《中国百名杰出女企业家》发布会”和联谊晚会。主题为：“诚信·影响力·可持续发展”。协会接待云南、黑龙江、宁夏等地来访的女企业家200余人。组织10余名会员参与洪都拉斯与微山县贸易招商会；应阿根廷驻华使馆邀请，组织10名会员参加“首届阿根廷贸易和投资机会研讨会”。组织会员一行34人赴天津参加迎“十一”、爱国防军事体验联谊慰问活动。组织49名理事、常务理事赴首钢新址学习参观考察。全年举办舞会、团拜会及沙龙活动8次；参加会员单位活动和会员交流11次，接待会员来访64人次。

加强自身建设。健全完善协会财务管理制度、重大事项报告制度和民主决策等9项制度，做到一事一简报并及时在协会网站发布。完成协会网站升级改版工作。

（张文英）

【北京工业国际智力交流协会】 2011年，北京工业国际智力交流协会（简称国际智力协会）积极开展引智交流、竞赛表彰、课题调研、社团评估等方面工作。

做好引进海外人才工作。是年，协会以新能源汽车和汽车关键部件的升级换代以及京东方8代线技术作为重点引进外国专家项目。共申请项目36个，聘请外国专家216人次。同时，积极为“物联网（绿色城市）”、“云计算”以及“萨博（北汽控股）”核心技术引进海外技术支撑团队，并帮助电子控股公司建立海外“高端人才培养基地”。

开展工业职业技能竞赛表彰及后续工作。

组织召开“第十四届北京市工业和信息化职业技能竞赛”总结表彰大会，副市长苟仲文出席大会并讲话。该届竞赛共产生231名北京市工业和信息化高级技术能手，106名北京市行业技术能手，28名北京市工业最佳操作能手；大会授予杨明全等39名同志“优秀教练员”奖，李忠伟等50名同志“优秀工作人员”奖，首钢总公司等20个单位“优秀组织”奖。该届竞赛选拔出的北京代表队，赴广东佛山参加了第四届全国数控技能大赛决赛。其中，刘朝获得职工组数控车工第4名；北京市获得团体三等奖。赛后，对部分获奖选手进行专业理论和技能提升培训。分别与信息职业学院和工贸技师学院合作，举办“网络管理信息安全”和“维修电工”培训班，约80名获奖选手参加培训。组织2批70名获奖选手、优秀工作人员和教练员赴西北地区，考察兄弟省市技能人才队伍建设基本情况及技能竞赛经验，调研高技能人才培育规划、措施及激励政策等。协会编纂《第十四届北京市工业和信息化职业技能竞赛风采录》，收录大赛相关文件、表彰奖励名单以及竞赛动态等内容。协调相关部门和开发公司，完成了“北京工业和信息化技能竞赛平台”与市职业技能鉴定中心“技能鉴定管理系统”对接工作，提升了原有竞赛平台报名统计功能。

积极开展调研。是年，国际智力协会组织有关单位和专家，研究完善“关于进一步加强北京工业和信息化人才队伍建设的指导意见”，完成“2011北京工业和信息化人力资源年度发展报告”、“北京市经信委系统事业单位状况分析”等课题和《“十一五”北京工业和信息化引智成果汇编》。完成市委组织部组织的《首都中长期企业经营管理人才发展规划》和《关于推进首都人才集群化发展的若干意见》的起草工作。

是年，协会高度重视社会组织评估工作，本着“以评促学”的原则，周密组织，精心安排，认真做好自查、自评。把评估工作做细做实，经过评估机构评估和评估委员会评审，北京工业国际智力交流协会被评为4A级社会组织。

（王贞白）

【北京市中小企业国际合作协会】 2011年，北京市中小企业国际合作协会（简称中小企业国际协会）重点在参与国际交流与合作，拓展对外经贸渠道等方面开展工作。组织北京玉器二厂等会员单位参加印度尼西亚投资洽谈会和雅加达省投资和商业论坛，与印度尼西亚的中小企业交流了合作意向。组织会员单位参加中国伊朗关系研讨会暨2011年两国友协年会和庆祝中国伊朗建交40周年招待会。应邀参加德国北威州投资促进署北京代表处开业一周年庆典招待会和中国—东盟互联互通战略研讨会。加强中小企业培训。组织会员单位参加北京市中小企业融资政策培训会。了解了集合融资、风险投资、上市融资和融资租赁等融资政策。为企业解决融资难、贷款难提供多种途径。组织会员单位参加预防及应对中美、中欧贸易与投资法律风险研讨会和社会组织能力建设第七期培训班。组织会员企业北京汇通诺尔机电有限公司、北京玉器二厂、北京金铎合金有限公司等赴大同市开发区参观考察。

（马 禄）

【北京市手工业生产合作社联合总社】 2011年，北京市手工业生产合作社联合总社（简称北京联社）认真贯彻落实中华全国手工业合作总社第七次代表大会会议精神和市工经联第五届会员大会精神，努力提高轻工集团整体经营水平和市场竞争力，为集体经济发展做出贡献。2011年，北京联社收回投资收益775.5万元，联社净资产达到3.37亿元。轻工集团主营业务收入2.66亿元，同比增长71%。利润总额完成1500万元，同比增长31%。联社系统社员（职工）效益分红金额在2010年基础上提高了25%。在中华全国手工业合作总社第七次代表大会上，北京联社荣获“全国集体经济先进联社”称号，受到表彰；并在大会上转发和在全国《集体经济》杂志2011年第六期上刊登了北京联社的经验交流材料。

是年，北京联社投资北京白菊电器有限公司405万元，占股比的8.1%。联社积极参加该企业董事会会议，参与经营策划活动，并从该企业分红121.5万元。对改组兼并企业积极协调，收回北京皮革五金厂联社资金134.7万元、北京长城日用品工业公司101.2万元，增加了联社资产的净值。投资置业3600平方米商业地产项目，已完成整体出租、经营装修改造和营业执照办理工作，并开始试营业，每年可增加260万元租金收益。

轻工集团宾馆事业部积极开拓客源市场，明确提出“提价保率”的经营方针，实现营业总收入、出租率和平均房价的同步增长。2011年经营收入达到4657.4万元，同比增长7.3%，完成利润43万元，同比增长115%。集团供销公司加大贸易经营力度，扩大经营规模，全年经营收入达到1.6亿元，同比增长45%，完成利润100万元，同比增长18%。集团富汇通公司在集团的担保支持下，除了2010年获得厦门国际银行授信额度1500万元之外，2011年又获得了一次性短期授信额度2300万元。在提高授信额度基础上，富汇通公司充分利用进口平台，采取由过去的纯代理转向自主进口经营模式，2011年开展外贸代理业务完成7000万元，合同完成了550个，首次突破年度总成交额2000万美元大关，整体进出口贸易额同比增长38%。

轻工集团在“高收益率、风险可控”的基本原则下，利用集团本部和下属企业的闲置资金，适量实施理财产品经营，使集团和企业均得到了比较可靠的资金收益。集团实施企业“滚动预算”指标管理办法，年度预算按月分解和落实，在每月的办公例会上对预算执行情况进行专项分析，及时发现和解决经营中的问题，改善和加强了集团和企业经营管理质量。

（霍永锋）

【北京高校科技产业协会】 北京高校科技产业协会原名北京高校校办产业协会，是由北京市教育行政部门和北京大学、清华大学、北京工业大学等有关单位联合发起成立。1992年北京市民政局《批复》（92社登字第644号）、北京市社会团体管理办公室《批复》（京社登字〔1992〕653号）批准北京高校校办产业协会成立。2004年北京市社会团体管理办公室《批复》（京社管发〔2004〕193号）批准北京高校校办产业协会更名为北京高校科技产业协会。

2011年7月21日，北京高校科技产业协会换届大会在首都医科大学正式召开。北京建工学院副院长李维平被大会推选为北京高校科技产业协会第五届理事长，北京市校办产业管理中心主任翟士良、北京大学科技开发与产业管理办公室主任黄桂田（校长助理）、清华控股有限公司副总裁李艳和、北京工业大学副校长张爱林、中国石油大学（北京）副校长徐春明任副理事长，首都医科大学副校长王玉慧被推选为监事长，北京市校办产业管理中心党委书记赵德钧被推选为秘书长。

（宋慧宇）

【北京汽车行业协会】 2011年，北京汽车行业协会（简称汽车协会）坚持“务实高效，创新发展”工作方针，全力做好服务政府、服务行业、服务会员、服务社会等各项工作。

服务政府。汽车协会通过投标方式承接市经济信息化委《北京市汽车产业“十二五”规划》制定工作，协助市经济信息化委对规划方案进行反复修改论证，该《规划》已于2011年11月正式发布。受市发展改革委委托，承担“关于新能源汽车示范应用和产业化重大项目”课题研究，对北京市电动汽车的发展速度、电动汽车充电方式、电动汽车的电力需求、新能源汽车零部件的发展规划和需要政府支持的项目等，提出建设性意见。承接市科委“北京新能源汽车产业的相关调研”项目，调研全国和北京市新能源汽车发展现状，完成《北京市新能源汽车产业发展研究报告》及《新能源汽车发展调研报告》。汽车协会受市台办委托，联合北京电子商会举办京台两地的电动汽车及汽车电子企业和专业机构、院校的企业家、专家、学者等参加第六届京台汽车电子论坛。积极开展标准化活动，会同北京科力威清洁机械厂共同举办“GB/T 25981－2010护栏清洗车”标准宣贯会；会同三兴汽车厂共同举办“GB/T25977－2010除雪车”标准宣贯会；积极参加世界标准日活动，向中标协第八届、市标协第五届标准化论文征集组委会推荐3篇论文，分别获得优秀奖和鼓励奖。承担市经济信息化委《汽车产业发展年度白皮书》编写工作。与市知识产权局签署《加强知识产权工作备忘录》。配合市工经联开展工业潜力调查工作，组织31家汽车企业和4家工程机械企业完成市经济动员办公室和市经济信息化委共同组织的工业动员潜力调查。

服务行业。为推进北京新能源汽车发展，汽车协会在大量调查研究基础上，向市政府有关部门上报了《关于加大政策支持力度，推进北京电动汽车发展的建议》。该建议明确提出北京市电动汽车发展在全国处于领先地位，希望市政府对电动车发展从各方面给予支持。在市发展改革委召开的汽车消费专题座谈会上，汽车协会提出《关于扩大北京市汽车消费的几点建议》，建议部分调整汽车限购政策，将全面限购为区别限购，扩大汽车消费；加大支持力度，实施特殊政策，推进北京新能源汽车发展；推动全市专用汽车发展，通过采用汽车采购招标给本市企业加分等办法，增加北京市企业汽车产品销售。改版《北京汽车行业经济运行分析》，将北京汽车市场销售的新车和二手车情况编入《经济运行分析报告》，便于政府相关部门和企业参考使用。主动收集新能源汽车发展情况的相关数据，汇总分析后向有关部门和相关企业提出建设性意见。

服务会员。汽车协会组织召开“北京专用车企业座谈会”，搭建了向企业传递政府信息，企业间交流行业情况，政府部门和协会倾听企业呼声的平台。举办统计实务培训班，31 家企业的 36 名统计员参加培训。召开 2011 年度统计工作会议，总结 2011 年统计工作，部署 2011 年年报及 2012 年统计工作。组织部分会员企业参加“2011 中国唐山专（商）用车暨现代物流博览会”。汽车协会与加拿大驻华使馆商务处及加拿大汽车零部件协会、加拿大安大略省经济发展贸易部共同举办北京部分汽车、零部件企业同加拿大汽车零部件企业的产品、技术交流会；与加拿大驻华使馆商务处共同举办研讨会，与安大略省 Chatham－Kent 市政府及有关企业，就企业技术交流与合作、投资，在加拿大建立加拿大卫星学校等进行了研讨。按时出版《北京汽车信息》（半月刊，全年 24 期）、《新能源汽车季度跟踪报告》（季度）、《北京汽车行业经济运行分析》（季度、半年及年度）；完成 2010 年北京汽车行业统计资料汇编的编辑整理工作。积极协调有关专用车会员单位建设北京专用车基地事宜；协助北京柴发动力技术有限公司完成第二批汽车零部件再制造试点单位申报工作。

行业交流。汽车协会参加中国机械工业联合会在天津召开的“十二五”规划贯彻落实情况调研会；在湖北随州召开“2011 中国（随州）专用车发展论坛”，考察随州市发展专用车集群并交流经验；在广西柳州召开各省市汽车行业协会联席会，各协会交流了工作经验。组织部分会员单位参加由中国汽车协会组织的海峡两岸车辆企业交流活动；支持举办“2011 年第七届新能源汽车展览会”；参加中国汽车协会有关统计、信息、专用车发展等会议、论坛。

按照《社会团体登记管理条例》及《北京汽车行业协会章程》，召开第四届会员代表大会。大会选举产生新一届理事会、监事会；选举产生由会长、常务副会长兼秘书长、副会长和监事长等组成的新一届领导集体。

（赵小元）

【北京电子商会】 2011 年，北京电子商会（简称电子商会）充分发挥北京电子信息产业领域交流平台作用，为政府及会员企业提供服务，圆满完成预定的工作目标。

做好北京电子信息制造业经济运行统计、汇总、分析工作。受市经济信息化委委托，每月汇报 100 多家企业的主要经济指标数据，上报经济运行简报。每月 2 日前汇报销售收入及产值预报，8 日前汇报产销存累计及当月数据，23 日之前上报经济运行简报。4～5 月，组织北京地区的中国电子信息百强申报工作。7 月，召开上半年统计工作会及统计知识培训班。12 月召开北京市电子信息制造业及集成电路设计业统计年报工作会。协助电子处完成多项统计及相关工作。完成“北京中关村数字电视产业园课题研究报告”。

开展国际国内交流活动。组织电子控股企业赴澳大利亚参加澳大利亚国际信息及通信技术展览会，并对当地电子企业和文化创意产业进行考察；组织会员企业赴德国、匈牙利，参观 2011 慕尼黑国际太阳能技术博览会，考察期间与七星华电在匈牙利当地的厂商洽谈；组织会员企业赴中国台湾地区进行商务考察，参观“海峡两岸光电周”，并走访当地电子企业和文化创意产业；组织会员企业赴日本参观日本高新技术博览会，访问当地高校和相关企业。

加强商会与会员企业的联系。为使企业顺利做好2011年国家高新技术企业复审工作，商会组建高新技术企业认证服务咨询平台，协助需要进行复审的高新技术企业进行系列资料的准备和申报工作。前后共走访10家企业，协助北京威视数据公司顺利通过国家高新技术复审。继续与中国出口信用保险公司合作，为会员企业提供国内贸易信用保险服务，解决企业的应收账款风险，并完善通过应收账款向银行融资的渠道。组织松下电器（中国）有限公司、仲达集团、中科联众科技、微辰信息技术等企业参加2011中日绿色博览会。电子商会作为“第十四届京台科技论坛汽车电子论坛”主办单位之一，邀请北京千住电子材料、瑞萨半导体（北京）、中国机动车辆安全鉴定检测中心等企业的30名汽车电子行业人士参会。商会作为“2011北京微电子国际研讨会”协办单位之一，组织来自京东方科技集团等40多家会员企业的100余名嘉宾参会参展。

加强培训工作。组织20家企业的31位高管参加由北京科技开发交流中心举办的申报国家创新基金项目培训。举办“企业员工管理体系设计培训”，30家会员企业的50余名人力资源主管参会。为贯彻落实“国务院关于中关村‘1＋6’政策和规划纲要动员会”的精神，受中关村科技园区协会联席会委托，组织京东方科技等会员企业的20名领导干部参加国家“十二五”科技规划与科技金融报告会；组织会员企业申报“第十三届中国专利奖”，汉王科技、佳讯飞鸿电气股份、创巨星电子器件公司等单位参与申报。邀请资深知识产权评估专家卓列光教授为会员企业作高新技术企业复审培训讲座，英思杰科技有限公司、四通投资公司知识产权部门的10名负责人参加培训和研讨。与北京市中小企业服务中心合作，组织会员企业参加知识产权保护讲座。配合知识产权局组织部分企业参加北京“12330”组织的商标培训会。

是年，电子商会主办的《首都电子》（月刊）共编辑发行12期。加强电子商会网站建设，为会员提供高效、便捷、互动、准确、低成本的各项服务。北京电子商会在市民政局社团办组织的社会团体复审中被评为4A级社团组织。

（潘葆铸）

【北京电源行业协会】 2011年，北京电源行业协会（简称电源协会）团结全体会员，与政府有关部门和相关行业团体密切协作，在行业发展规划、行业标制订，完善行业管理等方面，开展各项工作。

电源行业标准制订和培训工作。7月，与中国电子商会电源专业委员会共同组织召开《抗干扰型交流稳压电源技术条件和测量方法》标准修订工作会议。该标准修订计划号为：2010－3130T－SJ。代替标准是：SJ/T 10541－94《抗干扰型交流稳压电源通用技术条件》和SJ/T 10542－94《抗干扰型交流稳压电源测试方法》。组织电源系统工程师高级培训班。对“锂离子蓄电池储能电源系统7项行业基础标准”，充电系统、电池系统、用电系统和维护管理系统的关键零部件和系统集成，接口和通信协议等内容进行了系统讲解培训。来自比亚迪、美国国家半导体、上海汉高、哈尔滨冠拓、神工电池、东莞新能源及万向电动车等100多家企业，近200多名工程师参加培训。培训合格者获得由人力资源和社会保障部、工业和信息化部及电源行业组织机构统一印制的培训证书和电源系统工程师证书。和北京中机亚通机电信息中心联合举办储能电源系统工程师高级培训班，启动长期电源系统工程师系列培训工程项目计划。

依托产业联盟推动新能源工作。组织召开“蓄电池储能电源系统专家组工作会议暨推动蓄电池储能电源系统产业发展项目评审会议”。会议讨论评审了《推动电动汽车蓄电池储能电源系统产业发展项目总体规划》（简称规划）。该《规划》确定在联盟框架内，依托相关企业建设“珠三角”、“长三角”、环渤海地区3个蓄电池储能电源系统及纯电动汽车动力系统集成、城市电动客车动力系统集成和兆瓦级蓄电池储能系统5个技术创新产业化示范基地；明确以“产业联盟技术服务中心”为支撑，以示范性基地为依托，采用市场机制，充分汇集国内资源，以技术创新与集成创新相结合，争取用2年左右时间，完成包括充电系统和放电系统在内的蓄电池储能电源系统和电动汽车动力系统关键技术和产品研究，突破蓄电池成组应用技术和蓄电池储能电源系统集成技术瓶颈。

促进国内外电源企业交流与合作。在浙江舟山市与中国电源工业协会主办第八届中国（舟山）国际电池电源系统技术发展与市场高峰论坛。论坛就电动车、电动自行车、风力发电、光伏发电、兆瓦级储能电站等新能源领域的新技术、新思想、新材料等进行了广泛深入的讨论和交流。与中国电源工业协会、中国电子商会电源专业委员会、中国电源产业技术创新联盟联合召开“新能源与电动汽车储能电源研讨座谈会。”与中国电源工业协会、中国电子商会电源专业委员会、中国电源产业技术创新联盟联合其他组织机构，在上海世博会主题馆共同主办“2011第十一届中国国际电源产业展览会暨第三届中国（上海）国际清洁能源与电动汽车技术装备及充电站设备展览会”。组织会员企业参加由工业和信息化部军民结合推进司、中国电源工业协会和北京电源行业协会、中国电源产业技术创新联盟联合举办的“2011新能源与电源产业军民两用技术交流研讨会暨产品展示会”。研讨会听取了中国工程院院士、总装备部军用化学电源研究发展中心主任杨裕生，中国和平利用军工技术协会主任李伯亭，北京大学教授其鲁，哈工大教授李革臣等作的主题演讲。由北京电源行业协会牵头组织新能源与电源产业调研考察团，分别对四川双流县西航港经济开发区及天威新能源、汉能光伏、成都银鑫等新能源企业进行了调研考察。

联合成立北京电源产业投融资发展服务促进联盟。北京电源行业协会牵头，和北京凯龙创业投资基金管理有限公司签订战略合作协议书。中国电源工业协会、北京电源行业协会、中国电子商会电源专业委员会、中国电源产业技术创新联盟，发起创立了“中国电源创业投资基金会”。

建立完善“中国电源门户网”、“联合官方网站”。指定“中国电源门户网”为“两会一盟”产品市场报价查询专业网站。建立和完善产品市场报价查询系统，成为行业产品市场报价查询的权威商业网站。同时，为会员企业开辟免费的供求信息发布系统。建立和完善联合官方网站（联盟：www.cpsia.org.cn，协会：www.bpsa.org.cn，商会：www.cpssc.org.cn ）。积极响应政府网上办公倡议，年内实现网上社会公示、网上办公目标。利用电子网络快捷互动的平台，开启向社会公示、公开征询意见的窗口，同时为会员企业提供政策、标准、法律支持。

（孙京伟）

【北京电器电材行业协会】 2011年，北京电器电材行业协会参加由市经济动员办公室、市经济信息化委召开的在全市开展工业动员潜力调查工作会议及调查工作培训，并接受委托承担完成63家电工电器单位潜力调查。对3家企业生产的12种产品进行鉴定。对鉴定的企业在产品研发、生产、工艺、检验、标准化等方面给予指导和咨询。举办2期电器装配工培训班，共有100余人参加。主要培训中、高级职业技能人才。组织会员企业开展联合采购电器元件和原、辅材料，降低了企业采购成本。由协会主办的《电器电材之窗》配合国家智能电网建设，重点刊登介绍智能电网发展规划，智能电网主要特征、设备的技术特征等方面的文章。为会员单位生产提供配套服务，协会开办的“电协兴电器电材经营部”，提供的产品种类增加，咨询服务方式多样化。

（林笑葆）

【北京电子电器协会】 2011年，北京电子电器协会（简称电子电器协会）践行“以服务谋生存，以项目促发展”的办会理念，在服务会员、服务政府等方面开展工作，2011年被评为“中关村协会组织工作优秀单位”。

在创建服务品牌上下功夫。为帮助会员企业解决融资难问题，作为“联盟”理事单位积极参与成立“北京电力电子行业投融资服务产业联盟”的筹备工作。与其他协会合作，先后举办“创新拓展融资渠道研讨会”、“中小企业融资渠道推介会”、“中小企业融资洽谈会”等活动。帮助会员企业共办理近1300万元担保贷款项目，并与建行小企业中心签订长期合作框架协议。完成《中小企业融资渠道推介手册》的编印工作。手册汇集了银行、担保、信用保险、民间投融资等10余家单位面向中小微企业的融资产品，集纳了国家、北京市、中关村国家自主创新示范区关于鼓励和支持企业自主创新、科技成果转让及产业化转化等方面的重要文件、政策法规、解读资料等。

针对会员企业遇到技术创新的具体问题开展个性化一对一服务。针对京东方科技有限公司和牡丹集团技术研发部门提出的有关液晶显示技术和3D电视技术问题，在北京理工大学召开专题研讨会；针对中小微企业对科技政策资金、税收、产业化等方面的政策不够了解的实际情况，与首都科技成果产业化公共服务平台、北京市技术市场办公室等部门，建立了帮助会员企业科技项目申报争取政策优惠的沟通渠道，并积极帮助会员企业向市科委技术市场办公室申报项目，先后向有关企业及时通报技术标准资金申报、专利促进资金申报及科技创新资金申报等信息10余条。

开展行业性服务活动。开展了“IT外包服务管理系统研发与推广”项目的组织工作。通过IT维修服务在行业内的推广应用，降低企业运营成本。支持并组织瑞赛德科技发展有限公司开展“面向北京电子电器行业舆情监测与分析研究”项目的研发。继续开展家电维修服务行业的管理、监督和服务，通过开展对家电维修服务部门的等级评定、年度复审等工作，落实了行业规范。参与《国家家用电器维修服务行业职业技能大典》的修订工作，并推荐协会工作人员和有关职业院校老师加入职业大典修订工作委员会和专家委员会，承担了“空调类维修技能岗位描述”方面的调研任务。

加强专业技术研讨和交流。围绕电子电器整机产品防电磁波辐射、提高产品可靠性，召开电磁兼容技术报告会。北京邮电大学、北理工大学航天研究所以及航天工业企业从事电子产品、通信产品、航天产品研究的教授、专家、工程技术人员，交流了电磁兼容技术及电子设备产品的可靠性设计与测量等方面的研究成果。举办“物联网行业应用——基于网络医疗健康实时管理及居家养老服务”座谈会，展示了电磁兼容分会研制的远程医疗监护系统。与北京锦程腾远教育咨询有限公司签订电磁兼容培训合同。围绕涉及行业产品发展的前瞻性技术，承办第三十六期中关村创业讲坛。邀请北京理工大学吴平东教授作题为“3D电视技术创新与三网融合，3D技术未来发展带来的创新创业机遇”的演讲。并举办2次专题研讨会，就3D技术产业化与文化创意产业融合，相互促进发展等问题进行了探讨。配合北京市“以携手建设创新型国家——科技让生活更美好”为主题的科技周活动，组织30余名会员企业参观松下电器北京中心（松下展厅），体验松下先进技术，感受松下经营理念下的低碳环保产品和研发成果。

加强协会自身建设。完成电子电器协会《五年（2011～2015年）发展规划（纲要）》的编制。组织会员单位积极参加市工经联、中关村协会联席会等有关部门组织的各种培训、讲坛、沙龙、交流等活动近百次，为企业提供了政策学习机会。

（徐　静）

【北京照明电器协会】 2011年，北京照明电器协会团结全体会员，集行业之力，办行业之事，为行业服务，促行业发展。发挥桥梁纽带作用，做到上情下达，下情上传。积极参加政府购买社会公共服务活动，在关注民生、扶贫帮困方面发挥协会作用。开展为特困残疾家庭送绿色照明活动。协会所属灯具灯饰市场专业委员会的十里河灯饰城、北四环灯具城、玉泉营灯饰市场、万隆汇洋时代广场和万家灯火等5家大型灯饰市场承担了该项任务。各灯饰市场派出专人负责，并抽出专业电工组成志愿者小分队，分别深入到朝阳、大兴、房山、昌平、密云的相关社区和村镇，对近1200户特困残疾人家庭的老旧灯具、灯泡、照明电线、开关进行改造和更换。同时，志愿者向帮扶对象宣传讲解节能灯和高效荧光灯具的使用常识，使绿色照明理念在弱势群体中得以普及。随着倡导绿色照明及LED半导体照明工业的发展，国家质检总局陆续颁布了涉及LED半导体照明模块灯具和电源控制装置方面的国家标准。为使协会相关从业人员及时掌握国家标准，并用这些标准指导生产，协会组织北京及周边地区的LED半导体照明和广告标志生产企业的从业人员进行“普通照明用LED模块安全要求”等4个国家标准的宣贯工作。市场专业委员会邀请建材销售研究院的专家给会员解析市场形势，并进行消费者心理分析方面的讲座和培训。

（常毅　胡秀英）

【北京光机电一体化协会】 2011年，北京光机电一体化协会（简称光机电协会）发挥协会“自我教育、自我管理、自我服务、自我发展”的作用，立足职能、关注热点、突出重点，开展各项工作。

根据市委社会工委、市社会建设办公室《关于对“枢纽型”社会组织所管理和联系的社会组织进行调查摸底的通知》精神，将协会的基本情况、人员构成、会员分布、党组织和党员情况、工作开展等基本信息整理成文并以电子邮件形式向有关部门进行上报，并推举了一名党建联络员。

协会组织有关会员单位企业领导参加由北京工经联组织的“2011年经贸形势报告会”。组织会员单位参观第十二届中国国际机床展览会，通过参观，了解了技术、产品发展趋势和市场行情。组织会员单位参观中国机电一体化技术应用协会在北京国家会议中心主办的第十五届国际现代工厂暨过程自动化技术与装备展览会，参加了展会期间的专项研讨会。在北京科技周期间，北京光学学会、北京光机电一体化协会等6单位联合，在北京亦庄博大大厦共同主办“第二届首都先进制造应用技术研讨会”，邀请首都制造业多位知名专家作报告，并就生产实际问题与参会代表进行现场互动交流。与北京光学学会联合中国光学学会激光加工委员会等6个单位在北京中国国际展览中心举办“第八届北京激光高峰论坛”。论坛主席周立伟院士作《王大珩——中国科学家的光辉榜样》报告，北京光机电一体化协会名誉理事长徐树彬、武汉华日精密激光有限公司总经理徐进林博士等与来自国内外从事激光技术研究的科研院所、大专院校的专家、学者，激光产品生产、使用单位的专家或企业负责人以及首都激光界、制造业业内人士进行了学术交流。

为贯彻落实《国务院关于加快振兴装备制造业的若干意见》和北京市“十二五”时期高端装备制造业发展规划，承接“北京高端制造装备的定位和发展”研究课题。协会按课题计划搜集相关资料，组织专家进行座谈和调研，已取得阶段性课题成果。承接市经济信息化委装备产业处“加快特色产业基地建设工作推进”的任务。主要工作是建立特色产业基地协调联系机制，配合装备产业处加强与房山、昌平高端产业基地、数控机床产业基地、新能源产业基地、绿色能源产业基地、工程机械产业基地、光机电一体化产业基地管委会的联系，定期召开座谈会与实地走访重点企业相结合，动态了解各产业基地“十二五”发展规划落实、土地存量、进驻企业、重大项目落地及建设、产业基地各项经济指标的完成及存在的问题等情况。会同市经济经信息化委装备产业处到北京京仪控股公司的自动化研究院，现场调研工业机械手的研发及应用情况，并研讨了工业可编程控器与外商合作开发研制的意向。

是年，光机电协会按照民政部《关于推进民间组织评估工作的指导意见》要求，向评估机构提交了《评估申报书》、《自评报告》、《自评表》等。

（陈端业）

【北京电镀协会】 2011年，北京电镀协会在清洁生产审核、电镀项目咨询评审与资质认证、技术培训等方面开展各项工作。

清洁生产审核工作。按照中国机械工业联合会部署，会同有关协会共同完成电镀、热浸镀、涂装3个行业清洁生产方案的编制和专家审定工作。派有关人员参加工业和信息化部节能环保司组织的专家组，前往天津、河南境内的2家企业实地考察CDS无氰酸性镀铜技术和生产设备，深入调研CDS无氰酸性镀铜技术的应用情况。按市环保局部署，组织有关人员对《北京市“十二五”时期重金属污染防治规划（征求意见稿）》研提意见，并且将书面意见函告市环保局。协会编写的《电镀行业企业污染防治管理规定（初稿）》通过了环保部组织的专家评审，提出鼓励企业回收重金属的条款，修改后完成报批稿。按照环保部部署，编写完成《电镀企业重金属污染物排放现场核查细则（初稿）》。参加环保部环境标准研究所召开的欧盟电镀行业污染防治技术研讨会，对欧盟金属与塑料表面处理最佳可行技术文件编译初稿进行校核研讨。截至年底，包括7月份验收的三环相膜新技术有限公司，全市已经有16家企业通过市发展改革委组织的清洁生产阶段性验收。有4家企业已完成审核报告初稿，另有2家企业向所在区发展改革委提交了清洁生产审核申请。

电镀项目咨询评审与资质认证工作。组织电镀、环保领域的多位专家对英资莱尔德无线通信技术（北京）有限公司的化学镀金、镀银、镀镍生产线和废水处理工程进行技术评审，提出建议性改进意见。为威卡威公司建立汽车零部件塑料电镀线提供技术和政策咨询，并根据北京市电镀行业的总量控制原则，协调电镀作业点的调整。先后为北机机电有限公司电镀生产线进行专家评审，为喷涂生产线设备招标进行标书评定。为航天科工集团699厂新建成的污水处理站遗留问题改造方案进行专家评审。除为北京市企业提供咨询评审外，协会还派专家先后参加国家有关部门组织的近10项技术或项目评审。北京电镀协会依据国家有关政策法规，在北京电镀行业开展资质认证和审核工作。相关实施方案和评审办法经多次讨论修改和6家电镀厂点试评，于10月17日印发全体会员单位试行。

开展合作、交流活动。北京电镀协会应邀派员出席在苏州召开的“长三角”地区表面处理联席会。组织北京地区电镀企业和相关的高等院校、科研院所等30多个单位100余人参观在北京国家会议中心举办的国际水处理技术展览会暨水处理技术研讨会。参加中国表面工程协会电镀分会在江苏镇江市主办的首届全国电镀园区（集中区）建设、运营交流研讨会。参加在韩国仁川召开的中日韩三国电镀行业交流会议和基础产业论坛，中日韩代表分别介绍了本国电镀行业情况和发展趋势，并就电镀人才培训等议题进行了交流。应邀参加在上海举办的中国国际表面处理展和技术研讨会，并做了《重金属污染防治“十二五”规划对电镀行业的影响》的报告。

培训工作。是年，北京电镀协会和环保部清洁生产中心分别在香港，广东东莞市、深圳市共同举办3期清洁生产审核师培训班，并承担培训班授课任务。培训香港、内地学员共145名，其中143名学员通过考试，为当地政府和企业培养了既懂清洁生产审核方法学又懂电镀生产的人才。北京电镀协会从企业实际需要出发，先后举办电镀高级工、电镀初中级工、污水处理初中级工3期培训班，培训学员72人次。其中，电镀高级工23人、电镀中级工16人、电镀初级工8人、污水处理中级工20人、污水处理初级工5人。

8月，北京电镀协会六届二次理事（扩大）会议讨论通过北京电镀协会更名为北京表面工程协会的决议和在原电镀协会章程基础上修订的表面工程协会章程。10月初，获得业务主管部门和社团登记管理部门的原则同意，现已完成全部更名工作。协会秘书处按时编辑《北京电镀通讯》期刊，及时更新“北京电镀网”的内容。

（孙长兰）

【北京机电行业协会】 2011年，北京机电行业协会（简称机电协会）发挥桥梁纽带作用，努力做好服务政府、服务企业各项工作。

服务政府工作。受北京国际工程咨询公司委托，完成“加快发展北京高端装备制造业”课题调研报告，对北京高端装备制造业现状、发展趋势及机遇进行了分析。受市财政局委托，完成“北京地区风力发电装备制造产业竞争力分析”课题调研报告，介绍了国内外及北京地区风力发电装备制造产业发展概况，提出通过财税优惠政策解决有关问题的建议。受市发展改革委、中关村科技园区管委会等5部委联合工作组委托，继续承担2011年度中关村科技园区“首台（套）重大技术装备试验、示范项目”的技术评审工作。聘请多名国家级评估专家、北京市专家顾问团专家与高等院校教授学者等参加评审，完成31个“重大技术装备试验、示范项目”的技术评审。受市人力社保局的委托，继续承担北京市机械、电气专业工程技术系列技术资格与工人技师资格的社会化考评工作。年内获高级（机械、电气）专业技术资格的161人，获中级（机械、电气）专业技术资格的623人；获高级技师资格的157人，获技师资格的724人，行业等级工鉴定65人。完成机械设计和机械电气中级评审委员会换届工作。经遴选、调整，现专家数据库中：高级职称评审专家215人、中级职称评审专家262人、技师评审专家52人、评估咨询专家68人。受北京国融工投资咨询有限公司邀请，2次参与北京市有关“专项资金支持项目”评审工作。推荐有关专家参加“DT系列伺服开关磁阻调速电动机”、“大功率特种开关电源”等项目的可行性评审。协助市经济信息化委，参与制定《2011年北京地区编制推荐节能机电设备（产品）和淘汰高耗能落后机电设备（产品）目录》工作。组织开展机电行业北京市行政区域内工业动员潜力调查工作，落实完成9家企业35种产品的调查，按时报送市经济信息化委。组织开展2012年关税调整方案建议的收集工作。落实会员单位北京第一机床厂、北京天海工业有限公司、北京北重汽轮电机有限责任公司等5家大型企业填报《增列税目建议表》与《调整进（出）口暂定税率建议表》，按时报送市经济信息化委。按要求，机电协会建立北京地区机电行业经济运行监测数据库，将每月跟踪行业经济运行情况按时报送市经济信息化委。

服务企业工作。推荐会员单位北京爱生科技发展有限公司的“‘双核心’直饮水系统”项目和北京东方绿达科技发展有限责任公司的“橇装式小流量天然气液化装置”项目为北京市科委2011年科技计划培育项目。推荐会员单位中16名专业技术骨干为北京工业设计促进中心“北京百名工程设计领域领军人才培养工程”人员。推荐17家企业19个机电类产品通过北京质量协会的北京知名品牌专业评审的初评工作。机电协会与中国民生银行签署合作协议，中国民生银行同意给予北京机电行业协会“商贷通”贷款授信额度人民币1亿元（有效期2年），并为机电协会会员单位提供多种优惠融资服务方案。年内对机电协会网站进行了改版，为会员单位提供最新机电政策、市场动态、行业信息等。转发机电行业发展态势定向监测报告245篇。发行内部期刊《机电行业市场信息发展动态报告》24期。

组织交流考察活动。应中国台湾“中华”文化经济交流协会邀请，7月11～18日机电协会到台湾进行行业交流、考察。与中国台湾电机电子工业同业公会和台湾机器工业同业公会就为会员单位提供产业、经贸、人力资源服务等方面进行了研讨。9月8～10日在北京举办“第二十五届全国部分城市机械行业研讨会暨北京高端装备制造业发展论坛”。中国机械工业联合会执行副会长蔡惟慈作专题报告。上海、天津、南京、石家庄等国内部分城市机械行业协会、产业集团领导以及北京70余家企业近100名代表参会。

加强培训工作。机电协会组织会员单位参加了商务部培训中心举办的“推动内地中小企业融资、促进高成长型企业多元化上市高层对接会”；国家安监总局举办的“安全生产标准化、隐患排查及应急体系建设的教育培训班”；市知识产权局和市经济信息化委举办的“北京市战略新兴产业相关行业协会知识产权工作推进会”；市商务委和北京市社团办举办的“外贸转型升级示范基地及外贸公共服务平台资金申报说明会”；国家发展改革委举办的“‘十二五’科技项目专项资金申报与管理体制改革暨企业知识产权管理和专利运用专题研讨班”与“节能减排国家专项资金申报与节能产业发展专题研讨班”等学习、培训。建立协会与企业合作实训基地，指导北京北重汽轮电机有限责任公司、北开电气股份有限公司等企业建立特有工种培训机构。

（胡伟光）

【北京设备管理协会】 2011年，北京设备管理协会（简称北京设协）坚持服务企业、服务政府、服务社会的宗旨，突出重点、注重实效、开拓创新，各项工作取得一定成效。

做好工业设备维修企业资质认证工作。根据国家及北京市有关规定，对北京设协从事工业设备维修的企业进行资质认证，截至年底，共认证149家企业。8家企业取得国家资质认证。根据北京市轨道交通的发展趋势，北京设协组织全国性盾构机研讨会。盾构机是新型具有高技术含量的大型机械设备。协会抓住时机，开展盾构机操作手业务培训和设备出地面的检修工作。协助市住房城乡建设委制定《盾构机安全使用规定》，强化了盾构机使用单位安全意识。

是年，北京设协承办第二届北京市职工职业技能大赛“首都机场博维航空杯”电梯维修工比赛。此次电梯维修工比赛共有711人报名参加，其中有30个企业集体报名。经过初赛、复赛，30名选手入围实际操作决赛。9月17日，决赛在首都机场中国服务大厦进行，实际操作决赛于当天18时顺利结束。北京博维航空设施管理有限公司孙正国、北京实创电梯工程有限公司李江、北京英特鸿源机电设备有限公司侯兆成分获前三名。12月30日，在首都机场中国服务大厦会议大厅举行了北京市职工职业技能大赛暨“首都机场博维航空杯”电梯维修工比赛总结表彰大会。大赛组委会为获得前30名的选手颁发了奖杯和证书。获得比赛前三名的孙正国、李江、侯兆成，被大赛组委会授予“北京市职工高级职业技术能手”称号，颁发了证书、奖杯和奖金。北京设备管理协会、北京博维航空设备管理有限公司分别获得大赛组委会颁发的特殊贡献奖和优秀组织奖。

（张京齐）

【北京模具行业协会】 2011年，北京模具行业协会（简称模具协会）坚持“服务企业、服务行业”的宗旨，发挥了桥梁纽带作用。

协助企业组织申报2011年度科技型中小企业技术创新项目。召开申报中小企业创新基金通报会，传达了“2011年度科技型中小企业技术创新基金”申报工作中有关政策、项目内容及申报方法。同时，请已享受国家优惠政策的企业介绍他们申报成功的经验。为使该项工作做实做细还从科技部发布的近千项支持发展的项目中摘录出有关模具项目，用电子邮件发给会员企业。对有意向的单位，还请科技部门专门负责帮助企业申报创新基金的咨询部门，协助企业做好申报工作。年内，有10多家企业参与技术创新申报。在了解到北京市中小企业投融资服务平台可以采用“集合信托”等方式对符合条件的企业给予优惠贷款的政策后，及时通知相关企业，并帮助他们进行申报。

组织技术交流活动。邀请西门子和数博软件公司，就NX（UG）软件及ERP管理软件在模具行业应用情况进行讲解和演示。NX（UG）软件继承了CAD、CAM、CAE和PDM应用程序，是模具界能够处理产品开发过程中各个方面一体化解决方案的软件。组织会员企业以团购方式购置了模具设计与加工软件。利用召开理事会期间邀请抚顺特钢材料研究所向参会单位介绍推广了模具新材料。组织会员企业参加第二届首都先进制造应用技术研讨会。在北京科技周期间，以“模具是现代制造业中的重要的工艺装备”为题，介绍了模具工业在国民经济发展中的重要作用。

组织开展模具工培训和技术鉴定工作。与“北京中德培训中心”共同组织开展中、高级模具工技术培训和职业技术等级鉴定工作。培训工作严格按照机械行业技能鉴定中心编制的培训教材进行，经过理论和实际考核达到标准后才能取得毕业、结业证书。满足企业的实际需求，以北京松下控制装置有限公司为主专门组织一期近30人参加的中、高级模具技工培训班。

（单嘉祥）

【北京铸锻行业协会】 2011年，北京铸锻行业协会（简称铸锻协会）坚持“立足行业，服务为本，优质创新，持续改进”的宗旨，发挥了桥梁纽带作用。协会现有会员单位130多家，主要以铸钢、铸铁、有色、精铸、热模锻、自由锻造等工艺为主，为航空航天、核电、铁路、汽车、电力、化工、机床、工程机械等现代装备制造业配套。年内，全行业完成各类铸件总产量约30万吨，锻件总产量4.5万吨。协会编制完成《北京铸锻行业“十二五”发展规划》，提出了“结构优化、发展绿色铸锻造、人才开发”3大战略。与市环保局、市环境科学研究院联合，深入企业，开展“北京市铸锻行业发展及污染状况”的考察调研，在取得阶段性调研成果基础上，组织有关专家编写《北京地区铸锻行业研究报告》，为各级政府制定相关政策提供参考资料。在参加中国铸造协会开展的行业“千家重点骨干企业评议活动”中，北京北瀛铸造有限责任公司、北京菲美得机械有限公司、北京大林万达汽车部件有限公司、北京南口轨道交通机械有限公司、北京首钢京顺轧辊有限公司等5家企业榜上有名。由北京铸锻行业协会倡议举办的“中国环渤海经济区铸造发展论坛”在济南召开第三届会议，环渤海经济区内主要地方铸造行业协会和151家大专院校、科研院所、铸造企业及材料设备厂家、新闻媒体等参加会议。组织会员单位组团前往上海，观摩在上海世博会主题馆举办的“2011 中国国际金属成形展览会”，参观上海市的锻造企业，进行了学习交流。铸锻协会加强自身建设，完善内部管理机制，建立健全《章程》和《行规行约》，通过健全网站建设、编辑发行《北京铸锻》通讯，加强了与企业和各地同行业的交流。年内，参加由市民政局组织的社团评估工作，北京铸锻行业协会被评为4A级协会组织。

（王　青）

【北京医药行业协会】　2011年，北京医药行业协会（简称医药协会）围绕“以科技服务引领企业转型升级，以政策服务推动产业跨越发展”主题，努力提高服务能力和服务水平，被评定为北京市首批5A级行业协会和2011年度北京社团系统先进集体。

以政策服务推动产业发展。年初，国家药监局要求北京市率先实施基本药物电子监管。基药生产企业投入了大笔资金，添置电子监管码设备，无形增加了生产成本。医药协会经调查研究，向市有关部门提出给予定向资金支持的建议被采纳，市财政原则上按总额50%的份额给予资助。全市73家基药生产企业共获资金补贴2066万元。3月1日起，实施中华人民共和国卫生部发布的2010版GMP。医药协会会同中国化学制药工业协会等4家协会，联合举办“2010版GMP专题论坛”，邀请有关政府官员、GMP起草小组核心成员等专家解读新版GMP要点，同时请首批通过认证企业介绍在软硬件建设上做好认证准备的经验。医药协会开展制药企业基本情况、生产经营、品种、发展意向、升级改造计划、融资、需求等7个方面内容的调研，撰写出《北京市药品生产企业实施GMP需求调查报告》。该报告以图、表、数据，客观反映出全市药品生产企业实施新版GMP的基本状况和发展需求。协助市政府6个医药主管部门，召开“把握产业脉搏、推动跨越发展——北京市生物医药产业政策解读会”，6个医药主管部门分别就加快培育和发展战略新兴产业、完善药品招标采购、医保付费政策、通用名药品的行动计划、中医药十病十方等政策做解读，引导会员企业在学习、理解、研究政策中，找到自身发展的正确路径。在国家和北京市医保药品目录调整中，协会根据市政府关于首都生物医药产业跨越发展的总体目标，向市政府有关部门提出增加北京产优秀品种进入医保目录的相关科学依据及建议。此建议获准后，全市又有88个品种分别进入国家和北京市医保目录。医药协会还利用国家支持中药种植的奖励政策，为“同仁堂亳州白芍生产基地建设”项目争取到700万元政府扶持资金。

用科技服务引导企业转型升级。与市科委、市经济信息化委、市中医局联合召开“北京医药第二届科技创新大会”，邀请3位中国医药界专家深刻分析国内外科技创新发展形势及新药创制信息，为企业依靠科技创新谋求自身发展提供了服务。是年，医药协会分别组团赴美、赴欧开展科技交流合作。已与美、日、法、德及非洲等国家的相关协会、商会建立了交流合作机制。是年，完成“北京生物医药企业竞争力研究”等科技软课题研究。

依据政府标准承办政府委托事项。在市药监局构建药品安全监督网络，开展“百千万工程”建设中，医药协会承办其中“千”字项目，即利用3年时间，组织千家质量管理示范企业评选。协会成立评审委员会、评审办公室，先后制订《北京市药品安全百千万工程质量管理示范企业创建工作实施方案》，以及包括医药、器械、保健品、化妆品等不同行业的8个质量管理示范企业标准、生产企业标准。经过评审，首批282家医药、保健品、化妆品企业被评为“示范企业”。在承接由市经济信息化委、市药监局分别委托的医药工业、医药商业和药监统计工作中，始终遵循“确保数据的及时性、准确性和严格控制差错率”的统计工作原则，北京医药经济统计部门再次被评为全国医药系统统计工作先进单位，药监统计也再次蝉联全国药监统计第一名。在承担市药监局委托的药品、医疗器械广告审批中，严格按照“规范工作程序、流程和工作时限”进行。全年药品广告受理3033件，审批通过958件，备案通过1983件。医疗器械广告审批申请449卷，审查核发广告批准文号416卷。全年广告审批无错号、漏号，工作时限无超时。

按需求组织职业培训。全年共开展药品质量管理人员上岗资格和继续教育班、GMP内审员班、药品经营企业电子监管码班、农村药师换证班和继续教育班等各类培训班76班次，受训学员13000余人次。为方便远郊学员，分别在延庆、密云等9个郊区县举办培训14班次，受训学员2700多人次。应企业需求，分别在医股、金象、同仁堂、国药物流等10家企业开班13班次，受训学员1100余人次。为帮助企业尽快解决中高级技工短缺问题，医药协会职业鉴定所加大鉴定工作，2011年鉴定5602人，比2010年增加了80%。其中，初级1407人，中级3984人，高级210人，技师1人。在市鉴定中心年度考评中，医药协会职业鉴定所被评为2011年度“北京市优秀职业技能鉴定所”。

（杨希民）

【北京化学工业协会】 2011年，北京化学工业协会秉承“服务行业，服务企业”理念，开拓进取，顺利完成各项工作。北京化工行业经济运行平稳增长，规模以上企业268家，累计实现工业总产值1470.5亿元，同比增长10.1%。

接受政府委托，开展各项工作。受市经济信息化委委托，开展北京市工业动员潜力调查（化工产品）工作，完成16家企业潜力数据调查。为“中关村科学城石化产业促进实施方案”项目提供咨询服务，调研北京市石化产业拟建、在建及已建项目情况，并作详细阐述；编制出《北京石化产业链图》、《中关村科学城石化产业促进实施方案》。着手《北京市化工产业发展调整规划（2012～2020年）》编制工作，已完成规划编制的启动和调研工作。按照北京经济技术开发区安监局要求，开展调研工作。通过走访园区企业，提出有关安全管理制度、应急救援体系建设、危化品存放及消防器材管理等方面的问题、整改意见和措施，完成调研报告的编写。按照北京市地方标准DB 11755－2010《危险化学品仓库建设及储存安全规范》，对开发区设有危化品库房企业的危化品库房进行验收，严格检查强制性条款规定项目，针对出现的问题，与企业交换意见，提出整改方案。

根据企业需求，提供帮助。作为北京化工标准化技术委员会的挂靠单位，共组织13次企业标准审定会，涉及10家企业的近百个产品标准。协助召开农药企业专家座谈会和企业工作会议。完成相关农药企业生产批准证书领证和换证的现场审核工作，及企业资料上报和产品抽样工作。完成北京市石化企业质检机构定级评定工作。组织有资格的评审人员，依据《石油和化工企业质量检验机构定级实施细则》进行现场评审，共有4家企业申报A级，1家企业申报B级，均顺利通过定级，取得证书。开展企业安全标准化咨询服务。受北京市朝阳区安全生产监督管理局委托，承担对朝阳区辖区22家危险化学品从业单位实施安全标准化咨询工作，帮助企业建立安全标准化体系文件，于10月31日之前发布实施，并向朝阳区安全生产监督管理局备案。

是年，组织化学分析工（中、初级）职业资格培训、职称评审相关问题的咨询会、危化品安全知识培训。组织第十三届化学分析检验工（中、初级）职业资格培训班，共有28名学员参加培训并通过理论考试和实验操作综合考核。应企业要求，对企业员工进行危险化学品知识培训，共培训6期，200余人参加。组织化工与纺织专业技术职称社会化评审工作，共150人参加高级技术资格评审，87人获得资格证书；204人参加中级技术资格评审，146人获得资格证书。

加强协会网站建设，办好协会简报。网站新增《企业风采》、《供求信息》、《会展信息》3个栏目。协会坚持每个季度编制一期《协会简报》，向企业和政府部门及时传递行业信息。

（王 琛）

【北京日化协会】 2011年，北京日化协会发挥桥梁纽带作用，以服务会员企业和行业作为工作重点，开展各项工作。

积极参加“北京知名品牌”推选创优活动。组织专家审定委员会，根据评审原则，最终审定资生堂丽源化妆品有限公司的“欧珀莱牌”化妆品、北京金鱼科技股份有限公司的“金鱼牌”液体洗涤剂和北京章光101科技股份有限公司的“章光101牌”防脱洗护产品为北京知名品牌。并于4月8日参加知名品牌和北京质量奖的颁奖典礼。推荐北京绿伞科技股份有限公司“绿伞牌”洗液洗涤剂及新时代健康产业（集团）有限公司“香兰阁牌”化妆品，进行了知名品牌申报。受北京工商行政管理局商标监督管理处委托，对资生堂丽源化妆品有限公司“欧珀莱牌”化妆品，北京丽源公司“奥琪牌”润肤膏、“宝贝牌”化妆品，北京大宝化妆品有限公司“大宝牌”化妆品等4个北京著名商标进行复审认定。

对企业概况及经济运行情况进行调研。涉及洗涤剂厂家60余户，化妆品类厂家83户，通过调研掌握了企业的生产规模、经营状况等情况。根据《北京市药品安全百千万工程建设实施方案》（京药监办〔2010〕88号），开展“百千万工程”活动。北京日化协会已完成2011年度北京市“百千万工程”化妆品生产质量管理示范企业的审评工作。

是年，召开“2011年中青年科技工作者学术研讨会”，研讨会共收到论文30余篇。与北京工商大学中国化妆品研究中心在北京工商大学举办中国化妆品科技大讲堂，邀请上海家化联合股份有限公司高工、资深研究员作“解读化妆品研发密码”演讲。与中医体质与皮肤养生专业技术委员会在北京新时代健康集团所在地创业大厦召开“美丽与健康同行——中医美容专题学术交流会”。主办“2011北京洗涤剂技术与市场研讨会”，以“清洁·绿色·健康”为主题，中国洗涤协会理事长作了“2011年洗涤行业生产运营情况及形势分析”的报告。积极发挥专业技术委员会作用。中医体质与皮肤养生专业委员会是新时代健康产业集团、中医科学院、北京工商大学紧密联系在一起建立的科研团队，就体质辨认的标准化及体质养颜概念的标准化，提出有关论文10余篇。

组织参加北京市科技周及开展科普进社区活动。在第十七届北京科技周科普活动中，日化协会广泛发动会员单位参加活动，参展单位通过科普活动，宣传如何科学使用日化产品，提升了群众的健康文明生活理念。参加活动的工作人员共计18人、36人次。在活动中还向群众发放化妆品、洗涤用品的宣传材料600余份，同时发放美容院美容卡300余张。洗涤用品、化妆品、农药去除剂等产品试用装600余份，共接待前来参观咨询的群众1200人次。深入朝阳区垡头、大屯、平房、常营、安贞、东风乡等社区，以“低碳、绿色”为宣传理念开展知识科普讲座。深入社区讲课的老师有资生堂欧珀莱化妆品讲师、北京金鱼科技有限公司的高级工程师、北京中医体质与皮肤养生专业技术委员会医学博士、北京科学美容学会资深美容师等，活动中讲师与听众开展互动，为群众进行义诊，深受群众欢迎。

《北京日化》是北京日化协会编辑出版的综合性科技刊物，每年出版4期，自创办至今已经出版105期。重新建立日化协会网站，通过网站建立了信息交流平台。

（余淮林）

【北京市矿业协会】 2011年，北京市矿业协会（简称矿业协会）继续以为“绿色北京”添彩为中心任务，拓展工作领域、履行社会责任、尝试创新及与其他协会联合办事的工作方式，全面完成各项工作任务。矿业协会制定继续开展“发展绿色矿业，创建绿色矿山”评审活动的文件并下发到北京矿山企业。到北京水泥厂凤山矿调研开展绿色矿山活动情况，到密云云冶矿山有限责任公司开会布置第二批绿色矿山的申报工作。经推荐审核，5家矿山企业荣获第二批“绿色矿山”称号。与建材联合会一起，开展围绕“废弃矿山再利用”为课题的调研工作。先后6次到密云矿山公司、门头沟鲁家山矿区，调查了解矿山的基本情况及下属废弃矿场的利用情况，为领导决策提供依据并得到认可。矿业协会为矿泉水企业解决办理10张运输通行证的棘手问题。召开会议宣贯矿泉水“国标”并进行企业保安全技术工作交流。2次通过电视媒体宣传矿泉水达标企业的形象，普及识别矿泉水标准的知识等。协会为解决北京市砂石供应的难题，协调并联系首钢矿业公司资源再利用科技有限公司、市住房城乡建设委、市混凝土协会、北京建工学院等单位，共同协商讨论解决方案；还先后2次参加建材行业联合会组织的关于水泥、砂石、混凝土企业情况的调研工作汇报会，使砂石问题的解决有了初步意向。是年，矿业协会完成市国土局布置的对国土资源部《关于征求〈国土资源部办公厅关于组织申报国家级绿色矿山试点单位的通知〉意见的函》的回复意见，用协会几年来开展创建绿色矿山活动的《体会与建议》为内容，提出修改意见并以书面形式上报给市国土局。还完成中矿联下发的关于矿山节能情况调查。矿业协会在为企业服务方面做到了有求必应。会员单位琉璃河水泥厂要建立“水泥发展史”博物馆请协会帮助联系学习单位，矿业协会秘书长王立成立即与密云首云铁矿总经理通话，确定参观时间并亲自带队完成参观任务。矿业协会还帮助密云矿业公司提供绿色矿山规划的书写提纲。矿业协会完成2010年矿业协会年检工作，按时完成《北京矿业》杂志的编辑、印刷、发放工作。

（张爱武）

【北京建材行业联合会】 据北京建材行业联合会（简称建材联合会）统计，2011年全市建材行业规模以上企业（2011年由年产值500万元以上，调整为年产值2000万元以上）实现工业总产值750亿元，同比增长12.8%；实现工业增加值180亿元，同比增长7.1%；完成产品销售收入830亿元，同比增长29.7%；完成利润总额45亿元，同比增长28.6%。

是年，建材联合会按市经济信息化委要求，完成5个专题调研课题。根据国家经济动员办公室、工业和信息化部《关于组织开展工业动员潜力调查的通知》，组织相关协会完成北京地区建材行业“工业动员潜力”调查。会同相关协会对全市建材生产企业产品和生产现状进行调查，为制定建筑节能75%的目标标准提供了可靠数据。会同相关单位对市建材产业拟建、在建及已建项目进行调研，绘制北京建材行业产业链图，撰写出《北京建材产业链研究报告》，上报市经济信息化委。针对水泥企业反映焚烧废弃物能耗高的问题，会同相关协会，对北京新北水水泥有限责任公司余热发电，利用水泥窑处理废弃物、污泥等现状进行调研，并且编写《北京新北水水泥有限责任公司余热发电运行情况及熟料电耗高于国家水泥能耗标准问题》调研报告，上报市经济信息化委。会同相关协会，对国内外处置污泥概况、方法，全市污泥的生产、处理等情况进行调研，编制《关于利用水泥窑处置城市污泥制作建材产品可行性调研报告》，已上报市经济信息化委。

开展全市混凝土、废旧矿山的调研工作，提出加大混凝土行业管理的建议，上报市经济信息化委。废旧矿山调研也有阶段性进展。做好行业统计，掌握基础信息。通过网站和会刊公布行业情况，每月按时向市政府有关部门报送统计月报。完成市委社会工委“社会建设专项资金购买社会组织服务”项目。完成“环保家装社区行”项目，得到市委社会工委肯定。是年，市委社会工委又批复“普及绿色低碳知识，倡导绿色宜居生活”项目，该项目是市委、市政府购买社会组织服务的14个重点项目之一。建材联合会高度重视，深入美和园小区进行公益宣传，受到小区居民的热烈欢迎和踊跃参与。

组织建材行业科技进步奖评审和科技成果鉴定工作。年内共推荐科技进步奖18个申报项目，其中科研成果奖7项，技术革新奖9项，调研报告、标准制定奖2项，获奖率69%。组织专家完成科技成果鉴定4项，组织建材行业工程系列中级职称的评审。是年有78人通过评审，通过率为75.7%，为已获工程师资格的78人颁发了证书。

是年，开展环渤海地区建材诚信企业评价管理工作。经评审，建材联合会向环渤海地区推荐北京3A级诚信企业42家，在山东曲阜召开的环渤海地区5省市建材行业表彰大会上获得了铜牌和证书。开展环渤海地区知名品牌评价工作。北京获得环渤海地区建材知名品牌7个，在环渤海地区5省市表彰大会上受到表彰，获得了铜牌和证书。

开展管理体系认证工作和国家、行业、地方标准编制工作。年内新增加认证企业7家19项，续签再（复评）认证12家25项。实施年度监察审核的有32家98项。举办“质量、环境、职业健康”三体系内审员培训班，有28家企业97人参加并全部获得三体系“内部审核员培训合格证书”。

受金隅集团委托，建材联合会积极参编《北京志·工业志》基础产业篇建材行业章的资料收集、整理及资料长编撰写工作。返聘4

名熟悉行业情况的老同志组成史志编辑办公室。在基本完成资料收集基础上，经反复修改，撰写出《水泥和水泥制品》等章节资料长编，得到北京工业志编辑部专家、编审的认可，并作为模式思路之一推荐到其他集团（控股）公司参考。

加强组织建设。是年，建材联合会召开第二届会员代表大会，完成换届工作。加强财务管理，遵守民间非营利性组织的财务管理制度，做到廉政办会，工作规范科学，保证了正常工作的顺利进行。坚持重点会员单位联络员会议制度，积极发挥联络员队伍作用。通过"以会代训"的形式，对重点单位联络员进行业务培训，提高了重点会员单位联络员业务素质。加强网络平台建设和会刊编辑工作，及时报道协会和会员单位工作动态。

（张 蕙）

【北京家具行业协会】 据北京家具行业协会（简称家具协会）统计，2011年北京家具规模以上生产企业有1700家，从业人员17万人。2011年全行业完成工业销售产值230亿元，同比增长15%。家具卖场达380万平方米，同比增加19%。

是年，家具协会组织近30家北京家具企业参加广州、上海、深圳家具展，展示代表北京家具设计与品质的软体、板式、古典3大系列产品，提升了北京家具品牌形象。在居然之家太原河西店主办首届"北京品牌家具周"活动，开幕当天参加北京品牌家具周签售活动商家的累积销售额达到1138.63万元。

是年，家具协会与天津、四川、辽宁等18省市家协联合发起并推出"中国十省市2011年环保家具知名品牌"、"中国十八省市2011年诚信企业"认证工作。家具协会推荐9家企业荣获环渤海地区"诚信企业"证书。协办"首批办公家具人类工效学产品认证"，经多次参加评审论证、市场调研、企业考察，并参照《办公桌椅的人类工效学技术要求》和《课桌椅的人类工效学技术要求》2项技术规范进行考评，北京黎明文仪、北京世纪京泰、上海震旦、珠海励致、浙江圣奥等5家企业部分办公桌椅产品通过认证，获得中国首批人类工效学产品认证证书。

是年，家具协会组织企业代表、设计师等一行24人参加意大利米兰家具展，饱览欧式家具的设计风格，得到启示与借鉴。与新加坡家具代表团在新加坡驻华大使馆举行交流会，双方代表介绍当地家具市场情况，并对家具生产、销售、管理等问题展开研讨。交流会开启了中新家具业交流渠道，推进了中新家具业的合作与发展。

是年，家具协会在北京林业大学图书馆报告厅举办第四届招投标专业化培训班，邀请多位政府采购家具项目评标专家到会讲解，培训对象为办公家具企业的销售、设计人员。召开知识产权战略专家座谈会，邀请国家工商总局商标评审委员会、海关总署政策法规司知识产权处、北京市工商局商标监管处等单位领导，为企业讲解商标申请和保护的技巧、家具企业品牌建设及知识产权（产品）维权、出口型家具企业海关知识产权备案政策、北京著名商标的质押贷款政策等一系列问题。

是年，家具协会与北京商业联合会等10大行业组织配合市消协在"3·15"期间，向全市相关行业及所属会员企业提出10条加强行业自律的倡议，发挥了协会组织的引导作用。为提高首都居民生活质量，宣传低碳环保，普及绿色建材、家具知识，市委社会工委决定，由北京建材行业联合会牵头，北京家具行业协会、北京墙体材料工业协会、北京市建筑材料质量监督检验站等，走进清河美和园社区，开展了"普及绿色低碳知识，倡导绿色宜居生活"公益活动。

（郭建强）

【北京水泥行业协会】 据北京水泥行业协会（简称水泥协会）统计，截至年底，北京水泥生产企业仅剩12家，全年累计生产水泥熟料780万吨；生产水泥911.2万吨；水泥散装生产能力可达98%以上；累计销售水泥900.1万吨；北京水泥行业产业结构调整已基本完成。北京金隅集团在北京地区拥有80%以上的水泥产能，并发展成为跨地区跨行业的企业集团。

是年，水泥协会在深入企业调查研究基础上，根据国家和北京市产业政策，确定了北京水泥行业"十二五"规划基本思路。以调整布局，适应建设世界城市，转变经济发展方式，促进节能减排，开发低碳经济为指导思想。以符合国家产业政策，指导行业发展方向，有利于促进企业集团壮大和社会效益共存，连续性与创新性结合为原则。中心任务是：实现从资源消耗型向处置工业废弃物的城市依赖型转变，从环境污染型向清洁生产的城市环境净化器转变，实现环境、社会、经济效益的有机结合。最终实现总量控制在900万吨。节能水平全部达到北京市地方标准要求，逐步淘汰不适宜北京世界城市发展要求的落后产能；全面推广使用现有成熟的节能减排新技术。

是年，水泥协会利用2个多月的时间，通过深入企业实地调研、走访专家、参阅技术文件，初步完成北京新北水水泥有限责任公司"北京新北水水泥有限责任公司余热发电运行情况与熟料电耗高于国家水泥能源消耗标准的调研"和北京市排水行业"关于利用水泥窑处置城市污泥制作建材产品可行性调研"2个课题。配合北京建材行业联合会与北京矿业协会，完成退出的水泥和矿山企业闲置土地与资源的调研。完成对北京市混凝土行业基本情况调研。配合建材行业联合会组织开展《水泥企业质量管理规程》和《水泥准入暂行管理办法》授权申请工作。在工业和信息化部、中国建材联合会联合发布新的《水泥企业质量管理规程》后，组织北京市水泥行业6名审查员，参加中国建材联合会在沈阳举办的《水泥企业质量管理规程》审查员资格培训班，并全部取得审查员资格。同时向市经济信息化委提出新的授权申请，并将北京地区《水泥准入暂行管理办法》的组织工作一同委托给了水泥协会。

年内，受市安监局委托，组织专家对北京市建材行业进行安全生产审查评估抽查。现场审查和安全评估报告得到市安监局好评。配合市住房城乡建设委"散办"完成新的北京市水泥产品市场准入工作，提高了北京市水泥产品市场准入门槛。完成水泥行业5家"诚信企业"和2个"知名品牌"企业的推荐、复审工作。

加强合作交流。年内，在北京世纪金源香山商旅酒店，召开2011年北京水泥协会会长会暨营销高峰论坛研讨会。中国水泥协会、河北省建材工业协会、天津市建材业协会、北京市工业经济联合会、北京建材行业联合会5个协会单位领导参加研讨。在北京建材行业联合会和水泥协会促进下，北京金隅集团与冀东水泥发展集团领导进行会晤。双方表示将在北京、河北省和天津市从事水泥、混凝土生产，房地产开发乃至股市金融，全方位推动合作，带动京津冀和环渤海地区的发展，并建立了高层联络机制。

（王小民）

【北京室内装饰协会】 2011年，北京室内装饰协会（简称装饰协会）克难创新，大力践行北京精神。全年发展新会员单位106个，培训专业人才436名，审批企业资质196个。修订标准、完善制度。室内装饰目前执行的是国家轻工业部和国家技术监督局制定的《全国室内装饰设计单位、施工企业管理规定》。装饰协会结合北京市室内装饰行业的实际情况，在审核批准企业资质时，凡申报国家一级、二级企业资质的会员单位，一需通过企业诚信星级认定；二需通过ISO9000体系认证；三需是装饰协会理事单位。在实施《全国室内装饰设计单位、施工企业管理规定》中，考量企业经济实力指标，经专家会讨论，改流动资金为注册资金。同时进一步细化行业标准，实行企业资质年检5个工作日的程序化审批，并制定岗位工作程序与考核标准。强化协会维权意识。针对社会上一些不法之徒假借协会名义制作与销售"会员单位"、"绿色联盟企业"和"企业资质"等铜牌和"证书"现象，装饰协会发表郑重声明，同时组织专人进行市场调查，将屡教不改非法冒用或盗用协会名义进行欺骗性装饰活动的装饰商，在北京室内装饰协会网及其他相关网站上曝光，维护了会员单位和消费者的合法权益，打击了伪冒作假行为。开展"北京市室内装饰行业优质工程"评比活动。自2000年以来，先后评出168项市优工程、44项"北京市室内装饰行业精品工程"。2011年又在精品工程中评出最佳工程，设立"北京市室内装饰行业天坛杯"金奖、银奖，使评优工作逐渐创出品牌。加强组织建设。建立会员单位档案，认真梳理队伍，及时剔除自动退会或2年以上不履行会员义务的会员单位，并在网上公示。组织工作小组，专门催缴会费，年内，30%的会员单位按时缴纳了会费。

（申振海）

【北京食品协会】 2011年，北京食品协会（简称食品协会）坚持“服务”宗旨，认真履行职能，扎实开展推进北京食品业发展的各项工作。

按月份进行食品行业信息统计，向市经济信息化委提供数据分析。参与北京食品产业“十二五”时期规划研讨。与市发展改革委节能环保中心配合参与“十一五”时期食品行业耗能项目评审，承担农副产品加工业、食品制造业和饮料制造业3大行业12家企业的耗能项目评审。组织北京粮食协会、北京肉类协会、北京冷饮食品协会、北京茶业协会、北京乳业协会、北京酒业协会、北京焙烤食品协会、北京蜂产品协会、北京酿造协会、北京豆制品协会、北京包装技术协会等12家行业协会参加北京食品安全研讨。为贯彻国务院4部委关于《开展清理整顿部分商品滥用“特供”、“专供”标志专项行动的通知》精神，在会员企业中进行认真调查，并写报告上报市经济信息化委。

协助政府主管部门，积极推动诚信体系建设工作。召开全市调味品生产企业开展诚信管理体系建设启动会、诚信体系建设工作会。在全市调味品生产企业、重点肉类生产企业、乳制品企业、二商集团下属企业、怀柔区重点食品企业广泛开展诚信体系建设试点工作。对北京市场出现的非法生产经营北京烤鸭问题，积极配合政府相关部门进行市场调查和综合治理。同时，牵头组织，协调全聚德、便宜坊2家烤鸭老字号企业起草《北京烤鸭标准》，上交市食品安全办公室。配合政府主管部门，积极做好行业食品安全工作。针对中国台湾食品“起云剂事件”，对食品企业邻苯二甲酸纳酯类物质和起云剂的使用和使用标准进行普查，并及时将普查情况向市经济信息化委做了汇报。参加了国务院对北京食品安全工作督查的情况汇报。

在北京市著名商标的评选审核中，审核企业商标25件，全部被认定为2010年度北京市著名商标。推荐华都集团“华都”商标、康贝尔食品有限公司“马大姐”商标申请中国驰名商标。在北京质量奖、知名品牌评选中，食品行业19个品牌被评为“北京知名品牌”；北京稻香村食品有限责任公司、北京燕京啤酒股份有限公司被评为2010年度北京质量奖企业。在组织参加第五届中国食品工业科学技术奖评选中，北京企业荣获一等奖3项，二等奖5项；有5家企业荣获全国食品工业科技进步优秀企业称号，食品协会荣获优秀组织单位奖。

承办第六届中国（北京）餐饮食品博览会。博览会突出展示餐饮、食品产业链发展和食品安全放心工程所取得的成果。组织参加“2011中国（北京）国际休闲食品展览会”。组织会员企业参加“第十三届中国连锁店展览会”，25家参展企业共达成合作意向77个，签约购销合同3项，签约金额169万元。与北京食品学会共同主办了“第四届中国北京国际食品安全高峰论坛”，主题是“食品产业链的全过程控制”，包括主题论坛、行业展览和专题研讨3个部分。与北京食品学会、《食品工业科技》杂志社共同主办了第三届食品科技北京论坛。主办了食品企业《食品添加剂新标准》培训班，分别对《食品添加剂使用标准》《预包装食品标签通则》等内容进行了学习培训。

2011年，北京食品行业协会被市社会团体管理办公室评定为4A级行业协会组织。

（李明亮）

【北京市豆制品协会】 2011年，北京市豆制品协会（简称豆制品协会）积极向政府反映企业困难，争取政策支持，为食品安全工作建言献策，完成政府交办的服务项目。是年，协会在多次调查研究基础上写出专项报告和建议，报送政府主管部门。向市食品安全办提交了《关于提升流通领域食品安全管理的建议》、《关于现场制作传统豆制品的弊端》的情况报告。指出在大型超市现场制作豆制品目前存在的弊端，并提出《关于规范传统豆制品现场制作的六点建议》。参加市食品办召开的《北京市食品安全“十二五”年行动纲要》讨论会，并向市食品办递交《关于建立传统豆制品食品安全监督站的建议》，提出按食品大类建立专有监督站，协助政府监管，形成监督网络。向市食品安全办报送《北京市传统豆制品生产和销售现状分析》专题报告，报告了全市传统豆制品的生产、销售状况，存在的问题和困难，行业发展需要政府支持等内容。协会通过对行业的全面分析，认为影响全市传统豆制品行业发展主要因素：一是市场的规范问题，二是减轻税负。协会积极向政府反映企业诉求，争取减轻税负的相关政策支持。协会编写《传统豆制品行业的发展需要政策支持》的提案，通过全国政协委员递交到全国政协会议。8月，工业和信息化部就提案召见了政协委员和协会会长交换意见。向市国税局发送专项报告《关于申请降低传统豆制品增值税的函》，提出参考部分外省市将传统豆制品列入农产品加工的菜篮子工程，对产品按13%收取增值税，取消北京市现行的对产品按17%收取增值税的建议。参与行业相关标准修订。2011年先后参与《非发酵豆制品生产管理规范》、《豆制品分类等四项行业标准》、《豆制品生产HACCP应用规范》3项行业国家标准的编制和审定工作。积极参与社会组织服务民生活动。年内，协会向市委社工委申报“传统豆制品食品安全现状分析及提升食品安全措施研究”项目。分析了传统豆制品行业在食品安全方面存在的隐患，提出改善和提升食品安全的措施和建议，获得市委社工委批准。

（卢桂芳）

【北京市饲料工业协会】 2011年，北京市饲料工业协会（简称饲料协会）围绕饲料安全与质量2大主题，以切实为政府、企业做好服务为宗旨，较好完成各项工作任务。

是年，饲料协会、北京市农业局在北京蟹岛度假村主办“第二十届全国部分大（中）城市饲料工业发展研讨会暨北京2011饲料行业主题论坛”。大会对“引领北京饲料行业发展突出贡献人物”、“2010年度北京市饲料行业领军人物”、“2010年度北京市饲料行业新兴人物”、“2010年度北京市20强饲料企业”、“2010年度北京饲料行业影响力品牌”等个人、企业、品牌进行了表彰。论坛先后由国家农业部畜牧司饲料处处长王晓红解读了《国家饲料工业发展规划（2010～2015年）》，中国农业科学院饲料研究所所长蔡辉益介绍了未来养殖业和饲料科技发展的趋势，商务部中商交在线有限公司总裁戈志刚讲解了国际贸易规则及饲料行业商业信用体系建设，北京大北农科技集团股份有限公司董事长邵根伙介绍了集团的发展道路。

搭建与外埠同行业学习交流平台。组织北京企业参加在江西南昌新世纪会展中心举办的“中国饲料工业展览会暨畜牧业科技成果推介会”，北京有31家企业参展，共计176个展位。组织考察团到江西、广东进行实地考察。在江西先后参观了正邦集团、格力特公司；在广东参观了海大集团的工厂和研发中心，就企业的营销模式、企业文化建设等问题进行了交流座谈。受邀参加中国饲料工业协会第七届大型企业联谊会，推介北京市8家大型优秀企业参会。

努力做好统计工作。承接市农业局全市饲料工作统计，据年报初步统计，年内，全市饲料企业280家，饲料总产量341万吨，总产值226亿元，产量同比基本持平，产值同比增幅为5.2％。

加强职业培训。4月27日，饲料协会劳动职业技能鉴定站通过了由国家劳动部组织专家组的评估验收。10～12月，先后举办第十一期机械维修工职业技能鉴定培训、第七期中控室操作工鉴定培训、第十三期检化验员鉴定培训，及格率分别为79.6%、81.5%、和83%。

宣传引领工作。饲料协会应邀参加市农业局召开的“北京市养殖领域严厉打击非法添加禁用药物和物质工作会议”，与6家协会，代表全市3850家从事养殖、饲料、兽药、屠宰加工的生产经营者发出《共同构建首都畜禽产品质量安全体系倡议书》。

协会主办的《饲料与畜牧》杂志2011年出版了24期，刊登500多篇文章，高科技含量文章占80%；2010年开始编发《工作简讯》，共出11期，发至相关单位。在北京饲料行业信息网，刊登各类信息和图片300多条（张）。协会的服务热线010－63518890每天都要接听处理本市、外埠及国外各种咨询电话10个～20个。

（黄建华）

【北京酿酒协会】 2011年，北京酿酒协会发挥桥梁纽带作用，完成年初制定的各项工作任务。是年，北京酿酒行业饮料酒、白酒、啤酒、葡萄酒总产量、销售收入、利润较2010年均有所增长。全行业重点耗能企业基本上完成了清洁生产审核验收，并制定了“十二五”节能减排目标，单位产品能耗、水耗基本上达到国内同行业先进水平。调整产品结构，中高档产品比例增加，部分企业开发了双喜酒、婚庆酒、节日礼品酒、特种包装酒等特色产品，促进了北京酒文化的发展。

按计划培训白酒、啤酒品酒技术人员，推荐一批专业技术人员参加国家级协会举办的考试、考核。推荐7名酿酒技术人员申报第二批“中国酿酒大师”，经中国酿酒工业协会评议，北京红星股份公司总经理于吉广、北京燕京啤酒集团公司副总经理戴永泉被授予“中国酿酒大师”称号。推荐10名白酒品酒师参加中国食品协会白酒专业委员会举办的全国第八届白酒评酒委员考核，其中6人经考核成为中国食品协会第八届国家白酒评酒委员，1人被聘为第八届国家白酒资格评委。推荐5名符合白酒培训师条件的人员参加中国酿酒工业协会举办的白酒讲师考核，5人全部取得白酒品酒师教师资格证书。在北京燕京啤酒集团公司举办“赛诺杯第二届全国啤酒品酒师职业技能竞赛”北京地区初赛，企业推荐的22名品酒专业人员参加竞赛。经过理论考试和品酒考核，选拔出前5名参加了全国决赛。北京酿酒协会和北京酒类流通行业协会共同举办2期三级品酒师培训班。有123名学员通过中国酿酒工业协会培训部的理论考试和品酒考核。其中，7人荣获国家人力资源和社会保障部颁发的一级白酒品酒师证书，116人荣获三级白酒品酒师证书。

搭建企业交流平台。北京酿酒协会是华北5省区和直辖市酿酒协会联席会的组长单位，先后在湖北劲牌有限责任公司和内蒙古包头市骆驼酒业股份有限公司组织召开“全国第四届清香类白酒高峰论坛预备会议和论坛”，北京牛栏山酒厂、北京红星股份公司的代表在论坛上介绍了经验。与东方酒业杂志社、北京酒类流通行业协会在九华山庄共同主办市场研讨会，中国酒业著名战略分析家铁黎、北大博导王建国作了“成功企业产销供应链和营销模式”主题演讲。

完成政府部门交办任务。受市工商局委托对已到期的11个北京市著名商标进行预审，签署意见，完成复审工作。是年，协会多次向市经济信息化委等政府部门提供行业企业信息、酒价变动趋势和酒类产品市场动态，为政府决策提供依据。多次应会员企业要求为企业出据客观真实的评估证明材料，支持了企业名牌产品建设。积极参与酿酒行业节能环保工作。由协会协助立项的“牛栏山酒厂洗瓶机水回收治理试验项目”通过市科委验收，已正式投入使用。协助北京市节能环保中心完成“北京市重点用电单位电效对标研究”课题。参与《北京酒类重点耗能企业“十二五”节能潜力节能项目规划调研》。

坚持民主办会，自觉接受监督。按照社团办换届须知要求，召开第五届会员大会暨第五届第一次全体理事会，完成换届选举工作。

（李湘文）

【北京市调味品协会】 2011年，北京市调味品协会（简称调味品协会）发挥桥梁纽带作用，完成市经济信息化委委托在全市调味品行业组织开展诚信体系建设推广实施工作。协会以工业和信息化部等10部门发布的《关于印发〈食品工业企业诚信体系建设工作指导意见〉的通知》（工信部联消费〔2009〕701号）精神为指导，成立了由市经济信息化委副巡视员张兰青为组长、调味品协会有关领导参加的领导小组及工作小组，制定了《北京市调味品行业开展食品安全诚信体系推广与实施的工作方案》。邀请工业和信息化部的工程师王贵向参加试点的企业对《食品工业企业诚信管理体系（CMS）建立及实施通用要求》进行详细解读，并对食品工业企业诚信体系的督促监管做了说明。选派有关企业工作人员参加工业和信息化部在无锡召开的“食品工业企业诚信体系建设试点工作交流暨培训会”，组织有关企业人员分2批分别赴黑龙江、广东考察学习。工作小组成员明确分工，并通过电话、电子邮件等方式对试点企业进行咨询和指导，同时积极走访企业，进行现场咨询，解决企业在编写文件和实施过程中遇到的难题。由于宣传到位，措施得力，截至年底，全市38家调味品生产企业（含其品牌生产基地）均按照《食品工业企业诚信管理体系（CMS）建立及实施通用要求》和《指南》的要求，建立了三级诚信管理体系文件，即《诚信管理手册》、《诚信管理程序文件》及《诚信信息管理规范》、《失信考核制度》。38家调味品重点龙头企业（含其品牌产品生产基地）获得了铜牌。中华老字号金狮龙门公司通过电子信息技术建立了质量追溯系统，并把采购环节作为诚信体系管理的重点，将食品安全责任落实到每个岗位，建立健全岗位责任制，进一步强化了食品质量安全管理，具有示范和推广价值。王致和公司将诚信管理体系与企业的四标一体的标准化管理体系融合，形成了独具特色的企业诚信文化。

（陈尤太）

【北京印刷协会】 2011年，北京印刷协会（简称北京印协）以庆祝协会成立30周年为契机，通过回顾和整理行业发展的历史经验，积极推进印刷产业实现行业绿色转型发展。

贯彻落实国家实施绿色印刷战略部署。北京印协借鉴日本印刷产业联合会编制的《绿色印刷认定指南》，组织召开解读日本“绿色印刷”标准暨“绿色印刷”推介会，为政府有关部门推进绿色印刷战略建言献策。与北京绿色产业联盟、顶佳印刷城、必胜印刷网联手举办“‘剑指能源消耗’北京印刷企业家论坛”。与北京市新闻出版局共同举办绿色印刷推介会，进一步推进绿色印刷企业的认证工作。北京地区有9家印刷企业首批获得绿色认证。与中国印刷技术协会联合举办“绿色印刷现场交流会”。与北京市新闻出版局、印刷质检站在北京利丰雅高长城印刷有限公司联合举办“推进绿色印刷，建设绿色北京”宣传倡议活动。

完成全国书刊印刷企业统计资料汇编和北京地区印刷行业统计年报。连续16年完成全国书刊印刷企业经济效益统计资料的数据采集和汇编工作，2011年度进入统计范围的包括31个省、市、自治区的121家企业。完成北京市新闻出版局委托的2010年度北京地区印刷行业统计年报和产业调查工作，清理出早已退出市场或从来不参与审核登记和年度核验的企业，为北京市新闻出版局注销723家印刷企业的印刷经营资质，提供有效信息。据统计，2010年北京地区共有印刷企业1684家，其中出版物印刷企业670家，包装装潢印刷企业246家，专项印刷企业180家，其他印刷企业588家。北京地区印刷产业实现主营业务收入215.2亿元，同比增长9.5%。其中，出版物印刷实现主营业务收入96.1亿元，亿元以上企业有16家；包装装潢印刷企业主营业务收入86.4亿元，亿元以上企业有16家；其他印刷主营业务收入29亿元，亿元以上企业有4家。全市共有36家企业主营业务收入超亿元。

加强北京地区印刷产品质量监管。北京印协质量管理委员会和印刷质量站配合北京市新闻出版局，举办印刷企业印刷质量监督检验员技能培训鉴定班，对考试合格的检验员颁发了国家人力资源及社会保障部统一印制的“中华人民共和国职业资格证书”。继续推进诚信企业建设。对已批准的诚信企业进行日常的跟踪、考核，利用协会刊物对这批诚信企业进行事迹报导。年内，16家企业被评为北京印刷行业诚信企业。继续开展“十佳、先进、达标”企业评选工作。

举办华北、东北8省市区印刷企业联谊活动。以“交流、合作、发展”为主题的第五届华北、东北8省（市、自治区）印刷企业联谊会，于9月6日在辽宁省营口市隆重召开，来自北京、天津、山西、河北、黑龙江、吉林、辽宁、内蒙古等地印刷同行近200人出席联谊会。各地企业代表围绕绿色印刷、节能减排、企业管理等方面热点话题进行了交流。联谊会发布第一届“精密达杯”印后装订明星企业名单，其中有5家北京企业。

成立北京印协专家委员会。首批48位专家涵盖了企业管理、机械设备、印前、印刷、印后、安全印务、印刷材料、印刷工价、财务、统计等各个领域。北京印协专家委员会成立后，开展对企业搬迁改造进行评估。受市环保科学研究院委托，对北京市印刷行业发展现状及污染情况进行调研。针对政府机关定点印刷采购招标，辅导企业制订投标文书等。

组织有关企业参加第六届北京（国际）文化创意产业博览会。图文天地公司和北京市印刷研究所的高仿真艺术品书画、天可嘉语的光屏艺术画、震旦公司的龙鳞装成为展会的亮点。举办北京印协成立30年庆祝活动。10月18日，在庆祝活动现场举办“北京印协30年印迹图片展”和“北京印刷业精品展”，对在协会发展中做出突出贡献的53名老同志进行了表彰。

（张华明）

【北京包装技术协会】 2011年，北京包装技术协会（简称包装协会）坚持抓好自身组织建设，多层次、多方面、扎实持续地服务行业、服务政府、服务企业，各项工作取得较好成绩。

坚持创新驱动，培育发展战略性新兴产业。包装协会以“包装云”为抓手，配合市经济信息化委、市科委，遴选出在行业中有代表性、典型性的行业龙头企业，规划并启动“包装云”工程。在包装协会倡导和组织下，以中国出口商品包装研究所、北京印刷学院等包装科研和检测机构为技术支撑，建立包装技术服务平台，引导企业优化包装结构设计，加强食品安全监督管理，节约资源，减少碳排放，力求真正做到资源的最优化利用。多年来，包装协会始终将城市大宗包装废弃物的循环利用问题作为行业循环经济领域的重点研究课题。包装协会向市委市政府领导建言献策，呼吁大力扶持再生资源新兴产业，得到市领导的重视。市经济信息化委受中共北京市委书记刘淇委托，由规划处、都市处、环保处、包装协会组成调研组，完成了对国家级循环经济试点企业——盈创再生资源公司进行的调研。包装协会向市科学技术协会、市科学技术委员会推荐将盈创再生资源有限公司列为北京市科普教育基地。国务院副总理李克强曾视察该公司，并对其实现的“全资源回收，同质化转化，绿色化生产”给予高度评价，称之为“真正意义上的循环经济”。

包装协会完成由财政部、国家工业和信息化部、国资委与中国包装联合会委托的“包装生产型服务业与制造业协调发展的对策研究”课题研究。成功推荐奥瑞金包装股份有限公司“0.12毫米～0.15毫米二次冷轧马口铁在食品饮料三片罐的技术研究与开发”项目、盈创再生资源有限公司“废聚酯瓶回收体系的建设和完善”项目、北京康得新复合材料股份有限公司“抗划伤亚光预涂膜技术研发及产业化”项目、北京嘉德福塑料制品有限公司“新型长效水果保鲜绿色包装材料产业化”项目、北京纸箱厂“代木瓦楞纸板托盘和包装箱及加工设备的研发”项目，通过财政部包装行业高新技术资金项目评审，获得研发资金支持。联合北京优贯国际包装有限公司共同打造包装工厂概念。参加2011年第六届“文博会”，体现从设计——制作——成品的设计落地全工程，以“北京包装创意设计联盟”亮相，展示首都包装创意工厂发展的新成果，交流当今世界文化创意产业发展的最新理论和观点。受北京工业设计促进中心委托，推荐3名包装行业设计领域资深、优秀设计大师进入备选人才库。

包装协会组织考察团参加“俄罗斯东欧包装产业及俄罗斯食品加工及包装机械展览会”，赴俄罗斯、匈牙利、捷克三国进行交流考察活动。还先后组织企业参加“2011美印纸箱彩盒行业（北京）联谊会”、“第十四届北京国际印刷信息交流大会”、“北京市保护知识产权举报投诉中心——知识产权纠纷司法委托调解培训会”、“中国包装行业高峰论坛暨郎咸平看包装专题讲座”、“北京市中小企业融资政策培训会”、“2011年经贸形势报告会”等活动。

包装协会积极参与2011年社会组织评估工作。经过专业评估团队评估，市民政局授予包装协会4A级行业组织。

（陈 威）

【北京玩具协会】 2011年，北京玩具协会（简称玩具协会）不断创新提升服务理念，努力推动北京玩具行业创新发展。

从2011年起，玩具协会每季度向市经济信息化委报告玩具行业经济运行分析报告，重点对凯艺、顺祥、华宇、木马、艾尔豪斯5家骨干企业的经济运行进行指标分析。

是年，继续开展“送艺下乡”、打造“一村一品”教农民手艺，架致富金桥活动，分别在怀柔红庙村、密云北庄村、房山蒲洼乡、门头沟王平镇和海淀车耳营村举办了灯笼、风筝、异型葫芦、麦秸画、剪纸、编织等6期培训初级班和提高班。

继续开展“送艺进社区”，打造“一街一

特色”培训“40、50”待业人员，促进再就业活动。在西城区新街口街道举办2期堆绣培训初级班和提高班，在东城百荣世贸商城举办2期风筝、脸谱、毛猴等6个门类公益培训班。

创新开发了15个系列独具北京特色的内画、泥人、堆绣、麦秸画、桃木制品、微型风筝等民间手工艺品。

经有关部门批准，北京玩具协会服务社会、服务民生工程已列入政府购买社会组织公益服务项目。

北京国际旅游博览会上，麦秸画、桃木制品等“一村一品”蛋雕、堆绣等12个门类参展，组织30多位民间玩具工艺大师，万花筒、灯彩、万花筒、灯彩、空竹等20多个门类参展，民间手工艺大师刘振国的作品“宣纸烙画”获得银奖。第五届北京工艺美术展和第一届北京工艺美术创新设计大赛，协会会员荣获“北京工美杯”银奖5个、铜奖3个，同时协会被授予“优秀组织奖”。

请进来，受国务院侨办委托，协会首次接待“领养中国儿童外国家庭夏令营”，来自美国、加拿大、澳大利亚等国家的55个家庭、66个中国儿童和他们的洋父母与北京传统文化对接，民间艺人零距离，面对面传授。受市政府侨办委托，接待了海外华裔青少年“寻根之旅——相约北京夏令营”成员，来自美、英、德、法及中国港澳台等12个国家和地区的140多名营员相聚在天桥华声民俗园，学习观赏了代表老北京文化特色的传统民间工艺。

走出去，整合资源，优势互补，资源共享，搭建平台，委派内画工艺师谢珊珊随团赴荷、比、法三国参加“中华文化大乐园”欧洲夏令营活动；会同金色时代杂志社组织70多名北京玩具生产企业和民间艺人赴韩国参加“中韩民间文化交流考察活动”。

著书立说，出版发行了《北京民间玩具》和《老北京风情泥塑》2部著作，成为具有历史和科研价值的民间玩具专著。

（宁　爽）

【北京服装纺织行业协会】 2011年，北京服装纺织行业协会（简称服装纺织协会）不断开拓新的服务领域，各方面工作取得新进展。

加强品牌培育和推广。主办“北京时装之都品牌展”，组织铜牛、天坛、雪润、埃姆、绅士、雷蒙、伊里兰、红都、奥豹、水孩儿、恺王等11个品牌在中国国际服装服饰博览会上以整体形象亮相，同时在中心展区T台推出6场新品展示。开展北京时尚热销服装品牌推选活动，推出品牌营销奖39个，其中营销金奖15个。主办“时尚北京·依文中国”晚会，扩大时尚北京知名男装品牌的社会影响力。加强对“北京十大时装品牌”的后续推广宣传，以《时尚北京》杂志、《服装时报》为宣传展示平台，对十大品牌进行了集中的系列宣传。开展男装系列产品质量推优活动，委托相关质检机构对5大类135件样衣进行质量检验，共推出18个优质品牌，优质产品达标率为67%。

推进“走出去”战略的实施。与纺织控股公司共同举办“北京服装纺织企业国际化市场战略高级研修班”，有37个企业110名纺织服装企业的总经理、市场总监、战略投资管理者等高管参加培训。组织7家品牌企业对新加坡市场进行考察，走访在新加坡开店的中国4家企业店铺并考察了主要商业街。考察团成员企业——蓝地公司已在新加坡开店。组织6家会员企业赴中国台湾考察，参观“2011年台北魅力服装品牌展”。选送高端设计品牌玫瑰坊、薄涛制衣、东北虎3家企业参加由北京市外宣办在意大利罗马举办的“中国文化年魅力展”。

加强对设计产业的提升。委托北京服装学院进行“北京服装设计队伍建设问题研究”的课题调研并完成初稿。该课题以300份实名问卷调查和20多位设计师的访谈为依据，较详实地了解了设计师群体生活和工作现状、创业感受、面临主要困难以及对成长环境的期望和建议。设计师分会组织开展围绕“设计师职称评定”、“设计师如何营销自己”和以“跨界·创享”为主题的对话互动等4期时尚沙龙活动。组织玫瑰坊、薄涛制衣和东北虎3家品牌企业的精美作品，在第六届文博会的创意设计馆整体亮相。服装纺织协会荣获第六届文博会组委会授予的“最佳展示奖”和第五届北京工艺美术展的“优秀组织奖”，参展企业荣获“最佳创意设计团队奖”。主办“铜牛杯学生体育装设计邀请赛”，经过新闻发布、效果图初评和决赛及颁奖等活动，推出一批学生装设计新人和采用新面料的学生体育装新款优秀作品。

推进企业信息化建设和电子商务。经过调研，率先制定《北京服装纺织行业推进两化融合的指导意见》，并开展一系列推进工作：组织召开“企业信息化及两化融合”经验交流会；组织召开“云计算下的信息化平台”座谈会，帮助企业了解有关云计算的理念、路径及在服装纺织行业的应用前景；经过调研走访，召开电子商务经验交流会，请京东商城介绍商城平台的服务功能，对品牌企业如何做好电子商务进行培训，并对协会推荐的品牌企业以最优惠的条件加盟商城做出承诺；针对企业网上开店遇到的问题，与淘宝网、维富友公司共同举办“合、聚、变企业电子商务营销培训”，着重就网点陈列设计、网上营销促销及线上线下销售系统对接等问题作了深度讲解。据不完全统计，目前入驻京东商城的有16个品牌。

搭建多种服务平台。融资平台：先后与民生银行、工商银行签订合作协议，为多家中小企业提供了融资政策咨询和金融产品介绍等项服务，并为3家企业出具“会员企业融资推荐函”，为企业解决融资难题。培训平台：联合市服装质检一站、毛麻丝织品质量监督检验站，为质量管理人员举办国家服装质量新标准培训，对考试合格的74人颁发了培训证书。信息平台：依托《时尚北京》杂志和“时装之都”网站，为行业及会员企业提供信息服务。职业装专业委员会组织成员企业与北京周边有加工能力的企业和单位建立合作关系，推进了产业链上下游的对接。

（刘建华）

【北京针织行业协会】 2011年，北京针织行业协会（简称针织协会）参与2011年全国纺织行业“佰源杯”纬编工职业技能竞赛。根据中纺协函〔2011〕116号文件通知，针织协会负责北京赛区的组织工作，从6月份开始对有圆机设备的生产企业进行走访摸底统计。推荐北京赛区3名考评员参加全国考试，对选拔出的20余名参赛选手进行理论培训。通过预赛、复赛、决赛，包括理论考试和6个实操项日考核，北京铜牛股份公司的4名职工夺得北京赛区前4名。并参加在江苏省江阴市的全国总决赛，获得团体第三名。应企业需求，在铜牛股份公司院内举办2届针织产品展销会。针织协会帮助企业贯彻执行新的产品标准，购买了GB 18401－2010《国家纺织产品基本安全技术规范》等发给会员企业。坚持为会员企业服务，帮助企业寻找加工点、寻找厂房和地皮、寻找合作方及联系购买设备和设备调剂等。在较短的时间内，协助东胜针织厂退出针织行业，及时帮助该企业处理设备、成品、坯布等物资，完成了拆迁腾退工作。针织协会根据企业需求不定期为企业赠送《针织世界》、《针织简讯》，多角度提供针织行业的生产信息。

（脱景华）

【北京工艺美术行业协会】 2011年，北京工艺美术行业协会（简称工美协会）深入贯彻施行《北京市传统工艺美术保护办法》，以为会员单位服务为宗旨，求真务实，开展各项工作。

加强组织建设。7月8日，北京第三届传统工艺美术评审委员会成立，北京市副市长苟仲文出席换届仪式，并为新一届评审委员会成员颁发聘书。新一届评审委员会主任由市经济信息化委主任朱炎担任。8月22日，由工美协会牵头组织的“北京工美文创产业联盟”成立，并召开了第一次会议。会议确定全国政协副主席、台盟中央主席林文漪为联盟高级顾问，北京工业经济联合会会长、工美协会名誉会长金生官为联盟主席，工美协会会长李进华为联盟常务副主席。8月25日，北京工艺美术行业协会创意设计专业委员会成立，由工美协会秘书长朱洪任主任委员。11月4日，北京第三届传统工艺美术评审委员会技术顾问组成立，组长由会长李进华担任。

加强组织工艺品创新。3月，在中国工艺美术协会、天津市经济和信息化委员会和中国工艺美术（集团）公司共同主办的第四十六届全国工艺品、旅游纪念品暨家居用品交易会“金凤凰杯”创新产品设计大赛中，北京展区的18家工艺品生产企业及工美大师工作室设22个展位，共有17件作品获奖。其中，4件获金奖、5件获银奖、4件获铜奖。11月9～13日，工美协会和北京大承百艺文化发展公司在中国国际展览中心举办第六届中国北京国际文化创意产业博览会中的“第五届北京工艺美术展和第一届北京工艺美术创新设计大赛获奖作品展”。38家企业送展的文化创意产品达1000余件（套）。展会期间，据不完全统计意向成交额约1.6亿元。12月21日，北京传统工艺美术评审委员会召开第五次会议，讨论并通过“北京工美杯”各奖项评选结果。在申报的9件市级珍品中，珊瑚白玉《九龙浴佛》、花丝镶嵌仿明《凤冠》、碧玉《思想者》获奖，各获奖金5万元。

加强考察及学术交流活动。4月21～24日，工美协会组团参加北京市台办、市文化促进中心和市贸促会在中国台北国际贸易中心举办的“2011海峡两岸文化创意产业展”。北京展团由16家企业、24名企业负责人、工美大师以及销售人员组成。参展商品有玉器、金漆镶嵌、雕漆、花丝镶嵌、骨雕、铜器等18个品种共200多件。展出期间共接待海内外参观者和洽谈业务人员上万人。年内，主办或参办了“搭建工艺美术产品旅游市场开发平台，推动北京景泰蓝工艺产业化发展与市场化创新座谈会”、“国家级非物质文化遗产景泰蓝制作技艺代表性传承人、著名景泰蓝艺术家钱美华大师的艺术作品研讨会暨首届钱氏景泰蓝作品展”，第六届中国北京国际文化创意产业博览会朝阳区分会场“中国工艺美术高端论坛”等。

加强培训与带徒工作。年内，工美协会主办、开办“现代包装设计培训班”、“计算机设计应用培训班”，有27名学员获得计算机设计应用培训班结业证书。工美协会又有21位工艺美术大师与57名艺徒正式确认师徒关系并签订合同。自2003年以来，共有131名大师与343名艺徒确认师徒关系并签订合同。

认真组织申报中国工艺美术大师工作。按照工业和信息化部、文化部、人力资源社会保障部《关于开展第六届中国工艺美术大师评审工作的通知》要求，工美协会成立评审推荐办公室，召开具备申报条件的北京工艺美术大师通报会。北京市共有40名（省）市级工艺美术大师提出申报。8月15～29日40名申报人的基本情况介绍、送审作品照片在市经济信息化委网站和北京工艺美术大师网站进行公示。9月3～4日，北京传统工艺美术评审委员会召开评审推荐会，依照国家发展改革委关于北京市推荐到全国入围参评国家级工艺美术大师限定12人的指示，经2次投票后，进一步组织参评工作。

编辑出版工作。工美协会积极组织工美大师出版工艺美术著作。是年，杨玉栋编著《京剧盔头与彩塑脸谱制作技法》，朱洪、马慕良编著《宫墙内外的老北京文化》，李菁编著《蓝景述梦》，李苍彦、于志海编著《北京手工艺的传说》先后由学苑出版社、北京工艺美术出版社、文物出版社出版。年内，工美协会编辑部编辑印刷《工艺美术家》杂志（季刊）共4期，《北京工艺美术》报6期，刊发文章和工艺美术作品60余万字。参编《北京志·工业志》，撰写出都市产业篇工艺美术章资料长编初稿。承担了由中国工艺美术协会主编的《中国工艺美术全集》之一的《中国工艺美术全集·北京卷》编写工作，预计4～5年完成。《中国工艺美术全集·北京卷》由李苍彦任主编。

（李苍彦）

【北京电力行业协会】 2011年，北京电力行业协会（简称电力协会）坚持按照“整合内外资源，推进管理创新，加强标准化建设，服务两个转变”的基本定位，积极服务会员单位，各项工作有序开展。

组织企业管理创新成果申报。电力协会组织2011年度公司创新成果申报71项，经国家电网公司、北京市国资委评审委员会评审，6项成果获一等奖，10项成果获二等奖，15项成果获三等奖，22项成果获优秀奖。召开企业管理创新工作培训会，聘请专家介绍创新工作理念、工作流程、工作方法及主要成果，讲授企业管理创新成果报告写作方法和工作要求。在北京市电力公司网站首页建立“管理创新”工作网页。建立企业管理创新专家库，具有高级职称的专家达到55人。

积极开展调查研究。组织申报课题16项，撰写“电力企业信用管理工作分析与探讨”课题研究。参加国家电网公司“标准化建设与信息化实施”课题报告工作。作为国家电网企业管理协会课题成员单位，组织华北电网、北京、天津、山东、山西、河北6个地区《标准化建设与信息化实施课题报告》调研资料的上报与汇总；起草《国网公司企协调研工作课题成果评审评估管理标准》、《国网公司企协调研课题立项工作管理规定》、《国网公司企协调研课题立项流程》。完成北京市政府布置的电力企业耗能指标近3年的调研分析。

服务会员单位。根据北京市电力公司要求完成用户用电工程"三指定"检查工作。组建4个专家组，聘请专家近20人、相关部门配合人员35人，组织了48次的专项检查，专家共出席173人次，相关人员参加120人次，完成对16个供电公司用户用电工程"三指定"检查工作任务。配合市发展改革委、市电力公司相关部门组织多次专家会议，进一步对《高压用户规范》文本进行修改，其间组织专家对申报材料作近万字的说明，基本具备申报条件。完成电监局委托，组织北京地区近6万名电工培训考试、发证工作。完成2010年度北京电力质量管理QC小组申报、评审、发布、表彰工作，共评出并发布评审一等奖12个，二等奖11个，优秀QC小组24个，QC信得过班组12个，优秀组织者11名，优秀推进者10名，优秀企业2个。举办北京电力行业质量管理小组活动诊断师考评培训班，由中国质量管理小组活动高级诊断师授课，60多名发电、供电企业的QC骨干参加培训。参加第二届北京市职工职业技能大赛，14个二级供电公司参与，历时半年，对初赛854人、进入复试的256人、进入决赛的77人进行了理论和实操考试。

编辑出版工作。编辑出版《北京市电力公司年鉴》(2011年版)，52万字。完成《中国电力年鉴》、《国家电网公司年鉴》、《北京工业年鉴》的组稿任务，提供文字资料2万余字。起草公司续志工作编写大纲，并开展培训。参编《华北电力工业志》(1888～2013年)组稿工作。

加强自身建设。修订《低值易耗品管理制度》、《财务制度》、《文件印刷管理制度》、《会议管理制度》和《车辆管理制度》。结合ERP协同办公系统修改《财务管理流程》及《办公管理流程》。编辑出版发行《北京电力行业信息》。及时更新协会网站信息。完成北京市民政局社会组织评估，被评为5A级行业协会组织。

(姚　雪)

【北京质量协会】 2011年，北京质量协会(简称质量协会)坚持"服务立会"宗旨，紧紧依靠一批热爱质量事业的专家、教授、学者和质量工作者，紧紧依靠一批支持质量事业的团体会员单位开展"服务企业、服务社会、服务政府"的各项质量活动。

是年，北京质量协会开展第二届"北京质量奖"、"北京知名品牌"、"北京市实施卓越绩效模式先进企业"、"北京杰出质量人"4项推选活动。2012年3月6日，经北京市质量审定委员会最后审议和社会公示后，授予北京翠微大厦股份有限公司"2011年度北京质量奖"称号。授予北京红螺食品有限公司、北京超市发连锁股份有限公司"北京质量奖入围奖"称号。授予首钢总公司、北京金隅集团有限责任公司、北京全聚德仿膳食品有限责任公司等34家企业的37个产品"2011年度北京知名品牌"称号。其中，全聚德、王致和、中南海、雪伦、星海、金隅、首钢、龙牌等品牌榜上有名。授予北京现代汽车有限公司、北京首都机场商贸有限公司、大唐电信科技股份有限公司、北京顺鑫农业发展集团有限公司、北京星海钢琴集团有限公司、中北华宇建筑工程公司、北京利达华信电子有限公司7家企业"2011年度北京市实施卓越绩效模式先进企业"称号。授予罗强、张立、魏建华、周平、郭亚萍、冯高昆、陈历俊、李利中、苏清才、陆总兵10人"2011年度北京杰出质量人"称号。

是年，召开第五十八次、第五十九次2次QC小组成果发表会。参加人员550人，发表成果314项，其中256个QC成果现场发表，58个QC成果参加书面发表。6月份和12月份，分别在江苏和北京举办2次QC小组诊断师(骨干)考评班，共有210人参加学习。

是年，共推荐16家企业荣获"北京用户满意工程"称号。其中，北京首钢建设集团有限公司第一建筑工程分公司、北京浩华电气设备安装工程有限公司、北京市液化石油气公司、北京国电天昱电力工程有限公司等14家企业荣获“北京用户满意企业”称号。北京市朝阳昆仑电线厂、北京奥力助兴石化有限公司2家企业荣获“北京用户满意产品”称号。累计180家企业荣获“北京用户满意工程”称号。2011年推荐10家企业为全国用户满意工程。

是年，北京质量协会举办3期质量安全大讲堂培训，共有83人参加学习。组织21家会员单位赴江西进行质量交流考察活动。

（陈永莲）

企业

【首都航天机械公司】 始建于1910年，隶属于中国航天科技集团运载火箭技术研究院，是我国运载火箭总装集成企业，唯一生产火箭氢氧发动机的制造基地，中国机械500强之一，总装备部审核通过的首家装备承制单位航天企业。拥有自主研制生产的12种型号的“长征”系列运载火箭和氢氧发动机，其中，长征三号、长征三号甲和长征三号乙运载火箭荣获国家科技特等进步奖，长征二号丙运载火箭荣获国家金牌奖，长征三号甲运载火箭荣获金牌火箭称号，长征二号F运载火箭被全国十家联合会集体授予中国第一世界名牌。截至2011年底，长征系列运载火箭进行了150次发射试验，首都航天机械公司完成了其中115次发射试验任务。在航天技术产业应用方面，该公司依托“军民共线”和“规模产业”两个发展平台，在高端制造和定制装备设计、制造领域，培育具有自主知识产权的航天技术应用产品。同时，自主研制大型焊接装备、钣金自动化生产线、高端刀具等产品，成功应用于我国大型运载火箭研制、冰箱侧板生产等诸多领域。该公司通过GJB/Z9002和GB/T19001质量体系认证，通过职业健康安全管理体系和环境管理体系认证。现有员工5300多人，2011年实现总收入21.16亿元，实现利润总额1.4亿元，资产总额70.9亿元。

地址：丰台区警备东路2号首都航天机械公司
邮编：100076
电话：68750018
传真：67982903
网址：www.bjcamc.com
电子邮箱：tangke1219@sina.com
法定代表人：张为民

（刘嫱吟）

【首钢贵阳特殊钢有限责任公司】 首钢贵阳特殊钢有限责任公司（简称贵钢公司）始建于1958年，是中国西部重要特殊钢企业，凿岩用钎钢钎具科研生产基地，有世界先进水平的环保型电弧炉、中空钢生产线，国内先进水平的钎具、锻轧材、无缝钢管生产线，设计年产特殊钢50万吨、钢材46万吨。产品主要用于工程、机械、军工等行业。2009年7月20日、8月19日，首钢总公司分别与贵阳特殊钢有限责任公司、贵阳市政府签订协议，与贵钢联合重组，成立首钢贵阳特殊钢有限责任公司，首钢总公司、贵州省国资委、中国信达资产管理公司分别持股65.57%、30%、4.43%。在距离市中心50公里的修文县扎佐镇建设“新特材料循环经济工业基地”，以贵钢新区建设带动老厂区搬迁转型。2010年，贵钢公司生产特殊钢22.6万吨，生产特殊钢材24.5万吨。

地址：贵阳市油榨街10号
邮编：550005
电话：0851-5595217
传真：0851-5595966
总经理：侯羽卒

（贵钢公司）

【首钢水城钢铁有限责任公司】 首钢水城钢铁（集团）有限责任公司（简称水钢公司）始建于1966年，是钢铁业为主，采矿、煤焦化、机加工、建筑、汽车运输、水泥制造、进出口贸易等配套经营的大型国有控股企业。钢铁综合产能300万吨，在建项目投产后可达到500

万吨，产品有抗震钢筋、高速线材、棒材、水泥、焦炭、焦化副产品等20余种。2005年4月，贵州省国资委将水钢34.56%的股权划属首钢。2009年首钢增资，持有水钢51.65%股权，中国华融、信达、长城资产管理公司和中国建设银行债转股股权分别为20.66%、16.75%、0.46%、5.97%，省国资委股权为4.51%。2010年，水钢公司年产铁324.27万吨、钢328.18万吨、钢材321.43万吨。

地址：贵州省六盘水市

邮编：553028

电话：0858-8923751

传真：0851-5595966

总经理：潘槐祥

（水钢公司）

【北汽福田北京欧曼重型汽车厂】 （简称福田汽车欧曼重汽厂）2002年成立，为北汽福田汽车股份有限公司下属生产型事业部。福田汽车欧曼重汽厂占地面积147.6万平方米，建筑面积21.4万平方米，固定资产原值21.24亿元，职工总数6649人。随着2011年中国第一座实现世界标准制造水准的福田汽车欧曼GTL数字化节能工厂（欧曼二工厂）建成投产，福田汽车欧曼重汽厂年产中重卡能力提升到20万辆，成为国内乃至全球最大的重卡生产基地。同时，欧曼推出“5T”服务新标准，倡导终身服务，带领中国重卡服务向世界水平看齐。福田汽车欧曼重汽厂拥有GTL、TX（ETX/CTX）和VT自主技术平台。平台整合设计为重型（9系）、中重型（6系、5系）和中型（3系、1系），产品吨位覆盖范围3T～55T，包括牵引车、载货车、自卸车、各类专用车等200多个品种，全方位满足用户多样化的需求。现有经销商600多家，服务站1200多家，销售服务网络遍布全国。2011年，福田汽车欧曼重汽厂生产中重卡96256辆，销售102148辆，工业产值和销售收入分别达到227.7亿元和244.1亿元，实现利润7.7亿元，上缴税金1.4亿元，国内中重卡市场占有率排名第四。

地址：怀柔区红螺东路21号

邮编：101400

电话：89683062

传真：89683062

网址：www.aumantruck.com

电子邮箱：ftdmlqc@foton.com.cn

法定代表人：吴越俊

（姜学昆）

【阿尔特（中国）汽车技术有限公司】 成立于2001年，已发展成为领先的、全方位汽车设计开发与工程服务公司。服务范围包括：新能源汽车设计开发、传统整车/发动机及动力系统设计开发、产品企划、展车制造、样车试制、同步工程、模/夹具设计制造、整车及零部件试验、零部件开发与咨询等。2010年，阿尔特全面开展了新能源汽车相关业务，与日本多家电动车技术和系统生产领域具有代表性的公司成立合资公司或构建战略联盟。在2010年北京车展上，阿尔特推出3款电动概念车——“竹风”、“武锋II”、“eTAXI”。公司拥有近百名汽车行业精英，员工约800人，在上海、长春、成都分别设有子公司，年营业收入3亿多元，在全国汽车设计公司中位居第一。

地址：北京经济技术开发区科创三街7号

邮编：100176

电话：67892299

传真：67892557

网址：www.iat-auto.com

法定代表人：宣奇武

（阿尔特［中国］汽车）

【北京和利时集团】 始创于1993年，是一家从事自主设计、制造与应用自动化控制系统平台和行业解决方案的高科技企业集团。该集团具有系统集成国家一级资质，是国家级的企业技术中心。现有员工3000人。该集团主要包括过程自动化（DCS）、工厂自动化（PLC及驱动）、核电站数字化仪控系统、高速铁路、城市轨道交通自动化等业务单元。各业务单元以“用自动化改进人们的工作、生活和环境”为企业宗旨，经营各有特色，产品定位准确，现已形成强大的市场合力与品牌影响力。该集团股票于2008年在美国纳斯达克上市，股票代码HOLI。和利时提供的自主技术、高品质自动化平台及解决方案，在国内率先成功应用于核电站、大型火电机组、铁路提速和城市轨道交通等多种关键装备及重要工程，该公司自主开发制造的信号系统和综合自动化系统在高速铁路和城市轨道交通方面获得广泛应用，该公司核心产品 DCS 及 PLC 在核电、火电、石化、化工、轨道交通、风电、水处理、水利水电、煤炭、环保、建材、冶金、造纸、制药、机械制造等行业的成功实施工程项目超过 1 万多个，PLC 与驱动产品相继获得 CE、UL 认证，发展前景广阔。

地址：北京经济技术开发区地盛中路 2 号院
邮编：100176
电话：58981000
传真：58981100
网 址：www.hollysys.cn
法定代表人：王常力

（和利时集团）

【北大资源集团有限公司】 （简称北大资源）成立于 1993 年，注册资金 2 亿元，位于北京市海淀区成府路，是北京大学的控股公司。北大资源集团是专业从事房地产开发、商业地产运营、物业经营管理，并涉及大宗商品交易及科技型生产制造的综合性企业集团。北大资源集团地产项目涉及城市运营、住宅、写字楼、酒店、商业、科技园、工业园区等多种类型的开发经营。在开发建设北大资源大厦、中关村太平洋大厦、北京西单安福大厦、北京博雅园、博雅西园、博雅德园等综合性写字楼及知名住宅项目的基础上，北大资源先后与上海崇明县、昆山、济南、开封等地政府签署合作协议，深入参与以上城市的规划与建设。同时，北大资源地产在商业地产领域进行积极尝试与探索，在重庆投资的国内最大的市内免税店已正式营运。在大宗商品贸易业务方面，北大资源集团充分利用自身的资源及渠道优势，实现了贸易业务稳步发展。北大资源旗下的科技型生产制造企业开创了一条产学研三位一体的新的发展道路。2011 年，北大资源集团有限公司实现销售收入 60 亿元，实现利润 2.1 亿元，实现利税 3.2 亿元，资产总额 100 亿元，所有者权益 32 亿元。

地址：海淀区成府路 298 号
邮编：100871
电话：52289999
传真：82524477
网址：www.pkurg.com/
电子邮箱：zyjtb@founder.com
法定代表人：亢 伟

（李 杨）

【北京阿博泰克北大青鸟信息技术有限公司】（简称北大青鸟 APTECH）是北大青鸟集团与印度阿博泰克公司（APTECH）合资组建的专业 IT 职业教育公司，于 1999 年成立。该公司致力于培养中国 IT 技能紧缺型实用人才，是我国最大的 IT 职业教育机构。该公司长期专注于中国 IT 职业教育领域，依托北京大学雄厚的教育资源和背景，通过院校合作和特许加盟两大经营模式以及先进的 IT 职业教育课程体系在教育领域广泛开展合作。目前北大青鸟 APTECH 体系教职员工万余名，授权培训中心 200 余家，合作院校近 600 所，覆盖全国 90 余座重点城市，占有国内市场份额的 39.8%，在业内遥遥领先。作为首个把特许经营模式引入教育培训领域的机构，北大青鸟 APTECH 在业界率先推行标准化，撰写出教育培训行业第一套标准化手册。每年更新修订，公开出版发行。最新版本的《北大青鸟 APTECH 标准化手册》内容涉及 107 个工作岗位，2714 个业务事件，394 个工作流程，1400 余项质量标准，总计 500 多万字。

地址：海淀区成府路 207 号北大青鸟楼 2～3 层
邮编：100871
电话：62760088
传真：82667065
网址：www.jb—aptech.com.cn
法定代表人：许振东

（李启龙）

【清华控股有限公司】 清华控股有限公司（简称清华控股）是经国务院批准，清华大学出资的国有独资有限责任公司，于 2003 年 9 月 30 日由北京清华大学企业集团整体改制设立，注册资金 20 亿元。清华控股对清华大学授权经营的国有资产承担保值增值责任，享有法人财产权，自主经营、自负盈亏、独立核算、照章纳税，并以全部资产对公司的债务承担责任。清华控股与所投资企业以资本为纽带建立母子公司关系，依法经营在所投资企业中形成的国有资产和国有股权，实现国有资产的优化配置，推动所投资企业建立现代企业制度，加快资本结构多元化进程，促进企业规模化发展。清华控股主要从事科技成果产业化、高科技企业孵化、投资融资、投资管理、资产和资本运营等业务。清华控股在制定清华大学科技产业发展战略、整合资产、调整结构等方面发挥主导作用。截至 2011 年底，清华控股所投资企业包括同方股份（600100. SH)、紫光股份(000938. SZ)、诚志股份（000990. SZ)、启迪股份、出版社、辽宁路桥、清尚装饰、建筑设计院、龙江环保、紫光集团、阳光能源、华环电子、博奥生物等控股企业 22 家，以及赛尔网络、中核能源、华融泰、源兴生物、华清科源、泽华化工、诺德基金、科威国际等参股企业 37 家。自 2003 年国家统计局开始进行中国大企业集团排名以来，清华控股一直被列入中国最大 500 家企业集团前 200 名。2005～2006 年，清华控股先后两次被评为中国企业集团竞争力 500 强。2011 年，清华控股营业总收入 363.46 亿元，利润总额 15.41 亿元，归属于母公司所有者的净利润 3.45 亿元，公司总资产达到 586.6 亿元。公司产业主要划分为信息技术、能源环境、生命健康、文化与技术服务和其他投资与资产管理五大板块。

地址：海淀区中关村东路 1 号院 8 号楼（科技大厦）A 座 25 层
邮编：100084
电话：82150088
传真：82150099
网址：www. thholding. com. cn
电子邮箱：thholding@thholding. com. cn
法定代表人：荣泳霖

（清华控股）

【同方威视技术股份有限公司】 （简称威视股份）成立于 1997 年，是一家源于清华大学，以辐射成像技术为核心，以提供自主知识产权的高科技安检产品为主要特征的安检解决方案和服务供应商。该公司注册资金 1.65 亿元，地址位于北京市海淀区双清路同方大厦。威视股份是致力于辐射应用技术相关领域产品的开发、生产和推广的专业公司。作为世界上为数不多的集装箱检查系统专业提供商之一，该公司拥有 10 万平方米世界上最大的专业集装箱检查系统产学研基地。基地坐落在密云县城西南，距公司总部 70 公里。基地设有加速器车间、探测器车间、电子车间、总装车间和培训中心，各车间均配备先进的生产、安装、调试和检测设备。威视股份密云产学研基地是集生产制造、研究开发、教学试验、培训参观等多种功能于一体的综合性产业基地。威视股份主要产品包括大型集装箱、车辆检查系统及小型安检设备。该公司通过了 ISO9001 质量管理体系认证、ISO14001 环境管理体系认证、OHSAS18001 职业健康安全管理体系认证、安防工程企业一级资质认证，获得了环保机构颁发的辐射安全许可证。该公司获得国家火炬计划重点高新技术企业、纳税信用 A 级企业、AAA 诚信优秀企业。2011 年，销售收入 14.08 亿元，净利润 0.995 亿元，实现利税 1.23 亿元，资产总额 33.7 亿元，归属母公司所有者权益合计 8.32 亿元。

地址：海淀区双清路同方大厦 A 座 2 层
邮编：100084
电话：62780909
传真：62788896 62784270
网址：www. nuctech. com
电子邮箱：zcb@nuctech. com
法定代表人：荣泳霖

（同方威视）

【同方人工环境有限公司】 （简称同方人环）是由同方股份有限公司控股的大型高科技公司，于 2000 年 11 月 1 日正式成立，注册资金 3.54 亿元。公司总部坐落于北京清华同方科技广场。作为清华同方能源环境产业集群的核心企业，同方人环在中央空调领域构建了完整的一体化产业链，成为国内一流的建筑节能解决方案提供商、产品供应商及能源投资运营与节能综合服务商。作为中国最早致力于热泵节能空调产业发展的引航者，该公司形成了由同方人环为旗舰，由一批优质专业公司组成的产业舰队，依靠布局全国的营销服务网络，在民用建筑、公共建筑、专业行业等产业领域，形成了多源化的综合节能减排解决方案，确立了节能产品、节能工程及节能服务等传统业务优势，并在城市区域能源规划、工业余热综合利用、BOT&EMC投资运营、政府可再生能源建筑示范等项目开展了创新模式支持的全新业务，获得了国家各项专利92项，北京市科学技术进步奖3项，国家级火炬计划7项，并拥有多项自主知识产权的核心技术。同方人环以数十项自主专利技术创造出累计数十亿元的规模产值，并主动承担了多项国家重点科研项目的检测和研发工作。同方人环在国内率先实现横跨南北、辐射全国的四大中央空调产业化基地布局，拥有北京密云大型中央空调生产基地、无锡户式中央空调生产基地、廊坊溴化锂中央空调生产基地、广州双冷源末端产品生产基地，并已全面顺利通过了质量、环境和职业健康安全三大管理体系标准（三标一体）认证，2008年被住建部评为“国家可再生能源建筑应用产业化基地”。在十余年的研发创新历程中，同方人环取得了北京优秀企业技术中心、高新技术企业等企业创新荣誉，十余项国家级火炬计划、百余项国家级专利。在双冷源温湿度独立控制体统、全热能量回收新风机组、超低温风冷热泵、超高温水源热泵、北方大型供暖热泵、太阳能一体化热泵热水器、工业余热吸收式热泵等领域，拥有自主知识产权的核心技术。同方人环为可再生能源技术在中国的推广做出卓越的贡献，全国南北实施热泵项目超过9000万平方米，每年可节约135万吨原煤、节省27亿度电、减少225万吨二氧化碳排放、节资超过10亿元人民币，在国内人工环境和建筑节能领域享有极高的声誉。2011年，销售收入8.18亿元，实现利润2708万元，实现利税1559万元，资产总额9.79亿元，所有者权益4.79亿元。

地址：海淀区王庄路1号同方科技广场B座22层
邮编：100083
电话：82378866
传真：62341080
网址：www.thrh.com.cn
电子邮箱：zongban@thrh.com.cn
法定代表人：陆致成

（同方人环）

【紫光捷通科技股份有限公司】 （简称紫光捷通）是致力于推进中国智能交通领域科技创新与产业化应用的高科技企业。该公司成立于2002年，注册资金5260万元。办公地址位于北京市海淀区学院路39号唯实大厦12层，是紫光股份的参股公司。紫光捷通经过多年的专业化发展，已成为中国高速公路建设领域知名的智能交通整体解决方案与服务提供商。截至2011年底，紫光捷通累计承建百余项高速公路机电工程项目，里程超万公里，遍布全国近30个省份，是中国高速公路机电工程建设领域的领军企业。公司拥有科学规范的工程管理体系、一流的项目管理团队、丰富的项目实施经验，工程优良率100%，并先后获得“鲁班奖”、“飞天奖”、“优质工程一等奖”、“国家优质工程奖”等多项工程荣誉。该公司拥有公路交通工程专业承包通信、监控、收费综合系统工程资质，计算机信息系统集成壹级资质，建筑智能化工程设计与施工壹级资质，安防工程企业壹级资质等多项专业资质，被评为中关村国家自主创新示范区核心区重点创新型企业、中关村百家创新试点企业、清华科技园“钻石计划”企业、德勤高科技高成长中国50强、亚太500强企业、中国100家快速成长企业、北京市“四个一批”工程企业、中关村战略性新兴产业高成长50强企业等荣誉称号。2011年，紫光捷通实现销售收入61886万元，实现利润7016万元，实现利税9894万元，资产总额44459万元，所有者权益19671万元。

地址：海淀区学院路39号唯实大厦12层
邮编：100191
电话：51029188
传真：51029100
网址：www.unisits.com
电子邮箱：zgjt_lin001@unis.cn
法定代表人：夏曙东

（紫光捷通）

【北京北方华德尼奥普兰客车股份有限公司】 前身为国营618厂，2001年变更为北京北方华德尼奥普兰客车股份有限公司，隶属中国兵器工业集团公司，以开发生产高档旅游客车为主的国家大型一类企业。公司占地面积共5.2万平方米，注册资本16778.2万元。拥有高速客运客车、豪华旅游客车、高档卧铺客车及特种车辆四大系列的高档豪华车型，产品涵盖8.0米～13.7米全系列，覆盖旅游、客运、政府公务等领域。该公司内部设有专业的客车研发中心，拥有独立前桥、随动转向三桥、A型臂车架等关键核心技术，具备从新产品立项、设计、试制直到批量定型整个流程的独立研发能力。现有从业人员448人，其中基本生产工人179人，职能、辅助人员134人，领导干部13人，技术人员32人，销售人员28人，售后服务人员38人，其他人员24人。截至2011年底，该公司具备年产1000辆高中档客车的生产能力，资产总额为38542万元，固定资产为3024万元，负债总额为24661万元，所有者权益总额为13881万元。

地址：丰台区朱家坟五里5号

邮编：100072

电话：83807098－8107

传真：83866275

网址：www.northbus.com.cn

电子邮箱：52178713@qq.com

法定代表人：陈树清

（刘嫱吟）

【北京三兴汽车有限公司】 原中国人民解放军第三六○三工厂，始建于1956年12月15日，隶属于新兴际华集团（原新兴铸管集团）二级企业新兴重工有限公司。该公司占地面积20多万平方米，其中生产区占地约13万平方米，厂房建筑面积5万多平方米。现有职工621人，其中工程技术人员60多人。该公司拥有各种生产设备58类500多台，其中包括数控四轮辊扳机、螺旋制罐生产线等大型生产线和数控等离子切割机等多种特稀有设备。主要产品包括立卧式油罐、一、二类压力容器改装汽车、油田勘探开采设备、2吨～40吨的运加油车、作业高度为12米～19米的高空作业车、工程自卸车、厢货车等“三兴牌”专用改装汽车和清扫车、多功能运加油车、整体自装卸车、机场油料回收车、多功能油品补给车、供水挂车、卫星通信指挥车、吸尘车、吹雪车、排爆车、消防高架车、十管加油车、7000升运加油车、机场吹雪车、舰艇燃油加温装置、矿区多功能油车、拉臂式移动餐车、电厂用摆臂车、高强度板自卸车、全挂挂车、移动雷达指挥车、随车起重吊车、海湾地区用自卸车、独联体国用自卸车、消防高架车、非洲用自卸车、非洲用水车等多种特种车辆。

地址：丰台区新村一里15号

邮编：100070

电话：63716231－2216

传真：63706162

网址：www.bsx3603.com

电子邮箱：wangwei3603@126.com

法定代表人：赵 柱

（刘嫱吟）

【北京亚新科天纬油泵油嘴股份有限公司】（简称亚新科天纬）原丰台农业机械修造厂，1958年成立，是北京汽车工业控股有限责任公司与美国亚新科工业技术公司（ASIMCO）共同设立的，属外商投资企业，是美国亚新科工业技术公司中国汽车零部件集团成员之一和中国大型燃油喷射系统制造厂商之一。拥有燃油喷射泵系列产品（A型、AD型、P7100型、PB型、合成式电控泵）、燃油喷射器系列产品（S系列、P系列）和三副偶件系列产品（油嘴、柱塞、出油阀）等，均属汽车零部件高精密产品，全部采用国际标准制造。现为东风康明斯、一汽解放（大柴、锡柴）、玉柴、中国重汽、东风朝柴、东风49厂、潍柴、上柴、珀金斯、云内、扬柴、福田、华丰等50多家柴油机厂配套，并在全国基本形成配件储备供应系统，产品亦远销北美、欧洲、亚洲、非洲等20多个国家。企业引进具有国际先进水平的加工设备219台，拥有经过国内、外培训的各类技术、管理专业人员400余人，其中，中、高级工程技术人员200余人。截至2011年底，企业销售收入达6.7亿元，企业总资产达8.4亿元，资产负债率为36%，缴纳各项税费达5108万元。

地址：丰台区程庄路3号

邮编：100166
电话：83693210　83693235
传真：83693222　83693234
网址：www.asimco－tianwei.com/index.jsp
电子邮箱：xiaod@asimco－byc.com
法定代表人：汪　滨

（刘嫱吟）

【北京摩比斯变速器有限公司】 成立于2003年3月21日，是由韩国现代摩比斯株式会社、韩国现代汽车株式会社、韩国起亚汽车株式会社、现代汽车（中国）投资有限公司共同投资设立的外商独资企业。北京摩比斯变速器有限公司投资总额3亿美元，注册资金8173万美元，现有员工590多人，是通州区最大的外资企业。2011年的销售收入达到25亿元，利润达到2亿元以上，上缴税金1.3亿元。2004～2009年被连续评为通州区纳税百强企业前三名。北京摩比斯变速器有限公司位于通州区中关村科技园通州园光机电一体化产业基地嘉创路2号，占地面积为20万平方米，第一期工程厂房占地面积为1.8万平方米，每年20万台变速器生产能力。第二期工程厂房占地面积为2.9683万平方米，每年30万台变速器生产能力。2007年8月份建成实验基地。该公司主要生产手动挡、自动挡汽车变速器和汽车零部件，年产50万台变速器。主要为北京现代、东风悦达起亚汽车供货配套，其配套的主要车型有索纳塔、伊兰特、悦动、途胜、I35、千里马、雅绅特、赛拉图和远舰、狮跑等轿车。

地址：中关村科技园通州园光机电一体化产业基地嘉创路2号
邮编：101111
电话：56152212-114 13911051595

（全绍光）

【北京佩特来电器有限公司】 该公司是车用重型电器生产企业，成立于2001年3月，由美国佩特来电器公司与北京金虎汽车电器有限公司合资兴建。是一家开发、研制、生产和销售适合中国国情的重型电器（即大功率发电机和起动机）的企业。该公司产品广泛应用于大中轻型柴油机、大中型客车、轻中重型卡车、中高档工程机械以及船机、发电机组等，客车配置覆盖7M～18M公交、旅游、客运、专用型车辆。卡车配置覆盖轻型、中型、重型载重汽车。工程机械配置覆盖各种工程车辆、发电机组、船机、专用车辆。该公司具备年产发电机150万台、起动机50万台的产能，2010年销售额达到11亿元，其中产品出口占10%。产品已直接、间接出口到世界60多个国家和地区。2011年销售额达到12亿元，上缴税金1.1亿元。

地址：通州区宋庄镇
邮编：101118
电话：13311251695
传真：80856299-1695

（全绍光）

【天纳克（北京）汽车减振器有限公司】 成立于1995年，是天纳克在中国最早投资的合资企业。合资双方分别是世界著名的减振器制造商——美国天纳克汽车工业有限公司（65%）和北京汽车工业控股有限责任公司（35%），注册资金1162万美元，美方控股。该公司集设计、开发、生产及销售汽车减振器于一身，作为天纳克全球网络的一部分，具有天纳克全球的技术积累经验和国际领先的设计理念，加之先进的生产设备和工艺技术，天纳克（北京）汽车减振器有限公司能为世界上任何一家客户提供其所需要的高品质汽车减振器。天纳克（北京）汽车减振器有限公司位于北京市通州区通州工业开发区梧桐路，厂区占地面积3.0774万平方米，建筑面积1.4万平方米。经历十多年的发展，现具备700万支减振器的产能。天纳克（北京）汽车减振器有限公司和一汽大众、上海通用、长安福特、武汉神龙、北京现代、江铃汽车、昌河铃木等国内主要整车厂都建立了良好的合作关系，并为奥迪C6、EII新君威、林荫大道、福克斯、马自达3、沃尔沃S40、标志307、全顺、大捷龙等畅销车型配套高品质的减振器产品。

地址：通州区通州工业开发区梧桐路
邮编：101113
电话：61505700

传真：61505731

（金绍光）

【北京中科信电子装备有限公司】 于2003年6月在北京市通州区注册成立，注册资金1300万元。该公司主营产品有离子注入机及相关的半导体装备、晶体硅太阳能电池制造装备、太阳能电池片、太阳能电池组件以及光伏发电系统设备。该公司是国内唯一一家从事离子注入机技术研发、相关备品备件的企业，生产的90纳米～65纳米大角度离子注入机已在中芯国际生产线上进行实验流片。中科信公司是北京市高新技术企业和“十百千”企业，连续多年被评为光机电基地纳税超千万元企业。现有研究管理人员97人，专业涵盖机械、自动化、控制、软件设计、物理、电子信息、光电一体化等多个学科，拥有“千人计划”海归博士1人，硕士15人。2011年，销售收入为8.8274亿元，其中研发支出9569万元，研发投入占比10.84%。

地址：中关村科技园通州园光机电一体化产业基地

邮编：101111

电话：15210287188

电子邮箱：linjin@zhongkexin.com.cn

（金绍光）

【北京中电华大电子设计有限责任公司】 成立于2002年6月，是专业的芯片设计企业，其前身为1986年成立原电子工业部的北京集成电路设计中心。2009年经中国电子信息产业集团（CEC）资产重组，成为央企所属国有控股公司——中国电子集团控股有限公司的全资子公司。该公司从事集成电路设计、开发、销售以及提供解决方案，产品主要应用在智能卡、射频识别以及无线通信领域，参与多个国家、行业标准的制定，连续多年名列中国十大集成电路设计企业之列。

地址：朝阳区利泽中二路2号望京科技创业园A座

邮编：100102

电话：64365577

传真：64360985

网址：www.hed.com.cn

电子邮箱：tianxl@hed.com.cn

法定代表人：董浩然

（陈 珊）

【北京国电锐新控制技术有限公司】 成立于1999年，国电锐新是北京市高新技术企业、瞪羚企业、中关村信用促进会会员企业，坐落于北京市中国硅谷·上地高新技术开发区，在软件开发销售、大屏幕投影系统、大屏幕投影机光机设备、图形控制系统设备、视屏存储、低氮燃烧设备改造、仪器仪表、能源设备、环保节能减排设备等众多领域对产品的硬软件研发、生产、销售及安装、调试、售后进行“一条龙”服务。国电锐新拥有多项国内领先技术，成功地开发了大屏幕、视频墙的无缝拼接技术，多次参加新成果展览和展示，研发生产的LED芯片显示技术在业内处于领先地位。以中国北京为总部基地，业务覆盖全国及亚太，正拟建成大型产业化基地，在北京、成都、广州、内蒙古等各大区域设有办事处。业务范围涵盖国家基础设施、工业、科研、商业广告与展示的大屏幕显示等领域，客户遍及电信、金融、政府、交通、能源、水利、航天、电子、制造、科研和教育等各个行业。国电锐新已通过并严格按ISO9001：2000标准，保持高质量的管理体系和企业标准。信息系统集成软件开发已拥有控制单元显示系统软件V1.0等6项软件著作权并成功投运于众多行业。

地址：海淀区上地五街开拓路11号福道大厦5D1

邮编：100085

电话：62985034　62980957

传真：62964409

网址：www.goodrex.com

电子邮箱：yiliangv@sina.com

法定代表人：易良明

（国电锐新）

【北京中讯四方科技股份有限公司】 （简称中讯四方公司）2005年9月成立，是一家股份制民营高科技企业，专业设计和生产声表面波器件等系列产品，包括声表面波滤波器、声表面波滤波器组、声表面波谐振器、声表面波延迟线等。该公司在北京海淀凤凰岭生产基地建有一条1300平方米完整军品级声表芯片生产线，平均日产各类高端声表器件1万多只。凭借自身在微波芯片领域中的实力，中讯四方公司同期大力发展其他微波产品，包括贴装式微带隔离器/环形器系列，LC滤波器系列及微波组件系列等。目前已完全采用计算机辅助设计，不仅应用国际知名软件，而且自行开发滤波器设计软件，保证了设计的准确性。同时拥有军、民2条微工艺生产线，既能满足订量小、货期短的订单，又能满足批量产品的生产。作为“中关村代办股份转让系统”挂牌企业，公司产权清晰、管理规范。

地址：海淀区中关村软件园2号楼
邮编：100194
电话：62968745
传真：62973654
网址：www.bjzxsf.net
电子邮箱：bjzxsf@bjzxsf.net
法定代表人：董启明

（中讯四方）

【卓越信通电子（北京）有限公司】 成立于2006年7月，是一家领先的工业网络平台服务商。主营产品或服务有工业以太网交换机、工业交换机、交换机等。卓越信通基于客户需求持续创新，在工业网络领域取得了领先地位。卓越信通立足于自主创新、自主研发，依托雄厚的技术实力、完善的营销网络，市场正在逐年稳步扩大。卓越信通TSC系列产品已经成为行业领先品牌。TSC系列产品包括工业交换机、特种交换机、定制交换机、工业级联网设备、工业网络安全产品等，产品广泛应用于交通、电力、冶金、能源、石油石化、煤矿、工业自动化等众多领域。卓越信通2008年被评为2008中关村最具发展潜力十佳中小高新技术企业，2010年荣膺2010中关村战略性新兴产业高成长50强、2010中关村高成长企业TOP 100称号。2010年底，中关村发展集团对卓越信通进行战略投资，更坚定了卓越信通的发展信念。

地址：海淀区后厂村55号卓越科技楼
邮编：100094
电话：51285116－111
传真：62985667
网址：www.transcendcom.cn
电子邮箱：marketing@transcendcom.cn
法定代表人：杨国文

（卓越信通）

【华研精粹科技（北京）有限公司】 2006年6月成立，是太阳能和半导体行业硅片切割砂浆回收和再生处理领域的高新技术企业，总部设于北京。该公司自2006年成立以来，分别在北京市和江苏省南通市建立了2个生产基地，并在北京组建了科技研发中心。该公司享有循环经济相关产业的多项专利技术，并成功将太阳能和半导体行业硅片切割后废弃砂浆循环再利用的科研成果转化为实际生产力，自主研发的生产流水线和设备极大地促进了该领域的产业化进程。对于上述技术，该公司不仅拥有完全自主的知识产权，而且还最大限度地避免了因废弃砂浆的排放造成的环境污染，在一定程度上节约了社会资源，极具示范效应。该公司产品以提高硅片切割质量为目标，通过降低成本、节约资源和避免浪费来提升客户在硅片切割过程中的经济效益。

地址：海淀区农大南路1号硅谷亮城2B座506室
邮编：100084
电话：62629487
传真：62629447
网址：www.prtchina.com
法定代表人：张捷平

（华研精粹）

【北京中电科电子装备有限公司】 2006年成立，是由中国电子科技集团公司及其第45研究所共同出资兴办的高新技术企业，注册资金2400万元，坐落于北京经济技术开发区南部新区，占地超过4公顷。该公司凭借中国电子科技集团公司国有大型企业雄厚的技术和经济实力，以及第45研究所在电子装备领域40多年丰富的技术积累和技术精湛的研发人才优势，致力于我国超大规模集成电路关键装备及其他电子制造关键装备的研究与开发。主要从事集成电路平坦化工艺设备及先进封装设备等电子成套装备的研发、设计、制造与市场服务，建设微电子装备国家工程研究应用中心，并在半导体照明（LED）生产制造设备、太阳能电池生产制造设备等信息产业制造装备的研发与制造方面形成独特优势。该公司严格按照现代企业模式运行，在人才培养、技术创新、管理优化等方面形成比较完善的机制。以创一流产品、一流服务、一流业绩为经营发展目标，以提高我国微电子成套装备方面的技术水平和提高微电子制造装备产业自主创新能力为使命，为国内外广大客户提供全面、系统的市场技术服务。该公司正在筹建3.9万多平方米的研发和产业化生产厂房设施。

地址：北京经济技术开发区泰河三街1号

邮编：100176

电话：57989205

传真：57989222

电子邮箱：webmaster@bjzdk. com. cn

（中电科电子）

【北京东标电气股份有限公司】 2003年11月由北京天华博实电气技术有限公司整体变更创立。注册资金8300万元，下属东标电子和东标软件2家全资子公司。坐落在北京市中关村高科技园区石景山园，国家级高新技术企业、全国科技创新型中小企业百强单位、全国质量信用AAA企业、2011年最佳投资企业、北京市纳税A级企业、全国电气行业最具影响力十大品牌企业。以中压大功率变频器为核心产品，为重工业用户提供工业自动化控制系统全面解决方案，把节能减排和新能源开发作为发展前导。该公司产品主要应用于冶金、钢铁、有色、矿山、电力、化工、水务等重工行业。拥有实用新型专利7项，进入公示阶段的发明专利4项，软件著作权证14项。推出我国首台用于轧钢工业的690V/1500KW变频调速装置，完成我国第一条高速重型连轧机组电气自动化控制系统。该公司生产的380V～10KV/2.2～10000KW 6种电压等级、60种规格的变频器及功率因数动态补偿装置，广泛用于钢铁、矿山、化工等行业的工业电气传动系统和电机节能项目。

地址：石景山区西井路甲1号

邮编：100144

电话：51956269

传真：51956677

网址：www. bjdbdq. com/index. aspx

法定代表人：周继华

（李雅娜）

【北京宏达日新电机有限公司】 成立于2001年，由日本日新电机株式会社和北京京城机电控股有限责任公司共同出资组建。2006年12月股权重组，北京京城机电控股有限责任公司成为股东，更名为北京宏达日新电机有限公司。该公司全套引进日本日新电机株式会社168KVSF6组合电器（GIS）、252kVSF6组合电器（GIS）、开断大容量电容器组电抗器组复合开关，采用日新电机先进的技术、先进的质量管理系统、先进的生产管理系统，由日本日新电机株式会社提供主要部件，在中国国内组装、生产世界一流的GIS设备。该公司2003年4月入驻开发区，入区后销售收入连续6年成倍增长，2005年实现盈利，2007年增资扩产，2008年创造了营收最高纪录——年收入5.4亿元，并在当年入围开发区纳税50强。目前该公司有员工300多人。

地址：北京经济技术开发区宏达南路8号

邮编：100176

电话：67802698

传真：67802696

网址：www. nissin－bj. com

法定代表人：里见昌男

（宏达日新）

【北京巴布科克·威尔科克斯有限公司】（简称北京巴威公司）1986年成立，股东为美国巴布科克·威尔科克斯有限公司（美国巴威公司）和北京京城机电控股有限责任公司（京城控股），投资比例各占50%，合资期限50年（1986～2036年）。北京巴威公司采取动态引进美国巴威公司先进技术、合作研发、自主研发等模式，经过20多年的快速发展，逐步形成电站锅炉、锅炉岛成套、电站环保、电站服务以及新能源开发等业务板块，形成了集产品开发设计、生产制造、试验检测、系统集成、售后服务于一体的业务体系。目前电站锅炉产品体系包括中高压电站锅炉、超高压及亚临界电站锅炉、超临界电站锅炉、超超临界电站锅炉、“W”型火焰亚临界电站锅炉、“W”型火焰超临界电站锅炉、褐煤亚临界电站锅炉、褐煤超临界电站锅炉等锅炉产品。锅炉岛成套业务全套引进美国巴威公司多年的成套技术。电站环保包括烟气脱硝（SCR）等相关电站环保产品。电站高端服务业务包括系统集成改造、智能吹灰、火焰诊断、寿命诊断等相关业务。新能源开发业务包括太阳能热发电的热交换器等新产品。公司电站锅炉年生产能力为8000兆瓦。

地址：石景山区石景山路36号

邮编：100043

电话：68862244

传真：68861336

网址：www.bwbc.cn

法定代表人：阮忠奎

（北京巴威公司）

【北京京城长野工程机械有限公司】 成立于2011年11月，（简称京城长野）是由北京京城机电控股有限责任公司（简称京城控股）出资组建的一家研发、制造、销售液压式挖掘机的专业公司，坐落于北京市亦庄经济技术开发区。2011年京城控股全资收购日本长野工业株式会社（NKK）。长野工业的加入，使京城控股在国内工程机械市场的地位得到进一步提升。京城长野现采用NKK整套生产制造技术，生产0.8吨～8吨级10个机型的液压挖掘机，动臂侧移、无尾回转、短尾回转等先进技术的应用使产品使用范围扩大。产品动力系统采用排放达到欧Ⅲ标准的久保田、三菱原装发动机，液压系统相关主件全部采用进口产品。针对中国市场适用不同作业工况对产品的发动机系统进行改善，工作装置和车体都进行了加强，除现有产品外将陆续引进和开发中、大型及轮式液压挖掘机的生产制造技术。完善的销售、服务网络，便捷的融资租赁支持，稳定的品质，快速的零配件供应是公司发展的保障。确保客户需求，使客户满意是公司的发展目标。

地址：北京亦庄经济技术开发区荣昌东街6号1号楼5层

电话：67803201

传真：67803203

网址：www.nagano－bj.com、www.nkk.com

法定代表人：任亚光

（京城长野）

【北京雪迪龙自动控制系统公司】 2001年9月成立，注册资金10309.28万元，是按现代化原则组建的高科技企业，是西门子授权在中国的分析仪器服务中心。负责西门子在线分析仪在中国的销售、配套、服务及培训，从事在线气体分析仪器系统设计和生产的专业公司，并通过ISO9001质量管理体系认证，年生产在线分析系统近1200套，产值超过2亿元。该公司与德国西门子、德国CMC、英国SYSTECH、德国DURAG、德国BUHLER等著名的分析仪器公司合作，利用国外先进技术。产品依托自身在技术、服务、经验、管理等方面的优势，广泛地向水泥、石油、化工、冶金、电力、环保等工业用户提供最适合的解决方案。烟气连续监测系统（CEMS）是公司主营的工程项目之一，引进德国西门子先进技术，设计开发了国内最先进的CEMS，特别是数据采集控制系统软件，吸收了国外软件的优点又结合了中国的环保法规，满足环境监测的数据要求，几年来近2000套CEMS用于环保行业。

地址：昌平区中兴路10号B215室

邮编：102206

电话：80735603

传真：80735777

网址：www.sdl－industry.com

电子邮箱：xulingling@chsdl.com

法定代表人：敖小强

（白立涛）

【北京博晖创新光电技术股份有限公司】 2001年成立，注册资金3200万元，是专门从事人体元素临床分析检测系列产品的研发、生产、销售以及售后服务的高新技术企业，一直专注于医用原子吸收光谱仪的研究、开发，已经开发出两大类多个系列专门用于临床检验的BH系列原子吸收光谱仪。BH系列医用原子吸收光谱仪，在传统原子吸收技术基础之上，加入创新的设计理念，省去了传统检测过程中复杂的操作流程，更加适用于临床检验。同时率先在国内人体元素检测领域建立首个完整的临床检测系统。凭借先进的技术和一流的服务，产品自投放市场以来得到广大用户的认可，服务于全国31个省市自治区的近2000家医疗保健机构，2008年标本检测量超过700万人次，并且逐年递增30%以上。

地址：海淀区阜成路44号院4号楼

邮编：100195

电话：88850168

传真：88856244

网址：www.bohui－tech.com

电子邮箱：market@bohui－tech.com

法定代表人：杜江涛

（白立涛）

【北京鑫华源机械制造有限责任公司】 是专门从事矿用产品、液压支架、立体停车设备和钢结构产品的企业，成立于1995年11月。企业占地面积243144平方米，建筑面积74797平方米，注册资金8000万元。2003年企业获得中国质量服务信誉AAA级企业荣誉称号。企业产品远销国内20多个省市地区以及俄罗斯、西班牙、越南等国家。2010年企业出资人发生变更，由北京京煤集团和北京金泰恒业变成北京京煤集团100%控股。该公司拥有各类设备760台（套），其中大型机加工设备250余台，高精度设备150余台，5座室外大跨度龙门吊；拥有立体停车设备和钢结构自动生产线，以及立体停车设备制造安装资质、龙门吊安装资质、钢结构二级企业资质、工业设备维修一级资质、计量检测资质等。通过了ISO9001质量体系认证，形成严格的质量保证体系。该公司主要产品有城市工业产品和矿用产品两大类，城市工业产品有机械立体停车设备、钢结构系列产品、广告系列产品、热风炉、防爆罐等，矿用产品有系列渣浆泵、矿车、刮板运输机、皮带运输机、提升罐笼、翻车机、耙斗机等。年内，企业完成营业收入2.1亿元，实现利润242万元，上缴税金653万元。

地址：门头沟区门头沟路47号

邮编：102300

电话：61814331

传真：61815100

法定代表人：张必民

（刘 毅）

【北京安期生技术有限公司】 成立于1997年1月，是中关村地区的高新技术企业，多年来一直专注于地下采矿无轨设备技术的研究与产业化应用，拥有完整的技术研究、产品设计与制造和服务体系，产品品质稳定、可靠。该公司聚集了地下矿山设备研究、开发、制造和服务的专业人才，具有多年的地下无轨采矿设备的研究开发与制造经验，除了在金属和非金属硬岩矿山的技术优势外，公司结合在硬岩无轨车辆的雄厚技术积累，研制了柴油铲运机系列、电动铲运机系列、矿用卡车系列（铰接式自卸卡车）等一系列适用于煤矿井下安全高效的铲、装、运及辅助设备，并取得了2项柴油机煤安证书，3个型号的整车煤安证书以及多项防爆车辆领域的创造性成果。

地址：海淀区北四环中路229号海泰大厦1701室

邮编：100083

电话：82883705 82883706 82883716

传真：82883715

网址：www.anchises.com.cn

法定代表人：冯茂林

（安期生技术）

【北京金泰港物流有限公司】 成立于2010年11月，注册资金6000万元，为京煤集团所属北京金泰集团有限公司的子公司，是国有专业性仓储经营企业，在职员工184人。主要经营钢材贸易、仓储服务、大宗电子商务、国际货运代理等业务。该公司位于北京市大兴区黄村镇京开路甲64号，紧邻京沪、京广、京九等铁路干线和国家级中铁快运黄村基地及华北最大的铁路编组站——丰台西站，具备公铁联运优势。该公司依据京煤集团在大兴区的京南物流基地内的91.4万平方米土地资源和全长3137米的5条铁路专用线，规划建设金泰物流园区、金泰物流仓储中心、经营交易区、仓储区、商务配套区。该公司与首钢新钢联公司合作成立了金泰新钢联公司；与西上海集团签署了销售广本汽车项目的战略合作协议、租赁协议；与美国普洛斯公司合作建设城市动力仓储公司项目，仓储建筑面积约10万平方米。2011年，该公司实现收入9.15亿元。金泰物流园区建设已完成投资5563万元，凡客诚品、屈臣氏、百世物流等一批知名公司已入驻园区。

地址：大兴区黄村镇京开路甲64号

邮编：102600

电话：60217811

法定代表人：熊道雷

（程林禧 汪智利）

【北京金泰集团有限公司汽车贸易分公司】 前身为北京煤炭利国研究所，成立于1981年，为京煤集团所属北京金泰集团有限公司的子公司，是国有专业汽车贸易经营企业，注册资金1.8亿元。该公司下设5家专业汽车贸易公司，主要经营一汽大众奥迪、东风雪铁龙、东风标致品牌汽车销售，并从事汽车保养、租赁、维修、美容装饰、钣金喷漆及车辆救援、二手车置换、进口汽车、保险理赔、备件服务、信息反馈等业务。2011年，该公司建成奥迪汽车全国最大单层城市展厅，成功运营奥迪汽车品牌，继续蝉联雪铁龙汽车北京地区销售冠军。东风标致汽车销售实现跨地区大客户市场，金泰4S店在外埠市场销售扩大。汽车租赁业务不断扩大，出租率100%，进口车业务发展势头迅猛。2011年，该公司资产总额3.39亿元，同比增长98.12%，年经营收入4.57亿元。“十二五”期间，该公司将形成以汽车4S店为主要经营形式，集高、中、低档品牌为一体，立足北京、辐射全国的大型汽车贸易企业。

地址：丰台区大红门三星庄34号

邮编：100086

电话：67586117

网址：www.jt—car.com

法定代表人：李 文

（程林禧 汪智利）

【北京京广方园厨房设备有限责任公司】 为京煤集团所属北京金泰集团有限公司的子公司。1987年5月创办，是经营厨师设备的大型专业化国有企业，国务院政府采购供应商。主要业务有设计开发厨房整体工程、营销厨房设备和酒店用品、不锈钢厨房设备生产加工、厨房设备维修服务、厨房设备进出口代理等。主要服务对象为宾馆、饭店、酒楼、中西式餐厅、快餐厅、机关团体职工食堂。该公司注册资金2000万元，在职员工100多人，经营总面积1.8万平方米，下设6个连锁销售店、1个商品仓库和1个不锈钢厨房设备加工厂。其中，京广店位于西城区建功南里，经营面积3300平方米；方圆店位于西城区广外红居街，经营面积2000平方米；天桥店位于西城区天桥南纬路；西红门店、商品仓库和不锈钢厨房设备加工厂位于大兴区西红门镇，经营面积约12000平方米；京开万佳店与家和家美店位于朝阳区十八里店。该公司经营产品有十大类上百个品种，可以为客户定做各种不同规格产品，直接代理国内外上千家专业厨房设备生产厂的二十多大类万余种商品，在北京地区独家代理德国温特豪德洗碗机、MKN烤箱等高端厨房设备。全国人大、钓鱼台国宾馆、北京饭店、中国网通等数十个国家机关和企事业单位都是长期合作伙伴。顾客遍及全国各地，商品远销美国、德国、俄罗斯等十多个国家和地区。该公司为客户提供优质高效的售前、售中、售后全方位“一站式”服务，通过国家有关部门的ISO9001：2008质量管理体系认证和ISO14001：2004环境管理体系认证。为全国重合同、守信誉单位和北京市文明单位。

地址：西城区建功南里3号楼
邮编：100052
电话：63518073
网址：www.jgfy.com
法定代表人：田雨玲

（程林禧 潘会楼）

【北京天山新材料技术股份有限公司】 北京市高新技术企业，1993年年底成立，地址在北京市八大处高科技园区内。主要研究、开发、生产、销售工程胶粘剂及辅助产品，该公司员工队伍中60%以上具有大学以上学历。

地址：石景山区八大处高科技园区中园路7号
邮编：100041
电话：88795588
传真：68865252
网址：www.ts.com.cn/index.asp
法定代表人：王 兵

（李雅娜）

【北京三吉利新材料股份有限公司】 成立于2001年，是包钢稀土在2009年3月控股的一家以生产、销售钕铁硼永磁材料、储氢材料、稀土材料及其合成材料的股份公司，位于北京市延庆县经济技术开发区，股本为3500万元。包钢稀土持股44%，为控股股东。该公司采用先进的真空速凝薄带技术，专门研发、生产、销售高性能钕铁硼合金材料以及其他精密合金材料。通过了ISO9001：2000体系、ISO14001：2004体系的权威认证。该公司2002年引进日本真空公司生产的600Kg真空感应薄带炉，经几年的消化、吸收及技术革新，掌握了目前世界先进水平的真空速凝薄带生产工艺及技术，具有一流的NdFeB合金薄带的生产技术和质量控制水平。目前的主导产品为NdFeB合金薄带，是国内第一家从事NdFeB合金薄带研发、生产、销售的专业厂家。NdFeB合金薄带是制造高性能烧结NdFeB磁性材料理想的母合金。同时本公司提供相关技术服务和技术咨询。该公司年生产NdFeB合金薄带2800吨，其他NdFeB合金400吨。主要设备是委托日本ULVAC公司生产的一台600Kg真空感应熔炼薄带炉和爱发科中北公司生产的三台600Kg真空感应熔炼薄带炉。

地址：延庆县益祥北街3号
邮编：102100
电话：81191317
传真：81197731
电子邮箱：sjl@sanjili.cn
法定代表人：张 忠

（宋 强）

【通达耐火技术股份有限公司】 （简称通达耐火）是北京金隅股份有限公司（02009.HK、601992.SH）控股子公司，始建于1981年，位于北京中关村科技园区。在新型耐火材料领域形成了基础研究、工程设计、产品研发、规模化生产和专业化技术服务的完整体系，广泛服务于建材、冶金、电力、石化等国民经济基础行业和垃圾焚烧、余热发电等环保节能产业，连续10余年保持30%以上复合增长率，在业界卓有盛誉。2007年引入多家知名战略投资者实现私募融资并改组为股份公司。目前公司总资产近10亿元，辖多家分设机构，是国家火炬计划重点高新技术企业，有行业最先进的技术中心，先后主持和参与起草了GB/T14983－2008、GB/T4513－2000、DL/T777－2001、SH3531－2003、YB/T4129－2005国家与行业标准，在业内率先通过ISO9001、ISO10012－1、ISO14001、OHSAS18001等体系认证。每年向客户推出一批专有、专利型技术和产品，大量应用于全球客户，并牢牢占据高端服务领域，如水泥行业10000T/D级新型干法水泥窑、电力行业30万千瓦以上级CFB锅炉及超临界发电装置、钢铁行业大型高炉、热风炉与炼钢连铸装备、石化行业千万吨炼油百万吨乙烯等重点工程。产品和业务覆盖全国31个省、市、自治区及海外50余个国家和地区。

地址：海淀区清河安宁庄东路1号院
邮编：100085
电话：62914308
传真：62924371
网址：www.bjtd.com.cn

电子邮箱：fengm@bjtd.com.cn
法定代表人：冯运生

（通达耐火）

【北京市老才臣食品有限公司】 1999年成立，注册地址北京市平谷区兴谷经济开发区5号区，企业性质为有限责任公司（与港澳台地区合资），注册资金7000万港元，总资产2.9亿元。2011年营业收入达5亿元。该公司经营范围为生产发酵性豆制品、复合调味品、酱油、食醋、料酒、酱类、酱腌菜、蔬菜制品、食品色素及饲料加工、粮食加工、销售自产产品、销售委托生产的定型包装食品、普通货运等。该公司研发人员32人，其中3人为科研项目研究生，本科以上管理人员19人，专科以上管理人员89人。该公司占地面积20.67公顷。腐乳为公司的龙头产品，腐乳年生产规模10亿块，料酒年生产能力2.5万吨，酱油年生产能力2万吨，食醋年生产能力2万吨，火锅调料年生产能力5000吨，其他酱类年生产能力5000吨。2003年公司通过ISO9001质量安全体系和HACCP食品安全体系双重认证；酱油食醋通过全国工业生产许可证(QS)，为生产健康、安全、绿色的无公害食品提供有力的保证。

地址：平谷兴谷经济开发区5号区
邮编：101200
电话：69984773
传真：89991439
网址：www.bjlacc.com
电子邮箱：bjlaocaichen@163.com
法定代表人：陈月平

（平谷区）

【北京红星股份有限公司】 （简称北京红星）是一家白酒生产企业。1949年5月，华北酒业专卖公司实验厂成立，成为北京红星的前身。同年9月，实验厂成功地生产出“红星二锅头”作为新中国开国大典的献礼酒。20世纪60年代末，华北酒业专卖公司实验厂牵头成立北京酿酒总厂，并于1991年更名为北京红星酿酒集团公司。2000年8月，红星集团完成股份制改革，在怀柔注册北京红星股份有限公司。该公司注册资金1.2亿元，占地102203.7平方米，职工总数1788人，固定资产总额10.6亿元，白酒年生产规模10万吨。从2002年起，北京红星开始打造高、中、低档白酒产品群，建成“普通二锅头”、“特制二锅头”、“精品二锅头”、“珍品二锅头”和“珍藏品二锅头（纪念酒）”5大系列产品群。先后通过了绿色食品、国际质量管理体系、产品质量等级、食品安全管理体系、国际环境管理体系、计量保证能力管理体系、职业健康安全管理体系等认证，并荣获中国驰名商标、北京知名品牌、国家级非物质文化遗产、中华老字号、全国五一劳动奖状、国家A级守信企业、全国三绿工程畅销品牌、全国用户满意产品、全国重合同守信用企业、全国用户信赖品牌、中国（白酒）十大影响力品牌、北京最具影响力十大品牌等荣誉称号。红星牌二锅头不仅红透京城、畅销全国，而且出口海外，市场综合占有率居全国白酒行业第三位，连续多年居全国白酒单品种销量第一名。2011年，红星生产白酒9.5万吨，完成产值10.98亿元，销售收入10.4亿元，实现利润3651万元，上缴税金3.78亿元。新建开馆的“北京二锅头酒博物馆”3个月接待游客2000余人，开启了北京红星进军工业旅游和文化创意产业的大门。

地址：怀柔区红星路1号
邮编：101400
电话：61697061
传真：61697061
网址：www.redstarwine.com
电子邮箱：bjhxscb@163.com
法定代表人：于吉广

（姜学昆）

【奥瑞金包装股份有限公司】 （简称奥瑞金包装）成立于1997年，原名北京奥瑞金新美制罐有限公司，2011年通过股份制改革，成立奥瑞金包装股份有限公司。是一家集金属制罐、金属印刷、底盖生产、易拉盖制造和新产品研发为一体的大型专业化金属包装企业，注册资金2.3亿元，占地面积3.4公顷，职工总数484人，固定资产总额7.3亿元。主要为客户提供食品、饮料、罐头、调味品、啤酒、乳制品等产品的包装制品生产，同时可提供高科技包装设计、印刷、制造及全方位客户服务等一体的综合包装解决方案。目前，奥瑞金包装成为红牛、王老吉的最大供应商，携手露露、旺旺、伊利、屯河、中基番茄、亲亲八宝粥、太太乐鸡精、牵手等十几家长期业务伙伴，获取专利12项，5升啤酒桶的研制和生产填补亚洲空白。产业规模从北京辐射至辽宁、山东、湖北、四川、浙江、广东、福建、云南、海南、新疆等地区，海外到达非洲尼日利亚等国家，年产能43亿罐，在国内三片饮料罐金属包装、三片食品罐金属包装行业内处于领先位置。企业获得ISO9002：1994版、ISO9001：2000版质量管理体系证书和ISO14001环境管理体系证书，被认定为高新技术企业。2011年，奥瑞金共生产各种金属制品罐35亿只，完成产值15.9亿元，销售收入18.2亿元，实现利润1.8亿元，上缴税金1.4亿元。

地址：怀柔区雁栖经济开发区乐园南一街7号

邮编：101407

电话：61666999

传真：61667973

网址：www.orgpackaging.com

电子邮箱：guoying@orgpackaging.com

法定代表人：周云杰

（姜学昆）

【金果园老农（北京）食品有限公司】 该公司创建于2006年，是一家集果仁深加工、OEM品牌运作及产品代理为一体的专业休闲食品销售、加工型企业。该公司注册资金6000万元，资产总额2亿元，主要生产加工系列休闲干果食品。2008年初该公司在北京八达岭经济开发区兴建了占地约1.33公顷、建筑面积1万平方米的现代化干果食品加工基地，引进了世界一流的全自动深加工流水线。该公司已通过ISO9001质量管理体系认证、ISO14001环境管理体系认证及ISO22000食品安全管理体系认证。该公司所经营的产品线主要分为2类，一类是果仁深加工或公司OEM生产的“果园老农”牌系列休闲干果食品，另一类是在北京地区代理销售的国产、进口食品。该公司是北京市食品协会会员，被北京市农委等12家单位评定为北京市农业产业化重点龙头企业，被北京市爱国卫生运动委员会评为先进单位，被北京市国税、地税评为纳税信用A级企业，被延庆县经济委员会评为延庆县优秀企业，被延庆县工商局评为延庆县精神文明单位，被延庆县统计局评选为先进单位，被延庆县县委县政府评选为农业产业化先进龙头企业，被延庆县慈善协会评选为“春风送温暖、慈善进万家”先进单位。获得中国副食流通协会及全国糖酒商品交易协会颁发的2010年度中国糖酒食品业畅销品牌称号。

地址：八达岭经济开发区

邮编：102100

电话：84598760

传真：84598704　84598714　84598724

网址：www.jgyln.com

商城：gyln.tmall.com

法定代表人：张善京

（宋　强）

【北京二锅头酒博物馆、前门“源升号”博物馆】 北京二锅头酒博物馆坐落于北京市怀柔区（北京红星股份有限公司厂区内），建筑面积3400平方米，是北京最大的酒类博物馆。前门“源升号”博物馆则坐落于繁华的前门商业区，是在北京二锅头酒之源——“源升号”原址上进行复建的。北京二锅头酒源自烧酒，肇始于元代，成型于清康熙年间，发展于新中国成立后。北京二锅头酒传统酿制技艺承载了800余年北京独特的烧酒技法，发展了300余年的“二锅头”酿制技法，是我国极其珍贵的非物质文化遗产。“红星”始建于1949年5月，传承于老北京最具规模的12家烧酒作坊，是北京最具权威影响和社会公认的二锅头酒生产企业。其全面继承了北京二锅头酒酿制技艺，使“红星二锅头”成为驰名于世的京味特产和底蕴深厚的文化符号。其后大力指导扶持郊县酒厂生产二锅头酒，成为北京二锅头的领导者，为中国白酒文化做出了重大的贡献。北京二锅头酒博物馆主要面对广大消费者、海内外经销商及社会各界人士等群体，同时也作为同行业白酒生产厂家技术交流及红星二锅头酒工艺研发的主要场所。前门“源升号”博物馆以特色旅游为主题，再现始建于1680年的“源升号”老酒坊场景，展出反映与酒相关的当时北京居民生活的物品和相关资料，同时出售面向国内外游客，便于携带的“红星”产品及纪念品。博物馆内以文字、图片、历史实物、场景复原、电子展示、动画多媒体等形式为参观者详细介绍“二锅头”制作工艺和名称的由来，及其300多年的发展历程。在工艺实景展示区还原正宗的二锅头酒酿制流程，以及鲜为人知的制曲工艺、老五甑发酵工艺、“看花摘酒”等神秘绝技。馆内存有迄今为止保存完整，脉络清晰的北京二锅头酒酿制技艺的九代传承谱系。通过参观，观众还将了解“红星”与“二锅头”的渊源，“红星”对北京二锅头酒的创新发展，将“二锅头”品牌做大做强的历史轨迹。博物馆集二锅头酿酒历史文化展示、酿造研发中心以及体验式营销为一体。既是二锅头酒生产技艺的展示，同时也是技术、产品创新展示及节能、环保的展示。参观者可以亲身参与古法原酒酿造，亲口品尝正宗的自酿佳酒。在360平方米酒窖展区内可为游客制作“个性化酒标”，步入“酒乡幻境”参观者可真切地感受到醉酒后的眩晕。北京二锅头酒博物馆和前门“源升号”博物馆宣传和展示了北京二锅头传统酒酿制技艺的独特魅力，作为独具特色的文化创意产业项目必将进一步增强“红星”品牌的知名度，提升北京二锅头酒文化的影响力和传播力。

名称：北京二锅头酒博物馆
地址：怀柔区红星路1号
邮编：101400
电话：61697658
电子邮箱：wzb9@sina.com
名称：前门“源升号”博物馆
地址：西城区粮食店街40号
邮编：100051
电话：63158869

（一　轻）

【北京有色金属与稀土应用研究所】 该所始建于1963年，主要从事有色金属功能材料、焊接材料的研究开发、生产和技术服务。已形成以金及金合金、银及银合金、铝及铝合金、软钎焊料四大系列有色金属新材料为主导产品，以高纯化技术、合金化技术、检测分析技术、成型技术为主要核心技术的研究开发和生产体系，已取得80多项科研成果，其中44项成果获得国家和市级奖励。该所下设研发中心工作室、焊料制造部、贵金属提纯制造部、理化测试中心及北京市冶金产品质量监督检查站。该研究所研发中心主要从事有色金属新材料的开发和物理化学检测，可承接用户委托的新材料调研、开发、试制等项工作。该研究所开发生产的四大系列、数百种产品已为国家航空航天、国防工业、电子信息、电力电子行业的军工企业、研究院所、大专院校提供了大量可靠、高质量的高纯有色金属材料、合金材料。如用于航空航天器核心系统部位的大型高纯金钯产品，生产隧道二极管的关键材料新型锡锗砷溅射靶材，用于国防工业的集成电路上的高性能金砷材料。铝合金系列焊料产品已伴随神舟载人飞船圆满完成航天之旅。2010年被中国运载火箭技术研究院评为“长征火箭优秀供应商”。几十年来，研究所为国防工业提供了大量的航天焊接材料和功能材料，解决了国防工业的急需，获得国家多次表彰。

地址：朝阳区安外北苑路40号
邮编：100012
电话：84922575
传真：84922575
网址：www.ysxts.com
法定代表人：张　升

（有　色）

【北京惠鼎皮业有限公司】 2002年体制改革，由原北京市制革厂与北京市手工业生产合作社联合总社合并成立，注册资金1001.2万元。2003年1月惠鼎公司并入北京轻联皮革集团公司管理，2010年12月6日北京惠鼎皮业有限公司划归隆达控股公司直接管理。几年来，惠鼎公司积极加快结构调整，创新经营管理思路，主动适应市场变化，于2004年年底办理了对外贸易经营者备案登记、自理报关注册登记、自理报检备案登记等手续，获得了经营进出口权。通过开展非洲贸易活动，保持了公司经营的稳定增长，使公司逐步形成了适合公司特点，以进口非洲蓝湿革贸易为龙头，以特色皮革技术服务为依托，以物业经营为补充的工业发展格局。实现了公司经营转型，确立了惠鼎公司技术型贸易的经营之路。该公司主要经营非洲山羊蓝湿革、非洲黄牛蓝湿革、非洲黄牛植鞣革等进口贸易，以及植物鞣革系列产品和特种动物皮革技术服务，是皮革技术贸易型厂家。惠鼎公司2011年实现营业收入3066.1万元，完成了北京隆达轻工控股公司下达的3000万元目标。全年实现销售利润264.1万元。

地址：丰台区宋家庄顺八条3号

邮编：100079

电话：67622181

传真：67623248

网址：www.bjhdpy.cn

电子邮箱：bg67622181@sina.com

法定代表人：李 曜

（惠鼎皮业）

【北京嘉曼服饰有限公司】 1992年成立，实施设计生产一体化运作。该公司成立之初以服装出口加工为主，产品远销欧美及日本等地。1995年创立“水孩儿”童装品牌，逐渐转型为以研发、销售为主的童装企业。现有员工500余人，占地约1.2万平方米。该公司于2003年取得ISO9001质量管理体系及ISO14001环境管理体系认证。使用国际先进的法国力克自动研发系统和国内先进的ERP企业资源计划管理系统，全面实现企业的自动化、信息化管理。“水孩儿”已成长为北京市销量第一，全国销量第二的知名一线童装品牌，在全国各大城市拥有500余家商场专柜及专卖店。

地址：石景山区西井2区1号楼西侧

邮编：100041

电话：400-6889715

传真：52611234

网址：www.chinasspp.com/advbrand/2010/shuihaier

法定代表人：曹胜奎

（李雅娜）

【维达北方纸业】 维达北方纸业（北京）有限公司成立于2002年10月，隶属于维达国际控股有限公司，是集研发、生产、销售为一体的现代化生活用纸大型企业。地处北京市平谷区滨河工业开发区，占地面积6.67公顷，建筑面积2.8万平方米，总投资额为1.5亿港币，注册资金7500万港币。一期项目建厂于2002年，2003年9月维达北方公司第一台纸机投产，造纸机为日本川之江公司生产的BF－10系列改进型圆网高速纸机，年生产能力为1万吨，2007年1月和3月分别引进2台日本川之江公司生产的BF－10造纸机。截至目前，该公司造纸产能达到每年3万吨。有4个主要深加工车间，主要生产的产品有卫卷纸、餐巾纸、面巾纸、纸巾纸等四大系列近百种产品。是麦当劳、肯德基、香格里拉等多家国内外知名企业的合作伙伴。维达北方公司通过了ISO9001、ISO14001、HACCP质量环境卫生三合一体系认证，是国内首家取得美国ZIB食品接触包装生产设施统一标准的生活用纸企业。维达北方公司荣获北京市纳税信用A级企业、首都文明单位、北京市节水型单位、银行AA级信用等级企业、平谷区现场管理先进企业、平谷区安全生产标准化企业、平谷区安全生产先进企业 、平谷区优秀企业等诸多荣誉。该公司的不断发展为平谷区的人口就业提供了良好平台。招收本地城镇及农村员工，也为部分残疾人解决就业问题。在“城乡统筹，文明先行”主题社会实践活动中，维达北方纸业与平谷区夏各庄镇大领后村结对，捐赠图书和资金。维达北方公司努力响应国家节能减排的号召，2010年投资100多万元，建立废水处理工程，将废水最大程度地回收利用。

地址：平谷区航宇街16号

邮编：101200

电话：69934888

传真：69935757
网址：www. vindapaper. com
电子邮箱：dai. yh@vinda. com
法定代表人：张 健

（平谷区）

【北京赛科药业有限责任公司】 原北京第二制药厂，1981年3月成立，隶属于中央直属企业华润集团的子公司华润北药集团，是集生产、研发、营销于一体的国有独资高新技术企业。该公司致力于中老年用药的生产及研发，旗下拥有原料药生产基地浙江新赛科、制剂产品生产基地次渠分厂、专业的品牌营销公司赛科昌盛、新产品研究开发中心及赛科医药美国公司。现有员工1300余人。原料药、制剂制造标准均通过国家GMP认证并达到国际先进水平。制剂生产基地已通过欧盟、美国FDA的GMP认证及EHS认证，可年产片剂20亿片、硬胶囊5亿粒。该公司产品“压氏达”2011年获得美国FDA颁发的ANDA号，成为本领域首家且唯一出口美国的中国制剂产品。该公司主打产品降压制剂“压氏达”，是国内首家上市的苯磺酸氨氯地平片。压氏达、威氏克等产品分别荣获北京市名牌产品、北京市优质产品等奖项，“穗悦”入选国家重点新产品。该公司拥有12项自主知识产权的专利技术，先后承担过多项国家重大科技专项、国家863重大科技计划项目。

地址：朝阳区百子湾西里金海商富中心402号楼21层
邮编：100124
电话：59132188
网址：www. saike. com. cn
法定代表人：陈 宏

（陈 珊）

【北京庄笛浩禾生物医学科技有限公司】 2002年4月成立，属北京市高新技术企业，拥有生物实验室、中试基地及客户服务中心，在内蒙古自治区通辽市建有2100M2的生物试剂厂，已获得体外诊断试剂药品生产许可证。该公司“霍乱弧菌01群和0139快速检测卡”项目，获得国家科技部、财政部［国科发计字（2004）460号］科技型中小企业技术创新基金资助，产品“01/0139群霍乱弧菌检测试剂盒（胶体金法）”具有完全知识产权，已申请发明专利，通过中国药品生物制品检定所技术检定，分别在2004年7月和2005年1月获得国家食品药品监督管理局新药证书（国药证字S20040024、国药证字S20050010）。其原理是利用单克隆抗体胶体金标记技术和膜层析技术，用于快速定性半定量检测样本中可能存在的霍乱弧菌的4种血清型。2005年作为北京知识产权局第二批专利引擎百家试点单位，申报了13项发明专利，已通过国家知识产权局的初审，荣获市级先进单位。2007年2月14日，生产基地内蒙古生物试剂厂，获得国家食品药品监督管理局颁发的药品GMP证书。

地址：石景山区古城西街33号
电话：52631060/1/2/3
传真：52631066
网址：www. biodiho. com
电子信箱：diho@biodiho. com
法定代表人：刘 明

（李雅娜）

【北京伏尔特技术有限公司】 1997年9月成立，以尖端核物理技术为自主知识产权，依托核心技术——核孔膜分离技术，将核径迹技术成果转化到医疗器械领域，是专业从事研制、开发、生产高精度医用精密过滤器、精密过滤输注装置系列产品和医疗器械产品的高新技术企业。主要产品有GLQ系列精密过滤器、SYQ系列精密过滤输注装置等。精密过滤系列产品制造技术已跻身于世界先进行列。目前，该公司拥有12项国家专利，曾先后参与并负责起草了GB 18458.1、GB18458.3、YY-0321.1、YY 0321.3等国家和行业标准。2004年质量管理通过ISO 9001：2000和ISO-13485：2003质量体系认证。该公司形成以北京为中心，在全国建立了独特的销售网络和服务网络，产品销往国内24个省市、自治区。

地址：石景山区八大处高科技园区创业园A座
邮编：100041

电话：83849578
传真：82658300
网址：www.china-fert.com
法定代表人：张文东

（李雅娜）

【北京百奥药业有限责任公司】 百奥药业1995年1月注册于北京中关村科技园区。北京百奥药业以“科技使生命更美丽”为企业信念，致力于科技创新和产业化。主导产品“百奥蚓激酶（肠溶胶囊）”系国内第一个具有自主知识产权的蛋白酶类（生物技术）药物，是国内首创、唯一的“口服降纤”药物，处于国际领先地位。被列入“北京重大科技成果转化项目”，是北京唯一被列入该项目的生物制药项目，连续2次被评为北京名牌产品，被认定为北京首批自主创新产品，被列入《国家基本医疗保险、工伤保险和生育保险药品目录》（2009年版），被卫生部中华医学会列入《中国脑血管病防治指南》（2005版、2010版）推荐用药。百奥蚓激酶是从特种蚯蚓中提取的一组具有降纤溶栓作用的蛋白酶，适用于纤维蛋白原增高或血小板凝集率增高的缺血性脑血管病患者。百奥药业是目前蚓激酶全球生产规模最大、市场占有率最高的生产企业。“百奥”成为蚓激酶第一品牌，在同类品种中占有领军地位，市场占有率达75%。重点新产品“注射用前列地尔胶束”获2项国家知识产权局发明专利授权及1项中国专利优秀奖。该项目应用胶束技术建立纳米微粒给药系统，改善药物的药化动力学参数，降低药物用量，减少药物不良反应，主要用于微循环障碍导致的相关疾病。

地址：昌平科技园区超前路29号
邮编：102200
电话：69727011
网址：www.baiao.com
电子邮箱：webmaster@baiao.com
法定代表人：吴乐斌

（百奥药业）

【北京挑战生物技术有限公司】 2006年6月成立，是由中国农业科学院饲料研究所挑战集团投资成立的集科研开发、生产经营、技术服务、国内国际贸易于一体，以高科技含量的饲料添加剂、预混料为主要发展方向的高新技术企业。拥有业界著名科研技术专家多名，其中博士生导师2名、博士9名，科技及技术力量雄厚，并严格按照ISO9001、HACCP等标准建立了质量和安全管理控制体系。该公司注重科技创新，研制开发出的10多个系列的100余种产品具有较高的科技附加值和广泛的市场适用性，植酸酶、特节酶、甜菜碱、二甲酸钾等产品深受用户好评，产品覆盖全国25个省（直辖市）、自治区，并远销欧美及东南亚地区。

地址：海淀区中关村南大街12号中国农科院饲料研究所6层
邮编：100081
电话：62198885
传真：62146102
网址：www.challenge.com.cn
电子邮箱：challenge@challenge.com.cn
法定代表人：蔡辉益

（挑战生物）

【北京大基康明医疗设备有限公司】 （简称大基医疗）1997年成立，由香港大基集团有限公司投资，是一家集大型医疗设备研发、生产及医院管理、药品物流供应于一身的国际性医疗集团，是北京生物医药产业跨越发展工程（G20工程）企业，在中国北京、香港及瑞典等国家和地区设有生产场地和研发、运营机构。该公司在北京和瑞典的基地致力于核医学影像设备和肿瘤放射治疗设备的研发和生产，产品包括正电子发射断层扫描仪（PET）、CT派特（PET－CT）、磁共振派特（PET－MR）、闪烁分层摄影仪（DS）、单光子发射断层扫描仪（SPECT）、电子直线加速器（LA45）、放射治疗计划和医用机器人系统等大型医疗设备，其中PET－MR产品及机器人影像定位系统为全球第一次研发成功并率先用于临床的产品，来自于瑞典公司技术的DS和LA45产品在传统放疗基础上，集分子水平的个性化放射治疗、放射性制药和生命科学研究等功能为一体，填补了国际空白，全球独家经营。大基医疗凭借高素质的研发团队和先进的生产管理体系，以及为客户提供增值的综合医疗服务和资金解决方案，实现了大型医疗设备生产、销售、租赁一体化服务模式。同时公司凭借先进的国际医疗管理经验和优秀的管理团队，成功管理着上海、广州、济南、无锡等多家大型医院。

地址：北京经济技术开发区永昌北路11号

邮编：100176

电话：67885599

法定代表人：孙启垠

（大基医疗）

【北京利德曼生化股份有限公司】 创始于1997年11月，总部位于北京经济技术开发区，拥有达到国际先进水平的研发中心和参考实验室，并于2008年5月顺利通过北京市药品监督管理局质量体系考核。利德曼是一家在生物化学、体外诊断试剂和医疗器械领域拥有核心竞争力的多元化企业，一直活跃在生物科学领域并在多种体外诊断试剂领域处于领先地位。主要的产品范围包括生化诊断系统、化学发光免疫诊断系统、分子诊断系统等产品。作为中国本土体外诊断龙头企业之一，利德曼始终把自主创新和公司发展有机地结合起来，共拥有25项发明专利。每年都将销售收入的5%投入到后续产品的研发，进一步扩充产品线，为广大医院和患者提供更多、更新的体外检测产品。

地址：北京经济技术开发区宏达南路5号

邮编：100176

电话：67855500

传真：67856540

网址：www.leadmanbio.com

法定代表人：沈广仟

（利德曼生化）

【悦康药业集团】 悦康药业集团2001年在北京正式注册成立，是一家集新药研发、药品制造、流通销售与外贸为一体的民营医药企业集团。药品加工生产是悦康药业集团的核心业务。生产剂型囊括青霉素类、头孢类、小水针、冻干粉针、片剂、胶囊剂、栓剂、膏剂、凝胶剂等产品，产品覆盖胃肠类、免疫调节类、心脑血管类、抗乙肝类、抗病毒类、抗菌类、降糖类等多个医药品种。自产品上市以来，悦康药业产销量年均以100%以上的速度递增。其中，“注射用头孢曲松钠”、“注射用头孢哌酮钠舒巴坦钠”、“立卫克”等产品销量位居全国前列。并于2008年、2009年连续2年入选中国制药行业百强，被美国《福布斯》杂志评为2008年、2010年“福布斯中国潜力企业”。2010年4月先后入选中关村国家自主创新示范区“十百千”工程百亿元级重点培育企业和北京生物医药产业跨越发展工程（G20规模企业）。悦康引进一流制药企业质量管理模式，完善GMP质量标准体系和SOP规范操作体系，建构了以质量控制、质量保证和质量检查为中心的三大质保体系，从根本上保障了悦康产品的高质量。产品出口俄罗斯、巴基斯坦、马里、秘鲁、哈萨克斯坦、委内瑞拉、越南、泰国、尼日利亚等多个国家和地区。

地址：北京经济技术开发区宏达中路6号

邮编：100176

电话：67806688

网址：www.youcareyk.com

法定代表人：于伟仕

（悦康药业）

【北京北大维信生物科技有限公司】 北京北大维信生物科技有限公司（简称北大维信），1994年9月1日创建于北京中关村高科技园区，注册资金8000万元，是北京大学的参股公司。北大维信致力于天然药物和现代中药的研究、开发、生产和销售，其主导产品是具有国际先进水平的调脂药物血脂康胶囊，它是现代生物技术与祖国传统医药相结合的产物，是北京大学的优秀高科技成果。自1995年投产以来，血脂康胶囊获得诸多荣誉。2003年，北大维信成为国家人事部博士后流动工作站。2007年3月，北大维信入选中关村科技园区首批百家“创新型试点企业”，同年入选中关村国家知识产权制度示范园区知识产权重点企业。2007年8月，北大维信被北京市工业促进局认定为北京市市级企业技术中心。2008年，北大维信再次通过新版高新技术企业认定。2010年，北大维信正式启动美国二期临床研究工作，未来血脂康将以药品形式进入美国市场。为了满足日益增长的市场需求，该公司于2010年5月投资1.15亿元，新建二期生产厂房，新增建筑面积近2万平方米。届时，将新增生产线3条，年产胶囊10亿粒，片剂5亿粒。2011年，北大维信发展势头迅猛，实现销售收入33739万元，同比增长28%，实现利润6325万元，实现利税12005万元，资产总额35928万元，所有者权益28661万元。

地址：海淀区海淀南路30号A座701～705室
邮编：100080
电话：52819298
传真：52819299
网址：www.wpu.com.cn
电子邮箱：wpuinfo@wpu.com.cn
法定代表人：刘殿波

（刘　隽）

【北京科兴生物制品有限公司】　是由北大未名生物工程集团有限公司和中维科生物技术有限公司合资组建的生物高科技企业。北京科兴生物制品有限公司于2001年在北京中关村高科技园区北大生物城注册成立，注册资金1.2亿元，目前在纳斯达克全球精选市场（NasdaqGS：SVA）上市，是第一家在北美上市的中国疫苗企业。北京科兴生物制品有限公司主要致力于人用疫苗的研发、生产及销售。目前已上市产品包括针对甲型肝炎、流感、禽流感（H5N1）和H1N1流感等传染病的人用疫苗以及兽用狂犬病灭活疫苗，在研项目包括肠道病毒71型（EV71）疫苗、肺炎球菌结合疫苗、Hib疫苗和脑膜炎疫苗等。2010年北京科兴生物制品有限公司入选北京生物医药产业跨越发展工程首批G20企业，获中关村国家自主创新示范区“十百千工程重点培育企业、中关村国家自主创新示范区”称号。经过十多年的发展，北京科兴生物制品有限公司已成为中国人用疫苗研发和生产领域最著名和最具实力的企业之一。

地址：海淀区上地西路39号北大生物城
邮编：100085
电话：82890088
传真：62966910
网址：www.sinovac.com.cn
电子邮箱：sinovac@sinovac.com
法定代表人：潘爱华

（林先卫）

【华北电网有限公司】　是国家电网公司于2003年11月8日在北京投资设立的国有独资有限责任公司，是由北京市电力公司、天津市电力公司、河北省电力公司、山西省电力公司等多个企业组成的法人实体，主要经营和管理华北电网，负责华北电网输电、电力购销及调度交易服务，培育区域电力市场，运行应急调峰电厂及电力设备维修、基建施工、设备改造、科研、人员培训等业务。华北电网有限公司注册资本金600亿元。该公司总部位于北京市西城区广安门内大街482号。

华北电网由京津唐、河北省南部、山西省、山东省和内蒙古自治区5个电网组成，供电区域包括北京市、天津市、河北省、山西省、山东省和内蒙古自治区西部，供电面积171万平方公里，供电人口2.46亿。

该公司秉持“统筹规划、试点先行、整体推进”的工作方针，着力建设以特高压电网为龙头，智能电网为主体，各级电网协调、互动，安全、高效、绿色、低碳运行的华北电网。该公司着眼世界科技前沿，持续加大研发投入，初步建立集中统一的科技创新体系。创新开展“生产项目池”建设，着力解决电网生产中面临的共性问题和重大难题。截至年底，拥有实验室10座，“机网协调运行仿真分析实验室”被国家电网公司命名为重点实验室，新技术推广率达到85%。

地址：广安门内大街482号
邮编：100053
电话：83582299
传真：83581188
网址：www.nc.sgcc.com.cn
电子邮箱：wh_email@263.net

法定代表人：孙 刚

（刘海红）

【中电达通通信技术股份有限公司】 由电信行业的资深技术、管理和市场专业人士2005年4月创立。中电达通专注于在固网、移动网、数据通信网及增值业务领域提供多网络、多业务、多终端的应用系统融合解决方案，同时面向3G发展手机增值运营业务以引导电信业务发展的新方向，成为电信行业领先的融合应用技术和服务提供商。该公司主要产品全部拥有自主知识产权，客户遍及各大电信运营商、政府、银行、邮政等系统。中电达通注重优秀人才的引进和培养，秉承公司与员工共同成长的理念，拥有一流的管理、技术与市场人才。该公司在汲取了电信行业先进管理经验和先进技术的基础上，建立了完善的项目开发管理体系、调研制度、质量保证和售后服务体系，在全国范围内已经组织并实施了数十个项目，成功率达到100%。每年将不少于20%的收入投入研发创新，已成功研发了20多项独立的自主知识产权，在国内率先提出增值业务领域数据业务挖潜、业务分析和运营风险管理的增值业务收入保障及深度运营管理系统，集语音、WEB、WAP、短信于一体的立体黄页综合信息平台以及适应3G上的业务、应用需求的手机公社等多个产品，并取得了良好的经济效益和社会效益。

地址：海淀区知春路甲48号盈都大厦B座10层

邮编：100098

电话：58731666

传真：58731880

网址：www.datacomo.com

法定代表人：纪航军

（中电达通）

【北京市燃气集团有限责任公司】 （简称燃气集团公司）是由原北京市公用局所属的煤气公司、天然气公司、液化气公司及科研、设计等单位，按照现代企业制度，于1999年9月重组成立的国有独资公司。注册地点为西城区西单北大街80号。1999年10月14日，该公司总部临时迁至朝内大街130号办公。2003年9月29日，迁至西直门南小街22号北京市燃气集团调度指挥中心大楼办公。2001年底，北京炼焦化学厂由化工系统划归燃气集团公司。2005年1月18日，市政府将燃气集团公司与京泰集团、北京控股公司重组，成立北京控股集团有限公司。燃气集团公司成为北京控股集团的直属企业。2006年12月31日，原燃气集团公司管道天然气业务与非管道天然气业务分立，分立后的燃气集团公司成为专门从事城市管道天然气业务的公司。注册资金19.8亿元，总资产200亿元。2007年5月，公司股票成功在香港上市。该公司是目前全国最大的城市燃气企业，管网规模、燃气用户数、年用气量、年销售收入均位列全国第一。天然气的应用范围从民用炊事发展到工业、采暖、制冷、发电、燃气汽车等诸多领域。

地址：西城区西直门南小街22号

邮编：100035

电话：66205589

传真：66205587

网址：www.bjgasgs.com

法定代表人：周 思

（刘海红）

【北京市自来水集团有限责任公司】 是北京市政府所属的国有独资公司，为国家大型企业。其前身是始建于1908年官督商办的京师自来水股份有限公司，至今已有100多年历史。该集团主营业务是负责北京市区和部分郊区、县的自来水生产和供应，兼营再生水，部分郊区污水处理，供水工程设计、施工、安装，管网抢修，管件器材，水表制造，供水材料贸易等业务。该集团共有22个部室、38家所属单位，其中有20家子公司、18家分公司。该集团拥有中心城区水厂10座，郊区水厂11座，实际供水能力341万立方米/日，管网总长11256公里，供水服务面积1005平方公里。其中，中心城区水厂供水能力为300万立方米/日，配水管网长度8154公里，供水服务面积687平方公里。市区供水范围已发展到东至通州卫星城西部，南至大兴区西红门、旧宫和丰台东高地，西至石景山区鲁谷，北至天通苑。初步形成以北京城区供水为主，涵盖延庆、怀柔、密云、房山、大兴、门头沟、通州等郊区新城地区的城乡供水经营一体化构架。供水生产：一是取水。该集团现有市区水厂10座。市区自来水厂包括7座地下水厂，2座地表水厂，1座地表、地下双水源水厂。郊区自来水公司9家，共有11座水厂。二是净水。地下水采用清水池前加氯，清水池后加氨的氯氨消毒净化工艺，配向管网。地表水采用常规处理与活性炭联用技术。除经过加药—混凝—澄清—过滤这些常规水处理工艺外，还采用活性炭吸附，再经氯化消毒的深度净化工艺。进一步将水中的涩、嗅、味以及各种有机质去除掉，最后将生产出来的符合国家生活饮用水卫生标准的清水送入城市配水管网。三是配水。全市配水管网以城区为中心，呈环状分布。供水水质：集团建立了水质监测中心、水厂化验室和运转车间三级水质化验保证体系，负责从源头到龙头全过程水质管理。有170余名水质化验专业人员。水质监测中心于1993年通过国家质量技术监督局资质认定，1999年通过中国国家实验室认可委员会的能力认可。中心所检测的数据以及向社会出具的检测数据具有法律效力，同时可作为第三方公正的检测机构。水质监测中心拥有有机、无机、生物、放射性等实验室以及气相色谱仪、液相色谱、原子吸收分光光度仪、离子色谱仪等大型检测设备。2007年，集团供水水质在全国率先达到国家颁布的106项饮用水卫生新标准。截至年底，水质监测中心可检测的指标已达205项，出厂水指标全部达到或优于国家标准，位居全国同行业前列。管网管理：为了加强对供水管网的监控和管理，集团设置了管网管理与抢修维护机构——客户服务中心、管网管理分公司和禹通公司。客户服务中心负责管网漏水报修。集团供水服务热线为供水管网发生漏水、爆管或工程漏洞等故障后的报修提供了最快捷的途径。管网管理分公司主要负责从水厂墙外出厂管线到用户水表井之间的供水管网及附属设施（闸门、消火栓、排气井门、测流井等）的管理，包括管线及消火栓的巡视、管线闸门维护、管线漏水检测、管网测压测流、管线资料及管线工程的质量验收等管理。禹通公司下设朝阳、海淀、西城、宣武、崇文、东城、亦庄、北郊、东郊等9个维修营业所及6个项目部，担负着全市供水管线突发事故的维修、抢修服务以及部分管线的改造、安装等项业务。集团初步实现了管网管理的系统化、智能化。建立了管网漏失监测预警系统，完善了管网应急抢修GIS系统，实现了管网运行的动态监控。构建管网事故抢修的快速反应机制，进一步提升了应急处置能力和处置效率。近年来还对重点地区、事故多发地区、隐患路段等老旧管线实施了改造，消除管网事故安全隐患，提高了首都供水管网运行安全度。供水服务：集团96116供水服务热线通过对管网应急抢修GIS系统、报装管理服务系统、营销管理服务系统等多个信息系统进行整合，形成了集供水报修、自来水报装、业务受理、业务咨询、信息查询、投诉举报、监督反馈等功能为一体的综合型服务窗口。并通过了行业标准（CCCS）的四星级认证。该集团设市区、海淀、朝阳、丰台4个营销分公司，负责北京城区和近郊区用户的查表计费、核收水费、办理银行划拨水费等业务。集团所属9家郊区自来水公司负责各自辖区的查表收费等业务。

地址：宣武门西大街甲121号
邮编：100031
电话：66410088
传真：66419836
网址：www.bjwatergroup.com.cn
电子邮箱：bjwater@163bj.com
法定代表人：崔君乐

（刘海红）

【北京科泰兴达高新技术有限公司】 1998年成立是以研发、应用国家新兴产业——膜分离技术和专业生产各类水处理设备为主的高科技企业。该公司位于北京西南房山区的京源古镇琉璃河，占地8万平方米，注册资金2010万元，现有员工200多人，是一个集膜材料、膜产品的研发、设计、制造、安装、服务于一体的综合实体公司。2011年，实现产值4300万元，同比增长59%，上缴税金398.2万元，同比增长30.6%。作为中国膜工业协会的理事单位，该公司拥有一批专业技术人才和先进的生产设备及精密的检验检测仪器，是同时通过ISO9001质量管理、ISO14001环境管理以及职业健康安全管理3个管理体系国家认证的单位之一。科泰公司在国家重点支持领域——新材料膜技术的研发制造方面，具备较强的产研综合实力，其主导产品中空纤维超滤膜组件、MBR平板膜生物反应器和各类水质净化设备，以其高效、节能、环保、分离精度高等特性，广泛应用于水处理、化工、冶金、电子、医药、食品、纺织和环境保护等领域，范围涵盖污水处理及回用、纯净水和超纯水生产、工业循环水处理、中水回用等，产品和工程遍及北京、天津、河北、山东、山西、内蒙古、四川等全国二十几个省、市、自治区。科泰公司把技术创新作为企业的立身之本，作为北京市科委、财政局、国税、地税等4部门联合审核认定的高新技术企业，该公司产品拥有完全的自主知识产权。在膜组件的开发应用过程中，该公司先后取得了二十几项国家发明或实用新型专利技术以及多项软件著作权，成为“北京市专利试点单位”。该公司开发的DWP－UR水质深度净化成套设备、FM－MBR平板膜生物反应水处理系统、ROL节水型水处理净化设备、UF－8/1470、UF－10/1682型中空纤维超滤膜组件等4项新产品，荣获北京市自主创新产品证书，被列入政府采购目录。其中，以膜组件为核心的DWP－UR水质深度净化成套设备列入北京市政府首购产品。该公司生产的“阳光岛”牌商用、家用净水设备为北京市著名商标产品。该公司曾被工商部门授予诚信服务示范单位，获北京市总工会工人先锋号、首都劳动奖状等荣誉称号。公司重点建设项目包括：污水处理和再生利用技术的研究与开发，重点针对市政污水和各种工业污水，进行深度处理后作为高端用水进行回用；特殊地区、特殊情况下使用的超常规饮用水净化设备；各类商用、家用节水型饮用水净化设备；工业电子实验用超纯水项目。

地址：北京市房山区琉璃河地区立教村
邮编：102403
电话：61391942
传真：61391987
网址：www.crystec.cn

（房山区）

【北京格林伟迪科技有限公司】 2008年6月成立，是一家专业从事边缘网光传输和综合接入设备的设计开发、生产制造和营销服务的高科技企业。格林伟迪公司的前身为北京格林威尔科技发展有限公司宽带事业部，是国内最早的发展EPON研究项目的事业部之一。依托强有力的系统设计能力、软件和芯片开发能力、综合质量管理体系、遍布全国的营销网络和规范的售后服务，该公司设备已遍布全国各主流运营商并出口到海外市场。在多年技术发展和市场应用的基础上，拥有成熟的EPON产品和在光纤宽带接入网络的主导地位，可提供FTTB、FTTP、FTTH等全面产品线，充分满足客户各方面的组网需求，为客户扩展用户范围和业务范围提供产品支持。格林伟迪公司目前已获得5项EPON相关的国家发明专利（专利号：02153928.6电路业务在基于以太网的无源光网络上传输的方法，专利号：02153929.4以太网无源光网络系统中双向带宽控制的方法等），还有5项正在申请的专利。EasyPath EPON独有的综合业务接入能力，可为客户提供重新整合、更低成本的全业务解决方案。

地址：海淀区上地西路38号格林伟迪公司
邮编：100085
电话：62961077
传真：82899881
网址：www.gwdelight.com
电子邮箱：gwdelight@gwdelight.com
法定代表人：顾晓峰

（格林伟迪）

【北京国智恒电力管理科技集团有限公司】 成立于2005年，注册资金11072万元，是中关村国家自主创新示范区的高新技术企业和软件企业。国智恒公司系北斗卫星民用服务分理运营商，是北斗导航应用技术开发、设备制造和产业化推广的龙头企业。国智恒公司致力于北斗卫星导航、定位、授时、通信应用综合技术开发、终端产品生产及行业应用系统解决方案提供，专注于北斗在电力、电信、能源、金融、交通运输等领域的应用，为用户提供北斗卫星民用运营相关服务。同时，该公司从事电力信息化建设、智能电网系统关键技术开发、设备制造。

地址：海淀区清河宝盛里芳清园8号楼4～5层
邮编：100192
电话：82800699
传真：82800463

网址：www.gzhpower.com
电子邮箱：gzh@gzhpower.com
法定代表人：吕建光

（国智恒电力）

【幻响神州（北京）科技有限公司】 2006年10月创立，是一家以工业设计、时尚创意、技术创新而著称的高新技术企业。幻响神州致力于魔幻音响的研发、生产和全球推广。拥有自主知识产权的“超能晶体”获得多项国际国内专利，是一种全球首创的新型音频发声器，它有超乎寻常的特性，通过共振的原理让接触的硬质平面震动发声，例如：玻璃、木板、石面、金属、墙壁，并且能使声音穿透平面，在另一边也能听到同样的声音。通过幻响神州的魔幻音响人们可以更加自如地欣赏音乐，享受高品质生活，体现个人品位。宣传口号为“让桌子会唱歌”的第一代I—mu产品融合各种流行元素，系列产品已在全球同步发售；第二代“吸盘式”便携产品也已亮相。幻响神州的产品成为时尚、魔幻、便携音箱的流行代名词。从拥有国际专利技术为主打的魔幻震动音响类产品——“让桌子会唱歌”，到颠覆传统便携音响的“酷响”系列，还有便捷的多媒体终端、智能等更多极具创意型电子产品，幻响神州秉承“创意、创新、人性化”的理念，不断为消费者提供前所未有的新品体验。

地址：海淀区中关村西区彩和坊路10号1+1大厦905室
邮编：100080
电话：51660078
传真：62680817
网址：www.i—mu.com.cn
电子邮箱：service@i—mu.com.cn
法定代表人：张昕尉

（幻响神州）

【北京汇影互联科技有限公司】 2007年12月成立，是一家专注于磁共振、彩超、移动数字影像解决方案的中美合资企业，总部位于北京中关村国家自主创新示范区。公司由留美归国专家和国内精英共同创立，掌握磁共振成像（MRI）、超声成像（Ultrasound）数字医学影像处理等无损伤医学影像核心技术，拥有自主知识产权和多项国际国内专利，是国家级高新技术企业和双软认定企业。产品有磁共振、彩超、移动数字影像，为大中型医疗设备制造商提供技术研发和OEM服务。在北京永丰高科技产业基地建有1500平方米磁共振研发和生产基地，建立了完整的磁共振整机研发、调试、生产和质量控制体系。基地配置有磁钢充磁系统、磁场测量装置、梯度线圈加工设备、多个独立磁共振屏蔽间，进行专用系统定制开发、技术和临床实验、整机系统调试等，满足系统研发和生产需要。与国内主流磁共振部件供应商深度合作，实现从供应链到系统集成的无缝接轨，可以快速为医疗设备厂家和临床机构提供从定制核心部件到系统整机的一条龙服务。在中国北方微电子产业基地北京林河经济开发区拥有现代化数字化高性能彩色多普勒超声诊断仪生产线和与之配套的检测系统，占地面积1400平方米，具有年生产2000台彩超的能力。该公司质量体系ISO13485中国CMD认证产品获得欧盟CE认证和中国SFDA认证。

地址：海淀区中关村软件园华夏科技大厦109室
邮编：100193
电话：82894362
传真：62669095
网址：www.unimaging.com
电子邮箱：info@unimaging.com
法定代表人：牟晓勇

（汇影互联）

【北京欧地安科技股份有限公司】 成立于2003年1月9日，注册资金5000万元。该公司自成立以来专注于电磁安防行业，从事雷电电磁脉冲防护产品、接地产品、电磁信息安全产品及高能电磁脉冲防护产品等的研发、生产、销售以及提供与上述产品相关的工程设计、施工、技术服务一体化解决方案。“面向高端市场，坚持自主创新”是公司创立至今始终坚持的核心经营理念。参与“神舟”、“嫦娥”、“北斗”等三大航天工程，在国防雷电防护市场占据第一的位置，同时抓住风电市场机遇，市场份额快速增长，已成为国电龙源、华能新能源、大唐新能源等风电行业主流企业的专业接地技术工程提供商。在教育、轨道交通、石油石化防雷市场也位居同业前列。是业内少数获得包括国军标 GJB9001A－2001 质量体系认证及 ISO9001 国际质量管理体系认证、ISO14001 环境管理体系认证、ISO18000 职业健康安全管理体系认证在内的全部 ISO 系列认证的企业。高能电磁脉冲防护产品收入稳步增长，在通过军方多个检测机构“系统核电磁脉冲、雷电电磁脉冲双指数参数测试”的同时，进行多次升级，已实现中国军队“小型化、多能化、模块化”的装备发展要求。

地址：海淀区北四环中路 229 号 海泰大厦 908 室

邮编：100083

电话：82884131/32/33

传真：82884130

网址：www.allday.com.cn

法定代表人：佟建勋

（欧地安科技）

【北京地铁车辆装备有限公司】 （简称京车装备）国内首家修造合一的地铁车辆国产化、产业化实体公司，始建于 1960 年，由地铁运营公司车辆厂转制而来，是地铁集团的全资子公司，主要生产经营城市轨道车辆、设备、配件，轨道检查车，地铁广告灯箱，再生制动能量吸收装置，钢结构产品的设计、制造和维修。该公司注册资本 2.5 亿元，占地 23 万平方米，固定资产 2.1 亿元，现有职工 1300 人，其中专业技术人员近 200 人，中、高级技术工人 600 余人。现有城市轨道车辆碳钢车体生产线、不锈钢车体生产线、低地板有轨电车生产线，自主研发了先进的 CAD/CAE/PDM/CAPP 综合信息化研发平台，采用了配套的专业化加工制造设备、工艺装备及测试、检验、试验等各类设备 2000 余台（套），拥有 1.3 公里长的专用试车线和配套的信号控制系统。2000 年该公司获得 ISO9001 中国合格评定国家认可委员会（CNAS）和英国皇家认可协会（UKAS）双认证，获得 GB/T28001 职业健康安全管理体系、ISO14001 环境管理体系认证证书、EN15085 焊接产品认证证书。2010 年 6 月 30 日，中国首列时速 100 公里，应用完全自主知识产权的变频变压交流传动（VVVF）B 型车在该公司正式下线。84 辆车已全部投入北京地铁房山线运营。2010 年 12 月，该公司取得城市轨道车辆投标企业资质和高新技术企业资质。2011 年实现销售收入 12.8 亿元，净利润 2672 万元。该公司坚持走国产车辆装备品牌发展道路，先后研制了凸轮调阻、斩波调阻、斩波调压、变频变压技术等四大系列城市轨道交通车辆，截至 2011 年底，已累计完成大修制造城市轨道车辆 1900 辆以上，车辆国产化率达到 95%以上。

地址：丰台区宋家庄苇子坑 23 号

邮编：100079

电话：67621133

传真：67636105

网址：www.bsrse.com

电子邮箱：brsp@brsp.cn

法定代表人：刘 建

（刘嫱吟）

【北京易华录信息技术股份有限公司】 成立于 2001 年 4 月，是中国华录集团有限公司旗下的控股子公司，是一家面向智能交通应用，专业从事核心软件开发、数据挖掘与决策支持、智能交通及安防专业产品、系统集成与运营服务的国有控股高新技术企业。为公安部门和智能交通行业提供项目规划与咨询、核心技术与产品开发、工程实施与项目管理、人员培训等全方位的服务。现有员工 500 多人，拥有 129 项国家版权局注册的软件产品，已为全国 130 多个城市、140 多个交通管理部门提供了智能交通技术服务。

地址：石景山区阜石路 165 号中国华录大厦

邮编：100043

电话：400-610-1996 52281111

传真：52281188

网址：www.ehualu.com

法定代表人：韩建国

（李雅娜）

【中钞国鼎投资有限公司】 （简称中钞国鼎）2004 年成立，注册资本为 5 亿元，直属于中国印钞造币总公司，是一家集印钞、造币、衍生产品研发制造与销售、贵金属投资、防伪印制和国际贵金属贸易为一体的国有大型企业。该公司先后取得了北京奥组委、上海世博局、广州亚运会的贵金属特许经营商资格，取得了上海黄金交易所颁发的金融类会员资格证书及英国皇家造币厂颁发的特许经销证书。与美洲、欧洲、亚洲的主要造币厂、钱币经销商、国际组织和银行建立了良好的长期合作关系，在上海设立了上海办事处，并在全国各大中城市建立了完善的销售渠道体系，其中直营店和合作经销商数量近300家，销售网点遍布全国。2011年，公司实现收入48.48亿元，同比增长50.23%；实现利润总额1.367亿元，同比增长47.90%。

地址：西城区月坛北街26号恒华国际商务中心第三座13层
邮编：100045
电话：58565600－803
传真：58565603
网址：www.chinagolddeal.com/en
电子邮箱：zjizd2011@163.com
法定代表人：张 旭

（刘嫱吟）

【北京东土科技股份有限公司】 是中国自主制定的第一个工业自动化国际标准——EPA标准（IEC 61158）的起草、制定者之一，是国家863计划“工业现场用以太网交换机的研究与开发”课题的唯一承担单位，中关村优联网产业促进会（中关村下一代互联网产业联盟）成员，中关村科技园区百家创新型试点企业，北京市2007年度专利引擎试点单位，2007年度中关村科技园区技术标准资助项目单位。该公司从事工业领域数字信息化建设领域业务，研制出光数据工业以太网交换机、光传输及接入设备等系列产品，应用在国内电力、电信、水利、交通、煤炭、石化、冶金、环保、军工等多个行业。完成国内电力、轨道交通、高速公路、隧道、环保、冶金等多个领域内的重大经典项目应用。2005年，该公司获得了科技部“863计划”科技项目基金，成为中国实时以太网EPA协议标准的通信标准制定者，成功中标青藏铁路全线综合监控系统、北京奥运配套工程电力配网改造项目、上海和北京地铁项目等国家重点工程项目的工业以太网交换机供应商。目前，该公司产品已获得FCC、CE、UL、ROHS等多项国际认证，销售网络覆盖国内及东南亚、中东、欧洲、美洲、非洲等地区。

地址：石景山区中关村科技园石景山园西井路3号崇新大厦4号楼
邮编：100041
电话：88798888
传真：88796678
网址：www.kyland.com.cn
电子邮箱：marketing@kyland.com.cn
法定代表人：李 平

（李雅娜）

【北京海林节能设备股份有限公司】 2008年12月成立，注册资金4000万元，是国内建筑节能领域综合系统解决方案提供者，从事中央空调节能控制、供热采暖节能控制和高效平板太阳能集热系统的研发、生产与销售，发展定位为“建筑节能科技”。海林产品通过欧洲ROHS检测认证、欧洲Solar keymark认证、CE认证、美国UL认证等多项认证，70余项产品申请专利，成功应用于“鸟巢”、奥运村、媒体村、“水立方”等17个奥运场馆及5个世博会场馆。“海林风”商标被认定为中国驰名商标，2009年被中国环境保护产业协会授予绿色之星称号。

地址：昌平区回龙观国际信息产业基地发展路9号
邮编：102206
电话：80701188
传真：80701188
网址：www.hilin.com
电子邮箱：yindan@hailin.com
法定代表人：李海清

（白立涛）

【北京时代凌宇科技有限公司】 2007年8月在中关村注册成立，是一家专注于提供物联网技术、产品和解决方案的高新技术企业。该公司拥有高素质、经验丰富的研发和项目实施团队，其中61%以上的人具有硕士、博士学位或中高级职称。主要业务为以无线传感器网络为核心的物联网相关技术和软硬件产品的研发、生产、销售；提供以物联网为支撑的智慧城市整体解决方案，包括提供从感知设备、传输网络、存储计算、应用平台到用户终端的全架构解决方案；提供行业咨询、系统设计、应用软件开发、项目实施、运行维护等全流程服务；在市政、环保、水务、质监、安监、交通、卫生、移动政务、建筑、园区和工厂的智能化解决方案已经得到广泛应用。承接的多项国家级和市级的科技研发项目，取得了一系列创新性成果，获得几十项专利和软件著作权，通过几十项北京市自主创新产品认证，相关产品获得欧盟 CE 认证。该公司提出了以需求为导向，需求循环、解决方案循环、技术循环相互融合的应用创新模式，并在此基础上建立了物联网应用创新中心，充分展示了物联网相关技术、产品以及智慧城市各领域的解决方案。

地址：海淀区西三旗建材城东路 18 号佰能大厦 4 层
邮编：100096
电话：82933988
传真：82937988
网址：www.timeloit.com
电子邮箱：loithr@timeloit.com
法定代表人：黄孝斌

（时代凌宇）

【中交宇科（北京）空间信息技术有限公司】 成立于 2008 年 9 月，主要从事高新技术产业化应用，在核心技术自主研发的基础上引进国外先进技术，集中优势资源，把握市场机遇，致力于空间信息技术在交通、海洋、水利、国土、电力等行业的推广。具有测绘甲级资质，通过了高新技术企业、双软企业、ISO 管理体系等多项认证，获得 2009 中关村最具发展潜力十佳中小创新企业称号及科技创新基金，承担国家重大专项、国家“863”计划、交通部西部课题等重大科研项目，建立了整套产、学、研合作机制，成立联合实验室，与多家知名大学及企业建立长期稳固的合作关系。获得科学技术特等奖 1 项，科技进步二等奖 1 项，优秀测绘工程金、银、铜奖各 2 项。

地址：朝阳区安立路安立花园 A 座 7 层
邮编：100101
电话：64907119
传真：64907108
网址：www.chtgeo.cn
电子邮箱：office@chtgeo.cn
法定代表人：郭 力

（中交宇科）

【北京海泰方圆科技有限公司】 创建于 2003 年。该公司以密码技术的研究与应用为核心，以整合产、学、研、用的集合优势为战略，以人才为企业生存、发展、壮大的依托，目前已成为能够提供基于核心技术的领先终端密码设备、基于 PKI 架构的安全解决方案、基于业务理解的行业应用方案及安全服务的综合性信息安全企业。该公司在运营上融技术、市场、管理、品牌以及人文为有机整体，是一家遵循科学发展理念，视信誉为生命的高科技创新型企业。

地址：海淀区东北旺西路 8 号中关村软件园 9 号楼国际软件大厦 E 座 1 层
邮编：100094
电话：59790009
传真：62971615
网址：www.haitaichina.com
法定代表人：姜海舟

（海泰方圆）

【北京汉邦高科数字技术股份有限公司】 汉邦高科的前身是北京银河伟业数字技术有限公司，2004 年改组成立北京汉邦高得数字技术有限公司。是国内最早进入数字视频监控行业的公司之一，一直专注于数字视频监控领域的产品和技术研发，在提供产品和技术支持的同时提供行业系统整体解决方案，现已成功为多个行业提供了系统实施和服务支持。该公司拥有北京和深圳 2 个研发中心，经过多年在视频图像处理领域的技术积淀，已成功开发了多个系列数字监控产品，形成音视频压缩卡、嵌入式数字视频录像机、网络视频服务器、模拟摄像机、网络摄像机等多个系列数字监控核心产品，产品线覆盖视频监控系统全线，是国内音视频压缩卡和嵌入式数字视频录像机的主要供应商之一，被广泛应用到不同行业。该公司在华北、华中、华东、华南、东北、西南 6 个大区，成立了近 30 个办事服务机构，营销和服务网络覆盖全国。该公司是国家高新技术企业，北京市高新技术企业协会副会长单位，中国安防协会副理事长单位，通过了 ISO 9001 质量体系和 ISO 14000 环境体系认证，产品先后通过了 FCC/CE、ROSH、CCC 等认证。连续多年入围中国安防十大品牌，多次入围平安城市推荐品牌，2009 年入围福布斯中国潜力企业榜，入围中关村国家自主创新示范区创新型试点企业，是 2010 年国家火炬计划重点高新技术企业，嵌入式数字硬盘录像机荣获国家重点新产品称号。

地址：海淀区长春桥路 11 号万柳亿城中心 C 座 4 层
邮编：100089
电话：57985798
传真：57985799
网址：www. hbgk. net/cn
法定代表人：王立群

（汉邦高科）

【北京和隆优化控制技术有限公司】 成立于 2004 年 8 月，注册资本 2000 万元，开展过程优化节能技术、物联网与信息化技术、过程优化仿真技术的研发和服务，是国内优化控制技术领域的领军企业。和隆优化是国家备案节能服务公司、国家高新技术企业、双软企业、中关村瞪羚计划重点培育企业，2010 年度被评为中关村中小创新企业十佳年度企业、中关村高成长企业 TOP100 和北京科技创新型企业。2011 年被评为北京市专利试点单位，中关村示范区国家首台（套）重大技术装备示范项目完成单位，同年“过程优化云服务实验室”挂牌成立并发布了国内优化控制领域首家集优化技术与物联网技术于一身的远程服务平台——HeroRTS，可为服务对象提供实时优化节能控制、远程运行调试及远程能效检测等多项优质服务。自主开发并实现成果转化的优化节能技术和信息化技术近 40 项，获得国家发明专利、国家级重点新产品、软件著作权等知识产权近 50 项。先后获得国家科技进步奖三等奖 1 次、省部级科技进步奖一等奖 1 次、二等奖 2 次，市级科技进步奖二等奖 1 次及多项创新成果奖、创新产品奖。产品应用领域涉及钢铁、建材、供热与发电、氯碱化工、煤化工等行业。其中，多项技术被列入国家科技部、北京市科委、北京市发展改革委、海淀区及中关村国家自主创新示范区等重点推广技术，为我国高耗能企业的节能降耗和减排工作发挥重要的作用。其中，通用燃烧优化节能系列技术是面向工业锅炉（窑炉）的一项节能改造技术，是国家“十二五”期间重点节能技术之一。

地址：海淀区建材城西路 31 号 D 座 3 层
邮编：100096
电话：82926605 82926705
传真：82924196
网址：www. heroopsys. com
电子邮箱：hero@yhkz. com
法定代表人：于现军

（和隆优化）

【北京亿赛通科技发展有限责任公司】 成立于 2003 年，是国内最具实力的、拥有完全自主知识产权的终端安全产品、文档安全产品、网络数据安全产品、涉密安全产品与数据泄露防护（DLP）解决方案的综合提供商。总部位于北京中关村科技园，是国家高新技术企业、双软认证企业。目前在全国各省市自治区设立分支机构，构建了全国十大区、近 30 个省市的营销与服务网络，拥有覆盖全国的渠道和售后服务体系。亿赛通致力于文档加密、内容安全、数据泄露防护相关技术的研究和开发，基于客户需求，持续创新，推出中国首款文档安全管理系统，前瞻性推出全球首个文档加解密网关，引领内容安全、数据泄露防护（DLP）解决方案的新时代。凭借在 PC 终端、网络传输和应用服务器数据安全的综合优势，亿赛通已成为内容安全、数据泄露防护（DLP）市场的领导者。产品和解决方案已经应用于百万终端，成为政府、电信、金融、能源、研发、设计、军队、军工、制造等国内高端企业级客户的首选品牌。亿赛通产品在多平台研发企业市场处于垄断地位，成为首个为世界 500 强中的中国企业客户提供文档加密安全产品及服务的数据泄露防护（DLP）解决方案提供商。在金融领域，亿赛通数据泄露防护（DLP）解决方案是采用这类解决方案的唯一国内厂商。在电信领域，亿赛通为中国移动、中国电信、中国联通三大运营商提供内容安全、数据泄露防护（DLP）解决方案。

地址：海淀区上地信息路 10 号南天大厦 1 层
邮编：100085
电话：51282080
传真：82332488-1008
网址：www. baidu. com

法定代表人：阮晓勋

（亿赛通）

【北京中科大洋科技发展股份有限公司】 成立于1989年，主要从事广电专业设备及相关产品的研制开发、生产和集成，为客户提供专业的解决方案和运维服务。成立20年来，中科大洋凭借多年积累的丰富经验，拥有众多案例和客户，成为中国广电视音频领域的龙头企业。总部位于北京市海淀区中关村软件园，数十家办事处、代理商遍及全国各省，以欧美区和亚太区为主轴，多家办事处和代理商构成的海外销售网络正在日益发展壮大。该公司产品遍布全国，远销欧洲、东南亚、南美及中东等国家和地区。作为中国广电的领跑者，中科大洋拥有计算机信息系统集成一级资质，通过ISO9001国际质量管理体系认证，产品均已通过“3C”、“CE”认证，已经成为SMPTE、MPEG和AVS会员。作为国家纳税A级企业、全国软件100强企业，该公司长期以来一直承担着国家火炬计划等重要科技攻关项目，连续多年被认定为国家规划布局内重点软件企业，其非线性网络技术和媒体资产管理技术在广电行业处于领先地位，曾荣获“国家科技进步一等奖”等重大技术创新奖项。中科大洋的业务广泛，涵盖了广播电视行业采、编、制、播、存、管的全流程，产品包括非线性编辑系统、图文制作播出系统、视频服务器系统、多画面监视控制器系统、广告串编系统、新闻网络系统、节目制作网络系统、媒体资产管理系统、智能收录系统、数字化总控硬盘播出系统以及数字媒体内容管理平台等。产品和服务被广泛应用于广播电视、网络通信、政府机构、企业、医疗、教育等多种行业和多家机构。

地址：海淀区中关村软件园大洋大厦

邮编：100193

电话：58985588

传真：58985599

网址：www.lawxp.com

法定代表人：姚 威

（中科大洋）

【同辉佳视（北京）信息技术股份有限公司】 2008年7月成立，是一家专注于行业显示解决方案研发及新技术应用的国家高新技术企业。拥有多项技术专利和软件著作权，并通过了ISO9001：2000质量管理体系认证。目前在沈阳、上海、成都、西安等地设立了分支机构。依托强大的研发能力，同辉佳视拥有高亮液晶室外数字标牌、多屏拼接处理器、多媒体播放控制器、矩阵切换器等一系列高端自主产品，成功推出多媒体信息发布系统等诸多适用于行业显示的系统软件。与NEC、Panasonic、LG、SAMSUNG等国际厂商建立了合作伙伴关系，成为NEC工业液晶显示器全国总代理、Panasonic等离子监视器认定店及LG的VIP级合作伙伴。凭借雄厚的技术开发实力、领先的产品、创新的解决方案和完善的服务，同辉佳视广泛服务于传媒、能源、教育、交通、金融、政府、商业及连锁等行业。多次荣获最佳工程案例、最佳系统集成商、最佳室外应用、优秀品牌、科技创新等奖项，获得北京市信用企业荣誉称号。

地址：海淀区永丰北清路103号超然时代1号楼

邮编：100094

电话：82476677

传真：62472766/6766－601

网址：www.bjb.com.cn

电子邮箱：thjs@bjb.com.cn

法定代表人：戴福昊

（同辉佳视）

【北京华腾新材料股份有限公司】 2005年2月由北化集团所属北京市化学工业研究院改制而成的高新技术企业，2010年12月31日完成整体股份制改造。该公司致力于功能性聚氨酯精细化工产品的研发与产业化发展，在北京市化学工业研究院技术积淀的基础上大力创新，整体技术水平始终保持行业领先。公司承担了多项国家、省级研发课题，多个项目获得省部级科技进步奖项，拥有较强的技术研发和创新能力。公司总部位于北京市中关村科技园区中心。下属3家全资子公司。广东华南精细化工研究院为企业的技术创新与科研服务平台，广东国望精细化学品有限公司、河北华腾万富达精细化工有限责任公司共同构成了企业的产业化基地，现具有聚氨酯胶粘剂18000吨/年、各类塑料助剂2000吨/年的制造能力。公司以提升规模和利润、科学管理以及实现公众化为主题，以延伸功能性聚氨酯精细化学品产业链为主线，以聚氨酯粘合剂产品为主业，紧跟国家低碳经济的步伐，重点发展环保型、节能型胶黏剂，大力开发高技术含量、高附加值、高性能的黏合剂新产品。同时，顺应高分子材料环保化发展的趋势，公司正在研制高效功能化塑料助剂，开拓无卤阻燃剂及其专用料产品市场。

地址：中关村北大街123号

邮编：100084

电话：62551996

传真：62578698

法定代表人：陈 宇

（蔡玲红）

【北京北大先锋科技有限公司】 隶属于北京大学，是北京市科委认定的高新技术企业。该公司成立于1999年，总部位于海淀区中关村北大街151号资源大厦401～412室，在密云工业开发区以及固安工业区分别拥有研发基地和生产基地。北京北大先锋科技有限公司现有职工280人，近20%拥有硕士及以上学历，已形成完善的技术梯队。专业从事变压吸附气体分离技术研发、成套设备设计制造以及高效吸附剂和催化剂的生产。北京北大先锋科技有限公司变压吸附分离一氧化碳技术获国家发明二等奖，变压吸附空分制氧技术获教育部科技进步一等奖，技术居国际先进水平。产品远销美国、英国、西班牙、韩国、泰国等国。该公司自成立以来，已为化工、钢铁、有色冶金、玻璃、造纸、污水处理等行业的近百家企业提供了成套变压吸附装置，包括目前世界最大的变压吸附分离一氧化碳装置和变压吸附空分制氧装置，给用户带来了巨大的经济效益，赢得了广大用户的信任和尊重，为建设资源节约型、环境友好型社会做出了重要贡献。2011年，销售收入2.6亿元，实现净利润4000万元，资产总额过5亿元。

地址：海淀区中关村北大街151号资源大厦401～412室

邮编：100080

电话：58876060

传真：58876070

网址：www. pioneer－pku. com

电子邮箱：pioneer@pioneer－pku. com

法定代表人：仇守银

（刘小进）

产　品

【首钢牌长白结晶器铜管】 秦皇岛首钢长白机械有限责任公司产品。该公司自1991年开始试制生产结晶器产品，1996年结晶器产品获得吉林省政府颁发的“优秀新产品”称号，2001～2007年连续4次被河北省科学技术厅评为高新技术产品，2003年、2005年、2007年连续3次被评为首钢“十大名优”产品，并获准使用“首钢牌”商标。该公司生产的结晶器系列产品主要有：各种规格的方形、矩形、圆形、异型坯、翻边结晶器铜管和结晶器总成，组合式结晶器及板坯、薄板坯结晶器。首钢牌连铸方坯结晶器铜管在市场上得到用户的一致好评。2010年首钢牌长白结晶器铜管被评为首钢第四届名优产品。结晶器远销德国、印度、韩国、印度尼西亚、土耳其、巴基斯坦、约旦、加拿大、奥地利等国家和中国台湾地区。2010年优质中高碳热轧盘条被评为首钢第四届名优产品。

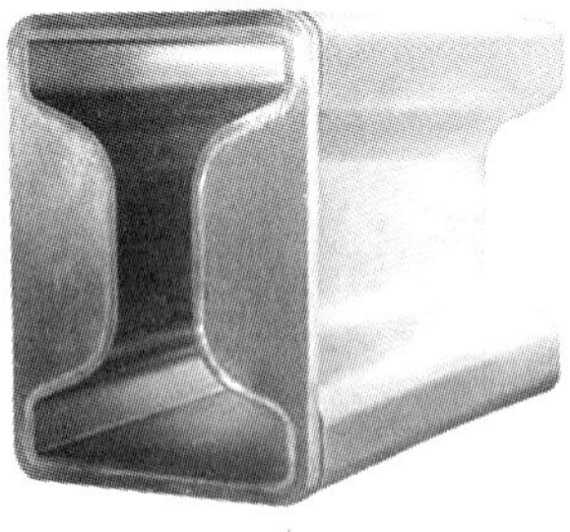

首钢牌长白结晶器铜管

地址：河北省秦皇岛市抚宁县南戴河宁海道189号
邮编：066311
电话：0335－7970099
电子信箱：changbai5523@sina.com
法定代表人：张树发

（长白厂）

【优质中高碳热轧盘条】 首钢第一线材厂产品。该厂采用210吨转炉冶炼－LF炉精炼－末端电磁搅拌全保护浇注－摩根5代全线无扭高速线材轧制－斯太尔摩控冷线生产的用于生产1860兆帕级钢绞线用直径12.5毫米SWRH82B－1，钢中的氧含量平均15PPm，氮含量平均49PPm，磷含量不大于0.017%，硫含量不大于0.010%，索氏体率达90%以上，组织性能均匀稳定。首钢利用铬的渗透性与控制冷却的结合，不同季节生产的82B－1盘条珠光体片层间距始终控制在0.14微米～0.18微米，用户拉拔过程中的断丝率小于1.5次/百吨，远低于同行4次/百吨。2010年优质中高碳热轧盘条被评为首钢第四届名优产品。

优质中高碳热轧盘条

地址：昌平区沙河镇沙阳路24号
邮编：102206
电话：69731520
电子邮箱：Admin@sgyxc.com
法定代表人：赵重新

（一线材厂）

【福田欧曼GTL重卡】 欧曼GTL于2011年8月28日下线，具有高品质、高效节能、舒适豪华、高安全性和智能化5个特点。在方案设计阶段由奥地利斯太尔设计公司进行了可靠性及耐久性设计，奔驰公司的技术专家帮助进行了评审，确保设计出来的产品是可靠的；GTL 标准型与竞争对手产品相比，在动力性高于同类车型情况下，油耗低 1.5%～5%。

福田欧曼 GTL 重卡

GTL 驾乘舒适性、操纵方便性、驾乘空间、上下车方便性、操纵稳定性、振动噪声等各项指标经过奥地利斯太尔设计公司的综合评价，超越了国内同类产品，接近欧洲一流产品水平。ABS＋ASR、Jacbo 发动机制动、排气制动、盘式制动器的采用，满足欧盟等发达国家制动法规要求。框架结构车身，满足欧洲 ECE R29 碰撞法规，安全性大大提高。福田汽车整合全球研发实力，严格按照欧洲标准精心打造的 GTL 产品，在性能、配置和质量等方面均达到世界级重卡水平。

地址：怀柔区红螺东路 21 号

邮编：101400

电话：89683062

传真：89683062

网址：www.aumantruck.com

电子邮箱：ftdmlqc@foton.com.cn

法定代表人：吴越俊

（姜学昆）

【电动车辆用高压屏蔽电缆】　2009 年初，北京福斯汽车电线有限公司开始了电动汽车用高压电缆的开发。经过 2 年时间，福斯公司成功开发了 125℃、150℃ 两种温度等级的电动汽车用高压电缆，产品范围从 2.5 平方毫米到 120 平方毫米。产品具有耐高温、耐低温、耐高压、耐液体、耐臭氧等优异特性，性能符合 ISO 6722、ISO14572、GMW15839、GMW15626、VW75210 等国际标准的要求，产品性能通过了第三方检测，产品质量稳定可靠，柔软易敷设。

该产品填补了国内市场空白，替代了汽车用高压电缆产品进口。截至目前，福斯公司的电动车用高压电缆，已经成功应用于德尔福 KODA、三菱等出口项目。国内也有比亚迪、长安、上汽、天汽等汽车企业的一些车型使用福斯的高压电缆。

电动车辆用高压屏蔽电缆

地址：怀柔区雁栖经济开发区雁栖大街 39 号

邮编：101407

电话：61667841

传真：61665861

网址：www.bj－force.com

电子邮箱：business@bj－force.com

法定代表人：霍　焰

（姜学昆）

【机器人点焊系统成套设备】　首钢莫托曼机器人公司产品。机器人点焊系统成套设备广泛应用于汽车零部件的生产制造和汽车白车身的生产线。具有速度快、运行稳定、重复定位精度高等特点。机器人点焊的经济技术指标达到国内外先进水平，具有较高的市场影响力和竞争力。机器人点焊与手工点焊相比，效率提高 5 倍，点焊质量和焊点位置的准确度也得到大幅度的提升。该产品以其优良的品质及良好的使用效果赢得了客户的高度信赖，已在国内广泛应用，技术水平处于国内领先。2010 年机器人点焊系统成套设备被评为首钢第四届名优产品。

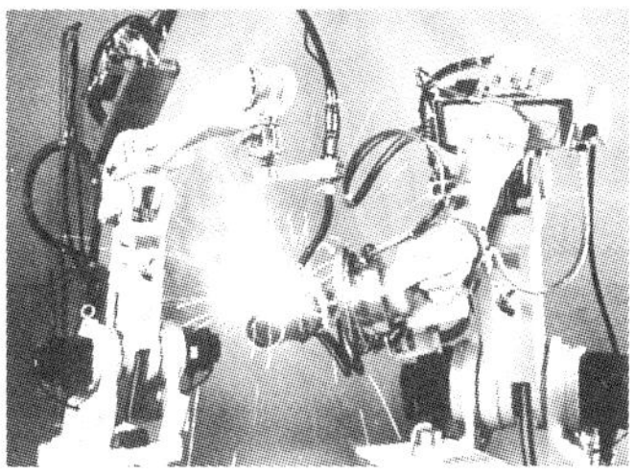

机器人点焊系统成套设备

地址：大兴区永昌北路 7 号

邮编：100176

电话：67882484

网址：www.sg－motoman.com.cn

法定代表人：强　伟

（机器人公司）

【锅炉和压力容器用钢板】 秦皇岛首钢板材有限公司产品。其机械性能、表面质量、板

锅炉和压力容器用钢板

型、尺寸偏差达到国家标准要求，受到客户一致好评。2002 年，该公司生产的锅炉压力容器用钢板首批通过国家质量监督检验检疫总局锅炉压力容器安全监察局国家安全性能认可(即免复验认可)，并获得冶金产品实物质量金杯奖。产品销往全国 20 多个省、市、自治区，用于多项国家重点工程建设。先后向大港油田、辽河油田、华北油田等国家大型油田储罐建设供应优质容器板，应用在火车及汽车槽车、球罐、化工聚合釜等高压高温设备的重要部位。2010 年被评为首钢第四届名优产品。

地址：河北省秦皇岛市建设大街 409 号

邮编：066000

电话：0335－3011489

电子信箱：webmaster@qb－China. com

法定代表人：张文喆

（秦板公司）

【红星青花瓷二锅头】 2003 年，北京红星股份有限公司推出红星青花瓷二锅头经典代表，突破了二锅头几十年来无高档产品的格局。

包装设计在沿袭了企业形象红蓝白色调的基础上，与中国传统的仿清乾隆青花龙纹扁瓶官窑贡品相结合，突出了中华民族古老文化的

红星青花瓷二锅头

精髓，配仿红木托，盒为扁六棱龙形图案。包装尊贵、典雅，传承了传统的中华特色，体现了浓郁的京城文化。

酒质经由传统的酿酒工艺与现代微生物技术相结合提炼而成，即汇聚了明清酿酒师的智慧，又兼有世界领先的酿酒技术。同时，选用优质红高粱作为原料，采用掐头去尾截取中段的蒸馏工艺，长期发酵、储存而成。酒体清澈透明、富有光泽；口感清香润爽、余味绵长；酒质淳厚淡雅、凝神逸兴。在国家知识产权局举办的中国第二届外观设计专利大赛中，荣获中国白酒的最高奖项。2011 年，荣获“游客心中北京十大必购旅游商品”荣誉，是参选 40 多家酒类企业中的唯一摘冠者。

地址：怀柔区红星路 1 号

邮编：101400

电话：61697061

传真：61697061

网址：www. redstarwine. com

电子邮箱：bjhxscb@163. com

法定代表人：于吉广

（姜学昆）

【TSC IFW 系列智能型工业级防火墙】 TSC IFW 系列智能型工业级防火墙是卓越信通电子（北京）有限公司推出的新一代安全产品。采用高性能硬件处理平台和高集成度的专用芯片，结合成熟可靠的 NPOS 操作系统，具备全状态包过滤、VPN 加密、防 DOS 攻击、带宽管理和流量监控等多种安全功能，适用于网络结构复杂、应用系统丰富的轨道交通、电力、冶金、石化等工业企业网络环境，强大的处理能力、丰富的功能将为用户提供一套理想的安全网络方案。IFW 系列智能型工业级防火墙可为用户提供多种业务的有效保障，抵御各类拒绝服务攻击。通过使用硬件 VPN 加密，可为用户提供高速的加密性能，满足用户

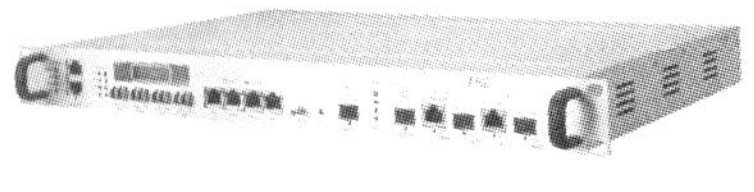

TSC IFW 系列智能型工业级防火墙

较大流量加密数据传输的需求。支持与多种网络安全产品（如 IDS、SOC 等）的联动，有助于用户打造整体的网络防御系统，为网络部署提供集高性能、高安全性、高可管理性和低功

耗于一体的边界防护解决方案。

地址：海淀区后厂村 55 号卓越科技楼

邮编：100094

电话：51285116－111

传真：62985667

网址：www.transcend.com.cn

电子邮箱：marketing@transcend.com.cn

法定代表人：杨国文

（卓越信通）

【NMC508B 8 英寸等离子体硅刻蚀机】　该产品由北方微电子公司生产，面向 8 英寸 100 纳米以上技术代，适用于多晶硅刻蚀、单晶硅刻蚀、金属硅化物刻蚀及硬掩膜结构刻蚀，可满足 Power IC、Logic、DRAM、Flash 等多种

NMC508B 8 英寸等离子体硅刻蚀机

产品生产工艺。该产品在中芯国际、华虹 NEC、宏力半导体公司等知名 IC 生产线及中科院先导工艺开发中心均有成功应用。该设备具有良好的设备可靠性、工艺稳定性和便利的维修维护性，已经成为大生产线主流生产机台。NMC508B 技术特点：有效的等离子体能量和密度控制、特殊的腔室表面涂层、紧凑的占地设计、宽阔的工艺窗口及低消耗件设计。NMC508B 性能优势：优秀的 CD 均匀性、精确的剖面控制、最小化的颗粒及缺陷、高效的生产能力及低成本和低消耗。

地址：北京经济技术开发区文昌大道 8 号

邮编：100176

电话：57846999（总机）

传真：57846777

网址：www.bj－nmc.cn

（研究室）

【北大青鸟 BENET4.0 课程软件产品】　BENET4.0 课程产品由北大青鸟 APTECH 公司研发，于 2011 年 11 月 25 日通过了国家人力资源与社会保障部鉴定，国家人力资源和社会保障部职业技能鉴定中心为此专门组织了产品专家评审鉴定会。BENET4.0 着力提高学生的学习能力、实践能力、创新能力，促进学生主动适应社会，为学生日后的成功就业打下坚实基础，对 IT 人才的培养具有引导和规范作用。该产品通过对数百家企业的深度调研及业内专家的深入访谈，采用以就业为导向、岗位技能为核心的逆向设计方法，产品涵盖 3G、云计算、虚拟化等大量的新兴实用 IT 技术，紧贴行业趋势，培养目标明确，更适合企业对

北大青鸟 APTECH 的
BENET4.0 课程软件产品

技术人才的要求。产品分析了各种典型的企业网络系统环境，涵盖了整体安全评估、漏洞扫描、入侵防护、远程监控等安全攻防技术，为打造绿色、安全的国内企业网络环境提供了实用的技术培训资源。

地址：海淀区成府路 207 号北大青鸟楼 2～3 层

邮编：100871

电话：62760088

传真：82667065

网址：www.jb－aptech.com.cn

法定代表人：许振东

（李启龙）

【高频晶闸管】　高频晶闸管是清华大学电力电子厂的产品。它包括管芯、管壳等部分，运用了高频晶闸管技术，型号分为 200A、400A、600A、800A、1000A 等，主要功能是作为高频逆变电路的开关，特点是关断时间短，优点是可靠性高、寿命长。

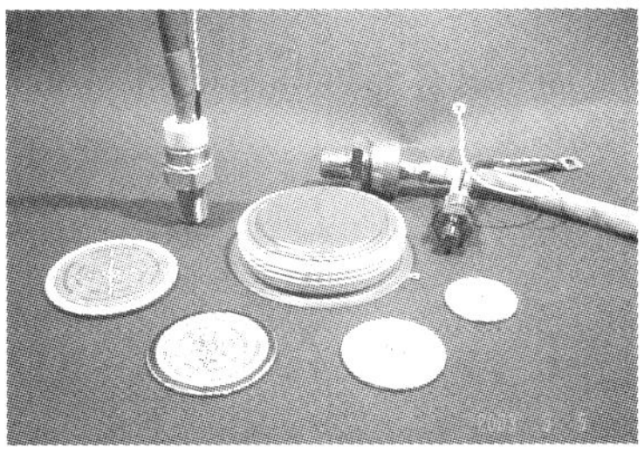

高频晶闸管

地址：昌平南口虎峪清华大学核研院电子楼 331 室

邮编：102201
电话：69771414
传真：69771874
网址：www.thupe.com.cn
电子邮箱：thupe@tsinghua.edu.cn
法定代表人：周伟松

（周伟松 孙涛）

【超音频感应加热电源】 超音频感应加热电源是清华大学电力电子厂的产品。它包括整流桥、逆变桥、负载等部分，运用了具有反压控制功能的感应加热电源相位跟踪系统技术，型号分为100kW、160kW、200kW、250kW、300kW等，主要功能是作为工业用感应加热用电源使用，特点是采用具有反压限制功能的感应加热电源相位跟踪系统，优点是负载适应性强、保护功能完善，可靠性高。

超音频感应加热电源

地址：昌平南口虎峪清华大学核研院电子楼331室
邮编：102201
电话：69771414
传真：69771874
网址：www.thupe.com.cn
电子邮箱：thupe@tsinghua.edu.cn
法定代表人：周伟松

（周伟松 孙涛）

【计算机组成原理与系统结构】 计算机组成原理与系统结构是清华大学科教仪器厂的产品。它包括运算器、控制器、存储器、I/O接口和中断等几部分，运用了先进的FPGA技术，型号分为TEC-XP、TEC-XP+、TEC-XP16、TEC-XP8、TEC-CA几种。主要功能是该系统有自己的指令系统和监控程序，能够与终端或PC机相连（可以通过键盘输入程序执行，结果可以通过终端或者显示器显示），可以进行联机操作和执行比较完整的程序。特点是该系统既能完成计算机组成原理的实验，又能完成计算机系统结构的实验。优点是一台完整的模型计算机，能够支持组合逻辑控制器和微程序控制器两种控制器方案。

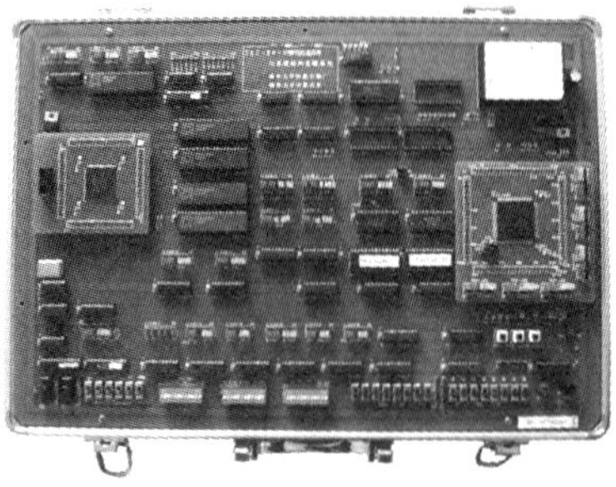

计算机组成原理与系统结构

地址：清华大学南门内500米路东
邮编：1000084
电话：62785777
传真：62780073
网址：www.qhkj.com
电子邮箱：qhkj@qhkj.com
法定代表人：李鸿儒

（董宝光 黄进兵）

【综合开放式微机接口实验系统】 综合开放式微机接口实验系统是清华大学科教仪器厂的产品。它包括主实验板、核心板及集成开发环境软件等几部分，运用了模块化结构，型号分为TEC-ZK、TEC-FU、TEC-386EM几种，主要功能是能完成“微机原理与接口技术”课程实验教学大纲所规定的全部实验内容。特点是用户可以通过选用多种扩展实验板，完成更多的、具有特色的创新型实验。优点是方便用户进行扩展板实验和扩展实验开发与设计。

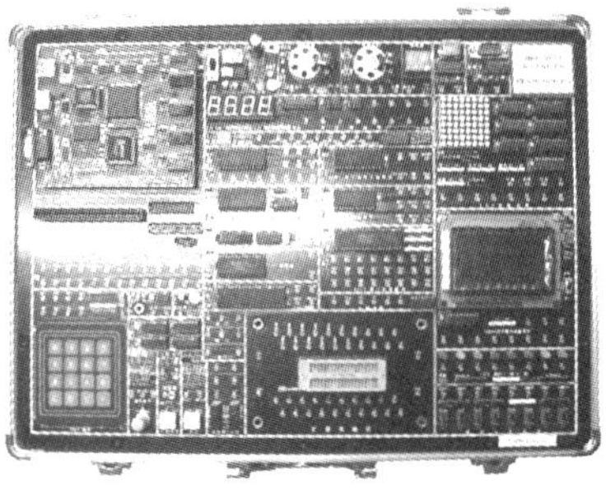

综合开放式微机接口实验系统

地址：清华大学南门内500米路东
邮编：1000084
电话：62785777
传真：62780073
网址：www.qhkj.com

电子邮箱：qhkj@qhkj. com
法定代表人：李鸿儒

（董宝光　黄进兵）

【PB泵、P7100泵】　北京亚新科天纬油泵油嘴股份有限公司产品。产品功能特点是直列合成式机械柴油喷油泵，整体式结构的泵体，无侧面窗口；凸轮轴驱动柱塞偶件压油，等容/等压出油阀。产品应用于卡车、拖拉机、发电机、船机、水泵、收割机等，可与RSV、RFD、RQA（V）调速器以及电子调速器配合使用。

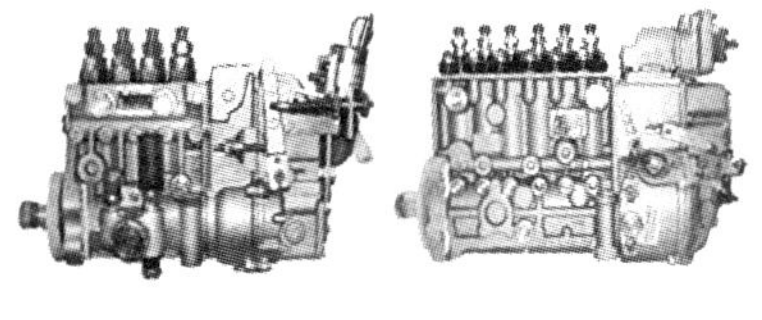

PB泵　　P7100泵

地址：北京市丰台区程庄路3号
邮编：100166
电话：83693210
传真：83693222
网址：www. asimco—tianwei. com/indes. jep
电子邮箱：xiaod@saimco—byc. com
法定代表人：汪　滨

（刘嫱吟）

【倒立式车削中心】　北京第一机床厂产品。CDHA512倒立车削中心采用倒立式车削主轴，可实现一次装卡的车、铣、钻、攻丝等多工序加工，具有高速度、高精度、高集成、高效率等特点。主要功能：主轴与卡盘采用倒立设计，使工件装卡及加工自动完成；配合无料输送机构和工件翻转机构，可实现工件的一次上料，最终成活；大扭矩内藏式主轴电机，提供宽频无极变速，变速范围30转角分～400转角分。采用内藏式油冷却系统，有效降低头部温升，确保长时间加工的精确度。配备工件翻转机构，实现工件翻转动作，方便完成工料双面加工。卡盘倒立式夹持工间，避免划伤工件，有效改进了卧加的排屑性不好的缺点，确保了精度。12工位送料，确保加工效率。回转刀塔的刀盘提供12个VDI旋转刀具安装位，允许任意X向、Z向刀具的安装，从而实现铣、钻、攻丝等加工功能。具有C轴功能，C轴分辨率为0.001度；适合多台机床组成生产线。CDHA512倒立车削中心是汽车行业零部件批量加工不可或缺的核心设备。

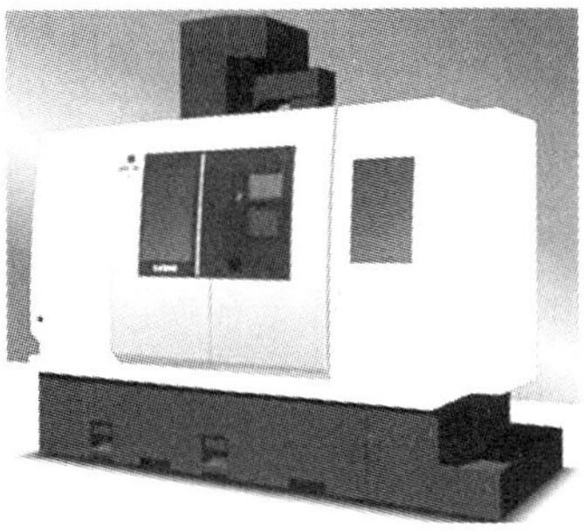

倒立式车削中心

地址：顺义区林河开发区双河大街16号
邮编：101300
电话：89496161
网址：www. byjc. com. cn
法定代表人：王　旭

（京　城）

【600兆瓦“W”火焰低质量流速超临界锅炉】北京巴威公司产品。巴威公司是自然循环技术的先驱者，积累数十年独特的设计经验，水循环回路布置合理，具有先进的可优化设计的计算机程序，在热负荷高的区域采用内螺纹管，

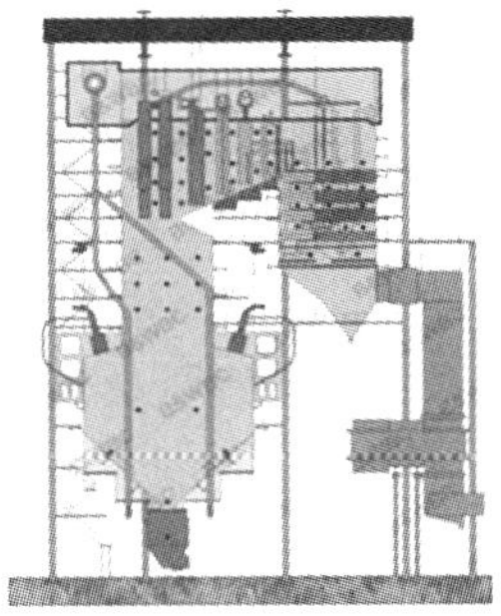

600兆瓦“W”火焰低质量流速超临界锅炉

有效防止膜态沸腾、传热恶化的发生。独特的双调风弱旋流燃烧器，根据制粉系统特点配置不同燃烧器，配置双进双出钢球磨直吹系统时，采用浓缩型EI－XCL型燃烧器，它具有合适的下冲动量，又有良好的稳燃能力，合理的分级风配置使下炉膛火焰充满度好，燃尽度高，适应极难着火燃尽的低挥发分无烟煤。受热面的优化布置和独特结构，使炉膛出口的屏式过热器介质温度降低，又采用了发卡式结构，有效降低了管间水力偏差，具有管壁温度较低且均匀的优点。再热器无中间集箱，其出口管组布置在高过出口管组之后的较低烟温的对流区，且在进口集箱上设置节流孔，使同屏

管间偏差很小，确保安全可靠。尾部分烟道挡板调温，再热器气温调节主要通过尾部分烟道布置的烟气挡板经一个逻辑系统自动调整到适当位置而实现。与其他调温方式比较，分烟道挡板调温具有调温方法简单可靠、不受煤种变化影响、不对炉内燃烧造成影响等优点，挡板调温配合对冲燃烧方式，使锅炉控制负荷范围更宽广。代表案例：湖南金竹山电厂二期“W”型火焰超临界锅炉机组。

地址：石景山路36号
邮编：100043
电话：68862244
网址：www.bwbc.cn
法定代表人：阮忠奎

（京　城）

【350兆瓦超临界汽轮发电机组】 北京北重汽轮电机有限责任公司产品。350兆瓦超临界汽轮机是北重自主研发的抽汽凝汽式汽轮机，主蒸汽压力定为24.2兆帕，温度为566℃，再热蒸汽温度为566℃，汽轮发电机额定功率可达到360兆瓦超临界，在最大限度满足采暖抽汽的基础上，还可满足部分非调0.98兆帕等级工业抽汽的要求。350兆瓦机组相对于亚临界机组可降低热耗70～75千卡/每千瓦时。对于2台机的电站项目，年节约标煤2.5万吨～2.9万吨，减少二氧化碳排放5.9万吨～6.9万吨，减少二氧化硫排放620吨～720吨，减少氮氧化物排放270吨～320吨。清洁高效，制造精良。代表案例：国电大连开发区热电厂350兆瓦超临界汽轮发电机组（一次性通过168小时试运行）。

350兆瓦超临界汽轮发电机组

地址：石景山吴家村路57号
邮编：100040
电话：68632552
网址：www.bzd.com.cn
法定代表人：齐剑波

（京　城）

【铝内胆全缠绕复合气瓶】 北京天海工业有限公司拥有亚洲地区最具规模的、技术水平最

铝内胆全缠绕复合气瓶

先进的铝内胆和全缠绕3型复合气瓶的设计测试中心及生产线。铝内胆碳纤维全缠绕复合气瓶采用先进的加工技术和材料生产而成，具有压力高、重量轻、安全性能好、环境适应能力强和抗热性好等特点。

地址：朝阳区天盈北路九号
邮编：100121
电话：67383444
网址：www.btic.cn
法定代表人：王平生

（京　城）

【高精度柔性复合磨床】 是北京第二机床厂有限公司产品。B2－K3000系列高精度柔性复合数控磨床用于对工件外圆、内孔、端面、锥面、非圆、曲面等部位的高精度复合磨削加工，应用于军工、航空、刀具、量具、机床工具、汽车等精密机械加工领域。

高精度柔性复合磨床

该产品是公司开发的具有自主知识产权的高档数控机床，是国家863计划和科技重大专项重点项目。

B2－K3000系列高精度柔性复合数控磨床具有三大优势。能够在一次装夹中，完成对工件外圆、内孔、端面、锥面、非圆、曲面等部位的高精度复合磨削加工，与传统多台机床分别加工相比，避免了重复安装误差，提高了加工精度和加工柔性。机床最多可控制7个数控轴（4个直线轴和3个旋转轴），实现多工序敏捷、柔性磨削加工。具有高加工精度、高加工效率和极强加工柔性等特点。

B2－K3000系列高精度柔性复合数控磨床有以下技术特点。采用人造花岗岩床身，具有出色的吸振性能、内在刚性、极佳的热稳定性。砂轮架可同时布置外圆砂轮、端面外圆砂轮、内孔砂轮，也可以选用各种砂轮的其他组合形式，最大限度满足用户的工艺需求。砂轮架移动（X轴）采用直线电机（或伺服电机）闭式高精度导轨驱动，保证了磨削进给的准确性、灵敏性、高响应性。X轴进给分辨率可达到0.0001毫米。砂轮架的数控转塔（B轴）采用力矩电机（或伺服电机）驱动，定位精度±3秒。保证了多砂轮的准确换位，同时可实现X－Z－B轴联动（工作台移动为Z轴），完成曲面的磨削。通过伺服控制的高精度头架（C轴）进行C－X轴联动，实现非圆磨削（凸轮、三角等非圆面及偏心圆加工）。

配置伺服驱动移位式大行程尾架（W1轴）、伺服驱动移位式头架（W2轴），适应零件加工品种的快速、灵活转换及机床的自动上下料。

地址：丰台区卢沟桥南里4号
邮编：100165
电话：83212490
网址：www.bemtw.com
法定代表人：蒋自力

（京　城）

【QAY160E型全地面起重机】　是北京京城重工机械有限责任公司起重机轻量化设计的代表型产品。京城重工围绕5桥全地面起重机关键技术开展全面研究，开发国内最轻、国际同类先进产品水平的160吨全地面起重机——QAY160E全地面起重机。是跟踪国际最先进的起重机轻量化设计技术，顺应国际起重机行业先进技术发展趋势，实现高端装备化的制造目标，是体现京城重工设计和制造水平的一项工程。QAY160E型5桥全地面起重机产品的开发成功，将比传统的汽车起重机减重20%以上，真正实现了轻量化。

QAY160E型全地面起重机

地址：朝阳区劲松三区甲302号华滕大厦17层
邮编：100021
电话：61539900
网址：www.jchic.com
法定代表人：苏　杰

（京　城）

【大型生活垃圾焚烧发电成套设备】　在大型生活垃圾处置领域，北京机电院高技术股份有限公司是国内涉足该领域最早的企业之一。目前拥有一定的垃圾转运技术、垃圾焚烧技术、垃圾渗滤液处理技术、卫生填埋技术等，承接多项大型生活垃圾综合处置项目。

该公司针对中国城市的生活垃圾，以开发系列化垃圾焚烧设备集成系统为目标，重点对焚烧炉整体系统进行优化设计，形成了一套完整的、技术先进的生活垃圾焚烧系统。包括垃圾接收和储存系统、炉排炉焚烧系统（含炉排片、液压站、ACC、炉排框架等）、余热发电系统、烟气处理系统、除渣系统、电气控制系统、飞灰处理系统以及除臭系统等。利用焚烧的方式对垃圾进行处理，产生余热进行发电，真正实现垃圾的“减量化，无害化，资源化”，同时废气、废水的排放均达到国家要求的排放标准。

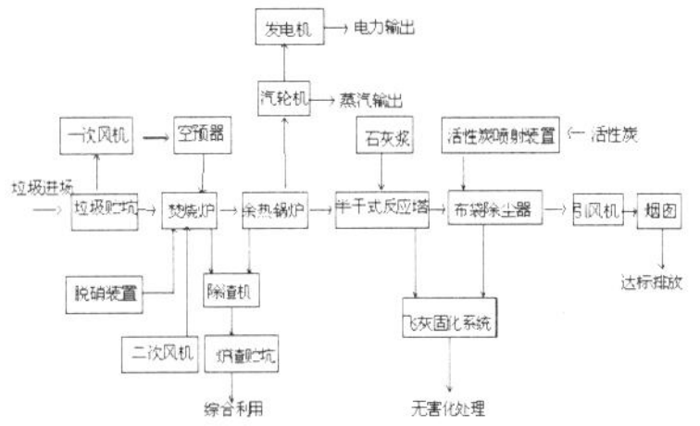

大型生活垃圾焚烧发电成套设备

地址：朝阳区工体北路4号
邮编：100027
电话：85235260
网址：www.bmei.net.cn
法定代表人：任亚光

（京　城）

【GD4 **系列隔膜压缩机**】 北京京城环保产业发展有限责任公司是国内首台隔膜压缩机产品的设计生产厂家，是国内隔膜压缩机的主要供应商，是世界四大隔膜压缩机制造厂商之一。

该公司从20世纪50年代末研制出中国第一台隔膜压缩机，已有50余年历史。经过不断创新、发展，积累了丰富的设计、制造经验，目前已形成10个系列、200余个型号品种，压力最高达250兆帕，功率最高达250千瓦，最大活塞力≥1吨，形成较为完善的理论体系和产品系列。

GD4 系列隔膜压缩机

GD4大型隔膜压缩机主要应用于特种气体市场，适合于输送压缩压力高、纯洁度高、易燃易爆、强腐蚀性及要求无泄漏的气体，如氢气、氦气、氧气、氮气、氯化氢等。易损件寿命4000小时～6000小时，排气效率40%～78%，最大活塞力8吨，噪声≤85分贝，广泛应用于气体工业、石油化工、多晶硅、核电等行业。

主要客户：张家港梅塞尔、辽河油田通域气体、中石油成都天然气等公司，该设备为我国大型PTA装置的进口替代产品。

地址：东城区光明东路1号
邮编：100061
电话：67111215
网址：www.jcep.com.cn
电子邮箱：jcepzhcs@jcep.com.cn
法定代表人：康毅庆

（京 城）

【MCA 04 **型多组份烟气连续监测系统**】 北京雪迪龙自动控制系统公司MCA 04型多组份烟气连续监测系统是一套高温采样、高温分析、抽取式、连续监测系统。具有成熟的样气采样系统，气体预处理装置（流速200～600L/H）以及最先进的光度测定技术，保证了该系统可靠性高，运行时间长，且维修频率低等性能。特别适用于低浓度、高湿度、样品气溶于水的场合。如垃圾焚烧厂废气SO_2、HCl的浓度监测，工业锅炉脱硝系统NH_3的气体浓度监测等场合。

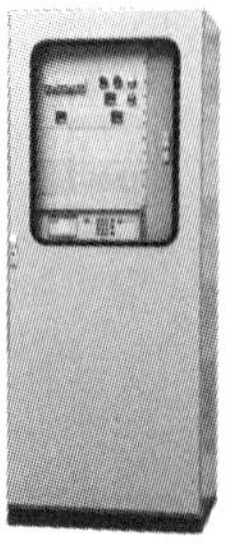

MCA 04 型多组份烟气连续监测系统

地址：昌平区中兴路10号B215室
邮编：102206
电话：80735603
传真：80735777
网址：www.sdl－industry.com
电子邮箱：xulingling@chsdl.com
法定代表人：敖小强

（白立涛）

【BH5300S **型原子吸收光谱仪**】 北京博晖创新光电技术股份有限公司产品，一台仪器检测全血、血清两种样本。通过火焰的燃烧使被测样品原子化，产生大量基态自由原子，从而吸收由空心阴极灯发射出的被测元素的特征谱线，完成测量过程。全血：40μL全血，3～5秒钟即可同时检测出样本中Cu、Zn、Ca、Mg、Fe五种元素的含量。血清：300μL血清，3～5秒钟即可同时检测出样本中Cu、Zn、Ca、Mg、Fe五种元素的含量。

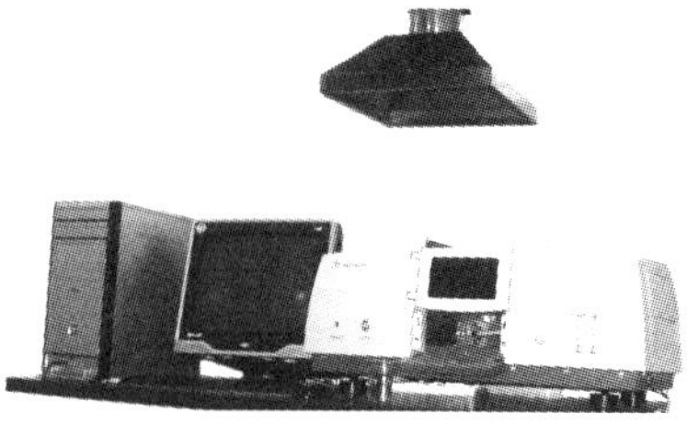

BH5300S 型原子吸收光谱仪

地址：海淀区阜成路44号院4号楼
邮编：100195
电话：88850168
传真：88856244
网址：www.bohui－tech.com
电子邮箱：market@bohui－tech.com
法定代表人：杜江涛

（白立涛）

【彩超整机 IuStar200 系列】 北京汇影互联科技有限公司生产的 IuStar200 彩色多普勒超

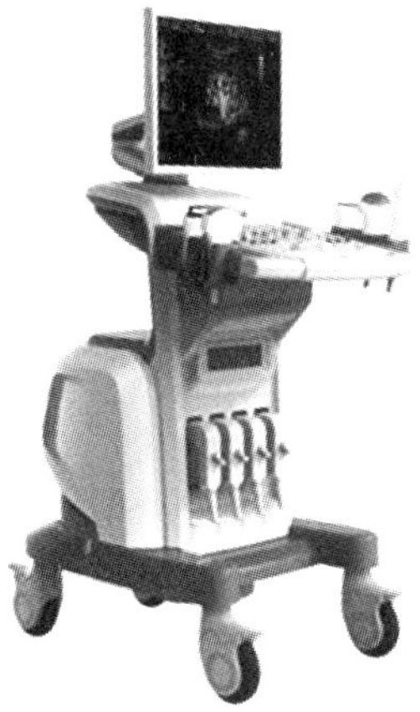

彩超整机 IuStar200 系列

声诊断仪，采用全数字模块化成像设计平台，利用功能齐全的应用软件系统和多种先进的图像处理技术，把血管、小器官、产科、妇科、腹部、泌尿科和骨骼肌肉等检查功能融合一体。二维图像细腻逼真，清晰稳定；血流敏感，充盈饱和。系统采用全中文操作界面及全中文屏幕显示，满足基层医务工作者的需求；系统采 用一键智能快速达到图像优化效果，提高临床工作效率；系统具备用户预设功能，用户可以保存自己的设置参数，减少检查时间以提高效率；系统具备高兼容性及强大的升级能力和空间。

地址：海淀区中关村软件园华夏科技大厦109室
邮编：100193
电话：82894362
传真：62669095
网址：www.unimaging.com
电子邮箱：info@unimaging.com
法定代表人：牟晓勇

（汇影互联科技）

【磁共振整机 ImStar M 系列】 北京汇影互联科技有限公司生产的 ImStar M 系列是永磁型开放式磁共振全身成像系统，是汇影医疗依托多年常规磁共振系统的开发集成积累，为拓宽磁共振产品横向应用领域而定制开发的开拓性产品。系统具有可定制性、可升级性和可扩展性的特点，其整机方案体现了成熟架构与专项需求定制化开发相结合的特色，专用于头、颈、肢端等各种部位临床成像以及介入导航成像、动物成像、磁共振教学等。

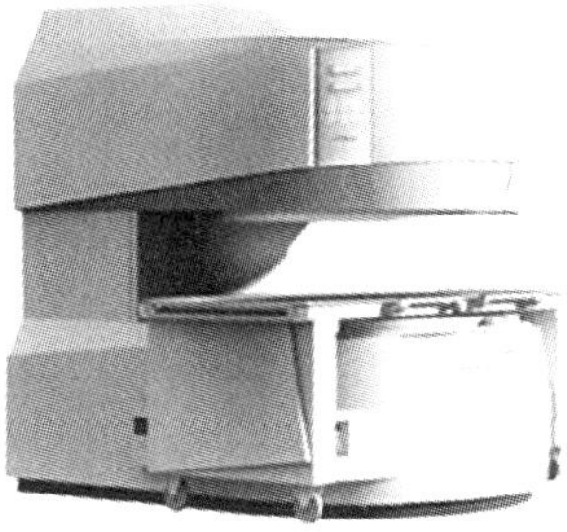

磁共振整机 ImStar M 系列

地址：海淀区中关村软件园华夏科技大厦109室
邮编：100193
电话：82894362
传真：62669095
网址：www.unimaging.com
电子邮箱：info@unimaging.com
法定代表人：牟晓勇

（汇影互联科技）

【DYCZ－25D 双垂直电泳仪】 产品为北京市六一仪器厂 2011 年最新设计，采用夹板结构定位胶室，使防泄漏的原位制胶技术的可靠性得以提升，多重散热设计确保最佳实验效果。产品主要应用于生物学研究领域，对核酸、蛋白样品进行分离、纯化、制备等。分析型蛋白电泳满足纯度鉴定、复杂蛋白样品的分析，同时也适用于核酸电泳。

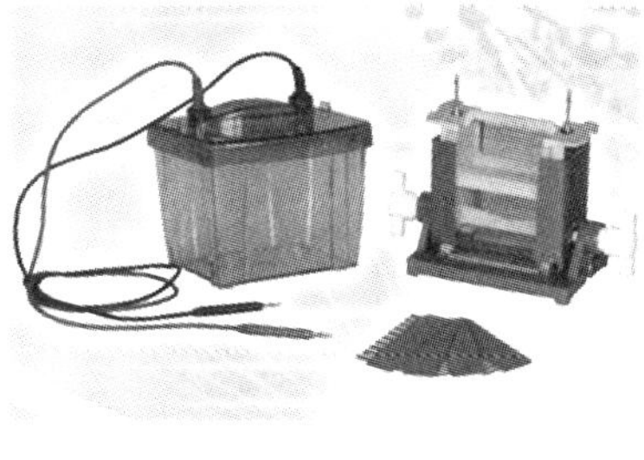

DYCZ－25D 双垂直电泳仪

地址：丰台区造甲街 128 号
邮编：100070
电话/传真：63710640
网址：www.ly.com.cn
电子邮箱：Ly@Ly.com.cn
法定代表人：王晓平

（龚　政）

【DYY－15D 型电脑三恒多用电泳仪电源】 DYY－15D 型电脑三恒多用电泳仪电源是北京市六一仪器厂的新产品。产品是采用微电脑智能控制，操作方便、快捷。大屏幕 LCD，同时显示电压、电流、功率和时间。具备存储记忆、编程工作、来电恢复、安全保护及小电流维持等功能。可随机产生负氧离子以改善实验室环境，可用在等电点聚焦、序列分析电泳，并适宜一机多槽。

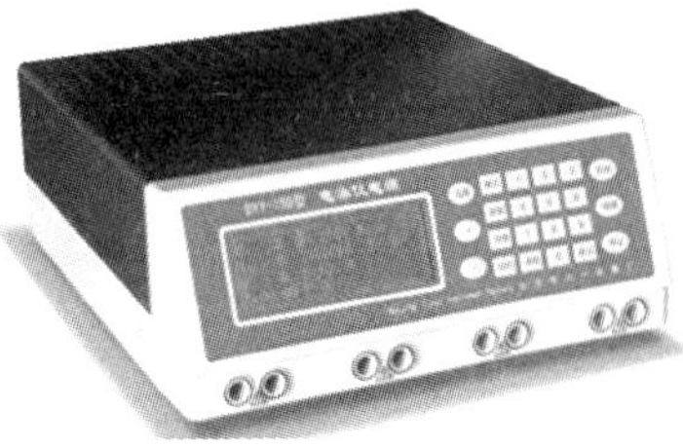

DYY－15D 型电脑
三恒多用电泳仪电源

地址：丰台区造甲街 128 号
邮编：100070
电话/传真：63710640
网址：www.ly.com.cn
电子邮箱：Ly@Ly.com.cn
法定代表人：王晓平

（龚　政）

【液体动静压混合轴承及主轴功能部件】 液体动静压混合轴承是我国 20 世纪 80 年代发展起来的具有世界先进水平的高新技术产品。是一种既综合了动压轴承和静压轴承的优点，又克服二者缺点的新型滑动轴承。北京北航精密机电有限公司在充分利用已有科技成果的基础上，经过理论计算和结构优化，研制出 WMB 型液体动静压混合轴承。该产品利用孔式环面节流与浅腔节流串联的结构，使压力油进入油

液体动静压混合轴承及主轴功能部件

腔中产生足够大的静压承载力，将主轴悬浮在高压油膜中间，从而克服了液体动压轴承启动和停止时出现的干摩擦造成的轴与轴承磨损现象，提高了主轴的使用寿命及精度保持性。当主轴启动后，依靠浅腔阶梯效应形成较大的动压承载力，大大地提高了主轴刚度。高压油膜的均化作用和良好的抗振性保证了主轴具有很高的旋转精度和运转平稳性。液体动静压混合轴承及主轴功能部件产品具有很高的回转精度和较大的刚度，可用于各类精密机床和测试设备的旋转单元中，既适用于旧设备的改造，也可以与新机床配套。目前广泛应用于各类磨床、精密车床、金刚镗床和数控机床等多种高精度机床主轴系统，具有很好的工作性能，其转精度保证在 0.0005mm 以下。

地址：北京航空航天学校内 6 号楼 438 室
邮编：100191
电话：82316358　82316359
　　　82319013　82339667
传真：82316358-14　82316359-14
　　　82319013-14
电子邮箱：bhjm_buaa@126.com
法定代表人：刘树春

（贾立胜）

【塑料助剂系列产品】 由北京华腾新材料股份有限公司所属广东华南精细化工研究院研发生产。主要有 3 大系列产品：抗静电剂、抗氧剂、无卤阻燃剂。抗静电剂系列产品主要有 AB－33、ASA－51、ASA－91、ASN、ASP－2、ASA－150、ASA－156 等型号产品，适用于 PP、PE、PVC、PU 等聚烯烃、橡胶类薄膜或注塑制品，具有有效的抗静电性能。抗氧剂系列主要有 AOD、B－215 等产品，其中 AOD 型抗氧剂产品在聚丙烯制品中抗老化效果尤为显著。无卤阻燃剂可广泛应用于塑料、橡胶、涂料等工业领域，产品不含卤素、重金属及其他有害物质，完全符合环保要求。

抗静电母粒

塑料助剂系列产品

地址：海淀区中关村北大街 123 号
邮编：100084
电话：62551996
传真：62578698
法定代表人：陈　宇

（蔡玲红）

【聚氨酯黏合剂系列产品】 由北京华腾新材料股份有限公司所属广东国望精细化学品有限公司和河北华腾万富达精细化工有限责任公司生产。产品符合国标 9685－2008《食品容器、包装材料用添加剂使用卫生标准》、美国《FDA 21 CFR 175.105》等安全法规，主要产品有：含纯 AL 复合结构的 135℃蒸煮系列产品、含纯 AL 复合结构的 121℃蒸煮系列产品、含纯 AL 复合结构的水煮系列产品、高性能塑/塑水煮、121℃蒸煮系列产品、铝箔复合专用系列产品、高流平低残留系列产品、快速固化系列产品、高爽滑专用系列产品、经济通用系列产品、电缆屏蔽膜复合系列产品、无溶剂复合系列产品、水性复合系列产品、挤出复合系列产品、醇溶系列产品等。

聚氨酯黏合剂系列产品

地址：海淀区中关村北大街 123 号
邮编：100084
电话：62551996
传真：62578698
法定代表人：陈　宇

（蔡玲红）

【聚氨酯密封胶、结构胶系列产品】 由北京华腾新材料股份有限公司所属广东华南精细化工研究院研发生产。聚氨酯密封胶系列产品主要有单组分聚氨酯密封胶、结构胶；双组分聚

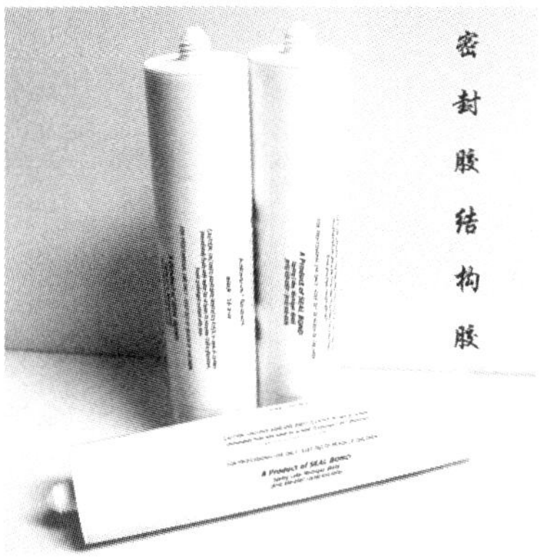

聚氨酯密封胶、结构胶系列产品

氨酯密封胶、结构胶；硅烷改性聚氨酯密封胶、结构胶等。密封胶系列产品性能优异，可替代国外著名品牌的相应产品，广泛应用于高速列车、动车组、地铁、汽车、客车风挡玻璃、侧窗玻璃的粘接及密封，也可用于高速列车、动车组、地铁、汽车、客车、集装箱、船舶等部件的粘接及密封。

地址：中关村北大街 123 号
邮编：100084
电话：62551996
传真：62578698
法定代表人：陈　宇

（蔡玲红）

【柴油铲运机系列——ACY-6】 北京安期生技术有限公司研发生产的柴油铲运机系列——ACY-6 主要用于矿山井下，以铲装、运输爆破后的松散物料为主。动力系统采用 DEUTZ 或 CUMMINS 低污染发动机，并配置了加拿大 ECS 公司的铂金干式尾气消音净化器。传动系统选用 DANA 公司的液力变矩器、动力换挡变速箱和驱动桥，前后驱动桥带有 NO－SPIN 防滑差速器。制动系统采用全液压系统，制动形式为弹簧制动、液压释放。在环境恶劣、高含水、泥泞巷道作业时安全可靠。液压系统主要元件采用 Bosch、Rexroth、Parker、Danfoss 等世界知名公司的产品，性能优良，寿命较长。结构设计采用三维实体参数化建模及强度分析，确保了整车的强度。

柴油铲运机系列—— ACY-6

地址：北四环中路 229 号海泰大厦 1701 室
邮编：100083
电话：82883705 82883706 82883716
传真：82883715
网址：www.anchises.com.cn
法定代表人：冯茂林

（安期生技术）

【电动铲运机系列——ADCY-2】 北京安期生技术有限公司研发并且生产的电动铲运机系列——ADCY-2地下电动铲运机主要用于矿山井下，以铲装、运输爆破后的松散物料为主。动力系统采用电动机，无尾气，符合环保要求。传动系统选用美国DANA公司的液力变矩器、动力换挡变速箱，前驱动桥带有NO-SPIN防滑差速器。制动系统采用全液压双管路系统，停车制动采用弹簧制动、液压释放形式，在环境恶劣、高含水、泥泞巷道作业时安全可靠。工作系统和转向系统采用合流形式，大大地提高了生产效率。液压系统主要元件采用Parker、Rexroth等世界知名公司产品，质量好，性能可靠。

电动铲运机系列——ADCY-2

地址：北四环中路229号海泰大厦1701室

邮编：100083

电话：82883705 82883706 82883716

传真：82883715

网址：www.anchises.com.cn

法定代表人：冯茂林

（安期生技术）

【锅炉通用优化控制技术】 该技术来源于北京和隆优化控制技术有限公司的“通用燃烧优化控制技术（BCS）”。锅炉通用优化控制技术适用于各种负荷的链条炉、循环流化床锅炉、煤粉炉、燃气锅炉、燃油锅炉等。实施该技术后所达到的主要经济技术指标有：实现锅炉的全自动安全运行、稳定运行和经济运行；明显降低燃料消耗（链条炉降低2%～10%，CFB及煤粉炉降低1%～3%）；明显降低SOX、NOX排放。在一台35吨链条炉上实施该技术后仅节煤一项所实现的经济效益为80～400万元/年（年节约标煤700吨以上）；在一台240吨循环流化床锅炉上实施该技术后仅节煤一项所实现的经济效益则可达到200～600万元/年（年节约标煤2000吨以上）。目前在我国共有各种燃煤锅炉50万台，每年消耗标煤约35亿吨，如果该技术被推广应用到20%产能的用户，则每年可为国家创造100～500亿元以上的节能经济效益。该技术拥有国家发明专利等多种知识产权，是科技部重点推广的自主创新项目、北京市自主创新产品项目和海淀区循环经济示范项目，获部级科技进步二等奖。该技术已被大面积推广应用，负荷从10～650t/h的锅炉都已有成功案例。

锅炉通用优化控制技术

地址：海淀区建材城西路31号D座三层

邮编：100096

电话：82926605 82926705

传真：82924196

网址：www.heroopsys.com

电子邮箱：hero@yhkz.com

法定代表人：于现军

（和隆优化）

【高炉热风炉通用优化控制技术】 该技术来源于北京和隆优化控制技术有限公司的“通用燃烧优化控制技术（BCS）”，它打破了西方国家和日本在该技术上的垄断神话。高炉热风炉通用优化控制技术适用于冶金行业各种形式和负荷的高炉热风炉。实施该技术后所达到的主要经济技术指标有：实现全自动优化烧炉，极大地降低工人劳动强度并提高安全生产水平；使热风炉送风温度提高10℃～50℃；降低煤

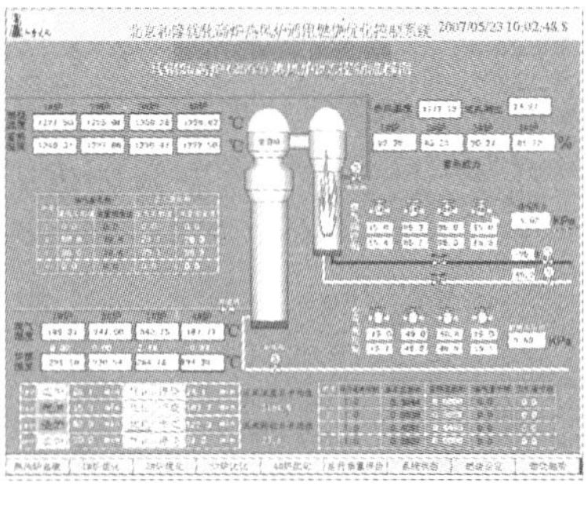

高炉热风炉通用优化控制技术

气消耗2%～10%。在一座1000立方米高炉热风炉上采用该技术后的直接经济效益就达到600～3000万元/年，可使吨钢（铁）成本降低5元～25元，目前我国的钢铁产量为7亿吨。该技术拥有多种知识产权，是北京市自主创新产品并获得部级科技进步二等奖。该技术已被大面积推广应用，涉及高炉炉容从110立方米～2500立方米。

地址：海淀区建材城西路31号D座三层
邮编：100096
电话：82926605　82926705
传真：82924196
网址：www.heroopsys.com
电子邮箱：hero@yhkz.com
法定代表人：于现军

（和隆优化）

【反应釜通用优化控制技术】　北京和隆优化控制技术有限公司的该项技术适用于各种规模

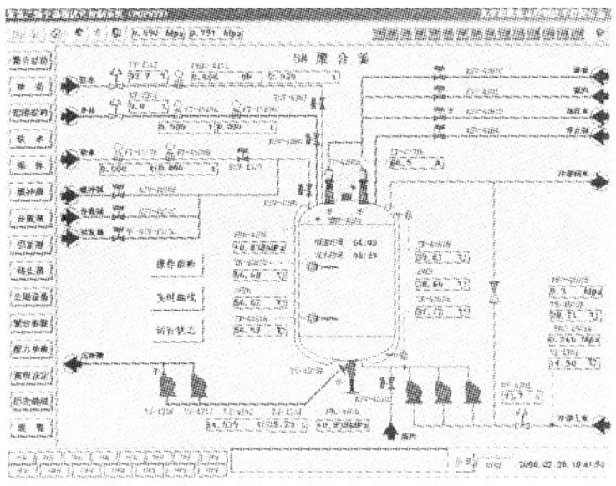

反应釜通用优化控制技术

的、带加热或冷却夹套的搪瓷反应釜和金属反应釜，该技术采用极为先进的重叠控制技术和扰动观测器技术，因此对那些反应剧烈的聚合反应釜有更为神奇的控制。实施该技术后所达到的主要经济技术指标有：降低能耗5%以上；反应釜温度控制精度达到0.1℃以内，拐点处达到0.3℃以内；提高产品收益率2%以上；明显缩短生产周期。该软件2007年9月获得国家计算机软件著作权，已被推广应用。

地址：海淀区建材城西路31号D座三层
邮编：100096
电话：82926605　82926705
传真：82924196
网址：www.heroopsys.com
电子邮箱：hero@yhkz.com
法定代表人：于现军

（和隆优化）

【部分合金化CuSn扩散粉末】　有研粉末新材料（北京）有限公司生产的部分合金化CuSn扩散粉末是国内用于生产超微型、高精度、低噪声、自润滑含油轴承及主要用于出口的高档金刚石专业锯片所急需的原材料粉末。该新型粉末呈橘黄色或土黄色，粉末形状为树枝状，具有雾化青铜粉的高流动性和铜锡元素混合粉的高压制强度及松装密度较低的综合优点。采用粉末冶金（PM）工艺制造的CuSn微型含油轴承具有抗腐蚀性强、机械强度高、热导率高、工作寿命长等特点，广泛应用于精密电子、高档家用电器、通信设施、汽车和IT等领域中，已成为机械行业中的一个必不可少的基础零件。

该产品已批量进入国内市场，先后供应日本企业、扬州保来得工业有限公司及上市公司东睦集团粉末冶金股份公司等，客户超过100多家。在金刚石工具行业，采用部分合金化CuSn扩散粉末为原料生产的高档锯片，可显著降低胎体烧结温度，保持金刚石在高温下的原有强度。

部分合金化CuSn扩散粉末

地址：雁栖经济开发区雁栖南四街12号
邮编：101407
电话：61667638
传真：61667989
网址：www.gripm.com
电子邮箱：yyfmbgs@sina.com
法定代表人：黄松涛

（姜学昆）

【定型制品ZSG－1、ZSG－2】　通达耐火技术股份有限公司推荐使用于高炉本体产品。刚玉氮化硅预制件系列选用优质刚玉、氮化硅及少量添加剂经浇注预制成型，低温烧烤而成，具有高强度、抗铁侵蚀性优、抗渣侵蚀性优、抗碱侵蚀性优等特点，可根据客户要求生产各种异型、特异型预制件。塑性相结合刚玉复合砖系列选用刚玉、莫来石、优质碳化硅、金属复合添加剂，经机压成型高温烧制而成。复合棕刚玉砖选用优质棕刚玉、碳化硅、添加剂等原料，机压成型并高温烧制而成，具有高强度、抗渣侵蚀性优、抗碱性优等特性。刚玉莫来石砖选用优质刚玉、莫来石、添加剂，机压成型高温烧制而成，具有高强度、抗铁侵蚀性优等特性。

定型制品 ZSG－1、ZSG－2

地址：海淀区清河安宁庄东路1号院
邮编：100085
电话：62914308
传真：62924371
网址：www. bjtd. com. cn
电子邮箱：fengm@bjtd. com. cn
法定代表人：冯运生

（通达耐火）

【食品包装用覆膜铁】 覆膜铁（Film Laminated Steel、Polymer Coated Steel）由奥瑞金包装股份有限公司于2011年开发完成，是通过熔融法或黏合法，将塑料薄膜复合在冷轧薄钢板上的复合材料。与传统涂料铁相比，覆膜铁具有以下特点：良好的防锈、装饰、隔热、减震等功能，尤其耐加工、耐腐蚀性是涂料铁不能比拟的，能够有效延长食品保质期；表面针孔少，质密，可在覆膜表面上做多种处理，如标志、镭射处理等；生产效率高，能源消耗和材料成本低；覆膜铁在生产过程中无大量溶剂废气排出，有利于环保。可广泛应用在DRD罐、三片罐顶底盖、旋开盖、化工桶、异形罐、包装盒、气雾罐等金属包装产品的生产制造中。

食品包装用覆膜铁

覆膜铁材料应用于饮料制罐，改变了传统工艺，能有效地降低 CO_2 排放量和能源消耗等。比较传统材料制罐，覆膜铁产品可以降低68.89％的能源消耗和69.95％的 CO_2 排放量，100％地节省了工业用水消耗，减少了99.7％的固体废弃物。

地址：怀柔区雁栖经济开发区乐园南一街7号
邮编：101407
电话：61666999
传真：61667973
网址：www. orgpackaging. com
电子邮箱：guoying@orgpackaging. com
法定代表人：周云杰

（姜学昆）

【“豹纹”立式钢琴】 星海钢琴集团有限公司2011年推出的一款新型XU－32A型立式钢琴。其外观采用了自然界中豹子毛皮的金色花纹，既有王者的霸气，又有视觉冲击的感觉，体现出惊艳的视觉效果。

豹纹钢琴外观具有当代艺术感，展示现代艺术突出个性、彰显内涵的特点，豹纹自身的华丽和惊艳成为视觉中心，容易引起关注，成为焦点。采用豹纹符号作为该琴的主题元素，打破传统钢琴以黑白色彩为主调的惯例。

“豹纹”立式钢琴

地址：通州区中关村科技园·通州园光机电一体化产业基地科创东五街8号
邮编：101111
电话：81503688
网址：www. xhpiano. com
法定代表人：祝宁伟

（一 轻）

【“帝王”卧式钢琴】 星海钢琴集团有限公司2011年推出的一款新型XG－215型卧式钢琴，其外观采用了中国皇家元素“龙袍”。

该琴通身描绘9条金龙。钢琴大盖正反面各有一条龙，小盖上正反面共有4条龙，加上琴腿的3条龙共9条。吻合了龙袍上9条龙的规矩。正龙正襟危坐，一团威严；行龙极富活力，似动而非动。在龙纹之间，绣以五彩云纹、蝙蝠纹、十二单纹等吉祥图案。五彩云纹既表现“祥瑞之兆”又起衬托作用。红色蝙蝠纹即“红福”，其发音与“洪福”相同，也是“龙袍”上常用的装饰图案。在钢琴侧边下方排列着代表深海的曲线，这里被称为水脚。水脚上装饰有波涛翻卷的海浪、挺立的岩石，这寓意“福山寿海”，同时也包含了“江山一统”和“万世升平”的寓意。

“帝王”卧式钢琴

地址：通州区中关村科技园·通州园光机电一体化产业基地科创东五街8号
邮编：101111
电话：81503688
网址：www.xhpiano.com
法定代表人：祝宁伟

（一　轻）

【“华教授”护肤品系列】　“华教授”护肤品系列是北京化大化新科技股份有限公司的自有

“华教授”护肤品系列

品牌。它包括美白系列、保湿系列、防晒系列、特殊护理系列等。“华教授”系列化妆品依托北京化工大学多年积累的科研成果，融合现代生物技术打造的全新产品，是充分体现公司研发能力和配方调配技术的新一代专业护肤产品。该产品以专业细分的品类设置，在健康、安全的基础上，全面满足现代女性消费者对美白、保湿、防晒、抗衰老等美容护肤的需求，同时功能明确的祛痘、止痒、防冻愈裂等产品还可以满足特定人群的特殊功效要求。

地址：密云县工业开发区水源路15号
邮编：101500
电话：69076909
传真：69063767
网址：www.kimiss.com/brand/1750/
电子邮箱：zhuzw@mail.buct.edu.cn
法定代表人：郭建明

（朱中伟　时哲伦）

【中国印钞造币金条】　中国印钞造币总公司发行，中钞国鼎投资有限公司销售产品。中国印钞造币金条是第一款也是唯一一款以中国印钞造币总公司企业名称命名的金条。首次在金条上采用年号编制，限量发售。材质：Au.9999。规格分别为：50g/100g/200g/500g/1000g。发行量分别为：6000条/3000条/1000条/200条/100条。

中国印钞造币金条

地址：西城区月坛北街26号恒华国际商务中心第三座13层
邮编：100045
电话：58565600—803
传真：58565603
网址：www.chinagolddeal.com
电子邮箱：zjizd2011@163.com
法定代表人：张　旭

（刘嫱吟）

【龙年生肖金条】是中国印钞造币总公司发行，中钞国鼎投资有限公司销售产品。龙年生肖金条以苍劲金龙入画，长须金鳞，威武雄劲，辅衬祥云浮雕，祥云瑞气，描绘出一幅祥龙纳瑞的美好愿景。表达了“岁在壬辰，龙年大吉”的祝福。是该生肖系列中继“鼠咬天开”、“春牛辟地”、“神虎镇邪”、“灵兔赐福”后第五款“祥龙献瑞”，该系列连续 12 年发行。金条正面采用独特的全息转印技术，是该系列金条的亮点之一。材质：Au.9999。规格分别为：50g/100g/500g/1000g。发行量分别为：16000 条/12000 条/800 条/500 条。

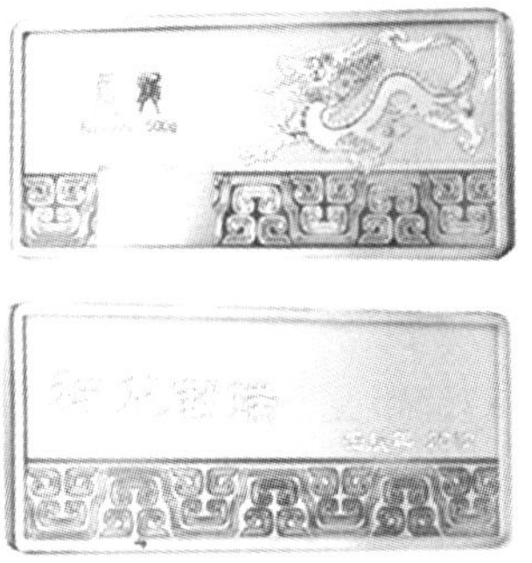

龙年生肖金条

地址：西城区月坛北街 26 号恒华国际商务中心第三座 13 层
邮编：100045
电话：58565600－803
传真：58565603
网址：www.chinagolddeal.com
电子邮箱：zjizd2011@163.com
法定代表人：张　旭

（刘嫱吟）

【龙年贺岁金银砖】　中国印钞造币总公司发行，中钞国鼎投资有限公司销售产品。龙年贺

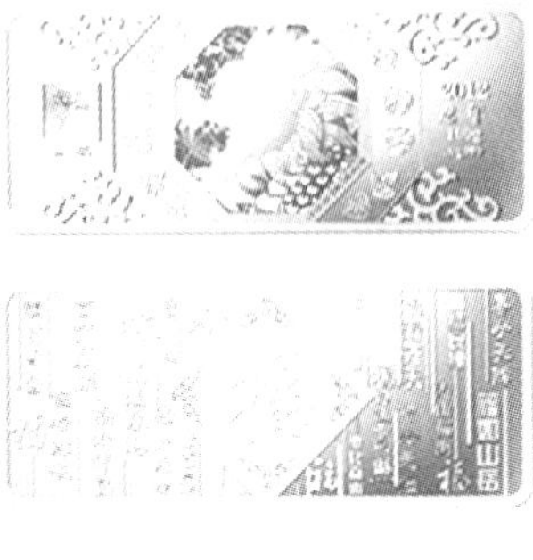

龙年贺岁金银砖

岁金砖最具我国传统文化气息，正面财神爷手举“仙官赐福”的条幅，彩头吉利，万事如意。背面祥云浮雕，龙腾瑞气，寓意龙年福在眼前，岁岁发财。该贺岁金银砖系列是继“金猴奉寿”、“金鸡纳福”、“金狗招财”、“金猪贺禧”、“金鼠献禄”、“金牛祈福”、“金虎聚财”、“金兔送禧”后第九款“金龙赐福”，该系列连续 12 年发行。材质：Au.999＋ Ag.999。规格：20g 金＋20g 银。发行量：5000 锭。

地址：西城区月坛北街 26 号恒华国际商务中心第三座 13 层
邮编：100045
电话：58565600－803
传真：58565603
网址：www.chinagolddeal.com
电子邮箱：zjizd2011@163.com
法定代表人：张　旭

（刘嫱吟）

【铝合金焊丝】　由北京有色金属与稀土应用研究所生产。该研究所专门从事铝合金焊丝产品的制造及研发，生产的铝合金焊丝产品表面光洁，具有良好的焊接性能，主要应用于航天航空以及军工配套产品等领域。其中，航天用高强度铝合金 BJ380 系列焊丝产品作为长征系列、东风系列、神舟系列载人航天飞船燃料箱体的专用焊接材料被广泛应用，该产品获得国家级表彰和用户的好评。高强度铝合金焊丝可焊接 LD 及 LY 等铝材，固相线与液相线之间的熔点温度为 525℃～646℃，具有低温焊接性能。该研究所可根据用户的要求提供光亮免清洗铝合金焊丝，直径在 1.2 毫米以上。

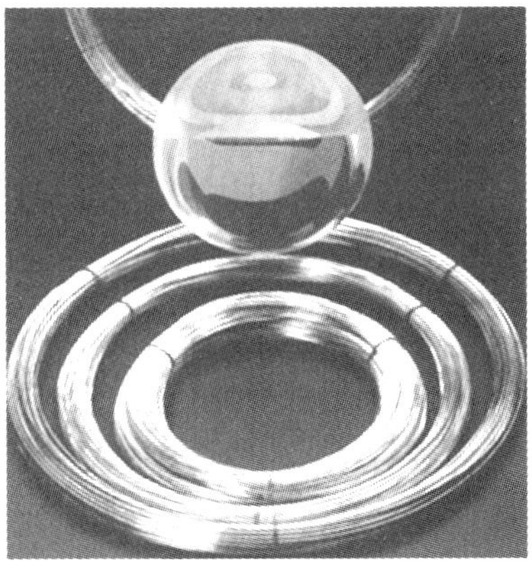
铝合金焊丝

地址：朝阳区安外北苑路 40 号
邮编：100012
电话：84922575
传真：84922575
网址：www.ysxts.com

法定代表人：张　升

（有　色）

【进口植鞣革系列产品】　北京惠鼎皮业有限公司贸易经营产品。该产品包括黄牛全植鞣坯革、水牛全植鞣底革。该系列产品是一种使用植物鞣剂鞣制而成的皮革，不含对人体有危害的物质，是一种可与皮肤直接接触的绿色环保皮革，对人体无害。其原料取自进口优质皮源，境外加工生产，全部使用绿色环保材料鞣制，具有高强度，纤维组织紧实，颜色、厚度均匀一致，粒面平细，延伸性小，可塑性、成型性好等特点。其中，黄牛全植鞣坯革可广泛应用于高档皮雕制品，皮革板画与轴画，高档箱包、包件等众多领域。水牛全植鞣底革可应用于制作高档皮鞋的鞋底、硬质皮带、箱包以及工业用革等。产品主要销往内蒙古、辽宁、河北、上海等地。该产品用途广泛、可适用性强、环保性能好。

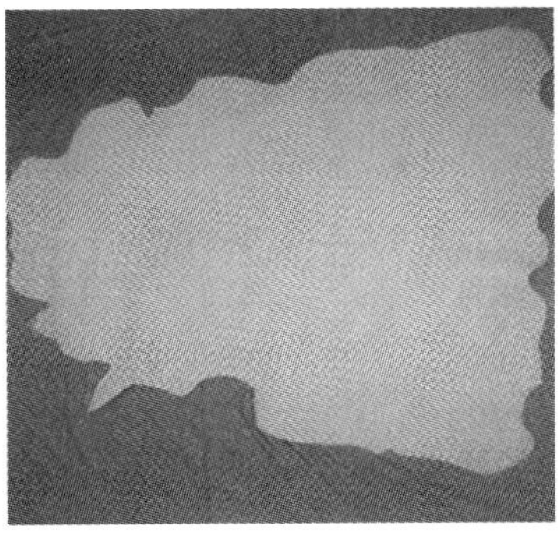

进口植鞣革系列产品

地址：丰台区五间楼 10 号

邮编：100079

电话：61624144　67670044

传真：67623248

网址：www.bjhdpy.cn

电子邮箱：bg67670044@126.com

法定代表人：李　曜

（惠鼎皮业）

【绿色环保汉麻针织产品】　由北京铜牛集团公司承担的北京特色新材料产业关键技术研发项目。汉麻是地球上韧度最高的纤维，有“国纺源头，万年衣祖”的美誉，其种植历史至少有 8000 多年。汉麻生长中只需少量的水和肥料，不需要任何农药，并可自然分解。汉麻具有天然抗菌、防紫外线、防虫蛀等特性，但长期以来被作为一种“不可纺的纤维”看待。随着技术上的不断创新，突破了汉麻的皮杆分离、脱胶和印染后整理等技术瓶颈。

绿色环保汉麻针织产品的研究与开发

该项目主要是对汉麻纤维在针织面料上的应用、染整工艺条件及产业化的可行性进行研究。通过对汉麻混纺纱混纺比、针织面料组织结构设计、编织条件和工艺、染整工艺以及服装款式设计的研究，解决了汉麻纤维条干不均、麻结多、刚性大等问题。确定了具有良好可纺性的汉麻纤维混纺纱，汉麻、麻粘胶、锦纶、棉四组份针织混纺纱，从原料上解决了汉麻纤维刺痒感问题，利用汉麻混纺纱研发出一种覆盖式空架双面针织面料，开发出科学合理的汉麻针织面料染整工艺参数、工艺路线以及汉麻针织物迷彩“TNTY”印花工艺技术。

地址：朝阳区金台里甲 9 号

邮编：100026

电话：65025221

传真：65004430

网址：www.topnew.cn

法定代表人：林士昌

（付清云）

【城市应急给排水系统】　北京五洲燕阳特种纺织品有限公司的城市应急给排水系统以自装卸底盘为运载平台，以标准托盘及房舱为运载工具，采用移动式潜水泵单元、液压泵集成单元、管路集成单元、接力泵站单元、管线自动收放单元、公路穿越设施及大容量软体油罐等完成对整套城市应急供排水系统的构建，实现快速从远距离水源地调水，输送到用水地，并在用水地建立具有一定规模的储水库进行储存和分配等作业。该系统具有供排水范围大、移动灵活、展开和撤收快、作业人员少、高效、可长距离供水及可在任何露天的水源取水等优点，满足城市因突发事件、自然灾害紧急供水、城市内涝的排渍工作、矿井透水事故抢险、森林消防、远距离大流量输水灌溉、排涝作业等公共安全应急领域的需求。

城市应急给排水系统

地址：大兴区瀛海镇工业区南二路2号
邮编：100076
电话：69276013　69278223　69278233
传真：69278250
网址：www.yanyang.com.cn
电子邮箱：yanyangcn@vip.sina.com
法定代表人：石尧巽

（付清云）

【应急救助——帐篷城】 北京五洲佳泰新型涂层材料有限公司是连续十几年为民政机构和国际救援机构生产救灾帐篷的专业厂家，率先提出"帐篷城"的理念并付诸实践。当灾害到来时，能在2小时～3小时内，搭建一个可以容纳300个～500个家庭、上千人居住，并拥有医疗、饮水、公共卫生等基本生活设施的帐篷城。帐篷城采用将救灾物资统一配置、统一仓储、统一运输、统一使用的生产模式，对灾后临时居住区实行社区化管理的理念，成为救灾避险事业的突破创新。

帐篷城由多个20英尺集装箱组成，具有集装箱承运、快速、便捷、占地面积小、搭建省力等特点，帐篷城的污物和污水通过柔性装置收集处理，不形成污水和垃圾聚集，有效地防止了灾后疫情的发生。

帐篷城根据结构特点分为气密式气柱支撑结构（覆盖保温篷面组合的充气式结构式帐篷城）和金属骨架支撑结构（覆盖保温篷面组合的骨架式帐篷城）。所有的帐篷都是以12平方米为统一规格进行的标准化生产，按标准件组装能搭建成任意大小的帐篷，可以根据平原、林地、山区、丘陵等地质条件安装使用。两种结构在一般灾害情况下，连续使用寿命均在3～5年之间。

应急救助——帐篷城

地址：大兴区魏善庄龙海工业园1号
邮编：102600
电话：69272575
传真：67676838
网址：www.coatmaterial.com/index1.asp
电子邮箱：gtdjq@sohu.com
法定代表人：万志潭

（付清云）

【一次性使用非PVC输液器】 该产品系北京伏尔特技术有限公司采用双层共挤复合工艺技术（获得国家专利）制造而成，具有生物相溶性高、化学稳定性高、无药物吸附、产品普适性强、使用安全方便等技术特点。

该产品采用植入类医用高分子材料非PVC和PVC复合而成，与药液接触的管壁内层为植入类医用高分子非PVC材料，经中国科学院肿瘤研究所及安贞医院临床试验证明安全、可靠，彻底解决了非PVC安全性问题(PVC中含有邻苯二甲酸二乙酯为致癌物质)，是目前PVC输液器的最佳换代产品。

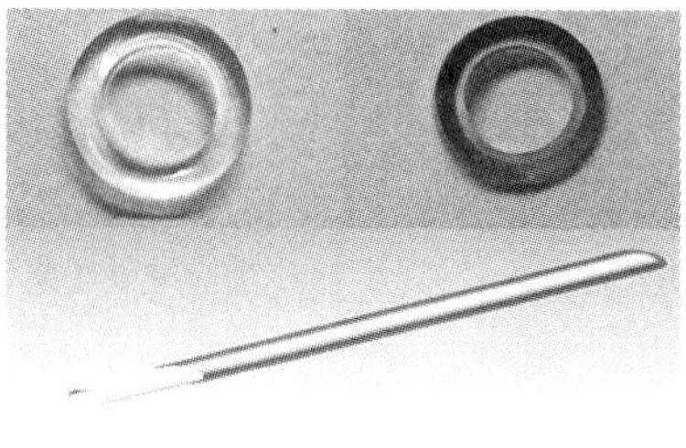

一次性使用非PVC输液器

地址：石景山区八大处高科技园区创业园A座
邮编：100041
电话：83849578
传真：82658300

网址：www.china－fert.com
法定代表人：张文东

（李雅娜）

【一次性使用泵管式精密过滤输注器】 北京伏尔特技术有限公司产品，该产品特点为：适用于临床上泵使用，或临床机械泵配套使用。终端药液过滤器过滤标称孔径为 0.22 微米～5 微米，专为不同临床静脉输液治疗需求而设计，有效地滤除药液中大量的不溶性微粒，大大减少了静脉炎、静脉输液热原样反应等临床输液反应的发生。

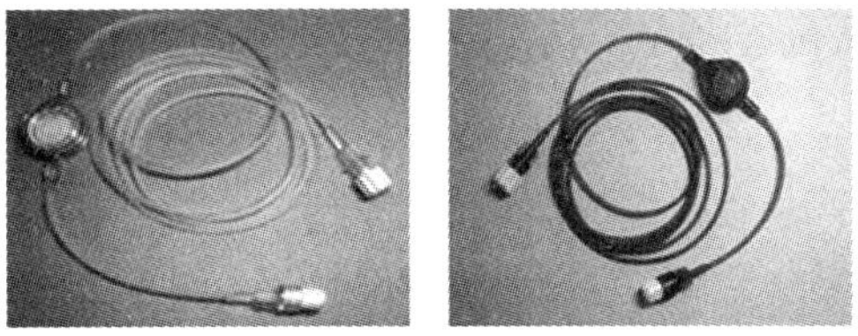

一次性使用泵管式精密过滤输注器

地址：石景山区八大处高科技园区创业园 A 座
邮编：100041
电话：83849578
传真：82658300
网址：www.china－fert.com
法定代表人：张文东

（李雅娜）

【A、C 群脑膜炎球菌结合疫苗】 北京祥瑞生物制品有限公司经过十年的潜心研究与反复试验，2011 年成功研制生产出了具有独立自主知识产权的国家一类新药，专利产品"A、C 群脑膜炎球菌结合疫苗"，并获批国家"十二五"、"863"支持项目。

A、C 群脑膜炎球菌结合疫苗

该疫苗是我国唯一针对 B 群脑膜炎球菌感染有保护作用的流脑结合疫苗。以 B 群脑膜炎球菌外膜蛋白为载体，分别结合 A 群、C 群脑膜炎球菌多糖的 A、C 群脑膜炎球菌结合疫苗，适用于 3 月龄及以上人群。该疫苗能针对 A 群、C 群和 B 群流脑同时产生有效杀菌抗体，具有良好的免疫效果和可靠的安全性。

与国内外现有同类产品相比，该疫苗开辟了结合疫苗载体蛋白多样性研究应用的实例，尤其是在与疫苗型菌群相关的载体蛋白应用方面。它能有效地保持蛋白抗原的天然构象，产生的抗体特异性好，能有效预防自然界 B 群菌的侵袭。并且，所选择的 B 群菌株外膜蛋白（OMP）具有较好的交叉保护作用，因而扩大了对 B 群脑膜炎球菌感染的保护，并增强了对 A 群脑膜炎球菌感染的协同预防作用。

该疫苗规避了由单一载体蛋白重复、过量使用所致的免疫耐受和抗原位点竞争所致的抗原弱化或丧失疫苗免疫效果的可能；规避了用 TT（破伤风类毒素）为载体而引起的过敏反应、毒性逆转等不安全因素。

地址：雁栖经济技术开发区雁栖北三街 17 号
邮编：101407
电话：61666668
传真：61668855
网址：www.xrbio.com.cn
电子邮箱：xiangruishengwu@xrbio.com.cn
法定代表人：范玉柱

（姜学昆）

【联合诊断系统】 联合影像系统是北京大基康明医疗设备有限公司为适应不同的医院及客户需求推出的全套联合影像系统，其中包括 PET－CT 影像机器人系统、PET－CT 一体机、PET－MRI 影像机器人系统、PET－CT－MRI 影像机器人系统。该系统将 PET、MRI 有机地组合在一起，采用高精度全自动机器人系统精确引导定位，高质量的软件系统实现 PET、MRI 间的图像融合，假阳性率低，诊断率高，可检测出 5mm 以内的肿块，从而得到集功能成像和解剖成像于一体的完美图像。它综合 3 种影像设备的优势，实现功能互补，实现了 3 种图像信息大于 3 的临床效果；高精度自动机器人系统实现病人的转运和精确定位，避免了医护人员不必要的辐射损伤，确保图像融合的配准精度；利用独有的磁屏蔽技术，解决了 MRI 的强磁场对 PET 探测器系统和电子学系统的影响，实现了3种设备的完美结合。

联合诊断系统

地址：北京经济技术开发区永昌北路11号
邮编：100176
电话：67885599
传真：67869450
网址：www.topgradehealthcare.com
电子邮箱：info@topgradehc.com

（研究室）

【血脂康胶囊】 血脂康胶囊是北大维信生物科技有限公司的产品。血脂康胶囊是将特制红曲加入粳米，运用现代工艺发酵而成。整个过程未添加任何其他化学成分，保证了它纯天然的品质。血脂康胶囊通过了一系列大型临床研究的考验，拥有"循证医学"的证据，证明了它的疗效。血脂康胶囊不但能够安全全面地调节血脂，并且能够显著地降低冠心病事件的再发率、死亡率，降低总死亡率。血脂康胶囊已成为国产降脂药第一品牌。

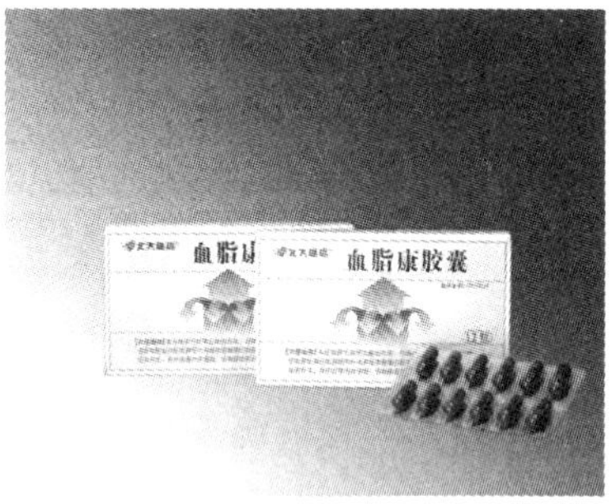

血脂康胶囊

地址：海淀区海淀南路30号A座701～705室
邮编：100080
电话：52819298
传真：52819299
网址：www.wpu.com.cn
电子邮箱：wpuinfo@wpu.com.cn
法定代表人：刘殿波

（刘 隽）

【杰瑞特胶原蛋白氨糖颗粒】 杰瑞特胶原蛋白氨糖颗粒是北京华达杰瑞生物技术公司研制和生产的高技术产品，已于2008年获得国家批准的保健品批号。它含有人体骨骼、皮肤、关节等所必需的胶原蛋白和氨基葡萄糖。主要功效是提高免疫力，可以有效缓解关节疼痛、减轻关节炎症、预防骨质疏松，是中老年人健康骨骼，提高生活质量的日常保健产品。

杰瑞特胶原蛋白氨糖颗粒

地址：朝阳区樱花西街8号北方安华大厦212号
邮编：100029
电话：64439985
传真：64427131
网址：www.hdjr.cn
电子邮箱：hdjrcrc@163.com
企业负责人：蒋国昌

（郑娟 时哲伦）

【Ⅱ型胶原蛋白】 Ⅱ型胶原蛋白是北京华达杰瑞生物技术公司研发的高科技生物产品，已被授予国家发明专利。该产品从鸡软骨中提取有益成分，分子量为2000道尔顿～300000道尔顿，为白色粉末，口服后易被人体吸收。产品主要功效为预防和治疗风湿和类风湿关节炎、滑膜炎、肩周炎等疾病，产品已经出口到德国、西班牙等国家。

地址：朝阳区樱花西街8号北方安华大厦212号
邮编：100029
电话：64439985
传真：64427131
网址：www.hdjr.cn
电子邮箱：hdjrcrc@163.com
企业负责人：蒋国昌

（郑娟 时哲伦）

【北京地铁房山线电动客车】 北京轨道交通房山线车辆由北京地铁车辆装备有限公司自主

集成设计，采用6辆编组（4动2拖），最大载客量1880人，最高运行速度100 km/h，平均技术速度≥64 km/h，平均旅行速度≥52 km/h，列车从0加速到45 km/h平均加速度≥1.0m/s2，列车从0加速到100 km/h平均加速度≥0.6m/s2，整车国产化率达到95%以上，车辆总体技术性能达到国外同类产品水平。

房山线车辆采用轻量化非涂装不锈钢车体，直接转矩控制的交流传动系统，轮盘式制动单元、转臂式节点定位装置新型转向架，首次采用LED光源到站提示灯带，首次采用车下设备同侧布置设计，申报实用新型专利18项。

房山线车辆的国产化示范应用，标志着中国地铁B型车辆整车设计制造技术达到了国际先进水平，车辆各系统自主集成设计、牵引传动系统及辅助电源系统、网络控制系统、制动系统等填补了国内空白，从根本上改变了国外对地铁车辆核心技术的垄断局面。

北京地铁房山线电动客车

地址：丰台区宋家庄苇子坑23号
邮编：100079
电话：67621133
传真：67636105
网址：www.bsrse.com
电子邮箱：brsp@brsp.cn
法定代表人：刘　建

（刘嫱吟）

【地铁电动客车】 由北京地铁运营有限公司、北京市地铁运营有限公司车辆厂、长春客车

地铁电动客车

厂、南车时代集团联合研制开发的具有完全自主知识产权的国产地铁电动客车，于2005年顺利通过各项试验后正式投入北京城铁13号线试运营。该车为4辆编组，非涂装不锈钢车体。

地址：丰台区宋家庄苇子坑23号
邮编：100079
电话：67621133
传真：67636105
网址：www.bsrse.com
电子邮箱：brsp@brsp.cn
法定代表人：刘　建

（刘嫱吟）

【“铛铛”有轨电车】 北京市地铁运营有限公司车辆装备有限公司承担了有轨电车的设计制造任务。为重现老北京、老前门的历史风貌，在前门大街复建了一段全长800米的仿有轨电车线路，供观光游览使用，将前门大街的一种历史景观呈现在世人面前。新开发研制的老北京有轨电车以“人文”、“绿色”、“科技”作为整体设计思路，在外形与内饰的相关尺寸上与老北京有轨电车保持一致，在牵引与制动系统中采用现代新技术、新材料和新工艺，同时满足节能环保的设计理念。

铛铛车

地址：丰台区宋家庄苇子坑23号
邮编：100079
电话：67621133
传真：67636105
网址：www.bsrse.com
电子邮箱：brsp@brsp.cn
法定代表人：刘　建

（刘嫱吟）

【轨道检查车】 TIC1型轨道检查车是为北京地铁运营有限公司线路公司研制的，用于检测轨道设备的无动力车。该车可以在规定的速度范围内进行双向检测，检测结果在规定的范围内不受速度影响，可以在隧道内或露天昼夜进

行测量。轨道几何测量采用非接触式，计算机实时采集和处理数据，并打印处理结果。轨道检查车内配有视频设备，可以显示所有事件和超限报告表。每个超限的类型、长度、位置、幅度和超限类别将会显示。观测器可以区分超限与安全及维修标准的范围。轨道检查车同时检测走行轨和第三轨，对走行轨与第三轨采用的测量方式相同。

北京轨道检查车

地址：丰台区宋家庄苇子坑23号
邮编：100079
电话：67621133
传真：67636105
网址：www.bsrse.com
电子邮箱：brsp@brsp.cn
法定代表人：刘　建

（刘嫱吟）

【TH28系列自动控温分集水器】 北京海林节能设备股份有限公司TH28系列分集水器

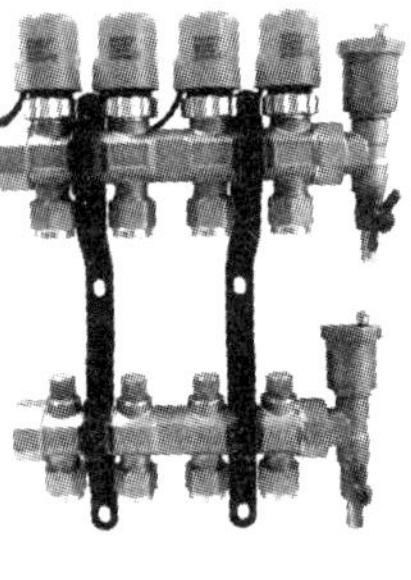

TH28系列自动控温分集水器

针对地板采暖系统，优化各支路的流量分配，控制辐射地板采暖系统的热能。分水器内置流量调节阀芯，保证了各支路的流量控制，实现各支路阀门的开启与关闭。集水器各支管带手动塑胶手柄可以更换电热执行器产品，实现热电自动控制。

地址：昌平区回龙观国际信息产业基地发展路9号
邮编：102206
电话：80701188
传真：80701188
网址：www.hilin.com
电子邮箱：yindan@hailin.com
法定代表人：李海清

（白立涛）

【强国者RPMSP－D132U】 北京国电锐新控制技术有限公司研制的国电锐新产品系列之强国者RPMSP－D132U适用于控制室的新款TotalVIEW DLP投影解决方案，强国者新的TotalVIEW RPMSP－D132U背投模块采用最新的SXGA＋ DLP显示技术，可以显示精美的色彩，具有出色的亮度均匀性和高对比度以及长期的可靠性。新的Powerone RPMSP－D132U投影引擎为使用寿命很长（120W运行状态下的额定值为10000小时）的高压汞灯设计（双灯泡，UHP型）。强国者的许多其他的高性能投影系统产品也采用了强国者独有的KoRE电子元件和固件平台，可以为背投系统提供最好的兼容性输入和灵活性控制。

国电锐新产品系列之
强国者RPMSP－D132U

地址：海淀区上地五街开拓路11号福道大厦5D1
邮编：100085
电话：62985034 62980957
传真：62964409
网址：www.goodrex.com
电子邮箱：yiliangv@sina.com
法定代表人：易良明

（国电锐新）

【公路三维可视化养护系统】 中交宇科（北京）空间信息技术有限公司生产的公路三维可视化养护系统，结合机载、车载、手持PDA、监控视频等各种途径采集的数据，构建基于网络的业务共享平台，具有WebGIS一体化功能。其特点有：纸质养护存档变为活数据存档，历史性等多种统计查询，直接面向现场位置的可视化效果，集成多种数据采集方式。

公路三维可视化养护系统

地址：朝阳区安立路安立花园A座7层
邮编：100101
电话：64907119
传真：64907108
邮箱：office@chtgeo.cn
网址：www.chtgeo.cn/
法定代表人：郭　力

（中交宇科）

人　物

2011年北京市工业主要领导干部

本名单中，区县和相关部门只列主管工业的领导，市属控股（集团）公司（包括部分中央在京工业企业）只列党、政副职领导。领导任职、离任时间以上级组织部门上年年末前批文为准。

主管部门领导

北京市人民政府副市长（主管工业）
苟仲文

北京市经济和信息化委员会
党组书记　李　平
主　　任　朱　炎（6月离任）
副 主 任　靳　伟（7月任职）
梁　胜
熊　梦（8月任职）
姜贵平（女）
白　新（9月离任）
李　洪
俞慈声（女）（2月离任）
阎冠和（7月离任）
王学军
万新恒
童腾飞（4月任职）
纪检组组长　张国栋
委　　员　王惠民（2010年10月离任）
杨旭明
樊　健
副巡视员　邹　彤（女）
姜毅群（女）
张兰青（女）
副 局 级　陈志锋
汪进军
王颖光

北京市国防科学技术工业办公室
主　　任　朱　炎（6月离任）

区、县及其他单位领导

东城区
常务副区长　徐　熙
发展改革委主任　许　汇

西城区
副 区 长　梁昌新（12月离任）
常务副区长　苏　东（12月任职）
发展改革委主任　吴向阳

朝阳区　常务副区长　吴桂英（女）
发展改革委主任　王亚贵（2月离任）
张　勇（6月任职）

海淀区
常务副区长　杨志强（11月离任）

副　区　长　孟景伟（11月任职）
经济信息化办主任　吴钢华（9月离任）

丰台区

常务副区长　孔令斌（12月离任）
张　婕（女）（12月任职）
经济信息化委主任　吴神赋

石景山区

常务副区长　王春杰（9月离任）
副　区　长　李　艳（女）（10月任职）
经济信息化委主任　李元涛

门头沟区

常务副区长　罗　斌
副　区　长　张满仓（12月任职）
经济信息化委主任　李国庆

房山区

副　区　长　马继业
经济信息化委主任　赵永祥

通州区

副　区　长　崔志成
经济信息化委主任　陈国庆

顺义区

常务副区长　林向阳
经济信息化委主任　吴建国

大兴区

副　区　长　绳立成
经济信息化委主任　刘士忠

昌平区

副　区　长　洪　波（12月内蒙挂职）
周云帆（2月任职）
经济信息化委主任　王志刚

平谷区

副　区　长　李宝峰
经济信息化委主任　崔东辉

怀柔区

副　区　长　吴群刚（10月离任）
张　勇（10月任职）
经济信息化委主任　周怀明

密云县

常务副县长　王稳东
经济信息化委主任　姜　博

延庆县

副　县　长　刘　兵
经济信息化委主任　孙自广

北京市工商业联合会

主　　席　程　红（女）
第一副主席　吴　杰
常务副主席　郑默杰（女）
副　主　席　张卫江　李燕平
王克林
郑勇男（8月任职）
陈东升　郭　为
张征宇　张杰庭
张大中　聂启明
王小兰（女）
严望佳（女）
胡克勤　夏　敏
刘迎建　王长田
张宝全　叶　青
陈立群　徐生恒
李少华　刘　彬

中关村科技园区管理委员会

主　　任　郭　洪
副　主　任　李石柱
周云帆（1月离任）
廖国华　王汝芳
于凤英（女）
杨建华（挂职）
李稻葵（挂职，7月任职）

北京经济技术开发区管理委员会

主　　任　张伯旭
副　主　任　贲　勇（5月离任）
张晓林（10月离任）
赵昕昕
高言杰（9月任职）
王合生
绳立成（10月任职）
文　献（10月离任）
程　京（挂职，7月任职）

国有及国有控股公司领导

首钢总公司

董　事　长　朱继民

副董事长　王青海
总经理　王青海
常务副总经理　徐凝
副总经理　王毅　刘水洋
孙伟伟（女）
孙永刚　强伟
白新（8月任职）
靳伟（12月离任）
党委书记　朱继民
党委副书记　王青海
霍光来（7月离任）
姜兴宏
许建国（2月任职）

中国石化集团北京燕山石油化工有限公司

董事长　王永健
总经理　罗强
副总经理　李刚
党委书记　王永健
党委副书记　罗强　许光

中国石化股份公司北京燕山分公司

总经理　罗强
副总经理　马程华　华炜
李清河

北京电子控股有限责任公司

董事长　王岩
副董事长　王东升
总经理　赵炳弟（2月任职）
杨文良（2月离任）
副总经理　赵炳弟（2月离任）
吴文学　袁汉元
缪国平
谢小明（6月任职）
张劲松（8月任职）
党委书记　王岩
党委副书记　江玉崑

北京京城机电控股有限责任公司

董事长　任亚光
总经理　仇明
副总经理　王国华　阮忠奎
蒋自力
王军（9月任职）
党委书记　任亚光
党委副书记　仇明　赵莹

北京京仪集团有限责任公司

董事长　侯子波
总经理　史红民
副总经理　傅之威
任志广（12月退休）
李晓（7月任职）
刘世华　崔健
黄林祥
党委书记　侯子波
党委副书记　史红民
徐辉（7月离任）

北京汽车集团有限公司

董事长　徐和谊
副董事长　吕振清
总经理　汪大总（4月离任）
代总经理　韩永贵（4月至11月）
张夕勇（12月任职）
副总经理　张夕勇（7月任职）
韩永贵　马童立
蔡速平　叶正茂
张欣（5月离任）
陈江（4月任职）
党委书记　徐和谊
党委副书记　吴淑文（女）（8月离任）
李志立（8月任职）

北京二七轨道交通装备有限责任公司

董事长　王东明（4月离任）
杨永林（4月任职）
副董事长　刘晓平
王东明（4月任职）
总经理　刘晓平（4月离任）
杨永林（4月任职）
副总经理　孙建军　闫建华
马建勋　高维寅
刘纯义　李海滨
党委书记　王东明（4月离任）
刘晓平（4月任职）
党委副书记　刘晓平（4月离任）
杨少波

南车二七车辆有限公司

总经理　史硕致
副总经理　杜向东
饶庶（兼任）

杨瑞欣　戴志勇
安　卫　孙　斌
党委书记　饶　庶
党委副书记　史硕致（兼任）
胡朝晖（女）

北京南口轨道交通机械有限责任公司

董事长　孙　凯（4月任职）
宋治贵（4月离任）
副董事长　张秀臣
孙　凯（4月离任）
总经理　孙　凯（兼任）
副总经理　谢传军
何金祥（1月离任）
曾建平（11月离任）
耿　刚（11月任职）
樊学军（11月任职）
武德全（11月任职）
王　珩（11月任职）
党委书记　张秀臣
党委副书记　宋治贵（4月离任）
孙　凯（兼任）
耿　刚（11月离任）
曾建平（11月任职）

北京化学工业集团有限责任公司

董事长　项大北
总经理　刘文超
副总经理　费广泰　吕德明
张　建　孙绍刚
苏建军
何燕卿（7月任职）
党委书记　项大北
党委副书记　刘文超　张荣立

北京金隅集团有限责任公司

董事长　蒋卫平
副董事长　段建国
总经理　李长利（12月离任）
常务副总经理　王建国
副总经理　陈志民（10月退休）
张建利　李建军
党委书记　蒋卫平
党委副书记　段建国

北京京煤集团有限责任公司

董事长　付合年
总经理　阚　兴
副总经理　潘振芳　孙德刚
肖志军　周建裕
党委书记　付合年
党委副书记　阚　兴　常海波

华北电网有限公司

董事长　马宗林（4月离任）
总经理　孙　刚
副总经理　张书豪（7月离任）
郭要斌（8月任职）
赵玉柱
赵　亮（10月离任）
郭　炬
党组书记　马宗林（4月离任）
郭要斌（8月任职）
党组副书记　孙　刚

北京电力公司

总经理　朱长林
副总经理　郭要斌（9月离任）
田　博（9月任职）
常世平　郑　林
李百顺　刘润生
安建国
党委书记　郭要斌（9月离任）
田　博（9月任职）
党委副书记　朱长林

北京一轻控股有限责任公司

董事长　张金钢
副董事长　郭秀健（女）
总经理　苏志民
副总经理　彭　林　王旭东
潘临珠（3月离任）
杜罗坤
张学清（3月任职）
党委书记　张金钢
党委副书记　郭秀健（女）
苏志民

北京隆达轻工控股有限责任公司

董事长　李　玎（女）（2月任职）
高书平（2月离任）
副董事长　李　玎（女）（2月离任）
总经理　张德华
副总经理　李　玎（女）（2月离任）

粟国锦　董　淳
党委书记　李　玎（女）（2月任职）
高书平（2月离任）
党委副书记　张德华
战　英（女）

北京纺织控股有限责任公司

董事长　杨文华
总经理　龙云泽
常务副总经理　李学彬
副总经理　林士昌　顾伟达
赵宏晔（8月任职）
党委书记　杨文华
党委副书记　龙云泽　王玉川

中国北京同仁堂（集团）有限责任公司

董事长　殷顺海
副董事长　梅　群
总经理　梅　群
副总经理　丁永玲（女）
张庆增（回族）
马保健（女）
顾海鸥
党委书记　殷顺海
党委副书记　王　泉　梅　群
陆建国

北京同仁堂股份有限公司

董事长　顾海鸥
副董事长　殷顺海　梅　群
总经理　高振坤
常务副总经理　谢占忠
副总经理　李济柱　刘向光
朱共培
宋卫清（女）
张建勋
党委书记　谢占忠

北京工美集团有限责任公司

董事长　李　节
副董事长　高颖维（女）
总经理　曹胜龙
副总经理　王　健　孟繁民
党委书记　李　节
党委副书记　曹胜龙　杨中俊
高颖维（女）（4月离任）

北京市民政工业总公司

总经理　姜　武
党委书记　姜　武

第十四届北京市工业和信息化职业技能竞赛获奖名单

为贯彻落实北京工业和信息化"十一五"发展规划纲要精神，加快培养高素质、高技能人才队伍的步伐，全面提升企业自主创新能力，促进北京工业和信息化经济持续、健康发展，由中共北京市委组织部、北京市经济和信息化委员会、北京市人力资源和社会保障局、北京市人民政府国有资产监督管理委员会、北京市教育委员会、北京市总工会、共青团北京市委员会、北京工业经济联合会共同举办的"第十四届北京市工业和信息化职业技能竞赛"。

根据京经信委发［2010］48号文件精神，决定授予陈欣等231名同志"北京市工业和信息化高级技术能手"称号，授予李英利等106名同志"北京市工业和信息化行业技术能手"称号，授予马成龙等28名同志"北京市工业和信息化最佳操作能手"称号。

北京市工业和信息化高级技术能手

加工中心操作工

曹彦生　北京新风机械厂
赵东明　北京金隅科技学校
刘　琪　首钢机电有限公司机械厂
陈　莹　北京长空机械有限责任公司
樊艳权　首都航天机械公司
梅良玉　中国航天科技集团公司第一研究院第十八研究所
梁庆林　北京新风机械厂
李远超　北京万东医疗装备有限公司
张敌龙　北京长空机械有限责任公司
丁飞飞　航天长征火箭技术有限公司

数控车床工

刘　朝　北京金隅科技学校
张　进　航天长征火箭技术有限公司
王建国　北京航星机器制造公司
于海玉　北京航星机器制造公司
范润森　航天长征火箭技术有限公司
冀晓渊　北京新风机械厂
王春光　北京第一机床厂
常崇洁　北京科电高技术公司
韩立宁　北京航星机器制造公司
刘　阳　北京北方车辆集团有限公司

数控铣床操作工

刘家成　北京新风机械厂
蒋京洪　航天长征火箭技术有限公司
李存海　北京空间机电研究所
赵振华　北京机电院机床有限公司
杨　剑　北京新风机械厂
韩　钢　北京空间机电研究所
李万佳　航天长征火箭技术有限公司
史文涛　北京星航机电设备厂
李学朝　北京航星机器制造公司
贾　宁　北京金隅科技学校

维修电工

周海虎　北京新北水水泥有限责任公司
赵　强　北京环境卫生工程集团有限公司一清分公司
李　岩　北京环境卫生工程集团有限公司二清分公司
郑　磊　北京环境卫生工程集团有限公司二清分公司
张立红　北京福田康明斯发动机有限公司
徐清松　北京环境卫生工程集团有限公司一清分公司
肖　遥　北京现代汽车有限公司
邓　强　北京环境卫生工程集团有限公司二清分公司
苏保桐　北京环境卫生工程集团有限公司二清分公司
刘　捷　北京奔驰汽车有限公司

焊工

张秀甫　北京市公用事业科学研究所
王久欣　北京市公用事业科学研究所

张华龙　北京巴威公司
王炳军　北京市公用事业科学研究所
史福海　北京市燃气集团有限责任公司高压管网分公司工程二所
韩积冬　库门瑙尔（北京）煤机配件有限公司
范　磊　北京市燃气集团有限责任公司高压管网分公司
周闹闹　北京巴威公司
张　伟　北京巴威公司
关中华　北京市燃气集团第四分公司

工具钳工

马成龙　北京新风机械厂
靳明鑫　北京金隅科技学校
张　学　北京航星机器制造公司
耿江超　首都航天机械公司
何东科　北京空间机电研究所
赵东洲　北人印刷机械股份有限公司
权　亮　北京空间机电研究所
吴培芳　北京新风机械厂
杨　波　北京毕捷电机股份有限公司
白文飞　北京奔驰汽车有限公司

电梯安装维修工

陶建伟　北京北安时代电梯安装工程有限公司
安河刚　北京九州电梯安装工程有限公司
陈　喆　北京首华优力维特电梯有限公司
胡永利　北京首华优力维特电梯有限公司
杨志全　北京铁路电气化学校
石博成　北京实创电梯工程有限公司
黄海波　北京首华优力维特电梯有限公司
李铁刚　北京市地铁运营有限公司机电公司
马锦泉　北京实创电梯工程有限公司
陈华军　北京实创电梯工程有限公司

计算机网络管理员

陈　欣　北京市燃气集团有限责任公司
刘　易　北京信息职业技术学院
张　磊　北京市燃气集团有限责任公司
李　昕　北京市燃气集协有限责任公司
于　丹　千橡互动集团
李欣欣　中国移动北京公司
李飞杰　北京阳光金网科技发展有限公司
臧雪松　首钢培训中心
邓凡星　北京信息职业技术学院
潘　宇　北京市燃气集团有限责任公司

无线电装接工

朱东臣　北京电子信息高级技工学校
张永刚　北京大华无线电仪器厂
韩愈嵩　北京长城电子装备有限责任公司
成士忠　北京北广科技股份有限公司
袁国金　北京电子信息高级技工学校
史利民　北京航天光华电子技术有限公司
董　玮　北京航天光华电子技术有限公司
薛　涛　北京航天光华电子技术有限公司
张　程　中国航天长征火箭技术有限公司第九研究所704所
王新华　同方威视技术股份有限公司

计算机操作员

高鹏飞　北京信息职业技术学院
孟　赛　北京电子信息高级技工学校
刘　畅　北京电子信息高级技工学校
陈　婷　北京信息职业技术学院
张雅静　北京北广电子集团有限责任公司

网络与信息安全工程师

孙　晶　中国移动通信集团北京有限公司
钟仁波　中国移动通信集团北京有限公司
张小奕　北京邮电大学计算机学院信息安全系
孙　乾　中国移动通信集团北京有限公司
李园园　北京能源投资（集团）有限公司
梁　浩　北京能源投资（集团）有限公司
马　翀　中国移动北京分公司
朱光伟　中国移动通信集团北京有限公司
宋　超　北京邮电大学计算机学院信息安全系
朱东来　中国移动通信集团北京有限公司

汽车装调工

马立璞　北汽福田汽车股份有限公司
董国强　北京现代汽车有限公司
梁启征　北京奔驰汽车有限公司
康小超　北京现代汽车有限公司
张　震　北京奔驰汽车有限公司
申宝杰　北京现代汽车有限公司
王海洋　北京现代汽车有限公司
杨　威　北京现代汽车有限公司

张　尹　北汽福田汽车股份有限公司
刘　洋　北汽福田汽车股份有限公司

发动机装调工

于历波　北京奔驰汽车有限公司
姜　剑　北汽福田汽车股份有限公司
卢艳波　北汽福田汽车股份有限公司
张立全　北汽福田汽车股份有限公司
曹　进　北汽福田汽车股份有限公司
杨希涛　北汽福田汽车股份有限公司
詹志远　北汽福田汽车股份有限公司
崔　淼　北京现代汽车有限公司
王志军　北京现代汽车有限公司
陈　争　北京现代汽车有限公司

涂装工

张柏峰　北京现代汽车有限公司
陈　嵩　北京现代汽车有限公司
田晓乙　北京现代汽车有限公司
于桂明　北汽福田汽车股份有限公司
陈　彬　北汽福田汽车股份有限公司
龚良玉　北汽福田汽车股份有限公司
王丙权　北汽福田汽车股份有限公司
王海明　北汽福田汽车股份有限公司
王守坤　北汽福田汽车股份有限公司
肖海营　北京现代汽车有限公司

医药商品购销员

王颖越　北京医保全新大药房有限责任公司
鲁　娟　北京医保全新大药房有限责任公司
姜　楠　北京医保全新大药房有限责任公司
甄　颖　北京医保全新大药房有限责任公司
杨铁艳　北京金象大药房医药连锁有限责任公司
胡志瑛　北京金象大药房医药连锁有限责任公司
任　娟　北京医保全新大药房有限责任公司
赵立刚　北京金象大药房医药连锁有限责任公司
姚晨光　北京医保全新大药房有限责任公司
司　宇　北京金象大药房医药连锁有限责任公司

中药调剂员

高培从　北京同仁堂连锁药店有限责任公司
董　岚　北京同仁堂连锁药店有限责任公司
王鑫荔　北京同仁堂连锁药店有限责任公司
王　铁　北京同仁堂连锁药店有限责任公司
康雪梅　北京同仁堂连锁药店有限责任公司
解　赟　北京同仁堂连锁药店有限责任公司
张　旭　北京同仁堂股份有限公司同仁堂药店
赵　军　北京同仁堂连锁药店有限责任公司
张　扬　北京同仁堂连锁药店有限责任公司
程　丹　北京同仁堂连锁药店有限责任公司

电子仪器仪表装调工

高宝玲　北京航天光华电子技术有限公司
曹　炜　北京航天光华电子技术有限公司
宋长英　北京博飞仪器股份有限公司
赵宏宇　北京京仪北方仪器仪表有限公司
宗　明　北京航天光华电子技术有限公司
门　璐　北京航天光华电子技术有限公司
冯　硕　北京京仪海福尔自动化仪表有限公司
张志军　北京京仪北方仪器仪表有限公司
王忠荣　北京京仪北方仪器仪表有限公司
于兴涛　北京京仪北方仪器仪表有限公司

平版印刷工

张亚奇　北京盛通印刷股份有限公司
王继东　北京日邦印刷有限公司
仵思帅　北京圣彩虹印刷公司
马金虎　北京当纳利印刷有限公司
曹世凯　北京雅昌彩色印刷有限公司
张培天　北京印刷学院

平版制版工

顾　涛　北京人教聚珍图文技术有限公司
何　欣　中国贸易报社
黄　青　北京宣武区第二职业学校
董鲁平　北京宣武区第二职业学校
孙海波　万向思维国际图书（北京）有限公司
苗逢春　北京印刷学院

钢琴及键盘乐器制作工

王　海　北京星海钢琴集团有限公司
胡成志　北京星海钢琴集团有限公司
吴健民　北京星海钢琴集团有限公司
刘宝成　北京星海钢琴集团有限公司
龙　珍　北京星海钢琴集团有限公司
张　玮　北京星海钢琴集团有限公司
郭保中　北京星海钢琴集团有限公司
冯德龙　北京星海钢琴集团有限公司
王鸣宇　北京星海钢琴集团有限公司
姚志军　北京星海钢琴集团有限公司

电力调度员

王　卫　北京市电力公司电力调度通信中心
张印宝　北京市电力公司电力调度通信中心
周运斌　北京市电力公司电力调度通信中心
潘　轩　北京市电力公司电力调度通信中心
王立新　北京市电力公司顺义供电公司
李彦龙　北京市电力公司朝阳供电公司
赵　杨　北京市电力公司电力调度通信中心调度处
李　晗　北京市电力公司电力调度通信中心调度处

变电检修工

徐成西　北京市电力公司变电公司检修二处
赵　杰　北京市电力公司变电公司检修二处
肖　羽　北京市电力公司变电公司检修二处
侯迎新　北京市电力公司变电公司检修二处
胡铁龙　北京市电力公司变电公司检修二处
蔡　亮　朝阳供电公司
刘继然　北京市电力公司变电公司
赵海龙　北京市电力公司变电公司检修二处

制氢装置操作工

黄艳红　燕山石化公司炼油二厂

乙烯装置操作工

高传宝　燕山石化公司化工一厂

飞机电缆工

薛　鑫　北京航天光华电子技术有限公司
李　莉　航天长征火箭技术有限公司
鲍兰英　北京航天光华电子技术有限公司
徐　璐　北京新风机械厂

景泰蓝点蓝工

张笑兰　北京市珐琅厂有限责任公司
罗淑香　北京市珐琅厂有限责任公司
何秀玲　北京市珐琅厂有限责任公司
李佩卿　北京禄颖兰釉艺工艺品有限公司
李玉香　北京禄颖兰釉艺工艺品有限公司
顾丽华　北京市珐琅厂有限责任公司
孙桂君　北京铭客诚景泰蓝工艺品有限公司
李淑舫　北京禄颖兰釉艺工艺品有限公司

缝纫工

李云燕　北京顺祥玩具有限公司
王海艳　北京凯艺玩具有限公司
张素芹　北京顺祥玩具有限公司

转炉炼钢工

张　勇　河北省首钢迁安钢铁有限责任公司炼钢作业部
栗国海　河北省首钢迁安钢铁有限责任公司炼钢作业部
王　振　河北省首钢迁安钢铁有限责任公司炼钢作业部

炉前工

刘　东　秦皇岛首秦金属材料有限公司
蔡核新　首钢迁钢炼铁作业部二高炉作业区
杨建涛　首钢迁钢炼铁作业部二高炉作业区

食品检验工

陈　宇　北京稻香村食品有限责任公司食

　　　　品厂
张　磊　北京一轻高级技术学校
侯　蕊　北京二商王致和食品有限公司
王莉娜　北京燕京啤酒集团公司
崔　凯　北京一轻高级技术学校

北京市工业和信息化行业技术能手

平版印刷工（报轮）

徐　林　光明日报社印刷厂
高　岩　北京日报社印刷厂
戴永刚　人民日报社印刷厂
张　海　北京日报社印刷厂
汪立新　解放军报社印刷厂
侯　震　人民日报社印刷厂

管乐器制作工

王立增　北京管乐器厂
张会兰　北京管乐器厂
纪　良　北京管乐器厂

聚乙烯装置操作工

任国宏　燕山石化公司化工六厂

SBS 橡胶装置操作工

刘　达　燕山石化公司橡胶一厂

气体深冷分离工

刘燕辉　燕山石化公司气体产品事业部

循环水操作工

李晓唐　燕山石化公司水务管理中心

机泵维修钳工

吴继秋　燕山石化公司生产运行保障中心

连铸工

范晓仕　河北省首钢迁安钢铁有限责任公司炼钢作业部
刘铁成　秦皇岛首秦金属材料有限公司
武宝文　秦皇岛首秦金属材料有限公司
高　超　秦皇岛首秦金属材料有限公司

轧钢工

李英利　首钢迁钢热轧作业部二热轧轧钢作业区乙班
焦彦龙　首钢迁钢公司热轧作业部

天车工

高俊明　河北省迁安钢铁有限责任公司炼钢作业部
郝永涛　首钢冷轧薄板有限公司
赵建宜　迁钢设备维检中心

机修钳工

张文洪　首钢设备维检中心轧材维检站高线作业区
张　永　首钢新钢有限责任公司设备维检中心
屈二龙　迁钢设备维检中心

化学分析工

宋鹏心　首钢技术研究院
安春玉　首钢技术研究院
张　培　秦皇岛首秦金属材料有限公司
刘飞宇　首钢迁钢质检站化验室

城转电动列车机械钳工

张建宏　北京地铁公司运营有限公司二分公司
杨风伟　北京地铁公司运营一分公司亦庄线乘务中心
闫　佳　北京地铁公司运营有限公司二分公司
夏志峰　北京地铁公司运营有限公司二分公司
宋　涛　北京地铁公司运营有限公司二分公司

城轨电动列车电气钳工

刘　铭　北京地铁公司运营三分公司太平湖维修中心
王素英　北京地铁公司运营二分公司
杨茗羽　北京地铁公司运营二分公司
贾杰峥　北京地铁公司运营三分公司太平湖维修中心
李玉洁　北京地铁公司运营二分公司

城轨变电值班员

田文深　北京地铁公司供电公司第三项目部
李　洋　北京地铁公司供电公司第六项目部
高　武　北京地铁公司供电公司第三项目部
刘世明　北京地铁公司供电公司第三项

目部
杨艺森　北京地铁公司供电公司第六项目部

城轨通信工

张丽娜　北京地铁公司通号公司中心项目部中心通信信号维护部
徐　祥　北京地铁公司通号公司维修七项目部
王　亮　北京地铁公司通号公司维修七项目部
朱松杰　北京地铁公司通号公司检修一项目部通信检修部
孙　冉　北京地铁公司通号公司维修一项目部

城轨电动列车司机

刘培亮　北京地铁公司运营二分公司
金钢柱　北京地铁公司运营二分公司15号线乘务中心
任圆圆　北京地铁公司运营在分公司太平湖乘务维修中心
乔永梅　北京地铁公司运营四分公司15号线乘务中心
赵　强　北京地铁公司运营一分公司5号线乘务中心

城轨信号工

刘长山　北京地铁公司通号公司维修一项目部
隋　鹏　北京地铁公司通号公司维修一项目部
高锺平　北京地铁公司通号公司维修一项目部
马兴华　北京地铁公司通号公司维修二项目部
张云飞　北京地铁公司通号公司维修七项目部

城轨线路工

贾金忠　北京地铁公司线路公司综合维修第一项目部
李根柱　北京地铁公司线路公司综合维修第三项目部
范建君　北京地铁公司线路公司综合维修第三项目部
云　飞　北京地铁公司线路公司综合维修第二项目部
张　楠　北京地铁公司线路公司综合维修第二项目部

车站值班员

白　宁　北京地铁公司运营二分公司
张　静　北京地铁公司运营三分公司前门站区
李　涛　北京地铁公司运营三分公司十号线国贸站区
李　涛　北京地铁公司运营二分公司
谭　川　北京地铁公司运营二分公司

多媒体作品制作员

刘雨红　北京电子信息高级技工学校
庞松睿　北京信息职业技术学院
宋　扬　北京信息职业技术学院
于朝博　北京信息职业技术学院
王德录　北京电子信息高级技工学校

智能楼宇管理师

王继文　北京信息职业技术学校
王小永　北京电子信息高级技工学校
江素颖　北京电子信息高级技工学校
单树明　北京电子信息高级技工学校
王金菊　北京信息职业技术学院

计算机网络管理员

刘　卓　北京首钢股份有限公司
孙　乾　北京京煤集团有限责任公司
赵　磊　北京京煤集团有限责任公司
李景红　北京京煤集团有限责任公司
陈　超　北京京煤集团有限责任公司
潘　宇　北京京燃气集团有限责任公司
范永军　北京京煤集团有限责任公司
张　珅　北京京煤集团有限责任公司
付　宇　北京京煤集团有限责任公司
张学军　北京市燃气集团有限责任公司
赵子君　北京市燃气集团有限责任公司
刘俊材　北京金隅物业管理有限责任公司
王　楠　北京市燃气集团有限责任公司物资供应分公司
刘　贺　北京京煤集团有限责任公司
耿　新　北京市燃气集团有限责任公司
王　亮　北京金隅物业管理有限责任公司
张　萌　北京市燃气集团有限责任公司
张　帅　北京金隅物业管理有限责任公司

闫　华　北京京煤集团有限责任公司
刘方一　北京京煤集团有限责任公司
汤天穹　北京市燃气集团有限责任公司
王　浩　北京首钢股份有限公司
王稼丰　北京金泰集团有限公司
郑　楠　北京金隅物业管理有限责任公司
张建元　北京金隅物业管理有限责任公司
周艳艳　北京金隅物业管理有限责任公司

北京市工业和信息化最佳操作能手

加工中心操作工
曹彦生　北京新风机械厂
数控车床工
刘　朝　北京金隅科技学校
数控铣床操作工
蒋京洪　航天长征火箭技术有限公司
维修电工
周海虎　北京新北水水泥有限责任公司
焊工
张秀甫　北京市公用事业科学研究所
工具钳工
马成龙　北京新风机械厂
电梯安装维修工
陶建伟　北京北安时代电梯安装工程有限公司
计算机网络管理员
陈　欣　北京市燃气集团有限责任公司
无线电装接工
朱东臣　北京电子信息高级技工学校
计算机操作员
高鹏飞　北京信息职业技术学院
网络与信息安全工程师
孙　晶　中国移动通信集团北京有限公司
汽车装调工
马立璞　北汽福田汽车股份有限公司
发动机装调工
于历波　北京奔驰汽车有限公司
涂装工
张柏峰　北京现代汽车有限公司
医药商品购销员
王颖越　北京医保全新大药房有限责任公司
中药调剂员
高培从　北京同仁堂连锁药店有限责任公司
电子仪器仪表装调工
高宝玲　北京航天光华电子技术有限公司
平版印刷工
于　姣　北京人教聚珍图文技术有限公司
蔡培举　中国铁道出版社印刷厂平版制版工
钢琴及键盘乐器制作工
王　海　北京星海钢琴集团有限公司
电力调度员
张印宝　北京市电力公司电力调度通信中心
变电检修工
徐成西　北京市电力公司变电公司检修二处
飞机电缆工
薛　鑫　北京航天光华电子技术有限公司
景泰蓝点蓝工
张笑兰　北京市珐琅厂有限责任公司
缝纫工
王海艳　北京凯艺玩具有限公司
转炉炼钢工
张　勇　河北省首钢迁安钢铁有限责任公司炼钢作业部
炉前工
刘　东　秦皇岛首秦金属材料有限公司
食品检验工
陈　宇　北京稻香村食品有限责任公司食品厂

优秀组织单位（排名不分先后）
北京电子控股有限责任公司
北京汽车集团有限公司
首钢总公司
北京一轻控股有限责任公司
北京京煤集团有限责任公司
北京市地铁运营有限公司

中国石油化工股份有限公司北京燕山分公司
北京市电力公司
北京赛迪网信息技术有限公司
中国移动通信集团北京有限公司
北京市燃气集团
北京航天光华电子技术有限公司
北京医药行业协会
北京工艺美术行业协会
北京玩具协会
北京食品协会
北京印刷协会
北京信息产业协会
北京新风机械厂
北京信息职业技术学院

京工人物

【闫承宗——北京工业战线杰出的领导者】
闫承宗，1929年3月出生，汉族，中共党员，1954年6月毕业于北京钢铁学院冶金系，曾历任北京市冶金局副局长，首钢公司副经理，北京有色金属总公司党委副书记、代经理，北京市经济委员会党组书记、主任，北京市人大常委会财经委员会主任。闫承宗在北京市经委工作期间（1984年9月～1991年8月），带领工业战线职工，在20世纪80年代改革开放前沿勇于进取。在推行承包经营责任制、优化劳动组合、引进先进技术改造传统工业、企业改组联合等方面，留下了那个时代工业改革发展的历史印迹。1985年为扩大企业自主权，他组织制订了北京市搞活工业企业的十项政策，1986年在全系统推行了生产目标责任制，在全市企业中大面积推行了厂长责任制，保持了生产的稳定发展，采取“撤、并、转、调”的措施，完成了对58个二级公司的改革。1987年在435户全民企业中推行以“两保一挂”为主要内容的承包经营，有力地推进了生产发展，国家经委在考核京、津、沪三大城市的十项动态经济指标中，北京市有8项处于领先地位，总评第一。在上述工作中，闫承宗发挥了重要的组织领导作用，他参加研究制订了北京工业发展的战略规划，组织了全市规划工业部分的制订工作，提出发展适合首都特点的主要工业产品的基本思路，推动企业发展横向联合，组建了雪花电器、长城风雨衣等一批企业集团。实行“三优一奖”政策，坚持每年抓一百种出口、支农、紧俏产品和一百种小商品的生产，保证了市场需要。着手制订十五个重点产品发展规划，有步骤地调整生产布局和能力，治理污染、扰民企业。他还大力推进工业支农、工农协作、城乡一体化和企业技术进步，取得了良好的成效。1994年退休后，作为一名有60年党龄的老党员，闫承宗要求自己活到老、学到老、奉献到老。为及时了解党和国家大事，了解北京市经济发展状况，他经常读书、摘抄资料，深入调研，认真思考，动手写作，提出建议。十多年来写出各类文章113篇，近60万字。许多文章刊载在北京工业经济协会和机关的刊物上。他阅读大量中央有关经济政策和改革文件资料，深入企业调查研究，写出了较好的调研报告和专题文章，并获得中国工经联颁发的“创业奖”。1996年10月闫承宗身患肝癌，做过多次手术，2001年，他肝癌复发，被切除四根肋骨，先后住院几十次，他忍受着治疗过程中的剧烈疼痛，用坚定的意志、乐观的精神与病魔做着顽强斗争。在患病期间，他资助一个因家庭贫困而失学的孩子，每年捐助3000多元，使其考入大学。不仅如此，他还曾多次帮助希望小学的孩子们。印尼海啸及四川、玉树地震捐款6000元，机关老同志病困捐款1000元，他患病十余年，大量的自费药已用去了不少的退休金，但他从未因此而停止过爱的奉献。闫承宗同志是七届、八届全国人大代表，九届、十届北京市人大代表。

（市经济信息化委离退休干部处）

【马建川——技术创新能手】　马建川，1970年4月出生，汉族，大学本科学历，中共党员，高级工程师，毕业于四川工业学院。1992年7月参加工作，历任北京第一机床厂铣床研究所电气设计员、主任设计员、铣床研究所所长、重型机床制造部副部长，现任北京第一机床厂重型机床制造部部长、党支部书记。1996

年，马建川任电气主任设计，他始终坚持工作在为中国第二重型机械公司生产的 XKA2150×170 超重型数控龙门镗铣床的调试现场。其间，爱人怀孕、母亲因心脏病住院，他都没能及时照顾，最终使该机床达到设计标准。直至今日，该机床在用户的生产中仍发挥着不可替代的作用。1999 年，他首次规范了立卧转换刀库机械手电气 PLC 控制程序及用户界面的开发，后续产品皆采用了这一控制规范，极大地提高了产品的稳定性。2005 年，北京市第一机床厂在 2 个分厂、3 个处室的基础上成立了重型机床制造部，马建川大力倡导实施企业信息化建设，推行生产制造流程的计算机管理，在各方的大力支持下，最终组建了制造部的 ERP 系统。经过一年半的艰苦努力，完成了制造部产品设计、工艺、采购及生产的数据化管理，实现了制造部管理的有效控制和高效运行的统一。同年，按照北京市城市规划，北京第一机床厂需要从建国门外整体搬迁到顺义林河工业开发区，马建川认真组织机械、电气各方面人员多次论证，制订了详细的改造计划。在搬迁改造中，他始终盯在现场，保证改造的顺利进行，一台 20 世纪 80 年代末投入生产的 XKA2150×280 机床只用了不到 2 个月就顺利完成了搬迁改造任务，比原计划提前了 1 个月投入生产恢复使用。2009 年，马建川承担了国家科技重大专项课题“数控重型桥式龙门五轴联动车铣复合机床”的研究，完成三台“数控重型桥式龙门五轴联动车铣复合机床”的研制，填补了国内空白，其技术水平达到国际先进、国内领先。同年，马建川从德国科堡学习回来后立刻参与到立车调试实践的工作中，并在不到半年的时间里完成了立车的电气设计、工艺工装准备等工作，使北京第一机床厂第一台 12.5 米大型立车很快投放市场。四川汶川大地震发生后，马建川积极为灾区捐款，并交纳特殊党费。地震造成北京第一机床厂在四川地区的重点用户——东方汽轮机厂、东方电机厂损失严重，特别是地处汉旺镇的东方汽轮机厂损失巨大。震后半个月，马建川随厂里的抗震救灾小分队赶赴灾区，为受灾严重的东方汽轮机厂、东方电机厂等用户调试设备，为震后尽快恢复生产作出了自己的努力，受到用户的极高评价，表现出了一名共产党员的先锋模范作用。作为制造部的主要管理人员，他高标准严格要求自己，克服困难，始终把工作放在第一位。作为电气专家，他总是在设备出现故障的第一时间赶赴现场，哪怕是深夜。出差对他来讲是家常便饭，哪里需要，他就会出现在哪里。马建川 2003 年被评为北京市职工技术创新能手，2005 年获得北京市优秀合理化建议奖，2008 年被全国机械工业联合会、人力资源和社会保障部授予“全国机械工业劳动模范”称号。

（京　城）

【王新——首都劳动奖章获得者】 王新，1976 年 11 月出生，汉族，中共党员，现任北汽福田汽车股份有限公司总装部工段长。王新在担任调试工段工段长期间，带领全体职工保质保量完成部门交给的各项任务。2010 年，一款生产产量高、车型较复杂的汽车，给调试工段带来很大压力。为了圆满完成部门交给的任务，他积极协调，主动工作并长期加班加点，克服人员少和身体疲劳等困难，科学整合调试资源，按时完成了日生产计划调试和入库任务。针对日常调试过程中的质量保证控制难度大的问题，他从调试工标准作业、操作顺序、工艺要求的培训入手，加强员工的理论知识培训，选拔一批作风硬，技术精的老员工担

任讲师，总结调试经验，将先进的调试方法传授给其他员工，大大地提高了调试工段整体作业水平，避免了调试过程中批量质量问题的发生，使调试效率提升了 10%左右。调试属于特种作业，又是单兵作战，安全管理非常重要。他把抓安全、促生产作为调试过程的重要一环，做到眼勤看、腿勤走、嘴勤讲，始终坚持每日召开班前会，把强调行车注意事项和安

全操作规程当做必修课。每天在调试区域巡查，及时找出影响安全生产的瓶颈，对违反安全规定的人和事进行耐心的引导和教育，及时解决存在的问题，有效地保证了安全生产。2010年底，王新调整到报交工段担任工段长。他创新管理思路，从理顺生产顺序入手，大胆改变运行方式，将3个班组整合。根据员工的技能、素质进行合理调整，打破单兵作战、各自为政的生产模式，增强了团队间的协作意识，大大提高了报交工段的整体工作效率。货箱装配线的作业延时由原来的60分钟缩短为20分钟，同时也保证了返修区的车辆不超过5台。实行质量管理指标到人，奖罚严明，降低了百台缺陷项次，使小故障不过工位，大故障不下线，各项质量指标得到了有效的监控和预防，提升了报交工段的装配、维修水平和效率。王新的工作得到了领导和员工的认可，2010年度被评为福田公司劳动模范，2011年荣获首都劳动奖章。

（北　汽）

【尹长福——兢兢业业工作的劳动模范】　尹长福，1955年出生，中共党员，北京达美恒力物业管理有限责任公司供热制冷主管。2011

年荣获首都劳动奖章。在工作初期，他积极主动熟悉设备的基本状况，紧紧跟随专业技师们一起工作，利用业余时间努力学习换热站的运行管理知识，参加机关部门主办的有针对性的专业课程培训班，并且结合实际工作情况向技师及业务相关人员请教，在较短的时间内使自己的专业知识得到大量的补充，保证了工作走向正轨。从2001年开始接手管理2个换热站的运行，到2010年的管理27个换热站点，供热面积高达300多万平方米。10年来，他管理的站点未发生任何人身及设备事故，确保安全、平稳运行，得到了各个小区业主们的好评，实现了零投诉，并且得到了热力集团各级领导的高度认可。由于换热站点较多，有个别小区的站点设备比较陈旧，难免会发生意想不到的事故。有一年冬天，有个换热站的冷凝水泵凌晨3点突然发生故障，得到通知后他马上赶到现场，带领站点员工一起分析原因，寻求最高效、最保险的解决方案。情况十分危急，如不及时将冷凝水从地下室排出去，设备将无法正常工作，势必会造成停暖，影响居民正常生活。在他的领导下，最终决定接入临时管路将水排出。天亮上班后他与专职维修人员一起下井继续进行维修工作，彻底排除故障后他才离开，确保了小区的正常供暖。有些小区建成时间比较早，供热管路存在腐蚀老化等多种不良因素，很容易发生管路破裂或渗漏现象。在每天进行设备检查及维护时，站点人员有时突然发现补水出现异常，第一时间通知到他时，他毫不犹豫立刻放下手中的其他工作，及时赶到事发现场和维修人员一起查找原因并立即处理，挖管路、排水、焊接等，直到恢复正常供暖的那一刻，他和工作人员才深深地舒了一口气。在换热器出现故障，水温无法上升，直接影响到小区供暖等各类设备出现问题时，他都会尽快与员工沟通协调并查找原因，确定故障后立即排除，消除安全隐患。他时刻提醒自己，对于换热站的各类设备来说，如果不能及时排除故障，就会造成换热器的损坏，不光直接影响到小区居民的正常供暖，还会造成重大事故。面对问题、面对困难，他首先想到的是如何解决问题、并站在居民的角度上去考虑问题、去解决问题。

（北京经济技术开发区）

【刘利克——万博苑食府当家人】　刘利克，1966年4月出生，汉族，中共党员，1984年6月参加工作，现任北京金泰集团海淀分公司副总经理兼北京金泰万博苑餐饮公司经理。刘利克原是北京金泰集团公司海淀分公司万寿寺煤厂管理员，随着北京市居民燃料结构的改变和城市环境改造，煤厂煤炭供应业务停止，员工面临失业下岗。他在困难面前，努力探寻企业发展出路，在对煤厂周边环境调查后，决定涉足餐饮业。他与员工一起，用5个月时间，将煤厂的储煤棚改造成近1000平方米能容纳

300人就餐的餐厅，创建了北京万博苑食府并于2004年底对外营业。为及时掌握餐饮业管理知识，他在实践中不断学习，先后自学了《餐饮业成本核算知识》、《财务管理》、《市场

营销策略》、《服务礼仪》等专业知识，还参加了高级工商管理培训班，报考了经济管理本科班等。他组织员工进行烹饪技能、服务意识、礼仪规范等多方面的强化培训，建立健全多项管理规章制度，为顾客开辟了多种服务项目，使万博苑食府逐渐打出了名气，创出了品牌。优质美味的饭菜、周到的宾馆式服务，受到客户的欢迎。他根据食府的条件，千方百计增加服务项目，扩大业务范围，增加营业收入。夏季，他们利用食府门前空地开办夜市。中秋节，他们适时购进月饼原料、磨具，精心制作十余种风味月饼出售。他们还采取走访用户、网上发布信息等措施，扩大食府销售食品和饭菜的销路，预订团体和单位就餐。春节期间，推出“全家团圆”等多款家庭套餐。食府还开辟了代替酒后客人驾车、帮助就餐客人更换汽车轮胎等业务，吸引了众多回头客。一次，总政话剧团有一场演出要到深夜，找了多家餐馆都没谈妥夜间就餐问题。刘利克得知后，主动让万博苑食府承担了这一任务。他带领食府的服务人员连续加班忙到次日凌晨3点多钟，150多名演职人员非常满意，赢得话剧团的美誉。此后，话剧团曾多次到食府举办宴会。食府紧邻的万寿寺艺术博物馆经常举办学术活动，食府主动与博物馆达成服务协议，博物馆所有宴请活动均由食府送餐到馆，服务人员到馆为客人提供服务。双方建立了长期合作关系，博物馆成为食府的长期客户和比较稳定的收入来源。刘利克在管理中发现原料流转速度和单价直接影响食府的经济效益，就采取配料量化管理方式，减少了原料的消耗量和库存积压，加快了原料流转。为减少采购的中间环节，他改变供货商送货上门方式，经常早晨5点到新发地进菜，虽然辛苦，占用了自己的休息时间，但降低了采购单价，保证了原料的新鲜，给食府节省了开支。食府的口布、台布送到外面清洗，每月要产生3000多元费用。他挖掘潜力，改造废弃的煤厂房屋，购置洗衣设备，开办了清洗店，既满足了食府自身需要，也为其他餐厅提供清洗服务，每年节约费用3万多元，创收3万多元，还为职工增加了就业岗位。在刘利克的带领下，万博苑食府经营得红红火火，营业额不断破纪录，开业5年来，实现经营总收入2600万元。2009年，万博苑食府进行了大规模改造，成为所在地区的餐饮品牌，刘利克被提拔为海淀分公司总经理助理兼任万博苑食府经理。刘利克又开始进行跨地区经营，2010年7月8日，在朝阳区开办了百子湾万博苑食府。2011年12月，又在香山地区开办了四王府万博苑食府。成立北京金泰万博苑餐饮有限公司，实现万博苑食府连锁经营。刘利克担任了北京金泰集团海淀分公司副总经理，管理范围有饭店、旅馆、写字楼、物业、煤炭供应等9个方面的众多经营网点。刘利克在2006～2008年连续3次被评为北京市经济技术创新标兵，2006年被评为北京知识型职工，2007年被评为全国知识型职工先进个人，2008年获首都文明职工荣誉，2010年荣获北京市劳动模范称号。

（潘会楼　汪智利）

【刘晓东——首都劳动奖章获得者】　刘晓东，1964年7月出生，汉族，中共党员，本科，工程师。1987年7月参加工作，现任京东方科技集团股份有限公司首席运营官，2011年

度首都劳动奖章获得者。刘晓东现任京东方集团全球制造官，是京东方TFT—LCD事业的产业带头人，是TFT—LCD产业知名专家，先后担任建设和运营京东方第5代TFT—LCD生产线项目以及建设、运营中国大陆首条第6代TFT—LCD生产线项目的管理工作。自2003年9月，他通过技术引进，带领几百名中国工程师投入到京东方第5代TFT—LCD生产线的建设，并于2005年5月实现建成投产。该项目的建成投产标志着京东方全面实现了TFT—LCD核心技术的引进、消化、吸收和再创新，为京东方乃至中国大陆的TFT—LCD事业奠定了发展基础。基于此项目的成功，京东方依靠自己的能力先后完成第4.5代线、第6代线、第8.5代线的建设运营。2008年4月，刘晓东担任中国大陆首条第6代TFT—LCD生产线项目建设总指挥。作为项目总负责人，他带领6代线项目组认真贯彻"五同时、五确保、五典范"的原则，发扬艰苦奋斗的创业精神，克服各种困难，从开工建设到正式量产，仅用了短短18个月的时间，在一片荒地上建起了一座世界一流的现代化工厂，其建设速度、建设质量等均达到国际领先水平，得到了中央和各级政府领导的高度认可。京东方6代线的建设，结束了我国大陆大尺寸液晶电视屏全部依赖进口的局面。自量产以来，6代线良品率在第一个月就达到90%，目前良品率已超过95%，而且持续稳定，创造了全球6代线建设历史上的新纪录。刘晓东是TFT—LCD领域的知名专家，他在中国TFT—LCD技术引进、消化、提升和创新方面做出了优异成绩，尤其在TFT—LCD生产线设计优化、设备选型等方面，取得了很多重要的开创性的技术改进。刘晓东非常注重技术人才的培养，造就出一大批TFT—LCD产业管理和技术人才，为中国TFT—LCD产业发展做出了积极贡献，也为企业发展做出了突出贡献，刘晓东是一名优秀的技术管理专家和科技领军人才。

（电　控）

【邢树新——全国轻工行业劳动模范】 邢树新，1969年7月出生，中共党员，现任北京·格雷斯海姆玻璃制品有限公司成型部经理，主要负责管理成型部6条生产线的产品生产、设备技术改造、生产技术创新、安全生产等工作。邢树新立足本职工作，凭着勇于创新的精神和扎实的技术功底，带领成型部员工进行技术改造、技术创新等工作，为公司增产、增效节约了大量资金。为适应公司小批量、多品种的经营方针，满足国内外市场的需求，他在研究国

外产品更换的程序和工艺后，提出了缩短更换产品的时间、提高工作效率的工作模式，结合成型的实际情况，充分吸收利用国际先进管理模式，提高了劳产率，为公司增加产值。他在成型部全面推行5S管理方法，使成型部的工作环境、工作现场、工作规范、工作意识有了一个质的飞跃。在玻璃厂工作过的人都知道，成型行列机是最脏、最累的地方，也是最不好管的地方。通过使用5S方法的现场管理，成型部门行列机的工作现场有了非常大的改观，将无序变为有序，面貌焕然一新。他还改进生产线传动系统，原来推瓶机和输瓶机传动系统都是采用美国的PIV变速传动方式，这种传动的弊端就是稳定性差，而且维修费用非常高，仅一条小小的PIV传动链就需要1000多元，每条生产线每年的维修费用需要16万元。邢树新与相关人员一起，通过走访玻璃机械制造厂，研究相关资料，反复研讨选型方案，最后确定把原来的PIV传动系统改为变频传动。由于是自行设计，并且所用的机电装置均从国内采购，因而改造6条生产线传动系统仅使用资金7.2万元，这项改造为公司每年节约维修费用96万余元。为了保证正常生产，他大胆地提出用国产备件替代进口备件，这需要具有过硬的机械常识和过人的胆略，承担着失败的风险。通过对玻璃机械生产厂家和玻璃备件公司的考察，并且谨慎地试用几个厂家的备件后，最终选定了物美价廉的国内厂家备件。几年来，在国产备件替换进口备件方面节约资金

456万元，成效显著。2008年邢树新兼任生产部经理，正值公司一号炉的大修，该项目总投资3500多万元，时间紧、任务重，为确保该项目按质按时的完成，邢树新率先垂范身入一线，现场解决工程中的实际问题，确保了该项目安全无事故，并按时按质地完成任务。十几年的工作中，他积累了丰富的实践工作经验，同时为提高理论水平和文化知识水平，他利用业余时间完成了大专和本科所有课程的学习，并获得学士学位。特别是公司与德国公司合资后，为了能够与外方人员更好地交流，他刻苦学习英语，现在已经能够直接用英语与外方人员探讨管理和技术问题。正是他的这种挤劲和钻劲，使他在同龄人中脱颖而出，成为公司出类拔萃的复合型管理人才。邢树新时刻以党员的标准严格要求自己，在工作中任劳任怨，加班加点，同时积极引导和团结、鼓励周围的同志，使其负责的部门无处不体现出和谐、积极向上的工作氛围，多次荣获北京市、一轻总公司和集团的嘉奖。2002年，邢树新被评为北京市经济技术创新标兵。2004～2006年，他领导的成型部技术攻关小组连续3年被评为北京市经济技术创新优秀班组，2007年邢树新荣获全国轻工行业劳动模范称号。

（一轻控股）

【杨洁——爱岗敬业的一线首席职工】 杨洁，1958年10月16日出生，中共党员，工人技师，现为同仁堂科技发展股份有限公司通州生产管理基地提取车间班组长、首席职工。32年来他始终工作在生产一线，立足本岗刻苦钻研，勇于探索，不断创新。先后在多个生产岗位上工作，排疑解难实施了多项技改项目，提高了生产效率。2005年，随着生产规模的扩大，科技公司组建了通州生产管理基地，面对全新的工装设备和新的工艺标准，杨洁刻苦学习“减压干燥”、“喷雾干燥”相关操作技术，成立技术攻关小组，开展了多项经济技术创新活动。在“真空干燥”试产中，采用真空抽水分、气压定温度等措施，解决了“牛车肾气丸”等浸膏干燥流失问题，稳定了品种的浸膏收得率。在“喷雾干燥”设备的试生产中，他在进一步总结不同剂型、不同品种浸膏喷雾干燥试生产实验数据的基础上，结合实际，制定出相应的《喷雾干燥标准操作程序》文件，加强了该生产工序的技术指导。针对浓缩六味地黄丸“丹皮酚”含量结晶体提取量不达标的问题，杨洁根据原料的特性，采取“水蒸气蒸馏法”提取芳香水，经过对蒸气压力、提取时间、冷凝水流速、静置温度等4个操作步骤的反复试验，确定了每步的最佳操作参数。“丹皮酚”收得率上升至12千克～15千克，达到并超过了工艺要求的标准。同年，“提高浓缩六味地黄丸丹皮酚结晶数量工艺”技术创新项目获得了北京市经济技术创新优秀成果奖。2007年6月，在实施“降低乙醇消耗”的合理化建议过程中，他对整理出的不同方案进行可行性分析，配合生产进度安排课题实施，采用多能提取锅密闭回收乙醇，实际运行效果明显，乙醇回收浓度达到90％以上，完全实现投入再生产。2009年，为了落实“提高主导产品的投入产出比”、“提高产品的一次合格率”、“有效控制产品生产周期”等专项工作，杨洁带领攻关小组，盯岗跟班操作，积累数据，在保证出膏率的前提下，提高“感冒清热颗粒”的投料比例，缩短了生产周期，降低了生产成本，为公司“降五高”工作再创佳绩。2010年，杨洁荣获北京市劳动模范称号并多次获得集团公司级、科技公司级先进生产者荣誉。2005～2009年期间连续被聘为同仁堂首席职工。

（葛 冰）

【杨燕——创新型和实干型的技术人才】 杨燕，1964年10月出生，是北化集团所属北京华腾橡塑乳胶制品有限公司研发部的技术骨干，公司技术攻关小组的主力成员。多年来她主持完成或参与完成了多项新产品的研发，是创新型、实干型的技术人才。风力发电机组是我国战略性新兴产业，是低碳环保无污染的新型能源产业，与之配套的橡胶产品要求阻尼值高，技术性能与工艺性能都要达到国外同类产品水平，也是企业新的经济增长点。杨燕潜心研究，反复试验，最终确定了配方和工艺，攻克了阻尼橡胶片和阻尼粘弹胶片的技术难关，于2009年试生产，2010年正式投产，当年就生产了35万米，产生经济效益390万元。2011年创造700万元的经济效益。她还同其他技术人员一起协同作战，完成了高速列车阻风板的研制工作。此项产品主要应用在动车组高速列车中，起着挡风、减阻、提速、节能的作用。目前已应用在京沪城铁、京广线高铁等线路上。自2009年至今，共生产10058片，实现经济效益630万元，取得的社会效益更是无法估量。近两年，杨燕主持研发成功了几个较大的课题，比如应用于国防工业方面的特种胶囊，体量较大，胶片厚度却不到2毫米，经过强酸强碱的腐蚀后，性能指标下降不大，外观色泽没有变化；她主持研发的高附加值特种胶板，改进了特种橡胶的硫化体系，解决了鼓

式硫化机工艺问题，提高了生产率，自2008年投产，已为企业创造了千万元的产值；她主持研发的绝缘胶板，广泛应用于电力系统，虽然厚度只有2毫米，却能耐3万伏的电压。另外，在企业技术革新、新材料应用、节能降耗、降低成本等方面她也做了很多工作。为解决出口运动胶板表面产生划痕问题，她连续几天没有回家，废寝忘食，多渠道选择材料，改进工艺和配方，最终解决了划痕问题，避免了被外商索赔事件的发生，赢得了公司领导的赞誉。杨燕工作经验丰富，为了培养更多的专业技术人才，她在带徒弟的过程中，毫无保留，倾囊相授，体现了一名共产党员的优秀品质。杨燕荣获2011年度首都劳动奖章。

（蔡玲红）

【李江——革新能手】　李江是燕山石化公司生产运行保障中心第三作业部的工段长，钳工高级技师，主要负责机泵维修工作。李江认为维修工人不仅要维护设备安全运行，还要想办法降低劳动强度，安全体面地工作。为此，李江用废旧设备的零部件发明了机泵检修旋转工作台，实现了机泵维修从“人拉肩扛”到“安全体面”的转变。操作间宽敞明亮，地面用

红、黄、蓝不同颜色划分成待修区、作业区、试验区，功能清晰，井然有序。只要将待修机泵固定在上面，过去三四个人才能完成的工作，现在一个人就可以轻松完成了。之后，李江又研究利用风动和电动功能，使它不仅能完成机泵检维修，还能进行清洗和刷漆，让检修过的机泵焕然一新。在实现安全体面工作后，李江本着达到“必须加强日常保养，提高检修质量，不让设备带病运行；必须深入研究每台设备的运行规律，提前防范，主动维护”的目标开始了原始数据的积累工作，真实记录设备故障时间、原因、性质、周期及运行参数，并把这些数据制成图表。他还主动与工艺人员一起对这些图表进行分析研究，准确推断出每种设备发生故障的规律，制定提前维修的方案。2010年，李江工段维护的设备故障率比2009年下降50%，比2008年下降75%；班组由每月维修机泵40台，到平均每月只维修三四台，预知维修率达90%；每年节省机械密封和轴承费用120多万元。李江工段负责转动运行设备的检修人员，由几年前的40余人下降到现在的10余人。为了实现从“随意性作业”到“标准化管理”，李江发明了生产运行保障任务单。在任务单背面，清楚地标明了泵的位置、介质、压力、温度等，不同设备的维修内容及质量标准都有详细说明，维修人员的注意事项、所需的专业工具、检修难点也被一一列出，提高了工作效率，更重要的是保证了人身安全。经过长期实践，职工们由最初的不认可到最后都踊跃加入到设计作业指导书的工作中，目前他们设计出4大类20种作业指导书。李江认为作业指导书不仅为检维修增加了安全和技术保障，而且使队伍的凝聚力增强了，发现问题大家一起讨论，整个集体的进步也快了。近年来，李江完成大小革新25项。2011

年，他荣获“全国五一劳动奖章”。同年，他所在的生产运行保障中心第三作业部也荣获“北京工人先锋号”称号。

（孙　明）

【李侠——全国五一劳动奖章获得者】　李侠，1957年7月出生，汉族，中共党员，现任北京现代汽车有限公司采购本部副本部长。李侠2002年加入北京现代汽车有限公司，历任综合采购部部长、采购本部副本部长职务。工作

9年来，她努力贯彻北汽集团公司提出的“集团化发展”的战略思想，认真落实北京现代公司“内涵式增长管理创新”理念，带领北京现代采购本部团队勇挑重任，不仅圆满完成了合资公司的运营，更促进了北京汽车集团化发展，为振兴首都现代制造业、提升首都汽车工业水平、促进我国汽车自主研发实力，做出了突出的贡献。2002年北京现代成立之初，为降低采购成本，提供公平、公正、透明的企业选择平台，李侠提出对于采购金额较大的设备采购项目要采取国际招标的方式进行。最初作为北京现代投资方之一的韩方领导对此并不理解，以建设工厂时间紧为由一直反对，但李侠据理力争，终于说服外方。截至2010年底，通过国际招标的方式为北京现代节省设备采购金额上亿美元，这种选择方式最终获得北京现代中外双方领导的一致认可。2007年2月，刚刚升任采购本部副本部长的她在公司销量下滑、利润衰减的困境下，认真思考、查找问题、分析原因，发现在现有采购体系中，过多依靠战略采购方式即指定供货厂家，这种选定方式在企业成立之初，为北京现代的快速发展奠定了良好的基础，但在现阶段已经无法适应北京现代发展的需要，并且给公司利益带来了严重损失。经过认真考虑，李侠最终确定了在零部件采购体系推进竞标采购方式，逐步推进新阶段的采购体系建设——以竞标采购为主，战略采购为辅。在她的带领下，通过这一政策的准确制定和有效实施，采购本部将同级别车型成本降低20%以上，累计为公司节约成本近百亿元。在上级领导的支持下，李侠通过新车型的开发，逐步引入北汽集团零部件企业，扩大集团零部件企业在北京现代采购体系中的比重。截至2010年，集团内零部件企业配套率由最初的不足5%，提升到目前的20%以上，增长近4倍。新车型开发中，集团零部件企业参与度也达到了近90%，集团采购金额累计数十亿元，同比增长近30%，这一成果促进了北京汽车集团工业零部件平台整体实力的提升，对提高自主研发水平，起到了至关重要的作用。李侠2011年获全国五一劳动奖章。

（北　汽）

【李霞——挡车工的楷模】　李霞，1982年9月出生，现为北京京棉集团巨龙纺织有限公司挡车工。李霞1999年7月进入国棉二厂布机车间，一直工作到2006年3月公司搬迁调整停产。2008年3月，李霞怀着对纺织的无限热爱，来到了京棉集团所属企业巨龙公司继续

从事织布挡车工工作。布机车间实行的是三班两运转，劳动强度比较大，也很辛苦。但李霞工作十分努力，踏踏实实，任劳任怨，操作技术始终在优级水平，生产成绩也非常突出，月月完成产量创新高，所承担的挡车任务是其他挡车工的1.33倍。2010年，全年产量完成51292689纬/月，是其他挡车工的1.47倍，出疵布率远远低于同岗位挡车工。平日里，公司人员流动性大，车间人手紧，每当遇到这种情况，李霞总是积极主动地配合车间领导的工作，克服困难，经常到公司加班加点。车间也常常是哪里活儿难做就把她调到哪里，但她从无怨言、绝对服从，并且开动脑筋想办法，很快就把新的工作做好。工作中，李霞还是个闲

不住的人，抓紧时间处理好上下工序的配合。挂完轴后，就主动协助过头，对于快了机的机台，能当班解决的就决不留给下一班，严格确保工作进度。李霞对于个人操作技能的提高更是重视有加，对于车间班组安排的技术培训和学习，她每次都是积极参加从不缺席，她在公司举办的职工“操作运动会”和劳动竞赛中，每次都能取得好成绩。由于操作能力强，工作自觉性高，加上工作中有种不服输的精神，无论多乱的台位到了她手里都会变得井井有条。一个月完成产量最高不难，难的是月月保持产量最高，她的突出成绩和出色的表现得到了公司上下的普遍认可。她是一位出色的农民工，也是农民工的楷模。由于她的努力和付出，2009年李霞被评为控股公司“三八”红旗手，2010年被评为公司级标兵，2011年荣获首都劳动奖章称号。

（李　颖）

【张键——首都劳动奖章获得者】　张键，35岁，现任北京宏达日新电机有限公司质量主管。他是一名精通六氟化硫组合电器的设计、施工、安装、调试、技术指导各个方面的行家里手；他是一名在六氟化硫组合电器领域潜心钻研实践了15年的由中专生成长起来的电气工程师。虽然他起点不高，却以自己超凡的毅力和敬业之心，设计、安装调试了祖国各地的上百座变电站的千余台六氟化硫组合电器，用自己的专业技术和专业精神，及时协助用户发现并成功排除各类安全隐患。张键深知科学知识是提高生产力的源泉，为了更好地适应以后的工作，他购买了许多电力系统方面的书籍，认真阅读，努力提高业务理论水平。他利用业余时间分别完成了大学专科和本科的学业，并取得了电力专业电气助理工程师的职称。他在自己的岗位上默默耕耘、勤于钻研，在平凡的岗位上谱写了灿烂的青春乐章。2003年，张键进入北京宏达日新电机有限公司工作，担任质量负责人。宏达日新的产品科技含量很高，时值公司成立初期，各项制度急需建立。在没有任何参考借鉴的条件下，他积极思考，潜心琢磨，起草制定了十几项质量管理考核的制度、办法，使质量工作迅速步入正轨，为公司的生产及质量控制打下了良好的基础。同年张键被公司第一批推荐到日本总公司进行深造，进一步学习日本的先进管理方法和经验。他提出了班组管理应遵循“严、细、勤、全、新”的工作特点，要勤于思考、勤于管理，并严格

认真地带头执行各项规章制度，逐渐使大家养成扎实细致的工作作风。2004年，张键担任了质量工程师，为了加强各类设备的管理，维护产品质量的稳定。张键意识到完整的技术资料和检验记录是质量管理工作中不可缺少的得力助手，在上级主管部门的大力支持下，他组织人员对全公司进厂及出厂的技术资料及检验记录进行了广泛的搜集整理，按标准化资料管理要求进行了分类，及时掌握了第一手资料。实践的磨炼使张键的技术日益精湛，公司进行的每一项技术革新和重点改造都有他积极参与的身影。几年来，他参与了220千伏新品设计与产品小型化的改造项目。他始终在自己的岗位上以超出常人的努力和刻苦钻研的精神，不断创造、不断攀登、不断超越。2011年张键荣获首都劳动奖章。

（北京经济技术开发区）

【张立玲——首都劳动奖章获得者】　张立玲，1970年10月出生，汉族，工学博士，现任北汽集团北京汽车研究总院有限公司CAE及整车性能部结构耐久性能室主任。张立玲博士作为一位具有19年相关工作经验的CAE（计算机辅助工程）领域技术专家，在车辆耐久性及

碰撞安全仿真等方面具有较深的造诣，曾先后发表过20余篇学术论文，在行业内享有一定的知名度。2008年被列选为北京市委组织部“北京牌轿车开发专业技术骨干培养工程”的重点培养对象。2010年荣获第六届中国CAE

工程分析技术年会最佳实践案例奖。2010年被评选为北京汽车研究总院知识产权专家、博士后指导与评价专家。在实践工作中，张立玲善于理论与实践相结合，尤其是在将先进的技术理论应用于制造实践方面做了大量的开创性的工作。在研究总院工作期间，她全面负责整车可靠耐久性及轻量化技术工作，出色地完成了其它各项性能的开发工作，为提高车型的可靠性品质及大大缩短项目开发周期等方面做出了重要贡献。2008年，张立玲开始主持北京市科委“轿车碰撞安全性及轻量化技术研究”项目，该项目成果为高安全级别的北京牌轿车的早日上市提供了技术保障，同时也大幅度提升了北京汽车在碰撞安全、结构耐久及轻量化方面的核心技术研发能力。此外，在北汽研究总院工作期间，她还组建总院第一批职工创新工作室（已获批为北京市级职工创新工作室），推广技术创新理论和方法，培养了一支创新工作团队；牵头建立了十几部车型的CAE模型数据库和汽车行业材料及轻量化设计应用开发数据库，对提高碰撞安全及结构耐久仿真精度起到了至关重要的作用；建立了一整套适用于北汽的可靠耐久性能开发的技术规范，成功应用到指导整车开发的各个环节中。张立玲以饱满的工作热情，带领团队忘我地投入到北汽自主研发工作中，取得了优异的成绩，获得了集团各级领导的高度评价。张立玲连续3年通过公司考核，并且成绩优异，所在部门被评为北汽集团先进班组，他们的目标是让“具有高科技含量和自主知识产权的北京牌中高端轿车早日行驶在祖国的大地上”。

（北　汽）

【陆致成——首都五一劳动奖章获得者】 陆致成，1948年8月出生，汉族，中共党员，

清华大学热能工程系硕士，1994年12月晋升为教授研究员，2006年、2011年海淀区人大代表。陆致成的专业生涯源于他在清华大学人工环境计算机控制领域的教学和学术科研活动。1989年，他发起创办了北京清华人工环境工程公司，任总经理。该公司从一家小型工程公司发展成为清华大学利润排名第一的校办企业典范。期间，他主持研制与开发的供热空调工程分布式微机控制系统及“RH型智能控制器”、“RH型模块式热泵机组”等逐步实现了产业化，其研究成果曾被列入国家重点科技成果推广项目、国家级新产品名录及国家级火炬计划，并多次获得国家及省、部级科技进步奖。1997年，由清华大学及清华企业集团全力支持，在北京清华人工环境工程公司的基础上，整合成立了清华同方股份有限公司，陆致成任总裁，2001年任副董事长兼总裁。公司于1997年6月在上海证券交易所挂牌上市，确立了“技术＋资本”的战略方针和科技成果产业孵化的发展思路。陆致成秉承清华大学“科教兴国”、“产业报国”的理念，成功探索出了一条在知识经济时代下的以“创新孵化”为核心的中国高科技企业发展道路。以清华大学为虚拟研究院，以“带土移植”和“拟风险投资”的运作方式，同方股份组织推动实施了大型集装箱检查系统、国家二代身份证芯片、“同方知网”知识数字化工程、烟气脱硫脱硝等多项技术的培育孵化和产业化，不仅为学校和股东创造了良好的经济效益，而且在安全、信息化服务、节能环保等多个领域，为国家和社会创造了良好的社会效益。他强调“以人为本”的经营理念是企业获得持续健康发展的基础，并以身作则，带领团队适应不断发展壮大的企业规模。通过建立计划预算考核机制、完善内部控制制度、建立企业年金机制等一系列有效措施，不仅提高了同方整体经营管理水平，培养了一批忠于事业、热爱公司的中坚力量，更使“承担、探索、超越，忠诚、责任与价值等同”的企业文化深植于同方的血脉之中。近年来，在陆致成的领导下，同方股份依托清华大学的科研实力和人才平台，坚持“技术＋资本”、“合作与发展”、“品牌化＋国际化”的发展战略，形成了以计算机、数字城市、物联网应用、微电子与射频技术、多媒体、半导体与照明、知识网络、军工、数字电视、环境科技、安防系统、建筑节能12大主干业务为核心的产业架构及发展布局，已有4家控参股子公司分别在沪深港证券交易所上

市，目前已是清华产业中规模最大的上市公司。“清华同方”品牌价值已超过550亿元，并于2008年11月入选世界品牌500强。2008年，同方股份首发《企业社会责任报告》，并连续3年被授予“中国最具社会责任企业”称号。2011年12月，在第五届北京影响力评选活动中，陆致成被评为“影响百姓经济生活的十大企业家”。在清华大学任教期间，他多次荣获“清华大学先进工作者”称号，1992年被授予北京市优秀教育工作者的称号，1995年、2000年两度获得首都五一劳动奖章。

（校办产业）

【陈志勇——首都劳动奖章获得者】 陈志勇，1971年3月出生，中共党员，现就职于北京豪特耐管道设备有限公司，任天津分厂生产组长。自2001年进入公司以来，他一直奋战在生产第一线，十多年来，他始终以一名党员的身份来严格要求自己，对待工作认真负责，对待技术一丝不苟，对待同事真诚热情，对待下属耐心体贴，他以实际行动获得了公司同仁的一致认可和交口称赞。2002年，公司临时筹建了第一个分厂——顺义分厂，陈志勇在刚刚入职不到一年的情况下，即被作为生产技术骨干派往分厂参与筹建和生产工作。在顺义分厂期间，他积极肯干、勤于钻研，一方面积累了丰富的建厂经验，另一方面在协调和管理方面的能力也得到了锻炼和提高，为日后进一步发挥自己的能量奠定了基础。同时，他敢作敢为、勇于担当的工作作风也给领导留下了深刻的印象。2007年，公司由于业务的扩展，准备在天津筹建分厂，考虑到陈志勇多年的实战经验以及其自始至终认真负责的工作态度，公司又将其派往天津，负责生产及后勤的全面工作。天津分厂建立之初，条件非常艰苦，没有宿舍、没有场地，生产车间也是临时搭建的，

就是在这样的条件下，陈志勇带领一群刚刚招来的工人，开始组织试生产。遇到下雨、道路泥泞、车辆不能行驶时，陈志勇就带领大家冒雨人力运管，保证生产的正常运行。下了班之后，他一刻也不休息，考虑到大家淋雨有可能患上感冒，就亲自买来姜和糖，做成姜糖水，送到每个人手中。正是他这种对下属无微不至的关怀，使其在工人中拥有了很高的威望。不管什么工作、不管事情大小，他都认真对待、尽心尽力；承担每一项任务、处理每一件事务，他都兢兢业业、扎扎实实，保证工作的质量和实效。同时他责任心特别强，将分厂管理的井井有条，使天津分厂成为公司各个方面的示范基地。2011年陈志勇荣获首都劳动奖章。

（北京经济技术开发区）

【郝树华——矿业技术专家】 郝树华，1952年2月出生，汉族，中共党员，1969年3月参加工作，研究生学历，博士学位，教授级高级工程师，享受“政府特殊津贴”，国际职业经理人。1996年至今担任首钢矿业公司技术专家，兼任中国矿业联合会主席团主席、中国冶金矿山企业协会副会长、中国金属学会采矿分会副理事长、中国矿用汽车协会副理事长。郝树华担任首钢矿业公司总经理以来，与领导班子成员一起，带领广大干部职工创新、创优、创业，使首钢矿业公司发展成为集采矿、选矿、球团、烧结、矿山设备、矿山建筑、矿山技术等生产、科研、开发、服务为一体的现代化大型矿山企业。他提出“深化改革、加强

管理、科技进步、开拓市场”的工作方针，探索和实践高效、数字、生态、和谐、可持续发展的道路，增强企业的竞争力。一是多种方式办矿，发挥技术装备优势，用闲置的资产与地方国有矿山企业嫁接，按市场机制与地方合作开采矿石资源。在河北迁安地区掌控了包括水厂、孟家沟、马兰庄在内的3个储量超亿吨的矿山资源。二是打破单一的露天开采方式，建设320万吨矿石生产能力的杏山地下开采项目，筹备马兰庄铁矿等露天与地下联合开采项目。三是作为《中国绿色矿山公约》的主要发

起单位之一，率先实现矿山废弃物回收利用的资源化、产业化，形成年回收排土场矿石资源200万吨以上和年处理1000万吨尾砂、回收精矿粉30万吨以上的规模。四是进行矿区成矿模式与找矿规律的研究，获得16.9平方公里的探矿权。首钢迁安矿区矿产资源保有工业储量达到11亿吨以上，按照现有生产能力还能再服务50年以上。2009年他又提出“百年矿业”的战略构想，明确了做精做强迁安地区矿产主业、壮大外部矿产资源业、提升矿山装备制造业、发展矿山技术服务业“四个支撑”的发展思路。他还提出对外发展矿产资源业的战略设想，先后以参股合作方式经营开发承德铁马沟铁矿项目、承德球团厂项目、承德隆化矿山项目；以托管方式经营涞源项目；以投资控股合作方式经营开发丹东凤城翁泉沟硼铁矿项目、承德丰宁矿山项目；以多种方式开发海外矿产资源等。到2010年末，控股、参股企业达到24家，掌控矿产资源量超过10亿吨，形成了年产铁精粉350万吨、球团矿400万吨及磷、钛等产品生产能力。郝树华坚持不断地探索和创新，提出建立各单位直接承担市场风险的价格体系以及市场准入、质量索赔、招标采购等机制。建立工效挂钩为主体、多种分配方式的市场化分配机制，调动员工的积极性。他组织对企业生产过程，包括技术装备水平、设备长周期稳定运行、文明生产和定置管理、工艺流程简化高效等多个层面进行跟踪管理，跟踪国内外自动化技术的发展，用先进适用技术改造传统工艺。采矿生产自主研发应用了矿车自动调度系统，选矿生产完成了从破碎、磨选、过滤到尾矿浓缩的全流程集中控制，烧结生产向全厂集中控制发展，球团生产实现了全流程集中控制。在采矿方面，他提出并实施的国家“十五”科技攻关项目“大型深凹露天矿高效运输及强化开采技术研究”，2006年获得中国钢铁工业科技进步特等奖，2007年获得国家科技进步二等奖。在选矿方面，他提出并实施的国家“十五”科技攻关项目“选矿全流程自动监测与控制”和“铁精粉品位整体优化研究”通过了国家科技部验收；研制的复合闪烁磁场精选机和球磨机筒体衬板获得国家专利。球团生产方面，他提出并实施的链篦机—回转窑—环冷机法生产球团矿新工艺获得中国钢铁工业科技进步一等奖、北京市科技进步二等奖。烧结生产方面，他提出并实施的“小球团烧结新技术”、“烧结机用改性橡胶柔性密封新技术”、“烧结机水煤浆点火新技术”成为北京市级以上的科技成果。郝树华于2001年、2002年、2005年和2008年被评为“首钢劳动模范”，2003年以来连续被评为“北京市经济技术创新优秀组织者”和“首钢模范共产党员”，2005年被评为“全国企业信息工作优秀领导人”、“北京市经济技术创新标兵”，2006年当选第五届“北京优秀创业企业家”、“全国做出突出贡献的工程硕士学位获得者”、“全国做出突出贡献的高级职业经理”，2008年被评为“全国冶金矿山企业十佳厂矿长”，2008年、2009年被评为“河北迁安市劳动模范”，2010年被评为北京市劳动模范。

（李淑萍）

【赵学新——精细化创新管理的领军人】 赵学新，1979年12月出生，汉族，大学本科，助理会计师，海信（北京）电器有限公司财务部部长。多年从事财务管理工作的赵学新十分注重把握工作的细节，深入寻求事物内在的规律，力争做到局部问题整体看、点上问题面上

看、解决问题长远看。赵学新制定的财务核算及日常管理规范，现已成为指导部门工作的基准；他领导创建了二级核算系统，搭建了财务核算及管理体系；指导实现了财务信息化，根据业务需要，系统不断升级换代，2010年成功实施SAP项目；牵头编写了《固定资产管理办法》、《资金业务签字审批流程》、《招标比价管理办法》等20余个内控制度，完善了公司内部控制体系；不仅注重自身知识的积累，更重视下属培养与团队建设，先后培养出5个财务主管，建设了一支优秀的财务团队。公司

每年要进行的技术改造，造成企业资金困难。面对这一困境，赵学新认真学习研究政府部门扶持企业发展的各项政策，最终获得了市区发展改革委、隆达公司主管部门及工商、财政、税务、劳动人事等管理部门的政策支持和优惠政策，2010～2011 年又获得市级、区级人才、技改、贴息、专利、增长等补贴资金，2011 年又负责通过了国家级高新技术企业复审工作，保证了公司税收优惠政策的连续性。在他的指导帮助下，下属子公司成功通过国家级高新技术企业认定，完成本公司 2010～2012 年税收筹划，实现南京子公司减免企业所得税近千万元。面对冰箱行业市场竞争越来越激烈的现状，有效提升竞争力是公司生存发展的重大课题。赵学新充分利用财务专长和先进的管理理念，创新开展了“降成本管理”和“行业标杆管理”，有效地促进了公司利润最大化。为保证企业生产经营资金需求，他通过与多方接触和协调，确保了公司在规模不断扩大的情况下资金充足，为各年度战略储备做好资金上的准备。他倡导并建立了清理不良占用的工作机制，每季度对长期闲置、报废、过剩和维修成本高的设备、模具、车辆、材料等资产进行清理，对实验样机、试制机等随时产生随时清理，在一定程度上降低不良资产的资金占用，提高了资产运营的质量水平和使用效率。他创建了费用预算控制体系，不断完善费用控制工作，制定费用控制管理办法，明确岗位职权签字权限，规范业务流程，有效支持了公司效益的增长。赵学新常以“至人无己、神人无功、圣人无名”自勉，他自强不息、锐意进取、忘我工作、热忱奉献，多次获得管理标兵、优秀中层干部等荣誉称号。2010 年被评为北京市劳动模范。

（海信［北京］）

【耿锦启——自主创新的先锋】　耿锦启，1950 年 7 月 24 日出生，汉族，中共党员，硕士，经济师。1968 年 2 月参加工作，现任北京北方微电子基地设备工艺研究中心有限责任公司副董事长，02 国家科技重大专项负责人。耿锦启在承担国家科技攻关项目过程中，思路清晰、方向明确、措施有效，多次顺利完成国家重点科研攻关任务。“十五”期间，他率领团队承担国家 863 计划重大专项——“100nm 高密度等离子刻蚀机”项目，打破了传统的技术研发路线，大胆提出“不买样机、引进人才”的创新思路，缩短了研发周期，降低了科研成本，仅用 3 年时间就推出了 4 代具有自主知识产权的机型，使我国刻蚀机的研制跨越了

5 个技术代，达到国际同类主流机型水平。项目验收阶段，他创新性提出产学研用相结合由大生产线用户直接验收的模式，项目顺利通过国家科技部和北京市的联合验收，获得国家科技进步二等奖、北京市科技进步一等奖，并实现小批量销售，使主流集成电路生产线上第一次出现了“中国制造”的核心装备。该产品已通过中芯国际大生产线验证并于 2011 年 3 月签订了 6 台的采购意向合同，实现了 65 纳米机台新的突破。“十一五”期间，他继续率队承担国家 02 专项 65 纳米～45 纳米 PVD 设备研发项目，目前已完成 PVD 设备的组装，正在进行工艺开发与调试，实现了集成电路 300 毫米国产 PVD 设备领域零的突破。在研发过程中，他坚持自主创新，提出了“三个国际化、三个本土化”，即“国际化人才、国际化技术、国际化市场运作，本土化制造、本土化服务、本土化产业链配套”的运营模式，加快了公司研发和产业化进程。他曾在生病期间带队去美国参观学习，13 天走了 11 个城市，掌握了大量的信息和经验，为成功建设研发平台、净化厂房的建设、项目的成功实施及公司的可持续发展奠定了坚实的基础。在他的领导下，公司自主培养了 150 多名高学历、高素质的科研和管理人才，聚集了大批高端海外人才（其中 3 人荣获国家“千人计划”和北京市“海聚工程”的奖励），建立了国际先进水平的工艺实验室，为我国集成电路装备的自主研发奠定了雄厚的基础。依托良好的软硬件平台，耿锦启正在积极组织推动公司二次创业，为实现公司在半导体制造、光伏太阳能制造以及

LED显示及照明领域的全面发展和新跨越贡献力量。耿锦启荣获2011年度首都劳动奖章、国家科技部2009年度国家科技进步集体二等奖、北京市科学技术委员会2007年度北京市科技进步一等奖、2006年度中国半导体制造业年度人物、北京市工业促进局和信息产业部2006年度北京市电子信息产业十大杰出贡献者。

（电　控）

【夏学君——精益求精的工程师】 夏学君，1970年12出生，中共党员，大学本科学历，工程学学士学位，建筑学工程师，1993年7月参加工作，现任金泰房地产开发集团昊泰地产公司商业地产项目管理部副经理。夏学君刚到房地产开发集团时就遇上精装修项目，当时缺少专业技术人才。她不怕困难，勇挑重担，从方案设计到施工图设计，从材料供应到现场管理，她边干边学，加班加点，保质保量按时完成了精装修任务，为后续精装修项目积累了宝贵经验。她常到施工现场进行技术指导，无论酷热，还是严寒，无论条件多么恶劣，她从不退却。2006年，她担任了部门常务副总经理职务，为做好金泰城项目，她与同事们仔细研究产品，与设计师反复沟通，在细部构造和材料选择上整体把关，将产品的一致性与实际

工作紧密结合，成功地完成金泰城开发项目的初期研究工作，制定出严谨的产品定位标准。她牵头组织设计的金泰城丽湾售楼处、楼宇外立面、园林景观等均获得集团领导和外界好评。在材料订货时，她努力控制开发成本，严格筛选厂家，反复比较价格，不厌其烦地和厂家谈判，严格制定各种材料的招投标技术文件，成功完成金泰城售楼处精装修、铝合金招投标、外墙砖招投标等工作。在一次办公室大堂的装修中，她与多家石材厂联系，与设计师磋商，采用优质石材替代进口石材，一个270平方米的办公室装修，仅石材一项就节约成本20多万元。门窗工程是住宅项目分包中的大项，直接影响建筑的保温、通风。她对铝型材、隔热条、玻璃、型材断面方式、五金件等材料进行研究，从T型隔热条到I型隔热条，从18.6的隔热条到14.2的隔热条，从充惰性气体的玻璃到LOW-E玻璃，进行数据测试，寻找出成本较低和质量最佳的产品，控制了窗户构造成本，提升了产品品质。她牵头组织的金泰城系列设计工作获得“2007年双节双优杯住宅方案竞赛金奖”、“2007年度最具影响力楼盘宜居样本大奖”和建筑与城市贡献力特别大奖，营口金泰城二、三期设计获得美国建筑商协会年度产品优秀奖（国际总体规划类）。她还和部门员工一起，共同完成一系列有关产品设计的基础性工作，包括《产品设计管理办法》的制定，设计工作流程的梳理，工作模板的制定（包含各种文本模板，设计合同模板等），建立了部门的设计中心和设计资料库。2010年9月9日，她参与京煤集团棚户区改造工作，担任了房山棚改项目部副部长。她带领项目部员工，积极筹备，建立健全工作机制，克服困难，进行调研、规划、拆迁、土地预审及矿产资源核查等工作，解决了很多历史遗留问题，为棚户区改造铺平了道路。房山棚户区改造所在地河北镇是房山北部山区的经济、贸易和文化中心，也是进入北部山区的门户，处在特殊的位置。探索山地小城镇的开发模式，营造高质量而又有别于一般平地小城镇的居住、休闲环境，是河北镇未来发展的趋势。夏学君带领团队多次到现场踏勘、调研，与策划、规划公司反复沟通，选择了AECOM、和君两家国际知名规划、策划公司，将河北镇的策划定位为“打造国际山地休闲示范区、建设传统产业转型示范镇”，形象定位为“Funhill MED · 中国美丽谷”，其策划和形象定位工作获得区政府和京煤集团认可。河北镇棚改项目整体改造投资约10亿元，资金不足是制约棚户区改造的瓶颈。夏学君和项目部成员积极拓展融资渠道，先后与国家开发银行、中国建设银行、兴业银行、广东发展银行、北京银行、浦发银行联系融资，了解银行

贷款要求、方式、利率及年限等。通过比较，与国开行北京分行达成了贷款解决棚户区改造资金的意向。通过与市相关部门沟通，北京市政府已把河北镇棚户区改造纳入到市棚户区改造范围，并纳入市政府“绿通”范围。夏学君先后被评为京煤集团三八红旗手，金泰地产先进个人、先进工作者、优秀党员，北京市奥运“双安”工作先进个人，2010 年获得北京市劳动模范称号。

（林媛　潘会楼）

【詹文章——开拓创新的领头人】　詹文章，1969 年 9 月出生，汉族，中共党员，现任北京汽车新能源汽车有限公司产品工程院院长。2007 年 11 月进入北汽集团，先后担任北京汽车研究总院有限公司新技术部部长、北京汽车新能源汽车有限公司副总经理。作为新能源汽车公司技术研发的领军人，詹文章将“开拓创新、不断进取”视为业务工作的生命线。在他的带领下，北汽新能源汽车研发能力显著提升，科研项目已见成效，新能源汽车公司的人才队伍建设也更加合理，组织架构逐步完善，技术交流与合作不断深入，为北汽新能源的发展奠定了坚实基础。2010 年，北汽新能源技术团队在詹文章的带领下共同完成了 30 辆萨博纯电动轿车的开发生产，同期还开发出 A0 级 C30DB 纯电动轿车和 M30RB 纯电动微面，另外，C30BSG 混合动力车产品开发项目也正在开展。在萨博车型平台技术尚未完成吸收转换工作的情况下，詹文章带领项目团队承担起了基于萨博整车的纯电动轿车工程化开发与 30 辆样车小批量生产“军令状”任务。通过前期对国内新能源汽车行业现状与核心零部件技术成熟度的深入分析与评估，确定整车总布置技术方案与技术路线，并在公司试制条件欠缺的困难下，攻坚克难完成了 30 辆 Q60FB 纯电动轿车工程样车的开发与试制，保证了在 12 月 20 日首批 30 辆基于萨博平台的纯电动轿车的顺利下线。期间针对电驱传动系统进行了性能匹配优化、电池包结构优化与成组技术改进，电动辅助系统的性能与人机工程进行了优化改进，并开展了供应商体系的建立，工程样车试制与系统联调测试、性能试验等工作。整个项目过程中，詹文章等人克服了基础车型引进采购周期迟缓、零部件供应质量与工期不保证、技术成熟度不够、研发团队经验不足、项目时间短等多重困难，外引内联，集成创新，完善了各零部件系统匹配设计，完成了电动汽车电控技术攻坚任务，确保按照计划结点完成研发试制工作。2010 年，公司在研发力量薄弱、研发管理体系缺乏的情况下，在北汽集团的大力支持下，詹文章主要推动了两项工作：一是研究总院新技术研究部成建制划转，吸收了其主要研发团队与技术积累；二是开展高级人才引进，将海归人才吸纳入经营班子并负责专业研发方向，同时开展基础人才团队组建工作，招聘了一批梯队组成的专业技能、管理和技术人才，建立了公司产品工程院六专业部一管理室的组织架构，划分了各部门的职能职责，开展了定岗、定员、定编工作，形成了百余人的产品工程院研发规模。同时，为建立工程院开发体系，詹文章着手进行产品开发项目与技术研发项目管理流程制度与规范的建立，初步建立了新能源汽车开发流程框架，形成了产品开发立项与项目结点推进、工程样车并行开发与试制试验验证，到工艺工装设计与 SOP 件发布等一系列产品开发生命周期的规范体系，对产品工程院的工作形成了指导性纲要。詹文章主持完成了《2011 年产品工程院产品开发与技术进步计划》，建立了以纯电动轿车（包括增程式电动汽车）开发为主，以 BSG 弱度混合动力轿车为产业推进的扩大新能源汽车市场占有量的产品开发思路。在集团公司“创先争优”活动中詹文章被评为“群众心目中的好党员”，2010 年度被评为集团公司先进职工，荣获集团公司三级劳动奖章。

（北　汽）

【翟永胜——勇挑重担的带头人】　翟永胜，1984 年 3 月出生，汉族，中共党员，2005 年毕业于安徽理工大学采矿工程专业，同年 8 月来到京煤集团昊华能源股份有限公司长沟峪煤矿工作，先后任技术员、副段长、段长、副总工程师、副矿长，现任长沟峪煤矿总工程师。

翟永胜工作勤恳，不怕苦累。他认真听取段领导讲解工作环节、安全技术规程和要求，准备专用小本子记录“疑难杂症”，升井后再虚心求教，很快掌握了工作流程，被京煤集团评为“五好”实习生。实习期满后，他主动要求到

矿井生产一线工作，担任生产段的技术员。2007年年初，被任命为采煤一段技术副段长，主管技术和安全工作。采掘一段工作面煤层松软，极易塌冒，工作面放煤时煤尘严重，影响员工身体健康，不利于安全生产。矿上实施“在软煤层中注水、降低煤尘浓度”方案，他被任命为主要技术负责人进行实验。他带班盯岗，现场指导，针对工作面实际，制定安全技术措施，使工作面煤尘浓度降低87.2%，提高了工作效率和安全系数，软煤层注水技术在全矿采煤工作面推广应用。2008年年初，长沟峪煤矿增强机采队伍力量，他被调任采掘八段任技术副段长，为机采工作开掘巷道。工作面煤层松软塌冒，影响巷道整体规格。他查资料，看图纸，实地调查，对照地质资料和煤层赋存情况，提出“深打孔循环注水微爆法”方案，解决了 松软煤槽机采工作面开口难题，保证了施工规范和安全，当月单头掘进实现120米历史性突破，全段全年完成掘进4200多米。2008年年底，他被任命为安子区采掘九段段长。采掘九段地质条件复杂，新员工较多，工作难度大。他连续几天扎在段里，找员工谈心，调查了解情况，合理调整劳动组织，对员工进行“专业”划分，制订经济杠杆激励政策，强化责任落实。上任首月，他带领全段260余名员工圆满完成生产任务。随着所掘巷道暴露出的煤层显示，煤层构造与综合机械化采煤法开采有很大偏差。该工作面平均倾角40度，倾向长度90米，走向长度380米，在这样的工作面应用悬移支架采煤在全公司乃至全国都是首例。他深知应用机械化采煤对全矿发展的重要意义，决定请示领导，率先在自己所负责的安子区工作面进行了悬移支架安装。2009年2月12日，公司斥资1000余万元引进悬移支架，安装工程启动。他作为安装工程主要负责人，与工友们奋战13个小时，安装完成第一架悬移支架。3月5日，该工作面83架悬移支架全部安装成功，解决了安子采区大倾角复杂煤层开采技术难题，延长了矿井生产年限。2010年，翟永胜先后担任长沟峪煤矿副总工程师、生产副矿长和总工程师职务。他组织实施了第一个综合机械化采煤工作面，实现了长沟峪煤矿综合机械化开采“零”突破，年产量达到25万吨。他积极进行采煤方法改革和技术创新，组织推广使用整体组合工字钢电溜子压盘撑技术等20余项新技术，在长沟峪采区柔掩工作面采用组合式阶梯采煤法，月产量平均提高23%。他组织调整安子采区和长沟峪采区生产比例，长沟峪采区生产布局逐步向-410米水平转移，保证了工作面正常接替。他按公司要求组织矿井安全避险系统建设，先后完成井下员工定位系统、监测监控系统、通信系统、压风自救系统、供水施救系统的建设，提高了煤矿安全生产保障能力并通过北京市煤监局验收。2008年，翟永胜荣获北京市青年岗位能手称号，2010年荣获北京市劳动模范称号。

（潘会楼　马桂英）

法规政策文件

国务院关于印发进一步鼓励软件产业和集成电路产业发展若干政策的通知

国发〔2011〕4号

各省、自治区、直辖市人民政府，国务院各部委、各直属机构：

现将《进一步鼓励软件产业和集成电路产业发展的若干政策》印发给你们，请认真贯彻执行。

软件产业和集成电路产业是国家战略性新兴产业，是国民经济和社会信息化的重要基础。近年来，在国家一系列政策措施的扶持下，经过各方面共同努力，我国软件产业和集成电路产业获得较快发展。制定实施《进一步鼓励软件产业和集成电路产业发展的若干政策》，继续完善激励措施，明确政策导向，对于优化产业发展环境，增强科技创新能力，提高产业发展质量和水平，具有重要意义。各地区、各有关部门要高度重视，加强组织领导和协调配合，抓紧制定实施细则和配套措施，切实抓好落实工作。发展改革委要会同有关部门及时跟踪了解政策执行情况，加强督促指导，确保取得实效。

二○一一年一月二十八日

进一步鼓励软件产业和集成电路产业发展的若干政策

《国务院关于印发鼓励软件产业和集成电路产业发展若干政策的通知》（国发〔2000〕18号，以下简称国发18号文件）印发以来，我国软件产业和集成电路产业快速发展，产业规模迅速扩大，技术水平显著提升，有力推动了国家信息化建设。但与国际先进水平相比，我国软件产业和集成电路产业还存在发展基础较为薄弱，企业科技创新和自我发展能力不强，应用开发水平急待提高，产业链有待完善等问题。为进一步优化软件产业和集成电路产业发展环境，提高产业发展质量和水平，培育一批有实力和影响力的行业领先企业，制定以下政策。

一、财税政策

（一）继续实施软件增值税优惠政策。

（二）进一步落实和完善相关营业税优惠政策，对符合条件的软件企业和集成电路设计企业从事软件开发与测试，信息系统集成、咨询和运营维护，集成电路设计等业务，免征营业税，并简化相关程序。具体办法由财政部、税务总局会同有关部门制定。

（三）对集成电路线宽小于0.8微米（含）的集成电路生产企业，经认定后，自获利年度起，第一年至第二年免征企业所得税，第三年至第五年按照25%的法定税率减半征收企业所得税（以下简称企业所得税“两免三减半”优惠政策）。

（四）对集成电路线宽小于0.25微米或投资额超过80亿元的集成电路生产企业，经认定后，减按15%的税率征收企业所得税，其中经营期在15年以上的，自获利年度起，第一年至第五年免征企业所得税，第六年至第十年按照25%的法定税率减半征收企业所得税（以下简称企业所得税“五免五减半”优惠政策）。

（五）对国家批准的集成电路重大项目，因集中采购产生短期内难以抵扣的增值税进项税额占用资金问题，采取专项措施予以妥善解决。具体办法由财政部会同有关部门制定。

（六）对我国境内新办集成电路设计企业和符合条件的软件企业，经认定后，自获利年度起，享受企业所得税“两免三减半”优惠政策。经认定的集成电路设计企业和符合条件的软件企业的进口料件，符合现行法律法规规定的，可享受保税政策。

（七）国家规划布局内的集成电路设计企业符合相关条件的，可比照国发18号文件享受国家规划布局内重点软件企业所得税优惠政策。具体办法由发展改革委会同有关部门制定。

（八）为完善集成电路产业链，对符合条件的集成电路封装、测试、关键专用材料企业以及集成电路专用设备相关企业给予企业所得税优惠。具体办法由财政部、税务总局会同有关部门制定。

（九）国家对集成电路企业实施的所得税优惠政策，根据产业技术进步情况实行动态调整。符合条件的软件企业和集成电路企业享受企业所得税“两免三减半”、“五免五减半”优惠政策，在2017年12月31日前自获利年度起计算优惠期，并享受至期满为止。符合条件的软件企业和集成电路企业所得税优惠政策与企业所得税其他优惠政策存在交叉的，由企业选择一项最优惠政策执行，不叠加享受。

二、投融资政策

（十）国家大力支持重要的软件和集成电路项目建设。对符合条件的集成电路企业技术进步和技术改造项目，中央预算内投资给予适当支持。鼓励软件企业加强技术开发综合能力建设。

（十一）国家鼓励、支持软件企业和集成电路企业加强产业资源整合。对软件企业和集成电路企业为实现资源整合和做大做强进行的跨地区重组并购，国务院有关部门和地方各级人民政府要积极支持引导，防止设置各种形式的障碍。

（十二）通过现有的创业投资引导基金等资金和政策渠道，引导社会资本设立创业投资基金，支持中小软件企业和集成电路企业创业。有条件的地方政府可按照国家有关规定设立主要支持软件企业和集成电路企业发展的股权投资基金或创业投资基金，引导社会资金投资软件产业和集成电路产业。积极支持符合条件的软件企业和集成电路企业采取发行股票、债券等多种方式筹集资金，拓宽直接融资渠道。

（十三）支持和引导地方政府建立贷款风险补偿机制，健全知识产权质押登记制度，积极推动软件企业和集成电路企业利用知识产权等无形资产进行质押贷款。充分发挥融资性担保机构和融资担保补助资金的作用，积极为中小软件企业和集成电路企业提供各种形式的贷款担保服务。

（十四）政策性金融机构在批准的业务范围内，可对符合国家重大科技项目范围、条件的软件和集成电路项目给予重点支持。

（十五）商业性金融机构应进一步改善金融服务，积极创新适合软件产业和集成电路产业发展的信贷品种，为符合条件的软件企业和集成电路企业提供融资支持。

三、研究开发政策

（十六）充分利用多种资金渠道，进一步加大对科技创新的支持力度。发挥国家科技重大专项的引导作用，大力支持软件和集成电路重大关键技术的研发，努力实现关键技术的整体突破，加快具有自主知识产权技术的产业化和推广应用。紧紧围绕培育战略性新兴产业的目标，重点支持基础软件、面向新一代信息网络的高端软件、工业软件、数字内容相关软件、高端芯片、集成电路装备和工艺技术、集成电路关键材料、关键应用系统的研发以及重要技术标准的制订。科技部、发展改革委、财政部、工业和信息化部等部门要做好有关专项的组织实施工作。

（十七）在基础软件、高性能计算和通用计算平台、集成电路工艺研发、关键材料、关键应用软件和芯片设计等领域，推动国家重点实验室、国家工程实验室、国家工程中心和企业技术中心建设，有关部门要优先安排研发项目。鼓励软件企业和集成电路企业建立产学研用结合的产业技术创新战略联盟，促进产业链协同发展。

（十八）鼓励软件企业大力开发软件测试和评价技术，完善相关标准，提升软件研发能力，提高软件质量，加强品牌建设，增强产品竞争力。

四、进出口政策

（十九）对软件企业和集成电路设计企业需要临时进口的自用设备（包括开发测试设备、软硬件环境、样机及部件、元器件等），经地市级商务主管部门确认，可以向海关申请按暂时进境货物监管，其进口税收按照现行法规执行。对符合条件的软件企业和集成电路企业，质检部门可提供提前预约报检服务，海关根据企业要求提供提前预约通关服务。

（二十）对软件企业与国外资信等级较高的企业签订的软件出口合同，政策性金融机构可按照独立审贷和风险可控的原则，在批准的业务范围内提供融资和保险支持。

（二十一）支持企业“走出去”建立境外营销网络和研发中心，推动集成电路、软件和信息服务出口。大力发展国际服务外包业务。商务部要会同有关部门与重点国家和地区建立长效合作机制，采取综合措施为企业拓展新兴市场创造条件。

五、人才政策

（二十二）加快完善期权、技术入股、股权、分红权等多种形式的激励机制，充分发挥研发人员和管理人员的积极性和创造性。各级人民政府可对有突出贡献的软件和集成电路高级人才给予重奖。对国家有关部门批准建立的产业基地（园区）、高校软件学院和微电子学院引进的软件、集成电路人才，优先安排本人及其配偶、未成年子女在所在地落户。加强人才市场管理，积极为软件企业和集成电路企业招聘人才提供服务。

（二十三）高校要进一步深化改革，加强软件工程和微电子专业建设，紧密结合产业发展需求及时调整课程设置、教学计划和教学方式，努力培养国际化、复合型、实用性人才。加强软件工程和微电子专业师资队伍、教学实验室和实习实训基地建设。教育部要会同有关部门加强督促和指导。

（二十四）鼓励有条件的高校采取与集成电路企业联合办学等方式建立微电子学院，经批准设立的示范性微电子学院可以享受示范性软件学院相关政策。支持建立校企结合的人才综合培训和实践基地，支持示范性软件学院和微电子学院与国际知名大学、跨国公司合作，引进国外师资和优质资源，联合培养软件和集成电路人才。

（二十五）按照引进海外高层次人才的有关要求，加快软件与集成电路海外高层次人才的引进，落实好相关政策。制定落实软件与集成电路人才引进和出国培训年度计划，办好国家软件和集成电路人才国际培训基地，积极开辟国外培训渠道。

六、知识产权政策

（二十六）鼓励软件企业进行著作权登记。支持软件和集成电路企业依法到国外申请知识产权，对符合有关规定的，可申请财政资金支持。加大政策扶持力度，大力发展知识产权服务业。

（二十七）严格落实软件和集成电路知识产权保护制度，依法打击各类侵权行为。加大对网络环境下软件著作权、集成电路布图设计专有权的保护力度，积极开发和应用正版软件网络版权保护技术，有效保护软件和集成电路知识产权。

（二十八）进一步推进软件正版化工作，探索建立长效机制。凡在我国境内销售的计算机

（大型计算机、服务器、微型计算机和笔记本电脑）所预装软件必须为正版软件，禁止预装非正版软件的计算机上市销售。全面落实政府机关使用正版软件的政策措施，将软件购置经费纳入财政预算，对通用软件实行政府集中采购，加强对软件资产的管理。大力引导企业和社会公众使用正版软件。

七、市场政策

（二十九）积极引导企业将信息技术研发应用业务外包给专业企业。鼓励政府部门通过购买服务的方式将电子政务建设和数据处理工作中的一般性业务发包给专业软件和信息服务企业，有关部门要抓紧建立和完善相应的安全审查和保密管理规定。

鼓励大中型企业将其信息技术研发应用业务机构剥离，成立专业软件和信息服务企业，为全行业和全社会提供服务。

（三十）进一步规范软件和集成电路市场秩序，加强反垄断工作，依法打击各种滥用知识产权排除、限制竞争以及滥用市场支配地位进行不正当竞争的行为，充分发挥行业协会的作用，创造良好的产业发展环境。加快制订相关技术和服务标准，促进软件市场公平竞争，维护消费者合法权益。

（三十一）完善网络环境下消费者隐私及企业秘密保护制度，促进软件和信息服务网络化发展。逐步在各级政府机关和事业单位推广符合安全要求的软件产品。

八、政策落实

（三十二）凡在我国境内设立的符合条件的软件企业和集成电路企业，不分所有制性质，均可享受本政策。

（三十三）继续实施国发 18 号文件明确的政策，相关政策与本政策不一致的，以本政策为准。本政策由发展改革委会同财政部、税务总局、工业和信息化部、商务部、海关总署等部门负责解释。

（三十四）本政策自发布之日起实施。

国务院关于印发工业转型升级规划（2011—2015 年）的通知

国发〔2011〕47 号

各省、自治区、直辖市人民政府，国务院各部委、各直属机构：

现将《工业转型升级规划（2011—2015 年）》（以下简称《规划》）印发给你们，请认真贯彻执行。

编制和实施《规划》，是推进中国特色新型工业化的根本要求，也是进一步调整和优化经济结构、促进工业转型升级的重要举措，对于实现我国工业由大到强转变具有重要意义。“十二五”时期推动工业转型升级，要以科学发展为主题，以加快转变经济发展方式为主线，着力提升自主创新能力，推进信息化与工业化深度融合，改造提升传统产业，培育壮大战略性新兴产业，加快发展生产性服务业，调整和优化产业结构，把工业发展建立在创新驱动、集约高效、环境友好、惠及民生、内生增长的基础上，不断增强我国工业核心竞争力和可持续发展能力。

各地区、各部门要进一步统一思想，增强大局意识、责任意识，加强领导，密切配合，切实按照《规划》要求做好各项工作。要进一步完善发展环境和市场机制，加强对市场主体行为的引导和约束，促进工业又好又快发展。各省（区、市）人民政府要按照《规划》确定的目标任务和政策措施，结合实际制定落实方案，切实抓好组织实施，确保取得实效。国务院各有关部门要按照职责分工，尽快制定和完善各项配套政策措施，切实加强对《规划》实施的指导和支持。工业和信息化部要强化对《规划》实施情况的跟踪分析和督促检查，中期评估结果和总体实施情况要向国务院报告。

附件：工业转型升级规划（2011—2015年）

二〇一一年十二月三十日

国务院办公厅关于进一步支持企业技术创新的通知

国办发〔2011〕51号

各省、自治区、直辖市人民政府，国务院各部委、各直属机构：

加强企业技术创新是加快转变经济发展方式的重要支撑，是促进科技体制改革的关键环节，是落实科学发展观、建设创新型国家的重要内容。为强化企业在技术创新中的主体地位，加快建立以企业为主体的技术创新体系，经国务院批准，现就有关事项通知如下：

一、进一步加强企业技术创新能力建设。各级政府要进一步加大财政科技投入力度，调整和优化投入结构，加强统筹协调，整合科技资源，大力支持企业创新能力建设。鼓励企业建立技术中心，支持开展产业核心技术的原始创新和集成创新。优化国家科技计划体系，明确支持方向，加大对企业技术创新活动支持力度，支持有条件的企业承担国家研究开发任务，主持或参与重大科技攻关。重点支持产学研合作项目、产业技术创新战略联盟从事行业和区域特色产业共性关键技术研究开发。完善和落实支持企业研发的税收激励政策，引导企业加大研发投入。在总结中关村国家自主创新示范区有关税收政策试点情况的基础上，对试点中比较成熟的政策，逐步在全国一定范围内实施。

二、加快完善公共技术创新服务体系。加大公共技术创新服务平台建设力度，探索科技资源开放共享制度，着力推进产学研的有机结合。按照“面向产业、需求导向；创新机制、盘活存量；政府引导、多方参与；明确权益、协同发展”的原则，在系统梳理整合现有科技资源的基础上，加强顶层设计和统筹规划，构建面向重点产业、战略性产业和区域特色产业的公共技术创新服务平台，完善国家重点实验室、国家工程实验室、国家工程技术（研究）中心等的相关政策措施，加强产业共性关键技术研发攻关，加速技术成果的工程化和产业化，加强研发能力建设和行业基础性工作。以中央财政资金为引导，引导带动地方财政和社会投入，集聚科技资源，优化创新环境，支持区域公共科技服务能力建设，支持区域特色优势产业和新兴产业发展。大力支持战略性新兴产业重大关键技术研发、重大产业创新发展工程、重大创新成果产业化、重大应用示范工程、新兴产业创投计划、创新能力建设等。

三、加大新技术新产品应用推广的支持力度。创新财政投入方式，研究采取以奖代补、贷款贴息、创业投资引导等多种形式，支持企业承接和采用新技术、开展新技术新产品的工程化研究应用，并组织实施一批科技成果转化示范项目。加大对科技成果转化引导力度，引导社会资金促进科技成果转化。充分发挥需求引导与应用导向作用，落实好政府采购本国产品、促进节能环保、支持中小企业发展等政策措施，支持创新产品和技术的生产使用。

四、引导科技创新人才向企业集聚。进一步加大对高层次创新人才的培养力度，结合创新人才推进计划、青年英才开发计划、海外高层次人才引进计划和国家高技能人才振兴计划等重大人才工程的实施，加快培育符合企业技术创新需求的高层次、复合型科技人才队伍。进一步完善对企业科技人员的收入分配和激励机制，支持企业吸引和凝聚创新人才。落实对科技人员成果转化的股权激励等相关政策制度，在总结北京中关村、武汉东湖、上海张江国家自主创新示范区和合芜蚌自主创新综合试验区股权激励政策试点经验基础上，进一步完善政策措施，扩大适用范围。

二〇一一年十一月十四日

国务院办公厅关于加快发展高技术服务业的指导意见

国办发〔2011〕58号

各省、自治区、直辖市人民政府，国务院各部委、各直属机构：

为落实“十二五”规划纲要、《国务院关于加快培育和发展战略性新兴产业的决定》（国发〔2010〕32号）和《国务院关于加快发展服务业的若干意见》（国发〔2007〕7号）相关部署，经国务院同意，现就加快发展高技术服务业提出如下意见：

一、充分认识加快发展高技术服务业的重要性和紧迫性

高技术服务业是现代服务业的重要内容和高端环节，技术含量和附加值高，创新性强，发展潜力大，辐射带动作用突出。加快发展高技术服务业对于扩大内需、吸纳就业、培育壮大战略性新兴产业、促进产业结构优化升级具有重要意义。当前，国民经济各行业对高技术服务的需求日益增长，科技创新对经济社会发展的支撑作用日益体现在服务上，基于高技术和支撑科技创新的新兴服务业态不断涌现，高技术服务业呈现出良好发展势头。但我国高技术服务业尚处于发展初期，存在体制机制不健全、政策体系不完善、创新能力不足、服务品牌匮乏、国际化程度不高、高端人才短缺等突出问题，不能适应经济结构战略性调整的需要。各地区、各部门要从加快转变经济发展方式出发，把发展高技术服务业放在突出位置，加强组织领导，创新工作思路，完善体制机制，营造良好环境，推进高技术服务业快速健康发展。

二、指导思想、基本原则和发展目标

（一）指导思想。以邓小平理论和“三个代表”重要思想为指导，深入贯彻落实科学发展观，按照服务业发展改革的总体要求，重点发展高技术的延伸服务和相关科技支撑服务，加强政府引导，推动体制机制创新，培育市场需求，拓展服务领域，不断提升高技术服务业的比重和水平，推动高技术服务业做强做大。

（二）基本原则。发展高技术服务业要坚持“分类指导、市场驱动、创新发展、开放合作”的原则。

分类指导。根据不同领域、不同发展阶段高技术服务业实际情况，区分公共服务和市场化服务，有针对性地采取改革试点、政策扶持、规范管理等措施，着力培育服务企业，实现高技术服务业市场化发展。

市场驱动。完善体制机制，进一步发挥市场配置资源的基础性作用，加强专业化分工，培育新兴业态，拓展市场空间，优化发展环境，促进产业集聚，实现高技术服务业规模化发展。

创新发展。营造有利于新技术、新业务开发和推广应用的外部条件，加强技术创新、服务模式创新和管理创新，引导高技术服务业专业化发展。

开放合作。引导高技术服务企业加强对外交流与合作，积极承接全球高端服务转移，整合利用全球创新资源，培育具有国际影响力的服务品牌，推动高技术服务业国际化发展。

（三）发展目标。“十二五”期间，高技术服务业营业收入年均增长18%以上，到2015年，发展成为国民经济的重要增长点，对经济结构调整、发展方式转变的支撑能力明显增强；培育一批创新能力较强、服务水平较高、具有一定国际影响力的骨干企业；形成若干产业特色鲜明、比较优势突出的产业基地和创新集聚区；基本建立高技术服务产业体系、标准体系、统计体系和政策体系。到2020年，形成较为完善的高技术服务产业体系，成为服务业发展的主导力量，基本满足建设创新型国家和全面建设小康社会的需要，为经济社会可持续发展提供强有力的支撑。

三、重点任务

当前，要重点推进以下8个领域的高技术服务加快发展：

（一）研发设计服务。突出研发设计服务对提升产业创新能力的关键作用，建立支撑产业结构调整的研发设计服务体系，壮大专业研发设计服务企业。支持高校和科研院所面向市场提高研发服务能力，创建特色服务平台。加强科研资源整合，发展研发服务企业，鼓励企业将可外包的研发设计业务发包给研发设计企业。引导跨国公司和海外高端人才在华设立研发服务机构。鼓励有条件的地区成立工业设计服务中心和实施示范工程，完善工业设计知识产权交易和中介服务体系，建设研发设计交易市场，打造一批具有国际竞争力的研发设计企业和知名品牌。

（二）知识产权服务。积极发展知识产权创造、运用、保护和管理等环节的服务，加强规范管理。培育知识产权服务市场，构建服务主体多元化的知识产权服务体系。扩大知识产权基础信息资源共享范围，使各类知识产权服务主体可低成本地获得基础信息资源。创新知识产权服务模式，发展咨询、检索、分析、数据加工等基础服务，培育评估、交易、转化、托管、投融资等增值服务。提升知识产权服务机构涉外事务处理能力，打造具有国际影响力的知识产权服务企业和品牌。加强标准信息分析和相关技术咨询等标准化服务能力。

（三）检验检测服务。推进检验检测机构市场化运营，提升专业化服务水平。充分利用现有资源，加强测试方法、测试技术等基础能力建设，发展面向设计开发、生产制造、售后服务全过程的分析、测试、检验、计量等服务，培育第三方的质量和安全检验、检测、检疫、计量、认证技术服务。加强战略性新兴产业和农业等重点行业产品质量检验检测体系建设。鼓励检验检测技术服务机构由提供单一认证型服务向提供综合检测服务延伸。

（四）科技成果转化服务。完善科技中介体系，大力发展专业化、市场化的科技成果转化服务。发展技术交易市场，鼓励建立具备技术咨询评估、成果推介、融资担保等多种功能的技术转移服务机构。鼓励社会资本投资设立新型转化实体，发展包括创业投资、创业辅导、市场开拓等多种业务的综合性科技成果转化服务。提升科技企业孵化器、生产力促进中心和大学科技园等机构的服务能力，推动市场化运营。

（五）信息技术服务。充分发挥现有信息网络基础设施的作用，依托宽带光纤、新一代移动通信网、下一代互联网、数字电视网等信息基础设施建设，大力发展网络信息服务和三网融合业务，着力推进网络技术和业务创新，培育基于移动互联网、云计算、物联网等新技术、新模式、新业态的信息服务。加强软件工具开发和知识库建设，提高信息系统咨询设计、集成实施、运营维护、测试评估和信息安全服务水平，面向行业应用提供系统解决方案。推动电子信息产品制造企业由单纯提供产品向提供综合解决方案和信息服务转变，完善电子信息产品售后服务。进一步增强承接软件和信息服务外包能力，着力培育有国际影响力的服务外包品牌。

（六）数字内容服务。加强数字文化教育产品开发和公共信息资源深化利用，构建便捷、安全、低成本的数字内容服务体系。促进数字内容和信息网络技术融合创新，拓展数字影音、数字动漫、健康游戏、网络文学、数字学习等服务，大力推动数字虚拟等技术在生产经营领域的应用。进一步推进人口、地理、医疗、社保等信息资源深度开发和社会化服务。

（七）电子商务服务。重点完善面向中小企业的电子商务服务体系，鼓励相关机构建立可信交易服务平台。加快促进集交易、电子认证、在线支付、物流、信用评估等服务于一体的第三方电子商务综合服务平台建设，培育一批骨干电子商务服务企业。

（八）生物技术服务。大力完善生物技术服务体系，加快培育和发展新业态。重点发展创新药物及产品的临床前研究和评价服务，形成具有特色的研发外包服务体系。积极发展胚胎工程、细胞工程、分子育种等现代生物农业技术服务，加速生物技术成果在农业领域的应用。加快发展生物环保技术服务。以国家生物信息共享体系为载体，开展生物信息技术服务和国际合作。

四、政策措施

国务院各有关部门和地方各级人民政府要在协调落实好国家支持科技创新、高技术产业和服务业发展有关政策的同时，进一步完善高技术服务业发展环境，加强政策创新和试点示范，针对高技术服务业发展的重点领域和重点任务，制定和完善相关政策措施。

（一）加大财税支持。积极发挥财政资金的杠杆作用，利用创业投资引导基金、科技型中小企业创新基金等资金渠道加大对高技术服务企业的支持力度，引导社会资金投向高技术服务业。鼓励有条件的地区设立高技术服务业发展专项资金。发展改革委会同有关部门组织实施高技术服务产业化专项。进一步统筹在岸和离岸高技术服务业发展。针对高技术服务业发展重点，研究完善高新技术企业认定范围，符合条件的高技术服务企业可享受相关税收优惠政策。检验检测、知识产权等高技术服务领域事业单位转制为企业的，可按规定享受有关税收优惠政策。按照增值税扩大征收范围改革总体安排，完善相关制度，解决高技术服务业发展存在的税收问题。

（二）拓展融资渠道。完善知识产权价值评估制度和管理规定，积极推行知识产权质押等融资方式。继续推动高技术服务产业基地发行中小企业集合债和集合票据。推动各类融资担保机构按照商业原则加大对高技术服务企业提供融资担保的力度。引导社会资本设立创业投资企业，支持符合条件的高技术服务企业在境内外特别是境内创业板上市，加快推进全国性证券场外交易市场建设，拓展高技术服务企业直接融资渠道。

（三）完善市场环境。有序开放高技术服务业市场，构建各类企业公平竞争的市场环境。在知识产权、检验检测、信息服务等领域进一步放开市场准入，对能够实行市场经营的服务要动员社会力量增加市场供给，充分发挥非公有制企业的作用。按照营利性机构与非营利性机构分开的原则，引导和推进知识产权、检验检测等领域体制机制改革，加强市场化服务。建立和完善高技术服务业技术体系、服务标准体系和职称评价体系，促进规范化发展。加快制定高技术服务业统计分类标准，完善统计方法和统计目录，加强统计调查和运行分析。加大高技术服务领域知识产权保护力度。完善价格政策，实现高技术服务企业用水、用电、用气与工业企业同质、同量、同价。实行有利于高技术服务业发展的土地管理政策。健全个人信息和商业数据保护规定，推广电子签名与认证应用，构建网络信任环境，保障信息安全。加强诚信体系建设，推进服务业务社会化。进一步完善高技术服务业市场法规和监管体制，规范市场秩序。

（四）培育市场需求。在信息技术服务、生物技术服务、知识产权服务等领域开展应用示范，培育高技术服务市场需求。切实落实并完善居民小区光纤接入建设等方面技术规范和管理规定，以基础设施升级促进信息服务业务发展。加大政府采购高技术服务的力度，拓展政府采购高技术服务的领域，鼓励政府部门将可外包的信息技术服务、检验检测服务、知识产权服务等业务发包给专业服务企业，实现服务提供主体和提供方式多元化。

（五）增强创新能力。促进服务模式创新，推动高技术服务相关业务融合发展，探索适合新型服务业态发展的市场管理方式。促进高技术服务企业技术中心建设，鼓励集成创新。推动建立各具特色的高技术服务产业创新联盟，完善以企业为主体、产学研用相结合的创新体系。加强关键共性技术和支撑工具研发，完善成果转化中试条件，整合和完善现有公共服务平台，加强必要的软件平台、仿真环境、资源信息库、公共测试平台建设。支持高技术服务企业在国内外积极获取专利权和注册商标，实施标准战略，构建专利联盟。

（六）加强人才培养。鼓励采用合作办学、定向培养、继续教育等多种形式，创新高技术服务人才培养模式。完善高技术服务学科设置，允许部分地区高校根据产业需求自行设置高技术服务相关二级学科。鼓励高技术服务企业加大职工培训投入力度，提高职工培训费用计入企业成本的比例。加强创新型人才的引进和使用。完善技术入股、股票期权等知识资本化激励机制。健全高技术服务业人才评价体系，完善职业资格制度，加强人才科学管理。加快发展人力资源服务业，促进高技术服务业人才资源优化配置和合理流动。

（七）深化对外合作。扩大高技术服务领域对外开放，支持承接境外高端服务业转移，完善外商投资管理制度，引导外商投资我国高技术服务业。支持高技术服务企业“走出去”，通过海外并购、联合经营、设立分支机构等方式积极开拓国际及港澳台地区市场，鼓励在境外设立研发机构。推动政府间投资保护协定谈判，保护高技术服务企业海外投资利益。进一步完善外汇、出入境等方面管理，提升出入境检验检疫能力，促进高技术服务贸易发展。鼓励国内企业和协会参与制定国际标准，支持高技术服务自主标准国际化。

（八）引导集聚发展。依托优势地区，着力培育一批创新能力强、创业环境好、特色突出的高技术服务业集聚区。完善创新创业服务体系建设，促进创新资源向高技术服务业集聚区汇集。引导形成以龙头企业为核心、中小企业协同发展的高技术服务企业集群。支持建设一批高技术服务产业基地，鼓励在政策扶持、体制创新等方面积极探索、先行先试。引导和支持高技术服务企业与制造企业互动发展，依托优势产业集群，完善配套服务。

五、加强组织落实

发展高技术服务业是培育发展战略性新兴产业和服务业的重要任务，各地区、各部门要高度重视，切实加强组织领导，根据本指导意见的要求抓紧制定具体实施方案和落实措施，加大工作力度，确保各项任务措施落到实处。国务院有关部门要按照职能分工，加强对高技术服务业发展的协调指导，细化政策措施，创新体制机制，加强监督检查，推动我国高技术服务业又好又快发展。

二〇一一年十二月十二日

北京市人民政府关于印发推进两化融合促进首都经济发展若干意见及任务分工的通知

京政发〔2011〕2号

各区、县人民政府，市政府各委、办、局，各市属机构：

现将《推进两化融合促进首都经济发展的若干意见》及其任务分工印发给你们，请结合实际认真贯彻落实。

二〇一一年一月十三日

推进两化融合促进首都经济发展的若干意见

大力推进信息化与工业化融合（以下简称两化融合），促进工业由大变强是党和国家在我国经济社会发展新的起点上作出的重大战略部署。当前，本市已进入全面建设“人文北京、科技北京、绿色北京”和中国特色世界城市的新阶段，产业结构日趋合理，服务经济和总部经济特征日益明显。大力推进两化融合，是推动首都经济转型发展的重要手段和必然途径，有利于加快推进重点产业智能化、高端化、低碳化、国际化发展，加快实现本市“做优一产、做强二产、做大三产”的经济发展目标。为此，现就推进两化融合，促进首都经济发展提出如下意见：

一、发展思路与目标

（一）发展思路

深入贯彻落实科学发展观，坚持自主创新、重点跨越、内因驱动、分类引导的原则，以两化融合促进经济发展方式转变和产业结构优化升级为主线，以提升企业核心竞争力为突破口，以激发企业内在需求为动力，不断创造新的经济增长点、新的市场和新的就业形态，充分发挥政府引导作用，优化两化融合发展环境。实施"338"战略，即促进信息化与工业、服务业和农业三大产业的深度融合，提升自主创新、转型发展和资源配置三大能力，开展八大重点工程，探索信息化与经济发展全面融合的有效途径，促进首都经济持续快速发展。

（二）发展目标

1. 总体目标：建立现代产业体系，推动经济进入创新驱动、内生增长的轨道，使北京成为信息化引领经济社会发展的现代化国际大都市。

2. 阶段目标：到2012年，建立政府引导、社会参与的推进机制，形成企业主动开展两化融合的工作格局，重点行业两化融合程度和带动效益明显提高。企业上网率超过85%，信息化应用水平和劳动者素质显著提升，大型企业普遍建立首席信息官（CIO）制度，全市电子商务交易额达到5000亿元；企业竞争力明显增强，涌现出一批通过两化融合实现快速发展的企业和一批建立现代管理体制、实现转型发展的龙头企业；产业结构进一步优化，信息化应用水平和自主创新能力不断提高。

到2015年，信息化成为推动首都经济发展的重要力量，实现经济形态的两个转变：一是进入"网络形态"，所有企业实现顺畅应用互联网，信息化成为企业生存和发展的重要支撑。二是进入"智能形态"，重点企业实现信息共享、高端发展，重点行业进入智能发展的轨道。

二、重点任务

（一）促进工业转型发展，建立新型工业体系

增强信息化对战略性新兴产业的引领和支撑作用，不断创造新的经济增长点。结合本市重点产业振兴规划，在企业技术改造中加强信息技术的深度应用，推动柔性制造、绿色制造、智能制造和个性化制造等生产方式的变革，促进管理机制创新，提高企业经营管理水平和转型发展效益。

1. 基础产业。聚焦石化新材料与新能源产业，提高研发、生产及管理决策的信息化技术与应用水平，支持企业节能减排与安全高效运行，实现向高附加值、高科技含量、低污染的新兴产业转型发展。

2. 装备制造业。实现装备产品数字化和智能化，推进企业生产组织方式网络化、供应链管理精细化和全程化。提升本市在高端数控机床设备领域的自主创新能力，带动数控系统等关键技术和产品的研发。

3. 汽车产业。围绕整车制造企业，推进设计制造数字化，以及物流、生产管理等系统的集成发展，支持开展协同设计制造和全生命周期管理。

4. 都市型工业。推动信息技术在食品安全、服装制造、数字出版、工艺美术等领域的深度应用，鼓励个性化制造，实现产业高端化转型，培育一批具有国际竞争力的龙头企业。进一步健全食品安全追溯体系。

5. 生物和医药产业。促进信息技术在现代中药、化学制药、医疗器械等优势领域和生物制药、生物农业、工业生物等潜力领域的应用。支持企业建立工业生物技术共性服务平台、新药研发系统性创新服务平台等关键共性技术平台。推动建立药品安全双向可追溯体系，支持将企业生产控制与企业资源计划（ERP）等系统整合应用。

6. 航空航天产业。提升产业快速研发、柔性生产和敏捷管理的能力，建立关键零部件数字化和设计制造一体化的应用体系，提升协同研制及管控能力。

7. 电子信息产业。聚焦新一代移动通信、嵌入式芯片、数字音视频芯片、集成电路设计和平板显示等关键领域，加快企业研发设计、生产制造、供应链管理的集成平台建设，提升自主创新能力和产业化水平，带动配套产业聚集发展。

（二）壮大服务业规模，推动首都现代服务业快速发展

打造面向全国、辐射全球的生产性服务业基地，全面推动金融服务、科技服务、信息服务、流通服务、商务服务等领域信息技术的深度应用与资源共享，实现现代制造业与服务业有机融合、互动发展，不断创造新的市场，促进企业管理创新，带动传统服务业优化升级。

1. 金融业。强化信息化对金融创新服务的支持，完善后台服务支持体系，拓展金融服务市场。加快建设并完善海淀稻香湖、朝阳金盏、通州新城与西城德胜等4个金融后台服务园区，推进人民银行清算中心、人民银行征信中心等若干重点金融后台项目的建设与运行。以国家金融信息平台项目为龙头，吸引汇集金融信息服务机构，拓展金融信息服务产业链，加快将丽泽金融商务区打造成国际化金融信息中心。支持金融机构用信息技术完善后台支持体系，拓展电子商务、手机银行等各类网上金融创新服务。

2. 物流业。提升物流业专业化、信息化水平，增强物流枢纽吸引辐射作用。建设完善北京公共物流信息服务平台和物流科技支撑平台，推广应用先进适用的物流技术和信息系统，普及数字化终端设备，扶持传统物流企业进行信息化改造，促进物流业与制造业联动，推进电子商务与物流业共同发展。

3. 文化创意产业。推进三维仿真、宽带网络、协同设计等信息技术在文化创意产业的深度应用，支持行业创新发展。整合各类文化资源，打造北京文化创意品牌。鼓励企业应用文化创意产业公共技术平台和公共服务平台，发展文化创意新兴业态，培育一批快速成长企业。

4. 商贸服务业。提升商务领域信息化应用和管理水平，推进商贸流通业向国际化、高端化方向发展。推动流通领域企业应用电子商务，提高连锁经营和品牌经营水平，推进网上零售业快速发展。鼓励企业应用供应链管理、客户关系管理、商业智能等系统提升精细化管理水平，打造知名品牌。

5. 旅游业。促进旅游信息资源共享，加快基于网络的旅游产品创新，提升服务品质、效率及全球化服务能力。加快建设世界一流的旅游信息网和信息服务体系，为壮大入境旅游市场和提升国内旅游市场提供支撑。推广应用旅游在线服务、网络营销、网络预订和网上支付等新型服务模式，提升旅游企业和景区的信息化服务水平。

（三）深化信息技术应用，建设都市型现代农业体系

加快乡镇企业信息化建设，利用信息化手段提高农业集约化、精准化和设施化水平，积极发展优质、精准、高效、生态的高端农业，全面支撑新农村建设，加快推进城乡一体化进程。

推动信息技术在农业生产中的应用，增强农业产业化龙头企业、农民专业合作组织的辐射带动作用，促进信息技术与农业生物节能技术及管理相结合，发展低碳循环农业，引导特色农产品电子商务发展，积极探索建立农村产权交易管理系统。促进休闲农业、民俗旅游等领域信息资源的整合共享，提高民俗村、农业观光采摘园、京郊旅游景区的信息化服务水平。

（四）增强城市综合实力，促进首都经济实现创新发展

着力提升自主创新能力、转型发展能力和全球资源配置能力，使两化融合成为促进首都社会经济创新发展的重要动力。

1. 提升自主创新能力，实现“北京创造”。充分发挥信息化的催化作用，提升战略性新兴产业的创新能力，打造一批自主创新产品和国际知名品牌，做大做强一批具有全球影响力的创新型企业。一是全面加强信息化与新能源、新材料、节能环保、生物医药等战略性新兴产业的融合创新，引导企业和社会资本加大自主创新投入力度。二是切实发挥信息化对设计产业的支撑作用，着力提升工业设计能力，提高新产品开发水平和市场竞争力。三是将中关村国家自主创新示范区

加快建设成为全球信息产业创新高地，鼓励企业对接国家科技重大专项，掌握一批具有国际先进水平的两化融合共性关键技术，牵头制定一批国家标准。四是形成一批面向重点产业（领域）大型信息系统的世界一流的综合解决方案，大力发展工业软件，研发一批具有自主知识产权的嵌入式软件、设计软件、控制软件、过程管理软件等应用产品。

2. 提升转型发展能力，增强“北京活力”。激发企业两化融合的内在需求，推进一批重点企业率先实现高端化、低碳化、服务化转型，增强推动首都经济快速发展和产业结构持续优化的“北京活力”。一是充分发挥首都资源优势，引导企业将两化融合纳入企业发展战略，把两化融合的理念切实转变为企业管理者推动企业转型发展的动力。二是引导企业加快两化融合高端人才的引进，加速培养既懂企业管理又懂信息化的优秀人才，着力提升依托两化融合实现快速发展的能力。三是支持重点企业加大节能减排实施力度，利用信息技术提高资源利用效率和资源综合循环利用能力。四是推动典型企业进行业务重组和流程再造试点示范，促进企业以质量、品牌、标准、服务为重点，加快向物流、金融等领域延伸业务，引导制造业与服务业有效融合，培育新型业态。

3. 提升全球资源配置能力，强化“北京影响”。强化北京在产业运行管控、市场调配及市场交易、金融、信息等方面的全球影响力，打造新型市场。一是促进集团企业跨越式发展，加快建立覆盖全产业链、辐射全国的集中控制系统，强化“总部运营”能力，切实加强首都经济指挥中心的地位。二是聚集、培育一批综合性和行业性的大型电子商务交易平台，建立新型交易市场，成为全球网络交易的重要节点。三是进一步提高生产性服务业立足北京、服务全国的能力，加强金融、物流、科技、信息等领域服务系统和后台支撑体系的建设，促进以北京为核心的京津冀和环渤海地区的发展。四是深度开发经济贸易、科研创新和国际交流等方面的信息资源，吸引国际信息资源及其加工活动在京聚集，加快北京国际信息服务中心建设。

三、重点工程

（一）制造业强化工程

支持一批重点行业优势骨干企业围绕产品创新、节能减排、产品质量管理及追溯等方面开展智能化、网络化、数字化和集成化的升级改造。建立一批面向工业重点领域的网络协同设计、供应链管理、质量监管等公共服务平台。推动以京东方TFT－LCD8代线、新能源汽车等项目为代表的战略性新兴产业快速发展。

（二）服务业提升工程

支持一批金融、物流、商贸、旅游等行业骨干企业围绕经营管理、金融服务、供应链管理、电子商务创新开展信息化建设，提高互联网营销能力和网络化服务水平，提高企业经营管理水平和转型发展效益。建立一批面向重点行业的数字化创作、技术开发与测试等公共服务平台。推动一批重点领域后台支撑体系及区域经济服务平台建设。

（三）农业优化工程

重点开展农业信息采集、精准作业、信息管理、智能决策、灾害预警等技术的研发与示范。支持核心芯片、高端传感器、电子标签等一批物联网关键核心技术在农业生产和农产品流通领域试点应用，加快农村休闲旅游资源服务平台等一批为农业服务的综合平台建设，扶持一批信息技术应用示范企业和农民专业合作组织。

（四）大型企业跨越工程

依据国家相关行业两化融合评估指标体系，建立本市相应指标体系，并于每年组织测评，激发企业开展两化融合的主动性，促进跨越升级。重点推动国有控股公司等集团企业开展支撑业务重组、资源整合、精细化管理的信息化建设，支持总部型企业建立一批重点行业运行指挥、管理和决策中心。

（五）两化融合咨询引导工程

依托两化融合咨询服务体系，每年对一批骨干企业开展咨询活动，帮助企业理清需求、明确路径、对接服务者，促进企业实现快速发展。

（六）中小企业推广应用工程

重点支持建设一批中小企业综合性公共服务平台。健全中小企业信息化应用推广服务体系，推动中小企业开展网站宣传、客户服务、供应链管理和电子商务应用。

（七）电子商务创新发展工程

统筹推进电子商务发展，聚集一批面向全球市场的第三方电子商务服务平台，建设一批大宗商品电子商务交易市场，扶持一批具有全国影响力的电子商务平台和龙头企业，完善一批支付结算、交易保障、诚信服务、物流配送、安全认证等电子商务支撑体系。组织开展中小企业电子商务培训，引导应用创新，进一步扩大就业。

（八）智慧园区建设工程

推动重点开发区和产业园开展基础设施建设，实现光纤到企、随处接入、移动互联的无线宽带覆盖。打造以园区龙头企业为核心的区域型精细化制造中心。推动园区信息资源共享，加强产业链上下游企业在原材料供应、技术研发、市场开发等各运营环节的优化整合。

四、保障措施

（一）建立协调推进机制

建立本市两化融合协调推进机制，负责统筹两化融合相关工作，研究解决工作中出现的重大问题，制定及监督落实两化融合年度计划，开展两化融合发展水平评估。

（二）研究制定政策措施

加大对两化融合的投入，探索资金补贴、贷款贴息、购买服务等多种支持方式。鼓励企业推行首席信息官（CIO）制度，推动中小企业应用第三方公共服务平台，充分利用中关村国家自主创新示范区政策，研究制定加快骨干企业两化融合进程的激励措施，出台促进本市电子商务发展的政策。

（三）加强服务体系建设

进一步发挥行业协会的作用，推动建立两化融合技术创新和服务联盟。对接北京海外人才聚集工程，重点引进海外两化融合高端人才。发挥北京高等院校、科研院所等资源集中的优势，建立一批两化融合人才培养基地，开展两化融合系列培训。

（四）推进支撑环境建设

落实本市信息化基础设施提升计划，推动宽带网络、呼叫中心、互联网数据中心等基础设施建设。加快电子政务建设，以提高公共服务水平、行政效能和信息透明度为切入点，继续完善电子政务基础网络和服务平台，优化企业发展环境。进一步加强信息安全保障体系建设，逐步培育信息安全服务外包市场。

（五）加大宣传力度

总结和推广重点产业两化融合的成功经验，开展行业、区域两化融合交流活动和相关系列宣传，形成全社会普遍认同和积极参与两化融合的良好氛围。

推进两化融合促进首都经济发展的任务分工

一、促进工业转型发展，建立新型工业体系

（一）推进制造业两化融合，做强本市工业

任务内容：结合本市重点产业振兴规划，推动柔性制造、绿色制造、智能制造、个性化制造等生产方式在制造业的深度应用。支持一批优势骨干企业开展两化融合升级改造。推动建立一批面向工业重点领域的公共服务平台。

完成时间：2012 年底前

牵头单位：市经济信息化委

配合单位：市发展改革委、市科委、中关村管委会、北京经济技术开发区管委会

（二）促进战略性新兴产业快速发展

任务内容：发挥两化融合对战略性新兴产业的支撑引导作用，全面加强信息化与新能源、新材料、节能环保、生物医药等战略性新兴产业的融合创新。

完成时间：2012 年底前

牵头单位：市发展改革委、市经济信息化委

配合单位：市科委、中关村管委会、北京经济技术开发区管委会

二、壮大服务业规模，推动首都现代服务业快速发展

（三）推动金融业两化融合

任务内容：加快建设并完善海淀稻香湖、朝阳金盏、通州新城与西城德胜等 4 个金融后台服务园区，推进人民银行清算中心、人民银行征信中心等若干重点金融后台项目的建设与运行。拓展金融信息服务产业链，加快将丽泽金融商务区打造成国际化金融信息中心。

完成时间：2012 年底前

牵头单位：市金融局

配合单位：人民银行营业管理部、市发展改革委

（四）推动物流业两化融合

任务内容：建立完善北京公共物流信息服务平台和物流科技支撑平台，推广应用先进适用的物流技术和信息系统，普及数字化终端设备，扶持传统物流企业进行信息化改造。

完成时间：2012 年底前

牵头单位：市商务委

配合单位：市经济信息化委、市发展改革委、市科委

（五）推动文化创意产业两化融合

任务内容：推进三维仿真、宽带网络、协同设计等信息技术在文化创意产业的深度应用。鼓励企业应用文化创意产业公共技术平台和公共服务平台，促进新兴业态发展，打造北京文化创意品牌。

完成时间：2012 年底前

牵头单位：市经济信息化委商市委宣传部

配合单位：市发展改革委、市科委、市商务委、市文化局、中关村管委会、北京经济技术开发区管委会

（六）推动商贸服务业两化融合

任务内容：推进商务领域企业信息化建设，提高连锁经营和品牌经营水平，推动网上零售业快速发展。鼓励一批重点企业率先实现供应链管理、客户关系管理和商业智能等系统集成应用。

完成时间：2012 年底前

牵头单位：市商务委

配合单位：市经济信息化委、市科委

（七）推动旅游业两化融合

任务内容：建设全市旅游信息网和信息服务体系，推广应用旅游在线服务、网络营销、网络预订和网上支付等新型服务模式，提升旅游企业和重点景区的信息化服务水平。

完成时间：2012 年底前

牵头单位：市旅游局

配合单位：市商务委、市文化局、市农委、市经济信息化委

三、深化信息技术应用，建设都市型现代农业体系

（八）提升传统农业信息化应用水平，促进休闲农业的发展

任务内容：提升农村信息基础设施服务能力，促进现代信息技术在农业生产中的应用，加强乡镇企业信息化建设。引导特色农产品电子商务发展，促进民俗旅游、休闲农业等领域信息资源的整合共享。

完成时间：2012 年底前

牵头单位：市农委

配合单位：市科委、市经济信息化委、市商务委、市旅游局

四、增强城市综合实力

（九）加快中关村国家自主创新示范区建设

任务内容：推进产学研合作创新体系建设，鼓励企业对接国家科技重大专项，掌握一批具有国际先进水平的两化融合共性关键技术，牵头制定一批国家标准。

完成时间：2012 年底前

牵头单位：中关村管委会

配合单位：市科委、市发展改革委、市教委、市经济信息化委

（十）提升重点产业自主创新能力

任务内容：在制造业等重点产业打造一批自主创新产品和国际知名品牌，做大做强一批具有全球影响力的创新型企业。

完成时间：2012 年底前

牵头单位：市经济信息化委

配合单位：市发展改革委、市科委、市教委、市商务委、中关村管委会、北京经济技术开发区管委会

（十一）大力发展工业软件

任务内容：形成一批面向重点产业（领域）大型信息系统的世界一流的综合解决方案，研发一批具有自主知识产权的嵌入式软件、设计软件、控制软件、过程管理软件等应用产品。

完成时间：2012 年底前

牵头单位：市经济信息化委

配合单位：市科委、市发展改革委、市教委、中关村管委会

（十二）加快引进两化融合高端人才

任务内容：对接北京海外人才聚集工程，重点引进海外两化融合高端人才。

完成时间：2012 年底前

牵头单位：市人力社保局

配合单位：市国资委、市经济信息化委、市科委、中关村管委会、北京经济技术开发区管委会

（十三）提升生产性服务业对全国重点产业的服务能力

任务内容：加强支撑全国重点产业发展的金融、物流、科技、信息等领域服务系统和支撑后台体系建设，促进以北京为核心的京津冀和环渤海地区的发展。

完成时间：2012 年底前

牵头单位：市发展改革委、市经济信息化委

配合单位：市金融局、市商务委、市科委

五、夯实基础，重点突破

（十四）开展两化融合评估

任务内容：依据国家相关行业两化融合评估指标体系，建立本市相应指标体系，组织开展对大型企业的两化融合评估，引导企业加快发展。

完成时间：2012 年底前

牵头单位：市经济信息化委、市统计局

配合单位：市国资委、市发展改革委、市商务委、市旅游局、市文化局、市农委、中关村管委会、北京经济技术开发区管委会

（十五）支持大型企业及国有重点企业加快两化融合建设

任务内容：支持大型企业及国有重点企业从研发、生产、管理等环节入手，加大两化融合推进力度，提升整体核心竞争力。重点建设覆盖全产业链、辐射全国的集中控制系统。

完成时间：2012 年底前

牵头单位：市经济信息化委、市国资委

配合单位：市发展改革委、市商务委、市农委、市科委、中关村管委会、北京经济技术开发区管委会

（十六）鼓励大型企业及国有重点企业建立首席信息官（CIO）制度

任务内容：鼓励大型企业及国有重点企业建立首席信息官（CIO）制度。

完成时间：2012 年底前

牵头单位：市经济信息化委、市国资委

配合单位：市发展改革委、市商务委、市农委、中关村管委会、北京经济技术开发区管委会

（十七）加强服务体系建设，开展咨询引导和人才培训

任务内容：建设两化融合技术创新、咨询服务体系和人才培训基地，加强对骨干企业的咨询引导，帮助其利用两化融合提升竞争力，对企业管理者、技术骨干和员工进行重点培训。

完成时间：2012 年底前

牵头单位：市经济信息化委

配合单位：市国资委、市发展改革委、市人力社保局、市教委、市科委、市商务委、市旅游局、市文化局、市金融局、中关村管委会、北京经济技术开发区管委会

（十八）深化中小企业信息化应用

任务内容：支持建设一批中小企业综合性公共服务平台，健全中小企业信息化应用推广服务体系，推动中小企业开展网站宣传、客户服务、供应链管理和电子商务应用。

完成时间：2012 年底前

牵头单位：市经济信息化委

配合单位：市商务委、市科委、市文化局、市旅游局、中关村管委会、北京经济技术开发区管委会

（十九）统筹推进电子商务发展，带动产业转型升级

任务内容：研究制定本市电子商务发展的相关规划和政策措施，协调推进有关试点示范工作。统筹制造业、金融业、旅游业、会展业、农业等产业中信息化与电子商务应用的协同发展，带动传统产业转型升级。组织中小企业开展电子商务培训，带动扩大就业。大力培育和发展电子商务服务业，引导应用和服务创新，形成新的经济增长点。推动建设一批服务全国的支付结算、交易保障、诚信服务、物流配送、安全认证等电子商务支撑体系。

完成时间：2012 年底前

牵头单位：市经济信息化委、市商务委

配合单位：市发展改革委、市工商局、市金融局、中关村管委会、北京经济技术开发区管委会

（二十）推进现代流通领域的电子商务发展

任务内容：推进本市现代流通领域的电子商务发展，拟定现代流通领域电子商务发展的政策措施和标准规范，促进信息技术等现代科技在流通领域的推广应用。促进面向消费者的新型网购模式发展，创新服务内容。

完成时间：2012 年底前

牵头单位：市商务委、市经济信息化委

配合单位：市发展改革委、市工商局、市金融局、中关村管委会、北京经济技术开发区管委会

（二十一）推进智慧园区建设

任务内容：重点推动一批开发区和产业园开展以物联网、无线宽带网络为核心的信息化基础设施提升改造，完善园区服务平台，推动园区内信息资源共享，打造一批以园区龙头企业为核心的区域型精细化制造中心，建设一批电子商务产业园。

完成时间：2012 年底前

牵头单位：市发展改革委、市经济信息化委

配合单位：市科委、中关村管委会、北京经济技术开发区管委会

六、进一步优化发展环境

（二十二）建立两化融合协调推进机制

任务内容：建立本市两化融合协调推进机制，负责协调重大事项，制定及监督落实两化融合年度计划。

完成时间：2011 年底前

牵头单位：市经济信息化委

配合单位：市发展改革委、市教委、市科委、市财政局、市人力社保局、市农委、市商务委、市文化局、市国资委、市工商局、市统计局、市旅游局、市金融局、中关村管委会、北京经济技术开发区管委会

（二十三）研究两化融合政策措施

任务内容：加大对两化融合的投入，探索资金补贴、贷款贴息、购买服务等多种支持方式。鼓励中小企业应用第三方公共服务平台，充分利用中关村国家自主创新示范区政策，研究推进企业两化融合发展的政策措施。

完成时间：2012 年底前

牵头单位：市经济信息化委、市财政局、市发展改革委、市国资委

配合单位：市科委、市商务委、市农委、中关村管委会、北京经济技术开发区管委会

（二十四）加强两化融合支撑环境建设

任务内容：落实本市信息化基础设施提升计划，加快电子政务建设，健全信息安全保障体系。

完成时间：2012 年底前

牵头单位：市经济信息化委

配合单位：市科委、中关村管委会

（二十五）加大两化融合宣传力度

任务内容：宣传和推广重点产业两化融合工作成果和成功经验，营造全市两化融合的良好氛围。

完成时间：2012 年底前

牵头单位：市经济信息化委商市委宣传部

配合单位：市发展改革委、市商务委、市科委、市国资委、市农委、市人力社保局、市文化局、市旅游局、市统计局、市金融局、中关村管委会、北京经济技术开发区管委会

北京市人民政府关于进一步促进科技成果转化和产业化的指导意见

京政发〔2011〕12号

各区、县人民政府，市政府各委、办、局，各市属机构：

为进一步贯彻落实国务院关于建设中关村国家自主创新示范区批复精神，全面推进“科技北京”建设，充分发挥首都科技智力资源优势，加快本市经济发展方式转变，推动首都经济优化升级，根据《中华人民共和国科学技术进步法》、《中华人民共和国促进科技成果转化法》及《中共北京市委北京市人民政府关于建设中关村国家自主创新示范区的若干意见》（京发〔2009〕11号）等文件精神，结合本市实际，制定本指导意见。

一、充分认识促进科技成果转化和产业化的重要意义，明确指导思想和工作思路

（一）重要意义。科技成果转化和产业化是建设“科技北京”、实现科技与经济紧密结合的关键环节，是将首都科技智力资源优势向经济发展优势转化的有效途径。近年来，市委、市政府高度重视科技成果转化和产业化工作，不断创新体制机制，整合科技创新资源，促进大批科技成果在京转化和产业化，为首都经济社会发展提供了有力的科技支撑。但是，科技与经济脱节的问题还没有从根本上得到解决，还存在阻碍科技成果转化和产业化的一些制度性问题，推动科技创新的机制模式还需进一步完善，有利于科技成果转化和产业化的市场环境还需进一步优化。因此，必须从事关首都发展全局的战略高度，深化改革，大胆探索，勇于创新，进一步建立完善有利于科技成果转化和产业化的体制和机制，这既是加快首都经济发展方式转变，推动首都经济优化升级的紧迫要求，也是把北京建设成为创新型城市和国际创新枢纽的战略抉择。

（二）指导思想。深入贯彻落实科学发展观，立足首都城市功能定位，把握首都资源禀赋和产业特点，服务好、利用好中央在京资源，促进科技成果在京转化和产业化。突出制度创新，充分发挥中关村国家自主创新示范区先行先试的优势，在解决制约科技成果转化和产业化的深层次矛盾和问题上有所突破。突出机制创新，认真把握科技成果转化和产业化的客观规律，充分发挥政府的主导作用和市场配置资源的基础性作用，营造有利于科技成果转化和产业化的良好环境。

（三）工作思路。坚持“全链条、全要素、全社会”的工作思路，把握政府部门在科技成果转化链条不同环节发挥作用的力度和重点；对科技成果、资金、人才、信息、政策、空间载体、基础设施、市场等要素进行优化组合；促进形成全社会共同参与、协同推进科技成果转化和产业化的新局面。建立和完善“发现——评价——培育——推进”的工作机制，充分发挥政府的组织协调作用，实现多渠道发现科技成果，多因素评价科技成果，多途径培育科技成果，多主体推进科技成果转化和产业化。

二、深化先行先试的创新试点，探索突破科技成果转化和产业化的制度性障碍

（四）开展高等院校、科研院所和国有企业的考核评价制度改革试点。强化高等院校校办或与社会企业合办企业促进产业发展，鼓励科技人员创办企业或以科技成果入股参与创办企业，转化科技成果；在专业技术职称评聘中，确保一定比例的名额用于参与技术转移、成果转化和产业化的人员。强化对科研院所的科技成果转化和产业化的考评。强化对国有企业的技术创新能力和成效的考评，将国有企业创新成效、科技成果转化和产业化情况，纳入国有企业负责人绩效考核范围。

对于高等院校、科研院所和国有企业中参与科技成果转化人员的股权和奖金奖励，应记入其个人档案，作为对其考核、晋升或评审专业技术职称的依据。

（五）深化股权激励改革试点。在高等院校、科研院所和国有企业中，对做出突出贡献的科技人员、经营管理人员、成果转化人员，开展职务科技成果股权和分红激励试点。高等院校、科研院所、国有企业、国有控股企业的下属单位的股权和分红激励试点方案等相关材料，可以由履行出资人职责的机构委托高等院校、科研院所、国有企业、国有控股企业等单位决定。由市财政局或市国资委等履行出资人职责的单位，其股权和分红激励试点方案等相关材料由市财政局或市国资委等负责审批。

（六）开展国有无形资产和科技成果管理制度改革试点。进一步处理好国有无形资产和科技成果管理的所有权、处置权和收益权的关系。完善科技成果在评估、对外投资、审批和变更等环节的审批制度。对于科技成果形成的国有无形资产，探索建立与其相适应的管理制度。建立和完善事业单位自主处置科技成果的相关制度，对于一次性处置单位评估价值或批量评估价值800万元人民币以下的科技成果，原则上由事业单位自主决定，报市财政局备案；800万元人民币以上（含）的，经主管部门审核后报市财政局审批。

对财政性资金资助科研项目形成的科技成果，授权项目承担者依法取得。按国家和本市有关规定，项目承担者可自主决定转化科技成果，转化收益归项目承担者所有。

（七）开展股权激励个人所得税政策试点。对中关村国家自主创新示范区内企业转化科技成果，以股份或出资比例等股权形式给予本企业相关技术人员的奖励，技术人员一次缴纳税款有困难的，经主管税务机关审核，可分期缴纳个人所得税，但最长不超过5年。

（八）开展科研经费分配管理改革试点。在科技部、发展改革委、工业和信息化部、卫生部分别与北京市政府确定的联合支持的新立项项目中选择部分项目进行科研项目经费管理改革试点，并与相关国家部委就试点有关工作制定具体实施细则。一是开展间接费用补偿机制试点。在总结科技重大专项列支间接费用的经验基础上，对试点项目中相关国家科技计划项目实行间接费用补偿机制。二是开展科研项目分阶段拨付试点。根据项目实施进度和关键节点任务完成情况进行拨款。三是开展科研项目后补助试点。对于具有明确的、可考核的产品目标和产业化目标的项目实行后补助支持方式，在项目完成并取得相应成果后，按规定程序进行审核、评估或验收后给予后补助。四是开展增加科研单位经费使用自主权试点。完善试点项目中相关国家科技计划项目预算调整程序，适当扩大科研单位在项目内部各支出科目间预算调整的权限，增加经费使用自主权。

三、充分发挥政府的主导作用，大力推进科技成果转化和产业化的机制与模式创新

（九）加强央地共建创新平台的工作力度。积极探索利用和整合首都科技资源的组织模式与运行机制，以中关村国家自主创新示范区为重要阵地，搭建首都创新资源平台，进一步整合首都高等院校、科研院所、中央企业、高科技企业等创新资源，采取特事特办、跨层级联合审批模式，落实国务院同意的各项先行先试改革政策。依托首都智力资源优势，加强央地合作、校企合作，高效配置和集成创新资源，努力将科技资源优势转化为创新资源优势，提升创新引领能力，建立和完善重大科技成果转化和产业化、中关村人才特区建设、科技金融创新服务、政府采购创新产品、政策先行先试、示范区规划建设等平台。加快推进“中关村科学城”建设，坚持需求拉动创新，形成产学研用相结合、军民融合、产业集群等创新发展模式，以重大科技成果转化和产业化为重要抓手，进一步激发创新资源活力，形成高等院校、科研院所、高科技企业、高端人才、社会组织及政府“六位一体”的协同创新局面。加快建设“未来科技城”，依托大型中央企业，吸引在战略性新兴产业领域位居前列的民营企业总部和研发机构、国内外一流大学和创新人才的重点实验室、研发机构入驻园区，形成人才创新创业基地和研发机构集群。大力推进与中央单位共建成果转化平台的工作，构建高效运转、充满活力的科技创新和产业化服务体系，推动科技成果转化和产业化。

（十）深入推进各类创新服务平台建设。深化产业共性技术创新服务平台建设，加强对研发活动的支撑与服务，帮助企业提高研发效率。深化科技成果产业化情报系统和科技成果转化的信息数据平台建设，健全创新成果的发现、跟踪和筛选机制，搭建技术成果与信息的供需对接、发布与交流平台。支持技术转移中介机构提升服务能力，做好技术评价等服务业务。推进北京市服务中央单位和驻京部队综合服务平台科技成果转化服务分平台建设以及生物医药、设计产业、高端装备制造等重点领域的科技成果转化平台建设，为科技成果转化和产业化做好对接服务。

（十一）加强科技成果转化基地建设。聚焦北部研发服务和高新技术产业发展带及南部高技术制造业和战略性新兴产业发展带，加快建设新兴产业基地。围绕新一代信息技术、生物、节能环保、新能源、新能源汽车、新材料、航空航天、高端装备制造等战略性新兴产业，整合创新资源，建设一批科技成果转化基地和新型产业技术研究院，着眼于产业全链条、全要素和全社会多元主体，集中力量、整体推动一批具有内在技术经济关联性的“科技成果群”转化应用。

（十二）深化“创新型企业”培育机制。大力实施中关村“十百千工程”，实行“一企一策”支持方式，提高企业自主创新能力，形成一批十亿元级、百亿元级和千亿元级的规模企业。深入推进生物医药产业跨越发展工程，支持一批有规模的骨干企业、培育一批有潜力的创新型企业、引进一批国内外重点企业。加大中小企业技术创新资金支持力度，培育一批具有创新潜力的高成长企业；实施“瞪羚计划”，形成一批“专、特、精、新”的“瞪羚企业”。

（十三）强化政府科技投入统筹机制。确保市、区两级政府用于科技创新和成果转化等财政科技经费的增长幅度，不低于财政经常性收入增长幅度。市政府建立健全资金统筹机制，从科技成果的研发、筛选、评价、信息发布，重大项目的立项、投资、产业化推进以及园区统筹布局和相关配套服务等方面，明确各职能部门职责，共同推进科技成果转化和产业化。

（十四）深入推进政府投入方式创新。创新投入方式，在综合运用无偿资助、贷款贴息、后补贴和政府采购等方式的基础上，深入推进政府股权投资方式，探索政府资金使用新模式，坚持“政府投资、市场运作、重在激励、及时退出”的原则，支持重大科技成果在京转化和产业化。

（十五）深化科技计划项目管理改革。由财政资金支持的应用性研究项目，项目主管部门应当与项目承担单位约定该项目成果的转化期限，促进科技成果的转化实施。研究成果应当在成果完成后一年内实施转化，一年内未实施转化的，可以由科技成果完成人和参加人在不变更职务科技成果权属的前提下，根据与本单位协议进行该项科技成果的转化，并享有协议约定的权益。同时，加强计划项目成果的信息公开工作。

（十六）深化高新技术企业和科技成果转化项目认定工作。贯彻落实中关村国家自主创新示范区高新技术企业认定管理试点办法，支持企业自主创新，促进企业科技成果转化。推进科技成果转化项目认定制度，对经认定的成果转化项目，通过专项资金进行支持，推动企业进一步加强自主创新，开拓市场，扩大规模，培育新的产业形态。

四、充分发挥市场配置科技资源的基础性作用，全力营造有利于科技成果转化和产业化的市场环境

（十七）培育一批专业的成果转化服务机构。将技术市场作为科技成果转化的重要渠道，鼓励成果转化服务机构拓宽服务领域，建立健全专业服务标准体系，引导成果转化服务机构规范化、专业化、网络化发展。推行北京技术转移示范基地挂牌制度，对成效显著、机制创新的服务机构给予专项资金支持。加强科技孵化体系建设，引导科技企业孵化器、大学科技园、留学人员创业园、中试基地、大学生创业基地等孵化机构专业化、市场化发展，鼓励各类科技企业孵化机构提升科技条件、技术转移、专业咨询、投融资和市场推广等方面的专业服务能力，与其他社会资本合作并采取股权投资等形式参与在孵企业的孵化培育。

（十八）以市场机制促进创新要素向企业集聚。深入推进首都科技条件平台建设，鼓励高等院校和科研院所采用市场机制，向企业开放科研基础设施和大型科学仪器设备、自然科技资源、科学数据、科技文献等公共科技资源，鼓励社会公益类科研院所为企业提供检测、测试、标准等服务，政府通过购买服务的方式进行支持。推动高等院校、应用开发类科研院所向企业转移技术成果，促进人才向企业流动。鼓励企业建设国家和本市重点实验室、工程实验室、工程技术研究中心、工程研究中心和企业技术中心。

（十九）充分发挥民营科技企业在科技成果转化中的作用。积极支持民营科技企业通过公平竞争，承担国家各类计划项目和基地建设任务，并在贷款、担保、贴息等方面为民营科技企业提供支持。鼓励高等院校、科研院所、研究机构搭建平台，促进科研成果向民营科技企业转化，帮助企业解决技术难题。鼓励民营科技企业建立现代企业制度，鼓励采用股票期权等方式，激励科技人员或经营管理人员进行科技成果转化。加大科研成果推广宣传力度，充分利用科技成果信息公开网站及各种形式的博览会、交易会、新闻媒体宣传，让民营科技企业掌握更多的科技成果信息。

（二十）强化政府采购对新技术、新产品的应用推广作用。政府采取积极措施，拓宽新技术、新产品的市场渠道，通过首购、订购、首台（套）重大技术装备试验和示范项目、推广应用等方式，推进新技术、新产品的广泛应用，为其品牌塑造提供有力支撑。

（二十一）加大创业投资和股权投资支持力度。支持境内外个人和机构开展天使投资业务。支持由社保基金、保险资金、大型企业及其他投资机构出资的股权投资基金的设立和发展。市、区（县）人民政府及其职能部门设立创业投资引导资金和基金，采取阶段参股、跟进投资、风险补助等多种方式，支持科技成果转化和产业化。

（二十二）完善科技金融服务环境。完善科技企业与银行信贷、科技保险和资本市场之间的市场联动机制。深入推进知识产权质押贷款、科技贷款补贴、科技保险补贴专项，支持重大科技成果产业化项目通过担保融资、信用贷款、引入创业投资和战略投资者、到中关村代办股份转让系统挂牌和境内外资本市场上市等多种方式，持续融资和发展，真正实现与科技重大项目的对接、与科技成果产业化的对接、与科技企业技术研发的对接。

（二十三）深化科技资源招商工作。聚焦战略性新兴产业，广泛调动园区、企业、投融资机构以及科技中介机构等的积极性，以科技资源为纽带，通过建立科技资源信息系统和发布平台、组织科技资源招商对接活动、开展科技资源招商全国路演等方式，创造条件，广泛吸引各地区优质产业资本进入北京，与本市优质科技资源开展实质性合作，促进科技成果快速转化和产业化。

五、加强统筹协调，完善科技成果转化和产业化的组织保障体系

（二十四）完善统筹协作机制。深化“科技北京”行动计划，培育在市场经济条件下首都经济技术合作新机制，充分调动和整合全社会的力量，真正破解科技资源分离、分隔、分散的问题，协调解决科技资源开放共享、人才培养与流动、科技成果转化等方面的问题。加强“央地合作”，推动中央与北京市共同搭建不同层次、相互补充、推进创新发展的联动平台，实现与国家部委、中央企业、高等院校和科研院所等中央单位科技资源对接，不断完善协调互动机制，共同筛选重大科技成果，实施重大产业化项目。支持有条件的市属创新型企业联合中央单位积极参与国家重大科技专项、重大科技基础设施建设，推动科技成果在京落地转化和产业化。

（二十五）推进立法进程。在归纳总结中关村国家自主创新示范区政策试点经验的基础上，加快做好本市科技成果转化和产业化促进地方性条例立法相关准备工作，切实解决科技成果转化和产业化过程中的突出问题，完善科技成果转化和产业化法制环境。

二〇一一年三月十五日

北京市人民政府关于贯彻国务院进一步促进中小企业发展若干意见的实施意见

京政发〔2011〕17号

各区、县人民政府，市政府各委、办、局，各市属机构：

中小企业是首都经济的重要组成部分，是落实“人文北京、科技北京、绿色北京”战略的重要力量，是建设中国特色世界城市的重要基础。为贯彻落实《国务院关于进一步促进中小企业发展的若干意见》（国发〔2009〕36号）精神，进一步发挥中小企业在保障改善民生、推动技术创新、优化经济结构、扩大社会就业等方面的重要作用，现结合本市实际，提出如下实施意见：

一、高度重视，加快推进中小企业产业转型升级

（一）强化对中小企业发展的科学引领

深入贯彻落实科学发展观，按照建设中国特色世界城市的战略部署和首都经济发展方向，以服务中小企业科学发展为核心任务，优化完善政策环境、服务环境、融资环境和空间环境。应对人口资源环境矛盾，充分发挥中小企业在首都深度调整产业结构、努力转变经济发展方式进程中的积极作用，推动中小企业向现代服务业、先进制造业、新兴产业领域和新型业态发展，为首都率先形成创新驱动的发展格局、率先形成城乡经济社会发展一体化新格局做出更大贡献。

（二）鼓励中小企业参与“人文北京、科技北京、绿色北京”建设

鼓励中小企业发展文艺演出、出版发行和版权贸易、广播影视节目制作和交易、动漫游戏研发制作、广告和会展、古玩和艺术品交易、设计创意、文化旅游、文化体育休闲等文化创意产业。支持符合条件的中小企业参与国家科技重大专项以及本市重大科技项目建设，支持中小企业参与电子信息、生物医药、新能源和环保、汽车、装备制造、都市型现代农业等产业振兴工程，鼓励中小企业投资战略性新兴产业。鼓励中小企业加大清洁生产与节能减排工作力度，按照“减量化、资源化、再利用”要求，大力发展循环经济，投资并参与低碳技术、节能环保技术的研发和应用。

（三）加大对中小企业发展的结构调整

努力转变中小企业发展方式，以技术创新和制度创新为动力，着力推进企业高端发展、创新发展、绿色发展。大力发展科技创新型中小企业，鼓励企业向专、特、精、新方向发展。综合运用金融、环保、土地、产业政策等手段，继续推进对不符合首都城市功能定位的企业和落后生产工艺的搬迁调整，严格控制过剩产能和“两高一资”行业盲目发展。

二、深化认识，努力营造有利于中小企业发展的良好环境

（四）加强对中小企业发展的政策法规引导

加快推动《北京市中小企业促进条例》立法工作。组织开展对中小企业相关法律和政策落实情况的监督检查，清理不利于中小企业发展的地方规章制度。研究明确对小型企业的扶持政策。将促进中小企业发展纳入全市“十二五”规划，编制“十二五”中小企业发展专项规划。有关部门要及时向社会公布发展规划、产业政策、行业动态等信息，加强对中小企业发展的引导。

（五）加大对中小企业发展的财政资金支持

设立市和区县两级中小企业发展专项资金，逐年扩大财政预算扶持中小企业发展的专项资金规模，加强各部门促进中小企业发展相关资金的统筹，重点用于建设中小企业公共服务体系、服

务平台和支持中小企业技术创新、结构调整、节能减排、开拓市场、扩大就业等。建立中小企业专项资金使用绩效评估机制。积极争取国家中小企业发展基金支持，研究设立本市中小企业发展基金，带动社会资金支持中小企业发展，重点用于支持创新创业、健全中小企业信用担保体系、加强对中小企业融资服务等方面。

（六）落实国家对中小企业的税收优惠政策

中小企业投资国家鼓励类项目，除《国内投资项目不予免税的进口商品目录》所列商品外，所需的进口自用设备以及按照合同随设备进口的技术及配套件、备件，免征进口关税。落实国家对小型微利企业的企业所得税税收优惠政策。中小企业因特殊困难不能按期缴纳税款的，可以依法申请在3个月内延期缴纳。

（七）加大政府采购对中小企业的支持力度

结合财政部关于中小企业政府采购的相关政策，健全完善本市政府采购支持中小企业的相关制度。在政府采购中关村自主创新产品工作中，完善对中小企业自主创新产品（服务）的政府采购机制，并逐步把采购空间拓展至全市。加大政府采购对中小企业的支持力度，逐步提高采购中小企业货物、工程和服务的比例。落实中小企业市场准入相关政策，支持中小企业公平参与社会公用事业等领域发展。

（八）落实支持小企业发展的金融政策

贯彻落实银监会关于小企业贷款的“六项机制”和“四单管理”等政策。鼓励金融企业加大对中小企业呆账的核销处理力度。完善本市金融机构小企业信贷考核体系，在风险可控的前提下科学设定小企业不良贷款容忍度。研究建立小企业贷款风险补偿机制，对金融机构发放给符合条件小企业的贷款按增量给予适度补助，对不良贷款损失给予适度风险补偿。

（九）做好中小企业权益保护和减负工作

坚持依法行政，切实加强对中小企业及其职工合法权益的保护。严格执行收费项目公示制度，规范执收行为，任何单位不得擅自增加或变相增加中小企业负担。在市、区县两级政府设立中小企业负担举报电话，完善监督制度。清理整顿涉及中小企业的收费项目，取消未按规定权限和程序批准的行政事业性收费项目和政府性基金项目。涉及对中小企业的收费项目，在出台前须征求中小企业代表及中小企业主管部门意见。

三、创新金融服务机制，着力增强对中小企业的融资支持

（十）努力拓宽中小企业直接融资渠道

健全本市中小企业创业投资引导基金管理机制与绩效考核制度，加大创业扶持资金投入。制定鼓励创业投资与股权投资发展的具体政策，加大对科技成果转化等各类项目的创业扶持力度。积极争取国家战略性新兴产业的创投基金，加大对本市中小企业发展的融资支持。鼓励有条件的区县设立创业投资引导基金，加强对创业投资机构的引导。完善中小企业上市育成机制，制定支持中小企业在境内外资本市场上市的具体政策，加强对符合上市条件中小企业的上市辅导工作，对企业上市予以一定补助。深入推进产权交易市场发展，开展区域性中小企业产权交易市场试点。积极推进中小企业集合债券、集合票据、集合信托等融资方式，并予以一定补助。

（十一）继续改善中小企业间接融资服务

鼓励银行延伸小企业金融服务专营机构服务网点，扩大中小企业信贷规模。对商业银行开展中小企业信贷业务实行差异化的监管政策。鼓励金融机构创新针对科技研发、文化创意、商贸服务、工业生产等不同类型中小企业的融资产品，完善抵质押物评估机制，推行商标权质押融资、股权质押融资、知识产权质押融资、应收账款融资、商品融资、联保联贷等融资方式。鼓励金融机构优化小企业贷款流程，提高贷款审批效率。鼓励并引导民间资本进入金融服务领域，参与发起设立村镇银行、其他农村小型金融组织、小额贷款公司等机构。总结小额贷款公司试点经验，加快推广至全市范围，支持符合标准的郊区县小额贷款公司转为村镇银行。鼓励银行、担保机构等开展委托贷款业务。探索融资租赁、典当在中小企业融资中的应用模式。

（十二）完善中小企业信用担保体系

加大市、区县财政支持力度，采用多种方式鼓励和支持组建多层次的中小企业融资担保机构。综合运用资本注入、扩大再担保资金规模、风险补偿和考核奖励等多种方式，提高融资性担保公司对中小企业的服务能力。落实好对符合条件的中小企业信用担保机构免征营业税、准备金提取和代偿损失税前扣除的政策。建立融资性担保机构绩效考核指标体系，鼓励担保机构扩大对科技研发、文化创意等重点领域中小企业的融资担保业务。针对各有关部门为中小企业和担保机构开展抵押物和出质的登记、确权、转让等工作，建立“一站式”的优质服务机制。总结科技保险试点工作经验，鼓励保险机构开发为中小企业服务的金融保险产品。

（十三）加强信用信息服务系统建设

推进中小企业信用制度建设，建立健全中小企业信用信息征集机制、信用评价体系和信息应用机制，提高中小企业的融资信用等级。完善个人和企业征信系统，加强组织机构代码应用，为中小企业融资提供方便快速的查询服务。加强本市企业和个人信用体系建设宣传，培育中小企业信用意识，推广中小企业信用报告及相关信用产品，构建失信惩戒、守信受益的信用约束机制。

四、创新产业用地机制，着力加大对中小企业的空间支持

（十四）建设一批小企业创业基地

支持区县、开发区和中关村国家自主创新示范区建设一批土地高效利用、公共设施齐全、配套服务完善、带动作用明显的小企业创业基地。鼓励各类投资主体利用现有闲置的商务楼宇和工业厂房等改造建立小企业创业基地。支持大学科技园、专业化产业基地、农民就业基地等项目配套提供创业孵化场所，支持高校毕业生、留学归国人员和各类技术发明人等高素质人才自主创业。开展市、区县两级小企业创业基地认定工作，建立针对已有各类创业基地的互认机制，支持小企业创业基地建设，降低小企业创业成本。

（十五）打造一批中小企业产业集群

制定产业专业化布局指导政策，推进中小企业在高端产业功能区、工业开发区、文化创意产业集聚区、金融后台服务区、特色商务服务区、农产品加工示范基地等不同类型园区的集聚发展。围绕战略性新兴产业，打造一批特色商务楼宇，完善服务功能，引导知识服务型和科技创新型中小企业专业集聚。支持具有产业链协作配套关系的中小企业加强空间集聚。引导乡镇企业有序转移与集聚发展。

（十六）完善对中小企业的用地政策

在区域规划调整和新城建设中配套落实满足各类中小企业需求特点的发展空间，并纳入全市土地利用年度计划和土地供应计划。鼓励在开发区和企业集聚区建设一批适宜中小企业的标准化多层厂房。研究制定中小企业工业楼宇产权分割政策，切实加强对中小企业发展的空间保障。

五、创新资源集成机制，着力改善对中小企业的公共服务

（十七）建设完善中小企业服务网络

建立健全市、区县中小企业服务中心，构建市、区县两级协同、区域和行业全覆盖的中小企业服务体系。加强中小企业服务中心能力建设，加大资源集成力度，建立协同服务机制，重点开展政策咨询、信息发布、情况反馈、权益保障、帮扶受理等各项服务工作。建设面向中小企业的政务信息网络，为中小企业提供一站式信息服务。

（十八）建设一批专业化服务平台

在各区县、各中小企业集聚发展区配套中小企业服务机构与相应设施，引导社会优质资源入驻，健全中小企业专业服务体系。支持中小企业在流通服务、信息服务、金融服务、商务服务、科技服务等生产性服务业领域发展。通过资格认定、业务委托、服务采购、奖励资助等方式，引导行业协会（商会）、高等院校、科研院所、科技中介机构、检验检测机构、咨询认证机构、专业性商务服务机构等各类社会服务资源，为中小企业提供信息查询、技术创新、创业辅导等各种专业服务。

（十九）建设一批公共技术服务平台

加强首都科技条件平台建设，整合利用高等院校、科研院所、检验检测机构、企业技术中心等科技资源，向中小企业开放共享实验室，建设一批适应中小企业发展需求的公共技术服务平台，提供技术研究、试验与检验检测等支持。支持技术转移等中介服务机构建立中小企业人才、技术需求发布平台，建立中小企业科技成果发布机制，帮助中小企业开展科技成果引进、使用、交易等活动。

（二十）支持中小企业加强联盟协作

鼓励大企业与中小企业建立稳定的协作关系。支持大企业通过协同研发、服务外包、订单生产等方式，向中小企业提供技术、设备、资金和市场支持。支持中小企业参与产学研用等各类产业联盟。鼓励中小企业之间通过兼并重组、联营合作等方式加强优势资源整合。

六、创新企业发展机制，着力提高中小企业综合经营能力

（二十一）引导中小企业健全组织管理

鼓励中小企业按照现代企业模式进行建设或重组，建立产权明晰、管理科学的企业制度。对生产经营已有一定规模的个体工商户、个人工作室以及各类非法人企业，积极引导其向法人企业转变。对具备法人条件的中小企业，积极引导其向现代公司制企业转变，优化企业组织形式，完善企业治理结构。

（二十二）支持中小企业增强研发能力

鼓励具备条件的中小企业建立研发机构，或与高校、科研院所共建产学研联合体，构建企业技术创新体系。支持中小企业加大研发投入，开发先进适用的技术、工艺和设备，研制引领需求的新产品。引导中小企业建立研发准备金制度，研发资金按实际发生额列入成本（费用）。对中小企业由于技术进步需要加速折旧的固定资产，可按规定缩短折旧年限或采取加速折旧方法。

（二十三）支持中小企业加强市场开拓

落实国家出口退税等政策，支持中小企业开拓国际市场。鼓励有条件的中小企业到境外开展技术、产品、品牌等并购业务。扩大对中小企业出口信用保险保费补助范围，提高补助率。支持符合条件的中小企业参与家电下乡、以旧换新等业务。支持中小企业建立产品技术展示中心，参与国内、国际大型展览展销活动。支持符合条件的中小企业承接重大建设工程。

（二十四）提升中小企业人力资源素质

鼓励中小企业参与国家银河培训工程。建立政府资助引导、社会智力支持和企业自主需求相结合的培训机制，鼓励管理培训机构创新培训方式、完善培训内容，支持中小企业提升人员素质。支持中小企业和高校、科研院所之间建立灵活的人才交流与合作机制，鼓励高校、科研院所的高端人才、专业技能人才到中小企业兼职，提供技术指导。支持中小企业引进海内外高端人才和急需人才。

（二十五）引导中小企业加强经营管理

开展中小企业管理帮扶活动，支持中小企业开展管理咨询，推进管理创新。积极推进中小企业构建和谐的劳动关系。支持中小企业应用先进质量管理方法，提高质量管理水平。引导中小企业健全财务控制制度，加强市场分析预测，增强品牌营销和风险防控意识，提高经营服务能力，推进诚实守信经营。支持中小企业创新经营模式，积极采取贴牌生产、服务外包、连锁经营、特许经营等现代经营方式，拓展服务领域。

（二十六）推进中小企业信息化建设

发挥政府引导作用，调动信息化服务运营商的积极性，开发和搭建行业应用平台，为中小企业提供社会化服务。支持建设行业性、专业性和综合性的中小企业信息化公共服务平台，深入推进信息化与工业化融合发展。支持中小企业应用信息技术加强企业管理，深入开展电子商务应用，提高企业综合竞争力。

（二十七）加强中小企业知识产权工作

实施中小企业知识产权战略推进工程，广泛开展保护知识产权的宣传和指导，增强中小企业知识产权保护意识。引导中小企业加强知识产权管理，加强对其商标权、著作权、发明权等知识产权的注册和保护，依法保护自主创新成果。支持知识产权中介服务机构为中小企业提供专利查询、申报指导、专利维权、诉讼代理等服务。加快培育拥有自主知识产权、知名品牌和核心竞争力的企业。

七、创新政府管理机制，加强对中小企业工作的组织领导

（二十八）加强对中小企业的组织领导

建立本市促进中小企业发展工作领导协调机制，加强对中小企业工作的统筹规划、组织领导和政策协调。各区县也要结合实际建立本区县的相应工作机制，协调推进中小企业发展各项工作。

（二十九）加强对中小企业的分类指导

根据中小企业不同发展类型、阶段和规模的特点，建立健全分类指导机制。加大政策集成力度，完善创新创业服务体系，重点加强对小企业、微小企业和初创型企业的支持，激发区域创业活力。采取有针对性的政策措施，支持一批具有良好前景的高成长中小企业发展壮大，成功培育一批具有技术远见和集成能力的高技术大公司。

（三十）建立中小企业统计监测机制

统计部门要建立完善中小企业信息统计、监测制度，加强对中小企业的运行分析，包括规模以下企业的运行监测分析，定期发布中小企业发展数据和年度发展报告。促进中小企业发展是一项长期战略任务。市有关部门、单位和各区县政府要结合各自工作职责和实际情况，严格落实责任，完善工作机制，尽快制定贯彻落实本意见的具体方案和措施。

附件：有关部门和单位工作分工表

二〇一一年四月八日

附件：

有关部门和单位工作分工表

序号	工作任务	牵头部门	参加单位
1	强化对中小企业发展的科学引领，鼓励中小企业参与“人文北京、科技北京、绿色北京”建设，加大结构调整力度	市经济信息化委	市有关部门、单位和各区县政府
2	加快推动《北京市中小企业促进条例》立法工作	市经济信息化委、市政府法制办	市发展改革委、市财政局、市统计局
3	设立市和区县两级中小企业发展专项资金，逐年扩大财政预算扶持中小企业发展的专项资金规模，建立中小企业专项资金使用绩效评估机制，研究设立本市中小企业发展基金	市财政局、市经济信息化委、各区县政府	市发展改革委、市科委、市商务委

续表

序号	工作任务	牵头部门	参加单位
4	落实国家对中小企业的税收优惠政策	市财政局、市国税局、市地税局	市发展改革委、市科委、市经济信息化委、市商务委
5	健全完善本市政府采购支持中小企业的相关制度，落实中小企业市场准入相关政策	市财政局、市发展改革委、各区县政府	市经济信息化委、市科委、市商务委、中关村管委会
6	落实银监会关于小企业贷款的相关政策，完善本市金融机构小企业信贷考核体系，研究建立小企业贷款风险补偿机制	市金融局、市财政局、市经济信息化委	人民银行营业管理部、北京银监局
7	严格执行收费项目公示制度，完善监督机制	市经济信息化委	市发展改革委、市财政局、市审计局、市监察局
8	健全本市中小企业创业投资引导基金管理机制与绩效考核制度，鼓励有条件的区县设立创业投资引导基金，加大创业扶持资金投入	市经济信息化委、市财政局、市发展改革委	市科委、市商务委、市金融局、中关村管委会、各区县政府
9	制定支持中小企业在境内外资本市场上市的具体政策，开展区域性中小企业产权交易市场试点	市经济信息化委、市金融局、市财政局	北京证监局、市科委、市商务委、市工商局、市知识产权局、人民银行营业管理部、北京银监局、中关村管委会
10	鼓励并引导民间资本进入金融服务领域，参与发起设立村镇银行、其他农村小型金融组织、小额贷款公司等机构，支持符合标准的郊区县小额贷款公司转为村镇银行	市金融局	人民银行营业管理部、北京银监局、市经济信息化委、市科委、市商务委、中关村管委会

续表

序号	工 作 任 务	牵头部门	参加单位
11	采用多种方式鼓励和支持组建多层次的中小企业融资担保机构，建立为中小企业和担保机构开展抵押物和出质的登记、确权、转让等工作的“一站式”服务机制，落实对中小企业信用担保机构的相关税收优惠政策	市金融局、市经济信息化委	市商务委、市财政局、市科委、市住房城乡建设委、市国土局、市工商局、北京银监局、北京保监局、市国税局、市地税局、市知识产权局、人民银行营业管理部、各区县政府
12	支持建设一批小企业创业基地，开展基地认定工作并建立全市各类创业基地的互认机制	市经济信息化委、市科委、市商务委、市财政局	市委宣传部、市发展改革委、市规划委、市教委、市国土局、市环保局、中关村管委会、北京经济技术开发区管委会、各区县政府
13	在区域规划调整和新城建设中配套落实中小企业发展空间，并纳入全市土地利用年度计划和土地供应计划，研究制定中小企业工业楼宇产权分割政策	市规划委、市国土局	市经济信息化委、市住房城乡建设委、市发展改革委
14	建立健全市、区县中小企业服务中心，构建市、区县两级协同、区域和行业全覆盖的中小企业服务体系	市经济信息化委、各区县政府	市财政局
15	建立健全中小企业公共服务平台网络	市经济信息化委	市委宣传部、市发展改革委、市教委、市科委、市商务委、市农委、市财政局、市人力社保局、市质监局、市金融局、人民银行营业管理部、中关村管委会、各区县政府

续表

序号	工作任务	牵头部门	参加单位
16	支持中小企业加强研发能力，落实鼓励企业开展技术创新的相关政策	市科委	市经济信息化委、市发展改革委、市财政局、市国税局、市地税局、中关村管委会
17	支持中小企业加强市场开拓	市商务委	市经济信息化委、市发展改革委、市财政局、市国税局、市地税局
18	支持中小企业提升人力资源素质，引进海内外高端人才和急需人才	市人力社保局	市经济信息化委、市教委、市商务委、市财政局
19	支持中小企业应用先进质量管理方法，提高质量管理水平	市质监局	市经济信息化委、市商务委、市工商局
20	加强中小企业知识产权工作，实施中小企业知识产权战略推进工程	市知识产权局	市经济信息化委、市科委、市商务委
21	建立本市促进中小企业发展工作领导协调机制，加强对中小企业的分类指导	市经济信息化委	市有关部门、单位和各区县政府
22	建立中小企业统计监测机制，定期发布中小企业发展数据和年度发展报告	市统计局	市经济信息化委、市工商局

北京市人民政府关于印发北京市加快培育和发展战略性新兴产业实施意见的通知

京政发〔2011〕38号

各区、县人民政府，市政府各委、办、局，各市属机构：

现将《北京市关于加快培育和发展战略性新兴产业的实施意见》印发给你们，请结合实际，认真贯彻落实。

二〇一一年七月二十一日

北京市关于加快培育和发展战略性新兴产业的实施意见

为全面贯彻落实《国务院关于加快培育和发展战略性新兴产业的决定》（国发〔2010〕32号）和《北京市国民经济和社会发展第十二个五年规划纲要》，提升战略性新兴产业在全市经济发展中的支柱地位，将北京建设成为具有全球影响力的科技创新中心和国家战略性新兴产业策源地，特制定本意见。

一、加快培育和发展战略性新兴产业是推动本市率先形成创新驱动发展格局的重要引擎

加快培育和发展战略性新兴产业，是加快转变经济发展方式的必然要求，对于本市率先实现创新驱动发展，成为全国加快转变经济发展方式的标杆和火炬手，推动经济社会可持续发展具有重大战略意义。

（一）加快培育和发展战略性新兴产业是掌握产业发展主动权、支撑国家创新中心建设的迫切需要。加快培育和发展战略性新兴产业是我国在全球经济竞争格局发生深刻变革的背景下，努力掌握国际经济竞争主动的必然要求。北京作为国家首都和科技智力资源最密集的城市，高技术产业发展基础坚实，需要率先掌握战略性新兴产业的关键核心技术和相关知识产权，增强产业核心竞争力，把北京建设成为国家创新中心，更好地服务于区域和全国的创新发展，支撑创新型国家建设。

（二）加快培育和发展战略性新兴产业是加快经济发展方式转变、提升可持续发展能力的重要途径。北京在资源环境约束强化和成本压力加大的形势下，创新驱动的倒逼机制加速形成，已进入加快转变经济发展方式的关键期。加快培育和发展知识技术密集的战略性新兴产业，有利于充分发挥科技创新对产业的引领和支撑作用，高起点构建符合首都经济特征的现代产业体系，做强“北京创造”和“北京服务”品牌，在更高起点上形成新的经济增长点、提高经济增长质量和效益，推动首都经济走上高端引领、创新驱动、绿色发展的轨道。

（三）加快培育和发展战略性新兴产业是建设中国特色世界城市的有力支撑。北京已进入向世界城市迈进的新阶段。加快培育和发展战略性新兴产业，将为丰富和完善城市功能提供先进技术支持、高端产品支撑和多元服务应用，进一步提高“四个服务”水平，进一步集聚世界高端企业总部、高端人才和国际活动，提升首都的国际竞争力、影响力和辐射力，加快推动建设充分体现人文、科技、绿色特征的中国特色世界城市。

经过多年发展，北京科技实力明显增强，高技术产业已成为北京经济的重要支撑，为培育和发展战略性新兴产业奠定了良好基础。但是，本市战略性新兴产业发展在创新制度安排、科技成果转化、产业与资本对接等方面还存在不足。必须紧紧把握历史机遇，破解发展难题，加快培育和发展战略性新兴产业。

二、建设具有全球影响力的战略性新兴产业科技创新中心

根据国家确定的战略性新兴产业发展重点，立足首都产业基础，现阶段重点培育和发展产业基础好、技术能力强、带动效应高的新一代信息技术、生物、节能环保、新材料、新能源汽车、新能源、航空航天、高端装备制造等产业。

（一）指导思想。深入贯彻落实科学发展观，按照国家发展战略性新兴产业的总体部署，紧紧抓住大有作为的战略机遇期和建设中关村国家自主创新示范区的重大机遇，牢牢把握加快转变经济发展方式这一主线，把发展战略性新兴产业作为经济结构深度调整和产业结构优化升级的突破口和主攻方向，以聚集整合创新资源为重点提升持续创新能力，以龙头企业为核心打造产业集群，以重大项目为着力点推进创新成果产业化，以首都经济社会发展的重大需求为导向推进示范应用，充分发挥企业主体作用，统筹调动各类市场主体的积极性，加大政策扶持力度，深化体制机制改革，着力营造良好环境，集中精力实现重点领域跨越发展，进一步增强战略性新兴产业在全市经济社会发展中的支柱地位，提升“北京创造”和“北京服务”品牌影响力，显著增强首都经济的竞争力、影响力和辐射力，使北京成为具有全球影响力的科技创新中心和国家战略性新兴产业策源地。

（二）基本原则。

1. 统筹规划，重点推进。探索市场经济条件下的举国体制，凝聚强大的发展合力。坚持发展战略性新兴产业与提升高技术产业和现代制造业发展水平相结合、科技创新与实现产业化相结合、支撑当前发展与提升长远竞争力相结合、整体推进与重点突破相结合，明确发展时序和发展重点，在最有基础和条件的领域率先实现突破，加快形成竞争优势。

2. 创新驱动，高端引领。着力推进原始创新，大力增强集成创新，加强引进消化吸收再创新，充分利用全球创新资源，瞄准高端环节，完善以企业为主体的技术创新体系，开展技术攻关和标准创制，突破一批关键核心技术，以科技创新占领产业发展制高点。

3. 资源集成，体制创新。加强创新制度建设，积极对接中央资源，争取国家要素落地，有效利用好国外资源，支持和培育民营经济和中小企业健康发展，充分挖掘地方经济潜力，发挥各类主体的积极性，构建政产学研用一体化的产业发展新格局。

4. 需求拉动，政府引导。坚持以首都经济社会发展重大需求为导向，处理好市场基础性作用和政府引导推动的关系，加大政策引导力度，通过重大项目建设和示范工程实施，从支持研发向支持研发和提供市场并重转变，从支持供给向支持供给与增加需求并重转变，促进新技术、新产品的产业化及应用。

（三）发展目标。到 2015 年，战略性新兴产业的支柱地位进一步提升，对产业结构升级的推动作用显著增强，增加值占全市地区生产总值的比重达到25%左右，在新一代信息技术、新材料等领域形成若干千亿级产业集群，在生物、节能环保、新能源汽车、新能源、航空航天、高端装备制造等领域突破一批关键核心技术，转化一批重大科技创新成果，形成一批百亿级产业集群，打造一批年销售收入过500亿的大型企业，涌现出一大批“专、特、精、新”的中小企业。

到 2020 年，战略性新兴产业成为北京国民经济和社会发展的重要推动力量，增加值占全市地区生产总值的比重达到30%左右，创新能力大幅提升，掌握一批达到世界领先水平的关键核心技术，凝聚一批领军型人才，培育一批国际知名品牌和具有较强国际竞争力的跨国企业，形成一批拥有技术主导权的产业集群。

三、明确发展重点，加快形成支柱产业

按照“创新驱动、高端发展、重点跨越、引领示范”的发展方向，构建“以新一代信息技术为引擎，以生物、节能环保、新材料、新能源汽车为突破，以新能源、航空航天、高端装备制造为先导”的战略性新兴产业格局，深度推进产业结构优化升级。

（一）新一代信息技术产业领先发展。深化实施信息化基础设施提升计划，构建宽带、泛在、融合、安全的信息网络，推动新一代移动通信、下一代互联网、下一代广播电视网等领域核心芯片、高端装备及智能终端的研发和产业化，全面推进三网融合。突破新型显示、集成电路等领域的一批关键技术与先进成套制造工艺，实现规模化生产。大力发展高端软件，建立以运营服务平台为基础的软件核心价值链。促进高端服务器、大型存储的产业化发展，推动物联网、云计算服务等的研发和示范应用。创新网络运营和增值服务模式，大力发展创意设计、动漫游戏、数字内容等基于新一代信息技术的文化创意产业。

（二）生物产业跨越发展。坚持高端制造与研发服务并进，促进生物产业向支柱产业发展。结合国家重大新药创制科技重大专项的实施，开发、引进具有国内外先进技术的化学药，加快发展具有自主知识产权的新型疫苗、蛋白质药物、人源化抗体、生物芯片和诊断试剂等生物制药，重点发展安全有效、使用方便的新型中药。发展技术含量高、创新性强、附加值高的高端诊疗仪器及关键部件，发展智能化、小型化、家庭化的新型医疗器械。大力推进农业优良新品种选育，突破生物制造领域关键技术。积极发展以生物技术研发外包为重点的生物技术服务业。

（三）节能环保产业规模发展。大力加强高效节能、先进环保和资源循环利用关键技术及装备的研发，鼓励先进低碳技术应用。面向工业、交通、建筑等重点领域，重点开发推广LED（发光二极管）等高效节能技术装备及产品，加快节能诊断、节能改造、合同能源管理、能源监测及管理等节能服务产业的发展。发展固体废弃物处理和综合利用成套设备，提升污水处理与废水资源化等领域的设备成套能力，大力培育集工程设计与建造、设备制造、技术服务和运行管理为一体的系统集成商。推动大气污染治理技术的研发、成果产业化和推广应用。完善资源回收体系，加快推进餐厨垃圾、固体废弃物、废旧商品等资源循环利用产业化发展，提高资源综合利用和再制造水平。

（四）新材料产业特色发展。面向产业应用需求，重点发展新型功能材料、先进结构材料、复合材料和纳米、超导、智能等共性基础材料。积极发展新型半导体材料、磁性材料及器件等信息产业适用材料。推进发展汽车钢板、工程塑料、特种橡胶等汽车产业适用材料。着力开展高性能锂电池、纳米纤维动力锂离子电池隔膜、大型风机叶片复合材料、新型太阳能电池材料等新能源产业适用材料的研究。提升新型绿色建材、非晶材料等节能环保材料的发展水平。促进人工关节、齿科材料、心血管外科用新型材料等医学材料的产业化。

（五）新能源汽车产业突破发展。加强新能源汽车的技术开发、规模生产、配套设施建设和运营服务体系构建，打造完整的新能源汽车产业链。完善电动车辆国家工程实验室等技术研发及测试平台，大力推进充电设施建设及充电技术标准、规范的制定，提升北京新能源汽车整车及关键零部件的开发能力。以发展纯电动汽车为主攻方向，以发展混合动力汽车为补充，推动动力电池、驱动电机、电子控制等三大关键系统和关键附件的产业化，建设和完善整车平台，提高新能源汽车产业化能力。统筹规划，加大政策引导力度，加快建设新能源汽车充电站等配套基础设施，积极发展新能源汽车运营服务体系，扩大新能源汽车的示范应用规模。

（六）新能源产业高端发展。推动新能源产业实现关键技术突破、核心装备研制及产业化、运行体系建设和重大示范应用，加快构建安全、稳定、经济、清洁的现代能源产业体系。巩固太阳能光伏领域的研发和高端制造优势，推动国家科技重大专项"极大规模集成电路制造装备及成套工艺"的成果向太阳能电池工艺设备的延伸应用，推进晶硅太阳能PECVD（等离子体增强化学气相沉积系统）和薄膜太阳能PVD（物理气相沉积系统）、PECVD、LED刻蚀设备等关键设备及太阳能电池生产线关键技术研制。拓宽太阳能光热应用领域。强化风电设备制造和系统集成能力，提升检测认证和服务运营水平。积极发展风光互补发电技术，推动太阳能和风能混合发电系统的开发及应用。发展新型核能技术，加快建设中核北京科技园，扩大核电高端技术服务产业规模。提高地热能、生物质能等的技术研发水平与工程服务能力。试点建设适应新能源并网运行的智能电网体系。

（七）航空航天产业集群发展。抓住国家大型飞机、载人航天与探月工程等国家科技重大专项实施的契机，促进军民融合，规划建设航空航天产业专业集聚区。加快发展通用航空产业，形成覆盖研发、生产、运营整个产业体系的通用航空产业链。以系统控制、航空技术和发动机为核心，加快发展航空科技产业。促进产品、系统应用、运营服务一体的民用航天产业规模化发展，支持发展北斗卫星导航系统，加快发展面向应用需求的卫星遥感产业集群。

（八）高端装备制造产业提升发展。重点提升半导体装备、轨道交通装备、太阳能光伏及风电装备、输配电与智能电网装备、节能环保装备等的成套能力。增强高档数控机床、自控系统与精密仪器仪表、信息传输设备等的自主化能力。培育发展通用航空与航天、智能专用装备等新兴装备。突破优势领域关键基础零部件的发展瓶颈，促进装备制造业向研发服务等高端环节延伸，提升高端装备的系统集成能力。

四、提升持续创新能力，完善创新发展平台

充分发挥首都科技智力优势，加强创新制度安排，促进创新资源的高效配置和综合集成，构建“以企业为主体、以创新平台为支撑、以新型产业组织为纽带”的产业创新发展格局。

（一）完善中关村创新平台。统筹集成政产学研用等各方创新资源，推动体制机制创新和政策先行先试，通过建立顺畅的创新资源衔接、联动机制，努力将科技智力优势转化为产业创新优势。发挥中关村科技创新和产业化促进中心的作用，充分利用部市会商机制，搭建重大科技成果产业化、科技金融、人才、新技术新产品政府采购和应用推广、政策先行先试以及示范区规划建设等重点工作的服务平台，形成促进科研机构、高等院校、中央企业、民营企业和政府协同创新的服务机制。

（二）强化创新基础平台。鼓励在京研究机构积极承接国家科技计划，开展基础性、前沿性技术研究，为国家布局战略性新兴产业提供科技支撑。推进蛋白质、重大工程材料服役安全研究评价、航空遥感等国家重大科技基础设施建设，依托中科院大设施，建设国家综合科学中心，加快建设综合极端条件、北京先进光源预研、生物成像、分子育种研究等国家重大科技基础设施。积极承接“核心元器件、高端通用芯片及基础软件产品”、“极大规模集成电路制造装备及成套工艺”、“新一代宽带无线移动通信网”、“高档数控机床与基础制造装备”等国家科技重大专项，集中力量突破关键共性技术。

（三）打造企业技术创新平台。强化企业技术创新能力建设，发挥首都科技条件平台作用，结合“十百千工程”、“瞪羚计划”、“G20（北京生物医药产业跨越发展工程）”等高技术企业培育工程的实施，选择300家以上重点企业，以“一企一策”的方式提升重点企业的技术创新水平，培育一批具有全球影响力的创新型企业。以企业为主体，在新一代信息技术、新能源汽车等重点领域创制一批新标准，加快建立有利于战略性新兴产业发展的行业标准和重要产品技术标准体系。加强企业与高校、科研院所的合作，在物联网、云计算、生物、航空航天、轨道交通等领域共建一批国家和市级工程（技术）研究中心、工程实验室和企业技术中心，突破一批重大关键技术，到2015年，市级工程研究中心和工程实验室达到50家和200家以上。完善以企业为主体、市场为导向、产学研相结合的技术创新体系，鼓励企业联合研究机构通过委托研发、技术许可、技术转让、技术入股等多种形式，开展多要素、多样化的政产学研用合作。

（四）壮大新型产业组织平台。鼓励以龙头企业、优势企业为核心，以产业链为基础组建产业技术联盟、知识产权联盟等新型产业组织，充分发挥其在推进技术创新、标准制定、成果转化、交流合作等方面的作用。重点推进云计算、物联网、生物技术外包、诊断试剂等新兴领域的产业联盟建设，支持有条件的产业联盟牵头组织全国性产业联盟。加强企业、院所、高校的全面创新合作，依托中关村科学城内的高等院校，重点推进工业技术研究院、网络产业研究院、现代轨道交通产业技术研究院等一批产业技术研究院建设。

五、促进创新成果产业化，打造新兴产业高地

统筹城市空间战略调整和功能优化配置，全面推进中关村国家自主创新示范区建设，集中力量打造“两城、两带”，按照“专业突出、产业集聚、功能聚合、土地集约”的基本原则，以战略性新兴产业领域的重大项目建设和创新成果产业化为抓手，着力促进高端产业的集聚发展和低端产业的置换退出，深入推进产业结构升级和空间布局优化，加快形成若干产业链完善、规模效应明显、特色鲜明的百亿级和千亿级产业基地，显著提升北京产业的核心竞争力和对区域发展的辐射带动作用。

（一）加快建设数字电视产业基地。以TFT－LCD（薄膜晶体管液晶显示）8.5代线的建设为核心，加快建设数字电视产业园，加快技术改造、产品升级和品种完善，集聚玻璃基板、电视整机、驱动电路、背光模组、偏光片以及内容开发运营等上下游产业，打造技术水平国内领先、上下游产业配套完善、规模较大的数字电视产业集群。积极引导新型显示产业集群发展，推动LED、OLED（有机发光二极管）、电子纸、激光显示等新型显示产业项目在专业化园区集聚建设。到2015年，数字电视产业园销售收入达到1000亿元以上。

（二）巩固提升移动通信产业基地。继续推动星网工业园、望京通信创新园等园区发展，加快以无线通信终端核心芯片研发及整体解决方案开发为主的移动硅谷产业园建设。积极参与新一代移动通信标准创制，在核心芯片、系统设备、终端产品、运营服务等方面加速产业布局。依托智能移动终端产品先进制造中心等建设，推动自主品牌智能移动终端产品规模化生产，开发适应3G/4G（第三代移动通信/第四代移动通信）网络和移动互联网需求的软件平台，实现智能移动终端与多媒体应用内容和增值服务平台的结合。到2015年，形成2个销售收入达到1000亿元以上的专业化园区。

（三）做强做大软件产业基地。结合国家软件产业基地和国家软件出口基地的建设，加快建设中关村软件园二期、中软软件园、用友软件园、北航软件园、金蝶软件园、中国动漫游戏城等一批特色软件产业基地。发展自主知识产权操作系统、通用数据库、中间件、信息安全软件、专用基础软件和重点领域应用软件，推广一批拥有自主知识产权、技术水平高的软件产品和行业解决方案，增强软件产业自主发展能力和国际竞争力。积极推动软件外包业务发展，建设覆盖全市、辐射全国的软件外包服务平台。到2015年，形成1～2个销售收入达到1000亿元以上的集聚区。

（四）完善集成电路产业基地。打造集设计、制造、封装、测试、装备于一体的集成电路产业集群。推进12英寸集成电路生产线的扩产建设和工艺技术能力提升，实现45纳米及以下产品的批量化生产，为自主集成电路关键制造装备材料和先进工艺提供验证平台。提升生产线的技术服务能力，引进具有先进封装测试能力的专业厂商，建设产业链各环节互动发展的产业园。增强集成电路设计园EDA（电子设计自动化）服务平台的功能，扩大服务范围，构建完善的集成电路公共服务体系。到2015年，集成电路产业基地销售收入达到500亿元。

（五）壮大生物医药产业基地。重点建设中关村生命科学园、大兴生物医药产业基地、亦庄生物医药产业园等国家生物产业基地。围绕蛋白质国家重大科技基础设施的建设，集聚一批生物领域的研发资源。推进CRO（研发服务外包）临床研究平台、蛋白抗体药物CMO（生产服务外包）平台、化学药CMO平台、临床前试验动物与动物试验平台、医疗器械核心部件研发生产平台等公共服务平台建设。支持新型疫苗、基因药物、重大疾病诊断试剂的研发和产业化项目建设，积极推进中医药“十病十药”研发项目，到2015年，争取1～2个国家一类新药实现产业化，获得6～10个中药新药证书并实现产业化，形成销售过十亿的“重磅”单品种2～3个，国家生物医药产业基地销售收入达到700亿元。

（六）优化发展新材料产业基地。坚持高起点、高标准、高效益的发展方向，瞄准高端产业的材料需求，重点建设燕房石化新材料科技产业基地和中关村永丰国家级新材料技术成果转化及产业化基地。以石化基础产业为支撑，以国内外领先的工艺技术为依托，重点引进高端、高效、环保、可持续的项目，发展面向航空航天、电子、汽车零件、精密机械等产业应用的化工新材料，打造集研发、生产、加工和集散为一体的南部石化新材料产业集群。以促进新材料科技成果产业化为重点，吸引知名实力型企业和研究院所入驻，发展非晶材料、稀土永磁材料等新型材料，打造自主创新能力强、特色鲜明的北部新材料产业集群。到2015年，新材料产业基地销售收入达到1000亿元。

（七）加快发展新能源汽车产业基地。加快昌平新能源汽车设计制造产业工程基地、采育新能源汽车科技产业园、窦店高端现代制造业产业基地等园区建设。完善纯电动乘用车关键系统、关键附件及整车的研发平台建设，推动基础设施设备研发及制造。做大做强本市重点骨干企业，积极吸引国内外优势整车制造及关键零部件企业落地，发展自主品牌的新能源汽车，形成包括标准、电机、电控、电池、整车制造等在内的完整产业链。到2015年，新能源汽车产业基地销售收入达到300亿元。

（八）打造航空航天产业基地。加快发展国际航空航天创新园，在通用航空领域推动工程化平台建设，建设通用航空工程研究中心和先进工业技术研究院。推进中航工业北京航空产业园建设，加快航空发动机、机载系统、复合材料等一系列重大项目布局，构建以航空制造业为核心，以航空物流业为主干，设计研发、制造、物流等多个行业为一体的航空产业园。打造中关村航天科技创新园，吸引卫星导航、卫星遥感、深空探测、载人航天、空间科学等多个领域的项目、公司和研发中心入驻。到2015年，航空航天产业基地实现销售收入达到500亿元。

（九）提升高端装备产业基地。以产业链构建为重点，围绕整机企业，积极引进和培育关键部件及基础元器件等配套企业。以90/65nm大角度离子注入机、90/65nm刻蚀机、MOCVD（金属有机化学气相沉积系统）等核心装备研发和产业化项目为重点，建设集成电路装备产业基地。以顺义临空经济区为依托，建设数控机床产业基地。以丰台和房山二七产业园、地铁车辆修造基地等为依托，建设轨道交通产业基地。以三一产业园为依托，建设智能装备产业基地。以延庆新能源产业园、北京经济技术开发区风电产业园、昌平风电产业园、平谷马坊绿色能源产业基地等为依托，建设新能源装备产业基地。以国家环保产业示范园为依托，建设节能环保设备产业基地。到2015年，形成销售收入500亿元的高端装备产业群。

六、推动创新成果应用，大力实施示范应用工程

围绕保障和惠及民生、增强城市服务功能、提升城市精细化管理水平和运行保障能力以及缓解资源环境制约等四大重点需求，组织实施一批重大创新成果示范应用项目，着力推进“三大试点城市建设、六大示范应用工程”，形成“产城融合”发展的新局面。

（一）三网融合试点城市建设工程。围绕构建信息高速网络和打造信息通信枢纽城市的需要，统筹规划，分阶段推进三网融合试点方案实施，全面推进网络资源共享和互联互通，提升社会信息化应用水平。探索建立广电、电信业务双向进入的三网融合业务运营体系，广电运营单位建设和管理IPTV（交互式网络电视）、手机电视的内容平台和集成播控平台，试点开展电信业务；电信运营商提供IPTV传输服务和手机电视分发服务；同步实施安全监管平台建设。加快建设下一代电信网和互联网，推进实施高清交互数字电视应用工程，按照三网融合的要求，逐步建设融合化、互联互通、可管理与高可信度的综合信息网络。到2015年，家庭用户网络宽带接入达到100兆，社区及商务楼宇网络宽带接入达到1000兆，高端功能区及重点企业用户网络宽带接入达到1万兆，全市无线宽带覆盖率达80%，基本建成“无线城市”，有线电视双向网络实现全市域覆盖，互动高清电视接入率达到75%以上。创新多样化服务模式，大力培育网络电视台、音视频分享网站、专业内容聚合网站等内容服务商，发展基于三网融合的政务服务、社区资讯、远程医疗、远程教育、数字电视宽带上网等信息增值服务。

（二）云计算服务创新发展试点示范城市建设工程。面向抢占新一轮信息技术竞争制高点的需要，加快推进云计算服务创新发展试点方案和“祥云工程”行动计划实施，建设世界级的云计算服务城市。加快云计算核心技术和产品研发，着力扶持一批自主、安全、高效的云计算基础设施服务、平台服务和软件服务。到2015年三类典型服务形成500亿元产业规模，带动产业链形成2000亿元产值。稳步推进万万亿次北京超级云计算中心和多层次云计算公共服务平台建设。着力扶持祥云大厦、亦庄云谷、中关村软件园等云计算产业聚集区建设，打造具有全球影响力的云计算产业基地。面向电子政务升级改造、城市交通管理和人口管控的需要，加快建设“政务云”，重点推进“首都之窗”云平台、城市智能交通云平台、综合防灾减灾及应急管理云平台等建设，形成6～8个政务云服务中心。面向行业应用需要，以生物医药产业的基因测序、汽车制造产业的仿真测试等关键应用为重点建设“制造云”，以金融后台服务中心功能为基础建设“金融云”，以安全认证、现代物流和信息服务为重点建设“商务云”。推进“科教云”服务体系建设，重点利用云计算技术建立教育数据中心，推进数字化校园建设，推进优质教学信息资源共建共享。

（三）电子商务示范城市建设工程。面向增强国际商贸服务功能的需要，积极推进国家电子商务示范城市建设，打造国际枢纽型电子商务城市。大力支持服务于电子商务的支付结算、安全认证、交易保障和物流配送等公共服务平台，建设个人和企业征信与信用服务体系。积极发展网上商城，扩大电子商务消费，扶持 B2B（商业机构对商业机构）、B2C（商业机构对消费者）、C2C（消费者对消费者）电子商务企业品牌化发展，积极探索和发展 G2B（政府电子采购）等电子商务新模式。到 2015 年，电子商务销售额占全市社会商品销售总额达到 25%以上。鼓励企业积极应用电子商务，推进服务中小企业电子商务的 10～20 家中小企业工业化、信息化融合行业服务平台建设。到 2015 年，使用电子商务的企业比例超过 60%。规范、发展千亿元规模的大宗商品电子交易市场，大力推进金融街、商务中心区、通州、石景山、中关村、亦庄等电子商务集聚区发展。

（四）物联网示范应用工程。围绕特大型城市提升精细化、智能化管理水平的需要及保障改善民生的迫切需求，加快推进城市安全运行和应急管理应用物联网示范工程建设。率先实施“1＋1＋8”应急管理应用示范工程，建设城市安全运行和应急管理物联网应用辅助决策系统，为全市城市安全运行和应急管理提供精细化动态信息服务和辅助决策支撑。建设市物联网应用支撑平台，实现各部门物联网应用信息的接入、汇聚和整合。加快研究和推进物联网技术在食品安全、医药品管理等涉及民生方面的应用。围绕烟花爆竹流向实时跟踪管理、燃放期间综合保障和燃放后环境整治三方面，推进春节期间烟花爆竹综合管理物联网应用示范。围绕城市安全运行所涉及到的供水、排水、电力、燃气和热力等城市生命线系统，推进城市生命线实时监测物联网应用示范。在煤矿、金属非金属矿山、危险化学品、工业企业等四类高危行业领域，推进安全生产物联网应用示范。推进重点关键区域综合管理物联网应用示范，实现区域内人、地、物、事的实时监测和智能分析。针对大客流冲击、极端天气和治安防范等事件，推进轨道交通安全防范物联网应用示范。推进雨、雪、雾霾等极端天气条件下道路交通保畅物联网应用示范。推进城市运行保障和应急抢险车辆卫星定位管理物联网应用示范，实时掌握应急指挥、通信保障、大型抢险救援和城市运行保障等车辆的位置信息和行驶轨迹。推进区县和社区综合监管物联网示范应用。加快物联网产业基地建设，加快推进北邮感知大厦、网融大厦、物联大厦和石景山物联网产业园的建设。

（五）智能交通系统建设工程。紧密围绕缓解首都交通拥堵的迫切需求，在信号控制、综合监测、信息诱导服务、停车管理、车辆动态管理、基础支撑保障等方面推进六大工程建设，构建智能交通系统，提高通行效率。开展交通信号控制系统城乡一体化工程。到 2015 年，实现全市所有路口的信号系统覆盖和联动协调控制，公交信号优先系统范围基本覆盖公交车辆运行密集的主要大街和城市主干道。开展交通综合监测系统扩建工程，到 2015 年，建成 2000 套电视监控设备，新增 1600 个双向交通综合监测断面、3000 套固定式交通违法监测设备、1000 套公交车道违法监测设备和 500 套交通流检测设备。开展交通管理公众信息服务与诱导扩展工程，到 2015 年新建成室外诱导显示屏 550 块，通过网络、短信、广播等多种信息发布手段，形成一整套立体化、多层次、个性化的动态信息诱导服务体系。开展交通组织优化与智能停车管理系统工程，建设交通组织优化与仿真系统，构建北京市停车管理信息服务平台，到 2015 年新建成路侧停车智能管理系统 1000 套，扩大 ETC（电子收费）覆盖范围。开展智能交通物联网示范工程，建设物联网交管服务平台，深入开发并逐步完善平台功能，实现对全市车辆的动态感应和有效控制，促进车驾信息资源在社会领域的全面应用。开展基础支撑保障工程，建设交通综合分析与应用系统、智能指挥调度集成系统、异地容灾备份中心，推进机房等科技配套建设。

（六）新能源汽车示范应用工程。面向形成汽车产业竞争新优势的需要，以“十城千辆”示范应用工程建设和私人购买新能源汽车补贴试点推广为契机，引领全国新能源汽车的示范应用。探索推进整车租赁、电池租赁等多种新兴商业运营模式，建立租赁服务、电池梯次利用与回收再利用体系，培育一批优质的服务企业和专业化电池回收企业。加快配套设施建设，在公共服务领域，集中建设熊猫环岛、航天桥、小营、四惠、马家楼等充（换）电站；在个人消费领域，集中建设电池更换示范站、100座快速充电站和3.6万个慢速充电桩，配套建设2座电池回收处理站、10座专业维修服务站、2座信息采集处理站和示范运行管理信息化平台。加大政府采购力度，鼓励和引导金融机构为电动汽车推广应用提供信贷、担保等金融支持。促进纯电动公交大客车在公共交通领域的普及应用，推广纯电动汽车在环卫领域的示范应用，在市政、出租、邮政等公共服务领域推广使用新能源汽车。到2012年，新能源汽车在公共领域的示范应用规模达到5000辆。积极推进私人购买新能源汽车补贴试点，鼓励私人购买新能源汽车，到2012年私人领域新能源汽车应用力争达到3万辆。

（七）智能电网综合示范工程。按照国家建设坚强智能电网的整体部署，加强与国家电网公司的战略合作，开展智能电网的试点建设。实施未来科技城智能电网综合示范工程，建设满足智能电网标准的2座220千伏和5座110千伏变电站，推进建设分布式电源接入及微电网、超导输电、配电自动化、智能小区/楼宇、用电信息采集系统、电动汽车充电设施、营业厅互动化、智能需求侧管理、智能电网可视化平台、物联网及通信信息网络、智能路灯及监控系统等项目。积极推动智能电网建设标准和规范制定，推进新能源发电并网与智能调度、大容量储能调峰、电动汽车智能充电等技术的开发与应用，加快推动平谷兆瓦级垂直轴风力发电机、昌平高压直流输电等装备的研发和产业化。推进智能电网在重点区县的试点建设，加快建设延庆绿色能源示范县，加大顺义智能电网住宅区示范力度，实现新能源、分布式电源的就地消纳接入和并网运行。

（八）太阳能示范应用工程。以实施“金色阳光”工程为契机，积极推动太阳能光伏领域研发平台创新成果和设备的示范应用，提升太阳能产业的应用水平。实施20万千瓦光伏发电工程，重点建设延庆30兆瓦、密云20兆瓦等一批大型光伏电站项目，推进北京经济技术开发区20兆瓦等一批光伏屋顶项目，示范建设建筑一体化太阳能幕墙光伏发电系统。到2015年，实现太阳能光伏发电装机容量超过20万千瓦。实施百万平米光热利用工程，全面推动太阳能光热系统建筑一体化应用，鼓励太阳能光热与其他新能源相结合的综合应用。重点推进太阳能光能热水、阳光浴室等示范应用项目。到2015年，实现太阳能热水系统利用面积达到900万平方米。

（九）轨道交通装备示范应用工程。结合国内城市轨道交通建设工程，加大轨道交通成熟技术和装备在全国的推广应用力度。在轨道交通新建线路上推广应用BTC（基于通信的列车控制系统）和轨道交通B型车，加快发展具有自主知识产权的城市轨道交通车辆、信号系统、运行控制系统、轨道交通自助服务设备和中低速磁悬浮技术及装备。在轨道交通亦庄线CBTC信号控制系统示范工程的基础上，加快推进自主品牌的轨道交通B型车在轨道交通房山线上的示范应用、中低速磁悬浮技术在轨道交通S1线（门头沟线）上的示范采用和100%低地板技术的现代有轨电车在轨道交通西郊线上的应用。推进轨道交通指挥中心二期、城市轨道交通全自动驾驶系统关键技术研究与示范应用等重大项目建设，提高轨道交通运载能力和安全性，逐步建立起成套能力较强的轨道交通装备产业体系，为城市轨道交通运营和发展提供支撑。

七、加快先行先试，完善保障措施

紧抓中关村国家自主创新示范区建设的契机，用足用好国家赋予的各项先行先试政策，结合本市产业发展实际，积极对接中央资源，争取国家要素落地。整合首都创新资源，挖掘潜力强化制度安排，着力推进创新成果转化，加快政策、人才、资金等创新要素资源向重点领域和关键环节倾斜，为培育和发展战略性新兴产业营造良好的发展环境。

（一）完善财税政策配套。推进财政资金支持方式的机制创新。针对我市战略性新兴产业的发展需求，贯彻落实中关村国家自主创新示范区“1+6”系列政策中税收、科研经费、股权激励等方面的先行先试政策，制定完善实施细则，加大中关村国家自主创新示范区财税政策对战略性新兴产业的倾斜力度。落实国家支持战略性新兴产业发展的财政政策，在本市500亿元重大科技成果转化和产业项目资金中统筹安排200亿元资金，重点支持战略性新兴产业的共性技术研发及产业化、创新能力建设、基地建设、示范应用等。

（二）强化科技资本对接。逐步完善覆盖战略性新兴产业重点领域技术创新和产业发展全过程的金融服务体系。落实国家新兴产业创投计划，推动本市参股设立的创业投资基金运作，设立战略性新兴产业创业投资引导基金。鼓励符合条件的战略性新兴产业企业在资本市场形成更具影响力的“中关村板块”。建设国家统一监管下的全国场外交易市场，推动建立资本市场转板制度。促进境内外风险投资机构开展投资业务，引导风险投资投向本市战略性新兴产业。开展针对战略性新兴产业的科技金融产品和服务创新。

（三）加快人才特区建设。贯彻落实中关村示范区建设人才特区的若干意见，推进人才特区建设。加快落实国家“千人计划”及本市“海聚工程”、“高聚工程”等人才引进政策，面向战略性新兴产业的人才需求，重点在科研、创业及中介服务等方面引进一批领军人才及团队。大力开展政产学研用联合培养人才试点，推动博士后科研工作站、博士后（青年英才）创新实践基地建设，培养一批高端人才。建立健全人才任用、评价、激励和流动制度。在户籍和出入境、医疗、保险、住房、配偶安置、子女入学等方面对符合条件的战略性新兴产业高端人才给予政策倾斜，营造尊重人才的社会环境。

（四）健全知识产权体系。积极发挥知识产权在国际竞争中抢占战略性新兴产业发展制高点的积极作用，推动知识产权创造、管理、保护、应用相结合。引导企业注重研发过程中的知识产权保护，鼓励企业申请专利和注册商标，支持企业和技术联盟构建专利池。推进PCT专利申请与国际接轨，促进产业标准与国际水平的对接。建立和完善知识产权侵权预警和风险防范机制，鼓励行业协会加强海外知识产权维权服务。推进中国技术交易所建设。发挥中关村国际标准大厦的集聚效应，搭建标准创新和检测认证公共服务平台，建设专利专题数据库和知识产权基础信息库。

（五）增强科技服务支撑。完善创业、创新和科技成果转化的科技支撑服务体系。鼓励和引导技术转移中心、技术创新服务中心、科技企业孵化基地、国家大学科技园、生产力促进中心等各类创新服务机构的发展。通过政策引导、专业运营、平台支撑，为企业提供更加专业化的创业咨询、科技咨询、技术转移和投融资等服务，完善技术创新、成果转化、企业培育的孵化功能。鼓励发展科技咨询服务机构、技术转移服务机构等，为产业发展提供技术咨询、信息咨询、投融资咨询、技术交易等多元化服务。

（六）培育发展民营经济。支持和培育民营经济和中小企业，为战略性新兴产业发展注入新的活力。研究制定鼓励民营经济发展战略性新兴产业的相关政策，调动民营经济和中小企业参与推动战略性新兴产业发展的积极性。建立健全市场准入机制，通过放开市场准入和业态管制，为民营经济营造公平的市场环境。激发民营经济的创新潜力，支持民营企业参与国家重大科技项目等国家创新计划，扶持引导民营资本参与战略性新兴产业创新成果转化。鼓励民营企业总部在京聚集，鼓励民营资本参与国有经济的战略重组。

（七）提升开放合作水平。深度开展国际合作与交流，多层次、多渠道、多方式提升开放合作水平。鼓励和引导外资投向战略性新兴产业，鼓励外商投资设立创业投资企业，积极吸引跨国公司总部在京发展，鼓励境外企业和科研机构在京设立研发机构。设立国际技术转移中心，充分利用国际创新成果。鼓励企业在境外开展联合研发和设立研发机构，积极探索在海外建设科技和产业园区，支持本地企业以市场开拓、认证合作、国际化品牌培育为重点积极开展国际经营，支持有条件的企业开展境外投融资。吸引各类国际组织落户北京，牵头创建专业类、地区性国际组

北京同仁堂中药现代化产业园暨重点项目奠基仪式

首批新药“止咳养阴胶囊”投产仪式

革命老区光明行活动

北京昊华能源

昊华能源A股上市

煤矿工人在井下候车室

高家梁矿机采工作面

整洁美观环保的矿区封闭煤仓

木城涧煤矿一景

股份有限公司

安全教育培训

北京昊华能源股份有限公司（简称昊华能源公司）成立于2002年，是北京京煤集团有限责任公司控股，联合中国中煤能源集团公司、首钢总公司、五矿发展股份有限公司和煤炭科学研究总院共同出资打造的股份制企业。昊华能源公司主要经营煤炭开采、洗选、加工、出口、销售等业务，是国内5大无烟煤生产基地和最大的无烟煤出口企业之一。主导产品洁净环保优质无烟煤，具有特低硫、特低磷、低氮、中低灰、高发热量和高稳定性的特点，产品广泛应用于冶金、电力、化工等行业，畅销华北、东北和华东地区。国内主要客户为大型冶金及化工企业，出口主要客户为日本、韩国的钢铁企业。2011年，昊华能源公司总资产由成立初期的7.9亿元上升到107.6亿元，年产原煤870多万吨，拥有员工18000多人，下设3个生产矿、2个分公司、6个控股子公司。

地址：北京市门头沟区新桥南大街2号
邮编：102300
电话：010-69839418
网址：www.bjhhny.con
电子信箱：http://mait.bjhhny.com
法定代表人：耿养谋

长沟峪煤矿一景

安全生产指挥调度系统

万人长卷书安全

大安山煤矿一景

织。积极组织国际会议、展览和论坛，塑造有影响力的国际交流品牌。

（八）营造良好市场环境。积极培育市场，支持商业模式创新和完善市场准入制度。完善新技术新产品政府采购和应用推广服务，在本市300亿元的政府采购总额中，统筹安排200亿元资金，采购战略性新兴产业的技术和产品。创新消费模式，积极推进电子商务、合同能源管理、现代废旧商品回收利用、智能电网、新能源汽车租赁等新型商业模式。推进药品集中采购制度。完善新能源汽车的项目和产品准入标准。完善并严格执行节能环保法规标准，积极推行能效标识制度，推动建立和完善主要污染物和碳排放交易制度。建立促进三网融合高效有序开展的政策和机制。

八、加强统筹协调，做好组织落实

按照“突出重点、集中精力、分步实施、持续推进”的工作方针，加强组织领导、强化任务落实和宣传引导，为战略性新兴产业发展提供动力和条件。

（一）统筹协调，构建推进战略性新兴产业发展的工作机制。对接国家部际协调机制，由市领导牵头，建立北京战略性新兴产业发展推进工作机制，依托中关村创新平台，加强对重大问题的沟通和协调。各有关部门、区县及相关产业园区建立相衔接的工作机制，市、区县、产业园区形成合力、统筹推进战略性新兴产业的发展。

（二）强化落实，保障战略性新兴产业相关政策的出台和重点任务的完成。围绕本市战略性新兴产业的发展方向、重点领域、重点工程，组织编制本市战略性新兴产业相关专项规划和产业布局指导目录，引导各区县发挥比较优势，形成特色突出、优势互补的战略性新兴产业协调发展格局。加快研究出台相关配套措施和实施细则，建立项目准入退出机制和战略性新产业统计监测制度。加大对资金、人力、土地等资源的统筹力度，确保科技创新成果转化、重大项目落地建设、重点示范应用工程顺利实施。完善项目的储备、筛选与管理机制，构建战略性新兴产业项目库，切实做到规划一批、实施一批、储备一批。

（三）加强宣传，营造战略性新兴产业发展的良好氛围。充分发挥舆论的导向作用，广泛宣传发展战略性新兴产业的政策措施，引导中央资源、国际要素资源、民营经济和中小企业、地方经济四类主体，共同推进战略性新兴产业加快发展。重视培育创业企业家精神，营造“鼓励创新、宽容失败”的文化氛围。

北京市人民政府
关于进一步加大统筹力度支持高技术
产业发展的若干意见

京政发〔2011〕73号

各区、县人民政府，市政府各委、办、局，各市属机构：

为进一步贯彻落实国务院关于建设中关村国家自主创新示范区批复精神，充分发挥本市科技创新资源优势，全面推进“科技北京”建设，加快高技术产业发展，推动首都经济结构优化升级，结合本市实际，特制定本意见。

一、为进一步促进高技术产业发展，加快推进重大自主创新成果在京转化和产业化，本市强化政府资金统筹机制，探索政府资金使用新模式，在重大科技成果转化和产业项目统筹资金中试行股权投资方式。

二、为扶持和鼓励高技术企业发展，根据《高新技术企业认定管理办法》（国科发火〔2008〕

172号）等有关规定，积极开展高新技术企业认定工作，支持企业原始创新、集成创新、引进消化吸收再创新，促进企业科技成果转化。继续推进科技成果转化项目认定制度，对经认定的成果转化项目，予以重点支持，推动企业进一步加强自主创新。

三、加强科技成果转化基地建设。围绕新一代信息技术、生物、节能环保、新能源、新能源汽车、新材料、航空航天、高端装备制造等战略性新兴产业，整合创新资源，建设一批科技成果转化基地和新型产业技术研究院。

四、对在本市进行发明创造并实施，为本市经济社会发展做出突出贡献的专利权人予以奖励。单位和个人在进行发明创造、专利申请、专利实施等方面因特殊困难需要获得帮助的，可以申请政府财政资金资助。

五、为鼓励企业开展研究开发活动，根据《中华人民共和国企业所得税法》及其实施条例等有关规定，在中关村国家自主创新示范区进一步推动有关研究开发费用加计扣除试点工作。

六、为鼓励技术转让，根据《中华人民共和国企业所得税法》及其实施条例等有关规定，继续落实技术转让企业所得税减免政策。

七、为进一步加大对专业孵化基地和在孵企业的扶持力度，继续开展专业孵化基地和在孵企业认定工作。对经认定的专业孵化基地和在孵企业予以支持。

八、为进一步提升企业自主创新能力和产业竞争力，建立“北京地区产业技术创新示范联盟”认定工作机制。由市科学技术行政部门牵头组织示范联盟认定工作。对符合地区产业发展需求的联盟技术研发项目，优先列入北京市科技计划项目予以支持。

九、继续深化股权激励改革试点。在高等院校、科研院所和企业中，对做出突出贡献的科技人员、经营管理人员、成果转化人员，开展职务科技成果股权和分红激励试点工作。

十、2001年11月9日发布的《北京市人民政府印发北京市关于进一步促进高新技术产业发展若干规定的通知》（京政发〔2001〕38号）同时废止。

二〇一一年十二月二十三日

北京市人民政府办公厅关于印发进一步促进本市老旧机动车淘汰更新方案的通知

京政办发〔2011〕42号

各区、县人民政府，市政府各委、办、局，各市属机构：

《关于进一步促进本市老旧机动车淘汰更新方案》已经市政府同意，现印发给你们，请认真贯彻实施。

二〇一一年七月二十七日

关于进一步促进本市老旧机动车淘汰更新方案

为落实《北京市清洁空气行动计划（2011～2015年大气污染控制措施）》（京政发〔2011〕15号）关于研究建立老旧机动车淘汰更新长效机制，2015年底前淘汰老旧机动车40万辆的要求，进一步促进本市老旧机动车淘汰更新，不断改善首都空气质量，特制定本方案。

本方案所称老旧机动车是指使用6年及以上且未达到现行国家第四阶段排放标准的载客汽车、载货汽车和专项作业车（不含黄标车）。

一、工作思路、目标和实施方式

（一）工作思路

以改善空气质量和实现机动车排放污染物总量减排为目标，创新工作机制，依托市场交易平台，通过经济鼓励和强化监管相结合方式，促进老旧机动车淘汰更新，优化机动车存量，实现机动车污染减排目的。

（二）工作目标

实现“十二五”期间淘汰老旧机动车40万辆以上，削减机动车排放氮氧化物1万余吨。

（三）实施方式

对淘汰老旧机动车车主给予政府补助，引导汽车生产企业对淘汰老旧机动车并更换新车的车主给予企业奖励。通过第三方交易办理平台，办理政府补助和企业奖励凭证发放工作。

二、政府补助、企业奖励范围和标准

（一）政府补助范围和标准

1. 补助范围。对淘汰（转出本市和提前报废）老旧机动车的车主发放政府补助，重点淘汰国家第一阶段和国家第二阶段排放标准车辆。其中转出车辆需要定期参加机动车检验且检验结果合格。在京中央国家机关、本市各级党政机关和各级财政供养单位车辆，以及摩托车和低速载货汽车的淘汰，不享受政府补助。

2. 补助标准。补助标准按照机动车车型和使用年限区别确定，执行时间为2011年8月1日至2012年12月31日。政府补助具体标准见附件1。

（二）企业奖励范围和标准

1. 奖励范围。淘汰老旧机动车的车主在更换新车时，以企业奖励凭证冲抵车款方式获得企业奖励，企业奖励新车车型必须是第三方交易办理平台公示车型。企业奖励车辆不包括摩托车及低速载货汽车。

2. 奖励标准。企业奖励标准由各汽车生产企业按照平均标准不低于政府补助额度的原则自行确定，并根据客、货机动车以及销售价格划分档次。企业奖励建议标准见附件1。各企业在第三方交易办理平台内公布的新车销售价格应为市场指导价格。

三、具体实施办法

（一）搭建第三方交易办理平台

委托第三方搭建交易办理平台，设立一个网络信息管理系统和若干个实地业务办理网点。根据相关授权，由第三方负责审核老旧机动车淘汰更新有关信息，对符合条件的车主办理政府补助和发放企业奖励凭证，并提供相关服务。交易办理平台具体功能及第三方工作职责见附件2。

（二）政府补助、企业奖励申领程序

车主完成老旧机动车淘汰后，通过网上或业务办理网点申请获得企业奖励凭证，更换新车时使用企业奖励凭证在汽车销售单位兑现企业奖励，新车注册登记后，再回交易办理平台办理政府补助。如车主承诺只淘汰老旧机动车，不购置在交易办理平台上公示的新车，交易办理平台审核后办理政府补助。政府补助、企业奖励申领及办理具体工作流程见附件3。

（三）交易办理平台费用

政府购买第三方交易办理平台提供的服务，并为交易办理平台提供一次性开办费用；交易办理平台日常运行费用由第三方向汽车生产企业提供服务所收取的交易费用支付，交易费用标准为100元/车。

四、组织机构及职责分工

（一）组织机构

成立市老旧机动车更新淘汰工作协调小组（以下简称协调小组），负责统筹协调和布置相关工作。协调小组组长由市政府分管副市长担任；成员单位包括市发展改革委、市经济信息化委、市财政局、市环保局、市交通委、市商务委、市国资委、市工商局、市金融局、市公安局公安交通管理局和各区县政府。协调小组下设办公室，办公室设在市环保局，负责监督指导第三方交易办理平台日常工作。

（二）职责分工

1. 市发展改革委负责监督老旧机动车交易费用收费执行情况。

2. 市经济信息化委负责推进汽车工业产业结构调整，监测、分析汽车产业经济运行态势。

3. 市财政局负责监督审核老旧机动车是否属于财政供养；配合相关部门制定政府补助资金方案，拨付政府补助资金；监管交易办理平台补助资金办理情况。

4. 市环保局负责全程监督管理交易办理平台工作。根据污染减排计划，制定年度淘汰老旧机动车目标；会同市财政局制定淘汰老旧机动车政府补助额度；监督审核车辆环保标志和新车环保目录；统计分析老旧机动车淘汰等相关数据；严格车辆排放检测。

5. 市交通委负责加强“绿色车队”建设和使用，督促营运老旧机动车加快淘汰更新；审核营运车辆是否符合相关能耗标准。

6. 市商务委负责监督报废车辆解体回收有关信息审核；规范机动车报废行为；指导报废解体企业完善服务功能，提高服务质量和效率，方便车主交车和办理相关手续。适时研究出台车辆强制淘汰办法。

7. 市国资委负责监管交易办理平台的国有资产和企业运行情况；会同市金融局共同监管交易办理平台资金。

8. 市工商局负责规范二手机动车交易行为；加强对二手机动车交易市场交易秩序的监管；指导二手机动车交易市场提供优质高效的老旧机动车过户服务。

9. 市金融局负责引导和规范交易办理平台相关交易行为，协调相关金融机构加强对交易办理平台资金的监管，推动老旧机动车排污权交易市场的建立。

10. 市公安局公安交通管理局负责监督审核老旧机动车淘汰更新及参加年检情况；及时提供老旧机动车淘汰更新明细信息，并协助市环保局统计分析老旧机动车数据；对转出老旧机动车再转回本市的，若不退还补助资金将不予重新办理登记注册手续。严格老旧机动车安全检测。

11. 各区县政府负责制定本行政区域内老旧机动车淘汰任务目标，宣传动员车主及时淘汰老旧机动车，督办淘汰进度。

五、相关工作要求

（一）各有关部门要按照职责分工积极工作，密切配合，及时解决工作中遇到的各种问题，并监督指导交易办理平台运行。

（二）各有关部门要充分利用媒体，通过多种渠道开展政策宣传，让群众充分了解老旧机动车淘汰更新政策。要继续加强对机动车安全和尾气排放的执法检查，提高车辆维护保养水平。

（三）第三方必须本着公开、公平原则，不断完善交易办理平台工作程序，提高服务质量，及时总结经验，为建立完全市场交易模式创造条件。

（四）各汽车生产企业要不断提高产品质量，认真履行企业奖励承诺，监督汽车销售单位及时兑现企业奖励，防止欺诈行为发生。

附件 1：

政府补助和企业奖励建议标准
（2011 年 8 月 1 日至 2012 年 12 月 31 日）

一、政府补助标准

转出老旧机动车补助标准（单位：元）

车辆类型 \ 车辆使用时间		6～8 年	8 年以上
载客汽车	微型	3000	2500
	小型	4500	4000
	中型	4000	3500
	大型	14000	12000
载货汽车	微型	2500	—
	轻型	3000	2500
	中型	7000	5000
	重型	10000	8000

报废老旧机动车补助标准（单位：元）

车辆类型 \ 车辆使用时间		6～8 年	8 年以上
载客汽车	微型	3500	3000
	小型	5000	4500
	中型	4500	4000
	大型	14500	12500
载货汽车	微型	3000	—
	轻型	3500	3000
	中型	7500	5500
	重型	10500	8500

注：1. 6—8 年是指机动车登记注册之日起至办理淘汰手续之日止。

2. 8 年以上是指机动车登记注册之日起至办理淘汰手续之日止。

二、企业奖励建议标准

不同价位客车企业奖励建议标准（单位：元）

车辆价格	10万及以下	10～15（含）万	15～20（含）万	20～30（含）万	30万以上
建议标准	2000	4000	5000	6000	10000

注：1. 可向上浮动不超过20％。

2. 排量1升（含）以下的微型客车可向下浮动20％。

不同价位货车企业奖励建议标准（单位：元）

车辆价格	10万及以下	10～15（含）万	15～20（含）万	20万以上
建议标准	1000～2500	2500～4000	3000～5000	4500～10000

附件2：

交易办理平台具体功能及第三方工作职责

授权第三方（北京环境交易所）搭建交易办理平台，设立“北京市老旧机动车淘汰更新管理信息系统”（以下简称平台信息系统）和若干个实地业务办理网点，方便车主办理相关手续。交易办理平台功能及第三方工作职责如下：

一、交易办理平台功能

（一）基本功能

按照市政府各有关部门授权，通过平台信息系统为车主审核办理政府补助及企业奖励凭证。

（二）服务功能

实时发布新车奖励信息，提供老旧机动车处置渠道信息和实物处置、金融产品等服务，增强汽车生产企业与老旧机动车车主间的信息沟通，提高办理便利性，吸引更多汽车生产企业及老旧机动车车主积极参与，促进二手车交易及新车销售。

1. 信息发布。通过平台信息系统，以政策介绍、办理手续、新车奖励、老旧机动车处置等内容为主，为老旧机动车车主、汽车生产企业、二手机动车经营经纪公司、汽车报废解体企业提供信息服务，吸引更多汽车生产企业和老旧机动车车主参与。

2. 二手机动车转出。为车主提供老旧机动车转出一条龙服务，包括实时详细的二手车处置信息、公平透明的老旧机动车转出模式和快捷迅速的办理手续。

3. 报废解体。吸收本市具有正规回收资质的报废汽车拆解企业参与，为通过平台信息系统报废解体老旧机动车的车主，提供便利快捷的老旧机动车报废解体服务，缩短小客车指标置换获取时间。

4. 新车销售。汽车生产企业为淘汰更新老旧机动车的车主提供新车介绍和企业奖励信息，更换新车“一条龙”服务（具体模式各企业自行确定），缩短淘汰老旧机动车车主申请小客车指标及更换新车手续办理时间。

5. 金融产品。提供金融产品，更换新车的车主可获得优惠贷款贴息和贷款担保服务。

二、第三方工作职责

提供办公场所和人员、软硬件设备等相关条件。通过平台信息系统和业务办理网点，为淘汰老旧机动车的车主办理政府补助和企业奖励凭证，监督企业奖励资金发放。同时提供信息发布、实物处置、金融产品等服务。

受环保、公安交管、商务和财政等部门委托，负责审核车辆环保标志、车辆参检信息和淘汰更新情况，以及车辆是否属于财政供养。审核交易办理平台新车销售价格是否与汽车生产企业市场指导价一致。

附件3：

政府补助、企业奖励申领办理工作流程

一、车主须提交的材料

（一）车主身份证（原件和复印件）或单位组织机构证书（原件和复印件）。

（二）淘汰老旧机动车的行驶证（复印件）或机动车登记证书（复印件）。

（三）更换新车的，须提供新车发票、新车机动车登记证书。

（四）由委托代理人办理申领手续的，还须提供车主委托书或单位法人委托书、代理人身份证（原件和复印件）。

二、淘汰老旧机动车并更换新车工作流程

（一）车主淘汰老旧机动车（转出本市或送具有正规资质的解体厂报废）。

（二）车主通过业务办理网点或平台信息系统查看相关信息，选择在交易办理平台公示的奖励车型。

（三）车主向交易办理平台提出淘汰老旧机动车补助、奖励申请。

（四）通过审核的车主可通过平台信息系统自行打印或业务办理网点领取拟购买车辆对应的企业奖励凭证。

（五）车主在更换新车时，凭企业奖励凭证申请企业奖励。各汽车生产企业利用平台信息系统在汽车销售单位查询核实并发放企业承诺奖励，车主予以确认。

（六）车主持新车发票等相关材料向交易办理平台申领政府补助。审核合格后，政府补助资金划拨至以车主名义设立的开户银行账户（单位）或中国建设银行活期储蓄账户（个人）。

（七）每月末交易办理平台向汽车生产企业提交月度报表，汽车生产企业支付交易办理平台交易费用。

具体流程见下图：

车主将老旧机动车转出本市或送具有正规资质的解体厂报废

↓

车主网上或办理网点填写提交老旧机动车淘汰政府补助、企业奖励资金申请

↓

交易办理平台审核车主信息，政府各部门监督审核

↓

交易办理平台向车主公示审核结果

↓

车主选购新车并通过平台信息系统打印或办理网点领取企业奖励凭证

↓

车主持企业奖励凭证到汽车销售单位购置新车

↓

汽车销售单位将车主所购置新车的信息上传交易办理平台

↓

车主到业务办理网点提交老旧机动车淘汰及新车更换有关材料，申请政府补助

↓

审核合格后15个工作日将政府补助资金划拨至以车主名义设立的开户银行账户（单位）或指定银行活期储蓄账户（个人）

三、淘汰老旧机动车工作流程

（一）车主淘汰老旧机动车（转出本市或送具有正规资质的解体厂报废解体）。

（二）车主向交易办理平台提出淘汰老旧机动车补助申请。

（三）车主持相关材料通过交易办理平台申领政府补助。审核合格后，政府补助资金划拨至以车主名义设立的开户银行账户（单位）或中国建设银行活期储蓄账户（个人）。

已淘汰老旧机动车并领取过政府补助的车主，如另行购置新车，不再享受企业奖励，交易办理平台也不再受理车主其他申请事项。

具体流程见下图：

车主将老旧机动车转出本市或送具有正规资质的解体厂报废解体

↓

车主在网上或办理网点填写提交老旧机动车淘汰政府补助资金申请

↓

交易办理平台审核车主信息，政府部门监督审核

↓

审核通过后车主到业务办理网点提交相关资料

↓

符合条件的于15个工作日内，将政府补助资金划拨至以车主名义设立的开户银行账户（单位）或指定银行活期储蓄账户（个人）

北京市人民政府办公厅
关于印发北京市“十二五”时期主要污染物
总量减排工作方案的通知

京政办发〔2011〕60号

各区、县人民政府，市政府各委、办、局，各市属机构：

经市政府同意，现将《北京市“十二五”时期主要污染物总量减排工作方案》印发给你们，请结合实际，认真贯彻落实。

一、“十一五”时期，国家将主要污染物总量减排指标作为约束性指标，对各地提出了明确要求。本市坚决贯彻党中央、国务院工作部署，紧紧抓住“绿色奥运”筹办机遇，积极落实各项污染减排措施，取得了显著成效。主要污染物二氧化硫和化学需氧量排放量分别下降39.73％和20.67％，超过了国家下达的20.4％和14.7％的减排任务，减排比例位居全国前列。

二、“十二五”时期，国家考核的主要污染物总量减排指标由二氧化硫、化学需氧量两项扩大到四项，增加氮氧化物、氨氮两项减排指标；减排领域在工业、城镇生活的基础上，新增机动车和农业两个领域。“十二五”时期，本市人口、能源和资源消耗仍然保持较快增长态势，进一步减少污染物排放面临着“增量”持续增加和“存量”削减空间收窄的双重压力，形势严峻。如不采取有效的应对措施，不仅国家下达的污染减排目标难以实现，而且环境质量难以得到持续改善。

三、各区县、各部门要切实把思想和行动统一到市委、市政府的决策部署上来，进一步把污染减排作为落实科学发展观、加快转变经济发展方式的重要抓手，加强组织领导，严格落实责任，加大工作力度。要抓紧制定具体实施方案，综合采取法律、经济、政策、技术等手段，发挥政府主导、企业主责、市民参与的整体合力，控制污染物增量，削减污染物存量，确保实现“十二五”污染减排目标，推动首都环境质量持续改善。

二〇一一年十一月十五日

北京市“十二五”时期主要污染物总量减排工作方案

一、总体要求和主要目标

（一）总体要求。深入贯彻落实科学发展观，坚持把减少污染物排放总量与能源结构优化调整、人口规模适度增长相结合，促进人口资源环境协调发展；坚持把健全法规体系、完善奖励政策与分解落实责任、加强督查考核相结合，强化污染减排激励约束机制；坚持把深化结构调整、强化污染治理、加强监督管理与依靠科技进步、发挥市场作用相结合，构建污染减排工作新格局；大力推进以“能源清洁化”、“污水资源化”为重点的各项污染减排措施，确保实现“十二五”污染减排约束性指标，进一步改善首都环境质量。

（二）主要目标。到2015年：

——二氧化硫排放总量控制在9.0万吨以内，比2010年的10.4万吨减少13.4%以上；

——氮氧化物排放总量控制在17.4万吨以内，比2010年的19.8万吨减少12.3%以上；

——化学需氧量排放总量控制在18.3万吨以内，比2010年的20.0万吨减少8.7%以上（其中工业和生活排放量减少9.8%以上）；

——氨氮排放总量控制在2.0万吨以内，比2010年的2.2万吨减少10.1%以上（其中工业和生活排放量减少10.2%以上）。

二、强化污染减排目标责任

（三）合理分解污染减排指标。综合考虑区域功能定位、经济发展水平、污染减排潜力、环境质量改善需要等因素，将全市污染减排目标分解到各区县政府、市各有关部门和各重点排污单位。各区县政府要结合实际将市政府下达的污染减排指标进一步细化分解，明确街、乡（镇）、有关部门和重点排污单位的责任。

责任单位：市环保局、市发展改革委、各区县政府

（四）健全减排统计、监测和考核体系。修订完善污染减排统计、监测和考核办法。健全统计核算与监测方法，强化数据的有效性审核，提高污染减排数据的准确性和及时性。加强氨氮、氮氧化物排放统计监测，建立农业源和机动车排放统计监测指标体系。各相关部门完善减排统计数据交换机制和共享机制，确定核查期内全市和各区县地区生产总值、城镇常住人口、能源消费总量（含煤炭消费量、天然气消费量）、畜禽养殖数量、机动车保有量及报废量等数据，作为减排核查核算的基础。做好主要污染物总量减排数据的核算和汇总分析。

责任单位：市环保局、市统计局、市发展改革委、市水务局、市公安局公安交通管理局、市

商务委、市农业局、各区县政府

（五）加强目标责任评价考核。把区县目标考核与部门、企业目标考核相结合，把落实五年目标与完成年度目标相结合，把年度考核与进度跟踪相结合。各区县政府、市各有关部门每年要向市政府报告污染减排目标完成情况和措施落实情况。市政府每年组织开展区县政府、市有关部门和重点排污单位污染减排目标责任评价考核，考核结果向社会公布。强化考核结果运用，将污染减排目标完成情况和政策措施落实情况作为领导班子和领导干部综合考核评价的重要内容，纳入政府绩效考核和国有企业业绩管理，实行问责制和“一票否决”制，并对成绩突出的区县、单位和个人给予表彰奖励。

责任单位：市环保局、市发展改革委、市监察局、市人力社保局、市财政局、市国资委、各区县政府

三、控制新增污染物排放量

（六）控制人口过快增长。妥善处理人口发展与经济社会、资源环境的关系，完善人口管理制度，建立人口发展协调机制，促进人口规模适度增长，控制人口增加带来的生活污染物排放增量。

责任单位：市人口计生委、市发展改革委、各区县政府

（七）控制煤炭消费总量。进一步提高天然气等清洁能源在能源结构中的比重，减少煤炭消费总量。基本建成覆盖新城、重点工业开发区、园区和产业基地的天然气供应管网；新建项目原则采用天然气、电等清洁能源，不再新建、扩建使用煤、重油等高污染燃料的建设项目。鼓励引导使用太阳能、沼气等清洁能源，减少小煤炉燃煤使用量。到2015年，全市煤炭消费总量控制在2000万吨以内。

责任单位：市发展改革委、市市政市容委、市环保局、各区县政府

（八）抑制机动车过快增长。优先发展公共交通，鼓励乘坐公交出行。加强机动车总量调控并引导合理使用，根据机动车需求状况和道路交通、环境承载能力，合理确定小客车年度增长数量和配置比例。到2015年，全市机动车保有总量力争控制在600万辆以内。

责任单位：市交通委、市环保局、市公安局公安交通管理局

（九）适度发展畜禽养殖业。在综合考虑本市环境承载能力和保障农产品供应的基础上，合理控制全市畜禽养殖总量，优化养殖业空间布局，提高规模化养殖比例，减少散养，控制农业水污染物排放增量。

责任单位：市农委、市农业局、相关区县政府

四、落实重点污染减排措施

（十）推进高污染企业和落后工艺退出。适时发布本市产业结构调整指导目录，调整搬迁不符合首都功能定位的行业和企业，淘汰退出落后生产工艺和设备。进一步压缩水泥生产能力，关停4家水泥生产企业，水泥生产规模控制在700万吨以内。调整搬迁北京东方石油化工有限公司东方化工厂、北新集团建材股份公司、北京市翔牌墙体材料公司、北京市西六建材有限责任公司等企业。逐步退出冲天炉铸造、电石法制乙炔等高污染落后生产工艺和平板玻璃等污染行业。关停工业开发区（园区）以外规模较小的化工、造纸、石灰石膏、砖瓦等生产企业。

责任单位：市发展改革委、市经济信息化委、市环保局、相关区县政府

（十一）加快推进能源清洁转型。建成东南、东北、西南和西北四大燃气热电中心，替代国华北京热电分公司、京能热电公司、大唐北京高井电厂燃煤机组。加快推进城六区20蒸吨以上及部分分散燃煤锅炉改用清洁能源，现有燃煤设施基本完成改造；东城区、西城区结合旧城改造，基本完成剩余平房、简易楼居民采暖改用清洁能源工作，2015年底前城六区基本实现无燃煤。加快推进郊区县新城、重点镇燃煤锅炉清洁能源改造。具备天然气等清洁能源供应条件的市级及以上工业开发区（园区）完成燃煤锅炉清洁能源改造。

责任单位：市发展改革委、市市政市容委、市环保局、市经济信息化委、市规划委、各区县政府、市热力集团、市燃气集团

（十二）全面实施烟气脱硫脱硝治理。燕山石化公司完成催化裂化装置烟气脱硫工程。加快推进郊区县大型燃煤集中供热中心建设，配套建设脱硫脱硝设施。新建燃气热电厂全部实施低氮燃烧和烟气脱硝治理。保留的水泥厂全部实施水泥窑低氮燃烧和烟气脱硝工程改造，综合脱硝效率达到60%以上。

责任单位：市环保局、市发展改革委、市经济信息化委、相关区县政府

（十三）进一步降低机动车污染排放。进一步提高本市新车排放标准，力争2012年底前执行国家第五阶段机动车排放标准，并按地方标准配套供应相应油品。采取综合措施，大力促进老旧机动车淘汰更新，“十二五”期间淘汰老旧机动车40万辆以上。

责任单位：市环保局、市交通委、市商务委、市公安局公安交通管理局、市质监局、各区县政府

（十四）进一步提高污水处理能力。中心城区建成投运郑王坟、清河第二、定福庄等污水处理厂，新增日处理能力90万吨以上；完善中心城区污水收集管网，基本实现城市生活污水全收集，中心城污水处理率达到98%。郊区县建成投入运行沙河、黄村二期、马池口等污水处理厂，新增日处理能力40万吨以上，新城和重点镇污水处理率达到90%。工业开发区（园区）配套建设废水集中处理设施。加快污泥处置设施建设，基本实现污泥全部无害化处理。加强初期雨水收集处理，减少城市降水面源污染。

责任单位：市水务局、市发展改革委、市规划委、市国土局、各区县政府、市排水集团

（十五）加大污水资源化利用力度。改造提升现有设施，强化脱氮除磷。完成中心城高碑店、小红门等8座现有污水处理厂升级改造，出水主要污染物指标达到地表水IV类标准。新建大型污水处理厂全部按再生水厂标准建设。工业生产、市政杂用和景观环境要优先使用再生水，到2015年全市再生水利用量超过10亿立方米，再生水利用率达到75%。

责任单位：市水务局、各区县政府、市排水集团

（十六）加强农业畜禽养殖污染减排。鼓励畜禽养殖污染物统一收集、集中处理。推动规模化畜禽养殖场和养殖小区建设雨污分离系统，采取干清粪收集方式，粪便生产沼气或有机肥，污水深度处理后达标排放。规模化畜禽养殖场和养殖小区配套建设废弃物处理设施的比例达到80%以上。

责任单位：市农委、市农业局、相关区县政府

五、加强污染减排监督管理

（十七）严格环境影响评价制度。把污染物排放总量指标作为环评审批的前置条件，重点行业排放主要污染物的新、改、扩建项目环境影响评价审批前，必须取得主要污染物排放指标。对年度减排目标未完成、重点减排项目未按目标责任书落实的地区和企业，以及未建设废水集中处理设施或者集中处理设施废水排放不达标的工业开发区（园区），实行阶段性环评限批。对未通过环评审查的投资项目，有关部门不得审批、核准、批准开工建设，不得发放生产许可证、安全生产许可证、排污许可证，金融机构不得发放贷款，有关单位不得供水、供电。

责任单位：市环保局、市发展改革委、市规划委、市经济信息化委、市住房城乡建设委、市质监局、市安全监管局、市水务局、北京银监局、各区县政府、市电力公司

（十八）加强重点治污设施监管。严格排污许可证管理。强化重点污染源监督管理，确保污染治理设施稳定运行，污染物达标排放，对主要污染物超标严重的重点环境监控企业予以通报。电厂、水泥厂等重点工业污染源及郊区县燃煤集中供热中心要安装运行管理监控系统和污染物排放自动监控系统，定期报告运行情况及污染物排放信息，实现污染源自动监控数据联网共享。日处理能力1万吨以上的城镇污水处理厂，要安装完善的运行管理监控平台和进、出水在线监测系

统。制定实施城镇污水处理厂绩效考核办法，对城镇污水处理厂运行情况和污染物削减情况进行评估考核，其结果作为核拨污水处理费的重要依据。对污水处理设施建设严重滞后、收费政策不落实、污水处理厂建成后一年内实际处理水量达不到设计能力的60%，以及已建成污水处理设施但无故不运行的区县，暂缓审批新增水主要污染物排放量的建设项目环评，暂缓下达有关项目的市级建设资金。

责任单位：市环保局、市发展改革委、市经济信息化委、市水务局、市财政局、各区县政府

（十九）加强污染减排执法监督。组织开展污染减排专项检查，督促各项措施的落实，严肃查处违法违规行为。加大对重点污染源的执法检查力度，对严重违反环保法律法规，未按要求淘汰落后产能、减排设施未按要求运行等行为，公开通报或挂牌督办，限期整改，对有关责任人进行严肃处理。实行污染减排执法责任制，对行政不作为、执法不严等行为，严肃追究有关主管部门和人员的责任。

责任单位：市环保局、市监察局、市发展改革委、各区县政府

六、完善污染减排保障体系

（二十）完善财政和价格政策。加大财政预算内投资和财政环保专项资金投入力度，加快污染减排重点工程实施和能力建设，对重点污染减排工程和技术改造项目给予贷款贴息或财政补贴。加大财政性资金“以奖代补”和“以奖促治”力度，完善污染减排奖励办法，继续对“三高”企业和落后产能退出实施奖励政策。加强乡镇污水处理厂运行财政资金保障，加大规模化畜禽养殖场（养殖小区）粪污综合治理设施建设和运行的财政资金投入力度。完善促进污染减排的价格政策，研究调整排污收费标准，制定施工工地扬尘排污收费方案。继续对燃气等新能源发电项目执行电价疏导政策，并开展节能减排发电调度。研究调整污水处理费和再生水价格，将污泥处理费用逐步纳入污水处理成本。

责任单位：市环保局、市发展改革委、市财政局、市经济信息化委、市水务局、市农业局、各区县政府

（二十一）强化金融支持力度。加大各类金融机构对污染减排项目的信贷支持力度，鼓励金融机构创新适合污染减排项目特点的信贷管理模式。提高高耗能、高排放行业贷款门槛，将企业环境违法信息纳入银行企业征信系统和银监部门信息披露系统，与企业信用等级评定、贷款及证券融资联动。推进高环境风险企业购买环境污染责任保险。积极开展银行绿色评级，将绿色信贷成效与银行机构高管人员履职评价、机构准入、业务发展相结合。

责任单位：市环保局、市金融局、北京银监局、北京保监局

（二十二）推进排污权交易试点。开展排污权有偿使用与排污交易试点，建立健全排污权交易市场，加快形成能够反映环境资源稀缺程度的价格体系，发挥排污权交易在污染减排中的市场作用。搭建机动车排放交易平台，推进机动车排污权交易市场形成，促进淘汰老旧机动车机制健康发展。

责任单位：市财政局、市环保局、市金融局、相关区县政府

（二十三）加快污染减排关键技术研发与推广应用。积极开展水泥窑、集中供热燃煤锅炉的烟气脱硝、燃气锅炉低氮燃烧技术研发与推广应用。研究适应实施国家第Ⅴ阶段机动车排放标准的油品性能指标和车辆达标技术路线。加强深度脱氮除磷、污水资源化、畜禽养殖粪污综合治理与利用、污泥和垃圾渗滤液处理处置等污染减排技术的推广应用。加强污染防治领域的国际交流与合作，积极引进、消化、吸收国外先进环保技术，加大推广力度。

责任单位：市科委、市财政局、市环保局、市经济信息化委、市市政市容委、市水务局、市农业局

（二十四）加强污染减排管理能力建设。建立健全市、区（县）、街（乡、镇）污染减排三级管理体系，强化职责，充实人员，加强培训。推进环境监察机构和环境监测机构标准化能力建

设，提高污染源监察执法和监测监控水平。加强规模化畜禽养殖场（养殖小区）污染检测和减排管理能力建设。

责任单位：市环保局、市发展改革委、市财政局、市农委、市农业局、各区县政府

（二十五）动员全社会参与污染减排。通过各种媒体，积极宣传污染减排对改善环境质量的重要性、紧迫性，宣传本市采取的环境保护政策、措施和取得的成效，发挥媒体的引导和监督作用，宣传污染减排先进典型，普及环境保护知识。深入开展污染减排全民行动，倡导绿色、低碳的生产方式、消费模式和生活习惯。

责任单位：市委宣传部、首都精神文明办、市环保局、市发展改革委、各区县政府

附件1：北京市“十二五”时期大气主要污染物总量减排目标分解方案

附件2：北京市“十二五”时期水主要污染物总量减排目标分解方案

附件1：

北京市“十二五”时期大气主要污染的总量减排目标分解方案

区　县	二氧化硫削减比例	氮氧化物削减比例
东城区	20%	13%
西城区	15%	10%
朝阳区	25%	20%
海淀区	30%	8%
丰台区	30%	10%
石景山区	50%	40%
门头沟区	12%	15%
房山区	12%	15%
通州区	15%	10%
顺义区	12%	6%
昌平区	12%	12%
大兴区	12%	6%
平谷区	10%	15%
怀柔区	8%	8%
密云县	8%	6%
延庆县	8%	6%
北京经济技术开发区	0%	0%

附件 2：

北京市“十二五”时期水
主要污染物总量减排目标分解方案

地　区	化学需氧量削减比例		氨氮削减比例	
		其中工业和生活		其中工业和生活
中心城区	8%		15%	
海淀北部地区	10%		5%	
丰台河西地区	40%		35%	
门头沟区	12%	12%	20%	20%
房山区	15%	15%	11%	10%
通州区	15%	15%	11%	10%
顺义区	14%	10%	13%	10%
昌平区	10%	10%	10%	10%
大兴区	15%	15%	11%	10%
平谷区	16%	20%	18%	20%
怀柔区	15%	20%	17%	20%
密云县	16%	20%	13%	10%
延庆县	16%	20%	17%	20%
北京经济技术开发区	0%		0%	

北京市经济和信息化委员会
转发“北京市安全生产委员会办公室
转发国务院安委会办公室关于切实加强当前
安全生产工作有关文件的通知”的通知

京经信委发〔2011〕10 号

各区县经济信息化委、北京经济技术开发区管委会、各相关企业：

近日，市安委会办公室下发了《北京市安全生产委员会办公室转发国务院安委会办公室关于切实加强当前安全生产工作有关文件的通知》（京安办发〔2011〕2 号），对当前的安全生产工作进行了部署。现将《通知》转发给你们，请你们高度重视，结合单位实际和职责认真贯彻落实。

附件：《北京市安全生产委员会办公室转发国务院安委会办公室关于切实加强当前安全生产工作有关文件的通知》

二〇一一年二月九日

北京市安全生产委员会办公室转发国务院安委会办公室关于切实加强当前安全生产工作有关文件的通知

京安办发〔2011〕2号

各区县安委会，市安委会各成员单位，有关单位：

现将《国务院安委会办公室关于认真贯彻落实国务院第五次全体会议和全国安全生产电视电话会议精神切实加强当前安全生产工作的紧急通知》（安委办明电〔2011〕4号）转发给你们，并结合实际提出如下工作要求，请一并贯彻落实。

一、加强组织领导，全面落实安全生产责任制

各区县、各部门、各单位要充分认识做好安全生产工作的重要性，结合深入贯彻落实《北京市人民政府关于进一步加强企业安全生产工作的通知》（京政发〔2010〕40号）精神，各司其职、各负其责，协调配合、分口把守，切实加强春节和全国“两会”安全生产工作的组织领导。全面督促企业落实安全生产主体责任，做到任务到岗、责任到人、措施到位，切实保障人民群众生命财产安全，确保安全生产形势稳定。即日起，各区县、各部门要迅速行动起来，层层发动，周密组织，立即开展安全生产大检查和专项治理行动，及时排查并消除各类事故隐患，有效防止各类事故的发生。

二、开展专项检查，加强重点行业和领域安全监管工作

一是开展以消防隐患排查为重点的人员密集场所安全生产工作。要针对当前火灾易发、高发等特点，加强高层建筑、在建工程、地下工程、石油化工等领域及学校医院、社会福利机构、宾馆饭店、旅游景点、商场网吧、娱乐场所等人员密集场所消防安全管理，督促生产经营单位加强安全防范。要特别重视对地下空间生产经营的人员密集场所的安全出口、安全疏散通道、安全指示标识、消防栓、灭火器、消防中控、防火分区用卷帘门以及应急演练等方面情况的检查，落实消防安全责任。

二是切实加强烟花爆竹和危险化学品安全监管。要认真贯彻落实《国务院办公厅转发安全监管总局等部门关于进一步加强烟花爆竹安全监督管理工作意见的通知》（国办发〔2010〕53号）精神，从经营、运输、储存、经销和燃放等各个环节着手，建立烟花爆竹安全监管联合执法机制，全面加强烟花爆竹安全监管，严防不合格产品和违法产品流入市场，教育引导群众文明安全燃放烟花爆竹。特别是在烟花爆竹经营、经销和储存方面，要严格落实零售网点规划设置，提高销售大棚的安全稳固性，严厉打击非法违法批发、销售非法烟花爆竹产品行为。要继续抓好危险化学品安全监管工作，强化危险化学品运输安全监管，特别要强化对生产经营企业储存设施、物料管道、物料输送传动设备的检查，严防遇强风倒塌、冻裂泄漏等造成爆炸、火灾和中毒事故。

三是突出抓好交通运输和供气、供热设备设施的安全监管工作。要加强对交通运输企业的监督检查，严防超员超速、疲劳驾驶和无证无照、酒后驾驶等严重违法违规行为。要根据客流量和气候特点，精心组织运力，并做好雨雪降温天气应对工作。要重点加强对外埠进京车辆的安全检查，并对高速公路、国市道、山区公路及交通流量大、事故多发路段的巡逻管控力度。要对道路、铁路、道口、桥梁进行全面检查，加强全天候、全过程的安全监护和管理，同时要完善并落实铲冰除雪工作预案，确保冬季道路畅通。要加强对市政热力设备设施和锅炉、压力容器的安全监管工作，特别是要加强对人口密集区、城乡结合部的生产经营单位的巡视检查，针对冬季的特点，进行综合部署，突出重点防范工作。

四是全面加强建筑施工、煤矿和非煤矿山安全监管。严格实行安全生产许可制度和建筑施工队伍资质审查管理制度，加强建筑企业资质及人员资格动态监管，对不符合安全生产条件的取消施工资质，严肃查处建筑企业违法违纪行为。认真落实防火、防风、防滑、防触电和防煤气中毒的“五防”工作。有针对性地对冬季室内施工进行监管，抓好防护设施、电气设备、机械设备和明火作业的安全管理。要强化煤矿和非煤矿山安全监管，严查非法违法行为，特别要做好节日期间停产后的复产验收工作，达不到标准的不得复产。

五是确保春节假日旅游安全有序。根据全国假日旅游部际协调会议《关于做好 2011 年春节假日旅游工作的通知》精神，突出抓好出行安全，及早制定运力调配和客流疏导方案，特别是应对雨雪冰冻、大风大雾等极端天气的应急预案，加强旅游客运监管和交通设施维护，严查非法运营和超时超载运营，严防发生重特大旅游交通事故。要加强对大型活动的安全管理，认真落实“谁主办、谁负责，谁审批、谁管理”的原则，严格制定并落实各项应急预案和安全保障措施，严防火灾、踩踏等群死群伤事故。要全面开展对旅游道路交通、旅游客车、缆车、索道等运载工具和游艺设备，滑雪、蹦极等旅游项目，以及易发生踩踏、火灾、食物中毒等场所的隐患排查、预案演练和现场疏导工作。

三、强化应急值守、认真落实值班工作制度

各区县、各部门、各单位要高度重视春节和全国“两会”期间的应急值守工作，切实加强组织领导，认真落实值班制度。要严格执行 24 小时值班和领导干部带班制度，遇有突发事件或事故，确保信息及时准确上报。要密切关注互联网、新闻媒体披露及群众举报的事故信息，组织人员及时核查，对情况属实的事故要及时按规定上报并妥善处置。要进一步健全完善预警预报、协调联动工作机制和通报制度，完善应急预案，加强应急演练，做好应急救援队伍、装备、物资等应急资源的落实工作。

二〇一一年一月二十七日

国务院安委会办公室关于认真贯彻落实国务院第五次全体会议和全国安全生产电视电话会议精神切实加强当前安全生产工作的紧急通知

安委办明电〔2011〕4 号

各省、自治区、直辖市及新疆生产建设兵团安全生产委员会，国务院安委会有关成员单位，有关中央企业：

1 月 18 日，国务院召开第五次全体会议，温家宝总理在部署一季度工作时就安全生产工作再次作出重要指示，强调岁末年初是各种安全事故的高发期，要高度警惕，切实加强管理；落实企业安全生产主体责任，加大责任追究力度；突出抓好煤矿、交通运输、烟花爆竹、化工等重点行业安全监管，加强学校、商场等公共场所安全防范，全力做好交通安全、建筑安全、消防安全、学校安全、娱乐场所安全工作，查找隐患，堵塞漏洞，坚决遏制各类重特大事故发生；要严格节日期间值班制度，保持安全生产信息畅通，及时处置各类紧急情况。张德江副总理在国务院安委会全体会议和全国安全生产电视电话会议上对安全生产工作进行了全面部署，并就做好当前安全生产工作提出了明确要求。

为认真贯彻落实中央领导同志重要指示精神，切实做好当前安全生产工作，坚决遏制各类事故尤其是重特大事故的发生，确保全国各族人民过一个安全、欢乐、祥和的节日，实现“十二五”时期安全生产工作良好开局，现就有关事项紧急通知如下：

一、充分认识安全生产面临的严峻形势，切实增强搞好安全生产工作的紧迫感和责任感

进入2011年以来，较大以上生产安全事故时有发生，全国安全生产形势依然严峻。1月1～19日，全国发生各类较大以上生产安全事故94起，同比增加12起，上升14.6%，其中较大事故90起，同比增加12起，上升15.4%；重大事故4起，同比增加1起，上升33.3%。事故涉及多行业、多领域：道路交通61起、消防火灾7起、渔业船舶5起、烟花爆竹6起、煤矿2起、危险化学品3起，中毒、触电、坍塌、高处坠落、锅炉爆炸等事故10起。特别是山东省日照市“1·3”渔船被撞沉重大事故，10人下落不明；河南省许昌市平顶山客运总公司“1·11”重大交通事故，死亡16人、受伤23人；湖南省长沙市高叶塘西娜湾宾馆“1·13”重大火灾事故，死亡10人、受伤4人；湖北省武汉市康宏实业公司服装厂“1·17”重大火灾事故，死亡14人、受伤4人；陕西省宝鸡市凤翔县“1·12”烟花爆竹爆炸事故，死亡9人、受伤2人；中石油吉林石化矿区“1·17”天然气爆炸，死亡3人、受伤30人；中石油抚顺石化公司石油二厂“1·19”闪爆事故，失踪3人、受伤52人等7起事故造成伤亡人数多、社会影响大。以上事故暴露出一些地方和企业非法违法、违规违章行为和“三超”现象仍未得到遏制，企业主体责任不落实、现场管理不严格、隐患排查治理不彻底、监督管理不到位等突出问题。

各地区、各相关部门和各单位必须时刻保持清醒的认识、高度的警惕，切实增强做好安全生产工作的责任感、紧迫感和使命感，采取更加有力的措施，坚决防范和遏制各类事故尤其是重特大事故的发生。

二、突出重点行业（领域），认真排查治理隐患

各地区、各有关部门和各单位要针对当前安全生产工作的特点，针对煤矿、非煤矿山、交通运输、危险化学品、烟花爆竹、民用爆炸物品、特种设备、建筑施工、消防和人员密集场所等行业（领域），认真开展安全大检查和隐患排查治理，严厉打击各类非法违法生产经营建设行为，确保安全生产形势稳定。

（一）切实抓好煤矿安全工作。要突出煤矿安全这个重中之重，进一步强化煤矿安全管理和监管监察，切实加强“一通三防”管理和防治水工作，严禁超能力、超强度、超定员生产，严查非法违法生产行为。节日检修的煤矿要制定并严格落实检修技术安全措施，节日停产放假的煤矿要保持瓦斯检查、通风、排水等工作正常运行，严防因停风和停排水滋生新的事故隐患，节后复产要严格进行验收，达不到标准不得复产。

（二）加强交通运输安全监管。各级公安、交通、铁路、水运、民航、安全监管等部门要针对春运期间的特点，加大专项检查力度，强化对交通运输各环节的安全监管，尤其要加强对交通运输企业、重点路段的监督检查，严防超员超速、疲劳驾驶和无证无照、酒后驾驶等严重违法违规行为。要根据客流量和气候特点，精心组织运力，并做好雨雪降温天气应对工作。要强化车站、码头、机场的安全检查措施，坚决防止乘客携带易燃、易爆、剧毒等危险物品进站上车（船、飞机），确保“春运”安全。

（三）全面加强烟花爆竹安全管理。要切实加强烟花爆竹安全监管，严厉打击非法生产经营行为，严防非法窝点死灰复燃，严防企业节前突击生产；要建立烟花爆竹安全监管联合执法机制，全面加强烟花爆竹安全监管，严防零售点连片经营、超量储存和违法违规经营和运输，严防不合格产品和违法产品流入市场；严格审查焰火晚会烟花爆竹燃放方案，教育引导群众文明安全燃放烟花爆竹。

（四）高度重视消防安全工作，加强人员密集场所的安全管理。要针对当前火灾易发、高发等特点，加强高层建筑、在建工程、地下工程、石油化工等领域及学校医院、社会福利机构、宾馆饭店、商场网吧、娱乐场所等人员密集场所消防安全管理，要认真组织开展火灾隐患大排查大整改，严防火灾事故。要认真落实人员密集场所和大型集会活动的安全责任制，特别要加强对人员密集场所、文化娱乐场所和大型集会活动的安全管理，严格制定并落实各项应急预案和安全保障措施，严防火灾、踩踏等群死群伤事故。

（五）要加强非煤矿山、危化品、建筑施工的安全监管。要继续抓好金属非金属矿山特别是井工开采矿山、尾矿库、排土场等的巡查、监控，严防透水淹井、尾矿库垮坝、排土场坍塌及炮烟中毒等事故发生。要加强石油化工企业作业现场安全管理，严防油气井井喷失控、平台倾覆、油气泄漏、闪爆等事故发生。要继续抓好危险化学品专项整治工作，强化危险化学品运输安全监管，严防危险化学品丢失、泄漏、污染和爆炸等事故发生。

（六）加强对民用爆炸物品、特种设备、渔业船舶、建设施工等行业（领域）的安全监管，深入排查治理隐患。要认真开展民用爆炸物品"四超"（即超员、超量、超产、超时）、"三违"和民爆火工品专项整治，加强对渔业船舶持船舶检验证、船舶登记证、捕捞许可证（捕捞渔船）、进出港签证编队生产、持证上岗等制度落实的监督监管；加强对锅炉和大型游乐设施等特种设备日常维修保养，严格起重机械登记建档、检验、检测、安装、租赁、维护、保养和使用；要以预防坍塌、高处坠落事故为重点，进一步强化建筑施工安全专项整治，着力建立隐患排查治理长效机制。

三、严格落实责任，切实加强安全管理和监督

（一）要督促企业落实安全生产主体责任。切实强化企业出资人、法定代表人、实际控制人第一责任者的责任，严格落实煤矿、非煤矿山领导带班下井和企业领导干部现场带班制度、企业安全生产承诺制度、事故隐患排查治理和重大危险源监控制度，严格落实企业现场带班人员、班组长和调度人员在遇到险情时第一时间下达撤人命令的决策权和指挥权。各类企业要高度重视节日期间的安全生产工作，主要负责人要亲自部署，强化企业各级各类人员的安全责任管理，把安全责任层层落实到每个环节、每个岗位和每个职工。

（二）要确保政府和部门监管责任落实到位。围绕做好当前安全生产工作，进一步强化地方政府安全生产行政首长负责制，建立完善地方各级政府和各相关部门领导安全生产"一岗双责"制度。要坚持"谁主管、谁负责"、"谁发证、谁负责"、"谁审批、谁负责"的原则，严格落实重大隐患治理挂牌督办制度，各相关部门要各司其职、各负其责，协调配合、分口把守，紧紧盯住重点领域、重点环节和重点单位，落实安全监管责任。要转变工作作风，坚持源头治理、标本兼治，关口前移、重心下移，抓实，抓细抓出成效。

四、加强应急防范和值班值守，提高应急处置能力

针对节日期间安全生产工作的特点，各地区、各相关部门和单位要进一步完善应急预案，切实增强预案针对性和操作性，做好应急组织机构、救援队伍、装备、物资等应急资源的落实；要健全完善应急协调联动和快速反应机制，确保遇有突发事件能及时有效进行处置。各有关部门要加强对生产经营企业防灾抗灾工作的检查指导，严防自然灾害引发生产安全事故。各地区、各相关部门和单位要高度重视节日期间值班值守工作，严格执行领导干部到岗带班和关键岗位24小时值班制度，要严格执行事故信息报告制度，全面做好生产安全事故和其他紧急突发事件的信息报送和处理工作，确保事故信息和其他重要信息及时、准确上报。

各地区要高度重视，加强领导，狠抓落实，及时将本通知精神传达到地方各级安委会及相关部门、各生产经营单位，切实把各项安全生产工作抓实抓细抓好。

国务院安全生产委员会办公室

2011年1月20日

北京市经济和信息化委员会关于印发《北京市镇村企业2011年工作要点》的通知

京经信委发〔2011〕13号

各区（县）经济和信息化委员会：

现将《北京市镇村企业2011年工作要点》印发给你们，请结合实际，抓好各项工作。

特此通知。

二〇一一年二月十五日

北京市镇村企业2011年工作要点

为贯彻落实北京市经济工作会议、北京市经济和信息化工作会议精神，切实做好2011年全市镇村企业发展改革工作，依据北京市经信委、北京市农委《关于推进镇村企业发展的指导意见》（京经信委发〔2010〕135号），制定本工作要点。

一、指导思想

以邓小平理论和“三个代表”重要思想为指导，深入贯彻落实科学发展观，抓住“十二五”开局之年的战略机遇期，积极应对各种挑战，紧紧围绕镇村企业发展改革工作，创新工作思路、抓住工作重点、着力实现突破，切实推动镇村企业健康持续发展，充分发挥镇村企业在北京市率先推进城乡经济社会一体化过程中的重要作用。

二、工作思路

以推进北京市经济社会一体化为主线，以促进京郊二、三产业发展为目标，通过推动聚集发展、调整优化结构、加强产业配套、培育产业集群、推进体制改革、构建服务体系、强化技能培训、促进农民创业等工作，确保全市镇村企业实现持续健康发展。

三、工作重点

（一）加强镇村企业运行分析，强化镇村企业政策指导

加强运行分析。坚持统计数据月报、季报、年报制度，积极探索镇村企业统计指标体系改进措施，不断改进镇村企业运行分析的针对性。改进镇村企业运行分析会议制度，充分借用外脑，全面深化总量、结构分析，继续提高镇村企业运行分析的指导性。按照行业运行规律、区县实际情况，科学确定指标体系，探索实施重点企业监测，提高镇村企业运行调节的及时性。深入调查研究，加强交流沟通，强化基层统计队伍建设，不断增强镇村企业统计队伍的工作积极性。加强直报系统建设，维护系统安全，完善镇村企业统计信息数据库，确保镇村企业统计信息的安全性。

强化政策指导。加强政策体系研究，强化政策宣传和解读，帮助企业更加全面深入地掌握中央、地方的财税、金融、产业等各种政策。积极与相关部门协调配合，争取将现有政策扶持重点向京郊镇村企业倾斜，并争取制定相关配套政策措施。立足镇村企业与其他企业在“投资主体、社区关系、支农方式、吸纳就业、社会责任”等方面的差异性，深化研究，理清思路，提出政策建议。

（二）推动镇村企业转变发展方式，促进农民就业增收

促进聚集发展。从规划、产业、管理、服务等方面提出镇村产业基地建设、发展标准，指导区县与市级开发区开展“牵手工程”，节约集约使用资源，深化产业配套，培育产业集群，推动镇村企业实现聚集发展。从资源、项目、标准、管理、评价等方面建立资源共享系统，完善项目对接机制，落实企业准入标准，建立健全管理机制，出台效能评价体系，切实加强镇村产业基地动态管理。积极争取国家、北京市有关优惠政策，整合有关扶持政策，发挥政策引领作用，扶持一批镇村产业基地加快发展。

推动产业升级。依据北京城市功能定位和郊区发展实际，深化都市型工业、战略性新兴产业、工业配套产业研究，定期提供镇村企业产业选择指南，科学指导镇村企业发展。支持镇村企业加大研发投入，实施“两化融合”，加强产学研结合，组建技术创新研发中心，增强企业技术创新和自主研发能力，形成企业的核心技术和自主知识产权。积极争取国家、北京市产业政策，企业资金支持，引导企业实现结构升级和产业优化。强化节能减排措施，发挥典型示范作用，推动镇村企业发展循环经济，完成节能减排任务。

（三）搭建市场平台，加强品牌建设

搭建市场平台。深化“农超对接”工作，探索“农超对接”长效机制，在规模、层次、方式等方面实现新的突破，促使更多企业受益。组织企业参加各种形式的贸易洽谈会、展销展览会，促使企业深入开拓市场，提高市场占有份额。积极组织企业深入开拓国际市场，加强对外投资、合作，提升服务水平，提高镇村企业国际化经营水准。

加强品牌建设。突出抓好重点区域、重点产业、重点企业、重点产品等四个品牌建设，围绕镇村产业基地、重要支柱产业、重点龙头企业、著名品牌产品等四个领域，加大政策、措施扶持力度，提高品牌经营水平，形成重要产业基地示范、重点产业支撑、龙头企业示范、名牌产品带动的发展新格局。

（四）深化镇村企业改革，加强中介组织建设

深化镇村企业改革。加强形势分析，搭建合作平台，推动企业加大资产整合力度，提高资源配置效率和效益。加强政策指导，注重典型示范，推动企业深化产权制度改革，引导个人独资、合伙企业、个体工商户实现企业公司制改革，引导企业改制上市。加强实地指导，推广典型经验，指导企业完善法人治理结构，提高企业管理水平。

加强中介组织建设。指导企业加强市场协会、行业协会建设，强化行业自律，维护企业利益。认真研究落实与乡镇企业协会的工作合作机制，切实发挥行业中介组织的积极作用，促进镇村企业健康发展。

（五）加强服务体系建设，开展企业素质培训

加强服务体系建设。推进与金融机构的战略合作，支持举办银企合作活动，建立银企合作平台；建立镇村企业担保制度，帮助企业解决贷款瓶颈问题，促使企业健康发展。鼓励镇村产业园区建设技术服务平台；支持镇村企业集中力量开展技术研发、转化、推广；建设镇村企业技术转移和交流服务平台。加强宣传报道，深入总结、及时推广镇村企业发展的典型经验，营造支持镇村企业发展的良好氛围。指导企业不断强化信用体系建设，提高镇村企业整体信用水平。

开展企业素质培训。充分发挥农民就业服务指导中心的各种作用，着力加强与区县沟通，有重点、有层次、有质量完成一定人次的培训任务，强化、提高企业改制上市、品牌建设、市场开拓、产业升级等重要领域的意识和能力。积极帮助镇村企业招聘人员、选聘人才，支持引进吸收海外人才，培育和储备适用人才资源。积极推进镇村企业职业技能开发，加快镇村企业职业技能培训与鉴定体系建设，逐步建立镇村企业园区职业技能培训与鉴定的服务平台。积极支持信息服务、市场开拓、人才培训、管理咨询和法律服务等各类创业辅导机构建设，建立农民创业项目库，开展示范性创业培训，提高创业者的创业能力和水平。

北京市经济和信息化委员会关于印发《北京市中小企业2011年工作要点》的通知

京经信委发〔2011〕18号

各区（县）中小企业主管部门：

现将《北京市中小企业2011年工作要点》印发给你们，请结合实际，抓好工作落实。

特此通知。

二〇一一年二月二十四日

北京市中小企业2011年工作要点

2011年我市中小企业工作总体要求是：深入学习实践科学发展观，贯彻落实《国务院关于进一步促进中小企业发展的若干意见》和即将颁发的《北京市贯彻〈国务院关于进一步促进中小企业发展的若干意见〉实施意见》精神（以下简称《实施意见》），优化中小企业发展环境，加快调整中小企业产业结构，引导中小企业进入战略性新兴产业和现代服务业，大力推进中小企业服务体系建设，提高中小企业综合竞争能力和经营管理水平，为中小企业、非公经济又好又快发展提供坚实保证。

一、进一步优化发展环境，完善政策措施

（一）发挥我市促进中小企业发展工作领导协调机制的作用，加强对中小企业工作的组织领导、统筹规划和政策协调。

（二）做好的《实施意见》的宣传与解读，充分利用各种媒体，宣传和介绍《实施意见》主要内容，扩大文件的政策影响力。协调有关部门，按照《实施意见》任务分工，分层次、分重点推动配套措施的出台，确保政策落实到位。

（三）推进中小企业地方立法，争取尽快颁布实施《北京市中小企业促进条例》。编制发布《北京市“十二五”时期中小企业发展促进规划》。

二、建立健全服务网络，推进服务体系建设

（一）不断加大政策支持的力度，建立健全市、区（县）中小企业服务中心，构建市区两级协同、区域和行业全覆盖的中小企业服务体系。加强中小企业服务中心能力建设，加大资源集成力度，建立协同服务机制，提高为中小企业服务的有效性和针对性。

（二）研究制定《小企业创业基地认定管理暂行办法》，建设一批小企业创业基地，提升小企业创业能力。

（三）研究制定《中小企业公共服务平台管理暂行办法》，带动社会服务资源，建设一批公共服务平台；认定一批市级中小企业公共服务示范平台，在此基础上向工信部推荐“国家中小企业公共服务示范平台”。

（四）建立中小企业创新服务体系，利用与整合现有科技资源，向中小企业开放、共享实验室。支持技术转移等中介服务机构建立中小企业人才、技术需求发布平台。

三、增强投融资支持，推动金融服务创新

（一）在现有中小企业投融资服务平台的基础上，加强政、企、银合作，建立“方式多样、覆盖广泛、专业高效”的投融资服务体系。

（二）积极推进中小企业集合债券、集合票据、集合信托等方式融资，稳步扩大发行规模。

（三）拓宽中小企业直接融资渠道，鼓励有条件的区县设立创业投资引导基金。加强创业投资引导基金监管，提高使用效率。

（四）采用多种方式组建多层次的中小企业融资担保机构，提高融资性担保公司对中小企业的服务能力。

四、提升创新发展能力，促进转变发展方式

（一）加强中小企业技术改造和技术创新，支持中小企业“专、精、特、新”发展。落实用好中央支持的专项资金，协调有关部门扩大扶持中小企业发展的专项资金，推动中小企业向现代服务业、先进制造业、新兴产业领域和新型业态发展。加大项目建设和资金使用情况的监督检查工作。

（二）推动产学研合作，促进科研成果产业化。实施中小企业信息化推进工程和中小企业知识产权战略推进工程。建立中小企业统计监测机制，开展中小企业生产运行监测。配合有关部门，加大淘汰落后产能力度。

五、促进交流合作，引导中小企业提高经营管理水平

（一）继续坚持“走出去”方针，研究建立中小企业政策交流和国际合作平台，组织好参加中博会等重要活动，促进中小企业国内外合作交流。

（二）加强培训，落实中小企业银河培训工程，市级完成2000人成长型中小企业经营管理者培训，提高中小企业人员素质和水平，引导中小企业加强基础管理，强化营销和风险管理，完善法人治理结构，推进管理创新，提高经营管理水平。

二〇一一年二月二十五日

北京市经济和信息化委员会
关于印发《2011年北京工业、软件和信息服务业投资导向意见》的通知

京经信委发〔2011〕41号

各区县经济和信息化主管部门、北京经济技术开发区管委会、有关企业：

根据《北京市工业发展资金管理办法》，结合2011年本市工业、软件和信息服务业工作重点，特制定《2011年北京工业、软件和信息服务业投资导向意见》，以明确当年北京市工业发展资金使用的重点。现印发给你们，请遵照执行。

二〇一一年四月十三日

2011年北京工业、软件和信息服务业投资导向意见

为明确北京工业发展资金使用重点，围绕北京市重点产业“十二五”发展规划和2011年全市经济工作重点，特制定本意见。

2011年北京工业发展资金的使用要坚持以科学发展为主题，以加快转变经济发展方式为主线，紧紧围绕“人文北京、科技北京、绿色北京”和建设世界城市的中心任务，牢牢把握做强二产的战略方向，实现北京制造与北京服务、北京创造的对接融合和高端产业的创新引领。要落实国家和北京市产业振兴和发展规划，做强支柱产业，培育新兴产业，做优都市型民生产业，促进产业结构的战略性、深层次调整，推进信息化与工业化深度融合，提高产业的整体素质与核心竞争力。要发挥全市重大科技成果转化和产业项目统筹资金作用，创新资金使用方式，提高资金使用效率，全力促进工业、软件和信息服务业持续、平稳、快速地发展。

一、支持高端项目引入

支持对北京工业、软件和信息服务业具有总量拉动和结构提升作用的招商引资项目，重点支持引入高科技含量、高附加值、低消耗，以及对重点产业构建和完善产业链具有关键性作用的项目；支持现有企业扩大合资合作，推进兼并重组，发展对技术进步带动作用强、产业综合竞争能力强、产业关联度大、市场空间大、辐射示范功能强的重点项目。

二、加强企业技术改造

加大技术改造力度，围绕做强做大优势产业、提升改造传统产业，围绕提升企业技术装备、经营管理、质量品牌、安全生产水平，以结构调整、持续发展、要素优化配置为目标，支持企业通过更新设备、引进技术、改造研发生产环境等手段，对市场前景好的产品扩大规模、增加品种、提高档次；聚焦重点行业，支持一批优势骨干企业围绕研发设计、过程控制、企业管理、人力资源、电子商务、产品质量管理及追溯等环节开展智能化、网络化、数字化和集成化的提升。

三、鼓励技术创新和科技成果产业化

加快发展新一代信息技术、新能源汽车、节能环保、高端装备制造、生物医药、新能源、新材料和航空航天等战略性新兴产业，完善以企业为主体、市场为导向、产学研相结合的技术创新体系，发挥国家科技重大专项的核心引领作用，全力推动一批科技创新成果在京产业化。开展应用示范工作，推进新能源汽车等新型产品的市场推广和规模化生产。推动国家中关村国家自主创新示范区建设，加强军民结合，推动中央与地方创新资源整合，打造创新驱动发展新格局。依托具有优势的产业集聚区，培育创新能力强、创业环境好、特色突出、集聚发展的战略性新兴产业示范基地。

四、推进节能减排和结构调整

（一）支持节能环保，发展循环经济。以能源节约、资源综合利用、环境友好为目标，重点支持通过精细化管理实现节能、节水、节材和减少碳排放为目标的技术改造项目；加强实时在线监测；鼓励企业开展清洁生产、节能评估和能源审计，积极支持节能节水技术、产品产业化项目；大力发展循环经济，重点支持资源综合利用项目；支持开发和利用环保设备、技术和服务，鼓励生产和应用高效节能产品和新材料。

（二）支持淘汰落后，发展替代产业。加快不符合首都城市功能定位及产业发展要求的劣势产业的退出步伐，促进落后生产能力的淘汰。支持首钢利用现有资源和优势培育发展高端、高效产业；鼓励利用工业资源打造创意产业基地；支持充分利用当地资源、当地劳动力的替代产业

项目。

五、加强环境建设，完善服务体系

（一）加强开发区环境建设。按照“布局集中、用地集约、产业集聚”的要求，支持产业定位和集聚效应明显的产业基地和开发区的标准化厂房、配套设施及专业化的公共服务支撑体系建设。支持以闭路循环为核心的生态园建设，鼓励有条件的开发区进行生态化改造。

（二）加强服务平台和服务体系建设。综合运用资本注入、风险补偿和奖励补助等方式，引导银行、担保等金融机构加强对高端制造业和战略性新兴产业的融资服务。鼓励企业、中介机构及其他社会资源积极参与筹融资、法律、信息、培训等公共服务平台建设。鼓励建立面向工业重点领域的网络协同设计、供应链管理、质量监管等公共服务平台，加快支付结算、诚信服务、物流配送、安全认证等电子商务支撑体系建设。

北京市经济和信息化委员会
关于转发工信部办公厅《关于加强电子信息产品污染控制管理工作的通知》的通知

京经信委发〔2011〕47号

各区县工业主管部门，北京经济技术开发区、电子控股集团、京仪集团：

现将工业和信息化部《关于加强电子信息产品污染控制工作的通知》（工信厅节〔2011〕34号）转发给你们，请按照通知要求，认真进行自查，并将《电子信息产品污染控制管理办法》实施以来，开展的主要工作进展情况，企业开展有害物质替代和减量化的经验、存在问题，形成自查报告，于5月15日前，书面反馈（包括电子版）至市经济信息化委。地址：朝阳区工体北路6号凯富大厦508室，邮编：100027，电子邮箱：xqjxgd@126.com。

附件：1.《关于加强电子信息产品污染控制管理工作的通知》（工信厅节〔2011〕34号）
2.《电子信息产品污染控制管理办法》（网络版）

关于加强电子信息
产品污染控制管理工作的通知

工信厅节〔2011〕34号

各省、自治区、直辖市工业和信息化主管部门：

为进一步加强电子信息产品污染控制管理工作，推进电子信息产品中有害物质的替代和减量化工作，实现电子信息产业绿色制造、清洁生产，现将2011年电子信息产品污染控制工作要求通知如下：

一、明确职能处室，加强部门协调。鉴于目前各地机构调整已基本到位，请尽快明确电子信息产品污染控制管理工作主管处室，加强与发展改革、商务、环保、海关、工商、质检等部门的协调，继续稳步、渐进推进电子信息产品污染控制各项工作，共同推进《电子信息产品污染控制管理办法》（以下简称《管理办法》）贯彻实施。

二、加强市场监管，开展专项督察。2011年我部将联合相关部委开展《管理办法》贯彻落实情况的专项检查，各地应提前做好自查工作。检查组将重点对电子信息产品制造业较发达的长江三角洲、珠江三角洲等地区和消费市场集中的城市贯彻落实《管理办法》情况和企业开展有害物质管控情况进行抽查。

三、积极推进立法，加强标准化建设。我部已于2010年上半年启动了《管理办法》和配套标准的修订工作。修订后的《管理办法》扩大了调整范围，增加了电器、电气产品作为调整对象。请配合部做好立法工作，广泛听取相关企业意见，做好新《管理办法》的实施准备，研究开展相关地方立法及配套标准制修订工作。

四、加强行业指导，推进分步实施。要继续指导企业按照《 电子信息产品污染控制标识要求》（电子行业标准SJ/T 11364标准），做好电子信息产品污染控制标识工作；鼓励、支持企业加快做好铅、汞、镉、六价铬、多溴联苯和多溴二苯醚等六种有害物质的替代和减量化；组织企业做好施行电子信息产品污染控制目录管理制度的准备，并积极参与国家统一推行的电子信息产品污染控制自愿性认证活动。

五、认真总结经验，积极开展自查。请各地将《管理办法》实施四年来的工作进展情况和企业开展有害物质替代和减量化的经验、存在的问题以及自查报告，于2011年5月底前，以书面形式（包括电子版）报我部（节能与综合利用司）。

地 址：北京市西长安街13号

邮 编：100804

联系人：高振杰

电 话：010－68205363

电子邮箱：gaozhenjie@miit.gov.cn

二〇一一年二月二十八日

电子信息产品污染控制管理办法（网络版）

第一章 总 则

第一条 为控制和减少电子信息产品废弃后对环境造成的污染，促进生产和销售低污染电子信息产品，保护环境和人体健康，根据《中华人民共和国清洁生产促进法》、《中华人民共和国固体废物污染环境防治法》等法律、行政法规，制定本办法。

第二条 在中华人民共和国境内生产、销售和进口电子信息产品过程中控制和减少电子信息产品对环境造成污染及产生其他公害，适用本办法。但是，出口产品的生产除外。

第三条 本办法下列术语的含义是：

（一）电子信息产品，是指采用电子信息技术制造的电子雷达产品、电子通信产品、广播电视产品、计算机产品、家用电子产品、电子测量仪器产品、电子专用产品、电子元器件产品、电子应用产品、电子材料产品等产品及其配件。

（二）电子信息产品污染，是指电子信息产品中含有有毒、有害物质或元素，或者电子信息产品中含有的有毒、有害物质或元素超过国家标准或行业标准，对环境、资源以及人类身体生命健康以及财产安全造成破坏、损害、浪费或其他不良影响。

（三）电子信息产品污染控制，是指为减少或消除电子信息产品中含有的有毒、有害物质或元素而采取的下列措施：

1. 设计、生产过程中，改变研究设计方案、调整工艺流程、更换使用材料、革新制造方式等技术措施；

2. 设计、生产、销售以及进口过程中，标注有毒、有害物质或元素名称及其含量，标注电子信息产品环保使用期限等措施；

3. 销售过程中，严格进货渠道，拒绝销售不符合电子信息产品有毒、有害物质或元素控制国家标准或行业标准的电子信息产品等；

4. 禁止进口不符合电子信息产品有毒、有害物质或元素控制国家标准或行业标准的电子信息产品；

5. 本办法规定的其他污染控制措施。

（四）有毒、有害物质或元素，是指电子信息产品中含有的下列物质或元素：

1. 铅；

2. 汞；

3. 镉；

4. 六价铬；

5. 多溴联苯（PBB）；

6. 多溴二苯醚（PBDE）；

7. 国家规定的其他有毒、有害物质或元素。

（五）电子信息产品环保使用期限，是指电子信息产品中含有的有毒、有害物质或元素不会发生外泄或突变，电子信息产品用户使用该电子信息产品不会对环境造成严重污染或对其人身、财产造成严重损害的期限。

第四条 中华人民共和国信息产业部（以下简称信息产业部）、中华人民共和国国家发展和改革委员会（以下简称发展改革委）、中华人民共和国商务部（以下简称商务部）、中华人民共和国海关总署（以下简称海关总署）、国家工商行政管理总局（以下简称工商总局）、国家质量监督检验检疫总局（以下简称质检总局）、国家环境保护总局（以下简称环保总局），在各自的职责范围内对电子信息产品的污染控制进行管理和监督。必要时上述有关主管部门建立工作协调机制，解决电子信息产品污染控制工作重大事项及问题。

第五条 信息产业部商国务院有关主管部门制定有利于电子信息产品污染控制的措施。

信息产业部和国务院有关主管部门在各自的职责范围内推广电子信息产品污染控制和资源综合利用等技术，鼓励、支持电子信息产品污染控制的科学研究、技术开发和国际合作，落实电子信息产品污染控制的有关规定。

第六条 信息产业部对积极开发、研制新型环保电子信息产品的组织和个人，可以给予一定的支持。

第七条 省、自治区、直辖市信息产业、发展改革、商务、海关、工商、质检、环保等主管部门在各自的职责范围内，对电子信息产品的生产、销售、进口的污染控制实施监督管理。必要时上述有关部门建立地区电子信息产品污染控制工作协调机制，统一协调，分工负责。

第八条 省、自治区、直辖市信息产业主管部门对在电子信息产品污染控制工作以及相关活动中做出显著成绩的组织和个人，可以给予表彰和奖励。

第二章 电子信息产品污染控制

第九条 电子信息产品设计者在设计电子信息产品时，应当符合电子信息产品有毒、有害物质或元素控制国家标准或行业标准，在满足工艺要求的前提下，采用无毒、无害或低毒、低害、易于降解、便于回收利用的方案。

第十条 电子信息产品生产者在生产或制造电子信息产品时，应当符合电子信息产品有毒、有害物质或元素控制国家标准或行业标准，采用资源利用率高、易回收处理、有利于环保的材料、技术和工艺。

第十一条 电子信息产品的环保使用期限由电子信息产品的生产者或进口者自行确定。电子信息产品生产者或进口者应当在其生产或进口的电子信息产品上标注环保使用期限，由于产品体积或功能的限制不能在产品上标注的，应当在产品说明书中注明。

前款规定的标注样式和方式由信息产业部商国务院有关主管部门统一规定，标注的样式和方式应当符合电子信息产品有毒、有害物质或元素控制国家标准或行业标准。

相关行业组织可根据技术发展水平，制定相关电子信息产品环保使用期限的指导意见。

第十二条 信息产业部鼓励相关行业组织将制定的电子信息产品环保使用期限的指导意见报送信息产业部。

第十三条 电子信息产品生产者、进口者应当对其投放市场的电子信息产品中含有的有毒、有害物质或元素进行标注，标明有毒、有害物质或元素的名称、含量、所在部件及其可否回收利用等；由于产品体积或功能的限制不能在产品上标注的，应当在产品说明书中注明。

前款规定的标注样式和方式由信息产业部商国务院有关主管部门统一规定，标注的样式和方式应当符合电子信息产品有毒、有害物质或元素控制国家标准或行业标准。

第十四条 电子信息产品生产者、进口者制作并使用电子信息产品包装物时，应当依据电子信息产品有毒、有害物质或元素控制国家标准或行业标准，采用无毒、无害、易降解和便于回收利用的材料。

电子信息产品生产者、进口者应当在其生产或进口的电子信息产品包装物上，标注包装物材料名称；由于体积和外表面的限制不能标注的，应当在产品说明书中注明。

前款规定的标注样式和方式由信息产业部商国务院有关主管部门统一规定，标注的样式和方式应当符合电子信息产品有毒、有害物质或元素控制国家标准或行业标准。

第十五条 电子信息产品销售者应当严格进货渠道，不得销售不符合电子信息产品有毒、有害物质或元素控制国家标准或行业标准的电子信息产品。

第十六条 进口的电子信息产品，应当符合电子信息产品有毒、有害物质或元素控制国家标准或行业标准。

第十七条 信息产业部商环保总局制定电子信息产品有毒、有害物质或元素控制行业标准。

信息产业部商国家标准化管理委员会起草电子信息产品有毒、有害物质或元素控制国家标准。

第十八条 信息产业部商发展改革委、商务部、海关总署、工商总局、质检总局、环保总局编制、调整电子信息产品污染控制重点管理目录。

电子信息产品污染控制重点管理目录由电子信息产品类目、限制使用的有毒、有害物质或元素种类及其限制使用期限组成，并根据实际情况和科学技术发展水平的要求进行逐年调整。

第十九条 国家认证认可监督管理委员会依法对纳入电子信息产品污染控制重点管理目录的电子信息产品实施强制性产品认证管理。

出入境检验检疫机构依法对进口的电子信息产品实施口岸验证和到货检验。海关凭出入境检验检疫机构签发的《入境货物通关单》办理验放手续。

第二十条 纳入电子信息产品污染控制重点管理目录的电子信息产品，除应当符合本办法有关电子信息产品污染控制的规定以外，还应当符合电子信息产品污染控制重点管理目录中规定的重点污染控制要求。

未列入电子信息产品污染控制重点管理目录中的电子信息产品，应当符合本办法有关电子信息产品污染控制的其他规定。

第二十一条 信息产业部商发展改革委、商务部、海关总署、工商总局、质检总局、环保总局，根据产业发展的实际状况，发布被列入电子信息产品污染控制重点管理目录的电子信息产品中不得含有有毒、有害物质或元素的实施期限。

第三章　罚　则

第二十二条 违反本办法，有下列情形之一的，由海关、工商、质检、环保等部门在各自的职责范围内依法予以处罚：

（一）电子信息产品生产者违反本办法第十条的规定，所采用的材料、技术和工艺不符合电子信息产品有毒、有害物质或元素控制国家标准或行业标准的；

（二）电子信息产品生产者和进口者违反本办法第十四条第一款的规定，制作或使用的电子信息产品包装物不符合电子信息产品有毒、有害物质或元素控制国家标准或行业标准的；

（三）电子信息产品销售者违反本办法第十五条的规定，销售不符合电子信息产品有毒、有害物质或元素控制国家标准或行业标准的电子信息产品的；

（四）电子信息产品进口者违反本办法第十六条的规定，进口的电子信息产品不符合电子信息产品有毒、有害物质或元素控制国家标准或行业标准的；

（五）电子信息产品生产者、销售者以及进口者违反本办法第二十一条的规定，自列入电子信息产品污染控制重点管理目录的电子信息产品不得含有有毒、有害物质或元素的实施期限之日起，生产、销售或进口有毒、有害物质或元素含量值超过电子信息产品有毒、有害物质或元素控制国家标准或行业标准的电子信息产品的；

（六）电子信息产品进口者违反本办法进口管理规定进口电子信息产品的。

第二十三条 违反本办法的规定，有下列情形之一的，由工商、质检、环保等部门在各自的职责范围内依法予以处罚：

（一）电子信息产品生产者或进口者违反本办法第十一条的规定，未以明示的方式标注电子信息产品环保使用期限的；

（二）电子信息产品生产者或进口者违反本办法第十三条的规定，未以明示的方式标注电子信息产品有毒、有害物质或元素的名称、含量、所在部件及其可否回收利用的；

（三）电子信息产品生产者或进口者违反本办法第十四条第二款的规定，未以明示的方式标注电子信息产品包装物材料成分的。

第二十四条 政府工作人员滥用职权，徇私舞弊，纵容、包庇违反本办法规定的行为的，或者帮助违反本办法规定的当事人逃避查处的，依法给予行政处分。

第四章 附　则

第二十五条 任何组织和个人可以向信息产业部或者省、自治区、直辖市信息产业主管部门对造成电子信息产品污染的设计者、生产者、进口者以及销售者进行举报。

第二十六条 本办法由信息产业部商发展改革委、商务部、海关总署、工商总局、质检总局、环保总局解释。

第二十七条 本办法自 2007 年 3 月 1 日起施行。

北京市经济和信息化委员会
关于印发《北京市支持中小企业发展专项资金项目监督及验收管理办法（试行）》的通知

京经信委发〔2011〕50 号

各区县经济和信息化主管部门、北京经济技术开发区管委会、有关企业：

根据《北京市支持中小企业发展专项资金管理暂行办法》，为进一步规范项目管理，特制定《北京市支持中小企业发展专项资金项目监督及验收管理办法（试行）》。经与市财政局研究决定，拟先期试行。现印发给你们，请遵照执行。

二〇一一年四月二十七日

北京市支持中小企业发展专项资金项目
监督及验收管理办法（试行）

第一章 总则

第一条 为进一步规范北京市经济和信息化委员会支持中小企业发展专项资金项目的监督及验收管理工作，强化责任机制，保证资金使用效果，根据《北京市支持中小企业发展专项资金管理暂行办法》等有关规定，特制定本办法。凡在市经济和信息化委中小企业发展专项资金中安排，且以拨款补助和贷款贴息方式支持的固定资产投资项目（以下简称中小资金项目），其监督和验收管理按照本办法规定执行。

第二条 北京市中小资金项目的监督及验收管理工作是指运用科学、规范、统一的考核方法，对项目进行综合性考核与评价。监督及验收管理工作以勤俭节约、不增加企业负担为原则，坚持实事求是、客观公正、注重质量、讲求实效，充分体现公平、公正、公开，保证监督及验收管理工作的严肃性和科学性。

第三条 中小资金项目监督及验收管理的主要依据：

（一）国家及北京市产业政策。

（二）北京市支持中小企业发展专项资金管理暂行办法及投资指南。

（三）与中小资金管理相关的制度规定和财务会计制度。

（四）项目可行性研究报告，项目的核准或备案文件和调整（变更）批复文件。

（五）项目合同书或承诺书。

第二章 组织管理

第四条 市经济信息化委、市财政局负责中小资金项目的监督及验收管理工作。市经济信息化委规划处（以下简称规划处）、市财政局经建一处（以下简称经建一处）是综合管理处室，负责指导和综合管理中小资金项目监督及验收管理工作；市经济信息化委监察处（以下简称监察处）是监督处室，负责对中小资金项目管理工作的监督；市经济信息化委专业处室（以下简称专业处室）是实施管理处室，负责组织中小资金项目监督及验收管理的具体工作。

第五条 中小资金项目验收工作由专业处室组织并主持，支持资金额度150万元以下项目采取文件审查和现场查验相结合的方式，并出具验收意见；支持资金额度高于150（含）万元或确需专家出具财务、技术等验收意见的项目采取会议审查验收方式。

第三章 项目的监督管理

第六条 中小资金项目的监督管理按照预防为主、突出重点，务求实效的原则，贯穿项目建设实施的全过程。监督管理的主要内容是：

（一）项目执行：主要检查项目按计划的阶段性分项建设内容的完成情况及目标的实现情况。

（二）项目质量：主要检查项目建设及生产安全情况，建筑工程的质量，设备、工艺及研发成果的先进性和适用性，产品的质量水平。

（三）资金使用：主要检查投资计划完成情况，拨付资金的账务处理及资金使用情况，财政专户设立情况，招投标执行情况，借款合同真实性和合规性，贴息期内按合同规定还本付息情况以及银行贷款的使用情况。

（四）项目管理：主要检查项目的财务核算体系的建立及项目文件档案的建立与管理情况。

第七条 监督管理程序

监督管理包括项目竣工前的进度跟踪和竣工后的效益跟踪。进度跟踪每半年一次，专业处室在每年1月份和7月份对项目实施情况进行调度，可采取网上调度、书面材料报送、现场检查等方式。发现问题应及时上报主管领导和监察部门。效益跟踪每年一次，专业处室要定期了解项目竣工后产生的经济和社会效益，加强资金使用的总结。

项目在实施过程中，由于受市场及技术等因素影响，发生建设内容、建设目标和建设期等方面的调整，应该及时报专业处室，专业处室审查后确需调整项目要正式报市经济信息化委主任专题会议批准后予以调整。涉及重大调整由市经济信息化委和市财政局共同研究出具处理意见。

规划处、监察处、经建一处每年将对项目执行情况进行抽查，并委托中介机构跟踪评审，跟踪评审项目数不低于上一年度项目总数的30%。评审结果报市经济信息化委主任专题会。

第四章 项目验收的内容及程序

第八条 中小资金项目验收管理工作重点：对项目目标、建设内容、项目质量、资金使用和项目管理等五个方面进行考核和验收。

（一）项目目标：主要验收项目是否达到预期的生产能力、经济效益和社会效益。

（二）建设内容：主要验收项目分项建设内容的完成情况。

（三）项目质量：主要验收项目建设及生产安全情况，建筑工程的质量，设备、工艺及研发成果的先进性和适用性，产品的质量水平。

（四）资金使用：主要验收拨款和贴息资金账务处理及资金使用情况，财政专户设立情况，招投标执行情况，借款合同真实合规情况，贴息期内按合同规定还本付息情况以及银行贷款使用的情况。

（五）项目管理：主要验收项目完整独立的财务核算体系的建立及项目文件档案的建立与管理情况。

第九条 项目应在合同书（或承诺书）规定的时间内竣工，验收工作一般应在项目竣工后的半年内进行。专业处室应在项目竣工前两个月左右进行调度，并拟定验收计划。项目根据调度安排落实任务，并及时进行验收准备。

项目竣工后即进入验收阶段。如不能按规定时间验收，项目承担单位应通过区县主管部门提出延迟验收申请，说明延迟验收的理由，并报专业处室，由专业处室主管领导签字批准后方可延期，延期时间原则不得超过一年。

第十条 验收程序

（一）企业提出验收申请：项目承担单位在项目竣工后，向区县主管部门或专业处室提出验收申请，填写《北京市中小企业专项资金项目验收申请表》，并提交验收资料。

（二）验收材料初审：由专业处室对区县初审后或企业直接申报的验收材料及有关证明的合理性和完整性进行审查，要求在20个工作日内完成材料最终审查工作，并于材料审查通过后的20个工作日内完成验收工作。

（三）会议审查验收：对会议审查验收的项目专业处室组织成立项目验收组，确定验收组组长，并将验收材料提交给验收组成员进行审查，审查文件时间不少于5个工作日，不多于10个工作日。

验收组由技术、经济（财务）、工程建设、项目管理等方面的专家组成。验收组人数不低于5人，且为单数。验收组专家成员从市经济信息化委专家库中随机抽取，监察处现场监督。

由专业处室组织现场审查并召开验收会，出具验收意见，监察处参加验收会。

（四）批复验收结果：对会议审查验收项目，专业处根据验收组意见书面批复验收结果；对现场查验与文件审查相结合方式验收的项目，专业处与监察处共同审查验收材料合格后，书面批复验收结果。

规划处、监察处、经建一处每年抽查部分验收项目委托中介机构进行后评价。

第五章 验收需提供的材料要求

第十一条 项目验收材料应充分说明项目各项内容完成情况和实施效果，项目单位在申请验收时需提供以下材料：

（一）《北京市中小企业资金项目验收申请表》。

（二）项目验收总结报告。该报告是对项目建设情况的全面总结和自我评价，应将项目竣工后的情况与《北京市中小企业专项资金拨款项目合同书》或《北京市中小企业专项资金贴息项目承诺书》进行对比，重点对项目目标实现、建设内容、项目质量、资金使用和项目管理等五个方面总结评价，是否存在调整和变更，主要包括：

1. 项目概况；

2. 项目目标的实现：主要包括项目是否达到预期生产能力、达产率、新增收入、利润、税收及实现的社会效益 ；

3. 完成的建设内容：项目各项建设内容实际完成情况；

4. 项目完成质量：主要包括建筑物质量、工程验收结论；购置的设备其功能的先进性和实用性程度（购置的设备属国内先进水平的比例）；项目采用工艺与本企业工艺的适用程度；开发成果对批量生产的指导程度，取得的荣誉称号、奖励或专利；项目产品优势或特点，产品技术水平居国内的地位；

5. 资金使用情况：主要包括项目总决算表；财政支持资金的账务处理，资金使用明细；贴息项目还包括银行借款还本付息情况及借款使用明细；

6. 项目管理情况：主要包括项目建立独立财务核算体系情况，项目文件、资料的档案建立情况；

7. 项目对企业发展起到的作用；

8. 项目存在的问题及改进措施。

（三）有研究开发内容的项目需提供技术总结报告。

（四）《北京市中小企业专项资金拨款项目合同书》或《北京市中小企业专项资金贴息项目承诺书》，以及项目调整（变更）批复。

（五）项目购置设备清单。

（六）项目单位上一年财务审计报告和当年近期的财务报表。

（七）项目专项审计报告（需由有资质的中介机构出具，特殊项目可由企业自行编制决算报告）。审计报告应针对验收内容的有关经济指标，与合同书（或承诺书）对比进行审计，主要包括以下内容：

1. 项目目标实现情况，包括达产能力、经济效益和社会效益；

2. 项目投资（包括拨款资金、贴息资金、银行贷款以及企业自有资金等）的到位及使用情况；

3. 拨款和贴息资金账务处理情况；

4. 项目独立的财务核算体系的建立情况；

5. 其他需披露的问题。

（八）项目所获成果、专利等材料。已通过技术、成果鉴定或委托中介机构对研发成果进行客观评价的项目，提供有关测试或验测报告、成果鉴定证书或评价报告；项目中重要的实物成果的图片、数据、实物等。

（九）有土建项目须提供建筑工程验收报告。

（十）项目单位验收负责人、联系人和联系方式。

（十一）验收工作所要求的其他材料。

第六章 验收结论与后续管理

第十二条 验收结论分为"验收合格"、"需要重新验收"、"验收不合格"。

第十三条 按期完成合同书（或承诺书）约定的各项建设内容和建设目标，资金使用合理，提供的验收文件和资料齐全、数据真实，为"验收合格"。建设内容和建设目标基本完成，但验收文件、资料不齐全，验收结论争议较大，为"需要重新验收"。

被验收项目存在下列情况之一者，为"验收不合格"，不予通过验收：未按合同书（或承诺书）要求完成预定的建设内容，且实际投资低于预期70%；未按合同书（或承诺书）要求完成预定的建设目标，且实现目标低于预期50%；提供的验收文件、资料、数据不真实；擅自修改合同书（或承诺书）中的考核目标和内容；实施过程中出现重大问题，但未能解决和做出说明，或研究过程及结果等存在纠纷尚未解决的。

第十四条 专业处室批复验收结论需由主管领导签字，加盖公章，并按规定存档，规划处对验收结论系统备案管理。

验收合格的项目，专业处室下达《北京市经济和信息化委中小企业专项资金项目验收意见书》。

需要重新验收的项目，项目承担单位应在接到通知的30个工作日内提出重新验收的申请，专业处室根据项目具体情况重新履行验收手续。

验收不合格的项目，项目承担单位在接到通知的半年内，经整改完善有关项目计划及文件资料后，可再次提出验收申请。

第十五条 每年初，专业处室对上年度中小资金项目验收情况进行汇总，按合同书（或承诺书）中约定的资金项目进度要求制定年度资金项目结转计划并报监察处、规划处备案，作为对项目执行情况评估以及对项目承担单位和项目负责人信用评价的依据。项目承担单位应积极配合专业处室进行后续跟踪调查和统计。

第七章 法律责任

第十六条 凡列入我市中小资金计划的项目，未通过验收的，以及应接受监督和验收管理而无故不执行的资金项目承担单位，市经济信息化委会同市财政局依照法律法规收回已拨付的资金，纳入不良信用记录系统。对于实际执行与合同书或承诺书规定差距较大的项目，以及项目延期后仍不能按规定时间验收的项目，市经济信息化委会同市财政局根据项目实际情况全额收回或按比例收回已拨付资金。

对上述企业两年内不再受理使用中小企业资金的申请。

第十七条 在过程监督和验收管理过程中，项目承担单位、专业处室、验收组成员和中介机构有弄虚作假、徇私舞弊或玩忽职守等行为的，对项目承担单位收回已拨付资金，纳入不良信用记录系统，并于之后五年内不予受理该企业使用中小企业资金的申请；对专业处室通报批评；对验收组成员和中介机构，中止或取消其参与资金项目过程监督和验收工作的资格。构成犯罪的，提交有关部门依法追究刑事责任。

第十八条 参加资金项目验收的有关人员，对项目单位提供的材料有保密的义务，擅自披露、使用或者向他人提供和转让被评价技术的，依据有关规定追究其责任。

第八章 项目过程监督及验收考核行为规范

第十九条 项目承担单位应对所提供监督及验收管理相关报告、资料和数据的真实性、可靠性负责。

监督及验收成员或中介机构应在现场查验和审核验收资料的基础上，独立、负责地提出审查意见，并对所出具结论与评价的真实、准确、公允性负责。

第二十条 监督及验收管理考核工作按有关规定和程序进行，不得干预和影响项目建设单位的正常生产经营，不得牟取不正当利益。项目建设单位应按要求及时填报和提供相关资料，项目建设单位不得干涉或影响验收考核工作。

第二十一条 在项目监督及验收审查中发现有挪用、虚报、冒领等违法使用资金的情况，依据国务院《财政违法行为处罚处分条例》进行处理。

第二十二条 对未按计划履行验收手续或验收不合格的项目，原则在验收合格前不再安排该企业申报的其他项目。

第二十三条 区县主管部门要配合专业处室做好监督及验收管理工作，专业处室不得擅自将监管和验收职责下放给区县主管部门。

第九章 附 则

第二十四条 本办法自发布之日起试行。对于服务体系及平台建设项目和引导性投资入股项目监督及验收管理办法另行制定，其他未尽事宜在实施细则中明确。

北京市经济和信息化委员会
关于印发2011年度退出“三高”工业企业
计划的通知

京经信委发〔2011〕88号

各有关单位：

为加快推进产业结构调整，深入开展工业节能减排，按照《北京市关于加快退出高污染、高耗能、高耗水工业企业的意见》（京工促发〔2007〕123号）等有关文件要求，根据各区县经济信息化部门、控股（集团）公司编制的区域内（行业）退出“三高”工业企业年度计划及企业提供的相关材料，市经济信息化委会同市发展改革委等部门在委托专家进行现场考查及审核的基础上，研究制定了2011年度退出“三高”工业企业计划。现将该计划印发，请严格按照“三高”工业企业退出工作要求，认真组织好列入计划企业平稳有序按期退出。

特此通知。

附件：2011年度退出“三高”工业企业计划

二〇一一年七月二十六日

附件：

2011年度退出“三高”工业企业计划

序号	企业各称	所属区县或控股（集团）公司	行业
1	北京金隅涂料有限责任公司	海淀	化工
2	北京思克赛技术研究所	海淀	化工
3	北京凯诚建筑材料厂	海淀	化工
4	北京冶建新技术有限公司	海淀	化工
5	澳美驰（北京）涂料有限公司	丰台	化工
6	北京市丰台京厦建筑涂料厂	丰台	化工
7	北京市宏阳涂料厂	丰台	化工
8	北京鑫腾达涂料厂	丰台	化工
9	北京玉石兰涂料厂	丰台	化工
10	北京市王佐洁丰石灰厂	丰台	石灰
11	北京太平洋邓禄普纺织品有限公司	石景山	印染
12	北京市西井电镀厂	石景山	电镀
13	北京首钢鲁家山石灰石矿有限公司	门头沟	石灰
14	北京鑫海通建筑材料有限公司	门头沟	石灰
15	北京市房山立新福利造纸厂	房山	造纸
16	北京市刘店化学试剂有限公司	房山	化工
17	北京市飞龙精细化工有限公司	房山	化工
18	北京中联特化工有限公司	通州	化工
19	北京创导奥福精细陶瓷有限公司	通州	化工
20	北京古润化工有限公司	通州	化工
21	北京市电镀协作中心马营电镀厂	通州	电镀
22	北京世纪星防水工程有限公司	顺义	化工
23	北京万盛双龙化学建材研究所	大兴	化工
24	北京海弘涂料有限公司	大兴	化工
25	北京南各庄电镀厂	大兴	电镀
26	北京鑫宏光建材有限公司	大兴	化工

续表

序号	企业名称	所属区县或控股（集团）公司	行业
27	北京世纪顺达工贸有限公司	大兴	铸造
28	北京兴龙化工公司	大兴	化工
29	北京丽水化工有限责任公司	大兴	化工
30	北京绥缘化工涂料有限公司	大兴	化工
31	北京丽彩澜新漆业有限公司	大兴	化工
32	北京市大兴采育光明造纸厂	大兴	造纸
33	北京精求化工有限责任公司	大兴	化工
34	北京平谷亚新电解板厂	平谷	化工
35	北京维多化工有限责任公司	平谷	化工
36	北京市密云建华铸钢厂	密云	铸造
37	北京昊泰建筑材料有限公司	京煤集团	化工
38	北京爱伯勒皮革化工有限公司	隆达控股	化工

北京市经济和信息化委员会　北京市财政局 北京市统计局关于印发《关于促进 2011 年工业平稳发展若干措施》的通知

京经信委发〔2011〕104 号

各区县政府：

为贯彻落实市委市政府“保增长和调结构并重，科学发展北京工业”的精神，在复杂多变的国内外经济形势下，积极化解经济运行中突出的矛盾和问题，加快推进工业产业转型升级和经济发展方式转变，确保“十二五”开局之年我市国民经济平稳发展，经市政府同意，特制定以下措施。

一、加速培育高端产业

（一）加快推进重大项目建设。充分发挥全市重大工业项目落地协调机制的作用，简化流程，缩短时间，加快项目审批工作，推动重点工业项目的建设。

（二）加大科技成果产业化和技术改造支持力度，不断推出体现“北京创造”的新品牌和新产品，提升工业经济增长质量。

（三）加快推进战略性新兴产业发展。积极贯彻落实国家和北京市发展战略性新兴产业政策，重点推动液晶显示技术、集成电路工艺、第三代移动通信、电动汽车、汽车电子、新能源装备、数字医疗器械等关键技术或产品的开发应用，尽快扩大产能规模，并带动相关产业链发展。

二、加快结构调整步伐

（四）加快工业产业布局调整，从全市工业一盘棋的角度出发，发挥重点企业对本市上下游产业链的带动作用，进一步完善特色产业集聚区。

（五）积极发展资源节约型、环境友好型产业。大力推进工业能耗需求侧管理，坚决淘汰落后产能，把节能、环保、降耗、减排作为产业管理的重点工作，努力降低工业发展对能源和原材料的依赖度，大幅提高产业资源能源利用效率。

三、加强经济运行监测和指导

（六）市经济信息化委加强对重点区县的调研和调度，密切跟踪，分类指导，全面掌握重点区县经济运行动态，及时发现并主动协调解决苗头性和倾向性问题。

（七）从市级财政资金中，对完成市经济信息化委下达的2011年工业指导性指标的区县，给予一次性工业运行统计监测平台补助，加强区县经济运行监测工作。对未完成任务的区县实行惩罚。

（八）从市级财政资金中，对为2011年本市工业增长做出突出贡献的工业企业，给予一次性奖励，用于其生产经营活动（实施细则另行制定）。

四、加大对企业的扶持力度

（九）抓住我市三网融合、应急领域物联网应用建设等重大工程及大力发展公共交通的契机，在汽车、电子等相关领域加强本市工业企业上下游产业链对接合作。

（十）针对近期反映比较集中的土地历史遗留问题、融资困难、出口受阻、电力保障、发展空间不足、项目审批进度等具体问题，将选择一批重点工业企业，推动协调解决。

（十一）从市级财政资金中，对有市场前景、技术含量高、符合产业发展规划和布局的重点工业企业，给予一定比例流动资金贷款贴息支持，帮助企业缓解流动资金压力，扩大生产（实施细则另行制定）。

二〇一一年九月十五日

北京市经济和信息化委员会　北京市财政局北京市统计局关于印发《北京市工业企业流动资金贷款贴息政策实施细则》的通知

京经信委发〔2011〕107号

各有关单位：

为保证2011年北京工业经济稳定增长，促进工业产业结构调整，我市拟实施对工业企业流动资金贷款增量部分予以贴息的政策，以引导和支持企业吸引银行贷款，鼓励企业开拓市场，扩大规模。为规范贴息资金使用，市经济信息化委、市财政局、市统计局共同制定了《北京市工业企业流动资金贷款贴息政策实施细则》，现印发给你们，请遵照执行。

附件：《北京市工业企业流动资金贷款贴息政策实施细则》

二〇一一年九月十五日

附件：

北京市工业企业流动资金贷款贴息政策实施细则

为保持经济平稳较快发展，实现2011年北京工业增长目标，拟对工业企业流动资金贷款增量部分给予贴息政策支持。为规范贴息资金使用，特制定本实施细则。

一、适用范围

同时满足以下条件的工业企业可申请流动资金贷款贴息：

（一）在本市工商管理部门登记注册、主要生产经营活动和结算在本市；

（二）2011年度纳入本市工业统计范围的规模以上企业；

（三）2011年度比2010年度流动资金贷款增量500万元（含）以上，且发生贷款均与银行正式签订流动资金借款合同。

二、测算方法和贴息标准

（一）流动资金贷款增量指2011年度相对于2010年度企业流动资金贷款总量增长的部分。流动资金贷款总量计算公式如下：

$$\text{流动资金贷款总量}=\sum\text{流动资金贷款实际发生额}\times\frac{\text{当年贷款存续时间（天）}}{365}$$

（二）流动资金贷款贴息将重点支持符合本市产业政策，2011年度经营规模有增长，对经济社会发展带动作用大的企业，工业总产值考核指标为北京市经济和信息化委员会及北京市统计局共同认可的企业工业总产值指标：

1. 2011年工业总产值增速超过15%（含）的企业，贴息比例为企业流动资金贷款增量的4%，每户企业当年贴息额度不超过1000万元；

2. 2011年工业总产值增速超过10%（含）但低于15%的企业，贴息比例为企业流动资金贷款增量的3%，每户企业贴息额度不超过800万元；

3. 2011年工业总产值增速低于10%的企业和2011年投产的新建企业，贴息比例为企业流动资金贷款增量的2%，每户企业贴息额度不超过500万元。

三、申报要求

（一）申报主体

由符合本细则规定条件的企业自行提出书面申请。

（二）受理时间

2012年2月15日至2月29日，逾期不予受理。

（三）材料报送地点

北京市经济和信息化委员会规划处（地址：北京市朝阳区工体北路6号，凯富大厦418房间）。

（四）申报材料

以下书面材料一式一份，并加盖企业公章：

1.《企业流动资金借款明细表》、《企业流动资金贷款贴息申请表》（同时报送电子版）；

2. 经年审的企业法人营业执照（副本）；

3. 企业税务登记证；

4. 企业2009年度、2010年度审计财务报告和2011年度财务报表；

5. 企业2010年度和2011年度所有存续借款和新发生借款所涉及的与银行签订的借款合同（含固定资产借款合同和流动资金借款合同）。借款合同需提供原件和复印件，原件经审查后返还企业；

6. 上述借款合同项下涉及的每一笔借款资金到位凭证和还款凭证，即由银行出具的收款回单和还款回单（简称银行回单）；

7. 由银行出具的企业基本信用信息报告（各银行均可通过人民银行征信管理系统查询打印），要求报告出具时间在2012年2月1日至2月29日之间。

（五）其他说明

为便于企业自行测算流动资金贷款增量，2012年2月1日至2012年2月29日期间，企业可在北京市经济和信息化委员会门户网站（www.bjeit.gov.cn）自行下载“流动资金贷款增量测算表”。

四、资金审批和拨付程序

（一）由北京市经济和信息化委员会、北京市财政局和北京市统计局共同委托中介机构对企业申报材料进行审查。

（二）资金审批和拨付程序根据相关资金管理规定执行。

（三）企业收到贴息资金后，按照企业现行企业会计准则规定作账务处理。

五、监督管理

（一）北京市经济和信息化委员会、北京市财政局、北京市统计局负责对贴息资金的使用进行监督、检查和跟踪。

（二）如出现企业弄虚作假申请或违反规定使用贴息资金的，根据《财政违法行为处罚处分条例》等国家相关法律、法规，进行处罚、处分。

六、附则

（一）本实施细则由北京市经济和信息化委员会、北京市财政局、北京市统计局负责解释。

（二）本实施细则自发布之日起执行。

工业数据

2011 年北京市工业

项　　目	企业单位个数（个）	#亏损企业	工业总产值（当年价格）	工业增加值	工业销售产值（当年价格）
合计	3740	585	145136282	28990534.04	143574357
在合计中：					
中央企业	248	40	48521646	9311199	48303680
地方企业	3492	545	96614636	19679335	95270677
在合计中：					
内资企业	2783	395	87810931	17398006	86810569
国有企业	121	24	13909571	3403583	13875729
集体企业	74	17	438338	110108	436314
股份合作企业	81	13	508906	98019	498284
联营企业	2		7265	4683	6934
有限责任公司	1272	202	42808962	7612425	42122945
股份有限公司	189	25	22226707	4638168	22165573
私营企业	1044	114	7911182	1531020	7704790
其他企业					
港澳台商投资企业	243	39	11047040	2101456	10762537
港澳台合资经营	126	15	3474964	815593	3438287
港澳台合作经营	7	1	46054	17145	44751
港澳台商独资企业	101	22	5663574	893089	5490785
港澳台商投资股份有限公司	9	1	1862448	375629	1788714
外商投资企业	714	151	46278310	9491071	46001252
中外合资经营	304	52	29302341	5910346	29310491
中外合作经营	12	2	222349	85382	214413
外资(独资)企业	380	94	15981891	3216745	15703803
外商投资股份有限公司	18	3	771730	278599	772545
在合计中：					
农村企业	111	20	988027	210151	968221
在合计中：					
国家控股	780	143	81763848	17198818	81182833
集体控股	189	34	2516400	511238	2442897
私人控股	1897	230	18482075	3948607	17939244
港澳台控股	185	33	7981114	1380355	7786989
外商控股	606	128	32672457	5655330	32509381
在合计中：					
轻工业	1267	238	22271646	6192174	21556391
重工业	2473	347	122864636	22798360	122017965
在合计中：					
大型企业	160	24	88471437	17755509	87995562
中型企业	620	96	24421635	5895106	23836510
小型企业	2803	441	31307589	5166822	30807331

企业主要经济指标

单位:万元

#出口交货值	从业人员平均人数(人)	资产负债			
		资产总计	流动资产合计	固定资产合计	固定资产原价
15359596	1178714	253217462	98202576	51376622	86208174
2420252	221134	121688543	25734537	24737146	43495174
12939343	957580	131528919	72468039	26639476	42713000
2659106	785817	202962098	64126642	41833553	67998021
48737	70349	88732042	12414901	15749330	25288945
13008	12024	516705	372572	92313	168646
44324	12783	530640	380269	115299	182816
944734	190	14634	11056	3578	7209
1182231	379628	74749580	30591380	20268016	31657405
426072	172903	30416195	14753744	4317621	8855512
1613923	137940	8002302	5602721	1287396	1837488
405393	97511	13707379	10056963	1903943	3511137
46861	3723023	1978763	1228528	2323916	
961	42031	34970	5637	11820	
1173652	39379	4760945	3690624	571554	1007506
34877	10310	5181380	4352606	98225	167895
7949595	295386	36547986	24018971	7639126	14699016
11086567	135879	19063185	13671498	3338970	6889677
73005	6289	302794	216961	62369	139411
2997486	142855	15444378	9423022	3994206	7198969
66482	10363	1737630	707490	243581	470960
57280	22956	995441	716645	202989	354828
2154348	518834	193702558	56468759	41106672	68272223
234968	39887	3124427	2320930	437179	760426
952666	287550	22543996	15942538	3159800	4561637
1344835	72183	7253470	5201003	1177144	1950773
10558154	241499	24032465	16337659	5163586	10177250
1974330	374746	27867083	16992518	6067981	10511409
13385265	803968	225350379	81210058	45308641	75696765
11178277	513637	178835208	52428217	38052505	65073420
2095430	336967	39862484	22279773	7508976	11989897
2057594	324089	33814873	23004050	5664091	8930107

2011 年北京市工业

项　　目	资产负债		所有者权益合计	#实收资本	主营业务收入
	负债总计	#流动负债合计			
合 计	126486073	76963206	126731389	64015640	157533565
在合计中：					
中央企业	57587647	24530196	64100896	32335297	50214537
地方企业	68898426	52433011	62630493	31680343	107319028
在合计中：					
内资企业	99161442	52341241	103800655	51586190	94935754
国有企业	41289369	10514294	47442672	21059768	14209720
集体企业	334919	304502	181786	51055	449056
股份合作企业	391911	343216	138729	76641	536696
联营企业	4642	3767	9991	1796	6915
有限责任公司	39458876	26009796	35290704	23190909	48127352
股份有限公司	13041446	10869493	17374749	5592312	23778663
私营企业	4640279	4296174	3362023	1613709	7827353
其他企业					
港澳台商投资企业	8079356	7190607	5628023	2444939	14432074
港澳台合资经营	2004607	1708886	1718416	1124242	3741469
港澳台合作经营	14273	11233	27758	13787	52827
港澳台商独资企业	3143712	3063479	1617234	854063	8653005
港澳台商投资股份有限公司	2916764	2407009	2264616	452846	1984773
外商投资企业	19245276	17431358	17302710	9984511	48165737
中外合资经营	10796862	9985946	8266323	4778011	30259025
中外合作经营	175901	150549	126893	147989	362527
外资(独资)企业	7790736	6830820	7653642	4421021	16769184
外商投资股份有限公司	481777	464043	1255852	637490	775000
在合计中：					
农村企业	638544	570707	356897	179839	1005831
在合计中：					
国家控股	94439490	47369341	99263068	50760967	88679967
集体控股	1724704	1544900	1399723	501780	2587724
私人控股	11908354	11030782	10635642	4404742	18731301
港澳台控股	4543003	4341091	2710467	1616043	11105361
外商控股	12469449	11371908	11563016	6248680	34177825
在合计中：					
轻工业	14065307	12258529	13801776	7427604	23838747
重工业	112420766	64704677	112929613	56588035	133694818
在合计中：					
大型企业	89375082	44264877	89460125	43255715	97254641
中型企业	18432670	15659867	21429814	11825297	25831177
小型企业	18304743	16674314	15510131	8686019	33471730

企业主要经济指标(续表)

单位:万元

利润及分配					应交增值税
主营业务成本	销售费用	主营业务税金及附加	营业利润	利润总额	
133976096	6523392	2319302	6754962	11294991	4270556
45274010	426189	1183599	1359200	3423072	1300326
88702087	6097202	1135703	5395762	7871919	2970230
82930458	2496237	1507408	4240606	6246208	2547212
12445406	142376	336056	379127	2331809	476572
382104	13601	3195	36430	20192	20939
458542	30408	2470	35023	12140	17014
3922	265	66	1069	1565	683
43682307	962860	161141	1946937	1892466	1058634
19594658	903527	978706	1257831	1520821	754488
6363520	443202	25773	584189	467215	218882
11948814	1166432	47210	584646	778159	293990
2997655	213044	21565	194659	327000	97206
37063	5264	258	5181	5470	2637
7260295	895143	17928	290655	265465	147865
1653802	52981	7459	94152	180224	46282
39096825	2860722	764684	1929711	4270624	1429354
24836907	1250238	701795	945015	2951705	888922
284784	34019	899	17743	27662	10890
13435342	1531139	58216	900618	1139737	490782
539793	45326	3774	66335	151520	38760
850065	38598	3344	58339	67090	27168
77692275	1935715	2085342	3132068	6534877	2522564
2111337	145212	15972	209633	151917	89114
14680640	1130421	79404	1486375	1498191	564348
9254614	1035717	31289	418852	451459	209779
28382943	2135176	100696	1409205	2506206	828172
16918084	3103223	407081	1772470	2118216	1097887
117058013	3420169	1912221	4982492	9176775	3172670
84880877	3602932	1864533	2736764	6535075	2598112
20042638	1587108	300201	1990098	2538957	852474
28230647	1300535	151170	1985270	2139654	788425

2011 年北京市工业企业

项　　目	企业单位个数（个）	#亏损企业	工业总产值（当年价格）	工业增加值	工业销售产值（当年价格）
合计	3740	585	145136282	28990534.04	143574357
煤炭开采和洗选业	6	1	6870351	805352	6842902
石油和天然气开采业	6	1	1926747	1110491	1926557
黑色金属矿采选业	7	1	2127152	669866	2136194
有色金属矿采选业					
非金属矿采选业	2		6523	3035	6728
其他采矿业					
农副食品加工业	133	23	3213986	316364	3174810
食品制造业	122	32	2212686	449708	2192103
饮料制造业	41	15	1966075	538831	1971409
烟草制造业	1		431018	324522	426911
纺织业	76	15	859704	200770	831054
纺织服装、鞋、帽制造业	145	28	1125314	365513	1046841
皮革、毛皮、羽毛(绒)及其制品业	15	3	95007	15067	91706
木材加工及竹、藤、棕、草制品业	21	3	130597	15397	133175
家具制造业	63	9	578645	127938	570517
造纸及纸制品业	44	10	667255	204419	665253
印刷业和记录媒介的复制	130	26	1198025	471134	1199503
文教体育用品制造业	15	1	130008	34107	119787
石油加工、炼焦及核燃料加工业	24	5	9024830	1227804	9046735
化学原料及化学制品制造业	220	34	3711524	776733	3637346
医药制造业	167	20	4528768	1842271	4194054
化学纤维制造业	3		18042	7022	18696
橡胶制品业	21	2	261531	53315	268003
塑料制品业	111	16	854596	177591	851680
非金属矿物制品业	270	26	4451708	806636	4384073
黑色金属冶炼及压延加工业	23	8	1831483	16142	1839427
有色金属冶炼及压延加工业	49	9	947482	175530	1006457
金属制品业	229	21	2513578	513373	2487860
通用设备制造业	287	41	5979399	1530816	5713832
专用设备制造业	310	32	5656007	1397665	5412980
交通运输设备制造业	275	38	24956199	5621260	24767982
电气机械及器材制造业	270	47	7750752	1370608	7616219
通信设备、计算机及其他电子设备制造业	300	58	20261507	2045237	20224644
仪器仪表及文化办公用机械制造业	194	19	2423325	635825	2438005
工艺品及其他制造业	51	9	1380021	241170	1287260
废弃资源和废旧材料回收加工业	9	2	91577	8511	91960
电力、热力的生产和供应业	61	21	22834144	4487541	22832484
燃气生产和供应业	19	4	1713479	258675	1713288
水的生产和供应业	20	5	407236	144296	405924

主要经济指标(按行业分)

单位:万元

#出口交货值	从业人员平均人数(人)	资产负债			
		资产总计	流动资产合计	固定资产合计	固定资产原价
15359596	1178714	253217462	98202576	51376622	86208174
243264	16618	1858324	977811	70197	191465
189955	29553	5409839	2550394	1269563	2074303
20715	18095117	4891499	3605342	4237872	
	307	33053	14819	3422	9974
116731	34918	2518216	1842575	371270	554033
124821	48263	2627167	1567732	671242	1065208
17609	31250	3496219	1606107	637072	1195127
12831	927	359594	194993	135973	191270
255001	19180	949026	643624	156863	271935
251637	47571	1105552	827314	183731	256424
16306	2029	78940	64268	12345	14192
4451	2860	154103	75435	62027	93904
46930	16355	669301	426030	136043	194322
45610	6093	666127	374016	194201	321238
16715	30205	1910206	998251	706644	1449059
52802	5155	188482	125993	49108	68325
4142	16579	2682705	1301237	979413	2919816
107967	38542	4876633	2860156	978568	2063979
70610	57845	5873805	3870358	824651	1379264
6710	557	32708	16059	6271	10379
64164	7798	202514	118810	69734	126426
101113	14133	925371	555691	220477	388688
129157	57582	6185732	4244914	1050729	1852191
172972	16104	3823815	1350243	1123438	2555753
423154	5728	657644	491909	75148	139319
167123	40764	3140113	2084202	555033	898424
759198	62317	7550634	5652317	1032608	1646199
775552	77250	9784465	6725898	1385025	2001574
505121	139721	19459612	11656138	3917875	6037707
578517	62271	10929351	9065082	825621	1369521
9746074	138180	23466348	13328856	3856630	7458431
282421	32712	3567056	2784913	301495	504346
70597	13064	1846824	1291320	323238	533511
343	803	121561	64867	44976	56672
	64227	100814886	11763089	22173299	37218807
	10138	2804272	923850	1005324	1326149
	10400	4352150	871807	2362029	3532366

2011年北京市工业企业

项目	资产负债		所有者权益	
	负债总计	#流动负债合计		#实收资本
合计	126486073	76963206	126731389	64015640
煤炭开采和洗选业	649514	632184	1208810	373401
石油和天然气开采业	2546812	2110087	2863027	2414463
黑色金属矿采选业	10126948	2487507	7968169	2824764
有色金属矿采选业				
非金属矿采选业	27416	26318	5637	1260
其他采矿业				
农副食品加工业	1474927	1424160	1043289	405658
食品制造业	1702728	1504882	924439	943322
饮料制造业	1776299	1532782	1719920	809962
烟草制造业	115238	115106	244356	92976
纺织业	532413	442445	416614	341485
纺织服装、鞋、帽制造业	715668	636087	389884	211871
皮革、毛皮、羽毛(绒)及其制品业	51206	49946	27734	11792
木材加工及竹、藤、棕、草制品业	93369	88614	60733	68141
家具制造业	421035	364425	248266	146786
造纸及纸制品业	354490	330390	311637	194407
印刷业和记录媒介的复制	791094	659986	1119112	713031
文教体育用品制造业	120089	96590	68393	44885
石油加工、炼焦及核燃料加工业	1643886	1641246	1038819	74719
化学原料及化学制品制造业	2577174	2127097	2299459	1460101
医药制造业	2441206	2200938	3432599	1380127
化学纤维制造业	9033	3195	23675	9800
橡胶制品业	149404	143318	53110	43495
塑料制品业	474310	440072	451060	290815
非金属矿物制品业	3617766	3382106	2567966	1331791
黑色金属冶炼及压延加工业	2495744	1592050	1328071	1369649
有色金属冶炼及压延加工业	322210	288358	335434	143106
金属制品业	1677104	1504106	1463009	686649
通用设备制造业	3630079	3456213	3920555	1656031
专用设备制造业	5434690	5089055	4349774	1672708
交通运输设备制造业	11472626	9947215	7986986	3581882
电气机械及器材制造业	6562850	5639530	4366501	1975803
通信设备、计算机及其他电子设备制造业	11730286	9901221	11736062	7200010
仪器仪表及文化、办公用机械制造业	1957321	1833609	1609735	656234
工艺品及其他制造业	968746	804283	878078	329687
废弃资源和废旧材料回收加工业	71490	56219	50071	26837
电力、热力的生产和供应业	45225046	13209624	55589841	27539333
燃气生产和供应业	813790	593429	1990482	567541
水的生产和供应业	1712068	608813	2640082	2421121

主要经济指标(按行业分)(续表)

单位:万元

利润及分配						应交增值税
主营业务收入	主营业务成本	营业费用	主营业务税金及附加	营业利润	利润总额	
157533565	133976096	6523392	2319302	6754962	11294991	4270556
6859111	6243988	73181	41253	4370754	439224	134369
2069412	1928168	442	25914	-100384	35571	47151
5851829	5636665	4961	15532	580784	53370	135111
23361	20968		149	19602	2062	653
3498634	3064547	193813	30920	1098708	136388	44517
2942673	1995396	630559	16119	1086508	145765	159050
2220990	1559198	351003	86138	1480453	166584	112689
421530	146714	12657	191291	435950	43669	46618
976338	797727	61841	3074	519024	59021	26054
1204635	880751	134445	4558	780236	80153	48767
101908	87891	3614	196	44569	4536	2356
143096	132461	7320	406	-58999	-4038	4184
606434	481087	52307	2643	345965	39929	23763
712468	562067	20345	3149	1021822	103051	31307
1277633	978259	37609	7497	1037567	110510	67583
139098	116437	8170	411	38360	4252	2538
9309773	8264314	65047	794507	-1013967	-104631	279752
3927723	3156744	286548	18787	2052556	362354	144607
4372286	2075657	1205492	35921	7037394	759771	355700
18742	13897	662	70	16918	2023	349
280741	251917	8450	634	3965	1686	7251
980509	850196	31815	2583	457171	45993	23559
4598821	3844242	201151	18050	2114968	303773	107168
2006127	1990688	48786	778	-361065	-57011	10653
1032611	847667	9577	29690	1037671	105427	19228
2820812	2350903	114514	12293	1715357	176025	62476
6098501	4757293	273708	21952	6851176	708479	197769
6172638	4684763	308783	35429	6611296	708689	184381
25552432	21077379	861493	693557	20804792	2151519	759894
7532743	6187668	335694	21288	5536736	591284	182695
24274144	22088202	922633	47587	8163437	927502	222577
2891009	2157323	179431	14511	3255838	352363	98011
1392536	1169655	33628	3879	870331	88959	17684
95787	77757	7783	341	18680	2855	3470
22945605	21487883	8710	131341	23157727	2495448	651969
1732056	1558211	24090	4932	1714173	212167	40368
448820	451417	3132	1924	-641299	40272	14286

2011 年北京市国有及国有控股

项　　目	企业单位个数（个）	#亏损企业	工　业总产值（当年价格）	工　业增加值	工　业销售产值（当年价格）
合 计	780	143	81763848	17198818.49	81182833
在合计中：					
中央企业	230	36	46258354	9110973.65	46047739
地方企业	550	107	35505494	8087844.84	35135094
在合计中：					
轻工业	212	42	6977769	2136917.28	6733337
重工业	568	101	74786079	15061901.21	74449496
在合计中：					
大型企业	85	15	60790788	13808628.95	60586291
中型企业	220	46	8794033	1976513.42	8549339
小型企业	458	76	11915423	1338972.17	11794525

2011 年北京市国有及国有控股

项　　目	资产负债		所有者权益合计	#实收资本	主　营业务收入
	负债总计	#流动负债合　计			
合 计	94439490	47369341	99263068	50760967	88679967
在合计中：					
中央企业	57156462	24100791	63899962	32241244	47929828
地方企业	37283028	23268550	35363106	18519724	40750139
在合计中：					
轻工业	5486421	4371248	6676939	2996653	7421107
重工业	88953069	42998093	92586129	47764315	81258860
在合计中：					
大型企业	78936141	34701226	81327765	39455413	66241352
中型企业	10096103	7898582	12932046	8113959	9544249
小型企业	5331734	4697059	4870457	3068028	12634656

工业企业主要经济指标

单位：万元

	从业人员平均人数（人）	资产负债			
#出口交货值		资产总计	流动资产合计	固定资产合计	固定资产原价
2154348	518834	193702558	56468759	41106672	68272223
504559	209991	121056424	25165066	24683089	43340471
1649790	308843	72646134	31303693	16423584	24931752
204975	110141	12163360	6601247	2827790	5130770
1949373	408693	181539198	49867512	38278882	63141453
1427832	330542	160263906	39983850	34204832	57605750
289267	124846	23028148	10274481	4904037	7417496
433954	62508	10202191	6112205	1919500	3150076

工业企业主要经济指标(续表)

单位：万元

利润及分配					应交增值税
主营业务成本	营业费用	主营业务税金及附加	营业利润	利润总额	
77692275	1935715	2085342	57839007	6534877	2522564
43098777	417720	1182436	30820362	3327663	1279956
34593499	1517995	902906	27018645	3207214	1242608
5522655	530704	313543	6050032	752619	309369
72169620	1405011	1771800	51788975	5782258	2213195
58494696	1267211	1777546	46358069	5038507	1998013
7706589	414561	234229	5587708	791946	284431
11293743	245875	72477	5559773	665592	228335

2011 年北京市国有及国有控股

项　　目	企业单位个数（个）	#亏损企业	工业总产值（当年价格）	工业增加值	工业销售产值（当年价格）
合 计	780	143	81763848	17198818	81182833
煤炭开采和洗选业	4		6855015	805173	6827806
石油和天然气开采业	4	1	1919508	1107678	1919018
黑色金属矿采选业	4	1	2046534	635752	2052544
有色金属矿采选业					
非金属矿采选业					
其他采矿业					
农副食品加工业	25	8	1599059	140075	1594183
食品制造业	14	5	365954	49868	408174
饮料制造业	7	4	644745	249005	632950
烟草制造业	1		431018	324522	426911
纺织业	20	2	161836	34398	160576
纺织服装、鞋、帽制造业	11	2	82204	16165	81209
皮革、毛皮、羽毛(绒)及其制品业	1		9376	1338	9376
木材加工及竹、藤、棕、草制品业	2	1	10126	1394	9939
家具制造业	5		47917	10091	49078
造纸及纸制品业	4	1	49376	9875	49044
印刷业和记录媒介的复制	39	11	537818	248590	536605
文教体育用品制造业	4		49126	14437	46910
石油加工、炼焦及核燃料加工业	7	4	8567221	1194626	8600383
化学原料及化学制品制造业	35	8	1510210	231427	1512645
医药制造业	35	1	1389290	679734	1203610
化学纤维制造业	2		15147	6716	15741
橡胶制品业	5	1	131025	18314	137042
塑料制品业	11	1	83344	20732	87036
非金属矿物制品业	59	5	1279233	261371	1248446
黑色金属冶炼及压延加工业	7	3	1328632	-24638	1332477
有色金属冶炼及压延加工业	12	2	469963	119025	539304
金属制品业	25	4	609761	134336	585556
通用设备制造业	46	11	1399580	373151	1290843
专用设备制造业	71	6	2584748	562724	2459681
交通运输设备制造业	64	13	17561581	4370755	17451193
电气机械及器材制造业	31	10	2494986	227140	2496972
通信设备、计算机及其他电子设备制造业	86	13	2398247	379664	2336651
仪器仪表及文化、办公用机械制造业	49	5	724371	172073	745970
工艺品及其他制造业	16	1	1001169	180783	933258
废弃资源和废旧材料回收加工业	2		29815	10610	29815
电力、热力的生产和供应业	49	15	22774259	4499094	22772394
燃气生产和供应业	7		229641	1642	229450
水的生产和供应业	16	4	372013	131176	370045

工业企业主要经济指标(按行业分)

单位:万元

#出口交货值	从业人员平均人数(人)	资产负债			
		资产总计	流动资产合计	固定资产合计	固定资产原价
2154348	518834	193702558	56468759	41106672	68272223
243264	16533	1847840	967680	70029	190813
189955	29455	5399156	2542512	1266777	2070404
	19605	18024292	4846789	3584133	4207496
9934	12820	1415139	1095693	161753	230842
8103	10690	570316	233044	137132	188610
6175	12654	1838650	789994	205975	474148
12831	927	359594	194993	135973	191270
44241	6661	401542	238113	85810	138471
49129	4099	52844	33507	16251	26047
7071	132	6743	6554	54	134
	544	32651	17676	8082	14079
3693	1712	105295	63599	30666	45512
	439	66407	43943	11561	17025
583	14709	962528	469175	380915	846735
7513	1947	94800	49626	38019	51979
4142	14840	2529490	1176268	959487	2885922
17696	13576	2686943	1360468	543290	1285943
28301	20093	2558221	1560336	321351	584873
6710	501	28520	12510	5796	9550
63395	4552	94505	47755	38724	62722
1696	1645	147530	81934	34859	61607
21281	20560	2327480	1415917	446249	784559
159231	13017	3513072	1115858	1072377	2442173
288952	2402	359626	275971	36770	66892
80127	10015	981646	533349	210258	315221
130915	18041	2551408	1853235	276989	467121
115559	38366	5369324	3363217	935277	1350765
339626	90202	14579371	8061579	3047745	4550721
39559	13453	5315051	4749157	172278	292678
254229	30271	11728941	4724169	1947414	2993421
17321	10703	1003059	797135	106903	171578
3118	7850	1489222	1035744	263297	430171
	267	48234	35941	8297	17698
	62961	100697346	11703507	22120705	37151493
	2744	236808	145315	81374	150101
	9848	4278965	826498	2344104	3503452

2011年北京市国有及国有控股

项目	资产负债		所有者权益	#实收资本
	负债总计	#流动负债合计		
合计	94439490	47369341	99263068	50760967
煤炭开采和洗选业	642240	624910	1205600	371325
石油和天然气开采业	2543248	2106523	2855909	2408264
黑色金属矿采选业	10096350	2459353	7927942	2822699
有色金属矿采选业				
非金属矿采选业				
其他采矿业				
农副食品加工业	936079	928531	479060	154733
食品制造业	303164	240867	267152	179958
饮料制造业	791421	624697	1047229	103184
烟草制造业	115238	115106	244356	92976
纺织业	239403	163918	162138	220766
纺织服装、鞋、帽制造业	42440	41151	10404	14225
皮革、毛皮、羽毛(绒)及其制品业	3643	3643	3100	300
木材加工及竹、藤、棕、草制品业	22510	22356	10141	6456
家具制造业	91243	66487	14052	16057
造纸及纸制品业	32213	23894	34195	9685
印刷业和记录媒介的复制	355343	278343	607185	436172
文教体育用品制造业	54529	33771	40271	32823
石油加工、炼焦及核燃料加工业	1571405	1568915	958085	53672
化学原料及化学制品制造业	1634074	1264289	1052869	901993
医药制造业	817640	693074	1740581	592733
化学纤维制造业	6247	1713	22273	9200
橡胶制品业	87640	84275	6865	20213
塑料制品业	77248	71644	70282	51571
非金属矿物制品业	1382398	1248648	945081	580526
黑色金属冶炼及压延加工业	2272063	1377024	1241009	1324320
有色金属冶炼及压延加工业	132097	122567	227529	86410
金属制品业	485660	380602	495986	213187
通用设备制造业	1461134	1377997	1090275	501044
专用设备制造业	3025285	2785683	2344040	907193
交通运输设备制造业	8770755	7350923	5808617	2841393
电气机械及器材制造业	3483459	2803450	1831592	711435
通信设备、计算机及其他电子设备制造业	4646895	3475474	7082047	4592039
仪器仪表及文化、办公用机械制造业	592306	540287	410753	214200
工艺品及其他制造业	781903	648339	707319	239563
废弃资源和废旧材料回收加工业	26646	26557	21587	2466
电力、热力的生产和供应业	45131953	13149802	55565393	27527083
燃气生产和供应业	101980	83013	134828	124219
水的生产和供应业	1681642	581512	2597324	2396887

工业企业主要经济指标(按行业分)(续表)

单位:万元

利润及分配						
主营业务收入	主营业务成本	营业费用	主营业务税金及附加	营业利润	利润总额	应交增值税
88679967	77692275	1935715	2085342	57839007	6534877	2522564
6841718	6228180	71589	41234	4374864	439438	134106
2061873	1924968		25614	-118615	33837	47113
5769345	5580682	4354	14347	400579	35054	127558
1849014	1606441	113903	29857	618803	67220	30386
434027	327815	91329	1417	-156690	-2733	14495
708952	501459	57192	67782	873663	94446	38342
421530	146714	12657	191291	435950	43669	46618
187233	164338	3467	896	-88739	-2561	4840
98361	89674	1279	290	-49	81	2473
9376	8043	292	4	5423	542	45
15652	13929	1479	32	4001	457	425
66898	50506	8469	358	-1684	2847	3686
78049	73365	792	50	12423	1802	784
600879	445571	11045	4203	424286	47403	35863
63336	54471	4258	225	2371	431	1703
8847449	7853033	43216	792331	-1150862	-118728	273312
1606946	1418534	34683	5892	261109	178224	47537
1306657	697552	168563	10346	3694095	375535	87191
15392	11150	383	56	16758	1987	222
137064	132512	1658	90	-65810	-5690	1626
126397	103900	4251	563	82497	8308	3645
1364132	1125353	54994	6254	831873	119840	38231
1478188	1495790	43894	248	-492436	-71178	5808
550871	432733	3739	29154	651679	66075	14531
746505	641287	20356	2632	428606	43347	12448
1434483	1167185	44335	7314	1128342	123400	63736
3055731	2484114	104248	14871	2851936	312608	71675
17864405	14377372	732903	675650	14753792	1538958	594488
2554550	2273620	95270	6056	808405	94338	58145
2993315	2664002	133341	14188	3199450	374276	49289
877098	700513	32031	5035	1025145	112214	28808
959058	794689	19595	2775	691383	70005	11535
31150	14532	6662	225	50645	5171	1962
22876243	21409794	5430	131149	23336335	2499234	651612
238712	254657	2659	1219	-353433	10394	5927
409384	423799	1399	1697	-697088	34630	12400

2011 年北京市股份制工业

项　　目	企业单位个数（个）	#亏损企业	工　业总产值（当年价格）	工　业增加值	工　业销售产值（当年价格）
合　计	1461	227	65035669	12250593	64288518
在合计中：					
中央企业	153	25	32585317	5544723	32361817
地方企业	1308	202	32450352	6705870	31926701
在合计中：					
轻工业	451	70	8060253	2083078	7662263
重工业	1010	157	56975415	10167515	56626255
在合计中：					
大型企业	75	16	38359688	8054717	38165870
中型企业	271	37	9270954	1782391	9005435
小型企业	1069	162	17020306	2320556	16740828

2011 年北京市股份制工业

项　　目	资产负债		所有者权益合计	#实收资本	主　营业务收入
	负债总计	#流动负债合　计			
合　计	52500322	36879289	52665453	28783222	71906015
在合计中：					
中央企业	15757616	13419487	16638040	10608078	33823771
地方企业	36742706	23459803	36027413	18175144	38082244
在合计中：					
轻工业	6094718	5020166	6836538	3462543	8597848
重工业	46405604	31859123	45828915	25320679	63308167
在合计中：					
大型企业	33139946	20232303	32183856	17135050	43008458
中型企业	10486220	8420111	12939669	7573989	10342784
小型企业	8750128	8108379	7390261	3946847	18161289

企业主要经济指标

单位：万元

#出口交货值	从业人员平均人数（人）	资产负债			
		资产总计	流动资产合计	固定资产合计	固定资产原价
2126965	552531	105165775	45345124	24585637	40512917
299305	148051	32395657	13099199	8663529	17285819
1827660	404480	72770119	32245924	15922108	23227098
261428	139649	12931256	7524059	2962234	4962083
1865537	412882	92234519	37821064	21623403	35550834
1165378	272205	65323802	22504887	17937824	30795241
302488	148556	23425888	11594275	4223350	5813658
655702	129948	16140389	11073963	2360548	3820852

企业主要经济指标（续表）

单位：万元

利润及分配					应交增值税
主营业务成本	营业费用	主营业务税金及附加	营业利润	利润总额	
63276965	1866386	1139847	26260855	3413287	1813122
30806544	318823	873687	8382756	1090237	822751
32470421	1547563	266160	17878099	2323051	990371
6539253	725443	98054	6732431	837784	324369
56737712	1140944	1041794	19528424	2575503	1488753
38838857	746552	997585	10505931	1439882	1140788
8430556	572134	43323	5704736	810810	285318
15698725	529656	97278	9621947	1115262	369975

2011 年北京市股份制工业

项　　目	企业单位个数（个）	#亏损企业	工　业总产值（当年价格）	工　业增加值	工　业销售产值（当年价格）
合 计	1461	227	65035669	12250593	64288518
煤炭开采和洗选业	6	1	6870351	805352	6842902
石油和天然气开采业	4	1	1919508	1107678	1919018
黑色金属矿采选业	5	1	2078832	648440	2086385
有色金属矿采选业					
非金属矿采选业	1		5530	3303	5530
其他采矿业					
农副食品加工业	59	7	1837237	188679	1809819
食品制造业	41	11	569344	82674	605326
饮料制造业	8	4	167488	69968	156081
烟草制造业					
纺织业	29	5	484955	142259	458799
纺织服装、鞋、帽制造业	35	3	256787	78390	236842
皮革、毛皮、羽毛(绒)及其制品业	4	1	30352	2593	29610
木材加工及竹、藤、棕、草制品业	4	2	13920	1210	13509
家具制造业	18	2	149336	34235	148977
造纸及纸制品业	15	2	116424	18406	114565
印刷业和记录媒介的复制	37	6	497232	220527	489391
文教体育用品制造业	5		58995	15591	55555
石油加工、炼焦及核燃料加工业	10	4	8512883	1201105	8545128
化学原料及化学制品制造业	78	17	1699485	255464	1698025
医药制造业	86	10	1757394	798183	1605131
化学纤维制造业	2		15147	6716	15741
橡胶制品业	7	2	117420	16468	123273
塑料制品业	34	5	248878	59016	250387
非金属矿物制品业	134	10	2984978	500002	2938116
黑色金属冶炼及压延加工业	16	5	1278890	-5672	1282007
有色金属冶炼及压延加工业	18	4	629416	122201	693845
金属制品业	69	7	840549	169649	815330
通用设备制造业	94	18	1332492	346168	1209707
专用设备制造业	117	12	3061417	743766	2907615
交通运输设备制造业	102	19	7181393	1116440	7232551
电气机械及器材制造业	121	19	3482561	452202	3406337
通信设备、计算机及其他电子设备制造业	135	19	2622754	546925	2516777
仪器仪表及文化、办公用机械制造业	90	11	1016328	295657	1021061
工艺品及其他制造业	24	3	982857	166886	843147
废弃资源和废旧材料回收加工业	3	1	37562	-2853	38612
电力、热力的生产和供应业	30	11	11579839	1877565	11578058
燃气生产和供应业	7		241949	46202	241758
水的生产和供应业	13	4	355186	119200	353603

企业主要经济指标(按行业分)

单位:万元

#出口交货值	从业人员平均人数(人)	资产负债			
		资产总计	流动资产合计	固定资产合计	固定资产原价
2126965	552531	105165775	45345124	24585637	40512917
243264	16618	1858324	977811	70197	191465
189955	29455	5399156	2542512	1266777	2070404
	19832	18050315	4863963	3589092	4214128
	259	31158	13138	3208	9387
2169	15921	1893796	1432324	206846	280184
35843	16710	1051052	551258	222699	292886
4106	3632	428327	256703	92317	127664
43141	10875	672931	435508	105649	166682
60869	11149	284959	196003	51756	73346
11363	574	16729	15548	1046	1743
	710	48013	23666	10726	18160
7720	4612	197668	124117	48184	71380
	1581	89409	49255	35695	44962
2190	11346	760883	336107	314601	622768
8750	2398	112713	65297	39758	54553
4142	14708	2471139	1138437	959736	2886311
25271	17642	3113829	1699396	561821	1282118
29575	29399	3374530	2028148	501090	836247
6710	501	28520	12510	5796	9550
48323	3894	105751	54497	41589	66653
4198	4054	255263	159363	57113	97882
73872	35683	4371696	3071904	650412	1121704
161978	15116	3545736	1158002	1049444	2436218
325711	2652	409244	291578	42915	87046
46556	15715	1301403	777084	256309	371546
64029	22260	2462045	1671838	322701	521171
248233	40706	4881235	3469545	632119	959010
266131	68173	7417741	3475730	1386397	1955727
56728	26112	4661599	3725631	400299	597670
110918	38130	12331624	5250915	1812400	2172176
36788	15830	1857182	1395044	181792	278755
8433	7395	1386407	948281	232629	373836
	314	59440	18556	33310	37085
	37877	15925927	2236713	7086654	12727850
	1442	131817	96050	18807	29859
	9256	4178218	782694	2293754	3424796

2011年北京市股份制工业

项目	资产负债		所有者权益	
	负债总计	#流动负债合计		#实收资本
合计	52500322	36879289	52665453	28783222
煤炭开采和洗选业	649514	632184	1208810	373401
石油和天然气开采业	2543248	2106523	2855909	2408264
黑色金属矿采选业	10103771	2466424	7946544	2824154
有色金属矿采选业				
非金属矿采选业	25597	25597	5561	1200
其他采矿业				
农副食品加工业	1093364	1075682	800431	249228
食品制造业	635632	490961	415420	245356
饮料制造业	184961	183338	243367	102276
烟草制造业				
纺织业	353107	274707	319824	266328
纺织服装、鞋、帽制造业	170372	167998	114587	65736
皮革、毛皮、羽毛(绒)及其制品业	10298	10298	6431	3296
木材加工及竹、藤、棕、草制品业	39643	34988	8370	9506
家具制造业	161463	121661	36205	35721
造纸及纸制品业	46972	45628	42437	35377
印刷业和记录媒介的复制	274071	240015	486812	336755
文教体育用品制造业	73118	52361	39594	32598
石油加工、炼焦及核燃料加工业	1514492	1511852	956646	55194
化学原料及化学制品制造业	1848806	1458822	1265024	974551
医药制造业	1122456	939881	2252074	854710
化学纤维制造业	6247	1713	22273	9200
橡胶制品业	93456	87613	12296	24405
塑料制品业	154409	146054	100854	78546
非金属矿物制品业	2603802	2430677	1767894	845971
黑色金属冶炼及压延加工业	2263653	1361960	1282082	1314167
有色金属冶炼及压延加工业	234706	207617	174538	90549
金属制品业	672127	562010	629276	274115
通用设备制造业	1204986	1116817	1257059	574200
专用设备制造业	2809459	2584158	2071776	827625
交通运输设备制造业	4250639	3382262	3167102	1362302
电气机械及器材制造业	3018464	2780560	1643135	1091141
通信设备、计算机及其他电子设备制造业	4552436	3622204	7779187	4334930
仪器仪表及文化、办公用机械制造业	917081	845627	940101	356250
工艺品及其他制造业	705548	584979	680858	281547
废弃资源和废旧材料回收加工业	33018	17856	26422	23069
电力、热力的生产和供应业	6394140	4660318	9531786	6042476
燃气生产和供应业	87833	87833	43984	21900
水的生产和供应业	1647435	560115	2530783	2357181

企业主要经济指标(按行业分)(续表)

单位:万元

利润及分配						
主营业务收入	主营业务成本	营业费用	主营业务税金及附加	营业利润	利润总额	应交增值税
71906015	63276965	1866386	1139847	26260855	3413287	1813122
6859111	6243988	73181	41253	4370754	439224	134369
2061873	1924968		25614	-118615	33837	47113
5802627	5602586	4770	14808	491527	44211	129711
22163	19979		97	19412	2043	612
2029812	1731547	126683	29998	892812	97254	32392
671501	523640	112436	2258	-127054	8109	24022
229938	172774	11189	34311	-79411	-4241	10368
580398	456784	45224	2452	416215	48205	19084
285116	226033	17323	1103	152138	16657	10080
30418	26977	1406	36	5305	566	502
19389	17490	1928	41	-13468	-1290	486
162988	131545	16885	640	-4436	4105	7239
114711	107363	2301	137	10688	1250	1254
551290	401561	9192	3638	707220	72685	32546
70948	61147	4174	238	8380	1039	1889
8762920	7777164	38338	792017	-1141352	-118247	273509
1876385	1632279	57622	6789	341821	187059	55487
1732241	879044	281442	14063	4490447	460706	126428
15392	11150	383	56	16758	1987	222
132883	127755	1613	128	-63737	-5592	2000
328345	292917	10698	751	88965	9328	5608
3137709	2631991	117734	13145	1424700	211725	60793
1434271	1432808	45469	464	-386164	-60523	6380
707420	572451	4763	29144	775803	78503	16619
907746	772833	25696	4793	483504	49340	19755
1375952	1097470	62512	5506	1070687	119724	50933
3068078	2313051	143620	21193	3086907	330464	83159
7412645	6734850	204770	26472	1439153	206636	111583
3439939	2919719	178636	9885	1044335	131572	83628
3544138	2837963	175645	19982	2680462	344029	89265
1214584	902163	58300	7347	1612779	178902	49496
983424	832324	24550	3300	592946	60355	14986
38612	37762	1032	92	-31828	-2601	1186
11669322	11197938	4164	25128	2536617	414564	290571
239323	211938	2196	1471	176532	18951	8408
392403	413016	515	1499	-709947	32751	11439

2011 年北京市港澳台及外商投资

项　　目	企业单位个数（个）	#亏损企业	工　业总产值（当年价格）	工　业增加值	工　业销售产值（当年价格）
合　计	957	190	57325350	11592528	56763788
在合计中：					
中央企业	28	4	3336687	526522	3373364
地方企业	929	186	53988663	11066006	53390424
在合计中：					
轻工业	351	91	9483126	2799628	9207701
重工业	606	99	47842224	8792900	47556087
在合计中：					
大型企业	70	8	37898798	6795702	37670449
中型企业	215	37	11439571	3041454	11196400
小型企业	644	143	7762845	1707870	7666468

2011 年北京市港澳台及外商投资

项　　目	资产负债		所有者权益合计	#实收资本	主　营业务收入
	负债总计	#流动负债合　计			
合　计	27324631	24621965	22930733	12429449	62597811
在合计中：					
中央企业	1885588	1575924	1594925	993506	3614169
地方企业	25439043	23046042	21335808	11435943	58983642
在合计中：					
轻工业	4886838	4652642	4250085	3113554	10370315
重工业	22437793	19969323	18680648	9315896	52227496
在合计中：					
大型企业	16441372	14775372	11325703	5640342	41941150
中型企业	5921985	5387367	6522640	3553134	11956608
小型企业	4893651	4393601	4970430	3157602	8469617

工业企业主要经济指标

单位：万元

#出口交货值	从业人员平均人数（人）	资产负债			
		资产总计	流动资产合计	固定资产合计	固定资产原价
12700490	392897	50255364	34075934	9543069	18210153
2074432	24657	3480513	1613321	858455	1932559
10626059	368240	46774851	32462613	8684615	16277594
1477014	145194	9136923	6131362	1935943	3582811
11223476	247703	41118441	27944572	7607126	14627342
9979845	192404	27767074	19308517	5250284	10385069
1615006	119525	12444625	8094910	2464543	4827657
1098077	80394	9864081	6568000	1765760	2909238

工业企业主要经济指标(续表)

单位：万元

利润及分配					应交增值税
主营业务成本	营业费用	主营业务税金及附加	营业利润	利润总额	
51045638	4027155	811894	48989246	5048783	1723344
3298420	44683	7910	1514785	156647	39060
47747218	3982472	803984	47474461	4892136	1684284
6671351	2074333	72561	8485342	930915	582727
44374288	1952822	739333	40503904	4117869	1140617
35052703	2758936	727281	28072937	2887679	1055265
9003890	817812	53281	13552740	1404180	420950
6801604	444887	30461	7104980	730869	238689

2011 年北京市港澳台及外商投资

项　　目	企业单位个数（个）	#亏损企业	工　业总产值（当年价格）	工　业增加值	工　业销售产值（当年价格）
合 计	957	190	57325350	11592528	56763788
煤炭开采和洗选业					
石油和天然气开采业	1		5730	2777	6031
黑色金属矿采选业					
有色金属矿采选业					
非金属矿采选业					
其他采矿业					
农副食品加工业	27	6	573932	93133	571516
食品制造业	45	12	1459287	337627	1406738
饮料制造业	24	9	1282822	284578	1303168
烟草制造业					
纺织业	24	4	283701	39926	284682
纺织服装、鞋、帽制造业	31	10	253460	88378	245500
皮革、毛皮、羽毛(绒)及其制品业	2		24974	5480	24416
木材加工及竹、藤、棕、草制品业	3	1	40215	2244	40368
家具制造业	17	5	181488	41117	178362
造纸及纸制品业	15	4	494778	179166	494527
印刷业和记录媒介的复制	25	7	311771	119628	313841
文教体育用品制造业	8		65134	17710	59108
石油加工、炼焦及核燃料加工业	4		411881	29866	399915
化学原料及化学制品制造业	50	8	1095456	391504	1050115
医药制造业	34	5	2284090	904857	2119254
化学纤维制造业					
橡胶制品业	5		89378	22362	88311
塑料制品业	27	8	364800	84158	362892
非金属矿物制品业	38	6	594655	191346	582954
黑色金属冶炼及压延加工业	2	1	503948	21240	501726
有色金属冶炼及压延加工业	7	1	111766	23849	104381
金属制品业	45	7	1000584	237918	1010882
通用设备制造业	100	18	3887307	1017098	3794907
专用设备制造业	93	16	1690854	435744	1651263
交通运输设备制造业	111	10	16976596	4267262	16793855
电气机械及器材制造业	44	12	3235783	746461	3204489
通信设备、计算机及其他电子设备制造业	96	28	17143832	1353372	17214502
仪器仪表及文化、办公用机械制造业	49	3	1031923	223564	1049681
工艺品及其他制造业	16	5	135281	22175	116482
废弃资源和废旧材料回收加工业					
电力、热力的生产和供应业	4		417506	156031	417506
燃气生产和供应业	9	4	1358239	243178	1358239
水的生产和供应业	1		14180	8778	14180

工业企业主要经济指标(按行业分)

单位:万元

	从业人员平均人数(人)	资产负债			
#出口交货值		资产总计	流动资产合计	固定资产合计	固定资产原价
12700490	392897	50255364	34075934	9543069	18210153
	85	8891	6147	2730	3825
92633	11683	327597	212732	86245	176558
79668	26614	1405486	896185	416424	725403
11364	18025	1527013	770561	368671	668775
206094	5030	176575	126514	39264	85136
105602	14871	273594	226535	27239	58837
103	375	22950	17042	3832	5857
2719	383	53650	12941	40612	60102
23567	5100	222741	155006	52013	73778
45400	3314	425710	261481	131426	242648
8288	5909	439707	271694	133690	275508
43064	2508	56324	45319	7050	11580
	1374	125493	104124	15475	26758
53498	11125	998815	664728	267803	513017
31298	21899	1927814	1431170	236242	420451
15841	2381	49512	28543	17868	45314
84990	5611	504277	276036	126437	232680
42349	9835	670558	418326	209101	426787
	333	210364	148697	56574	88741
48335	1301	139896	113851	16555	27107
96161	10297	1174111	836221	192429	363170
656507	28178	4328072	3405411	625890	998451
448845	18592	2965740	2121816	266561	433651
234913	54596	10303782	7091823	2191005	3575366
502665	23179	5152379	4532735	287211	581476
9602137	89947	10531706	7612322	1985695	5183787
219841	8934	1153153	998831	69636	151397
44609	2555	131132	105189	22011	37707
	1372	2414658	432006	721687	1537239
	7085	2505688	741959	915391	1162232
	406	27977	9989	10303	16818

2011 年北京市港澳台及外商投资工业

项目	资产负债		所有者权益	#实收资本
	负债总计	#流动负债合计		
合计	27324631	24621965	22930733	12429449
煤炭开采和洗选业				
石油和天然气开采业	2296	2296	6595	5699
黑色金属矿采选业				
有色金属矿采选业				
非金属矿采选业				
其他采矿业				
农副食品加工业	201110	198128	126487	105519
食品制造业	949154	902900	456332	667225
饮料制造业	962360	886820	564653	691090
烟草制造业				
纺织业	111152	108995	65424	59871
纺织服装、鞋、帽制造业	180445	173469	93149	66083
皮革、毛皮、羽毛(绒)及其制品业	9014	7754	13936	3113
木材加工及竹、藤、棕、草制品业	10093	10093	43558	45735
家具制造业	127196	126704	95545	36611
造纸及纸制品业	196577	190849	229132	134038
印刷业和记录媒介的复制	127717	114443	311990	188681
文教体育用品制造业	32117	31755	24207	8237
石油加工、炼焦及核燃料加工业	61008	61008	64485	11673
化学原料及化学制品制造业	348730	329763	650085	352764
医药制造业	959401	913276	968414	455142
化学纤维制造业				
橡胶制品业	26835	26835	22677	12092
塑料制品业	221364	197815	282913	175680
非金属矿物制品业	317764	300447	352794	262956
黑色金属冶炼及压延加工业	168596	168596	41767	38522
有色金属冶炼及压延加工业	24667	20209	115229	32573
金属制品业	582348	549796	591763	257517
通用设备制造业	2007775	1933599	2320297	954641
专用设备制造业	1766250	1695425	1199490	548524
交通运输设备制造业	6005239	5598818	4298543	2045392
电气机械及器材制造业	2837446	2326309	2314934	628234
通信设备、计算机及其他电子设备制造业	6911795	6032586	3619912	2737335
仪器仪表及文化、办公用机械制造业	702931	680431	450223	218114
工艺品及其他制造业	65096	61253	66036	24114
废弃资源和废旧材料回收加工业				
电力、热力的生产和供应业	725014	492940	1689644	1209754
燃气生产和供应业	677966	476573	1827722	435462
水的生产和供应业	5179	2084	22798	17059

企业主要经济指标(按行业分)(续表)

单位:万元

利润及分配						应交增值税
主营业务收入	主营业务成本	营业费用	主营业务税金及附加	营业利润	利润总额	
62597811	51045638	4027155	811894	48989246	5048783	1723344
6031	1990	213	296	17975	1709	
619897	539903	41178	657	104407	16479	7834
2080446	1308509	505104	13325	1199076	137200	129030
1476492	1031521	285532	18298	640479	74321	73351
299083	257181	10489	315	82301	8308	3516
296201	201456	41624	837	205092	20773	8902
33781	28742	266	95	31375	3191	1171
40542	41830	2471	154	-59098	-4188	1534
180190	136446	20588	1141	129934	12736	7874
504953	366779	17024	2928	1007762	100832	28822
324453	243804	15197	1804	385516	39103	18923
61963	49839	3233	103	29774	3155	557
416309	368947	20514	2066	129327	13253	5867
1084917	684375	194269	9765	1315405	131342	69985
2174220	885172	878752	19589	2001503	244033	203250
90933	77326	4016	326	36407	3621	3122
401391	331432	15287	1305	297965	29514	13935
586866	453266	28605	2779	597873	69197	28076
514323	502035	1277	156	86817	9313	3933
105427	87715	1876	158	80082	8155	618
1226319	977682	64983	4440	1070883	107795	29603
3975656	3062647	179248	13766	5177544	526490	121666
2042399	1570221	108878	8429	2000116	209349	65799
17345227	13748357	638184	664278	18742892	1876618	623747
3332049	2633302	124783	9183	4194205	425415	79290
20212559	18876220	708192	25249	5054896	535737	116049
1250806	955538	92167	4251	1266336	130875	29977
119883	94006	6149	307	103273	10890	1352
415891	329768		2384	1067864	111207	13453
1364426	1190314	17057	3420	1968277	190053	31296
14180	9317		91	22988	2310	811

2011 年北京市大中型工业

项目	企业单位个数(个)	#亏损企业	工业总产值(当年价格)	工业增加值	工业销售产值(当年价格)
合计	780	120	112893071	23650615	111832072
在合计中:					
中央企业	112	15	41796872	8786071	41717675
地方企业	668	105	71096199	14864544	70114397
在总计中:					
内资企业	495	75	63554703	13813458	62965223
国有企业	52	11	13465955	3301715	13439194
集体企业	9		130907	60416	133623
股份合作企业	6	2	106380	39187	97516
联营企业					
有限责任公司	247	35	27037610	5666158	26663514
股份有限公司	99	18	20593031	4170949	20507791
私营企业	82	9	2220819	575032	2123585
港澳台商投资企业	77	8	9253277	1644761	9011127
港澳台合资经营	38	4	2466835	527255	2452388
港澳台合作经营	1		7656	1838	7448
港澳台商独资企业	30	3	4920165	740817	4766403
港澳台商投资股份有限公司	8	1	1858621	374850	1784888
外商投资企业	208	37	40085092	8192396	39855723
中外合资经营	93	14	26570157	5281505	26627488
中外合作经营	4	1	165759	64168	161460
外资(独资)企业	103	22	12701767	2593846	12423315
外商投资股份有限公司	8		647408	252876	643461
在合计中:					
农村企业	17	1	393614	103687	391608
在合计中:					
轻工业	303	52	14824864	4642174	14397563
重工业	477	68	98068207	19008441	97434509
在合计中:					
大型企业	160	24	88471437	17755509	87995562
中型企业	620	96	24421635	5895106	23836510

企业主要经济指标

单位:万元

	从业人员平均人数(人)	资产负债			
#出口交货值		资产总计	流动资产合计	固定资产合计	固定资产原价
13273706	850604	218697691	74707990	45561480	77063316
2362935	203835	117733964	23117806	24090515	42272961
10910771	646769	100963728	51590184	21470965	34790356
1678856	538675	178485992	47304563	37846653	61850591
48107	61740	87408263	11722252	15254271	24584830
8919	5097	131135	102038	27048	60010
19235	4689	102265	64218	34077	49479
654716	261191	61639055	21598193	18099025	28104275
813151	159570	27110635	12500968	4062150	8504624
134727	46388	2094639	1316893	370082	547373
1412969	77145	11155427	8309945	1397731	2732740
308132	34169	2350045	1126592	866063	1802484
	418	2306	2098	208	962
1069960	32363	3627985	2834478	433545	762073
34877	10195	5175091	4346776	97917	167221
10181882	234784	29056272	19093483	6317096	12479986
7550271	109124	15146765	11244385	2718370	5827480
64735	5555	243792	179987	44549	103429
2507460	110976	12068459	7077459	3319504	6095246
59416	9129	1597256	591651	234673	453831
32664	11155	324347	232689	66850	126357
1340665	258101	18980790	11055730	4249152	7653036
11933041	592503	199716901	63652260	41312328	69410280
11178277	513637	178835208	52428217	38052505	65073420
2095430	336967	39862484	22279773	7508976	11989897

2011 年北京市大中型工业

项　　目	资产负债		所有者权益	
	负债总计	#流动负债合计		#实收资本
合 计	107807752	59924744	110889939	55081013
在合计中：				
中央企业	55334851	22397285	62399113	31397871
地方企业	52472901	37527458	48490826	23683142
在总计中：				
内资企业	85444396	39762005	93041596	45887536
国有企业	40651185	10097229	46757078	20818366
集体企业	68527	66432	62609	12907
股份合作企业	73551	33112	28714	7306
联营企业				
有限责任公司	31674443	18790084	29964612	19820297
股份有限公司	11951722	9862331	15158913	4888741
私营企业	1024968	912818	1069671	339919
港澳台商投资企业	6845348	6061693	4310079	1648684
港澳台合资经营	1319376	1100066	1030669	685159
港澳台合作经营	2040	2040	266	1768
港澳台商独资企业	2610649	2556058	1017336	510168
港澳台商投资股份有限公司	2913283	2403529	2261808	451589
外商投资企业	15518008	14101046	13538264	7544792
中外合资经营	8993464	8317297	6153301	3322476
中外合作经营	142613	126917	101179	135774
外资(独资)企业	5964765	5252558	6103694	3482416
外商投资股份有限公司	417166	404275	1180090	604127
在合计中：				
农村企业	197180	188951	127167	50598
在合计中：				
轻工业	9162848	7803396	9817942	4849832
重工业	98644904	52121348	101071997	50231181
在合计中：				
大型企业	89375082	44264877	89460125	43255715
中型企业	18432670	15659867	21429814	11825297

企业主要经济指标(续表)

单位:万元

利润及分配						应交增值税
主营业务收入	主营业务成本	营业费用	主营业务税金及附加	营业利润	利润总额	
123085817	104923515	5190040	2164734	82325368	9074032	3450586
43256892	38877152	307536	1157026	29660902	3202073	1193655
79828925	66046363	4882504	1007708	52664466	5871959	2256932
69188059	60866921	1613293	1384172	40699691	4782173	1974372
13673833	11997125	118888	333953	22472220	2316493	461137
137194	104915	1997	1535	145117	14215	12065
115612	82885	13831	620	88471	10850	6929
31633484	29170799	504199	102164	5654100	1049512	735053
21717758	18098614	814487	938744	10556567	1201180	691053
1910179	1412584	159890	7156	1783216	189923	68135
12402991	10382257	1054172	38065	5350618	561332	229772
2680113	2201999	154387	15421	1809833	192853	58304
7448	5971	1000	43	272	27	434
7734480	6522276	846752	15169	1786235	188315	125081
1980950	1652012	52032	7431	1754278	180138	45953
41494768	33674337	2522576	742498	36275059	3730527	1246443
27396497	22518438	1130189	691451	26608126	2681086	800859
308899	248088	31840	717	146428	15338	8401
13141029	10469016	1324918	46856	8103473	888919	402097
648344	438795	35629	3474	1417032	145184	35087
397738	330842	10313	1465	326426	39431	12240
15920509	10546639	2607004	375324	13772589	1614018	874613
107165308	94376875	2583036	1789410	68552779	7460014	2575974
97254641	84880877	3602932	1864533	60371324	6535075	2598112
25831177	20042638	1587108	300201	21954044	2538957	852474

2011年北京市大中型工业

项目	企业单位个数(个)	#亏损企业	工业总产值(当年价格)	工业增加值	工业销售产值(当年价格)
合计	780	120	112893071	23650615.13	111832072
煤炭开采和洗选业	1	0	476408	454139.82	449200
石油和天然气开采业	4	1	1919508	1107677.79	1919018
黑色金属矿采选业	6	1	2094854	657178.53	2102353
有色金属矿采选业					
非金属矿采选业					
其他采矿业					
农副食品加工业	29	5	2068167	233219.99	2029123
食品制造业	38	8	1632546	355722.1	1620357
饮料制造业	16	6	1810684	501826.14	1810882
烟草制造业	1	0	431018	324522.22	426911
纺织业	14	4	398331	142017.84	373814
纺织服装、鞋、帽制造业	53	12	701999	282353.4	637423
皮革、毛皮、羽毛(绒)及其制品业	2	0	34514	7407.71	34059
木材加工及竹、藤、棕、草制品业	2	0	19636	5271.73	22374
家具制造业	13	2	318158	92373.22	312894
造纸及纸制品业	3	0	375355	149781.27	374423
印刷业和记录媒介的复制	27	5	625631	261059.4	635645
文教体育用品制造业	5	0	92399	28865.62	86167
石油加工、炼焦及核燃料加工业	5	2	8800107	1252627.14	8814511
化学原料及化学制品制造业	24	2	1950489	491890.38	1894537
医药制造业	44	2	3563749	1485428.82	3294080
化学纤维制造业	1	0	12120	5349.32	12694
橡胶制品业	6	1	197522	39316.98	202843
塑料制品业	10	1	266770	53391.35	265148
非金属矿物制品业	45	3	2179798	482739.89	2134466
黑色金属冶炼及压延加工业	5	2	1210909	-9919.13	1212916
有色金属冶炼及压延加工业	4	1	165308	14901.18	160055
金属制品业	32	2	1237625	268099.35	1226723
通用设备制造业	51	6	4267696	1210330.14	4030520
专用设备制造业	56	5	3635735	772855.69	3492828
交通运输设备制造业	73	10	22523836	5111560.05	22368639
电气机械及器材制造业	49	13	6038230	1064150.22	5946594
通信设备、计算机及其他电子设备制造业	81	12	17965449	1582068.9	17996426
仪器仪表及文化、办公用机械制造业	35	3	1115266	303259.21	1131005
工艺品及其他制造业	10	0	534177	146519.19	585106
废弃资源和废旧材料回收加工业					
电力、热力的生产和供应业	26	11	22417323	4436602.61	22416826
燃气生产和供应业	3	0	1476630	226404.59	1476630
水的生产和供应业	6	0	335125	109622.46	334881

企业主要经济指标(按行业分)

单位:万元

#出口交货值	从业人员平均人数(人)	资产负债			
		资产总计	流动资产合计	固定资产合计	固定资产原价
13273706	850604	218697691	74707990	45561480	77063316
243264	16007	888398	397884	56055	165428
189955	29455	5399156	2542512	1266777	2070404
0	20488	18069094	4874324	3600383	4231240
45141	24395	1939160	1426337	259750	378868
71489	37911	1817975	1048746	499151	824159
14398	27397	2900414	1263075	520489	1029089
12831	927	359594	194993	135973	191270
157765	10946	468343	307645	86835	141653
168769	35273	672918	512235	104502	170750
103	771	38257	28388	7792	7951
1732	1276	44410	22581	14951	23320
25232	10743	379888	210213	89649	122435
2284	1290	257056	158851	71073	146603
8729	16694	983464	469256	411296	856875
39627	3985	122472	76288	36049	52882
4142	15794	2343703	1014797	930559	2825597
46969	23077	3062390	1639146	614076	1444176
55154	41491	4347101	2869451	523719	943340
6710	422	25779	10372	5209	8357
63516	6183	138942	72748	54868	103656
62879	4585	338937	178106	63781	102711
98278	32263	3660546	2350691	619374	1087211
161886	13934	3477370	1110550	1042197	2422878
45728	1920	186428	127478	22794	43421
111186	19650	1782666	1090499	329796	515249
585596	37649	5393723	4007540	776702	1243995
597136	49412	6248636	4181659	848125	1352721
426219	114202	17087215	9923611	3527726	5441269
518571	39056	8330058	7159036	471012	878454
9350153	111486	19787235	10832812	3440841	6859113
155146	15867	1673093	1240454	162366	292061
3118	7680	1129354	662333	279300	453354
0	60533	98737286	11123892	21530078	36085051
0	9207	2534133	829480	912329	1205752
0	8635	4072499	750011	2245906	3342025

2011年北京市大中型工业

项目	资产负债			
	负债总计	#流动负债合计	所有者权益	#实收资本
合计	107807752	59924744	110889939	55081013
煤炭开采和洗选业	260176	256890	628222	100000
石油和天然气开采业	2543248	2106523	2855909	2408264
黑色金属矿采选业	10119528	2480437	7949567	2823309
有色金属矿采选业				
非金属矿采选业				
其他采矿业				
农副食品加工业	1098540	1072635	840621	289717
食品制造业	1153342	1024562	664633	744873
饮料制造业	1545105	1315514	1355309	570819
烟草制造业	115238	115106	244356	92976
纺织业	246031	169637	222312	156538
纺织服装、鞋、帽制造业	407578	351187	265340	116699
皮革、毛皮、羽毛(绒)及其制品业	20030	18770	18227	4939
木材加工及竹、藤、棕、草制品业	35973	35819	8437	10456
家具制造业	235138	186104	144750	49477
造纸及纸制品业	129790	129790	127266	38294
印刷业和记录媒介的复制	314975	271699	668489	418305
文教体育用品制造业	75786	55029	46686	27948
石油加工、炼焦及核燃料加工业	1305250	1302761	1038453	11556
化学原料及化学制品制造业	1766081	1362886	1296309	914487
医药制造业	1767947	1601368	2579154	912782
化学纤维制造业	5663	1145	20116	8000
橡胶制品业	108520	105064	30422	30693
塑料制品业	152318	147499	186619	92046
非金属矿物制品业	1893015	1748788	1767531	756410
黑色金属冶炼及压延加工业	2210074	1308425	1267296	1303020
有色金属冶炼及压延加工业	48859	41453	137569	60055
金属制品业	902521	771561	880145	330939
通用设备制造业	2488110	2346242	2905613	1156593
专用设备制造业	3750247	3474313	2498388	1060886
交通运输设备制造业	10214521	8760991	6872694	3064841
电气机械及器材制造业	5019949	4322523	3310109	1296825
通信设备、计算机及其他电子设备制造业	9889508	8332133	9897727	6196769
仪器仪表及文化、办公用机械制造业	940256	860349	732837	284765
工艺品及其他制造业	442736	292089	686618	227934
废弃资源和废旧材料回收加工业				
电力、热力的生产和供应业	44303703	12561967	54433583	26725784
燃气生产和供应业	694501	479054	1839632	482350
水的生产和供应业	1603497	514431	2469003	2311667

企业主要经济指标(按行业分)(续表)

单位:万元

利润及分配						应交增值税
主营业务收入	主营业务成本	营业费用	主营业务税金及附加	营业利润	利润总额	
123085817	104923515	5190040	2164734	82325368	9074032	3450586
462095	189785	18417	32734	1692796	169021	63576
2061873	1924968	0	25614	-118615	33837	47113
5818547	5614761	4544	15071	489836	44213	132958
2276999	1949067	148216	30418	874998	101913	37317
2287555	1509941	555036	13078	747034	113966	135297
1963243	1355082	322597	78924	1477308	164786	101933
421530	146714	12657	191291	435950	43669	46618
381749	261698	45093	1969	399540	41113	16713
745278	490629	101272	3609	749316	76216	38124
42949	35098	1648	126	36692	3719	1474
28972	23676	1479	80	10056	1158	1441
332470	252961	31999	1955	284799	33278	17238
383360	264680	13398	2816	937741	93825	26650
664045	502257	14892	4325	612834	64586	37141
98092	81719	5834	315	25333	2875	2068
9083243	8055557	60847	783132	-897718	-94153	276566
1975163	1508513	200813	13770	1079083	260238	94745
3434739	1520319	1091983	30195	5517399	603249	295610
12345	9305	336	38	11484	1437	46
202865	185050	4875	372	-20060	-1022	4611
287476	246782	7939	663	150308	14511	7476
2307032	1853607	93917	12652	1607973	209008	60657
1350748	1354536	44291	328	-394798	-61160	4797
163485	145275	2026	158	53459	5664	545
1415779	1138134	67544	5406	1143229	115243	31623
4233328	3283268	171535	15599	5536153	568329	143143
3945471	3090074	176157	19401	3727705	407875	112143
22952712	18911568	791456	685759	18698764	1937572	682533
5659555	4661630	262249	14704	4441258	473415	130194
21724612	20022011	819026	37393	6928904	781973	160726
1394629	1047284	88901	7004	1766695	191200	46543
625239	495187	7527	2037	568187	59676	12856
22492152	21055985	4419	128391	22894065	2385485	634759
1484681	1345989	16603	4041	1525136	191254	34518
371807	390408	515	1368	-667476	36064	10836

2011 年北京市工业

项　　目	工业经济效益综合指数	企　业亏损面	总资产贡献率	资产保值增值率	资　产负债率	流动资产周转率（次）
合 计	250.11	15.64	8.06	113.13	49.95	1.71
在合计中：						
中央企业	353.6	16.13	5.83	110.06	47.32	2.07
地方企业	229.42	15.61	10.13	116.45	52.38	1.58
在合计中：						
内资企业	226.94	14.19	6	110.84	48.86	1.57
国有企业	417.23	19.83	4.38	109.14	46.53	1.13
集体企业	132.8	22.97	7.04	61.72	64.82	1.2
股份合作企业	116.44	16.05	5.56	62.21	73.86	1.48
联营企业	325.42	0	11.13	87.29	31.72	0.7
有限责任公司	203.02	15.88	5.08	109.81	52.79	1.71
股份有限公司	271.72	13.23	12.52	125.66	42.88	1.75
私营企业	159.05	10.92	8.85	91.12	57.99	1.44
其他企业	0	0	0	0	0	0
港澳台商投资企业	229.22	16.05	9.35	147.77	58.94	1.5
港澳台合资经营	227.24	11.9	13.52	114.32	53.84	2.03
港澳台合作经营	223.02	14.29	14.85	51.07	33.96	1.2
港澳台商独资企业	232.38	21.78	9.48	119.27	66.03	2.34
港澳台商投资股份有限公司	332.61	11.11	5.74	253	56.29	0.5
外商投资企业	329.63	21.15	19.01	118.8	52.66	2.17
中外合资经营	419.15	17.11	25.83	129.61	56.64	2.36
中外合作经营	194.94	16.67	13.21	119.95	58.09	1.63
外资（独资）企业	245.27	24.74	11.72	112.56	50.44	1.98
外商投资股份有限公司	321.59	16.67	11.81	98.06	27.73	1.16
在合计中：						
农村企业	147.92	18.02	8.92	73.72	64.15	1.33
在合计中：						
国家控股	300.76	18.33	6.87	114.77	48.75	1.71
集体控股	164.8	17.99	8.08	94.71	55.2	1.12
私人控股	187.46	12.12	10.14	109.72	52.82	1.33
港澳台控股	212.99	17.84	10.21	111.59	62.63	2.18
外商控股	259.91	21.12	14.57	107.94	51.89	2.16
在合计中：						
轻工业	216.68	18.78	13.8	108.1	50.47	1.5
重工业	270.75	14.03	7.32	113.77	49.89	1.75
在合计中：						
大中型企业	269.72	16.52	7.74	115.14	49.34	1.77

企业主要经济分析指标

单位:%

成本费用利润率	全员劳动生产率(元/人)	产品销售率	增加值率	人均销售收入(元)	流动比率(倍)	速动比率(倍)
7.6	245951	98.92	19.97	1336487	1.28	1.01
7.14	421066	99.55	19.19	2270774	1.05	0.85
7.82	205511	98.61	20.37	1120732	1.38	1.09
6.87	221400	98.86	19.81	1208115	1.23	0.98
17.12	483814	99.76	24.47	2019889	1.18	1.08
4.67	91573	99.54	25.12	373466	1.22	0.89
2.3	76679	97.91	19.26	419851	1.11	0.72
29.63	246494	95.44	64.46	363921	2.93	2.27
4.02	200523	98.4	17.78	1267750	1.18	0.93
6.94	268253	99.72	20.87	1375260	1.36	1.04
6.28	110992	97.39	19.35	567446	1.3	0.93
0	0	0	0	0	0	0
5.67	215510	97.42	19.02	1480046	1.4	1.1
9.5	174045	98.94	23.47	798419	1.16	0.86
11.47	178413	97.17	37.23	549713	3.11	2.08
3.15	226793	96.95	15.77	2197365	1.2	1
9.93	364335	96.04	20.17	1925095	1.81	1.4
9.72	321311	99.4	20.51	1630603	1.38	1.07
10.9	434971	100.03	20.17	2226910	1.37	1.08
8.18	135763	96.43	38.4	576447	1.44	1.08
7.18	225175	98.26	20.13	1173860	1.38	1.06
22.93	268840	100.11	36.1	747853	1.52	1.19
7.07	91545	98	21.27	438156	1.26	0.85
7.78	331490	99.29	21.03	1709217	1.19	0.97
6.14	128171	97.08	20.32	648764	1.5	1.09
8.6	137319	97.06	21.36	651410	1.45	1.1
4.22	191230	97.57	17.3	1538501	1.2	0.97
7.85	234176	99.5	17.31	1415237	1.44	1.09
9.65	165237	96.79	27.8	636131	1.39	1.01
7.24	283573	99.31	18.56	1662937	1.26	1.01
7.73	276962	99.04	21	1437465	1.24	1

2011年北京市规模以下工业企业主要指标

项　　目	企业个数（个）	从业人员（人）	工业总产值（当年价格，万元）
合计	30047	343601	6990169
法人工业企业	21211	298539	6601316
个体经营工业单位	8836	45062	388853

2011年北京现代制造业情况

单位：万元

项　　目	工业增加值（当年价格）
合计	12187625
电子信息业产业	1932025
机电产业	2528329
交通运输设备制造业	5470590
医药产业	1999592
其他产业	257088

2011年北京高技术产业情况

单位：亿元

项　　目	工业总产值（现价）
合计	2904.9
按登记注册类型分	
国有	42.7
集体	1.1
股份合作企业	3.2
联营企业	0.5
有限责任公司	325.8
股份有限公司	275.8
私营企业	128.2
港澳台商投资	486.4
外商投资	1641.2
其他	
按高新技术领域分	
核燃料加工	0.0
信息化学品制造	7.3
医药制造业	452.9
航空航天器制造	97.6
电子及通信设备制造业	1613.7
电子计算机及办公设备制造业	438.4
医疗设备及仪器仪表制造业	295.1

2011年北京市主要工业产品生产总量

主要工业品名称	本年生产量
原煤(万吨)	500.1
发电量(万千瓦小时)	2628331.0
精制食用植物油(吨)	38944.8
白酒(折65度,商品量)(千升)	205693.3
啤酒(千升)	1647869.4
卷烟(万支)	2089151.0
纱(万吨)	0.3
布(万米)	339.0
家具(万件)	750.2
汽油(万吨)	251.2
柴油(万吨)	355.7
焦炭(万吨)	0.0
氢氧化钠(烧碱)(折100%)(万吨)	6.4
农用氮、磷、钾化学肥料(折纯)(吨)	0.0
乙烯(万吨)	89.6
初级形态的塑料(塑料树脂及共聚物)(万吨)	113.1
合成橡胶(万吨)	21.9
合成洗涤剂(万吨)	6.7
化学纤维(万吨)	0.1
硫酸(万吨)	0.0
交流电动机(万千瓦)	146.0
机制纸及纸版(万吨)	10.0
化学药品原药(化学原料药)(万吨)	0.1
橡胶轮胎外胎(条)	3754351.0
水泥(万吨)	911.5
平板玻璃(重量箱)	0.0
生铁(万吨)	0.0
粗钢(万吨)	2.9
钢材(万吨)	287.0
金属切削机床(台)	19530.0
汽车(万辆)	150.5
载货汽车(万辆)	61.7
轿车(万辆)	67.1
家用电冰箱(万台)	73.6
房间空气调节器(台)	0.0
程控交换机(线)	857535.0
移动通信手持机(手机)(万台)	25962.3
微型电子计算机(万台)	1083.7
集成电路(万块)	320078.5
家用摄录像机(台)	0.0
照相机(万台)	26.6

2011 年北京市上市公司

项目	主要财务指标						
	净利润	净利润增长率(%)	净利润现金含量(%)	资产负债比率(%)	每股收益(元)	每股净资产(元)	净资产收益率(%)
北京梅泰诺通信技术股份有限公司	2772.30	7.89	-187.23	27.77	0.30	8.24	3.67
北京双鹤药业股份有限公司	52899.86	1.71	96.70	28.52	0.92	7.45	12.42
北京万东医疗装备股份有限公司	3988.79	-4.90	-79.40	39.74	0.18	2.79	6.60
瑞泰科技股份有限公司	5725.86	18.47	-25.23	59.94	0.50	5.25	9.44
京东方科技集团股份有限公司	56086.65	127.98	-138.81	49.03	0.04	1.89	2.19
同方股份有限公司	70742.80	47.51	-30.96	67.43	0.36	4.29	8.29
华锐风电科技(集团)股份有限公司	77572.12	-72.83	-755.61	60.15	0.39	0.29	5.60
北京三元食品股份有限公司	4871.55	-5.34	6.58	48.28	0.055	2.03	0.27
北京天坛生物制品股份有限公司	23335	33.40	151.34	55.14	0.45	2.50	18.10
北京四方继保自动化股份有限公司	21666.15	41.10	-24.00	22.04	0.54	6.67	7.99
安泰科技股份有限公司	31453.96	43.46	43.72	43.90	0.37	3.84	9.53
北新集团建材股份有限公司	52266.48	25.43	212.89	56.04	0.91	5.24	17.33
蓝星化工新材料股份有限公司	7155.85	-5.21	404.44	82.80	0.14	5.64	2.43
航天信息股份有限公司	98706.05	8.72	121.02	23.59	1.07	5.18	20.62
北京佳讯飞鸿电气股份有限公司	5031.52	3.26	-46.67	10.88	0.65	8.19	
北京中创信测科技股份有限公司	2148.55	-45.32	-153.28	26.48	0.16	3.54	4.38
北京大北农科技集团股份有限公司	50376.31	61.86	132.09	24.2	1.26	8.68	14.48
北京科锐配电自动化股份有限公司	8623.38	73.60	113.87	29.35	0.67	7.40	9.07
北京双鹭药业股份有限公司	52334.50	91.90	43.68	2.90	1.38	4.27	32.23
北京数码视讯科技股份有限公司	20422.23	36.90	6.40	3.95	0.91	10.21	8.93
北京汇冠新技术股份有限公司	2264.19	-19.82	96.16	5.54	0.66	6.31	7.80
北京钢研高纳科技股份有限公司	6439.05	38.63	-12.23	6.25	0.30	4.25	7.15
有研半导体材料股份有限公司	629.78	11.78	998.5	36.68	0.03	3.52	0.82
北京北斗星通导航技术股份有限公司	3816.65	-7.58	-29.10	39.11	0.25	4.24	5.95
北京航天长峰股份有限公司	3254.99	16.12	-212.76	34.74	0.10	2.27	4.33
华油惠博普科技股份有限公司	9189.10	37.40	-8.50	12.66	0.47	5.74	7.91
北京泰诚信测控技术股份有限公司	1012.47	30.15	36.21	58.8	1.19	2.13	31.65
北京碧水源科技股份有限公司	34450.51	94.67	104.51	23.17	1.07	10.09	10.56

工业企业主要经济指标(1)

单位:万元

资产与负债									
资产总额	负债总额	流动负债	货币资金	应收账款	其他应收款	股东权益	股东权益比率(%)	流动比率(倍)	速动比率(倍)
3.67	104570.33	29046.91	29036.87	34760.74	27627.87	75469.92	72.17	3.00	2.35
12.42	607696.85	173366.67	165184.41	110450.84	96182.30	425768.04	70.06	2.24	1.81
6.60	101428.85	40312	38842	21339.61	20687.84	60411.23	59.56	1.78	1.23
9.44	220368.68	132108.72	126251.16	22839.86	49243.13	60678.81	27.53	1.11	0.72
2.19	6876941.56	3372393.17	1695609.44	2032546.91	256079.55	2558589.23	37.20	1.65	1.52
8.29	3017095.18	2034539.33	1786638.44	517900.02	411502.13	853598.38	28.29	0.98	0.71
5.60	3478529.21	2092385.49	1629452.13	966777.54	1186547.18	1386143.72	39.84	1.97	1.42
0.27	347212.13	167639.42	126003.79	54128.53	19797.90	179029.24	51.56	1.01	0.81
18.10	322404.10	177789.27	94656.10	33394.81	21153.73	128892.57	39.97	1.25	0.66
7.99	351743.24	77548.43	76747.26	160878.94	102589.25	271165.13	77.09	4.21	3.64
9.53	692225.31	303914.79	189931.26	92340.52	66995.72	329877.50	47.65	2.08	1.36
17.33	851476.06	477211.93	350046.49	79213.57	16339.06	301578.16	35.41	0.67	0.3609
2.43	1809898.18	1498732.83	1127299.08	80762.38	80910.60	294666.32	16.28	0.57	0.37
20.62	722150.18	170373.91	165477.85	424636.95	41792.07	478768.44	66.29	3.66	3.24
	77159.52	8401.86	3661.86	44903.38	13371.31	68757.66	89.11	18.61	17.43
4.38	66751.58	17682.35	16404.07	15495.20	11383.97	49045.05	73.47	3.417	2.02
14.48	473670.13	114656.81	105167.98	214965.59	8493.59	347944.65	73.45	3.19	2.28
9.07	138454.42	40643.62	39582.20	631.49	27411.84	95072.75	68.66	3.05	2.54
32.23	173614.10	5051.69	4521.69	57278.28	21004.03	162397.88	93.53	26.30	24.87
8.93	238371.53	9421.07	7788.67	157707.47	25674.44	228686.48	95.93	25.80	24.90
7.8	30731.75	1705.28	1705.28	20959.49	1891.35	29026.47	94.45	15.50	13.75
7.15	96086.63	6007.71	5162.71	57554.81	6440.36	90078.92	93.74	16.07	15.09
0.82	121026.15	44399.19	39390.60	15586.75	8537.83	76626.95	63.31	1.49	0.88
5.95	124510.01	48707.35	40651.15	21965.28	29177.08	64188.60	51.55	1.72	1.44
4.33	121075.30	42070.48	40102.16	57027.55	18312.07	75158.81	62.07	2.60	2.09
7.91	133008.70	16845.17	16845.17	69047.14	24445.13	116163.53	87.33	6.47	6.03
31.65	7764.49	4565.86	4565.86	2587.81	1566.22	3198.63	41.19	1.56	1.24
10.56	441179.95	102252.30	98148.62	232773.12	28233.92	326385.68	73.98	2.81	2.70

2011 年北京市上市公司

项目	利润构成与盈利能力						
	主营业务收入	经营费用	管理费用	财务费用	营业利润	投资收益	营业外收支净额
北京梅泰诺通信技术股份有限公司	38685.40	648.47	3416.89	775.84	2655.85	28.88	641.67
北京双鹤药业股份有限公司	638337.53	100452.35	36465.40	163.77	65522.35	1251.35	4776.82
北京万东医疗装备股份有限公司	58880.52	8219.55	7076.43	595.35	3726.36	158.88	1523.71
瑞泰科技股份有限公司	139671.09	8651.14	12836.58	4648.21	8670.14		1248.27
京东方科技集团股份有限公司	1274141.36	43929.09	180096.36	2968.21	15690.60	460447.51	68918.13
同方股份有限公司	2096204.99	120902.49	124159.01	37222.05	85231.03	24557.69	20338.99
华锐风电科技(集团)股份有限公司	1043551.64	29585.03	40526.70	2666.59	52921.56	1224.22	21022.48
北京三元食品股份有限公司	307025.04	60120.47	16041.18	2520.68	-9947.79	10832.28	12165.39
北京天坛生物制品股份有限公司	139439.53	18647.27	24262.02	4672.44	33202.37	430.00	995.04
北京四方继保自动化股份有限公司	168655.96	32292.98	28389.35	-2891.62	17007.58		8245.25
安泰科技股份有限公司	453069.85	9288.04	20367.64	2467.06	43433.77	-38.12	463.16
北新集团建材股份有限公司	596912.41	18839.80	30383.17	10502.54	74732.06	440.66	8848.65
蓝星化工新材料股份有限公司	1139491.64	19367.90	49704.20	32451.81	-22068.29		33490.49
航天信息股份有限公司	1153977.66	28280.90	71357.50	-5307.86	143658.43	2457.31	5885.83
北京佳讯飞鸿电气股份有限公司	30902.23	2456.89	5061.38	-187.78	3990.92		1756.58
北京中创信测科技股份有限公司	25743.02	2795.08	10002.71	-317.11	-1527.56	-52.08	3295.84
北京大北农科技集团股份有限公司	783599.98	68362.74	40430.56	-3317.02	60471.94	129.74	1842.06
北京科锐配电自动化股份有限公司	92225.50	12553.58	6733.28	-706.42	10523.89		242.10
北京双鹭药业股份有限公司	62277.22	1802.85	7864.59	-854.74	59304.30	22330.18	1140.90
北京数码视讯科技股份有限公司	44153.27	7590.33	11901.63	-4008.51	16596.66	234.00	4508.47
北京汇冠新技术股份有限公司	11562.34	1111.34	2263.11	51.86	2462.71		145.10
北京钢研高纳科技股份有限公司	37947.36	95.65	3585.52	-1625.67	7354.14		170.73
有研半导体材料股份有限公司	59819.37	570.08	3708.17	2319.54	557.15	2251.19	23.43
北京北斗星通导航技术股份有限公司	48477.28	4847.23	6472.48	550.40	4413.83	-9.47	670.13
北京航天长峰股份有限公司	111195.71	3560.14	11122.15	-809.81	4293.88	55.35	354.19
华油惠博普科技股份有限公司	40396.99	2049.97	5473.60	-1104.84	10351.52		51.32
北京泰诚信测控技术股份有限公司	5717.43	260.65	1026.55	-9.45	1109.96		84.79
北京碧水源科技股份有限公司	102600.82	1285.36	10265.18	-3654.28	40910.56	4223.98	484.33

工业企业主要经济指标(1)(续表)

单位:万元

利润构成与盈利能力				经营与发展能力							
利润总额	所得税	净利润	净资产收益率(%)	存货周转率(%)	应收账款周转率(%)	总资产周转率(%)	主营业务收入增长率(%)	营业利润增长率(%)	税后利润增长率(%)	净资产增长率(%)	总资产增长率(%)
3297.52	534.49	2772.30	3.67								
70299.17	15047.43	52899.86	12.42	6.05	7.86	1.12	18.94	10.55	1.71	9.30	14.48
5250.07	1178.04	3988.79	6.60	1.83	2.91	0.58	-2.31	-2.99	-4.90	4.23	0.55
9918.41	1576.93	5725.86	9.44	2.65	3.55	0.73	65.31	27.22	18.47	6.96	34.26
84608.73	15241	56086.65	2.19	7.87	6.66	0.21	58.76	106.76	127.98	2.52	26.81
105570.02	18717.46	70742.80	8.29	3.83	5.19	0.76	2096205	34.97	47.51	6.87	21.34
73944.04	-3628.08	77572.12	5.60	0.87	1.00	0.33	-48.65	-83.1	-72.83	188.97	21.51
2217.6	-195.61	4871.55	2.72	9.86	17.55	0.98	19.35	-251.13	-5.34	2.77	24.9
34197.41	5013.78	23335.00	18.10	1.01	8.05	0.49	15.98	32.17	33.40	22.17	31.35
25252.83	3787.55	21666.15	7.99	2.31	1.77	0.47	25.14	56.36	41.18	9.01	-1.91
43896.92	6472.52	31453.96	9.53	3.32	7.95	0.74	28.54	46.08	43.46	8.22	28.23
83580.71	8393.45	52266.48	17.33	4.72	35.09	16.43	36.62	21.91	25.43	16.43	15.73
7155.85	4510.65	7155.85	2.43	5.13	15.23	0.68	17.75	-453.68	-5.21	2.65	18.32
149544.26	21374.7	98706.05	20.62	13.32	26.06	1.68	22.09	11.58	8.72	14.28	11.11
5747.5	715.98	5031.52	7.32								
1768.28	-355.46	2148.55	4.38	0.62	2.19	0.38	-8.27	-158.9	-45.32	5.57	-5.14
62314	9526.73	50376.31	14.48	6.91	111.04	1.78	49.3	69.41	61.86	12.9	17.10
10765.99	1750.17	8623.38	9.07	3.80	3.82	0.73	62.85	76.12	73.6	6.8	22.66
60445.20	8006.11	52334.50	32.23	3.25	3.57	0.42	36.02	110.61	91.9	36.38	39.05
21105.12	614.25	20422.23	8.93								
2607.81	343.63	2264.19	7.80								
7524.87	1085.82	6439.05	7.15								
580.57	-49.20	629.78	0.82	2.17	5.71	0.49	-10.51	-24.09	11.78	0.81	-1.70
5083.96	1242.04	3816.65	5.95	3.99	2.03	0.45	47.12	-1.36	-7.58	0.43	35.48
4648.06	911.79	3254.99	4.33	4.60	6.75	0.89	13.89	44.95	16.12	4.1	-5.38
10402.85	1213.75	9189.1	7.91	3.95	1.97	0.72	36.29	37.43	37.4	319.99	185.17
1194.74	182.27	1012.47	31.65	2.49	5.90	0.97	68.57	43.40	30.15	130.75	91.55
41394.90	5348.79	34450.51	10.56								

2011年北京市上市公司

项　　目	主要财务指标						
	净利润	净利润增长率(%)	净利润现金含量(%)	资产负债比率(%)	每股收益(元)	每股净资产(元)	净资产收益率(%)
北京东土科技股份有限公司	3783.70	51.63	64.47	30.00	0.94	2.64	35.66
北京三聚环保新材料股份有限公司	9506.30	65.34	-212.55	39.98	0.49	5.87	8.33
北京中讯四方科技股份有限公司	795.08	36.88	-142.61	24.77	0.39	2.70	11.32
北京合纵科技股份有限公司	5512.04	34.84	57.00	49.19	0.67	2.78	24.51
北京合众思壮科技股份有限公司	4450.92	-16.45	-152.08	9.42	0.31	10.26	3.01
紫光股份有限公司	4303.12	29.52	357.31	58.18	0.21	3.89	5.37
大恒新纪元科技股份有限公司	10721.78	-12.69	109.66	46.58	0.25	3.10	7.92
北京彩讯科技股份有限公司	1475.06	19.61	-26.88	41.86	0.46	3.03	15.30
北京福星晓程电子科技股份有限公司	7931.23	31.96	-47.43	7.20	1.45	20.04	7.22
北京君德同创农牧科技股份有限公司	236.73	5.90	174.47	45.17	0.30	1.75	16.91
北京康斯特仪表科技股份有限公司	2281.40	15.95	45.97	33.20	0.75	3.12	23.92
北京海兰信数据科技股份有限公司	2451.11	-23.28	-598.69	9.25	0.44	10.72	4.13
北京动力源科技股份有限公司	-494.47	-109.62	2190.21	59.52	-0.02	1.86	-1.02
中牧实业股份有限公司	45090.26	45.38	84.17	26.13	1.16	4.75	24.34
北京同仁堂科技发展股份有限公司	43806.67	28.67	124.39	34.36	0.34	2.67	12.50
北京当升材料科技股份有限公司	-73.90	-102.13	3123.86	9.25	-0.01	5.18	-0.09
北京金自天正智能控制股份有限公司	7079.39	41.95	-2.24	71.15	0.47	3.99	11.9
北矿磁材科技股份有限公司	-2506.16	-961.60	-121.10	26.66	-0.19	2.02	-9.55
北京鼎汉技术股份有限公司	7074.52	1.96	-94.95	7.94	0.68	7.49	8.94
国投中鲁果汁股份有限公司	4477.63	176.99	224.20	46.24	0.22	4.90	4.53
北京首钢股份有限公司	1178.28	-96.63	-6193.96	51.95	0.004	2.56	0.16
北京京能热电股份有限公司	28743.56	6.97	132.29	67.68	0.37	3.85	9.48
北京合康亿盛变频科技股份有限公司	12868.05	27.73	-119.86	18.93	0.52	5.94	8.79
北京昊华能源股份有限公司	130184.70	49.19	77.77	28.16	1.30	6.38	20.40
北京高盟新材料股份有限公司	4388.30	11.56	-33.63	7.08	0.44	6.71	6.12
北京顺鑫农业股份有限公司	30683.83	15.63	8.83	71.02	0.70	6.70	2.81
北京东方雨虹防水技术股份有限公司	10453.02	0.66	-179.76	52.78	0.30	3.17	9.61
北京江河幕墙股份有限公司	34028.73	10.06	-331.06	47.03	0.70	7.34	8.28

工业企业主要经济指标(2)

单位:万元

资产与负债									
资产总额	负债总额	流动负债	货币资金	应收账款	其他应收款	股东权益	股东权益比率(%)	流动比率(倍)	速动比率(倍)
15156.69	4547.69	4547.69	7779.71	2951.38	190.21	10609.00	69.99	3.15	2.72
190229.25	76058.20	72271.09	68019.04	43869.96	3841.04	114171.05	60.01	2.06	1.90
9332.85	2312.18	2312.18	1335.15	1978.04	1.8	7020.67	75.22	3.60	2.69
44963.46	22118.34	21941.49	8050.50	15772.22	2571.22	22491.81	50.02	1.66	1.22
168346.56	15871.15	15764.54	83570.79	17344.58	2339.93	147682.97	87.72	7.86	6.90
213109.78	123996.25	116164.84	42075.95	39498.31	5697.45	80091.65	37.58	1.10	0.81
328235.20	152913.90	149522.98	86048.46	34050.70	8711.55	135363.09	41.23	1.69	1.07
16586.63	6943.28	5293.28	2957.83	3278.46	211.61	9643.35	58.13	2.41	1.62
120804.23	8700.78	8531.55	74574.40	17330.56	1204.96	109829.01	90.91	12.73	11.39
2553.57	1153.65	653.65	324.42	269.88	41.54	1399.92	54.82	2.77	2.29
14346.87	4763.80	3863.80	2650.17	2265.50	1649.01	9583.08	66.79	3.07	2.68
73578.43	6808.50	6231.37	29070.33	13340.01	389.74	59375.10	80.69	9.72	8.51
120443.78	71689.54	71689.54	9200.23	49297.40	4899.32	48681.95	40.41	1.47	0.94
275619.20	69202.89	60376.37	74490.77	13323.54	5837.71	185679.57	66.19	2.23	1.62
732989.94	251883.97	241998.60	207899.35	29538.76	5994.00	347685.00	47.43	2.46	1.15
91348.23	8452.93	7708.78	30969.77	13048.40	329.18	82895.30	90.74	9.74	8.04
210631.64	149871.52	148990.43	21164.55	21164.55	866.74	59474.64	28.23	1.29	0.81
37898.32	10106.61	9563.00	3858.31	3557.31	63.50	26230.87	69.21	1.83	0.92
86262.11	6855.63	6855.63	39855.78	23587.05	528.06	79161.95	91.76	10.59	10.12
206735.29	95599.23	94552.06	20299.41	6666.11	3878.21	98773.6	47.77	1.56	0.35
1649150.73	856737.10	483687.45	129823.60	35478.32	5019.32	758651.45	46.00	0.90	0.58
1135330.33	768420.23	387023.25	170655.00	35966.13	4196.44	303344.10	26.71	0.59	0.57
181631.53	34385.18	34385.18	59966.01	39015.95	1738.61	146315.81	80.55	4.33	3.23
1076024.28	303052.15	299765.92	232368.25	27180.60	2069.16	638239.15	59.31	1.32	1.16
77162.23	5469.32	3790.58	48031.66	9374.45	152.00	71692.91	92.91	18.01	16.64
1033286.71	733901.78	714388.34	156381.98	13070.40	3275.58	285428.99	27.62	1.01	0.41
232635.88	122795.76	122795.76	35863.92	72217.42	4611.90	108827.31	46.78	1.51	1.07
775574.39	364818.55	355839.43	170656.71	301178.34	20555.24	411156.56	53.01	1.95	1.43

2011 年北京市上市公司

项　目	利润构成与盈利能力						
	主营业务收入	经营费用	管理费用	财务费用	营业利润	投资收益	营业外收支净额
北京东土科技股份有限公司	12531.01	2017.50	3170.18	55.48	2670.33		1568.08
北京三聚环保新材料股份有限公司	60057.74	4603.21	5627.99	2426.72	11254.99		103.75
北京中讯四方科技股份有限公司	5076.60	233.03	868.23	29.55	814.03		50.30
北京合纵科技股份有限公司	36032.65	4132.69	2948.50	504.40	6401.72		183.46
北京合众思壮科技股份有限公司	44131.83	5545.10	10668.94	-1968.61	3979.94	-4.41	1376.70
紫光股份有限公司	531508.46	6743.37	5247.56	3298.96	5573.88	3301.48	-2.66
大恒新纪元科技股份有限公司	408448.48	19948.15	24308.63	2371.72	8919.99	1181.69	8051.98
北京彩讯科技股份有限公司	15936.23	2540.03	1590.12	173.36	1637.12		181.02
北京福星晓程电子科技股份有限公司	30406.25	1196.37	3475.78	-1726.30	9281.79		302.25
北京君德同创农牧科技股份有限公司	3304.33	539.80	523.55	9.90	212.78		67.27
北京康斯特仪表科技股份有限公司	10073.56	2663.41	1865.02	148.21	2621.14	1.74	46.21
北京海兰信数据科技股份有限公司	27404.54	2257.87	3562.40	-508.17	2060.97		982.47
北京动力源科技股份有限公司	69478.42	10859.85	9127.73	1252.64	-2197.37		1600.20
中牧实业股份有限公司	284230.54	29878.95	26276.29	778.72	53245.31	19243.99	1347.92
北京同仁堂科技发展股份有限公司	610838.37	104218.89	53312.35	-271.40	78953.11	1266.48	1210.24
北京当升材料科技股份有限公司	66848.39	1022.41	2965.44	-136.79	-227.10	5.44	127.58
北京金自天正智能控制股份有限公司	114871.66	2094.31	8415.65	-310.16	7819.15	24.85	651.56
北矿磁材科技股份有限公司	28917.71	1373.61	3175.26	331.81	-3338.98	10.26	18.23
北京鼎汉技术股份有限公司	30896.06	3863.69	4116.38	-847.26	6412.29		1022.06
国投中鲁果汁股份有限公司	114473.83	9128.62	6137.23	5710.65	8090.13	72.32	-369.67
北京首钢股份有限公司	1251648.62	35665.52	15277.16	19390.08	-29039.43	48201.88	12355.29
北京京能热电股份有限公司	309904.64		15339.21	22010.65	34860.31	13206.38	2464.20
北京合康亿盛变频科技股份有限公司	59150.71	6494.45	4412.11	-1546.00	12920.19	609.16	2183.13
北京昊华能源股份有限公司	695070.63	23405.33	61187.80	6145.92	177301.97	-57.74	-88.74
北京高盟新材料股份有限公司	38550.02	2192.68	1991.61	-690.00	5099.66		91.53
北京顺鑫农业股份有限公司	758020.65	81118.69	43824.18	12451.59	37802.29	15502.64	-335.25
北京东方雨虹防水技术股份有限公司	247365.35	26498.16	22966.53	5551.72	8410.44		3299.92
北京江河幕墙股份有限公司	576249.05	16412.35	54973.93	7487.38	37937.75	311.61	1767.54

工业企业主要经济指标(2)(续表)

单位:万元

利润构成与盈利能力				经营与发展能力							
利润总额	所得税	净利润	净资产收益率(%)	存货周转率(%)	应收账款周转率(%)	总资产周转率(%)	主营业务收入增长率(%)	营业利润增长率(%)	税后利润增长率(%)	净资产增长率(%)	总资产增长率(%)
4238.41	454.72	3783.70	35.66								
11358.74	1852.44	9506.30	8.33								
864.33	69.25	795.08	11.32	2.04	3.07	0.77	83.57	107.38	36.88	125.52	145.30
6585.18	1037.58	5512.04	24.51	2.68	2.72	0.92	35.9	43.07	34.84	32.74	34.52
5356.64	1159.95	4450.92	3.01	1.62	3.43	0.27	9.61	-0.89	-16.45	-0.36	8.83
5571.22	1133.07	4303.12	5.37	16.80	12.65	2.55	22.02	36.91	29.52	0.95	4.96
16971.96	2352.77	10721.78	7.92	3.83	13.04	1.29	3.11	-27.08	-12.69	8.57	8.21
1818.14	343.08	1475.06	15.30	3.08	6.19	1.17	25.90	29.55	19.61	18.05	54.35
9584.03	1422.24	7931.23	7.22								
280.05	43.33	236.73	16.91	6.47	12.74	1.56	37.5	4.18	5.9	20.35	52.67
2667.35	385.95	2281.40	23.92	1.94	5.52	0.84	38.22	38.64	15.95	31.93	48.76
3043.45	338.60	2451.11	4.13								
-597.17	-117.62	-494.47	-1.02	1.61	1.44	17.63	-9.92	-137.69	-109.62	-1.74	17.63
54593.2	8362.26	45090.26	24.34	4.47	16.43	1.00	6.80	39.11	45.38	22.25	-3.42
80163.35	14698.24	43806.67	12.60	1.33	20.03	0.91	23.58	29.61	28.67	7.05	20.13
-99.52	-25.62	-73.90	-0.09								
8470.71	1039.56	7079.39	11.90	1.16	4.92	0.54	64.33	44.24	41.95	11.39	-1.12
-3320.75	-33.82	-2506.16	-9.55	2.93	6.31	0.72	-12.88	-679.61	-961.60	-8.28	-11.32
7434.35	399.03	7074.52	8.94								
7720.45	469.05	4477.63	4.53	0.87	5.29	0.56	22.58	231.45	176.99	4.40	1.97
-16684.14	2810.83	1178.28	0.16	8.29	34.71	0.74	-55.14	-194.23	-96.63	-3.50	-6.02
37324.51	6992.07	28743.56	9.48	37.94	9.40	0.30	19.01	16.23	6.97	8.06	22.81
15103.32	2199.86	12868.05	8.79								
177213.23	45605.05	130184.70	20.40	10.93	27.76	0.71	71.74	53.07	49.19	18.41	21.39
5191.18	802.89	4388.30	6.12								
37467.04	5305.63	30683.83	10.75	1.67	52.96	0.75	20.92	11.10	15.63	7.42	4.06
11710.36	1294.45	10453.02	9.61	3.73	3.93	1.09	24.82	—27.18	0.66	6.87	5.85
39705.29	5995.55	34028.73	8.28	3.00	2.26	0.89	11.19	5.79	10.06	144.38	51.12

2011 年北京市上市公司

项目	主要财务指标						
	净利润	净利润增长率(%)	净利润现金含量(%)	资产负债比率(%)	每股收益(元)	每股净资产(元)	净资产收益率(%)
北京嘉寓门窗幕墙股份有限公司	5767.25	-19.28	-218.87	37.83	0.27	5.32	4.99
北汽福田汽车股份有限公司	115244.25	-29.98	-45.55	67.60	0.55	4.19	13.03
北京得利斯食品有限公司	4617.83	4.25	126.70	11.29	0.18	5.16	3.56
北京康得新复合材料股份有限公司	13076.67	86.56	122.98	44.58	0.40	3.18	12.73
乐普(北京)医疗器械股份有限公司	47315.77	15.26	61.54	4.14	0.58	2.88	20.21
北京利尔高温材料股份有限公司	12024.48	12.53	-29.42	19.27	0.22	3.50	6.35
北京北陆药业股份有限公司	4421.18	3.36	103.43	6.32	0.29	3.22	9.00
北京七星华创电子股份有限公司	13292.85	76.32	-20.79	61.86	1.57	11.85	13.27
经纬纺织机械股份有限公司	49079.34	100.55	336.51	55.81	0.81	5.96	5.22
北京同仁堂股份有限公司	43806.67	28.67	124.39	34.36	0.34	2.67	12.60
中兵光电科技股份有限公司	1154.67	-94.19	1491.33	32.91	0.02	2.86	0.54
北京盛通印刷股份有限公司	3542.41	-15.28	212.27	36.78	0.31	4.22	6.35
舒泰神(北京)生物制药股份有限公司	10425.79	81.32	83.46	4.11	1.71	16.52	9.46
北京京运通科技股份有限公司	45413.38	34.49	-22.74	18.54	1.18	8.58	12.31
北人印刷机械股份有限公司	1138.29	-48.90	-183.59	47.84	0.03	1.79	1.50
北京德鑫泉物联网科技股份有限公司	1807.88	197.98	-100.51	42.53	0.54	1.53	35.46
北京星昊医药股份有限公司	4338.52	17.29	15.19	40.43	0.75	2.95	25.48

工业企业主要经济指标(3)

单位:万元

资产与负债									
资产总额	负债总额	流动负债	货币资金	应收账款	其他应收款	股东权益	股东权益比率(%)	流动比率(倍)	速动比率(倍)
185891.08	70327.83	65303.72	52074.82	30233.11	3611.49	115563.26	62.16	2.35	1.42
2812145.43	1902933.44	1416774.36	421446.26	136498.62	40427.97	884701.37	31.46	0.97	0.56
153238.04	17305.55	17065.55	27761.42	12999.73	181.19	129565.35	84.55	3.98	2.6535
189916.29	84679.64	83956.06	68395.74	12702.23	728.86	102741.66	54.09	1.40	1.21
244282.44	10129.75	9126.26	111594.24	29231.07	2702.20	234152.69	95.85	18.32	17.02
235595.20	45408.65	44720.64	101555.68	44878.89	1885.88	189229.43	80.31	4.39	3.83
52465.62	3318.60	1895.10	31914.41	4863.14	176.78	49147.02	93.67	21.97	20.71
285300.33	176499.47	71503.69	43752.97	31838.52	1250.04	100169.99	35.11	2.20	1.45
1296982.87	723852.48	684359.89	398819.00	47602.85	23169.76	339838.83	26.20	1.27	1.05
732989.94	251883.97	241998.60	207899.35	29538.76	5994.00	347685.00	47.43	2.46	1.15
372015.26	122436.23	115841.58	46529.49	60755.46	5075.19	213043.87	57.26	1.88	1.42
88214.64	32452.39	29442.27	19482.33	13047.38	175.33	55762.25	63.21	1.53	1.25
114940.04	4732.15	2662.15	86877.80	1501.69	369.85	110207.89	95.88	35.03	34.66
454554.76	84282.90	67134.93	229588.02	67773.17	1390.25	369051.51	81.18	5.36	4.78
148544.18	71069.92	67773.01	16186.64	16396.98	1758.4	75638.23	50.91	1.21	0.58
8871.06	3773.03	3773.03	1156.2	3292.30	244.00	5098.03	57.46	2.21	1.39
29098.46	11766.25	9009.86	2045.01	3453.49	116.82	17029.21	58.52	1.38	0.96

2011年北京市上市公司

项目	利润构成与盈利能力						
	主营业务收入	经营费用	管理费用	财务费用	营业利润	投资收益	营业外收支净额
北京嘉寓门窗幕墙股份有限公司	99710.16	3826.65	5717.92	710.00	6521.96	0.26	190.50
北汽福田汽车股份有限公司	5164573.49	153327.55	172518.58	17321.48	97242.92	-3527.57	36982.33
北京得利斯食品有限公司	192528.00	11237.98	3816.26	-622.17	3901.00		1622.59
北京康得新复合材料股份有限公司	152602.12	2486.87	6480.04	3459.58	16422.22		307.94
乐普(北京)医疗器械股份有限公司	91984.62	14852.66	8988.65	-2722.48	53742.11	465.37	558.20
北京利尔高温材料股份有限公司	91958.59	9819.36	8933.98	-2581.86	12948.25	-15.38	782.54
北京北陆药业股份有限公司	19670.20	8408.27	1930.24	-697.46	4794.55		565.43
北京七星华创电子股份有限公司	115599.30	3984.55	14416.14	274.52	18583.59	-3.35	677.58
经纬纺织机械股份有限公司	727236.98	16418.45	202203.17	7376.96	152046.76	2169.09	2133.89
北京同仁堂股份有限公司	610838.37	104218.89	53312.35	-271.40	78953.11	1266.48	1210.24
中兵光电科技股份有限公司	138654.40	4271.55	19222.45	2725.88	2247.46	55.00	1356.46
北京盛通印刷股份有限公司	47975.72	1930.84	2762.91	582.86	4505.92	5.97	272.81
舒泰神(北京)生物制药股份有限公司	20581.63	4908.57	2816.88	-1785.37	11988.9	-167.52	401.68
北京京运通科技股份有限公司	177540.23	2261.74	13684.91	-620.00	48929.22	-4.41	2396.10
北人印刷机械股份有限公司	80387.39	5998.39	10901.75	793.76	-2943.54	20.69	4309.53
北京德鑫泉物联网科技股份有限公司	5895.96	569.13	588.48	158.14	2036.19		103.04
北京星昊医药股份有限公司	17067.26	1143.31	1624.49	176.87	4842.44	5.42	-8.81

工业企业主要经济指标(3)(续表)

单位:万元

利润构成与盈利能力				经营与发展能力							
利润总额	所得税	净利润	净资产收益率(%)	存货周转率(%)	应收账款周转率(%)	总资产周转率(%)	主营业务收入增长率(%)	营业利润增长率(%)	税后利润增长率(%)	净资产增长率(%)	总资产增长率(%)
6712.46	945.21	5767.25	4.99								
134225.25	18986.34	115244.25	13.03	7.49	44.01	1.96	-3.45	-44.35	-29.98	9.74	14.12
5523.59	1074.63	4617.83	3.56	7.44	19.23	1.30	34.01	-14.41	4.25	3.60	6.36
16730.16	3672.28	13076.67	12.73	12.76	17.29	1.00	191.11	109.31	86.56	15.44	65.84
54300.30	6984.53	47315.77	20.21								
13730.79	1745.47	12024.48	6.35	3.00	2.58	0.41	29.92	3.78	12.53	4.78	12.65
5359.97	938.80	4421.18	9.00								
19261.17	3453.70	13292.85	13.27	1.69	4.47	0.42	42.67	71.96	76.32	11.72	9.28
154180.65	37783.90	49079.34	14.44	4.57	16.21	0.60	14.58	153.59	100.55	10.90	14.36
80163.35	14698.24	43806.67	12.60	1.33	20.03	0.91	23.58	29.61	28.67	7.05	20.13
3603.93	1650.91	1154.67	0.54	2.03	2.47	0.37	-22.35	-91.36	-94.19	0.54	0.17
4778.73	1236.32	3542.41	6.35	5.21	4.33	0.65	6.75	-16.65	-15.28	154.32	48.62
12390.58	1964.80	10425.79	9.46								
51325.31	7916.48	45413.38	12.31	2.77	3.62	0.57	55.91	27.87	34.49	348.60	166.23
1365.98	3.00	1138.29	1.50	1.66	4.38	0.55	-2.12	-415.45	-48.9	1.52	1.92
2139.23	331.35	1807.88	35.46	1.19	2.36	0.93	111.28	238.17	197.98	52.25	128.92
4833.62	497.52	4338.52	25.48	2.84	7.34	0.63	15.89	18.74	17.29	34.18	14.25

2011年北京市能源消费总量和主要

项目	能源消费总量（万吨标准煤）	煤炭	焦炭	汽油
合计	6995.40	2365.54	33.28	389.79
农、林、牧、渔业	100.33	46.59		4.77
采矿业	189.87	52.36	28.09	0.82
煤炭开采和洗选业	6.10	1.32		0.07
石油和天然气开采业	30.10	0.55		0.57
黑色金属矿采选业	148.76	47.44	28.04	0.15
有色金属矿采选业				
非金属矿采选业	4.91	3.05	0.05	0.03
其他采矿业				
制造业	1714.47	446.64	5.18	15.67
农副食品加工业	28.20	16.85		0.56
食品制造业	32.24	9.35		0.64
饮料制造业	46.83	35.03		0.36
烟草制品业	2.36	0.01		0.01
纺织业	14.48	8.15		0.32
纺织服装、鞋、帽制造业	16.48	10.39		0.57
皮革、毛皮、羽毛(绒)及其制品业	1.02	0.30		0.05
木材加工及竹、藤、棕、草制品业	5.89	0.71		0.13
家具制造业	8.10	1.92		0.45
造纸及纸制品业	14.93	8.71		0.30
印刷业和记录媒介的复制	27.61	3.81		0.83
文教体育用品制造业	3.35	1.38		0.08
石油加工、炼焦及核燃料加工业	621.69	3.99		0.06
化学原料及化学制品制造业	191.87	80.03	0.01	0.92
医药制造业	30.45	12.86		0.49
化学纤维制造业	1.47	0.03		0.02
橡胶制品业	10.27	4.17		0.13
塑料制品业	23.04	4.55		0.46
非金属矿物制品业	271.22	184.69	2.58	0.91

能源品种消费量经济指标(按行业分)

单位:万吨

煤　油	柴　油	燃料油	液　化 石油气	天然气 (亿立方米)	热　力 (万百万千焦)	电　力 (亿千瓦时)
419.88	241.11	74.65	48.64	73.56	17539.09	853.68
	5.30		0.05	0.01		17.04
	23.21	0.03	0.03	0.31	196.78	21.08
	0.09				1.23	1.61
	18.09		0.03	0.06	0.02	0.74
	4.40	0.03		0.24	193.71	18.23
	0.63				1.83	0.50
0.16	19.24	69.69	4.95	8.15	4394.50	169.99
	0.50	0.07	0.05	0.08	34.78	3.63
	0.47		0.25	0.34	100.69	4.77
	0.39		0.01	0.05	86.23	5.24
				0.11		0.28
	0.09		0.04	0.03	31.45	1.88
	0.17		0.03	0.02	19.77	1.49
	0.01				1.24	0.15
	0.08			0.02	0.85	1.22
	0.11	0.01	0.02	0.01	12.93	1.34
	0.17	0.04	0.02	0.06	6.07	1.92
0.01	0.21		0.04	0.23	58.70	5.51
	0.02		0.01		19.48	0.39
	0.08	62.24	3.03	2.56	1617.01	18.80
0.01	0.91	3.53	0.28	0.21	1269.80	19.50
	0.31		0.02	0.28	91.31	4.35
	0.03			0.01	4.56	0.35
	0.02			0.01	44.95	1.67
	0.21		0.10	0.01	30.19	5.39
	10.64	3.69	0.10	0.78	29.84	23.12

2011 年北京市能源消费总量和主要

项　　目	能源消费总量（万吨标准煤）	煤　炭	焦　炭	汽　油
黑色金属冶炼及压延加工业	26.53	1.80	0.05	0.08
有色金属冶炼及压延加工业	10.01	1.54	0.07	0.14
金属制品业	34.51	6.19	0.06	1.29
通用设备制造业	42.58	6.61	1.95	1.24
专用设备制造业	32.90	12.58	0.06	1.21
交通运输设备制造业	99.09	20.54	0.37	1.84
电气机械及器材制造业	28.40	6.51	0.02	1.10
通信设备、计算机及其他电子设备制造业	69.77	0.65		0.67
仪器仪表及文化、办公用机械制造业	8.47	0.59		0.59
工艺品及其他制造业	8.83	2.28		0.21
废弃资源和废旧材料回收加工业	1.89	0.42		0.03
电力、燃气及水的生产和供应业	425.32	1230.23		1.77
电力、热力的生产和供应业	384.63	1229.80		1.36
燃气生产和供应业	12.36			0.22
水的生产和供应业	28.33	0.43		0.18
建筑业	159.07	15.09	0.02	8.76
交通运输、仓储和邮政业	1185.89	18.00		44.99
信息传输、计算机服务和软件业	124.00	2.77		3.52
批发与零售业	211.46	13.38		22.17
住宿和餐饮业	253.08	29.97		1.64
金融业	50.88	1.05		2.50
房地产业	391.17	96.30		4.16
租赁和商务服务业	182.57	30.24		9.14
科学研究、技术服务与地质勘查业	144.74	9.65		8.52
水利、环境和公共设备管理业	47.03	5.76		2.05
居民服务和其他服务业	46.25	19.77		1.04
教　育	205.79	33.69		3.37
卫生、社会保障和社会福利业	71.69	11.55		0.96
文化、体育与娱乐业	69.84	4.75		1.78
公共管理与社会组织	116.13	18.13		8.68
生活消费	1305.84	279.63		243.49
城　镇	959.49	69.63		235.73
乡　村	346.35	210.00		7.76

能源品种消费量经济指标(按行业分)(续表)

单位:万吨

煤 油	柴 油	燃料油	液 化 石油气	天然气 (亿立方米)	热 力 (万百万千焦)	电 力 (亿千瓦时)
	0.19			0.84	10.93	4.27
	0.06		0.02	0.01	17.29	2.49
	0.49		0.52	0.19	40.86	6.24
0.03	0.93	0.04	0.12	0.13	132.28	7.76
0.01	0.40	0.02	0.03	0.14	101.12	5.38
0.09	2.27	0.04	0.13	1.53	235.25	16.41
	0.12		0.05	0.16	82.34	4.89
	0.11		0.03	0.26	222.86	18.73
	0.03		0.01	0.04	50.28	1.24
	0.11		0.03	0.04	38.62	1.17
	0.10				2.80	0.41
	0.98	3.85	4.85	26.42	510.09	96.16
	0.83	3.85	0.11	25.90	483.29	86.81
	0.07		4.74	0.41	6.72	0.81
	0.08		0.01	0.11	20.08	8.55
	33.31		0.73	0.41	133.81	25.14
419.35	133.88	0.15	0.34	2.38	689.70	61.96
	0.49		0.04	0.12	413.01	33.68
0.01	8.18	0.03	0.56	0.52	701.70	42.18
	1.12	0.01	13.64	3.98	698.77	41.79
	0.30		0.05	0.07	269.85	12.03
	1.56	0.85	0.18	6.53	1406.57	57.81
	3.08	0.01	0.34	1.72	851.24	29.76
0.37	1.22		0.12	2.18	881.00	20.80
	4.76		0.16	0.17	40.65	9.60
	0.61	0.01	0.16	0.82	148.27	4.09
	1.64		0.49	3.24	1559.29	24.97
	0.25		0.19	0.98	421.51	10.99
	0.40		0.13	0.55	525.85	12.52
	0.79	0.01	0.41	0.66	786.50	17.36
	0.77		21.20	10.49	2910.00	144.74
			13.88	10.21	2910.00	95.48
	0.77		7.33	0.28		49.26

附 录

北京市第二十六届企业管理现代化创新成果获奖名单（210 项）

序号	成果名称	企业名称
一等奖 57 项		
1	医药物流延伸服务体系的建设与管理	北京医药股份有限公司
2	“银政惠民账户”架起政府支农政策与受益农民之间的桥梁	北京农商银行
3	北京市医保卡工程建设项目管理创新	首都信息发展股份有限公司
4	打造企业社区网络，创新信息交互模式	中国移动通信集团北京有限公司
5	建设一体化信息管理平台，推进我国奶牛养殖业的现代化进程	北京三元绿荷奶牛养殖中心
6	多渠道推进劣势子企业平稳退出，实现集团可持续发展目标	北京市首都公路发展集团有限公司
7	以提升员工能力为目标，创新课程体系及学习路径图建设	中国移动通信集团北京有限公司
8	市场化导向的奥运场馆赛后运营管理	北京国家游泳中心有限责任公司
9	全球最具创新能力的专业气瓶制造商战略的构建与实施	北京天海工业有限公司
10	实施战略管理，推动企业快速发展	北京城建投资发展有限公司
11	锐意创新，构建新型工程全过程造价管控体系	北京市电力公司基建部
12	进口备件国产化管理模式的构建及其产业化发展途径推进	首钢总公司设备部
13	大型企业集团停产搬迁职工分流安置与人力资源优化的实践	首钢总公司劳动工资部
14	创建积分制“绿色通道”，推进项目带人的人才培养机制	秦皇岛首秦金属材料有限公司

续表

序号	成果名称	企业名称
15	构建运营管理信息系统，提高经营分析决策水平	北控水务集团有限责任公司
16	汽车制造企业设备自主保全管理模式的创新	北汽福田汽车股份有限公司北京蒙派克汽车厂
17	发电固体排放物整体销售体系和整体销售策略的实施	大唐同舟科技有限公司
18	燃料科学合理配比调控中的管理与创新——褐煤掺烧，降本增效应用实践	内蒙古京隆发电有限责任公司
19	设备管理 EM38 系统在岱海发电公司的应用	内蒙古岱海发电公司有限责任公司
20	“3 平台、1 机制”班组安全建设模式的构建与实施	大唐国际发电股份有限公司北京高井热电厂
21	燃气集团管控体系建设	北京燃气集团有限责任公司
22	燃气管网（区域分控）数据链应用平台建设与实施	北京燃气集团有限责任公司第四分公司
23	构建以“六有”为核心的站队（班组）建设模式	北京绿源达压缩天然气有限公司
24	铁路货车造修企业精益化管理体系的构建	南车二七车辆有限公司
25	科学定位产品市场价值，系统提升昊华出口煤营销效益	北京昊华能源股份有限公司
26	以国际地铁行业标准构建北京地铁优秀运营服务商对标竞争管理体系	北京市地铁运营有限公司运营一分公司
27	石油化工装置平稳率管理体系构建与实施	中国石油化工股份有限公司北京燕山分公司
28	提升战略执行能力，构建“三基”标准管理体系	中国石油化工股份有限公司北京石油分公司
29	燕山石化企业水体风险防范体系的构建与实施	中国石化集团北京燕山石油化工有限公司水务管理中心
30	以分级、闭环管理为核心的项目管理方法在现代化汽车生产企业安全管理中的运用	北京现代汽车有限公司
31	螺旋式进步法则在生产管理上的有效实施	北京北齿有限公司
32	构建战略规划体系，以崭新视角引领北京农商银行发展转型	北京农商银行
33	专项工作管理模式创新与实践	北京同仁堂科技发展股份有限公司
34	创建“五化”管理体系，提升运营服务水平	北京市首都公路发展集团有限公司

续表

序号	成果名称	企业名称
35	矿山企业小指标体系再造与动态升级管理	首钢矿业公司
36	构建网上客户销售服务平台，打造和谐共生钢铁供应链	首钢京唐钢铁联合有限责任公司
37	首钢实施战略性搬迁中维稳机制的构建与实施	首钢总公司办公厅
38	“辅控一体化”管理的构建与实施	京能集团内蒙古京泰发电有限责任公司
39	专利管理体系的构建与实施	北新集团建材股份有限公司
40	首创置业标准化、跨区域、多业态信息化管理体系的构建与实施	首创置业股份有限公司
41	以提高员工素质为核心，构建北京地铁车站“维保一体化”的精细化维修养护管理体系	北京市地铁建筑安装工程公司
42	以提升自主创新能力为核心促进小企业群梯次发展战略的实施	北京光华纺织集团有限公司
43	基于智能信息技术的电力设备集约管控模式创新与实践	华北电网有限公司
44	动力与风险一体化管理体系的创新实践	北京电力设备总厂
45	传统外贸企业转型发展的创新与实践	北京对外经贸控股有限责任公司
46	信息化实现集团集约化管控模式转变	北京住总集团有限责任公司
47	创新应用信息化管理手段，升级优化房地产管理效力	北京建工置地有限责任公司
48	推进牡丹二次创业的“一体化”战略规划及其延伸	北京牡丹电子集团有限责任公司
49	电力企业班组标准化考评体系的建立与实施	京能集团北京京能热电股份有限公司
50	构建生产经营新模式，实现企业可持续发展	北京红星股份有限公司
51	抑尘技术产业化开发，战略管理体系的构建与实施	北京精诚博桑科技有限公司
52	以工厂店直营店为经营特色创新奥特莱斯商业模式	北京燕莎奥特莱斯购物中心
53	运用商业智能实现智慧零售决策	北京翠微大厦股份有限公司
54	“科研型集团经济体”管理体制模式再造创新	北京市农业机械研究所

续表

序号	成果名称	企业名称
55	“资金池”模式的创新与管理	北京市金正资产投资经营公司
56	防范项目投资风险，创新项目管理机制	北京制浆造纸试验厂
57	构筑北京地铁电视建设和发展的管理模式	北京北广传媒地铁电视有限公司
二等奖 132 项		
1	以企业文化提升集团核心竞争力	北京光华纺织集团有限公司
2	新医改背景下中药企业营销模式的创新与实践	北京同仁堂科技发展股份有限公司
3	以成本最优为目标构建石油销售企业物流信息化决策系统	中国石油化工股份有限公司北京石油分公司
4	“1＋12”的南车二七信息化建设——多系统低投入低风险 ERP 项目实施	南车二七车辆有限公司
5	天津津塔项目——钢结构创新管理模式	金融街津塔（天津）置业有限公司
6	建设营销员服务中心，创建全新保险服务体系	长城人寿保险股份有限公司
7	依托技术管理创新体系，建设金融街高可靠性供电示范工程	金融街控股股份有限公司
8	房地产开发项目安全信息化管理平台建设	金融街控股股份有限公司
9	以巡视促进企业科学发展	北京金融街投资（集团）有限公司
10	以标准化为核心的配送管理创新	北京庆丰包子铺
11	国有企业建设工程“全过程审计机制”创新实践	北京对外经贸控股有限责任公司
12	传统外贸企业经营战略转型的创新实践	北京市圣雅诗进出口有限责任公司
13	创新增资扩股模式，实现北京农商银行资本管理的制度性突破	北京农商银行
14	建设票据集中提入系统，实现商业银行票据交换业务流程再造	北京农商银行
15	以全生命周期服务为核心价值的全程客户关系管理体系（大客服体系）的构建与实施	三亚兰海水城建设投资有限公司
16	保障房建设精细化管理的探索与实践	北京丽富房地产开发有限公司
17	专注节能减排，打造环境友好型物业企业	北京金泰物业管理有限公司

续表

序号	成果名称	企业名称
18	推行家人式“四零”服务标准，提升企业核心竞争力	北京翠微大厦股份有限公司
19	以信息技术为支撑的学习型组织建设	北京数字证书认证中心有限公司
20	票务运营企业风险内控管理体系建设	北京文化体育科技有限公司
21	加强系统管理，提升经营品质	北京建工四建工程建设有限公司
22	“全额计件”工资分配办法创新	北京二七轨道交通装备有限责任公司
23	构建配件价格数学模型，提升企业价格管理水平	北京二七轨道交通装备有限责任公司
24	借助人力资源信息管理系统，实现人力资源立体化、流程化、预警式创新管理	北京二七轨道交通装备有限责任公司
25	以增强技术转化能力为中心的奶牛场科技创新管理	北京市沧达农工商公司
26	IT 自动化技术在证券企业风险管理中的运用	首创证券有限责任公司
27	理念引领成长，品牌决定高度	华北电网有限公司
28	电网运行企业生产标准化作业体系建设	华北电网有限公司北京超高压公司
29	标准化保电模式的构建与实施	大唐国际发电股份有限公司北京高井热电厂
30	北京高井热电厂运行人员标准化培训方法的创新	大唐国际发电股份有限公司北京高井热电厂
31	提升信息管理，助力电力绿色工程	大唐国际发电股份有限公司北京高井热电厂
32	推进公司快速发展管理体制和运作机制的创新	大唐同舟科技有限公司
33	“科技创安”理念在地铁运营安全管理实践中的应用	北京市地铁运营有限公司三分公司
34	北京地铁车站导流缓冲客流控制管理方法的构建与实施	北京市地铁运营有限公司二分公司
35	北京地铁线路维修人机结合优化管理体系的构建	北京市地铁运营有限公司线路公司
36	实施人才“导师制”，培养高素质人才	北京市地铁运营有限公司线路公司
37	地铁车辆制造监理咨询管理体系构建与实施	北京地铁监理公司
38	地铁 AFC 票款管理模式创新与实践	北京市地铁运营有限公司运营一分公司

续表

序号	成果名称	企业名称
39	“轮岗制”在首都轨道交通人才建设中的构建与实施	北京地铁运营有限公司运营一分公司
40	创新观念、以人为本、搭建平台、实现共赢——“新地铁”模式下运营一分公司人力资源管理创新纪实	北京市地铁运营有限公司运营一分公司
41	以员工成长为核心，构建大培训体系	北京电力经济技术研究院
42	线损指标闭环管理法	北京市电力公司朝阳供电公司
43	预算及成本控制“条状”管理	北京市电力公司朝阳供电公司
44	成功维护罗地亚合资公司中方权益与扭亏经营监管实践案例	北京东方石油化工有限公司
45	国有企业引入员工心理健康计划的管理实践	北京东方石油化工有限公司化工二厂
46	运用系统管理法，提升危化品长输管道管理水平	北京东方石油化工有限公司化工二厂
47	实施精细化管理，有效降低综合损失率	北京东方石油化工有限公司东方化工厂
48	运用因素分析法降低乙烯装置的能耗	北京东方石油化工有限公司东方化工厂
49	以提升自主创新竞争力为中心的产销研一体化管理体系的构建与实施	北京东方石油化工有限公司有机化工厂
50	倡导全员生产维修管理理念，确保装置长周期运行	北京东方石油化工有限公司有机化工厂
51	连续炉盐浴淬火生产车间管理创新	北京北齿有限公司
52	以技术驱动为核心的节约型齿轮制造企业的建设	北京北齿有限公司
53	传统制造业向精益生产转型的探索	北京北齿有限公司
54	合理运用价格体系，为加速企业发展、促进企业增效提供科学依据	北京北齿有限公司
55	企业员工培训与人才管理	北京北齿有限公司
56	维修工导师制人才培养平台的开发与应用	北京奔驰汽车有限公司
57	高技能人才的评价与激励	北京现代汽车有限公司
58	坚持内涵式增长管理创新，制定合理中长期产品规划	北京现代汽车有限公司
59	通过战略性产品结构升级，促进企业效益与品牌力双提升	北京现代汽车有限公司
60	构建经销商订单管控（BTO）系统，提升供应链整体运营成效	北京现代汽车有限公司

续表

序号	成果名称	企业名称
61	应对市场变化为主导的销售促进政策制订	北京现代汽车有限公司
62	运用 ABC 管理模式，实现内涵式管理创新	北京现代汽车有限公司
63	建立后备人才三级培养机制，服务企业经营发展	北京现代汽车有限公司
64	强化主导工作意识，实现车间与相关部门无缝对接管理	北京现代汽车有限公司
65	汽车发动机轴瓦选组管理方法改善	北京现代汽车有限公司
66	发动机厂 GAMMA 生产线 30 万台产能，提升与品质保证方案实施	北京现代汽车有限公司
67	建立中涂分色系统，提高分色率	北京现代汽车有限公司
68	涂装机器人清洗，实现本质安全改善案例	北京现代汽车有限公司
69	建立能源色点管理系统，实施能源星级管理制度	北京现代汽车有限公司
70	内部控制理念与企业反舞弊模式创新	北汽福田汽车股份有限公司审计部
71	运用关键绩效指标（KPI）体系管理模式，推动企业党委业务创新发展	北汽福田汽车股份有限公司北京蒙派克汽车厂
72	基于目标下的企业“四位一体”动态管理与实施	北汽福田汽车股份有限公司北京福田发动机厂
73	拉动式采购订单管理	北汽福田汽车股份有限公司北京福田发动机厂
74	保障性住房项目风险管理体系的构建与实施	北京城建房地产开发有限公司
75	“组合预测法”在石脑油采购中的应用与实效	中国石油化工股份有限公司北京燕山分公司物资装备中心
76	实施标杆管理，实现企业自我超越	中国石油化工股份有限公司北京燕山分公司化工二厂
77	推行状态监测技术，提升设备受控水平	中国石油化工股份有限公司北京燕山分公司生产运行保障中心
78	公司项目管理体系的再造	北京机电院高技术股份有限公司
79	强化研发平台构建，加强技术创新管理	北京机电院高技术股份有限公司
80	深入 IT 治理，构建强劲有力的企业数字化神经网络	北京巴布科克·威尔科克斯有限公司
81	批发市场信息化建设的管理与实践	北京大红门京深海鲜批发市场有限公司
82	践行绿色发展理念，节约能源减少排放	北京·格雷斯海姆玻璃制品有限公司

续表

序号	成果名称	企业名称
83	坚持引进式产品创新，开拓中国纳豆产业	北京燕京中发生物技术有限公司
84	降低燃气管网运行风险，创新施工配合管理——建设施工配合的全向管控机制	北京市燃气集团有限责任公司第四分公司
85	强化内部审计管理 充分发挥“免疫系统”作用	北京控股集团有限公司
86	创新人才培养举措，改善人才结构质量——第三分公司人才培养创新实践	北京市燃气集团有限责任公司第三分公司
87	高压管网分公司管理创新成果——模块化培训	北京燃气集团有限责任公司高压管网分公司
88	96777 打造服务管理平台	北京市燃气集团有限责任公司运营调度中心
89	带气作业管理平台的构建	北京市燃气集团有限责任公司运营调度中心
90	实施新型工商客户燃气设施代管服务，提高客户服务管理水平	北京北燃港华燃气有限公司
91	整合公司基础台账，建立数据统一机制——非居民收费、计量、客服巡检台账的更新及对应	北京市燃气集团有限责任公司第四分公司
92	创新职代会工作机制，践行民主管理制度	北京牡丹电子集团有限责任公司
93	银企合作谋发展，管理创新促三赢	北京速通科技有限公司
94	除雪设备信息化管理系统提升高速公路除雪应急保障能力	北京首发公路养护工程有限公司
95	基于过程动态控制的北京市高速公路沥青路面工程成套施工创新管理体系的构建与实施	北京市首都公路发展集团有限公司
96	应用便携式收费机提高收费站通行能力的管理创新	北京云星宇交通工程有限公司
97	机电系统信息安全管理体系研究与应用	北京市首都公路发展集团有限公司
98	优化工作流程，提升工作效率——收费找零备用金管理程序调整创新成果报告	北京市首都公路发展集团有限公司
99	创新稽查工作模式，拓展外部稽查职能——外部稽查职能拓展与二级稽查模式建立	北京市首都公路发展集团有限公司
100	优化运营管理结构，实现资源信息共享——“一路双所一体化”业务管理新模式应用	北京市首都公路发展集团有限公司

续表

序号	成果名称	企业名称
101	高速公路封包式手工通行票（卡）管理模式的应用	北京市首都公路发展集团有限公司
102	基建、生产一体化管理在火电建设中的实施	京能集团内蒙古京泰发电有限责任公司
103	企业标准化和谐建设路径的实践	内蒙古岱海发电公司有限责任公司
104	火力发电厂燃料管理体系创新与实践	京能（赤峰）能源发展有限公司
105	构建“全方位节能减排工作模式”，提高企业竞争力，践行绿色电力承诺	北京京能热电股份有限公司
106	创建电力集团企业后勤服务，集约化经营的管理模式	京能电力后勤服务有限公司
107	新建国有火力发电企业基层党组织“标准化建设，目标化管理”的探索与实践	京能（赤峰）能源发展有限公司
108	点检定修管理模式的实践成果	京能集团内蒙古京泰发电有限责任公司
109	知识经济时代的产业转型创新与传统国有农牧企业向现代物流企业的飞跃	国营北京市长阳农场
110	依靠科技创新，构建节约型企业	北京市华龙苑物业管理中心
111	搭分层平台，促精准营销，“四步法”构建区域特色营销模式	中国移动通信集团北京有限公司
112	构建全业务电子商务平台，实现业务与销售模式创新	中国移动通信集团北京有限公司
113	基于管理五要素论的固网电信业务管理体系	中国移动通信集团北京有限公司
114	加强多方联动，持续深入推进垃圾信息治理工作	中国移动通信集团北京有限公司
115	打破员工身份壁垒，创建全员一体化管理模式，构建和谐劳动关系	中国移动通信集团北京有限公司
116	销售漏斗延展应用模型的创建与应用	中国移动通信集团北京有限公司
117	构建全面流程体系，开辟战略导向的量化管理新路径	中国移动通信集团北京有限公司
118	以信息化建设，提升企业管理水平	北京环境卫生工程集团有限公司一清分公司
119	以循环经济为核心的余热资源化利用管理体系的构建与实施	北京环境卫生工程集团有限公司二清分公司
120	适应首钢战略发展，创新企业职工培训模式	首钢培训中心

续表

序号	成果名称	企业名称
121	创新高校毕业生招收工作，为首钢发展引进高素质人才	首钢总公司组织人事部
122	大型施工企业工程项目与全过程信息化动态管理	北京首钢建设集团有限公司
123	开展“2212”对标，优化首钢冷轧产品结构，实现效益最大化	首钢总公司销售公司
124	转变发展方式推进产品高端化和市场品牌化	北京首钢机电有限公司
125	运用自动化、标准化、信息化，构建质量把关防控体系	河北省首钢迁安钢铁有限责任公司
126	首钢炼焦煤资源战略研究及实践	北京首钢股份有限公司物资供应公司
127	发挥职工潜能，更大限度依靠职工，推动职工实践企业科学发展	首钢总公司工会
128	板材质量一贯制管理体系的构建	北京首钢冷轧薄板有限公司
129	实施全方位安全质量标准化管理，确保气体产业稳步发展	北京首钢氧气厂
130	实施“四定、两挂”管理，实现企业双增双节目标	大唐国际发电股份有限公司北京高井热电厂
131	“首钢物业”转变发展方式将国企后勤打造成北京市知名品牌的实践	北京首钢实业有限公司
132	一业多地自动化运行集中一贯制下的扁平化管理	北京首钢自动化信息技术有限公司
三等奖 21 项		
1	“萌芽 100”公益活动	长城人寿保险股份有限公司
2	以信息技术为工具，构建项目会议审议管理系统，提高银行内部管理水平	北京农商银行
3	太阳能集热系统在煤炭选运工艺中的实践与应用	北京昊华能源股份有限公司木城涧煤矿
4	健全招标采购机制，降低物资采购成本	北京二七轨道交通装备有限责任公司
5	培训创新，力促企业跨越式发展	北京二七轨道交通装备有限责任公司
6	加强定位管理，提高进口配件仓储管理能力	北京二七轨道交通装备有限责任公司
7	网络化模式下北京城市轨道交通运营法律风险管理实践	北京市地铁运营有限公司一分公司

续表

序号	成果名称	企业名称
8	深入开展效能监察，提升带电作业管理水平	北京市电力公司城区供电公司
9	自诊断、疏瓶颈，提高生产力	北京现代汽车有限公司
10	NWT 革新推进事务局	北京现代汽车有限公司
11	提高发动机整机试漏一次合格率	北京现代汽车有限公司
12	创新预见性思维在技术改造中的运用	北京现代汽车有限公司
13	刀具优化降成本项目管理创新实践	北京现代汽车有限公司
14	发动机装配 BNM 项目	北京现代汽车有限公司
15	降低曲轴加工线换型次数的创新实践	北京现代汽车有限公司
16	二工厂总装 30 万台改造期间 γ 发动机存储项目	北京现代汽车有限公司
17	探索效益分成激励机制，促进科研成果转化	北京市公用事业科学研究所
18	顺应五环发展，创新通行模式——建立五环专用通道	北京市首都公路发展集团有限公司
19	发电企业“辅助车间单元制”管理的实践	内蒙古岱海发电有限责任公司
20	发电企业物资设备及采购的信息化管理	京能（赤峰）能源发展有限公司
21	电力企业外包工程全方位安全管理模式	北京京能热电股份有限公司

北京市第二十六届企业管理现代化创新成果优秀组织单位名单（10 家）

序号	企业名称
1	首钢总公司
2	中国石油化工股份有限公司北京燕山分公司
3	中国移动通信集团北京有限公司
4	大唐国际发电股份有限公司
5	华北电网有限公司
6	北京市首都公路发展集团有限公司
7	北京市地铁运营有限公司
8	北京能源投资（集团）有限公司
9	北京汽车集团有限公司
10	北京首都创业集团有限公司

注：以上排名不分先后

北京市第十四批企业技术中心认定名单

根据《北京市认定企业技术中心管理办法》，结合企业的综合实力、技术创新体系建设与运行机制、技术中心基本条件、技术创新活动成果等，经专家评审及北京市企业技术中心认定指导小组审定，同意北京世纪东方国铁科技股份有限公司等41家企业的技术中心通过北京市第十四批认定。具体名单（排名不分先后）。

序号	企业名称	序号	企业名称
1	北京世纪东方国铁科技股份有限公司	22	维达北方纸业（北京）有限公司
2	百度在线网络技术（北京）有限公司	23	北京天山新材料技术股份有限公司
3	北京公科飞达交通工程发展有限公司	24	北京市琉璃河水泥有限公司
4	北京星网锐捷网络技术有限公司	25	北矿磁材科技股份有限公司
5	博彦科技股份有限公司	26	北京昊华能源股份有限公司
6	北京千方科技集团有限公司	27	北京京煤化工有限公司
7	北京华夏电通科技有限公司	28	北京协和药厂
8	北京旋极信息技术股份有限公司	29	北京韩美药品有限公司
9	北京中电普华信息技术有限公司	30	保罗生物园科技股份有限公司
10	北京恒泰实达科技发展有限公司	31	北京星昊医药股份有限公司
11	北京新媒传信科技有限公司	32	北京诚信能环科技有限公司
12	北京久其软件股份有限公司	33	中国建筑股份有限公司
13	北京中恒复印材料技术有限公司	34	中铁十九局集团有限公司
14	方正国际软件（北京）有限公司	35	中国机械工业建设集团有限公司
15	北京国铁华晨通信信息技术有限公司	36	中国水利水电第二工程局有限公司
16	北京双杰电气股份有限公司	37	中交隧道工程局有限公司
17	北京恩布拉科雪花压缩机有限公司	38	中国华冶科工集团有限公司
18	新华都特种电气股份有限公司	39	北京中关村开发建设股份有限公司
19	海信（北京）电器有限公司	40	中国建筑土木建设有限公司
20	朗姿股份有限公司	41	中国中铁航空港建设集团有限公司
21	北京奥星恒迅包装科技有限公司		

北京市工业企业部分发明授权专利

申请号	专利名称	申请人姓名	申请人地址
201110027245X	生物质直燃发电锅炉炉渣和烟灰再燃烧及排放装置	北京德普新源科技发展有限公司	北京市朝阳区三里屯西五街5号
201010553109X	浮筑楼板隔声效果演示模型装置	北京浩瑞诚业新型建材有限公司	北京市丰台区东大街66号新空间写字楼312室
201010518334X	缓冲板及其制造方法	北京中通日隆车辆装备科技有限公司	北京市丰台区丰台区丰管路16号9号楼3026B
201010301252X	一种治疗肺喘病的中药组合物及其制备方法	泰一和浦（北京）中医药研究院有限公司	北京市丰台区北京市丰台区丰管路16号9号楼2027B
201010300442X	一种治疗脑部肿瘤的外用中药组合物及其制备方法	泰一和浦（北京）中医药研究院有限公司	北京市丰台区丰台区丰管路9～16号西国贸大厦2027B
201010300435X	一种治疗小脑萎缩的中药组合物及其制备方法	泰一和浦（北京）中医药研究院有限公司	北京市丰台区丰台区丰管路9～16号西国贸大厦2027B
201010298042X	一种屋面生态种植系统及其构造方法	北京立高科技股份有限公司	北京市丰台区小屯路9号立高大厦
201010296084X	一种治疗病毒性下呼吸道感染的中药	北京天泰源医药技术开发有限公司	北京市海淀区北蜂窝8号8幢1单元701
201010292019X	数据权限控制方法和装置	用友软件股份有限公司	北京市海淀区北清路68号用友软件园
2010102905433	风冷式冷水机组	阿尔西制冷工程技术（北京）有限公司	北京市石景山区鲁谷东街28号
201010267258X	无光照人脸图像重建方法和系统	汉王科技股份有限公司	北京市海淀区东北旺西路8号5号楼3层
201010264673X	基于无限分层和信息遗传实现多维分类集群的创建方法	北京鸿蒙网科技有限公司	北京市海淀区玉渊潭南路17号D座1001室
201010260911X	稳定的头孢克洛分散片及其制备方法	北京京丰制药有限公司	北京市丰台区丰台科学城航丰路8号

201010256699X	一种水平型分组并行分布校验的磁盘阵列的构建方法	北京同有飞骥科技有限公司	北京市海淀区中关村南大街36号湖北大厦18号
201010244705X	多接入方式并发传输的方法、系统、网络侧设备和终端	中国电信股份有限公司	北京市西城区金融大街31号
201010239256X	定位铣胎	北京二七轨道交通装备有限责任公司	北京市丰台区长辛店杨公庄1号
201010237611X	主泵水力部件专用去污装置	中国核电工程有限公司	北京市海淀区西三环北路117号
201010237604X	一种9—14分特尼龙6高取向纤维生产工艺	北京三联虹普纺织化工技术有限公司	北京市朝阳区望京广泽路2号慧谷根园仁爱胡同5号
201010232116X	一种智能检索方法	同方知网（北京）技术有限公司	北京市海淀区清华园清华大学36区华业大厦B1410、1412、1414室
201010226322X	一种两气隙永磁偏置内转子径向磁轴承	北京奇峰聚能科技有限公司	北京市东城区东四前炒面胡同33号瀚海科技大厦6层
201010224011X	一种治疗白带出血的中药组合物及其制备方法	泰一和浦（北京）中医药研究院有限公司	北京市丰台区丰管路16号9号楼2027B
201010223522X	一种钢筋混凝土外包钢板复合防爆柱及施工方法	中国京冶工程技术有限公司	北京市海淀区西土城路33号
201010222550X	一种细旦尼龙66全牵伸纤维纺丝生产工艺	北京三联虹普纺织化工技术有限公司	北京市朝阳区望京广泽路2号慧谷根园仁爱胡同5号
201010205862X	24KV固体绝缘全封闭开关设备	北京双杰电气股份有限公司	北京市海淀区上地三街9号D座1111
201010199877X	数据变化驱动业务逻辑的方法和系统	用友软件股份有限公司	北京市海淀区北清路68号用友软件园
201010191606X	开有门窗洞口的预制复合墙板及其制作方法	北京万科企业有限公司	北京市朝阳区农展南路甲1号万科中心
201010181254X	一种双定位体外碎石机	北京中科健安医用技术有限公司	北京市海淀区中关村北二条11号
201010177958X	一种胶姆糖污渍清洁剂及其制备方法	北京绿伞化学股份有限公司	北京市海淀区永丰产业基地永捷北路3号

201010177475X	电缆锁紧固定装置	中国石油化工集团公司	北京市朝阳区惠新东街甲6号
201010173103X	一种兼有去污和柔软功能的洗涤剂及其制备方法	北京绿伞化学股份有限公司	北京市海淀区永丰产业基地永捷北路3号
201010165633X	湖泊底泥内源污染的资源化综合治理方法	北京道顺国际技术开发有限责任公司	北京市海淀区上地东路1～5号京蒙高科A318
201010165432X	一种细分受众的多画面网络直播方法	第一视频通信传媒有限公司	北京市海淀区北四环西路66号19层
201010162819X	一种利用“炉身悬挂法”更换高炉炉皮围板的施工方法	北京首钢建设集团有限公司	北京市石景山区苹果园路15号
201010161371X	一种抗高温氧化性的篦条及其制备方法	北京力拓科技有限公司	北京市朝阳区安翔北里甲11号创业大厦B座312室
201010151167X	一种治疗咳嗽的中药组合物及其制备方法	泰一和浦（北京）中医药研究院有限公司	北京市丰台区丰管路16号9号楼2027B
201010146899X	一种转炉出钢渣洗预脱硫精炼工艺	首钢总公司	北京市石景山区石景山路68号
201010142245X	一种海上单桩基础结构及其安装方法	中国海洋石油总公司	北京市东城区朝阳门北大街25号
201010140858X	一种治疗贲门癌的中药组合物及其制备方法	泰一和浦（北京）中医药研究院有限公司	北京市丰台区丰管路16号9号楼2027B
201010133813X	支持标量复用的非全流水向量除法开方装置及方法	北京龙芯中科技术服务中心有限公司	北京市海淀区科学院南路10号
201010130308X	骶骨撑开器	北京纳通投资有限公司	北京市海淀区德胜门西大街15号远洋风景小区8—2—1201号
201010129512X	砖组合隔音墙	中国京冶工程技术有限公司	北京市海淀区西土城路33号3号楼106室
201010119202X	水性紫外光固化上光油及其制备方法	北京高盟化工有限公司	北京市房山区燕山工业区8号
201010115511X	一种含环戊二烯基的过渡金属催化剂及其制备和应用	中国石油天然气股份有限公司	北京市东城区东直门北大街9号中国石油大厦
201010113190X	一种含油污泥深度处理工艺	北京欧泰克石油工程技术有限责任公司	北京市海淀区中关村南大街6号中电信息大厦1210室

201010113070X	一种螺栓拧紧机	三一电气有限责任公司	北京市昌平区沙河镇北清路三一产业园
201010112077X	厄贝沙坦氢氯噻嗪胶囊及其制备方法	北京四环科宝制药有限公司	北京市丰台区中关村丰台科技园区海鹰路11号
201010111570X	一种由水性仿天然花岗岩涂料饰面的外保温系统	中国海洋石油总公司	北京市东城区朝阳门北大街25号4705信箱
201010111387X	同轴电缆连接器	罗森伯格亚太电子有限公司	北京市天竺空港工业区B区安祥街3号
201010110707X	一种含二氧化氯的消毒洗手液	北京欧凯纳斯科技有限公司	北京市海淀区北清路103号
201010108393X	一种氯丁橡胶工业废水深度处理工艺	蓝星环境工程有限公司	北京市顺义区空港工业B区安详大街5号
201010108026X	兼容双精度和双单精度的浮点乘加器及其兼容处理方法	北京龙芯中科技术服务中心有限公司	北京市海淀区科学院南路10号
201010103363X	一种基于星载总线的故障识别与处理方法	航天东方红卫星有限公司	北京市5616信箱
201010102144X	一种木质内芯复合枕木	北京盘天新技术有限公司	北京市西城区裕民路18号北环中心1311室
201010034280X	可折叠三脚架及建筑模板及脚手架	北京卓良模板有限公司	北京市顺义区马坡镇聚源工业区20号
201010033777X	基于深度检测的身体识别控制装置	北京思比科微电子技术股份有限公司	北京市海淀区上地五街7号昊海大厦2层201室
200910311140X	逆作法施工土方垂直运输装置及方法	中国建筑一局（集团）有限公司	北京市北京市丰台区西四环南路52号中建一局大厦1311
200910308936X	一种治疗肾气虚损、阳痿遗精病证的中药组合物及制备方法	泰一和浦（北京）中医药研究院有限公司	北京市丰台区丰台区丰管路16号9号楼2027B
200910308855X	一种治疗心神不安、心慌失眠病证的中药组合物及制备方法	泰一和浦（北京）中医药研究院有限公司	北京市丰台区丰台区丰管路9～16号西国贸大厦2027B
200910308686X	海上船舶生活垃圾热裂解资源化处理工艺	中国海洋石油总公司	北京市东城区朝阳门北大街25号海洋石油大厦
200910307643X	预应力钢棒安装螺母	北京中建柏利工程技术发展有限公司	北京市顺义区林河工业开发区林河大街15号
200910305413X	一种导汗透湿透气多功能枕芯	北京光华纺织集团有限公司	北京市朝阳区光华路8号光华大厦

200910304610X	一种三相电源缺相信号检测电路	北京中纺锐力机电有限公司	北京市北京市通州区中关村科技园金桥科技产业基地景盛南四街15号16A
200910304219X	空间多角度桁架结构	北京华洋建设开发有限公司	北京市北京市顺义区李桥镇洼子村东侧
200910304071X	一种聚苯醚组合物及其制备方法	中国蓝星（集团）股份有限公司	北京市北京市朝阳区北三环东路19号
200910302067X	自粘橡胶防水卷材及其制备方法	北京立高科技有限公司	北京市大兴区礼贤镇赵礼路北京东方立高装饰有限公司院内
200910261645X	一种一体式太极柔力球拍及其制作工艺	奥泊隆（北京）体育发展有限公司	北京市西城区裕民路18号北环中心1709
200910260560X	转杯纺纱机恒张力装置	经纬纺织机械股份有限公司	北京市朝阳区亮马桥路39号第一上海中心7层
200910260088X	一种堆垛机以及一种轮对的固定和下料方法	北京康拓红外技术有限公司	北京市海淀区知春路61号9层
200910250010X	一种污水处理系统	北控水务（中国）投资有限公司	北京市海淀区闵庄路3号25号楼一C
200910244266X	一种检测阴道分泌物中细菌菌群的试剂盒及其制备方法	北京中生金域诊断技术有限公司	北京市昌平区科技园区北控科技大厦606室
200910244202X	往复一旋转运动转换机构H型机体、动平衡滑块及设备	北京中清能发动机技术有限公司	北京市海淀区成府北河沿甲5号晶雪莹办公楼1111
200910244192X	含镍物料焙烧工艺	中国恩菲工程技术有限公司	北京市海淀区复兴路12号
200910244178X	可撕裂鞘管撕裂槽的开槽方法和实现该方法的开槽装置	北京同济恒远医学技术有限责任公司	北京市大兴区科苑路18号
200910244040X	用于流量计量控制的电磁调节阀装置	北京七星华创电子股份有限公司	北京市朝阳区酒仙桥东路1号
200910243946X	一种MPEG－2编码复用的方法	北京惠信博思技术有限公司	北京市海淀区中关村南大街2号数码大厦A座19层
200910243833X	一种LTE系统同步过程中估计时偏的方法和装置	北京北方烽火科技有限公司	北京市海淀区上地东路5号院1号楼（烽火科技大厦）
200910243576X	一种基于状态机的安全监控关联分析方法	北京神州泰岳软件股份有限公司	北京市海淀区万泉庄路28号万柳新贵大厦5层

200910243382X	一种无铅铝合金的热处理方法	中国铝业股份有限公司	北京市海淀区西直门北大街62号
200910243368X	一种三水铝石型铝土矿中可反应二氧化硅的测定方法	中国铝业股份有限公司	北京市海淀区西直门北大街62号
200910243047X	基于GIS的话务量分布呈现方法及系统	北京神州泰岳软件股份有限公司	北京市海淀区万泉庄路28号万柳新贵大厦5层
200910242639X	一种室温自交联水性聚氨酯乳液的制备方法	北京科聚化工新材料有限公司	北京市昌平科技园区星火街5号
200910242163X	一种治疗冠心病的中药	北京绿源求证科技发展有限责任公司	北京市石景山区八宝山街道鲁谷村小区7号楼10—602室
200910242124X	一种前端摄像机的远程控制方法及系统	北京中盾安全技术开发公司	北京市海淀区首体南路1号
200910241988X	一种数字化变电站网络通信记录分析装置	北京四方继保自动化股份有限公司	北京市海淀区上地信息产业基地四街9号
200910241667X	一种自动化测试方法和装置	北京飞天诚信科技有限公司	北京市海淀区学院路40号研7A楼5层
200910241240X	数据同步方法及装置	联动优势科技有限公司	北京市西城区广宁伯街2号金泽大厦10层
200910238507X	质量流量传感器	北京七星华创电子股份有限公司	北京市朝阳区酒仙桥东路1号
200910238419X	二冲程曲柄圆滑块内燃机机体及其内燃机	北京中清能发动机技术有限公司	北京市海淀区成府北河沿甲5号晶雪莹办公楼1111
200910238345X	一种治疗冠心病的中药	北京绿源求证科技发展有限责任公司	北京市石景山区八宝山街道鲁谷村小区7号楼10—602室
200910238320X	单页双面电子书	北京派瑞根科技开发有限公司	北京市朝阳区团结湖北路2号215室
200910238313X	一种治疗慢性肾炎的中药	北京绿源求证科技发展有限责任公司	北京市石景山区八宝山街道鲁谷村小区7号楼10—602室
200910238306X	一种治疗鱼鳞病的中药	北京绿源求证科技发展有限责任公司	北京市石景山区八宝山街道鲁谷村小区7号楼10—602室
200910237729X	一种多媒体自助兑零博彩募捐系统	北京同方瑞博数字技术有限公司	北京市朝阳区北辰西路路69号
200910237655X	一种人群密度检测方法及装置	北京智安邦科技有限公司	北京市海淀区首体南路9号主语国际4号楼5层

200910237528X	一种基于 MPLS－VPN 网络拓扑的发现方法	北京神州泰岳软件股份有限公司	北京市海淀区万泉庄路 28 号万柳新贵大厦 5 层
200910237461X	网络视频存储器集群化视频监控系统和方法	北京邦诺存储科技有限公司	北京市海淀区上地信息路 12 号中关村发展大厦 A101
200910237214X	车辆的仪表板装置	北汽福田汽车股份有限公司	北京市昌平区沙河镇沙阳路
200910237119X	一种治疗痛风的中药	北京绿源求证科技发展有限责任公司	北京市石景山区八宝山街道鲁谷村小区 7 号楼 10－602 室
200910236845X	通过改进设备轮询方式提高通信效率的方法	北京佳讯飞鸿电气股份有限公司	北京市海淀区交大东路 31 号电子楼四层
200910236524X	马赛克节目导航方法	北京数码视讯科技股份有限公司	北京市海淀区上地信息产业基地开拓路 15 号数码视讯大厦
200910236323X	一种具有缓解视疲劳功能的组合物	北京同仁堂健康药业股份有限公司	北京市海淀区上地信息路 2 号 C 栋 3 层
200910236203X	V 型曲柄圆滑块内燃机机体的后端盖板、机体及其内燃机	北京中清能发动机技术有限公司	北京市海淀区成府北河沿甲 5 号晶雪莹办公楼 1111
200910236186X	一种治疗银屑病的中药	北京绿源求证科技发展有限责任公司	北京市石景山区八宝山街道鲁谷村小区 7 号楼 10－602 室
200910236179X	一种治疗冠心病的中药	北京绿源求证科技发展有限责任公司	北京市石景山区八宝山街道鲁谷村小区 7 号楼 10－602 室
200910235866X	一种治疗慢性肝炎的中药	北京绿源求证科技发展有限责任公司	北京市石景山区八宝山街道鲁谷村小区 7 号楼 10－602 室
200910235834X	支持连续背书签名的多功能电子签章	北京派瑞根科技开发有限公司	北京市朝阳区团结湖北路 2 号 215 室
200910235778X	一种自动化的外周血液推片装置	北京赛尔蒂扶科技发展有限公司	北京市海淀区知春路 1 号学院国际大厦 902 室
200910235721X	一种原煤的检测方法	北京金隅红树林环保技术有限责任公司	北京市昌平区北小营
200910235672X	具有较宽温度适用范围的压敏粘合组合物及其制备方法	北京高盟化工有限公司	北京市房山区燕山工业区 8 号

200910235489X	一种治疗心动过速的中药	北京绿源求证科技发展有限责任公司	北京市石景山区八宝山街道鲁谷村小区7号楼10—602室
200910235295X	数据处理系统	曙光信息产业（北京）有限公司	北京市海淀区中关村科学院南路6号
200910235217X	担架床	北京亿仁赛博医疗设备有限公司	北京市大兴区经济技术开发区永昌北路11号
200910223735X	一种阴极炭块给料装置	中国铝业股份有限公司	北京市西直门北大街62号
200910223439X	一种预解码高清播放器及播放方法	乐视网信息技术（北京）股份有限公司	北京市海淀区学院南路68号19号楼6层6184号
200910212326X	一种仿石材的保温装饰块及其制作方法	北京华丽联合高科技有限公司	北京市昌平区科技园小汤山工业开发区
200910209646X	同轴电缆连接器母接头	罗森伯格亚太电子有限公司	北京市天竺空港工业区B区安祥街3号
200910205289X	一种加氢脱硫催化剂及其应用	中国石油化工股份有限公司	北京市朝阳区朝阳门北大街22号
200910204567X	一种控制POS终端的方法、系统以及POS终端管理设备	中国建设银行股份有限公司	北京市西城区金融大街25号
200910203443X	一种零售网点销售方法及系统	中国建设银行股份有限公司	北京市西城区金融大街25号
200910181643X	一种油品除氧催化剂、其制备方法及采用该催化剂脱除油品中溶解氧气的催化加氢方法	中国石油化工集团公司	北京市朝阳区朝阳门北大街22号
200910181146X	一种富媒体内容监控和举报方法和系统	中国电信股份有限公司	北京市西城区金融大街31号
200910180939X	胶囊充填机的隔氧充氮装置	北京东兴堂科技发展有限公司	北京市通州区通州工业开发区广聚街8号
200910180706X	一种复合耐磨、抗热震浇注料	瑞泰科技股份有限公司	北京市朝阳区管庄东里1号
200910180671X	一种织物数码打印设备	北京信通四方企业顾问有限公司	北京市朝阳区八里庄西里99号住邦2000商务中心2号楼11层
200910180537X	网络文档资源提供方法、平台及系统	中国电信股份有限公司	北京市西城区金融大街31号

200910180174X	一种安全性高的桂哌齐特药用组合物及其制备方法和其应用	北京四环制药有限公司	北京市通州区三间房机场院内
200910169512X	语音业务异常释放事件监测方法及系统	中国电信股份有限公司	北京市西城区金融大街31号
200910165116X	小晶粒Y型分子筛及其制备方法	中国石油化工股份有限公司	北京市朝阳区朝阳门北大街22号
200910164017X	一种聚烯烃树脂成核剂及其制备方法	中国石油化工股份有限公司	北京市朝阳区朝阳门北大街22号
200910161390X	一种磷块岩的降镁方法	中国海洋石油总公司	北京市东城区朝阳门北大街25号
200910159890X	利用高压直流向通信设备供电的系统和方法	中国电信股份有限公司	北京市西城区金融大街31号
200910148160X	移动通信用户身份识别卡信息直接交互方法及其支持设备	北京握奇数据系统有限公司	北京市朝阳区首都机场路万红西街2号燕东商务花园
200910147978X	一种根据变压器原副边电流电压及其参数估计电极电流的方法	北京思能达电力技术有限公司	北京市海淀区上地三街嘉华大厦A座901室
200910146438X	一种低温多效海水淡化装置及使用方法	中国神华能源股份有限公司	北京市东城区安德路16号洲际大厦4层
200910143892X	一种长作用距离有源应环线装置	北京交大思诺科技有限公司	北京市海淀区大柳树北路富海大厦B座1608
200910143701X	大跨度网架屋顶悬挂式起重机轨道柔性吊点	奥力通起重机（北京）有限公司	北京市通州区张家湾镇枣林庄南口
200910143275X	基于CAN总线的消防车	北京中卓时代消防装备科技有限公司	北京市顺义区马坡聚源工业开发区聚源中路18号
200910136600X	一种桥梁排水装置	北京市市政专业设计院有限责任公司	北京市西城区百万庄大街3号
2009101361114	一种冶炼低锰生铁的生产工艺	爱德洛（北京）科技有限公司	北京市海淀区知春路甲48号3号楼3单元19C
200910135678X	一种图像数据自动采集系统	华商世纪（北京）科贸发展股份有限公司	北京市东城区安外大街小黄庄路19号409室
200910134882X	小儿咽扁颗粒	北京市医用生物制品中试基地	北京市顺义区李天路李桥段5号
200910131698X	一种移动数据业务监控分析系统及其实现方法	北京协成致远网络科技有限公司	北京市朝阳区望京利泽中园二区203号洛娃大厦A座1705

200910131352X	一种依托贝特新的制备方法	大道隆达（北京）医药科技发展有限公司	北京市海淀区北三环西路48号北京科技会展中心1号楼B座
200910130341X	一种钢筋切断设备及切断方法	建研科技股份有限公司	北京市朝阳区北三环东路30号
200910093709X	一种治疗股骨头坏死的中药	北京绿源求证科技发展有限责任公司	北京市石景山区八宝山街道鲁谷村小区7号楼10—602室
200910093554X	一种复方中药药物组合物及其制备方法和用途	北京大北农动物保健科技有限责任公司	北京市怀柔区雁栖经济开发区北三街10号
200910093402X	一种依前列醇脂质纳米粒及制备方法	北京中海康医药科技发展有限公司	北京市海淀区西直门北大街32号枫蓝国际2号楼908室
200910093233X	铝制两片易拉罐的制造方法及底喷机	太平洋制罐（北京）有限公司	北京市怀柔区北房镇经纬工业区
200910093145X	一种地铁旁通道水平冻结孔的气动夯管施工方法	北京中煤矿山工程有限公司	北京市朝阳区青年沟路5号天地大厦426室
200910092543X	一种基于SOA架构的多星异构遥感数据集成方法	航天恒星科技有限公司	北京市海淀区知春路82号院
200910092399X	一种含印染废水的污水处理方法	浦华控股有限公司	北京市海淀区清华科技园科技大厦C座27层
200910092335X	球节销杆联轴器	北京中传首高冶金成套设备有限公司	北京市丰台区南四环西路188号总部基地1区13号楼
200910092303X	冷却塔和冷水机组联合供冷系统及其控制方法	北京康孚环境控制有限公司	北京市海淀区清华同方科技广场B座10层
200910092021X	一种LED灯带	北京巨数数字技术开发有限公司	北京市海淀区上地东路1号盈创动力园区E座402B室
200910091846X	眼眶、颧骨及上颌骨的整体修复支架及制造方法	北京吉马飞科技发展有限公司	北京市海淀区上地信息路12号中关村发展大厦A209室
200910091807X	一种水玻璃加固堵漏化学浆	北京中煤矿山工程有限公司	北京市朝阳区和平里青年沟路5号
200910091772X	间歇式导轨润滑的终端检测方法及采用该方法的润滑装置	北京第二机床厂有限公司	北京市丰台区卢沟桥南里4号

200910091525X	基于CAN总线的汽车车身电气测试系统和方法	意昂神州（北京）科技有限公司	北京市海淀区上地信息路26号中关村创业大厦315～326室
200910090842X	用于以甲醇和/或二甲醚制备丙烯反应的催化剂的ZSM－5型分子筛	大唐国际化工技术研究院有限公司	北京市丰台区南四环西路188号12区20号
200910090835X	用于数字显示系统的背光驱动方法和装置	硅谷数模半导体（北京）有限公司	北京市海淀区中关村南大街2号数码大厦B座1503室
200910090560X	视频水印嵌入和盲提取方法及装置	北京国铁华晨通信信息技术公司	北京市丰台西四环南路乙49号
200910090458X	一种办公套件中矢量化轨迹识别的方法及装置	北京红旗贰仟软件技术有限公司	北京市北京经济技术开发区（亦庄）西环南路18号汇龙森A座2层
200910090426X	视频提供方法和系统及网络设备	中国联合网络通信集团有限公司	北京市西城区金融大街21号
200910090338X	一种机车柴油机的高温省油装置	北京二七轨道交通装备有限责任公司	北京市丰台区长辛店杨公庄1号
200910090151X	桩机	北京市三一重机有限公司	北京市昌平区沙河镇辛庄桥北清路三一产业园
200910089817X	SCR法烟气脱硝的喷氨格栅装置，及SCR法烟气脱硝工艺	华电环保系统工程有限公司	北京市海淀区西三环北路91号南门D28室
200910089648X	同体点阵鼠标键盘	斯巴科（北京）科技有限公司	北京市西城区新外大街28号DRC工业设计创意产业基地210
200910089302X	签名设备及其操作指令执行方法	北京坚石诚信科技有限公司	北京市海淀区学院路40号3区14幢2层203、204、205、206室
200910089045X	IC卡自动清洗机	北京公科飞达交通工程发展有限公司	北京市海淀区西土城路8号主楼512
200910088034X	兼容智能卡的方法和读卡器	北京飞天诚信科技有限公司	北京市海淀区学院路40号研7楼5层
200910087859X	一种利用变流器进行软励磁的高压变频器及其控制方法	北京利德华福电气技术有限公司	北京市昌平区昌平科技园白浮泉路10号北控大厦10层1003B
200910087746X	一种制备镁合金透射电镜样品的方法	中国铝业股份有限公司	北京市海淀区西直门北大街62号

200910087577X	一种音频比对系统及其音频能量比对方法	北京市博汇科技有限公司	北京市海淀区上地东路1号院4号楼6层
200910087538X	视频图像编码和解码方法	硅谷数模半导体（北京）有限公司	北京市海淀区中关村南大街2号数码大厦B座1503室
200910087457X	一种母线夹装置	北京中煤电气有限公司	北京市朝阳区安外大羊坊甲4号院
200910087231X	一种模拟喷射法下隔水导管上部送入短节装置	中国海洋石油总公司	北京市东城区朝阳门北大街25号
200910087217X	一种模拟高压条件下钻井隔水导管侧向摩擦力测量装置	中国海洋石油总公司	北京市东城区朝阳门北大街25号
200910086950X	超长混凝土结构温度收缩应力检测方法	中国京冶工程技术有限公司	北京市海淀区西土城路33号
200910086862X	一种扩展通用异步串行接口方法、装置和系统	北京星网锐捷网络技术有限公司	北京市海淀区复兴路33号翠微大厦东1106
200910086710X	一种用于高压气体检漏方法中的检测气体储能器	安东石油技术（集团）有限公司	北京市朝阳区东湖渠屏翠西路8号
200910086661X	一种心理危机干预计算机辅助系统及方法	北京阳光易德科技发展有限公司	北京市海淀区板井路69号世纪金源商务中心写字楼11层
200910086566X	一种数据传输方法、系统及装置	大唐移动通信设备有限公司	北京市海淀区学院路29号
200910086492X	基于视觉中心的面状要素注记的配置方法及装置	北京四维图新科技股份有限公司	北京市海淀区学院路7号弘彧大厦13层
200910085851X	基于CTCS－3级列控系统的车载监测系统及终端	北京六捷科技有限公司	北京市海淀区学院南路68号吉安大厦A座802号
200910085805X	处理数据的方法和装置	北京四维图新科技股份有限公司	北京市海淀区学院路7号弘彧大厦13层
200910085749X	一种负载型聚烯烃催化剂及制备与应用	中国石油天然气股份有限公司	北京市东城区东直门北大街9号中国石油大厦
200910085347X	印刷电路板清洗机	北京埃森恒业科技有限公司	北京市海淀区上地信息产业基地创业中路32号楼32－7

200910085065X	一种射频推挽功率放大器	北京瑞夫艾电子有限公司	北京市海淀区上地信息基地北区5号地上地辉煌国际中心4层422室
200910084978X	精密波纹管成型机	北京兴达波纹管有限公司	北京市北京1273信箱
200910084505X	一种锰合金的生产方法	中国钢研科技集团公司	北京市海淀区学院南路76号
200910084223X	吸附性多孔铝球制备方法、铯源制备方法及铯源	北京树诚科技发展有限公司	北京市海淀区阜成路43号中国核情报中心8层
200910084199X	获取物体自身运动轨迹方法	北京派瑞根科技开发有限公司	北京市朝阳区团结湖北路2号215室
200910084128X	互联网个人数据银行的实时授权方法及网络侧设备	北京易路联动技术有限公司	北京市海淀区上地信息路12号中关村发展大厦C座201室
200910084015X	一种夹持装置	北京科大鑫冶机电设备有限公司	北京市海淀区学院路30号6区10号楼北京科技大学科技园A座203室
200910083861X	一种泡沫洗井液及其制备方法	中国石油天然气股份有限公司	北京市东城区东直门北大街9号
200910083685X	一种脉冲电絮凝－MBR处理制药废水的方法与装置	北京清大国华环保科技有限公司	北京市海淀区上地三街9号嘉华大厦C幢C404
200910083646X	一种基于FPGA的虚拟机网络数据包处理方法	曙光信息产业（北京）有限公司	北京市海淀区水磨西街64号
200910083597X	一种风力发电机及其动平衡监控系统	三一电气有限责任公司	北京市昌平区沙河镇北清路三一产业园
200910083269X	耐振动光电倍增管引线的点焊工艺	北京滨松光子技术股份有限公司	北京市丰台区南四环西路188号11区18号楼
200910082917X	一种金属改性SAPO－34分子筛和含有该分子筛的催化剂的制备方法	神华集团有限责任公司	北京市东城区安定门西滨河路22号
200910082843X	一种用于加氢裂化尾油超深度吸附脱硫、脱氮剂的制备方法	中国海洋石油总公司	北京市东城区朝阳门北大街25号
200910082836X	一种文件实时传输的方法和系统	天柏宽带网络科技（北京）有限公司	北京市海淀区中关村南大街2号数码大厦A座19层

200910082515X	韧性优良的X70热轧钢板及其生产方法	首钢总公司	北京市石景山区石景山路68号
200910082321X	编译方法以及编译器	北京飞天诚信科技有限公司	北京市海淀区学院路40号研7A楼5层
200910082297X	一种电网图形动态分布索引的实现方法	北京四方继保自动化股份有限公司	北京市海淀区上地信息产业基地四街9号
200910082120X	一种管理池组的方法及系统	中国联合网络通信集团有限公司	北京市西城区金融大街21号
200910081399X	提高风力传感器抗干扰能力的超声波设备及其抗干扰方法	北京佳讯飞鸿电气股份有限公司	北京市海淀区交大东路31号电子楼4层
200910081247X	用于控制器的保护电路	北京易斯路电子有限公司	北京市海淀区安宁庄西路9号院29号楼210室
200910080839X	一种熔化金属的压力充灌装置和方法	北京奥维泰科技有限公司	北京市海淀区上地信息路2号2号楼3－D
200910080740X	一种图像修复方法及系统	北京兆维科技股份有限公司	北京市朝阳区酒仙桥路14号兆维大厦13层
200910080726X	一种废气焚烧换热炉	北京星和众工设备技术股份有限公司	北京市北京经济技术开发区西环南路18号A座508室
200910080250X	一种汽车数字化仪表的控制显示方法和装置	北京长城华冠汽车技术开发有限公司	北京市顺义区天竺空港工业区B区裕华路甲29号
200910080204X	实现非接触式卡和接触式读写器通讯的方法、系统和设备	北京飞天诚信科技有限公司	北京市海淀区学院路40号研7楼5层
2009100801738	一种电热式蒸汽加湿器	阿姆斯壮机械（中国）有限公司	北京市大兴区中关村科技园大兴生物医药产业基地永大路40号
200910079578X	荧光灯	北京京东方光电科技有限公司	北京市北京经济技术开发区西环中路8号
200910078849X	上行信道发射功率补偿方法及装置	北京天碁科技有限公司	北京市海淀区西直门北大街56号生命人寿大厦6层
200910078623X	一种轻钢龙骨开卷机承受大轴向力机构	北新集团建材股份有限公司	北京市海淀区三里河路甲11号中国建材大厦16层
200910078609X	一种移动终端的通信方法及移动终端	北京天碁科技有限公司	北京市海淀区西直门北大街56号生命人寿大厦6层
200910078599X	异丙胺催化剂及其应用	中国石油化工股份有限公司	北京市朝阳区朝阳门北大街22号

200910078447X	交换机、生成硬件表项匹配域的方法及系统	北京星网锐捷网络技术有限公司	北京市海淀区复兴路33号翠微大厦东1106
200910078341X	卡式宽带网络接入系统及方法	中国联合网络通信集团有限公司	北京市西城区金融大街21号
200910078207X	硬化设备和液晶显示面板的制造方法	北京京东方光电科技有限公司	北京市经济技术开发区西环中路8号
200910078101X	一种工业废水处理新工艺	北京拓峰科技开发有限责任公司	北京市大兴工业开发区广茂大街15号
200910078077X	磁靶及具有该磁靶的磁控溅射设备	北京京东方光电科技有限公司	北京市北京经济技术开发区西环中路8号
200910078038X	数字水印嵌入、提取和量化步长协调因子优化方法及装置	国网信息通信有限公司	北京市宣武区白广路二条1号
200910077940X	对设备的数据流量进行控制的方法和装置	北京华力创通科技股份有限公司	北京市海淀区花园路7号新时代大厦5层
200910077877X	一种组合定位仪	北京北斗星通导航技术股份有限公司	北京市海淀区上地三街9号嘉华大厦A座10层
200910077549X	用于PA66工程塑料制备中的无卤阻燃体系以及一种PA66复合材料及其制备方法	北京华腾工程新材料有限责任公司	北京市海淀区中关村北大街123号
2009100774571	一种可用储冰制冷的空调系统	阿尔西制冷工程技术（北京）有限公司	北京市石景山区鲁谷东街28号
200910077316X	油田采稠油污水的深度处理工艺及其装置	北京世纪华扬能源科技有限公司	北京市朝阳区慧忠里103号洛克时代中心A座5A—02
200910077242X	一种用于TD－SCDMA系统的上行信道编码方法和下行信道解码方法	北京天碁科技有限公司	北京市海淀区西直门北大街56号生命人寿大厦6层
200910076827X	高温超导风力发电机组	北京美尔斯通科技发展股份有限公司	北京市密云县密云经济开发区康宝路19号
00910076792X	一种在窄屏幕设备上显示宽网页的智能布局方法	北京千家悦网络科技有限公司	北京市海淀区上地信息路2号创业园2号楼18B
200910076640X	测量脱硫吸收塔浆液密度的方法	北京博奇电力科技有限公司	北京市朝阳区东三环中路39号建外SOHO号楼602室

200910076626X	一种 TD－SCDMA 终端及其自动增益控制方法	北京天碁科技有限公司	北京市海淀区西直门北大街 56 号生命人寿大厦 6 层
200910076538X	一种基于频带分割的开环数字基带预失真器及预失真方法	航天恒星科技有限公司	北京市海淀区知春路 82 号院
200910068218X	一种热电偶原理线型感温火灾探测器	首安工业消防有限公司	北京市顺义区李桥镇南半壁店工业区李天路 22 号
200910067655X	沥青路面坑槽修补粘结剂	华北建设集团有限公司	北京市海淀区厂洼路 7 号院
200910056888X	纳米 WOx/ZrO＊超强酸的制备方法	中国石油化工股份有限公司	北京市朝阳区朝阳门北大街 22 号
200910056817X	纯硅 MSU 分子筛的制备方法	中国石油化工股份有限公司	北京市朝阳区朝阳门北大街 22 号
200910036973X	一种烟气余热综合利用装置	北京世纪源博科技有限责任公司	北京市万寿路 27 号
200910019347X	螺旋湿式气柜气容积检测自控装置	中国石油化工股份有限公司	北京市朝阳区朝阳门北大街 22 号
200910016258X	旋涡流反应斜管沉淀池	中国海洋石油总公司	北京市东城区朝阳门北大街 25 号海油大厦中国海洋石油总公司科技部
200910011771X	一种硫化型脱氢催化剂的制备方法	中国石油化工股份有限公司	北京市朝阳区朝阳门北大街 22 号
200910009372X	核电站催化式氢气复合工艺方法	中国核电工程有限公司	北京市海淀区西三环北路 117 号

北京市部分工业企业名录

单位名称	办公地点	联系电话	邮政编码	主要产品
北京同仁堂股份有限公司	东城区崇外大街 42 号	67171775	100061	传统中药
北京航星机器制造公司	东城区和平东街 11 号	86218238	100013	航天、机电产品研制开发
北京远东仪表有限公司	东城区和平里北街 6 号	64513838	100013	现场仪表控制
北京远东罗斯蒙特仪表有限公司	东城区和平里北街 4 号远东综合楼	64282233	100013	智能压力变送器

续表

单位名称	办公地点	联系电话	邮政编码	主要产品
艾默生（北京）仪表有限公司	东城区和平里北街6号	64228586	100013	压力变送器等过程自动控制产品
北京博士伦眼睛护理产品有限公司	东城区幸福大街37号	67768585	100061	眼睛护理产品
北京宇翔电子有限公司	东城区龙潭路3号	67111067	100061	传感器、集成电路、信号机
北京机床附件厂有限责任公司	东城区珠市口东大街16号	67072062	100050	机床滚针式铣夹头、可逆式丝锥夹头、快换攻丝夹头、强力弹簧夹头刀柄
北京泰克仪器有限公司	东城区永定门外桃杨路11号	67269190	100075	精密光学仪器、医疗器械等
世界时装（中国）有限公司	东城区广渠门内大街29号4层	67123366	100062	设计生产服装
北京市珐琅厂有限责任公司	东城区安乐林路10号	67211677	100075	京珐牌景泰蓝
北京象牙雕刻厂有限责任公司	东城区北官园7号	67020413	100062	雕刻
北京工美凤凰旅游艺术品集团有限公司	东城区龙潭湖北侧路1号	67112640	100061	物业、旅游、商贸、工业
北京华江文化发展有限公司	东城区崇外大街9号正仁大厦1段4层	67082233	100075	非金属制品、金银制品、环保PVC制品、毛绒、布制品
北京大磨坊面粉有限公司	东城区永外三元街17号	87288924	100077	面粉加工
北京剧装厂	东城区西半壁街15号	67015308	100050	剧装创意
北京市玉器厂	东城区光明路13号	67115310	100062	玉雕、器皿、花鸟等
北京玉器二厂	东城区东兴隆街61号	67051651	100062	玉雕、首饰、玉石盆景等
北京工美集团有限责任公司	东城区王府井大街200号	65140165	100005	工艺美术品
北京工美集团有限责任公司技术中心	东城区王府井大街200号8层	65121807	100005	工艺美术品
北京冶金设备自动化研究所	东城区纳福胡同13号	64035005	100009	非标设备制作

续表

单位名称	办公地点	联系电话	邮政编码	主要产品
北京胶印厂	东城区美术馆后街77号	52182020－1060	100010	彩色印刷、文化创意园区
北京玻璃集团公司	东城区天坛东路74号	67180003	100061	各类玻璃制品、眼镜片、眼镜架
北京市自动化系统成套工程公司	东城区安德路地兴居9号	84113335	100011	工业自动化系统成套工程、加氯产品、水处理产品、调节阀、过程仪表、增压换热机组及系统
华北电网有限公司	西城区广安门内大街482号	83582299	100053	电力
国家电网公司	西城区西长安街86号	66598109	100031	电力
北京市电力公司	西城区前门西大街41号	63121521	100031	电
北京市燃气集团有限责任公司	西城区西直门南小街22号	66205589	100035	燃气
北京印钞有限公司	西城区白纸坊街23号	63543344	100054	货币
北京市自来水集团有限责任公司	西城区宣武门西大街甲121号	66410088	100031	水
华电（北京）热电有限公司	西城区莲花池东路16号	68202016	100055	热电
有研半导体材料股份有限公司	西城区新街口外大街2号	82087088	100088	硅片、硅单晶
有研稀土新材料股份有限公司	西城区新街口外大街2号	82241180	100088	稀土
赞华（北京）电子系统有限公司	西城区阜外大街2号万通新世界广场	85189633	100037	电子
北京中融安全印务公司	西城区白广路10号	63543596	100035	各类票据、油墨产品
克莱德贝尔格曼华通物料输送有限公司	西城区西直门南小街国英1号602	58561956	100035	气力除灰设备
北京城市排水集团有限责任公司	西城区车公庄大街北里乙37号	63377175	100044	排水
国电燃料有限公司	西城阜城门北大街6～8号B座	51968149	100034	电力煤炭促燃节煤添加剂

续表

单位名称	办公地点	联系电话	邮政编码	主要产品
中油测井技术服务有限责任公司	西城六铺炕街6号	62095610	100724	测井、录井、测试、射孔等石油勘探开发技术
北京北广电子集团有限责任公司	西城区黄寺大街23号	62018319	100011	无线发射机设备及配套产品、有线电视网络产品、电视转播车、安防监控设备、电子元器件、印刷电路板、集成电路板、计算机软硬件
北京隆达轻工控股有限责任公司	西城区德胜门东滨河路5号	82259651	100120	商业票据、书刊印刷、报刊印刷、有色新材料、农膜、塑料、轻工建材、家电、皮革制品等
北京市有色金属工业总公司	西城区槐柏树街2号	83121987	100053	有色金属材料冶炼、加工
北京楠辰皮革有限公司	西城区鸭子桥路35号	51760660	100055	皮革、皮箱、皮包制品
北京皮革制品进出口公司	西城区鸭子桥路35号	51760620	100055	皮革、皮包、皮鞋等制品
北京市皮件三厂销售中心	西城区鸭子桥路34号	51760638	100055	拉杆箱、真皮男女包、票夹
北京隆达印刷包装集团有限公司	西城区佟麟阁路36号	51813160	100031	印刷、包装
北京印刷集团有限责任公司	西城区佟麟阁路36号	51813160	100031	书刊印刷
北京印刷集团有限责任公司京华印刷厂	西城区西皇城根北街10号	66174599—3051	100034	商业有价证券、各类票据、各种防伪产品、电脑打印单据、各种记录纸、条形码产品、磁条类产品、高档精美彩色包装盒、期刊、不干胶等
北京轻联富润饭店管理有限公司	西城区石头胡同65号	65138099	100051	住宿服务
北京市印刷技术研究所	西城区佟麟阁路36号	66068090	100031	字画装裱、珂罗版印刷、高仿真复制
北京中天纸业集团公司	西城区西四北八条9号	66519131	100034	系列信息用纸、复合包装材料

续表

单位名称	办公地点	联系电话	邮政编码	主要产品
北京民福实业总公司	西城区教子胡同65号	83511764	100053	下属企业产品涉及日用化工品、眼镜、保健品、铁路建设用品、食品、装潢印刷、五金、造型工艺品、纸制品、玩具、电子材料等
北京华世天际科贸有限责任公司	西城区西直门如意里小区1号楼	62217535	100035	仪器仪表设备、智能采集器、老年人用品、残疾人无障碍设施用品、语音导航、语言报警系统、管道测温显示系统、机电电器产品
北京飞机维修工程有限公司	西城区北三环中路甲29号华尊大厦A座	64561122	100621	航班机务保障和飞机日常维护
北京高瑞得高新技术有限公司	西城区百万庄大街41号5015室	52752386	100044	制氧技术研究及设备开发
北京京仪绿能电力系统工程有限公司	西城区鼓楼西大街41号	64034443	100009	光伏并网逆变器及发电系统
神华国华（北京）电力研究院有限公司	朝阳区力源里3号	65553035	100025	电厂建设，运营过程的研发、咨询、采购，供应信息化建设及人才开发服务
中国石油集团长城钻探工程有限公司	朝阳区安立路101号	59285068	100101	石油工程技术服务
冠捷科技（北京）有限公司	北京市朝阳区酒仙桥路10号	64326699	100015	各种型号电脑显示器、液晶数字电视
北京东方石油化工有限公司	朝阳区大郊亭4号	67766745	100022	环氧乙烷、丙烯酸、丙烯酸酯、醋酸乙烯、乙烯、聚乙烯醇、EVA树脂等
北京ABB电气传动系统有限公司	朝阳区酒仙桥北路甲10号D区1号	58217788	100015	各类电气传动装置
北京市热力集团有限责任公司	朝阳区西大望路1号	65339769	100026	热力生产和供应
蓝星石化有限公司	朝阳区北三环东路19号	64453732	100029	汽、煤、柴、溶剂、组分、燃料油，液化石油气、建筑沥青、聚丙烯等

续表

单位名称	办公地点	联系电话	邮政编码	主要产品
华能北京热电有限责任公司	朝阳区王四营乡观音堂村900号	87737808	100023	供热
北京太阳宫燃气热电有限公司	朝阳区西坝河路6号	64516706	100028	供热
北京费森尤斯卡比医药有限公司	朝阳区双桥东路2号	59096816	100121	代血浆，延缓肾衰药物，静脉麻醉剂，氨基酸常规输液等
西门子工厂自动化工程有限公司	朝阳区酒仙桥东路9号	64764063	100015	数控机床、港口机械、起重机、石油钻机、钢铁冶金、汽车制造、生产机械、生产执行系统（MES）等
北京握奇数据系统有限公司	朝阳区东直门外西八间房	64722288	100015	智能卡、USB Key、读卡器、平台、密钥系统及跨行业融合型产品和方案
神华国华国际电力股份有限公司	朝阳区力源里3号	58133970	100025	供电
北京天海工业有限公司	朝阳区天盈北路9号	67383444	100121	高压无缝气瓶、焊接气瓶、蓄能器、储气式集装箱、铝内胆碳纤维全缠绕复合气瓶及低温储运装备等
北京双鹤药业股份有限公司	朝阳区望京利泽东二路1号	64742227	100102	加替沙星氯化钠、木糖醇、羟乙基淀粉氯化钠注射液，利复星输液、0号（复方利血平氨苯蝶啶片）等
北京爱慕内衣有限公司	朝阳区望京利泽中园二区218号爱慕大厦	84776176	100102	内衣
恩智浦半导体（北京）有限公司	经济技术开发区同济南路20号	59090507	100176	半导体元器件
北京中电华大电子设计有限责任公司	朝阳区利泽中二路2号望京科技创业园A座	64365577	100102	智能卡芯片和RFID芯片

续表

单位名称	办公地点	联系电话	邮政编码	主要产品
北京万东医疗装备股份有限公司	朝阳区酒仙桥东路9号A3	84575722	100016	X射线影像设备、磁共振（MRI）影像设备
北京七星华创电子股份有限公司	朝阳区酒仙桥东路1号	64361831	100016	集成电路、太阳能电池、TFT－LCD面板制造设备等
北京天坛生物制品股份有限公司	朝阳区三间房南里4号	65762911	100024	重组酵母乙型肝炎、风疹灭活、骨髓灰质炎、乙型脑炎灭活、麻风二联等疫苗（MR），各种诊断试剂等
北京紫竹药业有限公司	朝阳区朝阳北路27号	65483355	100024	计划生育用药、生殖健康用药、眼科制剂、普通治疗药物制剂及蜂王精系列制剂
瑞泰科技股份有限公司	朝阳区酒仙桥路乙21号	51167594	100016	熔铸锆刚玉和熔铸氧化铝两大系列5个品种的耐火材料
北京松下控制装置有限公司	朝阳区酒仙桥路14号	64351155	100016	继电器、连接器
北京市高强混凝土有限责任公司	朝阳区高碑店乡小郊亭村东	83290990	100022	各种型号混凝土，各种特殊技术要求的特种混凝土
北京兴大豪科技开发有限公司	朝阳区酒仙桥东路1号	59248888	100015	锁式、链式刺绣机电脑控制解决方案，加固机、花样机、锁眼机等特种电脑控制系统和横织机电控系统
北京正东电子动力集团有限公司	朝阳区酒仙桥路4号	64377041	100015	热力供应、供电
北京路桥机械厂有限公司	朝阳区管庄周家井	65761516	100024	大型钢箱梁桥、钢管拱桥、悬索桥、斜拉桥、起重设备、桥梁施工挂篮、改装车、锚具等
北京双娃乳业有限公司	朝阳区望京利泽中园二区203号洛娃大厦	64391010	100102	饲料种植与加工、奶牛养殖、鲜奶加工、奶粉

续表

单位名称	办公地点	联系电话	邮政编码	主要产品
北京玉德顺工贸有限公司	朝阳区金盏乡	84393519	100018	加工大米，销售碎米、稻壳、油糠
北京嘉林药业股份有限公司	朝阳区东直门外大山子酒仙桥路2号	85392752	100015	心脑血管与抗肿瘤药物，主打产品阿托伐他汀钙片、盐酸曲美他嗪胶囊
北京住总商品混凝土中心	朝阳区十里堡壁板厂路1号北段	81465001	100025	商品混凝土
北京扬翔饲料有限责任公司	朝阳区双桥东路5号	85393650	100121	饲料、养猪、肉食品加工
煤炭科学研究总院	朝阳区和平里青年沟路5号	84262316	100013	煤化学和煤化工的研究和开发，煤炭液化、气化、焦化、化工合成及多联产技术的开发、产品研制和工程服务，煤焦油加氢技术和工程应用等
京东方现代（北京）显示技术有限公司	朝阳区酒仙桥路10号	64316698	100015	中大尺寸液晶面板及模组
北京赛科药业有限责任公司	朝阳区百子湾西里金海商富中心402号楼	59132188	100124	原料药生产、制剂生产
新华都特种电气股份有限公司	朝阳区利泽中一路博雅国际中心写字楼A801	85577826	100102	电压等级35kV及以下的S9、S11系列各种油浸式电力变压器，H级绝缘非包封干式变压器，特种变压器等
北京松下照明光源有限公司	经济技术开发区同济北路1号	87850065	100176	荧光灯及超高压水银灯（VPS）生产线，三基色型直管、环型管、紧凑型节能荧光灯及超高压水银灯
北京市中超混凝土有限责任公司	朝阳区定福庄北里1号	65762474	100024	各种标号混凝土
北京北齿有限公司	朝阳区定福庄西里2号	65765470	100024	汽车齿轮
北京京城重工机械有限责任公司	朝阳区劲松三区甲302号华腾大厦17层	52105866	100021	汽车起重机底盘、轮胎起重机和其他起重机产品、高空作业设备、专用汽车等产品系列

续表

单位名称	办公地点	联系电话	邮政编码	主要产品
北京毕捷电机股份有限公司	朝阳区酒仙桥北路7号	64362131	100015	GX系列高效标准三相异步电动机、NEMA标准高效三相异步电动机
北京汉博时服装有限公司	朝阳区芍药居北里101号世奥国际中心A座27层	64466045	100029	CR品牌男装
京东方科技集团股份有限公司	朝阳区酒仙桥路10号	64318888	100016	IT与电视用TFT－LCD业务、移动与应用产品用TFT－LCD业务、显示光源产品业务、其他显示器件及配套产品
北京兆维电子（集团）有限责任公司	朝阳区酒仙桥路14号	64361361	100016	自服、安防与通讯设备
北京微电子器件集团	朝阳区东直门外西八间房万红西街2号	64320432	100015	半导体集成电路和分立器件、微电路模块、传感器、中小规模CMOS集成电路、半导体芯片设计与制作等
北京吉乐电子集团有限公司	朝阳区酒仙桥南路5号	64354808	100016	侧发光SMD LED、顶发光单晶/多晶SMD LED、大功率LED及Light Bar（灯条）
北京易亨电子集团有限责任公司	朝阳区北三环东路28号易亨大厦	64405566	100013	智能物流设备、电力仪表与设备、自助服务终端、铁路控制设备及其他产品
北京飞宇微电子有限责任公司	朝阳区三里屯西五街5号	64652346	100027	薄、厚膜集成电路
北京瑞普电子集团	朝阳区霞光里5号	64687790	100027	流量计、物位计、压力差压变送器
北京瑞普三元仪表有限公司	朝阳区三元桥霞光里5号	84512776	100027	V锥流量计、雷达液位计、雷达料位计、超声波流量计、涡街流量计、电磁流量计
北京天彩纺织服装有限公司	朝阳区光华路8号光华大厦A座9层	65815275	100026	针织、梭织服装
北京京工雷蒙服装服饰有限公司	朝阳区松榆西里29号	67336655	100021	梭织服装

续表

单位名称	办公地点	联系电话	邮政编码	主要产品
北京市京工红旗厂有限公司	朝阳区左安门外饮马井1号	67629375	100021	旗帜条幅、室内装饰
北京京工伊里兰服装服饰有限公司	朝阳区松榆西里29号	87372863	100021	羽绒服
北京握拉菲首饰有限责任公司	朝阳区德外北沙滩大屯路2号	64873902	100101	工艺美术品
北京埃迪玛服饰有限责任公司	朝阳区农光东里34号楼C座522室	67305255	100021	针织服装
北京染料厂	朝阳区豆各庄1号院	87392109	100023	靛蓝
北京北搪化工设备厂	朝阳区豆各庄1号院	52073557	100023	化工设备、搪瓷浴盆
北京化工实验厂	朝阳区豆各庄1号院	52073510	100023	工业二氧化碳、油脂类制品
北京市氧气厂	朝阳区豆各庄1号院	52073529	100023	氧气
北京普莱克斯实用气体有限公司	朝阳区大郊亭化工路6号	67714766	100022	氮气、氧气、氩气
北京大有工贸公司	朝阳区大郊亭4号	58076895	100022	加工编织袋、销售建筑材料、五金配件
北京有色金属与稀土应用研究所	朝阳区安外北苑路40号	84922575	100012	有色合金、贵金属焊料
北京达博有色金属焊料有限责任公司	朝阳区安外北苑路40号	84924157	100012	键合金丝、键合铜丝
北京有色金属供销公司	朝阳区安外北苑路40号	84931946	100012	有色金属贸易
北京印刷集团有限责任公司印刷二厂	朝阳区建外郎家园10号	85893400	100022	福利彩票、土地证
北京首钢铁合金厂	朝阳区西直河	67364330	100023	复合合金
北京市大宝日用化学制品厂	朝阳区平房路241号	85512780	100025	五洁粉和“贝贝熊”系列洗涤用品
北京京海纸制品有限责任公司	朝阳区定福庄路1号	65487182	100024	各种五裱、三裱、单裱、牛皮纸箱
北京市红叶齿科医用器材厂	朝阳区平房路240号	65855544	100025	粉状藻酸盐印模材

续表

单位名称	办公地点	联系电话	邮政编码	主要产品
北人集团公司	朝阳区广渠路南侧44号	67791915	100022	印刷机、装订机械
北京北人郡是机械有限公司	朝阳区广渠路南侧44号	80885606	100022	堆积打捆机
北京机电院机床有限公司	朝阳区工体北路4号	85236733	100027	金属切削机床
北京市机电院高技术股份有限公司	朝阳区工体北路4号	85236060	100027	固体废弃物处理成套设备
北京市电线电缆总厂	朝阳区建国门外大街郎家园8号	65812255	100026	电力电缆、布电线
北京奥林气体有限公司	朝阳区石各庄	65760365	100024	氧气、氩气、二氧化碳
北京机床电器有限公司	朝阳区酒仙桥东风南路	64381056	100016	断路器、接触器、继电器、组合开关、行程开关等
北京曙光药业有限责任公司	朝阳区建国路管庄	65459318	100024	化学医药制剂的研制生产3200
北京市工艺木刻厂有限责任公司	朝阳区龙爪树宋家楼1号	67637782	100078	工艺木刻
北京曲美家具集团有限公司	朝阳区望京北路51号院8号楼	64656388	100102	实木家具、弯曲木家具、板式家具、软体家具等
北京达博有色金属焊料有限责任公司	朝阳区北苑路40号	84924319	100012	金及金合金、蒸发金、键合金丝
北京北化大投资有限公司	朝阳区北三环东路15号	64435362	100029	投资管理、技术推广服务、销售计算机、机械设备、化工产品、仪器仪表
北京华达杰瑞生物技术有限公司	朝阳区樱花西街8号	64452742	100029	杰瑞特胶原蛋白氨糖颗粒、杰瑞婷胶原蛋白维E颗粒、杰瑞特鹿茸胶原多肽、胶原蛋白原料等保健品和生物制品
北京环峰机械实验厂	朝阳区北三环东路15号	64433214	100029	工业自动化仪表、机械密封装置、高分子聚合物、电动吸边器、橡胶测试器、疲劳机、有关仪器仪表、高分子材料的技术开发、技术咨询

续表

单位名称	办公地点	联系电话	邮政编码	主要产品
北京石大中油油品销售有限责任公司	朝阳区大屯路甲21号	64856566	100012	销售成品油、零售油气、包装食品
北京金时石油测试技术有限公司	朝阳区北辰东路8号汇宾大厦A0708	84976420	100101	研制开发石油钻采设备、销售自产技术产品
北京布莱迪工程技术有限公司	朝阳区南三环成寿寺路甲135号	67633541	100164	各种压力表系列、压力变送器系列、压力控制器、测温仪表、化学密封系列、气体减压器系列
联想（北京）有限公司	海淀区上地创业路6号	58868888	100085	电脑、笔记本、台式机及相关产品
华锐风电科技（集团）股份有限公司	海淀区中关村大街59号文化大厦	62515566	100872	SL6000、5000、3000、1500系列风力发电机组
同方股份有限公司	海淀区同方广场清华同方科技大厦A座	82399988	100083	液晶、LED、互联网电视，家用、商用台式电脑，烟气粉尘净化与资源化利用、烟气脱硫脱销、太阳能照明、空调等
蓝星化工新材料股份有限公司	海淀区花园东路30号花园商务会馆	64429424	100029	有机硅单体类、有机硅中间体类、硅油类、硅橡胶类、硅制品、硅树脂类
北京发那科机电有限公司	海淀区上地信息产业基地信息路9号	62984726	100085	系列数控系统、数控产品、激光器产品的生产、销售、维修及技术服务，数控机床改造、交钥匙电柜工程及电缆制作业务
瑞萨半导体（北京）有限公司	海淀区上地信息产业基地8街7号	57525050	100085	主要从事半导体产品：MCU、MSIG、SCR－LM、SRAM的制造
中国石油化工股份有限公司长城润滑油分公司	安宁庄西路6号	400－810－9886	100085	润滑油生产、研发、储运、销售、服务于一体
北京同仁堂健康药业股份有限公司	朝阳区建外大街甲6号中环世贸中心D座19层	65301010	100022	传统中成药、高科技含量的保健食品、普通营养食品

续表

单位名称	办公地点	联系电话	邮政编码	主要产品
安泰科技股份有限公司	海淀区学院南路76号	62180969	100081	稀土永磁材料、焊接材料、难熔材料、粉末冶金制品、非晶制品、金刚石工具、精细金属制品，高速工、模具钢、工程技术，生物医学材料
同方威视技术股份有限公司	海淀区双清路同方大厦A座2层	62780909	100084	计算机断层扫描成像、X射线辐射成像、痕量爆炸物与毒品分析检测、放射性物质监测
航天东方红卫星有限公司	海淀区友谊路104号	68378415	100094	小卫星研制、生产以及相关应用的开发、支持与服务
北京四方继保自动化股份有限公司	海淀区上地信息产业基地四街9号	62961515	100085	电力系统自动化及继电保护装置、电力系统安全稳定控制、高压直流输电控制、调度自动化、配网自动化、发电厂自动化控制系统、仿真培训系统、电力电子装备、轨道交通、工业自动化及清洁能源利用等
北京新立机械厂（国营第六九九厂）	海淀区永定路50号	68388181	100039	雷达导航设备、卫星通信站设备
北京四方继保工程技术有限公司	上地信息产业基地四街9号四方大厦6层	62982417	100085	电力系统自动化及继电保护装置、电力系统安全稳定控制、高压直流输电控制、调度自动化、配网自动化、发电厂自动化控制系统、仿真培训系统、电力电子装备、轨道交通、风力发电控制等领域的研究、开发、生产和销售
北京金隅混凝土有限公司	海淀区砂石厂路18号	83200143	100039	混凝土、水泥制品
北京新风机械厂	海淀区 永定路52号	88525049	100854	制造医疗器械、制药工业专用设备、电子测量

续表

单位名称	办公地点	联系电话	邮政编码	主要产品
瑞斯康达科技发展股份有限公司	海淀区上地六街28号院2号楼	82884499 62969856	100085	智能分组解决方案、综合接入解决方案、光传输解决方案、网管系统
北京大北农科技集团股份有限公司	海淀区中关村大街27号中关村大厦14层	82856450 82856457	100080	饲料产品、种子产品、动保产品、植保产品、微生态产品、疫苗产品
航天信息股份有限公司	海淀区杏石口路甲18号	88896666	100195	电子政务、企业信息化、金卡业务、电脑设备产业、卫星应用及数字媒体产业
北京康拓科技开发总公司	海淀区知春路61号康拓科技大厦	68379141	100190	工业控制产品、服务器、OEM生产商
同方环境股份有限公司	海淀区同方广场清华同方科技大厦A座	82399988	100083	烟气脱硫脱硝、烟气粉尘净化与资源化利用、固体废物综合处理、水污染综合处理等
北京大唐高鸿数据网络技术有限公司	海淀区学院路40号研6楼	62303100	100191	数据通信领域产品、业务和整体解决方案的提供、行业信息化客户信息系统解决方案
北新集团建材股份有限公司	海淀区首体南路9号主语国际4号楼9、10层	68799800	100048	墙体及吊顶系统解决方案、住宅部品及建筑节能环保系统、新型房屋及建筑外维护系统
北京二商王致和食品有限公司	海淀区阜石路41号	68210156	100049	腐乳系类、料酒系列、火锅调料、花色酱类、烧汁系列
北京卫星制造厂	海淀区知春路63号	68378060	100190	大型航天器密封舱制造、高强高膜复合材料结构制造、航天器精密加工与装配、航天器大功率模块电源及配电单机研制
北京科兴生物制品有限公司	海淀区上地西路39号北大生物城	82890088	100085	疫苗

续表

单位名称	办公地点	联系电话	邮政编码	主要产品
北京石油机械厂	海淀区志新路41号	83597615	100083	螺杆钻具系列、地面防喷器控制装置系列、螺杆钻具、地面防喷器控制装置系列等
北京加维通讯电子技术有限公司	海淀区苏州街75号鼎钧大厦401室	82617178	100080	开发、生产有线电视器材及设备、传输设备及配套产品、卫星接收机、卫星接收高频头及其零配件等
大唐微电子技术有限公司	海淀区永嘉北路6号	58953000	100094	SOC产品、芯片、智能卡、智能卡管理系统
北京市液化石油气公司	海淀区车公庄西路13号	68315559	100044	液化石油气的储存、灌装、运输、销售、燃气工程设计施工及液化石油气加气站的建设等
北京爱德发科技有限公司	海淀区北四环西路68号左岸8层西区	82676688	100080	多媒体音箱、高品质耳机、汽车音响、专业音响等
兴唐通信科技有限公司	海淀区学院路40号	62301242	100083	保密通信业务、宽带视讯业务支撑软件、信息安全业务、金融业务应用软件及系统集成
奥林巴斯（北京）科技有限公司	海淀区北三环西路25号	88893003	100080	显微镜
北京通达耐火技术股份有限公司	海淀区清河安宁庄东路1号院	62914308	100085	耐火材料管控一体化自动生产线、生产四大行业领域25个系列300余种产品
紫光捷通科技股份有限公司	清华大学东门外紫光大楼107室	62788055	100084	智能交通解决方案
中电广通股份有限公司	海淀区中关村南大街17号韦伯时代中心C座21层	88578860	100081	计算机系统集成与分销业务产品、广电及通信网络业务产品、集成电路（IC）卡及模块制造业务产品
北京双鹭药业股份有限公司	海淀区阜石路69号碧桐园1号楼	68727137	100049	生物制品（立生素、欣吉尔、迈格尔、扶济复）、生化药品、片剂胶囊、保健食品

续表

单位名称	办公地点	联系电话	邮政编码	主要产品
诺托弗朗克建筑五金（北京）有限公司	海淀区西三旗建材城东路8号建筑五金科研试验厂院内	82950042	100096	铝合金、塑钢、实木、木铝复合门窗和幕墙进口五金件供应商
北京北冶功能材料有限公司	海淀区清河小营东路1号	62949578	100192	软磁合金、永磁合金、弹性合金、膨胀合金、热双金属、精密电阻合金、不锈钢、高温合金
北京康吉森自动化设备技术有限责任公司	顺义区空港工业区B区安祥街7号	80469999	101318	大型透平压缩机组综合控制系统、机组专家控制系统、安全操作管理系统、火灾及气体检测保护系统、透平发电机组控制系统、安全仪表系统、机组操作员培训系统
东陶机器（北京）有限公司	海淀区西三旗东建材城中路8号	82910003	100096	民用及商业设施用卫浴及相关设备
北京百慕航材高科技股份有限公司	海淀区温泉太舟坞	62497309	100095	钛合金精密铸件、民用飞机刹车材料及装置、生物医学工程制品和碳纤维复合材料制品
北京数码视讯科技股份有限公司	海淀区上地五街数码视讯大厦	82345800	100085	集成式设备、硬件产品系列、SumsVisionHiTV 视频平台、安全平台产品系列、云彩中间件产品系列、增值业务产品、其他软件产品系列、双向网改产品系列、CMMB 产品、卫星专用编、解码器系列、智能监控解码器系列
北京科锐配电自动化股份有限公司	海淀区上地创业路8号3号楼4层	62981321	100085	地下电缆配电设备、环网柜、电缆分支箱、GRC 壳体永磁机构真空开关、重合器配电系统故障检测和自动化
北京钢研高纳科技股份有限公司	海淀区大柳树南村19号	62182551	100081	铸造高温合金产品系列、变形高温合金产品系列、新型高温合金产品系列

续表

单位名称	办公地点	联系电话	邮政编码	主要产品
北京航天光华电子技术有限公司	海淀区永定路50号	68760410	100854	航天飞机器和导弹控制系统电子设备、火箭控制系统电子仪器设备、电缆网等
曙光信息产业（北京）有限公司	海淀区东北旺西路8号中关村软件园26号	56308000	100094	高性能计算机、服务器产品、存储产品、安全产品、基础设施等
同方工业有限公司	海淀同方广场清华同方科技大厦	82399988	100083	无线通信装备、指挥控制设备及卫星导航定位终端设备等
北京康得新能源科技股份有限公司	海淀区上地信息产业基地上地六街17号康得大厦第1、6、7层	68820426	100085	高压变频器等
北京北大维信生物科技有限公司	海淀南路30号航天精密大厦7层701～705室	52819298	100080	血脂康胶囊、抗抑郁新药、赛坦（替米沙坦胶囊）等
北京泽华化学工程有限公司	海淀区中关村环保园，地锦路7号院8号楼	58317180	100095	阻火器、呼吸阀、紧急泄放阀
北京佳讯飞鸿电气股份有限公司	海淀区北清路中关村环保科技示范园地锦路5号院1号楼	62460088	100095	指挥调度产品 、应急通信产品 、综合监控产品、人工话务产品 、数字录音产品 、CTI与信息服务合作代理产品
北京青云航空仪表有限公司	海淀区北三环西路43号	82134139	100098	研制、生产飞行器自动控制系统、航空陀螺仪表、无线电高度表、速率陀螺、加速度计、综合显示设备及航空电表等
北京纵横机电技术开发公司	海淀区西直门外大柳树路2号	51874369	100081	铁路机车车辆配件制造
北京五星青岛啤酒有限公司	海淀区西三旗建材城中路2号	82911623	100096	啤酒

续表

单位名称	办公地点	联系电话	邮政编码	主要产品
北京中实混凝土有限责任公司	海淀区四季青乡巨山村	82590290	100093	混凝土生产、搅拌
中电普瑞科技有限公司	北京市海淀区清河小营东路15号	82813888	100192	输电线路固定串补及可控串补装置、静止无功补偿装置、可控高抗装置、低压晶闸管投切滤波补偿装置、故障电流限制器、高压滤波补偿装置、固定式直流融冰兼SVC装置、电容器固态复合开关等
北京中创信测科技股份有限公司	海淀区中关村南大街甲18号北京国际大厦C座12～14层	62100100	100081	核心网、接入网、无线网、传输网、数据IP网测试，电路质量分析、协议仿真测试等
北京东方中科集成科技股份有限公司	海淀区阜成路67号银都大厦12层	68715566	100142	产品销售、应用系统集成、科技租赁、计量校准、维修维护和外包管理等
北京时代科技股份有限公司	海淀区上地信息产业基地开拓路17号	62988048	100085	大型焊接设备、专用焊机、电工产品及数控切割机的开发、生产与销售
同方人工环境有限公司	海淀区同方广场清华同方科技大厦A座	82399988	100083	地源热泵、水源热泵、空气源热泵、热泵机组、水冷机组、机房专机、燃气中央空调等
北京西门子西伯乐斯电子有限公司	海淀区西北旺丰智东路1号	57220726	100094	消防及安防电子产品的设计、生产与销售
北京中新图锐科技有限公司	海淀区中关村大街19号新中关大厦B座1008室	82486312	100080	风力发电系列、机舱罩系列、小吊车系列、水冷系列
北京德佳牧业科技有限公司	海淀区大钟寺东路9号京仪科技大厦B座4层	62113055	100098	动物复合预混料和幼畜料的研发、生产

续表

单位名称	办公地点	联系电话	邮政编码	主要产品
原子高科股份有限公司	海淀区西三环北路105号科原大厦10层B座1004～1008室	88414277 69357239	102413	氚标记化合物（新产品）离三碘甲腺原氨酸（FT3）酶联药盒、125I医用种子源、103Pd放射性心脏支架等
北京合纵科技股份有限公司	海淀区上地三街9号嘉华大厦D座1211室	62973188	100085	TPS6型SF6环网、TPS1系列单元式环网开关柜，预装式变电站系列、电缆分支箱、HZF2000故障自动检测系统、EISTEIN系列预制式电缆附件及FDS－1ASE单相接地故障选线系统
北京广利核系统工程有限公司	海淀区永丰路5号院5号楼	82467001	100094	非安全级全厂数字化仪控系统、数据集中处理系统/安全监督盘系统、试验数据采集系统/试验仪表系统、安全壳泄漏率监测系统、核电站专用测试系统、计算机应急指挥系统、核电站全范围模拟机虚拟、LOCA监测系统
北京研华兴业电子科技有限公司	海淀区上地信息产业基地6街7号	62984346	100085	嵌入式及工业电脑、工业计算机、工业自动化、网络通信平台等
北京无线电厂	海淀区北洼路4号	68419348	100089	智能建筑系统集成、安防与人防系统集成、计算机系统集成、影音产品、电子电器、集成电路的生产与销售、半导体测试、加工、电子产品配套、加工、生产服务
北京飞达电子集团公司	海淀区苏州街75号	62553751	100080	无线电通信设备、无线电接插元件、收录放机、电子仪器、语言教学设备、磁头、晶体器件

续表

单位名称	办公地点	联系电话	邮政编码	主要产品
北京牡丹电子集团有限责任公司	海淀区花园路2号	82284821	100191	数字电视、电子元器件、光伏组件
北京大华无线电仪器厂	海淀区学院路甲5号	62937171	100083	仪器类、电源类
北京天桥北大青鸟科技股份有限公司	海淀区成府路207号	82615888	100871	系统集成、软件开发
北京爱利德新纺织品发展有限公司	海淀区清河小营毛研所	62925131	100085	毛纱
北京京冠毛巾有限责任公司	海淀区安宁庄东路甲18号	62957990	100085	毛巾
北京大华天坛服装有限公司	海淀区中关村大街人民大学南路三义庙	62612565	100086	梭织服装
北京市化学工业研究院	海淀区中关村北大街123号	62567814	100084	聚氨脂贴合剂、工程塑料合金材料、科研开发服务
北京轻联富诚彩色印刷有限公司	海淀区永定路15号	68187489	100039	商标印刷、盒型制作软件及自动模切机
北京龙徽酿酒有限公司	海淀区玉泉路2号	68219243	100143	龙徽葡萄酒
北京市时润技术发展公司	海淀区西北旺黑龙潭路58号	51706892	100094	火化设备、金属结构加工、汽车维修等
锋电能源技术有限公司	海淀区苏州街3号大恒科技大厦南座607室	82569606	100080	风资源开发、风电装备制造和风电场运营维护等集成服务体系
北大方正集团有限公司	海淀区成府路298号	82529966	100871	方正电子出版系统、网络产品、数字媒体
北京北大未名生物工程集团有限公司	海淀区上地西路39号	82890919	100085	人用疫苗、神经生长因子等
北京北大青鸟软件系统有限公司	海淀区海淀路5号燕园三区30号305	64978888	100871	计算机软硬件及外部设备、智能化仪器设备技术开发
北京北大宇环微电子系统有限公司	海淀区海淀路5号北大微电子所院内	62751788	100871	电子产品技术开发、制造等
北京燕园天地科技有限公司	海淀区北京大学逸夫楼七层3711～3712室	62752997	100871	矿产品、宝石加工

续表

单位名称	办公地点	联系电话	邮政编码	主要产品
北京华控通力科技有限公司	海淀区清华大学校内 13 区	62782303	100084	机械、电子、印刷、铸造、科教仪器
清华大学机械厂	海淀区清华大学校内 13 区	62782303	100084	机加工
清华大学印刷厂	海淀区清华大学校内	62784748	100084	印刷
清华大学设备仪器厂	海淀区清华大学校内 13 区	62782486	100084	教学仪器
清华大学科教仪器厂	海淀区清华大学校内 13 区	62782486	100084	科教仪器
同方股份有限公司	海淀区五道口清华同方科技广场	82399988	100084	电视、IT、空气治理、光电产业、空调、数字城市、水处理、军工、安全保障、智能交通、媒体与娱乐、教育、固废处理、资源综合利用、新能源、金融电子、电子元件等
紫光股份有限公司	海淀区清华大学东门外紫光大厦	62789898	100084	信息产品、软件集成、数码分销、通信科技、智能交通等
北京清华阳光能源开发有限责任公司	海淀区上地东路 1 号盈创动力园 E-9	58858558	100085	玻璃真空太阳集热管、热水器及热水系统真空薄膜产品、玻璃制品、太阳能装置零配件、仪器仪表制造等
北京辰能科技发展有限公司	海淀区中关村东路 123 号 1 号楼 1701 号	62191930	100086	计算机软硬件及外围设备、电力发配电设备、环保节能设备
北京四方同创保护与控制设备有限公司	海淀区上地信息产业基地四街 9 号	62961515	100085	变电站综合自动化系统等微机保护产品

续表

单位名称	办公地点	联系电话	邮政编码	主要产品
华大天元（北京）电力科技有限公司	海淀区丰贤中路7号（孵化楼）4层401室	51963393	102206	发电企业智能管理系统，电网运行状态实时监管系统，变电站视频监控系统、企业门户及协同办公自动化系统，电力企业信息系统安全整体解决方案，数字化电网整体设计方案等
北京华电大通环保科技有限公司	海淀区太平路甲18号西南写字楼311室	51953738	100039	开发环保技术，研制、生产环保产品
北京四方立德保护控制设备有限公司	海淀区上地创业中路32号	62968260	100085	电力系统继电保护和自动化装置、变电站综合自动化系统及故障录波装置
北京华电天仁电力控制技术有限公司	海淀区上地东路1号盈创动力E—201	51975570	100085	电力辅助设备、仪器仪表、电子装置及电子标签、计算机硬件，网络安全设备，系统集成及装置等
北京丹华昊博电力科技有限公司	海淀区上地信息路1号2号楼2205室	82896582	100085	小电流接地电网单相接地故障选线装置、10KV主从式自动调谐消弧线圈控制装置
北京科大永兴科技有限公司	海淀区学院路30号1区	62334190	100083	新材料制备与加工新技术新工艺开发
北京科大文鑫技术有限公司	海淀区学院路30号	62332785	100083	冶金、有色金属、化工、机械设备
北京新材料孵化器有限公司	海淀区上地信息产业基地创业中路11号	82982325	100085	新材料科技成果转化
北京科大恒兴高技术有限公司	海淀区学院路30号科技楼301室	62332598	100083	自动化相关工程项目

续表

单位名称	办公地点	联系电话	邮政编码	主要产品
北京科大科技园有限公司	海淀区学院路30号北京科技大学科技园A座125室	62318682	100083	成果转化及平台建设
北京科大印刷有限公司	海淀区学院路30号1区	62333982	100083	书、报、刊印刷业
北京科大方兴爆破工程有限公司	海淀区学院路30号	62333713	100083	爆破工程
赛能杰高新技术股份有限公司	海淀区学院路30号北京科技大学会议中心1层	82382250	100083	高效燃烧技术和工程、高效余热回收技术和工程
北京科大方兴高新技术有限公司	海淀区学院路30号6区北京科技大学科技园A座128室	62335691	100083	冶金渣料
北京科大朗涤环保工程技术有限公司	海淀区学院路30号6区北京科技大学科技园A座301～307室	62315257	100083	除尘工程，环保科研、设计、制造、安装、调试
北京科大机翔科技有限公司	海淀区学院路30号	62332331	100083	楔横轧技术开发及生产相关产品
时光科技有限公司	海淀区学院路30号北科大机器人研究所院内	82913057	100083	工业伺服控制器，电动车控制系统研究及产品开发
北京科大森浪信息技术有限公司	海淀区学院路30号1区创业楼2层	62333750	100083	软件开发、系统集成
北京科大京科技术有限公司	海淀区学清路16号学知轩大厦1005室	81755622	100083	计算机及电子产品贸易
北京科大联创冶金技术有限公司	海淀区学院路30号北京科技大学会议中心1115室	62332928	100083	冶金材料及设备
北京科大和兴科技有限公司	海淀区学院路30号1区创业楼309室	62324654	100083	研发非标机电一体自动化设备、电能质量产品

续表

单位名称	办公地点	联系电话	邮政编码	主要产品
北京北科威斯迈科技发展有限公司	海淀区学院路30号6区7号楼A座129室	82885779	100083	代理销售润滑油、直供石油“三剂”产品
北京中渣冶金技术有限公司	海淀区学院路30号1区方兴大厦602室	62332170	100083	冶金渣系列产品的研究和开发
新冶高科技集团有限公司	海淀区学院南路76号	62188971	100083	光电一体化，新材料技术以及技术转让、咨询和服务
北京科大华冶工程技术有限公司	海淀区学院路30号6区北京科技大学科技园A座316号	62334111	100083	以钢铁冶金行业为主体，开展与经营项目工程咨询、设计以及与之相关的工程技术研究与服务等
北京伟豪智能玻璃有限公司	海淀区学院路30号北京科技大学创业楼308室	62936356	100083	智能玻璃的研发、制造和生产
北京科大分析检验中心有限公司	海淀区学院路30号6区创业园A座1层	62340208	100083	钢铁材料性能的技术检测
北京科大三泰科技发展有限公司	海淀区学院路30号1区创业楼106室	82377511	100083	活性碳及脱硫项目
北京科大鑫冶机电设备有限公司	海淀区学院路30号创业楼203室	82389776	100083	冶金行业工程设计和提供非标设备
北京麦特冶金渣有限公司	海淀区学院路30号土木与环境工程学院楼	62319169	100083	冶金渣研究、生产、销售、服务
北京科大迈捷科技有限公司	海淀区学院路30号北京科技大学创业楼203号	62332959	100083	设备行为的在线监控与机电液系统的集成
北京中油石大技术有限责任公司	海淀区20号15楼125室	62322982	100086	技术开发、技术咨询、销售开发后的产品
北京石大油软技术有限公司	海淀区北四环中路229号海泰大厦1109室	82883190	100088	技术开发、技术咨询、销售开发后的产品
北京石大茁立石油技术有限公司	海淀区学清路8号A座307室	82730051	100192	技术开发、技术咨询、销售开发后的产品

续表

单位名称	办公地点	联系电话	邮政编码	主要产品
北京石油在线信息科技有限责任公司	海淀区花园东路甲32号仰源大厦B座505	62310857	100083	技术开发、技术咨询、销售开发后的产品
北京北航机械厂	海淀区学院路37号	82317982	100191	机械、电子、电器、仪器仪表、化工产品（除化学危险品）的技术开发、转让、咨询、培训、生产
北京北航印刷厂	海淀区学院路37号	82318851	100191	印刷
北京天华捷锐光电技术有限公司	海淀区学院路35号世宁大厦302室	82316129	100191	生产光纤陀螺仪
北京北航精密机电有限公司	海淀区学院路37号北京航空航天大学院内53号楼435～438号	82316358	100191	制造高速电机、精密电主轴、数控机床
北京华环电子股份有限公司	海淀区上地六街26号	62981998	100085	研发、制造、销售通信技术产品及配件等
北京清能创新科技有限公司	清华大学能科楼A座301	62792498	100084	电子产品及通信设备、仪器仪表、机械化工产品等
北京北分瑞利分析仪器（集团）有限责任公司	海淀区北清路160号	62403048	100095	红外系列分析仪器、智能型光谱、色谱系列仪器
北京北方车辆集团有限公司	丰台区朱家坟5里5号	83807000	100072	步兵战车、破障车、装加速输送车、自行榴弹炮、北方客车
中钞国鼎投资有限公司	丰台区科学城中核路5号（园区）	58565600	100070	金银纪念品、贵金属收藏品、金融投资产品
北京现代京城工程机械有限公司	丰台区卢沟桥南里2号	83213377	100165	挖掘机
北京二七轨道交通装备有限责任公司	丰台区长辛店杨公庄1号	83306001	100072	大型养路机械、内燃机车、电力机车等
中牧实业股份有限公司	丰台区南四环西路188号八区16～19号楼	63701111	100070	动物疫苗
南车二七车辆有限公司	丰台区张郭庄甲1号	83804016	100072	SQ6型凹底双层运输汽车专用车、NX70A型共用车

续表

单位名称	办公地点	联系电话	邮政编码	主要产品
首都航天机械公司	丰台区南苑警备东路2号	68750055	100076	12种型号的“长征”系列运载火箭和氢氧发动机、石油套管、冷拔机
北京星航机电设备厂	丰台区云岗东王佐北路9号	68374548	100074	预装式变电站、blokset配电柜、风电机组、移动气源车
北京当升材料科技有限公司	丰台区西四环南路88号（园区）	88399706	100044	钴酸锂、锰酸锂
北京京丰燃气发电有限责任公司	丰台区云岗西路15号	83311133	100074	燃气发电
北京市政路桥建材集团有限公司	丰台区科学城航丰路8号	51201788	100176	生产批发沥青混凝土
北京国电富通科技发展有限责任公司	丰台区南四环西路188号六区14号楼	51968393	100070	大直径高温高压管件、干式排渣系统
北京地铁车辆装备有限公司	丰台区苇子坑23号	67675295	100079	房山线电动客车、铛铛车、国产化地铁电动客车、上海轨道检查车
北京亚新科天纬油泵油嘴股份有限公司	丰台区程庄路3号	83693085	100071	AD系列、PB系列、P7100系列喷油泵
北京动力源科技股份有限公司	丰台区科技园区星火路8号	63783097	100070	一体化组合式通信电源、高频开关电源系统、智能高频高效开关电源整流器
中钞特种防伪科技有限公司	丰台区科学城星火路6号	58055037	100070	奥运纪念钞、奥运会门票
北京金自天正智能控制股份有限公司	丰台区科学城富丰路6号	83671666	100070	新产品中压变频器、电力电子器件、仪器仪表、高压变频器及系列专用控制器
北京万源翰德汽车密封系统有限公司	丰台区科兴路9号311—05室	68383467	100076	车门密封条、风挡密封条、玻璃滑槽密封条、内外腰线密封条、行李箱口密封条
北京凯恩帝数控技术有限责任公司	丰台区南四环西路188号5区29号楼	63701990	100070	生产数控机床铣台、数控系统及驱动

续表

单位名称	办公地点	联系电话	邮政编码	主要产品
北京北方华德尼奥普兰客车股份有限公司	丰台区朱家坟五里5号	83850026	100072	客运客车、豪华旅游客车、高档卧铺客车及特种车辆
柯诺（北京）木业有限公司	丰台区大红门西路4号	67272266	100068	森华阻燃板、纤维板
北京京仪世纪电子股份有限公司	丰台区西四环南路80号1幢133室	67626665	100079	微电子材料晶体生长和晶体加工设备、数控机床、自动化暖通及执行器设备
北京直真视通科技有限公司	丰台区科学城航丰路9号10层1002号［园区］	52290168	100029	模拟仿真平台、综合会议管理平台、智能多媒体应急切换系统
北京华盾雪花塑料集团有限责任公司	丰台区黄土岗马家楼119号	83728561	100070	农用薄膜、IBC集装桶、燃气用管件、注塑托盘
北京实验工厂	丰台区南大红门路1号	68382923	100076	军品
北京三兴汽车有限公司	丰台区新村一里15号	63716231	100070	自卸车、运油车、清扫车、高空作业车、油罐
北京榆构有限公司	丰台区人民村63号	83602155	100070	饰面混凝土外挂板、清水混凝土看台板、钢筋混凝土隧道盾构管片、预应力混凝土桥梁
北京辛普劳食品加工有限公司	丰台区红星蔬菜食品冷冻厂内西南角	67992189	100076	冷冻薯条及其他食品
北京谊安医疗系统股份有限公司	丰台区科学城11B2楼3层［园区］	83681616	100070	麻醉剂、手术台、呼吸机
北京长征天民高科技有限公司	丰台区西四环路76号（205室）园区	67802535	100176	工程油缸、制药机械、LNG液化产品
北京鼎汉技术股份有限公司	丰台区南四环西路188号7区3号楼（园区）	51103366	100070	电力有源滤波器、精密空调、屏蔽门电源系统、一体化机房
北京隆长泰工程机械有限公司	丰台区张郭庄甲1号	83883806	100072	轴承辅件、金属冲压件
北京隆轩橡塑有限公司	丰台区张郭庄甲2号	63703177	100072	工程塑料保持架

续表

单位名称	办公地点	联系电话	邮政编码	主要产品
北京丰华实机械有限公司	丰台区张郭庄甲1号	83804592	100072	铁路货车配件
北京五洲佳泰新型涂层材料有限公司	丰台区南方庄89号	67640395	100078	双轴向布、帐篷、充气产品
北京惠鼎皮业有限公司	丰台区五间楼10号	67622181	100079	轻革、皮革衣、重革、毛皮制品及皮革相关原辅材料
北京印刷集团有限责任公司印刷一厂	丰台区角门南里甲64号	67563034—213	100077	书刊印刷、商标印刷
北京市环球新艺皮毛公司	丰台区大红门南路158号	67963114	100076	各种裘皮服装及制品
北京白菊电器有限责任公司	丰台区卢沟桥南里8号	83892822	100165	注塑加工、物业管理
北京华盾雪花塑料集团有限责任公司	丰台区黄土岗马家楼19号	83728283	100071	塑料薄膜、中空制品
北京同仁堂科技发展股份有限公司	丰台区南三环中路20号	87632899	100079	六味地黄丸、感冒清热颗粒、牛黄解毒片、生脉饮口服液等
北京乐金日用化学有限公司	丰台区石榴庄南里8号	67644544	100075	竹盐牙膏
北京市精佳园机械厂	丰台区大红门久敬庄路57号	67993088	100076	租赁、印刷
北京北科合作仪器厂	丰台区大红门久敬庄路57号	63814052	100076	料位仪、X射线测厚仪
北京市非凡制药厂	丰台区岳各庄甲371号	63855792	100071	皮炎宁酊、醋酸氯已定溶液（0.02%～0.05%）、开塞露、复方白芷酊
北京第二机床厂有限公司	丰台区卢沟桥南里4号	83219549	100165	磨床
北京北益电工绝缘制品有限公司	丰台区石榴庄南里7号	67662396	100079	绝缘件
北京京城泰昌机械有限公司	丰台区卢沟桥南里2号（乙）	51438113	100072	挖掘机下料件
北京京城中奥电梯有限公司	丰台区卢沟桥南里6号	83214477	100165	电梯

续表

单位名称	办公地点	联系电话	邮政编码	主要产品
北京庄子工贸有限责任公司	丰台区分钟寺倪庄16号	67608681	100061	服装制造
北京航天石化技术装备工程公司	丰台区南大红门路1号	68381219	100076	截断阀、调节阀、安全阀
北京华电杰德科技有限公司	丰台区科学城海鹰路8号2号楼405室（园区）	63717721	100070	火电厂仿真系统、电厂自动控制设备
北京京仪敬业电工科技有限公司	丰台区右安门外东滨河路2号	66175725	100069	各种微型电机产品、低压开关、高中低压配电装置产品、自动化成套产品
北京京仪椿树整流器有限责任公司	丰台区三顷地甲3号	88680221	100040	大功率晶阀管、快速恢复整流管、变压器、变频传动系统、功率组件和模块、电解电镀电源、充电电源、感应加热电源、各种非标电源
北京巴布科克·威尔科克斯有限公司	石景山区石景山路36号	68862244	100043	电站锅炉
北京天山新材料技术股份有限公司	石景山区中园路7号	88795588	100043	研究、开发、生产、销售工程胶粘剂及辅助产品
北京首钢特殊钢公司	石景山区古城大街	88917608	100043	成品钢材
北京首钢氧气厂	石景山区石景山路（旁村）	68872451	100041	氧气、氮气、氩气
北京首钢第二耐火材料厂	石景山区首钢厂东门内	88294300	100041	冶金石灰、特种耐火材料
北京锅炉厂	石景山区石景山路36号	68844592	100043	工业锅炉
北京重型电机厂	石景山区吴家村路	51792957	100040	热力供应
北京北重汽轮电机有限责任公司	石景山区吴家村路57号	51592673	100040	汽轮发电机、电站汽轮机
北京京城新能源有限公司	石景山区八达处高科技园区西井路3号3号楼5755房间	51792570	100040	交流电动机

续表

单位名称	办公地点	联系电话	邮政编码	主要产品
北京恒坤混凝土有限公司	石景山区双峪路23号	88993030	100041	各种强度等级的混凝土和特种混凝土
北京首科兴业工程技术有限公司	石景山区八大处高科技园区西井路3号3号楼4345房间	88292034	100041	烟气脱硝工程，环保设备、备件、材料的经营
北京企中电子有限公司	石景山区西黄村	88803294	100144	家神一号防盗报警控制器
北煤机电公司	石景山区石门路368号	51511135	100042	专门从事防爆核子皮带秤、防爆电子皮带秤、煤灰分仪等计量器具的开发和制造，KJH－N型核子秤计量监测系统、KJD－N型电子秤计量监测系统、KJP－N型原煤自动分仓和配煤系统、KJS－N型工业摄像监视系统
北京煤炭矿用设备厂	石景山区石门路368号	51511063	100042	生产的产品主要以煤矿井下用机电设备、照明灯具设备、低压开关箱柜、高压真空配电装置为主
北京昊华能源股份有限公司	门头沟区新桥南大街2号	69839418	102300	煤炭
北京精雕科技有限公司	门头沟区石龙工业区永安路10号	51922006	102300	雕刻CAD/CAM技术、CNC数控技术、精密雕刻机设计技术和小刀具精细雕刻工艺等
北京埃姆毛纺有限公司	门头沟区永定镇上岸村	69803238	102308	针织绒线、毛针织衫裤
北京京煤集团有限责任公司	门头沟区新桥南大街2号	69842426	102300	煤炭、洗精煤
北京市京浆工贸有限公司	门头沟区城子市场街31号	51617680	102300	水煤浆
北京鑫华源机械制造有限责任公司	门头沟区门头沟路47号	61815100	102300	立体车库、液压支架、金属结构、渣浆泵
北京京煤化工有限公司	房山区青龙湖镇	80374040	102471	雷管、火药

续表

单位名称	办公地点	联系电话	邮政编码	主要产品
内蒙古京海煤矸石发电有限责任公司	门头沟区新桥南大街2号、内蒙古乌海市	69862467 0473—2996012	102300	发电、水泥
北京厨房设备集团公司	门头沟石龙工业区永安路7号	69806695—8000	102308	不锈钢制品、铝梯
北京首钢鲁家山石灰石矿	门头沟野溪	61881058	102300	石灰石、冶金用白灰
中煤北京煤矿机械有限责任公司	房山区城关街道	81369016	102499	液压支架
中国石化集团北京燕山石油化工有限公司	房山区燕山办事处	69345024	102599	电力供应
北京电力设备总厂	房山区良乡镇	69372305	102401	中速辊式磨煤机
北京中铁房山桥梁有限公司	房山区阎村镇	89349660	102400	铁路公路钢筋混凝土桥梁
北京华美聚合物有限公司	房山区燕山办事处	69336357	102500	低密度聚乙烯共聚物
北京聚菱燕塑料有限公司	房山区城关街道	81338146	102400	聚丙烯混合金材料
北京燕山集联石油化工有限公司	房山区城关街道朱各庄	69334425	102502	已烷
北京市琉璃河水泥有限公司	房山区琉璃河镇	89382980	102403	水泥
北京澳特舒尔保健品开发有限公司	房山区窦店镇	62800800	100244	碧生减肥茶
北京首创子午轮胎制造有限责任公司	房山区城关街道	81307626	102400	子午线轮胎（外胎）
北京太行前景水泥有限公司	房山区青龙湖镇坨里村	80370363	102413	水泥
北京华颖化工有限公司	房山区马各庄	69326447	102449	增塑剂
北京韩建河山管业有限公司	房山区长沟镇韩村河镇	80387303	102423	预应力钢筒管
北京快鹿织造有限公司	房山区阎村镇	69369379	102488	棉袜

续表

单位名称	办公地点	联系电话	邮政编码	主要产品
北京立马水泥有限公司	房山区周口店镇黄辛店	60364498	102454	水泥
中国石油化工股份有限公司催化剂北京燕山分公司	房山区燕山办事处	69346820	102400	催化剂
欧文斯科宁复合材料（北京）有限公司	房山区窦店镇	80332785	102402	玻璃纤维
北京多维联合轻钢板材（集团）有限公司	房山区长阳镇	80356026	102455	钢结构加工销售
北京燕都立民屠宰有限公司	房山区琉璃河镇	51110434	102403	屠宰生猪、牛、羊
北京企星冶金机电技术工程有限责任公司	房山区良乡镇	60331770	102401	冶金设备
北京华素制药股份有限公司	房山区良乡镇	60330541	102401	外用制剂
北京超羽纤维制品有限公司	房山区良乡工业开发区	65080450	102488	床上用品
北京北革皮业有限公司	房山区大石河东侧金马工业区	89345837	102400	国产植鞣革、特种动物皮革
北京市宇海工艺美术品厂	房山区长阳镇高岭村甲10号	80367077	102445	工艺美术品、印刷、证书、金属材料
北京北一中型数控机床有限责任公司	房山区长阳镇葫芦垡村西万兴路86号	89451963	102405	数控铣床
北京一机床良工零件制造有限公司	房山区良乡地区大南关河北路7号	69355931	102488	机床附件
北京百纳威尔科技有限公司	通州区光机电一体化产业基地	58929221	101111	通信设备
上海烟草集团北京卷烟厂	通州区梨园大稿村	59028029	101101	卷烟制造
北京摩比斯变速器有限公司	通州区光机电一体化产业基地	51652212	101111	变速器制造
北京中科信电子装备有限公司	通州区光机电一体化产业基地	81504835	101111	制造半导体的专用设备

续表

单位名称	办公地点	联系电话	邮政编码	主要产品
蒙牛乳业（北京）有限责任公司	通州区食品工业园区	61526298	101107	生产加工乳制品
北京佩特来电器有限公司	通州区宋庄镇	69596333	101118	生产汽车发电机和启动机
北京二商大红门肉类食品有限公司	通州区潞城镇食品工业园区	61520768	101107	屠宰加工
北京永顺之舟食品有限公司	通州区张家湾镇西定福庄村	61564489	101113	牲畜屠宰
北京中丽制机工程技术有限公司	通州区光机电一体化产业基地	65987579	101111	纺织纤维专用设备制造
福耀集团北京福通安全玻璃有限公司	通州区张家湾镇皇木场村	61502777	101113	加工轿车玻璃
中轻太阳能电池有限责任公司	通州区光机电一体化产业基地	81506170	101111	太阳能电池生产销售
北京古船食品有限公司	通州区运河西大街	63010387	101100	生产面粉
北京四环制药有限公司	通州区张家湾镇齐善庄村	61564064	101113	化学药品制造
北京华腾橡塑乳胶制品有限公司	通州区光机电一体化产业基地	81501306	101111	制造乳胶手套
北京恒聚化工集团有限责任公司	通州区漷县镇工业开发区	80589588	101109	聚丙烯酰胺
北京博格华纳汽车传动器有限公司	通州区潞城镇召里村	89570130	101117	分切箱
北京东方亚科力化工科技有限公司	通州区滨河路	61567430	101100	丙烯酸树脂类及单品
北京市京联鑫路用材料有限公司	通州区马驹桥镇东	61589615	101102	加工生产沥青料、无机料
天纳克（北京）汽车减振器有限公司	通州区通州工业开发区	61505700	101113	生产汽车减振器
北京星海钢琴集团有限公司	光机电一体化产业基地	81503688	101111	钢琴制造及销售
中国石油化工股份有限公司催化剂北京奥达分公司	光机电一体化产业基地	81502445	101111	催化剂制造

续表

单位名称	办公地点	联系电话	邮政编码	主要产品
北京大地泽林硅业有限公司	通州区大杜社工业区	61586099	101102	加工硅
北京阿科玛化学有限公司	通州区工业开发区	61564749	101113	塑料添加剂、催化剂
北京潞电电气设备有限公司	通州经济开发区东区	63666357	101106	高低压成套产品制造
北京东方罗门哈斯有限公司	通州区滨河路	61564320	101100	生产丙烯酸聚合物
北京贝特里戴瑞科技发展有限公司	通州区潞城镇食品工业园区	85701597	101107	生产轮胎成型机及配套设备
北京金鹰铜业有限责任公司	通州区临河里	60526450	101101	铜合金板、带材和铜丝焊料
北京东南压铸有限公司	通州区光机电一体化产业基地	81503091	101111	变速器壳体
北京泫南车饰有限公司	通州区宋庄镇草寺村	51676337	101118	设计加工汽车内部部件模具
北京路新恒通沥青混凝土有限公司	通州区永顺镇耿庄村	69596738	101101	沥青混凝土
北京世进汽车部件有限公司	通州区漷县镇金三角开发区	80561655	101112	生产制造汽车安全带
宾堡（北京）食品有限公司	通州区宋庄镇旺都三街	89570909	101118	加工面包糕点系列产品
北京利丰雅高长城印刷有限公司	光机电一体化产业基地	59011208	101111	书报刊印刷
北京展辰化工有限公司	通州区永乐经济开发区	69565858	101105	制造油漆
北京诚栋房屋制造有限公司	通州区宋庄镇南街	69598696	101118	生产彩钢板活动房屋
北京瑞韩恩梯恩汽车部件有限公司	通州区光机电一体化产业基地	69507292	101111	生产汽车零部件
北京邢钢焊网科技发展有限责任公司	通州区金桥科技产业基地	60503659	101102	焊网制造
北京铜牛股份有限公司	通州区张家湾镇光华路 6 号	61502482	101113	针织服装

续表

单位名称	办公地点	联系电话	邮政编码	主要产品
北京铜牛制衣有限公司	通州区张家湾镇牛堡屯中街	69580853	101104	针织服装
北京月季红线业有限公司	通州区梨园真小街村张家湾七桥	69571692	101101	缝纫线、涤棉纱、服装辅料
北京京兰非织造布有限公司	通州区张家湾开发区内辅路2号	85772003	101113	无纺布
北京金商梦时装有限公司	通州区宋庄镇富豪工业区	89551574—608	101119	泳装、休闲服、运动服
北京华泰仿瓷制品有限公司	通州区西关大街136号	69547474	101149	密胺餐具
北京佐田雷蒙服装有限公司	通州区西集任辛庄路南	61557016	101108	梭织服装
北京华腾大搪设备有限公司	通州区光机电一体化基地嘉创二路8号	81502146	101111	大型搪玻璃设备
北京华腾东光科技发展有限公司	通州区滨河路143号	61505749	101149	丙烯酸酯类、乳液、树脂产品、丁基胶内胎
北京华腾远通综合管业有限公司	通州区漷县镇草场村南	80573018	101109	PE塑料管及配件、塑料制品
北京瑞京乳胶制品有限公司	通州区次渠工业开发区	81501309	101111	乳胶手套
北京宜刚鞋业有限公司	通州区次渠工业开发区	81501429	101111	全胶鞋
北京东光实业总公司	通州区滨河路143号	61561473	101149	销售丙烯酸酯类、乳液、树酯产品
北京超塑新技术有限公司	通州区景盛南四街13号	59771805	101102	超塑金属络纱槽筒
北京诺飞金属材料有限责任公司	通州区景盛北一街9号	60595121	101102	有色金属铸件、低温焊料
北京北泡塑料集团公司	通州区张家湾镇光华路7号	67612929	101113	塑料加工
北京市北泡轻钢建材有限公司	通州区张家湾镇光华路8号	61565731	101113	轻钢结构厂房、冷库工程、聚苯乙烯泡沫塑料夹心板、压型钢板、保温门窗等

续表

单位名称	办公地点	联系电话	邮政编码	主要产品
北京星月泡沫塑料有限责任公司	通州区张家湾镇光华路甲 2 号	61502388	101113	聚醚型软质聚氨酯泡沫塑料系列产品、聚酯型软质聚氨酯泡沫塑料系列产品
北京市北泡实创门窗有限公司	通州区张家湾镇光华路 8 号	61565771	101113	金属门窗制造
北京英特塑料机械厂	通州区九棵树西路	81521311	101101	塑料挤出机、塑料混合机、塑料制品、模具
北京攀尼高空作业设备有限公司	通州区半壁店大街 9 号	81564407	101149	高空作业车
中环动力（北京）重型汽车有限公司	通州区中关村科技园通州园光机电一体化产业基地兴光五街 15 号	89501278	101111	矿用自卸汽车
北京京城重工桥箱机械有限公司	通州区马驹桥镇大杜社六郎庄	61582717	101103	矿用汽车前桥、后桥
北京光学仪器厂	通州区新华大街 157 号	69544601	101149	热分析仪器、光谱仪器、颜色测量仪器、电控位移台系列、光具座系列、低剂量直接数字化 X 光机
北京现代汽车有限公司	顺义区顺通路 18 号	89490025	101300	整车
北京索爱普天移动通信有限公司	顺义区天竺空港工业区 A 区天柱西路	80481188	101312	手机
北京现代摩比斯汽车零部件有限公司	顺义区双河大街 59 号	89448860	101300	生产和组装汽车底盘及驾驶舱等模块
北京首钢冷轧薄板有限公司	顺义区李桥镇任李路 200 号	81477800	101304	退火板和镀锌板
北京江河幕墙股份有限公司	顺义区牛汇北五街 5 号	60411166	101300	幕墙产品
北京燕京啤酒产业基地	顺义区双河路 9 号	89495588	101300	啤酒及无酒精饮料
北京汽车制造厂有限公司	顺义区仁和镇双河路南侧	69489096	101300	整车
北京现代海斯克钢材有限公司	顺义区双河大街 63 号	89401540—129	101300	钢板

续表

单位名称	办公地点	联系电话	邮政编码	主要产品
北京顺鑫农业股份有限公司鹏程食品分公司	顺义区南法信镇府前街北法信段42号	69474375	101300	鹏程牌冷鲜肉、鹏程牌熟食
伟世通汽车空调（北京）有限公司	顺义区南彩镇彩祥西路6号	89478080	101300	汽车空调、汽车散热器及相关配套产品
北京松下普天通信设备有限公司	顺义区天竺空港工业区天柱东路19号	57203040	101312	3G手机
北京恩布拉科雪花压缩机有限公司	顺义区北京天竺空港工业区B区裕华路29号	80482255	101312	制冷密封式压缩机及其零部件
北京顺鑫农业股份有限公司牛栏山酒厂	顺义区牛栏山镇牛板路1号	69412531	101301	白酒
北京江森汽车部件有限公司	顺义林河工业开发区	89407755	101300	汽车内饰、汽车座椅、汽车电子
北京大发正大有限公司	顺义区杨镇杜庄村北	61458755	101309	“双大”牌商品代雏鸡，“双大”牌肉鸡生，熟系列产品，“大发正大”、“双大”和“京泰”牌饲料
北京北一数控机床有限责任公司	顺义区林河工业开发区	89451560	101300	各类数控铣床、重型超重型龙门镗铣床、加工中心、车铣复合机床、数控珩磨机、钻削中心、生产线、普通铣床、功能部件、机床零部件等
北京世钟汽车配件有限公司	顺义区北小营镇	60487755	101305	汽车消音器与净化装置
北京李尔岱摩斯汽车系统有限公司	顺义区仁和地区办事处	89491121—6103	101300	汽车座椅及内饰件产品
北京东方雨虹防水技术股份有限公司	顺义区顺平路沙岭段甲2号	59031957	100123	防水卷材、防水涂料
SMC（北京）制造有限公司	顺义区竺园一街7号（天竺综合保税区）	67864852	101312	气动元件

续表

单位名称	办公地点	联系电话	邮政编码	主要产品
北京首都机场动力能源有限公司	顺义区天竺镇府右街6号	64548888	101312	施工总承包，燃气供应，供热，供冷，供电，二次供水，工程咨询，技术服务，销售机械设备，五金交电等，燃气器具安装、维修等
北京韩一汽车饰件有限公司	顺义区仁和地区办事处	89495755	101300	开发、制造汽车模具、夹具、车门内护板、内顶板、仪表板、座椅、包裹盘、遮阳板、地毯、后箱板、柱装饰板、车内灯具及其他汽车饰件为主
北京汇源食品饮料有限公司	顺义区北小营镇汇源路	60483388	101305	生产果蔬汁饮料系列食品，茶饮料、果冻、果浆系列产品，瓶（桶）装饮用水、植物蛋白饮料、牛奶、果奶、奶制品、食品用塑料包装、容器制品
北京村田电子有限公司	顺义区天竺空港工业区天柱路11号	80486622—3123	101312	片式多层陶瓷电容器
北京航空食品有限公司	顺义区南法信镇府前街47号	64597278	101300	航空餐食、中西糕点、定型包装食品
罗森伯格亚太电子有限公司	顺义区空港工业区B区安祥街3号	80481995—1835	101300	研发、生产各种通信设备，微波、光电产品
宝德强科技（北京）有限公司	顺义区高丽营镇金马开发区南路1号	69490208	101300	电子通信设备
北京平和精工汽车部件有限公司	顺义区南彩镇二三产业基地1号	89475002	101300	门模具、锁扣、铰链
北京正大饲料有限公司	顺义区牛栏山镇正大路4号	69412811	101301	配合饲料、浓缩饲料、添加剂预混合饲料及精料补充料
金刚化工（北京）有限公司	顺义区顺通路51号	89498181	101300	涂料、油漆
北京三立车灯有限公司	顺义区仁和镇林河大街32号	89446044	101300	汽车车灯
北京曲美家具集团有限公司	朝阳区望京北路51号院8号楼	64656388	100102	实木家具、弯曲木家具、板式家具、软体家具等

续表

单位名称	办公地点	联系电话	邮政编码	主要产品
威乐（中国）水泵系统有限公司	顺义区天竺空港开发区B区	58041718	101318	水泵
北京韩美药品有限公司	顺义区天竺空港工业区A区天柱西路10号	80429898	101312	妈咪爱、易坦静、美常安、乳果糖、钠儿平
北京阿奇夏米尔工业电子有限公司	顺义区马坡镇阿奇路1号	69403355	101300	电火花精密切割仪
延锋伟世通（北京）汽车饰件系统有限公司	顺义区顺通路55号	89407398	101300	汽车空调、汽车散热器及相关配套产品
北京莱姆电子有限公司	顺义区林河开发区林河大街28号院	89455288	101300	研制生产电度表、电流、电压、功率传感器，电流、电压及功率测试系统及检测工作站，仪器、仪表
北京北汽远东传动部件有限公司	顺义区杨镇工业区	84913020	101309	各种型号规格的中重卡系列汽车传动轴
北一大隈（北京）机床有限公司	顺义区林河开发区双河大街16号	61264597	101300	数控车： LCR270、LBR370 立式加工中心： MXR460V（560V） 卧式加工中心： MAR500H（630H）
北京英迈特矿山机械有限公司	顺义区马坡聚源工业区白马路66号	69407788	101300	矿山设备及配件
北京世纪百强家具有限责任公司	顺义区牛栏山镇牛汇南一街5号	89412363	101301	木制家具
北京京日东大食品有限公司	顺义区牛栏山镇牛汇街3号	69416002	101301	豆沙系列产品
北京泛美服装有限公司	顺义区平各庄顺通路29号	89444489	101300	男西装
北京市顺义区燃气公司	顺义区平各庄	89498069	101300	天然气销售、维修、管理
北京艾莱发喜食品有限公司	顺义区金马工业区	69497500	101302	冰淇凌、牛奶、奶油

续表

单位名称	办公地点	联系电话	邮政编码	主要产品
北京大昌庆镇汽车部件有限公司	顺义区杨镇人民政府东侧600米	61450990—220	101309	汽车座椅骨架
北京市同晖珠宝首饰有限公司	顺主区南法信镇东支路北法信段23号	89425509	101300	足金、千足金黄金饰品
北京冶金工程技术联合开发研究中心	顺义区赵全营镇兆丰产业基地园盈路8号	60442900	101300	精密冷轧不锈钢带产品、冶金成套装备的设计及制造
北京北汽兴华汽车弹簧有限公司	顺义区李桥镇张辛村北	89427716	101300	汽车板簧
可附特汽车零部件制造（北京）有限公司	顺义区南彩镇彩祥西路5号	89470432	101300	汽车滤清器、汽车油管
北京东方诚国际钢结构工程有限公司	顺义区李遂镇市场北路19号	89483480	101313	钢构件、钢结构、复合板、活动房屋、彩钢板
北京北广科技股份有限公司	顺义区天竺空港工业区A区天柱路26号	80489988	101315	电视发射设备、调频中短波广播发射设备、无线通信设备、天线与铁塔设备、微波传输设备、有线电视设备、音视频设备、射频电源等
北京京澳毛纺有限公司	顺义高丽营镇高泗路四村段30号	69454140	101303	毛纱、混纺纱
北京京棉巨龙有限公司	顺义区高丽营镇金马工业区B区1号	69457212	101303	气流纱、布
北京国宝技术纺织有限公司	顺义区高丽营镇金马工业区B区	69453352	101303	特种纤维缝纫线及布类
北京轻联富文新特印刷有限公司	顺义区天竺空港工业区B区裕华路25号	80483839	101318	食品包装盒、彩色瓦楞纸盒、彩色印刷
北京第一机床厂	顺义区林河工业开发区双河大街16号	89496161	101300	地质钻机、金属切削机床
北一圣和（北京）精密工具有限公司	顺义区林河工业开发区双河大街16号	89496161	101300	刀柄
北京北一法康生产线有限公司	顺义区林河开发区双河大街16号	89452230	101300	生产线

续表

单位名称	办公地点	联系电话	邮政编码	主要产品
北起多田野（北京）起重机有限公司	顺义区林河工业开发区林河大街36号	89498700	101300	汽车起重机
北京中石大化学制剂有限公司	顺义区牛山地区金牛工业开发区	69411933	101301	制造化学制剂及相关技术服务
亚宝北中大（北京）制药有限公司	顺义区林河工业开发区林河大街24号	89491226	100029	生产片剂、口服液、小容量注射剂，生产颗粒剂、中药提取，技术开发（以工商核定为准）
壳牌统一（北京）石油化工有限公司	大兴区黄村镇芦城开发区统一路1号	61238309	102612	发动机油、齿轮油、液压油、摩托车机油、润滑脂、防冻液、制动液等
北京铁路信号工厂	大兴区黄村镇狼垡一村西路2号	51214038 51214039	102613	制造、销售轨道交通信号系统设备
海信（北京）电器有限公司	大兴区黄村镇清源路36号	69767368	102600	制造和销售电冰箱系列产品
博洛尼家居用品（北京）有限公司	大兴区庞各庄镇工业西区78号	51318888 —8808	102601	家装、设计、施工服务
北京中瑞食品有限公司	大兴区黄村镇通黄路北刘村北300米	61264597	102600	屠宰加工鲜片猪肉，分割鲜冻猪瘦肉及精品猪
北京百事可乐饮料有限公司	大兴区金星乡团河路大白搂13号	61280988	100076	百事可乐、百事轻怡、百事清柠、七喜、美年达等
铁科克诺尔干线铁路车辆制动盘制造（北京）有限公司	大兴区青云店镇小古店村南50米	51010998	102605	机械加工
北京昆仑润滑油厂	大兴区庞各庄镇京开路西侧	89283178	102601	润滑油
北京威卡威埃贝斯乐汽车零部件股份有限公司	大兴区黄村镇西庄	60279912	102609	铝合金零部件
首航艾启威冷却技术（北京）有限公司	大兴区榆垡工业开发区榆顺路2号	63786883	102602	总承包空冷系统、设备成套供应、金属补偿器、空冷大管道、金属软管等
北京京诚凤凰工业炉工程技术有限公司	北京生物工程与医药产业基地天富大街9号	69241187	102600	各种工业炉及其附属设备的设计、供货

续表

单位名称	办公地点	联系电话	邮政编码	主要产品
北京星光影视设备科技股份有限公司	大兴区西红门星光巷7号	60299873	100162	影视照明灯具、吊挂设备、布光控制设备、调光设备、音视频设备等
北京资源亚太食品有限公司	大兴区黄村镇西磁路口	61261795	102600	资源肉
北京和田汽车改装有限公司	大兴区庞各庄工业开发区68号	80202611	102601	吊装工程车、厢式运输车、工程自卸车，环卫车系列几十个品种改装车
北京威克多制衣中心	大兴工业开发区金苑路甲15号	61276688	102600	中高档男装
北京市阀门总厂（集团）有限公司	大兴区庞各庄镇绿海路3号	89283800	102601	高中低压阀门，各种型号的蒸汽疏水阀、液化石油气用紧急切断阀等
北京瑞琪米诺桦合成材料有限公司	大兴区青云店工业区	80214655	102605	应用于煤矿、非煤矿山、隧道、水利工程和民用建筑等方面的安全产品
北京联宾塑胶印刷有限公司	大兴区青云店镇工业区内	80281666	102605	各种（聚乙稀）PE材质彩色包装的研发、生产和销售
北京威卡威汽车零部件有限公司	大兴区黄村镇西庄村天堂河	60276313	102609	为中高档乘用车提供内外饰件系统，并提供配套研发和服务
北京博得交通设备有限公司	大兴工业开发区广阳大街6号	60213577	102627	铁道、地铁、城市轨道车辆，各种交通车辆的自动门系统及零部件
北京联馨药业有限公司	大兴区工业开发区广茂大街16号	60214470	02600	人工麝香
北京派克兰帝有限责任公司	大兴区长子营镇长营工业园区138号	67674405	102606	儿童服装
北京雪莲羊绒股份有限公司	大兴区瀛海镇瀛海工业园中路1号	69274215	100076	羊绒衫、单绒制品
北京火炬毛针织有限责任公司	大兴区西红门镇大白楼村委会东400米	61288208	100076	毛针织品
北京五洲燕阳特种纺织品有限公司	大兴区瀛海镇黄亦路97号	69276011	100076	消防水带、软质输油管、软体油罐

续表

单位名称	办公地点	联系电话	邮政编码	主要产品
北京化工厂	大兴区安定镇工业东区安定南街1号	80239216	102607	彩色荧光粉、502胶、三基色节能灯粉、化学试剂
北京华腾天海环保科技有限公司	大兴区安定镇工业东区安定南街1号	80239838—805	102607	甲醛、溶剂试剂回收精炼
北京泛洋华腾科技有限公司	大兴区安定镇工业东区安定南街1号	80228001	102607	废旧轮胎精制胶粉
北京市纸箱厂	大兴区工业开发区金星路18号	60213404	102600	A型楞、B型楞、AB型楞纸板纸箱，箱面可多色、木纹印刷和防水处理
北京市商标印刷三厂	大兴区经济开发区亦庄工业园区如意路1号	67376836	100023	包装印刷，开发、生产新型药用、无菌包装用、新型复合包装材料
北京德宝商三包装印刷有限公司	大兴区经济开发区亦庄工业园区如意路1号	67376836	100023	包装印刷，开发、生产新型药用、无菌包装用、新型复合包装材料
北京宝岛包装印刷有限公司	大兴区旧宫工业园区富华街北东区甲19号	87971147	100076	彩色包装盒、商标印刷、电子监管码印刷
北京雪花电器集团公司	大兴黄村兴华中路1号	69241477	102600	电冰箱
北京义利食品股份有限公司	大兴工业开发区广阳大街2号	60241457	102600	巧克力、糖果
北京义利面包食品有限公司	大兴工业开发区广平大街1号	60250799	102600	义利牌系列面包
北京北瀛铸造有限责任公司	大兴区瀛海镇工业区南环路1号	69274585	100076	铸件
北京天海低温设备有限公司	大兴区黄村镇大庄东天河北路14号	60281239	102600	低温储罐
北京市第一绣花厂	大兴区西红门科技工业园	60250339	102600	纺织业（刺绣）
北京格格旗袍有限公司	大兴区西红门福纬路4条北8号	60291115	100076	旗袍、婚庆装、高档礼服等
北京三元食品股份有限公司	大兴区瀛海瀛昌街8号	56306666	100076	各种奶制品

续表

单位名称	办公地点	联系电话	邮政编码	主要产品
北京北仪创新真空技术有限责任公司	大兴工业开发区前高米店盛坊路仪器仪表基地	60251397	102600	非晶硅太阳能电池生产线设备、各种真空应用设备、真空获得设备、真空测量仪表
北京京仪海福尔自动化仪表有限公司	大兴工业开发区前高米店盛坊路仪器仪表基地	62050310	102699	各种物位、流量测量系列仪表
北京京仪北方仪器仪表有限公司	大兴工业开发区前高米店盛坊路仪器仪表基地	60250334	102699	各种机电式全电子式和智能型电能计量系列产品、现场远传抄表系统、现场测试状态监测系列仪器
北汽福田汽车股份有限公司	昌平区沙河镇沙阳路	80708919	102206	汽车整车及零部件研发、制造
北京神华恒运能源科技有限公司	昌平区超前路9号312室	58565588	102200	煤直接液化项目
北京诺华制药有限公司	昌平区永安路31号	65058833	102200	新山地明、抚他林片剂来适可、疗雷舒等
北京市三一重机有限公司	昌平区回龙观镇北清路三一产业园	80727029	102206	SYR220旋挖钻机
北京摩比斯中车汽车零部件有限公司	昌平区中兴路10号A230室	89799308	102202	汽车零部件
乐普（北京）医疗器械股份有限公司	昌平区超前路37号	80120666	102200	介入疗法用医疗器械及配件
北京利尔高温材料股份有限公司	昌平小汤山镇大东流	61714726	102211	不定型耐火材料、钢包预制件内衬、镁碳砖定型耐火材料制品
巴可伟视（北京）电子有限公司	昌平区昌盛路16号	80101166	102200	集成电路及软件产品
北京神雾环境能源科技集团股份有限公司	昌平区马池口镇神牛环岛东南角	60751999	102200	WDH燃烧机SWRB型、SWH－G型新型高效管状换热器等
北京复盛机械有限公司	昌平区中兴路10号	67184910	102200	螺杆压缩机机体转子型线
北京利德华福电气技术有限公司	昌平区白浮泉路10号	69764466	102200	高压变频调速系统
北京艾迪菲导航科技有限公司	昌平区火炬街23号	62800099	100080	汽车导航定位系统

续表

单位名称	办公地点	联系电话	邮政编码	主要产品
北京康得新复合材料股份有限公司	昌平区振兴路26号	62970055	100085	印刷后加工预涂膜
北京环鼎科技有限责任公司	昌平区创新路12号	69724843	102200	石油测井设备、通信船用设备、五二〇电缆传输数控测井系统成套
北京光华荣昌汽车部件有限公司	昌平区流村镇工业园	63793856	102204	加工汽车座椅、车灯，生产各种汽车镜总成、调节阀总成
北京雪迪龙科技股份有限公司	昌平区中兴路10号	80735603	102200	烟气连续检测CEMS技术
北京华业阳光新能源有限公司	昌平区阳坊镇	69768071	102200	玻璃真空太阳集热管、真空管太阳热水器
中信国安盟固利新能源科技有限公司	昌平区白浮泉路18号	89701074	102200	锂离子电池正极材料的合成
北京英特莱科技有限公司	昌平区西织路76号	69742450—227	102200	安全防护产品、环保过滤产品
首钢钢丝厂	昌平区沙河镇富生路9号	80713667	102206	特殊合金材料
北京首钢股份有限公司第　线材厂	昌平区沙河镇沙阳路	69731883	102206	线材
乾元浩生物股份有限公司	丰台区南四环西路188号总部基地11区20号楼	52261000	100070	动物生物制品及诊断试剂
北京三元禾丰牧业有限公司	昌平区南口镇南阳路	60755041	102202	饲料、配合料、预混料、浓缩料、精补料
清华大学电力电子厂	昌平区南口清华大学核研院	62794583	102201	工效电子气件
北京华电之星科学技术发展有限公司	昌平区朱辛庄北农路2号	80798589	102206	从事电力、能源、环保、机械、建筑、计算机等工程技术领域科技开发、设计、加工制作
北京华电天达科技有限责任公司	昌平区朱辛庄北农路2号华北电力大学	80116875	100220	门禁系列产品、停车场系列产品、读卡器系列产品、消费POS机系列产品

续表

单位名称	办公地点	联系电话	邮政编码	主要产品
博奥生物有限公司	昌平区生命科学园路18号	80715888	102206	自营和代理各类商品及技术的进出口业务，经营进料加工和“三来一补”业务，经营对销贸易和转口贸易，微流体芯片、主动式微阵列芯片、芯片实验室、可植入式生物芯片、生物信息学软件、纳米材料及诊断仪器等
北京华电能达科技有限责任公司	昌平区科技园永安路47号	80116875	100220	计算机及配套产品、软件开发、环保节能产品
北京华电纳鑫科技有限公司	昌平区马池口镇上念头村北	80777884—608	102200	微纳米表面技术开发、应用、生产，新型耐磨材料技术应用、生产
北京微肯佛莱科技有限公司	昌平区朱辛庄北农路2号华北电力大学	80795843	102206	电力基本建设管理系统软件、电力市场理论研究及相关技术支持系统、电力系统分析计算、电力企业ERP、电力系统监测和计量
北京北科麦思科自动化工程技术有限公司	昌平区振兴路5号	89715559	102200	主要提供冶金、机械、石化等行业全面的自动化解决方案，变频伺服及数控产品的开发
北京北科麦思科新材料技术有限公司	昌平区振兴路5号	89715559	102200	技术开发、生产铝硅合金键合丝
北京科大华科高新技术有限公司	昌平区科技园区振兴路5号	62333944	102200	美国爱默生变频器以及PLC的代理销售及售后服务
北京科大京都高新技术有限公司	昌平区科技园区振兴路5号301室	64841642	102200	高温耐热合金材料的研究与生产
北京中石大新元投资有限公司	昌平区振兴路18号	89733056	102200	资产管理，投资管理，技术开发、技术转让、技术服务
北京北石新材料技术开发公司	昌平区振兴路18号	89733731	102200	石油勘探技术开发、技术服务

续表

单位名称	办公地点	联系电话	邮政编码	主要产品
北京石大石工油气化工新技术有限公司	昌平区振兴路18号	69719241	102200	仪器仪表设备及石油专用软件技术开发技术
北京石大中油石油化工技术有限公司	昌平区振兴路18号	89733276	102200	生产真空系列用油、润滑油及添加剂
北京中石大乾泰超临界萃取技术有限公司	昌平区科技园区富康路18号301室	89732267	102200	技术推广、技术服务，销售化工产品、机器设备
北京中石大节能科技发展责任公司	昌平区十三陵镇泰胡路2号	64004278	102213	技术开发、技术咨询、销售油田机械设备
北京北油江钻井下工具有限公司	昌平区振兴路18号320室	89706989	102200	石油技术开发咨询、销售开发后的产品
北京石大博创复杂油气藏技术开发中心	昌平区白浮泉路10号拓然家苑5号楼5单元101室	69743766—800	102299	石油技术开发咨询、销售开发后的产品
北京油源恒业科技有限公司	昌平区振兴路18号	89733117—6	102200	技术开发咨询、销售开发后的产品
北京中石大光和油气技术服务有限公司	昌平区振兴路18号	58207410	102200	销售化工产品、机械设备，石油天然气技术开发、转让
北京中石大活化能科技开发有限责任公司	昌平区科技园区富康路18号512室	89732308	102200	技术推广、技术服务、技术检测，销售机械设备、化工产品
北京中石大格林催化科技有限公司	昌平区科技园区富康路18号	89733595	102200	技术开发、技术咨询、技术转让、销售化工产品、石油机械设备
北京中石大鲲鹏新能源科技投资有限公司	昌平区科技园区富康路18号512室	89732256	102200	投资与资产管理技术推广服务、工程勘察设计、工程设计、专业承包、销售建筑材料
北京星宇车科技有限公司	平谷区兴谷路28号	69958500	101200	生产汽车零部件的精中模模具、标准夹具
北京中石大天和石化科技有限公司	昌平区科技园区富康路18号	57417362	102200	石油、天然气地质勘探，石油化工、水处理技术、油田技术推广服务，销售石油机械设备与配件、金属材料、化工产品等

续表

单位名称	办公地点	联系电话	邮政编码	主要产品
北京日进汽车系统有限公司	平谷区兴谷工业开发区6号	69950675	101200	驱动桥总成
北京和信汽车部件有限公司	平谷区兴谷工业开发区11号	69952411	101200	油箱
北京爱尊汽车部件有限公司	平谷区兴谷工业开发区M2—3区	69958500	101200	生产加工汽车零部件检验夹具
伟巴斯特东熙汽车配件（北京）有限公司	平谷区兴谷工业开发区M2—5区	69958783	101200	汽车电动天窗
北京和承阿仁艾汽车配件有限公司	平谷区平瑞街19号	89983799	101200	密封条
北京大林万达汽车部件有限公司	平谷区平瑞街5号	81600975	101200	汽车零部件
北京千喜鹤食品有限公司	平谷区兴谷工业开发区9区平谷北街	52792436	101200	畜禽屠宰
北京乳旺食品有限公司	平谷区兴谷工业开发区8号区	69966789	101200	生产含乳饮料
北京市谷丰化工制品有限公司	平谷区东高村镇南张岱村	60992610	101200	生产复混肥
北京天利海香精香料有限公司	平谷区新平南路124号	69978005	101200	生产麦牙酚、乙基麦牙酚
升兴（北京）包装有限公司	平谷区兴谷工业开发区M2—5区	69956333	101200	生产易拉罐、铁空罐
北京市老才臣食品有限公司	平谷区兴谷经济开发区5号区	69959284	101200	腐乳、酱油、食醋、调味品
维达北方纸业（北京）有限公司	平谷区航宇街16号	69934888	101200	生产生活用纸
北京大圆亚细亚汽车科技有限公司	平谷区兴谷工业开发区M2—6区	69956571	101200	弹簧
北京永信发谷汽车部件有限公司	平谷区兴谷工业开发区M2—6号	69959810	101200	汽车转向泵制造
北京金隅平谷水泥有限公司	平谷区马坊镇太平东路11号	60995766	101204	水泥制造
北京长吉加油设备有限公司	平谷区滨河工业开发区	69973352	101200	加油机设备

续表

单位名称	办公地点	联系电话	邮政编码	主要产品
北京雪莲同达制衣有限公司	平谷区滨河工业开发区63号	69935637	101200	毛针织品
北京新清河毛纺染织有限责任公司	平谷区马坊镇	60999011	101204	精纺毛织品
北京地天泰针织绒线有限公司	平谷区马坊镇工业区西区191号	60999127	100030	绒线
北汽福田汽车股份有限公司北京欧曼重型汽车厂	怀柔区红螺东路21号	4008900966	101400	欧曼GTL产品
玛氏食品（中国）有限公司	怀柔雁栖经济开发区	61667410	101407	德芙、M&M′s、士力架、脆香米
北京福斯汽车电线有限公司	怀柔区雁栖经济开发区雁栖大街39号	61667841	101407	汽车电线
北京统一饮品有限公司	怀柔区开放路70号	89681966	101400	多果汁系列（鲜橙多、蜜桃多、葡萄多、芒果多）、老坛酸菜牛肉面、阿萨姆奶茶、统一冰红茶、统一绿茶
北京市怀柔区肉类联合加工厂	怀柔区庙城镇高各庄村南	89610082	101401	大红门牌冷鲜猪肉
北京红星股份有限公司	怀柔区红星路1号	61697061	101400	红星青花瓷系列、北京特酿系列
北京奥瑞金新美制罐有限公司（更名为奥瑞金包装股份有限公司）	怀柔区雁栖经济开发区乐园南一街7号	61666999	101407	食品包装用覆膜铁
太平洋制罐（北京）有限公司	怀柔雁栖镇	61642155	101407	铝质两片易拉罐
有研粉末新材料（北京）有限公司	雁栖经济开发区雁栖南四街12号	61667638	101400	电解铜粉、高纯度雾化铜粉、铜合金粉、部分合金化CuSn扩散粉、超细预合金粉
红牛维他命饮料有限公司	怀柔雁栖经济开发区	61669833	101407	红牛（普通型）、红牛（牛磺酸强化型）
北京东方希望饲料有限公司	怀柔区北房镇希望路10号	61682819	100410	510肉小鸡、511肉中鸡、541肉小鸭、542肉中鸭、猪浓缩饲料

续表

单位名称	办公地点	联系电话	邮政编码	主要产品
波尔亚太（北京）金属容器有限公司	怀柔雁栖开发区永乐大街 8 号	61663300	101407	2 片铝质易拉罐
北京广振商工汽车部件有限公司	杨宋镇凤翔开发区安平 1 园 2 号	61675334	101400	汽车车门玻璃升降器总成
北京凌云东园科技有限公司	怀柔区杨宋镇北京凤翔科技开发凤翔一园 28 号	61678526	101400	汽车车门框及车门侧防撞杆
北京世东凌云汽车饰件有限公司	怀柔区杨宋镇北京凤翔科技开发区	61677911	101400	不锈钢光亮饰条、车门内外装饰密封条、前后风挡玻璃密封条、车顶装饰条、车门防撞条、前格栅、尾翼、三角窗、B 柱饰板、轮毂罩等
达能乳业（北京）有限公司	怀柔区雁栖经济开发区雁栖北一街 6 号	61666555	101407	碧悠、达能系列发酵乳
北京红星股份有限公司	怀柔区红星路 1 号	65683106	101400	红星牌系列白酒
万都（北京）汽车底盘系统有限公司	密云县经济开发区	61029180	101500	制动器及其零件
北京裕罗电器装配有限公司	密云县经济开发区	69076801	101500	汽车线束
今麦郎饮品（北京）有限公司	密云县经济开发区	85999899	101500	茶饮料
首云矿业股份有限公司	密云县巨各庄镇	61039513	101501	铁精粉
北京科勒有限公司	密云县果园	89090022	101500	水龙头
北京宇航肉联加工有限公司	密云县巨各庄镇	89010195	101500	屠宰
北京云冶矿业有限责任公司	密云县冯家峪镇	81069093	101515	铁精粉
北京威克冶金有限责任公司	密云县巨各庄镇	61032888	101500	铁精粉
北京大世英提尔汽车机械附件有限公司	密云县经济开发区	13811751955	101500	汽车配件

续表

单位名称	办公地点	联系电话	邮政编码	主要产品
内蒙古伊利实业集团股份有限公司北京乳品厂	密云县经济开发区	69076006	101500	酸奶
北京裕罗尔特电器装配有限公司	密云县经济开发区	13716535615	101500	汽车配件
北京铜牛服装有限公司	密云县经济开发区	51279850	101500	休闲服装
北京青岛啤酒三环有限公司	密云县果园	69097319	101500	啤酒
北京建昌矿业有限责任公司	密云县太师屯镇	9031288	101504	铁精粉
密云县放马峪铁矿	密云县高岭镇	81081351	101507	铁精粉
北京铜牛服装有限公司	密云县工业开发区科技路31号	51279898	101500	梭织服装
北京铜牛泰鹰科技有限公司	密云县经济开发区科技路31号－1	51279996	101500	梭织服装
北京化大化新股份有限公司	密云县工业开发区水源路15号	69063765	101500	华教授护肤品系列，包括美白系列、保湿系列、防晒系列、特殊护理系列等
中材科技风电叶片股份有限公司	延庆县八达岭经济开发区东环路1号	61162143	102100	风电叶片的研究、设计、开发、制造和服务
北京雪莲时尚纺织有限公司	延庆县迎泉街3号	52025188	102100	生产、加工、制造羊绒、棉、麻、丝及混纺针织服装制品
北京士兴钢结构有限公司	经济技术开发区景园北街2号	67856668	100176	建筑围护高端板材、钢结构产品
北京三吉利新材料有限公司	延庆县益祥北街3号	81196955	102100	烧结钕铁硼合金薄带
金果园老农（北京）食品有限公司	延庆县八达岭镇飞东路1号	84598297	102100	山杏仁、胡桃仁、美国大杏仁、加州开心果、加州西梅、美国大榛子等
雪润（北京）羊绒制品有限公司	延庆县经济技术开发区2区百莲街5号	61118329	102100	无毛绒

续表

单位名称	办公地点	联系电话	邮政编码	主要产品
北京北人京延印刷机械厂	延庆县延庆镇王泉营村	60156950	102100	输纸机、拉纸规
北京京城环保产业发展有限责任公司	延庆县八达岭经济开发区康西路1008号	67118725	100061	气体压缩机
北京龙源冷却技术有限公司	北京经济技术开发区同济南路11号	87859777	100176	直接、间接空冷系统设计，设备的供应、安装、指导、咨询
北京ABB低压电器有限公司	北京经济技术开发区康定街17号	58085093	100176	断路器产品、隔离开关及其他模数化终端配电产品、电涌保护器
北京北开电气股份有限公司	北京经济技术开发区永昌南路5号	67888838	100176	高低压开关柜、箱式变电站、高压开关、直流电源等
颇尔过滤器（北京）有限公司	北京经济技术开发区荣华中路15号	67881207	100176	实验器材、生物过滤器、纯水器、纯水机等
北京松下电工有限公司	北京经济技术开发区同济北路1号	67882438	100176	照明器具、配线器具、健康器具等
北京通用电气华伦医疗设备有限公司	北京经济技术开发区永昌北路1号	67881880	100176	医疗仪器设备制造
施耐德（北京）中压电器有限公司	北京经济技术开发区永昌北路3号709室	67889191	100176	中压开关柜
康宁显示科技（中国）有限公司	北京经济技术开发区同济南路22号	67873838	100176	液晶玻璃基板
首钢莫托曼机器人有限公司	北京经济技术开发区永昌北路7号	67880557	100176	生产和销售用于汽车、摩托车、工程机械、化工、家电、建筑等行业的各类机器人
泰科流体控制（北京）有限公司	北京经济技术开发区路东区双羊路15号迪兴工业园A—3栋	67821000	100176	各种阀门
艾尼克斯电子（北京）有限公司	北京经济技术开发区科创二街9号新城工业园A6号	67892929	100176	电子原器件

续表

单位名称	办公地点	联系电话	邮政编码	主要产品
北京盛通印刷股份有限公司	北京经济技术开发区兴盛街 11 号	67887676	100176	排版、印刷、装订
卡夫食品（北京）有限公司	北京经济技术开发区宏达北路 12 号 B2 区 2214 室	63541188—719	100176	咖啡、糖果、乳制品及饮料
北京谢瑞麟珠宝有限公司	北京市北京经济技术开发区宏达北路 16 号 1♯厂房 5 层	67872627	100176	生产、加工首饰工艺品、铂族类饰品，技术咨询，技术服务
北京金佰利个人卫生用品有限公司	北京经济技术开发区宏达北路 8 号	67881358	100176	妇女卫生巾、一次性婴儿尿布、卫生纸
北京华油联合燃气开发有限公司	北京经济技术开发区宏达北路 10 号 5 层 A 区	67865275	100176	天然气的投资、建设和运营管理
中兵光电科技股份有限公司	北京经济技术开发区科创 15 街 2 号	58089788	100176	精密光机电一体化、遥感信息系统技术、智能控制技术产品
北京金菩嘉医疗科技有限公司	北京经济技术开发区宏达北路 8 号 1 号楼 4 层	67882639	100176	研发、生产和销售荧光原位杂交（FISH）系列探针
北京宏达日新电机有限公司	北京经济技术开发区宏达南路 8 号	67802698	100176	在中国国内组装、生产世界一流的 GIS 设备
北京京东方茶谷电子有限公司	北京经济技术开发区西环南路 18 号 C701 室	67855826	100176	生产新型平板显示器及配件
北京东方兴盛不锈钢加工有限公司	北京经济技术开发区兴盛街 17 号	67860603	100176	不锈钢及金属制品
北京供电福斯特开关设备有限公司	北京市大兴区经济技术开发区东环中路甲 1 号	67865615	100176	高低压开关柜、安装调试电器设备
阿帕奇（北京）光纤激光技术有限公司	北京经济技术开发区景园北街 2 号 BDA 国际企业大道 28 楼	67873377	100176	IPG 光纤激光产品
北京世元达电子技术有限公司	北京经济技术开发区永昌南路 34 号	67855609	100176	背光源模块
华润协鑫（北京）热电有限公司	北京经济技术开发区文昌大道 6 号	67855536	100176	供电、供热

续表

单位名称	办公地点	联系电话	邮政编码	主要产品
第一三共制药（北京）有限公司	北京经济技术开发区永昌中路5号	85251088	100176	制药
北京北汽李尔汽车系统有限公司	北京经济技术开发区康定街1号A3～A4	67810721	100176	设计、生产汽车座椅、电子控制系统及汽车电子电器产品等
北京燕宝汽车服务有限公司	北京经济技术开发区宏达北路26号	67821666	100176	汽车销售及维修保养
北京华联印刷有限公司	北京经济技术开发区东环北路3号	67876655	100176	印刷
北人印刷机械股份有限公司	北京经济技术开发区荣昌东街6号	67786677	100176	生产印刷机械
世化普力特光电科技（北京）有限公司	北京经济技术开发区兴业街6号	67856186	100176	压克力板、隔音板、导光板
北京中科彩技术有限公司	北京经济技术开发区经海二路28号	86551255	102600	印刷技术开发、技术培训
北京源德生物医学工程有限公司	北京经济技术开发区永昌北路24号	67871166	100176	增敏化学发光分析仪及试剂
北京康宁光缆有限公司	北京经济技术开发区隆庆街9号	67881199	100176	光缆及相关产品
伟创力电源系统（北京）有限公司	北京经济技术开发区同济中路15号	67806699	100176	手机充电器及配件
北京三箭和众鼎电子有限公司	北京经济技术开发区锦绣街甲16号	67873580	100176	生产底片塑胶按键、塑料按键、导电硅胶零件
达涅利冶金设备（北京）有限公司	北京亦庄经济技术开发区景园街8号	58082828	100176	钢铁工业设备制造
霍曼（北京）门业有限公司	北京经济技术开发区中和街13号	67888371	100176	生产各种工业门、民用门、门框等
北京星和众工设备技术股份有限公司	北京经济技术开发区西环南路18号A座508	51570198	100176	金属板材加工生产设备的设计、制造、安装、调试
北京大基康明医疗设备有限公司	北京经济技术开发区永昌北路11号	67885600	100176	医疗设备、器械
北京航天万源煤化工工程技术有限公司	北京经济技术开发区锦绣街6号航天科技园A区	68384509	100176	煤气化工程及其特种装备的研发、设计、生产、销售、服务

续表

单位名称	办公地点	联系电话	邮政编码	主要产品
萨姆森控制设备（中国）有限公司	北京经济技术开发区永昌南路 11 号	67803011	100176	控制阀和仪器仪表领域的研发、生产和销售
北京当纳利印刷有限公司	北京经济技术开发区隆庆街 6 号	53821166	100176	印刷、包装、造纸
诺基亚通信有限公司	北京经济技术开发区东环中路 5 号	87118888	100176	移动通信产品
北京奔驰汽车有限公司	北京经济技术开发区博兴路 8 号	67824888	100176	小轿车
富泰京精密电子（北京）有限公司	北京经济技术开发区锦绣街 9 号	67869988	100176	手机零备件
威讯联合半导体（北京）有限公司	北京经济技术开发区同济中路 17 号	67879977	100176	手机零备件
拜耳医药保健有限公司	北京经济技术开发区荣京东路 7 号	67882150	100176	医药产品
北京金风科创风电设备有限公司	北京经济技术开发区开发区康定街 19 号	87857554	100176	风力发电机组及零配件
北京京东方光电科技有限公司	北京经济技术开发区宏达北路 10 号	67855688	100176	显示产品
SMC（中国）有限公司	北京经济技术开发区兴盛街甲 2 号	67885566	100176	气动元件
博世力士乐（北京）液压有限公司	北京经济技术开发区永昌南路 6 号	67827000	100176	液压产品
施耐德（北京）低压电器有限公司	北京经济技术开发区荣昌东街 7 号隆盛工业园	67875522	100176	工业自动化产品
中芯国际集成电路制造（北京）有限公司	北京经济技术开发区开发区文昌大道 18 号	67855000	100176	集成电路
利乐包装（北京）有限公司	北京经济技术开发区东环南路 15 号	67887117	100176	包装
北京德尔福万源发动机管理系统有限公司	北京经济技术开发区同济北路 6 号	58081919	100176	电子燃油喷射系统

续表

单位名称	办公地点	联系电话	邮政编码	主要产品
资生堂丽源化妆品有限公司	北京经济技术开发区宏达北路2号	67883330	100176	日用化妆品
中国石油集团海洋工程有限公司	北京经济技术开发区宏达北路16号3号厂房C区3层	67885872	100176	海洋石油钻井
安迅（北京）金融设备系统有限公司	北京经济技术开发区宏达北路22号	86781088	100176	自动柜员机
航卫通用电气医疗系统有限公司	北京经济技术开发区永昌北路2号	67881880	100176	医疗仪器设备
北京ABB高压开关设备有限公司	北京经济技术开发区景园街12号	67818000	100176	输配电设备
三洋能源（北京）有限公司	开发区永昌中路16号	67873434	100176	锂离子电池
揖斐电电子（北京）有限公司	北京经济技术开发区荣昌东街15号	67872807	100176	印制电路板
加多宝（中国）饮料有限公司	北京经济技术开发区康定街21号	59026388	100176	饮料
北京同仁堂科技发展股份有限公司	北京经济技术开发区同济北路16号	87632888	100176	中药
经纬纺织机械股份有限公司	北京经济技术开发区永昌中路8号	67875566	100176	纺织机械
悦康药业集团有限公司	北京经济技术开发区宏达中路6号	67888833	100176	药品
富士康精密组件（北京）有限公司	北京经济技术开发区同济中路18号	67879988	100176	手机零件
贝尔罗斯（北京）电子电信部件有限公司	北京经济技术开发区景园街15号	67812380	100176	手机零件
北京泰德制药股份有限公司	北京经济技术开发区荣京东街8号	67880648	100176	药品
赛诺菲安万特（北京）制药有限公司	北京经济技术开发区兴盛街7号	67889372	100176	药品
蓝星（北京）化工机械有限公司	北京经济技术开发区兴业街5号	67743492	100176	离子膜电解槽

续表

单位名称	办公地点	联系电话	邮政编码	主要产品
英资莱尔德无线通信技术（北京）有限公司	北京经济技术开发区开发区锦绣街14号	67805500	100176	天线、天线模块及模具
诺兰特移动通信配件（北京）有限公司	北京经济技术开发区荣昌东街7号	67881050	100176	手机零件
宝健（中国）日用品有限公司	北京经济技术开发区西环南路16号	67819900	100176	保健产品
和路雪（中国）有限公司	北京经济技术开发区万源街16号	67833888	100176	冰淇凌
比泽尔制冷技术（中国）有限公司	北京市经济技术开发区经海四路20号	67819000	100176	压缩机
北京可口可乐饮料有限公司	北京经济技术开发区荣京东街9号	67885588	100176	饮料
北京艾科泰国际电子有限公司	北京经济技术开发区同济中路10号	67880099	100176	通信产品
北京大宝化妆品有限公司	北京经济技术开发区荣华中路12号	67875588	100176	日用化妆品
北京豪特耐管道设备有限公司	北京经济技术开发区运成街12号	67882588	100176	管道设备
西得乐机械（北京）有限公司	北京经济技术开发区建安街8号	67886210	100176	液态食品包装
北京华德液压工业集团有限责任公司	北京经济技术开发区同济北路5号	67882005	100176	液压阀、柱塞泵
北京北方微电子基地设备工艺研究中心有限责任公司	北京经济技术开发区文昌大道8号	57846999	100176	等离子刻蚀设备，化学、物理、气相沉积设备，自动化软件产品
北京化学工业集团有限责任公司	北京经济技术开发区西环北路23号	67860685	100176	化工装备、工业及民用气体、电子化学品、新能源、新材料、循环经济产业、环保产业
北京同仁堂健康药业股份有限公司	北京经济技术开发区景园北街2号58幢同仁堂健康大厦	81726688	100176	保健食品、食品、中成药等
北人印刷机械股份有限公司	北京市北京经济技术开发区荣昌东街6号	67802565	100176	印刷机

续表

单位名称	办公地点	联系电话	邮政编码	主要产品
北京北人富士印刷机械有限公司	北京经济技术开发区荣昌东街6号	67365831	100176	表格印刷机、柔性版印刷机
北京合康亿盛变频科技股份有限公司	北京经济技术开发区博兴二路3号	59180000	100176	研发并生产高、中、低压等系列变频器
北京松上有限公司	北京经济技术开发区万源街9号	67887099	1000176	A6型半自动生化分析仪、A7型全自动生化分析仪、A8型全自动生化分析仪等
北京动向体育发展有限公司	北京经济技术开发区景园北街2号21楼	67821457	100176	Kappa品牌服装、鞋、运动器材、配件
北京和利时系统工程有限公司	北京经济技术开发区地盛中路2号院	58981000	100176	核电自动化控制系统开发、工程实施、软硬件技术研究、产品研制和生产制造
北京京运通科技股份有限公司	北京经济技术开发区经海四路158号	80803017	100176	单晶硅、多晶硅
北京日立北工大信息系统有限公司	北京经济技术开发区地盛北街6号楼	51908103	100020	开发、生产计算机软件及相关硬件，技术咨询、技术培训
北京博飞仪器股份有限公司	北京经济技术开发区兴业街2号	67816781	100176	光学、电子经纬仪系列产品
天津泰拓鞋业有限公司	天津市武清区城关镇工业区	022—29460239	301712	皮鞋生产加工
京煤集团三河综合厂	河北省三河市	0316—3712106	65205	蓄电池
首钢矿业公司	河北省迁安市杨店子镇	0315—7710802	64404	铁精矿粉、球团矿、烧结矿
陕西北人印刷机械有限责任公司	陕西渭南高新区东风大街西段71号	0913—2118615	714000	印刷机械
海门北人印刷机械有限公司	海门市人民西路1011号	0513—82297120	226100	印刷机械
北京第一机床（高碑店）铸造有限责任公司	河北省高碑店市亚威桥西500米	0312—2801500	074000	铸铁件

续表

单位名称	办公地点	联系电话	邮政编码	主要产品
北一重型机械铸造股份有限公司	河北高碑店市 112 国道亚威桥西	0312—6930038	074000	铸铁件
天津天海高压容器有限责任公司	天津港保税区津滨大道 268 号	022—59816626	300461	气瓶
上海天海德坤复合气瓶有限公司	上海市松江高科技园区九湾镇涞寅路 2058 号	021—67696642	201615	铝内胆全缠绕复合气瓶
廊坊天海高压容器有限公司	廊坊经济开发区耀华道 18 号	0316—6071106	065000	高压气瓶

北京市政府相关部门及部分企业单位联络指南

单位名称	地　址	网　址	邮编	电话
北京市经济和信息化委员会	朝阳区惠新东街 6 号	www.bjeit.gov.cn	100029	57587000 84640621
北京市发展和改革委员会	西城区复兴门南大街丁 2 号	www.bjpc.gov.cn	100031	66415588
北京市商务委员会	东城区朝阳门内大街 190 号	www.bjmbc.gov.cn	100010	65248780
北京市科学技术委员会	西城区西直门南大街 16 号	www.bjkw.gov.cn	100035	66153395
北京市财政局	海淀区阜成路 15 号	www.bjcz.gov.cn	100037	88549114
北京市质量技术监督局	朝阳区育慧南路 3 号	www.bjtsb.gov.cn	100029	57520000
北京市工商行政管理局	海淀区苏州街 36 号	www.baic.gov.cn	100080	82691919
北京市安全生产监督管理局	西城区槐柏树街 2 号院 3 号楼	www.bjsafety.gov.cn	100053	65023616
北京市人民政府国有资产监督管理委员会	西城区枣林前街 70 号	www.bjgzw.gov.cn	100053	83560755
北京市交通管理委员会	丰台区六里桥南里甲 9 号 B 座	www.bjjtw.gov.cn	100073	63011677
北京市药品监督管理局	西城区枣林前街 70 号	www.bjda.gov.cn	100053	83979811

北京市东城区发展和改革委员会	东城区东打磨厂汇泉大厦526房间	www.bjdch.gov.cn	100010	64079927
北京市西城区发展和改革委员会	西直门内大街275号	www.bjxch.gov.cn	100035	82141179
北京市朝阳区发展和改革委员会	朝阳区百子湾西里303号	fagaiwei.bjchy.gov.cn	100124	65090538 65013688
北京市海淀区经济和信息化办公室	海淀区四季青路6号海淀招商大厦	www.hddrc.gov.cn	100195	88497066
北京市丰台区经济和信息化委员会	丰台区文体路2号	www.bjft.gov.cn	100071	83656000
北京市石景山区经济和信息化委员会	石景山区石景山路18号	ecrd.bjsjs.gov.cn	100043	88699890
北京市门头沟区经济和信息化委员会	门头沟区新桥南大街46号	www.bjmtg.gov.cn	102300	69842584
北京市房山区经济和信息化委员会	房山区长阳镇昊天北大街38号	jxw.bjfsh.gov.cn	102445	81312717
北京市通州区经济和信息化委员会	通州新华东街256号	gyj.bjtzh.gov.cn	101100	69546276 69541494
北京市顺义区经济和信息化委员会	顺义区建新西街甲3号	www.jxw.bjshy.gov.cn	101300	69440225
北京市大兴区经济和信息化委员会	大兴黄村兴政东里甲5号	www.bjdx.gov.cn	102600	69243537
北京市昌平区经济和信息化委员会	昌平区西环路15号	cpjxw.bjchp.gov.cn	102200	69742365
北京市平谷区经济和信息化委员会	平谷区乐园西小区7号	www.bjpg.gov.cn	101200	69986796
北京市怀柔区经济和信息化委员会	怀柔区青春路42号	www.hrgyj.gov.cn	101400	69644311
北京市密云县经济和信息化委员会	密云县鼓楼东大街8号	www.myec.gov.cn	101500	69055880 69041694
北京市延庆县经济和信息化委员会	延庆县东外大街建业胡同2号	www.bjyq.gov.cn	102100	69103310 69144623
中关村科技园管理委员会	海淀区阜成路73号裕惠大厦906	www.zgc.gov.cn	100080	88827911
北京经济技术开发区管理委员会	北京经济技术开发区荣华中路15号博大大厦	www.bda.gov.cn	100176	67881240 67881210

首钢总公司	石景山区石景山路厂东门	www.shougang.com.cn	100041	88293520 68873606
中国石化集团北京燕山石油化工有限公司	房山区燕山岗南路1号	www.yanshanpcgc.com.cn	102500	69342295 69342736
北京电子控股有限责任公司	朝阳区三里屯西六街6号	www.behc.com.cn	100027	84545046 84544500
北京京城机电控股有限责任公司	朝阳区东三环中路59号京城机电大厦18层	www.jcmeh.com	100022	67702828 67757096
北京京仪集团有限责任公司	朝阳区建国路93号院9号楼16～19层	www.biichg.com	100022	58204466 58206350
北京汽车集团有限公司	朝阳区东三环南路25号	www.baihc.com	100021	67699888
北京二七轨道交通装备有限责任公司	丰台区长辛店杨公庄1号	www.27rail.com	100072	83306001 83306654
南车二七车辆有限公司	丰台区张郭庄甲1号	www.eqc.com.cn	100072	83879277 83876184
北京南口轨道交通机械有限责任公司	昌平区南口镇道北	www.njgs.chinacnr.com	102202	51013561 69771809
北京化学工业集团有限责任公司	北京经济技术开发区西环北路23号华腾发展大厦	www.bjhgjt.com.cn	100176	67860685 67864201
北京京煤集团有限责任公司	门头沟区新桥南大街2号	www.beijingcoal.com	102300	69842461 69842420
华北电网有限公司	西城区广安门内大街482号	www.nc.sgcc.com.cn	100053	83583114
北京市电力公司	西城区前门西大街41号	www.bj.sgcc.com.cn	100031	63128201
北京金隅集团有限责任公司	东城区北三环东路36号北京环球贸易中心D座	www.bbmg.com.cn	100013	66411587 66412086
华润医药集团有限公司	朝阳区曙光西里甲5号凤凰置地广场A座27层	www.bpgc.com.cn	100028	57985011
北京一轻控股集团有限责任公司	西城区东经路5号	www.bjyq.com.cn	100050	63157942

北京隆达轻工控股有限责任公司	西城区德胜门东滨河路5号	www.elongda.com	100120	82259651
北京纺织控股有限责任公司	东城区东单三条33号	www.bthc.com.cn	100005	65127929 65129861
中国北京同仁堂集团有限责任公司	东城区东兴隆街52号	www.tongyentang.com	100062	67171762 67055450
北京工美集团有限责任公司	东城区王府井大街200号	www.gongmeigroup.com.cn	100005	65140165
北京市民政工业总公司	西城区西外大街南路4号	www.bjflqy.com.cn	100044	68338899—8021 68355545
北京市工商业联合会	东城区广渠门内白桥大街22号	www.bjgsl.org.cn	100062	67123591
北京工业经济联合会	西城区槐柏树街2号	www.bfie.org.cn	100053	63187806
北京企业联合会	朝阳区北辰东路汇园公寓J座12门	www.bec.org.cn	100101	87713151
北京市中小企业服务中心	朝阳区工体北路6号凯富大厦4层	www.beijingsme.org	100027	64058636 64056117
北京市技术创新服务中心	朝阳区工体北路6号凯富大厦4层	www.ctibj.com.cn	100027	85235079
北京市产业经济研究中心	朝阳区工体北路6号凯富大厦5层	产经·中国rc.ac.cn	100027	85987281 85235624